Der Ersatzlieferungs- und Nachbesserungsanspruch
des Käufers im internen deutschen Recht, im UCC und im CISG

Internationalrechtliche Studien

Beiträge zum Internationalen Privatrecht, zum Einheitsrecht und zur Rechtsvergleichung

Herausgegeben von Ulrich Magnus

Band 19

PETER LANG
Frankfurt am Main · Berlin · Bern · Bruxelles · New York · Oxford · Wien

Florian Schulz

Der Ersatzlieferungs- und Nachbesserungsanspruch des Käufers im internen deutschen Recht, im UCC und im CISG

Eine rechtsvergleichende Untersuchung unter Berücksichtigung der Schuldrechtskommission, der EG-Richtlinie 1999/44/EG und des Diskussionsentwurfs eines Schuldrechtsmodernisierungsgesetzes

PETER LANG
Europäischer Verlag der Wissenschaften

Die Deutsche Bibliothek - CIP-Einheitsaufnahme

Schulz, Florian :

Der Ersatzlieferungs- und Nachbesserungsanspruch des Käufers im internen deutschen Recht, im UCC und im CISG : eine rechtsvergleichende Untersuchung unter Berücksichtigung der Schuldrechtskommission, der EG-Richtlinie 1999/44/EG und des Diskussionsentwurfs eines Schuldrechtsmodernisierungsgesetzes / Florian Schulz. - Frankfurt am Main ; Berlin ; Bern ; Bruxelles ; New York ; Oxford ; Wien : Lang, 2002
(Internationalrechtliche Studien ; Bd. 19)
Zugl.: Hamburg, Univ., Diss., 2001
ISBN 3-631-39007-6

D 18
ISSN 0947-0395
ISBN 3-631-39007-6

www.peterlang.de

Meiner Familie
und meinen Freunden

Vorwort

Den Anstoß zu dem Thema dieser Arbeit hat mir mein Doktorvater Herr Prof. Dr. Ulrich Magnus gegeben. Ihm danke ich recht herzlich für seine freundliche Betreuung und seine Geduld.

Frau Prof. Dr. Kriechbaum danke ich für die Erstellung des Zweitgutachtens.

Zu Beginn der Arbeit sah es so aus, als ob ich mir insbesondere mit dem Kaufrecht des BGB ein statisches Rechtsgebiet ausgesucht hätte, das keinen größeren Veränderungen durch den Gesetzgeber ausgesetzt sein würde. Das BGB stand kurz vor dem 100-jährigen Geburtstag seiner Inkraftsetzung und der Reformvorschlag der Schuldrechtskommission diente allenfalls als Anschauungsmaterial in Aufsätzen und Büchern. Die beschriebene Beschaulichkeit im Kauf-(Schuld-) recht änderte sich schlagartig, als zum 7.7.1999 die EG-Richtlinie 1999/44/EG („Verbrauchsgüterkaufrichtlinie") in Kraft trat. Die Umsetzungsverpflichtung zum 1.1.2002 nahm das Bundesministerium der Justiz (ohne mich zu fragen) zum Anlass, eine umfassende Reform des Schuldrechts voranzutreiben, wobei der Vorschlag der Schuldrechtskommission als Grundlage diente. So stellte das BMJ am 4. August 2000 einen Diskussionsentwurf eines Schuldrechtsmodernisierungsgesetzes in das Internet, der im Folgenden zum Teil starker Kritik durch die Wissenschaft ausgesetzt war.

Obgleich ich die Arbeit im Juli 2000 an und für sich bereits abgeschlossen hatte, wurde der Diskussionsentwurf (nachlesbar im Anhang bei *Ernst/Zimmermann,* Zivilrechtswissenschaft und Schuldrechtsreform, Tübingen 2001) noch eingearbeitet. Literatur wurde dabei bis Ende April 2001 berücksichtigt.

Zwischenzeitlich hat das BMJ den Diskussionsentwurf durch einen Regierungsentwurf (Stand: 9. Mai 2001, abrufbar unter www.bmj.bund.de) ersetzt. Aufgrund der Tatsache, dass der Regierungsentwurf bezüglich des Ersatzlieferungs- und Nachbesserungsanspruchs im Vergleich zum Diskussionsentwurf inhaltlich nicht geändert wurde, gelten meine Ausführungen entsprechend auch für den Regierungsentwurf.

Mein besonderer Dank gilt meinen Eltern, die durch Ihre finanzielle und moralische Hilfe diese Arbeit ermöglicht haben. Meiner Frau Claudia danke ich für ihre Unterstützung und ihre Geduld, die sie mit mir während der nicht enden wollenden Arbeit gezeigt hat. Meiner Schwester danke ich für manch aufmunterndes Gespräch.

Hamburg, im Juli 2001 Florian Schulz

Inhaltsverzeichnis

Abkürzungsverzeichnis

A.	Atlantic Reporter
a.A.	andere Ansicht
a.a.O.	am angegebenen Ort
AcP	Archiv für civilistische Praxis
AGB	Allgemeine Geschäftsbedingungen
AGBG	Gesetz zur Regelung des Rechts der Allgemeinen Geschäftsbedingungen
AGBG-KE	Kommissionsentwurf zum AGBG
AK	Alternativkommentare
Ala.	Alabama
ALR	Allgemeines Preußisches Landrecht
ALR	American Law Reports
Alt.	Alternative
Am.J.Comp.L	American Journal of Comparative Law
Am Jur	American Jurisprudence
Anm.	Anmerkung
Ariz.	Arizona
Ark.	Arkansas
Art.	Artikel
BB	Betriebs-Berater
Bes.	Besonderer (Teil)
BGB	Bürgerliches Gesetzbuch
BGB-DE	Diskussionsentwurf eines Schuldrechtsmodernisierungsgesetzes
BGB-KE	Kommissionsentwurf zum Bürgerlichen Gesetzbuch
bspw.	beispielsweise
BT-Drucks.	Bundestagsdrucksache
BTJP	Berner Tage für die juristische Praxis
EG	Europäische Gemeinschaft
Cal.	California
Cal.Rep	California Reporter
Ch.	Chapter
Cir.	Circuit
CISG	United Nations Convention on Contracts for the International Sale of Goods
CIV.	Civil
Colo.	Colorado
Colum.L.Rev.	Columbia Law Review
Conn.	Conneticut

CR	Computer und Recht
Cornell L.Q	Cornell Law Quarterly
Corp.	Corporation
Ct.	Court
Ct.App.	Court of Appeal
D.	District
DB	Der Betrieb
D.C.	District Court
DGVZ	Deutsche Gerichtsvollzieherzeitung
Diss.	Dissertation
Docy. Hist.	Documentary History of the Uniform Law of International Sales
ed.	Edition
Einl.	Einleitung
EKG	Einheitliches Gesetz über den internationalen Kauf beweglicher Sachen vom 17.7.1973
f./ff.	folgende
F.	Federal Reporter
Fla.	Florida
Fn.	Fußnote(n)
FS	Festschrift
F.Supp.	Federal Supplement
Ga.	Georgia
Ges.	Gesammelte
ggf.	gegebenenfalls
Großkomm.	Großkommentar
Habil.	Habilitation
HGB	Handelsgesetzbuch
h.M.	Herrschende Meinung
Hrsg.	Herausgeber
i.d.R.	in der Regel
Iher.Jahrb.	Iherings Jahrbücher
Inc.	Incorporated
Ind.	Indiana
Int.Encyc.Comp.L.	International Encyclopedia of Comparative Law
Intern.	International
Intern. Rspr.	Internationale Rechtsprechung
Int'l	International
IPR	Internationales Privatrecht
IPRax	Praxis des Internationalen Privat- und Verfahrensrechts
i.S.d.	im Sinne des/der
i.V.m.	in Verbindung mit

JBl.	Juristische Blätter
JR	Juristische Rundschau
Jura	Juristische Ausbildung
JuS	Juristische Schulung
JZ	Juristen Zeitung
Kan.	Kansas
La.	Louisiana
LG	Landgericht
Mass.	Massachusetts
MDR	Monatszeitschrift für Deutsches Recht
M.E.	Meines Erachtens
Mich.	Michigan
Mich.L.Rev.	Michigan Law Review
Minn.	Minnesota
Miss.	Missouri
Mo.	Montana
N.C.	North Carolina
N.D.	Northern District
N.E.	North Eastern Reporter
Neb.	Nebraska bzw. Nebraska Reports
Nev.	Nevada
N.J.	New Jersey
NJW	Neue Juristische Wochenschrift
NJW-RR	NJW-Rechtsprechungsreport Zivilrecht
N.M.	New Mexiko
N.W.	North Western Reporter
Nw.U.L.Rev.	Northwestern University Law Review
N.Y.	New York
N.Y.S.	New York Supplement (New Yorker untergerichtliche Entscheidungen)
ÖJZ	Österreichische Juristenzeitung
ÖstJBl.	Juristische Blätter (Österreich)
Okla.	Oklahoma
OLG	Oberlandesgericht
OLGZ	Entscheidung der Oberlandesgerichte in Zivilsachen
O.R.	Official Records
P.	Pacific Reporter
Pa.	Pennsylvania
RabelsZ	Zeitschrift für ausländisches und internationales Privatrecht
RIW	Recht der Wirtschaft (vor 1974 Außenwirtschaftsdienst des Betriebs-Beraters)
Rn.	Randnummer

Rspr.	Rechtsprechung
S.	Seite bzw. Satz
SchuldR	Schuldrecht
S.D.	South Dakota
S.D.	Southern District
S.E.	Southeastern Reporter
So.	Southern Reporter
Sub.Ct.	Supreme Court
Super.Ct.	Superior Court
S.W.	Southwestern Reporter
Sys.	System(s)
Tenn.	Tennessee
Tex.	Texas
Tex.Int'l L.J.	Texas International Law Journal
UCC	Uniform Commercial Code
UCCRS	Uniform Commercial Code Reporting Service (Callaghan)
UN	United Nations/Vereinte Nationen
UNICITRAL	United Nations Commission on International Trade Law
Uni.Chi.L.Rev.	University of Chicago Law Review
Unif.S.A.	Uniform Sales Act
Uni.Pa.L.Rev.	University of Pennsylvania Law Review
Uni.Pitt.L.Rev.	University of Pittsburg Law Review
US bzw. USA	United States bzw. United States of America
u.U.	unter Umständen
v.	versus („gegen“)
VertragsG	Gesetz zu dem Übereinkommen der Vereinten Nationen v. 11.4.1980 über Verträge über den internationalen Warenkauf
vgl.	vergleiche
Vol.	Volume
Wash.	Washington
Wash.L.Rev.	Washington Law Review
WM	Wertpapiermitteilungen: Zeitschrift für Wirtschaft und Bankrecht
W.Virg.	West Virginia
Yale L.J.	Yale Law Journal
ZEuP	Zeitschrift für Europäisches Privatrecht
ZIP	Zeitschrift für Wirtschaftsrecht und Insolvenzpraxis
ZPO	Zivilprozessordnung
z.T.	zum Teil
ZVglRWiss	Zeitschrift für vergleichende Rechtswissenschaft
ZZP	Zeitschrift für den Zivilprozess

A. Einleitung

I. Thema und Gründe für die Themenauswahl

Die Arbeit vergleicht den Nachbesserungs- und den Ersatzlieferungsanspruch des Käufers in den Rechtsordnungen des Bürgerlichen Gesetzbuchs (BGB), des Uniform Commercial Code (UCC) und des Übereinkommens der Vereinten Nationen über Verträge über den internationalen Warenkauf (CISG)[1].

Ersatzlieferung i.S.d. Arbeit ist der Austausch nicht vertragskonformer, gelieferter Ware gegen vertragskonforme Ware. Nicht vertragskonform im Hinblick auf eine Ersatzlieferung ist die gelieferte Ware dann, wenn sie einen Rechts- oder Qualitätsmangel aufweist sowie in dem Fall, dass die gelieferte Ware im Vergleich zur vereinbarten Sache ein *aliud* darstellt.

Nachbesserung i.S.d. Arbeit ist die Herstellung eines vertragskonformen Zustandes im Hinblick auf Qualitäts- und Rechtsmängel durch Reparatur bzw. durch Beseitigung von Rechten Dritter[2].

Nachbesserungs- und Ersatzlieferungsanspruch des Käufers sind von besonderem Interesse, weil die Normierung bzw. Nichtnormierung sowie die Ausgestaltung dieser Ansprüche in einem starken Maß die Vertragsfestigkeit eines Rechtscodes reflektiert.

Stellt ein Rechtscode dem Käufer diese Ansprüche zur Verfügung, so bedeutet dies für den Verkäufer, dass er sich nicht von seiner vertraglichen Verpflichtung zur vertragskonformen Leistung durch Rückzahlung des Kaufpreises und ggf. einer weitergehenden Geldkompensation „freikaufen“ kann. Vielmehr kann der Käufer den Verkäufer an seinen vertraglichen Pflichten festhalten und von ihm verlangen, dass er einen vertragskonformen Zustand durch Ersatzlieferung oder Nachbesserung herstellt. Der Käufer kann die Realerfüllung also erzwingen. Nachbesserungs- und Ersatzlieferungsanspruch sind daher Ausdruck der Maxime *pacta sunt servanda.*

Die Gegenposition zur Normierung eines durchsetzbaren Anspruchs auf Nachbesserung oder Ersatzlieferung ist eine Rechtsordnung, die bei Lieferung nicht vertragskonformer Ware als ausschließliche Rechtsbehelfe des Käufers eine Geldkompensation und/oder die Vertragsaufhebung vorsieht[3]. Der Käufer hat in

---

[1] Zur Benennung des Übereinkommens, vgl. *Staudinger/Magnus*, Einl. zum CISG Rn. 1.

[2] Es soll der Arbeit damit ein „enger“ Nachbesserungsbegriff zugrunde liegen. Denn nichtbehandelt wird die „Nachbesserung“ (Nacherfüllung) von Nebenpflichten. Die „Nachbesserung“ von Quantitätsmängeln wird in dieser Arbeit -insbesondere in Abgrenzung zu Qualitätsmängeln- mitbehandelt.

[3] Eine „Geldkompensation“ kann dabei in Form einer Kaufpreisreduktion (Minderung) oder aber in Gestalt eines Schadenseratzanspruchs erfolgen. Vgl. zur generellen Einteilung der

diesem Fall gegen den Verkäufer keinen Anspruch auf Herstellung eines vertragskonformen Zustandes „in Natur“, sondern vielmehr auf Zahlung eines finanziellen Ausgleichs für die Vertragsnonkonformität bzw. auf Vertragsaufhebung. Dem Verkäufer ist es somit möglich, sich von seinen vertraglichen Pflichten durch Zahlung eines finanziellen Ausgleichs zu befreien.

Die in dieser Arbeit ausgewählten *Rechtscodes* sind deshalb von Interesse, weil UCC und BGB jeweils als Repräsentanten einer der eben aufgeführten Grundpositionen angesehen werden können, während das CISG -über Art. 28 CISG- versucht, beiden Rechtsanschauungen ein prinzipielles Fortbestehen zu ermöglichen.

Im *BGB* ist der Anspruch des Käufers auf Erfüllung der Vertragspflichten nicht nur ein gleichberechtigter Rechtsbehelf; vielmehr kann der Käufer grundsätzlich stets die Erbringung der Vertragsleistung „in Natur“ verlangen[4]. Ferner wird bezüglich der Rechtsbehelfe grundsätzlich ein Stufenverhältnis derart konstituiert, dass der Käufer zunächst *nur* die Erfüllung verlangen kann (vgl. nur §§ 326, 634 I BGB), bevor ihm „weitergehende“ Rechtsbehelfe zur Verfügung stehen. Im BGB gilt daher der Primat des Erfüllungsanspruchs.

Grundlegend anders ist hingegen die Rechtslage nach dem UCC als Repräsentant der *Common Law* Rechtstradition. Im *Common Law* wurde die Durchsetzung von Erfüllungsansprüchen „in Natur“ (*Specific Performance*) stets restriktiv gehandhabt. Bei einem Vertragsbruch wird grundsätzlich der Rechtsbehelf des Schadensersatzes als ausreichend angesehen[5], so dass *Specific Performance* eine Ausnahme bildet und nur dann gewährt wird, wenn eine Vertragsverletzung durch Schadensersatz unzureichend ausgeglichen würde[6]. Dieser Grundsatz des *Common Law* gilt auch für den UCC fort. Der einheitliche Rechtsbehelf der *Specific Performance* (§ 2-716 (1) UCC), der sowohl ein Ersatzlieferungs- als auch Nachbesserungsbegehren beinhaltet, ist im Ergebnis davon abhängig, dass die Nachteile des Käufers durch die Zahlung von Schadensersatz nicht ausreichend ausgeglichen werden können.

Zwischen diesen gänzlich unterschiedlichen Ansätzen musste bei der Normierung der (Nach-)Erfüllungsansprüche im *CISG* ein Kompromiss gefunden werden[7], der in Gestalt des Art. 28 CISG in praktisch unveränderter Form dem EKG entstammt. Es dürfte sich dabei um das schwierigste Problem bei der Schaffung des CISG gehandelt haben[8].

Rechtsbehelfe des Käufers *Treitel,* Int.Encyc.Comp.L., Vol. VII, § 16-7, S. 6; *Bergsten,* Basic Concepts, in: Doralt, S. 24.

4 Eine Ausnahme hierzu bildet der nach der h.M. nicht normierte Nachbesserungsanspruch im Kaufrecht.

5 *Calamari/Perillo,* § 16-1, S. 611.

6 *Farnsworth,* 70 Colum.L.Rev. 1145, 1154 (1970).

7 Hierzu *Bianca/Bonell/Will,* Art. 46 Anm. 1.1.1.

8 *Bergsten,* Basic Concepts, in: Doralt, S. 26.

Die Aktualität der Frage, ob ein Rechtscode die Rechtsbehelfe der Nachbesserung und Ersatzlieferung vorsehen sollte sowie deren Ausgestaltung, zeigt sich an dem *Entwurf der Schuldrechtskommission*[9], der *EG-Richtlinie 1999/44/EG zu bestimmten Aspekten des Verbrauchsgüterkaufs und der Garantien für Verkaufsgüter*[10] sowie dem *Diskussionsentwurf eines Schuldrechtsmodernisierungsgesetzes*[11]. Die vorgenannten Normtexte befassen sich an zentraler Stelle mit diesen Rechtsbehelfen des Käufers. Im Abschlussbericht der Schuldrechtskommission heisst es im Hinblick auf die Bedeutung des Ersatzlieferungs- und Nachbesserungsanspruchs, dass der Käufer primär ein Interesse an der Erlangung einer mangelfreien Sache habe, welches in den „meisten Fällen (...) durch Nachbesserung oder Lieferung einer anderen gleichartigen Sache befriedigt werden" könne[12]. Denn der Käufer wünsche beim Auftreten eines Mangels regelmäßig nicht die Rückgängigmachung des Vertrages oder Herabsetzung des Kaufpreises, sondern die Reparatur oder den Umtausch[13].

Ob dies tatsächlich der Fall ist[14] und die Frage, wie ein Ersatzlieferungs- und Nachbesserungsanspruch unter Abwägung der Interessen der Parteien ausgestaltet sein sollte, ist der zentrale Gegenstand dieser Arbeit.

II. Untersuchungsaspekte, Ziele und Aufbau der Arbeit

Die Arbeit untersucht die Ersatzlieferungs- und Nachbesserungsansprüche des Käufers in den Rechtsordnungen des UCC, BGB und CISG.

Zunächst wird dabei geprüft, inwieweit diese Ansprüche *überhaupt* in den jeweiligen Rechtscodes normiert sind. Im Fall der Nichtnormierung wird die Möglichkeit einer *vertraglichen Vereinbarung* dieser Ansprüche untersucht und auf typische Vertragsgestaltungsformen eingegangen.

Sind Nachbesserungs- und Ersatzlieferungsanspruch normiert, so werden diese Ansprüche -soweit möglich- getrennt voneinander untersucht.

Weiter werden die Nacherfüllungs*ansprüche* des Käufers von dem Nacherfüllungs*recht* des Verkäufers („right to cure") abgegrenzt, welches dem

9 Abgedruckt in: Abschlussbericht der Kommission zur Überarbeitung des Schuldrechts, Hrsg. Bundesminister der Justiz, Köln 1992 (Im Folgenden „Abschlussbericht").

10 Abgedruckt in: AblEG v. 7.7. 1999 Nr. L 171, S. 12 ff. = NJW 1999 NJW, 2421 ff.. Im Folgenden wird diese Richtlinie als „EG-Richtlinie 1999/44/EG" bezeichnet.

11 Bundesministerium der Justiz, Diskussionsentwurf eines Schuldrechtsmodernisierungsgesetzes, Stand: 4. August 2000, http://www.bmj.bund.de/ggv/eschurmo.pdf (Im Folgenden: „Diskussionsentwurf"). Ferner abgedruckt in *Ernst/Zimmermann,* Schuldrechtsreform, S. 613 ff..

12 *Abschlussbericht*, S. 25.

13 *Abschlussbericht*, S. 211. So auch der *Diskussionsentwurf*, S. 487.

14 Hierzu kritisch *Flume*, AcP 193 (1993), 89, 103 („Welche rechtstatsächlichen Feststellungen diesen Aussagen zugrundeliegen, ist nicht ersichtlich.").

Verkäufer die Möglichkeit einräumt, durch Nacherfüllung seiner Vertragspflichten weitergehende Rechtsbehelfe des Käufers zu vermeiden und seinen Kaufpreisanspruch zu erhalten. Denn aus einem solchen *Recht* des Verkäufers wird auf Seiten des Käufers kein *Anspruch* begründet[15]; ein Anspruch des Käufers muss vielmehr von einer Rechtsordnung eigenständig konstituiert werden[16].

Ersatzlieferungs- und Nachbesserungsanspruch werden im Wesentlichen unter folgenden *Aspekten* betrachtet:

Zunächst wird auf die *Entstehungsgeschichte* und die *Rechtsnatur* der Ansprüche eingegangen. Im Anschluss hieran werden die *Voraussetzungen* (einschließlich der Ausschlüsse) und die *Rechtsfolgen* geprüft. Auch werden die *Zwangsvollstreckung* sowie *konkurrierende Ansprüche* behandelt.

Die *Ziele* der Arbeit sind die *Darstellung* der Ersatzlieferungs- und Nachbesserungsansprüche in den zu untersuchenden Rechtscodes sowie ein *Vergleich* der Rechtsordnungen im Hinblick auf diese Rechtsbehelfe. Ferner soll *Stellung* zu einer interessengerechten Normierung eines Ersatzlieferungs- und Nachbesserungsanspruchs genommen werden. Dabei werden der Schuldrechtskommissionsentwurf, die EG-Richtlinie 1999/44/EG sowie der Diskussionsentwurf eines Schuldrechtsmodernisierungsgesetzes berücksichtigt. Auf Grundlage der Interessengesichtspunkte, die in der Stellungnahme herausgearbeitet werden, soll am Ende der Arbeit ein Normierungsvorschlag hinsichtlich eines Ersatzlieferungs- und Nachbesserungsanspruchs für ein internes deutsches oder ein europäisches Zivilgesetzbuch stehen.

An dieser Zielsetzung orientiert sich auch der *Aufbau der Arbeit*. Unter Gliederungspunkt *B.* wird einführend der Anwendungsbereich der Rechtscodes und der Vergleichsrahmen der Arbeit beschrieben.

Unter den Punkten *C.* bis *E.* werden die Nachbesserungs- und Ersatzlieferungsansprüche in den einzelnen Rechtsordnungen (BGB, UCC, CISG) untersucht.

Gliederungspunkt *F.* befasst sich mit dem Vergleich der Rechtscodes.

---

15 Vgl. *Köhler*, JZ 1984, 393.

16 So ist z.B. im UCC in § 2-508 UCC ein Nacherfüllungs*recht* („right to cure") des Verkäufers geregelt. Sinn und Zweck dieser Regelung ist es, den Verkäufer vor der besonderen Härte der „perfect tender rule" zu schützen, vgl. *Crandall/Herbert/Lawrence*, § 6.5, S. 6:12; vgl. auch *Gutknecht*, Nacherfüllungsrecht, S. 77 f., 183. Aus § 2-508 UCC lässt sich aber kein Nachbesserungs*anspruch* des Käufers ableiten. Ein solcher ergibt sich -wenn überhaupt (dazu später)- aus § 2-716 UCC, dem Anspruch auf *Specific Perfomance*. Festzuhalten bleibt daher, dass ein Nachbesserungs*recht* des Verkäufers kein Nachbesserungs*anspruch* des Käufers begründet, vgl. *Treitel*, Int. Encyc. of Comp. Law, Vol.VII, § 16-7, S. 6, der hierzu ausführt: „He (the seller, *d. Verf.*) may have the privilege of avoiding liability in damages by curing the defect, but he cannot be compelled actually to effect the cure".

Punkt *G.* („Ausblicke") stellt den Kommissionsentwurf, die EG-Richtlinie 1999/44/EG und den Diskussionsentwurf eines Schuldrechtsmodernisierungsgesetzes (Stand: 4. August 2000) vor.

Unter Punkt *H.* wird Stellung zu einer interessengerechten Normierung von Nachbesserungs- und Ersatzlieferungsanspruch genommen; abschließend werden die Ergebnisse der Arbeit zusammengefasst und es wird ein Normierungsvorschlag für ein Ersatzlieferungs- und Nachbesserungsanspruch in einem internen deutschen oder einem europäischen Zivilgesetzbuch unterbreitet (Gliederungspunkt *I.*).

B. Anwendungsbereich der Rechtscodes und Vergleichsrahmen der Arbeit

I. Anwendungsbereich und -voraussetzungen des CISG[17]

Gegenstand des CISG sind *Kaufverträge über Waren*, Art. 1 I CISG. In Art. 2 und 3 CISG sind Ausnahmen von diesem Anwendungsbereich vorgesehen. In *persönlicher Hinsicht* reglementiert das CISG seine Anwendbarkeit grundsätzlich nicht.

Das CISG ist gem. Art. 1 I CISG auf *Kaufverträge* über Waren anwendbar. Dabei wird der Begriff des Kaufvertrages nicht näher definiert. Aus den Bestimmungen, welche die Pflichten des Käufers (Art. 53 ff. CISG) und des Verkäufers (Art. 30 ff. CISG) regeln, lässt sich der Anwendungsbereich aber erschließen[18].

Das CISG erfasst alle Verträge, in denen sich der Verkäufer zur Lieferung und Übereignung einer Ware, der Käufer sich zur Bezahlung und Abnahme der Ware verpflichtet[19].

Kaufverträgen stehen nach Art. 3 I CISG Verträge über die Lieferung *herzustellender* oder *zu erzeugender* Ware gleich, es sei denn, dass der Besteller einen wesentlichen Teil der für die Herstellung oder Erzeugung notwendigen Stoffe selbst zur Verfügung stellt. Unerheblich ist, ob die Sache vertretbar oder unvertretbar ist[20].

Bei der Beurteilung, ob ein *wesentlicher Teil* der Ware von dem Käufer zu erbringen ist, wird von der h.M. das Wertverhältnis der insgesamt erforderlichen Materialien als Maßstab genommen[21].

---

17 Es sollen hier nur die Anwendungsvoraussetzungen des CISG angesprochen werden, die bezüglich des Vergleichsrahmens relevant sind. Zu weitergehenden (insb. räumlichen) Anwendungsvoraussetzungen vgl. nur *Schlechtriem/Ferrari,* Art. 1 Rn. 40 ff. m.w.N..

18 *Piltz,* Intern. KaufR, S. 23, Rn. 20. Zur Konkretisierung des Begriffes „Kaufvertrag" kann dabei nicht auf nationale Definitionen und Vorstellungen zurückgegriffen werden. Vielmehr sind die Bestimmungen des CISG „konventionsautonom" auszulegen. Vgl. zur Auslegung von Rechtsbegriffen des CISG im Allgemeinen, *Magnus,* RabelsZ 1989, 117, 122 ff.; *Schlechtriem/Ferrari,* Art. 7 Rn. 4 ff..

19 *Herber/Czerwenka*, Art. 1 Rn. 3; *Schlechtriem/Ferrari,* Art. 1 Rn. 13; *Staudinger/Magnus*, Art. 1 Rn. 13; *Enderlein,* Rights and Obligations, in: Dubrovnik Lectures, S. 133. Dabei sind Bedingungen hinsichtlich der Eigentumsübertragung (z.B. Eigentumsvorbehalt) unerheblich, vgl. *Kritzer,* Guide to CISG, S. 16. Auch ist eine Lieferbewegung der Ware nicht erforderlich, vgl. *Piltz,* Intern. KaufR, S. 25 Rn. 28.

20 *Karollus,* S. 22; *v.Caemmerer/Schlechtriem/Herber*, Art. 3 Rn. 3.; *Schlechtriem/Ferrari,* Art. 3 Rn. 5; *Czerwenka,* Rechtsanwendungsprobleme, S. 143.

21 *V.Caemmerer/Schlechtriem/Herber*, Art. 3 Rn. 3; *Herber/Czerwenka*, Art. 3 Anm. 2; *Piltz,* Intern. KaufR, S. 26 Rn. 32; *Staudinger/Magnus,* Art. 3 Rn. 14; *Enderlein/ Maskow/Strohbach,* Art. 3 Anm. 3; a.A. *Karollus*, S. 23.

Nach Art. 3 II CISG ist die Konvention ferner nicht auf Verträge anzuwenden, bei denen der Verkäufer *neben* den kaufrechtlichen Pflichten *zusätzlich* Aufgaben übernimmt, die für sich betrachtet üblicherweise anderen Vertragstypen zugeordnet werden und diese „kauffremden" Pflichten im (einheitlichen) Vertrag überwiegen[22]. Es ist dabei eine Abwägung der verschiedenen Leistungsteile vorzunehmen, die sich ebenfalls primär an den Wertverhältnissen orientiert[23]. Überwiegt der kaufrechtliche Teil, so ist der gesamte Vertrag nach dem CISG zu beurteilen[24].

Der Anwendungsbereich des CISG erstreckt sich auch auf *Sukzessivlieferungsverträge*, wobei nach Art. 73 CISG für diese Sonderregelungen gelten[25].

Das CISG erfasst lediglich Kaufverträge über *Waren* (vgl. Art.1 I CISG). Waren sind nur bewegliche Sachen[26]. Immobilien und Rechte -unter Einschluss von gewerblichen Schutzrechten- werden deshalb nicht vom CISG erfasst[27].

Fraglich ist, inwieweit *unkörperliche* Objekte dem CISG unterfallen können[28]. Nach h.M. unterfällt Standardcomputersoftware[29] dem CISG, während es auf den Unternehmenskauf[30] und die Erarbeitung von technischen oder sonstigen wissenschaftlichen Erkenntnissen[31] regelmäßig nicht anwendbar ist.

Das CISG findet keine Anwendung auf den Kauf von Wertpapieren oder Zahlungsmitteln (Art. 2 d) CISG), Luftfahrzeugen, Luftkissenfahrzeugen, Binnenschiffen, Seeschiffen (Art. 2 e) CISG) und elektrischer Energie (Art. 2 f) CISG).

---

22 *Piltz*, Intern. KaufR, S. 27 Rn. 35; *Czerwenka*, Rechtsanwendungsprobleme, S. 146; *v.Caemmerer/Schlechtriem/Herber*, Art. 3 Anm. 9. Es muss sich dabei um einen einheitlichen Vertrag handeln, vgl. *v.Caemmerer/Schlechtriem/Herber*, Art. 3 Rn. 6; *Czerwenka*, Rechtsanwendungsprobleme, S. 144; vgl. auch *Bianca/Bonell/Khoo*, Art. 3, Anm. 3.1.

23 *Staudinger/Magnus*, Art. 3 Rn. 21 (dieser auch zu weiteren Kriterien); *v.Caemmerer/Schlechtriem/Herber*, Art. 3 Rn. 4; *Herber/Czerwenka*, Art. 3 Rn. 3. Anlagenlieferungsverträge fallen damit regelmäßig nicht unter das CISG, vgl. *v.Caemmerer/Schlechtriem/Herber*, Art. 3 Rn. 8 m.w.N.. Hingegen fallen Lieferverträge mit Montageverpflichtung regelmäßig unter das CISG, vgl. *BGH* NJW 1991, 639 (zum EKG).

24 Vgl. *Staudinger/Magnus*, Art. 3 Rn. 29.

25 *Staudinger/Magnus*, Art. 1 CISG Rn. 15; *Piltz*, Intern. KaufR, S. 26 Rn. 30.

26 *Herber/Czerwenka*, Art. 1 Rn. 7; *Enderlein/Maskow/Strohbach*, Art. 1 Anm. 2.; *v.Cammerer/Schlechtriem/Herber*, Art. 1 Rn. 20.

27 *Piltz*, Intern. KaufR, S. 30 Rn. 46; *Schlechtriem/Ferrari*, Art. 1 Rn. 35, 36.

28 Vgl. hierzu, *v.Caemmerer/Schlechtriem/Herber*, Art. 1 Rn. 20; *Schlechtriem/Ferrari*, Art. 1 Rn. 38.

29 *Staudinger/Magnus*, Art. 1 CISG Rn. 44; *Hoeren*, CR 1988, 908, 915 f.; *Karollus*, S. 21; *Schlechtriem/Ferrari*, Art. 1 Rn. 38. Umstritten ist, ob es für die Anwendbarkeit des CISG dabei auf den (Mit-)Verkauf eines Datenträgers ankommt, vgl. hierzu *Schlechtriem/Ferrari*, a.a.O. sowie *Staudinger/Magnus*, a.a.O..

30 Vgl. *Herber/Czerwenka*, Art. 1 Rn. 7; *v.Caemmerer/Schlechtriem/H*erber, Art. 1 CISG Rn. 24; *Staudinger/Magnus* Art. 1 CISG Rn. 51; *Schlechtriem/Ferrari*, Art. 1 Rn. 36.

31 Vgl. *Magnus*, ZeuP 1995, 202, 206; *v.Caemmerer/Schlechtriem/Herber*, Art. 1 Rn. 21 a m.w.N.; *Schlechtriem/Ferrari*, Art. 1 Rn. 38; *OLG Köln* RIW 1994, 970, 971.

Art. 1 III CISG bestimmt, dass die *Kaufmannseigenschaft* der Parteien unbeachtlich ist[32]. Ebenso ist unerheblich, ob das Geschäft *handelsrechtlicher* oder *bürgerrechtlicher* Natur ist[33].

Jedoch sieht Art. 2 a) CISG vor, dass vom Anwendungsbereich diejenigen Käufe ausgenommen sind, die zu *privaten Zwecken* vorgenommen werden[34]. Dies sind Käufe von Waren zum persönlichen Gebrauch, dem Gebrauch in der Familie oder im Haushalt[35].

Wenn der *Verkäufer* aber weder *wusste* noch *wissen musste*, dass es sich um einen privaten Kauf handelt, bleibt das CISG anwendbar (vgl. Art. 2 a) CISG). Abzustellen ist hierbei auf den für den Verkäufer *erkennbaren*[36] Verwendungszweck, welchen der Käufer *beabsichtigt*[37]. Maßgeblich sind daher die Verhältnisse *bis zum* Vertragsschluss[38].

II. Anwendungsbereich und -voraussetzungen des UCC

Der Warenkauf („Sales") ist in Artikel 2 des UCC geregelt. Nach § 2-106 (1) UCC beinhaltet ein Warenkauf die Eigentumsübertragung durch den Verkäufer auf den Käufer, wofür dieser einen Kaufpreis zu zahlen hat[39].

Dabei stellt Art. 2-105 I UCC klar, dass auch speziell für den Käufer angefertigte Güter dem UCC unterfallen („including specially manufactured goods"). Werklieferungsverträge werden somit vom UCC erfasst, und zwar unabhängig davon, ob die Sache vertretbar ist oder nicht[40].

Bei gemischten Verträgen ist der UCC nicht anwendbar, wenn der überwiegende Teil der Pflichten des „Verkäufers" in der Erbringung von Dienstleistungen

---

32 Zu beachten ist jedoch, dass die Kaufmannseigenschaft bei den einzelnen materiellen Regelungen berücksichtigt werden kann, vgl. *Sekretariatskommentar*, Art. 1 Anm. 14, *O.R.*. 15.

33 Hierzu *v.Caemmerer/Schlechtriem/Herber*, Art. 1 Rn. 60 f.; *Soegel/Lüderitz*, 12. Aufl., Art. 1 Rn. 19.

34 Den Gegensatz hierzu bildet der *berufliche Gebrauch*, vgl. *v.Caemmerer/Schlechtriem/Herber*, Art. 2 Rn. 6; *Staudinger/Magnus*, Art. 2 Rn. 13.

35 *Piltz*, Intern. KaufR, S. 34 Rn. 60; *Schlechtriem/Ferrari*, Art. 2 Rn. 7. Zur „gemischten" Nutzung, vgl. *Soergel/Lüderitz/Fenge*, Art. 2 Rn. 3.

36 Hierzu *Schlechtriem/Ferrari*, Art. 2 Rn. 15 ff..

37 *Herber/Czerwenka*, Art. 2 Anm. 5; *v.Caemmerer/Schlechtriem/Herber*, Art. 2 Rn. 5, 9.

38 *Herber/Czerwenka*, Art. 2 Anm. 6; *Piltz*, Intern. KaufR, S. 35 Rn. 64.

39 § 2-106 (1) S. 3 UCC lautet: „A ‚sale' consists in the passing of title from the seller to the buyer for a price (Section 2-410)."

40 Vgl. nur *D.P. Technology Corp. v. Sherwood Tool, Inc.*, 751 F.Supp. 1038, 1039 (Dist.Ct.Conn. 1990) (unvertretbare Ware).

besteht [41]. Eine Aufspaltung in einen kaufrechtlichen und dienstrechtlichen Vertragsteil findet nicht statt[42].

Auf *Sukzessivlieferungsverträge* ist der UCC ebenfalls anwendbar, wie sich aus der Sonderregelung des § 2-612 UCC („Installment Contract") ergibt.

Der *Warenbegriff* i.S.d. des UCC wird in § 2-105 UCC definiert. Waren sind danach alle Sachen, die zur Zeit der Konkretisierung („identification") der Ware *beweglich* sind[43]. Art. 2 UCC ist anwendbar auf Flugzeuge und Schiffe[44]. Strittig ist die Anwendung des UCC auf Software[45].

Immobilien fallen nicht unter den Anwendungsbereich des UCC. Ferner sind vom Anwendungsbereich des UCC Forderungsrechte („things in action"), Anlagewerte/Wertpapiere („investment securities") sowie das Geld, mit dem der Kaufpreis bezahlt wird, ausgeschlossen (§ 2-105 (1) UCC).

Entgegen seiner Bezeichnung gilt der UCC nicht nur für Kaufleute und Handelsgeschäfte, sondern grundsätzlich auch für den Verkehr zwischen Nichtkaufleuten; es werden somit auch Konsumentenkäufe erfasst[46]. Jedoch sind einige Vorschriften des UCC nur auf Kaufleute anzuwenden[47].

III. Anwendungsbereich und -voraussetzungen der §§ 433 ff. BGB

Der Kaufvertrag ist im BGB in den §§ 433 ff. BGB geregelt. Die Kaufvertragsvorschriften finden Anwendung, wenn nach dem Vertragsinhalt sich der Verkäufer verpflichtet, dem Käufer eine Sache zu übergeben und ihm das Eigen-

---

41 Sogenannter „predominat factor test", vgl. *White & Summers*, 5th ed., § 9-2, S. 343 f. *Cerutti*, S. 10 Rn. 22; *Advent Systems Ltd. v. Unisys Cop.* 925 F.2d 670, 675 f (Ct.App. 3rdCir. 1991). Dabei wird meist auf das Wertverhältnis zwischen Dienstleistung und Kaufgegenstand abgestellt, vgl. *White & Summers*, a.a.O..

42 *White & Summers*, 5th ed., § 9-2, S. 343 f.; *Cerutti*, S. 10 Rn. 22; *J.Lee Gregory, Inc. v. Scandinavian House, L.P.*, 433 S.E.2d 687, 689 (Ga.App. 1993).

43 Vgl. *Advent Systems Ltd. v. Unisys. Cop.*, 925 F.2d 670, 675 f (Ct.App. 3rdCir. 1991). Die „identification" ist in Art. 2-501 geregelt. Anwendbar ist der UCC nach § 2-105 (1) S. 2 UCC auf ungeborene Tiere, wachsende Ernten und Früchte und andere mit Grundstücken verbundene Sachen (die beispielhaft in § 2-107 UCC aufgeführt sind).

44 *Marlowe v. Argentine Naval Com.*, 808 F.2d 120, 122 (Ct.App.Dist.D.C. 1986) (Flugzeug). Für elektrische Energie ist die Anwendbarkeit umstritten, vgl. *Wolff*, Rechtsmängelhaftung, S. 5.

45 UCC anwendbar: *Advent Systems Ltd. V. Unisys Cop.* 925 F.2d 670, 675 f (Ct.App. 3rdCir. 1991). Anders: *Conopco, Inc. v. McCreadie*, 826 F.Supp. 855, 867 f. (D.Ct.N.J. 1993). Vgl. auch *Cerutti*, S. 11 Rn. 22 m.w.N.

46 *Cerutti*, S. 15 Rn. 29; *Bonell*, RabelZ 58 (1994), 20, 23.

47 Bspw. §§ 2-201 (2), 2-205, § 2-605 I b) UCC. Legaldefinition des Kaufmanns („merchants") in § 2-104 UCC. Auch werden an einen Kaufmann teilweise andere Anforderungen gestellt.

tum daran zu verschaffen und der Käufer die Sache abzunehmen und einen Kaufpreis zu zahlen hat (§ 433 BGB).

Gem. § 651 I BGB finden die kaufrechtlichen Vorschriften uneingeschränkt auf Verträge Anwendung, in welchen sich der Verkäufer (Unternehmer) verpflichtet, eine Sache aus von ihm zu beschaffenden Stoffen *herzustellen*, sofern die Sache *vertretbar* ist. Ist die Sache *unvertretbar*, so werden die kaufrechtlichen Vorschriften größten Teils durch solche des Werkvertragrechts verdrängt[48]. Eine Sache ist vertretbar, wenn sie sich von anderen der gleichen Art nicht durch ausgeprägte Individualisierungsmerkmale abhebt und daher austauschbar ist[49]. Dies ist nach objektiven Kriterien zu bestimmen; die Parteivereinbarungen haben dabei keine Bedeutung[50]. Demgegenüber ist eine Sache unvertretbar, wenn sie speziell für den Besteller gefertigt wurde bzw. nicht austauschbar ist[51].

Liefert ein Verkäufer bereits hergestellte Ware und hat er diese beim Käufer zu *montieren*, so ist entscheidend, ob die Eigentums- und Besitzübertragung (dann Kauf) oder die Herstellung des Werks (dann Werkvertrag) im Vordergrund steht[52].

Auf *Sukzessivlieferungsverträge* sind die kaufrechtlichen Vorschriften ebenfalls anwendbar[53].

Kaufgegenstand können sowohl bewegliche als auch unbewegliche Sachen (Immobilien) sein. Sachen sind körperlich Gegenstände (§ 90 BGB) in jedem Aggregatzustand[54]. Elektrizität[55], Schiffe und Flugzeuge können ebenso Kaufgegenstand sein wie Standardsoftware[56].

---

48 Vgl. zu den einzelnen Vorschriften § 651 I BGB.

49 *BGH* NJW 1971, 1794; *MünchKomm/Holch*, § 91 Rn. 2.; *Staudinger/Dilcher,* § 91 Rn. 1; Beispiele sind: Neue KFZ, Maschinen gewöhnlicher Art und Beschaffenheit, Serienmöbel. Vgl. auch die Legaldefinition in § 91 BGB.

50 *MünchKomm/Holch,* § 91 Rn. 1.

51 Vgl. *BGH* NJW 1971, 1794; *Palandt/Heinrichs*, § 91 Rn. 3: Beispiele sind: Einem bestimmten Raum angepasste Maschinen, gebrauchte KFZ, Maßanzüge.

52 *Soergel/Huber*, vor § 433 Rn. 274. Dabei erfolgt die Zuordnung (Werk- oder Kaufvertrag) meist einheitlich, vgl. *Soergel/Huber*, a.a.O.. Jedoch richten sich die Gewährleistungsansprüche hinsichtlich der werkvertraglichen Nebenpflichten (bspw. Montage) selbst dann nach Werkrecht, wenn insgesamt ein Kaufvertrag anzunehmen ist, vgl. *Erman/Grunewald,* vor § 433 Rn. 19; *Staudinger/Köhler,* vor § 433 Rn. 70.

53 *Soergel/Huber*, vor § 433 Rn. 42 ff..

54 *Palandt/Putzo,* § 433 Rn. 1. Beispiele sind: Wasser, Gas, Zeitungen.

55 *Soergel/Huber*, § 433 Rn. 27.

56 Die h.M. (vgl. *Palandt/Putzo*, § 433 Rn. 5 m.w.N.; *Erman/Grunewald*, vor § 433 Rn. 21 m.w.N.) unterscheidet zwischen Standardsoftware und Individualsoftware, wobei Individualsoftware dem Werkvertragsrecht unterfällt.

Ferner können *Rechte* Kaufgegenstand sein[57]. *Unternehmen* können als Zusammenfassung persönlicher und sachlicher Mittel ebenfalls den §§ 433 BGB unterfallen[58].

Die kaufrechtlichen Vorschriften gelten für Kaufleute und für Nichtkaufleute. Für Kaufleute sind jedoch im Handelsgesetzbuch (HGB) Sonderbestimmungen vorgesehen.

IV. Vergleich der Anwendungsbereiche und Vergleichsrahmen der Arbeit

Die verglichenen Rechtscodes unterscheiden sich zunächst im Hinblick auf die Einbeziehung von Werklieferungsverträgen. Während nach UCC und CISG unabhängig davon, ob es sich um unvertretbare oder vertretbare Sachen handelt, die kaufrechtlichen Vorschriften Anwendung finden, unterfallen nach dem BGB unvertretbare Sachen den werkvertraglichen Vorschriften.

Des Weiteren werden im BGB Grundstücke den §§ 433 ff. BGB unterworfen, während CISG und UCC auf bewegliche Sachen beschränkt sind.

Auch können Rechte nach dem BGB -im Gegensatz zu CISG und UCC- Kaufgegenstand sein. Flugzeuge, Schiffe und Energie sind nur im CISG als Kaufgegenstand ausgenommen.

Vom persönlichen Anwendungsbereich sind CISG, UCC und die §§ 433 ff. BGB sowohl auf Privatleute als auch auf Kaufleute anwendbar. Allerdings ist das CISG bei Käufen für private Zwecke ausgeschlossen. Der UCC sieht für Kaufleute zum Teil Sonderbestimmungen vor; gleiches gilt im internen deutschen Recht durch die Anwendung von Vorschriften des HGB auf Kaufleute.

Den *Rahmen* für den nachstehenden Vergleich des Ersatzlieferungs- und Nachbesserungsanspruchs soll im Wesentlichen das CISG vorgeben. Es sollen daher nur bewegliche Sachen untersucht werden, allerdings unter Einschluss von Flugzeugen und Schiffen. Ferner sollen Werklieferungsverträge in den Vergleichsrahmen fallen, und zwar auch dann, wenn unvertretbare Sachen Vertragsgegenstand sind.

---

57 Beispiele sind: Forderungen, gewerbliche Schutzrechte, Anwartschaften. Vgl. *Soergel/Huber, § 433 Rn. 47 ff.*.

58 *Soergel/Huber*, § 433 Rn. 29 ff. (Unternehmenskauf kombinierter Sach- und Rechtskauf); *Palandt/Putzo*, § 433 Rn. 3; *BGH* NJW 1990, 1234.

C. Die Nacherfüllungsansprüche im internen deutschen Recht

I. Stellung der Erfüllungsansprüche im internen deutschen Recht

Im internen deutschen Recht ist der Erfüllungsanspruch der *primäre Anspruch* des Gläubigers[59].

Der Gläubiger kann grundsätzlich stets die Erfüllung der Vertragspflichten vom Schuldner „in Natur" verlangen und einklagen[60]. Spiegelbildlich ist es dem Schuldner verwehrt, sich von seinen vertraglichen Pflichten durch eine Geldkompensation „loszukaufen"[61]. Das BGB konserviert dabei den primären Erfüllungsanspruch des Gläubigers solange wie möglich[62]. Es gilt der Grundsatz *pacta sunt servanda*[63].

Der Vorrang des Erfüllungsanspruchs wird im BGB dadurch sichergestellt, dass der Gläubiger grundsätzlich zunächst *nur* Erfüllung verlangen kann, bevor er sich von dem Vertrag lösen bzw. andere Rechtsbehelfe geltend machen kann. Dies wird durch die im BGB vorherrschende Grundkonzeption (vgl. §§ 283 I, 326 I, 542 I, 634 I BGB) erreicht, die weitergehende Rechtsbehelfe davon abhängig macht, dass der Gläubiger dem Schuldner zunächst eine Nachfrist zur Erfüllung gesetzt hat und diese ergebnislos verstrichen ist[64].

Rücktritt (bzw. Wandlung), Minderung und Schadensersatzansprüche sind nach dem BGB damit grundsätzlich *sekundäre* Rechtsbehelfe[65].

Dogmatisch ist die Rechtspflicht des Schuldners zu erfüllen regelmäßig *identisch* mit dem Erfüllungsanspruch des Gläubigers[66]. Der Erfüllungsanspruch ist daher -im Gegensatz bspw. zum UCC oder CISG- nicht als Rechtsbehelf aus-

---

59 Vgl. *Abschlussbericht*, S. 30; *Schlechtriem/Huber*, Art. 28 Rn. 2; *Huber*, Leistungsstörungen, Bd. II, S. 145.

60 Vgl. *Rabel*, Das Recht des Warenkaufs, Bd. 1, S. 375 (Erfüllungsanspruch sei im kontinentalen Recht das „Rückgrat der Obligation"); *Schlechtriem/Huber*, Art. 28 Rn. 2; *Ziegler*, Leistungsstörungsrecht S. 150.

61 *Dölle/v.Caemmerer*, Art. 61 EKG, Rn. 9 (zur Lösung vom Vertrag durch den Käufer); *Ziegler*, Leistungsstörungsrecht, S. 150; *Huber*, Leistungsstörungen, Bd. II, S. 164 f..

62 *Peters*, JZ 1978, 92, 96 f.. Denn nur bei *feststehender* Unmöglichkeit wird die Erfüllungsklage des Gläubigers abgewiesen, vgl. *Peters, a.a.O. Fn. 54.*

63 *Schlechtriem/Huber*, Art. 28 Rn. 2; *Ziegler*, Leistungsstörungsrecht, S. 150.

64 Vgl. *Abschlussbericht*, S. 30.

65 *Peters*, JZ 1978, 92, 92 (zum Werkvertrag); *Schlechtriem/Huber*, Art. 28 Rn. 2 (zum Schadensersatz). Im Kaufrecht gelten diese Grundsätze für die Sachmängelhaftung jedoch nicht, vgl. hierzu sogleich im Text.

66 *Larenz*, SchuldR I, § 2 II, S. 15 („das ‚Sollen' des Schuldners, seine Rechtspflicht, und die Berechtigung des Gläubigers sind dasselbe rechtliche Band von zwei Seiten gesehen").

gestaltet, sondern gilt als logische Konsequenz der vertraglichen Verpflichtungen des Schuldners[67].

Die aufgeführten Grundsätze gelten allerdings nur eingeschränkt für die Sachmängelhaftung im Kaufrecht (§§ 459 ff. BGB).

Das Gewährleistungsrecht geht hierbei vom Stückkauf aus[68]. Für den Stückkauf ist -unabhängig vom Wesen der Haftung- überwiegend anerkannt, dass für Sachmängel kein Erfüllungs*anspruch* (Nachbesserungsanspruch) des Käufers besteht[69]. Dem Käufer stehen damit beim Stückkauf in Bezug auf Sachmängel „nur" die weitergehenden Rechtsbehelfe der Wandlung, Minderung und ggf. Schadensersatz zur Verfügung.

Des Weiteren ist streitig, ob den Verkäufer beim Stückkauf eine Erfüllungs*pflicht* zur mangelfreien Lieferung trifft. Während nach einer Ansicht eine solche Pflicht nicht besteht[70], nimmt die wohl h.M. an, dass trotz des Fehlens eines Erfüllungs*anspruchs* (Nachbesserung) eine *Pflicht* des Verkäufers zur mangelfreien Erfüllung gegeben ist[71]. Allerdings muss die h.M. hierdurch die regelmäßig im BGB bestehende Identität von Erfüllungspflicht des Verkäufers (Schuldners) und des Erfüllungsanspruchs des Käufers (Gläubigers) aufgeben[72], da ein Erfüllungsanspruch in Form der Nachbesserung eben nicht besteht.

Für den Gattungskauf gilt aufgrund des in § 480 I BGB normierten Nachlieferungsanspruchs wiederum der Grundsatz, dass mit der Erfüllungspflicht des Verkäufers ein Erfüllungsanspruch des Käufers korrespondiert[73]. Allerdings weicht das BGB auch hier von seiner grundsätzlichen Konzeption ab, da der Käufer keine Nachfrist zur Erfüllung (Nachlieferung) setzen muss, sondern sofort frei zwischen den Rechtsbehelfen Nachlieferung, Wandlung, Minderung und ggf. Schadensersatz wählen kann.

II. Überblick über die Rechtsbehelfe des Käufers

Die dem Käufer zur Verfügung stehenden Rechtsbehelfe sind im internen deutschen Recht davon abhängig, welche *Art* von Leistungsstörung[74] vorliegt[75].

---

67 *Schlechtriem/Huber*, Art. 28 Rn. 2 („einfache Folge des Prinzips ‚pacta sunt servanda'").

68 *Flume*, AcP 193 (1993), 89, 91.

69 *Kirchhof*, Sachmängelhaftung, S. 180 m.w.N.; *Huber*, Gutachten Bd. I, S. 765 („Regeldurchbrechung"); a.A. *Peters*, JZ 1978, 92 ff..

70 Sog. „Gewährleistungstheorie", vgl. nur *Staudinger/Honsell*, vor §§ 459 ff Rn. 9 m.w.N..

71 Sog. „Erfüllungstheorie", vgl. nur *Soergel/Huber*, vor § 459 Rn. 166 ff. m.w.N..

72 Vgl. *BGB-RGRK/Mezger*, § 459 Rn. 3.

73 *Brox*, Bes. SchuldR, S. 32 Rn. 58.

74 Dem BGB selbst ist der Begriff der Leistungsstörung fremd. Im Schrifttum wird darunter die nicht ordnungsgemäße Erfüllung einer schuldrechtlichen - vertraglichen oder gesetzlichen - Verpflichtung verstanden; vgl. *MünchKomm*, Rechtslexikon, „Leistungsstörungen".

Für die Leistungsstörungen beim Kauf gelten grundsätzlich die Bestimmungen des Allgemeinen Schuldrechts, also für die Leistungspflicht die Normen der §§ 275 ff. BGB und, da es sich um einen gegenseitigen Vertrag handelt, für den Anspruch auf die Gegenleistung die Vorschriften der §§ 320 ff. BGB[76]. Diese allgemeinen Normen werden allerdings für den Kauf durch Spezialnormen ergänzt oder abgeändert[77].

Darüber hinaus können dem Käufer Rechtsbehelfe aufgrund der Rechtsinstitute der *culpa in contrahendo* (*cic*) und der positiven Forderungsverletzung (pFV) zur Verfügung stehen.

Vor Gefahrübergang kann der Käufer bei einem Sachmangel oder einem Rechtsmangel die Kaufpreisleistung verweigern, wenn er diesen noch nicht gezahlt hat (§ 320 BGB bzw. §§ 440 I, 320 BGB). Nach Gefahrübergang kann diese Einrede nach h.M. nur noch bei einem Rechtsmangel erhoben werden[78].

Wird eine Leistung *nachträglich unmöglich*[79], so kann der Käufer, wenn der Verkäufer dies zu vertreten hat[80], Schadensersatz verlangen oder vom Vertrag zurücktreten (§ 325 I S. 1 BGB). Ferner kann er das Surrogat heraus verlangen, das der Verkäufer infolge der Unmöglichkeit erlangt (§§ 325 I S. 3, 323 II, 281 BGB).

Befindet sich der Verkäufer mit der Lieferung im *Verzug*[81], so kann der Käufer vom Verkäufer den Schaden ersetzt verlangen, der ihm hierdurch entsteht (§§ 286 I, 284 BGB)[82]. Handelt es sich um eine Hauptleistungspflicht, so kann der Käufer dem in Verzug befindlichen Verkäufer eine Frist mit der Erklärung bestimmen, dass er die Annahme der Leistung nach deren Ablauf ablehne. Ist die Frist fruchtlos abgelaufen, so kann er Schadensersatz wegen Nichterfüllung verlangen oder vom Vertrag zurücktreten (§ 326 I S. 2 BGB).

---

75 Das BGB differenziert hinsichtlich des Kaufes bei einer nicht ordnungsgemäßen Erfüllung zwischen Unmöglichkeit und Verzug sowie zwischen Sach- und Rechtsmängeln. Auch bestimmen sich die Rechtsbehelfe des Käufers danach, ob es sich um einen Gattungs- oder Stückkauf (Spezieskauf) handelt, ob eine Haupt- oder Nebenpflicht verletzt wurde und schließlich, ob eine Eigenschaft zugesichert wurde oder (lediglich) ein Mangel vorliegt.

76 *Brox*, Bes. SchuldR, S. 11 f., Rn. 19.

77 *Brox*, Bes. SchuldR, S. 12, Rn. 19. Wieweit die Ausschlussfunktion der Gewährleistungshaftung (§§ 459 ff. BGB) gegenüber den „allgemeinen" Rechtsbehelfen des Käufers reicht, ist stark umstritten, vgl. hierzu, die Meinungen darstellend, *Köhler,* JA 1982, S. 157 ff..

78 *MünchKomm/Westermann*, § 459 Rn. 3.

79 Zur Abgrenzung Sachmängelhaftung und Unmöglichkeit, vgl. *Köhler,* JA 1982, 157, 161.

80 Hat der Schuldner (Verkäufer) das Unmöglichwerden nicht zu vertreten, so verliert er den Anspruch auf die Gegenleistung (§ 323 I BGB), es sei denn, der Käufer verlangt ein erlangtes Surrogat heraus (vgl. hierzu § 323 II BGB).

81 Der Verzug setzt dabei gem. § 285 BGB ein Verschulden des Verkäufers hinsichtlich der Leistungsverzögerung voraus. Im Gegensatz zur Unmöglichkeit kann beim Verzug die Leistung in Zukunft noch erfolgen, vgl. hierzu *Köhler,* JA 1982, 157, 161.

82 Hat die Leistung infolge des Verzugs für den Käufer kein Interesse, so kann er unter Ablehnung der Leistung Schadensersatz wegen Nichterfüllung verlangen (§ 286 II BGB).

Weist die Ware einen *Sachmangel* auf, so stehen dem Käufer die Gewährleistungsansprüche zur Verfügung (§§ 459 ff. BGB). Handelt es sich um eine Stückschuld, so kann der Käufer wandeln oder mindern (§ 462 BGB), wenn die Sache fehlerhaft ist oder ihr eine zugesicherte Eigenschaft fehlt (vgl. § 459 BGB). Fehlt der Sache zur Zeit des Kaufes eine *zugesicherte Eigenschaft* oder hat der Verkäufer einen Fehler *arglistig verschwiegen*, so kann der Käufer statt der Wandlung oder Minderung Schadensersatz wegen Nichterfüllung verlangen (§ 463 BGB). Ist der Kaufgegenstand eine Gattungssache, so kann der Käufer sowohl bei einem Sachmangel als auch beim Fehlen einer zugesicherten Eigenschaft ferner verlangen, dass ihm an Stelle der mangelhaften Sache eine mangelfreie geliefert wird (Nachlieferung, vgl. § 480 I BGB)[83].

Liegt ein *Rechtsmangel* vor, d.h. kann der Verkäufer seine Pflicht zur Übereignung nicht erfüllen oder kein lastenfreies Eigentum übertragen, so verweist § 440 BGB auf die allgemeinen Regeln der §§ 320 bis 327 BGB.

Nach den §§ 325, 326 BGB kann der Käufer vom Vertrag zurücktreten oder Schadensersatz wegen Nichterfüllung verlangen[84]. Nach h.M. hat der Verkäufer dabei ein anfängliches Unvermögen auch ohne Verschulden zu vertreten (Garantiehaftung)[85].

Neben den Rechtsbehelfen, die sich aufgrund von Gesetzesrecht für den Käufer ergeben, stehen diesem ferner die Rechtsbehelfe zur Verfügung, die sich aus den Grundsätzen der *cic* und der pFV ergeben. Diese Ansprüche sind grundsätzlich auf Schadensersatz gerichtet.

Aus pFV haftet der Verkäufer dem Käufer für nichtmangelbezogene schuldhafte Pflichtverletzungen[86] und nach h.M. bei mangelbezogenen Pflichtverletzungen für Mangelfolgeschäden[87].

Ansprüche auf Schadensersatz aus *cic* stehen dem Käufer zu, wenn der Verkäufer während der Vertragsverhandlungen Aufklärungs- und Schutzpflichten verletzt[88].

---

83 Hinsichtlich des Schadensersatzanspruches ist bezüglich des Mangels auf den Zeitpunkt des Gefahrübergangs abzustellen (§ 480 II BGB).

84 Nicht einheitlich wird beurteilt, ob im Fall des anfänglichen Unvermögens der Verkäufer nach § 325 I BGB oder § 326 I BGB haftet, ob also grundsätzlich eine Fristsetzung mit Ablehnungsandrohung erforderlich ist. Vgl. hierzu *Soergel/Huber*, § 440 Rn. 12 ff.; *Staudinger/Köhler*, § 440 Rn. 21 ff..

85 *Brox*, Bes. SchuldR, S. 16 Rn. 30; *Staudinger/Köhler*, § 440 Rn. 26. Nach § 325 I BGB kann der Käufer alternativ Herausgabe eines erlangten Surrogats fordern (§ 325 I S. 3 BGB).

86 *BGHZ* 66, 208.

87 Der Mangelschaden ist dabei der Schaden, der dem Käufer unmittelbar in Gestalt der mangelhaften Lieferung erwächst (bspw. die reduzierte Gebrauchstauglichkeit); Mangelfolgeschaden ist der Schaden, der dem Käufer an seinen sonstigen Rechtsgütern außerhalb der Kaufsache (bspw. Gesundheit) entsteht. Beim ersten ist das Äquivalenzinteresse, beim zweiten das Integritätsinteresse betroffen; vgl. *Palandt/Putzo*, vor § 459 Rn. 6.

III. Die Nacherfüllungsansprüche bei Sachmängeln im BGB

1. Grund und Rechtsnatur der Gewährleistungshaftung

Im deutschen internen Recht ist das Wesen und der Grund der Gewährleistungshaftung hinsichtlich des *Stückkaufs* umstritten. Nach einer Ansicht ist die Gewährleistungshaftung dem Grunde nach nichts anderes als eine Nichterfüllungshaftung (sog. „Erfüllungstheorie"), während sie nach anderer Ansicht ihren Grund in einer „zusätzlich auferlegten Einstandspflicht"[89] findet (sog. „Gewährleistungstheorie").

Beim Sachkauf ist der Verkäufer verpflichtet, dem Käufer die Sache zu übergeben und das Eigentum an ihr zu verschaffen (§ 433 I S. 1 BGB). Ausgangspunkt des Theorienstreits beim Stückkauf ist die Frage, ob der Verkäufer darüber hinaus verpflichtet ist, eine sachmangelfreie Sache zu liefern, ob also die Mangelfreiheit Inhalt der Leistungspflicht ist[90].

Die dogmatische Auseinandersetzung betrifft dabei nur den Stückkauf, da man sich für den *Gattungskauf* im Ergebnis einig ist, dass den Verkäufer eine Leistungspflicht zur mangelfreien Lieferung trifft.

Die dogmatische Einordnung der Gewährleistungshaftung ist für den *Nachlieferungsanspruch* insofern von Bedeutung, als dass hierdurch auch der Grund und die Rechtsnatur dieses Anspruchs festgelegt wird.

Hinsichtlich des *Nachbesserungsanspruchs* wird dessen fehlende gesetzliche Normierung von Vertretern der sog. „Gewährleistungstheorie" als Argument dafür verwendet, dass dem Verkäufer eine Leistungspflicht nach dem BGB zur mangelfreien Lieferung nicht obliegt[91]. Schließlich wird von einigen Autoren, trotz der Nichtnormierung eines Nachbesserungsanspruchs für Sachmängel, auf der Grundlage der sog. „Erfüllungstheorie" ein Nachbesserungsanspruch des Käufers angenommen[92].

---

88 Bezieht sich die Pflichtverletzung darauf, dass der Verkäufer den Käufer fahrlässig nicht ausreichend über Eigenschaften aufgeklärt hat, kommt ein Anspruch aus *cic* nach h.M. ebenfalls nur dann in Betracht, wenn es sich um einen Mangelfolgeschaden handelt, *vgl. Larenz,* SchuldR II/1 § 41 e, S. 75; *BGHZ* 60, 319 f..

89 *Larenz,* SchuldR II/1, § 41 II e, S. 66.

90 Vgl. *BGB-RGRK/Mezger*, § 459 Rn. 3 ; *Brox*, Bes. SchuldR, S. 32, Rn. 58.

91 *Larenz,* SchuldR II/1, § 41 II e, S. 67.

92 *Peters,* JZ 1978, 92 f.; *Erman,* JZ 1960, 41 f. (Nachbesserungsanspruch nur vor Gefahrübergang). Weitere praktische Relevanz hat der Theorienstreit für die Frage des Annahmeverzuges und der Einrede des nichterfüllten Vertrages. Denn gehört die Sachmängelfreiheit zur Erfüllungspflicht, so kann der Käufer bei Mangelhaftigkeit der Sache die Einrede des

a) Wesen und Rechtsnatur der Gewährleistungshaftung beim Stückkauf

Im Wesentlichen stehen sich zwei Meinungen gegenüber, und zwar die sog. „Erfüllungstheorie“[93] und die sog. „Gewährleistungstheorie“.

Die *Gewährleistungstheorie*[94] unterscheidet, dem römisch-gemeinen Recht folgend, zwischen Nichterfüllung der Leistungsverpflichtung und der Gewährleistung wegen Sachmängeln[95].

Die *Leistungsspflicht* sei beim Spezieskauf die Verpflichtung, die Ware zu übergeben und zu übereignen, und zwar *„nur so, wie sie nun einmal tatsächlich ist“*[96]. Die Mangelfreiheit der Kaufsache wird daher *nicht* von der Leistungspflicht des Verkäufers erfasst. Deshalb sei „beim Spezieskauf (...) die Leistung einer mangelhaften Sache volle Erfüllung“[97]. Trotz Lieferung einer sachmangelhaften Sache hat der Verkäufer also nach dieser Ansicht seine Leistungspflicht gem. § 433 I BGB erfüllt, so dass sie erlischt[98].

Die *Gewährleistungspflicht* sei dagegen die Verpflichtung für die Sachmangelfreiheit einzustehen[99]. Diese Verpflichtung sei nicht Inhalt der Leistungsverpflichtung, sondern eine darüber hinausgehende (zusätzliche) Einstandspflicht („Gewähr“) für die Mangelfreiheit der Sache[100].

Der Rechtsgrund der über die Leistungspflicht hinausgehenden Einstandspflicht (Gewährleistungspflicht) wird dabei unterschiedlich beurteilt[101]. Er wird teilweise an außerhalb des Kaufvertrages liegende Tatbestände geknüpft[102] oder es

---

nichterfüllten Vertrages erheben und er kommt bei Abweisung der Ware nicht in Annahmeverzug; hierzu *Kirchhof*, Sachmängelhaftung, S. 27 ff..

93 Auch „Nichterfüllungstheorie“ genannt, vgl. *Staudinger/Honsell*, vor §§ 459 ff Rn. 8.

94 *Schollmeyer*, Jher. Jhrb. 49, S. 93 ff., *Süß*, Wesen der Gewährleistung, 48 ff.; *Knöpfle*, Der Fehler beim Kauf, S. 7 ff.; *Larenz*, SchuldR II/1, § 41 II e, S. 66 ff.; *Soergel/Ballerstedt* (10. Aufl.), vor § 459 Rn. 15; *Oertmann*, § 433, Anm. 2 a; *Staudinger/Honsell*, vor §§ 459 ff. Rn. 10; ähnlich *Flume*, Eigenschaftsirrtum und Kauf, S. 33 ff.; *ders.* AcP 193, 89, 99, der zwischen Erfüllung des Kaufvertrages und Erfüllung von Leistungspflichten unterscheidet, wobei die mangelhafte Lieferung eine Nichterfüllung des Kaufvertrages, nicht aber Nichterfüllung einer Leistungspflicht sei.

95 Vgl. *Staudinger/Honsell*, vor §§ 459 ff. Rn. 9.

96 *Larenz*, SchuldR II/1, § 41 II e, S. 67.

97 *Süß*, Wesen der Gewährleistung, S. 49.

98 *Süß*, Wesen der Gewährleistung, S. 48; *Staudinger/Honsell*, vor §§ 459 ff. Rn. 9. Nach dieser Theorie sind die allgemeinen Vorschriften über Leistungsstörungen schon tatbestandlich ausgeschlossen, vgl. *Larenz*, SchuldR II/1, § 41 II e, S. 69.

99 *Schollmeyer*, Iher. Jahrb. 49, S. 93; *Süß*, Wesen der Gewährleistung, S. 19.

100 *Larenz*, SchuldR, II/1, § 41 II e, S. 66 („zusätzlich auferlegte Einstandspflicht“).

101 Vgl. zu den Begründungen, *Kirchhof*, Sachmängelhaftung, S. 19 ff.; *Soergel/Huber*, vor § 459 Rn. 149.

102 *Süß*, Wesen der Gewährleistung, S. 210 f., der ausführt, der Käufer habe einen „virtuellen Vorbehalt“. *Oertmann, § 459 Anm. 2 a* (Rechtsgrund für Gewährleistungshaftung sei Geschäftsgrundlage); *Soergel/Ballerstedt, vor § 459 Rn. 15* (Haftungsgrund sei die Störung der subjektiven Äquivalenz).

wird argumentiert, der Rechtsgrund beruhe „auf einer *im Kaufvertrag selbst* begründeten (...) Einstandspflicht des Verkäufers“[103].

Im Wesentlichen werden zur Begründung der Gewährleistungstheorie drei Argumente angeführt:

Bei *unbehebbaren* Mängeln würde eine Leistungspflicht zur mangelfreien Leistung den Verkäufer zu einer objektiv unmöglichen Leistung verpflichten[104]. Bestünde nun aber eine Leistungspflicht zur mangelfreien Lieferung, wäre der Kaufvertrag nach § 306 BGB nichtig[105].

Weiter wird argumentiert, dass sich aus dem Gesetz selbst ergebe, dass dem Käufer bei Sachmängeln im Gegensatz zu anderen Vertragstypen und der Rechtsmängelhaftung kein Erfüllungsanspruch zustünde[106]. Eine Erfüllungspflicht ohne Sanktion (d.h. einem Anspruch des Käufers) wäre aber eine „unnötige Figur“[107].

Ferner würde die historische Entwicklung für die Gewährleistungstheorie sprechen[108]. Die Verfasser des BGB wollten -dem römischen Recht folgend- dem Spezieskäufer die ädilizischen Rechtsbehelfe der Wandlung und Minderung zur Seite stellen, nicht aber einen Erfüllungsanspruch.

Nach der (wohl herrschenden) *Erfüllungstheorie*[109] umfasst die Leistungspflicht des Verkäufers auch beim Stückkauf nicht nur die Übereignung und Übergabe, sondern auch die Verpflichtung, dem Käufer sachmangelfreie Ware zu liefern[110]. Die mangelfreie Lieferung ist also Bestandteil der Leistungspflicht des Verkäufers[111]. Bei den Gewährleistungsansprüchen handele es sich daher wie

103 *Larenz*, SchuldR II/1, § 41 II e, S. 68, der ebenfalls (im Anschluss an Ballerstedt, vgl. vorstehende Fn.) auf das bei Vertragsschluss „angenommene Gleichwertverhältnis“ abstellt.

104 *Süß*, Wesen der Gewährleistung, S. 69 f.; *Larenz*, SchuldR II/1, § 41 II e, S. 67.

105 *Larenz*, SchuldR II/1, § 41 II e, S. 67.

106 *Larenz*, SchuldR II/1, § 41 II e, S. 67.

107 *Staudinger/Honsell*, vor §§ 459 ff. Rn. 10; *Flume*, Eigenschaftsirrtum und Kauf, S. 36; *ders.*, AcP 193 (1993), 89, 99 („(...)ohne Sinn, (...) als Grundlage eine Erfüllungspflicht zu unterstellen, die es als Rechtsfolge (...) nicht gibt“.)

108 *Staudinger/Honsell*, vor §§ 459 ff. Rn. 10; hierzu auch *Fabricius*, JZ 1967, 464, 468 (im Ergebnis aber der Erfüllungstheorie folgend)

109 *Korintenberg*, Abschied von der Gewährleistung, S. 36 ff.; *Fabricius*, JZ 1967, 464 ff.; *Erman* JZ 1960, 41 ff.; *Brox*, Bes. SchuldR, S. 32 Rn. 58; *Soergel/Huber*, vor § 459 Rn. 166 ff.; *Graue*, Mangelfreie Lieferung beim Kauf, S. 395; *BGB-RGRK/Mezger*, § 459 Rn. 3; *Herberger*, Rechtsnatur der Sachmängelhaftung, S. 32 ff.; *Guldimann*, Nachbesserungsanspruch, S. 12; die Rechtsprechung folgt, ohne auf den Streit einzugehen, der Erfüllungstheorie, vgl. *BGH* WM 1983, 363, 364.

110 *Erman*, JZ 1960, 41, 41; *BGB-RGRK/Mezger*, § 459 Rn. 3.

111 Unterschiedlich wird allerdings beurteilt, ob die §§ 459 ff. BGB auf der Verletzung einer Haupt- oder Neben(leistungs-)pflicht beruhen. Für Nebenpflicht aus Treu und Glauben, *Fabricius*, JZ 1967, 464, 470 f.. Für Nebenleistungspflicht, *Kirchhof*, Sachmängelhaftung, *S. 23 ff.*. Für Hauptleistungspflicht, *Erman, JZ 1960, 41, 41.*

beim Gattungskauf in Wirklichkeit um „Ersatzerfüllungsansprüche“[112], die Sonderregeln zu dem allgemeinen Leistungsstörungsrecht darstellen[113].

Die Einbeziehung der Mangelfreiheit in die Leistungspflicht des Verkäufers wird dabei wie folgt begründet:

Der von der h.L. und Rspr. vertretene subjektive Fehlerbegriff führe notwendig zur Erfüllungstheorie[114]. Denn nach der subjektiven Fehlertheorie beurteilt sich die „Soll-Beschaffenheit“ nach dem Kaufvertrag selbst. Wenn aber die Abweichung der tatsächlichen Beschaffenheit von der vertraglich vereinbarten Beschaffenheit die Sachmängelhaftung begründe, so sei die Leistung der mangelhaften Sache auch beim Spezieskauf keine Erfüllung des Kaufvertrages[115].

Als weiteres Argument für die Erfüllungstheorie wird angeführt, dass es in §§ 463, 480 II BGB heißt „Schadensersatz wegen *Nichterfüllung*“, so dass hieraus zu folgern sei, daß eine Erfüllungspflicht bestünde[116].

Ferner müssten für den Stück- und den Gattungskauf einheitliche Regeln gelten[117]. Beim Gattungskauf sei aber eine Leistungspflicht zur Mangelfreiheit des Verkäufers unstreitig. Eine unterschiedliche Beurteilung der Leistungspflicht beim Stück- und beim Gattungskauf würde die Sachmängelhaftung zu einem uneinheitlichen Rechtsinstitut machen[118].

Auch würde die Nichtnormierung eines Nachbesserungsanspruchs nicht gegen die Leistungspflicht des Verkäufers zur mangelfreien Lieferung sprechen; denn einer Leistungs*pflicht* des Schuldners müsse nicht notwendig ein Erfüllungs*anspruch* des Gläubigers gegenüber stehen bzw. diese seien nicht gleichzusetzen[119].

Auf der Unterscheidung zwischen der Leistungspflicht des Verkäufers und dem Erfüllungsanspruch des Käufers, beruht das m.E. überzeugendste Argument der Erfüllungstheorie. Zwar steht nach deutschem Recht meist einer Leistungspflicht des Schuldners auch ein Erfüllungsanspruch des Gläubigers gegenüber, jedoch sind auch im internen deutschen Recht Leistungspflichten des Gläubigers anerkannt, mit denen keine Erfüllungsansprüche „in Natur“ korrespondieren, sondern „nur“ Schadensersatzansprüche. So können insbesondere Schutz- und

---

112 *Brox*, Bes. SchuldR, S. 32 Rn. 58. *Erman*, JZ 1960, 41, 43.

113 *BGB-RGRK/Mezger*, § 459 Rn. 3.

114 *Soergel/Huber*, vor § 459 Rn. 170.

115 *Soergel/Huber*, vor § 459 Rn. 170.

116 *BGB-RGRK/Mezger*, § 459 Rn. 3; *Graue*, Mangelfreie Lieferung beim Kauf, S. 278.

117 *Guldimann*, Nachbesserungsanspruch, S. 12.

118 *Herberger*, Rechtsnatur der Sachmängelhaftung, S. 32 ff; *Guldimann*, Nachbesserungsanspruch, S. 12.

119 *Graue*, Mangelfreie Lieferung beim Kauf, S. 294 (mit Verweis auf das *Common Law*); *Soergel/Huber*, vor § 459 Rn. 173.

Aufklärungspflichten des Verkäufers bestehen, ohne dass dem Käufer ein Erfüllungsanspruch zur Seite steht[120].

Ist man sich im Klaren darüber, dass eine gesonderte Leistungspflicht des Verkäufers bestehen kann, so ist deren Inhalt zu bestimmen. Hier ist den Argumenten der Erfüllungstheorie wenig hinzuzufügen. Insbesondere ist der Verweis auf den subjektiven Fehlerbegriff überzeugend. Denn wenn ein Mangel die ungünstige Abweichung der „Ist-" von der „Soll"-Beschaffenheit ist[121], die „Soll"-Beschaffenheit nach herrschender Lehre und Rechtsprechung[122] durch die im Vertrag vereinbarte Beschaffenheit festgelegt wird, dann ist diese Vereinbarung schon begriffsnotwendigerweise Vertragsinhalt. Der Vertrag legt das „Pflichtenprogramm" der Parteien fest, mithin auch die zu erbringenden Vertrags-(Leistungs-) pflichten des Verkäufers. Ist die Sache nun fehlerhaft, so ist sie nicht vertragsgemäß, was eine Vertrags- und damit Pflichtverletzung des Verkäufers darstellt. Der Rechtsgrund der Haftung liegt damit in einer Verletzung der Leistungspflicht.

Eine andere Betrachtung würde auch dem Kaufvertrag als synallagmatischem Vertrag nicht gerecht werden[123], für den das „do ut des" typisch ist. Der Käufer verspricht den Kaufpreis nicht für eine von Eigenschaften „entleerte", abstrakte Sache, sondern vielmehr gerade wegen dieser Eigenschaften[124]. Der (volle) Kaufpreis wird vom Käufer nur für die mangelfreie Sache erbracht, so dass die Mangelfreiheit Teil des Äquivalenzverhältnisses und damit eine Leistungspflicht ist[125].

Schließlich spricht noch eine weitere Überlegung gegen die Gewährleistungstheorie, die ihre Argumentation entscheidend auf das Fehlen eines Nachbesserungsanspruchs für Sachmängel im BGB stützt. *Vereinbaren* die Parteien einen Nachbesserungsanspruch, so ist unzweifelhaft, dass die mangelfreie Leistung zu den Vertragspflichten des Verkäufers gehören soll. Denn liefert der Verkäufer in diesem Fall eine mangelhafte Sache, steht dem Käufer ein Anspruch auf Mängelbeseitigung (Erfüllung) zu. Diesem Anspruch muss selbstverständlich eine Leistungspflicht des Verkäufers gegenüberstehen[126].

Durch die Vereinbarung eines Nachbesserungsanspruchs würde sich damit für die Vertreter der Gewährleistungstheorie die gesamte dogmatische Grundlage der

---

120 Vgl. *Soergel/Huber*, vor § 459 Rn. 173. Ferner verweist *Huber* (Soergel, vor § 459 Rn. 174, Fn. 22) zutreffend auf die Geschäftsführungspflicht in § 677 BGB des Geschäftsführers ohne Auftrag, der ebenfalls kein Erfüllungsanspruch „in Natur" gegenübersteht.

121 Vgl. nur *Medicus,* SchuldR II, S. 20 Rn. 43.

122 *Palandt/Putzo*, § 459 Rn. 8 m.w.N..

123 So auch *Soergel/Huber*, vor § 459 Rn. 171.

124 So auch *Guldimann*, Nachbesserungsanspruch, S. 12.

125 So auch *Kirchhof,* Sachmängelhaftung, S. 25 f.; *Guldimann*, Nachbesserungsanspruch, S. 12.

126 Vgl. insbesondere die Vertreter der Gewährleistungstheorie, die eine Leistungspflicht ohne Anspruch als „unnötige Figur" ansehen, vgl. *Staudinger/Honsell, vor § 459 Rn. 10; Flume, AcP 1993, 89, 99.*

Gewährleistungshaftung beim Stückkauf ändern. Es bestünde aber dann nicht nur ein uneinheitlicher Rechtsgrund der Gewährleistungshaftung bei Stück- und Gattungskauf, sondern auch innerhalb des Stückkaufs.

b) Wesen und Rechtsgrund der Gewährleistungshaftung beim Gattungskauf

Für den Gattungskauf herrscht weitgehend Einigkeit[127] darüber, dass die in § 480 BGB geregelten Gewährleistungsansprüche ihrer Rechtsnatur nach Erfüllungsansprüche sind[128]. So wird auch häufig der Begriff von sog. „unechten Gewährleistungsansprüchen" oder „Ersatzerfüllungsansprüchen" verwendet[129].

Ganz überwiegend wird die Begründung hierbei auf § 243 BGB gestützt[130]. Liefert der Verkäufer eine mangelhafte Sache, so hat er nicht das seinerseits Erforderliche getan; es tritt mithin keine Konkretisierung gem. § 243 II BGB ein, da die Sache nicht „mittlerer Art und Güte" gem. § 243 I BGB ist. Die Leistungspflicht sei deshalb nicht erloschen[131]. Rechtsgrund sei daher die mangelnde Erfüllung[132], so dass die Gewährleistungsansprüche ihrer Natur nach beim Gattungskauf Erfüllungsansprüche seien[133]. Ferner zeige der Nachlieferungsanspruch gem. § 480 I BGB, dass den Verkäufer eine Leistungspflicht zur mangelfreien Lieferung treffe[134].

2. Der Nachlieferungsanspruch bei Sachmängeln im BGB

Gem. § 480 I S. 1 BGB kann der Käufer einer nur der *Gattung* nach bestimmten Sache statt der Wandlung oder der Minderung verlangen, dass ihm an Stelle der mangelhaften Sache eine mangelfreie geliefert wird. Dieser Anspruch soll nachfolgend untersucht werden.

---

127 Zur heute kaum mehr vertretenen Mindermeinung: *Schollmeyer*, Jher. Jb 49, S. 97, 99 ff.; *Bletz*, Jura 1987, 139, 139. Hiergegen schon *Süß*, Wesen der Gewährleistung, S. 96.

128 *Süß*, Wesen der Gewährleistung, S. 96; *Kirchhof*, Sachmängelhaftung, S. 14 f., *ders.*, NJW 1970, 2052, 2052; *Larenz*, SchuldR II/1, § 41 III, S. 78; *Staudinger/Honsell*, vor §§ 459 Rn. 7. *Ballerstedt*, FS für Nipperdey, 1955, S. 261, 277.

129 Vgl. *Kirchhof*, NJW 1970, 2052, 2052.

130 *MünchKomm/Westermann*, § 459 Rn. 2; *Kirchhof*, Sachmängelhaftung, S. 14; *Palandt/Putzo*, § 480 Rn. 2, 4. Nach a.A. (*Soergel/Huber*, vor § 459 Rn. 157) wird die Erfüllungstheorie beim Gattungskauf schlicht damit begründet, dass der Verkäufer nicht vertragsgemäße Ware geliefert habe, aber zur Lieferung vertragsgemäßer Ware verpflichtet war. Die §§ 243 BGB, 360 HGB würden nämlich nur Qualitätsschwankungen innerhalb der Gattung betreffen.

131 *Esser/Weyers*, SchuldR II/1, § 5 IV, S. 54 f..

132 *Larenz*, Schuldrecht II/1, § 41 III, S. 77 f..

133 *Kirchhof*, Sachmängelhaftung, S. 15.

134 *Esser/Weyers*, SchuldR II/1, § 5 IV, S. 54 f..

a) Entstehungsgeschichte

Die Unterscheidung zwischen der Stück- und der Gattungsschuld entstammt dem römischen Recht, welches nach überwiegender Meinung jedoch den Gattungs*kauf* nicht kannte[135].

Ebenfalls römisch-rechtlichen Ursprungs ist die Differenzierung zwischen (Nicht-)Erfüllungsansprüchen und Gewährleistungsansprüchen (Wandlung und Minderung).

Während der Bereich der Nichterfüllungsansprüche den *Prätoren* zugewiesen war, handelt es sich bei den Gewährleistungsansprüchen um von den *kurulischen Aedilen* entwickelte Rechtsbehelfe für den Kauf von Sklaven und Vieh auf dem Markt[136]; diese Trennung drückte sich durch verschiedene Gerichtszuständigkeiten aus[137].

Bereits unter der Herrschaft des Gemeinen Rechts (Pandektistik) war die Frage umstritten, ob der Gattungskauf dem Recht der Nichterfüllung oder den ädilizischen Rechtsbehelfen (Wandlung und Minderung) zu unterstellen sei[138].

Auch bei Abfassung des BGB war nicht unstreitig, ob dem Gattungskäufer lediglich die allgemeinen Nichterfüllungsansprüche an die Hand gegeben werden sollten oder darüber hinaus auch die Gewährleistungsansprüche[139].

Schließlich hat der Gesetzgeber dem Käufer sowohl die Sachmängelansprüche als auch den Erfüllungsanspruch nebeneinander zuerkannt[140]. Die Motive zum BGB begründen dieses mit der (damals) überwiegend gefestigten Rechtsprechung und der Interessenlage der Vertragsparteien[141].

Zur Interessenlage in Bezug auf die Gewährleistungsansprüche wird ausgeführt[142], dass der Käufer sich, wenn ihm lediglich ein Erfüllungsanspruch zustünde, nur *nach* Fristsetzung vom Vertrag lösen bzw. Schadensersatz verlangen könnte (§ 326 I BGB). Bei einer mangelhaften Lieferung sei aber dem Käufer eine sofortige Vertragslösung zu ermöglichen, die andernfalls (ohne die ädilizischen Rechtsbehelfe) nur im Fall des Interessenwegfalls gegeben wäre (vgl. § 326 II BGB). Dem Käufer sei der Nachweis des Interessenwegfalls nicht zuzumuten.

---

135 *Kunkel/Honsell*, Römisches Recht, § 114 I. 3., S. 305 f. (allerdings zweifelnd).

136 Die kurulischen Ädilen waren eine Marktpolizei in Rom, die für den Kauf von Sklaven und Vieh die Rechtsbehelfe der Wandlung (actio redhibitoria) und Minderung (actio quanti minoris) entwickelten, vgl. *Kaser*, Römisches PrivatR I, § 131 II. 4., S. 558 f..

137 *Kaser*, Römisches PrivatR I, § 51 I. 1., S. 205; *Staudinger/Honsell*, vor § 459 ff. Rn. 5.

138 *MünchKomm/Westermann*, § 480 Rn. 1; *Staudinger/Honsell*, § 480 Rn. 1.

139 *Motive* II, S. 241 f.

140 *Motive* II, S. 241.

141 *Motive* II, S. 241 f., ferner wird dort auf die ähnlichen Regelungen in den „neuen Kodifikationen" hingewiesen.

142 *Motive* II, S. 241 f.

Der Erfüllungsanspruch sollte dem Käufer deshalb erhalten bleiben, weil dessen Versagung für ihn zu großen Härten führen könnte und sich nicht mit seinen vertraglichen Rechten vertrüge[143]. Insbesondere, wenn der Käufer die Ware bereits weiterverkauft habe, wäre er ungerechtfertigt mit dem Erwerb mangelfreier Ware bei einem Dritten belastet[144].

b) Rechtsnatur des Nachlieferungsanspruchs

Die *Rechtsnatur* des Nachlieferungsanspruchs ist trotz der weitgehenden Einigkeit über die Rechtsnatur der Gewährleistungshaftung beim Gattungskauf umstritten. So wird vertreten, dass es sich um den ursprünglichen Erfüllungsanspruch, um einen von diesem abgeleiteten (modifizierten) Erfüllungsanspruch und schließlich um einen Gewährleistungsanspruch handele. Aus der dogmatischen Einordung des Anspruchs werden insbesondere Schlüsse auf die Anwendbarkeit des § 326 BGB auf den Nachlieferungsanspruch gezogen[145].

Der *BGH* und ein Teil der Literatur vertreten die Ansicht, dass der Nachlieferungsanspruch der nach wie vor bestehende, also der ursprüngliche Erfüllungsanspruch des Käufers sei[146]. Erfülle der Verkäufer den Nacherfüllungsanspruch des Käufers nicht, so könne der Käufer deshalb nach § 326 BGB vorgehen.

Nach a.A. wird der Nachlieferungsanspruch als modifizierter bzw. abgeleiteter Erfüllungsanspruch angesehen[147]. Der Nachlieferungsanspruch sei nicht der ursprüngliche Erfüllungsanspruch, da er den Vorschriften der Sachmängelhaftung unterstellt sei (vgl. § 480 I S. 2 BGB). Für die Anwendbarkeit des § 326 BGB werden aus der Rechtsnatur als modifizierter Erfüllungsanspruch unterschiedliche Schlüsse gezogen. Während teilweise vertreten wird[148], dass § 326 BGB auf den Nacherfüllungsanspruch anwendbar bleibe, ist nach a.A.[149] § 326 BGB nicht

---

143 *Motive* II, S. 242.

144 *Protokolle* I, S. 713.

145 Zur Anwendbarkeit des § 326 BGB auf den Nachlieferungsanspruch ausführlich unten *C. III. 2. d) (4).*

146 *BGH* NJW 1985, 2526, 2526 („Der Nachlieferungsanspruch ist der nach wie vor bestehende Erfüllungsanspruch des Käufers"). *BGH* NJW 1958, 418; *BGH* NJW 1961, 117, 118; *Reinicke/Tiedtke,* Kaufrecht, S. 204 f. Rn. 520; *Palandt/Putzo* § 480 Rn. 4 („(Nach)ErfAnspr"); wohl auch *Soergel/Huber*, vor § 459 Rn. 162.

147 *Kirchhof*, NJW 1970, 2052 f. ; *ders.*, Sachmängelhaftung. S. 179 ff.; *MünchKomm/ Westermann*, § 480 Rn. 1; *Esser/Weyers*, SchuldR II/1, § 5 IV 2 b, S. 55 f.. *Köhler*, JA 1982, 159, 161.

148 *MünchKomm/Westermann*, § 480 Rn. 6; *Staudinger/Honsell*, § 480 Rn 10; *Larenz,* SchuldR II/1, S. 79; sowie naturgemäß die Vertreter (insb. die Rspr), die in dem Nachlieferungsanspruch den ursprünglichen Erfüllungsanspruch sehen.

149 *Kirchhof*, NJW 1970, 2052, 2053; *ders.* , Sachmängelhaftung, S. 179 f.; *Köhler*, JuS 1979, 496, 499; *Esser/Weyers*, SchuldR II/1, § 5 IV 2 b, S. 55 f.; *Bletz*, Jura 1987, 139, 142 (der aber im Nacherfüllungsanspruch einen Gewährleistungsanspruch sieht).

anwendbar, da der Verkäufer mit der *Annahme* der Sache durch den Käufer den Vertrag *zunächst erfüllt* habe mit der Folge, dass die allgemeinen Nichterfüllungsansprüche nicht mehr herangezogen werden könnten[150].

Diejenigen, die auch hinsichtlich des Gattungskaufs die Gewährleistungstheorie vertreten, sehen im Nachlieferungsanspruch einen (echten) Gewährleistungsanspruch, was sich ebenfalls aus der Einordnung in das System der Gewährleistungsansprüche ergebe[151]. § 326 BGB sei deshalb auf den Nachlieferungsanspruch nicht anwendbar[152].

M.E. ist der Nachlieferungsanspruch gem. § 480 I BGB ein Erfüllungsanspruch. Allein die Unterstellung des Nachlieferungsanspruchs unter die Sachmängelhaftung rechtfertigt nicht, den Nachlieferungsanspruch als einen Gewährleistungsanspruch anzusehen[153]. Vielmehr soll den Verkäufer die Leistungspflicht zur mangelfreien Lieferung treffen, was sich bereits aus dem Bestehen des Nacherfüllungsanspruchs selbst ergibt. Die Einordnung des Nachlieferungsanspruchs in das System der Gewährleistungsansprüche dient lediglich dem Zweck, keine Wertungswidersprüche zwischen den historisch unterschiedlichen Haftungssystemen entstehen zu lassen[154]. So soll insbesondere die *ratio legis* des § 477 BGB (baldige Herstellung des Rechtsfriedens) nicht dadurch unterlaufen werden, dass ein in 30 Jahren verjährender Erfüllungsanspruch fortbesteht.

Auch die Entstehungsgeschichte des Nacherfüllungsanspruchs, insbesondere die Erwägungen der Verfasser des BGB, deutet darauf hin, dass es sich um einen Erfüllungsanspruch handelt[155].

Der Frage, ob der Anspruch gem. § 480 I BGB der ursprüngliche oder aber ein modifizierter Erfüllungsanspruch ist, kann lediglich terminologische Bedeutung zugemessen werden[156]. Allerdings liegt aufgrund der Unterstellung des Nachlieferungsanspruchs unter die Vorschriften des Gewährleistungsrechts, die Annahme eines modifizierten Erfüllungsanspruchs näher[157].

---

150 *Kirchhof*, NJW 1970, 2052, 2053; *Köhler*, JA 1982, 159, 161; *Esser/Weyers*, SchuldR II/1, § 5 IV 2 b, S. 55 f.

151 *Schollmeyer*, Jher. Jahrb. 49, S. 99 f.. *Bletz*, Jura 1987, 139, 139, 142, der allerdings nicht auf den Rechtsgrund der Gewährleistungshaftung eingeht, sondern lediglich aufgrund der Unterstellung des Nachlieferungsanspruchs unter die Sachmängelhaftung auf die Rechtsnatur als Gewährleistungsanspruch schließt.

152 *Bletz*, Jura 1987, 139.

153 So schon *Süß*, Wesen der Gewährleistung, S. 96.

154 In diese Richtung auch *Soergel/Huber*, vor § 459 Rn. 164

155 So war bei den Beratungen zum BGB im Prinzip unstreitig, dass dem Gattungskäufer ein Erfüllungsanspruch zustehen sollte. Vielmehr war lediglich unklar, ob dem Gattungskäufer darüber hinaus auch die ädilizischen Rechtsbehelfe zuerkannt werden sollten, vgl. *Motive II*, S. 241 f..

156 Vgl. zur Kritik am Streit um die Rechtsnatur des Erfüllungsanspruchs, *Staudinger/Honsell*, § 480 Rn. 7; *Soergel/Huber*, vor § 459 Rn. 165.

Zur Frage, ob § 326 BGB auf den Nachlieferungsanspruch anzuwenden ist, siehe unten *C. 2. d) (4)*.

c) Voraussetzungen des Nachlieferungsanspruchs

(1) Wirksamer Kaufvertrag über eine Gattungssache

Das interne deutsche Recht unterscheidet hinsichtlich des Kaufgegenstandes danach, ob es sich um eine Stückschuld oder aber um eine Gattungssache handelt. Nur dem Gattungskäufer steht der Rechtsbehelf der Nachlieferung zur Verfügung (vgl. § 480 I BGB). Der Käufer einer im Vertrag individuell bestimmten Sache hat, wenn diese mangelhaft ist, keinen Anspruch auf Lieferung einer anderen Sache, selbst wenn die verkaufte Sache durch eine andere ersetzbar wäre[158].

Eine *Gattungsschuld* liegt vor, wenn die Kaufsache nur nach allgemeinen Merkmalen (Gattungsmerkmalen) bestimmt ist[159].

Eine Gattung bilden dabei alle Gegenstände, die durch gemeinschaftliche Merkmale (Typ, Sorte, u.U. auch Preis) gekennzeichnet sind und sich dadurch von Gegenständen anderer Art abheben[160]. Die Merkmale der Gattung - und damit deren Abgrenzung -, aus der zu leisten ist, richtet sich nach dem Parteiwillen unter Berücksichtigung der Verkehrsauffassung[161]. Eine Gattungsschuld ist auch dann gegeben, wenn die geschuldete Sache nach der Parteivereinbarung aus einer bestimmten Menge (Vorrat) entnommen werden soll (Vorratsschuld, beschränkte Gattungsschuld)[162].

In Abgrenzung zur Gattungsschuld ist die *Stückschuld* dadurch gekennzeichnet, dass die geschuldete Sache konkret bestimmt ist (Speziesschuld)[163].

Liegt eine Gattungsschuld vor, kann der Verkäufer (Schuldner) auswählen, mit welchem Leistungsgegenstand er aus der Gattung erfüllen will. Er hat jedoch gem. § 243 I BGB (vgl. auch § 360 HGB) zumindest Sachen *mittlerer Art und Güte* zu liefern. Hat die Sache minderwertige Qualität, so liegt keine vertragsgemäße Erfüllung vor[164]. Der Käufer kann die Sache zurückweisen und die Ein-

---

158 *Soergel/Huber*, § 480 Rn. 17.

159 *Brox*, Allg. SchuldR, S. 61 Rn. 90. Bsp.: 2 kg. Äpfel, 1 neuer BMW, wenn das Kfz nur nach den Ausstattungsmerkmalen und Typ bestimmt wird.

160 *Palandt/Heinrichs, § 243 Rn. 2.* Möglich ist auch, dass die Parteien Qualitätsmerkmale zu Gattungsmerkmalen machen, vgl. bspw. *Seibert,* MDR 1983, 177.

161 *BGH* NJW 1986, 659, 660; *BGH* NJW 1975, 2011; *Brox*, Allg. SchuldR S. 61 Rn. 90. Die Parteien können dabei die Gattung durch Vereinbarung vieler Merkmale eng begrenzen, vgl. *Palandt/Heinrichs, § 243 Rn. 2.*

162 *Brox,* Allg. SchuldR, S. 61 Rn. 90. Eine beschränkte Gattungsschuld ist im Zweifel anzunehmen, wenn ein Selbsthersteller Erzeugnisse eigener Produktion zu liefern verspricht, vgl. *Palandt/Heinrichs,* § 243 Rn. 3. Beispiele für Vorratsschulden: Holz von einem bestimmten Lagerplatz, Milch einer bestimmten Molkerei, 10 Zentner Hafer der diesjährigen Ernte.

163 *Larenz,* SchuldR I, § 11 I, S. 151.

164 *Brox,* Allg. SchuldR, S. 62 Rn. 92; *Soergel/Huber*, vor § 459 Rn. 27.

rede des nichterfüllten Vertrages erheben oder aber die Rechte aus §§ 480, 459 ff. BGB also Minderung, Wandlung und ggf. Schadensersatz sowie Nachlieferung geltend machen.

Ist allerdings die ganze Gattung mangelhaft, so besteht *kein* Anspruch auf Nachlieferung[165]. Denn § 480 BGB setzt voraus, dass noch mangelfreie Sachen in der Gattung vorhanden sind[166].

(2) Nachlieferungsgrund

Das BGB unterscheidet zwischen einfachem Fehler gem. § 459 I BGB und dem Fehlen einer zugesicherten Eigenschaft (§ 459 II BGB).

(a) Der Fehler i.S.d. § 459 I BGB

Gem. § 459 I BGB haftet der Verkäufer dafür, dass die verkaufte Sache zur Zeit des Gefahrübergangs nicht mit einem Fehler behaftet ist, der den Wert oder die Tauglichkeit zu dem gewöhnlichen oder dem vertraglich vorausgesetzten Zweck mindert oder aufhebt.

Eine unerhebliche Minderung des Wertes oder der Tauglichkeit kommt dabei nicht in Betracht (§ 459 I S. 2 BGB)[167].

(aa) Der Fehlerbegriff

Ein Fehler liegt dann vor, wenn die Ist-Beschaffenheit ungünstig von der Soll-Beschaffenheit abweicht[168]. Die heute ganz herrschende Lehre und Rechtsprechung interpretiert den Fehlerbegriff *subjektiv*[169] .

Danach ist ein Fehler, die für den Käufer ungünstige nicht unerhebliche Abweichung der tatsächlichen von der im Vertrag *vereinbarten* oder zugesicherten Beschaffenheit; oder kurz gesagt, wenn die Sache nicht vertragsgemäß

---

165 *BGHZ* 50, 200, 206; *MünchKomm/Westermann,* § 480 Rn. 3.

166 *Soergel/Huber,* § 480 Rn. 17.

167 *Brox*, Bes. SchuldR, S. 33 Rn. 60.

168 *Larenz* II/1 § 41 I a, S. 38; *MünchKomm/Westermann* § 459 Rn. 8; *Medicus*, SchuldR II, S. 20 Rn. 43.

169 *Flume*, Eigenschaftsirrtum und Kauf, S. 109 ff.; *Palandt/Putzo*, § 459 Rn. 8; *MünchKomm/Westermann*, § 459 Rn. 8 ff.; *BGHZ* 90, 198, 202; *Soergel/Huber*, vor § 459 Rn. 29 ff.; *BGB-RGRK-Mezger* § 459 Rn. 5; *Erman/Weitenauer*, vor § 459 Rn. 3. Nach a.A. ist der Fehlerbegriff *objektiv* zu bestimmen, d.h. eine Sache ist fehlerhaft, wenn sie von der *normalen* Beschaffenheit, von den objektiv zu bestimmenden Merkmalen der Art oder Gattung abweicht, vgl. *Knöpfle*, Der Fehler beim Kauf, S. 349; ähnlich *Fabricius*, JuS 1964, 1 ff., der jedoch eine analoge Anwendung der §§ 459 ff. BGB vorschlägt.

ist[170]. Voraussetzung ist daher nicht, dass die Sache in irgendeiner Form anomal ist.

Haben sich die Parteien nicht ausdrücklich über die Beschaffenheit geeinigt, so ist davon auszugehen, dass sie die Tauglichkeit der Sache zum „gewöhnlichen Gebrauch" stillschweigend voraussetzen[171] bzw. dass sie voraussetzen, dass die Sache von normaler Beschaffenheit ist[172].

Der Fehler kann dabei in der körperlichen (physischen) Beschaffenheit oder in solchen tatsächlichen, rechtlichen, sozialen oder wirtschaftlichen Beziehungen zur Umwelt liegen, die nach der Verkehrsauffassung Wert und Brauchbarkeit der Kaufsache unmittelbar beeinflussen[173]. Die Beziehungen müssen aber in der tatsächlichen Beschaffenheit der Sache selbst ihren Grund haben[174].

Zu den *Umweltbeziehungen* zählen insbesondere die Fälle, in welchen Gegenstände nicht *echt*[175] sind oder eine andere als die vereinbarte *Herkunft* aufweisen[176]. Weiter gehören hierzu auch die Fälle, in denen die *rechtliche Beziehungen* der Sache zur Umwelt einen Fehler begründen. Bestehen bspw. öffentlichrechtliche Benutzungsbeschränkungen für einen Kran[177] oder weicht ein verkauftes Gerät von gesetzlichen Gerätesicherheitsbestimmungen[178] ab, so liegt ebenfalls ein Fehler vor. Hinsichtlich rechtlicher Beschränkungen ergeben sich Abgrenzungsprobleme mit der Rechtsmängelhaftung, was vor allem wegen der unterschiedlichen Verjährungsfristen von Bedeutung ist[179].

Verpackungsmängel stellen nach BGB nicht immer einen Fehler dar[180]. Nur wenn die Verpackung zur Ausstattung der Ware gehört und nicht lediglich zum Schutz vor Transportschäden dient, liegt ein Sachmangel vor[181]. Dies gilt z.B., wenn die Weiterverkäuflichkeit von der Verpackung abhängt, die Verpackung zur Aufbewahrung der Ware bei dem Käufer dienen soll oder die Haltbarkeit der

---

170 *Soergel/Huber*, vor § 459 Rn. 29.

171 *Brox*, Bes. SchuldR, S. 34 Rn. 62; *Palandt/Putzo*, § 459 Rn. 10.

172 *Palandt/Putzo*, § 459 Rn. 8.

173 *Palandt/Putzo*, § 459 Rn. 8. Beispiele sind etwa, dass ein als Neuwagen verkauftes KfZ aus der neuesten Serie des laufenden Jahrgangs stammt (*MünchKomm/Westermann*, § 459 Rn. 38) oder schlicht die Beschädigung einer Sache. Auch ein bloßer *Verdacht*, dass ein Qualitätsmangel vorliegt, kann einen Fehler begründen, wenn dadurch der gewöhnliche oder vertragsgemäße Gebrauch beeinträchtigt wird (*BGH* NJW 1972, 1462)

174 *Brox*, Bes. SchuldR, S. 36 Rn. 64; *Staudinger/Honsell*, § 459 Rn. 39 m.w.N..

175 *BGHZ* 63, 369 (ein als „echter Jawlensky" stammt von einem unbekannten Maler).

176 *BGH* LM § 477 Nr. 5 (Holz stammt nicht aus einem bestimmten Anbaugebiet).

177 *BGHZ* 90, 198.

178 *BGH* NJW 1985, 1769.

179 Hierzu vgl. unten *C. VI. 2. a)*. Vgl. auch *Soergel/Huber* § 459 Rn. 29.

180 *MünchKomm/Westermann*, § 459 Rn. 45; *Palandt/Putzo* § 459 Rn. 32.

181 *Soergel/Huber*, § 447 Rn. 45.

Ware leidet[182]. Kommt im Übrigen die Ware trotz einer fehlenden Verpackung bei dem Käufer unversehrt an, so liegt kein Sachmangel vor[183].

Auch *Quantitätsmängel* können einen Sachmangel darstellen[184]. So kann die Lieferung von Ware mit falscher Größe oder falschen Abmessungen ebenso wie die Lieferung von Ware mit Untergewicht einen Sachmangel begründen[185]. Wird bei einer zusammengesetzten Sache *unvollständig geliefert* und handelt es sich nicht um selbständige Funktionsteile, so ist ebenfalls ein Sachmangel gegeben[186].

Liegt ein „echter" Quantitätsmangel vor, d.h. liefert der Verkäufer bspw. 20 anstatt 25 Kisten Wein, so stellt dies keinen Sachmangel dar. Vielmehr hat der Käufer Anspruch auf vollständige Lieferung (§ 433 I BGB) und kann nach §§ 320, 326 BGB vorgehen[187].

Die *Beweislast* hinsichtlich des Vorliegen eines Fehlers trägt vor Annahme der Ware als Erfüllung der Verkäufer nach Annahme der Käufer[188].

(bb) Erheblichkeit des Fehlers

Der Fehler muss, um Sachmängelansprüche zu begründen, den Wert oder die Tauglichkeit *erheblich* mindern (§ 459 I S. 2 BGB).

Unerheblich ist ein Fehler dann, wenn er in Kürze selbst verschwindet[189] oder aber vom Käufer selbst mit nur unerheblichem Aufwand schnell beseitigt werden kann[190].

Für die Beurteilung der Erheblichkeit ist dabei die Verkehrsauffassung und gegebenfalls der Handelsbrauch (§ 346 HGB) maßgebend[191], wobei auch hier der Verwendungszweck zu berücksichtigen ist[192].

Bei Vorliegen mehrerer Fehler sind diese insgesamt zu würdigen[193].

Zu berücksichtigen ist jedoch, dass die Erheblichkeit keine Rolle spielt, wenn die Eigenschaft zugesichert wurde[194].

---

182 *Palandt/Putzo,* § 459 Rn. 32; *MünchKomm/Westermann,* § 459 Rn. 45.

183 *Soergel/Huber*, § 447 Rn. 44.

184 Zur Abgrenzung im Einzelnen, vgl. unten *C.V. 1. a).*

185 *MünchKomm/Westermann*, § 459 Rn. 25.

186 *Soergel/Huber*, § 459 Rn. 52.

187 *MünchKomm/Westermann*, § 459 Rn. 25; *Soergel/Huber*, § 459 Rn. 48.

188 *Palandt/Putzo,* § 459 Rn. 59 f. m.w.N.; *Soergel/Huber,* § 459 Rn. 91 f..

189 *Brox*, Bes. SchuldR, S. 38 Rn. 65.

190 *KG* NJW-RR 1989, 972, m.w.N. (4 Millionen DM teueres Haus war mit Holzbock befallen, welcher mit einem finanziellen Aufwand von ca. 6500 DM beseitigt werden konnte).

191 *Palandt/Putzo*, § 459 Rn. 13.

192 *MünchKomm/Westermann*, § 459 Rn. 27.

193 *Soergel/Huber*, § 459 Rn. 77; OLG Hamm NJW-RR 1988, 1461.

194 *Soergel/Huber*, § 459 Rn. 76.

(cc) *Besonderheiten beim Gattungskauf/Abgrenzung zwischen Qualitätsmängeln und aliud-Lieferung*

Ausgehend vom subjektiven Fehlerbegriff ist eine Gattungssache fehlerhaft, wenn die gesamte Gattung zum vertraglich vorausgesetzten Zweck ungeeignet ist, wenn sie nicht den vertraglich vereinbarten Standards genügt oder, soweit keine Vereinbarung getroffen wurde, wenn die verkaufte Sache nicht von mittlerer Art und Güte i.S. der §§ 243 II BGB, 360 HGB ist[195].

Problematisch und umstritten ist beim Gattungskauf die Abgrenzung zwischen Falschlieferung (*aliud*) und der Fehlerhaftigkeit von Gattungsware[196]. Insbesondere im Hinblick auf die Verjährungsvorschrift des § 477 BGB ist diese Unterscheidung von großer Relevanz[197]. Grundsätzlich gelten für *aliud*-Lieferungen die allgemeinen Vorschriften (§§ 320 ff. BGB) mit der Folge, dass ein „Nachlieferungsanspruch" (§ 433 I BGB) gem. § 195 BGB in dreißig Jahren verjährt. Für sachmangelhafte Lieferungen gelten die Gewährleistungsvorschriften gem. §§ 459 ff. BGB; der Nachlieferungsanspruch (§ 480 I BGB) verjährt dann gem. § 477 BGB (sechs Monate).

Der Streitstand kreist dabei im Kern um die Frage, ob man aufgrund des subjektiven Fehlerbegriffs sowie der im Handelskauf vorgenommenen Gleichstellung von *aliud*-Lieferung und sachmangelhafter Lieferung im Hinblick auf die Rügeobliegenheit (§§ 377, 378 HGB) grundsätzlich diese Formen der Leistungsstörungen gleich behandeln und einheitlich den §§ 459 ff. BGB unterstellen sollte[198].

In der Literatur wird vertreten, dass Falschlieferung und Schlechtlieferung sowohl beim bürgerlich-rechtlichen als auch beim handelsrechtlichen Kauf gleichzustellen seien, wenn die Falschlieferung genehmigungsfähig i.S.d. §§ 377,

---

195 Dabei gehen auch hier vertragliche Abreden vor; vgl. *Soergel/Huber,* § 459 Rn. 22.

196 Zum Streitstand, vgl. *Soergel/Huber, vor § 459 Rn. 106 ff.*. Beim *Stückkauf* wird eine bestimmte (konkrete) Sache geschuldet, so dass mit jeder anderen Sache ein *aliud* geliefert wird. Es gelten die §§ 320 ff. BGB, und zwar auch bei einem beiderseitigen Handelskauf, vgl. *Palandt/Putzo*, § 459 Rn. 3.

197 Weitere Relevanz hat diese Frage für den Nachlieferungsanspruch hinsichtlich der *Rückgewähr* der mangelhaften bzw. andersartigen Ware. Beurteilt sich der Nachlieferungsanspruch nach § 480 I BGB, so ist die Rückabwicklung gem. § 351 BGB ausgeschlossen, wenn der Käufer den Untergang verschuldet hat. Sind hingegen die „allgemeinen Vorschriften" anwendbar, so beurteilt sich die Rückgabe des *aliuds* nach §§ 812 ff. BGB. Der Erfüllungsanspruch ist hier unabhängig davon, ob der Käufer die Sache zurückgeben kann oder nicht. Für den Untergang der Sache (des *aliuds*) oder deren Beschädigung haftet der Käufer nicht, wenn er sich gem. § 818 III BGB auf Wegfall der Bereicherung berufen kann, also vor Entdeckung der Abweichung, vgl. *Seibert,* MDR 1983, S. 177 ff..

198 Gegenüberstellung der Argumente bei *Soergel/Huber*, vor § 459 Rn. 120 ff..

378 HGB ist[199]. Zum einen würde sich eine solche Gleichstellung zwingend aus dem subjektiven Fehlerbegriff ergeben[200], zum anderen entspräche sie der *ratio legis* der §§ 377, 378 HGB[201].

Nach a.A. wird die Anwendung der Gewährleistungshaftung (§§ 459 ff. BGB) auf *aliud*-Lieferungen sowohl beim bürgerlich-rechtlichen als auch beim beiderseitigen Handelskauf abgelehnt[202]. Die §§ 377, 378 HGB würden nur der Gleichstellung dieser Leistungsstörungen hinsichtlich der Rügeobliegenheit beim beiderseitigen Handelskauf dienen. Sie sollten aber nicht die *aliud*-Lieferungen weitergehend den Vorschriften der Gewährleistungshaftung unterstellen[203].

Die Rechtsprechung und ein anderer Teil der Literatur[204] unterscheidet zwischen *einseitigem Handelskauf* bzw. *bürgerlichrechtlichem Kauf* einerseits und *beiderseitigem Handelskauf* andererseits.

Hiernach gelten beim *einseitigen Handelskauf* und *bürgerlichrechtlichen Kauf* bei Lieferung aus einer anderen Gattung die §§ 320 ff. BGB, ohne dass es darauf ankäme, ob die gelieferte Sache genehmigungsfähig sei oder nicht[205].

Beim *beiderseitigen Handelskauf* hingegen ist im Hinblick auf die Gleichstellung von genehmigungsfähiger *aliud*-Lieferung mit der *peius*-Lieferung in §§ 377, 378 HGB entscheidend, ob die Kaufsache genehmigungsfähig ist oder nicht. Ist sie genehmigungsfähig, so finden die §§ 459 ff. BGB (insb. § 477 BGB) Anwendung[206].

Ist die Kaufsache nicht genehmigungsfähig, so unterfällt die *aliud*-Lieferung selbst beim beiderseitigen Handelskauf dem Haftungssystem der §§ 320 ff. BGB[207].

Begründet wird die Anwendbarkeit der §§ 459 ff. BGB auf den beiderseitigen Handelskauf bei genehmigungsfähigen *aliud*-Lieferungen damit, dass die §§ 377,

---

199 *Medicus*, SchuldR II, S. 39 f. Rn. 79; *Schlegelberger/Hefermehl*, HGB, § 378 Rn. 14; *Esser/Weyers*, § 5, IV. 3. S. 53 ff.; *Staudinger/Honsell*, § 459 Rn. 27; *v.Caemmerer*, FS für Wolff, S. 1, 8 f. Weitergehend *Soergel/Huber*, vor § 459 Rn. 124, der auch nicht genehmigungsfähige *aliud*-Lieferungen der Sachmängelhaftung unterstellen will, und zwar auch beim bürgerlich-rechtlichen Kauf.

200 *Schlegelberger/Hefermehl*, § 378 Rn. 14; *Esser/Weyers*, § 5 IV 3., S. 56 ff.; *Soergel/Huber*, vor § 459 Rn. 125.

201 *Esser/Weyers*, § 5 IV. 3., S. 58.

202 *Marburger*, JuS 1983, 1, 8 f.; *Fabricius*, JuS 1964, 46, 51; *Knöpfle*, NJW 1989, 871, 875; *BGB-RGRK/Mezger*, § 459 Rn. 7.

203 *Marburger*, JuS 1983, 1, 9.

204 *MünchKomm/Westermann*, § 459 Rn. 23; *Schreiber*, Jura 1986, 444 f.; *Köhler*, JuS 1979, 496, 498; *Baumbach/Duden/Hopt*, § 378 Rn. 5; *BGH* WM 1992, 147, 150.

205 *MünchKomm/Westermann*, § 459 Rn. 25; *BGH* WM 1992, 147, 150.

206 *Großkomm/Brüggemann*, § 378 Rn. 58 f.; *Walter*, § 8, 4. IV c) bb), S. 392 f.; *MünchKomm/Westermann*, § 459 Rn. 23; *RGZ* 86, 90, 92 f.; *BGH* WM 1992, 147, 149 f..

207 *Palandt/Putzo*, § 459 Rn. 3; *BGH* NJW 1989, 218, 219.

378 HGB den Zweck verfolgten, jegliche Abgrenzungsschwierigkeiten zwischen *aliud* und *peius* zu vermeiden[208].

Ferner sei die Abgrenzung zwischen genehmigungsfähigem und nicht genehmigungsfähigem *aliud* leichter zu bewältigen als die Abgrenzung zwischen *aliud* und *peius*[209].

Diese Gleichstellung von *aliud* und *peius* sei aber auf den beiderseitigen Handelskauf begrenzt, da das BGB eine entsprechende Regelung wie § 378 HGB nicht vorsieht, an welchen ein entsprechender Rechtsgedanke geknüpft werden könnte [210].

Die Rechtsprechung grenzt dabei die *Falschlieferung* von der *Schlechtlieferung* ab, indem in erster Linie auf die Parteivereinbarung unter Berücksichtigung der Verkehrsauffassung abgestellt wird[211]. Weicht die Sache lediglich der *Art* nach von der bestellten Ware ab, gehört sie aber zu derselben Gattung, so liegt keine Falschlieferung vor[212].

Die Gleichstellung betrifft dabei aber nur den Gattungskauf. Beim Spezieskauf richtet sich der „Nacherfüllungsanspruch" stets -also auch beim beiderseitigen Handelskauf und Genehmigungsfähigkeit- nach § 433 I BGB und es gelten die §§ 320 ff. BGB[213].

Der letzten Ansicht ist zuzustimmen. Für den Handelskauf normiert der Gesetzgeber ausdrücklich, dass hinsichtlich der Rügeobliegenheit *aliud* und *peius* gleich zu behandeln seien (§§ 377, 378 HGB). Diesen Rechtsgedanken beim Handelskauf auch auf das Haftungssystem zu übertragen, erscheint sachgemäß. Beim bürgerlich-rechtlichen Kauf hingegen findet eine Gleichstellung von *aliud* und *peius* keinerlei Grundlage.

Die Übertragung einer *ratio legis* aus *Sonder*vorschriften (HGB), die einen Personenkreis betreffen, der sachkundig, rechtlich versiert und deshalb weniger schutzwürdig ist, auf den bürgerlich-rechtlichen Kauf würde einen privaten Käufer unangemessen belasten. Beim Handelskauf trifft den Käufer eine Untersuchungsobliegenheit, die es gerechtfertigt erscheinen läßt, nicht nur eine der in

---

208 *Walter*, Kaufrecht, § 8 IV 4. c) bb), S. 392 f..

209 *BGH WM* 1992, 147, 150.

210 *BGH* WM 1992, 147, 150.

211 *BGH* NJW 1989, 218, 219; *BGH* NJW 1986, 659, 660. Die Verkehrsauffassung findet insofern Berücksichtigung, als es den Parteien verwehrt sein soll, Gattungen zu bilden, die nach der Verkehrsauffassung nicht anerkannt sind (vgl. *BGH* NJW 1975, 2011)

212 *BGH* LM § 477 Nr. 5. Falschlieferung bei Lieferung von Inlandsschrott statt Auslandsschrott, vgl. *BGH NJW 1969, 787. Aliud* bei Tafelwein statt Auslese, vgl. *BGH NJW 1989, 218.* Keine Falschlieferung bei Lieferung von Wellstegträgern mit falschem Durchmesser (32 cm statt 40 cm), vgl. *BGH NJW 1975, 2011.*

213 *Larenz*, SchuldR II/1, § 41 I a, S. 41; *Soergel/Huber*, vor § 459 Rn. 132; *BGH* NJW 1979, 811 (individualisierter LKW); a.A. *Kramer*, NJW 1979, 2023 f. (Unterstellung des sog. Identitätsaliuds unter die §§ 459 ff. BGB auch beim bürgerlich-rechtlichen Kauf).

§§ 377, 378 HGB genannten Leistungsstörungen unverzüglich zu rügen, sondern seine Ansprüche auch in der Frist des § 477 BGB verjähren zu lassen. Den privaten Käufer soll nach dem BGB aber gerade keine Untersuchungs- und Rügeobliegenheit treffen[214]. Den Anwendungsbereich des § 477 BGB auszuweiten, ohne dass sich hierfür im Gesetz (d.h. im BGB) eine Stütze findet[215], kann insofern nicht als interessengemäß angesehen werden.

Für den Anwendungsbereich des Nachlieferungsanspruchs aus § 480 BGB ergibt sich nach der hier vertretenen Meinung, dass beim bürgerlich-rechtlichen Kauf sämtliche *aliud*-Lieferungen den allgemeinen Vorschriften (§§ 320 ff. BGB) unterfallen und sich ein „Nacherfüllungsanspruch" nach § 433 BGB richtet. Gleiches gilt beim beiderseitigen Handelskauf für *nicht genehmigungsfähige aliud*-Lieferungen[216]. Lediglich bei der Lieferung eines *genehmigungsfähigen aliuds* richtet sich der Nachlieferungsanspruch nach § 480 BGB mit der kurzen Verjährung des § 477 BGB.

(b) Fehlen einer zugesicherten Eigenschaft

Als weiterer Nachlieferungsgrund (und Haftungsgrund überhaupt) ist in § 459 II BGB das Fehlen einer zugesicherten Eigenschaft normiert[217]. Auf die Erheblichkeit des Mangels kommt es dabei nicht an[218].

Eigenschaften sind jede der Kaufsache auf gewisse Dauer anhaftende Merkmale, die für deren Wert, ihren vertraglich vorausgesetzten Gebrauchszweck oder auch sonst für den Käufer erheblich sind[219]. Damit wird vom Eigenschaftsbegriff all jenes erfasst, was auch Beschaffenheit (und damit fehlerbegründend) sein kann[220]. Ob allerdings alle Eigenschaften auch Beschaffenheitsmerkmale sein können wird nicht einheitlich beurteilt. Während die ganz herrschende Meinung in der Literatur[221] von einer Identität des Anwendungsbereichs der Begriffe aus-

---

214 So auch *Schreiber, Jura 1986, 444, 445*, der weiter ausführt, dass dem Käufer damit durch „die Hintertür" eine Untersuchungspflicht aufgebürdet würde.

215 Hierauf ebenso abstellend, *BGH* WM 1992, 147, 150.

216 Zur Genehmigungsfähigkeit vgl. unten Gliederungspunkt *C. III. 2. c) (4)*.

217 Fehlt der Sache zum Zeitpunkt des Gefahrübergangs eine zugesicherte Eigenschaft, so kann der Gattungskäufer statt Wandelung, Minderung oder Nachlieferung einen Anspruch auf Schadensersatzanpruch wegen Nichterfüllung geltend machen (§ 480 II BGB).

218 *MünchKomm/Westermann*, § 459 Rn. 55.

219 *Palandt/Putzo*, § 459 Rn. 20.

220 *Palandt/Putzo*, § 459 Rn. 20.

221 Insbesondere aufgrund des subjektiven Fehlerbegriffs; vgl. *MünchKomm/Westermann*, § 459 Rn. 18; *v. Caemmerer*, Ges.Schr. I, S. 187, 201 f.; *Larenz*, SchuldR II/1, § 41 I b S. 42; *Soergel/Huber* § 459 Rn. 38 f..

geht, wird teilweise vertreten, dass der Eigenschaftsbegriff einen größeren Anwendungsbereich habe als der Beschaffenheitsbegriff[222].

Eine *Zusicherung* liegt dann vor, wenn der Verkäufer die Gewähr für das Vorhandensein einer Eigenschaft übernimmt und damit seine Bereitschaft zu erkennen gibt, für alle Folgen einzustehen, wenn diese Eigenschaft fehlt[223]. Diese Erklärung des Verkäufers muss Vertragsinhalt geworden sein, wobei die Zusicherung auch stillschweigend erfolgen kann[224].

Die *Beweislast* dafür, dass eine Eigenschaft zugesichert wurde, trägt der Käufer[225]

Ein Nachlieferungsanspruch besteht jedoch nicht, wenn die gesamte Gattung die zugesicherte Eigenschaft nicht aufweist[226]. Ein Anspruch auf Lieferung aus einer anderen Gattung, die die zugesicherte Eigenschaft aufweisen mag, besteht nicht.

(3) Maßgeblicher Zeitpunkt

Maßgeblicher Zeitpunkt für das Vorliegen eines Mangels ist der Zeitpunkt des Gefahrübergangs (§§ 459 I, II, 480 II)[227]. Es ist damit der Übergang der Preis(vergütungs)gefahr bei *zufälligem* Untergang oder Verschlechterung der Kaufsache gemeint[228]. Wann die Gefahr übergeht, bestimmen die Vorschriften der §§ 446, 447 BGB und bei Annahmeverzug des Käufers die §§ 300 II, 324 II BGB.

Der Verkäufer haftet insofern, wenn die Sache bei Übergabe mangelhaft ist (§ 446 I S. 1 BGB) und beim Versendungskauf dann, wenn die Sache zur Zeit der Versendung fehlerhaft ist (§ 447 BGB).

Ferner haftet der Verkäufer, wenn er die Sache dem Käufer anbietet und der Käufer die Annahme wegen eines Mangels ablehnt und die Sache zur Zeit des Angebots tatsächlich fehlerhaft war (vgl. §§ 300 II, 324 II BGB)[229].

---

222 *Palandt/Putzo*, § 459 Rn. 20; *BGH* WM 1984, 941, 942 (Die Größe eines Grundstücks ist nur Eigenschaft, nicht aber Beschaffenheit)

223 *BGHZ* 59, 158, 160.

224 *Brox*, Bes. SchuldR, S. 38 f. Rn. 67 m.w.N.. Ob ein entsprechender Verpflichtungswille des Verkäufers vorliegt, ist dabei im Gesamtzusammenhang zu sehen, wobei Handelsbrauch, Verkehrssitte, Sachverstand des Verkäufers, Umstände des Vertragsschlusses u.a. zu berücksichtigen sind, vgl. *Palandt/Putzo, § 459 Rn. 16, 17.*

225 *Soergel/Huber,* § 459 Rn. 189; *Palandt/Putzo,* § 459 Rn. 60.

226 *BGHZ* 50, 200, 206.

227 *Erman/Grunewald*, § 459 Rn. 29.

228 *Palandt/Putzo*, § 459 Rn. 5.

229 *Soergel/Huber*, § 459 Rn. 82, der darauf hinweist, dass wegen §§ 467, 350 BGB korrekter Weise zu formulieren wäre: „Die Sachmängelhaftung des Verkäufers greift nach § 459 I S. 1 dann ein, wenn die Sache zu dem Zeitpunkt fehlerhaft ist, in dem die Gefahr auf den Käufer *übergehen würde, wenn die Sache fehlerfrei wäre*".

(4) Untersuchungspflicht und Rügeobliegenheit

Den Käufer trifft beim bürgerlich-rechtlichen sowie beim einseitigen Handelskauf weder eine Untersuchungspflicht noch eine Rügeobliegenheit.

Beim *beiderseitigen Handelskauf* trifft den Käufer hinsichtlich Qualitätsmängeln (*peius*) bei Lieferungen gem. § 377 HGB die Obliegenheit, die Ware unverzüglich zu untersuchen und, wenn sich ein Mangel zeigt, diesen unverzüglich zu rügen.

Die Untersuchungs- und Rügeobliegenheit setzt voraus, dass beide Parteien Kaufleute[230] sind, der Kauf im Rahmen ihres Handelsgewerbes getätigt wird (§ 343 HGB) und es sich um Ware, d.h. um bewegliche Sachen handelt[231].

Die Ware muss nach der Ablieferung unverzüglich untersucht werden. Die *Ablieferung* ist erfolgt, wenn der Käufer oder eine von ihm benannte Person in eine solche tatsächliche räumliche Beziehung kommt, dass die Beschaffenheit der Ware überprüft werden kann[232]. *Unverzüglich* bedeutet, dass die Untersuchung ohne schuldhaftes Zögern zu erfolgen hat[233].

Der *Umfang* der Untersuchung richtet sich danach, was nach ordnungsgemäßem Geschäftsgang sachlich geboten und zumutbar ist[234].

Hinsichtlich der *Rügeobliegenheit* unterscheidet das HGB zwischen offenen und versteckten Mängeln. *Offene Mängel*, d.h. Mängel, die (zumindest) nach einer ordnungsgemäßen Untersuchung erkennbar sind, müssen unverzüglich nach der Untersuchung angezeigt werden (§ 377 I HGB)[235]. *Versteckte Mängel*, d.h. Mängel, die bei einer ordnungsgemäßen Untersuchung nicht erkennbar sind, muss der Käufer unverzüglich nach der späteren Entdeckung rügen (§ 377 III HGB)[236].

Inhaltlich muss der formlos möglichen Rüge Art und Umfang der Mängel entnehmbar sein[237].

Die Rechtsfolge einer nicht ordnungsgemäßen Rüge ist, dass die Ware als genehmigt gilt und die Gewährleistungsansprüche des Käufers ausgeschlossen sind[238].

---

230 Vgl. § 1 HGB: (1) „Kaufmann im Sinne dieses Gesetzbuches ist, wer ein Handelsgewerbe betreibt." (2) „Handelsgewerbe ist jeder Gewerbebetrieb, es sei denn, dass das Unternehmen nach Art und Umfang einen in kaufmännischer Weise eingerichteten Geschäftsbetrieb nicht erfordert."

231 *Köhler*, JuS 1979, 496, 499.

232 *Baumbach/Duden/Hopt*, § 377 Rn. 20; *BGH* WM 1985, 518, 520.

233 *Köhler*, JuS 1979, 496, 499; *Baumbach/Duden/Hopt*, § 377 Rn. 23.

234 *Baumbach/Duden/Hopt*, § 377 Rn. 24 f. m.w.N.. Der Käufer ist verpflichtet, aus einer Gesamtmenge Stichproben zu entnehmen, vgl. *Großkomm/Brüggemann*,, § 377 Rn. 81 f..

235 Ohne Untersuchung erkennbare Mängel sind unverzüglich nach Ablieferung zu rügen, vgl. *Großkomm/Brüggemann*, § 377 Rn. 67.

236 Vgl. *Köhler*, JuS 1979, 496, 499.

237 Der Mangel muss also substantiiert werden, vgl. *Schlegelberger/Hefermehl*, § 377 Rn. 57.

238 *Walter*, Kaufrecht, § 8 IV. 4. d), S. 394; *Schlegelberger/Hefermehl*, § 377 Rn. 82. Nach wohl h.M. (allerdings sehr strittig) werden vom Rechtsverlust über die Ansprüche aus §§ 462, 463,

Das HGB stellt hinsichtlich der Untersuchungs- und Rügeobliegenheit in § 378, 1. Alt. HGB beim beiderseitigen Handelskauf die genehmigungsfähige *aliud*-Lieferung der *peius*-Lieferung gleich. Nach der herrschenden und hier vertretenen Meinung gilt die Gleichstellung auch für das Haftungssystem, d.h. die Gewährleistungsvorschriften sind beim beiderseitigen Handelskauf auf genehmigungsfähige *aliud*-Lieferungen anwendbar. Jedoch besteht die Gleichstellung hinsichtlich des Haftungssystems nur für den Gattungskauf, nicht aber für einen Spezieskauf[239]. Beim Spezieskauf trifft den Käufer bei Genehmigungsfähigkeit zwar eine Rügeobliegenheit, jedoch verbleibt ihm der Erfüllungsanspruch aus § 433 I und es gelten die §§ 320 ff. BGB.

Nach § 378 HGB ist § 377 HGB beim beiderseitigen Handelskauf grundsätzlich auch auf *aliud*-Lieferungen anwendbar. Der Käufer muss die Ware daher unverzüglich untersuchen und bei Feststellung einer *aliud*-Lieferung diese unverzüglich rügen (vgl. oben). Versäumt der Käufer die Rüge, so sind seine Gewährleistungsansprüche ausgeschlossen; insbesondere kann er nicht Nachlieferung (gem. § 480 I BGB) der geschuldeten Ware verlangen[240]. Er hat den vollen Kaufpreis zu entrichten[241].

Ein Rügeobliegenheit trifft den Käufer aber dann nicht, wenn die Falschlieferung „offensichtlich von der Bestellung so erheblich abweicht, dass der Verkäufer die Genehmigung des Käufers als ausgeschlossen betrachten musste" (§ 378 2. HS HGB, sog. nicht genehmigungsfähiges *aliud*). Die Abgrenzung zwischen genehmigungsfähigem und nicht genehmigungsfähigem *aliud* richtet sich dabei nach objektiven Maßstäben (Grad der Abweichung) unter Berücksichtigung der Verkehrsauffassung[242].

Eine Falschlieferung ist dann nicht genehmigungsfähig, wenn die Lieferung so anders ist, dass bei objektiver Betrachtung vernünftigerweise mit einer Genehmigung durch den Käufer nicht zu rechnen war[243].

Dabei sind die Umstände des Einzelfalls, insbesondere die Verwendungsfähigkeit und der bekannte Verwendungszweck zu berücksichtigen[244]. Nicht

---

480 BGB hinaus auch Ansprüche aus pVV wegen Mangelfolgeschäden erfasst, nicht hingegen selbständige Nebenpflichtverletzungen sowie Ansprüche aus unerlaubter Handlung, vgl. *Walter, a.a.O.; Baumbach/Duden/Hopt*, § 377 Rn. 4..

239 *Soergel/Huber*, vor § 459 Rn. 132; *Schlegelberger/Hefermehl*, § 378 Rn. 11; *GroßKomm/Brüggemann*, § 378 Rn. 72; *BGH* NJW 1979, 811 (individualisierter LKW); a.A. *Kramer*, NJW 1979, 2023 f. (Unterstellung des sog. Identitätsaliuds unter die §§ 459 ff. BGB auch beim bürgerlich-rechtlichen Kauf). Die Rügeobliegenheit gilt aber auch beim Spezieskauf, vgl. *Baumbach/Duden/Hopt*, § 378 Rn. 2.

240 *Walter*, Kaufrecht, § 8 IV. 4. d, bb), S. 395.

241 *Walter*, Kaufrecht, § 8 IV. 4. d, bb), S. 395 f. Zu den Rechtsfolgen auf den Kaufpreisanspruch, wenn die Sache wertvoller ist, vgl. *Walter*, a.a.O. m.w.N.; *Schlegelberger/Hefermehl § 378 Rn. 10, 23.*

242 *MünchKomm/Westermann*, § 459 Rn. 22; *Köhler*, JuS 1979, 496, 500.

243 *Schreiber*, Jura 1986, 444, 445; *GroßKomm/Brüggemann*, HGB, § 378 Rn. 76 m.w.N..

244 *Köhler*, JuS 1979, 496, 500 (Interessenabwägung); *MünchKomm/Westermann*, § 459 Rn. 22.

genehmigungsfähige Falschlieferungen liegen nur bei krassen Abweichungen vor[245].

(5) Ausschluss der Gewährleistung

Der Nachlieferungsanspruch kann gesetzlich oder vertraglich ausgeschlossen sein.

(a) Vertraglicher Ausschluss

Da die §§ 459 ff. BGB dispositives Recht enthalten, können die Parteien durch Individualvertrag oder durch Allgemeine Geschäftsbedingungen (AGB) die Gewährleistung abändern, beschränken oder ausschließen[246].

Schließen die Parteien durch *Individualvereinbarung* die Gewährleistung aus, so ist zwischen der (schlichten) *Beschaffenheitsvereinbarung* und der *zugesicherten Eigenschaft* zu unterscheiden.

Haben die Parteien lediglich die Beschaffenheit (also die vertragliche Festlegung der „Sollbeschaffenheit") vereinbart, so kann der Verkäufer durch Individualvertrag die Gewährleistung völlig ausschließen[247].

Dabei kommt auch ein *stillschweigender Ausschluss* in Betracht, etwa wenn sich ein solcher aus den Umständen des Vertragsschlusses, aus Handelsbrauch (§ 346 HGB) oder Verkehrssitte ergibt[248].

Nichtig ist ein solcher Ausschluss jedoch, wenn der Verkäufer den Mangel *arglistig verschweigt* (§ 476 BGB)[249] sowie in den Grenzen der §§ 134, 138 BGB und § 242 BGB, d.h., wenn dieser sittenwidrig ist, gegen ein gesetzliches Verbot oder gegen Treu und Glauben verstößt[250].

Hat der Verkäufer eine *Eigenschaft zugesichert*, so beseitigt ein Ausschluss der Gewährleistung regelmäßig nicht die Haftung für das Fehlen der zugesicherten Eigenschaft[251].

Wenn die Parteien die Gewährleistung in *AGB* ausschließen und der Ausschluss sachlich (§ 1 AGBG), zeitlich (§ 30 AGBG) und persönlich (§ 24

---

245 *BGH* WM 1992, 147, 150; *Baumbach/Duden/Hopt*, § 378 Rn. 2.

246 *BGH* NJW 1984, 1452; *Brox*, Bes. SchuldR, S. 40 Rn. 69; *Erman/Grunewald*, vor § 459 Rn. 70 ff..

247 *BGH* NJW 1984, 1452, 1453.

248 *MünchKomm/Westermann*, § 476 Rn. 3 ff.; *Staudinger/Honsell*, vor § 459 Rn. 91 f.; *Soergel/Huber*, § 459 Rn. 117.

249 Arglistiges Vorspiegeln einer Eigenschaft steht diesem gleich, vgl. *MünchKomm/Westermann*, § 476 Rn. 16.

250 *Palandt/Putzo*, vor § 459 Rn. 22.

251 *Köhler* JR 1985, 368 ff..

AGBG) dem AGBG unterfällt, so sind insbesondere die §§ 9 - 11 AGBG zu beachten. Ist der Käufer eine *Privatperson*, so ist ein Haftungsausschluss zahlreichen Einschränkungen unterworfen.

In Bezug auf *Fehler i.S.d. § 459 I BGB* ist ein vollständiger formularmäßiger Gewährleistungsausschluss nur bei *gebrauchten Sachen* möglich[252].

Bei *neu hergestellten Sachen* bestimmt § 11 Nr. 10 AGBG, dass ein solcher vollständiger Ausschluss oder eine Verweisung auf Dritte unwirksam ist (§ 11 Nr. 10 a) AGBG). Ferner ist eine endgültige Beschränkung der Rechtsbehelfe des Käufers auf Nachbesserung und Nachlieferung in AGB unwirksam. Hat sich der Verkäufer die Nachlieferung und/oder Nachbesserung in AGB vorbehalten, so muss die ABG-Klausel, um wirksam zu sein, vorsehen, dass dem Käufer im Fall des Fehlschlagens der Nacherfüllung nach seiner (des Käufers) Wahl die Rechtsbehelfe der Wandlung oder Minderung zur Verfügung stehen (§ 11 Nr. 10 b) AGBG)[253].

Hat der Verkäufer eine Eigenschaft *zugesichert,* so kann der Verkäufer Schadensersatzansprüche (§§ 463, 480 II, 635 BGB) gem. § 11 Nr. 11 AGBG nicht ausschließen[254].

Beim Gattungskauf ist es aber zulässig -sofern die Rechte auf Wandlung und Minderung entsprechend den vorstehenden Ausführungen „wiederaufleben"-, den Anspruch auf Nachlieferung auszuschließen[255]. Auch kann sich der Verkäufer ein Wahlrecht hinsichtlich Nachbesserung oder Ersatzlieferung vorbehalten[256].

Für *Kaufleute* gelten die §§ 10 - 11 AGBG nicht, „wenn der Vertrag zum Betriebe seines Handelsgewerbes gehört" (§ 24 S. 1, Nr. 1 AGBG). Eine Inhaltsprüfung erfolgt aber gem. § 9 AGBG.

Hierbei ergeben sich keine grundlegenden Unterschiede zu Nichtkaufleuten, da die Rechtsprechung beim Kauf *neu hergestellter* Waren einen vollständigen Ausschluss der Gewährleistungshaftung für Fehler i.S.d. § 459 I BGB oder eine Begrenzung auf Nachlieferung bzw. Nachbesserung als Verstoß gegen § 9 AGBG ansieht[257].

---

252 *Soergel/Huber*, § 459 Rn. 120.

253 Vgl. *Ulmer/Brandner/Hensen/Hensen*, AGBG, § 11 Nr. 10 b) Rn. 31*; Staudinger/Coester-Waltjen*, AGBG, § 11 Nr. 10 Rn. 41.

254 Vgl. hierzu *Wolf/Horn/Lindbacher/Wolf,* AGBG, § 11 Nr. 11 Rn. 2 f..

255 *Ulmer/Brandner/Hensen/Hensen*, AGBG, § 11 Nr. 10 b Rn. 54; *Wolf/Horn/Lindbacher/Wolf*, AGBG, § 11 Nr. 10 b Rn. 31, der ausführt, dass auch die Nachbesserung ausgeschlossen werden kann.

256 *Staudinger/Coester-Waltjen*, AGBG, § 11 Nr. 10 Rn. 42; *Löwe/v.Westphalen/Trinkner/v.Westphalen*, AGBG, § 11 Nr. 10 b Rn. 5.

257 *BGH* NJW 1981, 1501, 1502; *BGH* WM 1985, 1145, 1146; *Soergel/Huber,* § 459 Rn. 121.

Wurde die Eigenschaft unter Kaufleuten zugesichert, so kann der Verkäufer die Gewährleistung weder insgesamt ausschließen[258], noch kann er sie auf Nachbesserung beschränken[259].

(b) Gesetzliche Ausschlussgründe

Hinsichtlich der gesetzlichen Ausschlussgründe soll zwischen den „allgemeinen" Ausschlussgründen, d.h. denen, die die Gewährleistung insgesamt ausschließen und den Ausschlussgründen, die speziell die Nachlieferung (und auch die Wandlung) ausschließen, unterschieden werden.

(aa) Allgemeine Ausschlussgründe

Nach *§ 460 S. 1* BGB ist die Gewährleistung und damit der Nachlieferungsanspruch ausgeschlossen, wenn der Käufer den Mangel bei Vertragsabschluss *kannte*[260].

Ist dem Käufer der Mangel infolge *grober Fahrlässigkeit* unbekannt geblieben, so haftet der Verkäufer nur, wenn er dem Käufer die Abwesenheit des Fehlers *zugesichert* hat oder wenn er den Fehler *arglistig verschwiegen* hat (§ 460 S. 2 BGB). Grobe Fahrlässigkeit ist dabei *nicht* schon dann anzunehmen, wenn der Käufer bei sorgfältiger Prüfung den Mangel entdeckt hätte. Denn den Käufer trifft grundsätzlich keine Untersuchungspflicht; diese kann sich nur aus der Verkehrssitte, besonderen Umständen oder besonderer Sachkunde ergeben[261]. Nach *§ 464* BGB kann der Käufer, der den Mangel kennt, nur dann Gewährleistungsansprüche geltend machen, wenn er sich bei der Annahme seine Rechte vorbehält.

Gem. *§ 461* BGB haftet der Verkäufer nicht, wenn die Sache *aufgrund eines Pfandrechts in öffentlicher Versteigerung unter der Bezeichnung als Pfand* verkauft wird[262].

Ferner kann die Nachlieferung aufgrund von § 466 BGB ausgeschlossen sein. *§ 466 BGB* bestimmt, dass der Verkäufer dem Käufer, der einen Mangel behauptet, unter Fristsetzung die Wandelung anbieten kann. Nach Fristablauf ist die Wandlung ausgeschlossen (§ 466 S. 2 BGB). § 466 BGB ist entsprechend auf die

---

258 *BGHZ* 54, 236, 242 f..

259 *BGH* WM 1989, 1894, 1895.

260 § 460 BGB ist nach zutreffender Ansicht auch auf den Gattungskauf anwendbar, vgl. *Soergel/Huber*, § 460 Rn. 2; *BGH* NJW 1981, 2640. A.A. *Palandt/Putzo*, § 460 Rn. 2.

261 *Staudinger/Honsell*, § 460 Rn. 7 f. m.w.N.; *BGB-RGRK/Mezger*, § 460 Rn. 2.

262 Nach h.M. greift § 461 BGB jedoch nicht bei Fehlen zugesicherter Eigenschaften ein; vgl. *Palandt-Putzo*, § 461 Rn. 1.

Nachlieferung anwendbar, so dass nach Fristablauf die Nachlieferung ausgeschlossen ist[263].

Ferner sind die Gewährleistungsrechte bei *Verzicht* oder *Verwirkung* ausgeschlossen. Eine Verwirkung ist dann anzunehmen, wenn der Käufer mit der Sache in einer Weise verfährt, dass der Verkäufer nach Treu und Glauben auf den Willen schließen kann, dass dieser die Sache behalten will[264].

Für Kaufleute sind sämtliche Gewährleistungansprüche gem. §§ 377, 378 HGB ausgeschlossen, wenn es sich um einen beiderseitigen Handelskauf handelt und der Käufer nicht rechtzeitig einen Mangel oder eine genehmigungsfähige *aliud*-Lieferung rügt[265].

(bb) Spezielle Ausschlussgründe

Die Nachlieferung (und auch die Wandlung) kann ferner ausgeschlossen sein, wenn die Ware untergegangen ist, wesentlich verschlechtert, umgebildet, veräußert oder belastet wurde.

§ 480 I S. 2 BGB erklärt für den Nachlieferungsanspruch die für die Wandlung geltende Vorschrift des § 467 S. 1 BGB als anwendbar, welche wiederum auf die Normen des vertragsgemäßen Rücktrittsrechts verweist. Mithin sind diese Normen auf den Nachlieferungsanspruch anwendbar[266]. Nach § 351 BGB ist der Rücktritt - und damit über §§ 480 I S. 2, 467 S. 1 BGB der Nachlieferungsanspruch - ausgeschlossen, wenn der Käufer eine *wesentliche Verschlechterung*, den *Untergang* oder die *anderweitige Unmöglichkeit* der Herausgabe der Kaufsache *verschuldet* hat[267]. Abzugrenzen sind die genannten verschuldeten Fälle vom *zufälligen* Untergang gem. § 350 BGB, die den Rücktritt und damit die Nachlieferung nicht ausschließen[268]. Der Verkäufer trägt damit die Gefahr für den *zufälligen* Untergang der mangelhaften Kaufsache[269]. Hierunter sind auch die Fälle zu subsumieren, in denen die Kaufsache *aufgrund* des Sachmangels untergeht[270].

---

263 *Staudinger/Honsell*, § 480 Rn. 16. Der Verkäufer kann auch eine Frist für Wandelung *und* Nachlieferung setzen. Der Käufer hat dann die Wahl, jedoch sind nach Fristablauf beide Ansprüche ausgeschlossen, vgl. *Staudinger/Honsell*, § 480 Rn. 16 m.w.N..

264 *Staudinger/Honsell*, § 467 Rn. 16 f. m.w.N..

265 *Walter*, Kaufrecht, § 8 IV4. d, S. 394 ff..

266 *Staudinger/Kaiser*, § 351 Rn. 3.

267 Jedoch kann der Käufer weiterhin Minderung oder den sog. „kleinen Schadensersatzanspruch" geltend machen, vgl. *Soergel/Huber*, § 467 Rn. 15.

268 *MünchKomm/Westermann*, § 467 Rn. 4.

269 *Soergel/Huber*, § 467 Rn. 61.

270 *Soergel/Huber*, § 467 Rn. 63 m.w.N..

Im Falle einer *unwesentlichen* Verschlechterung ist die Nachlieferung ebenfalls nicht ausgeschlossen, § 351 BGB[271].

Umstritten ist, wann ein Verschulden des Käufers i.S.d. § 351 BGB bei einem gesetzlichen Rücktrittsrecht vorliegt[272].

Eine Mindermeinung interpretiert den Verschuldensbegriff als jedes *risikoerhöhende Verhalten* des Rücktrittsberechtigten[273].

Die h.M. hingegen nimmt an, dass der Käufer bis zur Kenntnis[274] vom Mangel nur ein „Verschulden gegen sich selbst" zu vertreten habe[275]. Zutreffend argumentiert sie, dass § 351 BGB auf dem Gedanken des *venire contra factum proprium* beruhe[276]. Der Käufer gehe aber bei einem gesetzlichen Rücktrittsrecht -im Gegensatz zum vereinbarten Rücktrittsrecht- bis zur Kenntnis des Mangels davon aus, dass es sich um seine Sache handele und er sie für seine Zwecke benutzen dürfe, so dass ihm nur ein „Verschulden gegen sich selbst" vorwerfbar sei[277].

Ein „Verschulden gegen sich selbst" wird dabei als eine zurechenbare Nachlässigkeit in eigenen Angelegenheit definiert, die nur dann vorliegt, wenn der Käufer den empfangenen Gegenstand einer über das typische Risiko nach allgemeiner Lebenserfahrung erheblich hinausgehenden Gefahr ausgesetzt hat[278]. Die schlichte *Benutzung* begründet dabei kein Verschulden i.S.d. § 351 BGB[279].

Nach Kenntnis des Wandelungs- bzw. Nachlieferungsgrundes wird von der h.A. der Verschuldensbegriff des § 276 BGB als Maßstab genommen[280].

Ob die schlichte Weiterbenutzung der Sache nach Kenntnis schuldhaft i.S.d. § 276 BGB ist, ist allerdings auch hier umstritten. Während dieses teilweise bejaht

---

271 Wann eine Verschlechterung *wesentlich* ist, bestimmt sich nach der Verkehrsauffassung (objektives Kriterium), vgl. *Staudinger/Kaiser,* § 351 Rn. 9 m.w.N..

272 Zum Streitstand bspw. *Nierwetberg,* JuS 1984, S. 33 ff.; *Staudinger/Kaiser,* § 350 Rn. 7 f., § 351 Rn. 14 ff..

273 *Larenz,* SchuldR I, § 26 b, S. 409 f.; *v.Caemmerer,* Ges. Schriften III, S. 163, 178 f.. Es geht dieser Meinung darum, den Anwendungsbereich des § 350 BGB einzuschränken, um eine gerechte Risikoverteilung zwischen den Parteien zu erreichen.

274 Teilweise wird der Kenntnis das Kennenmüssen gleichgestellt, vgl. bspw. *Palandt/Heinrichs,* § 351 Rn. 3.

275 *Soergel/Hadding,* § 351 Rn. 6; *Staudinger/Otto,* § 327 Rn. 11; *MünchKomm/Janßen,* § 351 Rn. 4; *Medicus,* SchuldR I, S. 261 Rn. 559; *Erman/Westermann,* § 351 Rn. 5; *Reinicke/ Tiedtke,* Kaufrecht, S. 101 Rn. 243; *Nierwetberg,* JuS 1984, 33, 35 f., m.w.N..

276 *Soergel/Hadding,* § 351 Rn. 1

277 *Nierwetberg,* JuS 1984, 33, 35 f..

278 *Soergel/Hadding,* § 351 Rn. 6; *Palandt/Heinrichs,* § 351 Rn. 3; a.A. *Brox,* Allgem. SchuldR, S. 121 Rn. 205 (der auf „unübliche Nutzung" abstellt); *MünchKomm/ Westermann,* § 467 Rn. 4 (der auf einen „übermäßige Nutzung" abstellt)

279 *Soergel/Huber,* § 467 Rn. 22; *Soergel/Hadding,* § 351 Rn. 6.

280 *Palandt/Heinrichs,* § 351 Rn. 3 f.; *Nierwetberg,* JuS 1984, 33, 35 f..

wird[281], verneinen andere bei schlichter Benutzung nach Kenntnis ein Verschulden i.S.d. § 276 BGB[282].

Die Rechtsprechung entscheidet diese Frage durch eine Abwägung der Interessen beider Vertragsparteien[283]. Für eine Abwägung zugunsten des Käufers ist dabei insbesondere zu berücksichtigen, dass einerseits der Verkäufer dem Käufer gem. § 286 BGB aus Gründen des Schuldnerverzuges zum Schadensersatz verpflichtet ist und andererseits, dass der Käufer dem Verkäufer gem. §§ 347 S. 2, 987 BGB zum Nutzungsersatz verpflichtet sein kann, mithin auch die Interessen des Verkäufers gewahrt sind[284]. Weiter ist zu berücksichtigen, ob die Nichtbenutzung für den Käufer unzumutbar ist und ob der Verkäufer die Sache nicht alsbald zurücknimmt[285].

Im Ergebnis ist deshalb regelmäßig die Weiterbenutzung der Sache im Rahmen des Üblichen nicht schuldhaft i.S.d. § 276 BGB[286].

Nach „*Vollzug*" der Nachlieferung i.S.d. § 465 BGB (Einverständnis des Verkäufers oder rechtskräftiges Urteil) gilt § 351 BGB nicht mehr[287]. Es gelten dann die §§ 347, 989 BGB. Das Nachlieferungsbegehren ist danach trotz (verschuldeten) Untergangs nicht ausgeschlossen, jedoch ist der Käufer gem. § 989 BGB zum Schadensersatz verpflichtet[288].

Gem. *§ 352 BGB* ist der Nachlieferungsanspruch grundsätzlich ausgeschlossen, wenn der Käufer die Sache durch Verarbeitung oder Umbildung in eine neue Sache umgestaltet hat.

Hiervon macht § 467 I S. 1 2. HS BGB eine Ausnahme, wenn sich der Mangel erst bei der Umgestaltung gezeigt hat, d.h. wenn der Käufer bei der Umgestaltung bzw. Verarbeitung den Mangel nicht gekannt hat[289].

Analog ist § 467 I S. 1 2. HS BGB auf die Fälle anzuwenden, in denen die Kaufsache derart mit einer anderen Sache verbunden wird, dass die Kaufsache sich nicht ohne Zerstörung demontieren lässt[290].

Die Rechtsfolge ist, dass der Käufer die Nachlieferung beanspruchen kann, ohne dass er zur Rückgabe der Kaufsache imstande ist.

---

281 *Nierwetberg*, JuS 1984, 33, 36, m.w.N..

282 Vgl. nur *Soergel/Huber*, § 467 Rn. 22.

283 *BGH* NJW 1992, 170, 171.; *BGH* NJW 1984, 1525, 1526 f.

284 *BGH* NJW 1992, 170,171; *OLG* Koblenz MDR 1986, 316 f.; *BGH* NJW 1984, 1525, 1526 f.; *Palandt/Heinrichs*, § 351 Rn. 5; im Ergebnis ebenso: *MünchKomm/Janßen*, § 351 Rn. 9; *Soergel/Hadding*, § 351 Rn. 6.

285 *BGH* NJW 1984, 1525, 1526 f.; *OLG* Koblenz MDR 1986, 316 f..

286 *Palandt/Heinrichs*, § 351 Rn. 5.

287 *Palandt/Heinrichs*, § 350 Rn. 1.

288 *Staudinger/Kaiser*, § 351 Rn. 4 (Käufer hat den Wert oder die Wertminderung zu ersetzen).

289 *Staudinger/Honsell*, § 467 Rn. 9; *MünchKomm/Westermann* § 467 Rn. 11.

290 *Soergel/Huber*, § 467 Rn. 68.

(6) Unmöglichkeit/Grenzen des Nachlieferungsanspruchs

Der Nachlieferungsanspruch ist ferner ausgeschlossen, wenn die Ersatzlieferung objektiv unmöglich ist. Inwieweit die Nachlieferung im Übrigen begrenzt ist, hängt von der Art der Gattungsschuld sowie von den Umständen des Einzelfalls ab.

Geht die Gattung oder der Vorrat *nach* Vertragsschluss unter (nachträgliche Unmöglichkeit)[291], so sind die sog. marktbezogene Gattungsschuld und die Vorratsschuld (beschränkte Gattungsschuld) zu unterscheiden.

Liegt eine sog. *marktbezogene Gattungsschuld*[292] vor, so ist eine *objektive Unmöglichkeit* nach § 275 I BGB nur in dem seltenen Fall denkbar, dass die gesamte Gattung *nachträglich* untergegangen ist und der Verkäufer dies nicht zu vertreten hat[293]. Der Nachlieferungsanspruch erlischt hier gem. § 275 I BGB. Der Nachlieferungsanspruch entfällt aber auch dann, wenn der Verkäufer die objektive nachträgliche Unmöglichkeit zu vertreten hat[294]. Der Käufer ist dabei beweispflichtig dafür, dass die Leistung aus der Gattung unmöglich ist[295].

Ist bei einer marktbezogenen Gattungsschuld lediglich der Vorrat des Verkäufers (ganz oder teilweise) vernichtet worden, so muss sich der Verkäufer Ware der Gattung auf dem Markt besorgen, und zwar auch dann, wenn der Grund für den Untergang auf Zufall oder höherer Gewalt beruht, also der Verkäufer den Untergang i.S.d. §§ 276, 278 BGB nicht zu vertreten hat. Dies ergibt sich aus § 279 BGB, wonach den Verkäufer das Beschaffungsrisiko trifft[296]. § 275 BGB ist hier durch § 279 BGB ausgeschlossen[297]. Der Ersatzlieferungsanspruch besteht also weiter[298].

---

291 Ob nachträgliche oder anfängliche Unmöglichkeit (bzw. Unvermögen) vorliegt richtet sich danach, ob das Leistungshindernis vor oder nach Vertragsschluss entstanden ist, vgl. *Palandt/Heinrichs, § 275 Rn. 16.* So liegt bspw. nachträgliche objektive Unmöglichkeit hinsichtlich des Nachlieferungsanspruch gem. § 480 I BGB vor, wenn der Verkäufer mangelhafte Ware geliefert hat und nach dem Vertragsschluss die gesamte Gattung untergegangen ist.

292 Eine marktbezogene Gattungsschuld besteht dann, wenn die geschuldete Sache nach der Parteivereinbarung nicht nur aus einer bestimmten Menge entnommen werden sollte (dann Vorratsschuld, bspw. Lieferung aus der Ernte des Verkäufers), sondern vielmehr der Verkäufer die Ware am Markt zu besorgen hat, vgl. .*Soergel/Huber,* § 433 Rn. 305 f..

293 *Palandt/Heinrichs*, § 279 Rn. 5; *Brox*, Allg. SchuldR, S. 62 Rn. 92..

294 *Soergel/Huber*, § 433 Rn. 276 b (Es gelte der Satz: „ Zu einer Leistung , die unstreitig nicht möglich ist, darf niemand verurteilt werden"), m.w.N.; *Staudinger/Löwisch*, § 275 Rn. 56; *Palandt/Heinrichs*, § 275 Rn. 24.

295 *Palandt/Heinrichs,* § 279 Rn. 12.

296 *Palandt/Heinrichs*, § 279 Rn. 1; *Soergel/Huber*, § 433 Rn. 304.

297 *Brox*, Allg. SchuldR, S. 62 Rn. 92. Im Einzelnen ist die Bedeutung des § 279 BGB umstritten. Vertreten wird, dass § 279 BGB Spezialvorschrift zu § 275 II BGB sei, dass § 279 BGB eigentlich keinen Anwendungsbereich habe und schließlich, dass § 279 BGB eine Verschuldensregelung sei. Vgl. hierzu ausführlich mit Nachweisen der vertretenen Meinungen,

Dieser strikten Beschaffungspflicht des Verkäufers bei einer *marktbezogenen Gattungsschuld* wird von der Rechtsprechung und Literatur Grenzen gesetzt. Im Ergebnis herrscht Einigkeit, dass die Beschaffungspflicht des Verkäufers aus § 279 BGB entfallen soll, wenn infolge für den Verkäufer nicht vorhersehbarer Umstände so erhebliche Leistungshindernisse entstanden sind, dass dem Verkäufer die Beschaffung nicht mehr zugemutet werden kann[299]. Grundsätzlich hat allerdings der Verkäufer das Risiko einer für ihn ungünstigen Marktentwicklung zu tragen[300]. Ausnahmen hierzu können Fälle bilden, in denen aufgrund kriegerischer Ereignisse, katastrophaler Entwertung der Vertragswährung oder Fälle höherer Gewalt dem Verkäufer nicht zugemutet werden kann, die Ware zu beschaffen[301].

Diese Begrenzung wird dogmatisch unterschiedlich begründet, wobei die einzelnen Lösungen im Ergebnis weitgehend übereinstimmen[302].

Während teilweise eine teleologische Reduktion des § 279 BGB vorgeschlagen wird[303], soll nach anderer Ansicht die ergänzende Vertragsauslegung[304] zu einer Einschränkung der Beschaffungspflicht führen. Zutreffend dürfte hier die Anwendung der Grundsätze des Wegfalls der Geschäftsgrundlage sein[305]. Die Rechtsfolge sind dann Vertragsanpassung oder Vertragsaufhebung[306].

Ferner ist § 279 BGB nach allgemeiner Meinung nicht auf solche Ereignisse anwendbar, die mit der Natur des Schuldverhältnisses als marktbezogene Gattungsschuld nichts zu tun haben (z.B. Erkrankung)[307].

Weber-Will/Kern, JZ 1981, 257 ff.; *Huber,* Leistungsstörungen, Bd. I, S. 575 ff.. Vgl. auch *Ballerstedt,* FS Nipperdey, S. 261, 266 ff..

298 Vgl. *Soergel/Huber*, § 480 Rn. 34; *Palandt/Heinrichs*, § 279 Rn. 10.

299 *Erman/Battes*, § 279 Rn. 5 m.w.N.; *Palandt/Heinrichs*, § 279 Rn. 8; *Soergel/Huber*, § 433 Rn. 306.

300 *Soergel/Huber*, § 433 Rn. 306. Der Verkäufer hat auch sämtliche Leistungshindernisse zu vertreten, die seinem Geschäftskreis zuzurechnen sind, wie etwa fehlende finanzielle Mittel, mangelnde Geschäftserfahrung, nicht rechtzeitige Eindeckung etc., vgl. *Palandt/Heinrichs*, § 279 Rn. 6.

301 *Weber-Will/Kern*, JZ 1981, 257, 258; *Larenz*, SchuldR AT I, § 21 I d, S. 317.

302 Vgl. *Palandt/Heinrichs*, § 279 Rn. 8 („Strittig ist die Begründung für dieses praktisch allgemein anerkanntes Ergebnis"); *Soergel/Huber* § 433 Rn. 306 a.

303 *Erman/*Battes, § 279 Rn. 7 (Teleologische Reduktion aufgrund von § 242 BGB); *Larenz*, SchuldR I, § 21 I d, S. 317.

304 *Soergel/Wiedemann*, § 279 Rn. 13; ähnlich *Ballerstedt*, FS für Nipperdey, S. 261, 273 ff..

305 *Palandt/Heinrichs*, § 279 Rn. 8; *Huber,* Leistungsstörungen, Bd. I, S. 588 ff.; *Soergel/Teichmann*, § 242 Rn. 240, 245 ff.; *BGH* NJW 1994, 515, 516.

306 *Soergel/Huber*, § 433 Rn. 306 (i.d.R. Vertragsaufhebung).

307 *Erman/Battes*, § 279 Rn. 6; *Palandt/Heinrichs*, § 279 Rn. 7 (§§ 275 II, 276 anwendbar) *Ballerstedt*, FS Nipperdey, S. 261, 273. Für das Erlöschen eines Nachlieferungsanspruchs kann dies nur relevant werden, wenn bspw. die Erkrankung die Nachlieferung völlig ausschließt. Treten lediglich Verzögerungen hinsichtlich der Nachlieferungen ein, so bleibt der Verkäufer zu dieser verpflichtet, jedoch hat er in diesem Fall den Verzug nicht zu vertreten.

Bei einer *Vorratsschuld* verpflichtet sich der Verkäufer nur Ware aus seinem eigenen (oder einem bestimmten) Vorrat oder der eigenen Produktion zu liefern[308]. Dies kann entweder ausdrücklich im Vertrag vereinbart sein oder sich durch Auslegung ergeben.

Liegt eine *Vorratsschuld* vor, wird der Schuldner von der Leistungspflicht gem. § 275 II BGB frei, wenn ihm die Leistung aus dem Vorrat nachträglich unmöglich wird und er dies nicht zu vertreten hat[309]. Der Verkäufer ist hier nicht verpflichtet, Gattungsware am Markt zu besorgen; der Nachlieferungsanspruch erlischt in diesem Fall[310].

In Fällen der *anfänglichen objektiven Unmöglichkeit* ist der Nachlieferungsanspruch ebenfalls ausgeschlossen[311]. Sie liegen dann vor, wenn schon bei Vertragsschluss niemand in der Lage ist, dem Käufer mangelfreie Ware zu liefern, beispielsweise, weil sich die Ware aus der zu liefernden Gattung nicht zu dem vertraglich vorausgesetzten Zweck eignet[312] oder die gesamte Gattung mangelhaft ist[313]. Ist nur dem Verkäufer bereits bei Vertragsschluss die Lieferung mangelfreier Gattungsware nicht möglich, so erlischt der Erfüllungsanspruch des Käufers nicht[314]. Vielmehr ist der Verkäufer gehalten, auf dem Markt Ware zu beschaffen. Der Verkäufer haftet für sein Leistungsvermögen bei Vertragsschluss, die Sache zu beschaffen oder herzustellen unbedingt; auf ein Verschulden kommt es nicht an[315].

Schließlich kann der Nachlieferungsanspruch gem. § 242 BGB (Einwand des Rechtsmißbrauchs) ausgeschlossen sein, wenn die Nachlieferung dem Verkäufer

---

308 *Brox,* Allg. SchuldR, S. 61 Rn. 90.

309 *Palandt/Heinrichs*, § 279 Rn. 2 (§ 279 BGB unanwendbar); *Soergel/Huber*, § 433 Rn. 305; *Huber,* Leistungsstörungen, Bd. I, S. 595.

310 Hat der Verkäufer sein Unvermögen zu vertreten (§§ 276, 278 BGB), so erlischt der Nacherfüllungsanspruch nicht. Der Verkäufer ist ggf. zur Sonderanfertigung verpflichtet, vgl. *Soergel/Huber*, § 433 Rn. 305; *OLG Stuttgart*, NJW-RR 1988, 312, 313.

311 *MünchKomm/Westermann*, § 480 Rn. 5; *Staudinger/Honsell*, § 480 Rn. 3; *BGHZ* 50, 200, 206 (Anspruch auf Ersatzlieferung sei „selbstverständlich sinnlos“).

312 *BGHZ* 50, 200.

313 Der Vertrag ist aber nicht nach § 306 BGB nichtig, sondern der Käufer kann seine übrigen Gewährleistungsrechte geltend machen, vgl. *MünchKomm/Westermann*, § 480 Rn. 5; *Staudinger/Honsell*, § 480 Rn. 3; *BGHZ* 50, 200.

314 Vgl. hierzu *Ballerstedt*, FS für Nipperdey, S. 261, 270 f. („Aus dem Prinzip, dass der Schuldner für sein als rechtlich bindend hingegebenes Wort einstehen muss, erklärt sich zunächst die Haftung für anfängliches Unvermögen ohne Rücksicht auf Verschulden.“); *Soergel/Huber*, § 433 Rn. 314 f..

315 Vgl. *Soergel/Huber*, § 433 Rn. 314 f.; *Ballerstedt*, FS Nipperdey, S. 261, 271. Gelingt es dem Verkäufer nicht,Ware auf dem Markt (rechtzeitig) zu beschaffen oder ist er hierzu nicht bereit, so haftet er gem. § 326 BGB dem Käufer auf Schadensersatz wegen Nichterfüllung; vgl. *Huber*, a.a.O.; *BGH* NJW 1972, 1702 f..

unzumutbar ist (bspw. Einstellung der Produktion); der Verkäufer bleibt dann zum Schadensersatz (analog § 325 BGB) verpflichtet[316].

(7) Verjährung

Der Anspruch auf Nachlieferung unterliegt gem. §§ 480 I S. 2 BGB der kurzen Verjährung des § 477 BGB. Für bewegliche Sachen sieht § 477 I BGB eine Verjährungsfrist von *sechs Monaten* vor, sofern der Verkäufer den Mangel nicht arglistig verschwiegen[317] hat oder vertraglich eine andere Frist vereinbart wurde.

Die Frist *beginnt* bei beweglichen Sachen mit der *Ablieferung*. Der Kaufvertrag muss jedoch wirksam sein[318]. Die Ware ist abgeliefert, wenn der Verkäufer in Erfüllung des Kaufvertrages die Sache so zum Käufer gebracht hat, dass dieser die Ware untersuchen kann[319]. Die Ware muss derart zur Verfügung gestellt werden, dass der Käufer sie ohne weiteres übernehmen kann. Die Ware ist deshalb auch dann abgeliefert, wenn der Käufer die Übernahme ablehnt, weil er schon vor Übernahme den Mangel erkannt hat[320].

Die *Hemmungen* und *Unterbrechungen* der Verjährung richten sich nach den allgemeinen Vorschriften der §§ 202 ff., 208 ff. BGB.

Zur Unterbrechung der Frist ist danach grundsätzlich die Klageerhebung erforderlich[321], wenn nicht der Verkäufer sein Einverständnis mit der Nachlieferung erklärt hat. Die bloße Mängelanzeige reicht dagegen nicht aus[322]. Die Verjährungsfrist wird ferner durch ein selbständiges Beweisverfahren unterbrochen (§ 477 II BGB) und ist für die Dauer einer vom Verkäufer unternommenen Nachbesserung analog § 639 II BGB gehemmt[323].

Hat sich der Verkäufer mit der Nachlieferung einverstanden (§ 480 I S. 2, 465 BGB) erklärt, so entfällt die Verjährungsfrist des § 477 BGB und es gilt die

---

316 *Soergel/Huber*, § 480 Rn. 34, § 433 Rn. 276 f) (Rechtsmissbrauch, wenn die Aufwendungen des Verkäufers für die Erfüllung in einem krassen Mißverhältnis zum Erfüllungsinteresse des Käufers stehen)

317 Dem arglistigen Verschweigen von Fehlern steht das arglistige Vorspiegeln einer (nicht vorhandenen) Eigenschaft gleich; vgl. *Brox*, Bes. SchuldR S. 46 Rn. 89.

318 *Palandt/Putzo*, § 477 Rn. 11 f..

319 *Palandt/Putzo*, § 477 Rn. 12; *BGH* NJW-RR 1992, 951, 952.

320 *Soergel/Huber*, § 480 Rn. 35, § 480 Rn. 33 ff..

321 *MünchKomm/Westermann*, § 477 Rn. 16; gem. § 477 III BGB gilt die Hemmung oder Unterbrechung durch einen Gewährleistungsanspruch auch für die anderen. Macht der Käufer durch seine Klage zunächst (nur) Minderung geltend, so kann er im Prozess die Klage noch auf Wandlung oder Nachlieferung ändern, obwohl zu diesem Zeitpunkt die Verjährungsfrist vielleicht schon abgelaufen ist.

322 *Soergel/Huber*, § 477 Rn. 60.

323 *MünchKomm/Westermann*, § 477 Rn. 18 f.; *BGH* NJW 1984, 1525, 1526 m.w.N..

Regelverjährung[324]. Unerheblich ist, ob die Verjährungsfrist des § 477 BGB zur Zeit der Einigung schon abgelaufen war[325].

Nach der Ersatzlieferung beginnt eine neue, auf die nachgelieferte Sache bezogene Verjährung[326].

(8) Ausübung des Nachlieferungsanspruchs/*ius variandi*

Hat der Verkäufer sachmangelhafte Ware oder im Fall des beiderseitigen Handelskaufs ein genehmigungsfähiges *aliud* geliefert, so kann der Käufer beim Gattungskauf frei den Rechtsbehelf der Nachlieferung, aber auch Wandlung, Minderung oder ggf. Schadensersatz wegen Nichterfüllung wählen[327].

Dem Anspruch des Käufers auf Nachlieferung steht kein *Recht* des Verkäufers auf Nachlieferung oder Nachbesserung gegenüber[328]. Der Verkäufer kann insofern das Wahlrecht des Käufers zwischen den Rechtsbehelfen nicht durch ein Angebot mangelfreier Lieferung zunichte machen[329].

Der Käufer verliert sein Wahlrecht durch Vollzug der Nachlieferung, d.h. er kann nicht mehr Wandlung, Minderung oder Schadensersatz wegen Nichterfüllung verlangen[330].

Die Nachlieferung ist vollzogen, wenn der Verkäufer sich mit dem Nachlieferungsbegehren des Käufers *einverstanden erklärt* (§§ 480 I S. 2, 465 BGB)[331]. Dabei ist eine vollständige Einigung der Vertragsparteien erforderlich[332]. Die bloße Erklärung des Käufers, er verlange Nachlieferung, hat keine Wirkung auf das Wahlrecht[333]. Kommt keine Einigung zustande, so verliert der Käufer sein Wahlrecht mit rechtskräftiger Verurteilung des Verkäufers zur Nachlieferung[334].

---

324 *BGH* NJW 1958, 418; dazu *Brumby*, JR 1961, 35; *Staudinger/Honsell*, § 480 Rn. 19.

325 *BGH* NJW-RR 1987, 1338 (zur Wandelung).

326 *MünchKomm/Westermann*, § 477 Rn. 8.

327 *Soergel/Huber*, § 480 Rn. 15; *Staudinger/Honsell*, § 480 Rn. 6.

328 *Staudinger/Honsell*, § 480 Rn. 8; *Peters*, JZ 1978, 92, 93; *Soergel/Huber*, § 480 Rn. 6 ff. (dort zu Überlegungen aufgrund § 242 BGB ein Nacherfüllungsrechts des Verkäufer zu konstituieren). In der zweiten Kommission zum BGB, vgl. *Prot. I*, S. 717 f. wurde überlegt, dem Verkäufer ein Recht einzuräumen, die Wandlung durch eine Nachlieferung abzuwenden. Jedoch verwarf die Kommission diese Überlegung ausdrücklich.

329 *MünchKomm/Westermann*, § 480 Rn. 4; *Staudinger/Honsell*, § 480 Rn. 8.

330 *Palandt/Putzo*, § 480 Rn. 5.

331 *Reinicke/Tiedtke*, Kaufrecht, S. 206 f. Rn. 526.

332 *BGH* NJW 1961, 117, 118. Weshalb der Verkäufer in die Nachlieferung einwilligt, ob aus Kulanz oder in Anerkennung einer Rechtspflicht, ist unerheblich, vgl. *Soergel/ Huber*, § 480 Rn. 37.

333 *MünchKomm/Westermann*, § 480 Rn. 7. Auch die bloße Rücknahme der Kaufsache durch den Verkäufer enthält nicht den Vollzug der Nachlieferung, vgl. *Staudinger/ Honsell*, § 480 Rn. 15.

334 *Staudinger/Honsell*, § 480 Rn. 15.

Hat der Käufer zunächst Wandlung oder Minderung geltend gemacht, so kann er bis zur Einverständniserklärung des Verkäufers bzw. rechtskräftigen Gerichtsentscheidung zum Nachlieferungsanspruch wechseln[335].

Wurde beim Gattungskauf neu hergestellter Waren zwischen Nichtkaufleuten in AGB ein Nachbesserungsanspruch als zunächst einziger Rechtsbehelf vereinbart, so ist der Käufer hieran nicht gebunden, wenn die Nachbesserung fehlschlägt[336]. Er kann dann auf Wandlung oder Minderung verlangen, aber auch Nachlieferung verlangen, wenn diese nicht ausdrücklich ausgeschlossen ist[337].

Der Verkäufer kann dem Käufer, wenn dieser einen Mangel der Sache behauptet, gem. § 466 BGB die Wandlung anbieten und ihn unter Bestimmung einer angemessenen Frist zur Erklärung darüber auffordern, ob er die Wandlung verlange. Nach Ablauf der Frist ist die Wandlung ausgeschlossen und der Käufer kann nur noch die übrigen Rechtsbehelfe geltend machen[338]. § 466 BGB ist aufgrund der Verweisung des § 480 I S. 2 BGB auch auf die Nachlieferungsanspruch anwendbar. Hat der Verkäufer dem Käufer daher Nachlieferung angeboten und eine Frist gesetzt, so ist nach Fristablauf die Nachlieferung ausgeschlossen[339].

d) Rechtsfolgen und Inhalt des Nachlieferungsanspruchs

Hinsichtlich der Rechtsfolgen und des Inhalts des Nachlieferungsanspruchs ist zwischen den Ansprüchen des Käufers und den Ansprüchen des Verkäufers zu unterscheiden.

(1) Ansprüche des Käufers

Der Inhalt des Nachlieferungsanspruchs richtet sich nach dem Kaufvertrag. Denn der Käufer, der Nachlieferung verlangt, beansprucht nichts anderes als Erfüllung seines Anspruchs, so wie er durch den Kaufvertrag begründet worden ist[340].

---

335 *Soergel/Huber*, § 462 Rn. 39.
336 *Soergel/Huber*, § 465 Rn. 33.
337 *Ulmer/Brandner/Hensen/Hensen*, § 11 Nr. 10 b Rn. 54 m.w.N..
338 *MünchKomm/Westermann*, § 466 Rn. 1.
339 *Staudinger/Honsell*, § 480 Rn. 16; *Soergel/Huber*, § 466 Rn. 7. Der Verkäufer kann auch Wandlung *und* Ersatzlieferung wahlweise anbieten, wobei der Käufer nach Fristablauf beide Rechtsbehelfe verliert, vgl. *Staudinger/Honsell*, a.a.O. und *Soergel/Huber*, a.a.O.. A.A. *MünchKomm/Westermann*, § 480 Rn. 8.
340 *Soergel/Huber*, § 480 Rn. 21.

(a) Nachlieferung einer mangelfreien Sache, §§ 480 I, 433 I BGB

Der Anspruch des Käufers geht auf Lieferung einer sachmangelfreien Sache aus der vereinbarten Gattung[341].

Sachmängel der Ersatzlieferung begründen die Sachmängelhaftung des Verkäufers erneut[342], wobei dem Käufer abermals das *ius variandi* zusteht und die Verjährungsfrist von neuem läuft. Der neue Mangel ist vom Käufer ggf. erneut gem. §§ 377, 378 HGB zu rügen[343].

Die *Fälligkeit* des Nachlieferungsanspruchs richtet sich nach dem Inhalt des Kaufvertrags[344]. Der Anspruch auf Nachlieferung ist daher ohne weiteres fällig, wenn die erste, mangelhafte Lieferung zum vereinbarten Leistungstermin geliefert wurde. Für die Fälligkeit des Nachlieferungsanspruchs ist nicht erforderlich, dass der Käufer anbietet, die gelieferte (mangelhafte) Sache zurückzugeben[345]. Zwar ist er hierzu grundsätzlich verpflichtet (§§ 480 I S. 2, 467 S. 1, 346 S.1 BGB)[346], jedoch muss die Zug-um-Zug-Abwicklung (§§ 348, 320 BGB) vom Verkäufer verlangt und nicht bereits vom Käufer beim Nachlieferungsbegehren angeboten werden[347].

Der *Leistungsort* bezüglich der nachzuliefernden Ware ist primär aus dem Kaufvertrag zu entnehmen[348]. Die Bestimmungen über den Leistungsort und die Art und Weise der Lieferung gelten daher unverändert weiter[349].

---

341 *MünchKomm/Westermann*, § 480 Rn.4; *Soergel/Huber*, § 480 Rn. 2; Handelt es sich um einen *beschränkten* Gattungskauf, so kann der Käufer nur Nachlieferung aus dem durch den Kaufvertrag bestimmten Vorrat verlangen, vgl. *Soergel/Huber,* § 480 Rn. 21.

342 *Reinicke/Tiedtke,* S. 206 Rn. 524; *Staudinger/Honsell*, § 480 Rn. 11; *Palandt/Putzo*, § 480 Rn. 6; *BGH* WM 1983, 339, 341.

343 *BGH* WM 1983, 339, 441.

344 *Soergel/Huber*, § 480 Rn. 23.

345 *RGZ* 94, 327, 331; *Soergel/Huber*, § 480 Rn. 24; *Kirchhof,* Sachmängelhaftung, S. 179; a.A. *Staudinger/Honsell*, § 480 Rn. 17.

346 Außer in den Fällen des zufälligen Untergangs oder der Verarbeitung in Unkenntnis des Mangels.

347 *Soergel/Huber*, § 480 Rn. 24. Dies ist insbesondere deshalb zutreffend, da über die Verweisung §§ 480 I S. 2, 467 S. 1, 348 BGB die Vorschriften der §§ 320, 322 BGB zur Anwendung kommen (vgl. § 348 S. 2 BGB). § 322 I BGB stellt aber eindeutig auf die „*Geltendmachung* des dem anderen Teile zustehenden Rechtes" (hier: Rückgabe der mangelhaften Sache) ab. Die Einrede muss also vom Verkäufer erhoben, nicht etwa die Rückgabe vom Käufer angeboten werden.

348 Wurde im Vertrag nichts über den Leistungsort vereinbart, so gilt § 269 BGB. Hiervon zu trennen ist jedoch die Frage, wo die mangelhafte Ware abzuholen oder zu verbringen ist; hierzu sogleich im Text, *C. III. 2. d) (2).*

349 *Staudinger/Honsell*, § 480 Rn. 17; *Soergel/Huber* § 480 Rn. 21. *BGH* NJW 1991, 1604, 1606. Eine Holschuld bleibt deshalb auch hinsichtlich der nachzuliefernden Sache eine Holschuld.

Auch gelten die Regeln über die *Gefahrtragung* hinsichtlich der nachzuliefernden Ware unverändert fort (§§ 446, 447 BGB)[350].

Die *Kosten* der Nachlieferung hat der Verkäufer zu tragen. Denn gem. § 480 I S. 2 BGB findet § 476 a BGB entsprechend Anwendung[351].

Der Verkäufer muss die Kosten deshalb auch dann tragen, wenn die Kostenverteilung nach dem Kaufvertrag dem Käufer oblag, was sich daraus rechtfertigt, dass der Käufer nur einmal verpflichtet sein sollte, die Vertragskosten zu tragen[352].

Gemäß § 476 a S. 1 BGB hat der Verkäufer die erforderlichen Aufwendungen, insbesondere *Transport-, Wege-, Arbeits- und Materialkosten*[353] zu tragen. Die Aufzählung in § 476 a S. 1 BGB ist nicht abschließend; den Verkäufer treffen vielmehr sämtliche Kosten, die im Zuge der Nachlieferung zwangsläufig entstehen[354]. Über die ausdrücklich genannten Aufwendungen hinaus hat der Verkäufer ferner Abschleppkosten[355] und die sonstigen Schäden, die am Eigentum des Käufers im Zuge der Nachlieferung entstehen, zu ersetzten[356].

Ferner fallen auch die Kosten der *Feststellung des Mangels* unter § 476 a BGB, und zwar auch dann, wenn der Käufer sie selbst aufwendet[357].

Hingegen kann der Käufer nach § 476 a BGB nicht den *Nutzungsausfall*[358] während der Nachlieferung sowie den Ersatz der Schäden, die der Mangel *an*

---

350 *Soergel/Huber*, § 480 Rn. 21.

351 *Palandt/Putzo*, § 476 a Rn. 4; *Soergel/*Huber, § 476 a Rn. 12; *Staudinger/Honsell*, § 476 a Rn. 6; *BGH* NJW 1991, 1604 f..

352 *Soergel/Huber*, § 480 Rn. 22.

353 Zu diesen Kosten, vgl. *Reinicke/Tiedtke,* Kaufrecht, S. 196 Rn. 498.

354 *MünchKomm/Westermann*, § 476 a Rn. 4; *Reinicke/Tiedtke*, Kaufrecht, S. 197 Rn. 499; *Soergel/Huber*, § 476 a Rn. 14; *BGH* NJW 1996, 389, 390 (De- und Montage durch Käufer); *AG Dülmen* NJW 1987, 385 (Abschleppkosten beim Autokauf); *BGHZ* 96, 221, 224 (Kosten der Vor- und Nacharbeiten beim Werkvertrag); *BGH* NJW 1963, 805, 806 (Kosten der Maurer-, Putz-, Maler- und Reinigungsarbeiten bei Reparatur einer beim Besteller fest montierten Sache).

355 *Palandt/Putzo*, § 476 a Rn. 7; *Staudinger/Honsell* § 476 a Rn. 5; *AG Dülmen* NJW 1987, 385.

356 Bspw. die Kosten des Ausbaus und Wiedereinbaus einer Sache, vgl. *Soergel/Huber*, § 476 a Rn. 14; *BGH* NJW 1996, 389, 390 (De- und Montage von defekten Reifen); *BGH* NJW 1963, 805, 806 (Kosten der Maurer-, Putz-, Maler- und Reinigungsarbeiten bei Reparatur einer beim Besteller fest montierten Sache).

357 H.M.: *BGH* NJW 1991, 1604, 1607; *Löwe/v.Westphalen/Trinkner/v.Westphalen*, AGBG, § 11 Nr. 10 c Rn. 8, 9; *Reinicke/Tiedtke*, Kaufrecht, S. 197 Rn. 499; teilweise a.A. *Soergel/Huber*, § 476 a Rn. 18, der vertritt, dass sich der Käufer zunächst bei einem Mangelverdacht an den Verkäufer wenden muss. Der Käufer dürfe nicht sofort auf Kosten des Verkäufers einen Dritten einschalten oder eigene Mittel einsetzen, um den Mangel feststellen zu lassen. A.A. aber *BGH*, a.a.O..

anderen Rechtsgütern des Käufers verursacht hat[359], ersetzt verlangen; hierbei handelt es sich vielmehr um Schadensersatz. Auch ist der für den Käufer mit der Nachlieferung verbundene Zeitaufwand nicht ersatzfähig[360].

Ferner fallen nach wohl h.M. die Kosten der Mängelrüge[361] und die Kosten der Rechtsverfolgung *nicht* unter § 476 a BGB[362].

Nach *§ 476 a S. 2, 1. HS. BGB* hat der Verkäufer des Weiteren diejenigen Aufwendungen *nicht* zu tragen, die dadurch entstanden sind, dass die gekaufte Sache nach der Lieferung an einen anderen Ort als den Wohnsitz oder die gewerbliche Niederlassung des Empfängers verbracht worden ist. Es geht hierbei in erster Linie um Fahrt- und Transportkosten[363].

Hiervon macht *§ 476 a, S. 2, letzter HS. BGB* eine Unterausnahme, wonach der Verkäufer die Aufwendungen der Verbringung dann zu tragen hat, wenn diese einem bestimmungsgemäßen Gebrauch der Sache entsprach. *Bestimmungsgemäß* bedeutet, dass die Sache ihrer Natur oder ihrer Art nach dazu bestimmt ist, an verschiedenen Orten gebraucht zu werden[364]. Eine typisches Beispiel hierfür sind Kraftfahrzeuge[365].

Es kommt also nicht auf die Bestimmung des Verwendungszwecks durch die Vertragsparteien, sondern nur auf den allgemeinen, objektiven Verwendungszweck an[366]. Selbst wenn der Verkäufer *weiß*, dass eine Ware ins Ausland weiter veräußert werden soll, hat er die erhöhten Aufwendungen nur dann zu tragen, wenn ein Verbringen der Ware in deren Natur liegt[367].

---

358 *Soergel/Huber*, § 476 a Rn. 17; *Reinicke/Tiedtke,* Kaufrecht, S. 197 Rn. 499; *Soergel/Stein,* AGBG, § 11 Rn. 115; *BGHZ* 72, 31, 33 (zum Werkrecht).

359 *BGHZ* 96, 221, 225 (zum Werkrecht).

360 *Soergel/Huber,* § 476 a Rn. 15.

361 *Ulmer/Brandner/Hensen/Hensen*, AGBG, § 25 Rn. 14; *Soergel/Stein*, AGBG, § 11 Rn. 115; *Soergel/Huber*, § 476 a 18; a.A. *Reinicke/Tiedtke*, Kaufrecht, S. 197 Rn. 499.

362 *Ulmer/Brandner/Hensen/Hensen*, § 25 Rn. 14; *Soergel/Huber*, § 476a Rn. 18.

363 *Soergel/Huber*, § 476 a Rn. 16. Es ist dabei auf den *Empfänger* (der nicht notwendigerweise der Käufer ist) abzustellen, so dass den Verkäufer dann die vollen Aufwendungen treffen, wenn die Ware bereits nach dem Kaufvertrag an einen Dritten geliefert werden sollte und sich die Sache an dessen Wohnsitz oder Niederlassung befindet, vgl. *Soergel/Huber, a.a.O.*.

364 *Reinicke/Tiedtke*, Kaufrecht, S. 198 Rn. 501; *Ulmer/Brandner/Hensen/Hensen*, § 25 Rn. 20; *BGH* NJW 1991, 1604, 1606.

365 Begründung des Regierungsentwurfs, *in:* Bundestags-Drucks. 7/3919, S. 44; *MünchKomm/Westermann*, § 477 Rn. 5.

366 *BGH* NJW 1991, 1604, 1606.

367 *Reinicke/Tiedtke*, Kaufrecht, S. 198 Rn. 501; *BGH* NJW 1991, 1604, 1606 f. (Hat der Käufer Drehstrom-Generatoren nach Saudi-Arabien weiterverkauft, so ist der Verkäufer nur zur Übernahme derjenigen Kosten verpflichtet, die auch für die Erfüllung der Nachlieferungskosten am urprünglichen Lieferungsort -Frankfurt a.M.- erforderlich sind, und zwar auch dann, wenn dem Verkäufer der Weiterverkaufsort bekannt war.)

Hat der Käufer notwendigerweise bereits Aufwendungen gemacht, die nach § 476 a BGB der Verkäufer zu tragen hat, so nimmt die Kostentragungspflicht die Form eines Aufwendungsersatzanspruchs an[368].

§ 476 a BGB ist grundsätzlich abdingbar[369]. Unabdingbar ist diese Vorschrift durch AGB beim Kauf *neuer* Sachen gegenüber Personen, die nicht Kaufleute sind (§ 11 Nr. 10 c AGBG). Ob auch beim Kauf neuer Sachen zwischen *Kaufleuten* § 476 a BGB durch AGB abdingbar ist, bestimmt sich nach § 9 AGBG. Jedenfalls ist eine vollständige Befreiung von den Kosten der Nachbesserung auch gegenüber Kaufleuten unwirksam[370].

(b) Verwendungsersatz

Der Verkäufer hat dem Käufer gem. §§ 480 I S. 2, 467 I S.1, 347 S. 2, 994 II BGB die Verwendungen[371], die dieser bezüglich der Kaufsache gemacht hat, zu ersetzen.

Nach § 994 II BGB sind jedoch nur die *notwendigen* Verwendungen zu ersetzen, d.h. nur solche Verwendungen, die zur Erhaltung oder ordnungsgemäßen Bewirtschaftung der Sache objektiv erforderlich sind[372].

Weiter einschränkend ist lediglich dann Ersatz zu leisten, wenn die Voraussetzungen der *Geschäftsführung ohne Auftrag* (GoA) gegeben sind (vgl. § 994 II BGB). Die Voraussetzungen der GoA liegen nur dann vor, wenn die Aufwendungen im Einklang mit dem *mutmaßlichen Willen* und dem sich damit regelmäßig *deckenden Interesse* des Verkäufers stehen[373].

Ersatzfähig sind daher bspw. der Mietzins für die notwendige Aufbewahrung einer Sache[374] sowie gewöhnliche Erhaltungs- und Wartungskosten[375].

Nützliche Verwendungen sind grundsätzlich nicht ersatzfähig. Nicht ersatzfähig sind deshalb bspw. Transportkosten, die nicht im Rahmen der Nachlieferung entstanden sind sowie die Ausstattung der Sache mit Zubehör[376].

---

368 *Staudinger/Honsell*, § 476 a Rn. 4; *BGH* NJW 1996, 389, 390; *BGH* NJW 1991, 1604, 1607 (Untersuchungskosten).

369 *Staudinger/Honsell*, § 476 a Rn. 1; *Reinicke/Tiedtke*, Kaufrecht, S. 198 Rn. 503.

370 *Soergel/Stein*, AGBG, § 11 Rn. 117; *Ulmer/Brandner/Hensen/Hensen*, AGBG, § 11 Nr. 10 c, Rn. 61.

371 Verwendungen sind willentliche Vermögensaufwendungen, die (zumindest auch) der Sache zugute kommen sollen, indem sie sie wiederherstellen, erhalten oder verbessern sollen, vgl. *BGH* NJW 1990, 447.

372 *Palandt/Putzo*, § 467 Rn. 17; *Palandt/Bassenge*, § 994 Rn. 5; *BGHZ* 64, 333, 339.

373 *Soergel/Huber*, § 467 Rn. 119.

374 *BGH* NJW 1978, 1256 f..

375 *Palandt/Bassenge*, § 994 Rn. 5.

376 *Soergel/Huber*, § 467 Rn. 123 m.w.N..

Umstritten ist aber, ob auch *vor Kenntnis* des Käufers vom Mangel nur notwendige Aufwendungen zu ersetzen sind.

Wohl überwiegend wird vertreten, dass vor Kenntnis vom Mangel die Vorschriften der ungerechtfertigten Bereicherung gelten mit der Folge, dass der Verkäufer auch nützliche Verwendungen zu ersetzen habe, soweit er bereichert sei[377]. Begründet wird dies damit, dass § 347 BGB auf das vertragliche Rücktrittsrecht zugeschnitten und für den gesetzlichen Rücktritt unbillig sei[378].

Demgegenüber beruft sich die Gegenansicht auf den Wortlaut des § 347 BGB und darauf, dass § 347 BGB gerade für die Wandlung konzipiert worden sei[379]. Danach seien auch vor Kenntnis vom Mangel nur die notwendigen Verwendungen zu ersetzen.

Zuzustimmen ist hier der erst genannten Ansicht[380], da der Käufer, der eine mangelhafte Ware erhält, bis zur Kenntnis vom Mangel davon ausgeht, dass der Gegenstand Teil seines Vermögens ist und bleibt. Tätigt der Käufer in Anbetracht dieses Umstandes nützliche Verwendungen auf die Sache, so wäre es nicht interessengemäß, dem mangelhaft liefernden Verkäufer, der bei Rückgabe der Sache um diese Verwendungen bereichert wird, diesen Vorteil zu belassen, ohne dass er hierfür einen Wertausgleich zu zahlen hat.

(2) Pflichten des Käufers, insb. Rückgabe der fehlerhaften Sache (§§ 346 ff; 467, 480 I 2)

Der Käufer hat gem. §§ 480 I S. 2, 467 S. 1, 346 BGB die gelieferte, fehlerhafte Sache zurückzugeben. Allerdings gilt dies nicht in den Fällen des § 350 BGB (auch Untergang der Sache aufgrund des Mangels) und des § 467 I S. 1, 2. HS BGB (Verarbeitung und Umbildung). In diesen Fällen bleibt der Verkäufer zur Nachlieferung verpflichtet, obwohl der Käufer die mangelhafte Kaufsache nicht zurückgewähren kann. Der Verkäufer trägt daher gem. § 350 BGB die Gefahr des zufälligen Untergangs der mangelhaften Sache.

Der *Erfüllungsort* für die Verpflichtung des Käufers ist der Ort, wo sich die Ware vertragsgemäß befindet[381]. Der Käufer muss die Ware an diesem Ort zur

---

377 *Palandt/Heinrichs*, § 347 Rn. 10; *MünchKomm/Janßen*, § 347 Rn. 28; *Soergel/Wiedemann*, § 327 Rn. 29, 30.

378 *MünchKomm/Westermann*, § 467 Rn. 11.

379 *Soergel/Huber*, § 467 Rn. 124, 125 m.w.N..

380 Vgl. für eine ausführliche Stellungnahme zu diesem Streitstand unten, *C. III. 2. d) (2).*

381 *BGB-RGRK/*Mezger, § 467 Rn. 12; *Palandt/Putzo*, § 467 Rn. 4; *Soergel/Huber*, § 467 Rn. 130; *BGH* NJW 1962, 739; *BGHZ* 87, 104, 109 (Der Käufer hat mangelhafte Dachziegeln abzudecken bzw. die Kosten hierfür zu tragen); a.A. *Staudinger/Honsell*, § 465 Rn. 25 m.w.N..

Verfügung stellen. Der Verkäufer ist in entsprechender Anwendung des § 433 II BGB zur Rücknahme der Sache an diesem Ort verpflichtet[382].

Grundsätzlich ist der Erfüllungsort daher der Ort des Wohnsitzes bzw. der gewerblichen Niederlassung des Käufers[383]. Da jedoch ausschlaggebend der vertraglich vereinbarte oder vorausgesetzte Bestimmungsort ist, kann auch ein dritter Ort Erfüllungsort sein, bspw. eine Baustelle[384].

Die *Transportkosten* für den Abtransport der mangelhaften Sache trägt der Verkäufer im Rahmen des § 476 a BGB[385].

Nach §§ 480 I S. 2, 467, 348 BGB sind die Nachlieferung und die Rückgabe der mangelhaften Sache Zug um Zug zu erfüllen.

Allerdings ist für die Fälligkeit des Nachlieferungsanspruchs nicht erforderlich, dass der Käufer anbietet, die gelieferte (mangelhafte) Sache zurückzugeben[386]. Der Verkäufer muss vielmehr die Zug-um-Zug-Einrede erheben[387].

Der Käufer hat nach §§ 347 S.1, 989 BGB *Schadensersatz* für *nicht wesentliche* Verschlechterungen zu leisten, wenn er sie verschuldet hat. Umstritten ist auch hier, ob der Käufer wie ein unrechtmäßiger Besitzer bereits ab Empfang der Leistung haften soll oder aber erst ab Kenntnis vom Mangel.

Nach wohl h.M.[388] haftet der Käufer vor Kenntnis des Mangels nur nach Bereicherungsrecht mit der Folge, dass seine Haftung selbst bei vorsätzlicher Verschlechterung nur auf das noch in seinem Vermögen Vorhandene beschränkt ist (vgl. § 818 III BGB)[389]. Vor Kenntnis des Wandlungsgrundes sei eine Haftung nach dem Eigentümer-Besitzer Verhältnis unbillig. Dem Sinn und Zweck des § 327 S. 2 BGB sei zu entnehmen, dass derjenige Vertragspartner, der den Rücktritt nicht zu vertreten hat, nur nach Bereicherungsrecht hafte[390]. Es sei deshalb

---

382 *MünchKomm/Westermann,* § 467 Rn. 11; *BGHZ* 87, 104, 109 ff.. Oblag dem Verkäufer zusätzlich zur Lieferung eine Montageverpflichtung, so ist er auch zur Demontage verpflichtet, *Soergel/Huber, § 467 Rn. 135.*

383 *Soergel/Huber*, § 467 Rn. 129.

384 *BGHZ* 87, 104, 109.

385 Vgl. hierzu *BGH* NJW 1991, 1604, 1606 f..

386 *RGZ* 94, 327, 331; *Soergel/Huber*, § 480 Rn. 24; *Kirchhof,* Sachmängelhaftung, S. 179; a.A. *Staudinger/Honsell*, § 480 Rn. 17.

387 So zutreffend *Soergel/Huber*, § 480 Rn. 24*; Palandt/Heinrichs*, § 322 Rn. 2.

388 *Palandt/Heinrichs*, § 347 Rn. 8; *MünchKomm/Janßen*, § 347 Rn. 12 (ausreichend sei auch ein Kennenmüssen); *Soergel/Hadding*, § 347 Rn.10; *MünchKomm/Westermann*, § 467 Rn. 11; *Bergerfurth/Menard/Fuchs,* Kaufrecht, S. 239, Anm. B 252; *BGB-RGRK/Ballhaus,* § 347 Rn. 13; *BGHZ* 53, 144, 148 f.; *BGH* WM 1987, 47, 48.

389 *Palandt/Heinrichs*, § 347 Rn. 8.

390 *BGH* WM 1987, 47, 48; *Soergel/Hadding*, § 347 Rn. 10.

eine teleologische Reduktion des § 347 S. 1 BGB geboten[391]. Damit würden erst nach Kenntnis vom Mangel die §§ 347 S. 1, 989 BGB eingreifen[392].

Nach anderer Ansicht gelten vom Empfang der Leistung an die Vorschriften der §§ 347 S. 1, 989 BGB mit der Folge, dass der Käufer unabhängig von der Kenntnis des Mangels bei verschuldeter Verschlechterung Schadensersatz leisten muss, und zwar ohne sich auf Entreicherung berufen zu können[393]. Dies ergebe sich aus dem eindeutigen Wortlaut des § 347 S. 1 BGB und daraus, dass diese Vorschrift gerade für die Wandlung konzipiert worden sei[394]. Ferner wird angeführt, dass § 327 S. 2 BGB insofern nicht „analogiefähig" sei, als dieser den Fall normiere, dass der Rücktritts*gegner* (Verkäufer) den Rücktritt nicht zu vertreten habe und insofern auf den Rücktritts*berechtigten* (Käufer) überhaupt keine Anwendung finden könne[395].

Dieser Streitstand wirkt sich auch auf die vom Käufer gem. §§ 480 I S. 2, 467 S.1, 347 S. 2 BGB i.V.m. 987 BGB herauszugebenden *Nutzungen* aus. Nach diesen Vorschriften hat der Käufer, der Nachlieferung begehrt, die gezogenen und die schuldhaft nicht gezogenen Nutzungen[396] dem Verkäufer herauszugeben bzw. zu ersetzten[397]. Dabei sind grundsätzlich alle gezogenen Nutzungen *bis zur Rückgabe* der Kaufsache an den Verkäufer zu erstatten[398].

Nach der h.M., die bis zur Kenntnis Bereicherungsrecht anwenden will[399], könnte sich der Käufer auf Entreicherung berufen, während ihm dies nach der Gegenmeinung versagt wäre.

Zuzustimmen ist der h.M., wobei deren Argumenten wenig hinzuzufügen ist. Anders als beim vertraglichen Rücktrittsrecht geht der Käufer, der Wandlung oder Nachlieferung begehrt, vor Kenntnis vom Mangel davon aus, dass die gelieferte (mangelhafte) Ware Bestandteil seines Vermögens ist und bleibt[400]. Er kann deshalb mit der Sache grundsätzlich so verfahren, wie er es für richtig hält. Muss der

---

391 *Palandt/Heinrichs*, § 347 Rn. 8
392 So *MünchKomm/Janßen, § 347 Rn. 12*; a.A. *BGB-RGRK/Ballhaus, § 347 Rn. 11* (Es gelten §§ 989, 292, 818 IV, 819 I BGB); dazu *Nierwetberg*, JuS 1984, 33, 37.
393 *Soergel/Huber*, § 467 Rn. 43; *Nierwetberg*, JuS 1984, 33, 36; *Reinicke/Tiedtke*, Kaufrecht, S. 103 f. Rn. 249 f.; *Larenz*, SchuldR I, § 26 b, S. 410 f.; *Staudinger/Honsell*, § 467 Rn. 24.
394 *Soergel/Huber*, § 467 Rn. 43, 177.
395 *Nierwetberg*, JuS 1984, 33, 36 m.w.N..
396 Nutzungen sind gem. § 100 BGB die Erzeugnisse oder die sonstige Ausbeute (§ 99 I BGB, z.B. die Ernte), die Erträge aufgrund eines Rechtsverhältnisses (§ 99 III BGB, z.B. der Mietertrag) und die Gebrauchsvorteile, die der Käufer aus der Kaufsache gezogen hat (§ 100 2. Fall, z.B. die Vorteile aufgrund der Benutzung einer Maschine, eines KfZ).
397 *Soergel/Huber*, § 480 Rn. 3.
398 *BGH* WM 1984, 1098, 1099 f.. Gebrauchsvorteile sind dabei von vornherein durch eine Vergütung in Geld herauszugeben, vgl. *BGH* NJW 1991, 2484.
399 *Palandt/Heinrichs*, § 347 Rn. 9; *BGH* NJW 1992, 1965.
400 Ähnlich auch *Walter*, Kaufrecht, § 5 II 6, S. 181.

Käufer nun aufgrund der mangelhaften Lieferung des Verkäufers die Ware zurückgewähren, wobei den Käufer an diesem Umstand kein Verschulden trifft, so erscheint es sachgerecht, den Rechtsgedanken des § 327 S. 2 BGB auf das Rückgewährschuldverhältnis im Rahmen der Wandlung und Nachlieferung zu übertragen. Trotz des abweichenden Gesetzeswortlautes des § 327 S. 2 BGB („der andere Teil", wobei hiermit der Rücktritts*gegner* gemeint ist), ist dieser Vorschrift der Rechtsgedanke zu entnehmen, dass derjenige, der an der Rückgewähr schuldlos ist, nur nach Bereicherungsrecht haften soll[401].

Der dieser Ansicht entgegenstehende klare Wortlaut des § 347 S. 1 BGB muss demgegenüber zurücktreten. Wie unbillig es wäre, den Käufers gleich einem unrechtmäßigem Besitzer haften zu lassen, zeigt sich besonders deutlich an der Nachlieferung. Denn der Käufer müsste hiernach gem. § 987 BGB *sämtliche* Nutzungen herausgeben, d.h. alle Gebrauchsvorteile, obgleich ihm von Anfang an eine gebrauchsfähige Sache und damit auch deren vollständiger Gebrauch zustand.

Der Käufer haftet damit nach der hier vertretenen Ansicht bis zur Kenntnis von dem Mangel nach Bereicherungsrecht und ab der Kenntnis gleich einem unrechtmäßigem Besitzer.

Der Nachlieferung begehrende Käufer ist deshalb in Bezug auf die herauszugebenden *Nutzungen* vor Kenntnis des Mangels nur insoweit zur Herausgabe bzw. Erstattung verpflichtet, als er bereichert ist. Das sind nur diejenigen Nutzungsvorteile, die ihm trotz des Umstandes verbleiben, dass ihm von Anfang an eine mangelfreie Sache zu liefern war. Hierbei handelt es sich insbesondere um ersparte Wertverluste und ersparte Eigenaufwendungen (bspw. die ersparte Abnutzung eines KfZ). Die „üblichen" Gebrauchsvorteile (bspw. Nutzungsentgelt) sowie die mittelbaren oder unmittelbaren Früchte sind hingegen nicht herauszugeben bzw. zu vergüten; der Käufer ist diesbezüglich nicht bereichert.

Für die unwesentliche Verschlechterung haftet der Käufer bis zur Kenntnis vom Mangel nicht, da er sich diesbezüglich auf Entreicherung (§ 818 III BGB) berufen kann[402].

Hat der Käufer einen Verlust oder eine wesentliche Verschlechterung i.S.d. §§ 350, 351 BGB nicht verschuldet, so kann er trotz des Untergangs bzw. der Beschädigung Ersatzlieferung verlangen. Erlangt er in diesem Fall einen *Ersatz* oder einen Ersatzanspruch gegen einen Dritten (Schadensersatzansprüche oder Versicherungsansprüche), so ist er verpflichtet, diesen Ersatz herauszugeben bzw. den Ersatzanspruch abzutreten (§§ 467, 346, 281 BGB)[403].

---

401 So auch *BGH* WM 1987, 47, 48 m.w.N..

402 Hat er aufgrund der Beschädigung einen Ersatz erlangt, so hat der Käufer diesen gem. § 818 I BGB herauszugeben.

403 *MünchKomm/Westermann*, § 467 Rn. 12; *Soergel/Huber*, § 467 Rn. 62.

Nach einer Ansicht kann der Käufer eigene Aufwendungen (bspw. Versicherungsprämien) hiervon absetzen[404], während eine andere Meinung dies ablehnt[405].

Hat der Käufer die Sache weiterverkauft, scheidet schon die Ersatzlieferung aus, so dass der Verkaufserlös nicht herauszugeben ist[406].

Hat der Käufer die Sache allerdings umgebildet oder verarbeitet, ohne dass der Ersatzlieferungsanspruch ausgeschlossen ist (§ 467 S. 1, 2. HS BGB), und kann er sie trotz des Mangels weiterverkaufen, so muss er dem Verkäufer den Verkaufserlös herausgeben[407].

Schließlich hat der Käufer gem. §§ 347, 989 BGB Schadensersatz für *nach* „vollzogener" Nachlieferung entstandene Schäden zu leisten[408].

(3) Konkurrierende Ansprüche

Mit dem Anspruch auf Nachlieferung können Ansprüche auf Ersatz des Verzugsschadens sowie aus positiver Vertragsverletzung (pVV) konkurrieren.

(a) Verzugsschäden

Befindet sich der Verkäufer mit der Nachlieferung in Verzug, so kann der Käufer neben der Nachlieferung den *Ersatz des Verzugsschadens (§ 286 BGB)* verlangen[409].

Verzug setzt gem. § 284 I BGB die Fälligkeit und eine Mahnung voraus. Ist der vertraglich vereinbarte Liefertermin verstrichen und hat der Käufer die Nachlieferung geltend gemacht, so ist die Nachlieferung fällig[410].

Ist das Nachlieferungsbegehren des Käufers berechtigt, so ist die *Mahnung* in der Geltendmachung des Nachlieferungsanspruchs mitenthalten[411]. Der Käufer muss den Verkäufer also nicht zweimal zur Nachlieferung auffordern, um ihn in Verzug zu setzen[412].

---

404 *Palandt/Heinrichs*, § 281 Rn. 8 m.w.N..

405 *Soergel/Wiedemann*, § 281 Rn. 37 m.w.N..

406 *Soergel/Huber*, § 467 Rn. 62.

407 *Soergel/Huber*, § 467 Rn. 66.

408 *Bergerfurth/Menard/Fuchs*, Kaufrecht, S. 239 Anm. B 251.

409 *Köhler*, JA 1982, 159, 161; *MünchKomm/Westermann*, § 480 Rn. 6; *Staudinger/Honsell*, § 480 Rn. 11; *Palandt/Putzo*, § 480 Rn. 6; *BGH* NJW 1985, 2526.

410 *Soergel/Huber*, § 480 Rn. 23.

411 *Palandt/Putzo*, § 480 Rn. 6; *Staudinger/Honsell*, § 480 Rn. 11; *MünchKomm/Westermann*, § 480 Rn. 6; *Erman/Grunewald*, § 480 Rn. 5; *BGH* NJW 1985, 2526.

412 *Soergel/Huber*, § 480 Rn. 25; *Palandt/Putzo*, § 480 Rn. 6; *BGH* NJW 1985, 2526.

Da der Schuldner (Verkäufer) einer Leistung solange nicht in Verzug kommt, als ein Leistungsverweigerungsrecht besteht[413], und der Verkäufer gem. §§ 480 I S. 2, 467 S. 1, 348, 320 BGB nur Zug um Zug zu erfüllen hat, muss der Käufer die Rückgabe der mangelhaften Sache anbieten[414].

Schließlich muss der Verkäufer den Verzug gem. § 285 BGB zu vertreten haben[415]. Jedoch ist dies aufgrund von § 279 BGB regelmäßig der Fall. Denn nach dieser Vorschrift trifft den Verkäufer nicht nur eine schuldunabhängige Einstandspflicht, die Ware überhaupt zu liefern, sondern grundsätzlich auch für sein Vermögen, die Ware *rechtzeitig*, und zwar ebenfalls schuldunabhängig, zu liefern[416].

Diese schuldunabhängige Einstandspflicht ist allerdings dann begrenzt, wenn Umstände die Lieferung verhindern, die mit der Natur des Schuldverhältnisses als Gattungsschuld nichts zu tun haben[417]. Wurde vom Verkäufer alles zur Vorbereitung seinerseits Erforderliche getan und tritt eine Verzögerung aufgrund eines Umstandes ein, den der Verkäufer nicht zu vertreten hat (höhere Gewalt), so hat er für diese Verzögerung nicht einzustehen[418]. Dies ist z.B. bei Brandkatastrophen[419] oder Krankheit[420] kurz vor Lieferung der Fall[421]. Der Verkäufer gerät hier während der Zeit der Ersatzbeschaffung oder der Bestellung von Ersatzpersonal nicht in Verzug[422].

War der Verkäufer schon vor Lieferung der mangelhaften Ware im Verzug, so wird dieser Zustand durch die mangelhafte Lieferung nicht beseitigt, sondern dauert bis zur mangelfreien Lieferung fort[423].

---

413 Und zwar auch, wenn der Schuldner die Einrede nicht erhebt. Denn der Verzug erfordert einen *durchsetzbaren* Anspruch, der schon durch das bloße Bestehen des Einrederechts ausgeschlossen ist; vgl. *MünchKomm/Walchshöfer*, § 284 Rn. 13.

414 *Soergel/Huber,* § 480 Rn. 27.

415 *Palandt/Putzo,* § 480 Rn. 6.

416 *Huber,* Leistungsstörungen, Bd. I, S. 576; *ders.* in: Soergel, § 433 Rn. 307; *BGH* NJW 1972, 1702, 1703.

417 *Palandt/Heinrichs,* § 279 Rn. 7 (Anwendbarkeit der §§ 275 II, 276 BGB); *Erman/Battes,* § 279 Rn. 6.

418 *Larenz,* SchuldR I, § 21 I d, S. 317 f.; *Soergel/Huber,* § 433 Rn. 307

419 *Soergel/Huber,* § 433 Rn. 307.

420 *Palandt/Heinrichs,* § 279 Rn. 7. Allerdings dürfte dies nur zutreffen, wenn der Verkäufer in einem für ihn zumutbaren Rahmen für Krankheitsfälle vorgebeugt hat, jedoch aufgrund der „Plötzlichkeit" der Krankheit eine Verzögerung eingetreten ist.

421 Allerdings ist die Vertragsuntreue des Vorlieferanten grundsätzlich kein Fall höherer Gewalt. Vielmehr haftet der Verkäufer für solche Verzögerungen regelmäßig, es sei denn, er hat einen Selbstbelieferungsvorbehalt vereinbart, *vgl. Soergel/Huber,* § 433 Rn. 307 *und* § 433 Anh. II Rz. 39 ff..

422 *Soergel/Huber,* § 433 Rn. 307.

423 *Soergel/Huber,* § 480 Rn. 28.

Folge des Verzugs ist, dass neben den Nachlieferungsanspruch die Pflicht tritt, dem Käufer den durch die Verzögerung eingetretenen Schaden zu ersetzen (§ 286 BGB)[424]. Dies ist der Verzögerungsschaden, der nach Fälligkeit der Lieferpflicht und dem Verlangen der Nachlieferung einerseits und der Erfüllung andrerseits entstanden ist[425]. Hat sich der Verkäufer bereits bei Lieferung der mangelhaften Ware im Verzug befunden, so ist der Schaden zu ersetzten, der zwischen dem ursprünglichen Verzugseintritt und der ordnungsgemäßen Ersatzlieferung eingetreten ist[426].

(b) Ansprüche aus pFV

Neben dem Ersatzlieferungsanspruch und einem eventuellen Anspruch auf Ersatz des Verzugsschadens können dem Käufer Schadensersatzansprüche aus positiver Vertragsverletzung zustehen[427].

Nach ganz h.M.[428] sind die Grundsätze der pFV *neben* den Sachmängelansprüchen anwendbar, wenn der Käufer Ersatz von *Mangelfolgeschäden* begehrt[429].

Mangelfolgeschäden sind dabei solche Schäden, die das Integritätsinteresse[430] des Käufers schützen. Es handelt sich hierbei um Schäden, die infolge der Schlechtlieferung an anderen Rechtsgütern als der mangelhaften Sache des Käufers entstehen (bspw. Gesundheit, Eigentum, sonstigem Vermögen)[431].

Voraussetzung für Schadensersatzansprüche nach pFV ist aber, dass der Verkäufer eine über die bloße Lieferung hinausgehende Verhaltenspflicht schuldhaft verletzt hat[432]. Den Verkäufer muss daher z.B. eine Aufklärungs-, Beratungs- oder Untersuchungspflicht schuldhaft verletzt haben; diese bestehen nicht generell, sondern nur unter bestimmten Umständen[433].

---

424 *Palandt/Putzo*, § 480 Rn. 6; *BGH* NJW 1985, 2526.

425 *Soergel/Huber*, § 480 Rn. 29.

426 *Soergel/Huber* § 480 Rn. 29.

427 Es wird hier nur auf Ansprüche aus pFV für Mangelfolgeschäden eingegangen. Dem Käufer können des Weiteren noch Ansprüche aufgrund von pFV zustehen, wenn der Verkäufer eine mangelfreie Ware liefert, aber eine ihm obliegende Nebenpflicht verletzt. Diese Ansprüche verjähren nach 30 Jahren (§ 195 BGB)

428 *Palandt/Putzo*, vor § 459 Rn. 6; *Larenz*, SchuldR II/1 § 41 II e, S. 70; *Köhler*, JA 1982, 157, 162; *BGHZ* 77, 215, 217 f..

429 Es besteht hierbei das Konkurrenzproblem von Sachmängelgewährleistung und pFV. Für Mangelschäden, also Schäden, die dem Käufer unmittelbar in Gestalt der mangelhaften Lieferung erwachsen, sind dabei die §§ 459 ff. BGB abschließend, vgl. *Köhler*, JA 1982, S. 159, 162

430 In Abgrenzung zum Äquivalenzinteresse, welches durch die Sachmängelgewährleistung geschützt wird.

431 *Köhler*, JA 1982, 159, 162.

432 *Palandt/Putzo*, vor § 459 Rn. 6.

433 *Köhler*, JA 1982, S. 159, 162.

Die Ansprüche für Mangelfolgeschäden verjähren nach § 477 BGB[434], wobei die Verjährung nach h.M. mit der Lieferung beginnt[435].

(4) Übergang zu anderen Rechtsbehelfen/Anwendbarkeit des § 326 BGB auf den Nacherfüllungsanspruch

Der Käufer ist an die Wahl des Nachlieferungsanspruchs gebunden, wenn diese „vollzogen" wurde, d.h. wenn der Verkäufer sich mit der Nachlieferung einverstanden erklärt hat oder er hierzu rechtskräftig verurteilt wurde. Andere Rechtsbehelfe kann der Käufer nun nicht mehr geltend machen.

Weist die Ersatzlieferung allerdings erneut einen Sachmängel auf, so begründet das die Sachmängelhaftung erneut und dem Käufer steht abermals ein Wahlrecht zu[436].

Umstritten ist, ob der Käufer dem Verkäufer, der sich mit der Erfüllung des Nachlieferungsanspruchs im Verzug befindet, eine Nachfrist setzen kann mit der Folge, dass er nach Fristablauf vom Vertrag zurücktreten oder Schadensersatz wegen Nichterfüllung verlangen kann. Während das für den Käufer, der die Ware sofort ablehnt, allgemein anerkannt ist[437], ist die Vorgehensweise über § 326 BGB nach Übergabe (bzw. Annahme) umstritten[438]. Dabei wird insbesondere versucht, aus der Rechtsnatur des Nachlieferungsanspruchs Rückschlüsse auf die Anwendbarkeit des § 326 BGB zu ziehen.

Nach der ganz h.M. ist § 326 BGB auch nach Übergabe auf den Nachlieferungsanspruch anwendbar[439]. Dabei wird entweder vertreten, dass der Nachlieferungsanspruch der ursprüngliche Erfüllungsanspruch[440] oder aber von diesem abgeleitet sei[441]. Insofern müsse § 326 BGB auch auf den Nachlieferungsanspruch anwendbar sein. Es sei nicht einzusehen, warum die Erfüllungspflicht des Verkäufers nicht „wie sonst sanktionsbewehrt sein soll"[442].

---

434 *Palandt/Putzo*, § 477 Rn. 6; *Köhler*, JA 1982, 159, 162; *BGH* NJW-RR 1986, 52, 56.

435 *Staudinger/Honsell*, § 477 Rn. 37; *Köhler*, JA 1982, 157, 162 m.w.N.; *Palandt/Putzo*, § 477 Rn. 12; *BGH* NJW 1980, 1950; a.A. bspw. *Larenz*, SchuldR II/1 § 41 II e, S. 70.

436 *BGH* WM 1983, 339, 341.

437 Vgl. *Köhler*, JA 1982, 159, 161 (der nach Annahme die Gegenmeinung vertritt).

438 Hierzu ausführlich *Petersen*, Jura 1998, 294 ff..

439 *Staudinger/Honsell*, § 480 Rn. 10; *Larenz*, SchuldR II/1, § 41 III S. 79 f.; *Petersen*, Jura 1988, 294, 295 f.; *MünchKomm/Westermann*, § 480 Rn. 6; *Soergel/Huber*, vor § 459 Rn. 164; *Erman/Grunewald*, § 480 Rn. 9; *Reinicke/Tiedtke*, Kaufrecht, S. 206 Rn. 523; *Palandt/Putzo*, § 480 Rn. 6; *BGB-RGRK/Mezger*, § 480 Rn. 5; *RGZ* 123, 212, 215; *OLG Hamburg* OLGE 38, 84 f..

440 *Reinicke/Tiedtke*, Kaufrecht, S. 204 f. Rn. 520.

441 *MünchKomm/Westermann*, § 480 Rn. 6.

442 *MünchKomm/Westermann*, § 480 Rn. 6; *Staudinger/Honsell*, § 480 Rn. 10 („Zudem ist dem Gesetz ein Erfüllungsanspruch, an dessen Stelle bei Verzug kein Schadensersatzanspruch treten kann, auch sonst unbekannt".)

Diejenigen Autoren, die im Nachlieferungsanspruch einen Gewährleistungsanspruch sehen, lehnen die Anwendbarkeit des § 326 BGB auf diesen Anspruch ab[443]. Gleiches gilt für die Autoren, die den Nachlieferungsanspruch zwar als (modifizierten) Erfüllungsanspruch klassifizieren, aber aufgrund der Unterstellung des Nachlieferungsanspruchs unter die Gewährleistungsvorschriften (vgl. § 480 I S. 2 BGB) diesen wie einen Gewährleistungsanspruch behandeln wollen[444].

Mit der Annahme der Ware durch den Käufer tritt nach dieser Ansicht Konkretisierung i.S.d. § 243 II BGB ein, so dass der Vertrag zunächst erfüllt sei[445]. Obwohl der Nachlieferungsanspruch kein Gewährleistungsanspruch sei, würde er doch „wie ein Gewährleistungsanspruch behandelt", was zur Folge habe, „dass die allgemeinen Nichterfüllungsansprüche nicht mehr herangezogen werden können, denn der Nachlieferungsanspruch ist selbst Sanktion für die Nichterfüllung"[446]. Eine Kumulation von allgemeinen (§ 326 BGB) und besonderen (§§ 459 ff., 480 BGB) Rechtsbehelfen sei nicht interessengerecht, da die Position des Käufers sonst rechtspolitisch zu stark ausgestaltet wäre[447].

Schließlich würde ein Schadensersatzanspruch über § 326 BGB der Grundentscheidung des Gewährleistungsrechts zuwiderlaufen, dass nur in den Fällen der Zusicherung oder des arlistigen Verschweigens (vgl. § 480 II BGB) ein Schadensersatzanspruch bestehen soll[448].

Der h.M. ist zuzustimmen. Die Argumente der Gegenansicht können nicht überzeugen. So liegt entgegen der Ansicht von *Köhler*[449] keine Kumulation von allgemeinen und besonderen Rechtsbehelfen vor. Denn wählt der Käufer die Nachlieferung und erklärt sich der Verkäufer hiermit einverstanden oder wird er hierzu rechtskräftig verurteilt[450], so ist der Käufer hieran gebunden und er kann nicht mehr auf andere Rechtsbehelfe wechseln[451]. Es ist daher nicht verständlich, warum dem Käufer, der an den (Nach-)Erfüllungsanspruch gebunden ist, nicht der Weg des § 326 BGB eröffnet sein soll.

---

443 *Bletz*, Jura 1987, 139, 140 f..

444 *Kirchhof*, Sachmängelhaftung, S. 178 ff.; *ders.*, NJW 1970, S. 2052, 2053; *Köhler*, JuS 1979, 496, 499; *ders*, JA 1982, 159, 161 f.; *Esser/Weyers*, SchuldR § 5 IV 2 b, S. 55 f..

445 *Köhler*, JuS 1979, 496, 499; *Bletz*, Jura 1987, 139, 140

446 *Kirchhof*, NJW 1970, 2052, 2053; so auch *Köhler*, JuS 1979, 497, 499.

447 *Köhler*, JuS 1979, 497, 499, der ferner ausführt, dass die Verweisung in § 480 I S. 2 BGB auf die Wandlungsvorschriften den (Umkehr-)Schluss zuließe, dass § 326 BGB nicht anwendbar sei.

448 *Kirchhof*, Sachmängelhaftung, S. 180.

449 *Köhler*, JuS 1979, 496, 499.

450 Diese Bindung herbeizuführen liegt also beim Verkäufer, indem er sich mit der vom Käufer begehrten Nachlieferung einverstanden erklärt. Demgegenüber ist der Verkäufer, der zu Unrecht die Nachlieferung verweigert, nicht schutzwürdig.

451 Vgl. auch *Soergel/Huber* § 480 Rn. 31, der als weiteres Argument für die Anwendbarkeit des § 326 BGB anführt, dass der Käufer sonst auf „unabsehbare Zeit" an den Nachlieferungsanspruch gebunden wäre, wenn sich der Verkäufer mit ihr einverstanden erklärt hätte.

Auch das Argument *Kirchhofs*[452], die Position des Käufers sei rechtspolitisch zu stark ausgestaltet, wenn § 326 BGB auf den Nacherfüllungsanspruch anwendbar wäre, kann nicht überzeugen.

Denn die günstige Position des Gattungskäufers ist bereits dadurch festgelegt, dass das positive Recht ihm einen *Nachlieferungsanspruch* -also einen Erfüllungsanspruch- gewährt. Die Sanktion des Schadensersatzes gem. § 326 BGB, bei nicht gehöriger Erfüllung „in Natur", ist lediglich eine konsequente Folge.

Der Schadensersatzanspruch gem. § 326 BGB wegen Nichterfüllung oder Schlechterfüllung des Nachlieferungsanspruchs § 326 BGB verjährt nach sechs Monaten[453]. Die Verjährung beginnt mit der Ablieferung der Ware[454].

e) Zwangsvollstreckung

Hinsichtlich der Zwangsvollstreckung des Nachlieferungsanspruchs ist nach h.M. zwischen der marktbezogenen Gattungsschuld und dem Fall zu unterscheiden, dass aus einem bestimmten Vorrat zu liefern ist[455].

Die Zwangsvollstreckung des Nachlieferungsanspruchs bei einer *marktbezogenen* Gattungsschuld richtet sich nach den §§ 884, 883 I ZPO[456]. Nach § 884 ZPO ist § 883 I ZPO entsprechend anwendbar, wenn der Schuldner eine bestimmte Menge vertretbarer Sachen oder Wertpapiere zu leisten hat. Der Begriff der vertretbaren Sache ist hierbei i.S.d. § 91 BGB zu verstehen[457]. Nach § 883 I ZPO wird eine bewegliche Sache oder eine bestimmte Menge beweglicher Sachen von dem Gerichtsvollzieher dem Schuldner (Verkäufer) weggenommen und dem Gläubiger (Käufer) übergeben. Die Wegnahme konkretisiert die Lieferpflicht auf die weggenommenen Stücke, §§ 243 II, 897 ZPO[458]. Geht aus dem Vollstreckungstitel hervor, dass die Leistung nur Zug um Zug zu erbringen ist (beim Nachlieferungsanspruch gegen Rückgabe der mangelhaften Ware), so muss

---

452 *Kirchhof*, NJW 1970, 2052, 2053.

453 *Soergel/Huber*, § 480 Rn. 36; *OLG Hamburg* OLGE 38, 84, 85; *BGH* WM 1972, 161 f..

454 *Soergel/Huber*, § 480 Rn. 36. *OLG Hamburg* OLGE 38, 84, 85.

455 Vgl. zum Ganzen: *Schilken*, DGVZ 88, 49 ff.; *Jahnke*, ZZP 93 (1980), 43 ff..

456 Zur marktbezogenen Gattungsschuld: *Schilken*, DGVZ 88, 49, 51; *Zöller/Stöber*, § 883 Rn. 3.

457 *Baumbach/Lauterbach/Hartmann*, § 884 Rn. 2. Handelt es sich um eine Gattungsschuld, aber nicht um eine vertretbare Sache, so ist § 884 ZPO nicht anwendbar. Der Gläubiger kann dann nach h.M. nur über § 893 ZPO Schadensersatz verlangen, vgl. *Zöller/Stöber*, § 883 Rn. 3; *Stein/Jonas/Brehm*, § 884 Rn. 4; *Schilken*, DGVZ 88, 49, 51; a.A. *Jahnke*, ZZP 93 (1980), 43, 59 ff.. Ausnahmen bestehen nur dann, wenn im Titel eine Anschaffungs- oder Herstellungspflicht besonders ausgewiesen ist, vgl. *Stein/Jonas/Brehm*, a.a.O..

458 *Baumbach/Lauterbach/Hartmann*, § 884 Rn. 3; *Stein/Jonas/Brehm*, § 884 Rn. 3.

der Gerichtsvollzieher die mangelhafte Ware grundsätzlich in einer den Annahmeverzug begründenden Weise dem Schuldner anbieten (§ 756 ZPO)[459].

Der Gerichtsvollzieher darf dabei nur Gegenstände wegnehmen, die sich im Besitz des Verkäufers befinden[460]. Ist der Verkäufer (Schuldner) nicht im Besitz der Gegenstände, so kann der Käufer „nur" nach § 893 ZPO vorgehen und Klage auf Schadensersatz wegen Nichterfüllung erheben[461].

Der Gläubiger kann den Schuldner weder durch die Androhung eines Zwangsmittels zur Anschaffung der Sache oder Herstellung zwingen noch kann er eine Ersatzvornahme gem. § 887 ZPO tätigen; denn die §§ 887, 888 ZPO sind wegen § 887 III ZPO unanwendbar[462]. Werden die Sachen beim Schuldner nicht vorgefunden, kann der Gläubiger auch nicht eine eidesstattliche Versicherung über den Verbleib der Sache(n) -wie bei der Herausgabe bestimmter beweglicher Sachen- verlangen, da § 884 ZPO nicht auf § 883 II BGB verweist[463].

Handelt es sich um einen *bestimmten* Vorrat, aus dem zu vollstrecken ist (Fälle der „beschränkten" Gattungsschuld oder „Vorratsschuld")[464], so ist auf die Vollstreckung nach h.M. § 883 ZPO anzuwenden, und zwar auch dann, wenn nur ein Teil der bestimmten Menge zu leisten ist[465]. Auch hier muss die Sache im Besitz des Schuldners oder eines zur Herausgabe bereiten Dritten sein[466]. Hat der Gerichtsvollzieher die Sache(n) nicht vorgefunden, so ist der Schuldner auf

---

459 *Baumbach/Lauterbach/Hartmann*, § 756 Rn. 2 f.. Ausnahmen gelten dann, wenn sich der Schuldner bereits in Annahmeverzug befindet (und dies etwa bereits im Titel festgestellt ist). Handelt es sich für den Käufer um eine Holschuld (wie regelmäßig bei der Nachlieferung hinsichtlich der mangelhaften Sache) und ist dies eindeutig aus dem Urteil erkennbar, so genügt auch ein wörtliches Angebot, vgl. *Baumbach/Lauterbach/Hartmann*, § 756 Rn. 7.

460 *Stein/Jonas/Brehm*, § 884 Rn. 2 (Notfalls ist der Besitz durch Sachverständigen zu prüfen). *Baumbach/Lauterbach/Hartmann*, § 884 Rn. 2; *Weber-Will/Kern*, JZ 1981, 257, 261.

461 Vgl. *Baumbach/Lauterbach/Hartmann*, § 884 Rn. 3; *Schilken*, DGVZ 88, 49, 51 f.. Hat der Schuldner gegen einen Dritten einen Herausgabeanspruch bezüglich der Sache, so kann der Käufer diesen Anspruch gemäß § 886 ZPO pfänden und sich überweisen lassen (§§ 829, 835 ZPO). § 893 I ZPO besagt, dass Ersatzansprüche die nach materiellem Recht (§§ 280, 283, 286, 325, 326 BGB) bestehen, in den Fällen der §§ 883-892 ZPO unberührt bleiben, *vgl. Baumbach/Lauterbach/Hartmann*, § 893 Rn. 1. Der Käufer, der einen titulierten Nachlieferungsanspruch hat, kann also insbesondere nach § 283 BGB oder § 326 BGB vorgehen.

462 *Baumbach/Lauterbach/Hartmann*, § 884 Rn. 3; *Brehm*, JZ 1987, 1089, 1091; *Stein/Jonas/Brehm*, § 884 Rn. 2; *Zöller/Stöber* § 884 Rn. 2; *Weber-Will/Kern*, JZ 1981, 257, 261.

463 *Zöller/Stöber*, § 884 Rn. 2; *Stein/Jonas/Brehm*, § 884 Rn. 3.

464 Es muss die Pflicht bestehen, aus einem *bestimmten* Bestand herauszugeben (z.B. 20 Säcke einer bestimmten Schiffsladung Kaffee, 10 Tonnen Kohle aus der Halde X), vgl. *Baumbach/Lauterbach/Hartmann*, § 883 Rn. 2; *Stein/Jonas/Brehm*, § 883 Rn. 17.

465 *Schilken*, DGVZ 1988, 49, 51 m.w.N.; *Stein/Jonas/Brehm*, § 883 Rn. 17; *Zöller/Stöber*, § 883 Rn. 3; *Baumbach/Lauterbach/Hartmann*, § 883 Rn. 2; a.A. *Jahnke*, ZZP 93 (1980), 43, 55 f. (unbeschränkte *und beschränkte* Gattungsschuld sind nach § 884 ZPO zu vollstrecken).

466 *Stein/Jonas/Brehm*, § 883 Rn. 17.

Antrag des Gläubigers verpflichtet, über den Verbleib der Sache eine eidesstattliche Versicherung abzugeben (vgl. § 883 II-IV ZPO)[467].

Trifft den Verkäufer über die titulierte Herausgabepflicht hinaus noch eine selbständig titulierte *Montagepflicht*, so ist erstere nach §§ 883 f. ZPO, letztere nach §§ 887 f. ZPO zu vollstrecken[468].

Hat der Verkäufer eine (unvertretbare) Sache *herzustellen* und geht das ausdrücklich aus dem Titel hervor, sind die §§ 887, 888 ZPO anwendbar[469]. Allerdings handelt es sich dann nach materiellem Recht um einen Werklieferungsvertrag (vgl. § 651 I S. 2, 2. HS).

f) Besonderheiten beim Werklieferungsvertrag

Ein Werklieferungsvertrag hat zum Inhalt, dass der Unternehmer sich verpflichtet, das Werk aus einem von ihm zu beschaffenden Stoff herzustellen (§ 651 I 1 BGB)[470]. Der Unternehmer hat das fertige Werk zu übergeben und das Eigentum an der Sache zu verschaffen[471].

Innerhalb des Werklieferungsvertrages unterscheidet das Gesetz, ob die herzustellende Sache vertretbar (§ 91 BGB) oder nicht vertretbar ist[472].

Vertretbar sind bewegliche Sachen, die im Verkehr nach Zahl, Maß oder Gewicht bestimmt zu werden pflegen (Legaldefinition des § 91 BGB). Mit anderen Worten sind Sachen dann vertretbar, wenn sie sich von anderen gleicher Art nicht

---

467 Dazu *Schilken*, DGVZ 1988, 49, 51.

468 So auch *Schilken*, DGVZ 1988, 49, 53; a.A. *Baumbach/Lauterbach/Hartmann*, § 883 Rn. 3 (Vollstreckung nach § 887 ZPO).

469 H.M., vgl. *Baumbach/Lauterbach/Hartmann*, § 883 Rn. 2; *Schilken*, DGVZ 1988, 49, 53, mit zahlreichen Nachweisen auch zu den Gegenmeinungen.

470 Im Unterschied zum Werkvertrag stellt beim Werklieferungsvertrag der Unternehmer und nicht der Besteller das erforderliche Material, so dass das Werk deshalb dem Besteller zu übergeben und zu übereignen ist. Hat der Unternehmer aber bloß Zutaten oder Nebensachen zu beschaffen, handelt es sich um einen Werkvertrag (§ 651 II BGB).

471 Vgl. *BGH* DB 1969, 346, 347.

472 Hinsichtlich des *Vergleichsrahmens* dieser Arbeit sind sowohl Werklieferungsverträge über vertretbare als auch über unvertretbare Sachen zu behandeln. Denn nach Art. 3 I CISG stehen Kaufverträgen Verträge über die Lieferung herzustellender oder zu erzeugender Ware gleich. Dabei ist unerheblich, ob es sich um Massenprodukte oder um individuelle Anfertigungen handelt. Denn nach Art. 3 I 2. HS. ist das UN-Kaufrecht erst ausgeschlossen, wenn der Besteller (Käufer) einen wesentlichen Teil der für die Herstellung notwendigen Stoffe selbst zur Verfügung stellt; vgl. *Piltz*, Intern. KaufR, S. 26, Rn. 31, 32.

durch ausgeprägte Individualisierungsmerkmale abheben und daher nicht ohne weiteres austauschbar sind[473].

Auf *vertretbare* Sachen finden ausschließlich die Vorschriften über den Kauf Anwendung (§ 651 I S. 2, 1. HS. BGB). Insofern steht dem Besteller (Käufer) ein Nachlieferungsanspruch (z.B. auf ein anderes Serienmöbel) zu[474]. Die Zwangsvollsteckung bestimmt sich nach den §§ 883 I, 884 ZPO[475].

Unvertretbare Sachen sind solche, die durch die Art ihrer Herstellung den Bestellerwünschen angepasst sind und deshalb individuelle Merkmale besitzen, nicht austauschbar und für den Unternehmer schwer oder gar nicht anderweitig absetzbar sind (sog. eigentlicher Werklieferungsvertrag)[476].

Bei *unvertretbaren* Sachen kommt neben der Lieferung der Herstellung wesentliche Bedeutung zu, so dass das BGB nur einige Normen des Kaufrechts, jedoch vorwiegend die Vorschriften des Werkvertrages für anwendbar erklärt (§ 651 I S. 2, 2. HS. BGB). Der in § 480 I BGB geregelte Nachlieferungsanspruch ist gem. § 651 I S. 2, 2. HS. BGB *nicht* für den Besteller (Käufer) vorgesehen[477].

Jedoch kann der Besteller nach Werkvertragsrecht *vor Abnahme* gem. §§ 631, 633 BGB bei einem mißlungenen Werk *Neuherstellung* verlangen[478].

Nach Abnahme kann der Käufer gem. § 633 II BGB Nachbesserung verlangen, die aber bis zur Neuherstellung reichen kann, wenn auf andere Weise kein mangelhaftes Werk erstellt werden kann[479].

g) Besonderheiten beim Sukzessivlieferungsvertrag

Ein Sukzessivliefungsvertrag ist ein einheitlicher Vertrag, in dem sich der Verkäufer und Käufer auf die Lieferung und Bezahlung einer vertraglich festgelegten (Gesamt-) Warenmenge einigen. Die Warenmenge ist nach Vereinbarung oder auf Abruf und Bedarf in Teilmengen zu liefern und zu bezahlen[480]. Hinsichtlich einer mangelhaften Einzelpartie ist der Käufer berechtigt, seine Gewährleistungsansprüche isoliert geltend zu machen. Die Gewährleistungsansprüche stehen dem Käufer hinsichtlich der mangelhaften Teilmenge zu. Der Käufer kann also Nachlieferung einer (auch mehrerer) mangelhaften Teillieferung verlangen[481].

---

473 *BGH* NJW 1971, 1794; bspw. Waren aus Serienfertigung, wie etwa Serienmöbel, neue Kraftwagen, Maschinen üblicher Art und Güte, für weitere Beispiele vgl. *Palandt/ Heinrichs,* § 91 Rn. 2.

474 *Köhler* JZ 1984, 393, 396.

475 *Palandt/Sprau,* § 651 Rn. 3.

476 *BGH* BB 1990, 1093; *BGH* NJW 1966, 2307 (Reiseprospekte).

477 *Köhler,* JZ 1984, 393, 396.

478 *Brox,* Bes. SchuldR, S. 200 Rn. 267.

479 *Staudinger/Peters,* § 633 Rn. 171; *BGHZ* 96, 111.

480 *Soergel/Huber,* § 480 Rn. 45; *BGH* NJW 1972, 246; *BGH* NJW 1981, 679.

481 *Soergel/Huber,* § 480 Rn. 45. Geben die mangelhaften Einzellieferungen Anlass zur Befürchtung, dass die künftigen Lieferungen mangelhaft sein werden, so kann der Käufer,

3. Der Nachbesserungsanspruch des Käufers für Sachmängel

Im internen deutschen Recht ist hinsichtlich der Frage, ob dem Käufer ein gesetzlicher Nachbesserungsanspruch zusteht, danach zu unterscheiden, ob es sich um einen Kaufvertrag i.S.d. §§ 433 ff. BGB oder einen Werklieferungsvertrag (§ 651 BGB) handelt. Handelt es sich um einen Werklieferungsvertrag, so ist weiter zu differenzieren, ob vertretbare oder unvertretbare Sachen Vertragsgegenstand sind.

Für *Kaufverträge* i.S.d. §§ 433 ff. BGB und *Werklieferungsverträge* über *vertretbare* Sachen besteht nach ganz herrschender Meinung kein gesetzlicher Nachbesserungsanspruch. Vertraglich wird aber häufig ein Nachbesserungsanspruch geregelt, und zwar primär in den AGB.

Für *Werklieferungsverträge* über *unvertretbare* Sachen kommt über § 651 I BGB Werkvertragsrecht (§§ 631 ff. BGB) zur Anwendung, das einen gesetzlichen Nachbesserungsanspruch vorsieht .

Hiervon abzugrenzen ist die Frage, ob dem Verkäufer ein gesetzliches Nachbesserungs*recht* zur Seite steht.

Hier ist ganz einhellige Meinung, dass der Verkäufer *vor* Gefahrübergang zur Nachbesserung berechtigt ist, da der Käufer keinen Anspruch habe, dass die Sache mangelhaft bleibt[482].

Nach Gefahrübergang hat der Verkäufer grundsätzlich kein Nachbesserungsrecht[483]. Ausnahmsweise[484] ist ein Nachbesserungsrecht aus den §§ 226, 157, 242 BGB abzuleiten, wenn die Ursache des Mangels und die Möglichkeit seiner Behebung leicht erkennbar ist, der Verkäufer sich sofort zur Nachbesserung bereit erklärt und der Käufer durch die Nachbesserung im Gebrauch nur unerheblich beeinträchtigt wird[485].

---

wenn ihm die Fortsetzung des Vertrages nicht mehr zuzumuten ist und der Verkäufer schuldhaft gehandelt hat, nach den Grundsätzen der pVV vom Vertrag zurücktreten oder Schadensersatz verlangen, vgl. *Soergel/Huber,* § 480 Rn. 47; *BGH* NJW 1972, 246; *BGH* NJW 1981, 679, 680.

482 *Staudinger/Honsell,* § 462 Rn. 10; *MünchKomm/Westermann,* § 462 Rn. 9.

483 *BGB-RGRK/Mezger,* § 462 Rn. 3; *Erman/Grunewald,* vor § 459 Rn. 63; *Staudinger/Honsell,* § 462 Rn. 11.

484 Der Ausnahmecharakter wird bspw. betont in *BGH WM 1971, 1382, 1383.* Dort wird auch ausgeführt, dass ein Anbieten der Nachbesserung im Prozess in jedem Fall verspätet ist.

485 *Soergel/Huber,* § 462 Rn. 73; *BGB-RGRK/Mezger,* § 462 Rn. 3; a.A. *Köhler,* JZ 1984, 393, 394, der die Ansicht vertritt, dass dem Verkäufer grundsätzlich sowohl vor als auch nach Gefahrübergang ein gesetzliches Nachbesserungsrecht zur Verfügung steht, wenn die Nachbesserung dem Käufer *unter Berücksichtigung der Gesamtumstände zumutbar* ist. Das Nachbesserungsrecht sei den Gewährleistungsansprüchen des Käufers *einredeweise* entgegenzusetzen.

a) Bestehen eines gesetzlichen Nachbesserungsanspruchs im Kaufrecht

Nach ganz herrschender Meinung besteht ein gesetzlicher Nachbesserungsanspruch im Kaufrecht nicht, und zwar weder *vor* noch *nach* Gefahrübergang[486].

Während das Gesetz beim Werkvertrag oder beim Mietvertrag einen Nachbesserungsanspruch ausdrücklich normiere, sei dieses beim Kaufvertrag nicht der Fall[487]. Es sei deshalb nicht davon auszugehen, dass der Gesetzgeber dem Käufer einen Nachbesserungsanspruch gewähren wolle.

Der Gesetzgeber habe *bewusst* davon Abstand genommen, einen Nachbesserungsanspruch zu normieren, obwohl ihm ältere Gesetzbücher wie das österreichische ABGB (aus dem Jahr 1811, dort § 932 I ABGB, Anspruch auf „Verbesserung") und das preußische ALR (I 5 §§ 325, 326) vorlagen, die einen Nachbesserungsanspruch vorsahen[488].

Auch die Motive zum BGB sprächen dafür, dass das Schweigen des Gesetzes zum Nachbesserungsanspruch ein „beredtes" sei[489].

Historisch wird die Nichtnormierung eines Nachbesserungsanspruchs auf den Einfluss der Romanisten zurückgeführt[490]. Denn beim Stückkauf von Sklaven und Vieh war eine „Nachbesserung" (z.B. bei Behinderung) ausgeschlossen, so dass die Rechtsbehelfe der kurulischen Ädilen lediglich die Wandlung oder Minderung vorsahen[491].

Als *rechtspolitischer* Grund für die Nichtaufnahme eines Nachbesserungsanspruchs in das BGB wird angeführt, dass der Verkäufer als Händler oder Privatmann meist nicht in der Lage sei, einen Mangel zu beseitigen[492].

Teilweise wird aber auch von der h.M. vertreten, dass in bestimmten Fällen ein Nachbesserungsanspruch aus *Treu und Glauben*[493] oder aus vertraglichen Nebenpflichten (insbesondere beim Unternehmenskauf) abgeleitet werden könne[494].

---

486 *Palandt/Putzo*, § 462 Rn. 4; *Köhler*, JZ 1984, 393, 394 ff.; *Medicus*, SchuldR II, S. 19 Rn. 41; *Staudinger/Honsell*, § 462 Rn. 13; *Soergel/Huber*, § 462 Rn. 74; *Larenz*, SchuldR II/1, § 41 II, S. 51; *Reinicke/Tiedtke*, Kaufrecht, S. 195 Rn. 493; *Kirchhof*, Sachmängelhaftung, S. 180; *MünchKomm/Westermann*, § 462 Rn. 9 f.; *Erman/Grunewald*, vor § 459 Rn. 62.

487 *Soergel/Huber*, § 462 Rn. 74.

488 *Köhler*, JZ 1984, 393, 395; *Kirchhof*, Sachmängelhaftung, S. 181.

489 *Köhler*, JZ 1984, S. 393 (395) mit Hinweis auf die *Motive* II, S. 227.

490 *Fabricius*, JZ 1967, 464, 468; *Kirchhof*, Sachmängelhaftung, S. 181; *Medicus*, SchuldR II, S. 19 Rn. 41..

491 *Kirchhof*, Sachmängelhaftung, S. 181; *Fabricius*, JZ 1967, 464, 468.

492 *Süß*, Wesen der Gewährleistung, S. 59; *Fabricius*, JZ 1967, 464, 468; *Kirchhof*, Sachmängelhaftung , S. 181.

493 *Münchkomm/Westermann*, § 462 Rn. 9.

494 *Hommelhoff*, Die Sachmängelhaftung beim Unternehmenskauf, S. 112 f.; *Palandt/Putzo*, § 462 Rn. 4 (zum Unternehmenskauf). Vgl. auch *Köhler*, JZ 1984, 393, 396, der im Einzel-

Eine Mindermeinung vertritt die Auffassung, dass ein Nachbesserungsanspruch des Käufers generell bestehe[495]. Insbesondere *Korintenberg*[496] und *Peters*[497] sind der Ansicht, dass der Käufer *de lege lata* sowohl *vor* als auch *nach* Gefahrübergang einen Nachbesserungsanspruch habe.

Auf Grundlage der sog. Erfüllungstheorie argumentiert *Korintenberg,* dass der Erfüllungspflicht des Verkäufers zur Mangelfreiheit auch ein Nachbesserungsanspruch des Käufers gegenüberstehen müsse[498].

Peters begründet das Bestehen eines Nachbesserungsanspruch *de lege lata* mit einer Vielzahl von Argumenten:

Zum einen ergebe sich der Nachbesserungsanspruch aus dem ursprünglichen Erfüllungsanspruch (§ 433 I BGB) des Käufers[499]. Denn *vor* Gefahrübergang habe der Käufer die Einrede des nichterfüllten Vertrages (§ 320 BGB), wenn der Verkäufer mangelhaft liefere. Konsequenterweise müsse der Käufer dann aber auch einen selbständig einklagbaren Anspruch auf Beseitigung behebbarer Mängel haben[500]. Der Nachbesserungsanspruch sei dabei „Teil des allgemeinen Erfüllungsanspruchs des Käufers, in dem er aufgeht“[501]. Gleiches müsse auch *nach* Gefahrübergang gelten[502]. Begrenzt sei der Nachbesserungsanspruch dabei jedoch auf diejenigen Fälle, in denen der Mangel *behebbar* und die Nachbesserung dem Verkäufer *zumutbar* sei[503]. Die Grenze sei mit Hilfe einer analogen Anwendung des § 636 II S. 3 BGB zu ziehen, so dass ein Anspruch dann ausscheidet, wenn die Nachbesserung einen *unverhältnismäßigen Aufwand* darstelle[504].

Zum anderen ließe sich ein Nachbesserungsanspruch des Käufers auch aus dem Schadensersatzanspruch der §§ 463, 480 II BGB herleiten, wobei die Nachbesserung Naturalrestitution i.S.d. § 249 S. 1 BGB sei. Da die beiden Sätze des § 249 BGB ergeben, dass die Naturalrestitution der regelmäßige Inhalt des Scha-

---

fall einen Nachbesserungsanspruch aus dem durch Auslegung zu ermittelnden Inhalt des Vertrages herleitet.

495 *Korintenberg,* Abschied von der Gewährleistung, S. 45; *Peters,* JZ 1978, S. 92 ff.; *Reich,* NJW 1999, 2397, 2401 (Nachbesserungsanspruch sei in der Rspr. *gewohnheitsrechtlich* anerkannt). Für einen Nachbesserungsanspruch *vor* Gefahrübergang: *Erman*, JZ 1960, 41, 42 f..

496 *Korintenberg,* Abschied von der Gewährleistung, S. 45.

497 *Peters*, JZ 1978, 92 ff..

498 *Korintenberg,* Abschied von der Gewährleistung, S. 45.

499 *Peters*, JZ 1978, 92, 94.

500 *Peters*, JZ 1978, 92, 95; *Erman,* JZ 1960, 41, 42 (vor Gefahrübergang); zustimmend *MünchKomm/Westermann*, § 462 Rn. 10.

501 *Peters*, JZ 1978, 92, 95.

502 *Peters*, JZ 1978, 92, 96.

503 *Peters,* JZ 1978, 92, 95. Dem Verkäufer sei dabei die Nachbesserung nur zumutbar, wenn er die verkaufte Sache selbst produziere, er engen Kontakt zum Produzenten habe oder die Nachbesserung branchenüblich sei, vgl. *Peters*, a.a.O..

504 *Peters*, JZ 1978, 92, 95.

densersatzanspruchs sein soll, spreche der Wortlaut des Gesetzes dafür, einen Nachbesserungsanspruch zuzulassen[505].

Schließlich wäre beim Gattungskauf der Nachbesserungsanspruch ein wesensgleiches Minus zum Nachlieferungsanspruch[506].

Zutreffend ist m.E. die von der herrschenden Ansicht vertretene Auffassung. Denn die Gewährung eines gesetzlichen Nachbesserungsanspruchs zugunsten des Käufers findet im BGB keine Grundlage, und zwar weder vor noch nach Gefahrübergang.

Geht man mit der herrschenden Meinung von der Erfüllungstheorie aus, so kann hieraus lediglich gefolgert werden, dass eine Erfüllungs*pflicht* des Verkäufers zur Mangelfreiheit der Ware besteht. Die Nichterfüllung dieser Pflicht rechtfertigt es, dem Käufer die Einrede des nichterfüllten Vertrages (§ 320 BGB) zur Seite zu stellen.

Ob aber der Käufer einen klagbaren *Anspruch* auf Erfüllung hat, um diese Pflicht unmittelbar durchsetzen zu können, ist eine andere Frage, die der Gesetzgeber zu beantworten hat[507].

Dem *Käufer* sollten aber nach dem Willen der Gesetzesverfasser nur die Rechtsbehelfe Wandelung, Minderung und gegebenenfalls Schadensersatz zur Verfügung stehen. Im Gegensatz hierzu ist im Werkvertragsrecht (§ 633 II BGB) und im Mietrecht (§ 536 BGB) der Rechtsbehelf der Nachbesserung *ausdrücklich* vorgesehen. Der Gesetzgeber hat also weder übersehen, dass es den Rechtsbehelf der Nachbesserung gibt, noch wollte er diesen dem Käufer zur Seite stellen.

Bei dieser Entscheidung ist der Gesetzgeber auch geblieben, als er mit dem AGB-Gesetz in den 70-iger Jahren § 476 a BGB und § 11 Nr. lit. a-d AGBG eingeführt hat[508]. Der Gesetzeswortlaut des § 476 a S. 1 BGB (*„an Stelle", „vereinbart")* lässt keinen Zweifel daran, dass ein Nachbesserungsanspruch nur vereinbart werden kann und nicht bereits im Gesetz vorgesehen ist[509].

---

505 *Peters*, JZ 1978, 92, 97; zustimmend, sofern die Nachbesserung eine für den Verkäufer ohne weiteres zumutbare Leistung darstellt, *MünchKomm/Westermann*, § 463 Rn. 23.

506 *Peters*, JZ 1978, 92, 98.

507 Zwar weist *Peters*, JZ 1978, 92, 95 zutreffend darauf hin, dass „der Gesetzgeber das durch ein Schuldverhältnis erzeugte Pflichtenprogramm nur in seinen großen Zügen dargestellt, nicht aber in seinen Verästelungen verfolgt hat". Dieses treffe insbesondere auf das Bestehen vielfältiger Nebenpflichten zu, die nachträglich aus § 242 BGB entwickelt wurden. Dem ist jedoch entgegenzuhalten, dass es sich bei den Rechtsbehelfen für Sachmängel gerade um die „großen Züge" handelt. Wird im Kaufrecht neben den sonstigen Rechtsbehelfen im Gegensatz zum Mietrecht oder Werkvertragsrecht vom Gesetzgeber ein Nachbesserungsanspruch nicht normiert, so ist davon auszugehen, dass ein solcher für den Käufer eben nicht bestehen soll.

508 § 476 a eingeführt mit Wirkung vom 1.4.1977 durch AGB-Gesetz vom 9.12.1976 (BGBl. I, S. 3317).

509 Demgegenüber vertritt *Peters* (JZ 1978, 92, 95, Fn. 41 und Seite 96, Fn. 49a) die Ansicht, dass § 476 a BGB keine Hürde für die Annahme eines gesetzlichen Nachbesserungs-

Auch kann ein Nachbesserungsanspruch nicht aus einem Schadensersatzanspruch in Form der Naturalrestitution hergeleitet werden[510]. Hier ist mit der h.M.[511] festzustellen, dass dem Käufer nicht über einen Schadensersatzanspruch eine Leistung gewährt werden kann, die nach Sinn und Zweck der Vorschrift nicht mehr geschuldet sein soll.

Köhler ist zuzustimmen, dass es „seltsam (wäre, *d.Verf.*), im Falle des § 463 BGB einen Anspruch auf Schadensersatz *wegen Nichterfüllung* zu geben, der inhaltlich auf Erfüllung ginge“[512].

Hinsichtlich des Gattungskaufs kann die Nachbesserung nicht als wesensgleiches Minus zur Nachlieferung angesehen werden. Es handelt sich um unterschiedliche Rechtsbehelfe, die vom Verkäufer andere Maßnahmen zur Fehlerbeseitigung verlangen[513].

Schließlich kann auch *vor* Gefahrübergang kein gesetzlicher Nachbesserungsanspruch angenommen werden, da nicht verständlich ist, warum dieser durch den Gefahrübergang untergehen sollte[514].

b) Der gesetzliche Nachbesserungsanspruch für Werklieferungsverträge über unvertretbare Sachen

Gem. § 651 I S. 2, 2. HS BGB finden auf einen Werklieferungsvertrag über unvertretbare Sachen zahlreiche Vorschriften des Werkvertragsrechts Anwendung[515]. Zu den anwendbaren Vorschriften des Werkvertragrechts gehört auch der Anspruch des Bestellers/Käufers auf Nachbesserung gem. § 633 II BGB[516].

---

anspruchs bilden würde. Er regele nur die vertraglich vereinbarte Nachbesserung, lasse aber nicht den Rückschluss zu, dass man zu einer Nachbesserung nur durch Vereinbarung gelangen könne. Wäre ein Nachbesserungsanspruch aber nach Ansicht der Gesetzesverfasser existent, so wäre bspw. zu formulieren gewesen: „Haben die Parteien die Ansprüche auf Wandlung und Minderung ausgeschlossen, so (...)“. Denn der Anspruch auf Nachbesserung wäre dann -bei einem Ausschluss von Wandlung und Minderung- weiterhin gesetzlich gegeben. Fraglich ist, warum die Parteien noch einen Nachbesserungsanspruch vereinbaren sollten, wenn dieser bei Ausschluss von Wandlung und Minderung sowieso „übrig bleibt“.

510 Der Anspruch wäre dann nur gegeben, wenn eine zugesicherte Eigenschaft fehlt oder ein Fehler arglistig verschwiegen wurde.

511 Vgl. *Pieper*, JuS 1962, 409, 411; *Staudinger/Honsell*, § 480 Rn. 24; *Palandt/Putzo*, § 463 Rn. 18; *Köhler*, JZ 1984, 393, 396; *BGH* WM 1975, 230, 231.

512 *Köhler*, JZ 1984, 393, 396.

513 So auch *Köhler*, JZ 1984, 393, 396 (Kein *minus* sondern *aliud*); in diese Richtung selbst *Peters*, JR 1993, 200, 201.

514 So auch *Soergel/Huber*, § 462 Rn. 74.

515 Es überwiegen die anzuwendenden Vorschriften des Werkvertragsrechts, vgl. nur *Soergel/Teichmann, § 651 Rn. 14.*

516 *MünchKomm/Soergel*, § 633 Rn. 2; *Soergel/Teichmann*, § 651 Rn. 15.

Nach Werkvertragsrecht hat der Besteller sowohl *vor* als auch *nach* Gefahrübergang, einen Anspruch auf Nachbesserung aufgrund des (allgemeinen) Erfüllungsanspruchs[517].

Der Besteller ist nach der Konzeption des Werkvertragsrechts zunächst auf den Nachbesserungsanspruch begrenzt[518]. Erst nach einer Fristsetzung mit der Androhung, die Beseitigung des Mangels nach Fristablauf abzulehnen, kann der Besteller die Gewährleistungsansprüche der Wandlung, Minderung und -bei Verschulden des Unternehmers- Schadensersatz geltend machen (§ 634 I BGB)[519].

(1) Rechtsnatur des Nachbesserungsanspruchs

Der Nachbesserungsanspruchs ist im Werkvertragsrecht nach ganz überwiegender Meinung ein Erfüllungsanspruch[520].

Der Unternehmer schuldet bei einem Werkvertrag den Erfolg der Erstellung eines mangelfreien Werkes. Dieser Erfolg wird auch mit der Nachbesserung erstrebt, so dass identische Ziele verfolgt werden[521]. Es handelt sich daher bei der Nachbesserung um eine Resterfüllung[522].

Eine Abgrenzung vom ursprünglichen Erfüllungsanspruch ist nicht möglich, insbesondere, weil dem Besteller ein Nachbesserungsanspruch sowohl vor als auch nach Abnahme zusteht[523].

Der Nachbesserungsanspruch nach § 633 II BGB ist jedoch einigen Besonderheiten unterworfen, wie z.B. der Verjährung nach § 638 BGB und der Verpflichtung zur Beseitigung der im Zusammenhang mit der Nachbesserung entstandenen Schäden[524]. Deshalb wird der Nachbesserungsanspruch gem. § 633 II BGB regelmäßig als ein *modifizierter* Erfüllungsanspruch qualifiziert[525].

---

517 *MünchKomm/Soergel*, § 633 Rn. 2; *Palandt/Sprau*, vor § 633 Rn. 3 f..

518 *Peters*, JZ 1978, 92: „ Zum anderen werden Wandlung und Minderung wegen § 634 I BGB zu *sekundären* Rechtsbehelfen des Käufers, (...)".

519 Der Bestimmung einer Frist bedarf es dann nicht, wenn die Beseitigung des Mangels unmöglich ist, die Beseitigung vom Unternehmer abgelehnt wird oder wenn die sofortige Geltendmachung des Anspruchs auf Wandlung oder auf Minderung durch ein besonderes Interesse gerechtfertigt wird (§ 634 II BGB).

520 *MünchKomm/Soergel*, § 633 Rn. 2; *Soergel/Teichmann*, vor § 633 Rn. 1; *Staudinger/Peters*, § 633 Rn. 159 f. m.w.N.; *Esser/Weyers*, SchuldR II, § 32 II 3, S. 259; *Erman/Seiler*, § 633 Rn. 2; *Palandt/Sprau*, vor § 633 Rn. 4; *BGB-RGRK/Glanzmann*, § 633 Rn. 1; *BGH* NJW 1976, 143 f.; *BGH* NJW 1999, 1105, 1107.

521 *Staudinger/Peters*, § 633 Rn. 160.

522 *Soergel/Teichmann*, § 633 Rn. 1; *BGB-RGRK/Glanzmann*, § 633 Rn. 1.

523 *Staudinger/Peters*, § 633 Rn. 159, 160, m.w.N.

524 *Soergel/Teichmann*, vor § 633 Rn. 1; *Staudinger/Peters*, § 633 Rn. 161 (mit weiterer Aufzählung der Modifikationen).

525 *Palandt/Sprau*, vor § 633 Rn. 4; *Esser/Weyers*, SchuldR II, § 23 II 3, S. 259; *MünchKomm/Soergel*, § 633 Rn. 2; *Staudinger/Peters*, § 633 Rn. 161; *Soergel/Teichmann*, vor § 633 Rn. 1 („*Ausformung* des ursprünglichen Erfüllungsanspruchs")

(2) Voraussetzungen des Nachbesserungsanspruchs gem. § 633 II BGB nach Werkvertragsrecht

(a) Vertrag über eine unvertretbare Sache

Gem. § 651 I S. 2, 2. HS BGB finden die werkvertraglichen Regelungen bei Verträgen über die Herstellung eines Werkes aus von dem Unternehmer zu beschaffenden Stoffen nur dann Anwendung, wenn die herzustellende Sache *unvertretbar* ist. Wann eine Sache unvertretbar ist, wurde bereits oben[526] erörtert.

(b) Mangel gem. § 633 I BGB

Bei Werklieferungsverträgen über unvertretbare Sachen bestimmt sich die Verpflichtung des Unternehmers zur mangelfreien und rechtzeitigen Herstellung des Werkes nach Werkvertragsrecht[527]. Es soll im Folgenden grundsätzlich nur auf die Besonderheiten gegenüber Kaufverträgen eingegangen werden.

Wie im Kaufrecht wird in den §§ 633 ff. BGB zwischen dem Fehler und dem Fehlen einer zugesicherten Eigenschaft unterschieden, die unter dem Oberbegriff „Mangel" zusammengefasst werden[528].

Hinsichtlich des *Fehlerbegriffs* wird wie beim Kauf der subjektive Fehlerbegriff vertreten[529]. Ein Fehler ist demnach die ungünstige Abweichung der Ist- von der Sollbeschaffenheit, wobei die Sollbeschaffenheit sich primär nach den Vertragswillen der Parteien -notfalls im Wege der Auslegung - bestimmt[530].

Der Fehler muss den Wert oder die Tauglichkeit des Werkes beeinträchtigen oder aufheben, wobei eine *erhebliche* Beeinträchtigung (i.S.d. § 459 I S. 2 BGB) *nicht* erforderlich ist[531].

Der Begriff der *Eigenschaft* unterscheidet sich nicht von dem im Kaufrecht[532]. Ob allerdings eine Eigenschaft *zugesichert* ist, wird im Werkvertragsrecht deshalb anders interpretiert, weil es dort keine verschuldensunabhängige Schadensersatzpflicht (vgl. § 635 BGB) des Unternehmers gibt[533].

---

526 *C. III. 2. f).*

527 *Soergel/Teichmann*, § 651 Rn. 15.

528 *MünchKomm/Soergel*, § 633 Rn. 13.

529 *Brox*, Bes. SchuldR, S. 196 Rn. 260; *Medicus*, SchuldR II, S. 174 Rn. 364; *Soergel/Teichmann*, vor § 633 Rn. 17; *BGH* NJW 1984, 2457, 2458.

530 *Soergel/Teichmann*, vor § 633 Rn. 17.

531 *Staudinger/Peters*, § 633 Rn. 164; *MünchKomm/Soergel*, § 633 Rn. 17; *Palandt/Sprau*, § 633 Rn. 2.

532 *Palandt/Sprau*, § 633 Rn. 3.

533 *Soergel/Teichmann*, vor § 633 Rn. 34.

An eine Zusicherung sind daher weniger strenge Anforderungen zu stellen[534]. Zusicherung ist deshalb im Werkvertragsrecht das Versprechen, das Werk mit einer bestimmten Eigenschaft herzustellen, wobei nicht erforderlich ist, dass der Unternehmer zum Ausdruck bringt, er werde für alle Folgen einstehen, wenn die Eigenschaft fehlt[535].

Die *Beweislast* für die Fehlerfreiheit und das Vorhandensein trägt bis zur Abnahme (§ 640 BGB) der Unternehmer, nach der Abnahme der Besteller[536]. Die Zusicherung einer Eigenschaft hat der Besteller zu beweisen[537].

(c) Zurechenbarkeit des Mangels

Die Rechtsbehelfe des Bestellers sind außer dem Schadensersatzanspruch gem. § 635 BGB *unabhängig vom Verschulden* des Unternehmers[538]. Die Mängel werden also grundsätzlich ihm zugeordnet; der Unternehmer trägt damit das Risiko der fehlerfreien Herstellung[539].

Beruht aber der Mangel des Werkes auf einer *Anweisung des Bestellers* oder auf der Beschaffenheit eines *von ihm gelieferten Stoffes* bzw. auf einer Mitwirkung schlechthin, so haftet der Unternehmer hierfür nicht, wenn er seiner Prüfungs- und Hinweispflicht nachgekommen ist[540].

Eine Anweisung im oben genannten Sinne ist dabei nur dann anzunehmen, wenn nach dem Parteiwillen das Risiko für einen Mangel auf den Besteller verlagert wird. Dies trifft grundsätzlich nur bei bindenden Anordnungen zu[541]. Den Unternehmer treffen aber Hinweis- und Prüfungspflichten, so dass er den Besteller auf seine Bedenken aufmerksam machen muss[542].

Ist der Unternehmer seiner Hinweis- und Prüfungspflicht nachgekommen und besteht der Besteller auf seiner Anweisung bzw. auf die Verwendung seines Materials, so ist der Unternehmer von seiner Haftung befreit, wenn das Werk deshalb mangelhaft ist[543].

---

534 *Soergel/Teichmann*, vor § 633 Rn. 35.

535 *Palandt/Sprau*, § 633 Rn. 3. *BGH* WM 1994, 1854, 1856. Allgemeine Vertragserklärungen und Anpreisungen fallen hierunter jedoch nicht. Aber auch Leistungsbeschreibungen sind nur dann eine Zusicherung, wenn der Käufer erkennbar großen Wert auf die Einhaltung der Leistungsbeschreibung legt; vgl. *Soergel/Teichmann*, vor § 633 Rn. 37.

536 *BGH* NJW 1973, 1792, 1793; *BGH* NJW-RR 1999, 347, 349; *Palandt/Sprau*, § 633 Rn. 10; *Erman/Seiler*, § 633 Rn. 42; *a.A. Staudinger/Peters*, § 633 Rn. 164 (Beweislast für Mangel trifft Besteller auch vor Abnahme).

537 *Palandt/Sprau*, § 633 Rn. 10.

538 *MünchKomm/Soergel*, § 633 Rn. 14.

539 *Soergel/Teichmann*, vor § 633 Rn. 25; vgl. auch *BGH* NJW 1996, 3269, 3270.

540 *MünchKomm/Soergel*, § 633 Rn. 61; *Soergel/Teichmann*, vor § 633 Rn. 26.

541 *Soergel/Teichmann*, vor § 633 Rn. 26; *MünchKomm/Soergel*, § 633 Rn. 65 m.w.N..

542 *Staudinger/Peters*, § 633 Rn. 107.

543 *MünchKomm/Soergel*, § 633 Rn. 61.

Beruht zwar der Mangel auf einer Mitverursachung des Bestellers, ist aber der Unternehmer nicht ausreichend seiner Hinweis- und Prüfungspflicht nachgekommen, so steht dem Besteller weiterhin ein Nachbesserungsanspruch gegen den Unternehmer zu; jedoch hat der Besteller einen seiner Mitverursachung entsprechenden Teil der Kosten zu tragen[544].

Die *Beweislast* dafür, dass der Mangel auf Anweisungen oder Materialien des Bestellers beruht und dafür, dass der Unternehmer seiner Aufklärungs- und Hinweispflicht nachgekommen ist, liegt beim Unternehmer[545].

(d) Maßgeblicher Zeitpunkt

Das Werkvertragsrecht bestimmt selbst keinen konkreten Zeitpunkt, in welchem das Werk mangelfrei sein muss. Es herrscht jedoch Einigkeit, dass im Grundsatz auf den Zeitpunkt der Abnahme (§ 640 BGB) abzustellen ist[546]. Es kommt hierbei nicht darauf an, dass sich der Mangel zeigt, sondern nur, dass der Mangel zu diesem Zeitpunkt angelegt ist[547].

Allerdings zeigt § 634 I S. 2 BGB, dass dem Besteller auch schon *vor* Abnahme der Nachbesserungsanspruch zur Verfügung stehen kann[548].

Jedoch ist der Nachbesserungsanspruch vor Gefahrübergang nur eingeschränkt durchsetzbar. So muss sich der Mangel nach § 634 I S. 2 BGB vor Ablieferung des Werkes zeigen und der Besteller hat eine Frist zu setzen, die nicht vor der für die Ablieferung bestimmten Frist abläuft, es sei denn, die Voraussetzungen nach § 634 II liegen vor[549].

---

544 *BGB-RGRK/Glanzmann,* § 633 Rn. 27; *Staudinger/Peters,* § 633 Rn. 180 f.; *BGH* NJW 1972, 447 f. Der Unternehmer kann dann vorprozessual die Nachbesserung von einer Sicherheitsleistung (nicht Vorauszahlung) des Bestellers hinsichtlich seiner Kostenbeteiligung abhängig machen, vgl. *BGHZ* 90, 344 f.; *Palandt/Thomas,* § 633 Rn. 6. Im Prozess ist der Besteller zur Werklohnzahlung Zug um Zug gegen die Mängelbeseitigung und diese wiederum Zug um Zug gegen Zuschußzahlung zu verurteilen (doppelte Zug-um-Zug-Verurteilung), vgl. *Palandt/Sprau, § 633 Rn. 6.*

545 *Soergel/Teichmann*, vor § 633 Rn. 29.

546 *Palandt/Sprau*, § 633 Rn. 1; *MünchKomm/Soergel,* § 633 Rn. 10; *Staudinger/Peters*, § 633 Rn. 33; *Soergel/Teichmann*, vor § 633 Rn. 32.

547 *Soergel/Teichmann*, vor § 633 Rn. 32; *BGH* NJW 1994, 1659, 1660.

548 *BGB-RGRK/Glanzmann,* § 633 Rn. 3.

549 *Staudinger/Peters*, § 633 Rn. 165.

(e) Untersuchungs- und Rügeobliegenheit

Eine Untersuchungs- und Rügeobliegenheit (§§ 377, 378 HGB) besteht für den Werklieferungsvertrag über unvertretbare Sachen (§ 651 I S. 2, 2. Alt. BGB), wenn es sich um ein beiderseitiges Handelsgeschäft handelt[550].

Hinsichtlich der Einzelheiten der Untersuchungs- und Rügeobliegenheit kann auf die Ausführungen zum Kauf verwiesen werden[551].

(f) Grenzen des Nachbesserungsanspruchs/Unmöglichkeit

Gem. § 633 II S. 2 BGB kann der Unternehmer eine an sich mögliche Mängelbeseitigung verweigern, wenn sie einen unverhältnismäßigen Aufwand darstellt.

Ein *unverhältnismäßiger Aufwand* liegt dann vor, wenn der Aufwand des Unternehmers zur Mängelbeseitigung bei Abwägung aller Umstände in einem objektiven Missverhältnis zum Vorteil (Erfolg) für den Besteller steht[552].

Hiermit wird der Gedanke der Zumutbarkeit angesprochen[553]. Dem Unternehmer muss aufgrund des erforderlichen Aufwandes die Mängelbeseitigung unzumutbar sein, während es dem Besteller zumutbar ist, auf die Mängelbeseitigung zu verzichten und sich mit Minderung oder ggf. mit Schadensersatz zu begnügen[554].

Unverhältnismäßig sind Aufwendungen nur dann, wenn sie zum *Erfolg* in keinem vernünftigen Verhältnis stehen; in welchem Verhältnis der Aufwand zum vereinbarten *Werklohn* steht, ist ohne Bedeutung[555].

Außer dem Wertverhältnis ist auch der *Grad des Verschuldens* des Verkäufers zu berücksichtigen; bei grob fahrlässigem oder vorsätzlichem Verhalten des Verkäufers sind ihm größere Anstrengungen zumutbar[556].

Kann durch die Nachbesserung erst die *Funktionsfähigkeit* der Sache hergestellt werden, so sind die Aufwendungen hierfür in der Regel stets verhältnismäßig[557]. Deshalb kommt § 633 II S. 2 BGB grundsätzlich nur bei geringfügigen Abweichungen (Schönheitsfehlern) in Betracht[558].

---

550 *Soergel/Teichmann*, § 640 Rn. 14, dort auch zum Verhältnis zur Abnahme, m.w.N..

551 Vgl. oben *C. III. 2. c) (4)*.

552 *MünchKomm/Soergel*, § 633 Rn. 136; *Palandt/Sprau*, § 633 Rn. 7; *Soergel/Teichmann*, § 633 Rn. 10; *Staudinger/Peters*, § 633 Rn. 186; *BGB-RGRK/Glanzmann*, § 633 Rn. 25; *BGH* NJW 1973, 138, 139; *BGH* NJW 1996, 3269 f..

553 *Palandt/Sprau*, § 633 Rn. 7; *Soergel/Teichmann*, § 633 Rn. 10.

554 *Soergel/Teichmann*, § 633 Rn. 10; *vgl. auch BGH* NJW 1996, 3269, 3270 (Einwand der Unverhältnismäßigkeit nur dann gerechtfertigt, wenn sich das Bestehen auf ordnungsgemäße Vertragserfüllung als Verstoß gegen *Treu und Glauben* darstellt).

555 *MünchKomm/Soergel*, § 633 Rn. 136; *BGH* NJW 1996, 3269, 3270.

556 *BGH* WM 1987, 1561, 1562; *BGH* NJW 1995, 1836 f.; *Staudinger/Peters*, § 633 Rn. 187.

557 *BGH* NJW 1996, 3269, 3270: „Hat der Besteller hingegen objektiv ein berechtigtes Interesse an einer ordnungsgemäßen Erfüllung, was vor allem anzunehmen ist, wenn die *Funktions-*

Verweigert der Verkäufer aufgrund der Unverhältnismäßigkeit die Nachbesserung, so stehen dem Käufer die Rechte der Wandelung und Minderung zur Verfügung[559].

Die *Beweislast* für die Tatsachen, aus denen sich ergibt, dass die Nachbesserung einen unverhältnismäßigen Aufwand darstellt, trägt der Unternehmer[560].

Der Nachbesserungsanspruch besteht auch dann nicht, wenn die Beseitigung des Mangels *objektiv unmöglich* ist[561]. Allerdings findet § 306 BGB für anfänglich unbehebbare Mängel keine Anwendung, da die werkvertraglichen Vorschriften hier *lex specialis* sind[562].

Das *subjektive Unvermögen* des Unternehmers ist grundsätzlich ohne Bedeutung; der Unternehmer hat dann einen Dritten mit der Mängelbeseitigung zu beauftragen[563].

Obgleich die Nachbesserung bzw. Neuherstellung möglich ist, wird der Unternehmer von der Herstellungs- bzw. Nachbesserungspflicht frei, wenn die Leistungsgefahr übergegangen ist. Zwar regelt § 644 BGB grundsätzlich nur die Vergütungsgefahr, jedoch endet die Leistungsgefahr zumindest dann, wenn der Schuldner trotz des Untergangs der Sache oder des Werks die Vergütung fordern kann[564]. D.h. die Leistungsgefahr endet für den Unternehmer, wenn die Sache abgenommen wurde (§ 644 I S. 1 BGB), wenn das Werk i.S.d. § 646 BGB vollendet wurde, wenn sich der Besteller mit der Abnahme in Verzug befindet (§ 644 I S. 2 BGB) und schließlich, wenn das Werk auf Verlangen des Bestellers versendet worden war (§ 644 II BGB)[565].

---

fähigkeit des Werks spürbar beeinträchtigt ist, so kann ihm regelmäßig nicht wegen hoher Kosten die Nachbesserung verweigert werden."; *Soergel/Teichmann*, § 633 Rn. 10.

558 *MünchKomm/*Soergel, § 633 Rn. 136; *Medicus*, SchuldR II, S. 174 Rn. 365.

559 *Soergel/Teichmann*, § 633 Rn. 11. Hat der Unternehmer den Mangel zu vertreten, so stehen dem Besteller die Rechte aus § 635 BGB zu, vgl. *Staudinger/Peters, § 633 Rn. 188.*

560 *MünchKomm/Soergel*, § 633 Rn. 164.

561 *Palandt/Sprau*, § 633 Rn. 7; *MünchKomm/Soergel*, § 633 Rn. 136.

562 *Palandt/Heinrichs*, § 306 Rn. 14, der ausführt, dieses gelte sowohl vor als auch nach Abnahme. *Soergel/Teichmann*, vor § 633 Rn. 10; *Staudinger/Peters*, § 633 Rn. 7.

563 *MünchKomm/Soergel*, § 633 Rn. 136; *OLG Köln* RsprBau Z 2.412.2, 1.

564 *Soergel/Teichmann*, § 644 Rn. 12 (Dem Tatbestand des § 644 BGB kommt damit die Funktion der Konkretisierung im Werkvertragsrecht zu); *Erman/Seiler*, § 644 Rn. 6; *MünchKomm/Soergel*, § 644 Rn. 3, 5. Rn. 3; *Erman/Seiler*, § 644 Rn. 13; *BGB-RGRK/Glanzmann*, § 644 Rn. 11 f.. Gleiches gilt erst recht, wenn die Nachbesserung oder Neuherstellung unmöglich ist.

565 *Palandt/Sprau*, §§ 644, 645 Rn. 3; *Soergel/Teichmann*, § 644 Rn. 12.

(g) Ausschluss der Gewährleistung

Gem. der Verweisung des § 651 I S.2, 2. HS. BGB gelten bei (eigentlichen) Werklieferungsverträgen die §§ 460, 464 BGB nicht. Es gelten daher die gesetzlichen Ausschlussgründe des Werkvertragsrechts.

Im Übrigen können die Parteien die Gewährleistung vertraglich abbedingen.

(aa) Gesetzlicher Ausschluss

Nach § 640 BGB sind die Anspüche aus §§ 633, 634 BGB ausgeschlossen, wenn der Besteller ein Werk abnimmt, obwohl er den Mangel kennt und sich seine Rechte wegen des Mangels bei der Abnahme nicht vorbehält.

Die Abnahme bedeutet dabei die körperliche Entgegennahme des Werkes und die damit verbundene Erklärung des Bestellers, dass er das Werk als in der Hauptsache vertragsgerecht erbracht ansehen will[566].

Der Besteller muss den Mangel *positiv* kennen; grob fahrlässige Unkenntnis genügt nicht[567].

Die *Beweislast* für die Kenntnis vom Mangel trägt der Unternehmer[568].

(bb) Vertraglicher Ausschluss

Den Vertragsparteien steht es im Grundsatz frei, die Gewährleistungsansprüche - und damit auch den Nachbesserungsanspruch - zu modifizieren bzw. abzubedingen[569]. Die Grenzen werden durch §§ 637, 138, 242 BGB und das AGBG gezogen.

Nach § 637 BGB kann sich der Unternehmer nicht auf den Gewährleistungsausschluss berufen, wenn er einen Mangel arglistig verschweigt. Die Beweislast für eine arglistige Täuschung trägt der Besteller[570].

Handelt es sich um einen Vertrag über die Lieferung neu herzustellender Sachen und Leistungen und ist der Haftungsausschluss in AGB vereinbart, so gilt § 11 Nr.10 AGBG, wonach der Unternehmer den Besteller nicht endgültig auf einen Nachbesserungsanspruch beschränken darf[571].

---

566 *Medicus,* SchuldR II, S. 179 Rn. 379; *BGH* NJW 1993, 1972, 1974.

567 *MünchKomm/Soergel,* § 640 Rn. 18.

568 *Soergel/Teichmann*, § 640 Rn. 19.

569 *Palandt/Sprau*, § 637 Rn. 1; *MünchKomm/Soergel*, § 637 Rn. 2 f..

570 *Soergel/Teichmann*, § 637 Rn. 9.

571 § 11 Nr. 10 AGBG gilt daher auch für Werk- bzw. Werklieferungsverträge, vgl. *Soergel/ Stein,* AGBG, § 11 Rn. 92 f..

Ist § 11 Nr. 10 AGBG nicht anwendbar[572], wird aber ein Haftungsausschluss in AGB vereinbart, so gelten die von der Rechtsprechung entwickelten Grundsätze[573]. Dem Besteller muß danach mindestens ein unbedingter, vom Verschulden unabhängiger und alle Nebenkosten deckender Nachbesserungsanspruch zustehen[574]. Schlägt die Nachbesserung fehl, so muss dem Besteller ein Rücktrittsrecht oder ein Schadensersatzanspruch zustehen[575].

(h) Verjährung

Gem. § 651 I S. 2, 2. Alt. BGB gilt für die Verjährung beim sog. eigentlichen Werklieferungsvertrag nicht § 477 BGB, sondern Werkvertragsrecht.

Nach § 638 BGB verjährt der Nachbesserungsanspruch bei beweglichen Werken nach *sechs Monaten*, wenn nicht der Unternehmer den Mangel arglistig verschwiegen hat.

Die Verjährung *beginnt* mit Abnahme (§ 640 BGB) oder ersatzweise mit Vollendung des Werkes (§ 646 BGB)[576].

Die *endgültige* Abnahmeverweigerung durch den Besteller löst ebenfalls den Verjährungsbeginn aus[577]. Unerheblich ist, ob die endgültige Abnahmeverweigerung berechtigt oder unberechtigt erfolgt[578].

Auch der Kostenerstattungsanspruch des Bestellers gem. § 633 III BGB für seine Aufwendungen bei einer Ersatzvornahme verjährt in der Frist des § 638 BGB[579].

Für Hemmungen und Verjährungen gilt das zur Nachlieferung Ausgeführte. Insbesondere ist die Verjährung für die Dauer einer vom Unternehmer durchgeführten Nachbesserung gem. § 639 II BGB gehemmt.

(i) Geltendmachung der Nachbesserung

Der Besteller, der die Nachbesserung eines Mangels vom Unternehmer verlangt, muss den Mangel hinreichend konkretisieren und erkennen lassen, dass er Abhilfe erwartet[580]. Erforderlich ist nicht die Anzeige des Mangels selbst, sondern dessen Erscheinungsform[581]. Bezeichnet der Besteller eine Mangelerscheinung an einer

---

572 Bspw. weil der Besteller Kaufmann ist und der Vertrag zu seinem Handelsgewerbe gehört (vgl. § 24 S. 1 Nr. 1 AGBG).

573 *MünchKomm/Soergel*, § 637 Rn. 4; *Palandt/Sprau*, § 637 Rn. 4.

574 *Palandt/Sprau*, § 637 Rn. 4; *BGH* NJW 1981, 1510.

575 *Palandt/Sprau*, § 637 Rn. 4; *BGH* BB 1978, 325 f..

576 *Soergel/Teichmann*, § 638 Rn. 26.

577 *Staudinger/Peters,* § 638 Rn. 27; *Palandt/Sprau*, § 638 Rn. 6; *BGH* WM 1974, 200.

578 *Staudinger/Peters,* § 638 Rn. 27; *MünchKomm/Soergel*, § 638 Rn. 41.

579 *BGB-RGRK/Glanzmann*, § 638 Rn. 3; *MünchKomm/Soergel*, § 638 Rn. 4 m.w.N..

580 *Palandt/Sprau*, § 633 Rn. 5 b; *Soergel/Teichmann*, § 633 Rn. 14.

581 *Soergel/Teichmann*, § 633 Rn. 14; *BGH* NJW-RR 1989, 667.

bestimmten Stelle, erstreckt sich die Anzeige des Erscheinungsbildes auf alle Mängel, auf die das angezeigte Erscheinungsbild zurückzuführen ist[582].

(j) ius variandi und Übergang zu den Gewährleistungsrechten

Dem Besteller steht aufgrund des Fristsetzungsverfahrens des § 634 I BGB regelmäßig zunächst *nur* der Anspruch auf Nachbesserung zu[583]. Ein Wahlrecht des Bestellers zwischen dem Erfüllungsanspruch (Nachbesserung) und den Gewährleistungsrechten besteht grundsätzlich zunächst nicht[584].

Zu den Gewährleistungsansprüchen der Wandlung, Minderung und ggf. des Schadensersatzes kann der Besteller gem. § 634 I S. 1 BGB grundsätzlich nur übergehen, wenn er dem Unternehmer eine angemessene Frist zur Beseitigung des Mangels gesetzt hat, verbunden mit der Erklärung, dass er nach Ablauf der Frist die Beseitigung des Mangels durch den Unternehmer ablehne. Nach ergebnislosem Ablauf der Frist kann der Besteller die Gewährleistungsansprüche geltend machen; der Anspruch auf Beseitigung des Mangels und das Recht zur Ersatzvornahme *erlöschen* (vgl. § 634 I S. 2 BGB)[585]. Der Besteller kann also nach Fristablauf nicht mehr Nachbesserung verlangen[586].

Aufgrund des Fristsetzungsverfahrens des § 634 I BGB, welches die Rechtsbehelfe der Wandlung und Minderung zu sekundären Rechtsbehelfen werden lässt[587], steht dem Nachbesserungsanspruch des Bestellers ein Nachbesserungs*recht* des Unternehmers gegenüber[588]. Denn der Unternehmer kann grundsätzlich durch die ordnungsgemäße Nachbesserung die Rechtsbehelfe des Käufers auf Wandelung, Minderung und Schadensersatz verhindern.

Die Fristsetzung ist entbehrlich, wenn die Beseitigung des Mangels unmöglich ist, wenn der Unternehmer die Mangelbeseitigung ernsthaft und endgültig verweigert[589] oder wenn die sofortige Geltendmachung der Gewährleistungsrechte durch

---

582 *Palandt/Sprau*, § 633 Rn. 5 b; *BGH* NJW-RR 1997, 1376.

583 *Peters*, JZ 1978, 92, 93 (Kein „sofortiger Zugriff des Bestellers auf die eigentlichen Gewährleistungsrechte"); *BGH* NJW 1981, 1779.

584 *Palandt/Sprau*, vor § 633 Rn. 4 a; *Peters*, JZ 1978, 92, 93.

585 *Palandt/Sprau*, § 634 Rn. 6; *Staudinger/Peters*, § 634 Rn. 23; *BGB-RGRK/Glanzmann*, § 634 Rn. 1; *BGH* NJW 1976, 143.

586 Die Parteien können allerdings auch nach Fristablauf eine Vertragsabrede treffen, die dem Unternehmer eine Nachbesserung wieder gestattet, *vgl. Soergel/Teichmann*, § 634 Rn. 12. Das Wahlrecht zwischen Wandlung, Minderung und ggf. Schadensersatz erlischt mit „Vollzug", d.h. mit Einverständniserklärung des Unternehmers oder rechtskräftigem Urteil, vgl. *Erman/Grunewald*, § 634 Rn. 30; *BGH* NJW 1990, 2680.

587 *Peters*, JZ 1978, 92, 92.

588 *Staudinger/Peters*, § 634 Rn. 158, 189.

589 Dabei ist unerheblich, ob sich der Unternehmer berechtigt oder unberechtigt weigert, vgl. *MünchKomm/Soergel*, § 634 Rn. 15; *BGB-RGRK/Glanzmann*, § 634 Rn. 8; *OLG Frankfurt a.M.* NJW-RR 1992, 602. Eine Weigerung kann auch in dem Bestreiten eines Mangels

ein besonderes Interesse des Bestellers gerechtfertigt ist (vgl. § 634 II BGB). Ein besonderes Interesse des Bestellers kann dann vorliegen, wenn ihm die Nachbesserung unzumutbar ist[590].

Befindet sich der Unternehmer mit der Nachbesserung im Verzug, so kann der Besteller den Mangel selbst beseitigen und vom Unternehmer Ersatz der erforderlichen Aufwendungen verlangen (§ 633 III BGB)[591].

Der Besteller trägt die Beweislast für den Inhalt und den Zugang der Fristsetzung mit Ablehnungsandrohung, für den Ablauf der Frist und für die Entbehrlichkeit der Fristsetzung[592]. Den Unternehmer trifft die Beweislast für die fristgerechte Mangelbeseitigung[593]. Die Voraussetzungen des Verzuges und die Höhe der Aufwendungen hat der Besteller zu beweisen[594].

(3) Rechtsfolgen des Nachbesserungsanspruchs

Der Nachbesserungsanspruchs geht inhaltlich auf die Beseitigung der Mängel. Befindet sich der Unternehmer mit der Mängelbeseitigung im Verzug, kann der Besteller die Mängel selbst beseitigen (lassen) und Aufwendungsersatz vom Unternehmer verlangen (§ 633 III BGB). Neben dem Nachbesserungsanspruch kann der Besteller seinen Verzugsschaden geltend machen, wenn sich der Unternehmer im Verzug befand (§§ 286, 284 BGB). Für Mangelfolgeschäden können dem Besteller Ansprüche aus pVV oder § 635 BGB zustehen.

(a) Mängelbeseitigung

Der Anspruch auf Mängelbeseitigung geht auf vollständige Mängelbeseitigung und umfasst auch begleitende Maßnahmen. Die Kosten der Nachbesserung trägt der Unternehmer (§§ 633 II S. 2, 476 a BGB).

(aa) Inhalt des Mängelbeseitigungsanspruchs

Der Anspruch auf Nachbesserung geht grundsätzlich auf *vollständige* Mängelbeseitigung[595].

---

liegen, vgl. *Soergel/Teichmann, § 634 Rn. 8 Fn. 15; Palandt/Sprau,* § 634 Rn. 4; *BGH* NJW-RR 1995, 939, 940.

590 *BGH* NJW-RR 1998, 1268, 1270. Bspw. wenn das Vertrauensverhältnis zwischen den Parteien zerstört ist, vgl. *MünchKomm/Soergel,* § 634 Rn. 17.

591 Zu den Verzugsvoraussetzungen hinsichtlich der Nachbesserung, vgl. unten *C. 3. b) (3) (b).*

592 *Soergel/Teichmann,* § 634 Rn. 4 f..

593 *Palandt/Sprau,* § 634 Rn. 10.

594 *Palandt/Sprau,* § 633 Rn. 10.

595 *Staudinger/Peters,* § 633 Rn. 167; *MünchKomm/Westermann,* § 633 Rn. 100. Ist es dem Unternehmer unmöglich, die vertraglich geschuldete Leistung vollständig zu erbringen, kann

Ist die Beseitigung des Mangels nur durch eine Neuherstellung möglich, so kann der Nachbesserungsanspruch auch in einer Neuherstellung bestehen, und zwar auch *nach* der Abnahme[596].

Der Nachbesserungsanspruch ist dabei nicht durch einen einmaligen Nachbesserungsversuch des Unternehmers beschränkt; der Besteller kann deshalb ein mehrfaches Tätigwerden des Unternehmers verlangen[597].

Die Mangelbeseitigungsverpflichtung umfasst ferner *alle Maßnahmen*, die vorbereitend erforderlich sind, um die Mangelbeseitigung zu ermöglichen (bspw. Freilegung des Mangels, Aufspüren der Ursache), sowie alle Leistungen, die notwendig sind, um nach durchgeführter Mangelbeseitigung den zuvor bestehenden Zustand wieder herzustellen (Beseitigung der Nachbesserungsspuren)[598].

Auf welche Art und Weise der Mangel beseitigt wird, bestimmt der Unternehmer[599]. Im Rahmen seiner Dispositionsfreiheit kann der Unternehmer deshalb bestimmen, ob er durch Neuherstellung oder durch Nachbesserung den Mangel beseitigt[600].

Der Unternehmer hat allerdings gem. § 242 BGB bei seiner Entscheidung die verständigen Interessen des Bestellers hinsichtlich der Erfolgsaussicht der vorgesehenen Maßnahmen, aber auch der Belastung des Bestellers zu berücksichtigten[601]. Deshalb kann im Einzelfall die Neuherstellung einer Sache für den Besteller unzumutbar sein[602].

Für den Klagantrag und den Entscheidungstenor bedeutet die Dispositionsfreiheit des Unternehmers, dass grundsätzlich nur das Ziel der Nachbesserung aufzunehmen ist, nicht aber eine konkrete Methode[603].

---

er sie aber doch besser erbringen, als sie tatsächlich erbracht wurde, so ist der Unternehmer zur Herstellung dieses verbesserten Zustandes verpflichtet, vgl. *BGH* NJW 1996, 3269 f..

596 Früher war dies strittig. Die heute ganz h.M. bejaht die Verpflichtung zur Neuherstellung auch nach Gefahrübergang, wenn auf andere Weise der Mangel nicht beseitigt werden kann: *Staudinger/Peters*, § 633 Rn. 171; *Palandt/Sprau*, vor § 633 Rn. 4; *Soergel/Teichmann*, § 633 Rn. 3; *Brox*, Bes. SchuldR, S. 201 Rn. 268; *Medicus*, SchuldR II, S. 175 Rn. 371; *Erman/Seiler*, § 633 Rn. 25 f.; *BGHZ* 96, 111, 118. A.A. *Larenz*, SchuldR II/1 § 53 II a, S. 350.

597 *Staudinger/Peters*, § 633 Rn. 170.

598 *MünchKomm/Soergel*, § 633 Rn. 100; *Erman/Seiler*, § 633 Rn. 23; *Staudinger/Peters*, § 633 Rn. 173; *BGH* NJW 1963, 805, 806; *BGHZ* 96, 221, 224; *BGH* NJW-RR 1999, 813, 814.

599 *Palandt/Sprau*, § 633 Rn. 5 c; *Staudinger/Peters*, § 633 Rn. 168; *BGH* NJW-RR 88, 208, 210 m.w.N..

600 *Soergel/Teichmann*, § 633 Rn. 3.

601 *Soergel/Teichmann*, § 633 Rn. 3.

602 *Staudinger/Peters*, § 633 Rn. 172; *BGB-RGRK/Glanzmann*, § 633 Rn. 20.

603 *Staudinger/Peters*, § 633 Rn. 168; *BGB-RGRK/Glanzmann*, § 633 Rn. 17. Ist im Einzelfall nur *eine* Nachbesserungsmethode erfolgversprechend, so kann der Unternehmer hierzu

Kann der Unternehmer die erforderlichen Maßnahmen nicht selbst durchführen[604], so ist er im Rahmen des Nachbesserungsanspruchs verpflichtet, Dritte einzuschalten[605].

(bb) Leistungsort

Der Leistungsort des Nachbesserungsanspruch ist dort, wo sich die Ware bestimmungsgemäß befindet[606]. Abweichungen hinsichtlich des Leistungsortes können sich im Einzelfall aus § 242 BGB ergeben[607].

(cc) Gefahrtragung

Die Vergütungsgefahr (Preisgefahr) ist für den Werkvertrag in § 644 BGB geregelt[608]. Es geht hinsichtlich der Preisgefahr um die Frage, ab wann der Besteller bei einem zufälligen Untergang des Werks dieses zu bezahlen hat[609].

Nach § 644 I BGB geht die Preisgefahr mit *Abnahme* über (S. 1) oder aber, wenn der Besteller mit der Abnahme *in Verzug* gerät (S. 2). Versendet der Unternehmer auf Verlangen des Bestellers das Werk, so geht die Gefahr über, wenn das Werk bei *Auslieferung* zum Transport vertragsgemäß war (§ 644 II BGB)[610]. Ist nach der Beschaffenheit des Werkes eine Abnahme ausgeschlossen, so geht die Gefahr mit *Vollendung* des Werkes über (§§ 646, 644 BGB).

Mit Abnahme (bzw. deren Surrogaten) trifft den Besteller die Vergütungsgefahr, und zwar auch dann, wenn das Werk Mängel aufweist[611].

Bereits bestehende Mängelrechte kann der die Vergütungsgefahr tragende Besteller gegen den Unternehmer nicht mehr geltend machen, wenn das mangelbehaftete Werk nach der Abnahme zufällig untergeht oder zufällig verschlechtert wird; der Besteller bleibt dennoch zur Entrichtung der Vergütung verpflichtet[612].

---

verurteilt werden, vgl. *BGH* NJW-RR 1997, 1106. Vgl. auch *Soergel/Teichmann,* § 633 Rn. 2.

604 Bspw. bei fachfremden Arbeiten, um den urprünglichen Zustand wiederherzustellen.

605 *MünchKomm/Soergel,* § 633 Rn. 101 (Die Kosten für die Arbeiten des Dritten hat der Unternehmer zu tragen).

606 *Staudinger/Peters,* § 631 Rn. 45; ähnlich *BGB-RGRK/Glanzmann,* § 633 Rn. 17; anders aber zum in AGB vereinbarten Nachbesserungsanspruch im Kaufrecht, *BGH* NJW 1991, 1604, 1606 (Leistungsort für Nachbesserung ist ursprünglicher Leistungsort).

607 Den Besteller können Mitwirkungsobliegenheiten treffen, so z.B. die Duldung des Transports des Werkes zur Reparatur in die Werkstatt des Unternehmers, *BGH* LM § 635 Nr. 4; *Staudinger/Peters, § 633 Rn. 169.*

608 § 644 BGB regelt die Vergütungsgefahr, vgl. *MünchKomm/Westermann, § 644 Rn. 1.*

609 *Soergel/Teichmann,* § 644 Rn. 1.

610 Dass das Werk zu Beginn des Transports im wesentlichen mangelfrei war, hat der Unternehmer zu beweisen, vgl. *Soergel/Teichmann,* § 644 Rn. 10; *MünchKomm/ Soergel,* § 644 Rn. 8.

611 *MünchKomm/Soergel,* § 644 Rn. 6.

612 *MünchKomm/Soergel,* § 644 Rn. 6.

(dd) Kostentragung

Gem. § 633 II S. 2, 476 a BGB fallen dem Unternehmer die *Kosten der Nachbesserung* zur Last[613]. Da aufgrund des Verweises in § 633 II S. 2 BGB wie bei der Nachlieferung § 476 a BGB zur Anwendung kommt, kann im Wesentlichen auf die Ausführung zur Kostentragung bei der Nachlieferung Bezug genommen werden. Nachstehend werden deshalb nur kurz die wichtigsten Punkte zusammengefasst; ausführlich soll hier nur auf die Besonderheiten beim Nachbesserungsanspruch eingegangen werden.

Der Unternehmer hat insbesondere sämtliche *Transport-, Wege-, Arbeits- und Materialkosten* zu tragen (vgl. § 476 a BGB). Den Unternehmer treffen ferner sämtliche Kosten, die im Zuge der Nachbesserung zwangsläufig entstehen, wozu Vor- und Nacharbeiten zählen[614]. Auch die Untersuchungskosten zum Auffinden des Mangels sind vom Unternehmer zu tragen[615].

Den *Nutzungsausfall*[616] während der Reparaturzeit sowie den Ersatz der Schäden, die der Mangel *an anderen Rechtsgütern* des Bestellers verursacht[617], kann der Besteller über § 476 a BGB nicht ersetzt verlangen; hierbei handelt es sich vielmehr um Schadensersatz.

Nach *§ 476 a S. 2, 1. HS. BGB* hat der Unternehmer des Weiteren diejenigen Aufwendungen *nicht* zu tragen, die dadurch entstanden sind, dass die gekaufte Sache nach der Lieferung an einen anderen Ort als den Wohnsitz oder die gewerbliche Niederlassung des Empfängers verbracht worden ist[618]. Allerdings sind diese Kosten dann wieder vom Unternehmer zu tragen, wenn die Verbringung dem bestimmungsgemäßen Gebrauch der Sache entsprach, also in deren Natur lag (§ 476 a, S. 2, letzter HS. BGB).

Hat der Besteller notwendigerweise bereits Aufwendungen gemacht, die nach § 476 a BGB der Unternehmer zu tragen hat, so nimmt die Kostentragungspflicht die Form eines Aufwendungsersatzanspruchs an[619].

§ 476 a BGB ist grundsätzlich abdingbar[620].

---

613 Vgl. auch *Staudinger/Peters*, § 633 Rn. 174, der zutreffend feststellt, dass sich diese Kostenverteilung schon aus allgemeinen Gesichtspunkten ergibt. Denn der Unternehmer schuldet einen Erfolg und hat deshalb die Kosten zur Erreichung (Erfüllung) desselben zu tragen. Ebenso *Soergel/Teichmann*, § 633 Rn. 5.

614 *Staudinger/Peters*, § 633 Rn. 174; *BGHZ* 72, 31, 33; *BGHZ* 96, 221, 224 (Kosten der Vor- und Nacharbeiten); *BGH* NJW 1963, 805, 806 (Kosten der Maurer-, Putz-, Maler- und Reinigungsarbeiten bei Reparatur einer beim Besteller fest montierten Sache).

615 Hierzu zählen auch Gutachter- und Rechtsanwaltskosten, die im Rahmen des Auffindens des Mangels erforderlich sind, vgl. *BGH* NJW-RR 1999, 813, 814.

616 *Staudinger/Peters*, § 633 Rn. 174; *Soergel/Huber*, § 476 a Rn. 17; *BGHZ* 72, 31, 33.

617 *BGHZ* 96, 221, 225.

618 *BGH* NJW 1991, 1604, 1606 f..

619 *MünchKomm/Westermann*, § 476 a Rn. 4; *Staudinger/Peters*, § 633 Rn. 174.

620 *Staudinger/Honsell*, § 476 a Rn. 1.

Die (absolute) Kostentragungspflicht des Unternehmers ist im Werkrecht ferner in den Fällen durchbrochen, in welchen der Besteller an den Kosten der Nachbesserung zu beteiligen ist. Eine Kostenbeteiligung des Bestellers hat in den Fällen der *Vorteilsausgleichung,* der *„Sowieso"-Kosten* und bei einem *Mitverschulden* des Bestellers zu erfolgen.

Eine *Vorteilsausgleichung* ist dann vorzunehmen, wenn die Mängelbeseitigung zu einer Verbesserung der Gebrauchstauglichkeit bzw. des Wertes führt (z.B. das zusätzliche Anbringen einer Außenfassade führt zu einer stärkeren Wärmedämmung)[621]. Der Besteller muss hieran im Wege der Vorteilsausgleichung durch eine Beteiligung an den Kosten teilnehmen[622].

„Sowieso"-Kosten sind jene Mehrkosten, um die das Werk von vorneherein teurer gewesen wäre, wenn es ordnungsgemäß ausgeführt worden wäre[623]. Diese Mehrkosten hat der Besteller dann zu tragen, wenn eine bestimmte *Art der Ausführung* (insb. aus einem Leistungsverzeichnis des Bestellers) vertraglich vorgesehen war, der vereinbarte Gesamterfolg hiermit jedoch nicht zu erreichen ist[624]. Wurde allerdings ein konkreter Gesamterfolg vereinbart (häufig bei einem Pauschalpreis), dessen Erreichung sich später als aufwendiger herausstellt, so muss der Unternehmer diese Mehrkosten alleine tragen[625].

Ein *Mitverschulden* des Bestellers liegt insbesondere in den Fällen vor, in welchen der Besteller Anweisungen gegeben hat, der Unternehmer aber die Anweisungen nicht ausreichend geprüft hat[626]. Der Besteller hat hier gem. § 242 BGB einen seiner Mitverursachung entsprechenden Teil der Kosten zu tragen[627]. Klagt der Besteller auf Nachbesserung, hat er sich aber an den Nachbesserungskosten zu beteiligen, so ist der Unternehmer Zug um Zug gegen Zuschusszahlung zur Mängelbeseitigung zu verurteilen[628].

(b) Ersatzvornahme/Verzug mit der Nachbesserung

Ist der Unternehmer mit der Nachbesserung im Verzug, so kann der Besteller den Mangel selbst beseitigen und vom Unternehmer Ersatz der erforderlichen Aufwendung verlangen. Ferner kann der Besteller den *Verzugsschaden* geltend machen (§ 286 BGB).

---

621 *Soergel/Teichmann*, § 633 Rn. 7; *Staudinger/Peters*, § 633 Rn. 177.

622 *Staudinger/Peters*, § 633 Rn. 177; *BGH* NJW 1984, 2457 f..

623 *Palandt/Sprau,* § 633 Rn. 6; *Staudinger/Peters*, § 633 Rn. 177.

624 *Soergel/Teichmann*, § 633 Rn. 6; *Staudinger/Peters*, § 633 Rn. 178; *BGH* NJW-RR 1990, 89.

625 *Palandt/Sprau,* § 633 Rn. 6; *Staudinger/Peters*, § 633 Rn. 178; *BGHZ* 126, 326, 335.

626 *Soergel/Teichmann*, § 633 Rn. 9.

627 *Palandt/Sprau*, § 633 Rn. 6; *Soergel/Teichmann*, vor § 633 Rn. 30; *BGHZ* 90, 344, 348.

628 *Soergel/Teichmann*, vor § 633 Rn. 6;. Klagt hingegen der Unternehmer auf den Werklohn, so ergeht ein „doppeltes Zug-um-Zug-Urteil", vgl. *BGH* NJW 1984, 1679, 1680.

Voraussetzung für das Recht zur Ersatzvornahme ist das (Fort-)Bestehen des Nachbesserungsanspruchs[629].

Im Verzug mit der Nachbesserung befindet sich der Unternehmer, wenn er den Mangel nicht innerhalb einer angemessenen Frist nach der bestimmten Leistungsaufforderung[630] des Besteller beseitigt hat[631]. Ferner muss der Unternehmer das Unterbleiben der rechtzeitigen Mängelbeseitigung zu vertreten haben (§ 285 BGB)[632]. Einer (Nach-)Fristsetzung bedarf es allerdings nicht[633].

Verweigert der Unternehmer ernsthaft und endgültig die Nachbesserung, hat der Besteller das Recht zur Mängelbeseitigung sofort[634]. Gleiches gilt, wenn der Unternehmer durch sein Verhalten die Vertrauensbasis so zerstört hat, dass dem Besteller nicht zugemutet werden kann, von ihm noch die Mängelbeseitigung vornehmen zu lassen[635].

Nach Eintritt des Verzuges kann der Besteller die Beseitigung des Mangels selbst durchführen. Er kann allerdings auch auf die Resterfüllung in Form der Nachbesserung bestehen und diesen Anspruch klagweise durchsetzen[636].

Hat der Besteller die Mängelbeseitigung selbst oder durch einen Dritten durchgeführt, so hat er einen Anspruch auf Ersatz der hierfür „erforderlichen Aufwendungen" (§ 633 III BGB)[637]. Der Besteller hat dabei für die voraussichtlich erforderlichen Aufwendungen einen Anspruch auf Zahlung eines Vorschusses, und zwar in voller Höhe[638]. Er kann diesen Anspruch mit der Werklohnforderung aufrechnen[639].

---

629 *MünchKomm/Westermann,* § 633 Rn. 139. Der Anspruch auf Aufwendungsersatz besteht deshalb nicht, wenn die Nachbesserung unzumutbar i.S.d. § 633 II S. 2 BGB oder eine Frist gem. § 634 I BGB abgelaufen ist.

630 Die Aufforderung muß eine hinreichende Kennzeichnung des Mangels enthalten, vgl. *Soergel/Teichmann,* § 633 Rn. 14..

631 *MünchKomm/Soergel,* § 633 Rn. 140 f.; *Staudinger/Peters,* § 633 Rn. 196 f.; *Palandt/Sprau,* § 633 Rn. 8; *Soergel/Teichmann,* § 633 Rn. 12 ff.; *Stötter,* DB 1969, 647, 648 (zum Kaufrecht); *BGH* NJW 1990, 901.

632 *Soergel/Teichmann,* § 633 Rn. 18, 19 (Unternehmer trifft Beweislast für sein Nichtverschulden); *BGH* NJW 1990, 901.

633 *MünchKomm/Soergel,* § 633 Rn. 142; *Soergel/Huber,* § 462 Rn. 68; vgl. aber *Soergel/Teichmann,* § 633 Rn. 16, der darauf hinweist, dass teilweise in der Rechtsprechung das Setzen einer Frist gefordert wird (m.w.N.).

634 *Staudinger/Peters,* § 633 Rn. 197; *MünchKomm/Soergel,* § 633 Rn. 144.

635 *Staudinger/Peters,* § 633 Rn. 198; *Soergel/Teichmann,* § 633 Rn. 17, m.w.N..

636 *Soergel/Teichmann,* § 633 Rn. 21.

637 Vgl. hierzu *Staudinger/Peters,* § 633 Rn. 201; *Soergel/Teichmann § 633 Rn. 22.*

638 *Erman/Seiler,* § 633 Rn. 36; *Palandt/Sprau,* § 633 Rn. 9; *BGHZ* 68, 372, 377.

639 *Palandt/Sprau,* § 633 Rn. 9.

(c) Konkurrierende Ansprüche

Neben dem Anspruch auf Nachbesserung kann der Besteller seinen Verzugsschaden (§ 286 BGB) sowie Mangelfolgeschäden (§ 635 BGB bzw. pVV) geltend machen.

(aa) Verzugsschaden gem. § 286 BGB

Ist der Unternehmer mit der Herstellung eines mangelfreien Werkes im Verzug, so kann der Besteller den Verzögerungsschaden nach § 286 I BGB geltend machen. Dieser Anspruch wird *nicht* durch die Sonderregelung des § 633 III BGB verdrängt[640].

Der Besteller kann hier insbesondere den entgangenen Gewinn[641] und den Nutzungsausfallschaden[642] ersetzt verlangen.

Dem Besteller steht ein Schadensersatzanspruch nach § 326 BGB nur *vor* Abnahme zu, während *nach* Abnahme aufgrund der eingetretenen Konkretisierung dem Besteller nur die Rechte nach §§ 633 ff. BGB zur Verfügung stehen[643].

(bb) Schadensersatz nach § 635 BGB und den Grundsätzen der pVV

Wurde ein Werk mangelhaft hergestellt, so können Schäden eintreten, die von der Nachbesserung nicht erfasst werden[644]. Hierbei geht es um Beeinträchtigungen, die als Folge des Mangels an anderen Rechtsgütern des Bestellers auftreten (Mangelfolgeschäden). Solche Schäden kann der Besteller als Schadensersatz geltend machen[645]. Der Anspruch tritt bei möglicher Nachbesserung *neben* den Erfüllungsanspruch auf Beseitigung des Mangels[646].

Auf welcher Anspruchsgrundlage (pVV oder § 635 BGB) ein Schadensersatzanspruch für Mangelfolgeschäden beruht, ist umstritten. Beide Anspruchsgrundlagen setzen zwar ein *Verschulden* voraus, jedoch verjähren Ansprüche aus § 635 BGB nach § 638 BGB, während die Ansprüche aus pVV nach § 195 BGB verjähren.

---

640 *Soergel/Teichmann*, vor § 633 Rn. 8.

641 *BGH* NJW-RR 1991, 533 f..

642 *Soergel/Teichmann*, § 635 Rn. 3, 4.

643 *Palandt/Heinrichs*, § 326 Rn. 2; *BGB-RGRK/Glanzmann*, § 633 Rn. 41, 49; *BGH* NJW 1974, 551, 552.

644 Zur Mängelbeseitigungspflicht gehört jedoch die Beseitigung von Schäden an anderen Sachen des Bestellers, die bei der ordnungsgemäßen Vorbereitung oder Durchführung der Mängelbeseitigung entstanden sind; vgl. *Staudinger/Peters*, § 633 Rn. 173; *BGH* NJW 1979, 2095, 2096.

645 *Staudinger/Peters*, § 633 Rn. 173.

646 *Soergel/Teichmann*, § 635 Rn. 5; *BGHZ* 72, 31, 34.

Die h.M. grenzt dabei den unmittelbaren vom entfernten Mangelfolgeschaden ab[647]. Unmittelbare Mangelfolgeschäden fallen danach unter § 635 BGB und verjähren nach § 638 BGB. Entfernte Mangelfolgeschäden sind dagegen über die pVV zu ersetzen und verjähren nach 30 Jahren.

Ein unmittelbarer Mangelfolgeschaden liegt dann vor, wenn der eingetretene Schaden in einem engen unmittelbaren Zusammenhang mit dem Mangel des Werkes steht[648]. Der enge Zusammenhang zwischen Mangel und Schaden ist dabei am Leistungsobjekt orientiert, lokal (i.S.v. Nähe) zu ermitteln[649].

Den Unternehmer muss sowohl nach § 635 BGB als auch nach den Grundsätzen der pFV ein Verschulden treffen. Der Besteller hat dabei die objektive Pflichtwidrigkeit und ihre Ursächlichkeit für den entstandenen Schaden zu beweisen[650]. Der Unternehmer hat sein fehlendes Verschulden zu beweisen, wenn die Schadensursache aus seinem Gefahrenbereich stammt[651].

(4) Zwangsvollstreckung

Die Zwangsvollstreckung bei einem sog. eigentlichen Werklieferungsvertrag richtet sich nach den §§ 887, 888 ZPO[652].

Soll eine *vertretbare Handlung* vollstreckt werden, so richtet sich die Zwangsvollstreckung nach § 887 ZPO. Vertretbar ist eine Handlung, bei der es rechtlich und wirtschaftlich betrachtet für den Gläubiger unerheblich ist, ob der Schuldner oder ein Dritter erfüllt[653]. Eine handwerkliche Leistung ist dabei regelmäßig vertretbar[654]. Dies gilt insbesondere, wenn zur Leistungserbringung keine besonderen geistigen oder körperlichen Befähigungen erforderlich oder wenn genügend fachlich ausgebildete Personen dazu in der Lage sind[655]. Die

---

647 *MünchKomm/Soergel*, § 635 Rn. 21 f.; *Palandt/Sprau,* vor § 633 Rn. 22 f.; *Soergel/Teichmann*, § 635 Rn. 6 ff.; *BGH* NJW 1986, 2307; a.A. bspw. *Brox*, Bes. SchuldR, S. 194 f. Rn. 270 (§ 635 erstrecke sich auf alle Mangelfolgeschäden).

648 *BGH* NJW 1993, 923, 924; *Palandt/Sprau*, vor § 633 Rn. 23.

649 *Palandt/Sprau*, vor § 633 Rn. 23; *Soergel/Teichmann*, § 635 Rn. 15; *BGHZ* 115, 32, 34; *BGH* NJW 1983, 2440, 2442 (Einbau einer Ladebordwand bei einem LKW löst eine Beschädigung des Rahmens aus); *BGHZ* 98, 45, 47 (Fehlerhafter Ölwechsel führt zu Motorenschaden).

650 *Soergel/Teichmann*, § 635 Rn. 39; *Palandt/Sprau*, § 635 Rn. 9; *BGHZ* 48, 310, 311 f..

651 *Palandt/Sprau*, § 635 Rn. 9 (der darauf hinweist, dass diese Grundsätze auch für Mangelfolgeschäden nach pVV gelten); *Soergel/Teichmann*, § 635 Rn. 39; *BGHZ* 48, 310, 312; *BGH* WM 1983, 916, 917.

652 *Soergel/Teichmann*, § 633 Rn. 2.

653 *Zöller/Stöber*, § 887 Rn. 2; *Baumbach/Lauterbach/Hartmann*, § 887 Rn. 6; *LG Hamburg*, JuS 1986, 485 f..

654 *Soergel/Teichmann*, § 633 Rn. 2 Fn. 7; vgl. auch *Zöller/Stöber*, § 887 Rn. 3; *Baumbach/Lauterbach/Hartmann*, § 887 ZPO Rn. 28; *BGH* NJW 1993, 1394; *BGH* NJW 1991, 1882, 1883.

655 Vgl. *Stein/Jonas/Brehm*, § 887 Rn. 9.

Zwangsvollstreckung erfolgt nach § 887 ZPO dadurch, daß der Gläubiger (Besteller) vom Prozeßgericht der 1. Instanz ermächtigt wird, die Handlung (Reparatur) auf Kosten des Schuldners vornehmen zu lassen (Ersatzvornahme)[656].

Unvertretbare Handlungen werden demgegenüber nach § 888 ZPO vollstreckt. Unvertretbar ist eine Handlung, die ein Dritter nicht vornehmen kann oder darf[657]. Für den hier zu untersuchenden Vergleichsrahmen kommen insbesondere Werkleistungen in Betracht, zu deren Herstellung besondere geistige oder handwerkliche Fähigkeiten erforderlich sind (bspw. Spezialmaschinen)[658]. Die Zwangsvollstreckung erfolgt hier dadurch, dass das Prozessgericht der 1. Instanz auf Antrag des Gläubigers (Bestellers) zur Beugung des Willens des Schuldners (Unternehmers) ein Zwangsgeld oder Zwangshaft festsetzt[659].

c) Der vertragliche Nachbesserungsanspruch im Kaufrecht

Aufgrund der Vertragsfreiheit können die Parteien einen Nachbesserungsanspruch vereinbaren. In der Praxis ist die Aufnahme eines Nachbesserungsanspruch regelmäßig mit einem vorläufigen Ausschluss der Gewährleistungsrechte Wandlung und Minderung gekoppelt[660]. Insbesondere durch AGB wird ein solcher Vertragspassus aufgenommen[661]. Aufgrund der Vielzahl dieser Vereinbarungen ist eine häufig anzutreffende Formulierung, dass die *„Rechtswirklichkeit"* im Hinblick auf den Nachbesserungsanspruch ein abweichendes Bild von der normierten Rechtslage bietet[662].

Abzugrenzen ist dabei der Nachbesserungsanspruch des Käufers von einem Nachbesserungsrecht des Verkäufers.

Ein Nachbesserungs*recht* des Verkäufers bietet diesem die Möglichkeit, durch die Nachbesserung weitergehende Rechtsbehelfe des Käufers abzuwenden und seinen vollständigen Kaufpreisanspruch zu erhalten.

Der Nachbesserungs*anspruch* hingegen ermächtigt den Käufer, die Herstellung der Sachmangelfreiheit „in Natur" vom Verkäufer zu verlangen und

---

656 *BGH* NJW 1991, 1882, 1883 (Zum Nachbesserungsanspruch beim Kauf).

657 *Baumbach/Lauterbach/Hartmann*, § 888 Rn. 1; *Zöller/Stöber,* § 888 Rn. 2 m.w.N..

658 Zur Abgrenzung *vertretbar/unvertretbar* bei geistigen Leistungen, vgl. *Baumbach/Lauterbach/Hartmann,* § 887 Rn. 27.

659 Vgl. im Einzelnen, *Zöller/Stöber*, § 888 Rn. 6 ff..

660 *MünchKomm/Westermann*, § 462 Rn. 11; *Staudinger/Honsell*, § 462 Rn. 14.

661 Vgl. nur *Stötter*, DB 1969, 647 f..

662 *Kirchhof*, Sachmängelhaftung, S. 180; *Guldimann*, Der Nachbesserungsanspruch, S. 67; *Abschlussbericht*, S. 211; *Huber*, Gutachten I, S. 915 („Verkehrssitte").

durchzusetzen[663]. Dem Nachbesserungs*recht* liegt damit eine andere Interessenlage zugrunde als dem Nachbesserungs*anspruch*.

Deshalb ist aus der vertraglichen Vereinbarung eines Nachbesserungs*rechts* zugunsten des Verkäufers, nicht notwendigerweise auf ein Nachbesserungs*anspruch* des Käufers zu schließen[664]. „Denn es ist nicht gesagt, dass der Verkäufer, der sich ein solches Recht vorbehält, stets auch zur Nachbesserung willens und in der Lage ist“[665].

(1) Vertragliche Vereinbarung eines Nachbesserungsanspruchs

§ 462 BGB enthält dispositives Recht, so daß die Parteien aufgrund der Vertragsfreiheit einen Nachbesserungsanspruch vereinbaren können[666].

Diese Vereinbarung kann *ausdrücklich*, aber auch *stillschweigend* getroffen werden.

Ausdrücklich kann ein Nachbesserungsanspruch durch *Individualvereinbarung* oder durch *AGB* begründet werden.

Es kann vereinbart werden, dass der Nachbesserungsanspruch *zusätzlich* zu den gesetzlichen Gewährleistungansprüchen dem Käufer zur Verfügung stehen soll, dass der Nachbesserungsanspruch als *zunächst einziger* Rechtsbehelf des Käufers gegeben ist und schließlich, dass *nur* ein Nachbesserungsanspruch bestehen soll.

Ist im Vertrag dem Käufer *zusätzlich* zu den gesetzlichen Gewährleistungsansprüchen ein Nachbesserungsanspruch eingeräumt worden, so hat der Käufer bei Lieferung einer mangelhaften Ware ein Wahlrecht, wobei § 465 BGB analog gilt[667]. Der Käufer hat dann einen klagbaren Anspruch auf Nachbesserung.

Regelmäßig ist in den AGB des Verkäufers der Nachbesserungsanpruch des Käufers derart geregelt, daß dieser Anspruch der zunächst einzige Rechtsbehelf des Käufers ist. Die Gewährleistungsansprüche sind nach den AGB (regelmäßig) erst dann gegeben, wenn die Nachbesserung fehlschlägt oder aber vom Verkäufer abgelehnt wird[668].

---

663 Der Käufer kann also nicht „lediglich“ eine Geldkompensation (Minderung, Schadensersatz) für den Sachmangel oder die Rückgängigmachung des Kaufvertrages aufgrund des Sachmangels verlangen.

664 *Staudinger/Honsell*, § 462 Rn. 13 (kein Symmetrieprinzip).

665 *Köhler*, JZ 1984, 393; vgl. auch *Oertmann*, § 462 Anm. 4 b.

666 *Staudinger/Honsell*, § 462 Rn. 14.

667 *Kirchhof* NJW 1970, 2052, 2053; *Palandt/Putzo*, § 465 Rn. 1; *BGH* NJW 1970, 1502; a.A. *Soergel/Huber*, § 465 Rn. 34. Zum Streitstand vgl. unten *C. III. c) (3) (b)*.

668 Ein Beispiel einer derartigen AGB-Regelungen aus *BGH* JR 1993, 198, 199: *„Nr. 9 der Allgemeinen Geschäftsbedingungen der Klägerin lautet u.a. : ‚Gewährleistung: Der Käufer kann als Gewährleistung zunächst nur Nachbesserung verlangen. Der Verkäufer kann statt*

Im Hinblick darauf, dass in den AGB häufig geregelt ist, dass die Gewährleistungsrechte „wiederaufleben“, wenn der Verkäufer die Nachbesserung bzw. Nachlieferung *ablehnt*, liegt es nahe, dass derartige Klauseln lediglich ein Nachbesserungs*recht* des Verkäufers begründen sollen[669].

Jedoch ist einheitliche Meinung in Rechtsprechung[670] und Literatur[671], dass die AGB hierdurch nicht nur ein Nachbesserungs*recht* des Verkäufers, sondern auch ein Nachbesserungs*anspruch* des Käufers begründen.

Der Käufer kann also bei einem Fehlschlagen oder einer Weigerung des Verkäufers bei dem Anspruch auf Nachbesserung „stehen bleiben“[672]. Er kann den Verkäufer an dem Nachbesserungsanspruch festhalten und diesen gerichtlich durchsetzten[673].

Ein Nachbesserungsanspruch kann aber auch *stillschweigend* vereinbart werden[674]. Ein Nachbesserungsanspruch ergibt sich dann aus einer Auslegung des Parteiwillens. Indizien dafür, ob die Parteien einen Nachbesserungsanspruch vereinbaren wollten, können dabei insbesondere das Verhalten bei der Abwicklung früherer Geschäfte[675] und die Verwendung von AGB mit Nachbesserungsklauseln sein. Sind beispielsweise bei Vertragsschluss die AGB versehentlich nicht mit einbezogen worden oder aber ist die Klausel (bspw. wegen Verstoßes gegen § 11 Nr. 10 b AGBG) unwirksam, so ist gleichwohl davon auszugehen, dass der Verkäufer dem Käufer einen Nachbesserungsanspruch gewähren will[676].

---

nachzubessern eine Ersatzsache liefern. Der Käufer kann die Rückgängigmachung des Vertrages (Wandlung) oder Herabsetzung des Preises (Minderung) verlangen, wenn - die Nachbesserung fehlschlägt, - eine Ersatzlieferung verweigert oder nicht innerhalb einer sechswöchigen Frist nach fehlgeschlagener Nachbesserung erbracht wird; ...'“.

669 In *BGH* NJW 1991, 1882, 1883 wird diese Frage ausdrücklich angesprochen, wobei ähnlich formulierte AGB wie unter vorstehender Fußnote vorlagen: „In Nr. VII 2 Abs. 1 der AGB des Bekl. ist nicht nur ein Nachbesserungs*recht* des Verkäufers geregelt, sondern dem Käufer (wird, *d. Verf.*) zugleich ein Nachbesserungs*anspruch* anstelle seines Rechts auf Wandelung oder Minderung eingeräumt“.

670 *BGH* NJW 1991, 1882, 1883; *BGH* JR 1993, 198, 199; *BGH* NJW 1963, 1452.

671 *Staudinger/Coester-Waltjen*, § 11 Nr. 10 Rn. 42; *Ulmer/Brandner/Hensen/Hensen*, § 11 Nr. 10 b Rn. 32, 52; *Wolf/Lindbacher/Horn/Wolf*, § 11 Nr. 10 b Rn.31; *Soergel/Stein*, § 11Rn. 107; *MünchKomm/Basedow*, § 11 Nr. 10 Rn. 151.

672 *Ulmer/Brandner/Hensen/Hensen*, § 11 Nr. 10 b Rn. 52. Der Verkäufer kann allerdings, wenn er sich Nachbesserung oder Nachlieferung wahlweise vorbehalten hat, zwischen diesen Rechtsbehelfen wählen, vgl. *Staudinger/Coester-Waltjen*, § 11 Nr. 10 AGBG Nr. 42.

673 *BGH* NJW 1991, 1882, 1883; *Köhler*, JZ 1984, 393, 398.

674 *Staudinger/Honsell*, § 462 Rn. 13.

675 *Köhler*, JZ 1984, 393, 397.

676 *MünchKomm/Basedow*, § 11 Nr. 10 Rn. 166; *Ulmer/Brandner/Hensen/Hensen*, § 11 Nr. 10 b Rn. 57 (Ergänzende Vertragsauslegung); vgl. auch *Köhler*, JZ 1984, 393, 397.

Ferner wird vertreten, dass beim Verkauf durch einen Fachhändler bzw. Fachmann ein Nachbesserungsanspruch „den Umständen nach" als vereinbart anzusehen ist, insbesondere wenn dieser eine Reparaturwerkstätte oder einen Kundendienst betreibt[677]. Hier dürfte es allerdings entscheidend auf die Umstände des Einzelfalles ankommen.

Auch kann sich ein Nachbesserungsanspruch aus der *Verkehrssitte* oder dem *Handelsbrauch (346 HGB)* ergeben[678].

Schließlich können *Treu und Glauben* einen Anspruch auf Nachbesserung begründen[679].

(2) Rechtsnatur des Nachbesserungsanspruchs

Vereinbaren die Parteien einen Nachbesserungsanspruch, so ist auch beim Stückkauf unzweifelhaft von dem vertraglichen Willen auszugehen, dass für den Verkäufer die *Pflicht* bestehen soll, eine mangelfreie Sache zu liefern[680]. Eine mangelhafte Ware („so wie sie ist") kann deshalb nicht den Kaufvertrag erfüllen[681].

Der *Grund* der Sachmängelhaftung ist deshalb die Nichterfüllung des Kaufvertrages, und zwar auch beim Stückkauf; die Rechtsnatur des vereinbarten Nachbesserungsanspruchs ist daher die eines Erfüllungsanspruchs[682].

(3) Voraussetzungen des vertraglichen Nachbesserungsanspruchs

Die Voraussetzungen des Nachbesserungsanspruchs entsprechen im Wesentlichen denen des Nachlieferungsanspruchs. Besonderheiten ergeben sich hinsichtlich der Erheblichkeit eines Mangel, des „Vollzugs" der Nachbesserung, des vertraglichen

---

677 *Larenz,* SchuldR II/1, § 41 II vor a), S. 51; *Staudinger/Honsell,* § 462 Rn. 13; *Köhler,* JZ 1984, 393, 397 („Ware plus Service").

678 *Staudinger/Honsell,* § 462 Rn. 13; *Köhler,* JZ 1984, 393, 397.

679 *Soergel/Huber,* § 462 Rn. 74; *MünchKomm/Westermann,* § 462 Rn. 13; *Köhler,* JZ 1984 , 393, 397, der Fälle des Unternehmenskaufs oder dringend benötigter Informationen über eine ergänzende Vertragsauslegung löst.

680 Denn durch die Vereinbarung der Nachbesserung besteht nun ein Anspruch auf (Rest-) Erfüllung. Diesem Anspruch muss wohl unzweifelhaft eine Leistungspflicht des Verkäufers gegenüberstehen.

681 So auch *Kirchhof,* NJW 1970, 2052.

682 Wie hier *Kirchhof,* NJW 1970, 2052; *Stötter,* DB 1969, 647, 650 *(„Nachbesserungspflicht (...) als Erfüllungspflicht zu bewerten")*; *Süß,* Wesen der Gewährleistung, S. 59 („auf besonderen Umständen beruhender Erfüllungsanspruch"); *a.A. MünchKomm/Westermann,* § 462 Rn. 13 (Qualifikation der Nachbesserung als Erfüllungsanspruch „zweifelhaft"); *Ulmer/Brandner/Hensen/Hensen,* § 11 Nr. 10 b Rn. 32 („Gewährleistungsrecht eigener Art").

Ausschlusses der Gewährleistung und der Verjährung des Nachbesserungsanspruchs.

(a) Erheblichkeit i.S.d. § 459 I S. 2 BGB

Haben die Parteien ein Nachbesserungsanspruch des Käufers vereinbart, so ist Auslegungsfrage, ob dieses Recht auch bei „unerheblichen Fehlern" (i.S.d. § 459 I S. 2 BGB) eingreifen soll. Regelmäßig dürfte im Kaufrecht in Analogie zu § 633 II BGB auch ein unerheblicher Fehler den Nachbesserungsanspruch begründen[683].

(b) „Vollzug" des Nachbesserungsanspruchs/ius variandi

Hinsichtlich des *Vollzugs* des Nachbesserungsanspruchs ist zu unterscheiden, ob der Nachbesserungsanspruch *zusätzlich* oder als *zunächst einziger* Rechtsbehelf vereinbart wurde.

Ist der Nachbesserungsanspruch *zusätzlich* zu den anderen Gewährleistungsansprüchen vereinbart worden, so ist streitig, ob § 465 BGB entsprechend anzuwenden ist.

Nach einer Ansicht gilt § 465 BGB analog mit der Folge, dass das *ius variandi* mit Einverständnis des Verkäufers oder bei rechtskräftiger Verurteilung erlischt[684]. Es gilt danach mit Vollzug die Verjährung des § 195 BGB[685].

Nach anderer Ansicht ist § 465 BGB auf den (zusätzlich) vereinbarten Nachbesserungsanspruch nicht anwendbar[686]. Denn die Inanspruchnahme der Nachbesserung würde nicht bedeuten, dass der Käufer im Falle des Fehlschlags auf Wandlung oder Minderung verzichtet[687].

Zuzustimmen ist hier der ersten Ansicht. Ist die Nachbesserung als zusätzlicher, gleichrangiger Rechtsbehelf vereinbart, so ist nicht verständlich, warum für die Nachbesserung etwas anderes gelten soll als bei der Nachlieferung[688]. Für die Nachlieferung ist aber ganz einheitliche Meinung, dass mit Vollzug der Nachlieferung der Käufer das *ius variandi* verliert und nicht mehr die Verjährung nach § 477 BGB gilt[689].

---

683 So auch *Soergel/Huber*, § 459 Rn. 76 („Verkehrssitte").

684 *Kirchhof*, NJW 1970, 2052, 2053; *MünchKomm/Westermann*, § 465 Rn. 18; *Palandt/Putzo*, § 465 Rn. 1; *BGH* NJW 1970, 1502; *OLG Köln* OLGZ 1980, 468, 469 ff. (Zum nachträglich vereinbarten Nachbesserungsanspruch).

685 *OLG Köln* OLGZ 1980, 468, 470 ff. (Verjährung des § 477 BGB wird durch Vollzug ausgeschlossen); *Kirchhof*, NJW 1970, 2052, 2053, Fn. 26.

686 *Soergel/Huber*, § 465 Rn. 34.

687 *Soergel/Huber*, § 465 Rn. 34.

688 So auch *OLG Köln*, OLGZ 1980, 468, 472.

689 So auch *Soergel/Huber*, § 465 Rn. 18 f..

Wählt der Käufer von seinen vier bzw. fünf[690] gleichrangigen (vertraglichen) Rechtsbehelfen die Nachbesserung und erklärt sich der Verkäufer hiermit einverstanden, so ist nicht ersichtlich, warum *nur* für diesen Rechtsbehelf die Verjährung nach § 477 BGB bestehen bleiben soll. Auch wird der Käufer durch den Verlust des *ius variandi* nicht übermäßig belastet. Der Käufer kann auf Nachbesserung klagen, die bis zur Lieferung einer Ersatzsache reichen kann[691]. Der Käufer kann ferner bei Verzug mit der Nachbesserung Aufwendungsersatz für eine Ersatzvornahme verlangen und hierfür sogar einen Kostenvorschuß in Höhe des Aufwendungsersatzes geltend machen[692]. Schließlich kann der Käufer über § 283 BGB vorgehen (Schadensersatz wegen Nichterfüllung nach rechtskräftiger Verurteilung und Fristsetzung). Eine größere Belastung des Käufers als bei der Nachlieferung ist jedenfalls nicht ersichtlich.

Sind die anderen Gewährleistungsansprüche (so meist in AGB) *zunächst wirksam ausgeschlossen* und sollen diese bei einem „Fehlschlagen" der Nachbesserung wiederaufleben, so steht dem Käufer solange kein *ius variandi* zu, bis die Nachbesserung bzw. Nachlieferung fehlgeschlagen ist[693].

Der Käufer kann hier zunächst *nur* Nachbesserung (oder Nachlieferung)[694] verlangen.

Erst nach „Fehlschlagen" der Nachbesserung steht dem Käufer ein Wahlrecht zwischen den dann wiederauflebenden Rechtsbehelfen zu[695]. Der Käufer kann allerdings auch an seinem Nachbesserungsanspruch festhalten und diesen durchsetzen[696].

§ 465 BGB passt hier auf die Rechtslage vor dem „Fehlschlag" nicht, da die Rechtsbehelfe nach der vertraglichen Vereinbarung bei einem Fehlschlagen der Nachbesserung gerade wiederaufleben sollen[697].

Die Verjährung des § 477 BGB wird dabei durch eine Nachbesserung nicht ausgeschlossen, sondern vielmehr ist die Verjährung nur analog § 639 II BGB gehemmt (näher dazu unten)[698].

Nach dem Fehlschlag der Nachbesserung erlischt der Anspruch auf Nachbesserung, wenn ein anderer Rechtsbehelf (Wandlung, Minderung, ggf. Nachlieferung oder Schadensersatz) „vollzogen" wurde (§ 465 BGB).

---

690 Nachbesserung, Wandlung, Minderung, Ersatzlieferung (bei Gattungsware) und ggf. Schadensersatz wegen Nichterfüllung.

691 *BGH* JR 1993, 198 f..

692 *BGH* JR 1993, 198 f..

693 *MünchKomm/Westermann*, § 465 Rn. 14; *Soergel/Huber*, § 465 Rn. 33.

694 Dies richtet sich nach der Ausgestaltung der AGB.

695 *Kirchhof*, NJW 1970, 2052, 2053; *Soergel/Huber*, § 465 Rn. 33.

696 *Ulmer/Brandner/Hensen/Hensen*, § 11 Nr. 10 b Rn. 52.

697 *Soergel/Huber*, § 465 Rn. 33.

698 *Palandt/Sprau*, § 639 Rn. 6; *Soergel/Huber*, § 465 Rn. 33.

Außerhalb des Anwendungsbereichs des AGBG ist jedoch auf die vertraglich vereinbarten Voraussetzungen abzustellen[699].

(c) Grenzen des Nachbesserungsanspruchs

Der Verkäufer ist nicht zur Nachbesserung verpflichtet, wenn die Nachbesserung nur mit *unverhältnismäßigen Aufwendungen* möglich ist[700]. § 633 II S.3 BGB gilt bei unverhältnismäßigen Aufwendungen analog, da die Interessenlage hier mit jener im Werkrecht übereinstimmt. Dem Verkäufer sind wirtschaftlich unvernünftige Aufwendungen nicht zuzumuten, denen kein rechtfertigendes Interesse des Käufers gegenübersteht; eine andere Beurteilung verstieße gegen Treu und Glauben[701].

Ein unverhältnismäßiger Aufwand liegt auch im Kaufrecht dann vor, wenn der Aufwand des Verkäufers zur Mängelbeseitigung in einem objektiven Mißverhältnis zum Vorteil des Käufer steht[702].

Verweigert der Verkäufer aufgrund der Unverhältnismäßigkeit die Nachbesserung, so stehen dem Käufer die Rechte der Wandlung und Minderung zur Verfügung[703]. Hatte sich der Verkäufer auch ein Recht zur Nachlieferung ausbedungen und macht er hiervon Gebrauch, so ist der Käufer (zunächst) auf diesen Anspruch beschränkt[704].

Der Nachbesserungsanspruch besteht auch dann nicht, wenn die Beseitigung des Mangels objektiv unmöglich ist[705]. Die subjektive Unmöglichkeit ist nur dann von Bedeutung, wenn der Verkäufer im Falle des Fehlschlages der Nachbesserung einen Nachbesserungsanspruch ausgeschlossen hatte[706]. Im übrigen kann der Käufer an seinem Nachbesserungsanspruch festhalten.

---

699 *MünchKomm/Westermann*, § 462 Rn. 11.

700 *Köhler* JZ 1984, 393, 398; Soergel/Huber § 462 Rn. 67; *Erman/Grunewald*, vor § 459 Rn. 65; A.A. *Ulmer/Brandner/Hensen/Hensen*, § 25 Rn. 16, 22 (§ 633 II S. 3 sei im Werkvertragrecht Äquivalent dafür, dass Unternehmer auch nicht erhebliche Mängel beseitigen müsse, was für das Kaufrecht nicht zuträfe).

701 Denn § 633 II S. 3 BGB ist nichts anderes als eine Ausformung des Grundsatzes von Treu und Glauben, *vgl. BGH* NJW 1996, 3269, 3270 m.w.N.. Es ist nicht verständlich, warum dieser Grundsatz im Kaufrecht nicht gelten sollte.

702 *Köhler* JZ 1984, 393, 398.

703 *Soergel/Huber*, § 462 Rn. 67. Handelt es sich um einen Gattungskauf, so steht dem Käufer (neben Wandlung und Minderung) ein Anspruch auf Nachlieferung zu, soweit dieser nicht ausgeschlossen wurde, vgl. *Ulmer/Brandner/Hensen/Hensen*, 11 Nr. 10 b Rn. 54.

704 Vgl. *Staudinger/Coester-Waltjen*, § 11 Nr. 10 Rn. 42; *Soergel/Huber*, § 462 Rn. 66.

705 *Soergel/Stein*, § 11 Rn. 111.

706 Dieses ist zulässig, soweit die Gewährleistungsrechte nach den AGB wiederaufleben, vgl. *Wolf/Lindbacher/Horn/Wolf*, § 11 Nr. 10 b Rn. 31.

(d) Ausschluss der Gewährleistung und der Nachbesserung

Als *gesetzlicher* Ausschlusstatbestand kommt beim vertraglich vereinbarten Nachbesserungsanspruch *§ 460 BGB* in Betracht. Hiernach ist die Gewährleistung ausgeschlossen, wenn der Käufer den Mangel bei Vertragsschluß *kannte (§ 460 S. 1 BGB)*. Kannte der Käufer den Mangel infolge grober Fahrlässigkeit nicht, so haftet der Verkäufer ebenfalls nicht, es sei denn, er hat die Abwesenheit des Mangels zugesichert oder den Mangel arglistig verschwiegen (§ 460 S. 2 BGB).

Ferner sind beim beiderseitigen Handelskauf sämtliche Rechtsbehelfe des Käufers ausgeschlossen, wenn dieser nicht rechtzeitig den Mangel rügt (§§ 377, 378 BGB).

Ein *vertraglicher* Ausschluss eines Nachbesserungsanspruchs kommt nicht in Betracht, da dieser im Kaufrecht ja gerade nur durch vertragliche Vereinbarung dem Käufer zur Verfügung stehen kann. Allerdings kann der Verkäufer bei der vertraglichen Vereinbarung eines Nachbesserungsrechts, und zwar auch in den AGB, bei einem Fehlschlag der Nachbesserung einen *Anspruch* des Käufers auf Nachbesserung (und auch Nachlieferung) ausschließen[707]. In solchen Fällen ist dann nur ein reines Nacherfüllungs*recht* des Verkäufers, nicht aber auch ein Nachbesserungs*anspruch* des Käufers vereinbart.

Häufig (regelmäßig in den AGB) werden die übrigen Gewährleistungsansprüche des Käufers bei der Vereinbarung eines Nachbesserungsrechts derart ausgeschlossen, dass sie ihm nur dann zur Verfügung stehen sollen, wenn die Nachbesserung fehlschlägt[708]. Hieraus leitet sich –wie ausgeführt- ein Nachbesse-

---

707 Zum Ausschluss in den AGB: *Wolf/Lindbacher/Horn/Wolf,* § 11 Nr. 10 b Rn. 31; *Ulmer/Brandner/Hensen/Hensen,* § 11 Nr. 10 b Rn. 54 (zur Ersatzlieferung). Dem Käufer müssen, wenn das AGBG anwendbar ist, dann aber Wandlung und Minderung zur Verfügung stehen.

708 Durch Individualvereinbarung ist eine Begrenzung der Gewährleistung auf Nachbesserung wirksam, vgl. *Staudinger/Honsell,* § 462 Rn. 20, *Köhler,* JZ 1984, 393, 398. Wurde beim Kauf von *neuen Waren* in den AGB ein Ausschluss der Gewährleistung vereinbart und dem Käufer dafür („anstelle") ein Nachbesserungs-/Nachlieferungsanspruch eingeräumt, so beurteilt sich seine Wirksamkeit für *Nichtkaufleute* nach § 11 Nr. 10 b AGBG. Danach ist eine Beschränkung der Gewährleistungsansprüche gegen den Verwender insgesamt oder bezüglich einzelner Teile auf einen Nachbesserungs- oder Nachlieferungsanspruch nur wirksam, wenn dem Käufer (Besteller) *ausdrücklich* das Recht vorbehalten wird, bei einem Fehlschlagen der Nacherfüllung Herabsetzung der Vergütung oder, wenn nicht eine Bauleistung Gegenstand der Gewährleistung ist, *nach seiner Wahl* Rückgängigmachung des Vertrages zu verlangen, *vgl. Ulmer/Brandner/ Hensen/Hensen,* § 11 Nr. 10 b Rn. 31. Ob eine Klausel in ABG zwischen *Kaufleuten* gem. § 9 AGBG unwirksam ist, wenn sie nicht (zumindest teilweise) den Erfordernissen des § 11 Nr. 10 b AGBG genügt, ist umstritten. Die h.M. bejaht eine Unwirksamkeit zumindest für den Fall, dass das Recht auf Wandlung ausgeschlossen wird; *vgl. Löwe/v.Westphalen/Trinkner/v.Westphalen,* § 11 Nr. 10 b Rn. 32 ff.. Werden

rungsanspruch des Käufers ab. Ist eine solche Klausel, die einen Nachbesserungsanspruch enthält, wegen Verstoßes gegen das AGB-Gesetz unwirksam, so steht dem Käufer trotz Unwirksamkeit dieser Klausel ein Nachbesserungsanspruch zur Verfügung. Denn es ist davon auszugehen, dass sich die Parteien auf einen Nachbesserungsanspruch einigen wollten[709].

(e) Verjährung des Nachbesserungsanspruchs

Der Nachbesserungsanspruch verjährt in den Fristen des § 477 BGB[710].

Ist die Nachbesserung als *zunächst einziger* Rechtsbehelf vereinbart, so ist die Verjährung analog § 639 II BGB *gehemmt* (§ 205 BGB), wenn sich der Verkäufer der Prüfung des Vorhandenseins eines Mangels oder der Beseitigung des Mangels unterzieht [711]. Die Verjährung ist von der Erklärung des Verkäufers zur Nachbesserung bereit zu sein bis zur Erklärung des Verkäufers gehemmt, dass der Mangel behoben sei, dass er ihn nicht beheben könne oder wolle[712].

Der *BGH* hat weitergehend entschieden, dass eine Nachbesserung zur *Unterbrechung* der Verjährung führen kann (§ 208 BGB), wenn der Verkäufer hierdurch anerkennt, dass ein Sachmangel vorliegt[713]. Die alleinige Tatsache der Nachbesserung dürfe aber nicht als Anerkenntnis gewertet werden[714]. Liegt nach den Gesamtumständen ein Anerkenntnis vor, so beginnt die Verjährung des § 477 BGB mit Rückgabe der nachgebesserten Sache[715].

Ist ein Nachbesserungsanspruch *zusätzlich* vereinbart, so gilt § 465 BGB analog; mit dem „Vollzug" der Nachbesserung gilt die Verjährungsfrist des § 195 BGB[716].

(4) Rechtsfolgen

Der Käufer hat einen gerichtlich durchsetzbaren Anspruch auf vollständige Mängelbeseitigung. Befindet sich der Verkäufer mit der Mängelbeseitigung im Ver-

---

gebrauchte Sachen verkauft, so ist eine Beschränkung der Gewährleistungsansprüche grundsätzlich zulässig, *vgl. Soergel/Stein*, § 11 AGBG Rn. 92.

709 *Ulmer/Brandner/Hensen/Hensen,* § 11 Nr. 10 b Rn.. 57; *MünchKomm/Basedow*, § 11 Nr. 10 Rn. 166.

710 *Köhler*, JZ 1984, 393, 398; *Staudinger/Honsell*, § 462 Rn. 17.

711 *Erman/Grunewald*, vor § 459 Rn. 66; *BGHZ* 79, 117, 121; *BGH* NJW 1996, 1962, 1964 m.w.N..

712 *Soergel/Huber*, § 477 Rn. 19.

713 *BGH* WM 1987, 1200, 1201 f.; dazu *Tamm*, BB 1988, 1477, 1478.

714 *BGH* WM 1987, 1200, 1201 f. Insbesondere liegt kein Anerkenntnis vor, wenn der Verkäufer die Sache nur zur gütlichen Einigung bzw. aus Kulanz zurückgenommen hat, vgl. BGH WM 1987, 1200, 1202, vgl. auch *Tamm*, BB 1988, 1477, 1478.

715 *BGH* WM 1987, 1200, 1202.

716 *Kirchhof* NJW 1970, 2052, 2053; *BGH* NJW 1970, 1502; *OLG Köln* OLGZ 1980, 468, 469 ff.; a.A. *Soergel/Huber*, § 462 Rn. 69.

zug, so kann der Käufer den Mangel auf Kosten des Verkäufers beseitigen (§ 633 III BGB analog). Neben dem Nachbesserungsanspruch kann der Käufer seinen Verzugsschaden gem. § 286 I BGB geltend machen (h.M.) und Mangelfolgeschäden nach den Grundsätzen der pFV.

(a) Mängelbeseitigung

(aa) Inhalt des Anspruchs auf Mängelbeseitigung

Der Käufer kann einen vertraglich vereinbarten Nachbesserungsanspruch gerichtlich durchsetzen. Dies gilt unabhängig davon, ob der Nachbesserungsanspruch als *alleiniges* Gewährleistungsrecht vereinbart wurde oder aber die Parteien übereingekommen sind, dass der Nachbesserungsanspruch als *vorläufig* einziger Rechtsbehelf zur Verfügung steht und die übrigen Gewährleistungsrechte erst beim Fehlschlagen der Nachbesserung wieder aufleben sollen[717]. Der Käufer muss also *nicht* bei einem Fehlschlagen oder einer unberechtigten Verweigerung der Nachbesserung auf seine dann wiederauflebenden gesetzlichen Gewährleistungsansprüche zurückgreifen[718].

Der Nachbesserungsanspruch geht auch im Kaufrecht auf vollständige Mängelbeseitigung und ist erst erfüllt, wenn der gelieferte Gegenstand einwandfrei funktioniert[719]. Ist die Nachbesserung lediglich durch eine *Neuherstellung* möglich, so hat der Käufer einen Anspruch auf Neuherstellung[720].

Wie beim Nachbesserungsanspruch im Werkvertragsrecht, gehören zum Inhalt des Nachbesserungsanspruchs auch Vor- und Nacharbeiten, die zur „eigentlichen" Nachbesserung nötig sind[721].

Auf welche Art der Mangel im Rahmen der Nachbesserung beseitigt wird, bestimmt grundsätzlich der Verkäufer[722]. Beim Gattungskauf kann der Verkäufer den Nachbesserungsanspruch zunächst auch durch Nachlieferung erfüllen[723]. War allerdings der Käufer zunächst auf einen Nachbesserungsanspruch beschränkt und schlägt die Nachbesserung fehl, etwa weil der Verkäufer eine Nachbesserung unberechtigt verweigert, so kann der Käufer auf Nachbesserung klagen und der Verkäufer kann sich nicht damit verteidigen, dass er sich ein Wahlrecht hinsichtlich

---

717 *BGH* NJW 1991, 1882, 1883; *Ulmer/Brandner/Hensen/Hensen* § 11 Nr. 10 b Rn. 52.

718 *BGH* JR 1993, 198, 199.

719 *Stötter*, DB 1969, 647, 649.

720 *BGH* JR 1993, 198, 199; kritisch hierzu *Peters,* JR 1993, S. 200 f..

721 *BGH* NJW 1991, 1604, 1607 (Auffinden der Schadensursache); *BGH* NJW 1996, 389, 390 (Demontage, Versendung und Montage von mangelhaften Reifen); *Palandt/Putzo*, § 476 a Rn. 6, 7.

722 *Soergel/Huber*, § 462 Rn. 66; *BGH* WM 1991, 1041, 1043 f..

723 *Köhler*, JZ 1984, 393, 398; *Soergel/Huber*, § 462 Rn. 66..

Nachlieferung und Nachbesserung ausbedungen hatte[724]. Selbst bei einem Vorbehalt der Ersatzlieferung ist der Käufer also bei einem Fehlschlagen der Nachbesserung nicht auf die Rechtsbehelfe der Wandlung, Minderung oder Ersatzlieferung begrenzt, sondern kann seinen Nachbesserungsanspruch gerichtlich durchsetzen[725]. Dem Käufer steht deshalb nunmehr das Wahlrecht zwischen Nachbesserung und Ersatzlieferung zu.

(bb) Leistungsort

Nicht einheitlich wird beurteilt, wo sich der Leistungsort hinsichtlich der Nachbesserung befindet.

Teilweise wird vertreten, dass der Leistungsort grundsätzlich immer der Wohnsitz bzw. die gewerbliche Niederlassung des Käufers sei; dies ergäbe sich aus § 476 a BGB[726].

Nach a.A. richtet sich der *Leistungsort* für die Nachbesserung gem. §§ 269, 242 BGB nach den Umständen und der Verkehrssitte[727]. Die Nachbesserung hat danach entweder dort zu erfolgen, wo die Sache sich befindet oder aber in der Werkstatt des Verkäufers oder Herstellerwerks[728].

Der *BGH* führt in einer Entscheidung schließlich aus, dass der Leistungsort hinsichtlich der Nachbesserung dem Leistungsort für die (ursprünglich) geschuldete Lieferungspflicht (die Ware) entspricht[729].

---

724 *BGH* JR 1993, 198, 199: „Dass sich die Klägerin in ihren Allgemeinen Geschäftsbedingungen (...) bei Mangelhaftigkeit der Kaufsache die Befugnis zur Ersatzlieferung vorbehalten hat, ändert (...) nichts daran, dass sie in der gleichen Situation ihre Käufer auf den Nachbesserungsanspruch als zunächst ausschließlichen Rechtsbehelf verweist. Tut sie dies, dann muss sie sich hieran auch festhalten lassen.“; vgl. ferner *Ulmer/Brandner/Hensen/Hensen*, § 11 Nr. 10 b Rn. 52.

725 *Ulmer/Brandner/Hensen/Hensen*, § 11 Nr. 10 b Rn. 52. Es lässt sich daher sagen, dass dem Verkäufer zunächst im Rahmen seines Nachbesserungs*rechts* das Wahlrecht hinsichtlich der Nacherfüllungsmethode zusteht. Muss der Käufer aber seinen Nachbesserungs*anspruch* gerichtlich durchsetzen, weil der Verkäufer diese verweigert, so steht ihm das Wahlrecht hinsichtlich der Nacherfüllungsmethode zu.

726 *AK/Reich*, § 476 a Rn. 11; *Heilmann*, Mängelgewährleistung, S. 432.

727 *Soergel/Huber*, § 476 a Rn. 15.

728 *Soergel/Huber*, § 476 a Rn. 15. Primär ist hiernach wohl ebenfalls der Erfüllungsort für die Nachbesserung der Wohnsitz des Käufers, vgl. *Soergel/Huber*, § 446 Rn. 61. („Erfüllungsort für die Nachbesserung ist der Sitz des Käufers.“).

729 *BGH* NJW 1991, 1604, 1606: „Was für die Erfüllung der nach dem Kaufvertrag geschuldeten Lieferungspflicht gilt,(...), muss bei interessengerechter Wertung der Gewährleistungsklausel auch im Falle mängelbedingter Leistungsstörungen gelten. Das bedeutet, daß im Falle eines Bestehens einer Pflicht zur Nachbesserung oder Nachlieferung unentgeltliche/kostenlose Transport- oder Versandleistungen nach dem AGB nur am oder bis zum Erfüllungsort zu erbringen sind.“

Letzlich haben diese Unterschiede keine große praktische Relevanz. Wurde nämlich (wie meist) die Nachbesserung (zunächst) *anstelle* der übrigen Rechtsbehelfe vereinbart, so trägt der Verkäufer nach § 476 a BGB die Transportkosten[730]. Ferner trägt er die Gefahr hinsichtlich der sich auf dem Transport zwecks Nachbesserung befindlichen Sache (im Einzelnen dazu sogleich).

Zuzustimmen ist jedoch dem BGH, da der vereinbarte Nachbesserungsanspruch ein Erfüllungsanspruch ist[731]. Dann muss aber auch für die Nachbesserung grundsätzlich der ursprüngliche Leistungsort gelten. Für den Anspruch auf Nachlieferung ist dies allgemein anerkannt[732].

Unabhängig von dieser dogmatischen Begründung ist der Käufer hierdurch aufgrund der Transportkostentragung und der Gefahrtragung des Verkäufers nicht zu stark belastet[733]. Ausnahmen hinsichtlich des Leistungsortes können sich aber aufgrund § 242 BGB ergeben, insbesondere, wenn die Ware fest montiert oder eingebaut wurde.

(cc) Gefahrtragung

Im deutschen Recht trägt der Verkäufer bei mangelhafter Lieferung die Preisgefahr (vgl. § 350 BGB)[734]. Für den Nachbesserungsanspruch gelten im Einzelnen folgende Gefahrtragungsregeln:

Wurde vereinbart (auch in den AGB), dass dem Käufer ein Nachbesserungsanspruch zusätzlich oder als zunächst einziger Rechtsbehelf zusteht, so trägt der Verkäufer die Gefahr, wenn er die Sache *zwecks Nachbesserung zurückgenommen* hat und die Ware bei ihm durch Zufall untergeht[735].

Geht die Sache schon vor der Reparatur infolge eines Zufalls *beim Käufer* unter und lässt sich insofern die an sich mögliche Nachbesserung nicht mehr durchführen, so ist umstritten, wer die Gefahr trägt. Während nach einer Ansicht der Verkäufer gem. § 350 BGB die Gefahr trägt[736], ist nach anderer Ansicht danach zu unterscheiden, ob die Nachbesserung als zunächst einziger Rechts-

---

730 Ist die Nachbesserung zusätzlich vereinbart worden, so ist der Vertrag hinsichtlich der Nachbesserungskosten auszulegen, wobei im Zweifel anzunehmen ist, dass der Verkäufer die Kosten zu tragen hat, vgl. *Soergel/Huber*, § 476 a Rn. 9.

731 Vgl. *Kirchhof*, NJW 1970, 2052.

732 Vgl. nur *Soergel/Huber*, § 480 Rn. 24.

733 Auch spricht § 476 a BGB für dieses Ergebnis. Denn durch § 476 a BGB soll der Käufer nicht mit den Transportkosten belastet werden, die dadurch entstehen können, dass der Leistungsort der Nachbesserung nicht beim Käufer liegt. Würde man hingegen annehmen, dass der Erfüllungsort immer beim Käufer liegt, so wäre fraglich, welche Transportkosten denn in § 476 a BGB gemeint sind.

734 *Hager*, Gefahrtragung beim Kauf, S. 164; *ders.*, Gefahrtragung, in: Schlechtriem, S. 404; *Palandt/Heinrichs*, § 350 Rn. 3; *Soergel/Huber* § 446 Rn. 60.

735 *Soergel/Huber*, § 446 Rn. 61 (Gefahrübergang durch die Rücknahme der Sache durch Verkäufer rückgängig gemacht); *Hager*, Die Gefahrtragung beim Kauf, S. 174.

736 *Soergel/Huber*, § 466 Rn. 61; *BGH* WM 1974, 1231, 1232.

behelf vereinbart wurde oder ob der Käufer die Nachbesserung lediglich aus Kulanz zulasse[737]. Ist die Nachbesserung der *zunächst einzige* Rechtsbehelf des Käufers, trage dieser die Gefahr[738]. Denn solange dem Käufer ein Vertragsaufhebungsrecht nicht zustehe, gehe das Gesetz von einer endgültigen Lieferung des Verkäufers aus. Erst wenn der Verkäufer seiner Nachbesserungspflicht nicht nachgekommen sei und dem Käufer daraus ein Vertragsaufhebungsrecht erwachse, komme ein „Zurückspringen der Gefahr" auf den Verkäufer in Betracht. Etwas anderes gelte nur, wenn dem Käufer zwar ein Vertragsaufhebungsrecht zustehe, er aber dem Verkäufer aus Kulanz eine Nachbesserung gestatte[739].

Zuzustimmen ist hier der ersten Ansicht. Denn der Verkäufer *trägt das Risiko des Fehlschlagens der Nachbesserung*, wenn er sich ein Nachbesserungsrecht vertraglich vorbehält. Es ist einheitliche Meinung, dass die objektive Unmöglichkeit der Nachbesserung ein Fehlschlagen bedeutet[740], und zwar unabhängig vom Grund der Unmöglichkeit, solange sie nicht vom Käufer verschuldet wurde[741]. Geht die Sache infolge Zufalls unter, so ist die Nachbesserung unmöglich. Damit steht dem Käufer aufgrund des Fehlschlagens der Nachbesserung aber ein Wandlungs- und auch Nachlieferungsanspruch zu, so dass § 350 BGB zur Anwendung kommt. Der Verkäufer trägt insofern die Gefahr.

Gleiches gilt, wenn die Sache auf dem *Rücktransport* zwecks Reparatur zum Verkäufer zerstört wird oder aber, wenn die nunmehr reparierte Ware sich auf dem Transport zum Käufer befindet; der Verkäufer trägt die Gefahr des zufälligem Untergangs auf dem Transport[742].

Der Käufer trägt dabei in entsprechender Anwendung des § 282 BGB die Beweislast für sein Nichtverschulden[743]. Ferner trägt der Käufer nach Annahme der Ware die Beweislast für die Mangelhaftigkeit der Sache[744].

---

737 *Hager*, Gefahrtragung beim Kauf, S. 174 f..

738 *Hager*, Gefahrtragung beim Kauf, S. 174.

739 *Hager*, Gefahrtragung beim Kauf, S. 175.

740 Vgl. nur *Palandt/Heinrichs*, § 11 AGBG Rn. 57; *Ulmer/Brandner/Hensen/Hensen*, § 11 Nr. 10 b Rn. 43; *Staudinger/Coester-Waltjen*, § 11 Nr. 10 Rn. 44; BGH NJW 1994, 1004.

741 Ähnlich *BGH* WM 1974, 1231, 1232.

742 *Soergel/Huber*, § 446 Rn. 61. Allerdings vertritt *Huber* die Ansicht, dass der Verkäufer dann nicht die Transportgefahr trage, wenn der Käufer die Sache selbst zum Verkäufer transportiert, vgl. *Soergel/Huber*, § 476 a Rn. 15. Dem ist m.E. nicht zuzustimmen. Nach § 350 BGB trägt der Verkäufer die Gefahr für den zufälligen Untergang. Gerät also der Käufer bei dem Transport der Sache in einen unverschuldeten Unfall, so trägt auch hier der Verkäufer die Gefahr der zufälligen Zerstörung. Insbesondere ist nicht verständlich, wieso der Käufer die Ware gebrauchen dürfen und hier nicht die Gefahr tragen soll (bspw. KfZ, die h.M. mit Einschränkungen. *Soergel/Huber*, § 467 Rn. 50 sogar ohne Einschränkungen), jedoch bei einem Rücktransport zum Verkäufer die Gefahr für einen zufälligen Untergang tragen soll.

743 *Palandt/Heinrichs*, § 351 Rn. 6; *BGH* WM 1974, 1231, 1232..

Der *Käufer* trägt in zwei Fällen die Gefahr. Zum einen trägt er die Gefahr, wenn die Gewährleistung des Käufers wirksam ausschließlich auf Nachbesserung beschränkt wurde[745]. Zum anderen trägt der Käufer die Gefahr, wenn es sich um einen unerheblichen Mangel i.S.d. § 459 I S. 2 BGB handelt. Wandlung bzw. bei Gattungssachen Nachlieferung stehen dem Käufer als Rechtsbehelf hier nicht zur Verfügung, so dass die Gefahrtragungsregel des § 350 BGB (über § 467 BGB bzw. §§ 480 I S. 2, 467 BGB) nicht zur Anwendung kommt.

(dd) Kostentragung der Nachbesserung

Hinsichtlich der *Kosten* der Nachbesserung ist zu unterscheiden, ob der Nachbesserungsanspruch *anstelle* der anderen Gewährleistungsansprüche vereinbart oder aber *zusätzlich* gewährt wurde.

Wurde der Nachbesserungsanspruch *anstelle* des Rechts des Käufers auf Wandlung oder Minderung vereinbart, so hat der Verkäufer gem. § 476 a BGB die Kosten der Nachbesserung zu tragen. Dieses gilt unabhängig davon, ob die Vereinbarung in einem Individualvertrag oder aber in AGB getroffen wurde[746]. § 476 a BGB gilt auch dann, wenn Wandlung und Minderung (wie in den AGB üblich) nur *zunächst* ausgeschlossen sind[747].

Der Verkäufer hat nach § 476 a BGB alle Aufwendungen zu tragen, die zum Zwecke der Nachbesserung erforderlich sind. So fallen die Kosten von Vor- und Nacharbeiten[748] sowie die Kosten zur *Feststellung des Mangels* unter § 476 a BGB, und zwar auch dann, wenn der Käufer sie selbst aufwendet[749].

Wegen der Einzelheiten des Umfangs der Kostentragungspflicht gem. § 476 a BGB kann auf die Ausführungen zum Nachbesserungsanspruch im Werkvertragsrecht verwiesen werden[750].

---

744 *Hager,* Gefahrtragung beim Kauf, S. 164. Es ist auf den unterstellten Gefahrübergang nach den §§ 446, 447 BGB abzustellen. Der Gefahrübergang ist zu unterstellen, da aufgrund von § 350 BGB tatsächlich der Verkäufer die Gefahr trägt.

745 *Soergel/Huber*, § 446 Rn. 61.

746 *Palandt/Heinrichs*, § 476 a Rn. 1, 2.

747 *Soergel/Huber*, § 476 a Rn. 8.

748 *BGH* NJW 1996, 389, 390 (Kosten der Demontage, des Verschickens und der Montage).

749 *Löwe/v. Westphalen/Trinkner/v. Westphalen*, § 11 Nr. 10 c Rn. 8, 9; *Reinicke/Tiedtke*, S. 197 Rn. 499; *BGH* NJW 1991, 1604, 1607; *BGH* NJW-RR 1999, 813, 814 (inkl. Gutachter- und Anwaltskosten); teilweise a.A. *Soergel/Huber*, § 476 a Rn. 18 der vertritt, dass sich der Käufer zunächst bei einem Mangelverdacht an den Verkäufer wenden müsse; anders aber *BGH* NJW 1991 1604, 1607 (Käufer kann sofort eigene Mittel zur Untersuchung einsetzen). Dem BGH ist im Hinblick auf die *substantiierte* Mängelrügepflicht des Kaufmanns nach § 377 HGB zuzustimmen.

750 Weitgehend ungeklärt ist dabei, ob im Kaufrecht eine Durchbrechung der Kostentragungslast aufgrund der Grundsätze der *Sowieso-Kosten,* des *Mitverschuldens* und der *Vorteilsausgleichung* in Betracht kommt, vgl. *Peters,* JR 1993, 198, 200. Regelmäßig wird beim Kauf

Die Kostentragungspflicht des § 476 a BGB nimmt die Form eines Aufwendungsersatzanspruchs für den Käufer an, wenn dieser notwendigerweise bereits Aufwendungen gemacht hat, die nach dieser Vorschrift der Verkäufer zu tragen hat[751].

§ 476 a BGB ist jedoch grundsätzlich abdingbar[752]. Unabdingbar ist § 476 a BGB durch AGB beim Kauf *neuer* Sachen gegenüber Personen, die nicht Kaufleute sind (§ 11 Nr. 10 c AGBG).

Ob durch AGB beim Kauf *neuer* Sachen zwischen Kaufleuten § 476 a BGB abdingbar ist, bestimmt sich nach § 9 AGBG. Jedenfalls ist eine vollständige Befreiung von den Kosten der Nachbesserung auch gegenüber Kaufleuten unwirksam[753].

Ist die Nachbesserung *zusätzlich* zu den anderen Gewährleistungsansprüchen vereinbart worden und ist keine ausdrückliche Abrede hinsichtlich der Kosten getroffen, so ist der Vertrag auszulegen[754]. Im Zweifel wird jedoch anzunehmen sein, dass die Kosten der Nachbesserung den Verkäufer treffen sollten[755].

(b) Ersatzvornahme

Ist der Verkäufer mit der Nachbesserung *im Verzug,* so kann der Käufer nach ganz h.M. gem. § 633 III BGB analog vorgehen. Er kann die Mängel auf Kosten des Verkäufers im Rahmen einer Ersatzvornahme beseitigen lassen und Ersatz der hierfür erforderlichen Aufwendungen verlangen[756]. Der Käufer ist mit der

---

allerdings eine solche Kostenbeteiligung nicht in Betracht kommen. Vgl. hierzu unten *H. 3. b) (4) (b).*

751 *MünchKomm/Westermann,* § 476 a Rn. 4; *Staudinger/Honsell,* § 476 a Rn. 4.

752 *Staudinger/Honsell,* § 476 a Rn. 1.

753 *Ulmer/Brandner/Hensen/Hensen* § 11 Nr. 10 c, Rn. 61 (geringfügige Beteiligung des Käufers an Kosten ist *nicht* unangemessen); *Palandt/Heinrichs,* § 11 AGBG Rn. 62; vgl. auch *BGH* NJW 1996, 389 f..

754 *MünchKomm/Westermann,* § 476 a Rn. 3.

755 *Köhler,* JZ 1984, 393, 399; *Soergel/Huber* § 476 a Rn. 9; a.A. *MünchKomm/Westermann,* § 476 a Rn. 3, da der Käufer durch die zusätzlich vereinbarte Nachbesserung ohnehin besser stehen würde, als der „normale" Käufer. Dem ist nicht zuzustimmen, da die Nachbesserung noch zur Vertragserfüllung gehört.

756 *BGH* NJW 1991, 1882, 1883, m.w.N.; *BGH* JR 1993, 198, 199; *BGH* NJW 1976, 234, 235; *Soergel/Huber,* § 462 Rn. 68; *MünchKomm/Basedow,* § 11 Nr. 10 Rn. 173; *Reinicke/Tiedtke,* S. 201 Rn. 510; *Ulmer/Brandner/Hensen/Hensen* § 11 Nr. 10 b Rn. 55; teilweise a.A. *Köhler,* JZ 1984, 393, 399, der durch Auslegung des Vertrages im Einzelfall prüfen will, ob eine Ersatzvornahme gewollt ist oder aber das Wiederaufleben der Gewährleistungsansprüche. Überzeugend ist demgegenüber das Argument des BGH (NJW 1991, 1882, 1883): Der Käufer hat einen gerichtlich durchsetzbaren Nachbesserungsanspruch, den er gem. § 887 ZPO vollstrecken lassen kann, d.h. durch Ersatzvornahme. Dann ist aber nicht einzusehen, warum ihm die einfachere Möglichkeit eines materiell-rechtlichen Ersatzvornahmerechts

Nachbesserung im Verzug, wenn er den Mangel nicht innerhalb einer angemessenen Frist nach Aufforderung durch den Käufer beseitigt und dieses zu vertreten hat[757].

Der Käufer hat hierbei einen Anspruch auf Zahlung eines *Vorschusses* in Höhe der voraussichtlichen Nachbesserungskosten[758]. Dies gilt auch dann, wenn die Nachbesserung nur durch Lieferung einer Ersatzsache bewirkt werden kann[759].

(c) Konkurrierende Ansprüche

Der Käufer kann neben seinem Nachbesserungsanspruch seinen Verzugsschaden (§ 286 BGB, h.M.) sowie Mangelfolgeschäden (pVV) geltend machen.

(aa) Verzugsschaden

Ob der Käufer neben dem Nachbesserungsanspruch seinen *Verzugsschaden* gem. § 286 BGB geltend machen kann, ist umstritten.

Teilweise wird vertreten, der Käufer könne einen Verzugsschaden nicht geltend machen, da es sich bei diesem Anspruch um einen „Teil des Nichterfüllungsschadens" handele, und ein Anspruch auf Ersatz des Nichterfüllungsschadens durch die Leistung der fehlerhaften Sache als solche nicht begründet werde; dadurch ändere sich auch nichts durch die vertragliche Einführung des Nachbesserungsanspruchs[760]. *Honsell* begründet die Nichtanwendbarkeit damit, dass die Gewährleistungsansprüche insofern vor den allgemeinen Ansprüchen den Vorrang hätten[761].

Demgegenüber kann nach anderer Ansicht der Käufer Ersatz des Verzögerungsschadens verlangen, wenn der Verkäufer mit der Nachbesserung im Verzug sei und die Verzögerung zu vertreten habe[762].

Zutreffend ist m.E. die letzte Ansicht. Die vertraglichen Ausgestaltungen des vereinbarten Nachbesserungsanspruchs im Kaufrecht sind regelmäßig dem Werkrecht nachgebildet. Zweifelsfragen hinsichtlich des im Kaufrecht vereinbarten Nachbesserungsanspruchs sind daher regelmäßig mit einer Analogie zum Werkrecht zu lösen[763], es sei denn, die Interessenlage gebietet eine Abweichung. Beim

---

versagt werden soll, wo er im Ergebnis über die Zwangsvollstreckung doch zu dem Aufwendungsersatzanspruch kommt.

757 *Soergel/Huber*, § 462 Rn. 68; *Stötter*, DB 1969, 647, 648; *BGH* NJW 1990, 901.

758 *BGH* JR 1993, 198, 199.

759 *BGH* JR 1993, 198, 199; kritisch hierzu *Peters* in Anm. zu BGH JR 1993, S. 200 f.

760 *Soergel/Huber*, § 462 Rn. 68 a.

761 *Staudinger/Honsell*, § 462 Rn. 17.

762 *Köhler*, JZ 1984, 393, 398; *Stötter*, DB 1969, 647, 648 f.; *Ulmer/Brandner/Hensen/Hensen*, § 11 Nr. 10 b Rn. 49; *Kirchhof*, NJW 1970, 2052, 2054; *BGH* MDR 1954, 345, 346.

763 Vgl. *BGH*, JR 1993, 198, 199. Insoweit auch *Soergel/Huber*, § 462 Rn. 66.

Nachbesserungsanspruch aus § 633 II BGB kann der Besteller jedoch seinen Verzugsschaden geltend machen[764]. Für den vertraglichen Nachbesserungsanspruch im Kaufrecht besteht die gleiche Interessenlage. Denn auch der Käufer hat ein vergleichbares Interesse daran, dass ihm der -bspw. durch einen Stillstand der Maschinen- eingetretene Schaden ersetzt wird, den der Verkäufer zu vertreten hat[765].

Ferner ist auch nicht zu erklären, warum dem Käufer, der Nachlieferung begehrt, ein Schadensersatzanspruch gemäß § 286 BGB zustehen soll[766], dem Käufer, der Nachbesserung begehrt, hingegen nicht. Teilweise werden sich diese Fälle (Nachbesserung und Nachlieferung) gar nicht randscharf abgrenzen lassen[767]. Von der rechtlichen Einordnung aber einen Schadensersatzanspruch gem. § 286 BGB abhängig zu machen, erscheint nicht sachgemäß.

Im Übrigen kann in dem Fall, dass dem Käufer durch einen Vertrag ein Wahlrecht zwischen Nachbesserung und Nachlieferung eingeräumt wird (wie teilweise in den AGB), nicht von der Rechtsbehelfswahl abhängen, ob der Käufer seinen Verzugsschaden geltend machen kann oder nicht[768].

Der Verkäufer befindet sich mit der Nachbesserung im Verzug, wenn er den Mangel nicht innerhalb einer angemessenen Frist nach der bestimmten Leistungsaufforderung beseitigt hat[769] und dies zu vertreten hat.

(bb) Schadensersatzanspruch aus pFV

Handelt der Verkäufer schuldhaft und entstehen durch sein Verhalten Schäden an anderen Rechtsgütern des Käufers, so kann der Käufer für diese Mangelfolgeschäden neben dem Nachbesserungsanspruch Schadensersatz nach den Grundsätzen der pFV verlangen[770]. Der Anspruch verjährt nach § 477 BGB.

---

764 Vgl. nur *Soergel/Teichmann*, vor § 633 Rn. 8.

765 So auch *Stötter*, DB 1969, 647, 649.

766 *Palandt/Putzo*, § 480 Rn. 6; so auch *Soergel/Huber*, § 480 Rn. 29; *Staudinger/Honsell*, § 480 Rn. 10, 11.

767 Vgl. z.B. *BGH* NJW 1970, 1502 f.. Die Verkäuferin hatte hier Bücher in roten, statt in blauen Kassetten geliefert. Die Käuferin verlangte (zunächst) „Nachlieferung" der blauen Kassetten. Der BGH spricht hier abwechselnd von Nachlieferung bzw. Nachbesserung und auch von „Nachbesserung durch kostenlose Nachlieferung". Hierzu kritisch *Kirchhof, NJW 1970*, 2052, 2053, Fn. 25: „ (...) man kann allerdings daran zweifeln, ob mit dem BGH davon auszugehen ist, dass der Nachbesserungs- und nicht der Nachlieferungsanspruch geltend gemacht wurde."

768 Zur Frage, ob dem Käufer ein Schadensersatzanspruch gem. § 326 BGB zusteht, unten *C. III. 3. c) (4) (d)*.

769 Vgl. *Stötter*, DB 1969, 647, 648.

770 *Köhler*, JA 1982, 157, 162; *Palandt/Putzo*, vor § 459 Rn. 6.

Nimmt der Verkäufer die Nachbesserung schuldhaft fehlerhaft vor und werden hierdurch Schäden an den Rechtsgütern des Käufers (auch an der Kaufsache selbst) verursacht, so haftet er hierfür ebenfalls nach den Grundsätzen der pFV[771].

(d) Übergang zu anderen Rechtsbehelfen/Fehlschlagen der Nachbesserung

Der Übergang zu anderen Rechtsbehelfen ist abhängig von der vertraglichen Ausgestaltung des Nachbesserungsanspruchs, insbesondere davon, ob die Nachbesserung der zunächst einzige Rechtsbehelf des Käufers ist oder ob die Nachbesserung als zusätzlicher Rechtsbehelf vereinbart wurde.

Ist der Nachbesserungsanspruch als *zunächst einziger* Rechtsbehelf vereinbart -wie dieses in den AGB regelmäßig geschieht-, so muss die Nachbesserung des Verkäufers *fehlschlagen*, bevor der Käufer zu Wandlung, Minderung, Nachlieferung und ggf. Schadensersatz übergehen kann. Umstritten ist, ob der Käufer dem Verkäufer zusätzlich eine Frist mit Ablehnungsandrohung zur Nachbesserung setzen muss, bevor er weitergehende Rechtsbehelfe geltend machen kann.

Die Nachbesserung ist fehlgeschlagen, wenn sie *unmöglich* ist[772], die Nachbesserung *unzumutbar verzögert* wurde[773], sie vom Verkäufer *vergeblich versucht* wurde[774], die Nachbesserung vom Verkäufer *verweigert* wird[775] und schließlich dann, wenn die Nachbesserung dem Käufer *sonst unzumutbar* ist[776].

Wie viele Nachbesserungsversuche dem Verkäufer zustehen, bevor die Nachbesserung fehlgeschlagen ist, bestimmt sich danach, ob die Nachbesserung dem Käufer nach den Umständen des Einzelfalls noch zuzumuten ist[777]. Ein Fehlschlagen ist i.d.R. anzunehmen, wenn der Verkäufer zwei vergebliche Nachbesserungsversuche unternommen hat[778].

Die *Beweislast* für das Fehlschlagen der Nachbesserung trägt der Käufer[779].

---

771 *Soergel/Huber*, § 462 Rn. 70; *Staudinger/Honsell*, § 462 Rn. 17; *BGH* NJW 1976, 234, 235.

772 *Löwe/v. Westphalen/Trinkner/v. Westphalen*, § 11 Nr. 10 b Rn. 2; *Palandt/Heinrichs*, § 11 AGBG Rn. 57; *Staudinger/Coester-Waltjen*, § 11 Nr. 10 Rn. 44; *BGH* NJW 1994, 1004, 1005.

773 *Ulmer/Brandner/Hensen/Hensen*, § 11 Nr. 10 b Rn. 44; *Palandt/Heinrichs*, § 11 AGBG Rn. 57; *OLG Koblenz* NJW-RR 1992, 760, 761.

774 *Staudinger/Honsell*, § 462 Rn. 16; *Ulmer/Brandner/Hensen/Hensen*, § 11 Nr. 10 b Rn. 35.

775 *Löwe/v. Westphalen/Trinkner/v. Westphalen*, § 11 Nr. 10 b Rn. 2 m.w.N..

776 *Palandt/Heinrichs*, § 11 AGBG Rn. 57; *Ulmer/Brandner/Hensens/Hensen*, § 11 Nr. 10 b Rn. 45 m.w.N. (bspw. wenn die Vertrauensgrundlage zerstört ist).

777 *Staudinger/Coester-Waltjen*, § 11 Nr. 10 AGBG Rn. 45; *Soergel/Stein*, § 11 AGBG Rn. 111; *Ulmer/Brandner/Hensen/Hensen*, § 11 Nr. 10 b Rn. 37 f; *BGH* NJW 1998, 677, 678.

778 *Palandt/Heinrichs*, § 11 AGBG Rn. 57; *BGH* NJW 1976, 234, 235. Es kommt aber –wie bereits ausgeführt- entscheidend auf die Umstände des Einzelfalls an.

779 *Staudinger/Honsell*, § 462 Rn. 16; *Palandt/Heinrichs*, § 11 AGBG Rn. 57; *BGH* NJW-RR 1990, 888.

Umstritten ist, ob der Käufer dem Verkäufer zusätzlich zum Fehlschlagen eine Frist mit Ablehnungsandrohung setzen muss, bevor er zu weitergehenden Rechtsbehelfen übergehen kann, wenn die Nachbesserung der zunächst einzige Rechtsbehelf des Käufers ist.

Nach h.M. ist jedenfalls im Anwendungsbereich des § 11 Nr. 10 b AGBG eine Fristsetzung mit Ablehnungsandrohung nicht erforderlich, da diese Vorschrift keine Ablehnungsandrohung anordnet[780]. Der Übergang zu den gesetzlichen Gewährleistungsansprüchen „vollzieht" sich dann dadurch, dass die Nichtdurchführung der Nachbesserung innerhalb einer angemessenen Frist als „Fehlschlag" gem. § 11 Nr. 10 b AGBG angesehen wird.

Nach a.A. sei die Nachfristsetzung mit Ablehnungsandrohung ein allgemeines Prinzip des geltenden Rechts, so dass stets (also auch im Anwendungsbereich des § 11 Nr. 10 b AGBG) eine Nachfristsetzung erforderlich sei[781].

Schließlich wird zwischen kaufmännischem und nicht kaufmännischem Verkehr unterschieden[782]. Im kaufmännischen Bereich sei aus Gründen der Rechtsklarheit und Zumutbarkeit im Hinblick auf den Personenkreis eine Nachfristsetzung erforderlich, während bei Nichtkaufleuten dieses nicht der Fall sei[783].

Zuzustimmen ist hier der ersten Ansicht. Abgesehen davon, dass § 11 Nr. 10 b AGBG keine Ablehnungsandrohung anordnet, scheidet hier eine Analogie zu § 634 I S. 1 BGB bzw. § 326 BGB aus. Während der Gesetzgeber im Werkvertragsrecht ein Nachbesserungs*recht* des Unternehmers (welches über das Fristsetzungverfahren besteht) als interessengerecht ansah[784], wollte er im Kaufrecht dem Käufer die Möglichkeit geben, *sofort* weitergehende Rechtsbehelfe geltend zu machen[785]. Wird von dieser gesetzlichen Ausgangslage durch die AGB (bzw. generell durch Vertrag) abgewichen, so müssen die AGB bei Zweifelsfragen stets restriktiv ausgelegt werden, d.h. im Zweifel möglichst nah am Gesetz. Da der Käufer nach dem BGB sofort weitergehende Rechtsbehelfe ausüben kann, muss bei Verwendung von AGB ein „Fehlschlagen" ausreichen, um Wandlung oder Minderung zu wählen. Eine durch Auslegung zuungunsten des Käufers geschaffene weitere Tatbestandsvoraussetzung (Fristsetzung mit Ablehnungsandrohung) scheidet daher aus. Dieses gilt sowohl für den kaufmännischen als auch für den nicht kaufmännischen Verkehr.

---

780 *Ulmer/Brandner/Hensen/Hensen* § 11 Nr. 10 b Rn. 48; *MünchKomm/Basedow*, § 11 AGBG Rn. 157; *Löwe/v. Westphalen/Trinkner/v. Westphalen*, § 11 Nr. 10 b Rn. 18; *Palandt/Putzo*, § 462 Rn. 6; *Staudinger/Coester-Waltjen*, § 11 Nr. 10 b Rn. 46; *MünchKomm/Westermann*, § 462 Rn. 11; *OLG Nürnberg* OLGZ 83, 78, 79 f..

781 *Soergel/Huber*, § 462 Rn. 68; *Staudinger/Peters*, § 637 Rn. 45; *Stötter*, DB 1969, 647, 649; *Kirchhof*, NJW 1970, 2052, 2055.

782 *Köhler*, JZ 1984, 393, 398 f..

783 *Köhler*, JZ 1984, 393, 399.

784 Insofern ist ein abweichendes Ergebnis im Werkvertragsrecht angebracht.

785 *Flume*, AcP 193 (1993), 88, 100 f.; *Prot.* I, 697 f..

Wurde die Nachbesserung *zusätzlich* zu den gesetzlichen Gewährleistungsansprüchen vereinbart und haben sich die Parteien auf die Nachbesserung geeinigt, so muss der Käufer analog §§ 326 I, 634 I S. 1 BGB vorgehen, was auch dann gilt, wenn die Parteien erst nach Entdeckung des Mangels einen Nachbesserungsanspruch vereinbaren[786]. Die Nachbesserung ist hier i.S.d. § 465 BGB „vollzogen", so dass der Käufer sich nicht mehr ohne weiteres von dem Nachbesserungsanspruch lösen kann. Will der Käufer weitergehende Rechtsbehelfe geltend machen, so muss er gem. § 326 I BGB eine Nachfrist mit Ablehnungsandrohung setzen[787]. Der Käufer kann nur bei Unmöglichkeit, ernsthafter und endgültiger Verweigerung der Nachbesserung oder bei Interessenfortfall (§ 326 II BGB) *sofort* auf die weitergehenden Rechtsbehelfe zurückgreifen[788].

Ob dem Käufer, dem ein Nachbesserungsanspruch durch den Vertrag gewährt wird, darüber hinaus ein *Schadensersatzanspruch* gem. § 326 BGB zusteht, ist ebenfalls streitig.

Nach einer Ansicht ist auf einen Nachbesserungsanspruch des Käufers § 326 BGB nicht anwendbar[789]. Schadensersatz wegen Nichterfüllung sei auf die Fälle der §§ 463, 480 II BGB beschränkt. Insoweit hätten die Sachmängelansprüche vor den allgemeinen Rechtsbehelfen wegen Nichterfüllung den Vorrang[790].

Nach anderer Ansicht kann der Käufer, wenn der Verkäufer sich mit der Nachbesserung im Verzug befindet, eine Nachfrist setzen und nach deren Ablauf Schadensersatz wegen Nichterfüllung verlangen[791].

Zuzustimmen ist der Ansicht, dass § 326 BGB *grundsätzlich* auch auf den Nachbesserungsanspruch anwendbar ist. Es ist dabei anhand des Vertrages und seiner Auslegung zu bestimmen, ob dem Käufer ein Schadensersatzanspruch gem. § 326 BGB zustehen soll oder nicht[792].

Hat der Verkäufer den Käufer *zunächst* auf einen Nachbesserungsanspruch verwiesen und sollen Wandlung und Minderung bei einem Fehlschlagen der Nachbesserung wiederaufleben (so insbesondere in den AGB), so ist der Vertrag

---

786 So auch *BGH* NJW 1970, 1502; *OLG Köln* OLGZ 1980, 469; *Kirchhof* NJW 1970, 2052, 2055..

787 Vgl. *OLG* Köln OLGZ 1980, 469; *BGH* NJW 1970, 1502. Die weitergehenden Rechtsbehelfe bestimmen sich hier nach § 326 BGB, da aufgrund des „Vollzugs" (§ 465 BGB) keine Wandlung oder Minderung mehr geltend gemacht werden kann. Der Käufer kann nach Fristablauf aber gleichwohl gem. § 326 I BGB zurücktreten und Schadensersatz wegen Nichterfüllung verlangen (dazu sogleich im Text).

788 Vgl. *OLG Köln* OLGZ 1980, 469 (zum Interessenfortfall gem. § 326 II BGB).

789 *Kirchhof* NJW 1970, 2052, 2053; *Soergel/Huber*, § 462 Rn. 68 a; *Staudinger/Honsell*, § 462 Rn. 17; *MünchKomm/Westermann,* § 462 Rn. 13 (Auf Auslegung abstellend).

790 *Soergel/Huber*, § 462 Rn. 68 a.

791 *Stötter*, DB 1969, 647, 650; *Köhler*, JZ 1984, 393, 398 (Nur wenn Nachbesserung Hauptpflicht sei); *Palandt/Putzo,* § 462 Rn. 6; *OLG Köln* OLGZ 1980, 469 f..

792 Ebenfalls auf Auslegung abstellend, *Stötter,* DB 1969, 647, 650.

dahin auszulegen, dass der Verkäufer nicht gem. § 326 BGB auf Schadensersatz haften will[793]. Denn primärer Zweck einer solchen Vertragsklausel ist, dass dem Verkäufer ein Nachbesserungs*recht* zustehen soll; einen weiteren Rechtsbehelf (Schadensersatz wegen Nichterfüllung) will der Verkäufer dem Käufer hierdurch erkennbar nicht gewähren.

Wird dem Käufer *nur* ein Nachbesserungsanspruch oder *zusätzlich* zu den übrigen Rechtsbehelfen ein Nachbesserungsanspruch gewährt, so ist dieser als „vollwertiger" Rechtsbehelf des Käufers anzusehen, und zwar auch hinsichtlich seiner Sanktionen bei einer Nichterfüllung[794]. Denn bei einer solchen Vertragsgestaltung ist m.E. nicht nachvollziehbar, warum dem Käufer, der Nachlieferung begehrt, über § 326 BGB ein Schadensersatzanspruch zustehen soll, dem Käufer, der Nachbesserung begehrt, aber nicht[795]. Beide Rechtsbehelfe sind Nach*erfüllungs*ansprüche, für die grundsätzlich die gleichen Regeln gelten müssen[796], es sei denn, die Auslegung des Vertrages ergibt etwas anderes. Insofern haben die Argumente hinsichtlich der Anwendbarkeit des § 326 BGB auf den Nachlieferungsanspruch für den Nachbesserungsanspruch ebenso Gültigkeit.

Dieses gilt um so mehr, als dem Käufer häufig die Rechtsbehelfe der Nachbesserung *und* der Nachlieferung nebeneinander zur Verfügung gestellt werden. Deshalb muss für beide Ansprüche das Gleiche gelten, wollte man nicht den Käufer, der für den Verkäufer das u.U. weniger belastende Nachbesserungsrecht wählt, bestrafen.

(e) Zwangsvollstreckung

Die Zwangsvollstreckung richtet sich nach den §§ 887, 888 ZPO. Regelmäßig wird die Reparatur eine vertretbare Handlung sein, so dass sich der Käufer in der Zwangsvollstreckung ermächtigen lassen kann, die Reparatur auf Kosten des Verkäufers vorzunehmen (vgl. § 887 ZPO)[797].

Im übrigen gelten die Ausführungen zum werkrechtlichen Nachbesserungsanspruch entsprechend.

---

793 So auch *MünchKomm/Westermann*, § 462 Rn. 13 („(...) Schadensersatzpflicht (...) nicht im Sinne der vertraglichen Einführung des Nachbesserungsanspruchs...").

794 Gleiches gilt, wenn die Parteien nach Auftreten eines Mangels einvernehmlich einen Nachbesserungsanspruch vereinbaren, *vgl. OLG Köln* OLGZ 1980, 469f..

795 Zur Nachlieferung ebenso *Soergel/Huber*, § 462 Rn. 68 a; *Staudinger/Honsell*, § 480 Rn. 4. Insofern als einziger konsequent: *Kirchhof* NJW 1970, 2052, 2053, der nämlich auch für die Nachlieferung einen Schadensersatzanspruch über § 326 BGB ablehnt. Auch *Kirchhof*, a.a.O. betont, dass eine unterschiedliche Behandlung von Nachlieferungs- und Nachbesserungsanspruch nicht gerechtfertigt ist.

796 Ebenso *Kirchhof*, NJW 1970, 2052, 2055, der allerdings weder auf den Nachlieferungs- noch auf den Nachbesserungsanspruch § 326 BGB anwenden will.

797 Vgl. *BGH* NJW 1991, 1882, 1883.

IV. Der Nacherfüllungsanspruch bei *aliud*-Lieferungen

Bei einer *aliud*-Lieferung gelten grundsätzlich die allgemeinen Vorschriften (§§ 320 ff. BGB). Dem Käufer steht ein „Nachlieferungsanspruch" aus § 433 I BGB zu, der gem. § 195 BGB in 30 Jahren verjährt. Der „Nacherfüllungsanspruch" gem. § 433 I BGB ist im Gegensatz zum Nachlieferungsanspruch gem. § 480 I BGB unabhängig von der Rückgewähr der gelieferten Sache (des *aliuds*). Die Rückgewähr des gelieferten *aliuds* richtet sich dabei nach Bereicherungsrecht (§§ 812 ff. BGB).

Besonderheiten gelten aufgrund der §§ 377, 378 HGB für den beiderseitigen Handelskauf.

1. Voraussetzungen

Voraussetzung eines „Nacherfüllungsanspruchs" gem. § 433 I BGB ist, dass der Verkäufer ein *aliud* liefert. Der Käufer kann grundsätzlich *zunächst* nur (Nach-) Erfüllung verlangen (vgl. § 326 I BGB). Der Erfüllungsanspruch verjährt in 30 Jahren.

Allerdings gilt nach der hier vertretenen und herrschenden Meinung für den beiderseitigen Handelskauf das Gewährleistungsrecht (§§ 459 ff. BGB) auch für genehmigungsfähige *aliud*-Lieferungen, so dass sich der Nachlieferungsanspruch dann nach § 480 I BGB richtet[798]. Nur für nicht genehmigungsfähige *aliud*-Lieferungen richtet sich der „Nacherfüllungsanspruch" beim beiderseitigen Handelskauf nach § 433 I BGB[799]. Beim beiderseitigen Handelskauf trifft den Käufer gem. §§ 377, 378 HGB eine Rügeobliegenheit.

a) *aliud*-Lieferung

Zu unterscheiden sind nach der hier vertretenen Meinung[800] der bürgerlich-rechtliche bzw. einseitige Handelskauf einerseits und der beiderseitige Handelskauf andererseits. Ferner sind zu unterscheiden die *aliud*-Lieferung beim Stück- und beim Gattungskauf.

Beim *bürgerlich-rechtlichen Kauf* und beim *einseitigen Handelskauf* liegt bei einem *Gattungskauf* dann eine *aliud*-Lieferung vor, wenn die Ware aus einer anderen Gattung stammt. Der Nacherfüllungsanspruch richtet sich hier stets -und zwar unabhängig von der Genehmigungsfähigkeit- nach § 433 I BGB und die

---

798 *Palandt/Putzo*, § 459 Rn. 3; *Schreiber*, Jura 1986, 444 f.; a.A. *Marburger*, JuS 1983, 1, 8 f..

799 *Palandt/Putzo*, § 459 Rn. 3.

800 Zum Streitstand, vgl. oben *C. III. 2. c) (2) (a) (cc)*.

§§ 320 ff. BGB finden Anwendung[801]. Wie die Gattung dabei zu bestimmen ist, richtet sich nach der Parteivereinbarung und der Verkehrsauffassung[802].

Auch beim *Spezieskauf* ergeben sich die Rechtsfolgen bei der Lieferung einer anderen als der ausgesuchten Sache (sog. Identitätsaliud) immer aus den allgemeinen Regeln (§§ 320 ff. BGB); der „Nacherfüllungsanspruch" richtet sich nach § 433 I BGB[803].

Beim *beiderseitigen Handelskauf* ist zwischen der *aliud*-Lieferung beim Stück- und beim Gattungskauf zu unterscheiden.

Beim *Spezieskauf* richten sich die Rechtsfolgen stets nach den allgemeinen Vorschriften, d.h. dem Käufer steht ein Anspruch auf „Nachlieferung" gem. § 433 I BGB zu, der in 30 Jahren verjährt (§ 195 BGB)[804]. Allerdings trifft den Kaufmann auch hier eine Rügeobliegenheit, wenn die Ware genehmigungsfähig ist[805].

Handelt es sich um einen *Gattungskauf*, so werden in §§ 377, 378 HGB *aliud*- und *peius*-Lieferungen hinsichtlich der Rügeobliegenheit gleichgestellt. Die ganz h.M. folgert aus der *ratio legis* dieser Vorschriften, dass eine Gleichstellung auch hinsichtlich der Haftungssysteme zu erfolgen habe[806]. Daraus folgt, dass sich bei *genehmigungsfähigen* Falschlieferungen die Rechtsfolgen nach §§ 459 ff. BGB richten[807]. Der Nachlieferungsanspruch des Käufers bestimmt sich hier nach § 480 I BGB mit dem Ausschlusstatbestand des § 351 BGB und der kurzen Verjährung des § 477 BGB.

Bei einer *nicht genehmigungsfähigen* Falschlieferung richtet sich der „Nacherfüllungsanspruch" nach der hier vertretenen Ansicht auch beim beiderseitigen Handelskauf nach § 433 I BGB mit einer Verjährung nach § 195 BGB[808].

Die Abgrenzung zwischen genehmigungsfähigem und nicht genehmigungsfähigem *aliud* bemisst sich nach objektiven Maßstäben unter Berücksichtigung der Umstände bei Vertragsschluss[809] und des Handelsbrauchs[810].

---

801 *Schreiber*, Jura 1986, 444, 445; *Palandt/Putzo*, § 459 Rn. 3; *BGH* WM 1992, 147, 150.

802 *BGH* NJW 1989, 218, 219; *BGH* NJW 1986, 659, 660; *BGH* NJW 1975, 2011. Auch der bekannte Verwendungszweck ist entscheidend, vgl. *Baumbach/Duden/Hopt*, § 378 Rn. 1.

803 *Palandt/Putzo*, § 459 Rn. 3.

804 *Walter*, Kaufrecht, § 8 IV C bb, S. 393 f. m.w.N.; *Soergel/Huber*, vor § 459 Rn. 132 m.w.N.. *BGH* NJW 1979, 811 (individualisierter LKW).

805 *Soergel/Huber*, vor § 459 Rn. 132; *Schlegelberger/Hefermehl*, § 378 Rn. 3.

806 *Großkomm/Brüggemann*, § 378 Rn. 69; *Walter*, Kaufrecht, § 8 IV c bb, S. 392 f.; *Schlegelberger/Hefermehl*, HGB, § 378 Rn. 14; a.A. *Marburger*, JuS 1983, 1, 8 f..

807 *BGH* NJW 1992, 566, 568 f.; *Walter*, Kaufrecht, § 8 IV C bb, S. 392 ff. m.w.N.

808 *Schreiber*, Jura 1986, 444, 445; *BGH* NJW 1992, 566, 568 f..

809 *MünchKomm/Westermann*, § 459 Rn. 22 m.w.N..

810 *Schlegelberger/Hefermehl*, § 378 Rn. 28.

Eine Falschlieferung ist dann nicht genehmigungsfähig, wenn die Lieferung so anders beschaffen ist, dass bei einer objektiven Betrachtung vernünftigerweise nicht mit einer Genehmigung durch den Käufer zu rechnen war[811]. Nicht genehmigungsfähige Falschlieferungen liegen nur bei krassen Abweichungen vor[812].

b) Rügeobliegenheit

Den Käufer trifft beim bürgerlich-rechtlichen Kauf und einseitigen Handelskauf auch bei *aliud*-Lieferungen keine Rügeobliegenheit.

Beim beiderseitigen Handelskauf trifft den Käufer hinsichtlich *genehmigungsfähiger* Falschlieferungen eine Rügeobliegenheit (§ 378 HGB)[813]. Dies gilt auch beim handelsrechtlichen Stückkauf[814].

Die Rechtsfolge einer nicht ordnungsgemäßen Rüge ist, dass der Käufer seinen Nachlieferungsanspruch gem. § 480 I BGB beim Gattungskauf und seinen „Nacherfüllungsanspruch" beim Stückkauf gem. § 433 I BGB verliert[815]. Der Käufer muss den Kaufpreis dennoch bezahlen[816].

c) *ius variandi*

Richtet sich der „Nacherfüllungsanspruch" nach den allgemeinen Vorschriften, so ist für das Wahlrecht des Käufers § 326 BGB maßgeblich. Grundsätzlich kann der Käufer hiernach zunächst „nur" Erfüllung verlangen[817].

Will der Käufer Schadensersatz wegen Nichterfüllung geltend machen oder vom Vertrag zurücktreten, so muss sich der Verkäufer mit der Leistung im Verzug befinden. Weiter muss der Käufer dem Verkäufer eine angemessene Frist zur Nacherfüllung setzen verbunden mit der Erklärung, dass er nach Ablauf der

---

811 *Großkomm/Brüggemann*, HGB, § 378 Rn. 76; *Baumbach/Duden/Hopt*, § 378 Rn. 2.

812 *Schlegelberger/Hefermehl*, § 378 Rn. 24; *BGH* NJW 1992, 566, 569; *BGH* NJW 1968, 640 f. (Winterweizen ist nicht genehmigungsfähiges *aliud* in bezug auf den bestellten Sommerweizen).

813 Für den Gattungskauf bedeutet dies nach der hier vertretenen Ansicht, daß sich die Ansprüche des Käufers immer dann nach den allgemeinen Vorschriften (§§ 195, 320, 433 BGB) richten, wenn den Käufer keine Rügeobliegenheit trifft.

814 *Soergel/Huber*, vor § 459 Rn. 132; *Schlegelberger/Hefermehl*, HGB, § 378, Rn. 3.

815 *Walter*, Kaufrecht, § 8 IV d) bb, S. 395. Natürlich verliert der Käufer ferner die Gewährleistungsanprüche (beim Gattungskauf) und beim Stückkauf auch die Rechte aus §§ 320 ff. BGB.

816 *Walter*, Kaufrecht, § 8 IV d) bb, S. 395 mit weiteren Nachweisen zu der streitigen Frage, ob der Käufer bei Lieferung eines wertvolleren *aliuds* eine erhöhten Kaufpreis entrichten muss.

817 Vgl. *BGH* NJW 1997, 1914, 1916.

Frist die Annahme der Leistung ablehne (§ 326 I S. 1 BGB)[818]. Nach ergebnislosem Fristablauf erlischt der Erfüllungsanspruch und der Käufer kann Schadensersatz wegen Nichterfüllung verlangen[819] oder vom Vertrag zurücktreten.

Die Fristsetzung mit Ablehnungsandrohung ist aber dann entbehrlich, wenn der Verkäufer die Erfüllung ernsthaft und endgültig verweigert[820] sowie in dem Fall, dass der Käufer infolge des Verzuges kein Interesse an der Leistung mehr hat (§ 326 II BGB). Der Käufer kann hier sofort Schadensersatz geltend machen oder vom Vertrag zurücktreten.

Da der Käufer grundsätzlich zunächst eine Frist zur Nacherfüllung setzen muss, bevor er zu anderen Rechtsbehelfen übergehen kann, hat der Verkäufer ein Recht zur zweiten Andienung.

Bei genehmigungsfähiger *aliud*-Lieferung beim beiderseitigen Gattungskauf gilt das zu § 480 BGB Ausgeführte.

d) Verjährung

Für den „Nacherfüllungsanspruch" gem. § 433 I BGB beim bürgerlich-rechtlichen Kauf bzw. einseitigem Handelskauf gilt die Regelverjährung des § 195 BGB (30 Jahre)[821]. Gleiches gilt beim beiderseitigen Handelskauf, wenn der Verkäufer ein nicht genehmigungsfähiges *aliud* liefert.

2. Rechtsfolgen

Der Nacherfüllungsanspruch des Käufers richtet sich beim bürgerlich-rechtlichen Kauf sowie beim einseitigen Handelskauf nach § 433 I BGB. Ebenfalls nach § 433 I BGB richtet sich der „Nacherfüllungsanspruch" beim beiderseitigen Handelskauf einer Gattungsware und Lieferung eines nicht genehmigungsfähigem *aliuds* sowie beim Stückkauf (sog. Identitätsaliud).

Der Käufer kann zusätzlich zur (Nach-)Lieferung seinen Verzugsschaden ersetzt verlangen (§ 286 I BGB).

Die Ansprüche des *Verkäufers* richten sich nach Bereicherungsrecht (§§ 812 ff. BGB). Der Erfüllungsanspruch des Käufers ist dabei von diesen Ansprüchen

---

818 Hierbei kann die verzugsbegründende Mahnung mit der Fristsetzung und Ablehnungsandrohung verbunden werden, vgl. *Brox,* Allg. SchuldR, S. 165 Rn. 285; *BGH* NJW-RR 1990, 442, 444.

819 Dieses ist bei einer *aliud*-Lieferung, die nicht den §§ 459 ff. BGB unterfällt, unstreitig, vgl. nur *Palandt/Putzo,* § 480 Rn. 2; *BGH* NJW 1992, 566, 569 (für nicht genehmigungsfähige aliud-Lieferung beim beiderseitigen Handelskauf).

820 *Palandt/Heinrichs*, § 326 Rn. 20.

821 Hierzu *Seibert,* MDR 1983, 177, 179 f..

unabhängig[822]. Insbesondere ist nicht erforderlich, dass der Käufer die Ware zurückgewähren kann, da die §§ 350, 351 BGB unanwendbar sind[823].

Die Ansprüche sind dabei Zug um Zug zu erfüllen (vgl. § 273 BGB)[824].

a) Ansprüche des Käufers

Der Käufer hat gem. § 433 I BGB einen Anspruch auf Lieferung der geschuldeten Ware. Beim Stückkauf ist dies die Ware, die er sich ausgesucht hat. Liegt ein Gattungskauf vor, so muss der Verkäufer nunmehr Ware aus der vereinbarten Gattung von mittlerer Art und Güte liefern.

Der *Erfüllungsort* richtet sich nach dem Kaufvertrag; im übrigen gilt § 269 BGB.

Solange der Käufer gutgläubig ist (vgl. §§ 818 IV, 819 I BGB), d.h. solange er noch nicht weiss, dass ihm ein *aliud* geliefert wurde, kann er im Rahmen des Bereicherungsausgleichs sämtliche (auch nützliche) Verwendungen auf das *aliud* ersetzt verlangen, wozu insbesondere die *Kosten* des ersten Transports hinsichtlich des *aliuds* zählen[825].

Nach Kenntnis von der *aliud*-Lieferung gelten die „allgemeinen Vorschriften“ (vgl. §§ 819 I, 818 IV BGB), d.h. es gilt -wie bei dem Nachlieferungsanspruch gem. § 480 I BGB- hinsichtlich der Verwendungen § 996 BGB[826]; der Käufer kann nunmehr nur noch notwendige Verwendungen ersetzt verlangen.

Die *Gefahrtragung* hinsichtlich der zu liefernden Ware bestimmt sich wie bei der ersten Lieferung nach den §§ 446, 447 BGB.

b) Ansprüche des Verkäufers

Die Rückgabe des *aliuds* richtet sich nach Bereicherungsrecht. Der Käufer muss das *aliud* nach § 812 I 1 Alt. 1 BGB als nicht geschuldet zurückgeben[827].

Für den *Leistungsort* gilt § 269 BGB, d.h. es ist dort zu erfüllen, wo sich die Sache bei Beginn der Rechtshängigkeit (§ 818 IV BGB) oder der verschärften Haftung des § 819 I BGB (hier: Kenntnis von der *aliud*-Lieferung) befindet[828].

---

822 *Soergel/Huber*, vor § 459 Rn. 108

823 *Soergel/Huber*, vor § 459 Rn. 108; *Seibert*, MDR 1983, 177,179.

824 § 320 BGB ist hier nicht anwendbar, da die Bereicherungsansprüche nicht aus dem gegenseitigen Vertrag resultieren, sondern unabhängig hiervon sind (vgl. Text). Allerdings ist § 273 BGB anwendbar, da die Ansprüche „aus demselben rechtlichen Verhältnis“ stammen, d.h. auf einem einheitlichen Lebensverhältnis beruhen, vgl. hierzu *Palandt/Heinrichs, § 273 Rn. 9 f.*.

825 Vgl. zu den Aufwendungen im Rahmen des Bereicherungsausgleichs, *Palandt/Thomas*, § 818 Rn. 40 f.; *Staudinger/Lorenz,* § 818 Rn. 37 f..

826 Und zwar über die Verweisung §§ 819 I, 818 IV, 292 II, 996 BGB.

827 *Medicus*, SchuldR II, S. 39 Rn. 79.

Gem. § 818 I BGB hat der Käufer die *gezogenen Nutzungen* herauszugeben sowie dasjenige, was er auf Grund eines erlangten Rechtes oder als Ersatz für die Zerstörung, Beschädigung oder Entziehung des erlangten Gegenstandes erwirbt. Ist eine Herausgabe wegen der Beschaffenheit des Erlangten nicht möglich oder ist der Empfänger aus einem anderen Grunde zur Herausgabe außerstande, so hat er den Wert zu ersetzen (§ 818 II BGB).

Der Käufer hat insbesondere Gebrauchsvorteile als Wertersatz zu erstatten, die ihm aufgrund der Nutzung der Sache zugute gekommen sind (z.B. durch die Benutzung eines nicht bestellten PKW); insoweit ergeben sich keine Unterschiede im Hinblick zum Nachlieferungsanspruch gem. § 480 I BGB[829].

Der Käufer kann sich gem. § 818 III BGB auf den Wegfall der Bereicherung berufen, soweit er nicht mehr bereichert ist. Das bedeutet, dass der Käufer *vor Entdeckung* der Falschlieferung nicht für den Verlust oder die Beschädigung des *aliuds* haftet[830]. Auch Nutzungen[831] oder Surrogate hat er nur herauszugeben, soweit sie noch in seinem Vermögen vorhanden sind.

Damit trägt der Verkäufer die Gefahr hinsichtlich des *aliuds*, und zwar auch dann, wenn der Käufer die Sache schuldhaft zerstört hat[832].

Nach Eintritt der Rechtshängigkeit (§ 818 IV BGB) oder nach Kenntniserlangung von der *aliud*-Lieferung (§ 819 I BGB) haftet der Käufer nach den allgemeinen Regeln, d.h. die §§ 291, 292 BGB sind anwendbar[833]. Insbesondere ist der Käufer nunmehr gem. §§ 292 I, 989 BGB für einen Schaden verantwortlich, der dadurch entsteht, dass infolge eines von ihm zu vertretenen Umstandes die Sache verschlechtert wird, untergeht oder aus einem anderen Grund von ihm nicht mehr herausgegeben werden kann[834]. Der Käufer hat weiter nicht nur die tatsächlich gezogenen Nutzungen zu ersetzen, sondern auch die schuldhaft nicht gezogenen Nutzungen herauszugeben (§§ 818 IV, 292 II, 987 BGB)[835].

---

828 *Palandt/Thomas*, vor § 812 Rn. 30. Regelmäßig wird dies der Wohnsitz des Rückgewährschuldners sein, vgl. *Palandt/Heinrichs, § 269 Rn. 15.*

829 Vgl. *Staudinger/Lorenz*, § 818 Rn. 13 (zur Wandlung).

830 *Soergel/Huber*, vor § 459 Rn. 108.

831 Allerdings wird ein Wegfall von Nutzungen, insb. Gebrauchsvorteilen nur selten in Betracht kommen, da der Käufer hier regelmäßig eigene Aufwendungen erspart hat, vgl. *Soergel/Huber,* § 467 Rn. 176.

832 Hierzu kritisch *Seibert,* MDR 1983, 177, 179.

833 *Soergel/Huber*, vor § 459 Rn. 108.

834 Vgl. *Palandt/Thomas*, § 818 Rn. 52.

835 Vgl. *Palandt/Thomas*, § 818 Rn. 52.

c) Konkurrierende Ansprüche des Käufers

Der Käufer kann zusätzlich zur Lieferung vom Verkäufer seinen *Verzugsschaden* geltend machen, wenn dieser sich schuldhaft mit der Leistung im Verzug befindet (§§ 284, 286 I BGB).

d) Übergang zu anderen Rechtsbehelfen

Befindet sich der Verkäufer mit der Leistung im Verzug (§ 284 BGB), kann der Käufer (erst) nach ergebnisloser Fristsetzung mit Ablehnungsandrohung zum Rücktritt oder Schadensersatzanspruch wegen Nichterfüllung übergehen (§ 326 I BGB). Der Käufer kann diese Rechtsbehelfe *sofort* geltend machen, wenn der Verkäufer die Leistung endgültig und ernsthaft verweigert sowie im Fall des Interessenfortfalls aufgrund des Verzugs des Verkäufers (§ 326 II BGB).

e) Zwangsvollstreckung

Die Zwangsvollstreckung richtet sich nach den §§ 883, 884 ZPO.

V. Der Nacherfüllungsanspruch für Quantitätsmängel

Unter Quantitätsabweichungen sind sowohl mengenmäßige Abweichungen in Form einer Zuviel- als auch einer Zuweniglieferung zu verstehen[836]. Nachfolgend wird nur die Zuweniglieferung behandelt, da dem Käufer lediglich in diesem Fall ein Anspruch auf Nacherfüllung bzw. Nachlieferung i.S.d. Arbeit zusteht.

Quantitätsmängel können Sachmängel darstellen und damit der Gewährleistungshaftung (insb. § 477 BGB) unterfallen oder aber teilweise Nichterfüllung bedeuten mit der Folge, dass die allgemeinen Vorschriften (§§ 320 ff., § 433 I BGB) anwendbar sind. An dieser Stelle sollen nur die Quantitätsmängel, die sich nach den allgemeinen Vorschriften richten, untersucht werden. Hinsichtlich der Sachmängelhaftung wird auf die vorstehenden Ausführungen verwiesen.

1. Voraussetzungen

Der Käufer hat einen Anspruch auf Nacherfüllung gem. § 433 I BGB, wenn ein „echter“ Quantitätsmangel vorliegt[837]. Dieser Anspruch verjährt gem. § 195 BGB in 30 Jahren. Dem Käufer steht grundsätzlich zunächst nur der (Nach-)Erfüllungsanspruch zu; weitergehende Rechtsbehelfe kann der Käufer erst nach Frist-

---

836 *Erman/Grunewald,* vor § 459 Rn. 50 f..

837 Vgl. *Marburger,* JuS 1983, 1, 9 f..

setzung mit Ablehnungsandrohung geltend machen (vgl. § 326 BGB). Handelt es sich um einen beiderseitigen Handelskauf, so muß der Käufer genehmigungsfähige Minderlieferungen rügen (§§ 377, 378 HGB).

a) Quantitätsmangel

Quantitätsmängel, die sich nach den allgemeinen Vorschriften (§§ 320 ff. BGB) richten, sind abzugrenzen von solchen, die einen Sachmangel darstellen und insofern der Gewährleistungshaftung (§§ 459 ff. BGB) unterfallen.

Werden Sachen geliefert, die eine falsche *Größe* oder falsche *Abmessungen* aufweisen, so liegt regelmäßig ein Sachmangel vor[838]. Ein Sachmangel ist ferner gegeben, wenn zwar die Anzahl der zu liefernden Stücke stimmt, diese aber gegenüber den Bestimmungen im Vertrag *Untergewicht* aufweisen[839]. Gleiches gilt, wenn eine Sachgesamtheit verkauft und auch vollständig übergeben wird, aber der Bestand hinter den vertraglichen Vereinbarungen zurückbleibt[840]. Wird bei einer zusammengesetzten Sache *unvollständig geliefert* und handelt es sich *nicht* um selbständige Funktionsteile, so liegt ebenfalls ein Sachmangel vor[841].

Liegt im Übrigen eine Minderlieferung vor, d.h. liefert der Verkäufer beispielsweise weniger Stücke (20 anstatt 25 Kisten Wein) oder eine geringere Menge (10 anstatt 20 Tonnen Getreide) als vereinbart, so behält der Käufer den Anspruch auf vollständige Lieferung und kann nach §§ 320, 326 BGB vorgehen[842]. Gleiches gilt, wenn es sich um ein selbständiges Funktionsteil handelt (z.B. Zusatzgerät einer Maschine)[843].

b) Rügeobliegenheit

Nur beim beiderseitigen Handelskauf trifft den Käufer eine Rügeobliegenheit hinsichtlich Quantitätsmängeln. Der Käufer muss beim beiderseitigen Handelskauf eine Minderlieferung nach §§ 378, 377 HGB unverzüglich rügen, sofern die Mengenabweichung genehmigungsfähig i.S.d. § 378 HGB ist. Die Rügeobliegenheit entfällt nur, wenn der Verkäufer arglistig gehandelt hat (§ 377 V HGB) oder

---

838 Vgl. *Staudinger/Honsell* § 459 Rn. 42 (Zu dünne Bretter sind Sachmangel); *Palandt/Putzo*, § 459 Rn. 2; Es liegt bei falschen Abmessungen auch nicht (unbedingt) eine Falschlieferung vor, sondern es handelt sich (regelmäßig) um einen Mangel, vgl. *BGH* NJW 1975, 2011 (Wellstegträger mit 32 cm anstatt 40 cm Höhe).

839 *Soergel/Huber*, § 459 Rn. 56.

840 Vgl. *BGH* NJW 1992, 3224, 3225.

841 *Erman/Grunewald,* vor § 459 Rn. 50; *Soergel/Huber*, § 459 Rn. 52. Bspw. , wenn in einer komplexen Maschine eine Sicherung fehlt.

842 *Palandt/Putzo*, § 459 Rn. 2; *Staudinger/Honsell,* § 459 Rn. 42.

843 *Soergel/Huber*, § 459 Rn. 52. Auch liegt kein Sachmangel vor, wenn eine Sachgesamtheit verkauft wird, der Verkäufer aber einzelne Stücke zurückbehält, vgl. ausführlich *BGH* NJW 1992, 3224, 3225 (Verkäufer übergibt beim Hotelverkauf nicht das Inventar).

die Lieferung mengenmäßig so erheblich abweicht, dass der Verkäufer die Genehmigung des Käufers als ausgeschlossen betrachten musste (vgl. § 378 HGB).

Versäumt der Käufer bei einer genehmigungsfähigen Minderlieferung die Rüge, so verliert er seinen Erfüllungsanspruch hinsichtlich des fehlenden Teils und muss gleichwohl den vollen Kaufpreis zahlen, wenn der Verkäufer diesen verlangt[844].

Hat der Käufer beim beiderseitigen Handelskauf ordnungsgemäß gerügt, so richten sich auch hier die weiteren Rechtsfolgen nach den §§ 320 ff. BGB[845].

Da der Verkäufer gem. § 266 BGB grundsätzlich nicht zu Teilleistungen berechtigt ist, kann der Käufer die Teilleistung zurückweisen und vollständige Leistung verlangen[846]. Er kann aber auch die Teilleistung annehmen und Resterfüllung beanspruchen. Insbesondere verjähren die Ansprüche nach § 195 BGB und nicht nach § 477 BGB.

c) *ius variandi*

Die Rechtsfolgen hinsichtlich Minderlieferungen bestimmen sich nach den allgemeinen Vorschriften (§§ 320 ff. BGB). Grundsätzlich kann der Käufer deshalb zunächst nur Erfüllung verlangen (vgl. § 326 I BGB). Will der Käufer vom Vertrag zurücktreten oder Schadensersatz wegen Nichterfüllung verlangen, so muss er dem Verkäufer erst eine Nachfrist mit Ablehnungsandrohung setzen (§ 326 I BGB). Dem Verkäufer steht insofern ein Recht zur zweiten Andienung zu.

Ausnahmen von dem Fristsetzungsverfahren gem. § 326 I BGB bestehen, wenn der Verkäufer die Erfüllung ernsthaft und endgültig ablehnt oder bei Interessenfortfall infolge des Verzuges (§ 326 II BGB).

d) Verjährung

Der Anspruch auf (Nach-)Erfüllung verjährt gem. § 195 BGB in 30 Jahren.

---

844 *Walter,* Kaufrecht,§ 8 IV 4. d) cc), S. 396; *Soergel/Huber,* § 459 Rn. 49; *Marburger,* JuS 1983, 1, 12; *Schlegelberger/Hefermehl,* § 378 Rn. 21; *BGHZ* 91, 293, 298 ff..

845 *Großkomm/Brüggemann* § 378 Rn. 73; *Schlegelberger/Hefermehl,* § 378 Rn. 19; *Walter,* Kaufrecht, § 8 IV. 4. c) cc), S. 394.

846 *Soergel/Huber,* § 459 Rn. 48.

2. Rechtsfolgen

Der Käufer kann gem. § 433 I BGB vom Verkäufer verlangen, die fehlende Menge zu liefern. Befindet sich der Verkäufer mit der Lieferung im Verzug, so kann der Käufer seinen Verzugsschaden geltend machen.

a) Nacherfüllungsanspruch

Der Käufer kann die Teillieferung zurückweisen, da der Verkäufer im Zweifel gem. § 266 BGB nicht zu Teillieferungen berechtigt ist. Er kann dann vollständige Leistung -und zwar im Zuge *einer* Lieferung- beanspruchen (§ 433 I BGB).

Der Käufer kann aber auch die Teilleistung annehmen und die restliche Lieferung vom Verkäufer verlangen (§ 433 I BGB).

Der *Leistungsort* sowie die *Gefahrtragung* richten sich nach dem Inhalt des Kaufvertrages.

b) Konkurrierende Ansprüche

Der Käufer kann seinen Verzugsschaden vom Verkäufer ersetzt verlangen, wenn sich dieser schuldhaft im Verzug befindet (§§ 284, 286 BGB). Allerdings wird der Verkäufer den Verzug bei einer Gattungsschuld gem. § 279 BGB regelmäßig zu vertreten haben (vgl. oben).

c) Zwangsvollstreckung

Die Zwangsvollstreckung richtet sich nach den §§ 883, 884 ZPO.

VI. Der Nacherfüllungsanspruch für Rechtsmängel

1. Entstehungsgeschichte und Rechtsnatur der Rechtsmängelhaftung

Der Anspruch auf Eigentumsverschaffung (§ 433 I S. 1 BGB) sowie der Anspruch auf Beseitigung von Rechten Dritter (§ 434 BGB) ist der originäre (allgemeine) *Erfüllungsanspruch* des Käufers[847]. Die Rechtsverschaffungs*pflicht* des Verkäufers und der *Anspruch* des Käufers auf unbeeinträchtigte Rechtsverschaffung sind bei Rechtsmängeln identisch.

Im römischen Recht beschränkte sich die Verkäuferpflicht darauf, dem Käufer eine unbeeinträchtigte Benutzungsmöglichkeit, den ungestörten Besitz zu ver-

---

[847] *Palandt/Putzo*, § 434 Rn. 1; *MünchKomm/Westermann*, § 434 Rn. 1.

schaffen[848]. Beanspruchte ein Dritter in einem Prozess ein besseres Recht, so musste der Verkäufer dem Käufer beistehen und ihm Ersatz leisten, falls der Dritte den Prozess gewann[849].

Der Verkäufer war also nur verpflichtet, dem Käufer den ungestörten Besitz der Sache zu verschaffen, nicht aber das unbelastete Eigentum[850].

Hiervon hat sich das BGB abgewendet und gewährt dem Käufer einen Erfüllungsanspruch gegen den Verkäufer auf Verschaffung des Eigentums und Beseitigung der Rechte Dritter, ohne dass es erforderlich wäre, dass ein Dritter die Sache erfolgreich herausverlangen kann[851].

2. Voraussetzungen

Voraussetzung für einen (Nach-)Erfüllungsanspruch aufgrund von Rechtsmängeln ist, dass der Verkäufer dem Käufer nicht das Eigentum an einer Sache verschaffen kann (§ 433 I BGB) oder die Sache mit einem Recht eines Dritten belastet ist (§ 434 BGB). Maßgeblicher Zeitpunkt für das Vorliegen eines Rechtsmangels ist der des Eigentumsübergangs. Der Erfüllungsanspruch ist ausgeschlossen, wenn die Rechtsmängelbeseitigung objektiv unmöglich ist, der Verkäufer im Falle des nachträglichen Unvermögens dieses nicht zu vertreten hat oder wenn die Geltendmachung rechtsmissbräuchlich ist. Umstritten ist, ob der Erfüllungsanspruch aufgrund von § 439 I BGB (Kenntnis des Rechtsmangels) ausgeschlossen ist. Der Erfüllungsanspruch verjährt in 30 Jahren. Aufgrund von § 326 I BGB kann der Käufer grundsätzlich zunächst nur (Nach-)Erfüllung verlangen.

a) Rechtsmängel

Ein Rechtsmangel liegt dann vor, wenn der Verkäufer seiner durch §§ 433 I, 434 BGB bestehenden Rechtsverschaffungspflicht nicht nachkommt. Dies ist der Fall, wenn der Verkäufer entweder dem Käufer nicht das Eigentum an der Sache (vgl. § 433 I S. 1 BGB) oder aber die Sache nicht frei von Rechten Dritten (vgl. § 434 BGB) verschafft[852].

---

848 *Kunkel/Honsell,* Römisches Recht, § 115 I., S. 311; *MünchKomm/Westermann*, § 434 Rn. 1 Fn. 1.

849 *Kunkel/Honsell*, Römisches Recht, § 115 II, S. 311 ff.; *Kaser*, Römisches PrivatR I, § 131 I. 2., S. 554.

850 *Kunkel/Honsell*, Römisches Recht, § 115 I., S. 311; *Kaser,* Römisches PrivatR I, § 130 V. 1., S. 550 f..

851 Vgl. *Motive* II, S. 213 f..

852 Kann der Verkäufer nicht das Eigentum verschaffen, so ergibt sich die Pflicht zur Verschaffung aus § 433 I BGB und nicht aus § 434 BGB, vgl. *Palandt/Putzo, § 434 Rn. 4; Soergel/Huber, § 434 Rn. 32,* der darauf hinweist, dass die Nichtverschaffung des Eigentums gleichwohl ein Rechtsmangel ist.

Nach § 434 BGB haftet der Verkäufer für die Freiheit der verkauften Sache von jedem Rechtsmangel, d.h. jedes Recht eines Dritten, welches das dem Käufer zu verschaffende Eigentum belasten könnte[853]. Voraussetzung hierbei ist, dass die Rechte des Dritten an dem oder in Bezug auf den Kaufgegenstand bestehen[854].

Es kommt hinsichtlich der Rechtsmängel nur darauf an, ob die Rechte der Dritten geltend gemacht werden *könnten.* Die *tatsächliche Geltendmachung* ist unerheblich[855]. Allerdings begründen nur tatsächlich bestehende und nachgewiesene Rechte einen Rechtsmangel; die bloße -unbegründete- Behauptung eines Rechts oder des Eigentums durch einen Dritten ist nicht ausreichend[856].

Zu den Rechten i.S.d. § 434 BGB gehören bei beweglichen Sachen *dingliche Rechte* (z.B. Anwartschaftsrechte, Pfandrechte etc.)[857].

Obligatorische Rechte stellen dann einen Rechtsmangel dar, wenn sie den Käufer wirksam an der Benutzung oder dessen Verfügungsbefugnis an einer Sache hindern können[858].

Auch *gewerbliche Schutzrechte*, *Urheberrechte* und *Persönlichkeitsrechte* stellen einen Rechtsmangel dar, wenn der Käufer hierdurch Ansprüchen auf Unterlassung des Gebrauchs, der Weiterveräußerung oder sich daraus ergebenden Schadensersatzansprüchen ausgesetzt ist[859]. Dabei gilt § 434 BGB grundsätzlich auch für nur im Ausland wirksame gewerblich Schutzrechte, soweit nicht ein stillschweigender Ausschluß angenommen werden kann[860].

Die Einordnung von *öffentlich-rechtlichen Beschränkungen* als Sach- oder Rechtsmängel ist umstritten und problematisch, wobei aber allgemein anerkannt ist, dass solche Beschränkungen Rechtsmängel darstellen können[861].

---

853 Vgl. *Soergel/Huber,* § 434 Rn. 2; *Brox*, Bes. SchuldR, S. 7 Rn. 13.

854 *Palandt/Putzo,* § 434 Rn. 4.

855 *MünchKomm/Westermann*, § 434 Rn. 2; *Staudinger/Honsell,* § 434 Rn. 5; *BGH* NJW-RR 1993, 396.

856 *Soergel/Huber*, § 442 Rn. 2.

857 *MünchKomm/Westermann*, § 434 Rn. 6; *Palandt/Putzo,* § 434 Rn. 4; *Soergel/Huber*, § 434 Rn. 30 f. m.w.N.; *BGH* NJW 1992, 362 f. (ausländische dingliche Belastung).

858 *Soergel/Huber*, § 434 Rn. 43; *Palandt/Putzo,* § 434 Rn. 5; *BGH* NJW 1991, 2700 (Pacht); *BGH* WM 1987, 1371 (Miete und Pacht). Auch ein Zurückbehaltungsrecht, das einem Dritten gegenüber dem Verkäufer zustand und welches der Dritte nach § 986 II BGB dem Käufer entgegensetzen kann, fällt hierunter, vgl. *MünchKomm/Westermann,* § 434 Rn. 6.

859 *MünchKomm/Westermann*, § 434 Rn. 6; *Soergel/Huber*, § 434 Rn. 41 ff. m.w.N.; *Palandt/Putzo*, § 434 Rn. 5; *OLG Hamm* NJW-RR 1991, 953, 954.

860 *Soergel/Huber*, § 434 Rn. 41 m.w.N., der ausführt, dass ein solcher Ausschluss grds. anzunehmen sei, wenn die Absicht des Käufers, die Sache im Ausland zu veräußern, für den Verkäufer bei Vertragsschluß nicht erkennbar ist.

861 Vgl. *BGH* BB 1991, 298, 299 (Heizölbeimischung in Dieselöl als Rechtsmangel): „Für die Abgrenzung zwischen Sach- und Rechtsmängeln beim Kauf (...) verbieten sich schematische Lösungen und rein begriffliche Ableitungen. Im vorliegende Fall ist ausschlaggebend, daß die Beimischung von Heizöl die Gefahr der *Beschlagnahme* durch die Zöllbehörde begründet.“; *Staudinger/Köhler,* § 434 Rn. 19 ff.; *Erman/Grunewald,* § 434 Rn. 5; *Palandt/Putzo,* § 434 Rn. 6.

Nach wohl herrschender Meinung wird danach differenziert, ob die Beschränkungen aus Gründen des Allgemeinwohls bestehen, die der Verkäufer nicht beseitigen kann[862]. Solche Beschränkungen werden unter die Sachmängelhaftung subsumiert[863].

Ein Rechtsmangel liegt hingegen vor, wenn die Belastung zum Entzug der Kaufsache führt oder die Benutzbarkeit beschränkt, aber der Grund hierfür nicht an die Beschaffenheit der Sache anknüpft[864] (bspw. eine Sicherstellung mit Verfügungsverbot)[865].

Die *Beweislast* für einen Rechtsmangel trägt gem. § 442 BGB der Käufer. Der Käufer muss dabei nicht nur die Geltendmachung, sondern auch die Berechtigung des Rechts eines Dritten beweisen[866].

b) Maßgeblicher Zeitpunkt

Der maßgebliche Zeitpunkt für die Freiheit von Rechten ist der Zeitpunkt des Übergangs des Eigentums[867]. Unerheblich ist, zu welchem Zeitpunkt die Rechte des Dritten geltend gemacht werden können; entscheidend ist vielmehr, dass die Rechte zum Zeitpunkt des Eigentumsübergangs begründet waren[868].

c) Grenzen des Nacherfüllungsanspruchs/Unmöglichkeit

Der Rechtsverschaffungs- bzw. Beseitigungsanspruch besteht, solange bis feststeht, dass die Erfüllung des Anspruchs *objektiv unmöglich* ist[869].

Im Fall des *anfänglichen Unvermögens* bleibt der Käufer berechtigt, seinen Erfüllungsanspruch auf lastenfreies Eigentum geltend zu machen[870]. Auch be-

---

862 *Staudinger/Köhler,* § 434 Rn. 19; *Palandt/Putzo,* § 434 Rn. 6, 7; *MünchKomm/Westermann,* § 434 Rn. 5; ähnlich *Landsberg,* JuS 1982, 335, 337 f.; a.A. *Soergel/Huber,* § 434 Rn. 47 (Möglichkeit der Beseitigung als Abgrenzungskriterium unerheblich); ebenfalls a.A. *Erman/Grunewald,* § 434 Rn. 2 (Abgrenzung danach, ob die rechtspolitischen Erwägungen der kurzen Verjährungsfrist des § 477 BGB zutreffen).

863 *Palandt/Putzo,* § 434 Rn. 6, 7.

864 *Erman/Grunewald,* § 434 Rn. 5; *Staudinger/Köhler,* § 434 Rn. 26.

865 *BGH* BB 1991, 298, 299; *Palandt/Putzo,* § 434 Rn. 6 mit weiteren Beispielen.

866 *Erman/Grunewald*, § 442 Rn. 3; *Palandt/Putzo*, § 442 Rn. 4; *BGH* NJW 1997, 3164, 3166.

867 *MünchKomm/Westermann*, § 434 Rn. 16; *Erman/Grunewald*, § 434 Rn. 10.

868 *Staudinger/Köhler*, § 434 Rn. 32; *Palandt/Putzo*, § 434 Rn. 3.

869 *MünchKomm/Westermann*, §§ 440, 441 Rn. 4; *Erman/Grunewald*, § 440 Rn. 3; *BGH* NJW 938, 939. Eine anfängliche objektive Unmöglichkeit (§ 306 BGB) wird bei Rechtsmängeln kaum jemals vorkommen, da der Berechtigte (z.B. Eigentümer) zur Beseitigung des Mangels in der Lage ist. Es kann deshalb nur anfängliches Unvermögen vorliegen, vgl. *Staudinger/Köhler*, § 440 Rn. 17.

freien bloße Leistungserschwerungen den Verkäufer nicht von seiner Rechsverschaffungspflicht[871].

Ist die Leistung *nachträglich subjektiv unmöglich* geworden, so kommt es darauf an, ob der Verkäufer sein Unvermögen zu vertreten hat oder nicht[872].

Hat er sein Unvermögen zu vertreten, so bleibt der Erfüllungsanspruch erhalten. Hat der Verkäufer sein Unvermögen nicht zu vertreten, erlischt der Erfüllungsanspruch (§ 275 II BGB) und der Verkäufer verliert seinen Kaufpreisanspruch (§ 323 I BGB)[873].

In extremen Ausnahmefällen kann der Erfüllungsanspruch des Käufers ausgeschlossen sein, wenn dessen Durchsetzung rechtsmissbräuchlich wäre[874]. Dies ist anzunehmen, wenn die Leistung mit unverhältnismäßig großen, dem Verkäufer bei Berücksichtigung der beiderseitigen Interessen sowie aller sonstigen Umstände billigerweise nicht zuzumutenden Aufwendungen verbunden ist [875]. Dabei ist aber bloßes Unvermögen nicht ausreichend und ein Rechtsmißbrauch ist auf extreme Ausnahmefälle (§ 242 BGB) begrenzt[876]. Der Käufer kann dann Schadensersatz verlangen oder vom Vertrag zurücktreten.

Schließlich erlischt der Erfüllungsanspruch mit Rücktritt (§ 325 BGB) oder mit Ablauf einer nach § 326 I gesetzten Nachfrist (§ 326 I 2 BGB)[877].

d) Ausschluss der Haftung

Zu unterscheiden ist auch hier zwischen den gesetzlichen und vertraglichen Ausschlussgründen. Es soll hier nur auf die Ausschlussgründe für bewegliche Sachen eingegangen werden.

---

870 *Staudinger/Köhler*, § 440 Rn. 10; *Soergel/Huber*, § 440 Rn. 28 a; *BGH* NJW 1997, 938, 939. Der Käufer kann daher auf Verschaffung des Eigentums auch dann klagen, wenn er weiss, dass ein Dritter Eigentümer ist. Der Käufer kann dann nach § 887 ZPO die Zwangsvollstreckung betreiben und selbst dem Dritten das Eigentum abkaufen, vgl. *Staudinger/ Köhler*, a.a.O..

871 *Staudinger/Köhler*, § 440 Rn. 10.

872 *MünchKomm/Westermann*, §§ 440, 441 Rn. 3; *Soergel/Huber*, § 440 Rn. 11; *BGH* NJW 1969, 837 f..

873 *Soergel/Huber*, § 440 Rn. 29.Verlangt der Käufer allerdings das erlangte Surrogat heraus, so bleibt er zur Kaufpreiszahlung verpflichtet (vgl. § 323 II BGB).

874 *Soergel/Huber*, § 440 Rn. 28 a; Staudinger/Köhler, § 440 Rn. 10; *BGH* NJW 1988, 669, 670 m.w.N. (Aufwendungen in Höhe des 33-fachen des Verkaufswertes).

875 *BGHZ* 62, 388, 390 f.; *BGH* NJW 1988, 699, 700.

876 *Soergel/Huber*, § 440 Rn. 28 a.

877 *Palandt/Putzo*, § 434 Rn. 8.

(1) Gesetzlicher Ausschluss

Gem. § 439 I BGB ist die Haftung für Rechtsmängel ausgeschlossen, wenn der Käufer den Mangel bei Vertragsschluss[878] *kennt;* grob fahrlässige Unkenntnis genügt nicht[879].

Umstritten ist, ob § 439 I BGB nur Schadensersatzansprüche oder aber auch den Erfüllungsanspruch auf Verschaffung des lastenfreien Eigentums des Käufers ausschließt. Eine Ansicht vertritt, dass nur Schadensersatzansprüche ausgeschlossen seien, da nur diese voraussetzten, dass der Verkäufer den Rechtsmangel „zu vertreten" habe[880].

Nach anderer Ansicht sind sämtliche Ansprüche des Käufers ausgeschlossen, mithin auch der Erfüllungsanspruch[881]. Zutreffend wird dabei auf den Sinn und Zweck des § 439 I BGB verwiesen. Dieser ist darin zu sehen, dass der Käufer, der eine Sache in Kenntnis des Rechtsmangels kaufe, damit regelmäßig zum Ausdruck bringe, die Ware „so wie sie ist" erwerben zu wollen. Er verzichtet damit auf sämtliche Ansprüche[882].

Ferner ist umstritten, ob § 439 I BGB auch das fehlende Eigentum des Verkäufers einschließt. Während nach einer Ansicht das fehlende Eigentum nicht unter § 439 I BGB fällt[883], wendet die wohl überwiegende Meinung diese Norm grundsätzlich auch auf das Eigentum an[884]. Dabei ist nach der h.M. zutreffend die Auslegung im Einzelfall maßgeblich[885].

Der Verkäufer trägt die *Beweislast* für die Kenntnis des Käufers[886].

Gem. § 439 II BGB hat der Verkäufer trotz der Kenntnis des Käufers Schiffshypotheken und Pfandrechte zu beseitigen, es sei denn, § 439 II BGB ist abbedungen.

---

878 Kenntnis erst zum Zeitpunkt der Erfüllung schadet dem Käufer daher nicht, vgl. *Palandt/Putzo,* § 439 Rn. 2.

879 *MünchKomm/Westermann*, § 439 Rn. 4; *Staudinger/Köhler*, § 439 Rn. 10.

880 *Jauernig/Vollkommer*, § 439 Rn. 3; *BGH* WM 1987, 986, 988.

881 *Erman/Grunewald*, § 439 Rn. 1; *Soergel/Huber*, § 439 Rn. 7 ff. *MünchKomm/Westermann*, § 439 Rn. 1; *Staudinger/Köhler,* § 439 Rn. 19.

882 *Soergel/Huber*, § 439 Rn. 7. Ferner wird angeführt, dass der Käufer sonst über § 283 BGB im Ergebnis doch zu einem Schadensersatzanspruch kommen könne, vgl. *MünchKomm/Westermann*, § 439 Rn. 1; *Soergel/Huber*, § 439 Rn. 8.

883 *Palandt/Putzo*, § 439 Rn. 2; *Knöpfle*, NJW 1991, 889, 890 (der die Auffassung vertritt, dass fehlendes Eigentum kein Rechtsmangel sei)

884 *MünchKomm/Westermann*, § 439 Rn. 2; *Erman/Grunewald*, § 439 Rn. 1; *BGH* NJW 1954, 1366; im Ergebnis ebenso, *BGB-RGRK/Mezger*, § 439 Rn. 1; *Staudinger/Köhler,* § 439 Rn. 4.

885 *MünchKomm/Westermann*, § 439 Rn. 2.

886 *Staudinger/Köhler*, § 439 Rn. 23; *BGH* WM 1987, 1371, 1372.

(2) Vertraglicher Ausschluss

§ 434 BGB enthält dispositives Recht, so dass die Haftung für Rechtsmängel ausgeschlossen werden kann[887].

Gem. § 443 BGB ist eine Beschränkung oder ein Ausschluss der Haftung für Rechtsmängel dann nichtig, wenn der Verkäufer den Mangel *arglistig verschwiegen* hat.

Eine Freizeichnung von Rechtsmängeln in den AGB fällt nicht unter § 11 Nr. 10 a AGBG, da nur Sachmängel unter den Anwendungsbereich der Norm fallen. Jedoch kann ein vollständiger Ausschluss der Rechtsmängelhaftung in den AGB gem. § 9 AGBG unwirksam sein[888].

e) Verjährung

Der Anspruch des Käufers auf Beseitigung des Rechtsmangels verjährt in 30 Jahren (§ 195 BGB)[889].

f) *ius variandi* und Übergang zu anderen Rechtsbehelfen

Wie sich aus § 440 I BGB ergibt, bestimmen sich die Rechte des Käufers nach den §§ 320 bis 327 BGB. Das Wahlrecht hinsichtlich der Rechtsbehelfe des Käufers ergibt sich insofern nach diesen Vorschriften.

Danach steht dem Käufer grundsätzlich *zunächst „nur"* ein Anspruch auf Eigentumsverschaffung (§ 433 I BGB) bzw. auf Beseitigung von Rechten Dritter (§§ 433 I, 434 BGB) zu[890]. Denn um weitergehende Rechtsbehelfe geltend zu machen, muss der Käufer regelmäßig dem im Verzug befindlichen Verkäufer eine Nachfrist mit Ablehnungsandrohung setzen (vgl. § 326 I BGB).

Bei Rechtsmängeln ergibt sich allerdings die Besonderheit, dass die Rechte der Dritten häufig schon bei Vertragsschluss vorliegen und für den Verkäufer nicht ablösbar sind, beispielsweise, weil der Dritte sich nicht bereit erklärt, aus einem Pachtvertrag auszuscheiden. Teilweise wird deshalb von der Literatur auf Fälle des anfänglichen Unvermögens § 325 BGB angewendet[891].

Die *Rechtsprechung* und ein anderer Teil der Literatur unterscheidet zutreffend danach, ob der Rechtsmangel prinzipiell *behebbar* ist oder nicht; handelt es sich um *behebbare Rechtsmängel*, so bleibt es regelmäßig bei dem Erfordernis der

---

887 *Soergel/Huber*, § 434 Rn. 85.

888 *Soergel/Huber*, § 440 Rn. 63 („im Zweifel unwirksam").

889 *MünchKomm/Westermann*, § 434 Rn. 2.

890 *Soergel/Huber*, § 440 Rn. 8.

891 *Medicus*, SchuldR II, S. 10 Rn. 24; *Larenz*, SchuldR II/1, § 40 II b 3, S. 32 ff.; *Walter*, Kaufrecht, § 4 III 1, S. 121 f..

Nachfristsetzung gem. § 326 I BGB[892]. Mit Ablauf der Nachfrist erlischt dann der Erfüllungsanspruch des Käufers (§ 326 I S. 2 BGB). Ausnahmen vom Erfordernis der Nachfristsetzung bestehen dann[893], wenn der Verkäufer die Erfüllung ernsthaft und endgültig verweigert[894], der Käufer in Folge des Verzugs kein Interesse mehr an der Leistung hat (§ 326 II BGB) oder die Fristsetzung aus anderen Gründen „eine völlig zwecklose und überflüssige Handlung"[895] (bloße Förmelei) ist. Der Käufer kann dann sofort den Rücktritt erklären oder Schadensersatz geltend machen.

Nach ganz h.M. trifft den Verkäufer hinsichtlich der weitergehenden Rechtsbehelfe im Falle des *anfänglichen* Unvermögens eine *Garantiehaftung*. Macht der Käufer bei anfänglichem Unvermögen des Verkäufers über §§ 325, 326 BGB Schadensersatz geltend[896] oder erklärt er den Rücktritt, so kommt es nicht darauf an, ob der Verkäufer sein Unvermögen *zu vertreten* hat oder nicht[897]. Denn der Verkäufer müsse bei Vertragsschluss sein eigenes Leistungsvermögen überprüfen; mit dem Vertragsschluss bringe er zum Ausdruck, dass er die Garantie für seine Leistungsfähigkeit übernehmen wolle[898].

Bei *nachträglicher Unmöglichkeit oder nachträglichem Unvermögen* der Rechtsmangelbeseitigung kann der Käufer ebenfalls Schadensersatz wegen Nichterfüllung verlangen oder vom Vertrag zurücktreten; dies allerdings nur, wenn der Verkäufer die Unmöglichkeit zu vertreten hat (§§ 276, 278 BGB)[899].

---

892 *BGH* NJW 1991, 2700, 2701; *BGH* NJW-RR 1992, 201, 202; *BGH* WM 1987, 1371, 1372; *Soergel/Huber*, § 440 Rn. 13; *Palandt/Putzo*, §§ 440, 441 Rn. 3; *Hager*, Gefahrtragung beim Kauf, S. 181.

893 Diese Ausnahmen sind bei anfänglichem Unvermögen hinsichtlich der Rechtsverschaffung sehr häufig, z.B. wenn sich der Dritte weigert, das Eigentum zu übertragen.

894 *BGH* NJW-RR 1992, 201, 202 (Vermieter leugnete seine Pflicht, dafür zu sorgen, dass Mieter aus verkaufter Wohnung auszieht).

895 *BGH* NJW 1991, 2700, 2701 (Pächterin lehnt eine Beendigung des Pachtverhältnisses ab).

896 Schadensersatz kann der Käufer gem. § 440 II BGB jedoch nur dann verlangen, wenn er wegen des Rechtes eines Dritten, das zum Besitze der Sache berechtigt, die Sache dem Dritten mit Rücksicht auf dessen Recht herausgegeben hat oder sie dem Verkäufer zurückgewährt oder wenn die Sache untergegangen ist.

897 *Staudinger/Köhler*, § 440 Rn. 26; *Palandt/Putzo*, §§ 440, 441 Rn. 4; *Soergel/Huber*, § 440 Rn. 15; *Medicus,* SchuldR II , S. 10 Rn. 24; *Walter*, Kaufrecht, § 4 III 1, S. 121 f; *Reinicke/Tiedtke,* KaufR, S. 97 Rn. 232; BGH NJW 1997, 938, 939 m.w.N.. Im Rahmen des § 326 BGB muss der Verkäufer daher bei anfänglichem Unvermögen den Verzug nicht gem. § 285 BGB zu vertreten haben, vgl. *Staudinger/Köhler,* § 440 Rn. 26. A.A. *MünchKomm/Westermann*, §§ 440, 441 Rn. 8.

898 *BGH* WM 1972, 656, 656; *Brox*, Bes. SchuldR, S. 16 Rn. 30.

899 *Soergel/Huber*, § 440 Rn. 11; *Staudinger/Köhler,* § 440 Rn. 15.

3. Rechtsfolgen

Der Käufer hat einen Erfüllungsanspruch auf Verschaffung des fehlenden Eigentums oder Beseitigung von Rechten Dritter (§§ 433, 434 BGB). Neben dem Erfüllungsanspruch kann der Käufer seinen Verzugsschaden geltend machen, wenn der Verkäufer sich mit der unbeeinträchtigten Rechtsverschaffung in Verzug befindet (§ 286 I BGB).

a) Inhalt des Nacherfüllungsanspruchs

Der Käufer hat einen *klagbaren Erfüllungsanspruch* auf Verschaffung des fehlenden Eigentums (§ 433 I BGB) oder auf die Beseitigung der Rechte, die von einem Dritten gegen ihn geltend gemacht werden können (§§ 433, 434 BGB)[900]. So hat der Käufer beispielsweise einen Anspruch gegen den Verkäufer auf Ablösung von Pfandrechten, die Beseitigung gewerblicher Schutzrechte[901], Ablösung eines Zurückbehaltungsrechts[902] oder Verschaffung des Eigentums[903].

Wie der Verkäufer dabei den Rechtsmangel beseitigt, ist seine Sache. Dies ergibt sich daraus, dass es sich bei dem Anspruch auf Eigentumsverschaffung bzw. auf Rechtsmängelbeseitigung um den „allgemeinen“ Erfüllungsanspruch handelt. Eine konkrete Form der Mängelbeseitigung -wie z.B. beim *Nachlieferungs*anspruch gem. § 480 I BGB- kann der Käufer nicht fordern. Der Verkäufer kann deshalb den Dritten beispielsweise zu einem Verzicht auf das Recht bewegen oder aber die Rechte ablösen. Handelt es sich um eine Gattungsschuld und lastet ein Rechtsmangel nur auf der gelieferten Ware (z.B. ein Pfandrecht), so kann der Verkäufer aus der Gattung eine rechtsmangelfreie Sache liefern[904].

Hat der Käufer den Kaufpreis noch nicht gezahlt, so kann er gegenüber dem Kaufpreisanspruch die *Einrede des nichterfüllten Vertrages* geltend machen (§ 320 BGB)[905].

Liegt ein Rechtsmangel vor, so trägt der Verkäufer die *Gefahr* des zufälligen Untergangs der rechtsmangelhaften Sache[906]. Dieses ergibt sich daraus, dass der

---

900 *Medicus*, SchuldR II, S. 9 f. Rn. 23; *Soergel/Huber*, § 440 Rn. 24; *MünchKomm/Westermann*, § 434 Rn. 1; *Staudinger/Peters*, § 633 Rn. 166.

901 *Staudinger/Peters*, § 633 Rn. 166.

902 *MünchKomm/Westermann*, § 434 Rn. 6.

903 *Soergel/Huber*, § 440 Rn. 24.

904 Eine Konkretisierung gem. § 243 BGB ist noch nicht eingetreten. Denn der Verkäufer hat noch nicht das „seinerseits Erforderliche“ getan (§ 243 II BGB), da die Sache mit einem Rechtsmangel behaftet ist.

905 *Palandt/Putzo*, § 434 Rn. 8; *BGH* NJW 1997, 938, 939.

906 *Soergel/Huber*, § 466 Rn. 58, § 440 Rn. 40 f.. A.A. *Hager*, Gefahrtragung beim Kauf, S. 181 f., wonach der Käufer nach Übergabe der Sache zunächst die Gefahr trage, die erst

Käufer wegen § 350 BGB, der über §§ 326, 327 S. 1 BGB anwendbar ist, trotz zufälligen Untergangs der Sache vom Vertrag zurücktreten kann.

b) Verzugsschaden

Ist dem Käufer infolge des Verzugs mit der Beseitigung eines Rechtsmangels ein Schaden entstanden, so kann er den Verzugsschaden vom Verkäufer ersetzt verlangen (§ 286 BGB), und zwar zusätzlich zum Erfüllungsanspruch[907].

Der Eigentumsverschaffungs- bzw. Rechtsbeseitigungsanspruch des Käufers ist dabei *fällig*, wenn der Anspruch auf Übereignung oder Rechtsverschaffung fällig ist[908].

Des Weiteren muss der Käufer den Verkäufer regelmäßig mahnen (§ 284 I BGB)[909]. Ist die Leistungsverzögerung auf Umstände zurückzuführen, die *nach* Vertragschluss entstanden sind, so muss der Verkäufer den Verzug zu vertreten haben (§ 285 BGB). Im Fall des anfänglichen Unvermögens kommt es auf ein Verschulden des Verkäufers bezüglich des Verzugs nicht an[910]. Aus der von der h.M. vertretenen Garantiehaftung im Fall des anfänglichen Unvermögens ergibt sich, dass der Verkäufer nicht nur eine Garantie zur Rechtsverschaffung überhaupt, sondern auch zur *rechtzeitigen* Rechtsverschaffung übernimmt.

c) Zwangsvollstreckung

Die Zwangsvollstreckung des Erfüllungsanspruchs richtet sich nach § 887 ZPO[911]. Der Käufer kann sich vom Prozessgericht erster Instanz ermächtigen lassen, auf Kosten des Verkäufers das Eigentum des Dritten zu erlangen bzw. die Rechte des Dritten abzulösen.

---

nach fruchtlosem Ablauf einer Nachfrist gem. § 326 BGB auf den Verkäufer zurückfalle. Dem ist nicht zuzustimmen, denn es gilt nichts anderes als bei Sachmängeln; in beiden Fällen ist § 350 BGB anwendbar, der die Gefahrtragung bei mangelhafter Lieferung abschließend regelt. Wie *Huber* (Soergel, § 440 Rn. 41) zutreffend ausführt, muss aber der Käufer trotz Untergangs der Sache eine Nachfrist (§ 326 BGB) setzen. Kann der Verkäufer den Rechtsmangel beseitigen, so entfällt die Möglichkeit des Käufers zurückzutreten; der Käufer trägt dann die Gefahr des zufälligen Untergangs.

907 *Soergel/Huber*, § 433 Rn. 276.

908 *Soergel/Huber*, § 434 Rn. 81.

909 Verweigert der Verkäufer die Rechtsmangelbeseitigung ernsthaft, so ist eine Mahnung entbehrlich, vgl. *BGH* NJW-RR 1992, 201, 202.

910 *Staudinger/Köhler*, § 440 Rn. 26; *Soergel/Huber*, § 440 Rn. 9, 18.

911 Vgl. *Staudinger/Köhler*, § 440 Rn. 10. Es ist aber auch eine Zwangsvollstreckung nach §§ 883 I, 884 ZPO denkbar. Dies ist dann der Fall, wenn bei einer Gattungsschuld nur einzelne Stücke mit einem Recht Dritter belastet sind. Aufgrund des fortbestehenden Erfüllungsanspruchs -eine Konkretisierung gem. § 243 BGB tritt aufgrund des Rechtsmangels nicht ein- kann der Käufer Lieferung einer anderen, rechtsmangelfreien Sache aus der Gattung verlangen. Dieser Anspruch wäre nach §§ 883 I, 884 ZPO vollstreckbar.

D. Der Anspruch auf *Specific Performance* im UCC

Erfüllungsansprüche „in Natur", und zwar sowohl in der Form des allgemeinen Erfüllungsanspruchs als auch in den Formen von Nachbesserungs- und Ersatzlieferungsansprüchen sind im UCC Ausgestaltungen des Anspruchs auf *Specific Performance* gem. § 2-716 (1), (2) UCC[912].

Denn der UCC differenziert im Hinblick auf die Rechtsbehelfe des Käufers nicht nach der Art der Leistungsstörung (Rechtsmangel, Sachmangel, *aliud*, etc.)[913]. Auch unterscheidet der UCC nicht nach der Art und Weise der begehrten Erfüllung (Nachbesserung, Ersatzlieferung, „allgemeiner" Erfüllungsanspruch), so dass der Anspruch auf *Specific Performance* gem. § 2-716 (1), (2) UCC ein einheitlicher Rechtsbehelf ist, der sämtliche Fälle erfasst, in denen der Käufer Erfüllung *irgendeiner* Vertragspflicht des Verkäufers „in Natur" verlangt. Unter § 2-716 (1), (2) UCC fallen daher Ersatzlieferungs- und Nachbesserungsbegehren des Käufers bei Qualitätsmängeln[914], das Nacherfüllungsverlangen bei Quantitätsmängeln und *aliud*-Lieferungen, das Verlangen der Beseitigung von Rechtsmängeln[915] sowie das Begehren des Käufers gegenüber dem Verkäufer, dass dieser bei überhaupt nicht erfolgter Leistung seine Vertragspflichten erfüllt[916].

Dabei setzt sich in § 2-716 (1), (2) UCC die Rechtstradition des *Common Law* fort, wonach Erfüllungsansprüche „in Natur" nur ausnahmsweise gewährt werden und primärer Rechtsbehelf des Käufers ein Schadensersatzanspruch ist[917]. Dies wird dadurch erreicht, dass *Specific Performance* gem. § 2-716 (1) UCC nur dann gewährt wird, wenn der Kaufgegenstand einzigartig („unique") ist, oder wenn sonst Umstände gegeben sind, die einen Erfüllungsanspruch als angebracht erscheinen lassen („other proper circumstances"). Erfüllungsansprüche werden im

---

912 Für Nachlieferung: *Stephan's Mach., ETC. v. D&H Mach.*, 417 N.E.2d 579 ff. (Ohio App. 1979). Für Nachbesserung: *Colorado-Ute Elec. Ass'n, Inc. v. Envirotech Corp.*, 524 F.Supp. 1152 (D.Colo. 1981). Für „allgemeinen" Erfüllungsanspruch: *Eastern Air Lines, Inc.v. Gulf Corp.* 19 UCCRS 721 ff. (SD Fla. 1975). *Kastely*, 63 Wash.L.Rev. 607, 633 f. (1988) („The content of an order for specific performance under Anglo-American law can be quite broad, since a court can order performance of *any act* that a party can legally incur an obligation to perform.").

913 *Ruprecht*, RabelsZ 19 (1954) 427, 446.

914 Für Nachlieferung: *Stephan's Mach., ETC. v. D&H Mach.*, 417 N.E.2d 579 ff. (Ohio App. 1979). Für Nachbesserung: *Colorado-Ute Elec. Ass'n, Inc. v. Envirotech Corp.*, 524 F.Supp. 1152 (D.Colo. 1981).

915 Vgl. *Wolff*, Rechtsmängelhaftung, S. 133.

916 *Sedmark v. Charlie's Chevrolet*, Inc. 31 UCCRS 851 (Mo.Ct.App. 1981).

917 *Yorio*, § 11.2.1, S. 292; *Calamari/Perillo*, § 16-3, S.616; *Farnsworth*, On Contracts III, § 12.6, S. 177.

Ergebnis nur dann gewährt, wenn der Käufer ein nicht zu duplizierendes Interesse gerade an dem (speziellen) Kaufgegenstand hat[918].

Ferner steht der Anspruch auf *Specific Performance* im Ermessen des Gerichts (vgl. § 2-716 (1) UCC: „Specific Performance *may be decreed...*")[919]. Im Rahmen des Ermessen berücksichtigt das Gericht zahlreiche Einreden des Verkäufers gegenüber dem Erfüllungsanspruch, die dem Verkäufer bei einem Schadensersatzbegehren nicht zur Seite stehen würden[920].

Die ablehnende Haltung des *Common Law* hat historische Gründe und geht auf die getrennten Gerichtsbarkeiten von *Law* und *Equity* zurück[921].

Das *Equity*-Recht war dabei eine Billigkeitsrechtsprechung, die nur dann zur Anwendung kam, wenn der Anspruchsteller unbilligerweise „at law" nicht zu seinem Recht kam[922]. Der Anspruch auf *Specific Performance* ist ein *Equity*-Rechtsbehelf[923], stammt also traditionell aus einer „nachrangigen" Rechtsprechung[924].

Aufgrund der ablehnenden Haltung des anglo-amerikanischen Rechts gegenüber Erfüllungsansprüchen befassen sich nur sehr wenige Gerichtsentscheidungen mit der Durchsetzung von Ansprüchen gem. § 2-716 (1) UCC[925]. Die wenigen Entscheidungen betreffen dabei fast ausschließlich Fälle, in welchen der Verkäufer überhaupt nicht geliefert hat[926]. Soweit ersichtlich, befasst sich nur *eine* Ent-

---

918 *Crandall/Herbert/Lawrence*, UCC, § 8.10.2, S. 8:56; *Anderson*, UCC, § 2-716:5.

919 Vgl. *official comment* Nr. 1 zu § 2-716; *Peters*, 73 Yale L.J. 199, 233 (1963);

920 *Yorio*, § 4.1, S. 74 („What distinguishes equitable defences (...) is that they sometimes operate to bar equitable relief but leave the plaintiff free to recover damages at law."). *Summers*, 72 Nw.U.L.Rev. 906, 932 (1978)(„Plainly, this section (§ 2-716, *d.Verf.*) must be supplemented with those various equitable and other principles that historically have governed the availibility of the remedy of specific performance.").

921 Ausführlich *Hunter*, Law of Contracts, § 6.01 ff., S. 6-2 ff.; *Dawson*, 57 Mich.L.Rev. (1959) 495, 534; *Farnsworth*, On Contracts III, § 12.6, S. 170.

922 *Hunter*, Law of Contracts, § 6.01 (2) (a), S. 6-3.

923 *Kronman*, 45 Uni.Chi.L.Rev. 351, 355 (1978); *Ulen*, 83 Mich.L.Rev. 341, 364 (1984); *Treitel*, Int. Ency.Comp.L., Vol. VII, Ch. 16-31, S. 17; *Nordstrom*, S. 479.

924 *Hunter*, Modern Law of Contracts, § 6.01 (2) (c), S. 6-5; vgl. auch *Neufang*, Erfüllungszwang, S. 51 ff., 54.

925 *Crandall/Herbert/Lawrence*, UCC, § 8.10.2, S. 8:62 f. („remarkably few cases"); *Comment*, 33 Uni.Pitt.L.Rev. 243, 244 (1971) („At the present time, there are very few cases which deal with specific performance under the Code, and fewer yet which actually grant it to buyer."); *Treitel*, Int. Encyc. of Comp. Law, Vol VII, Ch. 16-31, S. 18, Fn. 140.

926 Dabei betrifft eine große Anzahl von Fällen den Verkauf von Baumwollernten in den 70iger Jahren, als die Preise für Baumwolle aufgrund einer Knappheit in die Höhe schossen, vgl. *Yorio, § 11.2.1.2, S. 293*, mit Fallzitierungen. Eine weitere Fallgruppe sind Öl und Gaslieferungen während der Ölkrise, vgl. bspw. *Eastern Air Lines, Inc. v. Gulf Oil Corp., 19 UCCRS 721 (SD Fla. 1975).*

scheidung mit einem Nachlieferungsanspruch und *eine* weitere mit der Durchsetzung eines Nachbesserungsanspruch im Sinne dieser Arbeit[927].

Dies liegt daran, dass ein *Nachlieferungsbegehren* regelmäßig daran scheitern würde, dass vergleichbare Ware auf dem Markt erhältlich ist und deshalb von den Gerichten ein Schadensersatzanspruch auf der Basis eines Deckungskaufs als ausreichend angesehen wird[928]. Für den Käufer ist ferner ein Nachlieferungsbegehren nach dem UCC unattraktiv, da ihm ein verschuldensunabhängiger Schadensersatzanspruch auf der Grundlage eines Deckungskaufs („cover", vgl. § 2-712 UCC) zur Verfügung steht[929].

Nachbesserungsansprüche begegnen zudem der Einschränkung, dass amerikanische Gerichte es ablehnen, zerstrittenen Parteien eine Zusammenarbeit -und als solche wird eine Nachbesserung angesehen- durch Urteil aufzuerlegen[930].

I. Stellung des Rechtsbehelfs *Specific Performance* im *Common Law* und UCC

Das *Common Law* steht Erfüllungsansprüchen „in Natur" (*Specific Performance*) ablehnend gegenüber. Die Durchsetzung von Erfüllungsansprüchen durch die Gerichte ist im anglo-amerikanischen Recht deshalb stets restriktiv gehandhabt worden[931]. Bei einem Vertragsbruch des Verkäufers wird grundsätzlich ein Schadensersatzanspruch als ausreichend angesehen[932]. Der Anspruch auf *Specific Performance* bildet die Ausnahme und wird nur dann gewährt, wenn eine Vertragsverletzung durch Schadensersatz unzureichend ausgeglichen würde

927 Für Nachlieferung: *Stephan's Mach., ETC. v. D&H Mach.*, 417 N.E.2d 579 ff. (Ohio App. 1979). Für Nachbesserung: *Colorado-Ute Elec. Ass'n, Inc. v. Envirotech Corp.*, 524 F.Supp. 1152 (D.Colo. 1981). Zum Nachbesserungsanspruch führt *Kastely,* 63 Wash.L.Rev. 607, 634 (1988) aus: „Similarly, courts in common law countries do not normally order a breaching seller to repair defective goods. This form of specific relief simply has not been recognized as a traditional form of specific performance." M.w.N..

928 Vgl. nur *Crandall/Herbert/Lawrence*, § 8.10.2, S. 8:57 („And the ready availibility of substantially identical goods virtually precludes specific performance, unless some other aspect of the transaction is unusual."); *Calamari/Perillo*, § 16-3, S. 616 („Although the Code liberalizes the availibility of specific relief, such relief remains extraordinary rather than the ordinary remedy. (...) Qur legal system will almost always withhold specific relief when the opportunity to cover is present.").

929 Vgl. *Treitel*, Int. Encyc. of Comp. Law, Vol. VII, § 16-31, S. 18, Fn. 140.

930 Vgl. nur *White & Summers*, 3rd ed., § 6-6, S. 276 („Also, equity is by tradition unwilling to order specific performance where it would force parties to work together, especially for any sustained period."); *Corbin*, On Contracts, §§ 1172, 1204.

931 *Peters*, 73 Yale L.J., 199, 231 (1963); *Calamari/Perillo*, § 16-1, S. 611; *Treitel*, Int. Encyc.Comp.L., Vol. VII, § 16-31, S. 17; *Hunter*, Law of Contracts, § 6.01, S. 6-2 f..

932 *Calamari/Perillo*, § 16-1, S. 611; *Clark/Ansay*, Introduction to the Law of the U.S., S. 175; *Farnsworth,* 70 Colum.L.Rev. 1145, 1154 (1970).

(„adequacy-test“), weil der Käufer an der Erfüllung „in Natur“ ein besonderes - durch Schadensersatz nicht zu kompensierendes- Interesse hat (bspw. Erbstücke, Antiquitäten)[933].

Primärer und regelmäßig einziger Rechtsbehelf *des Käufers* ist daher ein Schadensersatzanspruch[934]. Dem *Verkäufer* ist es deshalb nach anglo-amerikanischen Recht möglich, sich von der Erfüllung seiner vertraglichen Verpflichtungen „in Natur“ durch die Zahlung einer Geldkompensation an den Käufer „loszukaufen“.

Der Grundsatz der restriktiven Gewährung von *Specific Performance* gilt auch im UCC fort[935]. Zwar handelt es sich bei dem UCC um kodifiziertes Recht, welches eine Abkehr vom *Case Law* und seinen Rechtsgrundsätzen vermuten ließe. Auch werden die Voraussetzungen für einen Anspruch auf *Specific Performance* in § 2-716 (1), (2) UCC ausdrücklich (und scheinbar abschließend) normiert.

Jedoch sind die Rechtsgrundsätze des *Common Law* (in Form des *Case Law*) weiterhin zu beachten[936]. Denn der UCC basiert zum größten Teil auf dem *Common Law* und enthält deshalb eine Vielzahl auslegungsbedürftiger Rechtsbegriffe, um die Kontinuität einer fallbezogenen Rechtssprechung sicherzustellen[937].

Dieses gilt in besonderem Maße für den *Equity*-Rechtsbehelf der *Specific Performance* gem. § 2-716 (1), (2) UCC[938].

Zum einen beinhaltet § 2-716 UCC im Prinzip nichts anderes als den seit Jahrhunderten bestehenden „adequacy-test“, da nach § 2-716 (1) UCC nur dann ein Erfüllungsanspruch gewährt wird, wenn die Sachen „unique“ sind oder „other proper circumstances“ vorliegen[939].

---

933 *Schwartz*, 89 Yale L.J. 271, 272 (1979); *Ansay/Clark*, Introduction to the Law of the U.S., S. 178; *Friedman*, Contract Remedies, S. 111; *Müller-Chen*, Vertrags-verletzungsfolgen, S. 80 f.; *Duval &Company v. Malcom*, 214 S.E.2d 356, 359 (Sup.Ct.Ga. 1975).

934 *Calamari/Perillo*, § 16-1, S. 611.

935 Vgl. *official comment* Nr. 1 zu § 2-716 („The present section continues in general prior policy as to specific performance and injunction against breach“); *Yorio*, § 11.2.1.1, S. 292; *Farnsworth*, On Contracts III, § 12.6, S. 177 („The Code does not reject the adequacy test, and specific performance remains the exception rather than the rule under contracts for the sale of goods.“); *Nordstrom*, S. 480.

936 *Reimann/Ackmann*, Einführung in das US-Privatrecht, S. 23; *Quinn*, UCC, §-102 (A) („The Code by no means covers all aspects of commercial transactions but, rather, assumes the continuing existence of a larger body of pre-Code and non-Code law on which it rests for support.“) *Summers*, 72 Nw.U.L.Rev., 903 ff. (1978) (zur Anwendung der *„equitable priniples“* im UCC).

937 *Hunter*, Law of Contracts, § 1.01, S. 1-2 f..

938 *Summers*, 72 Nw.U.L.Rev. 903, 932 (1978).

939 *Farnsworth*, On Contracts III, § 12.6, S. 177; *Yorio*, § 11.2.1.1, S. 292. *Restatement 2nd*, Contracts, Introductory Note to § 357. Zur (vermeintlichen) Erweiterung des Anwendungsbereich von *Specific Performance* unter dem UCC, vgl. unten Gliederungspunkt *D. V. 2. a)*.

Zum anderen hat der Käufer selbst dann keinen zwingenden Anspruch auf *Specific Performance*, wenn die Tatbestandsvoraussetzungen des § 2-716 UCC erfüllt sind. Vielmehr verbleibt dem Gericht ein Ermessen hinsichtlich der Gewährung eines Erfüllungsanspruchs (vgl. § 2-716 (1) UCC)[940]. Über dieses Ermessen wird auch der Generalklausel § 1-103 UCC zur Geltung verholfen. Nach § 1-103 UCC ergänzen die Grundsätze von „law and equity" den UCC, soweit nichts anderes in den einzelnen Normen geregelt ist[941]. § 2-716 UCC ist dabei der Hauptanwendungsfall der Generalklausel des § 1-103 UCC[942]. Deshalb sind insbesondere die zahlreichen *Equity*-Einreden zu berücksichtigen, die dem Verkäufer gegenüber dem Anspruch auf *Specific Performance* zur Verfügung stehen und diesen Rechtsbehelf -über den „adequacy-test" hinaus- erheblich einschränken[943].

In *dogmatischer* Hinsicht ist der Anspruch auf *Specific Performance* im UCC als Rechtsbehelf („remedy") ausgestaltet[944]. Der Anspruch auf Erfüllung „in Natur" ist also *nicht* die logische Konsequenz der vertraglichen Verpflichtung des Verkäufers. Es wird vielmehr -anders als regelmäßig im BGB- zwischen der Verletzung einer Vertrags*pflicht* durch den Verkäufer einerseits und den daraus resultierenden Sanktionen (Rechtsbehelfen) andererseits unterschieden. Wie bereits ausgeführt, sanktioniert dabei der UCC Verletzungen des Pflichtenprogramms durch den Verkäufer grundsätzlich mit dem Rechtsbehelf des Schadensersatzes; nur ausnahmsweise steht dem Käufer als Rechtsbehelf (Sanktion) die Durchsetzung der vertraglichen Verpflichtung „in Natur" zur Verfügung.

---

940 Vgl. *official comment* Nr. 1 zu 2-716.

941 § 1-103 UCC lautet: „*Supplementary General Principles of Law Applicable.*- Unless displaced by the particular provisions of this Act, the principles of law and equity, including the law merchant and the law relative to capacity to contract, principal and agent, estoppel, fraud, misrepresentation, duress, coercion, mistake, bankruptcy, or other validating or invalidating cause shall supplement its provisions."

942 *Summers*, 72 Nw.U.L.Rev., 906, 932 (1978), der im Hinblick auf § 2-716 UCC ausführt: „Plainly, this section must be supplemented with those various equitable and other principles that historically have governed the availability of the remedy of specific performance. Given the history of „law and equity" in Anglo-American systems, it might also be natural to think this (is, *d.Verf.*) the *only* province of section 1-103." Vgl. auch *White & Summers*, 5th ed., § 6, S. 20, die ausführen, dass der UCC nur die *Law*-Rechtsgrundsätze („legal principles") kodifiziert, nicht aber die *Equity*-Rechtsgrundsätze. Dies solle durch § 1-103 UCC sichergestellt werden.

943 Zu diesen „defences" ausführlich *Yorio*, § 1.3, S. 11 ff., §§ 4, 5, S. 73 ff.; *Neufang*, Erfüllungszwang, S. 155 ff. *Kaiser Trading Comp. v. Ass. Metals & Minerals* 321 F.Supp. 923 (N.D.Cal. 1970); *Campell Soup Co. v. Wentz*, 172 F.2d 80 (3rd Cir.1948).

944 Vgl. *Wallach*, UCC, S. 9-1; *Walt*, 26 Tex.Int'l.L.J. 211, 225 Fn. 64 (1991); *Peters*, Yale L.J. 199, 231 (1963).

II. Überblick über die Rechtsbehelfe des Käufers im UCC

Der UCC unterscheidet anders als das BGB nicht nach den unterschiedlichen Arten der Leistungsstörungen. Alle Fälle von Leistungsstörungen werden in Art. 2-601 UCC zusammengefasst[945].

Entscheidend ist nach Art. 2-601 UCC lediglich, dass die Leistung in irgendeiner Weise *nicht vertragsgemäß* ist[946]. Es entfällt daher die Unterscheidung zwischen Verzug, Unmöglichkeit, Sach- und Rechtsmängelgewährleistung; auch wird nicht zwischen Haupt- und Nebenpflichtverletzungen differenziert[947]. Grundsätzlich gilt dabei die sog. „perfect tender rule", d.h. die angebotene Leistung muss in jeder Hinsicht den vertraglichen Vereinbarungen entsprechen[948].

Ob eine Sache *vertragsgemäß* ist, bestimmt sich im Hinblick auf Sach- und Rechtsmängel nach den *„express und implied warranties"* des UCC (§§ 2-312 - 2-315 UCC)[949].

Welche Rechtsbehelfe dem Käufer zur Verfügung stehen, ist im UCC davon abhängig, ob der Käufer die nicht vertragsgemäße Ware i.S.d. UCC zurückweist oder akzeptiert (vgl. §§ 2-711, 2-714 UCC).

Da die Annahme („acceptance") somit für die dem Käufer zur Verfügung stehenden Rechtsbehelfe eine entscheidende Rolle einnimmt[950], regeln die §§ 2-602 bis 2-607 UCC das Verfahren der Zurückweisung, Fiktionen der Annahme, Rügeobliegenheiten und weitere Folgen der Annahme sehr detailiert[951].

Unter den Voraussetzungen des § 2-608 UCC kann der Käufer seine Annahme widerrufen mit der Folge, dass er so behandelt wird, als habe er die Sache zurückgewiesen (vgl. § 2-608 (3) UCC).

---

945 § 2-601 UCC lautet: „Subject to the provisions of this Article on breach in installment contracts (Section 2-612) and unless otherwise agreed under the sections on contractual limitations of remedy (Sections 2-718 and 2-719), if the goods or the tender of delivery *fail in any respect to conform to the contract,* the buyer may (a) reject the whole; or (b) accept the whole; or (c) accept any commercial unit or units and reject the rest".

946 *Quinn,* UCC, § 2-601 (A) (4).

947 *Ruprecht,* RabelsZ 19 (1954), 427, 434, 446; *Williston,* On Sales III, § 25-1, S. 615.

948 *Herbert/Crandall/Lawrence*, § 6.4; S. 6:6; *Stone*, UCC, S. 92; *Wallach*, UCC, S. 9-12.

949 Vgl. *official comment* Nr. 4 zu 2-313 („(...) the whole purpose of the law of warranty is to determine what it is that the seller has in essence agreed to sell, (...).").

950 Vgl. *Quinn*, UCC, § 2-606, (A), (1).

951 Weitere Folgen der „acceptance" sind: (a) der Käufer muss den Kaufpreis zahlen, § 2-607 (1) UCC, (b) der Käufer verliert die Möglichkeit, die Ware zurückzuweisen, § 2-607 (2) UCC; (c) die Beweislast bezüglich des Vertragsbruchs geht auf den Käufer über, § 2-607 (4).

1. Die Rechte des Käufers bei Nichtlieferung und Zurückweisung der Sache

Hat der Käufer die Sache berechtigterweise zurückgewiesen, die Annahme widerrufen oder hat der Verkäufer überhaupt nicht geliefert, so kann der Käufer die in § 2-711 UCC aufgeführten Rechte geltend machen.

Der Käufer kann nach § 2-711 (1) UCC den Vertrag aufheben („cancellation"). Die „cancellation" ist nach § 2-106 (4) UCC gleichbedeutend mit der „termination" (Beendigung des Vertrages, § 2-106 (3) UCC). Das bedeutet, dass mit der „cancellation" alle noch ausstehenden Vertragspflichten erlöschen (§ 2-106 (4)), wobei der Käufer jedoch sämtliche Rechtsbehelfe behält[952].

Die „cancellation" ist *unabhängig* von Schadensersatzansprüchen des Käufers und dem Anspruch auf Rückgewähr des Kaufpreises. Denn der Käufer kann unabhängig von einer „cancellation" des Vertrages, bei nicht vertragskonformer Erfüllung den bereits gezahlten Kaufpreis zurückverlangen und Schadensersatz geltend machen[953]. Es besteht mithin keine „election of remedies"[954].

Der Käufer hat bei einem Vertragsbruch -unabhängig von der „cancellation"- das Recht, den bereits gezahlten Kaufpreis zurückzuverlangen (§ 2-711 (1) UCC).

Nach § 2-711 (3) UCC steht dem Käufer für diesen Anspruch an der gelieferten Ware ein „security interest" zu, solange er diese im Besitz hat[955].

Es handelt sich hierbei um ein Pfandrecht, das den Käufer berechtigt, die Ware bis zur Rückzahlung des Kaufpreises zurückzubehalten; gewährt der Verkäufer das Gezahlte nicht zurück, so kann der Käufer die Ware gem §§ 2-711 (3), 2-706 UCC verkaufen[956].

---

952 *Stone,* UCC, S. 122; *Ruprecht,* RabelsZ 19 (1954), 427, 443 Fn. 65.

953 § 2-711 (1) UCC: „ (...) the buyer may cancel and *whether or not he has done so* may in addition to recovering so much of the price as has been paid (a) ‚cover' (...)". Der Käufer kann also bspw. die Vertragsaufhebung erklären („cancellation"), den gezahlten Kaufpreis zurückverlangen und Schadensersatz geltend machen, vgl. *Quinn,* UCC, § 2-711 (A) (6). Er kann aber auch den Kaufpreis zurückverlangen und Schadensersatz geltend machen, wenn er keine Vertragsaufhebung erklärt, *Quinn,* UCC, a.a.O..

954 *Anderson*, § 2-711:9 m.w.N.; *Williston,* On Sales II, § 25-4, S. 617; *Vold*, S. 459.

955 Vgl. *Nordstrom,* S. 478; *Irrigation Motor & Pump Co. v. Belcher*, 9 UCCRS 60 (Ct.App.Colo. 1971). Dieses Pfandrecht besteht auch für Ausgaben des Käufers hinsichtlich der Untersuchung, des Empfangs, des Transports und der Verwahrung der Sache, die gem. § 2-715 (1) UCC den „incidential damages" darstellen (vgl. § 2-711 (3) UCC).

956 § 2-711 (3) ist auch insofern von großer Bedeutung, als dass der Käufer, um die Rechte aus § 2-711 geltend machen zu können, die fehlerhafte Sache *zurückweisen* muss. Würde der Käufer die Sache ohne die Vorschrift des § 2-711 (3) UCC behalten, um sich zu sichern, so liefe er Gefahr, die Ware i.S.d. § 2-606 UCC akzeptiert zu haben. Er würde dann aber die Rechte aus § 2-711 UCC verlieren und müsste den vollen Kaufpreis bezahlen (§§ 2-607 (1), 2-709 (1) (a) UCC). Der Käufer muss deshalb die Sache aufgrund seines Pfandrechts aus § 2-711 (3) UCC lediglich „verbal" zurückweisen; dieses allerdings unbedingt, vgl. *Quinn,*

Der Käufer kann ferner, wenn er die Ware zurückgewiesen hat, *Schadensersatz* verlangen[957]. Dabei stellt der UCC bei Zurückweisung der Ware zwei Berechnungsmethoden des Schadensersatzes zur Verfügung, und zwar auf der Grundlage eines Deckungskaufs („cover", § 2-712 UCC) oder anhand des Marktpreises (§ 2-713 UCC).

Der Käufer *kann*[958] seinen Schadensersatzanspruch *konkret* aufgrund eines Deckungskaufs berechnen[959]. Ein Deckungskauf ist nach § 2-712 (1) UCC ein angemessener („reasonable"), in gutem Glauben und unverzüglich vorgenommener Erwerb von Waren oder der Abschluss eines Kaufvertrages über solche, als Ersatz für die von dem ursprünglichen Verkäufer zu liefernde Ware[960]. Der Käufer kann dann nach § 2-712 (2) UCC als Schadensersatz von dem vertragsbrüchigen Verkäufer die Differenz zwischen den Kosten des „cover" und dem vertraglich vereinbarten Preis zuzüglich des „incidential and consequential damages" (§ 2-715 UCC) verlangen[961]. Der Käufer muss sich jedoch die Ersparnisse anrechnen lassen, die er aufgrund der Vertragsverletzung gemacht hat (§ 2-712 (2) UCC).

Nach §§ 2-711 (2), § 713 UCC hat der Käufer die Möglichkeit, seinen Schadensersatzanspruch *abstrakt* anhand des Marktpreises zu berechnen. Es handelt sich hierbei um den traditionellen Rechtsbehelf des *Common Law*[962].

Der Käufer hat nach § 2-713 (1) UCC Anspruch auf die Differenz zwischen dem Marktpreis und dem vertraglich vereinbarten Preis zuzüglich des „incidential and consequential damages". Abzusetzen sind auch hier die infolge des Vertragsbruchs eingesparten Aufwendungen (§ 2-713 (1) UCC). *Zeitlich* ist dabei der

---

UCC, § 2-711 (A) (4); *Irrigation Motor & Pump Co. v. Belcher,* , 9 UCCRS 60 (Ct.App.Colo. 1971).

957 Der Käufer kann allerdings gem. § 2-714 UCC auch dann Schadensersatz verlangen, wenn er die Ware akzeptiert. Dieser Schadensersatzanspruch kann aber geringer ausfallen, vgl. zur Berechnung, vgl. *White & Summers*, 5th ed.,§ 10-2, S. 375 ff..

958 Der Käufer ist nicht verpflichtet, einen Deckungskauf vorzunehmen (vgl. § 2-712 (3) UCC). Nimmt er keinen Deckungskauf vor, so gehen ihm keine Rechte verloren, *Anderson,* § 2-712:5; *Williston,* On Sales III, § 25-23, S.660 f.. Jedoch soll die Schadensberechnung durch einen „cover" die „consequential damages" minimieren („The two remedial meanings of cover", vgl. *Dobbs*, § 12.16 (3), S. 840). Der Käufer kann deshalb regelmäßig nicht als „consequential damages" Schäden geltend machen, die bei rechtzeitigem Deckungskauf vermieden worden wären, vgl. *Williston*, On Sales III, § 25-23, S. 661.

959 Die Berechnungsmethode des „cover" wurde im UCC neu eingeführt (der Unif.S.A. sah diese Berechnungsform nicht vor). Hiermit sollten die Schwierigkeiten der Berechnung des „market price" vermieden werden, vgl. *Nordstrom,* S. 440.

960 Der Käufer handelt bei einem Deckungskauf dann in gutem Glauben, wenn er nicht wissentlich und ohne Grund eine teurere Ware anstatt der günstigeren kauft, vgl. *White & Summers,* 5th ed., § 6-3, S. 245. Ein übermäßiges Suchen nach der billigsten Ersatzware ist dem Käufer nicht zuzumuten, vgl. *official comment* Nr. 2 zu 2-712 UCC.

961 Der Käufer muss sich jedoch die Ersparnisse anrechnen lassen, die er aufgrund der Vertragsverletzung gemacht hat, vgl. § 2-712 (2) UCC.

962 *Ruprecht*, RabelsZ 19 (1954), 427, 445.

Marktpreis ausschlaggebend, welcher galt, als der Käufer von dem Vertragsbruch Kenntnis erlangte („(...)at the time when the buyer learned of the breach (...).“.

Unter bestimmten, weitergehenden Voraussetzungen kann der Käufer *Herausgabe* („replevin“) oder *Erfüllung „in Natur“* (*Specific Performance*) verlangen (§§ 2-711 (2) (b), 2-716 (1) (3) UCC).

Einen Anspruch auf *Herausgabe* („replevin“) hat der Käufer, wenn die Sache „identified“ ist[963]. Dieses ist gem. § 2-501 UCC dann der Fall, wenn die Kaufsache entweder von Beginn an bestimmt war oder aber, wenn Gattungssachen später vom Verkäufer bestimmt wurden (vgl. § 2-501 (1) UCC)[964]. Wurde eine „identification“ i.S.d. § 2-501 UCC vorgenommen, so erlangt der Käufer an der Ware ein „special property“[965], ein eigentumsähnliches Recht, auf welchem der Herausgabeanspruch basiert[966]. Weitere Voraussetzung für den Herausgabeanspruch ist, dass der Käufer erfolglos versucht haben muss, einen Deckungskauf vorzunehmen oder aber ein solcher nach den Umständen aussichtslos erscheint (§ 2-716 (3) UCC).

Das Gericht *kann* den Verkäufer gem. § 2-716 (1) UCC zur Erfüllung des Vertrages „in Natur“ (*Specific Performance*) verurteilen, wenn die Ware „unique“ (einzigartig) ist oder „in other proper circumstances“ (in anderen angebrachten Fällen). Auf *Specific Performance* besteht jedoch kein (zwingender) Anspruch, sondern dieser Anspruch steht im Ermessen des Gerichts[967]. Dem Gericht steht dabei nicht nur Ermessen hinsichtlich der Gewährung von *Specific Performance* zu (dem „Ob“), sondern auch hinsichtlich der Ausgestaltung des Urteilsausspruchs (dem „Wie“). So kann das Gericht gem. § 2-716 (3) UCC nicht nur Erfüllung anordnen, sondern in dem Urteilsausspruch auch die Zahlung des Kaufpreises, Schadensersatz oder andere Abhilfen („relief“) anordnen, wenn es

---

963 Der Käufer hat einen *Anspruch* auf Herausgabe, wenn die Voraussetzungen des § 2-716 (3) UCC vorliegen. „Replevin“ steht anderes als *Specific Performance* nicht im Ermessen des Gerichts, vgl. *Peters,* 73 Yale L. J., 199, 233 (1963).

964 *Quinn,* UCC, § 2-716 (A) (7). Verlädt der Verkäufer die Ware gem. § 2-505 UCC „under reservation“ (unter Vorbehalt) -mit der Verladung nimmt er gleichzeitig die „identification“ vor, vgl. § 2-501 (1) (b) UCC- und behält er sich durch Konnossement ein „security interest“ vor, so hat der Käufer einen Herausgabeanspruch, wenn er den Kaufpreis zahlt und damit das Sicherungsinteresse des Verkäufers wegfällt. Der Herausgabeanspruch geht dann auf Herausgabe der Dokumente, vgl. *official comment* Nr. 5 zu § 2-716 UCC. „Replevin“ ist für den Käufer nur schwer zu erlangen, da er die „identification“ beweisen muss, d.h. eine Tatsache, die regelmäßig nur dem Verkäufer bekannt sein wird, vgl. *Nordstrom,* S. 481 f..

965 *Peters*, 73 Yale L.J. (1963), 199, 233 f..

966 *Quinn*, UCC, § 2-716 (A) (7): „It is the property right that grounds the buyer's right of replevin“. Unter dem Unif.S.A. handelte es sich bei dem Anspruch auf „replevin“ um eine Herausgabeklage aus Eigentum, vgl. Sec. 66 Unif.S.A.; „...the *property* in the goods has passed...“; hierzu, *Wallach,* UCC, S. 9-6 f..

967 Vgl. § 2-716 (1) UCC („Specific performance *may be decreed, ...“).* Vgl. hierzu *official comment* Nr. 1 zu § 2-716 UCC; *Wallach,* UCC, S. 9-1 f..

dieses als gerecht ansieht. Der Ausspruch soll damit auf die Anforderungen der jeweiligen Situation abgestimmt werden[968].

Schließlich besteht noch ein Herausgabeanspruch nach §§ 2-711 (2) (a), 2-502 UCC. Zwar ist dieser Anspruch in das Rechtsbehelfssystem für Vertragsbrüche des UCC aufgenommen worden, jedoch handelt es sich vielmehr um einen Herausgabeanspruch gegen den Verkäufer[969], wenn dieser vor Lieferung insolvent geworden ist und der Käufer bereits Zahlungen auf die Ware geleistet hat[970]. Voraussetzung ist, dass der Käufer den Kaufpreis ganz oder teilweise gezahlt hat, er durch eine „identification" an der Sache ein „special property" (s.o.) erlangt hat und der Verkäufer bis zu 10 Tagen nach der ersten Zahlung insolvent geworden ist[971].

2. Die Ansprüche des Käufers bei Annahme der Sache

Hat der Käufer die Ware im rechtstechnischen Sinne des § 2-606 UCC „akzeptiert" und kann er die Annahme nach § 2-608 UCC nicht mehr widerrufen, so richten sich seine Ansprüche nach § 2-714 UCC[972].

Auch bezüglich des Schadensersatzsanspruchs nach § 2-714 UCC ist die Form der Leistungsstörung unerheblich. Es kann sich also um jede Art der Vertragswidrigkeit handeln (Verzug, falsche Verpackung, etc.)[973].

Mit § 2-714 UCC geht die Bestimmung des § 2-717 UCC einher, die es dem Käufer erlaubt, den Schadensersatz vom noch zu zahlenden Kaufpreis abzuziehen[974].

Voraussetzung für einen Schadensersatzanspruch nach § 2-714 UCC ist, dass der Käufer dem Verkäufer die Nonkonformität innerhalb einer angemessenen Zeit, nachdem er den Mangel festgestellt hat oder festgestellt haben sollte, anzeigt (§§ 2-714 (1) i.V.m. § 2-607 (3) (a) UCC)[975].

---

968 *Quinn*, UCC, § 2-716 (A) (2).

969 Und zwar ähnlich wie der Anspruch auf „replevin", vgl. *Wallach*, UCC, S. 9-6 f..

970 *Quinn*, UCC, § 2-502 (A) (1).

971 Legaldefiniton der Insolvenz in § 1-201 (23) UCC. Der Herausgabeanspruch ist für den Käufer insofern nur schwer zu erlangen, als er sowohl die Insolvenz des Verkäufers zu beweisen hat, als auch, daß die Insolvenz 10 Tage nach der ersten Zahlung eintrat, vgl. *Peters*, 73 Yale L.J. (1963), 199, 235.

972 Unerheblich ist dabei, ob die „acceptance" deshalb erfolgt, weil der Käufer trotz des Mangels die Ware behalten möchte oder aber die „acceptance" aufgrund § 2-606 UCC fingiert wird.

973 *Official comment* Nr. 2 zu 2-714; *Crandall/Herbert/Lawrence*, § 8.7., S. 8:37.

974 *Crandall/Herbert/Lawrence*, § 8.7, S. 8:40.

975 Die Anzeige muss den Mangel dabei nicht im Einzelnen spezifizieren, vgl. *official comment* Nr. 4 zu § 2-607.

Zeigt der Käufer den Mangel nicht an, so ist er von jeglichen Rechtsbehelfen ausgeschlossen (§ 2-607 (3) (a)).

Der Käufer kann bei Annahme der Sache gem. § 2-714 (1) UCC als Schadensersatz den Schaden ersetzt verlangen, der sich aus dem Vertragsbruch bei einem „gewöhnlichen Verlauf" vernünfigerweise ergibt. Diese eher nichtssagende Formel soll lediglich anzeigen, dass das Gericht einen gerechten Schadensersatz gewähren soll[976].

Liegt die Vertragsverletzung in einem „breach of warranty", so bemisst sich der Schadensersatz nach der Differenz des Wertes der akzeptierten, vertragswidrigen Ware und dem hypothetischen Wert der Ware, den sie hätte, wenn sie „warranty"-konform wäre (vgl. § 2-714 (2) UCC)[977]. Ist durch das Fehlen ein konkreter, direkter Schaden eingetreten, so bemisst sich der Schadensersatzanspruch hiernach (vgl. § 2-714 (2) UCC). So sind insbesondere die Kosten einer Reparatur oder von Ersatzteilen zu ersetzen[978].

Der Käufer kann darüber hinaus den „incidential and consequential damages" verlangen (vgl. § 2-714 (3) UCC).

III. Rechtsnatur und Entstehungsgeschichte der *Specific Performance*

Das anglo-amerikanische Recht - basierend auf dem englischen Recht - unterscheidet zwischen *Law-* und *Equity*-Rechtsbehelfen. Der Anspruch auf *Specific Performance* ist dabei ein *Equity*-Rechtsbehelf[979]. Diese Unterscheidung der Rechtsbehelfe basiert auf der historischen Trennung von *Equity*-Gerichten („Courts of Chancery") und *Common Law*-Gerichten und hat trotz der Zusammenlegung der Gerichte in den USA bis heute Bestand[980]. Die ablehnende Haltung des *Common Law* gegenüber *Specific Performance* ist dabei weitgehend auf diese historische Trennung der Gerichtsbarkeiten von *„Law Courts"* und *„Courts of Chancery"* zurückzuführen[981].

---

976 *Crandall/Herbert/Lawrence*, § 8.7, S. 8:38.

977 Hierzu *Anderson,* § 2-714:15.

978 *White & Summers*, 5th ed., § 10-2, S. 376 f..; *Williston*, On Sales III, § 25-33, S. 675; *Davis Indus. Sales, Inc.v. Workaman Constr. Co.,* 856 S.W.2d 355, 360 (Mo.App. 1993); *Hospital Computer Sys., Inc. v. Staten Island Hosp.,* 18 UCCRS2d 140, 150 f. (D.N.J. 1992).

979 *Kronman*, 45 Uni.Chi.L.Rev. 351, 355 (1978); *Ulen*, 83 Mich.L.Rev. 341, 364 (1984); *Treitel*, Int. Ency.Comp.L., Vol. VII, Ch. 16-31, S. 17; *Friedman*, Contract Remedies, S. 111.

980 Vgl. *Hunter*, Law of Contacts, § 6-01, S. 6-2; *Treitel*, Int. Encyc. of Comp. Law, Vol. VII; Ch. 16-31, S. 17.

981 *Dawson*, 57 Mich.L.Rev. 495, 532 ff. (1959); *Farnsworth,* 70 Colum.L.Rev. 1145, 1154 f. (1970); *Hunter*, Law of Contracts, § 6.01, S. 6-2 ff..

In der altenglischen Ursprungszeit waren *Common Law*-Gerichte und *Equity*-Gerichte zwei voneinander getrennte Gerichtsbarkeiten.

Das *Common Law* war ein Aktionensystem[982]. Die Durchsetzung eines Anspruchs setzte die Existenz einer darauf zugeschnittenen Klageform, eines sogenannten *writs* voraus[983]. Bestand kein für den Lebenssachverhalt passendes *writ*, so konnte ein Begehren nicht vor königlichen Gerichten vorgebracht werden und ein Anspruch war nicht gegeben[984].

Die engen Grenzen dieses Aktionensystems, das kaum Einwendungen wegen Bösgläubigkeit, Rechtsmissbrauch etc. zuließ und weitgehend auf Schadensersatz begrenzt war[985], führten zwangsläufig zu Unbilligkeiten, da nicht alle Lebenssachverhalte hinreichend abgedeckt werden konnten[986].

Aufgrund dieser Unbilligkeiten entwickelte sich das *Equity*-Recht und deren Gerichtsbarkeit. Diejenigen, die nach dem streng formalen *Common Law* und dessen eingeschränkten Möglichkeiten der *writs* nicht zu ihrem Recht gekommen waren, konnten sich direkt an den König als Garanten für Gerechtigkeit und Billigkeit wenden[987]. Es handelte sich insofern bei der *Equity*-Rechtssprechung ursprünglich um einen Billigkeitsausspruch des Königs in Härtefällen[988].

Equity wurde bald durch den Kanzler des Königs als „keeper of the King's conscience" gewährt. Die *Equity* Rechtsprechung entwickelte sich dann im 15. Jahrhundert zu einer eigenen Rechtsordnung und Gerichtsbarkeit („Courts of Chancery"), die mit den ordentlichen Gerichten konkurrierten[989].

Die *Chancellor* konnten einer Partei durch Verfügung („injunction") verbieten, dass sie einen Prozess vor den *Common Law* Gericht einleitete, weiterbetrieb oder ein bestimmtes Urteil vollstreckte[990].

---

982 *Hay*, Einführung in das amerikanische Recht, S. 5; *Zweigert/Kötz*, § 14 II, S. 183; Zu den Unterschieden zwischen römischem und dem *Common Law*, vgl. *Parker*, Das Privatrecht der USA, S. 25.

983 *Hay*, Einführung in das amerikanische Recht, S. 5. Die *writs* waren schriftliche Befehle des Monarchen an einen Sheriff oder andere Gerichtsherrn, womit diese aufgefordert wurden, bestimmte prozessuale Maßnahmen zu ergreifen, vgl. *v.Bernstorff*, Einführung in das englische Recht, S. 3; *Zweigert/Kötz*, § 14 II, S. 183.

984 *V.Bernstorff*, Einführung in das englische Recht, S. 3; *Hay*, Einführung in das amerikanische Recht, S. 5; *Zweigert/Kötz*, § 14 II, S. 181 f..

985 *Reimann/Ackmann*, Einführung in das US-amerikanische Privatrecht, S. 157.

986 *Hunter*, Law of Contracts, § 6.01, S. 6-3; *Zweigert/Kötz*, § 14 III, S. 184.

987 *Hunter*, Law of Contracts, § 6.01, S. 6-3.

988 *Hay*, Einführung in das amerikanische Recht, S. 6.

989 *Hay*, Einführung in das amerikanische Recht, S. 6; *Neufang*, Erfüllungszwang, S. 49. Während anfänglich die Entscheidungen des „Chancellors" noch auf freiem Ermessen beruhten, wurden die Entscheidungen seit Beginn des 16. Jahrhunderts zu Gerichtsentscheidung mit präjudizieller Wirkung, vgl. *Parker*, Privatrecht der USA, S. 25; *Zweigert/Kötz*, § 14 III, S. 185.

990 *V.Bernstorff*, Einführung in das englische Recht, S. 5 f.; *Reimann/Ackmann*, Einführung in das US-Recht, S. 157; *Zweigert/Kötz*, § 14 III, S. 186.

Dies führte im 17. Jahrhundert zu einem schweren Konflikt zwischen den *Common Law Courts* und den *Courts of Chancery*, den der damalige König James I. zugunsten des *Chancellors* entschied[991]. Dabei sollte die *Equity*-Rechtsprechung jedoch auf Sachverhalte beschränkt sein, in denen das *Common Law* keinen ausreichenden Rechtsbehelf zur Verfügung stellte[992]. Es gilt daher der Grundsatz „equity follows the law" bzw. „equity defers to law"; die *Equity* soll lediglich die vom *Common Law* gelassene Lücke ausfüllen, um generellen Rechtsschutz zu gewähren[993]. Hieraus erklärt sich der im Prinzip bis heute bestehende „adequacy-test", der den *Equity*-Rechtsbehelf der *Specific Performance* nur dann dem Käufer zur Verfügung stellt, wenn ihm mit einem Schadensersatzanspruch (einem „law"-Rechtsbehelf) nicht gedient ist; es handelt sich quasi um ein Rudiment der Kompetenzzuweisung zwischen den (damals) konkurrierenden Gerichtsbarkeiten[994].

Die Rechtsprechung der *Equity*-Gerichte unterschied sich von der Rechtsprechung der *Common Law Courts*. Die Rechtsprechung der *Chancery Courts* war durch den Gedanken der Gerechtigkeit und Billigkeit geprägt[995]. Die *Chancellor* betonten das moralische Element von Verträgen und waren daher der Auffassung, dass jede Partei ein eingegangenes Versprechen auch zu erfüllen habe. Diese auf Vertragserfüllung (*Specific Performance*) gerichteten Urteile wurden von den *Common Law Courts* abgelehnt, weil sie nach deren Ansicht eine zu starke Einmischung des Gerichts in privatrechtliche Beziehungen bedeutete[996]. Die *Common Law Courts* verwiesen den Kläger deshalb auf Schadensersatz für die vereinbarte Leistung, weil sie es ablehnten, die Staatsgewalt zur Durchsetzung von privatrechtlichen Ansprüchen einzusetzen.

Ferner hatte der *Chancellor* bezüglich der ausgesprochenen Rechtsfolge weites Ermessen. Ziel der Urteilssprüche des *Chancellors* war es, eine abschließende Gerechtigkeit zwischen den Parteien herzustellen, also ein insgesamt billiges Ergebnis zu finden. Es wurden deshalb sämtliche Umstände und Besonderheiten des Vertrages berücksichtigt[997].

---

991 *Zweigert/Kötz*, § 14 III, S. 186.

992 *V. Bernstorff*, Einführung in das englische Recht, S. 5.

993 *Hunter*, Law of Contracts, § 6.01, S. 6-5; *v. Bernstorff*, Einführung in das englische Recht, S. 5; *Farnsworth,* 70 Colum.L.Rev. 1970, 1145, 1154.

994 *Farnsworth,* 70 Colum.L.Rev. 1145, 1154 (1970); *Dawson*, 57 Mich.L.Rev. 496, 534 (1959); *Treitel*, Int. Encycl. of Comp. Law, § 16-31, S. 17.

995 *Dobbs*, Law of Remedies, § 12.8 (4), S. 811 („Law judges enforced rights; equity judges enforced conscience.")

996 *Hunter*, Law of Contracts, § 6.01, S. 6-4, der ausführt, dass die Betonung des moralischen Elements von Verträgen, auf die kirchliche Herkunft der meisten Chancellor zurückzuführen ist.

997 *Hunter,* Law of Contracts, § 6.01, S. 6-4.

Auch diese Grundsätze bestehen bis heute fort. Zum einen steht der Anspruch auf *Specific Performance* auch nach dem UCC im Ermessen des Gerichts[998]. Zum anderen kann das Gericht in das Urteil solche Klauseln und Bedingungen einbringen, die es für gerecht ansieht[999].

Die Trennung der Gerichte von *Common Law* und *Equity* ist in Amerika heutzutage fast vollständig aufgehoben, so dass grundsätzlich nur noch eine einheitliche Zivilklage existiert[1000]. Jedoch werden die Rechtsbehelfe weiterhin nach *„at law"*- und *Equity*-Rechtsbehelfen klassifiziert[1001]. Prozessual hat ein Kläger nur bei einem *„at law"*- Rechtsbehelf ein von der Verfassung garantiertes Recht auf die Tatsachenfindung durch eine Jury[1002].

IV. Wirtschaftliche Betrachtung von *Specific Performance*

Die historisch bedingte, restriktive Haltung des *Common Law* gegenüber Erfüllungsansprüchen wird in den USA oftmals auch damit gerechtfertigt, dass diese Rechtsanschauung aus wirtschaftlichen Gründen vorzugswürdig sei. Es ist dabei in den USA eine „law and economics" Debatte[1003] in der Literatur bezüglich *Specific Performance* entstanden, wobei die Gegner von Erfüllungsansprüchen[1004] auf Kritik gestoßen sind[1005]. Im Folgenden sollen nur die wichtigsten Argumente beider Seiten kurz aufgezeigt werden:

---

998 Vgl. § 2-716 (1) UCC („Specific performance *may be decreed*...").

999 Vgl. § 2-716 (2) UCC („The decree for specific performance may include such terms and conditions as to payment of the price, damages, or other relief *as the court may deem just.*"). Ferner stehen dem Beklagten zahlreiche Einreden zu, die ebenfalls Billigkeitselemente berücksichtigen.

1000 *Hay,* Einführung in das amerikanische Recht, S. 7; *Neufang,* Erfüllungszwang, S. 55 ff.; Die Verschmelzung der Gerichtsbarkeiten begann im Jahre 1848 in New York, vgl. *Parker*, Das Privatrecht der USA, S. 26.

1001 *Tepper,* Contracts and the UCC, § 9.1, S. 188.

1002 Dieses regelt der 7. Bundesverfassungszusatz der USA (Amendment VII), der lautet:, „(...) in suits *at common law*, where the value in controversy shall exceed twenty dollars the right of trial *by jury* shall be preserved, and no fact tried by a jury shall be otherwise reexamined in any Court of the United States, than according to the rules of the common law." Ausführlich hierzu *Yorio,* § 21, S. 467 ff.; ferner *Ziebarth v. Kalenze,* 238 N.W.2d 261, 267 (Sup.Ct.N.D. 1976).

1003 Vgl. *White & Summers,* 5th ed., § 6-6, S. 231.

1004 Also die Befürworter der bestehenden, restriktiven Haltung gegenüber Erfüllungsansprüchen.

1005 Gegen die Gewährung von Erfüllungsansprüchen: *Yorio,* § 23, S. 517 ff. (mit umfassender Darstellung der Debatte); *Kronman*, 45 U.Chi.L.Rev. 351 ff. (1978); *Farnsworth*, On Contracts III, § 12.3, S. 155 ff.. Für die Gewährung von Erfüllungsansprüchen: *Schwartz,* 89 Yale L.J. 271 ff. (1979); *Ulen,* 83 Mich.L.Rev. 341 ff. (1984); *White & Summers,* 5th ed., § 6-6, S. 231 ff. (die Debatte zusammenfassend).

Die Gegner von Erfüllungsansprüchen vertreten die Ansicht, dass die Gewährung von *Specific Performance* volkswirtschaftlichen Interessen entgegenlaufen würde. Denn durch *Specific Performance* würden die Ressourcen nicht demjenigen zugewiesen, der sie monetär am meisten schätze[1006]. Hat bspw. der Verkäufer dem Käufer Ware für 100 US $ verkauft, findet der Verkäufer aber vor Lieferung der Ware einen Dritten, der hierfür 150 US $ zu zahlen bereit sei, so müsse die Ware an den Dritten gehen, um eine optimale Allokation der volkswirtschaftlichen Ressourcen in Form der Ware sicherzustellen. Hätte der erste Käufer die Ware bspw. für 130 US $ weiterverkaufen können, so könne dieser die Differenz von 30 US $ als Schadensersatz gegen den Verkäufer geltend machen. Einerseits wäre hierdurch keiner der drei Parteien ein nicht kompensierter Schaden entstanden, andererseits hätte jeder seinen Gewinn erhalten und die Ware sei an denjenigen gegangen, der sie monetär am meisten schätze[1007].

Ferner wäre das Justizsystem durch die hohen Gerichtskosten, die durch die Überwachung eines Erfüllungsurteils in der Zwangsvollstreckung entstehen würden, finanziell stärker belastet[1008].

Gegen diese Argumentation wird von Befürwortern von *Specific Performance* vorgebracht, dass auch der erste Käufer die Ware an den Dritten hätte weiterverkaufen können, so dass ebenfalls eine optimale Allokation der Ressourcen sichergestellt sei, aber derjenige den Verkaufsgewinn erhalte, dem er gebühre[1009]. Ferner sei der eigentliche Wert der Sache nicht nur an dem Verkaufspreis zu messen, sondern es seien auch Affektionsinteressen zu berücksichtigen[1010]. Auch würde der moralische Aspekt von Verträgen vernachlässigt[1011].

Schließlich argumentieren die Befürworter von Erfüllungsansprüchen, dass der Käufer, der die Ware vom Verkäufer nicht erhalte, oftmals nicht seinen vollständigen Schaden geltend machen könne („undercompensation")[1012].

Ohne auf diese „law and economics" Debatte eingehen zu wollen, lässt sich mit *White & Summers* feststellen, dass nicht ersichtlich ist, dass die Volkswirtschaften und Rechtssysteme der *Civil Law* Länder unter der Präferenz für Erfül-

1006 *Farnsworth,* On Contracts III, § 12.3, S. 156 f.; *ders.* 27 Am.J.Comp.L. 247, 247 f. (1979).

1007 Dieses Beispiel wird als sog. „efficient breach" bezeichnet, vgl. *Ulen,* 83 Mich.L.Rev. 341, 344 f. (1984); *Farnsworth,* On Contracts III, § 12.3, S. 156.

1008 *Yorio,* § 23.3.3, S. 550 ff.. Hiergegen *Schwartz,* 89 Yale L.J. 271, 292 ff. (1979).

1009 *White & Summers,* 5th ed., § 6-6, S. 232, 234. *Ulen,* 83 Mich.L.Rev. 341, 370 (1984). Hiergegen *Yorio,* § 23.3.2, S. 548 f. (Die „postbreach" Transaktionskosten seien höher, wenn der Käufer auf Erfüllung bestehen könne, um dann an den Dritten zu verkaufen).

1010 *Ulen,* 83 Mich.L.Rev. 341, 365 (1984).

1011 *Ulen,* 83 Mich.L.Rev. 341, 345 (1984); in diese Richtung auch *White & Summers*, 5th ed. § 6-6, S. 234.

1012 *Schwartz,* 89 Yale L.J. 271, 276 (1979) (Zum einen würde der Schaden, der dem Käufer aufgrund der Suche eines zweiten Anbieters entstehe, nicht ersetzt werden, zum anderen bestünden Probleme die genaue Höhe des Schadens festzustellen).

lungsansprüche gelitten hätten[1013]. Auch wird m.E. bei dieser Debatte die Bedeutung des Zeitraums zwischen Vertragsschluss und Lieferung der Ware überbetont[1014].

V. Voraussetzungen des Anspruchs auf *Specific Performance*

Der Anspruch auf *Specific Performance* ist im „Rechtsbehelfkatalog“ des § 2-711 UCC aufgeführt. Sämtliche in § 2-711 UCC genannten Rechtsbehelfe setzen voraus, dass der Verkäufer einen Vertragsbruch, und zwar gleich welcher Art, begangen hat. Hat der Verkäufer dem Käufer Ware angeboten bzw. geliefert, so ist weitere Voraussetzung des § 2-711 UCC, dass der Käufer die Ware i.S.d. §§ 602 ff. UCC zurückgewiesen hat[1015]. Die Rechtsbehelfe des § 2-711 UCC stehen dem Käufer auch dann zur Verfügung, wenn er die Ware zunächst akzeptiert hat, diese „acceptance“ aber gem. § 2-608 UCC widerrufen konnte.

Über die allgemeinen Voraussetzungen des § 2-711 UCC hinaus ist die Gewährung von *Specific Performance* von der Erfüllung besonderer Tatbestandsmerkmale abhängig. Diese besonderen Voraussetzungen sind in § 2-716 (1) UCC normiert, wonach *Specific Performance* nur dann gewährt wird, wenn der Kaufgegenstand einzigartig („unique“) ist oder die Erfüllung „in Natur“ im übrigen angebracht erscheint („other proper circumstances“).

Jedoch steht dem Gericht selbst bei Vorliegen der in § 2-716 (1) UCC aufgeführten Tatbestandsmerkmale Ermessen hinsichtlich der Gewährung von *Specific Performance* zu (vgl. § 2-716 (1) UCC)[1016]. Im Rahmen dieses Ermessens werden die zahlreichen *Equity*-Einreden des Verkäufers berücksichtigt, die über § 1-103 UCC „einstrahlen“ und ein Fortbestehen der „equitable principles“ im UCC sicherstellen sollen[1017].

Im Folgenden sollen zunächst die allgemeinen Voraussetzungen des § 2-711 UCC untersucht werden. Im Anschluss hieran werden die besonderen Tatbe-

---

1013 Vgl. *White & Summers*, 5th ed., § 6-6, S. 234 („We take comfort from the fact that the civil law countries have traditionally allowed specific performance without regard to the adequacy of damages. We see no evidence that their legal systems or economies have suffered from these rules.“)

1014 Denn Ausgangspunkt vieler Argumente für und gegen *Specific Performance* ist der Fall, dass der Verkäufer nach Vertragsschluss mit dem ersten Käufer die Ware an einen Dritten verkauft.

1015 Hat der Verkäufer überhaupt nicht geliefert, so entfällt das Erfordernis der „rejection“, vgl. *Quinn*, UCC, § 2-711 (A) (2) (b).

1016 *Peters*, 73 Yale L.J., 199, 233 Fn. 99 (1963); *official comment* Nr. 1 zu § 2-716.

1017 *Summers*, 72 Nw.U.L.Rev. 906, 932 (1978). Zur Berücksichtigung der *Equity*-Einreden im Rahmen des gerichtlichen Ermessens bei *Specific Performance*-Begehren im Allgemeinen; *Yorio*, § 3, S. 46 ff..

standsmerkmale des Rechtsbehelfs auf *Specific Performance* sowie die im Rahmen des gerichtlichen Ermessens zu berücksichtigenden Einreden des Verkäufers erörtert.

1. Allgemeine Voraussetzungen des § 2-711 UCC

Der UCC unterscheidet nicht nach der Art der Leistungsstörung. *Jegliche* Form einer Leistungsstörung bedeutet einen Vertragsbruch („breach of contract") des Verkäufers, der nach § 2-601 UCC den Käufer zur Zurückweisung der Ware berechtigt und ihm damit die Rechtsbehelfe des § 2-711 UCC zur Verfügung stellt. Sach- und Rechtsmängel, Verzug und Nichterfüllung, *aliud*-Lieferung und Quantitätsmängel werden im Hinblick auf die dem Käufer zur Verfügung stehenden Rechtsbehelfe im UCC gleichbehandelt[1018].

Auch die *Schwere* der Vertragsverletzung spielt im UCC grundsätzlich keine Rolle; es gilt die „perfect tender rule"[1019]. Bei Sukzessivlieferungsverträgen hingegen kann der Käufer nur eine im wesentlichen vertragskonforme Lieferung des Verkäufers verlangen[1020].

Die Haftung des Verkäufers wegen Vertragsbruchs setzt ferner *kein Verschulden* voraus, so dass es sich um eine objektive Einstandspflicht (Garantiehaftung) handelt[1021].

Die weite Fassung des Vertragsbruches in § 2-601 UCC („...fail in *any respect* to conform to the contract...") wird in Bezug auf Sach- und Rechtsmängel im UCC konkretisiert. Diese Konkretisierung erfolgt durch „warranties", die festlegen, wann eine Ware vertragsgemäß ist und wann nicht[1022].

Dabei unterscheidet der UCC „warranties" für Rechts- (§ 2-312 UCC) und Sachmängel (§§ 2-313 - 2-315 UCC). Ferner wird zwischen „express warranties" und „implied warranties" differenziert. Diese vom UCC vorgenommene Unterscheidung hat jedoch *keine* Auswirkung auf die Rechtsbehelfe des Käufers, wenn eine dieser „warranties" verletzt werden. Die Rechtsbehelfe des Käufers sind bei *jeder* Form einer Vertragsverletzung identisch[1023].

1018 *Williston*, On Sales III, § 25-1, S. 615; *Ruprecht*, RabelsZ 19 (1954), 427, 434, 446.

1019 *Crandall/Herbert /Lawrence*, § 6.4; S. 6:6; *Stone*, UCC, S. 92 f.; *White & Summers*, 5th ed., § 8-3, S. 313 f. (zweifelnd).

1020 *Crandall/Herbert/Lawrence*, § 6.4, S. 6:6.

1021 *Aue*, Mängelgewährleistung, S. 11.

1022 Dieser Zweck der „warranties" wird besonders deutlich im *official comment* Nr. 4 zu 2-313, wo es heisst: „The whole purpose of the law of warranty is to determine what it is that the seller has in essence agreed to sell (...).". Vgl. auch *Ruprecht*, RabelsZ 19 (1954), 427, 434; *Cerutti*, S. 324 Rn. 608.

1023 *Nordstrom*, S. 220 („(...) it makes no difference whether that warranty is called express or implied;(...)"); *Anderson*, § 2-313:7; *Ruprecht*, RabelsZ 19 (1954), 427, 434. Die unter-

a) Gewährleistung für Sachmängel

Der UCC unterscheidet hinsichtlich der Sachmängelhaftung zwischen *„express warranties"* und *„implied warranties"*. Aufgrund der Einführung der „implied warranties" durch den Unif.S.A. und der Rechtsprechung seit Anfang des 20. Jahrhunderts besteht im anglo-amerikanischen Recht eine umfassende Sachmängelgewährleistung des Verkäufers[1024]. Die „implied warranties" sind dabei unabhängig vom Willen der Parteien und Bestehen kraft Gesetzes[1025]. Sie werden deshalb auch teilweise mit „Gewährleistung kraft Gesetzes" übersetzt[1026].

(1) „Express Warranties"

Die ausdrücklichen Garantien für Sachmängel sind in § 2-313 UCC normiert. Nach § 2-313 UCC werden ausdrückliche Garantien durch Tatsachenzusicherung, Warenbeschreibung und durch Kauf nach Probe oder Muster begründet.

Nicht erforderlich für die Begründung einer „express warranty" ist, dass der Verkäufer formelle Begriffe wie „warranty" oder „guarantee" benutzt oder die Absicht hat, eine Zusicherung abzugeben (§ 2-314 (2) UCC)[1027].

(a) Tatsachenzusicherung („affirmation of fact"), § 2-313 (1) (a) UCC

Nach § 2-313 (1) (a) UCC wird eine „express warranty" durch eine Tatsachenzusicherung („affirmation of fact") oder durch ein Versprechen des Verkäufers gegenüber dem Käufer („promise") begründet. Ein Versprechen oder eine Tatsachenzusicherung kann dabei auch stillschweigend bzw. implizit gegeben werden[1028].

Einschränkend fordert der UCC, dass die Tatsachenzusicherung bzw. das Versprechen sich auf den Kaufgegenstand beziehen und „part of the basis of the bargain" werden muss. Dieses ist dann gegeben, wenn die Tatsachenzusicherung oder das Versprechen Vertragsinhalt werden[1029]. Denn nicht mehr (so noch im

---

schiedlichen „warranties" haben lediglich für den Ausschluss der Gewährleistung Bedeutung (vgl. §§ 2-312 (2), 2-316 UCC); vgl. *Nordstrom*, a.a.O..

1024 *Parker*, Das Privatrecht der Vereinigten Staaten, S. 147; *Aue*, Mängelgewährleistung, S. 7 f.. Ursprünglich galt im *Common Law* das Prinzip *caveat-emptor* („let the buyer be aware"), so dass der Verkäufer nur bei arglistiger Täuschung oder Zusicherungen haftete, vgl. *Parker*, a.a.O., *Aue*, a.a.O..

1025 *67A AmJur2d*, Sales, § 743; *Aue*, Mängelgewährleistung, S. 8.

1026 *Schwenk*, RabelsZ 35 (1971), 645, 652. Vgl. auch *Aue*, Mängelgewährleistung, S. 8 („gesetzlich vermutete stillschweigende Zusicherungen").

1027 Vgl. *Aue*, Mängelgewährleistung, S. 37.

1028 Vgl. *Anderson*, § 2-313:38; *Nordstrom*, S. 202 f..

1029 Vgl. *official comment* Nr. 7 zu § 313: „The sole question is whether the language or samples or models are fairly to be regarded as part of the contract."; *White & Summers*, 5th ed., § 9-5,

Unif.S.A.) erforderlich ist, dass sich der Verkäufer auf die Zusicherung verlässt[1030].

Abzugrenzen von Tatsachenzusicherungen sind der sog. „sales talk“ (Verkaufsgespräch, unverbindliche Anpreisungen, Meinungsäußerungen) und das „puffing“ (Anpreisungen, bspw. „beste Ware der Welt“)[1031].

(b) Warenbeschreibung („description of the goods“), § 2-313 (1) (b) UCC

Beschreibt der Verkäufer die Ware, so wird hierduch eine „express warranty“ begründet, und zwar derart, dass die Ware der Beschreibung entspricht (§ 2-313 (1) (b) UCC). Auch hier ist erforderlich, dass die Beschreibung Vertragsgrundlage geworden ist; jedoch kann dies auch stillschweigend oder implizit erfolgen[1032]

Tatsachenbehauptungen nach § 2-313 (1) (a) UCC und Warenbeschreibungen sind dabei nur schwer voneinander zu trennende Tatbestände; wegen der identischen Rechtsfolgen besteht hierzu aber auch keine Notwendigkeit[1033].

Beschreibungen können aus technischen Plänen, Katalogen und Broschüren hervorgehen[1034].

(c) Probe oder Muster („sample“, „model“), § 2-313 (1) (c) UCC

Wurde ein Muster oder ein Model zur Vertragsgrundlage, so ist der Verkäufer verpflichtet, Waren zu liefern, die dem Muster oder dem Model entsprechen[1035]. Eine Probe („sample“) ist dabei ein Stück aus einer verkauften Warengattung, während ein Muster („model“) zur Ansicht vorgelegt wird und nicht der zu verkaufenden Warengattung entnommen ist[1036]. Eine „express warranty“ wird allerdings dann nicht geschaffen, wenn das Muster oder Model nur unverbindlich vorgelegt wurde[1037].

S. 351 f.; *Anderson,* § 2-313:38 f.; *Schwenk,* RabelsZ 35 (1971), 645, 651; *Quinn,* UCC (1999 Suppl.), § 2-313 (A) (5); vgl. auch *Weng v. Allison,* 678 N.E.2d 1254, 1256 (Ill.App. 1997).

1030 *Wallach,* UCC, S. 11-34 f.; *Cerutti,* S. 328 f. Rn. 617. Dies ist allerdings noch immer umstritten, vgl. hierzu *67A AmJur2d,* Sales, § 725 m.w.N..

1031 *Williston,* On Sales III, § 17-13, S. 26 ff.; *Schwenk*, RabelsZ 35 (1971), 645, 651. *Web Press Services Corp. V. New London Motors, Inc.*, 3 UCCRS2d 1386, 1391 f. (Sup.Ct.Conn. 1987).

1032 Vgl. *Hill Aircraft & Leasing Corp. v. Simon*, 177 S.E.2d. 803 (Ga. Ct. App. 1970) (Ein Flugzeug, dass als „flyable“ verkauft wird, muss den Luftfahrtvorschriften entsprechen)

1033 *Aue*, Mängelgewährleistung, S. 38.

1034 *67A AmJur 2d*, Sales, § 739; *White & Summers*, 5th ed., § 9-4, S. 349 f..

1035 Ausführlich hierzu *Nordstrom,* S. 226 f.; *Aue,* Mängelgewährleistung, S. 43 f..

1036 *Williston,* On Sales III, § 17-19, S. 44, der darauf hinweist, dass die Abgrenzung ohne Bedeutung ist. Vgl. auch *official comment* Nr. 6 zu § 2-313.

1037 *Williston,* On Sales III, § 17-19, S. 45 (bspw. als bloßes Demonstrationsobjekt).

(2) „Implied Warranties"

„Implied warranties" (Gewährleistung kraft Gesetzes) bestehen im UCC für die Handelsüblichkeit der Ware (§ 2-314 (1) (2) UCC) und für besondere Verwendungszwecke, die dem Verkäufer bekannt sind (§ 2-315 UCC). Ferner kann sich eine „implied warranty" aufgrund von Geschäftsbeziehungen und Handelsbrauch ergeben (§ 2-314 (3) UCC).

(a) Gewähr für die handelsübliche Qualität („merchantability"), § 2-314 UCC

§ 2-314 UCC regelt die „warranty of merchantablity"[1038]. Danach hat ein Kaufmann[1039], der mit Waren der verkauften Art handelt und diese im Rahmen seines Gewerbes verkauft, dafür Gewähr zu leisten, dass die Ware handelsüblicher Qualität ist, es sei denn, die Gewährleistung ist ausgeschlossen.

Um handelsüblich zu sein, muss die Ware nach § 2-314 (2) UCC *kumulativ* sechs Mindesanforderungen genügen[1040]:

(a) Die Ware muss ohne Einwendungen im Handel unter der Vertragsbezeichnung erkannt und verkauft werden können[1041]. (b) Im Falle von vertretbaren Sachen („fungible goods") muss die Ware von ordentlicher Durchschnittsqualität sein[1042]. (c) Die Ware muss für die Zwecke, für welche solche Sachen *normalerweise* gebraucht werden, geeignet sein[1043]. (d) Sie muss im Rahmen der Schwankungen, die der Vertrag erlaubt, von gleicher Art, Qualität und Quantität sein, und zwar innerhalb jeder einzelnen Einheit und innerhalb aller (zu liefernden) Einheiten[1044]. (e) Die Ware muss in geeigneten, angemessenen Behältnissen und Verpackungen verstaut und derart beschriftet werden, dass sie den vertraglichen Abreden genügt [1045]. (f) Schließlich muss die Sache den Versprechungen

---

1038 Es handelt sich dabei um die wichtigste Garantie des 2. Artikels des UCC, vgl. *Del Duca/ Guttman/Squillante,* Sales, S. 229; ähnlich *White & Summers,* 5th ed., § 9-7, S. 360.

1039 Der Begriff des Kaufmanns ist in § 2-104 (1) UCC legal definiert. Danach ist ein Kaufmann, wer entweder mit Waren einer bestimmten Art handelt oder wer auf sonstige Weise besondere Kenntnisse und Fähigkeiten in bezug auf die verkaufte Ware offenbart.

1040 *Nordstrom,* S. 233; *Aue,* Mängelgewährleistung, S. 14; *Schwenk,* RabelsZ 35 (1971) 645, 652 f..

1041 Vgl. hierzu *Nordstrom,* S. 233.

1042 Vgl. *Nordstrom,* S. 234 („„(...) goods centering around the middle belt of quality (...)."); *Cerutti,* S. 340 f. Rn. 636; *Sessa v. Riegle,* 427 F.Supp. 760, 768, bestätigt, 568 F.2d 770 (3rd Cir. 1978) (Die Ware muss aber nicht bester Qualität sein).

1043 Hierzu *Cerutti,* S. 335 f. Rn. 629; *Anderson,* § 2-314:29; *Hunt v. Perkins Machinery Co.,* 226 N.E.2d 228, 332 (Sup.Ct.Mass. 1967) (Bootsmotor darf nicht übermäßig qualmen); *Van Wyk v. Norden Laboratories, Inc.,* 345 N.W.2d 81 (Sup.Ct.Iowa 1984). Hierzu gehören auch Sicherheitsanforderungen an die Ware, vgl. *67A AmJur2d,* Sales, § 755.

1044 Vgl. hierzu *official comment* Nr. 9 zu § 2-314; *Aue,* Mängelgewährleistung, S. 15.

1045 Vgl. hierzu *Anderson,* § 2-314:35; *Nordstrom,* S. 236 f. Dabei müssen die Parteien sich nicht unbedingt ausdrücklich über die Verpackung geeinigt haben, vgl. *Nordstrom,* a.a.O..

oder Tatsachenzusicherungen entsprechen, die sich auf dem Behältnis oder auf der Aufschrift befinden.

Die „warranty of merchantiblity“ ist der wichtigste Haftungstatbestand des UCC und rechtfertigt insgesamt die Aussage, dass der Verkäufer Gewähr dafür zu leisten hat, dass die Ware eine Qualität aufweisen muss, die ein verständiger Käufer erwarten darf[1046].

(b) Gewähr für einen bestimmten Zweck („warranty of fitness for a particular purpose“), § 2-315 UCC

Wenn der Verkäufer während der Vertragsverhandlungen erkennen *kann*, dass der Käufer die Ware für einen bestimmten, *besonderen* Zweck verwenden will und der Käufer sich bei der Warenauswahl auf das Urteilsvermögen des Verkäufers verlässt, so haftet der Verkäufer dafür, dass die Ware für diesen Zweck auch geeignet ist.

Der *official comment Nr. 2 zu 2-315*[1047] grenzt dabei den besonderen vom gewöhnlichen Zweck dadurch ab, dass der beabsichtigte Gebrauch der Ware spezifisch und nicht handelsüblich sein muss. Als Beispiel werden Schuhe genannt, die zwar generell zum Gehen auf normalen Untergrund benutzt werden, nicht aber zum Bergsteigen[1048].

Allerdings wird diese Garantie teilweise auch auf Fälle ausgedehnt, in welchen sich der beabsichtigte Gebrauch nicht vom gewöhnlichen Gebrauch unterscheidet[1049].

1046 *Del Duca/Guttman/Squillante*, Sales, S. 229 („The implied warranty of merchantablity is perhaps the most important warranty of Article 2 because without this warranty, it would be difficult to reach the conclusion *that the buyer is entitled to the quality of goods which a reasonable man expects to receive.“*). Vgl. auch *Cerutti*, S. 332 Rn. 624 (Die „warranty of merchantibility“ entspreche der Gewährleistung des gewöhnlichen Gebrauchs gemäß § 459 I BGB). Ferner *Anderson*, § 2-314:4 („(...) protect the buyer from bearing the burden of loss where merchandise does not conform to normal commercial standards (...).“)

1047 *Official comment* Nr. 2 zu § 2-315 lautet: „A ‚particular purpose' differs from the‚ordinary purpose' for which the goods are used in that it envisages a specific use by the buyer which is peculiar to the nature of his business whereas the ordinary purposes for which goods are used are those envisaged in the concept of merchantability and go to uses which are customarily made of the goods in question. For example, shoes are generally used for the purpose of walking upon ordinary ground, but a seller may know that a particular pair was selected to be used for climbing mountains.“

1048 Weitere Fälle der Rechtsprechung: *Boing Airplane Co. v. O'Malley*, 329 F. 2d 585 (8th Cir. 1964) (Ein zum Transport schwerer Lasten verkaufter Hubschrauber muss ebensolche transportieren können); *Neilson Business Equip. Ctr., Inc. v. Italo V. Monteleone, M.D., P.A.*, 3 UCCRS2d 1721, 1726 (Sup.Ct.Del. 1987).

1049 Vgl. *Aue*, Mängelgewährleistung, S. 29 f.; *White & Summers*, 5th ed., § 9-10, S. 369 m.w.N.; *Filler v. Rayex Corp.*, 435 F.2d 336 (7th Cir. 1970).

Nicht erforderlich ist, dass der Verkäufer den besonderen Verwendungszweck bei Vertragsschluss tatsächlich kennt; vielmehr ist ausreichend, dass er unter Anwendung der gebotenen Sorgfalt diesen hätte erkennen müssen[1050].

Der Verkäufer muss für die Anwendbarkeit des § 2-315 UCC nicht Kaufmann sein[1051]. Voraussetzung ist aber, dass der Verkäufer erkennt oder erkennen kann, dass sich der Käufer auf seine (des Verkäufers) Sachkenntnis („skill") oder sein Urteil („judgement") verlässt[1052]. Diese Voraussetzung ist bspw. dann *nicht* erfüllt, wenn der Käufer darauf besteht, ein bestimmtes Produkt zu kaufen oder er größere Sachkenntnis besitzt als der Verkäufer[1053].

(c) Die Gewährleistung aufgrund von Geschäftsbeziehungen und dem Handelsbrauch („course of dealing", „usage of trade"), § 2-314 (3) UCC

Eine weitere „implied warranty" kann sich aus den früheren und bestehenden Geschäftsbeziehungen der Parteien ergeben oder aber aus einem bestehenden Handelsbrauch (§ 2-314 (3) UCC)[1054].

Die Haftung knüpft hier nicht an die Erfüllung von Tatbestandsmerkmalen an, die im UCC normiert sind, sondern vielmehr an das übliche Verhalten der Parteien bei früheren Geschäften bzw. einem generell handelsüblichen Verhalten[1055].

(3) Maßgeblicher Zeitpunkt

Der UCC enthält keine Bestimmung darüber, in welchem Zeitpunkt die verkaufte Sache mangelfrei sein muss[1056].

Gleichwohl ist hinsichtlich der Mangelfreiheit auf den Zeitpunkt abzustellen, in dem die Gefahr übergeht[1057]. D.h. -genauer formuliert- es ist der Zeitpunkt

---

1050 *Anderson,* § 2-315:44 ff.; *Wallach,* UCC, S. 11-43 f.; *Cerutti,* S. 345 Rn. 647; abweichend *White & Summers,* 5th ed., § 9-10, S. 370 f..

1051 *Del Duca/Guttman/Squillante,* Sales, S. 241 f..

1052 *Del Duca/Guttman/Squillante,* Sales, S. 241. Wie der *official comment Nr. 1 zu 2-315 UCC* klarstellt, ist *nicht* erforderlich, dass der Käufer *ausdrücklich* erklärt, er verlasse sich auf die Sachkenntnis des Verkäufers. Ausreichend ist vielmehr, dass der Verkäufer dies aus den Umständen entnehmen kann.

1053 *White & Summers,* 5th ed., § 9-10, S. 371; *Sylvia Coal Co., Inc. v. Mercury Coal & Coke Co.,* 4 UCCRS 650, 657 (Sup.Ct.W.Virg.1967) (Käufer war sachkundiger als Verkäufer).

1054 Legaldefinitionen von „course of dealing" und „usage of trade" sind in § 1-205 (1) (2) normiert.

1055 *Del Duca/Guttman/Squillante,* Sales, S. 229; *Anderson,* UCC, § 2-314:40 f.. *Gindy Manufacturing Corp. v. Cardinale Trucking Corp.,* 7 UCCRS 1257, 1262 f. (Super.Ct.N.J. 1970).

1056 Vgl. *Schwenk,* RabelsZ 35 (1971), 645, 657.

1057 *Cerutti,* S. 331 Rn. 621; *Schwenk,* RabelsZ 35 (1971), 645, 657; *67A AmJur2d,* Sales, § 752 („(...) defect existed when the product left the control of the manufacturer.").

maßgeblich, der bei unterstellter Mangelfreiheit (Vertragskonformität) die Gefahr auf den Käufer übergehen ließe[1058].

Ist die Ware vertragskonform, so bestimmt sich der Gefahrübergang nach § 2-509 UCC[1059]. Bei Distanzgeschäften geht die Gefahr im Falle eines Versendungskaufs auf den Käufer über, sobald die Ware ordnungsgemäß an einen Beförderer übergeben wird (§ 2-509 (1) (a) UCC)[1060]. Gehört der Transport noch zur Leistungspflicht des Verkäufers, ist aber der Verkäufer berechtigt oder verpflichtet, einen Frachtführer mit einzubeziehen[1061], so findet der Gefahrübergang statt, wenn die Ware dem Käufer am Bestimmungsort ordnungsgemäß angeboten wird (§ 2-509 I (b) UCC)[1062].

Ist der Verkäufer Kaufmann, so geht bei *Platzkäufen* die Gefahr über, sobald der Käufer die Ware empfangen hat (§ 2-509 (3) 1. Alt. UCC). Ist der Verkäufer kein Kaufmann, so geht die Gefahr bei dem Angebot der Ware über (§ 2-509 (3) 2. Alt. UCC)[1063]. Die Gefahrtragungsregeln des Platzkaufs gelten auch dann, wenn es sich um Distanzgeschäfte handelt und der Verkäufer verpflichtet ist, die Ware *selbst* zu transportieren[1064].

Befindet sich die Ware bei einem Verwahrer bzw. Dritten („bailee"), ohne dass die Ware nach dem Vertrag vom Verkäufer zu versenden ist, so geht die Gefahr bei handelbaren Warendokumenten („negotiable documents of title") über, wenn die Warendokumente übergeben wurden (§ 2-509 (2) (a) UCC). Soweit es sich um nicht handelbare Warendokumente handelt, geht die Gefahr erst über, wenn der Käufer angemessene Gelegenheit hatte, das Warendokument dem Lagerhalter zur Bestätigung seiner Berechtigung vorzulegen (§§ 2-509 (2) (c), 2-502 (4) (b) UCC)[1065]. Schließlich geht die Gefahr über, wenn der „bailee" von dem Recht des Käufers zum Besitz unterrichtet wird (§ 2-509 (2) (b) UCC).

1058 Denn der UCC unterscheidet hinsichtlich des Gefahrübergangs zwischen vertragskonformer und mangelhafter Lieferung (vgl. §§ 2-509, 2-510 UCC). Bei mangelhafter Lieferung verbleibt die Gefahr bis zur „cure" (Nachbesserung) oder „acceptance" beim Verkäufer (§ 2-510 (1) UCC). Hierzu ausführlich unten *D. V. 1. e)*; *White & Summers,* 5th ed., § 5-5, S. 190 ff.; *Hager*, Gefahrtragung beim Kauf, S. 170 f..

1059 Hierzu *Stocks,* 87 Nw.U.L.Rev. 1415 ff. (1993) dort auch zu abweichenden Vereinbarungen, die auch im UCC vorgehen; vgl. ferner *Ruprecht*, RabelsZ 19 (1954), 427, 439 f..

1060 Sog. „shipment contract", vgl. hierzu *Stocks,* 87 Nw.U.L.Rev. 1415, 1424 (1993); *Choi,* Gefahrtragungsregeln, S. 66 f..

1061 Der UCC unterscheidet danach, ob der Verkäufer verpflichtet ist, die Ware *selbst* zu transportieren (dann gilt § 2-509 (3) UCC) oder der Verkäufer berechtigt oder verpflichtet ist, die Ware von einem Frachtführer transportieren zu lassen, vgl. *Cerutti,* S. 477 Rn. 879; *Choi,* Gefahrtragungsregeln, S. 64 ff..

1062 Vgl. *Stocks,* 87 Nw.U.L.Rev. 1415, 1423 f. (1993).

1063 Hierzu *Ruprecht*, RabelsZ 19 (1954), 427, 439 f.; *Stocks,* 87 Nw.U.L.Rev. 1415, 1433 (1993).

1064 Vgl. *Stocks,* 87 Nw.U.L.Rev. 1415, 1423 (1993); *Cerutti,* S. 477 Rn. 879.

1065 Vgl. *Cerutti,* S. 478 Rn. 880.

Begeht der Käufer vor Gefahrübergang eine Vertragsverletzung (insb. in den Fällen des Annahmeverzuges), so geht die Gefahr im Ergebnis auf den Käufer über (§ 2-510 (3) UCC)[1066].

(4) Ausschluss der Gewährleistung

Die vertragliche Abbedingung oder Abänderung der Gewährleistung für Sachmängel[1067] bestimmt sich nach § 2-316 UCC.

Betrifft der Gewährleistungsausschluss „*express warranties*", so ist der Ausschluss nach § 2-312 (1) UCC so auszulegen, dass er mit der „warranty" vereinbar ist. Ist der Gewährleistungsausschluss nicht mit der „express warranty" vereinbar, so ist er unwirksam[1068].

Soll die „implied warranty of *merchantibility*" ausgeschlossen werden, so muss das Wort „merchantibility" erwähnt werden[1069] und der Ausschluss muss in schriftlichen Verträgen auffällig („conspicuous")[1070] sein (§ 2-316 (2) UCC).

Die „implied warranty of *fitness for a particular purpose*" kann nur schriftlich ausgeschlossen oder abgeändert werden. Darüberhinaus muss der Ausschluss ebenfalls auffällig sein (§ 2-316 (2) UCC).

Nach § 2-316 (3) (a) UCC ist für den Ausschluss der „implied warranties" ausreichend, wenn handelsübliche Klauseln wie „as is" oder „with all faults" verwendet werden. Jedoch gilt für die „implied warranties of merchantiblity" das (speziellere) Erfordernis des § 2-316 (2), so dass der Ausschluss auffällig sein muss[1071].

§ 2-316 (3) (b) UCC normiert, dass alle „implied warranties" ausgeschlossen sind, wenn die Vertragswidrigkeit bei einer *ordnungsgemäßen Untersuchung* entdeckt worden wäre[1072]. Voraussetzung hierfür ist aber, dass der Käufer die Sache *vor* Vertragsschluss („before entering into the contract") *tatsächlich* untersucht hat oder der Verkäufer den Käufer hierzu *aufgefordert* und dieser die Untersuchung abgelehnt hat[1073]. Nicht ausreichend ist, dass der Käufer lediglich die

---

1066 Dies wird dadurch erreicht, dass der Verkäufer von dem Käufer den Schaden insoweit ersetzt verlangen kann, als er hierfür nicht versichert ist, vgl. hierzu *Cerutti,* S. 480 Rn. 885.

1067 Für Rechtsmängel gilt § 2-312 (1) UCC als lex specialis, vgl. *Del Duca/Guttman/Squillante,* Sales, S. 243.

1068 *Williston,* On Sales III, § 20-8; S. 228 f.; *Schwenk,* RabelsZ 35 (1971), 645, 659.

1069 Hierzu *Anderson,* § 2-316:43 mit Fallzitierungen.

1070 Legaldefiniton „conspicuous" in § 1-201 (10) U.C.C.: „(...) that a reasonable person against whom it is to operate ought to have noticed it".

1071 *Gindy Manufacturing Corp. v. Cardinale Trucking Corp.,* 7 UCCRS 1257, 1264 ff. (Super.Ct.N.J. 1970) m.w.N...

1072 Vgl. *Quinn,* UCC (1999 Suppl.), § 2-316 (7) (b); *David v. Davenport,* 656 So.2d. 952 (Fla.App.3rd Dist. 1995).

1073 *Aue,* Mängelgewährleistung, S. 16 f..

Möglichkeit einer Untersuchung hatte[1074]. Vielmehr muss er die Sache entweder tatsächlich untersucht haben oder aber ausdrücklich hierzu aufgefordert worden sein[1075].

Der Umfang der Untersuchung bestimmt sich nach den Umständen des Einzelfalls, insbesondere nach den Fähigkeiten des Käufers und der Intensität einer „normalen“ Untersuchung; insofern sind die „implied warranties“ beim Konsumentenkauf nur selten ausgeschlossen[1076].

b) Gewährleistung für Rechtsmängel, § 2-312 UCC

§ 2-312 UCC normiert drei Gewährleistungstatbestände für Rechtsmängel. Die „warranty of title“ gem. § 2-312 (1) (a) UCC lässt den Verkäufer dafür haften, dass er dem Käufer „einwandfreies“ Eigentum verschafft.

Nach § 2-312 (1) (b) UCC hat die Kaufsache frei von Pfandrechten, Sicherungsrechten oder sonstigen Belastungen Dritter zu sein.

Ist der Verkäufer Kaufmann und treibt er regelmäßig Handel mit Sachen der verkauften Art, so haftet er dafür, dass die zu liefernde Sache frei von Patenten, Urheber- und Warenzeichen- oder sonstigen gewerblichen Schutzrechten ist (§ 2-312 (3) UCC).

Die Haftung für Rechtsmängel besteht dabei kraft Gesetzes[1077].

(1) „Warranty of Title“, § 2-312 (1) (a) UCC

Die „warranty of title“ soll dem Käufer ein absolutes Besitzrecht gegen jeden sonstigen Anspruchsteller einräumen[1078]. Nach § 2-312 (1) (a) UCC haftet der Verkäufer dafür, dass er einen „good title“[1079] überträgt und die Eigentumsübertragung als solche rechtmäßig ist („rightful transfer“), d.h. keine Rechte Dritter die Übertragung hindern[1080].

1074 *White & Summers,* 5th ed., § 12-6, S. 439.

1075 *Aue*, Mängelgewährleistung, S. 17; *White & Summers*, 5th ed., § 12-6, S. 439; vgl. auch *official comment* Nr. 8 zu § 2-316 UCC.

1076 *White & Summers*, 5th ed., § 12-6, S. 440. Es sind auch nur Ansprüche für solche Mängel ausgeschlossen, die bei einer ordnungsgemäßen Untersuchung entdeckt worden wären, nicht aber latente Mängel, vgl. *Nordstrom,* S. 270.

1077 *Williston,* On Sales II, § 16-38, S. 495; *Anderson,* § 312:4 („‚ipso facto' warranties“).

1078 *Del Duca/Guttman/Squillante*, Sales, S. 193.

1079 „Title“ bedeutet etwa Eigentumsrecht. Es ist mit dem Eigentumsbegriff des deutschen Rechts vergleichbar, da es Grundlage des Rechts ist, mit einer Sache nach Belieben zu verfahren und sie zu besitzen („ownership“). „*Good* title“ bedeutet, dass kein anderer ein besseres Recht an der Sache hat und gewährleistet damit die ungestörte Eigentümerstellung, vgl. *Wolff,* Rechtsmängelhaftung, S. 19; *Zhang,* Rechtsmängelhaftung, S. 127 f..

1080 *Zhang*, Rechtsmängelhaftung, S. 128; *Nordstrom,* S. 184 f.; *Williston,* On Sales II, § 16-13 f.; S. 460 f..

Was die Garantie des § 2-312 (1) (a) UCC beinhaltet, wird durch den *official comment Nr. 1 zu 2-312* deutlich. Der Käufer soll danach einwandfreies Eigentum erhalten, und zwar derart, dass er nicht befürchten muss, dieses in einem Prozeß verteidigen zu müssen[1081]. Deshalb liegt eine Verletzung der „warranty of good title" bereits dann vor, wenn sich der Käufer einer Klage eines Dritten gegenüber sieht, und zwar unabhängig davon, ob der Anspruch des Dritten letzlich durchgreift oder nicht[1082].

Die „warranty of title" ist auch dann verletzt, wenn eine Sache hoheitlich beschlagnahmt wird[1083] oder einem Fahrzeug die Eigentumsdokumente[1084] fehlen.

(2) „Warranty of freedom from encumbrance", § 2-312 (1) (b) UCC

Nach § 2-312 (1) (b) UCC haben die gelieferten Waren frei von Sicherungsrechten („security interest")[1085], Pfandrechten („lien") oder sonstigen dinglichen Belastungen („encumbrance") zu sein.

Die Garantie des § 2-312 (1) (b) UCC ist dann verletzt, wenn die dort genannten Rechte gegenüber dem Käufer Wirksamkeit entfalten und er deshalb in der Ausübung seines Rechts beeinträchtigt wird[1086].

Ausreichend ist auch hier, dass die Ansprüche von einem Dritten geltend gemacht werden, so dass es auf das tatsächliche Bestehen des Anspruchs nicht ankommt[1087].

1081 Der *official comment* Nr. 1 zu § 2-312 lautet: (The buyer should, *d. Verf.*) „(...) receive a good, clean title transferred to him also in a rightful manner so that he will not be exposed to a lawsuit in order to protect it".

1082 *U-J Chevrolet Co., Inc. v. Marcus,* 40 UCCRS 485, 486 (Ala. Civ. App. 1984); 460 So. 2d. 1341, 1343 („The casting of a substantial shadow over a purchaser's title (...) is sufficient to violate a warranty of good title (...)"); *Jeanneret v. Vichey*, 34 UCCRS 56, 59 (S.D.N.Y. 1982) („(...) the implied warranty of title is breached when the buyer is faced with a claim on title, whether valid or invalid, by a third-party."). Ferner *Nordstrom,* S. 186 f.; *Zhang,* Rechtsmängelhaftung, S. 130. Allerdings ist nicht jede „frivole" Anspruchserhebung ausreichend, vgl. *Nordstrom,* a.a.O.; *Zhang*, a.a.O.; *Williston,* On Sales II, § 16-13, S. 460.

1083 *American Container Corp. v. Hanley Trucking Corp.* 268 A.2d 313, 319 (Super. Ct. N.J. 1970); *Zhang*, Rechtsmängelhaftung, S. 130.

1084 *Bunch v. Signal Oil and Gas Comp.*, 505 P.2d 41, 42 (Colo. App. 1972); *Zhang*, Rechtsmängelhaftung, S. 130.

1085 Eine Legaldefinition des *„security interest"* findet sich in § 1-201 (37) UCC. Danach ist ein Sicherungsrecht ein Recht an beweglichen Sachen („personal property") oder deren Bestandteilen, welches eine Zahlungsverpflichtung oder eine Leistungsverpflichtung sichert. In Artikel 9 unter dem Titel „Secured Transaction" sind diese näher geregelt. Vgl. auch *Nordstrom,* S. 187 ff..

1086 *Wolff,* Rechtsmängelhaftung, S. 32.

1087 *Catlin Aviation Co. v. Equilease Corp.*, 626 P. 2d 857, 860 (Supr.Ct.Okla. 1981) (unabhängig vom Bestehen eines Pfandrechts ist die Garantie des § 2-312 (1) (b) verletzt, wenn ein Dritter diese geltend macht); *Anderson,* § 2-312:40; *Wolff,* Rechtsmängelhaftung, S. 35 f.; zweifend *Williston,* On Sales II, § 16-17, S. 464 f..

Ob öffentlich-rechtliche Belastungen von § 2-312 (1) (b) UCC erfasst werden, ist nicht abschließend geklärt[1088].

(3) Warranty against infringement", § 2-312 (3) UCC

Nach § 2-312 (3) UCC haftet der Verkäufer, wenn er Kaufmann ist und regelmäßig Handel mit Sachen der verkauften Art treibt dafür, dass die zu liefernde Ware frei von Patenten, Urheber- und Warenzeichenrechte oder sonstigen gewerblichen Schutzrechten ist[1089].

Die Haftung ist allerdings ausgeschlossen, wenn der Käufer dem Verkäufer Anweisungen erteilt hat und aufgrund dieser Anweisungen Anprüche eines Dritten entstehen (vgl. § 2-312 (3) UCC)[1090].

Die Schutzrechte müssen nicht tatsächlich bestehen. Vielmehr besteht ein berechtiger Anspruch i.S.d. § 2-312 (3) UCC bereits dann, wenn der Käufer vernünftigerweise annehmen muss, dass die Inanspruchnahme durch die Klage eines Dritten eventuell zu dessen Gunsten ausgeht[1091].

Der Verkäufer muss nach § 2-312 (3) UCC nicht nur Kaufmann sein, sondern er muss auch regelmäßig mit Waren der verkauften Art handeln (vgl. § 2-312 (3) UCC). Einem solchen Verkäufer wird dann eine besondere Kenntnis hinsichtlich der in Betracht kommenden Schutzrechte unterstellt, und zwar unabhängig davon, ob er diese tatsächlich besitzt[1092].

(4) Maßgeblicher Zeitpunkt

Maßgeblicher Zeitpunkt für die Rechtsmangelfreiheit ist die *Lieferung* der Ware; dies wird ausdrücklich in § 2-312 (1) (b), (3) UCC normiert („...shall be *delivered...*"), gilt aber auch für die übrigen „warranties" für Rechtsmängel des § 2-312 UCC[1093].

1088 *Zhang*, Rechtsmängelhaftung, S. 132; *Wolff*, Rechtsmängelhaftung, S. 38, 44.

1089 Hierzu *Williston*, On Sales II, § 16-36, S. 491 f..

1090 Vgl. *Bonneau Co. v. AG Industries, Inc.*, 116 F.3d 155, 157 ff. (5th Cir. 1997).

1091 *Zhang*, Rechtsmängelhafung, S. 134; *Cerutti*, S. 362 Rn. 678.

1092 Vgl. *official comment* Nr. 3 zu § 2-312; *Wolff*, Rechtsmängelhaftung, S. 46; *Zhang*, Rechtsmängelhaftung, S. 135.

1093 *Zhang*, Rechtsmängelhaftung, S. 131, 133, 135. In § 1-201 UCC befindet sich eine Legaldefinition der „delivery". § 1-201 UCC lautet: „,Delivery' with respect to instruments, documents of title, chattel paper or securities means *voluntary transfer of possession*".

(5) Ausschluss der Gewährleistung für Rechtsmängel

Der Ausschluss der Gewährleistung für Rechtsmängel ist in § 2-312 (2) UCC speziell geregelt, so dass nicht die allgemeinen Grundsätze des § 2-316 UCC („Exclusion or Modification of Warranties") gelten[1094].

Die Garantien des § 2-312 (1) (a) (b) UCC können dabei entweder *ausdrücklich* („specific language") ausgeschlossen werden oder es kann sich ein Ausschluss aus den Umständen ergeben (§ 2-312 (2) UCC).

Ein Ausschluss durch *„specific language"* ist nur dann wirksam, wenn sich der Ausschluss *direkt und ausschließlich* auf die Rechtsmängelhaftung nach § 2-312 (1) (a) (b) bezieht und keinen Irrtum hervorruft. Bezieht sich der Ausschluß pauschal auf alle Garantien -also auch auf die für Sachmängel- oder ist er von bestimmten Bedingungen abhängig, so ist der Ausschluss unwirksam[1095].

Ein Ausschluss *„by circumstances"* liegt dann vor, wenn die Umstände ergeben, dass der Verkäufer selbst nicht behauptet hat, Eigentümer zu sein, oder aber nur das Recht verkaufen wollte, welches ihm oder einem Dritten auch tatsächlich zusteht (vgl. § 2-312 (2) UCC). Solche Umstände sind insbesondere beim Verkauf in einer Zwangsversteigerung oder seitens eines Nachlaßverwalters gegeben[1096].

Die Rechtsmängelhaftung für dingliche Belastungen nach § 2-312 (1) (b) UCC ist auch dann ausgeschlossen, wenn der Käufer hiervon *Kenntnis* hatte[1097]. Unter Kenntnis ist dabei nur *positive* Kenntnis zu verstehen, so dass vorwerfbare Unkenntnis nicht ausreichend ist[1098].

Der Ausschluss der Rechtsmängelhaftung des Verkäufers nach § 2-312 (3) UCC ist spezialgesetzlich eben dort geregelt[1099]. Die Parteien müssen sich ausdrücklich darüber *einigen*, dass die Haftung für Schutzrechte ausgeschlossen

---

1094 *Quinn*, UCC, § 2-312 (A) (4); *Del Duca/Guttman/Squillante*, Sales, S. 243; *official comment* Nr. 6 zu § 2-312.

1095 *Williston*, On Sales II, § 16-39, S. 495 f.; *Zhang*, Rechtsmängelhaftung, S. 137; *Wolff*, Rechtsmängelhaftung, S. 53.

1096 *Official comment* Nr. 5 zu § 2-312 UCC; *Schwenk*, RabelsZ 35 (1971), 645, 647.

1097 § 2-312 (1) UCC: „(...) there is in a contract of sale a warranty by the seller that (...) (b) the goods shall be delivered free from any security interest or other lien or encumbrance *of which the buyer at the time of contracting has no knowledge"*.

1098 *Official comment* Nr. 1 zu § 2-312 („actual knowledge"). Vgl. auch Legaldefinition des Begriffs „knowledge" in § 1-201 (25) UCC. Nicht ausreichend ist daher, wenn ein Sicherungsrecht registriert ist, der Käufer aber trotzdem keine Kenntnis davon hatte, *Zhang*, Rechtsmängelhaftung, S. 133.

1099 Die Rechtsmängelhaftung für gewerbliche Schutzrechte kann nur nach § 2-312 (3) UCC ausgeschlossen werden; vgl. *Anderson*, 2-312:45.

sein soll[1100]. Des Weiteren ist die Haftung nach § 2-312 (3) UCC ausgeschlossen, wenn der Verkäufer die Sache nach Anweisungen des Käufers hergestellt hat[1101].

c) Zurückweisung der Ware

Die in § 2-711 UCC aufgeführten Rechtsbehelfe -wozu auch *Specific Performance* gehört (§ 2-711 (3) UCC)- stehen dem Käufer nur dann zu, wenn der Verkäufer überhaupt nicht liefert oder der Käufer die Ware zurückweist bzw. seine Annahme rechtmäßig widerruft. Ansonsten ist der Käufer auf die Schadensersatzansprüche nach § 2-714 UCC beschränkt[1102].

Das Zurückweisungserfordernis gilt dabei für jede Art von Vertragsverletzung (Rechtsmängel[1103], Sachmängel etc.).

(1) „Rejection“ gem. § 2-602 UCC

Die Zurückweisung der Ware ist in § 2-602 UCC („Manner and Effect of Rightful Rejection“) geregelt. Sie ist im Zusammenhang mit der Annahme („acceptance“) und ihren Fiktionen in § 2-606 UCC zu sehen, da eine nicht ordnungsgemäße Zurückweisung die Annahme fingiert (§ 2-606 (2) UCC)[1104]. Für Kaufleute und bei Sukzessivlieferungsverträgen (§ 2-601 i.V.m. § 2-612 UCC) gelten Sonderregelungen.

Der Käufer ist nach § 2-601 UCC berechtigt, die Ware ganz oder teilweise zurückzuweisen, wenn sie in *irgendeiner Weise* nicht vertragsgemäß ist. Selbst kleinste Abweichung berechtigen damit grundsätzlich zur Zurückweisung der Ware; § 2-601 UCC ist damit Ausdruck der „perfect tender rule“[1105].

Die „perfect tender rule“ ist allerdings Einschränkungen unterworfen[1106]. Zunächst kann der Käufer bei Sukzessivlieferungsverträgen die Ware nur zurückweisen, wenn der Wert der Lieferung wesentlich vermindert ist (§ 2-612 (2) UCC).

1100 *Zhang*, Rechtsmängelhaftung, S. 138; *Anderson,* § 2-312:45.

1101 Vgl. *official comment* Nr. 3 zu § 2-312.

1102 Allerdings muss der Käufer nach §§ 2-714 (1), 2-607 (3) (a) UCC auch hier dem Verkäufer die Vertragswidrigkeit innerhalb einer angemessen Zeit nach Kenntnis oder Kennenmüssen des Mangel anzeigen. Ansonsten sind jegliche Ansprüche ausgeschlossen, vgl. § 2-607 (3) (a) („(...) barred from any remedy; (...).“).

1103 Für Rechtsmängel, vgl. *Williston,* On Sales II, § 16-19, S. 468 f..

1104 Die Annahme eines Teils einer *wirtschaftlichen Einheit* („commercial unit“) fingiert die Annahme der gesamten Lieferung (vgl. § 2-606 (2) UCC). Zu den Gründen vgl. *official comment Nr. 1 zu § 601 UCC.* Eine Legaldefiniton der „commercial unit“ befindet sich in § 2-105 (6) UCC.

1105 *Stone*, UCC, S. 92 f.; *Herbert/Crandall/Lawrence*, § 6.4; S. 6:6; *White & Summers*, 5th ed., § 8-3, S. 313 f. (allerdings zweifelnd); *Ramirez v. Autosport*, 440 A.2d 1345, 1350 (Sup.Ct.N.J. 1981).

1106 Vgl. hierzu *White & Summers*, 5th ed., § 8-3, S. 313 f.; *Stone*, UCC, S. 93; *Crandall/Herbert/Lawrence*, § 6.4., S. 6:7; *Sebert*, 84 Nw.U.L.Rev. 375, 379 ff. (1990).

Auch können der Handelsbrauch, die Geschäftsbeziehungen der Parteien sowie Treu und Glauben Abweichungen hinsichtlich der „perfect tender rule" begründen[1107]. Ist der Verkäufer ferner bei einer Schickschuld nicht vollständig seinen Pflichten im Hinblick auf die Fracht nachgekommen (vgl. § 2-504 UCC), so kann der Käufer nur dann die Ware zurückweisen, wenn die Ware aufgrund dieser Pflichtverletzung erheblich verzögert eintrifft oder bei dem Käufer ein erheblicher Verlust eintritt (§ 2-504 UCC)[1108]. Schließlich steht dem Verkäufer ein Nachbesserungsrecht („right to cure") zu (vgl. § 2-508 UCC).

Der Käufer muss die nicht vertragsgemäße Ware nach § 2-602 (1) UCC innerhalb einer *angemessenen* („reasonable") Zeit zurückweisen[1109]. Erfolgt die Zurückweisung nicht rechtzeitig („seasonable"), so ist sie unwirksam und hat die Annahmefiktion des § 2-606 (b) UCC zur Folge.

Der Zeitraum, welcher als rechtzeitig anzusehen ist, wird im UCC selbst nicht präzisiert[1110], jedoch wird in § 2-606 (b) UCC klargestellt, dass dem Käufer eine angemessene Zeit zur Untersuchung einzuräumen ist.

Ob eine Zurückweisung rechtzeitig erfolgt ist, beurteilt sich nach den Umständen des Einzelfalls[1111]. Zu berücksichtigen sind dabei insbesondere die Warenart, die Sachkenntnis der Parteien, Handelsbräuche, Vertragsabsprachen und die Tatsache, ob ein verdeckter oder offener Mangel vorliegt[1112]. Ferner verlängert sich

---

1107 *Crandall/Herbert/Lawrence*, § 6.4, S. 6:7; *White & Summers*, 5th ed., § 8-3, S. 313; *Stone*, UCC, S. 94. *Cassidy Podell Lynch, Inc. v. SnyderGeneral Corp.*, 944 F.2d 1131, 1147 (3rd Cir. 1991).

1108 Vgl. *White & Summers*, 5th ed., § 8-3, S. 313f.; *Stone*, UCC, S. 93. Auch kann der Verkäufer eine vereinbarte Lieferungsart ändern, wenn die vereinbarte für ihn wirtschaftlich unmöglich ist (§ 614 (1) UCC).

1109 Hat der Verkäufer überhaupt nicht geliefert, so ist keine „rejection" erforderlich, vgl. *Anderson*, § 2-606:6. Die Zurückweisungserklärung des Käufers ist nicht einseitig rechtsgestaltend, d.h., wenn der Verkäufer anzeigt, dass er zur weiteren Einhaltung des Vertrages bereit ist, kann der Käufer seine „rejection" zurücknehmen; vgl. *Crandall/Herbert/Lawrence*, § 6.4, S. 6:9.

1110 *Quinn*, UCC, § 606 (A) (3).

1111 Es gibt dabei keine Faustregel, welcher Zeitraum noch als rechtzeitig anzusehen ist, vgl. nur *Electrical Power Systems v. ARGO Intern., Corp*, 864 F.Supp. 1080, 1084 (N.D.Okl. 1994) („No bright lines are found in the case law as to what constitues a ‚reasonable time" or seasonable notice"). Dies mag daran liegen, dass die Frage der Rechtzeitigkeit der Zurückweisung eine Tatsachenfrage ist, die von der Jury entschieden wird, vgl. *Williston*, On Sales III, § 25-7, S. 625 (zur Tatsachenfrage).

1112 *White & Summers*, 5th ed., § 8-3, S. 319 ff; *Crandall/Herbert/Lawrence*, § 6.4, S. 6:10; *Anderson*, § 2-602:15 ff.. Für kurze Inspektionszeit: *Miron v. Yonkers Raceway*, Inc., 400 F. 2d 112, 118 ff. (2d Cir. 1968) (Inspektion und Anzeige des Zurückweisens nur 20 ½ Std. nach Übergabe eines lahmenden Rennpferdes, sind *nicht* mehr rechtzeitig); *In re East Coast Brokers & Packers, Inc.*, 14 UCCRS2d 461 (Bankr.M.D.Fla. 1990) (Zurückweisung von Tomaten muss innerhalb von 24 Std. erfolgen). Für lange Inspektionszeit: *Don's Marine, Inc. v. Haldeman*, 23 UCCRS 78 (Tex.Ct.Civ. App. 1977) (30 Tage für die Untersuchung der angemessene Zeitraum für die Zurückweisung, wenn die Parteien nach der Anzeige der Vertragsverletzung in Verhandlungen diesbezüglich stehen und der Verkäufer Nachbesserungen zugesichert hat oder diese vornimmt[1113].

Der UCC normiert dabei nicht *ausdrücklich* eine Untersuchungs*pflicht*, sondern nur das *Recht* des Käufers, die Ware zu untersuchen (§ 2-513 UCC). Allerdings ergibt sich die Untersuchungsobliegenheit des Käufers indirekt dadurch, dass die Frist für die Zurückweisung („rejection") beginnt, wenn der Mangel bei gehöriger Untersuchung entdeckt worden wäre[1114]. Hat der Käufer die Ware ausdrücklich oder aufgrund einer Fiktion akzeptiert, so ist er jedoch nicht von sämtlichen Rechtsbehelfen ausgeschlossen. Er kann zum einen die Annahme unter bestimmten Umständen widerrufen (dazu sogleich), zum anderen kann er noch Schadensersatz nach § 2-714 UCC geltend machen[1115].

Ferner muss aus der Erklärung des Käufers eindeutig hervorgehen, dass er die Ware zurückweist und nicht nur einen Mangel anzeigen will[1116]. Schließlich muss der Käufer bei der Zurückweisung der Ware den Mangel spezifizieren, soweit dies durch eine angemessenen Untersuchung möglich ist. Unterbleibt diese Untersuchung durch den Käufer und hätte der Verkäufer bei einer Spezifizierung des Mangels diesen beheben können („cure"), so kann der Käufer die Ware wegen des nicht spezifizierten Mangels nicht mehr zurückweisen (§ 2-605 (1) (a) UCC)[1117].

Sind die Vertragsparteien *Kaufleute*, so sind an die Spezifikationen höhere Anforderungen zu stellen[1118]. So muss der Käufer nach § 2-605 (1) (b) UCC auf Verlangen des Verkäufers alle Mängel auflisten, auf die er sich berufen will.

---

eines Bootes noch rechtzeitig); *Sherkate Sahami Khass Rapol v. Henry R. Jahn & Son*, 701 F. 2d 1049, 1051 f. (2d Cir. 1983)(Untersuchung eines LKW's 2 Monate lang ist noch rechtzeitig)

1113 *Crandall/Herbert/Lawrence*, § 6.4, S. 6:10; *White & Summers*, 5th ed., § 8-3, S. 320 f.; *Latham & Assocs., Inc. V. William Raveis Real Estate*, Inc., 589 A.2d 337 (1991).

1114 Vgl. *Crandall/Herbert/Lawrence*, § 6.4, S. 6:10, § 6:6, S. 6:21; *White & Summers*, 5th ed., § 8-3; S. 319; *Miron v. Yonkers Raceway*, 400 F.2d 112, 118 ff. (2d Cir. 1968) („rejection" war verspätet, da der Käufer die Ware -ein Rennpferd- noch am selben Tag hätte untersuchen müssen); *Electrical Power Sys.., Inc. v. ARGO Int'l Corp.*, 864 F. Supp. 1080, 1084 (N.D. Okla. 1994).

1115 Dabei beginnt mit „acceptance" die Frist des § 2-607 (3) (a) UCC, vgl. *White & Summers*, 5th ed., § 8-2, S. 307. Hat der Käufer nach „acceptance" eine (weitere) angemessene Frist verstreichen lassen, so ist er von sämtlichen Rechtsbehelfen ausgeschlossen. Zum Verhältnis „acceptance" und § 2-607 (3) (a) UCC, vgl. auch *Williston*, On Sales III, § 22-42, S. 421.

1116 Vgl. *White & Summers*, 5th ed., § 8-3, S. 318; *Figueroa v. KIT-SAN Co.*, 845 P.2d 567, 576 (5th Cir. 1992).

1117 *Anderson*, § 2-605:4; *Performance Motors, Inc. v. Allen*, 186 S.E.2d 161, 168 Sup.Ct.N.C. 1971) (Die Aussage gegenüber dem Verkäufer, das Wohnmobil sei „not right" ist nicht ausreichend).

1118 Vgl. *Anderson*, § 2-605:5.

Mängel, die nicht aufgeführt sind, nehmen ihm das Recht, wegen solcher Mängel die Ware zurückzuweisen.

Eine Annahme wird auch dann fingiert, wenn der Käufer eine Handlung vornimmt, durch die das Eigentum des Verkäufers an der Sache verletzt wird (§ 2-606 (1) (c) UCC)[1119]. Dabei ist zu berücksichtigen, dass der Käufer durch ein Behalten der Ware nicht zwangsläufig gegen die Eigentumsrechte des Verkäufers verstoßen muss. Vielmehr hat der Käufer gem. § 2-711 (3) UCC ein Zurückbehaltungsrecht für den gezahlten Kaufpreis und für Aufwendungen, die er auf die Sache gemacht hat[1120]. Auch die Weiterbenutzung der Ware stellt nicht immer einen Verstoß gegen § 2-606 (1) (c) UCC dar[1121].

(2) „revocation of acceptance" gem. § 2-608 UCC

Hat der Käufer die Ware im rechtstechnischen Sinne (d.h. auch aufgrund einer Fiktion) akzeptiert, so kann er unter bestimmten Voraussetzungen die Annahme widerrufen. Der wirksame Widerruf der Annahme hat zur Folge, dass dem Käufer dieselben Rechtsbehelfe zur Verfügung stehen, als hätte er die Ware (rechtzeitig) zurückgewiesen (§ 2-608 (3)).

Voraussetzung eines Widerrufs ist, dass der Wert der Ware oder einer wirtschaftlichen Einheit durch die Vertragsnonkonformität *wesentlich* beeinträchtigt ist (§ 2-608 (1)). Zusätzlich zur wesentlichen Beeinträchtigung musste der Käufer entweder vernünftigerweise annehmen dürfen, dass der Verkäufer den Mangel beseitigen werde, dieses aber innerhalb einer angemessenen Zeit nicht getan hat (§ 2-608 (1) (a) UCC). Ferner kann der Käufer bei einer wesentlichen Wertbeeinträchtigung die „acceptance" widerrufen, wenn es sich um eine schwer zu entdeckende Nonkonformität handelt (versteckter Mangel)[1122] oder der Verkäufer Zusicherungen gemacht hat (§ 2-608 (1) (b) UCC).

Wann eine Nonkonformität wesentlich ist, bestimmt sich nach den subjektiven Anforderungen des Käufers an die Sache. Hiervon ausgehend, wird dann vom

---

1119 *Engel Mort. Co., Inc. v. Triple K. Lumber Co., Inc.*, 18 UCCRS 310 (Ala.Ct.Civ.App. 1975), (Das Verbauen von Baumaterial ist unvereinbar mit dem Eigentum des Verkäufers).

1120 Vgl. *Quinn*, UCC, § 2-711 (A) (4), (5); *Anderson,* § 2-601:9.

1121 Ausführlich *Quinn*, UCC (1999 Suppl.), § 2-606 (A) (4). *Braden v. Stem (In rem Stem)* 13 UCCRS2d 1070, 1073 (Sup.Ct. Ala. 1990); *Lawrence v. Modern Mobile Homes, Inc.*, 562 S.W.2d 729, 731f. (Mo.App. 1978). In beiden Fällen ging es um die Weiterbenutzung eines KfZ, auf welches der Käufer angewiesen war. Vgl. auch *White & Summers,* 5th ed., § 8-3, S. 322.

1122 Vgl. hierzu *Cerutti,* S. 300 Rn. 565.

Gericht objektiv beurteilt, ob für den Käufer die Nonkonformität wesentlich ist[1123].

Unwesentliche Veränderungen und die (Weiter-)Benutzung der Sache schließen die „revocation of acceptance" nicht aus, wenn der Käufer auf die Weiterbenutzung angewiesen ist und der Verkäufer sich weigert, die Ware zurückzunehmen[1124].

Der Widerruf der „acceptance" hat innerhalb einer angemessenen Zeit nach Entdeckung oder der Möglichkeit der Entdeckung des Mangels zu erfolgen (§ 2-608 (2) UCC)[1125].

Weitere Voraussetzung ist, dass sich der Zustand der Sache nicht wesentlich verändert hat, es sei denn, die Veränderung beruht auf dem Mangel (§ 2-608 (2) UCC). Hier knüpft auch die Frage an, ob der Käufer Vertragsaufhebung bzw. *Specific Performance* verlangen kann, wenn die Sache bei ihm durch Zufall untergegangen ist[1126].

(3) Zurückweisung der Ware bei Sukzessivlieferungsverträgen

Die „perfect-tender-rule" gilt nicht, wenn es sich um einen Sukzessivlieferungsvertrag[1127] handelt. Hier hat der Käufer nur das Recht, eine *im Wesentlichen* vertragskonforme Leistung („substantial performance") zu verlangen (vgl. §§ 2-601,

---

1123 Vgl. hierzu *Anderson,* § 2-608:23; *White & Summers,* 5th ed., § 8-4, S. 326; *official comment* Nr. 2 zu § 2-608 UCC; *Gasque v. Mooers Motor Car Co.* 38 UCCRS 120 (Sup.Ct.Virg. 1984) (In diesem Fall hatte ein *neues* Auto ein Wasserleck, eine zu lockere Gangschaltung, Probleme mit dem Choker, einen zu hohen Ölverbrauch, eine defekte Heizung, Vibrationen und zahlreiche weitere Defekte. Das Gericht hielt diese Defekte *nicht* für wesentlich, da der Käufer den Wagen als Transportmittel gekauft habe; ein Transport sei aber auch mit dem mangelhaften Wagen möglich (38 UCCRS 120, 126 ff.); vgl. ferner *Fullerton Aircraft Sales & Rentals, Inc. v. Page Avjet Corp.*, 3 UCCRS2d 1393 (4th Cir. 1987). Häufig wird zur Festellung der Wesentlichkeit berücksichtigt, wie hoch die Kosten einer Reparatur sind und ob eine Reparatur leicht möglich ist, vgl. *White & Summers,* 5th ed.,§ 8-4, S. 325 f. m.w.N..

1124 Zum Gebrauch: Ausführlich *Quinn,* UCC (1999 Suppl.), § 2-608 (A) (11) mit Fallzitierungen. Ausführlich auch *Williston,* On Sales III, § 25-16, S. 644 ff..Vgl. ferner *Liarikos v. Mello* 639 N.E.2d 716, 718 ff. (Sup.Ct.Mass. 1994); *Moore v. Howard Pontiac-American,* Inc. 492 S.W.2d 227 (Tenn.App. 1972); *Lawrence v. Modern Mobile Homes, Inc.*, 562 S.W.2d 729, 731f (Mo.App. 1978). Zu unwesentlichen Veränderungen: *Gawlick v. American Builders Supply, Inc.* 519 P.2d 313, 315 (N.M.App. 1974).

1125 Was eine „angemessene Zeit" ist, bestimmt sich nach den gleichen Gesichtpunkten wie bei der „rejection", vgl. *White & Summers,* 5th ed., § 8-3, S. 327.

1126 Vgl. *Hager,* Gefahrtragung beim Kauf, S. 170 f.; *Gabriel*, Practitioner's Guide, S. 253 f.; unten, D. IV. 1. e).

1127 Legaldefinition des Sukzessivlieferungsvertrages in § 2-612 (1) UCC: „An ‚installment contract' is one which requires or authorizes the delivery of goods in separate lots to be separately accepted, even though the contract contains a clause ‚each delivery is a separate contract' or its equivalent".

2-612 UCC)[1128]. Nur wenn der Mangel den Wert der einzelnen Lieferung wesentlich mindert *und* nicht durch den Verkäufer geheilt werden kann („cannot be cured“, § 2-612 (2) UCC), kann der Käufer die Ware zurückweisen. Werden erforderliche Dokumente nicht mitgeliefert, kommt es auf die Wesentlichkeit jedoch nicht an.

Allerdings addieren sich die Mängel im Hinblick auf den Gesamtvertrag, so dass mehrere kleinere Mängel, wenn sie in der Summe einen wesentlichen Mangel bezüglich des Gesamtvertrages darstellen, eine Zurückweisung rechtfertigen (§ 2-612 (3) UCC)[1129].

d) Das Recht zur zweiten Andienung („right to cure“)

Weist der Käufer eine Ware aufgrund einer Nonkonformität zurück, so hat der Verkäufer unter den Voraussetzungen des § 2-508 UCC ein Recht zur Nacherfüllung[1130]. Hierdurch soll die Schärfe der „perfect tender rule“ abgemildert werden[1131].

Zu unterscheiden sind das Recht des Verkäufers zur Nacherfüllung *vor* und *nach* Ablauf des Erfüllungstermins.

Nach § 2-508 (1) UCC kann der Verkäufer einen Mangel heilen, wenn der Käufer eine Ware zurückgewiesen hat und der Erfüllungszeitraum noch nicht abgelaufen ist[1132]. Der Verkäufer hat den Käufer dann innerhalb einer angemessenen Zeit von seiner Absicht zu unterrichten, dass er den Mangel heilen wolle[1133]. Er kann dann innerhalb des Erfüllungszeitraums eine Nacherfüllung vornehmen.

Das Recht des Verkäufers *nach* Ablauf des Erfüllungszeitraums nachzuerfüllen, ist in § 2-508 (2) UCC geregelt. Dem Verkäufer steht nach § 2-508 (2) UCC ein Nacherfüllungsrecht zu, wenn er vernünftigerweise annehmen durfte, dass der Käufer trotz der Vertragswidrigkeit - mit oder ohne Preisreduktion - die

---

1128 Vgl. hierzu ausführlich *White & Summers,* 5th ed., § 8-3, S. 315 f. mit Verweis auf *Restatement* 2nd , Contracts, § 241.

1129 *Crandall/Herbert/Lawrence*, § 6.4; S. 6:7.

1130 Es kann dabei jede Art von Vertragsverletzung geheilt werden, vgl. *Gutknecht,* Nacherfüllungsrecht, S. 86 f. (die ausführt, dass dies hinsichtlich der Nichtlieferung unklar sei).

1131 *Crandall/Herbert/Lawrence*, § 6.5, S. 6:12; ähnlich *Nordstrom*, S. 317;

1132 Nach dem *offical comment* Nr. 1 zu § 2-309 kann die Festlegung des Erfüllungszeitpunkts durch ausdrückliche Vereinbarung, aber auch durch die Umstände, Handelsbrüche und Gewohnheiten zwischen den Parteien erfolgen. Ist ein Zeitpunkt hiernach nicht zu ermitteln, so bestimmt § 2-309, dass die Erfüllung zu einer „vernünftigen“ (reasonable) Zeit zu erfolgen hat. Ob dann allerdings noch § 2-508 (1) UCC anwendbar ist, ist umstritten, vgl. *Gutknecht,* Nacherfüllungsrecht, S. 82.

1133 Informiert der Verkäufer den Käufer nicht rechtzeitig, so entfällt sein Recht auf Nacherfüllung, vgl. bspw. *T & S Brass & Bronze Works v. PIC-AIR,* 1 UCCRS 2d 433, 439 (4th Cir. 1986).

Ware annehmen würde. Benachrichtigt der Verkäufer den Käufer rechtzeitig („seasonably notifies") über seine Absicht nachzuerfüllen, so gewährt ihm § 2-508 (2) UCC eine angemessene Zeit, um ein vertragskonformes Leistungsangebot zu machen.

Wann der Verkäufer vernünftigerweise darauf vertrauen darf, dass der Käufer -mit oder ohne Preisreduktion- die Ware annehmen würde, ist äußerst umstritten und unklar[1134].

Teilweise wird angenommen, dass nur unwesentliche Mängel nacherfüllt werden dürfen[1135], was jedoch nach anderer Ansicht abzulehnen ist[1136].

Auch wird vertreten, dass nur derjenige Verkäufer, der um die Mangelhaftigkeit seiner Ware wisse[1137], das Recht zur Nacherfüllung habe; auch diese Ansicht wird von der ganz h.M. abgelehnt[1138].

Auch wird bei der Frage, ob der Verkäufer vernünftigerweise auf die Annahme vertrauen darf, teilweise berücksichtigt, inwieweit eine Nacherfüllung für den Käufer zumutbar ist. Dieses steht im Zusammenhang mit der Frage, welche Art der Nacherfüllung (bspw. Nachlieferung oder Nachbesserung) der Verkäufer vorzunehmen hat, um sich erfolgreich auf sein „right to cure" berufen zu können[1139].

Nach der offiziellen Kommentierung sollen insbesondere Handelsbräuche und die Geschäftsbeziehungen der Parteien zu berücksichtigen sein[1140].

1134 Vgl. hierzu ausführlich *Gutknecht,* Nacherfüllungsrecht, S. 88 ff. (auch zu der Kritik an diesem Tatbestandsmerkmal); ferner *Sebert,* 84 Nw.U.L.Rev. 375 ff. (1990); *White & Summers,* 5th ed., § 8-5, S. 332 ff..

1135 *Johannsen v. Minnesota Valley Ford Tractor Co.*, 304 N.W.2d 654, 657 (Supr.Ct.Minn. 1981).

1136 *Crandall/Herbert/Lawrence,* § 6.5, S. 6:16 mit der überzeugenden Begründung, dass unzweifelhaft das „right to cure" auch bei Sukzessivlieferungsverträge besteht, der Käufer aber bei diesen Verträgen die Ware nur zurückweisen darf, wenn sie an einem wesentlichen Mangel leidet.

1137 *Nordstrom,* S. 321.

1138 *Sebert,* 84 Nw.U.L.Rev. 375, 391 (1990); *Crandall/Herbert/Lawrence,* § 6.6, S. 6:16; *T.W. Oil, Inc. v. Consolidated Edison Co.*, 35 UCCRS 12 (Ct.App.N.Y. 1982).

1139 *Wilson v. Scampoli,* 228 A.2d 848, 859 f. (Ct.App.D.C. 1967) (Dem Käufer ist die Nachbesserung eines defekten, neuen Farbfernsehers zumutbar); *Zabriskie Chevrolet, Inc. v. Smith,* 5 UCCRS 30, 42 (Super.Ct.N.J. 1968) (Dem Käufer ist bei einem neuen KfZ nicht zumutbar, dass der Verkäufer eine Nachbesserung durch Einbau eines anderen Getriebes durchführt, welches er aus einem Kfz seines Bestandes hatte); *Worldwide RV Sales & Service, Inc. v. Brooks,* 8 UCCRS 2d 386 f. (Ind. Ct. App. 1989) (Käufer muss nicht dulden, dass der Verkäufer die Klimaanlage auf einem Wohnmobil versetzt und dabei Löcher hinterlässt)

1140 *Official comment* Nr. 2 zu 2-508; *Crandall/Herbert/Lawrence,* § 6.5; S. 6:14; *White & Summers,* 5th ed., § 8-5, S. 334 f..

Konnte der Verkäufer auf die Annahme der Ware vertrauen und hat er seine Nacherfüllungsabsicht rechtzeitig angezeigt, so hat er das Recht, innerhalb einer angemessenen Zeit nachzuerfüllen („reasonable time")[1141].

Dabei kann der Verkäufer seinem „right to cure" grundsätzlich sowohl durch eine Nachlieferung als auch durch eine Nachbesserung nachkommen[1142].

Ist die Nacherfüllung erfolgreich, so stehen dem Käufer *nicht* die Rechte aus § 2-711 UCC zu[1143]. Erfolgreich bedeutet in diesem Zusammenhang, dass die Ware bei einer einzelnen Lieferungen der „perfect tender rule" genügen muss[1144].

Verweigert der Käufer *unberechtigt* die Nachlieferung, so gehen ihm seine Rechtsbehelfe verloren[1145].

Für Schäden, die durch die erste Lieferung eingetreten sind, haftet der Verkäufer nach § 2-714 UCC[1146]. Die *Kosten* der Nacherfüllung hat der Verkäufer zu tragen[1147].

e) Gefahrtragung/Ausschluss der Rechtsbehelfe des § 2-711 UCC aufgrund von Verschlechterungen der Sache

Die Frage, ob der Käufer die Rechtsbehelfe des § 2-711 UCC[1148] wegen Mängel der Sache auch dann noch geltend machen kann, wenn die Ware zufällig oder aus anderen Gründen untergegangen ist, verschlechtert oder benutzt wurde, bestimmt sich nach § 2-510 UCC und wird maßgeblich durch die Ausgestaltung der „rejection" und „revocation of acceptance" beeinflusst[1149].

Nach § 510 (1) UCC verbleibt die Gefahr des zufälligen Untergangs beim Verkäufer, wenn die gelieferte Ware vertragswidrig[1150] ist und der Käufer deshalb

---

1141 Es kommt darauf an, dass die Zeit für den Käufer noch zumutbar ist, vgl. *Gutknecht,* Nacherfüllungsrecht, S. 92 f. m.w.N.; *White & Summers*, 5th ed., § 8-5, S. 337.

1142 *White & Summers*, 5th ed., § 8-5, S. 338; *Anderson,* § 2-508:6; *Wallach*, UCC, S. 9-16.

1143 Vgl. *official comment* Nr. 1 zu § 2-711.

1144 *Crandall/Herbert/Lawrence*, § 6.5, S. 6:17 m.w.N..

1145 *Anderson*, UCC, § 2-508:10; *Quinn*, UCC, § 2-508 (A) (4).

1146 *Gutknecht,* Nacherfüllungsrecht, S. 96.

1147 *Crandall/Herbert/Lawrence*, § 6.5, S. 6:17; *Quinn,* UCC (1999 Suppl.), § 2-508 (A) (3).

1148 Die Entscheidungen und auch die Kommentare befassen sich nur mit der Vertragsaufhebung. Dies liegt naturgemäß daran, daß der *Specific Performance* nur eine geringe Bedeutung zukommt. Vertragsaufhebung und *Specific Performance* unterliegen aber denselben (allgemeinen) Voraussetzungen, da beide Rechtsbehelfe in § 2-711 UCC normiert sind.

1149 Vgl. hierzu ausführlich *White & Summers*, 5th ed., § 5-5, S. 187 ff.; *Stocks,* 87 Nw.U.L.Rev. 1415, 1434 ff. (1993) *Hager,* Gefahrtragung, S. 170 ff..

1150 Es gilt dabei grundsätzlich die „perfect tender rule", d.h. der Käufer kann die Ware bei jeder Vertragsnonkonformität zurückweisen mit der Folge, dass der Käufer die Gefahr trägt, vgl. *Stocks,* 87 Nw.U.L.Rev. 1415, 1435 (1993). Handelt es sich aber um einen Sukzessivlieferungsvertrag, so kann der Käufer nur dann die Ware zurückweisen, wenn der Wert wesentein Recht zur Zurückweisung („rejection" i.S.d. § 601 UCC) der Ware hat. Der Verkäufer trägt dann solange das Risiko des zufälligen Untergangs, bis die Ware i.S.d. UCC akzeptiert wurde oder aber, bis er (der Verkäufer) den Mangel geheilt („cure") hat, § 2-510 (1) UCC[1151].

Daraus folgt, dass während der Nacherfüllung -einschließlich der Transporte- der Verkäufer die Gefahr des zufälligen Untergangs trägt, und zwar solange, bis er ein „perfect tender", d.h. ein in allen Belangen (Ort, Qualität etc.) vertragskonformes Leistungsangebot macht.

Hat der Käufer die Ware akzeptiert (insb. aufgrund einer der Fiktionen), so kann er nur dann eine „revocation of acceptance" erklären, wenn sich die Ware nur *unwesentlich* verändert hat oder wenn die wesentliche Veränderung auf dem Mangel beruht, vgl. § 2-608 (2) UCC. Geht also die Sache *nach* „acceptance", aber *vor* der „revocation of acceptance" durch Zufall unter, so trägt der Käufer diese Gefahr[1152].

Mit der „revocation of acceptance" springt die Gefahr auf den Verkäufer zurück[1153]. Unwesentliche Veränderungen schließen insofern eine „revocation of acceptance" und damit die Rechtsbehelfe des § 2-711 UCC nicht aus[1154]. Auch ist hier zu berücksichtigen, dass ein Gebrauch der Ware nicht (zwangsläufig) die „revocation of acceptance" ausschließt[1155].

Beruht der Verlust nicht auf Zufall, sondern auf einem zumindest fahrlässigem Verhalten einer der Parteien, so findet § 2-510 UCC keine Anwendung. Das Verlustrisiko trägt vielmehr die Partei, auf deren Verhalten der Untergang beruht[1156]. Grundsätzlich muss daher der Käufer bei einer Vertragsaufhebung auch nach dem UCC die Sache zurückgewähren können[1157].

---

lich vermindert ist. Bei Vertragsverletzungen, die den Wert der Ware nur *unwesentlich* mindern, trägt also der Käufer die Gefahr, vgl. *White & Summers*, 5th ed., § 5-5, S. 191 f..

1151 *Stocks,* 87 Nw.U.L.Rev. 1415, 1435 (1993); *Larsen v. A.C. Carpenter, Inc.*, 620 F.Supp. 1084, 1128 f. (D.C.N.Y. 1985).

1152 *Hager*, Gefahrtragung beim Kauf, S. 171 f.; *White & Summers*, 5th ed., § 5-5, S. 192 f..

1153 *White & Summers*, 5th ed., § 5-5, S. 192. Dieses wird dadurch erreicht, dass der Käufer die Schäden an der Sache, für welche er nicht versichert ist, von dem Verkäufer ersetzt verlangen kann (vgl. § 2-510 (2) UCC); hierzu *Cerutti,* S. 480 Rn. 884.

1154 *Gawlick v. American Builders Supply, Inc.* 519 P.2d 313, 315 (N.M.App. 1974) (Die Käuferin hatte das Kfz leicht beschädigt).

1155 Vgl. *Quinn,* UCC (1999 Suppl.), § 2-608 (A) (11) (mit Fallzitierungen); vgl. ferner *Moore v. Howard Pontiac-American, Inc.*, 492 S.W. 2d, 227, 229 f. (Tenn.App. 1972).

1156 *White & Summers*, 5th ed., § 5-5, S. 193.

1157 Vgl. *Moore v. Howard Pontiac-American, Inc.* 492 S.W. 2d 227, 230 (Tenn.App. 1972): „It is a generally recognized principle of law that a party seeking rescission of a contract must return, or offer to return, what he has received under it, and thus put the other as nearly as is possible in his situation before the contract". Ferner *Anderson,* § 2-711:29 f..

f) Verjährung

Die Verjährung der Ansprüche des Käufers ist in § 2-725 UCC geregelt. Danach muss eine Klage spätestens *4 Jahre,* nachdem der Klagegrund entstanden ist, erhoben werden („must be commenced"). Die Parteien können die Verjährungsfrist bis auf *ein Jahr* reduzieren, jedoch können sie die Verjährungsfrist nicht verlängern (§ 2-725 (1), S. 2 UCC).

Nach § 2-725 (2) UCC *beginnt* die Verjährungsfrist grundsätzlich mit der *Entstehung* des Vertragsbruchs, und zwar unabhängig von der Kenntnis des Käufers[1158]. Es kommt auch nicht darauf an, ob der Käufer die Ware akzeptiert hat oder nicht[1159].

Liegt der Vertragsbruch in einem „breach of warranty", beginnt die Frist gem. § 2-725 (2) UCC mit dem Angebot der Lieferung („tender of delivery"), es sei denn, die Garantie bezieht sich *ausdrücklich* auf ein späteres Funktionieren („future performance")[1160]. Auch hier beginnt die Frist unabhängig von der Kenntnis der „breach of warranty" des Käufers[1161]

Die Verjährungsfrist verlängert sich nach § 2-725 (3) um 6 Monate, wenn der Käufer innerhalb der Frist des Absatzes 1 eine Klage eingereicht hat (bspw. auf *Specific Performance*), diese aber abgewiesen wurde und sodann nach Ablauf der Vierjahresfrist, jedoch innerhalb von 6 Monaten nach Abweisung aus dem gleichen Klagegrund eine andere Klage (z.B. auf Schadensersatz) eingereicht wurde[1162].

Hat der Verkäufer arglistig gehandelt, beginnt die Verjährung erst mit der Entdeckung des Mangels[1163].

Nach § 2-725 (4) UCC bleibt das geltende Recht bezüglich der Hemmungen der Verjährung („law of tolling") unberührt[1164].

Teilweise wird in der Rechtsprechung eine Hemmung der Verjährung durch *Nachbesserungsversuche* angenommen, was aber nicht einheitlich beurteilt

---

1158 *Quinn,* § 2-725 (A) (2) (c); *Ressallat v. Burglar & Fire Alarms, Inc.,* 606 N.E. 2d, 1001, 1004 f. (Ct.App.Ohio 1992). Dieses gilt auch für Rechtsmängel, vgl. *Huff v. Hobgood,* 549 So. 2d 951, 954 f. (Sup.Ct. Miss. 1989).

1159 *Raymond-Dravo-Langenfelder v. Microdot, Inc.* 425 F.Supp. 614, 617 (Dist.Ct.Del 1976).

1160 Hier beginnt die Frist erst zu dem Zeitpunkt , sobald der Mangel entdeckt wurde oder hätte entdeckt werden können (vgl. § 2-725 (2) UCC).

1161 *White & Summers,* 5th ed., § 11-9, S. 415 (Diese auch zum Konkurrenzverhältnis mit den „tort statutes").

1162 Es sei denn die Klage wurde abgewiesen, weil der Kläger (Käufer) die Klage zurückgenommen hat („voluntary discontinuance") oder aufgrund nachlässiger Prozessführung § 2-725 (3).

1163 *Balog v. Center Art Gallery-Hawaii, Inc.,* 745 F. Supp. 1556, 1572 f. (D.Ct. Hawaii 1990) („fraudulent concealment").

1164 Vgl. *Ruprecht,* RabelsZ 19, 428, 462 (1954).

wird[1165]. In dem einzigen Fall, der einen Nachbesserungs*anspruch* betraf (die übrigen Entscheidungen betrafen Sachverhalte, in denen es um Nachbesserungen im Rahmen des Nachbesserungs*rechts* des Verkäufers ging), entschied das Gericht, dass die Verjährung durch die Nachbesserungsversuche des Beklagten gehemmt sei und erst zu laufen begänne, als der Verkäufer erstmals seine Haftung bestritt und es ablehnte, weitere Nachbesserungen vorzunehmen[1166].

Auch bei Ersatzlieferungen im Rahmen der zu § 2-508 UCC haben die Gerichte nicht einheitlich entschieden und teilweise für den Verjährungsbeginn auf die Erstlieferung bzw. teilweise auf die Ersatzlieferung abgestellt[1167].

Die Verjährung des § 2-725 UCC gilt grundsätzlich für sämtliche Ansprüche aus einer Kaufvertragsverletzung durch den Verkäufer[1168].

g) Beweislast

Hinsichtlich der „express warranties" trifft den Käufer die Beweislast für die Tatsachen, aus denen sich eine solche ergibt[1169]. Der Verkäufer hingegen trägt die Beweislast dafür, dass eine Tatsachenzusicherung etc. *nicht* „part of the basis of the bargain" geworden ist[1170].

Der Käufer trägt die Beweislast für jede Art von Vertragsbruch *nach* „acceptance" der Ware (vgl. § 2-607 (4) UCC)[1171].

1165 Vgl. *Gutknecht,* Nacherfüllungsrecht, S. 150 f. (mit Fallzitierungen); ferner *Sierra Diesel Injection Service v. Burroughs Corp., Inc.* 648 F.Supp. 1148, 1152 f. (D.Nev. 1986); aber: *Triangle Underwriters, Inc. v. Honeywell, Inc.*, 604 F. 2d 737, 743 (Ct.App. 2d Cir. 1979); vgl. ferner *67A Am Jur2d*, Sales, §§ 947, 944.

1166 *Colorado-Ute Elec. Ass'n, Inc. v. Envirotech Corp.*, 524 F.Supp. 1152, 1153 (Dist. Ct. 1981), ferner führt das Gericht hier aus, dass der Verjährungseinwand zudem rechtsmissbräuchlich sei. Zum Ausschluss der Verjährung nach den Grundsätzen der „estoppel", vgl. *Gutknecht,* Nacherfüllungsrecht, S. 151 f..

1167 *Coakley & Williams, Inc. v. Shatterproof Glass Corp.* 706 F.2d 456, 462 (Ct. App. 4th Cir. 1983) (Verjährung beginnt erst mit Ersatzlieferung). *Ridle v. Sprayrite Mfg. Co.* 555 N.E. 2d. 1272, 1273 (Ct.App.Ill 3rd Dist. 1990) (Auf die Erstlieferung abstellend; allerdings wurde hier nicht die gesamte Sache ausgetauscht, sondern nur ein wesentlicher Bestandteil).

1168 Vgl. *67A Am Jur2d*, Sales, § 934 (dort auch zu den Ausnahmen).

1169 *Web Press Services Corp. v. New London Motors, Inc.* 3 UCCRS2d 1386, 1391 (Sup.Ct.Conn. 1987); *Anderson,* § 2-313:25; *Cerutti,* S. 329 Rn. 617. Ausreichend ist hierfür, dass der Käufer beweisen kann, dass der Verkäufer eine bestimmte Äußerung getätigt hat, vgl. Cerutti, a.a.O..

1170 *Weng v. Allison,* 678 N.E.2d 1254, 1256 (Ill. App. 1997); *Anderson,* § 2-313:25.

1171 § 2-607 (4) UCC lautet: „The burden is on the buyer to establish any breach with respect to the goods accepted"; *White & Summers,* 5th ed., § 8-2, S. 307; *67A Am Jur2d,* Sales, § 752. Ferner muss der Käufer bei der „warranty of merchantibility" beweisen, dass der Verkäufer Kaufmann ist, vgl. *67A Am Jur2d,* Sales, § 752. Vor „acceptance" trägt der Verkäufer die Beweislast für die „warranty"-Konformität, vgl. *Anderson,* § 606:15.

Ob eine „acceptance“ vorliegt -was oftmals schwer zu beurteilen ist-, hat der Verkäufer zu beweisen[1172].

Bei Widerruf der Annahme („revocation of acceptance“) trägt der Käufer die Beweislast dafür, dass die Ware mangelhaft ist und die Nonkonformität für den Käufer einen erheblichen Wertverlust bedeutet[1173].

Bei Rechtsmängeln hat der Käufer die Tatsachen zu beweisen, die eine Verletzung der „warranty“ begründen[1174].

2. Spezielle Voraussetzungen des Anspruchs auf *Specific Performance*

Nachlieferungs- und Nachbesserungsanspruch sind Formen des Anspruchs auf *Specifc Performance*, einem *Equity*-Rechtsbehelf.

§ 2-716 (1) UCC[1175] macht den Rechtsbehelf *Specific Performance* von der Voraussetzung abhängig, dass die Ware entweder einzigartig („unique“) ist oder aber andere (besondere) Umstände einen Erfüllungsanspruch angebracht erscheinen lassen („other proper circumstances“).

Der Anspruch auf *Specific Performance* steht dabei im Ermessen des Gerichts („may be decreed“). Im Rahmen dieses Ermessens kann das Gericht zahlreiche Einwendungen („defences“) des Verkäufers berücksichtigen, die dem Verkäufer bei einem „at law“-Rechtsbehelf nicht zur Verfügung stehen würden[1176] und insbesondere die Ansprüche auf Nachlieferung und Nachbesserung erheblich einschränken.

a) Unzulänglichkeit der „at law“-Rechtsbehelfe („adequacy-Test“)

Der Anspruch auf *Specific Performance* war in den USA vor der Kodifizierung des Kaufrechts im Unif.S.A. davon abhängig, dass die „at law“-Rechtsbehelfe (insb. Schadensersatz) unzureichend („inadequate“) waren[1177]. Dies war immer

[1172] *Anderson*, § 2-606:15, § 2-606:63; *Cerutti*, S. 420 Rn. 775; *Hayes v. Hettinga*, 228 N.W.2d 181, 184 (Sup.Ct.Iowa 1975).

[1173] *Cerutti*, S. 301 Rn. 568.

[1174] *Anderson*, 2-312:10. Dabei ist ausreichend, dass der Käufer beweist, dass gerechtfertigter Weise angenommen werden muss, dass ein Rechtsmangels vorliegt, vgl. *Ricklefs v. Clemens* 16 UCCRS 322, 328 f. (Sup.Ct.Kan.1975).

[1175] § 2-716 (1): „Specific performance may be decreed where the good are *unique or in other proper circumstances*“.

[1176] *Schwartz*, 89, Yale L.J. 271, 273 (1979) („Promisors can raise a number of defences against specific performance that are not available against damages awards (...).These defences serve to restrict further the availability of the specific performance remedy“); *Yorio*, § 4.1, S. 74; *Dawson*, 57 Mich.L.Rev. 495, 535 f. (1959); *Restatement 2nd*, Contracts, §§ 364-365.

[1177] Hierzu *Hunter*, Law of Contracts, § 6.01 ff., S. 6-2 ff..

dann der Fall, wenn die begehrte Ware *einzigartig* („unique") war. Bei Grundstückskäufen wurde dabei die Einzigartigkeit unwiderlegbar vermutet[1178]. Bei beweglichen Sachen rechtfertigten insbesondere Erbstücke und Kunstwerke einen Erfüllungsanspruch[1179]. Begehrte der Käufer jedoch *vertretbare* Sachen, so war ein Anspruch auf *Specific Performance* grundsätzlich ausgeschlossen[1180].

Der Unif.S.A. (§ 68 Unif.S.A.) liberalisierte vom Wortlaut her die Möglichkeit, einen Erfüllungsanspruch durchzusetzen. Die Waren mussten lediglich besonders oder aber bestimmt sein („specific or ascertained goods")[1181]; ferner hatte das Gericht die Ermessensfreiheit, *Specifc Perfomance* zu gewähren, wenn es der Ansicht war, dass dieser Ausspruch angebracht war („if it thinks fit"). Im Ergebnis traten jedoch nur geringe Unterschiede zur Rechtsprechung vor Inkrafttreten des Unif.S.A. auf[1182].

Eine vermeintlich weitere Liberalisierung erfolgte durch den UCC, der auch „*other proper circumstances*" ausreichen lässt, um einen Erfüllungsanspruch durch die Gerichte zu gewähren[1183].

Letzlich beinhaltet aber auch der UCC nichts anderes als den ursprünglichen „adequacy-test"[1184] und der Anspruch auf *Specific Performance* bleibt beim Verkauf beweglicher Sachen ein außergewöhnlicher und äußerst selten gewährter Rechtsbehelf[1185]. Eine -insbesondere aus Sicht des internen deutschen Rechts-bedeutsame Änderung der Rechtsprechung zu § 2-716 (1) UCC im Vergleich zur „pre-Code"- und Unif.S.A.-Rechtsprechung ist nicht erfolgt[1186].

Im Folgenden werden die Tatbestandsmerkmale der „uniqueness" und „other proper circumstances" untersucht. Im Anschluss daran erfolgt eine Darstellung der Rechtsprechung anhand von Fallgruppen.

1178 *Williston*, On Sales III, § 25-44, S. 696; *Hunter*, Law of Contracts, § 6.02 (1), S. 6-9.

1179 *Farnsworth*, On Contracts III, § 12.6, S. 176; *Hunter*, Law of Contracts, § 6.03 (1), S. 6-19.

1180 *Yorio*, § 11.2.1, S. 292; *Annotation*, 26 ALR4th , 294, 298.

1181 Im Gegensatz zur vorher erforderliche *Einzigartigkeit.*

1182 *Dawson*, 57 Mich.L.Rev. 495, 532 (1959); *White & Summers*, 5th ed., § 6-6, S. 228 („However, the pre-Code decisions (both under the USA and general equity powers) generelly did not liberalize the availability of specific performance in sale of goods cases.").

1183 Vgl. *official comment* Nr. 1 zu § 2-716: „(...) this Article seeks to further a more liberal attitude than some courts have shown in connection with the specific performance of contracts of sale."

1184 *Yorio*, § 11.2.2, S. 295; *Farnsworth*, On Contracts, III, § 12.6, S. 173 („The Code does not reject the adequacy test (...)"); *Neufang*, Erfüllungszwang, S. 152.

1185 *67A AmJur 2d, Sales*, § 993.

1186 *Yorio*, § 11.2.1.1, S. 292; *Crandall/Herbert/Lawrence*, § 8.10.2, S. 8:62; *White & Summers*, 5th ed., § 6-6, S. 228 („(...) the changes are modest (and often well disguised)."); *67A AmJur 2d, Sales*, § 993 („With respect to equitable remedies, the general principles of pre-existing law continue under the Uniform Commercial Code, which makes no change respecting equity jurisdiction from that which existed under pre-Code law.").

(1) Einzigartigkeit („unique“)

Nach § 2-716 (1) UCC kann das Gericht *Specific Performance* gewähren, wenn die verkaufte Ware einzigartig („unique“) ist. Der Begriff der Einzigartigkeit wird im UCC und im *official comment* nicht ausdrücklich definiert[1187].

Der *official comment* (Nr. 1 zu § 2-716) macht jedoch deutlich, dass die Gesetzesverfasser den Anwendungsbereich der *Specific Performance* im Vergleich zur Vorgängerregelung des Unif.S.A. erweitern wollten[1188].

Anmerkung Nr. 2 zu § 2-716 des *official comment*[1189] gibt Anhaltspunkte dafür, auf welche Weise die Bestimmung des Tatbestandsmerkmals „unique“ im liberalisierten Sinne des § 2-716 UCC erfolgen soll. Danach soll § 2-716 UCC nicht nur auf besondere oder bestimmte Güter (wie in § 68 Unif.S.A.) beschränkt sein. Auch soll bei der Auslegung des Begriffs „unique“ nicht nur die Ware *als solche* berücksichtigt werden, sondern es soll vielmehr die Gesamtsituation in die Betrachtung einbezogen werden. Die Erweiterung der Gewährung von *Specific Performance* wird im UCC somit dadurch erreicht, dass bei der Prüfung der Einzigartigkeit einer Ware nicht mehr nur auf die Ware *selbst* abgestellt wird, sondern vielmehr auch die besonderen Umstände des Einzelfalles in die Prüfung mit einbezogen werden („commercial uniqueness“)[1190]. Welche Umstände jedoch konkret zu berücksichtigen sind, wird weder im UCC selbst beschrieben, noch nimmt der offizielle Kommentar dazu Stellung[1191].

Bei der Beurteilung der Frage, ob eine Ware „einzigartig“ nach § 2-716 UCC ist, geht es im Kern darum, ob der Käufer ein nicht zu duplizierendes Interesse gerade an der vertraglich zu liefernden Ware hat, das nicht mit einem Schadensersatzanspruch ausgeglichen werden kann[1192].

Das kann dann der Fall sein, wenn die Ware auf dem freien Markt überhaupt nicht (Einzelstücke, Raritäten), nur sehr schwer oder aber nicht mit diesen Merkmalen (bspw. auf dem Markt sind nur Produkte mit minderer Qualität erhältlich) erworben werden kann[1193].

1187 Vgl. *Quinn*, UCC, § 2-716 (A) (3).

1188 *Official comment* Nr. 1 zu § 2-716;vgl. auch *Hunter*, Law of Contracts, § 6.03, S. 6-21.

1189 Dort heißt es u.a.: „Specific performance is no longer limited to goods which are already specific or ascertained at the time of contracting. The test of uniqueness under this section must be made in terms of the total situation which characterizes the contract. Output and requirements contracts involving a particular or peculiarly available source or market present today the typical commercial specific performance situation, (...)“.

1190 *Quinn*, UCC, § 2-716 (A) (3); *Williston*, On Sales III, § 25-44, S. 696; *Annotation*, 26 ALR4th , 294, 298.

1191 Vgl. *Peters*, 73 Yale L.J. 199, 232 (1963).

1192 *Crandall/Herbert/Lawrence*, § 8.10.2, S. 8:56.

1193 Vgl. *Annotation*, 26 ALR4th , 294, 301; *Walt*, 26 Tex.Int'l.L.J. 211, 225 f. (1991) („In applying § 2-716 (1), the replaceability of the goods is generally the key issue.“). Jedoch gibt es

Das besondere Interesse des Käufers kann sich aber auch -wie bereits ausgeführt- aus den besonderen Umständen des Einzelfalles ergeben. Zu berücksichtigen sind hier die Marktsituation[1194], ein öffentliche Interesse an der Vertragsdurchführung[1195], das Interesse Dritter[1196] oder auch die Situation des Käufers selbst[1197].

Ferner stellen nach dem offiziellen Kommentar „output and requirement" Verträge tyische Anwendungsfälle für den Anspruch auf *Specific Performance* dar [1198].

Kann der Käufer durch einen Schadensersatzanspruch nicht in eine *wirtschaftlich* identische Position wie bei einer Naturalerfüllung gebracht werden, so ist dies ebenfalls ein wichtiger Gesichtspunkt für die Gewährung von *Specific Performance*[1199]. Eine solche Gefahr ist dann gegeben, wenn der Schaden des Käufers spekulativ ist, also nicht konkret berechnet werden kann (z.B. es kann nicht vorausgesehen werden, welchen Schadensersatzansprüchen der Käufer seitens seiner Käufer ausgesetzt sein wird)[1200]. Ferner gehören hierher die (umstrittenen) Fälle, in denen der Verkäufer insolvent geworden ist und ein Schadensersatzanspruch des Käufers „ins Leere" gehen würde[1201].

---

auch hier Ausnahmen, bspw. dann, wenn der Käufer die Ware für den Weiterverkauf erwerben wollte. Dann ist dem Käufer damit gedient, dass er die Differenz des Kaufpreises zu dem Preis, den er bei einem Weiterverkauf erzielt hätte, als Schadensersatz zugesprochen bekommt, vgl. *Yorio,* § 11.2.3, S. 297. Auch stehen dem Verkäufer zahlreiche Einreden zur Seite, die selbst dann, wenn die Ware einzigartig ist, einen Anspruch auf *Specific Performance* zunichte machen können.

1194 *Quinn,* UCC, § 2-716 (A) (3); *Copylease Corp. of America v. Memorex Corp.*, 19 UCCRS 525, 527 f. (S.D.N.Y. 1976)

1195 *Hunter*, Law of Contracts, § 6.03 (3), S. 6-23; *Yorio*, § 3.3.3.2, S. 64; Restatment (2nd) of Contracts, § 366 a (1979); in diese Richtung auch *White & Summers*, 5th ed., § 6-6, S. 231; *Eastern Airlines, Inc. v. Gulf Oil Corp.*, 19 UCCRS 721 (S.D.Fla. 1975).

1196 Insbesondere geht es hier um Fälle, in denen der Käufer die Ware bereits weiterverkauft hat. Vgl. *Hunter*, Law of Contracts, § 6.03 (3), S. 6-24; *Williston,* On Sales III, § 25-47, S. 700; *Annotation*, 26 ALR4th , 294, 306; *Ace Equipment Co. V. Aqua Chem, Inc.* 20 UCCRS 392, 393 f. (Penn.Ct.Com.Pl. 1975).

1197 Bspw. der Käufer hat nicht die finanziellen Mittel für ein Zwischenfinanzierung, um dann den „cover"-Schadensersatz geltend zu machen, vgl. *Stephan's Mach. & Tools, Inc. v. D&H Mach.,* 417 N.E.2d 579 (Ohio App. 1979); hierzu *Annotation,* 26 ALR4th , 294, 304.

1198 *Official comment* Nr. 2 zu § 2-716.

1199 *Yorio*, § 11.2.2, S. 295, 296;

1200 *Yorio*, § 11.2.2, S. 295, 296. *RN Kelly Cotton Merchant, Inc. v. York*, 379 F.Supp. 1075, 1079 (D.Ct. M.D.Ga. 1973), bestätigt, 494 F.2d 41 (5th Cir. 1974);

1201 Vgl. *Crandall/Herbert/Lawrence,* (1999 Suppl.), § 8.10.2, S. 8:57; *Software Customizer, Inc. v. Bullet Jet Charter, Inc.* (*In re* Bullet Jet Charter, Inc.), 27 UCCRS2d 1256 (Bankr.N.D.Ill. 1995) (In diesem Fall kam aber hinzu, dass das verkaufte Flugzeug nach den besonderen Wünschen des Käufers modifiziert wurde). Ob allerdings Insolvenz ein zu berücksichtigendes Kriterium ist, ist heftig umstritten. Dagegen: *Farnsworth,* On Contracts III; § 12.6,

(2) „other proper circumstances"

Ein Anspruch auf *Specific Performance* besteht nicht nur dann, wenn die Ware „einzigartig" im Sinne des UCC ist, sondern auch „in other proper circumstances". Ein starkes Indiz dafür, dass solche Umstände vorliegen, ist nach dem *official comment* die Tatsache, dass der Käufer keinen Deckungskauf („cover") vornehmen kann[1202].

Der offiziellen Kommentierung lässt sich entnehmen, dass es sich hierbei eigentlich um einen *weiteren* Anwendungsbereich des § 2-716 UCC handeln soll, der über den der Einzigartigkeit einer Ware hinausgeht[1203].

Da jedoch bei der Beurteilung der Frage, ob eine Ware „einzigartig" ist, bereits die Gesamtumstände zu berücksichtigen sind, überschneiden sich die Tatbestandsmerkmale[1204].

Viele Autoren trennen deshalb nicht zwischen den beiden Tatbestandsmöglichkeiten[1205]. Sie begreifen die Formulierung „in other proper circumstances" lediglich als ein Indiz für die Liberalisierung im Hinblick auf die Gewährung von *Specific Performance* und dafür, dass mit der Einzigartigkeit keine abschließende (starre) Regelung getroffen werden sollte[1206].

Auch die Gerichte subsumieren in ihren Entscheidungen regelmäßig nicht unter das eine oder das andere Tatbestandsmerkmal, sondern fassen beide Tatbestandsmerkmale zusammen[1207].

Ein separater Anwendungsbereich der „other proper circumstances" dürfte wohl dann gegeben sein, wenn das Interesse des Käufers an der Naturalerfüllung

---

S. 178; *White & Summers*, 3rd ed., § 6-6, S. 274 (aber nicht mehr in der 5th ed.); vgl. aufführlich, *Yorio*, § 7, S. 147 ff.; *Neufang*, Erfüllungszwang, S. 146 ff..

1202 *Official comment* Nr. 2 zu § 2-716, S. 5: „(...) inablity to cover is strong evidence of ‚other proper circumstances'".

1203 *Official Comment* Nr. 2 zu § 2-716, S. 5: „However, uniqueness is *not the sole basis* of the remedy under this section for the relief may also be granted ‚in other proper circumstances'(...)". *Kronman*, 45 Uni.Chi.L.Rev. 351, 357 Fn. 28 (1978); *Quinn*, UCC, § 2-716 (A) (4).

1204 *Yorio*, § 11.2.3, S. 297: „The two justifications for specific performance *frequently overlap* (...)". Vgl. auch *White & Summers*, 5th ed. § 6-6, S. 230; *Comment*, 33 Uni.Pitt.L.Rev. 243 ff. (1971).

1205 *Anderson*, § 2-716:5 („It would appear that it is not to be of great significance whether a given situation is regarded as involving ‚unique goods' or ‚proper circumstances'; ordinarily, circumstances which are proper will impart uniqueness to the goods. Uniqueness in a reasonable commercial setting is the significant point."); *Crandall/Herbert/Lawrence*, § 8.10.2, S. 8:56 f.; *Hunter*, Law of Contracts, § 6.03 (3), S. 6-21 f..

1206 Vgl. *Kronman*, 45 U.Chi.L.Rev. 351, 357 Fn. 28 (1978).

1207 Vgl. nur *Stephan's Mach., Etc. v. D&H Mach.* 417 N.E.2d 579, 583 (App.Ct.Ohio 1979); *Colorado-Ute Elec. Ass'n, Inc. v. Envirotech. Corp.* 524 F.Supp. 1152, 1159 (D.Colo. 1981).

ausschließlich in den Umständen des Kaufs begründet ist und sich nicht aufgrund der Beschaffenheit der Ware *selbst* ergibt[1208].

Trotz der Erweiterung des Anwendungsbereichs der *Specific Performance* durch den UCC bleibt der Erfüllungsanspruch weiterhin ein außergewöhnlicher Rechtsbehelf[1209]. Besteht für den Käufer in irgendeiner Weise die Möglichkeit, einen Deckungskauf vorzunehmen, oder lässt sich der Schaden des Käufers durch Geld kompensieren, so wird der Käufer stets auf einen Schadensersatzanspruch verwiesen[1210].

In der Rechtsprechung wird der Ausnahmecharakter dadurch erkennbar, dass sich nur sehr wenig Fallrecht mit Klagen auf *Specific Performance* befasst[1211].

Aus Käufersicht liegt dieses zum einen an den Restriktionen, denen der Anspruch unterworfen ist, insbesondere auch dem weitgehenden Ermessen des Gerichts, welches die Gewährung von Naturalerfüllung oft als willkürlich erscheinen lässt[1212]. Zum anderen ist der (verschuldensunabhängige) Schadensersatzanspruch auf der Grundlage eines „cover" für den Käufer meist günstiger; der Käufer muss auf diese Weise nicht einen langwierigen Rechtsstreit abwarten und kann sich sofort mit Ware eindecken[1213].

1208 *Comment,* 33 Uni.Pitt.L.Rev. 243 ff. (1971); *White & Summers*, 5th ed., § 6-6, S. 230, die auf den Fall *Stephan's Mach., Etc. v. D&H Mach.* (vorstehende Fußnote) verweisen. Das Gericht selbst hatte sich in diesem Fall nicht festgelegt und sogar eher in Richtung „uniqueness" tendiert (vgl. 417 N.E.2d 579, 583).

1209 Vgl. *Anderson*, § 2-716:5; *Calamari/Perillo*, § 16-3, S. 616; *Quinn*, UCC, § 2-716, (A) (5); *Annotation*, 26 ALR4th, 294, 298; *67A AmJur2d,* Sales, § 993. Auch der *official comment* (Nr. 1 zu § 2-711 UCC) macht dies deutlich, indem dort –sogar an erster Stelle- ausgeführt wird, dass § 2-716 UCC generell die bestehende Politik (Rechtsprechung) der *Specific Performance* fortführen will. Auch das Ermessen des Gerichts soll in keiner Weise eingeschränkt werden.

1210 *Calamari/Perillo*, § 16-3, S. 616 („Our legal system will almost always withhold specific relief, when the opportunity to cover is present"); *Anderson*, UCC, § 2-716:5.

1211 Vgl. bspw. *Crandall/Herbert/Lawrence*, § 8.10.1, S. 8:54 („The *least used* of buyer's remedies is that contained in § 2-716,...") und § 8.10.3, S. 8:62, 8:63 („Whether the boundaries of § 2-716 should be expanded appears at present to be an issue of little practical significance, as there *are remarkably few reported cases* in which buyers have attempted to stretch the concept much beyond its traditional bounds"); *Comment*, 33 Uni.Pitt.L.Rev. 243, 244 (1971).

1212 Vgl. *Dawson*, 57 Mich.L.Rev. 495, 532 (1959).

1213 *Walt,* 26 Tex.Int'l.L.Rev., 211, 232 (1991); *Crandall/Herbert/Lawrence*, UCC, § 8.10.2, S. 8:63; *Treitel,* Int.Encyc.Comp.L., Vol VII, §16-31, S. 18, Fn. 140.

(3) Fallgruppen

Der Käufer, der einen Anspruch auf *Specific Performance* gem. § 2-716 UCC durchsetzen will, muss beweisen, dass die vertragliche Ware einzigartig ist oder aber es müssen Umstände vorliegen, die einen Anspruch auf Schadensersatz als unzureichend erscheinen lassen. Anhand einiger Fälle zu § 2-716 UCC soll das Verständnis der Gerichte von den Tatbestandsmerkmalen der „uniqueness" und „other proper circumstances" aufgezeigt werden.

Für die „Einzigartigkeit" einer Ware i.S.d. UCC ist nicht mehr erforderlich, dass diese tatsächlich die einzige ihrer Art ist.

Vielmehr kann ausreichend sein, dass der Käufer sich nur mit *äußersten* Schwierigkeiten eine *ähnliche* Sache beschaffen kann.

In *Kaiser Trading Co. v. Associated Metals and Minerals Corp.*[1214] hatten die Parteien einen Kaufvertrag über 4000 Tonnen Kryolit („cryolite")[1215] geschlossen, die der Käufer (Kaiser Trading Co.) für seine Aluminiumherstellung benötigte. Das Gericht verurteilte den beklagten Verkäufer zu *Specific Performance*, da Kryolit ein sehr seltener Stoff und für den Käufer nur unter äußersten Schwierigkeiten zu erwerben sei [1216]. Das Gericht machte deutlich, dass nach der „pre-Code" Rechtsprechung kein Erfüllungsurteil ergangen wäre[1217].

In *Sedmak v. Charlie's Chevrolet, Inc.*[1218] hatte der Käufer einen PKW erworben, von welchem nur 6000 Exemplare als Sonderserie gebaut worden waren. Der Käufer hatte ferner zahlreiche Sonderausstattungen bestellt. Das Gericht führte in seiner Urteilsbegründung aus, dass nach traditionellem Recht dieses Fahrzeug *nicht* einzigartig gewesen wäre. Jedoch würden der Kilometerstand, Erscheinungsbild und die Eigentumsverhältnisse es schwer, bzw. fast unmöglich machen, ein ähnlichen PKW ohne beträchtliche Kosten, zeitliche Verzögerungen und Unannehmlichkeiten zu kaufen[1219].

[1214] 321 F.Supp. 923 (N.D. California, 1970); bestätigt, 443 F.2d 1364 (Ct.App. 9th Cir. 1971).

[1215] Kryolit ist ein Stoff, der zur Herstellung von Aluminium benötigt wird, vgl. 321 F.Supp. 923, 925.

[1216] Es ging in diesem Fall um den Erlass einer einstweiligen Verfügung (preliminary injunction) auf *Specific Performance*. Das Gericht stellte in seinem Urteil lediglich darauf ab, dass der Stoff Kryolit unstreitig äußerst selten sei. Weiter führte es aus, dass das Gericht in einem Verfahren des einstweiligen Rechtsschutzes nicht im Einzelnen zu klären habe, ob der Kläger tatsächlich nirgendwo sonst den Stoff Kyrolit bekäme, wie es der Kläger behauptet hatte (vgl. 321 F. Supp. 923, 933).

[1217] Vgl. 321 F.Supp. 923, 932 f. („ Although no California case has held explicitly that an inability to cover is sufficient justification for decreeing specific performance, (...)".)

[1218] 31 UCCRS 851 (Mo.Ct.App. 1981).

[1219] 31 UCCRS 851, 859 f., weiter wird dort ausgeführt, dass jeweils nur ein Fahrzeug pro Händler ausgegeben wurde und - weiter einschränkend - nur ganz wenige Fahrzeuge, die von dem Käufer bestellten Sonderausstattungen aufwiesen.

Grundsätzlich sind Kraftfahrzeuge jedoch -auch wenn sie seltene Gebrauchtwagen sind- nicht einzigartig; denn gibt es *ähnliche* Waren, so ist dieses für einen Anspruch auf *Specific Performance* nicht ausreichend[1220].

Wurde die Ware nach *speziellen Anweisungen* des Käufers oder nur für diesen hergestellt, so nehmen die Gerichte häufiger an, dass die Ware einzigartig ist (bspw. die Herstellung eines Bootes nach den besonderen Wünschen des Käufers[1221] oder die Herstellung einer Filteranlage für ein Stromerzeugungsunternehmen[1222])[1223]. Ein solcher Sachverhalt lag auch dem Fall *Software Customizer Inc. v. Bullet Jet Charter*[1224] zugrunde, in welchem die Verkäuferin ein verkauftes Flugzeug nach den speziellen Spezifikationen der Käuferin modifiziert hatte. Darüber hinaus war die Verkäuferin insolvent geworden, so dass der Käuferin, die bereits gezahlt hatte, nicht mit einem Schadensersatzanspruch gedient gewesen wäre[1225].

Auch eine einmalige *Qualität oder Beschaffenheit* kann die Einzigartigkeit der Ware i.S.d. § 2-716 UCC rechtfertigen.

So entschied das Gericht in *King Aircraft Sales, Inc. v. Lane*[1226], dass *Specific Performance* im Hinblick auf zwei verkaufte Flugzeuge gerechtfertigt sei, da es für die Käuferin nahezu unmöglich gewesen wäre, Flugzeuge dieser Beschaffenheit auf dem freien Markt zu erlangen.

1220 *Hunter*, Law of Contracts, § 6.03, S. 6-22; *Scholl v. Hartzell*, 33 UCCRS 951 (Ct. Comm.Pl. 1981)(19 Jahre alte Chevrolet Corvette -Sammlerstück- ist nicht einzigartig); *Pierce-Odom, Inc. v. Evenson*, 632 S.W.2d 247, 248 f. (Ct.App.Ark. 1982) (Wohnmobil nicht „unique“); *Paloukos v. Intermoutain Chevrolet Co.*, 588 P2d 939 (Sup.Ct.Idaho 1978) (für Pickup Truck).

1221 *Fast v. Southern Offshore Yachts*, 38 UCCRS 1569, 1574 f. (D.Conn.1984). *Gay v. Seafarer Fiberglass Yachts, Inc.*, 14 UCCRS 1335 (N.Y.Sup.Ct. 1974) (Bootstyp wurde nur von Verkäufer hergestellt); *Cumbest v. Harris*, 363 So.2d 294 (Sup.Ct.Miss 1978)(Stereoanlage, die vom Verkäufer über Jahre entworfen wurde und deren Einzelteile z.T. auf dem Markt nicht erhältlich waren).

1222 *Colorado-Ute Electric Ass'n, Inc. v. Envirotech Corp.* 524 F.Supp. 1152 (D.Colo.1981) hier war allerdings mitentscheidend, dass es sich um einen *öffentlichen* Stromversorger handelte.

1223 Vgl. *Hunter*, Law of Contracts, § 6.03 (3), S. 6-22.

1224 *In re Bullet Jet Charter, Inc.; Software Customizer Inc. v. Bullet Jet Charter, Inc.* 27 UCCRS2d 1256 ff. (N.D.Ill.1995).

1225 Vgl. hierzu auch *Crandall/Herbert/Lawrence*, (1999 Suppl.), § 8.10.2, S. 8:57; ferner zu diesem Fall, *Quinn*, UCC (1999 Suppl.), § 2-716 (A) (1). Mit zutreffenden Argumenten gegen die Berücksichtigung der Insolvenz, vgl. *Farnsworth*, On Contracts III, § 12.6, S. 178, m.w.N. Zur Insolvenz ausführlich *Yorio*, § 7, S. 147 ff..

1226 846 P.2d 550, 554 ff. (Wash.Ct.App. 1993). Vgl. die Ausführungen des Gerichts (846 P.2d, 550, 556): „The airplanes, although not necessarily ‚unique', were rare enough so as to make the ability to cover virtually impossible“. Letzlich mündet der Anspruch auf *Specific Performance* in dieser Entscheidung in einen Schadensersatzanspruch, da der Verkäufer die Flugzeuge an einen Dritten verkauft hatte.

In dem Fall *Copylease Corp. of America v. Memorex Corp.*[1227] hatten die Parteien einen Sukzessivlieferungsvertrag/Bedarfdeckungsvertrag („long-term contract") über Kopier*toner* abgeschlossen, die der Käufer für seine Kopiermaschinen benötigte. Zwar konnte der auf *Specific Performance* klagende Käufer anderen Toner auf dem freien Markt erhalten, jedoch nicht mit dieser besonderen Qualität. Das Gericht ordnete eine Sachverständigenanhörung an und entschied, dass dem Käufer *Specific Performance* gewährt werde, wenn die Anhörung tatsächlich die behauptete Qualität ergeben würde.

Allerdings handelte es sich in diesem Fall um einen *Bedarfsdeckungsvertrag*, bei welchem die Gerichte geneigter sind, Erfüllungsansprüche zu gewähren[1228]. Denn wie der offizielle Kommentar (Nr. 2 zu § 2-716) ausführt, beschreiben *„output and requirements"* Verträge typische Anwendungsfelder des § 2-716 UCC. Deshalb betreffen viele Fälle gerade diesen Bereich, wobei häufig das öffentliche Interesse eine besondere Bedeutung spielt[1229].

So belieferte in *Eastern Air Lines, Inc. v. Gulf Oil Corp.*[1230] der Ölkonzern *Gulf* über mehrere Jahre *Eastern Air Lines* mit Flugzeugbenzin. Während der Ölkrise (1974) weigerte sich *Gulf* weiterhin zu dem vertraglich vereinbarten Preis zu liefern. Aufgrund der liberaleren Tendenz des UCC gewährte das Gericht dem Käufer einen Anspruch auf *Specific Performance*, da es sich um einen Bedarfsbedeckungsvertrag handelte, und die Einstellung der Benzinlieferung Chaos und einen irreparabelen Schaden angerichtet hätte[1231].

Das *öffentliche Interesse* und auch das *Interesse Dritter* wird dabei nicht nur in Fällen, die „requirements and output" Verträge betreffen, in besonderem Maße berücksicht. Auch in den übrigen Fällen finden solche Erwägungen Eingang in das Ermessen des Gerichts[1232].

Für die *„output"* Fälle sind die Entscheidungen charakteristisch, die den Verkauf gesamter Ernten betreffen. In *R.N. Kelly Cotton Merchant, Inc. v. York*[1233] hatte der Kläger die gesamte Baumwollernte des Beklagten gekauft. Dem Kläger wurde deshalb *Specific Performance* gewährt, weil er die Ernte bereits weiterverkauft hatte und auch seine Kunden wiederum die Ware veräußert hatten. Das Gericht befand, dass dem Kläger und dessen Käufern ein nicht wiedergutzumachender Schaden entstehen würde.

1227 19 UCCRS 525, 527 f. (S.D.N.Y. 1976).

1228 Vgl. *Hunter*, Law of Contracts, § 6.03 (3), S. 6-22, unter Bezug auf die oben genannte Entscheidung.

1229 Vgl. zur Berücksichtigung des öffentlichen Interesses auch *White & Summers*, 5th ed., § 6-6, S. 231.

1230 19 UCCRS 721 (S.D.Fla. 1975).

1231 19 UCCRS 721, 739: „If Gulf ceases to supply this fuel, the result will be chaos and irreparable damage."

1232 Vgl. *Yorio*, § 3.3.3, S. 64.

1233 379 F.Supp 1075,1077 (D.Ct.M.D.Ga. 1973), bestätigt, 494 F.Supp. 41 (5th Cir. 1974).

Der alleinige Umstand, dass eine gesamte Ernte/Produktion verkauft wird, rechtfertigt jedoch keinen Anspruch nach § 2-716 UCC, solange der Käufer sich anderweitig eindecken kann[1234].

Ein weiterer Grund, *Specific Performance* zu gewähren, wird von den Gerichten darin gesehen, dass ein Schaden *nicht bezifferbar* ist[1235].

Die Ungewissheit für den Käufer, einen anderen Lieferanten zu finden und der hierdurch *nicht bezifferbare* Schaden bewog in dem Fall *Laclede Gas Co. v. Amoco Oil Co.* das Gericht, *Specific Performance* zu gewähren[1236]. Laclede war Abnehmer von Propangas und belieferte damit private und gewerbliche Endabnehmer. Auch in diesem Fall deutete das Gericht an, dass ein Ausfall der Lieferungen an die Endabnehmer dem öffentlichen Interesse entgegenlaufen würde [1237].

Die *alleinige* Tatsache, dass ein Schaden schwer zu bestimmen ist, ist aber nicht ausreichend, um *Specific Performance* zu gewähren[1238].

Auch Umstände, die *in der Person des Käufers* liegen, können bei der Frage, ob „other proper circumstances" i.S.d. § 2-716 UCC vorliegen, berücksichtigt werden.

In dem einzigen Fall, der sich mit einem Nachlieferungsanspruch i.S.d. Arbeit befasste (*Stephan's Machine & Tool, Inc. v. D & H Machinery Consultants*[1239]) hatte ein Käufer eine Spezialbohrmaschine (Preis 96.000,00 US $) gekauft, die defekt war. Der Käufer war nicht in der Lage, bei einem anderen Hersteller eine ähnliche Maschine zu erwerben, weil ihm die Mittel zur Zwischenfinanzierung fehlten, um dann die Differenz als „cover"-Schadensersatz geltend zu machen.

Die Grenze bilden die Fälle, in denen das Interesse des Käufers durch einen Schadensersatzanspruch befriedigt werden kann, weil eine ähnliche Ware auf dem freien Markt erhältlich ist[1240]. So ist es nicht ausreichend, dass der Verkaufspreis außergewöhnlich niedrig ist, weil hier dem Käufer mit einem „cover"-Schadens-

---

1234 *Crandall/Herbert/Lawrence*, § 8.10.1, S. 8:61, 8:62 f.; *Hunter*, § 6.03 (3), S. 6-25, Fn. 92.

1235 *Yorio*, § 2.4.1, S. 36.

1236 *Laclede Gas Co. v. Amoco Oil Co.*, 17 UCCRS 447, 452 (8th Cir. 1975) (Schwierigkeiten, eine Schadenssumme einzuschätzen, sind geeignetes Kriterium, um *Specific Performance* zu gewähren).

1237 Vgl. *Hunter*, Law of Contracts, § 6.03 (3), S. 6-23.

1238 *Kaiser v. Wolf*, 32 UCCRS 740, 742 f. (Ct. Comm.Pl. Penn. 1981)

1239 417 N.E.2d 579 (Ohio App. 1979). In dem Fall *Gerwin v. Southeastern Cal. Association of Seventh Day Adventists*, 14 Cal. App. 3d 209, 92 Cal.Rep. 111 ff. (4th Dist. 1971), hatte der Kläger eine Restaurant-Einrichtung gekauft, konnte sich aber nicht leisten, eine andere Einrichtung zu kaufen, um die Beklagte dann auf Schadensersatz in Anspruch zu nehmen.

1240 *Tepper*, Contracts and the UCC, § 14, S. 355; *Crandall/Herbert/Lawrence*, § 8.10.2, S. 8:58; *Anderson*, UCC, § 2-716:5.

ersatzanspruch gedient ist[1241]. Ferner ist auch dann ein Schadensersatzanspruch ausreichend, wenn die Ware zwar einzigartig i.S.d. § 2-716 UCC ist, die Ware aber „nur" zum Weiterverkauf bestimmt ist, um hiermit einen Profit zu machen. Hier wird dem Verkäufer der Verkaufsgewinn als Schadensersatz zugesprochen[1242].

b) Ermessen des Gerichts und Einreden des Verkäufers („defences")

Selbst wenn die vertragsgegenständliche Ware „unique" ist bzw. „other proper circumstances" vorliegen, kann der Käufer nicht sicher sein, dass ihm ein Erfüllungsanspruch zugesprochen wird. Denn dem Verkäufer stehen gegen einen *Equity*-Rechtsbehelf zahlreiche Einreden („defences") zur Seite, welche das Gericht im Rahmen seines Ermessens berücksichtigt [1243]. Trotz der Kodifizierung des Kaufrechts im UCC gelten diese Grundsätze der *Equity* fort, auch wenn sie nicht im UCC normiert sind[1244]. Das Ermessen des Gerichts bedeutet dabei nicht, dass es völlig im Belieben des Gerichts steht, ob es *Specific Performance* gewährt oder nicht[1245]. Denn ist ein Schadensersatzanspruch unzureichend, so kann das Gericht einen Anspruch auf *Specific Performance* grundsätzlich nur aufgrund der erwähnten Einreden ablehnen[1246].

Jedoch entziehen sich die meisten *Equity*-Einreden einer klaren Einteilung in randscharfe Tatbestände[1247]; vielmehr handelt es sich bei der Berücksichtigung der Einreden um eine Abwägung des Gerichts zwischen den (festgeschriebenen) Umständen, die es unbillig erscheinen lassen würden, eine Naturalerfüllung zu gewähren und den Vorteilen eines *Specific Performance*-Urteils[1248]. Das Gericht

---

1241 *Klein v. PepsiCo*, 6 UCCRS 2d 728, 731 f. (4th Cir. 1988); *Hilmor Sales Co. v. Helen Neushaefer Div. of Supronics Corp.*, 6 UCCRS 325 ff. (N.Y.Sup.Ct. 1969) (besonders günstiger Lippenstift); *Duval & Co. v. Malcom*, 16 UCCRS 1217, 1222 f. (Sup.Ct.Ga. 1975) (besonders günstige Baumwolle).

1242 *Yorio*, § 11.2.2, S. 297.

1243 *Schwartz*, 89 Yale L.J. 271, 273 (1979) („A disappointed promisee who is able to show that he has no adequate remedy at law nevertheless is not assured of obtaining specific performance. Promisors can raise a number of defenses against specific performance that are not available against damages award:... ."); *Farnsworth,* On Contracts III, § 12.7, S. 179; *Williston,* On Sales III, § 25-45, S. 697; *Ansay/Clark*, Law of the US, S. 179; *Treitel,* Int.Encyc.Comp.L., Vol. VII, § 16-32, S. 19; *Peters,* 73 Yale L.J. 199, 233, Fn. 99 (1963). Ausführlich, *Yorio, § 4, S. 73 ff.*.

1244 Rechtstechnisch „strahlen" die Equity-Pinzipien über das Ermessen des Gerichts in Verbindung mit § 1-103 UCC ein. Dazu *Summers,* 72 Nw.U.L.Rev. 906, 932 (1978).

1245 Vgl. *Wallach,* UCC, S. 9-2 („If the buyer meets the standards established for specific performance, he or she is entitled to this remedy as a matter of right.").

1246 Vgl. hierzu *Neufang,* Erfüllungszwang, S. 155 ff..

1247 *Dobbs*, § 12.8(7), S. 811.

1248 Vgl. *Yorio*, § 5.4.3, S. 110; § 3.1, S. 48; *Bander v.Grossman*, 611 N.Y.S.2d 985, 989 (Sup.Ct.N.Y. 1994)(„(...)a court of equity should not grant an award which would be kann deshalb auch aufgrund der *Summe* der Einreden *Specific Performance* nicht gewähren[1249], obgleich jede einzelne Einrede nicht vollständig erfüllt ist. Im Ergebnis steht dem Gericht also doch ein relativ weiter Ermessensspielraum zu.

Die *Equity*-„defences" betreffen dabei größtenteils Bereiche, die im internen deutschen Recht in der Rechtsgeschäftslehre (bspw. Sittenwidrigkeit, Irrtum)[1250], aber auch im Zwangsvollstreckungsverfahren anzusiedeln wären (Bestimmtheit eines Urteils, Vollstreckbarkeit, Überwachung der Zwangsvollstreckung).

Die Besonderheit der Einreden besteht darin, dass ein Kläger, der einen Schadensersatzanspruch geltend macht („at law"), sich diesen Einreden nur bedingt gegenübersehen würde, also seinen Schadensersatzanspruch durchsetzen könnte[1251].

Der UCC nähert sich in einigen Bereichen den *Equity*-Grundsätzen an mit der Folge, dass diese Grundsätze auch für *Law*-Rechtsbehelfe -also Schadensersatzansprüche- gelten[1252]. So wurde aus der *Equity*-Einrede, die sich auf die „unfairness" (Sittenwidrigkeit) eines Vertragesbezieht, im UCC der Einwand des § 2-302 UCC („unconscionablity") abgeleitet[1253]. Auch werden weite Anwendungsbereiche der „hardship"-Einrede (Unzumutbarkeit der Vertragsdurchsetzung) durch § 2-615 UCC („commercial impractibility") abgedeckt.

Nachfolgend sollen nur die wichtigsten *Equity*-Einwendungen angeprochen werden. Ausführlich werden nur die für ein Nachlieferungs- oder Nachbesserungsbegehren relevanten „defences" behandelt.

(1) „Misrepresentation", „mistake" und Bestimmtheit des Vertrages

Der Beklagte kann gegen die Geltendmachung eines Anspruchs auf *Specific Performance* geltend machen, dass er sich geirrt („mistake") oder der Kläger (Käufer) falsche Angaben bei Vertragsschluss gemacht habe („misrepresention")[1254]. Zwar

---

‚disproportinate in its harm to defendent and its assistance to plaintiff.'"); vgl. ferner *Restatement* 2nd, Contracts, § 366.

1249 *Yorio*, § 5.9.2, S. 125; *Dobbs*, § 12.8 (4), S. 811.

1250 Vgl. *Reimann/Ackmann*, Einführung in das US-Recht, S. 159.

1251 *Yorio*, § 4.1, S. 74, 75, 79 f.; *Treitel*, Int. Ency. Of comp. Law, Vol. VII, § 16-32, S. 19; *Schwartz*, 89 Yale L.J. 271, 299 (1979); *Dawson*, 57 Mich. L. Rev. 495, 535 f. (1959) („In contract cases, as in other equity cases, higher standards of fairness and morality are regularly employed. This double standard of morality is a clumsy and ineffective way of alleviating hardship or discouraging sharp bargainers, if the contract whose enforcement in equity is refused is left open for enforcement by way of damage remedy.").

1252 Vgl. *Williston/Lord*, § 18:3, S. 16 („It has been said that the essential purpose of the code was to extend equity practice into the field of the law merchant.") m.w.N..

1253 Der Einwand der „unconscionability" ist aus dem *Equity*-Recht übernommen worden, vgl. *Deutch*, Unfair Contracts, S. 42 ff., S. 56; *Cerutti*, S. 144 Rn. 77. Vgl. auch *Williston/Lord*, § 18:3, S. 16.

1254 *Treitel*, Int. Encyc. of Comp. Law § 16-32, S. 19.

kann der Beklagte diese „defences" auch gegenüber Schadensersatzansprüchen einwenden, jedoch nur in sehr viel eingeschränkterem Maße[1255].

So kann ein „unilateral mistake" (einseitiger Irrtum) im amerikanischen Recht nur ausnahmsweise geltend gemacht werden, u.a. grundsätzlich nur dann, wenn die andere Partei den Irrtum kannte[1256]. Gegenüber einem *Specific Performance* Begehren kann der Beklagte (Verkäufer) diesen Einwand auch erheben, wenn der Käufer den Irrtum des Verkäufers nicht kannte; der Vertrag ist dann gleichwohl gültig, so dass der Käufer Schadensersatz verlangen kann[1257]. Hat der Käufer bei Vertragsschluss falsche Angaben gemacht, so ist nicht (anders als bei Schadensersatzansprüchen[1258]) unbedingt erforderlich, dass diese auf Absicht beruhen oder eine wesentliche Eigenschaft der Sache betreffen[1259].

Des Weiteren stellen die Gerichte höhere Anforderungen an die *Bestimmtheit* eines Vertrages, wenn der Käufer *Specific Performance* begehrt[1260]. Betroffen

---

1255 Vgl. *Yorio*, § 5.2, S. 102, § 5.3, S. 104 f..

1256 Die Berufung auf einen einseitigen Irrtum ist im amerikanischen Recht nur ausnahmsweise möglich. Nach traditonellem Recht war ein einseitiger Irrtum nur dann beachtlich, wenn die Gegenseite den Irrtum kannte, hätte kennen können oder diesen selbst verschuldet hat, vgl. *Cerutti,* S. 177 f. Rn. 343 ff.; *Restatment 2nd*, Contracts, § 153 a). Nach neuerem Recht ist ein einseitiger Irrtum auch dann beachtlich, wenn eine grundlegende Annahme des Vertragsschlusses betroffen ist, das wertmäßige Gleichgewicht durch den Irrtum schwerwiegend gestört ist, der irrenden Partei nicht das Risiko des Irrtums zugewiesen ist und der Irrende nicht grobfahrlässig gehandelt hat. Ferner darf sich die Gegenpartei nicht schon auf den Vertragsschluss verlassen haben (bspw. Weiterverkauf) und dem Irrenden müsste durch die Vertragsdurchsetzung ein unverhältnismäßiger Nachteil entstehen, vgl. zum Ganzen, *Cerutti*, S. 178 f. Rn. 343 ff.; *Restatement 2nd*, Contracts, § 153.

1257 *Yorio*, § 5.2, S. 103 („Still, differences between the equitable and legal defences persist, and it remains easier for the breaching party to resist specific performance on grounds of unilateral mistake. Many courts do not require for the equitable defense that the nonbreaching party have been aware of the mistake or have utilized the mistake to take advantage of the other party"); *Corbin*, On Contracts, § 1166; *Meyer v. Benko*, 127 Cal.Rep. 846, 849 (2nd Dist. 1976).

1258 „Misrepresentation" (oder auch „fraud") ist sowohl ein Rechtsinstitut des Vertragsrechts, als auch des Haftpflichtrechts („tort"). Um einen Vertrag wegen „misrepresentation" anfechten zu können, muss die unrichtige Tatsachenbehauptung entweder absichtlich erfolgt sein oder es muss bei Schuldlosigkeit (quasi als Surrogat) eine wesentliche Täuschung vorliegen, vgl. *Cerutti,* S. 164 Rn. 317, S. 166 Rn. 320 ff.. Zum Ganzen: *Cerutti,* S. 162 ff. Rn. 314 ff.; *Calamari/Perillo,* § 9-13 ff., S. 325 ff.; *Restatement 2nd,* Contracts § 159 ff..

1259 *Yorio*, § 5.3, S. 104 („Still, misrepresentation of even an *immaterial* fact may be the basis for a defense to specific performance but not to a claim for damages. A misrepresentation may be entirely *innocent*, or made by a third party, and yet deprive the plaintiff of specific relief"). Allerdings verringern sich durch die neuere Rechtsprechung die Unterschiede zwischen *Equity* und *Law*-Rechtsbehelfen hinsichtlich der Einreden, vgl. *Yorio,* a.a.O..

1260 *Farnsworth,* On Contracts III, § 12.7, S. 180; *Calamari/Perillo*, § 16-8, S. 621 f.; *Restatement 2nd*, Contracts, § 362 a); *Yorio*, § 3.1, S. 46; § 3.4, S. 67 f.; *Eastern Air Lines, Inc. v. Gulf Oil Corp* 19 UCCRS 721, 727 f. (SD Fla 1975) In diesem Fall handelte es sich um sind hiervon insbesondere Werk- und Werklieferungsverträge[1261]. Sind in einem solchen Vertrag die Leistungen des Beklagten nicht eindeutig spezifiziert, so sieht sich das Gericht nicht in der Lage, einen Urteilstenor zu formulieren, der einen *Specific Performance*-Ausspruch zum Inhalt hat[1262].

Begründet sind die erhöhten Anforderungen in der Zwangsvollstreckung eines Urteils auf *Specific Performance*, da diese Urteile durch Zwangsgeld oder Zwangshaft vollstreckt werden. Die Gerichte lehnen es deshalb ab, Urteile auf Naturalerfüllung zu fällen, wenn aus dem Vertrag nicht eindeutig hervorgeht, welche Leistung der Beklagte zu erfüllen hat, um ihn nicht der Gefahr der Zwangshaft auszusetzen[1263]. Macht der Kläger bei gleicher Sachlage einen Schadensersatzanspruch geltend, so könnte ihm dieser zugesprochen werden[1264].

(2) „Unconscionability"

Das amerikanische Rechtssystem berücksichtigt traditionell bei *Law*-Rechtsbehelfen (Schadensersatzansprüchen) Vertragsumstände wie Sittenwidrigkeit des Vertrages oder einen Verstoß gegen Treu und Glauben nur in einem stark eingeschränkten Maß[1265]. Begehrt der Kläger hingegen *Specific Performance*, also einen *Equity*-Rechtsbehelf, so wurden Einwände wie „hardship", „unfairness" oder „unconscionability" schon seit jeher berücksichtigt mit der Folge, dass dem Käufer ein Erfüllungsanspruch nicht zugesprochen wurde, obwohl der Vertrag als durchsetzbar galt[1266]. Besonders deutlich wird dies in der Entscheidung *Campell Soup Co. v. Wentz*[1267]. In diesem Vertrag hatte *Campell* die gesamte Karotten-

---

einen „requirements contract", wonach Gulf die Klägerin Eastern Air Lines nach deren Bedarf mit Flugbenzin versorgen sollte. Als Gulf während der Ölkrise nicht mehr lieferte, klagte Eastern Airlines auf *Specific Performance*. Gulf verteidigte sich hiergegen u.a. damit, dass der Vertrag für *Specific Performance* zu vage und unbestimmt sei. Das Gericht wies diesen Einwand jedoch im Hinblick auf die Auslegungsregel des § 2-306 (1) UCC zurück, wonach bei „requirements contracts" im Zweifel der jeweilige Bedarf zu versorgen sei, der im Rahmen des guten Glaubens entsteht.

1261 *Yorio*, § 3.4.2, S. 67.

1262 *Yorio*, § 3.2.4, S. 55, 56; § 3.4.2, S. 67 f.

1263 *Farnsworth*, On Contracts III, § 12.7, S. 180; *Yorio*, § 3.2.4, S. 55; *Restatement 2nd*, Contracts, § 362 b).

1264 *Schwartz*, 89 Yale L.J. 271, 305, Fn. 95 (1979); *Restatement 2nd*, Contracts, § 362 a).

1265 *Treitel*, Int. Encyc. of Comp. Law VII, § 16-32, S. 19; *Cerutti*, S. 145 f. Rn. 277 ff..

1266 *Yorio*, § 5.4, S. 105 ff.; *Dobbs*, § 12.8 (7), S. 811.

1267 172 F.2d 80 (3rd Cir. 1948); auf diese Entscheidung bezugnehmend *R.L. Kimsey Cotton, Inc. v. Ferguson*, 214 S.E.2d 360, 363 (Sup.Ct.Ga. 1975) (allerdings den Einwand ablehnend). Der Fall *Campell Soup Co. v. Wentz* wird im *official comment* Nr. 1 zu § 2-302 UCC als Beispiel für Verträge verwendet, die im Sinne dieser Vorschrift als „unconscionable" angesehen werden sollen. Dies bedeutet, dass nach dem UCC dieser Vertrag ungültig wäre und auch -anders als in der Entscheidung- ein Schadensersatzanspruch entfiele.

ernte eines Bauern gekauft, und zwar unter extrem einseitigen Bedingungen[1268]. Das Gericht befand, dass der Vertrag *nicht* unwirksam sei, aber *Specific Performance* aufgrund der Einseitigkeit des Vertrages nicht gewährt werden könne[1269].

Der UCC hat sich dem *Equity*-Recht durch die Aufnahme der Bestimmung des § 2-302 UCC („unconscionability“) angenähert, die von der *Equity*-Einrede der „unfairness“ abgeleitet wurde[1270].

Nach § 2-302 (1) UCC kann sich ein Gericht weigern, Verträge oder einzelne Vertragsklauseln durchzusetzen, wenn es der Ansicht ist, dass diese sittenwidrig („unconscionable“) sind[1271]. Der Vertrag bzw. die Vertragsklausel muss dabei zum Zeitpunkt des Vertragsschlusses als sittenwidrig („unconscionable“) erscheinen. Dieser Unwirksamkeitsgrund gilt mit der Aufnahme im UCC für sämtliche Rechtsbehelfe der Parteien, mithin auch für Schadensersatzansprüche. Jedoch sind amerikanische Gerichte auch unter dem UCC im Vergleich zur deutschen Rechtsprechung zurückhaltend, einen *Schadensersatzanspruch* wegen „unconscionability“ gem. § 2-302 (1) UCC des Vertrag bzw. eines Vertragsteils nicht zuzuerkennen[1272]. Begehrt der Käufer aber *Specific Performance*, so wird dieser Anspruch sehr viel eher wegen Sittenwidrigkeit zurückgewiesen; es wird deshalb auch von zwei unterschiedlichen Maßstäben der „unconscionability“ („equitable“ und „legal“) gesprochen[1273].

(3) „Hardship“, „commercial impracticability“ (§ 2-615 UCC)

Wird gegen den Verkäufer ein Anspruch auf *Specific Performance* geltend gemacht, so kann er einwenden, dass die Durchsetzung des Vertrages für ihn eine unzumutbare Härte („hardship“) bedeuten würde. In Abgrenzung zur „unconscionability“ (oder „unfairness“) geht es hier um Fälle, in denen sich die unzumutba-

---

1268 Der Bauer sollte die gesamte Ernte ausschließlich an Campell verkaufen dürfen, und zwar unter Androhung einer Vertragsstrafe. Campell hingegen sollte ohne Begründung und ohne Ersatzleistung die Annahme verweigern dürfen. Der Bauer hätte auch in diesem Fall an keinen anderen Abnehmer verkaufen dürfen.

1269 *Campell Soup Co. v. Wentz*, 172 F.2d 80, 83 („We are not suggesting that the contract is illegal. (...). We do think however, that a party who has offered and succeeded in getting an agreement as tough as this one is, should not come to a chancellor and ask court help in the enforcement of its terms. That equity does not enforce unconscionable bargains is too well established to require elaborate citation.“).

1270 Vgl. zur Herkunft des § 2-302 ausführlich *Deutch*, Unfair Contracts, S. 42 ff., 56.

1271 Zur Übersetzung von „unconscionability“, vgl. *Cerruti, S. 145 Rn. 279* m.w.N. (Kombination von Sittenwidrigkeit und Übervorteilung „mit einer ‚Prise‘ Treu und Glauben“).

1272 *Cerutti*, S. 145 Rn. 279. *ders.* auch zur Auslegung der Tatbestandsmerkmale, S. 146 ff. Rn. 281 ff..

1273 *Schwartz*, 89 Yale L.J. 271, 299 (1979)(„(...) there are in effect two doctrines regulating relief from contractual obligations, ‚equitable‘and ‚legal‘unconscionability. (...). These two features are unjustifiable and produce confusion and unpredictability“). *Yorio*, § 5.4.1, S. 107 („(...)equitable defense remains broader than its legal counterparts(...)“).

ren Umstände auch *nach* Vertragsschluss entwickelt haben[1274]. Der Regelungsinhalt dieser *Equity*-Einrede wird im Anwendungsbereich des UCC zum großen Teil durch § 2-615 UCC abgedeckt und gilt damit auch für Schadensersatzansprüche.

Im Folgenden soll daher zunächst der Einwand des § 2-615 UCC untersucht werden und im Anschluss daran der darüber hinausgehende Einwand der „hardship".

Nach § 2-615 (a) UCC ist der Verkäufer von seiner Haftung grundsätzlich[1275] befreit, wenn a) *nach* Vertragsschluss ein unvorhersehbares Ereignis („contingency") eintritt[1276], wodurch b) die Leistung wirtschaftlich, tatsächlich oder rechtlich unmöglich („impracticable") wird[1277] und c) die Annahme des Nichteintritts dieses Ereignisses Vertragsgrundlage („basic assumption on which the contract was made") war[1278]. Ferner darf d) der Verkäufer das Ereignis nicht verschuldet haben[1279] und schließlich darf e) dem Verkäufer nach dem Vertrag nicht das Risiko für den Eintritt des Ereignisses zugewiesen sein[1280].

Die *Beweislast* für sämtliche Tatbestandsmerkmale des § 2-615 UCC trägt dabei der Verkäufer[1281].

Als Anwendungsfälle des § 2-615 UCC nennt der *official comment* Krieg, Embargo, Ernteausfälle oder ein unvorhergesehener Ausfall einer Bezugsquelle[1282]. Der wichtigste Anwendungsbereich von § 2-615 UCC ist dabei die wirtschaftliche Unmöglichkeit („commercial impracticability"), und betrifft überwiegend Fälle, in denen zwischen Vertragsabschluss und Leistungstermin ein

---

1274 *Yorio*, § 5.4, S. 105, § 5.4.2, S. 108; *Corbin*, On Contracts, § 1162.

1275 Ist nur ein Teil der Leistung unmöglich geworden, so muss der Verkäufer seine Produktion bzw. Lieferung zwischen seinen Abnehmern in fairer und vernünftiger Weise aufteilen, vgl. § 2-615 (b) UCC. Das Gericht kann ausnahmsweise auch im Anwendungsbereich des § 2-615 UCC eine Vertragsanpassung vornehmen, wenn nur hierdurch eine billige Entscheidung möglich ist, vgl. *Cerutti,* S. 268 Rn. 502.

1276 Hierzu *Eastern Air Lines, Inc. v. Gulf Oil Corp.*, 19 UCCRS 721, 737 f. (S.D.Fla) (Energiekrise war zum Zeitpunkt des Vertragsschlusses voraussehbar).

1277 Hierzu *Cerutti,* S. 261 f. Rn. 492.

1278 Vgl. *Iowa Electric Light & Power Co. v. Atlas Corp.*, 467 F.Supp. 129, 134, (N.D.Iowa 1978).

1279 *White & Summers*, 5th ed., § 3-10, S. 143.

1280 *Quinn*, UCC, § 2-615 (A) (4), (9); *Cerutti*, S. 262 Rn. 495.

1281 *Iowa Electric Light & Power Co. v. Atlas Corp.*, 467 F.Supp. 129, 133 (N.D.Iowa 1978) („The burden of proving each element of impractibility is on the party claiming excuse"); *Annotation,* 55 ALR 5th , 1, 34; *Cerutti*, S. 261 Rn. 490;.

1282 *Official comment* Nr. 4 zu § 2-615 UCC. Der Ausfall einer Bezugsquelle („failure of source of supply") wird in *official comment* Nr. 5 zu 2-615 näher behandelt. Danach müssen die Parteien entweder ausdrücklich vereinbart haben, dass nur aus der ausgefallenen Bezugsquelle zu liefern sei oder es müssen beide Parteien bei Vertragsschluss davon ausgegangen sein, dass sich der Verkäufer bei einer ganz bestimmten Quelle eindeckt.

enormer Preisanstieg stattgefunden hat[1283]. Wann allerdings eine solcher Preisanstieg, der auf einem ungewissen Ereignis beruht, eine „commercial impractibility" bedeutet, geht auch aus den Ausführungen des offiziellen Kommentars nicht klar hervor[1284]. Die Gerichte haben selbst enorme Preissteigerungen nicht als ausreichend angesehen oder aber diese Preissteigerungen als voraussehbar bezeichnet; ein erfolgreicher Nachweis von „commercial impractibility" gelingt dem Beklagten in aller Regel nicht[1285].

Der *Equity*-Einwand der „hardship" (unzumutbaren Härte) geht über § 2-615 UCC hinaus. Denn ein *Specific Performance*-Begehren kann -im Gegensatz zu § 2-615 UCC- auch dann zurückgewiesen werden, wenn dem Verkäufer nach dem Vertrag das Risiko des Eintritts des Ereignisses zugewiesen war[1286]. Auch kann der „hardship"-Einwand durchgreifen, wenn das Gericht aufgrund der *Gesamtumstände* einen *Equity*-Rechtsbehelf als unzumutbare Härte ansieht. Denn das Gericht wägt im Rahmen seines Ermessens die Vorteile der Vertragsdurchsetzung

---

1283 *White & Summers*, 5th ed., § 3-10, S. 147 f.; *Eastern Air Lines, Inc. v. Gulf Oil Corp.*, 19 UCCRS 721 (S.D.Fla).

1284 Der offizielle Kommentar zu § 2-615 UCC (insb. Nr. 4) ist sehr widersprüchlich formuliert, vgl. ausführlich *White & Summers,* 5th ed., § 3-10, S. 148 f. („That Comment is devilishly coy").

1285 Vgl. *Cerutti*, S. 263 f. Rn. 496 ff., m.w.N.; *Annotation,* 55 ALR5th , 1, 35 *Eastern Air Lines, Inc. v. Gulf Oil Corp.,* 19 UCCRS 721 (SD Fla. 1975). In diesem Fall war das Gericht der Ansicht, dass eine Verdoppelung des Ölpreises während der Ölkrise keine „impractibility" begründet; ferner seien die Ereignisse der Ölkrise voraussehbar gewesen. In *Iowa Elec. Light & Power Co. v. Atlas Corp.,* 467 F.Supp. 129 (N.D. Iowa 1978) entschied das Gericht einen Fall, in welchem sich der Preis von Uraniumoxid unstreitig *versiebenfacht* hatte und die Beklagte (Atlas) nach ihren Aussagen an dem Vertrag bereits zwei Millionen US Dollar verloren hatte und weitere Verluste i.H.v. vier Millionen US Dollar erwartete. Das Gericht gewährte dennoch *Specific Performance* und führte im Hinblick auf § 2-615 UCC aus, dass die Beklagte nicht genau hätte beweisen können, welcher Preisanstieg der einzelnen chemischen Bestandteile und in welcher konkreten Höhe der Preisanstieg vernünftigerweise unvorhersehbar war, vgl. 467 F.Supp. 129, 132 f.. Die Gerichte dürften allerdings in beiden Urteilen davon geleitet gewesen sein, dass es sich bei den Klägern um (quasi) öffentliche Einrichtungen gehandelt hat (Fluglinie und Stromversorger) und eine Lieferunterbrechung ernste Konsequenzen für die Allgemeinheit gehabt hätte. So auch (zur ersten Entscheidung) *White & Summers,* 3rd ed., § 6-6, S. 274.

1286 *Yorio*, § 5.4.2, S. 109 f. („At law, the defense of impossibility or of frustration of the purpose is unavailable if the court concludes that the risk of unforeseen event should be placed on the defendant. In equity, specific performance may be denied even if, as between the parties, the defendant was in a better position to insure against the risk"). *3615 Corp. v. New York Life Insurance Co.,* 717 F.2d 1236, 1238 (8th Cir. 1983)(Der Verkäufer eines Grundstückes hatte sich verpflichtet, alle Schäden, die zwischen Vertragsschluss und Auflassung entstehen, zu beseitigen oder aber den erforderlichen Betrag zu erstatten. Als eine Wasserleitung platzte und einen Schaden von einer Million Dollar anrichtete, verklagte der Käufer den Verkäufer auf *Specifc Performance.* Das Gericht wies den Antrag ab, weil der Kaufpreis nur 35.000 $ betragen hatte und es deshalb Specifc Performance als „inequitable" angesehen hat, vgl. 717 F.2d 1236, *1238*).

für den Kläger gegenüber den Nachteilen, die dem Beklagten entstehen, ab. Ist der Vorteil verhältnismäßig klein, aber die Belastung für den Beklagten relativ groß, so wird ein Vertrag regelmäßig nicht durch *Specific Performance* durchgesetzt[1287].

(4) Unmöglichkeit

Nach § 2-613 UCC gilt der Vertrag als aufgehoben, wenn die Ware bei Vertragsschluss bestimmt ist („goods identified when the contract is made")[1288], die Sache vollständig[1289] *vor* Gefahrübergang untergeht („before the risk of loss passes") und der Untergang auf Zufall beruht („without fault of either party")[1290]. Unerheblich für § 2-613 UCC ist, ob die Ware vor oder nach *Vertragsschluss* (nicht Gefahrübergang!) untergegangen ist[1291]. Ein Anspruch auf *Specific Performance* ist in diesem Fall ausgeschlossen, da der Vertrag als aufgehoben gilt („is avoided", vgl. § 2-613 (a) UCC).

Unabhängig von § 2-613 UCC und davon, ob der Verkäufer eine Nichterfüllung nach § 2-615 UCC zu vertreten hat, scheidet ein Anspruch auf *Specific Performance* zudem immer dann aus, wenn die Leistung *objektiv unmöglich* ist[1292].

Aber auch, wenn eine Leistung „nur" *subjektiv unmöglich* ist, ist ein Erfüllungsanspruch nicht durchsetzbar, und zwar auch dann nicht, wenn der Käufer sein Unvermögen zu vertreten hat[1293]. Ist die Ware bei Dritten erhältlich oder können Dritte diese Ware herstellen, nicht aber der Verkäufer, so scheitert ein

---

1287 *Yorio*, § 5.4.2, S. 110 („Finally, the issue of equitable relief is viewed often in terms of a balancing test, with specific performance denied if the burden on the defendant from enforcement of the contract would exceed the benefit to the plaintiff"); *Calamari/Perillo*, § 16-14; S. 629; *Bander v. Grossmann*, 611 N.Y.S.2d 985, 989 (Sup.Ct.N.Y. 1994) m.w.N.. Dieser Einwand betrifft häufig Werk- und Werklieferungsverträge, vgl. *Yorio*, § 13.2.4, S. 327, 328, 333.

1288 Es handelt sich also um Stückschulden, vgl. hierzu *Cerutti*, S. 269 ff. Rn. 504 ff..

1289 Geht die Sache nur teilweise unter oder wird lediglich beschädigt, so steht dem Käufer nach § 2-613 (b) UCC ein Wahlrecht zu. Er kann die Untersuchung der Ware verlangen und dann entscheiden, ob er die verbleibende Ware mit einem angemessenen Preisnachlaß akzeptiert oder den Vertrag aufhebt. Weitergehende Rechte kann er nicht geltend machen.

1290 Wie *official comment* Nr. 1 zu § 2-613 UCC ausführt, genügt für das Verschulden einer Partei auch Fahrlässigkeit, so dass der Untergang, um § 2-613 UCC zu genügen, auf Zufall beruhen muss, vgl. *Cerutti*, S. 270 Rn. 507.

1291 Vgl. *official comment* Nr. 2 zu 2-613 UCC („The section applies whether the goods were already destroyed at the time of contracting without the knowledge of either party or whether they are destroyed subsequently..."); *Cerutti*, S. 270 Rn. 506.

1292 *Ulen*, 83 Mich.L.Rev. 341, 395 (1984); *Calamari/Perillo*, § 16-13, S. 625; *Yorio*, § 5.5, S. 112 („The defense of impossibility rests on the common-sense principle that a court of equity will not order an impossible act"); *Restatement 2nd*, Contracts, § 357 c.

1293 *Calamari/Perillo*, § 16-13, S. 625 („There are many circumstances, however, where the impossibility does not discharge a duty; for example, where the impossibility has been caused by the obligor himself. *When this occurs, the obligor is liable at law, but no decree of specific performance will be issued*") ; *Kronman*, 45 U.Chi.L.Rev. 351, 360 Fn. 40 (1978).

Anspruch auf *Specific Performance* schon an dem „*adequacy-test*". Der Käufer hat sich auf dem Markt einzudecken und die Differenz als Schadensersatz geltend zu machen. Hat der Verkäufer die Ware an einen Dritten weiterverkauft, scheidet eine Verpflichtung des Verkäufers zum Rückerwerb und Herausgabe an den ersten Käufer aus[1294].

Dem Käufer steht jedoch in den Fällen der Unmöglichkeit ein Schadensersatzanspruch zu[1295]; Ausnahmen hiervon bestehen nach § 2-615 UCC.

(5) Vertragskonformes Verhalten des Käufers

Ein *Equity*-Rechtsbehelf kann nur durchgesetzt werden, wenn sich der Verkäufer selbst im Wesentlichen vertragskonform verhalten hat („clean hands"-Doktrin)[1296]. Es handelt sich hierbei um einen nicht klar umgrenzten Auffangtatbestand[1297], der im internen deutschen Recht Treu und Glauben (§ 242 BGB) ähnelt[1298]. Die „clean hands"-Doktrin erfasst Fälle von anstößigem Verhalten, Verheimlichungen von Vertragsumständen oder generell vertragswidrigem Verhalten[1299].

Die Vertragswidrigkeit des *Specific Performance* begehrenden Klägers muss sich dabei direkt auf den Vertrag beziehen[1300]; ein Schaden der anderen Partei ist jedoch nicht erforderlich[1301].

1294 *Paloukos v. Intermoutain Chevrolet Co.*, 588 P.2d 939, 944 f. (Sup.Ct.Idaho 1978); *Ziebarth v. Kalenze,* 238 N.W.2d 261, 265 ff. (Sup.Ct.N.D. 1976). Vgl. ferner *King Aircraft Sales, Inc. v. Lane* 846 P.2d 550 (Wash.Ct.App. 1993) (Das Gericht ordnet *Specific Performance* an, jedoch konvertierte dieser Anspruch aufgrund des Verkaufs der streitigen Flugzeuge an einen Dritten in einen Schadensersatzanspruch).

1295 *Calamari/Perillo,* § 16-13, S. 625 f.; *King Aircraft Sales, Inc. v. Lane,* 846 P.2d 550 (Wash.Ct.App. 1993).

1296 *Yorio,* § 5.9.2, S. 125; *Calamari/Perillo,* § 16-16, S. 629 f..

1297 *Yorio,* § 5.9.2, S. 125, der ausführt, dass die „clean hands"-Doktrin häufig dann angewendet wird, wenn speziellere Einreden nicht vollständig erfüllt sind.

1298 Im UCC wurden diese Grundsätze teilweise aufgenommen, vgl. §§ 1-201 (19), 1-203, 2-103 (1) UCC, ohne allerdings eine Rechtsfolge zu benennen. Diese Grundsätze gelten mit Aufnahme in den UCC auch für „at law"-Rechtbehelfe, vgl. *Calamari/Perillo,* § 16-16, S. 630.

1299 *New York Football Giants, Inc. v. Los Angeles Football Club, Inc.* 291 F.2d 471, 473 f. (5th Cir. 1961) (Klägerin hatte vertragswidrig Einzelheiten eines Dienstvertrages öffentlich bekannt gegeben); *Colorado-Ute Elec. Ass'n., Inc. v. Envirotech Corp.,* 524 F.Supp. 1152, 1158 (D.C. Colo. 1981) (Beklagte versuchte sich damit zu verteidigen, dass die Klägerin vertragswidrig die Anlage, für die von der Beklagten ein Filter zu bauen war, mit höherer Temperatur gefahren hatte).

1300 *Kaiser Trading Co. v. Associated Metals & Minerals Corp.*, 321 F.Supp. 923, 935 (N.D. Cal. 1970) (Der beklagte Verkäufer hatte sich in diesem Fall damit verteidigt, dass die Käuferin hinter seinem Rücken versucht hatte, direkt mit dem Produzenten des Verkäufers einen Vertrag abzuschließen. Das Gericht wies den Einwand zurück und führte aus: „The bad conduct,(...),must pertain to the subject matter of the suit and affect the equitable relations between the litigants." m.w.N.).

(6) Die Einrede der Zwangsvollstreckungsüberwachung

Amerikanische Gerichte weisen grundsätzlich einen Anspruch auf *Specific Performance* zurück, wenn die Vollstreckung des Urteils nicht mit einfachen Mitteln, wie z.B. einer Pfändung, erreicht werden kann[1302]. Die Gründe hierfür sind vielschichtig.

Ist ein Leistungserfolg nicht mit einer einfachen Handlung (z.B. Zahlung eines Geldbetrages) erreichbar, sondern beinhaltet er komplexere Handlungen und Prüfungen (z.B. die Frage, ob eine herzustellende Sache die qualitativen Anforderungen erfüllt), so sieht sich das Gericht regelmäßig nicht in der Lage zu beurteilen, ob diese Faktoren auch erfüllt wurden[1303].

Auch werden Aufsichtsmaßnahmen als *unzumutbare Belastung* der Gerichte angesehen, wenn die Beurteilung der Frage, ob einem Urteil Folge geleistet wurde, einer längeren Aufsicht bedarf (z.B. Erstellung eines Werkes)[1304]. Es soll damit vermieden werden, dass sich das Gericht über einen längeren Zeitraum mit der Vollstreckung zu befassen hat und weitere Kontroversen zwischen den Parteien entstehen, ob dem Urteil Folge geleistet wurde oder nicht[1305]. Ferner sollen die Gerichte nicht für einen Einzelnen auf Kosten der Allgemeinheit beansprucht werden[1306].

Ein weiterer Grund, weshalb Gerichte *Specific Performance*-Urteile aufgrund der Zwangsvollstreckung vermeiden, liegt darin, dass die Urteile grundsätzlich durch Zwangsgeld oder Zwangshaft (wegen „contempt of the court“) vollstreckt werden. Gerichte umgehen es daher möglichst, den Schuldner diesen Maßnahmen auszusetzen, wenn sie nicht selbst den Leistungserfolg sicher beurteilen können[1307].

1301 *Yorio,* § 5.9.1, S. 123.

1302 *Calamari/Perillo,* § 16-10, S. 623; *Restatement 2nd*, Contracts, §§ 366, 387; *Schwartz,* 89 Yale L.J. 271, 304 (1980); *Yorio,* § 3.3, S. 57 f.; *Dawson,* 57 Michigan L.Rev. 495, 536 ff. (1959), der das wenig differenzierte Vollstreckungssystem in Amerika als einen der Hauptgründe für die seltene Gewährung von *Specific Performance* ansieht.

1303 *Schwartz,* 89 Yale L.J. 271, 305 Fn. 95 (1979); *Yorio,* § 3.3.2, S. 58, 59, dieser auch zu einem weiteren Bedenken der Gerichte, welches dahin geht, dass durch die mangelnde Sachkenntnis der Gerichte bezüglich der vorzunehmenden Arbeiten die Reputation der Gerichte beschädigt werden könnte, vgl. *Yorio,* § 13.2.3, S. 331 („Animosity between the parties may resurface to embroil the court in disputes about the quality of the promisor's work. Lacking expertise in construction work, the court runs the risk that adjudication of these disputes may tarnish its reputation“).

1304 *Yorio,* § 13.2.3, S. 331.

1305 *Dobbs,* § 12.8 (3), S. 809.

1306 *Schwartz,* 89 Yale L.J. 271, 304 (1979).

1307 *Dawson,* 57 Mich.L.Rev. 495, 537 (1959); *Yorio,* § 13.2.3, S. 330.

Schließlich lehnen es amerikanische Gerichte ab, streitende Parteien durch ein Urteil zu einer Zusammenarbeit oder Kooperation zu verpflichten[1308], insbesondere dann, wenn persönliche Leistungen zu erbringen sind[1309].

Der Zwangsvollstreckungseinwand betrifft besonders Werk- und Werklieferungsverträge[1310]. Bau- und Reparaturverträge werden deshalb grundsätzlich nicht durch *Specific Performance* durchgesetzt, sondern nur in Ausnahmefällen[1311].

Ist eine Ersatzvornahme durch einen Dritten möglich, so ist der Anspruch auf Naturalerfüllung ausgeschlossen[1312]. Ein Schadensersatzanspruch in Höhe der Werk- bzw. Reparaturkosten wird dann als ausreichend angesehen[1313].

Nur wenn der Käufer bzw. Besteller ein besonderes Interesse daran hat, dass gerade von dem Verkäufer/Unternehmer die Leistung zu erbringen ist, wird in Ausnahmefällen trotz einer langwierigen Zwangsvollstreckung *Specific Performance* gewährt[1314].

Allerdings begründen Probleme der Zwangsvollstreckung keinen absoluten Einwand. Vielmehr wird auch hier eine Abwägung mit den Interessen des Klägers vorgenommen[1315]. Insbesondere in Fällen, in denen das öffentliche Interesse betroffen ist, werden Vollstreckungsprobleme zurückgedrängt[1316].

Auch gestalten die Gerichte teilweise (allerdings sehr selten) die Vollstreckungsmethode derart, dass sie den oben genannten Schwierigkeiten entgehen (bspw. Ingenieur überwacht Herstellung)[1317].

1308 *White & Summers*, 3rd ed., § 6-6, S. 276; *Yorio* § 13.2.3, S. 331.

1309 *Restatement 2nd*, Contracts, § 367; *Neufang*, Erfüllungszwang, S. 164 f., der zutreffend darauf hinweist, dass vertretbare Leistungen bereits am „*adequacy*"-Test scheitern.

1310 *Calamari/Perillo*, § 16-10, S. 623; *Neufang*, Erfüllungszwang, S. 164.

1311 *Dobbs*, § 12.8 (3), S. 809; *Kronman*, 45 Univ. Chicago L.Rev. 351, 356, 357 (1978).

1312 *Calamari/Perillo*, § 16-5, S. 619; *Neufang*, Erfüllungszwang, S. 164.

1313 *Yorio*, § 13.2.1.1, S. 327 („Damages are usually adequate when a contractor breaches a promise to build or repair a structure on owner's land. A monetary award measured by the increased cost of hiring a substitute to complete the job compensates the owner for the loss of the bargain with the contractor, making specific performance unnecessary."); *Calamari/Perillo*, § 16-5, S. 619.

1314 Vgl. *Colorado-Ute Electric Ass., Inc. v. Envirotech Corp.*, 524 F.Supp. 1152, 1159, (D.Colo. 1981).

1315 *Yorio*, § 13.2.3, S. 332.

1316 Vgl. *Farnsworth*, On Contracts III, § 12.7, S. 183 f. m.w.N..

1317 *Corbin* §§ 1171, 1172; *Yorio*, § 13.2.3., S. 331; *City Stores Co. v. Ammermann*, 266 F.Supp. 766, 778 (D.D.C. 1967)(Gegebenfalls Hinzuziehung eines „special masters", der dann die Vertragsgemäßheit beurteilen sollte); *Colorado-Ute Electric Ass., Inc. v. Envirotech Corp.*, 524 F.Supp. 1152, 1159 (D.Colo.1981) (Gericht ordnete an, dass Parteien *selbst* einen Plan vorlegen, der beinhaltet, wie die Vertragsgemäßheit einer Filteranlage erreicht werden kann).

(7) Sonstige Gesichtspunkte im Rahmen des gerichtlichen Ermessens

Das Gericht kann im Rahmen seines Ermessens auch weitere Gesichtspunkte berücksichtigen.

Insbesondere wird das öffentliche Interesse oder das Interesse Dritter berücksichtigt[1318]. Steht das öffentliche Interesse einer Naturalerfüllung entgegen oder wäre ein Dritter schwerwiegend betroffen (etwa weil eine vom Dritten dringend benötigte Ware an ihn verkauft wurde), so kann das Gericht auch aus diesen Gründen einen Anspruch auf *Specific Performance* zurückweisen. Umgekehrt kann das öffentliche Interesse auch die Entscheidung des Gerichts zugunsten eines Erfüllungsanspruchs „in Natur" beeinflussen[1319].

Ferner kann das Gericht auch die Gegenleistung des Verkäufers berücksichtigen (Doktrin der „mutuality"). So muss für ein Urteil auf *Specific Performance* auch die Leistung des Käufers klar bestimmt und gesichert sein, dass auch der Verkäufer diese Leistung erhält[1320].

Auch kann ein Begehren auf *Specific Performance* deshalb abgewiesen werden, weil der Käufer dieses nicht unverzüglich geltend gemacht hat[1321].

Das Gericht kann auch aufgrund der Gesamtumstände *Specific Performance* verweigern, z.B., weil mehrere Einwände zwar nicht einzeln einer Naturalerfüllung zwingend entgegenstehen, aber doch in ihrer Gesamtheit. In einigen Urteilen wird dieses explizit mit einem Sonderpunkt „balancing of equities" (sinngemäß: Interessenabwägung) behandelt[1322].

Der Käufer kann dann aber einen Schadensersatzanspruch durchsetzen.

1318 *Calamari/Perillo*, § 16-13, S. 626.

1319 *Eastern Air Lines, Inc. v. Gulf Oil Corp.* 19 UCCRS 721, 739 (S.D.Fla 1975) (Die Klägerin war eine Fluggesellschaft und die Beklagte deren Öllieferant. Das Gericht führt im Hinblick auf die Gewährung von *Specific Performance* aus: „If Gulf ceases to supply this fuel, the result will be chaos and irreparable damage"). Hierzu auch *White & Summers*, 3rd ed., § 6-6, S. 274.

1320 *Calamari/Perillo*, § 16-11, S. 623 f.; *R.L. Kimsey Cotton Co., Inc. v. Ferguson*, 214 S.E.2d 360, 363 (Sup.Ct.Ga. 1975) (Verkäufer der Baumwollernte eines Jahres hatte geltend gemacht, dass die Gegenleistung nicht bestimmt genug und deshalb nicht durchsetzbar sei).

1321 Vgl. *Bander v. Grossman*, 611 N.Y.S. 985, 990 f. (Sup.Ct.N.Y. 1994) (Der Käufer hatte in diesem Fall einen Oldtimer gekauft, von dem es insgesamt nur 20 Exemplare gab. Der Verkäufer hatte den Wagen zu einem wesentlich höheren Preis weiterverkauft. Aufgrund der Einzigartigkeit des Wagens wollte der Käufer den Verkaufserlös in Form eines „constructive trust" durch eine *Specific Performance* Klage erlangen. Da er die Klage aber erst 4 Monate später einreichte, nachdem feststand, dass der Verkäufer ihm die Eigentumsdokumente nicht übergeben würde, befand das Gericht (a.a.O.): „With the passage of time, specific performance becomes disfavored.". Zu dem Einwand des Zeitablaufs im Allgemeinen, vgl. *Corbin*, Contracts, § 1167.

1322 Vgl. bspw. *Kaiser Trading Co. v. Associated Metals & Minerals Corp.*, 321 F.Supp. 923, 934 (N.D.Cal. 1970).

c) Beweislast

Der auf *Specific Performance* klagende Käufer muss beweisen, dass die Ware für ihn „unique“ ist oder „other proper circumstances“ vorliegen[1323].

Grundsätzlich muss der Beklagte die Einreden („defences“) darlegen und beweisen[1324]. Allerdings berücksichtigt das Gericht Einreden -insb. Probleme der Zwangsvollstreckung- im Rahmen seines Ermessens auch von Amts wegen[1325].

3. Folgerungen für ein Nachlieferungsbegehren des Käufers

Für einen Käufer ist es aufgrund der aufgeführten Voraussetzungen und Einwendungen fast ausgeschlossen, nach § 2-716 UCC einen Nachlieferungsanspruch durchzusetzen, insbesondere dann, wenn es sich um Konsumgüter handelt. Gerichtsentscheidungen zur *Specific Performance* betreffen deshalb fast ausschließlich Fälle, in denen überhaupt nicht geliefert wurde. Nur ein gefundener Fall ist unter einen Nachlieferungsanspruch im Sinne dieser Arbeit zu subsumieren[1326].

Dies liegt -unabhängig von den restriktiven Voraussetzung der *Specific Performance*- aber auch entscheidend daran, dass es für den Käufer günstiger und einfacher ist, einen verschuldensunabhängigen Schadensersatzanspruch auf der Grundlage eines „cover“ geltend zu machen (§ 2-712 UCC).

Im Folgenden soll zusammenfassend aufgezeigt werden, woran ein Nachlieferungsbegehren des Käufers scheitert.

Ein Käufer, der Nachlieferung begehrt, muss zunächst darlegen und beweisen, dass die Ware „unique“ ist oder „other proper circumstances“ vorliegen. Mit anderen Worten muss es für ihn unmöglich bzw. unzumutbar sein, auf dem freien Markt mangelfreie Ware dieser Art zu erwerben. Dabei gilt weiter einschränkend, dass es sich nicht exakt um die Ware handeln muss, die er von seinem ursprünglichen Verkäufer erhalten hätte. Ausreichend ist vielmehr, dass es sich um ähnliche Ware handelt, es sei denn, er hat an der konkreten Beschaffenheit (bspw. Qualität) ein besonderes Interesse[1327].

1323 *Williston*, On Sales III, § 25-46, S. 699; *Annotation*, 26 ALR4th 294, 300; *Bander v. Grossmann*, 611 N.Y.S.2d 985, 991 (Sup.Ct.N.Y. 1994).

1324 *Iowa Elec. Light & Power Company v. Atlas Corp.*, 467 F.Supp. 129, 133 (N.D. Iowa 1978); *R.L. Kimsey Cotton Co. Inc. v. Ferguson*, 214 S.E.2d 360, 363 f. (Sup.Ct.Ga 1975);

1325 *Schwartz*, 89 Yale L.J. 271, 293 (1979) (zur Zwangsvollstreckung).

1326 *Stephan's Mach., ETC Inc. v. D & H Mach.*, 417 N.E.2d 579 (App.Ct.Ohio 1979).

1327 Vgl. *Crandall/Herbert/Lawrence*, § 8.10.2, S. 8:58; *Klein v. PepsiCo, Inc.*, 6 UCCRS2d 728, 731 f. (4th Cir. 1988) (Der Kläger wollte ein gebrauchtes Flugzeug durch *Specific Performance* erlangen. Obwohl es von diesem nur 3 weitere gab, die „roughly comparable“ waren, verwies das Gericht den Kläger auf Schadensersatz).

Auch die Tatsache, dass der Kaufgegenstand auf dem Markt selten ist und der Käufer deshalb Probleme hat, Ersatzware zu beschaffen, reicht regelmäßig nicht aus, um die Einzigartigkeit zu begründen.

Schließlich entfällt ein (Nach-)Erfüllungsanspruch, wenn der Käufer die Ware nur für den Weiterverkauf vorgesehen hat, da ihm dann mit einem Schadensersatzanspruch in Höhe seines Gewinns gedient ist[1328].

Es verbleiben nach dem „adequacy test" im Prinzip nur Fälle, in denen der Verkäufer entweder der einzige Produzent der Ware ist oder Fälle, in denen aufgrund außerhalb der Sache liegender Umstände die „Einzigartigkeit" begründet wird.

Ist der Verkäufer der *einzige Produzent* der Ware, so wird einem Nachlieferungsbegehren nur dann stattgegeben, wenn der Verkäufer die Ware noch vorrätig hat. Müsste der Verkäufer bzw. Unternehmer die Ware erst wieder herstellen, so wird ein *Specific Performance*-Begehren von amerikanischen Gerichten regelmäßig abgelehnt. Hier greifen der Zwangsvollstreckungseinwand und ein weiterer „adequacy-test" ein. Zunächst dürfte auch kein anderer Hersteller in der Lage sein, die Ware zu produzieren, da sonst die Herstellungsvergütung des Dritten als Berechnungsgrundlage eines Schadensersatzanspruchs dient [1329]. Schließlich werden Werkverträge, d.h. Verträge, in denen der Vertragspartner etwas herstellen oder reparieren soll, aufgrund der erwähnten Vorbehalte gegenüber der Zwangsvollstreckung nur dann „in Natur" durchgesetzt, wenn ein besonders (oft öffentliches) Interesse an der Vertragsdurchführung besteht, welches die Vorbehalte überwiegt[1330].

Es verbleiben insofern nur Fälle, in denen aufgrund der *Gesamtumstände* „other proper circumstances" i.S.d. § 2-716 UCC vorliegen, der Käufer also beweisen kann, dass aufgrund des besonders gelagerten Falles für ihn ein Schadensersatzanspruch nicht ausreichend ist. Mit einem solchen Sachverhalt hatte sich das Gericht auch in dem einzig ersichtlichen Nachlieferungsfall *Stephan's Machine & Tool, Inc. v. D & H Machinery Consultants, Inc.*[1331] zu befassen.

1328 *Yorio*, § 11.2.2, S. 297. Allerdings gewähren die Gerichte häufiger *Specific Performance*, wenn die Sache durch den Käufer bereits weiterverkauft wurde.

1329 *Yorio*, § 13.2.1.1, S. 327; *Neufang*, Erfüllungszwang, S. 164; *Calamari/Perillo*, § 16-5, S. 619.

1330 *Dobbs*, § 12.8 (3), S. 809 f.; *Restatement 2nd*, Contracts, § 366 a); *Yorio*, § 13.2.3, S. 332 („(...) specific performance may be granted on the ground that the benefit to the plaintiff or to the public from performance exceeds the difficulty to the court from having to enforce its decree. Under the balancing test, contracts involving a public interest are the most likely candidates for specific relief ... ."); *Colorado-Ute Elec. Ass'n, Inc. v. Envirotech Corp*, 524 F.Supp. 1152 (D.Ct.Colo. 1981).

1331 417 N.E.2d 579 (Ct.App.Ohio 1979).

Der Käufer hatte eine Spezialbohrmaschine für 96.000,00 US $ gekauft, die vom Verkäufer beim Käufer installiert wurde. Die Bohrmaschine war defekt und der Verkäufer lieferte trotz Zusage keine Ersatzbohrmaschine. Obwohl auf dem freien Markt solche Bohrmaschinen erhältlich waren (hiermit hatte sich die Beklagte verteidigt), befand das (Berufungs-)Gericht, dass dem Kläger *Specific Performance* zu gewähren sei.

Der Kläger legte nämlich dar, dass ihm der Kauf einer anderen Maschine aus finanziellen Gründen nicht möglich sei, da er keine Zwischenfinanzierung zustande bekäme, um dann im Rahmen eines Schadensersatzanspruchs die Summe des Deckungskaufes zurückzuverlangen. Das Gericht befand, dass dem Käufer insofern keine ausreichenden „at law"-Rechtsbehelfe zur Verfügung standen[1332].

Nachlieferung kann ein Käufer nach dem UCC also nur dann verlangen, wenn außergewöhnliche Umstände vorliegen, auf Grund derer der Käufer gerade auf die nachzuliefernde Ware angewiesen ist. Beim Konsumgüterkauf wird eine solche Sachlage kaum jemals gegeben sein. Aber auch für gewerbliche Käufer ist ein Nachlieferungsanspruch -wie in der oben erwähnten Entscheidung- die absolute Ausnahme.

4. Folgerungen für ein Nachbesserungsbegehren

Begehrt der Käufer *Specific Performance* in Form einer Nachbesserung, so muss für ihn ebenfalls ein Deckungskauf unmöglich oder unzumutbar sein. Ferner darf - wie bereits zur Nachlieferung ausgeführt- eine Ersatzvornahme durch einen Dritten nicht möglich sein[1333].

Ist eine Ersatzvornahme möglich, so wird der Käufer auf einen Schadensersatzanspruch verwiesen, der sich regelmäßig nach den Kosten der Reparatur bemisst. Nach dem UCC kann der Käufer diese Reparaturkosten im Rahmen des Schadensersatzanspruchs gem. § 2-714 UCC geltend machen[1334]. Aber selbst, wenn eine Ersatzvornahme nur schwer oder gar nicht möglich ist, wird ein amerikanisches Gericht aufgrund der Bedenken gegenüber der Zwangsvollstreckung regelmäßig davon absehen, den Verkäufer zu einer Reparatur zu verpflichten[1335]. Vielmehr ist über die bloße Unmöglichkeit einer Ersatzvornahme ein besonderes

[1332] 417 N.E.2d 579, 583 (App.Ct. Ohio. 1979).

[1333] Vgl. *Neufang*, Erfüllungszwang, S. 164; *Calamari/Perillo*, § 16-5, S. 619.

[1334] *White & Summers*, 5th ed., § 10-2, S. 376 f. m.w.N..

[1335] Vgl. *Yorio,* § 3.3, S. 57 ff.. Ferner lehnen es amerikanische Gerichte ab, durch Urteil den Parteien eine weitere Zusammenarbeit aufzuerlegen, vgl. *White & Summers*, 3rd ed., § 6-6, S. 276; vgl. auch *Williston*, On Sales III, § 25-45, S. 697.

Interesse -und zwar meist ein Interesse der Allgemeinheit- erforderlich, um den Verkäufer zu einer Beseitigung eines Mangels zu verurteilen[1336].

Diesen Fall betraf auch die einzig vorliegende Entscheidung des UCC zur Nachbesserung. In *Colorado-Ute Electric, Association, Inc. v. Envirotech Corporation*[1337] war die Klägerin ein Stromerzeugungsunternehmen, welche auf einer ihrer Anlagen Kohle zur Stromgewinnung verbrannte. Um diese Anlage in Übereinstimmung mit einer staatlichen Luftverordnung zu bringen, beauftragte es die Beklagte, einen Kohlefilter („hot-side electrostatic precipitator") herzustellen und bei ihr im Kraftwerk einzubauen. Der Kaufpreis betrug über 2.600.000,00 US $[1338]. Die Parteien hatten vereinbart, dass durch den Einbau der Filteranlage die staatliche Verordnung erfüllt würde, wobei die Beklagte sich verpflichtete, solange Nachbesserungen vorzunehmen, bis dieses Ziel erreicht sei[1339]. Die Beklagte baute die Filteranlage in das Kraftwerk der Klägerin ein und versuchte im Folgenden, vier Jahre lang ohne Erfolg, die vertraglichen Verpflichtungen zu erfüllen. Schließlich lehnte sie weitere Arbeiten an der Filteranlage ab[1340]. Die Klägerin konnte die staatliche Luftverordnung nur durch Einspritzung eines chemischen Additives in die Filteranlage erreichen.

Das Gericht befand, dass die Filteranlage eine einzigartige Sache war und gewährte *Specific Performance*. Denn die Anlage wäre speziell für das Kraftwerk der Klägerin entworfen worden, sei außergewöhnlich groß, komplex, technisch kompliziert und -da sie eingebaut sei- praktisch nicht ersetzbar. Solange aber die Filteranlage nicht die staatliche Luftverordnung erfülle, habe sie nur wenig Wert für die Klägerin.

Ein Schadensersatzanspruch wäre unzureichend, da er äußerst spekulativ sei. Er könne nur auf Grundlage des Bedarfs an chemischen Additiven bis zum Ende der Laufzeit des Kraftwerks berechnet werden, wobei die Additive Preisschwankungen unterworfen seien.

Die Klägerin würde schließlich ohne einen *Specific Performance* Urteil einen irreparabelen Schaden erleiden, wenn sie die Anlage schließen müßte.

Ohne dass dieses im Urteil explizit ausgeführt wurde, wäre also der Klägerin mit einem Schadensersatzanspruch in Höhe einer Ersatzvornahme nicht gedient gewesen. Denn die Beklagte hatte die komplexe Filteranlage nur für die Klägerin entworfen. Ein Dritter hätte die von der Beklagten entwickelte Spezialanlage nur schwerlich überarbeiten können[1341].

1336 Vgl. *Yorio*, § 13.2.3, S. 332 f.; vgl. auch *Dobbs*, § 12.8 (3), S. 810, Fn. 9.

1337 524 F.Supp. 1152 (D.Ct. Colo. 1981).

1338 524 F.Supp. 1152, 1154; die Gesamtkosten inklusive Installation betrugen 12.000.000,00 US $.

1339 524 F.Supp. 1152, 1154 (tatsächlich sollte die Luftreinheit die staatliche Verordnung sogar etwas übererfüllen).

1340 524 F.Supp. 1152, 1155.

1341 So hatte es z.B. ein von der Klägerin beauftragtes Ingenieurbüro (Stearns) abgelehnt, zu beurteilen, ob die Filteranlage permanent die vertraglichen Richtwerte erfüllen könne, 524

Des Weiteren dürfte für das Gericht entscheidend gewesen sein, dass die Klägerin ein öffentlicher Stromversorger war und für die Öffentlichkeit bei einer Schließung ernst zunehmende Unannehmlichkeiten entstanden wären[1342].

Für einen privaten sowie auch für einen gewerblichen Käufer ist es daher praktisch ausgeschlossen, einen *Specific Performance* Anspruch in Form der Nachbesserung durchzusetzen[1343]. Der Käufer muss daher entweder die Ware zurückweisen und Schadensersatz auf der Grundlage von § 2-712 UCC („cover“) bzw. § 2-713 („market price“) geltend machen oder er kann die Ware behalten und die Reparaturkosten als Schadensersatz gem. § 2-714 UCC verlangen.

VI. Inhalt und Rechtsfolgen des Anspruchs auf *Specific Performance*

Der Rechtsfolgeausspruch eines *Specific Performance*-Urteils steht im Ermessen des Gerichts, folgt aber primär den vertraglichen Vereinbarungen. Da der UCC im Hinblick auf die Rechtsbehelfe nicht nach der Art der Leistungsstörung differenziert, kann der Erfüllungsanspruch „in Natur“ gem. § 2-716 (1) UCC grundsätzlich jede Form der Nacherfüllung annehmen[1344].

Neben der Erfüllung der Vertragspflichten „in Natur“ kann der Käufer „incidential“ und „consequential damages“ geltend machen.

In den gefundenen Entscheidungen, die zu *Specific Perfomance* in Form der Nachlieferung und Nachbesserung ergangen sind sowie in der zugänglichen Literatur werden nicht alle für diese Arbeit relevanten Aspekte dieses Anspruchs angesprochen, was an der geringen praktischen Relevanz von Erfüllungsansprüchen im amerikanischen Recht liegt. Es wird daher hilfsweise auf Rechtsbehelfe und -institute zurückgegriffen, die von der Interessenlage her Nachlieferungs- bzw. Nachbesserungsansprüchen entsprechen.

F.Supp. 1152, 1155. Vgl. ferner die Ausführungen des Gerichts, 524 F.Supp. 1152, 1159: „It (the precipitator, *d.Verf.*) is extremely large, complex, technically intricate, and *essentially irreplaceable now that it is in place*.“

1342 So auch zu dieser Entscheidung *White & Summers,* 5th ed., § 6-6, S. 231.

1343 Vgl. *Kastely*, 63 Wash.L.Rev. 607, 634 (1988) („Similarily, courts in common law countries do not normally order a breaching seller to repair defective goods. This form of specific relief simply has not been recognized as a traditional form of specific performance.“).

1344 Vgl. *Kastely*, 63 Wash.L.Rev. 607, 633 (1988) („The content of an order for specific performance under Anglo-American law can be quite broad, since a court can order performance of any act that a party can legally incur an obligation to perform.“). Im Prinzip ist daher auch ein Nachbesserungsanspruch für Rechtsmängel denkbar (bspw. die Ablösung von Pfandrechten), vgl. *Wolff,* Rechtsmängelhaftung, S. 135.

1. Ermessen des Gerichts hinsichtlich des Rechtsfolgeausspruchs

Das Gericht hat nicht nur Ermessen hinsichtlich der Frage, *ob* es *Specific Performance* gewährt, sondern auch *wie es den Rechtsfolgeausspruch gestaltet*[1345].

Dieser *Equity*-Grundsatz wurde auch im UCC teilweise normiert, der in § 2-716 (2) dem Gericht die Möglichkeit einräumt, im Urteil auf *Specific Performance* Bestimmungen und Bedingungen aufzunehmen, die den Preis, Schadensersatz oder andere Abhilfen betreffen, wenn es das Gericht als gerecht ansieht[1346]. Im übrigen gilt dieser Grundsatz über § 2-103 UCC[1347].

In einem *Equity*-Urteil versucht das Gericht, ein *insgesamt billiges* Ergebnis im konkreten Fall zu finden[1348]. Die Gerichte haben dabei einen Ermessensspielraum, wie sie das Urteil gestalten, so dass das Gericht von vertraglichen Abreden der Parteien abweichen kann[1349]. Das bedeutet allerdings nicht, dass unbegrenzt von den vertraglichen Vereinbarungen abgewichen werden kann[1350]. Vielmehr können kleinere Veränderungen der Leistung und der Gegenleistung durch das Gericht vorgenommen werden, um ein gerechtes (billiges) Urteil zu fällen[1351].

So kann das Gericht Zug-um-Zug-Leistung anordnen oder das Urteil von Bedingungen abhängig machen[1352] oder den Kläger mit Auflagen belegen[1353].

Das Gericht kann ein *Specific Performance*-Urteil davon abhängig machen, dass der Kläger Sicherheiten für seine Leistung bietet[1354] oder aber in Vertragsänderungen einwilligt[1355].

Im Anwendungsbereich des UCC kann das Gericht aber *nicht* den Kaufpreis erhöhen[1356]. Begründet wird dies damit, dass es sich bei § 2-716 UCC um einen

---

1345 *Hunter*, § 8.02 (3) (e), S. 8-27; *Quinn*, UCC, § 2-716 (A) (2); *Corbin*, On Contracts, § 1137; *Restatment 2nd*, Contracts, § 358.

1346 § 2-716 (2) UCC: „The decree for specific performance may include such terms and conditions as to payment of the price, damages, or other relief *as the court may deem just.*" Dazu *Anderson*, UCC, § 2-716:5.

1347 Vgl. zu § 2-103 und § 2-716 UCC *Summers*, 72 Nw.U.L.Rev. 906, 932 f. (1978).

1348 *Yorio*, § 1.3., S. 12; *Restatement 2nd*, Contracts, § 358 a); *Anderson*, § 2-716:5 („In harmony with the traditional policy of courts to dispose of all elements of a controversy (...) the court may include in its decree such terms and conditions (...) as the court may deem just.").

1349 *Corbin*, On Contracts, § 1137; *Restatement 2nd* , Contracts, § 358 a).

1350 *Hunter*, Modern Law of Contracts, § 8.02 (3) (4), S. 8-27.

1351 *Hunter*, Modern Law of Contracts, § 8.02 (3) (4), S. 8-27.

1352 *Yorio*, § 1.3; S. 12, 13; *Treitel*, Int. Encyc. of Comp. Law, § 16-36, S. 21.

1353 *Restatement 2nd*, Contracts, § 358 a); *Yorio*, § 1.3, S. 12

1354 Vgl. *Rego v. Decker*, 482 P.2d 834, 840 (Sup.Ct.Alaska 1971)(zu einem Mietvertrag). Kritisch *Schwartz*, 89 Yale L.J. 271, 301 f. (1979).

1355 *Corbin*, On Contracts, § 1137; *Restatement 2nd*, Contracts, § 358 a); *Yorio*, § 1.3, S. 13.

1356 *Iowa Electric Light & Power Co. v. Atlas*, 467 F.Supp. 129, 138 (D.Ct.N.D. Iowa 1978); *Anderson*, § 2-716:5; *Hunter*, Law of Contracts, § 8.02 (3) (e), S. 8-27; *Annotation*, 26 ALR 4th , 294, 300.

Rechtsbehelf *des Käufers* handelt, so dass eine Anhebung des Preises zugunsten des Verkäufers ausscheide[1357].

Ferner kann ein Gericht nur einen Teil des Vertrages in Form der *Specific Performance* als durchsetzbar erklären[1358].

Schließlich kann das Gericht den *Specific Performance* Urteilstenor auch in alternativer Form fällen und den Parteien im Einzelnen überlassen, wie der Leistungserfolg (und zwar nicht nur „in Natur") herbeizuführen ist[1359].

a) Specific Performance in Form der Nachlieferung

Obwohl dem Gericht bei der Gestaltung eines *Specific Performance* Urteilstenors Ermessen zusteht, richtet sich der Urteilsausspruch maßgeblich nach dem Inhalt des Kaufvertrages[1360].

Dieses wird auch in der bereits erwähnten Entscheidung deutlich, die sich mit einem Nachlieferungsanspruch befasst. In *Stephan's Machine & Tool, Inc. v. D & H Machinery Consultants, Inc.*[1361] hatten die Parteien vertraglich vereinbart, dass die Beklagte eine Bohrmaschine an den Kläger zu liefern und diese auf dessen Geschäftsgelände zu montieren habe[1362].

Der Beklagte wurde verurteilt, eine neue, vertragskonforme Bohrmaschine an den Kläger zu liefern und diese zu installieren. Ausdrücklich führte das (Berufungs-)Gericht aus, dass die Lieferung an den Geschäftssitz des Beklagten zu erfolgen habe[1363].

Die *Kosten* der Nachlieferung hatte ebenfalls der Verkäufer zu tragen, was sich implizit aus der Entscheidung ergibt[1364].

Ferner hatte der Beklagte dem Kläger den Schaden zu ersetzen, der ihm aufgrund der Verzögerung entstanden war[1365].

Zu den Pflichten des *Käufers* nimmt die erwähnte Entscheidung keine Stellung.

1357 *Iowa Elec. Light & Power Co. v. Atlas Corp.*, 467 F.Supp. 129, 138 (D.Ct.N.D.Iowa 1978).

1358 *Yorio*, § 1.3, S. 13; *Restatement 2nd*, Contracts, § 358 b).

1359 *Colorado-Ute Elec. Ass'n, Inc. v. Envirotech Corp.,* 524 F. Supp. 1152, 1159 (D.Colo. 1981), vgl. hierzu noch unten *D. VI. 1. b).*

1360 *Hunter,* Modern Law of Contracts, § 8.02 (3) (e), S. 8-27.

1361 417 N.E.2d 579 (Ohio App. 1979).

1362 417 N.E.2d 579, 581.

1363 417 N.E.2d 579, 585. Dieser Leistungsort stimmte mit dem vertraglich vereinbarten Leistungsort überein, vgl. 417 N.E.2d 579, 581 f.. Vgl. auch *Gutknecht* (Nacherfüllungsrecht, S. 293, m.w.N.), die ausführt, dass nach amerikanischen Recht der Verkäufer im Rahmen seines Nacherfüllungsrechts die Ersatzware zum Sitz des Käufers zu liefern hat.

1364 Ferner hat der Verkäufer im Rahmen einer Nacherfüllung im Rahmen des § 2-508 UCC die Kosten zu tragen, vgl. *Crandall/Herbert/Lawrence*, § 6.5, S. 6:17; *Gutknecht,* Nacherfüllungsrecht, S. 95 m.w.N..

1365 417 N.E.2d 579, 583-585

In Bezug auf die *Vertragsaufhebung* ist anerkannt, dass der Käufer verpflichtet ist, die nicht vertragskonforme Ware dem Verkäufer zurückzugeben[1366]. Dabei ist der Leistungsort für die Rückgabe stets der Sitz des Käufers, was sich aus § 2-602 (2) (b) UCC ergibt[1367].

Der Käufer muss bei einer Vertragsaufhebung bzw. Zurückweisung der Ware für gezogene *Nutzungen* eine Vergütung zahlen[1368].

Festzuhalten ist jedoch, dass ein Gericht aus Billigkeitsgründen hiervon abweichen kann.

b) *Specific Performance* in Form der Nachbesserung

Auch der Nachbesserungsanspruch als Ausformung des Anspruchs auf *Specific Performance* richtet sich nach dem Vertragsinhalt. In der einzigen Entscheidung zum Nachbesserungsanspruch wird dabei ausdrücklich ausgeführt, dass der Verkäufer den Vertragsgegenstand so herzurichten hat, dass er die vertraglichen „warranties" des UCC vollständig erfüllt[1369].

Dabei reflektiert diese Entscheidung, dass das Gericht einen weiten Ermessensspielraum hat, wie es den Urteilstenor bei einem *Specific Performance* Urteil fasst[1370].

Das Gericht ordnete an, dass die Beklagte die Filteranlage so herzustellen habe, dass sie die vertraglichen Garantien erfülle. Auf welche Weise die Beklagte dieses erreichen wolle, bleibe ihr überlassen, solange Bundes- und Landesrecht eingehalten werde.

Das Gericht führt aus, die Beklagte könne beispielsweise die Klägerin mit chemischen Additiven versorgen oder technische Veränderungen an der Filteranlage vornehmen.

1366 *Anderson*, § 2-711: 29 f.; *Moore v. Howard Pontiac-American, Inc.*, 492 S.W.2d 227, 230 (Tenn.App. 1972) („It is a generally recognized principle of law that a party seeking rescission of a contract must return, or offer to return, what he has received under it,(...)").

1367 *Williston*, On Sales III, § 25-17, S. 648; *Huntsville Hosp. V. Mortara Instrument*, 57 F.3d 1043, 1046 (Ct.App.11th Cir. 1995); *Yates v. Clifford Motors, Inc.* 423 A.2d 1262, 1271 (Super.Ct.Pa. 1980). § 2-602 (2) (b) UCC lautet u.a.: „(...) he (the buyer, *d. Verf.*) is under duty after rejection to hold them with reasonable care at the seller's disposition for a time sufficient to *permit the seller to remove them; but (c) the buyer has no further obligation with regard to goods rightfully rejected.* ".

1368 *White & Summers, 5th ed.*, § 8-4, S. 322; *Page v. Dobbs Mobile Bay, Inc.*, 18 UCCRS 720, 727 ff. (Ct.App.Ala. 1992); *Huntsville Hosp. v. Motara Instrument*, 57 F.3d 1043, 1046 f. (Ct.App.11th Cir. 1995); *Gawlick v. American Builders Supply, Inc.*, 519 P.2d 313, 315 (Ct.App.N.M. 1974); *Moore v. Howard Pontiac-American, Inc.*, 492 S.W.2d 227, 230 (App.Ct.Tenn. 1972).

1369 Vgl. *Colorado-Ute Elec. Ass'n, Inc. v. Envirotech. Corp*, 524 F.Supp. 1152, 1159 (D.Ct.Colo.):„Buell shall bring the precipitator *into compliance with the contract guaranties* for the remaining estimated useful life of Hayden Unit 1."

1370 *Colorado-Ute Elec. Ass'n, Inc. v. Envirotech Corp.*, 524 F.Supp. 1152, 1159 (D.Colo.).

Welche Maßnahmen im Einzelnen zu treffen seien, überließ das Gericht den Parteien. Es ordnete an, dass die Parteien innerhalb von 10 Tagen nach Unterschrift des Urteils dem Gericht einen Plan aushändigen sollten, in welchem ausgeführt sei, wie sie die Vertragserfüllung herbeiführen wollten.

Das Gericht legte sich in dieser Entscheidung nicht eindeutig fest, ob tatsächlich eine Nachbesserung durchzuführen sei, da die Beklagte auch dem Urteil genügen würde, wenn sie der Klägerin die Kosten für chemische Zusätzen für die Laufzeit der Anlage zahlen würde.

Hieraus kann allerdings gefolgert werden, dass die *Kosten der Nachbesserung* von der Beklagten zu tragen sind[1371].

2. Konkurrierende Ansprüche

Das Gericht kann in seinem Urteil nicht nur die Erfüllung aussprechen, sondern kann darüberhinaus dem Kläger Schadensersatz gewähren (§ 2-716 (2) UCC). Hierzu gehört der „incidentcial"-Schaden (§ 2-715 (1) UCC) und der „consequential"-Schaden (§ 2-715 (2) UCC).

a) „Incidential damages"

Nach § 2-715 (1) UCC kann der Käufer Schadensersatz für den beiläufig entstandenen Schaden verlangen („incidential damages").

§ 2-715 (1) UCC enthält dabei eine umfangreiche Aufzählung. Zum beiläufigen Schaden gehören danach die vernünftigerweise entstandenen Kosten für die Inspektion, Annahme, Transport, Pflege und Verwahrung der Sachen, die rechtmäßig zurückgewiesen worden sind. Ferner kann der Käufer jede andere vernünftige Ausgabe ersetzt verlangen, die aufgrund einer Verzögerung oder einer anderen Vertragswidrigkeit entstanden ist[1372].

b) „Consequential damages"

Der Käufer kann neben dem Erfüllungsanspruch seinen Folgeschaden („consequential damages") ersetzt verlangen (§ 2-715 (2) UCC)[1373]. Hierzu zäh-

---

1371 Auch kann dieses daraus gefolgert werden, dass der Verkäufer die Kosten der Nachbesserung im Rahmen des § 2-508 UCC zu tragen hat, vgl. *Crandall/Herbert/ Lawrence*, § 6.5, S. 6:17.

1372 Die übrigen Aufzählungen beziehen sich ausschließlich auf die Kosten, die bei einem Deckungskauf („cover") entstanden sind vgl. § 2-715 (1) UCC.

1373 *Stephan's Mach., ETC. v. D & H Mach.*, 417 N.E.2d 579, 583 f. (Ct.App.Ohio 1979) (entgangener Gewinn für Ausfall einer Bohrmaschine sowie angefallene Zinsen für Bankkredit aufgrund der verspäteten Lieferung).

len die Schäden, die aufgrund von allgemeinen und besonderen Anforderungen oder Bedürfnissen des Käufers an die Ware entstanden sind.

Hierunter fallen Verzugsschäden (bspw. Zinsen aufgrund notwendiger Kreditaufnahme), der entgangene Gewinn sowie Mangelfolgeschäden[1374].

Voraussetzungen ist, dass der Verkäufer diese Bedürfnisse bei Vertragsschluss hätte erkennen müssen (§ 2-715 (2) (a) UCC). Ferner ist grundsätzlich Voraussetzung, dass der Schaden nicht durch einen Deckungskauf oder auf andere Art hätte abgewendet werden können (vgl. § 2-715 (2) (a) UCC), so dass den Käufer eine Schadensminderungspflicht trifft. Diese Schadensminderungspflicht trifft den Käufer allerdings *nicht*, wenn er erfolgreich *Specific Performance* verlangt[1375]. Denn die Zuerkennung eines Erfüllungsanspruchs setzt gerade voraus, dass kein Deckungskauf möglich ist[1376].

Des Weiteren gehört zum Folgeschaden der Schaden, der aufgrund des Vertragsbruchs des Verkäufers unmittelbar an Personen oder Eigentum des Käufers entstanden ist (§ 2-715 (2) (b)). Der Anspruch ist verschuldensunabhängig[1377].

3. Zwangsvollstreckung

Specific Performance-Urteile werden grundsätzlich durch Zwangsgeld oder Zwangshaft vollstreckt[1378]. Kommt der Beklagte dem Urteilssausspruch auf *Specific Performance* nicht nach, so beschließt das Gericht, welches das Urteil gefällt hat, eine dieser Zwangsmaßnahmen wegen Missachtung des Gerichts („contempt of court“)[1379].

Allerdings können die Gerichte, -was selten vorkommt- auch alternative Vollstreckungsmethoden anordnen (bspw. Ingenieur überwacht Herstellung)[1380].

1374 Vgl. *Schwenk*, RabelsZ 35 (1971), 645, 663. Vgl. auch vorstehende Fn..

1375 *Ulen*, 83 Mich.L.Rev. 341, 390 f. (1984) („With specific performance there is no such obligation to mitigate, nor is it easy to see how such an obligation could be imposed under that contract remedy.“); *Kastely*, 63 Wash.L.Rev. 607, 621 Fn. 70 (1988); *Stephan's Mach., ETC. v. D & H Mach.* 417 N.E.2d 579, 583 (Ct.App.Ohio 1979) („(...) folly to contend that plaintiff could have avoided his business losses by buying a comparable machine from a source other than the defendant.“).

1376 *Stephan's Mach. ETC. v. D & H Mach.* 417 N.E.2d 579, 583 (Ct.App.Ohio 1979) (Käufer hatte keine finanziellen Mittel für einen Deckungskauf)

1377 *Schwenk*, 35 RabelZ (1971), 645, 663 f..

1378 *Calamari/Perillo*, § 16-1, S. 612; *Yorio*, § 13.2.3, S. 330. *Neufang*, Erfüllungszwang, S. 211. Das Zwangsgeld ist dabei an den Staat zu zahlen, vgl. *Treitel*, Int. Encyc. of Comp. Law, § 16-31, S. 17.

1379 *Yorio*, § 13.2.3, S. 330; *Calamari/Perillo*, § 16-1, S. 612; *Neufang*, Erfüllungszwang, S. 211 f..

1380 *Yorio*, § 13.2.3., S. 331 m.w.N.; *Corbin*, On Contracts, § 1171.

4. Folgen der Versagung von *Specific Performance*

Wird dem Käufer, der auf *Specific Performance* klagt, der Erfüllungsanspruch nicht gewährt, weil ein Schadensersatzanspruch vom Gericht als ausreichend angesehen wird oder weil *Specific Performance* unmöglich ist, so kann der Käufer ohne weiteres einen Schadensersatzanspruch geltend machen[1381].

VII. Vertragliche Vereinbarungen in Bezug auf *Specific Performance*

Im Folgenden soll die Möglichkeit der Parteien untersucht werden, den Anspruch auf *Specific Performance* vertraglich zu vereinbaren oder diesen auszuschließen.

1. Vertragliche Vereinbarung von *Specific Performance*

Aufgrund der Tatsache, dass der Anspruch auf *Specific Performance* durch den „adequacy"-Test und die zahlreichen Einreden fast ausgeschlossen ist, fragt sich, ob die Parteien die Möglichkeit haben, *Specific Performance* vertraglich zu vereinbaren[1382]. Es bieten sich dabei zwei Wege an.

Die Parteien können *Specific Performance* ausdrücklich vereinbaren oder sie vereinbaren einen pauschalierten Schadensersatz, der so hoch ist, dass der Verkäufer „freiwillig" erfüllt.

1381 Vgl. *Ziebarth v. Kalenze*, 238 N.W.2d 261, 265 ff. (Sup.Ct.N.D. 1976). Das Gericht begründet dies damit, dass durch die Zusammenlegung von Equity- und Law-Courts, es befugt sei, über beide Anspruchsformen zu entscheiden. Dies gelte auch dann, wenn der Kläger zunächst nicht Schadensersatz geltend gemacht hat. Zustimmend: *Hunter,* § 6.03 (3), S. 6-25, Fn. 93. Grundsätzlich hat der Beklagte bei einer Änderung der Klage auf Schadensersatz dann das Recht einen Jury-Prozess zu fordern, es sei denn, er hat dieses Recht verwirkt, vgl. ausführlich *Ziebarth v. Kalenze,* a.a.O.. Allerdings ist Voraussetzung, dass nach der Zivilprozessordnung des Staates des Gerichts *Equity*- und *Law*-Gerichte bereits zusammengeführt wurden, vgl. hierzu ausführlich, *Yorio*, § 21, S. 467 f.. Vgl. ferner *King Aircraft Sales, Inc. v. Lane,* 846 P.2d 550 (Ct.App.Wash. 1993)(Das Gericht erkannt hier einen Anspruch auf *Specific Performance* in Form von Schadensersatz an, weil der Käufer die streitigen Flugzeuge weiterverkauft hatte).

1382 Die amerikanischen Autoren sehen hier zwei Rechtsprinzipien des *Common Law* im Konflikt, und zwar einerseits das Prinzip der Vertragsfreiheit und andrerseits das Prinzip der Ermessensfreiheit des Gerichts bei *Equity*-Rechtsbehelfen, vgl. *Kronman,* 45 U.Chi.L.Rev. 351, 369 f. (1978); *Macneil,* 47 Cornell.L.Q. 495, 520 f. (1962); *Yorio, § 19.1, S. 440.* Wie dieser Konflikt entschieden wird, vgl. Text.

Die Gerichte und Literatur sehen eine (ausdrückliche) vertragliche Vereinbarung von *Specific Performance* als *unwirksam* an[1383]. Eine solche Vereinbarung gilt als unzulässiger Eingriff in das Ermessen des Gerichts[1384]. Auch wird vertreten, dass im Fall getrennter Gerichtsbarkeiten (in *Law*- und *Equity*-Gerichte) ein *Law*-Gericht *immer* dann zuständig sei, wenn ein Schadensersatzanspruch „adequate" ist. Haben die Parteien nun *Specific Performance* vereinbart, so könne das zuständige *Law*-Gericht nicht über einen *Equity*-Rechtsbehelf entscheiden[1385].

Allerdings kann eine Vereinbarung von *Specific Performance* im Rahmen des gerichtlichen Ermessens berücksichtigt werden, so dass ein Gericht eher geneigt sein kann, Vertragserfüllung zu gewähren, wenn dies vereinbart wurde[1386]. Es müssen aber im wesentlichen die oben genannten Voraussetzungen („uniqueness" etc.) vorliegen[1387]. Das Gericht prüft also trotz einer vertraglichen Vereinbarung von *Specific Performance* als primären oder auch einzigen Rechtsbehelf uneingeschränkt, ob es diesen Rechtsbehelf als angemessen ansieht[1388].

Auch werden Vertragsklauseln als unwirksam verworfen, die hohe pauschalierte Schadensersatzbeträge vorsehen, um auf diese Weise den Verkäufer zur Vertragserfüllung anzuhalten[1389]. Verträge mit pauschalierten Schadensersatzbeträgen werden nur dann als wirksam angesehen, wenn sie eine vernünftige Einschätzung des zu erwartenden Schadens beinhalten[1390].

1383 *Schwartz*, 89 Yale L.J. 271, 273 (1979); *Calamari/Perillo*, § 16-18, S. 631; *Macneil,* 47 Cornell L. Q. 495, 522 (1962); *Yorio*, § 19.2.1, S. 441; *Restatement 2nd* Contracts, § 359 a); *Stokes v. Moore*, 77 So.2d 331 (Sup.Ct.Ala.1955) (für einen Konkurrenzausschluss zweier Geschäftspartner). Kritisch zu dieser Einschränkung der Vertragsfreiheit: *Ulen*, 83 Mich.L.Rev. 341, 350 ff. (1984); *Kronman*, 45 U.Chi.L.Rev. 351, 376 (1978); *Schwartz*, 89 Yale L.J. 271, 277 (1979). Vgl. auch *White & Summers*, 5th ed., § 6-6, S. 234 mit Verweis auf Bestrebungen vertragliche Vereinbarungen von *Specific Performance* durchzusetzen.

1384 *Stokes v. Moore*, 77 So. 2d 331, 335 (Sup.Ct.Ala. 1955): „Such an agreement would serve to oust the inherent jurisdiction of the court to determine whether an injunction is appropriate when applied for and to require its issuance even though to do so would be contrary to the opinion of the court". *Yorio*, § 19.2.3, S. 444.

1385 *Yorio*, § 19.1, S. 439 f.

1386 *Stokes v. Moore*, 77 So.2d 331, 335 (Sup.Ct.Ala. 1955): „(...) the provision for an injunction is important in its influence upon an exercise of the discretionary power of the court to grant a temporary injunction". *Macneil,* 47 Cornell L. Q. 495, 523 (1962); *Calamari/Perillo § 16-18, S. 682; Kronman*, 45 U. Chi.L.Rev. 351, 371 (1978).

1387 *Macneil*, 47 Cornell L.Q. 495, 523 (1962).

1388 *Kronman*, 45 U.Chi. L. Rev. 351, 371 (1978)(„But in no event will the contract provision prevent a court from independently determining the appropriateness of injunctive relief").

1389 *Schwartz*, 89 Yale L.J. 271, 273 (1979); vgl. auch *Crandall/Herbert/Lawrence*, UCC, § 8.10.2, S.8:60.

1390 *Schwartz*, 89 Yale L.J. 271, 273 (1979)(mit Nachweisen aus der Rspr.); *Crandall/Herbert/Lawrence*, UCC, § 8.10.2.,S. 8:60.

Zu bemerken ist in diesem Zusammenhang, dass über die Vereinbarung von *Specific Performance* kaum Gerichtsentscheidungen existieren, da die Parteien diesen Rechtsbehelf von sich aus fast nie vereinbaren[1391]. Denn für den Käufer ist es meist günstiger auf Grundlage eines „cover“ (Deckungskaufs) Schadensersatz geltend zu machen.

Die Parteien haben mithin im amerikanischen Recht keine Möglichkeit, *Specific Performance* vertraglich zu vereinbaren und diese Vereinbarung vor einem ordentlichen Gericht durchzusetzen[1392].

2. Vertraglicher Ausschluss von *Specific Performance*

Unter welchen Voraussetzungen die Parteien die Gewährleistung des Verkäufers für Sach- und Rechtsmängel *insgesamt* ausschließen können, wurde bereits beschrieben. An dieser Stelle soll erörtert werden, inwieweit der Verkäufer *nur* den Anspruch des Käufers auf *Specific Performance* gem. § 2-716 UCC ausschließen kann, wobei eine Haftung auf Schadensersatz unberührt bleibt.

Die ablehnende Haltung des *Common Law* gegenüber Erfüllungsansprüchen kommt auch bei der Möglichkeit des Ausschlusses des Rechtsbehelfs auf *Specific Performance* zum Ausdruck. Hier wird der Vertragsfreiheit der Vorrang eingeräumt, so dass die Parteien ohne weiteres den Anspruch auf *Specific Performance* abbedingen können[1393].

1391 Vgl. *Macneil,* 47 Cornell L.Q. 495, 521 f. (1962), der zwischen 1902 bis 1962 nur 7 Fälle finden konnte, die nicht eine Vereinbarung zur gemeinsamen Absatzstrategie von Unternehmen betrafen. Fälle die *Specific Performance* als vereinbarten Rechtsbehelf des Käufers im UCC betrafen, sind nicht ersichtlich. Vgl. auch *Kronman,* 45 U.Chi.L.Rev. 351, 371 (1978).

1392 Die einzige Möglichkeit, seine Chancen auf den Rechtsbehelf *Specific Performance* zu verbessern, ist die Vereinbarung eines Schiedsgerichtsverfahrens („arbitration“). Schiedsrichter sind im amerikanischen Recht eher geneigt, Vertragserfüllung anzuordnen. Diese Schiedsgerichtsentscheidungen halten dann auch der Überprüfung durch die ordentlichen Gerichte stand, vgl. hierzu ausführlich *Yorio,* § 19.3, S. 448 ff. m.w.N..

1393 *Kronman*, 45 U.Chi.L.Rev. 351, 370 Fn. 62 (1978) („Clearly a promisee of a contract (...) can agree to give up his right to compel performance“); *Calamari/Perillo*, § 16-18, S. 633. Ausführlich, *Yorio*, § 20, S. 453 ff..

E. Der Ersatzlieferungs- und Nachbesserungsanspruch nach UN-Kaufrecht

Nachstehend wird der Ersatzlieferungs- und Nachbesserungsanspruch im CISG untersucht. Dieser Untersuchung wird einführend ein Überblick über die Rechtsbehelfe des Käufers nach der Konvention vorangestellt.

I. Überblick über die Rechtsbehelfe des Käufers im CISG

Das CISG geht prinzipiell von einem einheitlichen Tatbestand der Vertragsverletzung aus. Nichtlieferung, Verzug, Qualitäts- und Quantitätsmängel, Rechtsmängel sowie *aliud*-Lieferungen lösen daher nach der Konvention grundsätzlich dieselben Rechtsfolgen aus.

Erfüllt der Verkäufer *irgendeine* seiner Pflichten nicht („fails to perform *any of his obligations*"), die ihm aufgrund des Vertrages oder des CISG obliegen, so stehen dem Käufer die Rechtsbehelfe der Art. 46 bis 52 CISG (Erfüllungsanspruch, Kaufpreisherabsetzung, Vertragsaufhebung) sowie ein Schadensersatzanspruch zur Verfügung (vgl. Art. 45 I CISG)[1394].

Nach *Art. 46 I CISG* kann der Käufer vom Verkäufer die *Erfüllung* seiner Verkäuferpflichten verlangen, soweit er nicht einen unvereinbaren Rechtsbehelf ausgeübt hat. Ist die Ware nicht vertragsgemäß, so steht dem Käufer ein *Ersatzlieferungsanspruch* zur Seite, wenn die Vertragsverletzung wesentlich ist (Art. 46 II CISG)[1395]. Ferner kann der Käufer nach Art. 46 III CISG bei Nichtvertragsgemäßheit der Ware vom Verkäufer *Nachbesserung* verlangen, es sei denn, dass dies unter Berücksichtigung aller Umstände unzumutbar ist[1396]. Trotz der grundsätzlich einheitlichen Betrachtung der Vertragsverletzung durch die Konvention fallen Minderlieferungen (vgl. Art. 51 CISG) und nach einer Ansicht Rechtsmängel *nicht* unter Art. 46 *II, III* CISG[1397]. Für diese

1394 Dabei enthält Art. 45 I a) CISG nur einen Index der in Art. 46 bis 52 CISG im Einzelnen geregelten Rechtsbehelfe, während Art. 45 I b) CISG die Anspruchsgrundlage für den Schadensersatzanspruch des Käufers bildet, vgl. *Sekretariatskommentar,* Art. 41 Nr. 1, *O.R.* 37 = *Docy. Hist.* 427; *Schlechtriem/Huber,* Art. 45 Rn. 1 m.w.N..

1395 Der Käufer muss die Ersatzlieferung entweder zusammen mit der Mängelanzeige nach Art. 39 CISG oder innerhalb angemessener Zeit danach verlangen, vgl. Art. 46 II CISG.

1396 Auch die Nachbesserung muss der Käufer zusammen mit der Anzeige nach Art. 39 CISG oder innerhalb angemessener Zeit danach verlangen.

1397 Vgl. hierzu *Staudinger/Magnus,* Art. 46 Rn. 15 f. m.w.N.. Zur Gegenansicht in Bezug auf Rechtsmängel, vgl. *Vahle,* ZVglRWiss 98 (1999), 54, 57 f.; *Wolff,* Rechtsmängelhaftung, S. 163 f., 166 f..

Vertragsverletzungen gilt der Erfüllungsanspruch des Art. 46 I CISG ohne die Einschränkungen der Abs. 2 und 3 des Art. 46 CISG.

Ist die Vertragsverletzung des Verkäufers wesentlich, so kann der Käufer die *Vertragsaufhebung* erklären (Art. 49 I a) CISG). Im Fall der Nichtlieferung, kann der Käufer den Vertrag erst nach Ablauf einer gesetzten Nachfrist oder einer Erfüllungsverweigerung des Verkäufers aufheben (Art. 49 II b) CISG).

Nach Art. 50 CISG kann der Käufer bei Nichtvertragsgemäßheit der Ware den Kaufpreis *herabsetzen*, und zwar in dem Verhältnis, in dem der Wert, den die tatsächlich gelieferte Ware im Zeitpunkt der Lieferung hatte, zu dem Wert steht, den die vertragsgemäße Ware zu diesem Zeitpunkt gehabt hätte.

Schließlich steht dem Käufer gem. Art. 45 I b) CISG ein *Schadensersatzanspruch* zur Verfügung. Dieser geht nach Art. 45 II CISG nicht dadurch verloren, dass der Käufer einen anderen Rechtsbehelf ausgeübt hat.

Den Verkäufer trifft nach dem CISG eine *Garantiehaftung*, und zwar auch hinsichtlich eines Schadensersatzanspruchs[1398]. Begrenzt ist die Einstandspflicht des Verkäufers nur dann, wenn die Vertragsverletzung auf einem unüberwindlichen äußeren Hinderungsgrund (Art. 79 CISG)[1399] oder einem Verhalten des Käufers beruht (Art. 80 CISG). Dabei ist umstritten, ob Art. 79 CISG den Verkäufer nur von seiner Verpflichtung befreit, Schadensersatz zu leisten oder auch den Erfüllungsanspruch zum Erlöschen bringt[1400].

II. Stellung der Erfüllungsansprüche im CISG

Art. 46 CISG regelt drei auf Erfüllung „in Natur" gerichtete Rechtsbehelfe; den „allgemeinen" Erfüllungsanspruch (Art. 46 I CISG), den Ersatzlieferungs- und den Nachbesserungsanspruch (Art. 46 II und III CISG).

Art. 46 CISG enthält in Abs. 1 den *allgemeinen* Erfüllungsanspruch des Käufers, wenn der Verkäufer eine seiner Pflichten nicht erfüllt. Aufgrund der einheitlichen Beurteilung der Vertragsverletzung durch die Konvention ergäbe sich im Prinzip bereits aus Art. 46 I CISG, dass dem Käufer ein Ersatzlieferungs- bzw. ein Nachbesserungsanspruch bei Lieferung nicht vertragsgemäßer Ware i.S.d. Artt. 35 f. CISG zusteht[1401]. Die Absätze 2 und 3 des Art. 46 CISG stellen im Hinblick hierauf Unterfälle des allgemeinen Erfüllungsanspruchs dar; ihnen kommt inso-

1398 *Schlechtriem/Huber*, Art. 45 Rn. 1.

1399 Nach Art. 79 I CISG muss ein unüberwindbarer Hinderungsgrund bestehen, der außerhalb des Einflussbereichs des Verkäufers liegt. Ferner darf dieser Hinderungsgrund bei Vertragsschluss vernünftigerweise nicht in Betracht zu ziehen gewesen sein.

1400 Vgl. hierzu *Vahle*, ZVglRWiss 98 (1999), 54, 59 f. m.w.N..

1401 *Schlechtriem/Huber*, Art. 46 Rn. 20.

fern eine *klarstellende*, eine *konkretisierende* sowie eine *einschränkende* Funktion zu[1402].

Die insbesondere aus Sicht der *Common Law* Länder erforderliche Klarstellung bringt zum Ausdruck, dass der Anspruch auf *Specific Performance* auch die Formen der Ersatzlieferung und Nachbesserung umfasst[1403].

Konkretisierende Bedeutung haben die Abs. 2 und 3 des Art. 46 CISG insofern, als dass sie die Erfüllungs*methode* (Art und Weise) spezifizieren. Liegen die Voraussetzungen der Absätze vor, so kann der Käufer Erfüllung in einer konkreten Form (Nachbesserung oder Ersatzlieferung) verlangen[1404].

Eingeschränkt ist der *Ersatzlieferungsanspruch* durch Art. 46 II CISG insofern, als dass eine *wesentliche* Vertragsverletzung[1405] vorliegen muss und der Käufer die Ersatzlieferung spätestens innerhalb einer angemessenen Frist nach der Mängelanzeige gem. Art. 39 CISG geltend zu machen hat. Der *Nachbesserungsanspruch* gem. Art. 46 III CISG setzt ebenfalls die Geltendmachung der Nachbesserung innerhalb angemessener Frist nach Mängelanzeige voraus. Ferner muss die Nachbesserung unter Abwägung aller Umstände dem Verkäufer zumutbar sein, ohne dass allerdings eine wesentliche Vertragsverletzung vorzuliegen hat (Art. 46 III CISG).

Umstritten ist, ob durch das CISG ein *Vorrang* der Erfüllungsansprüche gegenüber den übrigen Rechtsbehelfen (Vertragsaufhebung, Herabsetzung des Kaufpreises, Schadensersatz) konstituiert wird.

Lüderitz vertritt die Ansicht, dass Art. 46 CISG kein „Primat des Erfüllungsanspruchs zum Ausdruck" bringe; vielmehr würde Art. 46 I 2. HS das Gegenteil belegen[1406].

1402 Vgl. *Schlechtriem/Huber*, Art. 46 Rn. 4, Rn. 20 (klarstellende und einschränkende Funktion); ferner *Rudolph,* Art. 46 Rn. 1; *Bianca/Bonell/Will*, Art. 46 Anm.1.1., 2.1.; a.A. *Vahle*, ZVglRWiss 98, 54, 56 (Einheitliche Behandlung der Ansprüche in einem Artikel rechtfertige sich nur, weil letzlich alle einen Erfüllungsanspruch gewähren); so auch *Niggemann*, in Hoyer/Posch, Pflichten des Verkäufers, S. 96.

1403 Dies ist aus Sicht der *Common Law* Staaten keinesfalls selbstverständlich, vgl. *Kastely,* 63 Wash.L.Rev. 607, 634 (1988): „Similarily, courts in common law countries do not normally order a breaching seller to *repair* defective goods. This form of specific relief has *not been recognized as a traditional form of specific performance.*" Zur entsprechenden Rechtslage unter dem SGA, vgl. *Beß*, Die Haftung im EKG, S. 52. Zu den Gründen, weshalb *Specific Performance* in Form der Nachlieferung und Nachbesserung nicht von amerikanischen Gerichten gewährt wird, vgl. ausführlich oben *D.*

1404 A.A. *Schlechtriem/Huber,* Art. 46 Rn. 66; *Heilmann*, Mängelgewährleistung, S. 429. Nach dieser Ansicht kann der Verkäufer ein Nachbesserungsbegehren des Käufers stets auch durch eine Ersatzlieferung erfüllen. Wie hier: *Staudinger/Magnus,* Art. 46 Rn. 61. Ausführlich hierzu unten *E. V. 2. f).*

1405 Zu den Gründen, vgl. *O.R. 337* (insb. Nr. 49, 53) = *Docy. Hist.* 558.

1406 *Soergel/Lüderitz/Schüßler-Langeheine*, Art. 46 Rn. 1; vgl. auch *Soergel/Lüderitz*, 12. Aufl., Art. 41 EKG Rn. 2 (keine „Priorität" des Erfüllungsanspruchs).

Die überwiegende Meinung vertritt demgegenüber, dass der Erfüllungsanspruch nach dem CISG der primäre Rechtsbehelf des Käufers sei, also ein Vorrang des Erfüllungsanspruchs vor den übrigen Rechtsbehelfen bestehe[1407]. Die Stellung der Vorschrift an der Spitze der Rechtsbehelfe mache deutlich, dass die Konvention die Erfüllung und Vertragsdurchführung als primäres Ziel ansehe[1408]. Ferner folge aus der Gesamtsystematik (Artt. 46, 48, 49 CISG) des CISG ein Primat des Erfüllungsanspruchs[1409].

Überzeugend ist hier m.E. der Verweis auf die Gesamtsystematik des CISG[1410]. Denn wird nicht vertragsgemäße Ware geliefert, so steht dem Verkäufer grundsätzlich ein Nachbesserungsrecht zu (Art. 48 CISG). Anderes gilt nur, wenn die Vertragswidrigkeit der Ware wesentlich ist (Art. 48 I i.V.m. Art. 49 I a) CISG)[1411]. Im Falle der Nichtlieferung kann der Käufer grundsätzlich Schadensersatz wegen Nichterfüllung erst nach Setzung einer Nachfrist verlangen (Art. 49 I b) CISG). Der Käufer wird nach der Konvention also regelmäßig zunächst auf ein Erfüllungsbegehren beschränkt, bevor er weitergehende Rechtsbehelfe geltend machen kann.

Aber auch die Nichtaufnahme einer dem Art. 25 EKG entsprechenden Vorschrift lässt letzlich den Erfüllungsanspruch als den primären Rechtsbehelf im CISG erscheinen[1412].

1407 *Staudinger/Magnus*, Art. 46 Rn. 4; *Ensthaler/Achilles,* nach § 382, Art. 46 Rn. 1; *Schlechtriem/Huber*, Art. 46 Rn. 1 f.; *ders.* Haftung des Verkäufers, S. 12; *Vahle*, ZVglRWiss 98 (1999), 54, 55 f.; *Farnsworth*, 27 Am.J.Comp.L. 247, 249 f. (1979) (implizit); *Herber/Czerwenka*, Art. 46 Rn. 2.

1408 *Staudinger/Magnus*, Art. 46 Rn. 4; *Vahle*, ZVglRWiss 98 (1999), 54, 55 f..

1409 *Schlechtriem/Huber*, Art. 46 Rn. 2; ähnlich *Achilles,* Art. 46 Rn. 1; vgl. hierzu auch *Farnsworth,* Rights and Obligations, in: Lausanner Kolloquium, S. 84 f.. Insofern allerdings nicht - zumindest nicht ausdrücklich- abweichend *Lüderitz (a.a.O.).* Denn er ist lediglich der Ansicht, dass Art. 46 CISG *für sich genommen* kein Primat des Erfüllungsanspruchs aufstelle.

1410 Die Stellung an der Spitze der Rechtsbehelfe lässt m.E. keinen Schluss auf einen Vorrang des Erfüllungsanspruchs zu. Denn wie *Lüderitz* (Soergel, Art. 46 Rn. 1) insoweit zutreffend ausführt, steht der Erfüllungsanspruch nach Art. 46 I 2. HS CISG insofern unter dem Vorbehalt der Nichtausübung unvereinbarer Rechtsbehelfe; dieses lässt aber keine Vorrangstellung erkennen.

1411 Allerdings ist streitig, ob die Möglichkeit der Nachbesserung bei der Auslegung der wesentlichen Vertragsverletzung zu berücksichtigen ist. Hier wird von einer starken Ansicht vertreten, dass eine Nachbesserung zu berücksichtigen sei. Im Ergebnis ist der Käufer nach dieser Ansicht dann auch bei wesentlichen Vertragsverletzungen zunächst auf die Erfüllung beschränkt. Vgl. zum Ganzen *Karollus, ZIP 1993, S. 490 ff.*.

1412 In diese Richtung auch *Farnsworth*, 27 Am.J.Comp.L 247, 250, 251 (1979). Art. 25 EKG sah vor, dass ein Erfüllungsanspruch ausgeschlossen ist, wenn ein Deckungskauf „den Gebräuchen entspricht und in angemessener Weise möglich ist". Durch diese Vorschrift wurde ein dem anglo-amerikanischen Recht ähnliches Ergebnis erreicht, welches grundsätzlich Schadensersatzanprüche für ausreichend hält und Erfüllungsansprüche nur ausnahmsweise zulässt, vgl. *Soergel/Lüderitz*, Art. 25 EKG Rn. 1.

Das CISG folgt damit der Grundanschauung der kontinentaleuropäischen Staaten, wonach der Käufer den Verkäufer an seinem vertraglichen Versprechen festhalten kann, indem die Konvention dem Käufer einen durchsetzbaren Anspruch auf Erfüllung „in Natur“ gewährt[1413]. Anders als im *Common Law* kann sich der Verkäufer daher grundsätzlich nicht von der Erfüllung seiner Vertragspflichten durch Zahlung einer Geldkompensation befreien.

Dieser Grundsatz erfährt allerdings zwei wichtige *Einschränkungen*: Zum einen steht dem Käufer bereits nach dem CISG ein Erfüllungsanspruch nicht uneingeschränkt zur Seite. Denn liefert der Verkäufer nicht vertragsgemäße Ware, so ist der Ersatzlieferungsanspruch davon abhängig, dass es sich um eine *wesentliche* Vertragsverletzung handelt (Art. 46 II CISG). Ein Nachbesserungsanspruch ist ausgeschlossen, wenn die Nachbesserung unter Berücksichtigung aller Umstände unzumutbar ist (Art. 46 III CISG). Erreicht also eine Vertragsverletzung nicht die Schwelle der Wesentlichkeit, ist aber eine Nachbesserung unzumutbar, so steht dem Käufer kein Erfüllungsanspruch „in Natur“ zur Verfügung.

Die andere Einschränkung der Erfüllungsansprüche ergibt sich aufgrund von Art. 28 CISG. Danach braucht ein Gericht eine Entscheidung auf Erfüllung in Natur nur zu fällen, wenn es dies auch nach seinem eigenen Recht bei gleichartigen Kaufverträgen täte, die nicht unter das CISG fallen. Ist nach IPR mithin ein Gericht zuständig, welches nach seinem eigenen Recht keinen Erfüllungsanspruch gewähren würde, so muss sich der Käufer mit den übrigen Rechtsbehelfen des CISG begnügen. Die Einschränkung nach Art. 28 CISG liegt jedoch „außerhalb“ der Konvention, da hier ggf. das Recht des Forumgerichts und nicht die Konvention selbst den Erfüllungsanspruch beschränkt[1414].

Dogmatisch folgt das CISG der Rechtsanschauung der *Common Law* Staaten insoweit, als dass die Erfüllungsanprüche als *Rechtsbehelfe („remedy“)* ausgestaltet sind[1415]. Es weicht damit von dem deutschen Rechtsverständnis ab, welches den Anspruch auf Erfüllung als logische Konsequenz der Leistungsverpflichtung des Verkäufers bzw. als mit ihr identisch ansieht[1416].

Die Erfüllungspflichten des Verkäufers aus Artt. 30 ff. CISG sind insofern nicht mit den Rechtsbehelfen des Käufers auf Erfüllung aus Art. 46 CISG

1413 *Schlechtriem/Huber*, Art. 28 Rn. 2.

1414 Vgl. *Bianca/Bonell/Will*, Art. 46 Anm. 1.1.1 („Whether specific performance can be claimed is in the final instance not to be determined by the Convention itself, but rather by factors *outside* the Convention - the law of the forum and ultimately, the discretion of the forum judge.“). Im Einzelnen, vgl. unten *E. IV. 2. k)*.

1415 Vgl. *Schlechtriem/Huber*, Art. 28 Rn. 19.

1416 Vgl. *Larenz*, SchR I, § 2 II, S. 15; *Ziegler*, Leistungsstörungsrecht, S. 150; *Rabel*, Das Recht des Warenkaufs, Bd. 1, S. 375. Vgl. zu dem unterschiedlichen Verständnis von Erfüllungsansprüchen der Delegierten, *O.R.* 330 ff. = *Docy. Hist.*, 551 ff.; *Kastely*, 63 Wash.L.Rev. 607, 614 (1988); vgl. auch *Sekretariatskommentar*, Art. 42 Anm. 8, *O.R.* 38.

deckungsgleich[1417]. Während die Artt. 30 ff. CISG das „Pflichtenprogramm" des Verkäufers normieren, regeln die Artt. 45 ff. CISG die dem Käufer zur Verfügung stehenden Rechtsbehelfe, wenn der Verkäufer eine ihm nach Artt. 30 ff. CISG obliegende Pflicht verletzt. Die Erfüllungspflichten aus Artt. 30 ff. CISG und die Rechtsbehelfe auf Erfüllung gem. Art. 46 CISG stehen damit im Verhältnis von *Grund* (Verletzung einer Pflicht) und *Folge* (Erfüllungsanspruch). Anspruchsgrundlage bei einer Klage auf Erfüllung ist insofern Art. 46 CISG[1418].

Trotz der Vorrangstellung, die die Konvention den Erfüllungsansprüchen in Art. 46 CISG einräumt, ist die *praktische Bedeutung* der Vorschrift gering[1419]. Aus wirtschaftlichen Gründen wird der Käufer im internationalen Handel fast immer einen Schadensersatzanspruch (verbunden mit einer Vertragsaufhebung) wählen und nicht auf den Ausgang eines langwierigen Erfüllungsprozesses warten[1420].

III. Entstehungsgeschichte des Art. 46 CISG

Während die Rechtssysteme des *Common Law* Schadensersatz als primären Rechtsbehelf vorsehen und einen Erfüllungsanspruch („Specific Performance") nur in Ausnahmefällen gewähren[1421], sehen die Rechtsordnungen der *Civil Law* Staaten grundsätzlich den Anspruch des Gläubigers auf Erfüllung als selbstverständlich an[1422].

Diese verschiedenen Rechtsauffassungen wurden bereits im *EKG* versucht, durch einen Kompromiss in Einklang zu bringen[1423]. Dem Käufer wurde in Art.

1417 *Piltz*, Intern. KaufR, S. 212 Rn. 130.

1418 *Piltz*, Intern. KaufR, S. 212 Rn. 130.

1419 So auch *Staudinger/Magnus*, Art. 46 Rn. 5. Zum EKG sind in *Schlechtriem/Magnus*, Intern. Rspr., zu Art. 42 EKG nur zwei Entscheidungen verzeichnet. Mit Ansprüchen aus Art. 46 CISG haben sich die Gerichte bisher nur im Rahmen von Klagen auf Vertragsaufhebung oder Schadensersatz am Rande befasst, *OLG Hamm* IPRax 1996, 256; *LG Oldenburg* v. 6.7.1994, CISG ONLINE Nr. 274; *LG Oldenburg* v. 9.11.1994, CISG ONLINE Nr. 114; *AG Cloppenburg* v. 14.4.1993, CISG ONLINE Nr. 85; *Cour d'Appel Versailles* v. 29.1.1998, CISG ONLINE Nr. 225; *Cour d'Appel de Grenoble* v. 26.4.1995, CISG ONLINE Nr. 154.

1420 *Honnold*, Art. 46 Rn. 286 („(...) coercing performance is seldom so speedy and effective as purchasing substitute goods."); *Schlechtriem/Huber*, Art. 46 Rn. 9, 10; *Bianca/Bonell/Lando*, Art. 28 Anm. 1.3.1.

1421 Vgl. *Treitel,* Int. Encyc. of Comp. L., Vol. VII, § 16-31, S. 17 f.; *Zweigert/Kötz,* § 35 IV., S. 477 ff..

1422 *Bianca/Bonell/Lando*, Art. 28 Anm. 1.1.; *Ziegler*, Leistungsstörungsrecht, S. 150 f..

1423 Vgl. *Staudinger/Magnus*, Art. 46 Rn. 6; *Schlechtriem/Huber*, Art. 46 Rn. 5, Fn. 12. Diese Kompromisslösung war bereits in *Rabels* Entwurf eines Einheitlichen Kaufgesetzes von 1935 in ähnlicher Form enthalten (dort Art. 24), vgl. *Rabel,* RabelsZ 9 (1935), 1, 15 sowie die Ausführungen hierzu auf S. 69 f .

42 EKG ein Erfüllungsanspruch gewährt. Jedoch wurde durch Art. 16 EKG i.V.m. Art. VII des *Übereinkommens zur Einführung des EKG* den Gerichten des *Common Law* die Möglichkeit eingeräumt, ihre Rechtstradition zu wahren. Diese Bestimmungen sahen vor, dass kein Gericht gezwungen sei, ein Urteil auf Erfüllung in Natur zu erlassen oder zu vollstrecken, „außer wenn es dies nach seinem eigenen Recht bei gleichartigen, nicht dem EKG unterliegenden Kaufverträgen täte".

Des Weiteren konnte der Käufer *Ersatzlieferung* nur verlangen, wenn ein Deckungskauf unüblich und nicht in angemessener Zeit möglich war (Art. 42 I c) EKG). Diese Gesetzesgestaltung näherte sich der Rechtsauffassung der *Common Law* Staaten an, die *Specific Performance* grundsätzlich nur dann gewähren, wenn ein Deckungskauf nicht möglich ist[1424].

Ein *Nachbesserungsanspruch* stand dem Käufer nur zu, wenn sich der Kauf auf eine vom Verkäufer zu erzeugende oder herzustellende Ware bezog und der Verkäufer zur Nachbesserung in der Lage war (Artt. 42 I a)[1425].

Das CISG behält in fast unveränderter Form den Grundsatzkompromiss bei. Dem Käufer steht durch Art. 46 CISG ein Erfüllungsanspruch zur Seite, jedoch „braucht ein Gericht eine Entscheidung auf Erfüllung in Natur nur zu fällen, wenn es dies auch nach seinem eigenen Recht bei gleichartigen Kaufverträgen täte, die nicht unter dieses Übereinkommen fallen" (Art. 28 CISG).

Abweichend vom EKG ist der Ersatzlieferungsanspruch im CISG aber nicht mehr ausgeschlossen, wenn ein Deckungskauf üblich und in angemessener Weise möglich ist. Ein dahingehender Antrag der Delegation der USA wurde abgelehnt[1426]. Allerdings stellt das CISG für den Ersatzlieferungsanspruch das Erfordernis auf, dass es sich um eine *wesentliche* Vertragsverletzung handeln muss (vgl. Art. 46 II CISG). Auf der Wiener Konferenz hatte die Delegation der BRD beantragt, einen Ersatzlieferungsanspruch generell zu gewähren und nur im

---

1424 Vgl. § 2-716 (1) UCC und sec. 52 Sale of Goods Act (SGA). Hatte der Verkäufer überhaupt nicht geliefert, so war der Erfüllungsanspruch ebenfalls davon abhängig, dass ein Deckungskauf *nicht* den Gebräuchen entspricht und *nicht* in angemessener Weise möglich ist (vgl. Art. 25 EKG).

1425 Der „bloße" Händler sollte nach dem Willen der Autoren nicht zur Nachbesserung verpflichtet sein, vgl. *Kirchhof*, Sachmängelhaftung, S. 190.

1426 Der Antrag der USA, A/CONF.97/C1/L.180, *O.R.* 111, lautete: „After paragraph (1) of article 42 add a new paragraph (1 *bis*) to read as follows: ‚(1 *bis*) The buyer may not require performance by the seller if the buyer can purchase substitute goods without substantial additional expense or inconvenience.'" Dieser Antrag fand auf der Wiener Konferenz keine Mehrheit, vgl. hierzu, *O.R.* 113, 330 ff.. *Farnsworth,* 27 Am.J.Comp.L. 247, 251 (1979) ist der Ansicht, dass durch das Fallenlassen des Erfordernisses der Unüblichkeit eines Deckungskaufs hinsichtlich des Erfüllungsanspruchs der Stolz der *Common Law* Länder verletzt sei.

Fall der Unzumutbarkeit auszuschließen[1427]. Hiergegen wurde geltend gemacht, dass die Ersatzlieferung ebenso wie die Vertragsaufhebung bei internationalen Kaufverträgen mit erheblichen Transportkosten für den Verkäufer verbunden sei[1428]. Der Antrag wurde deshalb mit Stimmengleichheit abgelehnt[1429].

Der *Nachbesserungsanspruch* wurde auf Antrag der skandinavischen und deutschen Delegation eingefügt[1430]. Der Rechtsbehelf der Nachbesserung ist nach Art. 46 III CISG nicht mehr wie im EKG dadurch beschränkt, dass der Verkäufer die Ware selbst produziert. Er ist nur dann ausgeschlossen, wenn die Nachbesserung unter Berücksichtigung aller Umstände unzumutbar ist. Die Formulierung dieser Begrenzung der Nachbesserung und die Frage, welche Interessen und Umstände hinsichtlich der Unzumutbarkeit zu berücksichtigen seien, waren auf der Wiener Konferenz umstritten[1431].

Vorläuferentwürfe des Art. 46 CISG waren Art. 27 des Genfer Entwurfs von 1976, Art. 28 des Wiener Entwurfs von 1977 und Art. 42 des New Yorker Entwurfs von 1978[1432].

IV. Der Ersatzlieferungsanspruch gem. Art. 46 II CISG

Nach Art. 46 II CISG hat der Käufer einen Anspruch auf Ersatzlieferung, wenn der Verkäufer vertragswidrig liefert. Dieser Anspruch besteht jedoch nur, wenn es sich um eine wesentliche Vertragsverletzung handelt (Art. 46 II i.V.m. Art. 25 CISG) und der Käufer die erhaltene, vertragswidrige Ware im Wesentlichen in dem Zustand zurückgeben kann, in dem er sie erhalten hat (Art. 82 CISG). Zudem muß der Käufer den Mangel ordnungsgemäß anzeigen (Art. 39 CISG), die Ersatzlieferung innerhalb einer angemessenen Frist verlangen (Art. 46 II CISG) und er darf keinen mit der Ersatzlieferung unvereinbaren Rechtsbehelf ausgeübt haben (Art. 46 I CISG).

1427 A/CONF.97/C.1/L.135, *O.R.* 112 („(...) the buyer may require the seller to remedy a lack of conformity in the goods by repairing them or to deliver substitute goods *unless it is reasonably not practicable for the seller* (...).").

1428 Vgl. *O.R.* 337, insbesondere die Ausführungen von *Mr. Stalev* (Bulgaria), *O.R.* 337 Nr. 49, und *Mr. Ghestin* (France), *O.R.* 337 Nr. 53. Ferner *Denkschrift*, BT-Drucksache 11/3076, S. 51. Vgl. zu den Belastungen des Verkäufers durch eine Ersatzlieferung bzw. Vertragsaufhebung auch *Sekretariatskommentar*, Art. 42 Anm. 12, *O.R.* 38 f.; *Michida*, 27 Am. J. Comp. L., 279, 280 f. (1979).

1429 *O.R.* 113 (mit 17 zu 17 Stimmen); vgl. zu den Gründen *O.R.* 337.

1430 A/Conf.97/C.1/L. 199; *O.R.* 112.

1431 Vgl. *O.R.* 335 f. = *Docy.Hist.* 556 f..

1432 *Schlechtriem/Huber*, Art. 46 *vor* Rn. 1.

1. Anwendungsbereich des Art. 46 II CISG

Der Ersatzlieferungsanspruch setzt voraus, dass die Ware *nicht vertragsgemäß* ist (Art. 46 II CISG).

Deshalb fallen grundsätzlich sämtliche Fälle des Art. 35 CISG in den Anwendungsbereich des Art. 46 II CISG.

Es werden daher die Fälle der Sachmängel im engeren Sinne (Art. 35 II a) CISG), die Fälle der Eignung für einen bestimmten Zweck (Art. 35 II b) CISG) und die Fälle der Abweichung von Eigenschaften einer vom Verkäufer vorgelegten Probe oder Musters (Art. 35 II c) CISG) erfasst.

Auch auf *aliud*-Lieferungen (Lieferung von Ware einer anderen Gattung) ist Art. 46 II CISG anwendbar (vgl. Art. 35 I CISG), und zwar auch dann, wenn eine krasse Abweichung vorliegt[1433].

Die Lieferung von *Mindermengen* fällt nicht unter den Ersatzlieferungsanspruch gem. Art. 46 II CISG[1434]. Zwar ist die Lieferung einer nicht ausreichenden *Menge* ebenfalls eine Vertragswidrigkeit i.S.d. Art. 35 I CISG, jedoch stellt Art. 51 CISG für fehlende Teilmengen eine Sondervorschrift dar[1435]. Danach gelten gem. Art. 51 I CISG für den Teil, der fehlt, die Art. 46 bis 50 CISG. Bezüglich des nicht gelieferten Teils liegt lediglich eine einfache Nichterfüllung vor, so dass Art. 46 I CISG zur Anwendung kommt. Der Käufer kann daher gem. Art. 46 I CISG im Rahmen des allgemeinen Erfüllungsanspruchs die Lieferung der fehlenden Teilmenge verlangen, und zwar ohne die Beschränkungen des Art. 46 II CISG (Wesentlichkeit, Geltendmachung innerhalb angemessener Frist)[1436].

Die Lieferung muss allerdings teilbar sein, d.h. aus mehreren selbständigen Teilen bestehen[1437]. Dagegen ist Art. 51 CISG nicht anwendbar, wenn die Ware ein einheitlicher Kaufgegenstand ist, der sich lediglich aus verschiedenen Komponenten zusammensetzt, wovon eine fehlt[1438].

[1433] *Witz/Salger/Lorenz/Salger*, Art. 35 Rn. 7; *Staudinger/Magnus, Art. 46 Rn. 14, 39*; *Enderlein/Maskow/Strohbach*, Art. 46 Anm. 3; *Herber/Czerwenka*, Art. 46 Rn. 2; *Bianca/Bonell/Will*, Art. 46 Bem. 2.1.1.1; *Schlechtriem/Huber*, Art. 46 Rn. 24; *Heilmann*, Mängelgewährleistung, S. 416; *BGHZ* 132, 290, 296 (für krasse *aliud*-Lieferungen offenlassend); a.A. für krasse *aliud*-Lieferungen, *Neumayer*, RIW 1994, 99, 105.

[1434] *Piltz*, Intern. KaufR, S. 216 Rn. 145, S. 219, Rn. 154; *Karollus*, S. 136*; Staudinger/Magnus*, Art. 46 Rn. 10; *Herber/Czerwenka,* Art. 46 Rn. 2; *Schlechtriem/Huber*, Art. 46 Rn. 25; a.A. *v. Hoffmann*, Gewährleistungsansprüche, in: Schlechtriem, S. 294; *Reinhart*, Art. 46 Rn. 3.

[1435] *Schlechtriem/Huber*, Art. 46 Rn. 25.

[1436] *Staudinger/Magnus*, Art. 46 Rn. 10; *Piltz*, Intern. KaufR, S. 216 Rn. 145; *Schlechtriem/Huber*, Art. 46 Rn. 25, der zutreffend darauf hinweist, dass zudem die *ratio legis* des Art. 46 II CISG bezüglich des Rücktransports nicht eingreife.

[1437] *Staudinger/Magnus,* Art. 46 Rn. 10 („zB 100 Ballen, Fässer uä").

[1438] *Piltz*, Intern. KaufR, S. 217 Rn. 146. Dabei sollte zugunsten des Käufers Art. 51 CISG weit ausgelegt werden, da bei einem Quantitätsmangel ein für den Käufer belastender Rücktransport nicht gegeben ist. Diese Belastung bildet aber die *ratio* des Wesentlichkeitserfordernisses des Abs. 2 in Art. 46 CISG.

Umstritten ist, ob *Rechtsmängel* Art. 46 II und III CISG oder aber dem Anwendungsbereich des allgemeinen Erfüllungsanspruchs unterfallen.

Nach einer Ansicht unterfallen Rechtsmängel nicht Art. 46 II CISG, so dass sich der Erfüllungsanspruch nach Art. 46 I CISG richtet[1439]. Begründet wird diese Ansicht damit, dass „nicht vertragsgemäß" in Art. 46 II CISG im Sinne der Konvention ein *terminus technicus* sei, der nur die Fälle des Art. 35 CISG erfasse und die Fälle von *Rechten oder Ansprüchen Dritter* i.S.d. Artt. 41, 42 CISG gerade ausschließe[1440]. Dies zeige auch die Rügepflicht des Art. 39 CISG, der nur die Fälle der „Vertragswidrigkeit" im Sinne von Sachmängeln im Auge habe, nicht aber die Rechtsmängel der Artt. 41, 42 CISG[1441]. Ferner sei es auch sachlich gerechtfertigt, zwischen Rechts- und Sachmängeln zu unterscheiden, da der Käufer Ware mit nicht wesentlichen Sachmängeln meist noch nutzen oder absetzen könne, während das bei Ware mit Rechtsmängel i.d.R. nicht möglich sei[1442].

Nach *a.A.* sind Rechtsmängel den Voraussetzungen des Ersatzlieferungsanspruchs gem. Art. 46 II CISG (sowie des Nachbesserungsanspruchs) unterworfen, so dass nur bei wesentlichen Vertragsverletzungen und rechtzeitiger Geltendmachung eine Ersatzlieferung verlangt werden kann[1443]. Begründet wird diese Sichtweise mit dem einheitlichen Verständnis der Vertragsverletzung durch die Konvention.

Meines Erachtens ist insbesondere der Verweis der ersten Ansicht auf die vom CISG selbst vorgenommene Differenzierung zwischen *Vertragsmäßigkeit* und *Rechten oder Ansprüchen Dritter* in Art. 39 CISG überzeugend. Darüberhinaus spricht gegen die Anwendbarkeit des Art. 46 II CISG auf Rechtsmängel, dass der Gesetzeszweck der Norm i.d.R. bei Rechtsmängeln nicht greifen wird. Denn regelmäßig wird der Verkäufer die Belastungen oder die Rechte der Dritten durch Zahlungen beseitigen können (bspw. Ablösung von Pfandrechten, nachträglicher Erwerb des Eigentums oder Zahlungen an den Schutzrechtsinhaber), so dass keine Transportkosten anfallen. Die *ratio* des Wesentlichkeitserfordernisses in Art. 46 II CISG greift daher nicht.

1439 *Rudolph,* Art. 46 Rn. 7; *Staudinger/Magnus*, Art. 46 Rn. 15 f.; *Piltz*, Intern. KaufR, S. 217 Rn. 147; *Honnold,* Art. 46 Rn. 280; *Schlechtriem/Schwenzer,* Art. 41 Rn. 20; *Schlechtriem/Huber*, Art. 46 Rn. 27 f.; *Karollus,* S. 136.; *Prager*, Verkäuferhaftung, S. 203 ff.; *Ensthaler/Achilles,* nach § 382, Art. 46 Rn. 2; *Soergel/Lüderitz/Schüßler-Langeheine*, Art. 46 Rn. 13; *Ziegler*, Leistungsstörungsrecht, S. 141; *Sekretariatskommentar*, Art. 39 Nr. 7, 8., *O.R.* 36 = *Docy. Hist.* 426.

1440 *Schlechtriem/Huber*, Art. 46 Rn. 27.

1441 *Rudolph*, Art. 46 Rn. 7; *Staudinger/Magnus*, Art. 46 Rn. 17.

1442 *Staudinger/Magnus*, Art. 46 Rn. 17.

1443 *Enderlein/Maskow/Stargardt,* Art. 46 Anm. 2; *Enderlein/Maskow/Strohbach*, Art. 46 Anm. 3; *Herber/Czerwenka*, Art. 46 Rn. 6; *v. Hoffmann*, Gewährleistungsansprüche, in: Schlechtriem, S. 294; *Wolff,* Rechtsmängelhaftung, S. 163 f.; 166 ff.; *Bianca/Bonell/Will*, Art. 46 Anm. 3.1; *Vahle,* ZVglRWiss 98 (1999), 54, 57 f.; *Schwimann/Posch,* Art. 46 Rn. 5; *Neumayer/Ming*, Art. 46 Anm. 8.

Aufgrund der *ratio legis* ist Art. 46 II CISG auch dann nicht anwendbar, wenn der Käufer *vor der Lieferung* die Ware wegen einer Vertragswidrigkeit zurückweist. Zum einen liegt in einem solchen Fall schon begrifflich keine Ersatzlieferung vor, die eine vertragswidrige *Erst*lieferung voraussetzt[1444]; zum anderen greift der Gesetzeszweck nicht ein, da dem Verkäufer keine zusätzlichen Transportkosten entstehen[1445].

Das Gleiche gilt für die Fälle, in denen der Verkäufer gem. Art. 31 b) und c) CISG die Ware „zur Verfügung zu stellen" hat und der Käufer die Übernahme aufgrund der Vertragswidrigkeit ablehnt. Auch hier greift der Gesetzeszweck nicht ein, da keine *zusätzlichen* Transportkosten entstehen[1446].

2. Voraussetzungen

a) Gattungskauf

Umstritten ist, ob der Ersatzlieferungsanspruch auf einen Gattungskauf beschränkt ist oder ob dem Käufer auch für Spezieswaren ein Ersatzlieferungsanspruch zur Verfügung stehen kann.

Nach einer *Minderansicht*[1447] ist der Ersatzlieferungsanspruch nicht auf eine Gattungsschuld beschränkt. Ausscheiden würde eine Ersatzlieferung nur in den Fällen *nicht vertretbarer* Sachen, wie Spezialanfertigungen und Unikaten, nicht aber bei Stückschulden über vertretbare Sachen[1448]. Denn es sei auch beim Stückkauf nicht ausgeschlossen, dass es noch andere vertragsgemäße Ware gebe. Hat sich der Käufer bspw. eine vom Verkäufer produzierte Maschine ausgesucht, so müsse der Verkäufer im Fall der Vertragswidrigkeit der ersten Ware eine andere, baugleiche Maschine nachliefern[1449].

Die *ganz h.M.* vertritt demgegenüber zutreffend, dass der Ersatzlieferungsanspruch auf Gattungsware beschränkt ist[1450]. Denn bei einem Stückkauf beschränkt sich die vertragliche Verpflichtung des Verkäufers auf die ausgesuchte Sache; der

---

1444 *Ziegler*, Leistungsstörungsrecht, S. 142; *Achilles,* Art. 46 Rn. 2.

1445 *Schlechtriem/Huber*, Art. 46 Rn. 28 a.

1446 *Vahle*, ZVglRWiss 98 (1999), 54, 64; *Schlechtriem/Huber*, Art. 46 Rn. 28 a.

1447 *V.Hoffmann*, Gewährleistungsanprüche, in: Schlechtriem, S. 295; *Ziegler,* Leistungsstörungsrecht, S. 142 f..

1448 *Ziegler*, Leistungsstörungsrecht, S. 143; *v.Hoffmann*, Gewährleistungsansprüche, in: Schlechtriem, S. 295.

1449 *Ziegler*, Leistungsstörungsrecht, S. 143.

1450 *Soergel/Lüderitz/Schüßler-Langeheine*, Art. 46 Rn. 6; *Staudinger/Magnus*, Art. 46 Rn. 33; *Piltz*, Intern. KaufR, S. 219 Rn. 155; *Großkomm/Koller*, Vor § 373 HGB Rn. 683; *Reinhart*, Art. 46 Rn. 5; *Neumayer/Ming*, Art. 46 Anm. 4; *Karollus*, S. 137; *Ensthaler/Achilles*, nach § 382, Art. 46 Rn. 4; *Schlechtriem/Huber*, Art. 46 Rn. 22, 23; *Heilmann*, Mängelgewährleistung, S. 416.

Käufer hat auf eine *andere* Sache überhaupt keinen vertraglichen Anspruch[1451]. Der Verkäufer will bei einer Stückschuld -in Abgrenzung zur Gattungsschuld- gerade keine Beschaffungsschuld übernehmen, sondern seine Haftung auf die spezifizierte Sache begrenzen[1452]. „Härtefälle“ können durch eine Auslegung des Vertrages gelöst werden, indem aufgrund der Umstände des Vertragsschlusses geprüft wird, ob durch das Aussuchen der (bestimmten) Ware tatsächlich eine Speziesschuld begründet werden oder aber „nur“ Gattungsmerkmale anhand eines Beispiels festgelegt werden sollten (dann Gattungskauf).

Ein Anspruch auf Ersatzlieferung ist deshalb bei einem Spezieskauf nur dann gegeben, wenn der Verkäufer ein *aliud* geliefert hat[1453].

Aufgrund der Beschränkung des Ersatzlieferungsbegehrens durch die ursprünglich vereinbarte Lieferpflicht ist die Haftung des Verkäufers auf die vereinbarte Gattung begrenzt. Ist deshalb die *gesamte Gattung untergegangen*, so entfällt ein Anspruch auf Ersatzlieferung[1454].

Im Fall einer *Vorratsschuld* ist die Ersatzlieferverpflichtung auf den vertraglich bestimmten Vorrat beschränkt[1455].

Auch ist ein Ersatzlieferungsanspruch ausgeschlossen, wenn die ganze Gattung *zum vertraglich vorausgesetzten Zweck ungeeignet* ist; eine Verpflichtung des Verkäufers zur Lieferung von Ware einer anderen Gattung, die für den vertraglichen Zweck geeignet ist, besteht nicht[1456].

b) Lieferung vertragswidriger Ware

Art. 46 II CISG setzt nach der hier vertretenen Meinung voraus, dass die gelieferte Ware *nicht vertragsgemäß i.S.d. Art. 35 CISG* ist; ausgenommen von den Beschränkungen des Art. 46 II CISG (Wesentlichkeit, Geltendmachung) sind jedoch selbständige Minderlieferungen (vgl. Art. 51 CISG).

Gemäß *Art. 35 I CISG* muss der Verkäufer Ware liefern, die in Menge, Qualität und Art sowie hinsichtlich der Verpackung oder Behältnis den Anforderungen

---

1451 So auch *Schlechtriem/Huber*, Art. 46 Rn. 23.

1452 Es ist deshalb -entgegen der Minderansicht- völlig unerheblich, ob noch andere, vergleichbare Ware auf dem Markt vorhanden ist oder der Verkäufer diese produzieren könnte. Denn auf andere Ware hat der Käufer überhaupt keinen vertraglichen Anspruch.

1453 *Karollus*, S. 137; *Staudinger/Magnus*, Art. 46 Rn. 34; *Schlechtriem/Huber*, Art. 46 Rn. 22; *Achilles*, Art. 46 Rn. 4. Dies rechtfertigt sich aus der einheitlichen Betrachtung der Vertragsverletzungen im CISG (vgl. Art. 35 I CISG, „Art“).

1454 *Staudinger/Magnus*, Art. 46 Rn. 33.

1455 *Piltz*, Intern. Kaufrecht, S. 219 Rn. 155.

1456 *Schlechtriem/Huber*, Art. 46 Rn. 21 (Der verkaufte Klebstoff ist, entgegen der Zusage des sachverständigen Verkäufers, für den speziellen Zweck, zu dem der Käufer ihn erworben und den er dem Verkäufer mitgeteilt hat, ungeeignet); *v.Caemmerer*, AcP 178 (1978), 121, 140 (zum EKG).

des Vertrages entspricht. Ob die Ware vertragsgemäß ist, bestimmt sich deshalb in erster Linie nach den zwischen den Parteien geschlossenen vertraglichen Vereinbarungen[1457], so dass eine subjektive Sicht entscheidend ist[1458]. Nicht erforderlich ist eine besondere Zusicherung (mit „Garantiewillen") des Verkäufers[1459].

Auch die Lieferung einer *aliud*-Lieferung ist eine Vertragswidrigkeit i.S.d. Art. 35 CISG[1460], und zwar auch bei krassen (nicht genehmigungsfähigen) Abweichungen[1461]. Bei krassen Abweichungen liegt allerdings meistens eine wesentliche Vertragsverletzung vor, zumindest dann, wenn der Käufer das *aliud* weder selbst gebrauchen noch absetzen kann[1462]. Der Käufer kann deshalb Ersatzlieferung verlangen.

Auch *Quantitätsabweichungen* (Zuviel- und Zuweniglieferungen) stellen eine nicht vertragsgemäße Lieferung dar[1463]. Jedoch gilt im Falle der Minderlieferung von trennbaren Teilen wegen Art. 51 CISG nicht Art. 46 II CISG, sondern Art. 46 I CISG (s.o.). Die Zuviellieferung ist in Art. 52 II CISG besonders geregelt.

Soweit sich aus dem Vertrag nichts ergibt, normiert *Art. 35 II CISG* bestimmte Qualitätserfordernisse als Mindestinhalt eines Vertrages[1464].

Nach *Art. 35 II a) CISG* muss sich die Ware für die Zwecke eignen, für die die Ware der gleichen Art *gewöhnlich gebraucht* wird. Welches die gewöhnliche Nutzung ist, ist nach der objektiven Verkehrsauffassung zu beurteilen[1465]. Die

---

1457 *Aue*, Mängelgewährleistung, S. 70; *Rudolph*, Art. 35 Rn. 1; *Welser*, Vertragsverletzung, in: Doralt, S. 108; *Schlechtriem/Schwenzer*, Art. 35 Rn. 6; *Herber/Czerwenka*, Art. 35 Rn. 3; *Enderlein/Maskow/Strohbach*, Art. 35 Anm. 1.

1458 *Ziegler*, Leistungsstörungsrecht, S. 69; *Schlechtriem/Schwenzer*, Art. 35 Rn. 6.

1459 *Soergel/Lüderitz/Schüßler-Langeheine*, Art. 35 Rn. 4; *Schlechtriem/Schwenzer*, Art. 35 Rn. 4.

1460 *Schlechtriem/Schwenzer*, Art. 35 Rn. 10 m.w.N.; *Herber/Czerwenka*, Art. 35 Rn. 2; *Enderlein/Maskow/Stargardt*, Art. 35 Anm. 3; *Aue*, Mängelgewährleistung, S. 70 f.; *Schlechtriem*, Intern. UN-Kaufrecht, S. 79; *Niggemann*, Pflichten des Verkäufers, in: Hoyer/Posch, S. 86; *Hutter*, Haftung des Verkäufers, S. 35 ff.; *Huber*, RabelsZ 43 (1979), 483 f.; *BGHZ* 132, 290, 296; *Enderlein*, Rights and Obligations, in: Dubrovnik Lectures, S. 157.

1461 *Ziegler*, Leistungsstörungsrecht, S. 69; *Hutter*, Haftung des Verkäufers, S. 36; *Huber*, RabelsZ 43 (1979), S. 483 f.; *ders.*, JBl 1989, 273, 278; *Schlechtriem*, Intern. UN-Kaufrecht, S. 80; *Achilles*, Art. 35 Rn. 1; *Schlechtriem/Schwenzer*, Art. 35 Rn. 10 (die darauf hinweist, dass sich der Verkäufer wg. Art. 40 (Kenntnis) bei krasser *aliud*-Lieferung häufig nicht auf eine unterlassene Rüge berufen können wird); a.A. *Neumayer*, RIW 1994, 99, 105.

1462 *Staudinger/Magnus*, Art. 46 Rn. 39 m.w.N. Weitergehend *Witz/Salger/Lorenz/Witz*, Art. 30 Rn. 10 (Bei jeder *aliud*-Lieferung liege stets eine wesentliche Vertragsverletzung vor).

1463 *Enderlein/Maskow/Strohbach*, Art. 35 Rn. 3; *Soergel/Lüderitz/Schüßler-Langeheine*, Art. 35 Rn. 9; *Heilmann*, Mängelgewährleistung, S. 171 f.; *Schlechtriem/Schwenzer*, Art. 35 Rn. 8

1464 *Welser*, Vertragsverletzung, in: Doralt, S. 108; *Soergel/Lüderitz/Schüßler-Langeheine*, Art. 35 Rn. 10.

1465 *Piltz*, Intern. KaufR, S. 188; *Ziegler*, Leistungsstörungsrecht, S. 69; *Reinhardt*, Art. 35 Rn. 5; *Schlechtriem/Schwenzer*, Art. 35 Rn. 14.

verkaufte Ware muss hiernach die Merkmale besitzen, welche die im Vertrag beschriebene Ware *normalerweise* aufweist[1466].

Die Geeignetheit der Ware ist grundsätzlich nach dem Standard zu beurteilen, der sich am Geschäftsort des Verkäufers gebildet hat, es sei denn, es wurden andere Absprachen getroffen[1467].

Auch lediglich optische Abweichungen können die berechtigte Gebrauchserwartungen beeinträchten und damit eine Vertragswidrigkeit begründen[1468]. Beim Gattungskauf hat der Verkäufer nur Ware von mittlerer Art und Güte zu liefern[1469].

Nach *Art. 35 II b) CISG* ist die Ware nicht vertragsgemäß, wenn sie sich nicht für einen bestimmten Zweck eignet, der dem Verkäufer bei Vertragsabschluss zur Kenntnis gebracht wurde, außer der Käufer musste erkennen, dass der Verkäufer nicht die nötige Sachkenntnis besitzt.

Der bestimmte Zweck braucht dabei *nicht* Vertragsinhalt geworden zu sein[1470]. Der Käufer muss den Vertragszweck dem Verkäufer nur (und zwar auch konkludent) mitgeteilt haben und auf dieser Basis muss der Vertrag abgeschlossen worden sein[1471].

Hierunter fällt z.B. der Fall, dass der Käufer auf bestimmte öffentlich-rechtliche Vorschriften hinweist, der die Sache entsprechen muss[1472].

1466 *Aue*, Mängelgewährleistung, S. 74.

1467 *Bianca/Bonell/Bianca,* Art. 35 Anm. 2.5.1; *Piltz*, Intern. KaufR, S. 189 Rn. 41; *Aue,* Mängelgewährleistung, S. 75; wohl auch *Herber/Czerwenka*, Art. 35 Rn. 4.

1468 *Piltz*, Intern. KaufR, S. 188 f. Rn. 40; *Schlechtriem/Schwenzer,* Art. 35 Rn. 14; *OLG Celle*, IPRax 1987, 313, 313 (zum EKG).

1469 Vgl. *Aue*, Mängelgewährleistung, S. 74, 75; *Herber/Czerwenka*, Art. 35 Rn. 4; *Piltz,* Intern. KaufR, S. 189 Rn. 40; *Heilmann*, Mängelgewährleistung, S. 201; *Otto*, MDR 1992, 533, 534; *Ensthaler/Achilles,* nach § 382, Art. 35 Rn. 6; *Rudolph*, Art. 35 Rn. 14; *OLG Koblenz* v. 18.5.1984 in *Schlechtriem/Magnus,* Intern. Rspr., Art. 44 Nr. 6; a.A. *Enderlein/Maskow/ Strohbach*, Art. 35 Anm. 8; *Soergel/Lüderitz*, Art. 35 Rn. 10.

1470 *Aue,* Mängelgewährleistung, S. 75; *Enderlein,* Rights and Obligations, in: Dubrovnik Lectures, S. 156; *Ziegler*, Leistungsstörungsrecht, S. 72; *Soergel/Lüderitz/Schüßler-Langeheine*, Art. 35 Rn. 12; *Schlechtriem/Schwenzer*, Art. 35 Rn. 20; *Ensthaler/Achilles,* nach § 382, Art. 35 Rn. 7; *Huber*, RabelsZ 43 (1979), 413, 480 f.; *Herber/Czerwenka*, Art. 35 Rn. 5. Ein Antrag der BRD (A/CONF.97/C.1/L.143), der vorsah, dass der bestimmte Zweck Vertragsinhalt geworden sein muss, wurde abgelehnt, vgl. *O.R.* S. 104.

1471 *Ziegler*, Leistungsstörungsrecht, S. 72; *Piltz*, Intern. KaufR, S. 187 Rn 34; *Aue*, Mängelgewährleistung, S. 75; *Soergel/Lüderitz/Schüßler-Langeheine*, Art. 35 Rn. 12. Uneinigkeit besteht darüber, ob -wie im UCC- auch ausreichend ist, dass der Verkäufer den besonderen Vertragszweck hätte erkennen können. Dafür: *Schlechtriem/Schwenzer*, Art. 35 Rn. 21; *Staudinger/Magnus,* Art. 35 Rn. 26. Dagegen: *Heilmann*, Mängelgewährleistung, S. 180, *Reinhart,* Art. 35 Rn. 6; zweifelnd *Hyland*, Conformity of Goods, in: Schlechtriem, S. 321.

1472 *Piltz,* Intern. KaufR, S. 187 Rn. 35; *Ziegler*, Leistungsstörungsrecht, S. 72; vgl. auch *Schlechtriem/Magnus*, Intern. Rspr, Art. 33 EKG, Nr. 8 (LG Karlsruhe).

Der Verkäufer haftet jedoch nur dann für den bestimmten Vertragszweck, wenn der Käufer auf die Sachkunde des Verkäufers vertraute oder vernünftigerweise vertrauen konnte[1473]. Der Verkäufer muß darlegen und beweisen, dass der Käufer nicht auf seine Sachkunde vertraut hat[1474].

Nach *Art. 35 II c) CISG* ist eine Ware vertragswidrig, wenn der Verkäufer dem Käufer eine *Probe* oder ein *Muster* vorgelegt hat und die gelieferte Ware nicht die Eigenschaften der vorgelegten Ware besitzt. Allerdings darf die Probe oder das Muster nicht nur „unverbindlich" vorgelegt worden sein[1475].

Gemäß *Art. 35 II d) CISG* muß die Ware, um vertragsgemäß zu sein, in der für sie üblichen Weise oder, falls es eine solche Weise nicht gibt, in einer für die Erhaltung und den Schutz der Ware angemessenen Weise verpackt sein. Im Rahmen des Art. 35 II d) CISG ist hinsichtlich der Ansprüche des Käufers auf den *Zweck* der Verpackungverpflichtung dieser Norm abzustellen[1476]. Dieser ist darin zu sehen, dass die Ware auf dem Transport angemessen geschützt ist, um unbeschädigt zu bleiben. Wenn daher dem Käufer unverpackte Ware geliefert wird, die Ware selbst aber unbeschädigt ist und die Verpackung für die weitere Verwendung durch den Käufer irrelevant ist, haftet der Verkäufer nicht nach Art. 35 II d) CISG[1477]. Ersatzlieferung oder Nachbesserung -sowie die übrigen Rechtsbehelfe- kann der Käufer deshalb nicht geltend machen[1478].

Etwas anderes gilt aber dann, wenn die Parteien über die Verpackung eine Vereinbarung getroffen haben oder die Verpackung Bestandteil der Ware ist, bspw. die Originalverpackung bei Markenware, die zum Weiterverkauf bestimmt ist[1479]. Ist ein Weiterverkauf, bei Ware die zum Weiterverkauf bestimmt ist, aufgrund der fehlenden Verpackung nicht möglich, kann der Käufer deshalb Ersatz-

---

1473 *Piltz*, Intern. KaufR, S. 188 Rn. 38; *Schlechtriem/Schwenzer*, Art. 35 Rn. 23; *Ziegler*, Leitungsstörungsrecht, S. 72 f.; *Achilles*, Art. 35 Rn. 9.

1474 *Aue*, Mängelgewährleistung, S. 77; *Achilles*, Art. 35 Rn. 19. Fehlende Inanspruchnahme von Vertrauen ist regelmäßig dann gegeben, wenn der Käufer Waren nach Marken oder nach genauen technischen Angaben bestellt sowie, wenn der Verkäufer (erkennbar) für sich kein spezielles Fachwissen in Beziehung auf die verkaufte Ware in Anspruch nimmt; Beispiele nach *Aue, a.a.O.*. Vgl. auch *Piltz*, Intern. Kaufrecht, S. 188 Rn. 38.

1475 *Ziegler*, Leistungsstörungsrecht, S. 73 f.; *Aue*, Mängelgewährleistung, S. 77 (der darauf hinweist, dass die Vorlage als solche indizielle Wirkung habe); *Soergel/Lüderitz/Schüßler-Langeheine*, Art. 35 Rn. 13 (Bei Vorlage wird Garantiewille vermutet); *Bianca/Bonell/Bianca,* Art. 35 Anm. 2.6.1.

1476 *Schlechtriem/Schwenzer*, Art. 35 Rn. 29, 31.

1477 *Piltz*, Intern. KaufR, S. 186 Rn. 32; *Schlechtriem/Schwenzer*, Art. 35 Rn. 31.

1478 *Hutter,* Haftung des Verkäufers, S. 38; *Heilmann,* Mängelgewährleistung, S. 175.

1479 *Schlechtriem/Schwenzer*, Art. 35 Rn. 11, 31.

lieferung verlangen[1480]; denn aufgrund der Unverkäuflichkeit der Ware liegt eine wesentliche Vertragsverletzung vor[1481].

Nach Art. 35 CISG haftet der Verkäufer auch für *unerhebliche* Abweichungen[1482]. Allerdings wird in solchen Fällen nie eine für den Ersatzlieferungsanspruch nötige wesentliche Vertragsverletzung vorliegen[1483].

Die *Beweislast*[1484] dafür, dass die Ware bei Gefahrübergang vertragsgemäß war, trägt der Verkäufer[1485]. Hat aber der Käufer die Ware rügelos als Erfüllung angenommen, so kehrt sich die Beweislast um; der Käufer muss nunmehr beweisen, dass die Ware bei Gefahrübergang vertragswidrig war[1486].

c) Wesentliche Vertragsverletzung

Nach Art. 46 II CISG kann der Käufer Ersatzlieferung nur verlangen, wenn die Vertragsverletzung *wesentlich* ist.

Der Begriff der wesentlichen Vertragsverletzung ist in Art. 25 CISG normiert. Danach ist eine Vertragsverletzung wesentlich, wenn sie für die andere Partei einen solchen Nachteil zur Folge hat, dass ihr im Wesentlichen entgeht, was sie nach dem Vertrag hätte erwarten dürfen. Dies gilt allerdings nicht, wenn die Folgen nicht voraussehbar waren. Umstritten ist, ob hinsichtlich der Wesentlichkeit die Behebbarkeit einer Vertragsverletzung zu berücksichtigen ist.

1480 A.A. *Ziegler*, Leistungsstörungsrecht, S. 141, der der Ansicht ist, ein Erfüllungsanspruch sei bei mangelnder Verpackung grds. ungeeignet und der Käufer müsse auf andere Rechtsbehelfe zurückgreifen.

1481 Vgl. *Soergel/Lüderitz/Schüßler-Langeheine*, Art. 35 Rn. 7.

1482 Ausführlich *Schlechtriem/Schwenzer*, Art. 45 Rn. 32 m.w.N.; *Kranz*, Schadensersatzpflicht, S. 73 m.w.N.; a.A. *Heilmann*, Mängelgewährleistung, S. 202 f..

1483 *Schlechtriem/Schwenzer*, Art. 35 Rn. 32.

1484 Die Frage, ob das CISG die Beweislast mitregelt, ist umstritten. Zuzustimmen ist hier der ganz herrschenden Meinung, die die Beweislast vom CISG als miterfasst ansieht, da Fragen der Beweislastverteilung mit dem materiellen Recht eng verbunden sind und ferner das CISG bereits einige Beweislastverteilungen selbst regelt (bspw. Art. 79 CISG). Für die h.M.: *Staudinger/Magnus*, Art. 4 Rn. 63 ff. (dieser auch zu den Beweislastgrundsätzen im CISG); *Schlechtriem/Huber*, Art. 45 Rn. 12 f.; *Schlechtriem/ Herber*, Art. 4 Rn. 48 f.; *Antweiler*, Beweislastverteilung, S. 74; *Baumgärtel/Laumen/Hepting*, vor Art. 1 Rn. 15. Für die a.A.: *Reinhart*, Art. 36 Rn. 2; *Bianca/Bonell/Khoo*, Art. 2 Anm. 3.2; *Otto*, MDR 1992, 533, 534.

1485 *Schlechtriem/Huber*, Art. 45 Rn. 13; *Schlechtriem/Schwenzer*, Art. 35 Rn. 49; *Herber/ Czerwenka*, Art. 36 Rn. 5; *Antweiler*, Beweislastverteilung, S. 148 ff.; *Staudinger/Magnus*, Art. 36 Rn. 25; *Achilles*, Art. 35 Rn. 19.

1486 *Piltz*, Intern. Kaufrecht, S. 183 Rn. 21; *ders.* NJW 2000, 553, 558 (m.w.N.); *Schlechtriem/Huber*, Art. 45 Rn. 13; *Großkomm/Koller*, vor § 373 HGB, Rn. 670; *Schlechtriem/Schwenzer*, Art. 35 Rn. 49; *Herber/Czerwenka*, Art. 36 Rn. 5; *OLG Frankfurt*, NJW 1991, 3102, 3102; *BGH* NJW 1997, 3311, 3313; *BGHZ* 129, 75, 81.

Damit die Vertragsverletzung i.S.d. Art. 25 CISG wesentlich ist, muss der entstandene Nachteil die Vertragserwartungen der anderen Partei im Wesentlichen zu nichte machen, so dass das Interesse der anderen Partei am Vertrag im Prinzip entfällt[1487].

Die Vertragserwartungen bzw. das Vertragsinteresse sind dabei dem jeweiligen Vertrag zu entnehmen (Vereinbarungen der Parteien, Vertragszweck)[1488]. Die berechtigten Vertragserwartungen der anderen Partei müssen dabei aus *objektiver* Sicht erheblich beeinträchtigt sein[1489].

Ausreichend ist in diesem Zusammenhang, dass der Partei ein *Nachteil* entstanden ist[1490]. Ein wesentlicher *Schaden* ist nicht erforderlich; jedoch wird ein solcher häufig ein Indiz für einen erheblichen Nachteil sein[1491].

Was für eine Vertragspflicht verletzt wurde, ist nicht entscheidend, solange sie zum Pflichtenprogramm des CISG gehört oder von den Parteien vereinbart wurde und die erforderliche Wesentlichkeit erreicht[1492].

Für die hinsichtlich des Ersatzlieferungsanspruchs[1493] in Frage stehenden Vertragsverletzungen ist entscheidend, ob es dem Käufer zuzumuten ist, die Ware trotz des Mangels zu behalten und sich mit Schadensersatz wegen des Minderwerts oder mit der Herabsetzung des Kaufpreises zufrieden zu geben[1494]. Hierbei kommt es in erster Linie auf die Zweckbestimmung der Ware beim Käufer an[1495].

Dabei ist dem Käufer ein Behalten der Ware regelmäßig unzumutbar, wenn sie zum Weiterverkauf bestimmt ist und ein solcher aufgrund eines Qualitätsmangels nicht mehr möglich ist oder dem Käufer erhebliche Schwierigkeiten bereitet[1496].

1487 *Posch/Kandut*, Allgemeine Bestimmungen, in: Hoyer/Posch, S. 63 f.; *Staudinger/Magnus*, Art. 25 Rn. 13; *Rudolph*, Art. 25 Rn. 7; *Honnold*, Art. 25 Rn. 183 („The detriment to the aggrieved party, A, must ‚substantially' deprive A of what he is entitled to expect from the contract,(...)"); *Enderlein/Maskow/Strohbach*, Art. 25 Anm. 3.1..

1488 *Schlechtriem/Schlechtriem*, Art. 25 Rn. 9; *Rudolph*, Art. 25 Rn. 7. Bsp.: Interesse an Lieferzeitpunkt bei Fixgeschäften.

1489 *Piltz*, Intern. KaufR, S. 220 Rn. 157; *Holthausen*, RIW 1990, 101 f.; *Herber/Czerwenka*, Art. 25 Rn. 6; *Staudinger/Magnus*, Art. 25 Rn. 9.

1490 *Schlechtriem/Schlechtriem*, Art. 25 Rn. 9.

1491 *Staudinger/Magnus*, Art. 25 Rn. 11; *Schlechtriem/Schlechtriem*, Art. 25 Rn. 9; vgl. auch *Enderlein/Maskow/Strohbach*, Art. 25 Anm. 3.

1492 *Schlechtriem/Schlechtriem*, Art. 25 Rn. 7, 19; *OLG Frankfurt* a.M. NJW 1992, 633, 634.

1493 Gleiches gilt selbstverständlich für die Vertragsaufhebung.

1494 *Reinhart*, Art. 46 Rn. 6; *Vahle*, ZVglRWiss 98 (1999), 54, 65; *Schlechtriem/Huber*, Art. 46 Rn. 35; vgl. auch *OLG Frankfurt* NJW 1994, 1013 f..

1495 *Vahle*, ZVglRWiss 98 (1999), 54, 65; *Schlechtriem*, Uniform Sales Law, S. 59 f..

1496 *Soergel/Lüderitz/Fenge/Budzikiewicz*, Art. 25 Rn. 2; *Schlechtriem/Huber*, Art. 46 Rn. 36 f.; *Piltz*, Intern. Kaufrecht, S. 221 Rn. 165. Bewegt sich der Käufer im Hinblick auf seine Kunden in einem hochqualitativen Bereich, so können bereits kleinste Fehler zur Unverkäuflichkeit und damit eine wesentliche Vertragsverletzung darstellen. Ist ein Mangel für den Käufer ohne Schwierigkeiten zu beheben, so liegt keine wesentliche Vertragsverletzung vor, vgl. *Schlechtriem/Huber*, Art. 46 Rn. 36.

In diesem Zusammenhang spielt die Schwere der Qualitätsabweichung eine Rolle[1497], aber auch, ob der Käufer bei seinen Kunden einen Glaubwürdigkeits- oder *Goodwill*verlust erleiden könnte[1498].

Ist die gekaufte Ware zur Weiterverarbeitung gedacht, so ist dem Käufer eine Betriebspause nicht zuzumuten[1499]. Auch wird dem Käufer nur selten ein Qualitätsmangel zumutbar sein, wenn er die Ware selbst behalten will und die Abweichung nicht von untergeordneter Bedeutung ist[1500].

Im Hinblick auf *aliud*-Lieferungen gilt im Prinzip nichts anderes als bei Qualitätsabweichungen. Eine wesentliche Vertragsverletzung wird hier jedoch näher liegen, so in den Fällen, in denen der Käufer für die Ware selbst keine Verwendung hat sowie bei krassen *aliud*-Lieferungen[1501].

Umstritten ist, ob hinsichtlich der Wesentlichkeit einer Vertragsverletzung deren *Behebbarkeit* zu berücksichtigen ist, also die Frage, ob eine Vertragsverletzung wesentlich sein kann, wenn der Verkäufer die Vertragsverletzung durch Nachbesserung oder Ersatzlieferung (letzteres bei der Vertragsaufhebung) beseitigen könnte[1502].

Für den Ersatzlieferungsanspruch hat dieser Streitstand insbesondere Auswirkungen auf das Wahlrecht des Käufers zwischen Ersatzlieferung und Nachbesserung. Denn ist die Wesentlichkeit der Vertragsverletzung unter Berücksichtigung einer Nacherfüllung (Art. 48 CISG) zu interpretieren, so ist dem Käufer die freie Wahl des Ersatzlieferungsanspruchs zunächst versperrt. Denn dem Verkäufer steht im Rahmen seines Nacherfüllungs*rechts* gem. Art. 48 CISG das Wahlrecht hinsichtlich der Nacherfüllungsmethode zu[1503], so dass er zunächst die Vertragswidrigkeit durch eine *Nachbesserung* beheben könnte[1504].

Die Relevanz der Frage, ob die Wesentlichkeit unter Berücksichtigung der Behebbarkeit zu interpretieren ist, ist hinsichtlich der Ersatzlieferung auch nicht dadurch aufgehoben, dass das Nachbesserungsrecht des Verkäufers in Art. 48 CISG nur unter dem Vorbehalt der Vertragsaufhebung, nicht aber auch der Ersatzlieferung steht. Denn wäre die Wesentlichkeit der Vertragsverletzung ohne Berücksichtigung einer Behebbarkeit zu interpretieren, könnte der Käufer die

---

1497 *Schlechtriem/Huber*, Art. 46 Rn. 36; *Staudinger/Magnus*, Art. 46 Rn. 39 („ das objektive Gewicht").

1498 *Soergel/Lüderitz/Fenge/Budzikiewicz*, Art. 25 Rn. 2.

1499 *Soergel/Lüderitz/Fenge/Budzikiewicz*, Art. 25 Rn. 2.

1500 *Schlechtriem/Huber*, Art. 46 Rn. 38.

1501 *Staudinger/Magnus*, Art. 46 Rn. 39; *Vahle*, ZVglRWiss 98 (1999), 54, 65; *Schlechtriem/Huber*, Art. 46 Rn. 22.

1502 Dieser Streitstand ist insbesondere für das Verhältnis des Nacherfüllungsrechts des Verkäufers (Art. 48 CISG) zur Vertragsaufhebung (Art. 49 I a) CISG) von Bedeutung, hat aber auch Auswirkungen auf den Ersatzlieferungsanspruch (dazu sogleich im Text).

1503 Vgl. nur *Piltz*, Intern. KaufR, S. 126 Rn. 71 sowie unten *E. IV. 2. e)*.

1504 Vgl. hierzu *Karollus*, ZIP 1993, 490, 495.

Ersatzlieferung indirekt erzwingen[1505]. Der Käufer ist nach dem CISG nämlich nicht an sein Erfüllungsbegehren gebunden[1506], so dass er jederzeit dem Verkäufer drohen kann, die Vertragsaufhebung zu erklären, wenn der Verkäufer nicht eine neue Sache liefert[1507].

Nach einer Ansicht ist bei der Frage, ob eine wesentliche Vertragsverletzung i.S.d. Art. 25 CISG vorliegt, lediglich auf die Schwere der Leistungsstörung *an sich* abzustellen, und zwar zum Zeitpunkt der Lieferung. Die Behebbarkeit ist hiernach irrelevant[1508]. Dieses ergebe sich aufgrund des Vorbehalts in Art. 48 I CISG. Hieraus folge ein Vorrang der Vertragsaufhebung gegenüber dem Nacherfüllungsrecht. Dieser Vorrang dürfe nicht über das Tatbestandsmerkmal der Wesentlichkeit beseitigt werden, indem die Wesentlichkeit von einer nicht rechtzeitigen oder nicht erfolgten Nachbesserung abhängig gemacht wird[1509].

Ähnlich ist die Ansicht, die die Wesentlichkeit grundsätzlich *nicht* von einer Behebbarkeit abhängig macht[1510]. Allerdings gelte eine Einschränkung dann, wenn die Vertragswidrigkeit zumutbar schnell und vollständig behoben werden könne[1511].

Demgegenüber wird vertreten, dass eine Behebbarkeit der Vertragswidrigkeit bei der Auslegung der Wesentlichkeit zu berücksichtigen sei[1512]. Könne eine *an*

1505 So auch *Ziegler*, Leistungsstörungsrecht, S. 80; weitergehend *Neumayer*, RIW 1994, 99, 105 f. (Käufer kann bei objektiv schwerwiegenden Mängeln ohne Berücksichtigung einer Behebbarkeit stets Ersatzlieferung verlangen). A.A. *Schlechtriem/Huber*, Art. 48 Rn. 9.

1506 *Staudinger/Magnus*, Art. 46 Rn. 30; *Soergel/Lüderitz*, 12. Aufl., Art. 47 Rn. 7.

1507 Weshalb es gegen Treu und Glauben (Art. 7 I CISG) verstoßen sollte, wenn der Käufer anstatt Ersatzlieferung die Vertragsaufhebung wählt (so *Schlechtriem/Huber*, Art. 48 Rn. 9), ist nicht ersichtlich, zumal er nach dem CISG eben nicht an sein Erfüllungsverlangen gebunden sein soll. Sollte ein Verstoß gegen Art. 7 I CISG damit begründet werden, dass der Verkäufer zu etwas *gezwungen* wird (zweifelhaft), so wird der Verkäufer dieses wohl kaum beweisen können.

1508 *Welser*, Vertragsverletzung, in: Doralt, S. 125; *v.Hoffmann*, Gewährleistungsansprüche, in: Schlechtriem, S. 298 f.; *Holthausen*, RIW 1990, 101, 103; *Enderlein/Maskow/Strohbach*, Art. 48 CISG Anm. 10; *Vahle*, ZVglRWiss 98 (1999), 54, 66 f.; *Reinhart*, Art. 48 Rn. 3. *Soergel/Lüderitz/Schüßler-Langeheine*, Art. 46 Rn. 5; *Neumayer*, RIW 1994, 99, 105 f..

1509 *Holthausen*, RIW 1990, 101, 103; *v.Hoffmann*, Gewährleistungsansprüche, in: Schlechtriem, S. 298 f.; *Vahle*, ZVglRWiss 98 (1999), 54, 66 f..

1510 *Staudinger/Magnus*, Art. 48 Rn. 30.

1511 *Staudinger/Magnus*, Art. 48 Rn. 30.

1512 *Schlechtriem*, JZ 1988, 1037, 1045; *Schlechtriem/Huber*, Art. 46 Rn. 42; *Hutter*, Haftung des Verkäufers, S. 112; *Achilles*, Art. 48 Rn. 5, Art. 49 Rn. 2; *Honnold*, Art. 25 Rn. 184, Art. 48 Rn. 296; *Piltz*, Intern. KaufR, S. 220 Rn.162; *ders.*, NJW 2000, 553, 559, mit Verweis auf eine unveröffentlichte Entscheidung des OLG Koblenz (Urt. v. 31.1.1997 - 2 U 31/96. Keine wesentliche Vertragsverletzung selbst bei schwerwiegenden Vertragsverletzungen, wenn Verkäufer ohne unzumutbare Belastung für den Käufer zur Nachlieferung bereit ist); im Ergebnis ebenso *Bianca/Bonell/Will*, Art. 48 Anm. 2.1.1.1.1 und 3.2; *Aicher*, Leistungsstörungen, in: Hoyer/Posch, S. 136 ff.; *Herber/Czerwenka*, Art. 48 Rn. 9; ähnlich *Ziegler*, *sich* wesentliche Vertragsverletzung innerhalb angemessener Zeit behoben werden, so entgehe dem Käufer nicht im Wesentlichen, was er nach dem Vertrag hätte erwarten dürfen[1513].

Schließlich will *Karollus* die Wesentlichkeit einer Vertragsverletzung mit Blick auf die jeweilige Rechtsfolge definieren[1514].

Meines Erachtens sind die Nachbesserungs- und Nachlieferungsmöglichkeit bei der Bestimmung, ob eine Vertragsverletzung wesentlich ist, zu berücksichtigen.

Zunächst sollte der Begriff der wesentlichen Vertragsverletzung einheitlich und nicht rechtsfolgenorientiert verstanden werden[1515]. Der Begriff ist im CISG im 3. Teil (Warenkauf) im 1. Kapitel unter der Überschrift *„allgemeine Bestimmungen"* geregelt, so dass die dort normierten Rechtsbegriffe nach dem Willen der Gesetzesverfasser auf alle folgenden Kapitel einheitlich anzuwenden sind. Die allgemeinen Bestimmungen, insb. Art. 25 CISG, wären ansonsten bedeutungslos.

Bei der Auslegung des Begriffs der *wesentlichen Vertragsverletzung* in Art. 25 CISG muss maßgeblich die Gesamtsystematik des CISG berücksichtigt werden[1516]. Insbesondere die Artt. 46 II, 48 I und 49 I a) CISG sowie die Absichten der Delegierten im Hinblick auf diese Normen müssen Beachtung finden, wobei sich nach keiner der o.g. Auffassungen ein gänzlich widerspruchsloses Ergebnis findet[1517].

Ausgehend von Art. 48 I CISG („*Vorbehaltlich* des Art. 49...") ist naheliegend, dass die Vertragsaufhebung dem Nacherfüllungsrecht des Verkäufers bei

---

Leistungsstörungsrecht, S. 81 f.; einschränkend *Ziegel,* Remedial Provisions, in: Galston/ Smit, S. 9-23 (Nacherfüllungsangebot nur erheblich, bevor Verkäufer die Vertragsaufhebung erklärt hat).

1513 *Schlechtriem/Huber*, Art. 46 Rn. 32. Als weiteres Argument wird vorgebracht, dass ansonsten der Verkäufer, der überhaupt nicht geliefert habe, aufgrund des Fristsetzungserfordernisses in Art. 49 I b) CISG besser stehen würde, als der Verkäufer, der „nur" mangelhaft geliefert hat, vgl. *Ziegler*, Leistungsstörungsrecht, S. 81; *Aicher*, Leistungsstörungen, in: Hoyer/Posch, S. 141; *Karollus*, ZIP 1993, 490, 492 f.

1514 *Karollus*, ZIP 1993, S. 496 f..

1515 So auch *Staudinger/Magnus*, Art. 48 Rn. 29; *v. Hoffmann*, Gewährleistungsansprüche, in: Schlechtriem, S. 299; *Bitter/Bitter*, BB 1993, 1315, 2322.

1516 *Honnold*, Art. 25 Rn. 184 („When the applicable provisions (Arts. 25, 48, 49) *are construed together*, Buyer's attempt to avoid the contract should be ineffective"); im Ergebnis ebenso *Schlechtriem/Huber,* Art. 46 Rn. 50.

1517 Vgl. *Karollus,* ZIP 1993, 490, 496 (Die Gesetzesverfasser hätten im Hinblick auf „einen einheitlich angelegten Begriff der ‚wesentlichen Vertragsverletzung' (...) insoweit offenkundig den Überblick verloren (...) ."). Es kann daher nur darum gehen, die zu den o.g. Normen (Artt. 25, 46 II, 48 I, 49 I a) CISG) geäußerten Intentionen der Delegierten in einen „schonenden Ausgleich" zu bringen, d.h. möglichst vielen Gesetzesabsichten zur Geltung zu verhelfen.

wesentlichen Vertragsverletzungen *zwingend* vorgehen soll. Eine solche Sichtweise wird auch dadurch gestützt, dass auf der Wiener Abschlusskonferenz ein Antrag abgelehnt wurde, den Vorbehalt des Art. 48 I CISG zu streichen und die Vertragsaufhebung nur dann zuzulassen, wenn die Zeitverzögerung zur Mängelbehebung für sich eine wesentliche Vertragsverletzung darstelle[1518].

Jedoch würde hierbei vernachlässigt, dass hinsichtlich der Auslegung des Begriffs der Wesentlichkeit in Art. 25 CISG weitgehend Einigkeit darüber bestand, dass das Nacherfüllungsrecht des Verkäufers zu berücksichtigen sei[1519].

Ferner sollte der Vorbehalt des Art. 48 I CISG das Nachbesserungsrecht des Verkäufers im Ergebnis nicht bedeutungslos machen[1520]. Ein Nachbesserungsrecht aber, welches lediglich bei *nicht* wesentlichen Vertragsverletzungen bestehen würde, wäre erheblich beschnitten. Denn es wäre nur in den Fällen gegeben, in denen der Käufer ohnehin „nur" Nachbesserung, Herabsetzung des Kaufpreises oder Schadensersatz verlangen könnte. In den Fällen, in denen der Verkäufer aber ein ungleich größeres Interesse an einem Nachbesserungsrecht hätte, weil der Käufer Vertragsaufhebung und Ersatzlieferung beanspruchen kann (und deshalb Transportkosten anfallen), wäre dem Käufer die Nachbesserung versagt. Hierdurch wäre das Nachbesserungrecht des Verkäufers aber gerade in den für ihn besonders relevanten Fällen ausgeschlossen[1521].

Auch konterkarierte man den Gesetzeszweck, dem das Erfordernis der Wesentlichkeit in Art. 46 II CISG und in Art. 49 I a) CISG dienen soll, nämlich zusätzliche Transportkosten möglichst zu vermeiden[1522].

1518 Antrag von Bulgarien, Kanada, DDR, BRD, Niederlande, Norwegen und USA (A/CONF.97/C.1/L.213, *O.R.* 115).

1519 Vgl. *Honnold*, Art. 48 Rn. 296 („There was widespread agreement that whether a breach is fundamental should be decided in the light of the seller's offer to cure (...) and that the buyer's right to avoid the contract (...) should not nullify the seller's right to cure (Art. 48 (1))."); ferner *Honnold*, Art. 25 Rn. 184, Fn. 7 („At UNICITRAL's 1977 review of the Draft Convention on Sales, there was discussion of whether the definition of fundamental breach (now Art. 25) should be amended to make clear that the definition called for consideration of ‚all the circumstances, including a reasonable offer to cure.' The Commission decided that such an amendment was ‚unnecessary' and ‚superfluous.' "); vgl. hierzu *Docy. Hist.* 324 f. (= VIII YB, S. 31 f.). Vgl. ferner die Ausführungen auf der Wiener Konferenz bezüglich der Streichung des Vorbehalts der Vertragsaufhebung in Art. 48 CISG (Art. 44 des New Yorker Entwurfs), *O.R.* 341. Dort waren gerade die Delegierten, die sich gegen eine Streichung des Vorbehalts ausgesprochen hatten, der Ansicht, dass keine wesentliche Vertragsverletzung vorliegen würde, wenn die Vertragswidrigkeit ohne unzumutbare Verzögerungen und Unannehmlichkeiten durch den Verkäufer behoben werden könne, vgl. insb. die Ausführungen von *Mr. Feltham* (U.K.), *O.R.* 341 f. Nr. 44 und *Mr. Boggiano* (Argentina), *O.R.* 342 Nr. 55.

1520 Vgl. hierzu *Honnold*, Art. 48 Rn. 296.

1521 So auch *Schlechtriem/Huber*, Art. 48 Rn. 18.

1522 Ähnlich *Aicher*, Leistungsstörungen, in: Hoyer/Posch, S. 141.

Schließlich dürfte die Nichtberücksichtigung der Behebbarkeit einer Grundtendenz des CISG -der „Vertragsfestigkeit" (in bezug auf die Vertragsaufhebung)- stark entgegenlaufen[1523].

Auch ergeben sich nach der hier vertretenen Ansicht keine unlösbaren Widersprüche im Hinblick auf den Vorbehalt in Art. 48 I CISG und die Vorschrift des Art. 46 II CISG.

Dem Vorbehalt des Art. 48 I CISG verbleiben die Fälle, in denen selbst unter Berücksichtigung einer Nacherfüllung eine wesenliche Vertragsverletzung vorliegt. Hierzu gehören Fixgeschäfte, Fälle, in denen durch die Vertragswidrigkeit die Vertrauensgrundlage zerstört wurde und Fälle, in welchem dem Käufer gem. Art. 48 CISG eine Nacherfüllung unzumutbar ist[1524].

Auch in Bezug auf Art. 46 II CISG harmoniert diese Ansicht mit den Intentionen der Gesetzesverfasser. Zwar mag es zunächst merkwürdig erscheinen, den Ersatzlieferungsanspruch von einer wesentlichen Vertragsverletzung abhängig zu machen, eine solche Vertragsverletzung aber erst dann anzunehmen, wenn der Verkäufer (von sich aus) nicht nachbessert oder nachliefert[1525]. Dass dies aber gerade mit den Absichten der Gesetzesverfasser korrespondiert, zeigt das vielzitierte Beispiel einer Maschine, die aufgrund des Defekts eines Einzelteils (bspw. herausgesprungene Sicherung) überhaupt nicht funktioniert und deshalb eigentlich (d.h. „so wie sie ist") einen wesentlichen Mangel aufweist. Auf der Wiener Konferenz herrschte Einigkeit, dass in einem solchen Fall der Verkäufer diesen Defekt beheben können solle[1526]. Der Käufer soll nicht etwa die Vertragsaufhebung erklären oder verlangen können, dass ihm eine vertragskonforme Maschine mit eingesetzter Sicherung geliefert wird[1527].

Auch weist *Huber* zutreffend darauf hin, dass sich der o.g. scheinbare Widerspruch auflöst, wenn man vom Nacherfüllungsrecht des Verkäufers ausgehend „die Perspektive wechselt"[1528]. Denn letztlich sind Art. 48 CISG und Art. 46

1523 So auch *Ziegler,* Leistungsstörungsrecht, S. 80.

1524 Vgl. *Karollus,* ZIP 1993, S. 490, 496 f. (zur Vertragsaufhebung).

1525 So *Karollus,* ZIP 1993, 490, 492 („(...) völlig widersinniges Ergebnis!"); *Ziegler,* Leistungsstörungsrecht, S. 77 („(...) Gefahr eines Zirkelschlusses."); so auch *Witz/Salger/Lorenz/Salger,* Art. 46 Rn. 10; *Bitter/Bitter*, BB 1993, 2315, 2322; *Bianca/Bonell/Will,* Art. 48 Anm. 3.2.1.

1526 Beispiel von *Mr. Klingsporn* (F.R.G.), *O.R.* 341 Nr. 38. In der Beratung auf der Wiener Konferenz hatten gerade die Befürworter des Vorbehalts in Art. 48 I CISG erklärt, dass keine wesentliche Vertragsverletzung aufgrund der Behebbarkeit vorliegen würde, vgl. Ausführungen von *Mr. Feltham* (U.K.), *O.R.* 341 f. Nr. 44 und *Mr. Boggiano* (Argentina), *O.R.* 342 f. Nr. 55. Vgl. auch das Beispiel von *Schlechtriem/Huber*, Art. 46 Rn. 42 hinsichtlich des Verkaufs eines Wagens, dessen elektronische Wegfahrsperre defekt ist.

1527 Auch hier ist wiederum auf die *ratio* des Wesentlichkeitserfordernisses in Art. 46 II CISG (und auch in Art. 49 I a) CISG) zu verweisen; zusätzliche Transportkosten sollen möglichst vermieden werden.

1528 *Schlechtriem/Huber*, Art. 46 Rn. 51.

CISG auf denselben Erfolg (vollständige Erfüllung der Vertragspflichten) gerichtet. Der Ersatzlieferungsanspruch des Käufers gem. Art. 46 II CISG ist aber als *Rechtsbehelf* ausgestaltet und soll deshalb erst dann eingreifen, wenn der Verkäufer nicht *freiwillig* (im Rahmen des Art. 48 CISG) seinen Vertragspflichten nachkommt[1529].

Für die Ausübung des Ersatzlieferungsanspruch gem. Art. 46 II CISG und das Wahlrecht des Käufers zwischen Nachbesserung und Ersatzlieferung ergeben sich aus der hier vertretenen Meinung folgende *Konsequenzen*:

Der Käufer muss dem Verkäufer, bevor er einen Ersatzlieferungsanspruch geltend machen kann, die Möglichkeit der Nacherfüllung geben[1530]. Diese Nacherfüllungsmöglichkeit richtet sich hinsichtlich des Ersatzlieferungsanspruchs nach Art. 48 CISG[1531]. Das bedeutet, dass dem Verkäufer zunächst das Wahlrecht zusteht, *wie* er den Mangel beheben will[1532], so dass ihm zunächst die Möglichkeit der Nachbesserung eröffnet ist. Dieses Wahlrecht geht dem Verkäufer nach Art. 48 I CISG verloren, wenn die Nachbesserung für den Käufer eine unzumutbare Verzögerung nach sich zieht, ihm unzumutbare Unannehmlichkeiten bereitet oder eine Ungewissheit über die Erstattung der Auslagen durch den Verkäufer verursacht wird (Art. 48 I CISG).

Der Käufer kann nur dann *sofort* die Ersatzlieferung als Rechtsbehelf wählen, wenn eine objektiv schwerwiegende Vertragswidrigkeit vorliegt[1533] und die mit einer *Nachbesserung* verbundenen Zeitverzögerungen für ihn unzumutbar sind (Fixgeschäfte und sonstige strikt zeitgebundene Geschäfte)[1534] sowie in den Fällen, in denen die Nachbesserung unmöglich ist[1535] oder die Nacherfüllung vom Verkäufer abgelehnt wird bzw. der Verkäufer nicht innerhalb einer angemessenen

1529 Hierin liegt auch der eigentlich Wert des Erfüllungsanspruchs in Art. 46 CISG.

1530 *Karollus,* S. 138, 143; im Ergebnis ebenso *Herber/Czerwenka,* Art. 48 Rn. 11 (Eine für die Ersatzlieferung erforderliche wesentliche Vertragsverletzung liege nur vor, wenn keine zumutbare Reparaturmöglichkeit besteht).

1531 *Schlechtriem/Huber*, Art. 46 Rn. 44 . Auch kommt bei dem Käufer, der Ersatzlieferung begehrt, nicht in Betracht, dass die Vertrauensgrundlage des Vertrages zerstört ist, so dass ihm sofort der Ersatzlieferungsanspruch zusteht. Denn der Käufer will ja gerade am Vertrag festhalten.

1532 Denn im Rahmen des Art. 48 I CISG steht dem Verkäufer das Wahlrecht hinsichtlich der Nacherfüllungsmethode zu, vgl. *Piltz*, Intern. KaufR, S. 126 Rn. 71; *Bianca/Bonell/ Will*, Art. 48 Anm. 3.1.1.

1533 Es ist *stets* Voraussetzung, dass der Mangel ein hinreichendes objektives Gewicht aufweist. Denn ein (objektiv) nicht wesentlicher Mangel wird auch nicht durch Unzumutbarkeit etc. zu einem wesentlichen Mangel aufgewertet, vgl. *Schlechtriem/ Huber,* Art. 46 Rn. 48.

1534 Dies setzt natürlich voraus, dass der vertragliche Zeitrahmen durch die Ersatzlieferung noch eingehalten werden kann, nicht aber durch die Nachbesserung.

1535 Dies schließt Fälle mit ein, in denen nach der Nachbesserung ein relevanter merkantiler Minderwert verbleibt, vgl. hierzu *Karollus,* ZIP 1993, 490, 496 (zur Vertragsaufhebung).

Zeit nach der Mängelanzeige durch den Käufer seine Nacherfüllungsabsicht anzeigt[1536].

Weitere Voraussetzung einer *wesentlichen* Vertragsverletzung ist, dass die vertragsbrüchige Partei den Nachteil voraussehen konnte oder eine vernünftige Person der gleichen Art unter den gleichen Umständen den Nachteil hätte voraussehen können (vgl. Art. 25, 2. HS. CISG).

Dabei sind Interessenbeeinträchtigungen regelmäßig dann voraussehbar, wenn die Pflicht entweder vertraglich vereinbart wurde oder über die besondere Bedeutung bei den Vertragsverhandlungen gesprochen wurde[1537].

Im Übrigen ist die mit einer Pflichtverletzung verbundene Interessenbeeinträchtigung dann voraussehbar, wenn sie typisch ist[1538].

Hinsichtlich der Voraussehbarkeit ist nach wohl h.M. auf den Zeitpunkt des Vertragsschlusses abzustellen[1539].

Die Beweislast für die Nichtvoraussehbarkeit trägt der vertragsbrüchige Teil[1540], d.h. in den für Ersatzlieferungsansprüche relevanten Fällen der Verkäufer.

Die *Beweislast* für die Tatsachen, aus denen sich ergibt, dass die Vertragsverletzung für den Käufer *wesentlich* ist, trägt der Käufer[1541]. Er hat bspw. darzulegen und zu beweisen, dass ihm eine Verwertung nicht zumutbar ist[1542].

1536 *Schlechtriem/Huber,* Art. 46 Rn. 43; *Honnold,* Art. 48 Rn. 296 (zur Vertragsaufhebung). Konkret bedeutet das für den Käufer, der eine objektiv schwerwiegende Vertragsverletzung bemerkt, dass er dem Verkäufer diese anzeigen muss (Art. 39 CISG) und zunächst abzuwarten hat, ob dieser die Vertragsverletzung behebt. Lehnt der Verkäufer dieses ab oder erklärt er sich nicht innerhalb einer angemessenen Zeit dazu bereit, so kann der Käufer frei zwischen seinen Rechtsbehelfen (insb. Ersatzlieferung) wählen. Bietet der Verkäufer aber die Nacherfüllung an, und zwar gleich welcher Art (Nachbesserung oder Ersatzlieferung), so muss der Käufer grundsätzlich erst den Erfolg bzw. die Erfolglosigkeit der Nacherfüllung abwarten. Einen *Anspruch* auf Ersatzlieferung kann der Käufer in diesem Fall durchsetzen, wenn die *Nachbesserung* mit unzumutbaren Unannehmlichkeiten verbunden ist (Art. 48 I CISG) oder für ihn eine unzumutbare Verzögerung bedeutet.

1537 *Schlechtriem/Schlechtriem,* Art. 25 Rn.12, 13, m.w.N.

1538 *Soergel/Lüderitz/Budzikiewicz,* Art. 25 Rn. 3.

1539 *Staudinger/Magnus,* Art. 25 Rn. 16 f.; *Schlechtriem,* Intern. UN-Kaufrecht, S. 68; *Herber/Czerwenka,* Art. 25 Rn. 9; *Loewe,* Art. 25, S. 48; *Lessiak* (Diskussionsbeitrag), in: Doralt, S. 144; *Huber,* RabelsZ 43 (1979), 413, 463 f.. A.A. *Enderlein/ Maskow/Strohbach,* Art. 25 Anm. 4.3. (auch nach Vertragsschluss erlangte Kenntnis sei ausreichend).

1540 *Honnold,* Art. 25 Rn. 183; *Soergel/Lüderitz/Budzikiewicz,* Art. 25 Rn. 3; *Bianca/Bonell/Will,* Art. 25 Anm. 2.2.1; a.A. *Schlechtriem/Schlechtriem,* Art. 25 Rn. 16.

1541 *Schlechtriem/Huber,* Art. 46 Rn. 51 a.

1542 *OLG Frankfurt,* NJW 1994, 1013, 1014; *Schlechtriem/Huber,* Art. 46 Rn. 51 a.

d) Maßgeblicher Zeitpunkt

Nach Art. 36 I CISG haftet der Verkäufer für eine Vertragswidrigkeit, die im Zeitpunkt des Übergangs der Gefahr auf den Käufer besteht, und zwar auch, wenn die Vertragswidrigkeit sich erst nach dem Gefahrübergang zeigt (Art. 36 I CISG). Die Vertragswidrigkeit muss sich also zur Zeit des Gefahrübergangs noch nicht gezeigt haben, sondern sie muss lediglich angelegt sein[1543].

Der *Gefahrübergang* richtet sich nach den vertraglichen Vereinbarungen, den Gebräuchen und Gepflogenheiten und hilfsweise je nach Art der Lieferhandlung nach den Artt. 66 ff. CISG[1544].

Beim *Beförderungsverkauf*[1545] geht die Gefahr in dem Zeitpunkt über, in welchem die Ware gemäß dem Kaufvertrag dem ersten Beförderer zur Übermittlung an den Käufer übergeben wird (Art. 67 I S. 1 CISG). Hat der Verkäufer dem Beförderer die Ware an einem bestimmten Ort zu übergeben, so geht die Gefahr erst auf den Käufer über, wenn die Ware dem Beförderer an diesem Ort übergeben wird (Art. 67 I S. 2 CISG). Nach Art. 67 II CISG setzt der Gefahrübergang jedoch voraus, dass die Ware individualisiert wurde.

Befindet sich die *Ware auf dem Transport*, so geht die Gefahr grundsätzlich im Zeitpunkt des Vertragsschlusses über (Art. 68 S. 1 CISG).

Für diejenigen Fälle, für welche Artt. 67 und 68 CISG nichts Besonderes regelt, stellt *Art. 69 CISG eine Auffangregel* dar[1546]. Danach geht die Gefahr über, sobald der Käufer die Ware übernimmt (Art. 69 I, 1. Alt. CISG).

Übernimmt der Käufer allerdings die Ware nicht rechtzeitig und begeht der Käufer durch die *Nichtabnahme eine Vertragsverletzung*, so geht die Gefahr im Zeitpunkt der Zurverfügungstellung über (Art. 69 I, 2. Alt. CISG). Maßgeblich ist hierbei die Abnahme zur Lieferzeit, wenn diese nach Art. 33 a), b) CISG bestimmt ist; im Übrigen liegt eine Vertragsverletzung vor, wenn der Käufer die Ware nicht innerhalb einer angemessenen Zeit nach erfolgter Aufforderung abnimmt[1547].

Ist die Ware an einem *anderen Ort als einer Niederlassung des Verkäufers* zu übernehmen, so geht die Gefahr über, sobald die Lieferung fällig ist und der Käufer Kenntnis davon hat, dass ihm die Ware an diesem Ort zur Verfügung steht

---

1543 *Soergel/Lüderitz/Schüßler-Langeheine*, Art. 36 Rn. 4; *Piltz*, Intern. KaufR, S. 183 Rn. 19; *Rudolph*, Art. 36 Rn. 3; *Sekretariatskommentar*, Art. 34 Anm. 3, O.R. 33 = *Docy. Hist.* 422.

1544 *Piltz*, Int. Kaufrecht, S. 183 Rn. 19; *Rudolph*, Art. 36 Rn. 1.

1545 Bei einem Beförderungsverkauf soll der Verkäufer nach dem Vertrag die Versendung an den Käufer in die Wege leiten, ohne jedoch den Transport als solchen zu schulden, vgl. *Piltz*, Intern. KaufR, S. 112 Rn. 16; vgl. hierzu auch *v.Hoffmann*, Passing of Risk, in: Dubrovnik Lectures, S. 283 ff..

1546 *Soergel/Lüderitz/Budzikiewicz*, Art. 69 Rn. 1; *Achilles*, Art. 69 Rn. 1.

1547 *Schlechtriem/Hager*, Art. 69 Rn. 4 m.w.N..

(Art. 69 II CISG). Einer Übernahme der Sache durch den Käufer bedarf es zur Herbeiführung des Gefahrübergangs hierbei nicht[1548]

Ist die Ware im Sinne des Art. 36 I CISG vertragsgemäß, so haftet der Verkäufer gleichwohl nach Art. 36 II CISG, wenn eine später eingetretene Vertragswidrigkeit auf die *Verletzung einer Pflicht des Verkäufers* zurückzuführen ist. In diesem Fall muss die Vertragswidrigkeit noch nicht zum Zeitpunkt des Gefahrübergangs angelegt gewesen sein[1549].

Insbesondere haftet der Verkäufer, wenn er besondere Garantien gegeben oder besondere Eigenschaften zugesichert hat (vgl. Art. 36 II CISG)[1550].

e) Das Recht zur zweiten Andienung

Wie oben in Bezug auf die Wesentlichkeit einer Vertragsverletzung bereits ausgeführt, beschränkt das Recht zur zweiten Andienung die sofortige freie Wahl des Ersatzlieferungsanspruchs durch den Käufer. Dem Verkäufer steht nämlich im Rahmen seines Nacherfüllungsrechts die Wahl der Nacherfüllungsmethode zu, so dass er ein Ersatzlieferungsbegehren durch eine erfolgreiche Nachbesserung abwehren kann[1551].

Nach Art. 37 CISG und Art. 48 CISG hat der Verkäufer ein *Recht zur Nacherfüllung („right to cure")*. Der Verkäufer kann im Rahmen dieser Vorschriften eine Vertragswidrigkeit „heilen", so dass die Rechtsbehelfe des Käufers -bis auf einen Schadensersatzanspruch für Schäden, die trotz der Nacherfüllung verbleiben- entfallen. Das Recht zur zweiten Andienung besteht für jede Art von Vertragswidrigkeit, und zwar sowohl nach Art. 37 CISG als auch nach Art. 48 CISG[1552].

Nach *Art. 37 CISG* kann der Verkäufer, der eine Ware *vorzeitig* liefert, bis zum Lieferzeitpunkt eine Vertragswidrigkeit beheben, wenn die Ausübung dieses

---

1548 *Schlechtriem/Hager*, Art. 69 Rn. 6; *Piltz*, Intern. Kaufrecht, S. 156 Rn. 203.

1549 *Soergel/Lüderitz/Schüßler-Langeheine*, Art. 36 Rn. 5, mit Beispielen; *Sekretariatskommentar*, Art. 34 Anm. 5, *O.R.* 33.

1550 Vgl. hierzu *Schlechtriem/Schwenzer*, Art. 36 Rn. 7; *Piltz*, Int. KaufR, S. 184 Rn. 22.

1551 Vgl. *Schlechtriem/Huber*, Art. 46 Rn. 43; *Achilles*, Art. 48 Rn. 2.

1552 *Gutknecht*, Nacherfüllungsrecht, S. 46 ff., 60 ff., m.w.N.; *Herber/Czerwenka*, Art. 37 Rn. 6; Art. 48 Rn. 2; *Staudinger/Magnus*, Art. 48 Rn. 8; *Piltz*, Intern. Kaufrecht, S. 123, Rn. 61, m.w.N.; *Honnold*, Art. 48 Rn. 295; *Enderlein/Maskow/Strohbach*, Art. 48 Anm. 2. Der Verkäufer kann deshalb sowohl Quantitätsmängel oder Qualitätsmängel wie auch Falschlieferungen sowie Rechtsmängel korrigieren. Auch auf *zusätzlich* vereinbarte Vertragspflichten (z.B. Montage, Werbemaßnahmen, Wettbewerbspflichten) oder bei Übergabe vertragswidriger Dokumente besteht ein Recht der Nacherfüllung, vgl. *Staudinger/Magnus*, Art. 48, Rn. 8. Im Falle einer *verpäteten Lieferung* ist Art. 48 CISG naturgemäß ohne Bedeutung, vgl. *Honnold, Art. 48, Rn. 295* („Time that has passed cannot be recalled; ‚remedy'is intrinsically impossible").

Rechts dem Käufer nicht unzumutbare Unannehmlichkeiten oder unverhältnismäßige Kosten verursacht. Der Käufer behält jedoch das Recht, Schadensersatz zu verlangen.

Gem. *Art. 48 I CISG* hat der Verkäufer auch das Recht, *nach Ablauf der Lieferfrist* nachzuerfüllen, wenn hieraus keine unzumutbaren Verzögerungen oder unzumutbare Unannehmlichkeiten für den Käufer folgen und der Verkäufer keine Ungewissheit über die Erstattung der Auslagen verursacht. Der Käufer behält auch in diesem Fall das Recht, Schadensersatz zu verlangen. Eine Zustimmung des Käufers zur Nacherfüllung ist nicht nötig[1553].

Wann eine *unzumutbare Verzögerung* eintritt, beurteilt sich nach den Umständen des Einzelfalls[1554]. Dabei ist primär auf die objektivierbaren Interessen des Käufers abzustellen[1555]. Eine unzumutbare Verzögerung liegt jedenfalls dann vor, wenn sie für sich genommen eine wesentliche Vertragsverletzung darstellt; allerdings ist das Vorliegen einer wesentlichen Vertragsverletzung für die Unzumutbarkeit nicht notwendig[1556]. Setzt der Käufer eine angemessene Nachfrist, so spricht deren Ablauf für eine unzumutbare Verzögerung[1557].

Ferner darf die Nacherfüllung durch den Verkäufer nicht zu *unzumutbaren Unannehmlichkeiten* für den Käufer führen. Die Unannehmlichkeiten müssen dabei nicht völlig unerträglich sein[1558]. Mehrere Nacherfüllungsversuche sind regelmäßig unzumutbar[1559].

Schließlich darf durch die zweite Andienung *keine Ungewißheit über die Erstattung der Auslagen* des Käufers entstehen. Mit „Auslagen" sind die Aufwendungen gemeint, die im Rahmen der Nacherfüllung zwangsläufig notwendig sind und die der Käufer vorstrecken müsste, wenn eine Nacherfüllung erfolgt[1560].

1553 *Piltz*, Intern. Kaufrecht, S. 124 Rn. 64.

1554 *Schlechtriem/Huber*, Art. 48 Rn. 13; *Gutknecht,* Nacherfüllungsrecht, S. 68; *Enderlein/Maskow/Stohbach,* Art. 48 Anm. 6.

1555 *Staudinger/Magnus*, Art. 48, Rn. 14.

1556 *Staudinger/Magnus*, Art. 48, Rn. 14.

1557 *Soegel/Lüderitz/Schüßler-Langeheine*, Art. 48 Rn. 7; ähnlich *Schlechtriem/Huber*, Art. 48 Rn. 13.

1558 *Staudinger/Magnus*, Art. 48 Rn. 15 (bspw. größere Umräum- oder Umbauarbeiten, Mitarbeiterfreistellungen); vgl. auch *Schlechtriem/Huber*, Art. 48 Rn. 14; *Herber/Czerwenka,* Art. 48 Rn. 3.

1559 *Herber/Czerwenka,* Art. 48 Rn. 3; *Schlechtriem/Huber*, Art. 48 Rn. 14; *Staudinger/Magnus*, Art. 48 Rn. 15. Diese Frage ist ähnlich zu beurteilen, wie die nach der Anzahl von zulässigen Nachbesserungsversuchen im Rahmen von Nachbesserungsklauseln in AGB, vgl. *Schlechtriem/Huber*, Art. 46 Rn. 44.

1560 So zutreffend *Staudinger/Magnus,* § 48 Rn. 16; a.A. *Schlechtriem/Huber*, Art. 48, Rn. 15; *Piltz*, Intern. KaufR, S. 125 Rn. 70, die auch die Kosten der Betriebsunterbrechung unter die „Auslagen" subsumieren. Hierbei handelt es sich jedoch um Schadensersatz.

Das Nacherfüllungsrecht des Käufers steht unter dem *Vorbehalt des Art. 49 CISG.* Ist der Käufer zur Vertragsaufhebung berechtigt, so besteht deshalb ein Recht des Verkäufers zur Nacherfüllung nicht mehr. Dabei kommt es nur darauf an, dass der Käufer zur Vertragsaufhebung berechtigt ist, nicht aber, ob er diese tatsächlich erklärt hat[1561]. Allerdings ist nach der hier vertretenen Meinung bei der Frage, ob eine für die Vertragsaufhebung erforderliche *wesentliche Vertragsverletzung* vorliegt, eine Nacherfüllungsmöglichkeit zu berücksichtigen.

Nach Art. 48 II kann der Verkäufer den Käufer um Mitteilung bitten, ob er die nachträgliche Erfüllung annimmt *und* dem Käufer eine Frist nennen, innerhalb welcher er (der Verkäufer) die Nacherfüllung vornehmen werde[1562]. Teilt der Verkäufer dem Käufer lediglich eine Frist mit, innerhalb der er die Nacherfüllung vornehmen will, so wird nach Art. 48 III CISG vermutet, dass dieses eine Mitteilungsaufforderung nach Abs. 2 an den Käufer enthält.

Widerspricht der Käufer dem Nacherfüllungsangebot „nicht innerhalb einer angemessen Frist", so kann er bis zum Ablauf der vom Verkäufer genannten Nacherfüllungsfrist keine mit der Nacherfüllung unvereinbaren Rechtsbehelfe ausüben (Art. 48 II S. 2 CISG)[1563].

Liegen die Voraussetzungen des Nacherfüllungsrechts gem. Art. 48 CISG vor, so hat der Verkäufer die Wahl der Nacherfüllungsart (Nachbesserung oder Ersatzlieferung)[1564]. Voraussetzung ist lediglich, dass die vom Verkäufer gewählte Nacherfüllungsart für den Käufer keine unzumutbaren Verzögerungen oder Unannehmlichkeiten bereitet[1565].

Ist die Nacherfüllung *erfolgreich*, d.h. sind die Mängel *vollständig* beseitigt, so erlöschen alle Rechte des Käufers[1566]. Dem Käufer bleibt gem. Art. 48 I S. 2 CISG ein Anspruch auf Schadensersatz für verbleibende Schäden erhalten (bspw. Verzögerungsschaden).

1561 *Gutknecht,* Nacherfüllungsrecht, S. 67; *Piltz*, Intern. KaufR, S. 124 Rn. 65; *Staudinger/ Magnus*, Art. 48, Rn. 22; a.A. *Enderlein/Maskow/Strohbach*, Art. 48 Anm. 1 m.w.N..

1562 Vgl. hierzu *Schlechtriem/Huber*, Art. 48 Rn. 31; *Staudinger/Magnus*, Art. 48 Rn. 39 *Bianca/ Bonell/Will*, Art. 48 Anm. 2.2.; *Loewe*, Kaufrecht, Art. 48 S. 70.

1563 Innerhalb „angemessener Frist" ist die Ablehnung durch den Käufers dann erklärt, wenn kein schuldhaftes Zögern vorliegt, vgl. *Schlechtriem/Huber*, Art. 48 Rn. 33 (deshalb grds. „unverzüglich"); ähnlich *Piltz,* Intern. KaufR, S. 230 Rn. 202. Zum Zweck dieser Bindungswirkung, *Soergel/Lüderitz/Schüßler-Langeheine*, Art. 48 Rn. 9; O.R. S. 341 f..

1564 *Schlechtriem/Huber*, Art. 48 Rn. 9; *Honsell/Schneyder/Straub,* Art. 48 Rn. 10; *Piltz,* Intern. KaufR, S. 126, Rn. 71; *Herber/Czerwenka*, Art. 48 Rn. 2; *Karollus*, S. 138; *Bianca/Bonell/ Will*, Art. 48 Anm. 3.1.1, 3.1.2; *Achilles,* Art. 48 Rn. 2.

1565 *Piltz*, Intern. KaufR, S. 126 Rn. 71*; Schlechtriem/Huber*, Art. 48 Rn. 9.

1566 *Staudinger/Magnus*, Art. 48 Rn. 33 m.w.N.; *Gutknecht,* Nacherfüllungsrecht, S. 24.

Ist die Nacherfüllung *erfolglos*[1567] oder dauert sie unzumutbar lange[1568], kann der Käufer seine Rechtsbehelfe geltend machen. Hat der Verkäufer also zunächst durch *Nachbesserung* versucht, einen *objektiv schwerwiegenden Mangel* zu beseitigen, so kann der Käufer nunmehr einen Anspruch auf Ersatzlieferung geltend machen.

Verweigert der Käufer *zu Unrecht* die Nacherfüllung des Verkäufers gem. Artt. 37 und Art. 48 CISG, so entfallen alle Rechtsbehelfe des Käufers[1569]. Hat ein Verkäufer dem Käufer Nachbesserung angeboten[1570], besteht dieser aber zu Unrecht[1571] auf Ersatzlieferung, so entfallen daher die Rechtsbehelfe des Käufers.

Der Verkäufer trägt die *Beweislast* für die tatsächlichen Voraussetzungen seines Nacherfüllungsrechts, während der Käufer die Tatsachen darlegen und beweisen muss, die für ihn die Nacherfüllung (in dieser Form) unzumutbar machen[1572].

f) Feststellung und Anzeige der Vertragswidrigkeit

Der Käufer hat gem. Art. 38 I CISG die Ware innerhalb *kurzer Frist* zu untersuchen und gem. Art. 39 I CISG innerhalb *angemessener Zeit* eine Vertragswidrigkeit anzuzeigen. Will der Käufer einen Anspruch auf Ersatzlieferung geltend machen, so muss er zudem entweder zusammen mit der Anzeige nach Art. 39 oder innerhalb einer angemessenen Zeit danach die Ersatzlieferung verlangen (Art. 46 II CISG).

Der Käufer hat gem. Art. 38 I CISG „die Ware innerhalb einer so kurzen Frist zu untersuchen oder untersuchen zu lassen, wie es die Umstände erlauben."

Die Frist *beginnt* grundsätzlich mit der Übernahme der Ware durch den Käufer[1573], jedoch frühestens mit dem Liefertermin[1574].

1567 *Staudinger/Magnus*, Art. 48 Rn. 34.

1568 *Herber/Czerwenka*, Art. 48 Rn. 3.

1569 Zu Art. 37 CISG: *Bianca/Bonell/Bianca*, Art. 37 Bem. 3.2; *Schlechtriem/Schwenzer*, Art. 37 Rn. 17; *Soergel/Lüderitz/Schüßler-Langeheine*, Art. 37 Rn. 8; *Staudinger/ Magnus*, Art. 37 Rn. 22. Zu Art. 48 CISG: *Gutknecht*, Nacherfüllungsrecht, S. 73 f.; *Piltz*, Intern. KaufR, S. 124 Rn. 64; *Neumayer/Ming*, Art. 48 Anm. 8.

1570 Im Rahmen des Nacherfüllungsrechts gem. Art. 48 CISG hat der Verkäufer das Wahlrecht, auf welche Weise er den Mangel beseitigen will. So auch zu dem Konkurrenzverhältnis zwischen Nacherfüllungsrecht und –anspruch, *Karollus*, S. 138, 141.

1571 D.h., wenn dem Käufer eine Nachbesserung zumutbar war.

1572 *Staudinger/Magnus*, Art. 48 Rn. 46; *Baumgärtel/Laumen/Hepting*, Art. 48 Rn. 2 ff.; *Honsell/ Schnyder/Straub*, Art. 48 Rn. 64; *Schlechtriem/Huber*, Art. 48 Rn. 16a.

1573 *Schlechtriem/Schwenzer*, Art. 38 Rn. 19; *Ziegler*, Leistungsstörungsrecht, S. 95. Bei Beförderungsverkäufen braucht der Käufer die Ware erst nach dem Eintreffen an dem Bestimmungsort zu untersuchen (Art. 38 II CISG). Soll die Ware umgeleitet oder weiterversandt werden und kannte der Verkäufer bei Vertragsschluss diese Möglichkeit oder hätte diese kennen müssen, so kann der Käufer die Untersuchung bis nach dem Eintreffen der Ware an

Bei der konkreten Bemessung der Frist sind die Umstände des Einzelfalls zu berücksichtigen, insb. die Verhältnisse des typischen Käufers, die Art der zu untersuchenden Waren sowie sonstige Umstände[1575].

Der *Umfang* der Untersuchung hängt von der Art der Ware, ihrer Verpackung, den typischen Möglichkeiten des Käufers[1576] sowie von der Geschäftsbeziehung ab[1577]. Stichproben sind grundsätzlich zumutbar[1578].

Eine unterbliebene Untersuchung als solche hat keine Sanktion zur Folge[1579]. Sie kann aber dazu führen, dass der Käufer die Anzeigefrist versäumt und deshalb seine Rechtsbehelfe verliert[1580].

Gem. Art. 39 I CISG verliert der Käufer seine Rechtbehelfe, wenn er eine Vertragswidrigkeit nicht innerhalb *angemessener* Zeit rügt. Die Rügeobliegenheit gilt dabei für sämtliche Vertragswidrigkeiten i.S.d. Art. 35 CISG, also für Schlechtlieferungen, für Mengenabweichungen und Falschlieferungen[1581].

Die Frist *beginnt* mit dem Zeitpunkt, zu dem der Käufer die Vertragswidrigkeit festgestellt hat[1582] oder hätte feststellen müssen (vgl. Art. 39 I CISG). Ist die

---

ihrem neuen Bestimmungsort vornehmen, wenn er bei der Weiterleitung nicht ausreichend Gelegenheit dazu hatte (Art. 38 III CISG).

1574 *Gerny*, Untersuchungs- und Rügepflichten, S. 193; *Welser*, Vertragsverletzung, in: Doralt S. 112; *Herber/Czerwenka*, Art. 38 Rn. 8; *Piltz*, Intern. KaufR, S. 192 Rn. 53.

1575 Vgl. hierzu ausführlich *Gerny*, Untersuchungs- und Rügepflichten, S. 193 ff.; *Reinhardt*, Art. 38 Rn. 2; *Ziegler*, Leistungsstörungsrecht, S. 95; ferner *Piltz*, Intern. KaufR S. 192 Rn. 52 (Mittelwert von 3-4 Arbeitstagen); *ders. NJW* 2000, 553, 558; *OLG Karlsruhe*, RIW 1998, 235, 236 (Mittelwert 3-4 Tage); *Herber/Czerwenka*, Art. 38 Rn. 7 (höchstens 1 Woche); vgl. auch die im übrigen strenge Rechtsprechung zu Art. 38 EKG, der im Wesentlichen dem Art. 38 CISG entspricht, in *Schlechtriem/Magnus*, Intern. Rspr., Art. 38 EKG Nr. 9, 11.

1576 *Sekretariatskommentar*, Art. 36 Anm. 3, *O.R.* 34; Es kann u.U. nötig sein, einen Fachmann hinzuzuziehen, vgl. *Herber/Czerwenka*, Art. 38 Rn. 5.

1577 Vgl. *Herber/Czerwenka*, Art. 38 Anm. 5; *Piltz*, Intern. KaufR, S. 193, Rn. 56; *LG Stuttgart*, IPRax 1990, 317, 317 (Wurden bei vorhergenden Lieferungen bereits Vertragswidrigkeiten festgestellt, so ist schnellere Untersuchung notwendig).

1578 *Schlechtriem/Schwenzer*, Art. 38 Rn. 14; *Herber/Czerwenka*, Art. 38 Rn. 5; *LG Konstanz* vom 10.5.84, in *Schlechtriem/Magnus*, Intern. Rspr., Art. 38 EKG Nr. 10 (Stichproben auch bei langjähriger Geschäftsbeziehung).

1579 *Herber/Czerwenka*, Art. 38 Rn. 2; *Piltz*, Intern. KaufR, S. 191 Rn. 48; *Großkomm/Koller*, vor § 373 Rn. 673.

1580 Auch bringt die Verletzung der Untersuchungsobliegenheit nur dann Nachteile mit sich, wenn der Mangel bei ordnungsgemäßer Untersuchung hätte entdeckt werden können, vgl. *Ziegler*, Leistungsstörungsrecht, S. 97; *Schlechtriem/Schwenzer*, Art. 38 Rn. 5; *BGH* NJW 1982, 2730, 2731 (zum EKG).

1581 *Piltz*, Intern. KaufR, S. 194 Rn. 58; *Schlechtriem/Schwenzer*, Art. 39 Rn. 7.

1582 Auch ein zufälliges Entdecken (ohne Untersuchung) setzt deshalb die Frist in Gang, allerdings beginnt diese frühestens mit dem maßgeblichen Liefertermin, vgl. *Piltz*, Intern. KaufR, S. 194 Rn. 61. A.A. *Soergel/Lüderitz/Schüßler-Langeheine*, Art. 39 Rn. 5 (Frist könne auch vor dem Liefertermin beginnen).

Vertragswidrigkeit durch bloße Inaugenscheinnahme erkennbar, so beginnt die Frist mit Aushändigung der Ware, da gem. Art. 39 I CISG die Erkennbarkeit ausreicht[1583]. Hätten Vertragswidrigkeiten aufgrund einer Untersuchung aufgedeckt werden können, so beginnt die Anzeigefrist mit Ablauf der kurzen Untersuchungsfrist[1584].

Konnte die Vertragswidrigkeit selbst bei Durchführung einer ordnungsgemäßen Untersuchung nicht entdeckt werden, so beginnt die Frist, wenn der Käufer sie tatsächlich entdeckt hat oder aber sie hätte entdecken können[1585]. Die Vertragswidrigkeit muss allerdings spätestens innerhalb von zwei Jahren, nachdem dem Käufer die Ware tatsächlich übergeben wurde, gerügt werden, es sei denn, die 2-Jahresfrist ist mit einer vertraglichen Garantiefrist unvereinbar (Art. 39 II CISG)[1586].

Bei der Länge der *angemessenen* Frist[1587] sind ebenfalls die jeweiligen Gegebenheiten (Gepflogenheiten, Art und Wert der Ware, Erheblichkeit des Mangels, Zeit einer ordnungsgemäßen büromäßigen Bearbeitung in Betrieben von der Art des Käufers) zu berücksichtigen[1588].

Gem. Art. 39 I CISG muss „die Art der Vertragswidrigkeit genau bezeichnet" sein. D.h. die Vertragswidrigkeit muss so substantiiert werden, dass der fachkundige Verkäufer sich ein Bild über die Vertragswidrigkeit machen kann[1589]. Die Angabe der Ursache durch den Käufer ist nicht erforderlich[1590]. Der Käufer muss

---

1583 *Piltz*, Intern. KaufR, S. 194 f. Rn. 62, allerdings auch hier frühestens ab Liefertermin.

1584 *Piltz*, Intern. KaufR, S. 195, Rn. 63. Unterlassene oder nicht ausreichende Untersuchungen können deshalb die Versäumung der Anzeigefrist zur Folge haben. Da letztlich jedoch die rechtzeitige Information des Verkäufers entscheidend ist, kann eine zu lange Untersuchungszeit durch eine besonders kurze Anzeige aufgefangen werden, vgl. *Piltz*, a.a.O.; *Herber/Czerwenka*, Art. 38 Rn.2.

1585 *Piltz*, Intern. KaufR, S. 195 Rn. 64.

1586 Die 2-Jahresfrist kann weder gehemmt noch unterbrochen werden, da sie eine Ausschlussfrist darstellt, vgl. *Schlechtriem/Schwenzer*, Art. 39 Rn. 23; *Reinhart*, Art. 39 Rn. 8; *Enderlein/Maskow/Strohbach*, Art. 39 Anm. 6.

1587 Diese ist länger als die in Art. 39 I EKG *kurze Frist* und länger als die *unverzügliche Rüge* nach § 377 HGB; vgl. *Magnus*, ZEuP 1993, 79, 88; *Schlechtriem/Huber*, Art. 44 Rn. 3; *Karollus*, S. 126. Vgl. zu neueren Fällen aus der Rspr. *Magnus*, ZEuP 1999, 642, 657 f.; *Piltz*, NJW 2000, 554, 558.

1588 *Gerny*, Untersuchungs- und Rügepflichten, S. 202 ff. (grober Orientierungswert von 1 Woche); *Piltz*, NJW 2000, 554, 558 (14 Tage für Untersuchungs- und Rügepflicht); *Magnus*, ZEuP 1999, 642, 657 f., der mit Verweis auf die Rspr. eine Frist von insgesamt einem Monat noch als rechtzeitig ansieht; so auch *BGHZ* 129, 75, 85 f..

1589 Vgl. hierzu *Schlechtriem/Schwenzer*, Art. 39 Rn. 6 ff.; *Herber/Czerwenka*, Art. 39 Rn. 6. Es sind insgesamt hohe Anforderungen an die Rüge zu stellen, vgl. *Staudinger/Magnus*, Art. 39 CISG Rn. 21 (mit Bsp. aus der Rspr.); *Magnus*, ZEuP 1995, 202, 211 f.; *OLG Frankfurt a.M.* NJW 1994, 1013, 1014.

1590 *Soergel/Lüderitz/Schüßler-Langeheine*, Art. 39 Rn. 8 („(...)Ursachenprüfung ist Sache des Verkäufers,(...)").

aber den Umfang der Vertragswidrigkeit erkennen lassen, damit nicht später weitere Ware als vertragswidrig nachgeschoben werden kann[1591].

Den Käufer trifft die *Beweislast* für die zeitgerechte Absendung, nicht jedoch für den Zugang der Anzeige[1592].

Ist die Rüge unterblieben, unsachgemäß oder verspätet, so hat dies grundsätzlich zur Folge, dass der Käufer seine Rechtsbehelfe (und zwar alle) verliert, Art. 39 I CISG[1593].

Der Verkäufer kann sich jedoch nicht auf die Fristversäumung berufen, wenn er die Vertragswidrigkeit kannte oder kennen musste und er diese dem Käufer nicht offenbart hat (Art. 40 CISG). Ferner kann der Käufer trotz einer nicht ordnungsgemäßen Rüge i.S.d. Art. 39 I CISG den Kaufpreis herabsetzen oder Schadensersatz -außer für entgangenen Gewinn- verlangen, wenn er eine „vernünftige Entschuldigung" dafür hat, dass eine erforderliche Anzeige unterblieben ist (Art. 44 CISG). Ein Anspruch auf Ersatzlieferung besteht jedoch nicht mehr.

g) Geltendmachung der Ersatzlieferung

Zusätzliche Voraussetzung für einen Ersatzlieferungsanspruch gem. Art. 46 II CISG ist, dass der Käufer die Ersatzlieferung entweder zusammen mit der Anzeige gem. Art. 39 CISG oder innerhalb einer angemessenen Frist nach der Anzeige verlangt. Mit dieser Frist soll verhindert werden, dass der Verkäufer hinsichtlich der Rechtsbehelfswahl des Käufers über längere Zeit im Unklaren gelassen wird, und zwar insbesondere darüber, ob er doch noch zu liefern hat[1594]. Auch soll spekulatives Abwarten des Käufers zu Lasten des Verkäufers vermieden werden[1595].

Problematisch ist der *Beginn* der Frist gem. Art. 46 II CISG. Denn findet eine Nacherfüllungsmöglichkeit des Verkäufers Berücksichtigung bei der Auslegung der Wesentlichkeit einer Vertragsverletzung, dann ist eine solche grds. nur dann

[1591] *Herber/Czerwenka*, Art. 39 Rn. 7; *Resch*, ÖJZ 1992, 470, 475; *Piltz,* Intern. KaufR, S. 196 Rn. 68.

[1592] *Piltz*, Intern. KaufR, S. 197 Rn. 70; *Gerny*, Untersuchungs- und Rügepflichten, S. 216.

[1593] Vgl. *Staudinger/Magnus*, Art. 39 CISG Rn. 58, m.w.N.. Allerdings betrifft dieses nur die Vertragsverletzungen, für die eine Anzeige erforderlich ist. Liefert der Verkäufer bspw. mangelhaft *und* verspätet, so verbleibt dem Käufer ein Schadensersatzanspruch wegen Verspätung, vgl. *Piltz,* Intern. KaufR, S. 198 Rn. 73. Das *Reiserisiko* der Rüge trägt gem. Art. 27 CISG der Verkäufer, wenn der Käufer ein geeignetes Mittel zur Überbringung der Anzeige gewählt hat.

[1594] Vgl. *Schlechtriem/Huber,* Art. 46 Rn. 7.

[1595] *Piltz,* Intern. KaufR, S. 225 Rn. 182.

gegeben, wenn die Nacherfüllung eine unzumutbare Verzögerung nach sich zieht (vgl. Art. 48 I CISG).

Deshalb wird vertreten, dass für den Käufer, der Ersatzlieferung begehrt, „sogar vier Fristen hintereinandergeschaltet" sind[1596]. Zunächst laufe die kurze Untersuchungsfrist und dann die angemessene Frist für die Anzeige. Die dritte Frist sei die Zeit, bis die Nachbesserung für den Käufer unzumutbar werde. Bei Erreichen dieser Unzumutbarkeitsschwelle des Art. 48 I CISG sei der Anspruch auf Ersatzlieferung innerhalb der angemessenen Frist des Art. 46 II CISG geltend zu machen.

Eine solche Lösung widerspricht jedoch dem eindeutigen Wortlaut des Art. 46 II CISG, der unmissverständlich fordert, dass die Ersatzlieferungsanzeige mit einer Anzeige nach Art. 39 CISG oder -auf diese Anzeige bezugnehmend- innerhalb einer angemessenen Frist danach verlangt wird.

Deshalb gelten auch für den Käufer, der Ersatzlieferung begehrt, nur drei Fristen: Die Untersuchungs-, die Anzeige- und die Geltendmachungsfrist des Art. 46 II CISG, wobei die Frist zur Geltendmachung des Ersatzlieferungsanspruchs gem. Art. 46 II CISG mit der Anzeige beginnt.

Allerdings ist bei der Bestimmung einer *angemessenen Frist* im Rahmen des Art. 46 II CISG, die Zeit zu berücksichtigen, die eine Nachbesserung unzumutbar werden lässt[1597]. D.h., die angemessene Frist ist um diese Zeit zu verlängern. Denn würde man diese Zeit unberücksichtigt lassen, so hätte dies zur Folge, dass die Frist für ein Ersatzlieferungsverlangen gem. Art. 46 II CISG abgelaufen sein könnte, bevor die Unzumutbarkeitsschwelle erreicht wäre. Dies führte im Ergebnis dazu, dass dem Käufer gänzlich die Ersatzlieferung versperrt sein könnte[1598].

Um Unsicherheiten hinsichtlich der angemessenen Frist im Rahmen der Frist des Art. 46 II CISG vorzubeugen, bietet sich auch insofern für den Käufer an, eine vernünftig bemessene Nachfrist zu setzen[1599]. Denn setzt der Käufer eine vernünftig bemessen Nachfrist (die allerdings keine Voraussetzung ist), verbunden mit

---

1596 Vgl. *Ziegler*, Leistungsstörungsrecht, S. 144.

1597 Ähnlich *Schlechtriem/Huber*, Art. 46 Rn. 52; *Achilles,* Art. 46 Rn. 5. Man kommt damit *im Ergebnis* zu den gleichen Resultaten wie *Ziegler* (Leistungsstörungsrecht, S. 144).

1598 Dazu folgendes Beispiel, bei welchem von einem Durchschnittswert von 10 Tagen als „angemessene Frist" im Rahmen des Art. 46 II CISG ausgegangen wird: Der Verkäufer liefert eine Maschine, bei der eine Komponente defekt ist und die deshalb nicht funktioniert. Nach der Anzeige des Käufers gem. Art. 39 CISG macht der Verkäufer von seinem Nachbesserungsrecht im Rahmen des Art. 48 I CISG Gebrauch. Ein Nachbesserungsversuch innerhalb von elf Tagen nach der Mängelanzeige wäre dabei grds. noch zumutbar. Schlägt der Nachbesserungsversuch nun aber fehl, so wäre die Nachbesserung unzumutbar und die Vertragsverletzung damit wesentlich. Dem Käufer kann jetzt aber nicht sein Ersatzlieferungsbegehren damit abgeschnitten werden, dass der Verkäufer sich darauf beruft, es sei verspätet, weil es bspw. erst 13 Tage nach der Mängelanzeige erfolgt sei.

1599 Primär ist eine Nachfristsetzung ratsam (sie ist keine Voraussetzung des Ersatzlieferungsbegehrens!), um Unklarheiten im Rahmen der Wesentlichkeit vorzubeugen, vgl. *Schlechtriem/Huber*, Art. 46 Rn. 13

einem Ersatzlieferungsbegehren nach Ablauf dieser Frist, so kann er grds. sicher sein, dass zum einen die Vertragsverletzung nach deren Ablauf wesentlich ist *und* dass er die Frist des Art. 46 II CISG in jedem Fall eingehalten hat.

Erübrigt sich eine Mängelanzeige ausnahmsweise aufgrund von Art. 40 CISG oder weil der Verkäufer auf sie verzichtet hat, so beginnt die angemessene Frist des Art. 46 II CISG in dem Zeitpunkt, zu dem die Mängelrüge hätte erhoben werden müssen[1600].

Ist die Mängelanzeige gem. Art. 39 CISG *verspätet*, so kann selbst eine „vernünftige Entschuldigung" gem. Art. 44 CISG die Frist für den Ersatzlieferunganspruch nicht mehr in Gang setzen[1601].

Hinsichtlich der Länge der *angemessenen* Frist in Art. 46 II CISG sind mit Rücksicht auf die zum Beginn der Frist gemachten Ausführungen zwei Fälle zu unterscheiden.

Zum einen der Fall, in welchem von vorneherein feststeht, dass eine Nachbesserung eine unzumutbare Verzögerung[1602] oder Belastung für den Käufer beinhalten würde oder der Verkäufer sogleich die Nacherfüllung ablehnt[1603]. Hier beurteilt sich die Frist nach dem gleichen Maßstab wie die Frist in Art. 39 CISG[1604]. Sie richtet sich daher nach den Umständen des Einzelfalls, wobei jedoch als Durchschnittswert 10 Arbeitstage gelten kann, wenn nicht besondere Umstände vorliegen (verderbliche Ware etc.)[1605].

In den Fällen, in welchen der Verkäufer im Rahmen des Art. 48 I CISG berechtigter Weise die Nachbesserung wählt, ist die Zeit mitzuberücksichtigen, die einen objektiv schwerwiegenden Mangel zu einem *wesentlichen Mangel* werden lässt, d.h. die Zeit, bis die Unzumutbarkeitsschwelle i.S.d. Art. 48 I CISG erreicht ist[1606]. Die Frist des Art. 46 II CISG muss in diesen Fällen um eben diese Zeit verlängert werden[1607].

1600 *Herber/Czerwenka*, Art. 46 Rn. 8; a.A. *Staudinger/Magnus*, Art. 46 Rn. 45 (Zeitpunkt, in dem der Käufer den Mangel entdeckt). Die zweite Ansicht würde im Hinblick auf die Frist dazu führen, dass der bösgläubige Verkäufer besser stehen würde als der gutgläubige.

1601 *Staudinger/Magnus*, Art. 46 Rn. 44.

1602 So insbesondere bei zeitgebundenen Geschäften (insb. Fixgeschäfte), bei welchen die Ersatzlieferung nicht aber die Nachbesserung den Zeitrahmen noch einhalten kann.

1603 Es handelt sich um die Fälle, in denen die Vertragsverletzung selbst unter Berücksichtigung einer Nachbesserung als *wesentlich* zu klassifizieren ist.

1604 *Schwimann/Posch*, Art. 46 CISG Rn. 8; *Staudinger/Magnus*, Art. 46 Rn. 43.

1605 *Staudinger/Magnus*, Art. 46 Rn. 43.

1606 Was man auch als „Fehlschlag der Nachbesserung" bezeichnen kann. Die Zeit bis die Unzumutbarkeitsschwelle erreicht ist, wird also im Rahmen des unbestimmten Rechtsbegriffs *„angemessene Frist"* berücksichtigt.

1607 Ähnlich *Schlechtriem/Huber*, Art. 46 Rn. 52.

Die zweijährige (absolute) Ausschlussfrist des Art. 39 II CISG gilt nur für die Mängelanzeige nach Art. 39 CISG. Sie ist *nicht* auf die angemessene Frist des Art. 46 II CISG zu beziehen[1608].

Hat der Käufer die Ware ordnungsgemäß nach Art. 39 CISG angezeigt, aber nicht der Frist des Art. 46 II CISG entsprochen, so kann er nicht mehr Ersatzlieferung verlangen[1609]. Er ist auf Herabsetzung des Kaufpreises (Art. 50 CISG) oder Schadensersatz (Art. 45 I b) CISG) beschränkt. Auch eine Vertragsaufhebung kann der Käufer regelmäßig nicht mehr verlangen, da dieses Recht in ähnlicher Weise wie der Ersatzlieferungsanspruch beschränkt ist (vgl. Art. 49 II b) i) CISG)[1610].

Das Ersatzlieferungsbegehren ist an keine *Form* gebunden, so dass jede Art der Mitteilung genügt, die das Begehren des Käufers erkennen läßt[1611]. Gem. Art. 27 CISG ist dabei nur die Absendung der Erklärung auf einem nach den Umständen geeigneten Weg erforderlich[1612].

Die *Beweislast* für die rechtzeitige Absendung der Erklärung trifft den Käufer[1613].

h) Grenzen der Ersatzlieferung

Umstritten ist, ob nach der Konvention die Erfüllungsansprüche durch Art. 79 CISG (unvermeidbare Leistungshindernisse), Art. 77 CISG (Schadensminderungspflicht) oder durch Fälle der Unmöglichkeit ausgeschlossen sein können.

(1) Art. 79 CISG und Unmöglichkeit

Gem. Art. 79 I CISG haftet eine Partei *nicht* für die Nichterfüllung einer ihrer Pflichten, wenn die Nichterfüllung auf einem außerhalb ihres Einflußbereiches liegenden Hinderungsgrundes beruht und von ihr vernünftigerweise nicht erwartet

---

1608 So zutreffend *Staudinger/Magnus*, Art. 46 Rn. 46; *Honsell/Schneyder/Straub*, Art. 46 Rn. 66; a.A. *Bianca/Bonell/Will*, Art. 46 Anm. 2.2.1.1. Die zweite Ansicht findet im Gesetz keine Stütze. Erfolgt daher die Mängelanzeige kurz vor Ablauf der Ausschlußfrist, die Erklärung des Ersatzverlangens erst danach, aber binnen angemessener Frist nach der Mängelanzeige, so greift der Ersatzlieferungsanspruch durch, vgl. *Staudinger/Magnus, aaO.*

1609 Auch Nachbesserung kann der Käufer nicht mehr verlangen, da auch dieser Anspruch gem. Art. 46 III CISG voraussetzt, dass der Käufer innerhalb angemessener Frist die Nachbesserung verlangt.

1610 Vgl. *Schlechtriem/Huber*, Art. 45 Rn. 25.

1611 *Staudinger/Magnus*, Art. 46 Rn. 47.

1612 *Staudinger/Magnus*, Art. 46 Rn. 47.

1613 *Baumgärtel/Laumen/Heptin,* Art. 46 Rn. 17, 21; *Schlechtriem/Huber*, Art. 46 Rn. 52.

werden konnte, den Hinderungsgrund bei Vertragsschluss in Betracht zu ziehen oder ihn oder seine Folgen zu vermeiden oder zu überwinden[1614].

Als Hinderungsgründe kommen alle Ursachen in Betracht, die nicht dem Verantwortungsbereich des Schuldners zuzurechnen sind[1615] und die die Erfüllung einer Vertragspflicht vollständig oder teilweise verhindern (bspw. Naturkatastrophen, Kriegsereignisse, Embargo)[1616].

Gem. Art. 79 V CISG hindert eine Befreiung nach Art. 79 CISG die andere Partei jedoch nur daran, Schadensersatz zu verlangen; andere Rechte bleiben erhalten.

Umstritten ist -trotz des Wortlauts-, ob Art. 79 CISG den Verkäufer auch von seiner Erfüllungspflicht befreien kann und ob Fälle der Unmöglichkeit hierüber zu lösen sind.

Einigkeit herrscht noch insoweit, als dass der Erfüllungsanpruch in Fällen der *wirtschaftlichen Unmöglichkeit*[1617] grundsätzlich bestehen bleibt[1618]. Seine Grenze findet der Erfüllungsanspruch hier lediglich im Grundsatz von Treu und Glauben (Art. 7 I CISG) in den Fällen des Rechtsmissbrauchs[1619]. Dem Verkäufer sind dabei aber erhebliche Anstrengungen zuzumuten, da er seine Möglichkeit zur Beschaffung der Ware garantiert; ferner bleibt er zum Schadensersatz verpflichtet[1620].

Im übrigen bietet sich ein breites Meinungsspektrum:

Nach einer Ansicht gilt die Haftungsbefreiung nach Art. 79 CISG ausschließlich für Schadensersatzansprüche[1621]. Zur Begründung wird zum einen auf den

---

1614 Die Voraussetzungen des Art. 79 I CISG müssen kumulativ erfüllt sein, vgl. nur *Honsell/ Magnus*, Art. 79 Rn. 9.

1615 Art. 79 CISG geht von einem typischen Verantwortungsbereich des Schuldners aus, vgl. ausführlich *Keil*, Haftungsbefreiung, S. 105 ff..

1616 Vgl. *Reinhart,* Art. 79 Rn. 4; *Honsell/Magnus*, Art. 79 Rn. 12; *Stoll*, Grenzen der Schadensersatzpflicht, in: Schlechtriem, S. 273; *Schlechtriem/Stoll*, Art. 79 Rn. 17 ff.

1617 Der Verkäufer beruft sich im Fall der wirtschaftlichen Unmöglichkeit darauf, dass die Leistung aus wirtschaftlichen Gründen für ihn „unerschwinglich" geworden ist (bspw. enormer Preisanstieg), vgl. *Schlechtriem/Stoll*, Art. 79 Rn. 39.

1618 *Vahle,* ZVglRWiss 98 (1999), 54, 59 f.; *Schlechtriem/Stoll*, Art. 79 Rn. 39; Kastely, Wash.L.Rev. 63 (1988), 607, 621; *Karollus*, S. 141; vgl. auch *Schlechtriem/Huber,* Art. 46 Rn. 18. Dies gilt auch für den Schadensersatzanspruch, vgl. nur *Keil, Haftungsbefreiung,* S. 185; *Krüger,* Modifizierte Erfolgshaftung, S. 124.

1619 *Karollus,* S. 141; *Kastely*, Wash.L.Rev. 63 (1988), 607, 621; *Schlechtriem/Huber*, Art. 46 Rn. 18.

1620 *Vahle*, ZVglWiss 98 (1999), 54, 59 f.; *Schlechtriem/Huber*, Art. 46 Rn. 18.

1621 *Karollus,* S. 141; *Piltz*, Intern. Kaufrecht, S. 167 Rn. 242 f.; *Schlechtriem*, Uniform Sales Law, S. 102 f.; *Vahle*, ZVglWiss 98 (1999), 54, 59 f.; *Rudolph,* Art. 46 Rn. 10, Art. 79 Rn. 29; *Witz/Salger/Lorenz/Salger,* Art. 46 Rn. 3; *Keil,* Die Haftungsbefreiung, S. 40 ff. (allerdings zweifelnd); *Kritzer*, Guide to Practical Application of CISG, Art. 79, S. 641; *Enderlein/Maskow/Strohbach*, Art. 79 Anm. 13.6; *Herber/Czerwenka*, Art. 79 Rn. 23; *Kastely*, Wash.L.Rev. 63 (1988), S. 607, 621; *Sekretariatskommentar,* Art. 65 Anm. 8,

Wortlaut des Art. 79 V CISG verwiesen. Zum anderen seien Anträge der BRD[1622] und Norwegens[1623] auf der Wiener Konferenz zumindest im Falle eines dauernden Leistungshindernisses, den Erfüllungsanspruch entfallen zu lassen, mit ausführlicher Begründung abgelehnt worden[1624]. So wurde die Ablehnung damit begründet, dass sonst auch die akzessorischen Rechte und Nebenansprüche erlöschen würden[1625]. Ferner müsse der Schuldner trotz des Leistungshindernisses verpflichtet bleiben, das Hindernis zu überwinden und den Vertrag zu erfüllen[1626].

Nach dieser Ansicht bleibt der Erfüllungsanspruch im Fall der *subjektiven Unmöglichkeit* nach dem CISG stets bestehen[1627].

Im Fall der *objektiven Unmöglichkeit* ist innerhalb dieser Ansicht strittig, ob der Erfüllungsanspruch bestehen bleibt oder nicht. Teilweise wird vertreten, dass der Erfüllungsanspruch unabhängig von Art. 79 CISG bereits nach der Konvention entfällt[1628].

Andere wollen über Art. 28 CISG nationales Recht anwenden mit der Folge, dass der Erfüllungsanspruch *nach dem CISG* grundsätzlich bestehen bliebe[1629].

Die Gegenansicht will Art. 79 CISG auch auf den Erfüllungsanspruch anwenden[1630]. Habe der Verkäufer für einen Hinderungsgrund nach Art. 79 I-III nicht

---

O.R. 55 („The effect is...to extempt the non-performing party only from liability for damages. All of the other remedies are available to the other party, (...)."); *Vischer*, Gemeinsame Bestimmungen, in: Lausanner Kolloquium, S. 175 (allerdings einschränkend).

1622 Vgl. zur Begründung des Antrags die Ausführung von *Mr. Klingsporn* (F.R.G.), *O.R.* 383 Nr.18.

1623 Vgl. hierzu *Mr. Rognlien* (Norway), O.R. 384 Nr. 21, 27 ff..

1624 *Ziegler*, Leistungsstörungsrecht, S. 150; *Vahle*, ZVglRWiss 98 (1999), 54, 60; *Schlechtriem*, Uniform Sales Law, S. 102 f..

1625 Vgl. die Ausführung von *Mr. Hjerner* (Sweden), *O.R.* 384 Nr. 25.

1626 Vgl. die Ausführungen von *Mr. Hjerner* (Sweden), *O.R.* 384 Nr. 25 („(...) duty to make all possible efforts to overcome the impediment and its consequences to perform the contract."). Vgl. ferner *Bericht der Delegation der BRD*, S. 55; *Vahle*, ZVglRWiss 98 (1999), 54, 59. Ferner wurde auf den Kompromisscharakter von Art. 79 CISG hingewiesen, der zerstört würde, wenn hieran Änderungen vorgenommen würden, vgl. nur *O.R.* 384 Nr. 24, 29.

1627 *Karollus*, S. 141; *Piltz*, Intern. Kaufrecht, S. 167 Rn. 244; *Schlechtriem/Stoll*, Art. 79 Rn. 55, 57..

1628 *Schlechtriem/Stoll*, Art. 79 Rn. 55; *Karollus*, S. 141; *Bianca/Bonell/Tallon*, Art. 79 Anm. 2.10.2 (Vertragsaufhebung kraft Gesetzes); wohl auch *Piltz*, Intern. Kaufrecht, S. 167 Rn. 244.

1629 *Ziegler*, Leistungsstörungsrecht, S. 150; *Vahle*, ZVglRWiss 98 (1999), 54, 61; *Bianca/Bonell/Lando*, Art. 28 Anm. 2.2; *Maskow/Enderlein/Strohbach*, Art. 79 Anm. 13.6. *Herber/Czerwenka*, Art. 79 Rn. 23; Schlechtriem, Einheitliches Kaufrecht, S. 51, 97; *Rudolph*, Art. 46 Rn. 10, Art. 28 Rn. 4.

1630 *Schlechtriem/Huber*, Art. 46 Rn. 11, Art. 28 Rn. 31; *ders.*, Die Rechtsbehelfe der Parteien, in: Schlechtriem, S. 206 f.; *Soergel/Lüderitz/Dettmeier*, Art. 79 Rn. 25; *Staudinger/Magnus*, Art. 46 Rn. 25; *Achilles*, Art. 79 Rn. 14; zweifelnd *Nicholas*, Impractibility, in: Galston/Smit, S. 5-18 ff..

einzustehen, so sei auch ein Erfüllungsanspruch ausgeschlossen[1631]. Dieses ergebe sich aus dem Sinn der Vorschrift des Art. 79 CISG, da es widersprüchlich wäre, dem Käufer einen Erfüllungsanspruch zu gewähren, wenn die Erfüllung auf ein Hindernis stoße, zu dessen Überwindung der Schuldner gem. Art. 79 I-III CISG nicht verpflichtet sei[1632].

Für die Fälle des nicht zu vertretenden Unvermögens und der nicht zu vertretenden Unmöglichkeit erlischt danach der Erfüllungsanspruch, wobei sich die Verantwortlichkeit des Käufers nach Art. 79 CISG bemisst[1633]. Im Fall der objektiven Unmöglichkeit (ob zu vertreten oder nicht) ergebe sich dieses unabhängig von Art. 79 CISG, da es sich von selbst verstehe, dass das Gesetz dem Verkäufer nicht Rechtsbehelfe geben wolle, die sinnlos seien[1634].

M.E. läßt Art. 79 I-III CISG den Erfüllungsanspruch unberührt. Dieses ergibt sich aus dem eindeutigen Wortlaut des Art. 79 V CISG sowie aus der Intention der Gesetzesverfasser, die in der Ablehnung des Antrags auf der Kaufrechtskonferenz zum Ausdruck kam. Raum für eine Auslegung des Art. 79 CISG besteht angesichts des eindeutigen Wortlauts und der Beratungen zu dieser Vorschrift nicht[1635].

Im Falle der objektiven Unmöglichkeit[1636] erscheint es überzeugend, dass der Erfüllungsanspruch unabhängig von Art. 79 CISG schon nach der Konvention entfällt, da ein Erfüllungsanspruch hier sinnlos ist[1637]. Dieses steht auch im Einklang mit den Absichten der Wiener Konferenz, da im Ergebnis Einigkeit darüber herrschte, dass ein unstreitig nicht erfüllbarer Anspruch nicht zuerkannt werden solle[1638].

Für den Ersatzlieferungsanspruch bedeutet dieses Ergebnis, dass er ausgeschlossen ist, wenn die gesamte Gattung untergegangen ist[1639] oder die gesamte Gattung für den vertraglich vorausgesetzen Zweck nicht tauglich ist[1640].

1631 *Soergel/Lüderitz/Dettmeier,* Art. 79 Rn. 25.

1632 *Huber,* Die Rechtsbehelfe der Parteien, in: Schlechtriem, S. 206; *Staudinger/Magnus*, Art. 46 Rn. 25.

1633 *Schlechtriem/Huber,* Art. 46 Rn. 13.

1634 *Schlechtriem/Huber,* Art. 28 Rn. 33.

1635 Zur Anwendbarkeit von nationalem Recht über Art. 28 CISG, vgl. unten *E. IV. 2. k).*

1636 Dieses gilt natürlich nur, wenn die objektive Unmöglichkeit unstrittig ist.

1637 Dogmatisch kann man dieses Ergebnis auf Art. 7 CISG stützen, da die Durchsetzung eines Anspruchs, der unstreitig von überhaupt niemanden zu erfüllen ist, einen Rechtsmissbrauch darstellt; in diese Richtung auch *Kastely,* Wash.L.Rev. 63 (1988), 607, 621 (vgl. dort auch Fn. 68).

1638 Vgl. die Ausführungen von *Mr. Hjerner* (Sweden), *O.R.* 384 Nr. 25; *Mr. Plantard* (France), *O.R.* 384 Nr. 26 („impossible by definition“). Vgl. auch *Schlechtriem*, Uniform Sales Law, S. 102 f.; in diese Richtung auch *Kastely*, Wash. L.Rev. 63 (1988), 607, 621 (Ausschluss nach Treu und Glauben, siehe dort Fn. 68).

1639 Vgl. *Staudinger/Magnus*, Art. 46 Rn. 33.

1640 *Schlechtriem/Huber*, Art. 46 Rn. 21.

Dass die Beschaffung der Gattungsware schwieriger ist (insb. kostspieliger) als von dem Verkäufer erwartet, entlastet ihn grundsätzlich nicht[1641]. Dieses ergibt sich daraus, dass der Verkäufer bei der Gattungsschuld das Beschaffungsrisiko trägt. Ausnahmen bestehen nur im Fall des Rechtsmissbrauchs. Für die Unverhältnismäßigkeit der Erfüllungskosten in Fällen des Rechtsmissbrauchs trifft den Verkäufer die Beweislast[1642]

(2) Auschluss des Ersatzlieferungsanspruchs durch Art. 77 CISG

Nach Art. 77 CISG trifft die Partei, die sich auf eine Vertragsverletzung beruft, die Obliegenheit, den Schaden gering zu halten. „Versäumt sie dies, so kann die vertragsbrüchige Partei Herabsetzung des Schadensersatzes in Höhe des Betrages verlangen, um den der Verlust hätte verringert werden sollen“ (Art. 77 S. 2 CISG).

Trotz des eindeutigen Wortlauts („...Schadensersatzes...“) wird auch hier vereinzelt vertreten, dass durch Art. 77 CISG nicht nur ein Schadensersatzanspruch verringert werden kann, sondern auch Erfüllungsansprüche ausgeschlossen sein können[1643]. So vertritt *Honnold* die Ansicht, dass die Ansprüche auf *Specific Performance* in Art. 46 und Art. 62 CISG mit der Schadensminderungsobliegenheit des Art. 77 CISG abgewogen werden müssten[1644]. Generell sei dabei Art. 77 CISG *lex specialis* zu den Erfüllungsansprüchen; nur wenn die Ware nirgendwo anders erhältlich sei, würde das Recht auf *Specific Performance* vorgehen[1645].

Für den Ersatzlieferungsanspruch des Art. 42 II CISG ergebe sich daraus die Folge, dass er aufgrund des Art. 77 CISG nicht durchsetzbar wäre, wenn die Ware auf dem Markt erhältlich sei[1646].

1641 *Schlechtriem/Stoll,* Art. 79 Rn. 30; *Schlechriem/ Huber*, Art. 46 Rn. 17.

1642 *Schlechtriem/Huber,* Art. 46 Rn. 19.

1643 *Enderlein/Maskow/Strohbach,* Art. 28 Anm. 2.2; *Zhang,* Rechtsmängelhaftung, S. 169 m.w.N.; *Honnold*, Art. 77 Rn. 419.3; vgl. auch die Ausführungen von *Mr. Alkin* (Irland), *O.R.* 396 Nr. 61, in der Diskussion um den Antrag der USA (A/CONF.97/C.1/L.228, *O.R.* 133), den letzten Satz des Art. 77 um die Worte „or a corresponding modification or adjustment of any other remedy“ zu ergänzen. Mr. Alkin war der Ansicht, dass Art. 77 CISG eine generelle Pflicht zur Schadensminderung beinhalte, die für alle Rechtsbehelfe gelte. Der in Art. 77 S. 2 explizit aufgeführte Schadensersatzanspruch sei nur *ein Beispiel* für die Folgen einer Verletzung der Schadensminderungsobliegenheit.

1644 *Honnold,* Art. 77 Rn. 419.3.

1645 *Honnold,* Art. 77 Rn. 419.3 („In some cases a party's need for requiring (‚specific') performance may be so strong as to outweigh the mitigation principle of Article 77. Such a case is most likely to result when a buyer C needs materials that are not available elsewere.“).

1646 Vgl. *Kastely*, Wash.L.Rev. 63 (1988), 607, 622: „If this provision (Art. 77, *d. Verf.*) applies under articles 46 and 62, then article 77 would *effectively preclude the buyer from exercising the right to performance whenever substitute goods are reasonably available* (...) .“).

Die ganz herrschende Meinung lehnt eine Begrenzung der Erfüllungsansprüche durch Art. 77 CISG ab[1647], wobei den Argumenten dieser Ansicht wenig hinzuzufügen ist.

Zum einen ist Art. 77 CISG in einem Abschnitt geregelt, der die Überschrift „Schadensersatz" trägt, so dass sich die dort geregelten Artikel nur auf Schadensersatzansprüche beziehen[1648]. Zum anderen ergibt sich aus dem Wortlaut des Art. 77 S. 2, dass Art. 77 CISG nur auf Schadensersatzansprüche Anwendung finden soll[1649].

Insbesondere sprechen auch die Beratungen zu Art. 77 CISG gegen eine Anwendung auf Erfüllungsansprüche. Die amerikanische Delegation beantragte auf der Wiener Kaufrechtskonferenz, Satz 2 des Art. 77 CISG folgendermaßen zu ergänzen: „or a corresponding modification or an adjustment of any other remedy"[1650]. In die gleiche Richtung ging der Antrag der USA, einen Erfüllungsanspruch nach Art. 46 CISG dann *nicht* zu gewähren, „if he, the buyer can purchase substitute goods without substantial additional expense or inconvenience"[1651]. Beide Anträge wurden abgelehnt[1652].

Die Erweiterung des Art. 77 CISG auf andere Rechtsbehelfe (insbesondere Erfüllung) wurde u.a. mit der Begründung verworfen, dass nach dem CISG -anderes als in den *Common Law* Staaten- der Käufer und der Verkäufer ein absolutes Recht auf Vertragserfüllung haben solle[1653].

Aufgrund der Ablehnung der Anträge der amerikanischen Delegation und den hierzu geführten Diskussionen auf der Wiener Konferenz ist eindeutig, dass Art. 77 CISG Erfüllungsansprüche nicht einschränken soll[1654].

1647 *Staudinger/Magnus*, Art. 77 Rn. 6; *Schlechtriem/Stoll*, Art. 77 Rn. 7; Piltz, Intern. KaufR, S. 293 Rn. 456; *Bianca/Bonell/Knapp*, Art. 77 Anm. 3.1, 3.2.; *Kranz*, Schadensersatzpflicht, S. 227 m.w.N.; Soergel/Lüderitz, Art. 77 Rn. 7; *Enderlein/Maskow/Stohbach*, Art. 77 Anm. 1; *Kastely*, Wash.L.Rev. 63 (1988), 607, 621 ff.; *Achilles*, Art. 77 Rn. 2.

1648 *Honsell/Magnus*, Art. 77 Rn. 4; *Piltz*, Intern. KaufR, S. 293 Rn. 456; *Kastely*, Wash.L.Rev. 63 (1988), 607, 622.

1649 *Kastely*, Wash.L.Rev. 63 (1988), 607, 622; *Honsell/Magnus*, Art. 77 Rn. 4.

1650 A/CONF.97/C.1/L.228, *O.R.* 133.

1651 A/CONF.97/C.1/L.180, *O.R.* 111.

1652 Für Art. 77 CISG, vgl. *O.R.* 396 ff.. Für Art. 46 CISG, vgl. *O.R.* 330 ff. Die Ablehnung der Ergänzung des Art. 46 CISG wurde insbesondere damit begründet, dass eine solche Regelung weiter gehe als die vergleichbare Regelung des Art. 25 EKG und das Recht auf Erfüllung deshalb empfindlich einschränke, vgl. insb. Ausführungen von *Mr. Herber (F.R.G.), O.R.* 331 Nr. 59: „The proposed amendment would, in effect, do away with the right of the buyer to require specific performance and thus went further than article 25 ..."). Ähnlich auch die Ausführungen von *Mr. Dabin (Belgium), O.R.* 332 Nr. 66.

1653 Vgl. die Ausführungen von *Mr. Ziegel* (Canada), *O.R.*. 397 Nr. 65: „That point of view might, perhaps, be in line with the practice of common law countries, but it was not in line with the principles underlying the Convention, according to which the buyer and the seller had an absolute right to require specific performance ...".

1654 So auch *Kastely*, Wash.L.Rev. 63 (1988), 607, 622 ff..

i) Ausschluss der Ersatzlieferung/Gewährleistung

Der Anspruch auf Ersatzlieferung kann *gesetzlich* oder *vertraglich* ausgeschlossen sein.

(1) Gesetzliche Ausschlüsse

Die Ersatzlieferung ist ausgeschlossen, wenn der Käufer die Vertragswidrigkeit bei Vertragsschluss kannte oder über sie nicht in Unkenntnis sein konnte (Art. 35 III CISG). Ferner kann der Käufer keine Ersatzlieferung mehr verlangen, wenn er zuvor unvereinbare Rechtsbehelfe ausgeübt hat (Art. 46 I CISG). Schließlich *verliert* der Käufer grds. das Recht, vom Verkäufer Ersatzlieferung zu verlangen, wenn es ihm unmöglich ist, die Ware im Wesentlichen in dem Zustand zurückzugeben, in dem er sie erhalten hat (Art. 82 I CISG); Art. 82 II CISG sieht hierzu Ausnahmetatbestände vor.

(a) Art. 35 III CISG

Nach Art. 35 III CISG haftet der Verkäufer nicht für eine Vertragswidrigkeit nach Art. 35 II a) bis d), wenn der Käufer diese bei Vertragsschluss kannte oder darüber nicht in Unkenntnis sein konnte.

Nicht erfasst wird nach wohl h.M.[1655] der Anwendungsbereich des Art. 35 I CISG, so dass ein Haftungsausschluss wegen Kenntnis bei ausdrücklich verlangten Beschaffenheitsmerkmalen nicht in Betracht kommt[1656]. Auch für Rechtsmängel gilt Art. 35 III CISG nicht[1657].

Eine Untersuchungspflicht des Käufers *vor* Abschluss des Kaufvertrages besteht grds. nicht[1658].

Beruft sich der Verkäufer auf den Ausschlusstatbestand des Art. 35 III CISG, so hat er die Tatsachen darzulegen und zu beweisen, aus denen sich die Kenntnis bzw. das Kennenmüssen des Käufers ergeben soll[1659].

1655 *Aue*, Mängelgewährleistung, S. 80 m.w.N.; *Karollus*, S. 119; *Loewe*, Art. 35, S. 56; ähnlich *Achilles*, Art. 35 Rn. 17; a.A. *Welser*, Vertragsverletzung, in: Doralt, S. 109, 110; *Piltz*, Intern. KaufR, S. 190 Rn. 46 m.w.N..

1656 *Aue*, Mängelgewährleistung, S. 80.

1657 *Schlechtriem/Schwenzer*, Art. 41 Rn. 17 (es gilt hier Art. 41 S. 1).

1658 *Piltz*, Intern. KaufR, S. 189 Rn. 44; *Staub/Koller*, vor § 373 HGB Anm. 669.

1659 *Schlechtriem/Schwenzer*, Art. 35 Rn. 52 (Regel-Ausnahme Prinzip); *Aue*, Mängelgewährleistung, S. 81.

(b) Ausübung unvereinbarer Rechtsbehelfe

Nach Art. 46 I CISG ist der Anspruch auf Ersatzlieferung ausgeschlossen, wenn der Käufer bereits inkompatible Rechtsbehelfe ausgeübt hat[1660].

Unvereinbar sind diejenigen Rechtsbehelfe, die auf das gleiche Interesse wie der Erfüllungsanspruch gerichtet sind und damit denknotwendig bei ihrer Geltungmachung einen Erfüllungsanspruch ausschließen[1661].

Demnach kann der Käufer keine Ersatzlieferung verlangen, wenn er zuvor die *Vertragsaufhebung* oder die *Herabsetzung des Kaufpreises* erklärt hat[1662].

Verlangt der Käufer *Schadensersatz*, so ist der Ersatzlieferungsanspruch nur dann ausgeschlossen, wenn sich aus seinem Begehren ergibt, dass er Ersatz des Schadens *wegen Nichterfüllung* begehrt, nicht aber, wenn nur zusätzliche Schäden (z.B.Verzugsschaden, Folgeschäden) geltend gemacht werden[1663].

Macht der Käufer hingegen zunächst *Nachbesserung* geltend, so ist er hieran grundsätzlich nicht gebunden, solange er sich noch innerhalb der *angemessenen Frist* des Art. 46 II CISG bewegt[1664].

Macht der Käufer die Vertragsaufhebung geltend, so tritt die *Bindungswirkung mit Zugang* der Aufhebungserklärung beim Verkäufer ein[1665].

Nicht einheitlich wird beurteilt, ab wann bei einem Schadensersatzverlangen wegen Nichterfüllung und bei einem Minderungsverlangen die Bindungswirkung in Bezug auf Art. 46 I CISG eintritt. Während überwiegend auch hier auf den Zugang des Begehrens beim Verkäufer abgestellt wird[1666], vertritt *Huber* die Ansicht, dass der Käufer erst nach Einverständniserklärung des Verkäufers gebunden sei[1667]. Dieses ergebe sich aus den allgemeinen Rechtsgrundsätzen und nach Treu und Glauben[1668].

1660 Die für den „allgemeinen" Erfüllungsanspruch geltenden Grenzen gelten auch für den Ersatzlieferungsanspruch, vgl. *Staudinger/Magnus*, Art. 46 Rn. 31; *Bianca/Bonell/Will*, Art. 46 Anm. 2.1.1.1.

1661 *Piltz*, Intern. KaufR, S. 213 Rn. 134.

1662 *Bianca/Bonell/Will*, Art. 46 Anm. 2.1.2.; *Staudinger/Magnus*, Art. 46 Rn. 19; Sekretariatskommentar, Art. 42 Anm. 7; *Enderlein/Maskow/Strohbach*, Art. 46 Rn. 2; *Herber/Czerwenka*, Art. 46 Rn. 5; *Karollus*, S. 135; *Loewe*, Kaufrecht, Art. 46, S. 67.

1663 *Staudinger/Magnus*, Art. 46 Rn. 24; *Karollus*, S. 135; Rudolph, Art. 46 Rn. 9; Sekretariatskommentar Art. 42 Anm. 4.

1664 Zur „Nichtbindung" an den Erfüllungsanspruch, *Staudinger/Magnus*, Art. 46 Rn. 30.

1665 *Piltz*, Intern. KaufR, S. 214 Rn. 135; *Schlechtriem/Huber*, Art. 49 Rn. 65.

1666 *Piltz*, Intern. KaufR, S. 214 Rn. 135, S. 256 Rn. 317; *Staudinger/Magnus*, Art. 46 Rn. 19 („Hat der Käufer einen dieser Behelfe *erklärt*, so ist er daran gebunden. Seine Erklärung hat Gestaltungswirkung"); *Soergel/Lüderitz/Schüßler-Langeheine*, Art. 46 Rn. 14 (für Minderung); *Welser*, in: Doralt, Vertragsverletzung, S. 117 (für Minderung).

1667 *Schlechtriem/Huber*, Art. 46 Rn. 10.

1668 *Schlechtriem/Huber*, Art. 46 Rn. 10, Art. 45 Rn. 30-32.

Überzeugend ist m.E. auch hier, auf den Zugang der Erklärung abzustellen. Dieses legt zum einen der Wortlaut des Art. 46 I CISG nahe („„...,dass der *Käufer* einen Rechtsbehelf *ausgeübt* hat"; „...unless *the buyer has resorted* to a remedy..."), zum anderen ergibt sich dies aus dem Zweck der Vorschrift. Denn neben dem logischen Ausschluss, den Art. 46 I CISG beinhaltet[1669], soll die Vorschrift auch den Verkäufer in seinem Vertrauen auf die Erklärung des Käufers schützen. Begehrt der Käufer Minderung oder Schadensersatz wegen Nichterfüllung, so soll sich der Verkäufer hierauf verlassen können, um darauf aufbauende Dispositionen treffen zu können[1670]. Hat sich der Käufer für einen unvereinbaren Rechtsbehelf entschieden, so muss für den Verkäufer Rechtssicherheit bestehen, und zwar ohne dass es auf seine Annahme ankommt[1671].

Schließlich lässt das CISG erkennen, dass bereits die einseitige Erklärung des Käufers ausreichen soll, um die Rechtslage umzugestalten und keine Einigung der Parteien vorausgesetzt wird (vgl. Art. 50 CISG, „(...) so kann der Käufer (...) den Preis (...) herabsetzen, (...)")[1672].

(c) Art. 82 CISG

Nach Art. 82 I CISG *verliert* der Käufer das Recht, vom Verkäufer Ersatzlieferung zu verlangen, wenn es ihm unmöglich ist, die Ware im Wesentlichen in dem Zustand zurückzugeben, in dem er sie erhalten hat.

Der Käufer soll nur dann einen Anspruch auf Ersatzlieferung durchsetzen dürfen, wenn er die empfangene Ware zurückgeben kann[1673]. Jedoch sieht Art. 82 II

1669 Der logische Ausschluss liegt darin, keine unvereinbaren Rechtsbehelfe zuzulassen, um eine doppelte Geltendmachung desselben Interesses durch den Käufer zu verhindern.

1670 So auch *Honnold,* Art. 46 Rn. 282.1 („Indeed, the rule of Article 46 (1) ... serves a policy that is deeper than the logic (or esthetics) of inconsistency – the likelihood of reliance *on the buyer's declaration* by stopping production, reselling goods, or cancelling the reservation of shipping space.").

1671 Würde man auf die Einigung abstellen, so könnte dieses zu einer erheblichen Unsicherheit für den Verkäufer führen. Bsp.: Die Parteien schließen einen marktbezogenen Kaufvertrag über Gattungsware. Die gelieferte Gattungsware ist mangelhaft. Der Käufer erklärt zunächst die Herabsetzung des Kaufpreises. Der Verkäufer nimmt dieses an, schickt eine dementsprechend Erklärung ab und veräußert seine restlichen Waren dieser Gattung. Bevor die Erklärung des Verkäufers beim Käufer angelangt war, entscheidet sich der Käufer für die Ersatzlieferung und teilt dieses dem Verkäufer (per Fax) mit. Der Verkäufer müßte sich nun auf dem freien Markt Waren dieser Gattung besorgen.

1672 So auch *Welser,* Vertragsverletzung, in: Doralt, S. 117 („(...) die Preisminderung (wird, *d. Verf.*) durch einseitige rechtsgestaltende Erklärung des Berechtigten vollzogen. Es bedarf also weder des Einverständnisses beider Parteien noch der richterlichen Rechtsgestaltung."); *Soergel/Lüderitz/Schüßler-Langeheine*, Art. 46 Rn. 14 (zur Minderung).

1673 *Schlechtriem/Leser*, Art. 82 Rn. 6. Ist die gelieferte Ware völlig wertlos, kann eine Rückgabe nicht erforderlich sein, wenn die Rückgabeaufforderung nur aus Schikane erfolgt (Art. 7 I CISG). Weitergehend *Schlechtriem/Huber*, Art. 46 Rn. 53.

CISG Sondertatbestände vor, die die Regel, dass ein Ersatzlieferungsanspruch nur bei unversehrter Rückgabe der empfangenen Ware zur Verfügung steht, nicht nur erheblich einschränken, sondern faktisch in ihr Gegenteil umkehren[1674].

Durch Art. 82 CISG wird nur der Zeitraum bis zur *Erklärung* der Ersatzlieferung erfasst, d.h. bis zur Absendung der Erklärung[1675]. Für den Zeitraum danach - also nach Erklärung bis zur Rückgabe- fehlt es an einer ausdrücklichen Regelung[1676]. Zur Lückenfüllung wird in der Literatur vorgeschlagen, die Gefahrverteilungsregeln des Art. 82 II a) CISG auf diesen Zeitraum entsprechend anzuwenden[1677].

Nach Art. 82 I CISG muss der Käufer in der Lage sein, die Ware *im Wesentlichen* unversehrt zurückzugeben. Unwesentliche Veränderungen sind daher unschädlich. Ob eine Veränderung unwesentlich ist, bestimmt sich nach den Maßstäben einer vernünftigen Person (Art. 8 II CISG), d.h. objektiv[1678]. Bei langlebigen Gütern schließt der einfache Gebrauch deshalb die Ersatzlieferung nicht aus[1679].

In Art. 82 II CISG sind zahlreiche *Ausnahmen* von diesem Grundsatz normiert. Der Käufer behält seinen Anspruch auf Ersatzlieferung trotz wesentlicher Veränderung in folgenden Fällen[1680]:

Nach *Art. 82 II a) CISG* behält der Käufer seinen Anspruch auf Ersatzlieferung, wenn ihm die Rückgabe der ursprünglichen Ware unmöglich ist oder die Ware nicht unwesentlich verändert wurde, aber die Veränderung bzw. Unmöglichkeit nicht auf einer Handlung oder Unterlassung des Käufers beruht.

Der Käufer trägt damit nicht das Risiko für Einwirkungen auf die Sache, die außerhalb seines Verantwortungsbereichts liegen[1681]. Das Risiko des *Zufalls* und der *höheren Gewalt* liegt damit beim Verkäufer[1682].

1674 *Schlechtriem/Leser*, vor Art. 81-84 Rn. 12; *Piltz*, Intern. KaufR, S. 221 Rn. 167; *Enderlein/ Maskow/Stohbach*, Art. 82 Anm. 1.2.

1675 *Piltz*, Intern. KaufR, S. 222, Rn. 169; *Staudinger/Magnus*, Art. 82 Rn. 10; *Reinhart*, UN-Kaufrecht, Art. 82 Anm. 3; *Karollus*, S. 149. Auf den *Zugang* der Ersatzlieferungserklärung kommt es insofern nicht an, vgl. *Staudinger/Magnus*, Art. 82, Rn. 10, 11; *Schlechtriem/ Leser*, Art. 82 Rn. 6.

1676 Vgl. *Schlechtriem/Leser*, Art. 82 Rn. 6; *Rudolph*, Art. 82 Rn. 5..

1677 *Enderlein/Maskow/Strohbach*, Art. 82 Anm. 1.3; *Piltz*, Intern. KaufR, S. 222, Rn. 169; *Schlechtriem/Leser*, Art. 82 Rn. 13; ähnlich *Karollus*, S. 149.

1678 *Schlechtriem/Leser*, Art. 82 Rn. 11; *Staudinger/Magnus*, Art. 82 Rn. 6 (der ausführt, dass die Rücknahme der Sache dem Verkäufer nicht mehr zumutbar sein darf); *Honsell/Weber*, Art. 82 Rn. 7; *Ensthaler/Achilles*, nach § 382, Art. 82 Rn. 4.

1679 *Herber/Czerwenka*, Art. 82 Rn. 3; *Honsell/Weber*, Art. 82 Rn. 7.

1680 Bleibt der Ersatzlieferungsanspruch gem. Art. 82 II CISG erhalten, so hat der Käufer die vorhandene Bereicherung nach Art. 84 II CISG herauszugeben.

1681 *Schlechtriem/Leser*, Art. 82 Rn. 20 m.w.N.; *Staudinger/Magnus*, Art. 82 Rn. 23; *Piltz*, Intern. KaufR, S. 223 Rn. 174; *Ensthaler/Achilles*, nach § 382, Art. 82 Rn. 7.

Ferner ist der Verkäufer mit allen Risiken belastet, die auf der mangelhaften Beschaffenheit oder Lieferung der Ware beruhen, solange der Käufer diese Entwicklung nicht erkennen und verhindern kann[1683].

Liegt die Einwirkung jedoch in der Einflusssphäre des Käufers, so trifft ihn die Einstandspflicht, ohne dass ein Verschulden erforderlich ist[1684]. Ausreichend ist mithin die schlichte Verursachung der Rückgabeunmöglichkeit[1685]. Für Unterlassungen hat der Käufer dann einzustehen, wenn er zur Schadensabwendung verpflichtet war (bspw. Aufbewahrungspflicht nach Art. 86 CISG)[1686].

Ist die Ware aufgrund der in Art. 38 CISG vorgesehenen *Untersuchung* ganz oder teilweise untergegangen oder verschlechtert worden, so verbleibt dem Käufer der Anspruch auf Ersatzlieferung, Art. 82 II b) CISG.

Nach Art. 82 II c) CISG stehen der Verkauf[1687] im normalen Geschäftsverkehr und ein Verbrauch oder eine Veränderung der Ware im Rahmen der normalen Verwendung einem Ersatzlieferungsanspruch dann nicht entgegen, wenn der Käufer die Vertragswidrigkeit nicht entdeckt hat oder hätte entdecken müssen.

Die *Veränderung* einer Sache umfasst Fälle der Verarbeitung, aber auch des Gebrauchs. Ein bestimmungsgemäßer Gebrauch hindert die Ersatzlieferung deshalb nicht[1688].

Jedoch gelten diese Ausnahmen von Art. 82 I CISG nur, wenn der Käufer die Vertragswidrigkeit weder kannte, noch seine Unkenntnis auf Fahrlässigkeit beruhte[1689]. Wäre also der Fehler durch eine angemessene Untersuchung[1690] oder Beobachtung[1691] entdeckt worden, so entfällt ein Ersatzlieferungsanspruch.

1682 *Hager*, Gefahrtragung, in: Schlechtriem, S. 404; *ders.* Gefahrtragung, S. 166; *Piltz,* Intern. KaufR, S. 222 f., Rn. 171, 174; *Schlechtriem/Leser*, Art. 82 Rn. 16, 20; *Enderlein/ Maskow/Strohbach*, Art. 82, Anm. 4.1; *Welser,* Vertragsverletzung, in: Doralt, S. 121.

1683 *Soergel/Lüderitz/Dettmeier*, Art. 82 Rn. 5; *Weber,* in BTJP, Vertragsverletzungsfolgen, S. 181, *Schlechtriem*, Uniform Sales Law, S. 87; *Schlechtriem/Leser*, Art. 82 Rn. 19 (mit folgenden Beispielen: „Weiterfressender Schaden", wie Zerstörung eines gelieferten KfZ durch fehlerhafte Bremsen; fehlerhafte Gebrauchsanweisungen; Lieferung am falschen Ort oder zur falschen Zeit).

1684 *Welser,* Vertragsverletzung, in: Doralt, S. 121, 122; *Schlechtriem/Leser*, Art. 82 Rn. 20 (der darauf hinweist, dass der Käufer erst recht dafür einzustehen hat, wenn ihn oder seine Leute ein Verschulden trifft).

1685 *Hager*, Gefahrtragung, S. 166; *Honsell/Weber*, Art. 82 Rn. 16.

1686 *Staudinger/Magnus*, Art. 82 Rn. 20; *Herber/Czerwenka,* Art. 82 Rn. 6; vgl. auch *Honnold,* Art. 82 Rn. 448.1 (zur CISG-autonomen Auslegung dieser Pflichten).

1687 Hinsichtlich des Verkaufs ist dabei auf das Zustandekommen des Kaufvertrages mit dem Abnehmer abzustellen, vgl. *Schlechtriem/Leser,* Art. 82 Rn. 24.

1688 *Herber/Czerwenka,* Art. 82 Rn. 9; *Soergel/Lüderitz/Dettmeier*, Art. 82 Rn. 5, 3; *Schlechtriem/Leser*, Art. 82 Rn.26 (der darauf hinweist, dass der Gebrauch auch in Abs. 1 - unwesentliche Veränderung- angesiedelt werden kann)..

1689 Vgl. *Soergel/Lüderitz/Dettmeier*, Art. 82 Rn. 10.

Nach Kenntnis bzw. Kennenmüssen gilt Art. 82 II a) CISG analog mit der Folge, dass jede Verursachung durch den Käufer die Ersatzlieferung ausschließt[1692]. Ein Gebrauch der Sache ist grds. weiterhin möglich, solange hierdurch nicht eine wesentliche Zustandsänderung eintritt[1693].

(2) Vertraglicher Ausschluss

Die Parteien können gem. Art. 6 CISG abweichende Regelungen treffen. So können die Parteien die Gewährleistung insgesamt ausschließen oder lediglich den Anspruch auf Ersatzlieferung.

Wird die Gewährleistung in allgemeinen Geschäftsbedingungen getroffen und unterliegen diese Bedingungen der Inhaltskontrolle nach deutschem Recht (§ 9 AGBG), so kann der Verkäufer in allgemeinen *Lieferbedingungen* einen Ausschluss des Ersatzlieferungs- oder des Nachbesserungsanspruchs aufnehmen[1694]. Dem Käufer muss in einem solchen Fall aber das Recht verbleiben, bei Mängeln, die eine wesentliche Vertragsverletzung i.S.d. Art. 25 CISG darstellen, die Vertragsaufhebung zu erklären[1695].

Auch ist es zulässig, durch Klauseln in allgemeinen Lieferbedingungen zu konkretisieren, wann ein wesentlicher Mangel vorliegt (bspw. bis zu einem Minderwert von 10 %)[1696]. Unzulässig ist eine solche Klausel aber dann, wenn hierdurch objektiv erhebliche Vertragsverletzungen zu unwesentlichen Beeinträchtigungen deklariert werden (§ 9 II Nr. 1 AGBG)[1697].

1690 *Staudinger/Magnus*, Art. 82 Rn. 25.

1691 *Honsell/Weber*, Art. 82 Rn. 24; *Schlechtriem/Leser*, Art. 82 Rn. 27.

1692 *Schlechtriem/Leser*, Art. 82 Rn. 13; *Piltz*, Intern. KaufR, S. 222 Rn. 169.

1693 Vgl. *Schlechtriem/Leser*, Art. 82 Rn. 26 (Gebrauch als nur unwesentliche Veränderung).

1694 *Frense,* Freizeichnung im CISG, S. 137 f. (zur Erfüllung allgemein); *Schlechtriem/Huber*, Art. 46 Rn. 70; vgl. auch *Achilles,* Art. 46 Rn. 9.

1695 *Schlechtriem/Huber*, Art. 46 Rn. 70. Wird ein Ersatzlieferungs- oder Nachbesserungs*recht* des Verkäufers vereinbart, so stellt dieses wegen Art. 48 CISG lediglich eine Konkretisierung dieser Norm dar. Sie ist deshalb ohne weiteres zulässig, solange dem Käufer das Recht verbleibt, die Vertragsaufhebung zu erklären, wenn es sich um eine wesentliche Vertragsverletzung handelt und die Beseitigung des Mangels fehlgeschlagen ist, vgl. *Schlechtriem/Huber*, Art. 49 Rn. 72, *Frense*, Freizeichnung im CISG, S. 120 f..

1696 *Schlechtriem/Huber*, Art. 49 Rn. 72.

1697 Denn dann wird (indirekt) gegen den Grundgedanken der Konvention verstoßen, dass zumindest bei wesentlichen Vertragsverletzungen die Vertragsaufhebung oder die Ersatzlieferung möglich ist. Zur „Aufwertung" einer objektiv unwesentlichen Pflicht zur wesentlichen Vertragsverletzung zutreffend *Schlechtriem/Schlechtriem,* Art. 25 Rn. 10 (Grundgedanke des CISG ist, dass Vertragsaufhebung und Ersatzlieferung *nur* bei objektiv schweren Leistungsstörungen möglich sind. Deshalb ist eine „Aufwertung" nur durch Individualvereinbarung, nicht aber durch AGB möglich.).

j) Wahl der Ersatzlieferung als Rechtsbehelf

Der Käufer hat grundsätzlich die freie Wahl zwischen den Rechtsbehelfen, so dass er, wenn ein wesentlicher Mangel i.S.d. Art. 25 CISG vorliegt, frei den Ersatzlieferungsanspruch wählen kann.

Einschränkungen ergeben sich aber daraus, dass dem Käufer gem. Art. 48 CISG ein Nacherfüllungsrecht zusteht[1698]. Im Rahmen des Art. 48 CISG steht dem *Verkäufer* das Wahlrecht hinsichtlich der Nacherfüllungsmethode zu[1699].

Der Käufer kann Ersatzlieferung deshalb nur dann *sofort* wählen, wenn der Verkäufer die Nacherfüllung ablehnt oder eine Reparatur nicht möglich ist.

Ferner kann der Käufer sofort Ersatzlieferung wählen, wenn *von vornherein feststeht*, dass eine Nachbesserung unzumutbare Verzögerungen[1700] oder Unannehmlichkeiten bereitet sowie in den Fällen, in denen vom Verkäufer eine Ungewißheit über die Erstattung der Auslagen verursacht wird (Art. 48 I CISG).

In den übrigen Fällen eines schwerwiegenden Mangels ist das Wahlrecht des Käufers hinsichtlich der Ersatzlieferung (und auch der anderen Rechtsbehelfe) aufgrund des Art. 48 CISG suspendiert[1701]. Bietet der Verkäufer auf die Anzeige gem. Art. 39 CISG eine Nacherfüllung durch Nachbesserung an, begehrt der Käufer aber eine Ersatzlieferung, so kann der Verkäufer den Ersatzlieferungsanspruch durch eine erfolgreiche Nachbesserung (die ohne unzumutbare Verzögerungen und Unannehmlichkeiten erfolgt) abwehren[1702].

[1698] *Karollus,* S. 138; *Schlechtriem/Huber,* Art. 48 Rn. 9; *Bianca/Bonell/Will,* Art. 48 Anm. 3.1.1, 3.1.2. Denn Art. 48 I CISG enthält nur einen Vorbehalt zugunsten der Vertragsaufhebung, nicht aber zugunsten der Ersatzlieferung, so dass dem Verkäufer auch bei einer wesentlichen Vertragsverletzung (und insofern unabhängig vom Streitstand zur Wesentlichkeit) aufgrund von Art. 48 I ein Nacherfüllungsrecht zusteht. Auch kann der Käufer den Verkäufer nicht durch die Androhung einer Vertragsaufhebung zur Ersatzlieferung „nötigen", da die Auslegung des Begriffs der *Wesentlichkeit* nach der hier vertretenen Meinung unter Berücksichtigung der Behebbarkeit zu erfolgen hat (vgl. dazu ausführlich oben *E. IV. 2. c).* A.A. *Staudinger/ Magnus,* Art. 48 Rn. 32 (Auch unter Berücksichtigung des Art. 48 I CISG stets Wahlrecht des Käufers); ebenso *Herber/Czerwenka,* Art. 48 Rn. 11, allerdings mit der Einschränkung, dass bei der Auslegung der Wesentlichkeit die Behebbarkeit zu berücksichtigen ist, so dass im Ergebnis kein Unterschied zu der hier vertretenen Ansicht besteht.

[1699] *Karollus,* S. 138; *Schlechtriem/Huber,* Art. 48, Rn. 9; *Piltz,* Intern. KaufR, S. 126 Rn. 71; *Bianca/Bonell/Will,* Art. 48 Anm. 3.1.1, 3.1.2.

[1700] So insbesondere bei strikt zeitgebundenen Geschäften (insb. Fixgeschäfte), wenn durch eine prompte Ersatzlieferung der vertragliche Zeitrahmen noch eingehalten würde, nicht aber durch eine (langwierige) Nachbesserung. Vgl. zu zeitgebundenen Geschäften bei der Vertragsaufhebung, *Karollus*, ZIP 1993, 490, 496, 497.

[1701] *Piltz,* Intern. KaufR, S. 214 Rn. 138.

[1702] *Karollus,* S. 138; *Schlechtriem/Huber,* Art. 46 Rn. 56; a.A. *Staudinger/Magnus,* Art. 48 Rn. 31.

Entsteht aber im Verlaufe der Nachbesserung durch den Verkäufer eine unzumutbare Verzögerung oder erfolgen unzumutbare Unannehmlichkeiten (z.B. mehrfaches Fehlschlagen der Reparatur), so kann der Käufer bei schwerwiegenden Mängeln nun frei zwischen seinen Rechtsbehelfen wählen, mithin auch Ersatzlieferung geltend machen[1703].

Das Wahlrecht hinsichtlich der Nacherfüllungsmethode (Nachbesserung oder Ersatzlieferung) wechselt daher bei objektiv schwerwiegenden Vertragsverletzungen vom Verkäufer im Rahmen des Nacherfüllungsrechts (Art. 48 I CISG) zum Käufer, wenn dieser die Nacherfüllung im Rahmen seines Nacherfüllungsanspruchs (Art. 46 II, III CISG) geltend macht.

k) Wechsel der Rechtsbehelfe (*ius variandi*)

Zu unterscheiden sind hier der Fall, dass der Käufer zunächst andere Rechtsbehelfe geltend gemacht hat, nun aber Ersatzlieferung wählen möchte und der Fall, dass der Käufer zunächst Ersatzlieferung begehrt hat, nun aber hiervon abrücken will.

Der erste Fall bestimmt sich nach Art. 46 I CISG, wonach der Ersatzlieferungsanspruch ausgeschlossen ist, wenn der Käufer bereits inkompatible Rechtsbehelfe ausgeübt hat[1704]. Demnach kann der Käufer keine Ersatzlieferung mehr verlangen, wenn er zuvor die Vertragsaufhebung oder Herabsetzung des Kaufpreises erklärt oder aber Schadensersatz wegen Nichterfüllung geltend gemacht hat[1705]. Die Bindungswirkung tritt dabei mit *Zugang* der Erklärungen beim Verkäufer ein[1706].

Macht der Käufer hingegen zunächst *Nachbesserung* geltend, so ist er hieran grundsätzlich nicht gebunden; er kann deshalb Ersatzlieferung verlangen, wenn die Vertragsverletzung objektiv schwerwiegend ist und solange er sich noch innerhalb der *angemessenen Frist* des Art. 46 II CISG bewegt[1707]. Ausnahmen bestehen nur dann, wenn der Käufer dem Verkäufer nach Art. 47 I CISG eine

---

1703 Voraussetzung ist aber stets, dass ein objektiv schwerwiegender Mangel vorliegt.

1704 Vgl. zu den Einzelheiten, oben *E. IV. 2. i) (b)*.

1705 *Staudinger/Magnus*, Art. 46 Rn. 19; *Sekretariatskommentar*, Art. 42 Anm. 7, *O.R.* 38; *Bianca/Bonell/Will*, Art. 46 Bem. 2.1.1.1. Der Ersatzlieferungsanspruch ist aber nur ausgeschlossen, wenn der Käufer Ersatz des Schadens *wegen Nichterfüllung* verlangt, nicht aber, wenn nur zusätzliche Schäden (bspw. Verzugsschäden) geltend gemacht werden, vgl. *Karollus*, S. 135..

1706 Ausführlich dazu, oben *E. IV. 2. i) (b)*.

1707 Vgl. *Staudinger/Magnus*, Art. 46 Rn. 30 zur „Bindung" an den allgemeinen Erfüllungsanspruch. Ist die zunächst verlangte Nachbesserung fehlgeschlagen, so steht dem Käufer nochmals eine angemessene Frist i.S.d. Art. 46 II CISG zu, vgl. *Soergel/Lüderitz/Schüßler-Langeheine,* Art. 46 Rn. 11.

Nachfrist gesetzt oder aber der Verkäufer dem Käufer nach Art. 48 II CISG eine Frist gesetzt hat. Hier ist der Käufer grds. bis zum Fristablauf gebunden[1708].

Im Hinblick auf Art. 48 I CISG ist der Käufer ferner gebunden, wenn der Verkäufer die Nachbesserung im Rahmen seines *Nacherfüllungsrechts* vornimmt. Der Käufer muss dann die Zeit abwarten, bis die Nachbesserung für ihn eine unzumutbare Verzögerung oder Unannehmlichkeit bedeutet bzw. der Verkäufer die Nachbesserung verweigert[1709].

Unerheblich ist dabei auch, ob der Verkäufer die Nachbesserung von sich aus angeboten oder der Käufer diese verlangt hat (Reihenfolge der Erklärungen)[1710].

Hat der Käufer zunächst *Ersatzlieferung* begehrt, so kann er grundsätzlich jederzeit von diesem Rechtsbehelf abrücken und andere Rechtsbehelfe geltend machen[1711]. Jedoch können Bindungen des Käufers aufgrund der Artt. 47 und 48 CISG eintreten. Uneinheitlich wird beurteilt, ob eine Bindung des Käufers an sein Erfüllungsverlangen aufgrund von Treu und Glauben eintritt.

Hat der Käufer dem Verkäufer gem. Art. 47 I CISG eine Frist zur Ersatzlieferung gesetzt[1712], so ist er bis zum Ablauf der Frist an sein Begehren gebunden,

---

1708 Vgl. Art. 47 II CISG und Art. 48 II, S. 2 CISG. Allerdings entfällt die Bindungswirkung, wenn der Verkäufer nunmehr die Nachbesserung verweigert.

1709 *Schlechtriem/Huber*, Art. 45 Rn. 27.

1710 Dieses folgt aus der hier vertretenen Meinung zur *Wesentlichkeit* und daraus, dass im Rahmen des Art. 48 I CISG dem Verkäufer das Wahlrecht zusteht. Bsp.: Der Käufer stellt einen objektiv schwerwiegenden Mangel fest, zeigt diesen an und verlangt Nachbesserung. Der Verkäufer will daraufhin nachbessern. Der Käufer kann bis die Nachbesserung unzumutbar (Art. 48 I CISG) wird, nicht Ersatzlieferung verlangen. Denn die durchgeführte Nachbesserung bewegt sich im Rahmen des Nacherfüllungs*rechts* des Verkäufers gem. Art. 48 I CISG. Ferner liegt grds. noch kein wesentlicher Mangel vor, da die Behebbarkeit zu berücksichtigen ist. Es kommt auch nicht etwa auf die Reihenfolge der Erklärungen an (Nachbesserungs*anspruch* gem. Art. 46 III CISG ohne Bindungswirkung bei Begehren des Käufers, Nachbesserungs*recht* mit Bindungswirkung bei Anbieten des Verkäufers), da es ansonsten zu einem „Wettlauf der Erklärungen" käme, wobei der Käufer bevorteilt wäre, da er regelmäßig den Mangel als erster feststellt. Hierdurch würde Art. 48 I CISG unterlaufen.

1711 *Vahle*, ZVglRWiss 98 (1999), 54, 63; *Schlechtriem/Huber*, Art. 45 Rn. 24 f.. Will der Käufer zur Vertragsaufhebung wechseln, so muss die Frist des Art. 49 II b) i) CISG noch gewahrt sein. Ist diese Frist schon abgelaufen, kann der Käufer die Möglichkeit, Vertragsaufhebung zu verlangen durch die Setzung einer Frist zurückgewinnen (Artt. 49 II b) ii), Art. 47 CISG), vgl. *Schlechtriem/Huber*, Art. 45 Rn. 25.

1712 Art. 47 CISG gilt für alle Erfüllungsansprüche und somit auch für den Ersatzlieferungsanspruch, vgl. *Soergel/Lüderitz/Schüßler-Langeheine*, Art. 46 Rn. 14.

Art. 47 II CISG[1713]. Allerdings entfällt die Bindung schon während der Frist, wenn der Verkäufer erklärt, dass er nicht erfüllen werde, Art. 47 II CISG[1714].

Ferner ist der Käufer im Hinblick auf Art. 48 I CISG grds. gebunden, wenn der Verkäufer die Ersatzlieferung im Rahmen seines *Nacherfüllungsrechts* gem. Art. 48 I CISG vornimmt. Der Käufer muss nach der hier vertretenen Ansicht die Zeit abwarten, bis die Ersatzlieferung für ihn eine unzumutbare Verzögerung[1715] oder Unannehmlichkeit darstellt[1716], da sonst noch keine wesentliche Vertragsverletzung vorliegt. Auf die Reihenfolge der Erklärungen kommt es auch hier nicht an[1717]. Ausnahmen bestehen dann, wenn durch die Vertragswidrigkeit die Vertrauensgrundlage zerstört wurde, der Verkäufer die Nacherfüllung ablehnt oder die mit der Nacherfüllung verbundene Zeitverzögerung für sich genommen bereits eine wesentliche Vertragsverletzung darstellt (bspw. Fixgeschäfte); der Käufer kann dann sofort Vertragsaufhebung erklären[1718].

Nach Art. 48 II CISG ist der Käufer ferner an eine Ersatzlieferung gebunden, wenn der Verkäufer den Käufer aufgefordert hat, ihm mitzuteilen, ob er die Erfüllung annehmen will und eine Frist angibt, innerhalb der er (der Verkäufer) nacherfüllen will. Entspricht der Käufer dieser Aufforderung nicht, so kann er innerhalb der vom Verkäufer in seiner Aufforderung enthaltenen Frist keine anderen Rechtsbehelfe ausüben, die mit der Erfüllung unvereinbar sind.

Nicht einheitlich wird beurteilt, ob der Käufer, der Ersatzlieferung (aber auch Nachbesserung oder „allgemein" Erfüllung) verlangt, zumindest eine angemes-

---

1713 Nach Ablauf der Frist kann der Käufer weiterhin Ersatzlieferung verlangen, vgl. *Enderlein/Maskow/Stargart,* Art. 47 Anm. 1. Er ist nicht gezwungen, nunmehr andere Rechtsbehelfe auszuüben, es sei denn, er hat bereits die Aufhebung des Vertrages erklärt, *vgl. Soergel/Lüderitz/Schüßler-Langeheine,* Art. 47 Rn. 9.

1714 *Enderlein/Maskow/Strohbach,* Art. 47 Anm. 6.

1715 Der Zeitraum, bis zu welchem die Verzögerung unzumutbar wird, entspricht dem Zeitraum einer *angemessenen Frist* i.S.d. Art. 47 I CISG, vgl. *Soergel/Lüderitz,* 12. Aufl., Art. 48 Rn. 4; *Schlechtriem/Huber,* Art. 48 Rn. 13.

1716 Ferner in dem Fall, dass der Verkäufer Ungewissheit über die Erstattung mit der Nacherfüllung verbundenen Auslagen verursacht.

1717 *Schlechtriem/Huber*, Art. 48 Rn.24 (zur Vertragsaufhebung). Bsp.: Der Käufer entdeckt einen objektiv schwerwiegenden Mangel, zeigt diesen an und verlangt Ersatzlieferung. Der Verkäufer erklärt sich zur Ersatzlieferung bereit (er könnte auch lediglich nachbessern, da ihm im Rahmen des Art. 48 CISG das Wahlrecht zusteht). Der Käufer ist an die Ersatzlieferung gebunden, bis diese eine unzumutbare Verzögerung oder Unannehmlichkeit darstellt. Denn der Verkäufer „bewegt" sich hier im Rahmen seines *Nacherfüllungsrechts* gem. Art. 48 CISG. Es kommt also *nicht* auf die Reihenfolge der Erklärungen an (Ersatzlieferungsanspruch ohne Bindungswirkung bei Begehren des Käufers, Ersatzlieferungsrecht mit Bindungswirkung bei Anbieten des Verkäufers).

1718 Vgl. ausführlich *Karollus*, ZIP 1993, 490, 496 f..

sene Zeit an diese Erklärung gebunden ist, bevor er andere Rechtsbehelfe ausüben kann, auch wenn er keine Frist gem. Art. 47 CISG gesetzt hat.

Nach *einer Ansicht* wird eine solche Bindung grundsätzlich abgelehnt[1719]. Denn den Interessen des Verkäufers sei durch Art. 48 CISG hinreichend gedient[1720]. Ferner *könne* der Käufer nach Treu und Glauben eine gewisse Zeitspanne an ein Erfüllungsbegehren gebunden sein, auch wenn er keine Frist für die Erfüllung gesetzt habe[1721], so dass ein ausreichender Verkäuferschutz gewährleistet sei.

Nach a.A. ist der Käufer aufgrund von Art. 7 I CISG *stets* eine gewisse Frist an sein Erfüllungsbegehren gebunden[1722].

M.E. ist der ersten Ansicht zuzustimmen. Zunächst ist eine *generelle* Bindung des Käufers bei einem Erfüllungsverlangen abzulehnen. Dieses ergibt sich aus der Ablehnung des Antrags Japans auf der Wiener Konferenz, der eine solche Bindung beinhaltete[1723]. Allerdings *kann* sich eine Bindung aufgrund von Treu und Glauben ergeben. Denn die Ablehnung der Anträge einer Bindungsfrist erfolgte u.a. mit Hinweis auf den ausreichenden Schutz des Verkäufers durch Art. 7 I CISG[1724]. Auch ist der Verkäufer nicht durch Art. 48 CISG ausreichend geschützt. Verlangt bspw. der Käufer nach mangelhafter Lieferung Nachbesserung und nimmt diese der Verkäufer im Rahmen des Art. 48 I CISG *erfolglos* vor und wird die Nachbesserung dadurch unzumutbar, so kann der Käufer bei einem objektiv schwerwiegenden Mangel nunmehr Ersatzlieferung verlangen. Der Verkäufer muss sich nun ggf. Ware anderweitig beschaffen und/oder einen Spediteur mit dem Transport beauftragen[1725]. Den Verkäufer aber nun einem jederzeitigen,

---

1719 *Ziegler,* Leistungsstörungsrecht, S. 158; *Soergel/Lüderitz/Schüßler-Langeheine,* Art. 47 Rn. 7; *Bianca/Bonell/Will,* Art. 47 Anm. 2.1.3.1. Ein Antrag Japans zur Normierung einer solchen Bindung (vgl. A/CONF.97/C.1/L.161, *O.R.* 112) wurde auf der Wiener Konferenz zurückgezogen, da Übereinstimmung bestand, dass diesen Fällen durch Art. 7 I und Art. 48 II CISG hinreichend Rechnung getragen werden könne, vgl. *O.R.* 356 f..

1720 *Soergel/Lüderitz/Schüßler-Langeheine,* Art. 47 Rn. 7; *Schlechtriem/Huber,* Art. 47 Rn. 25 Fn. 36.

1721 *Huber,* RabelsZ 43 (1979), 484, 492; *Staudinger/Magnus,* Art. 46 Rn. 30.

1722 Ausführlich *Piltz,* Intern. KaufR, S. 231 f., Rn. 205 ff.; ebenso *Welser,* Vertragsverletzung, in: Doralt, S. 117; Die konkrete Frist sei nach den Umständen des Einzelfalls zu bemessen, tendenziell jedoch kürzer als die dem Käufer für die Erklärung der Vertragsaufhebung zustehende angemessene Frist, vgl. *Piltz,* Intern. KaufR, S. 232 Rn. 210.

1723 Vgl. A/CONF.97/C.1/L.161, *O.R.* 112; *O.R.* 356 f..

1724 Vgl. die Ausführungen von *Mr. Rognlien* (Norway), *O.R.* 357 Nr. 4.

1725 Die Fälle, in denen der Verkäufer bei einem Erfüllungsbegehren des Käufers unverzüglich kostenverursachende Maßnahmen in die Wege leitet, werden keinesfalls die Ausnahme, sondern die Regel darstellen. Dieses gilt insbesondere deshalb, weil der Verkäufer für den Verzögerungsschäden Schadensersatz zu leisten hat. So wird ein Verkäufer, der von seinem Käufer auf Nachbesserung in Anspruch genommen wird, möglichst bald einen Handwerker beliebigen Wechsel der Rechtsbehelfe durch den Käufer auszusetzen, erscheint nicht interessengerecht. Der Verkäufer hat ein schutzwürdiges Interesse daran, sein weiteres Verhalten wirtschaftlich vernünftig einrichten zu können[1726].

Inwieweit der Käufer aufgrund Treu und Glauben gebunden ist, bestimmt sich nach den Umständen des Einzelfalls. Insbesondere kann *widersprüchliches Verhalten* des Käufers einen beliebigen Wechsel ausschließen[1727]. Schafft der Käufer einen Vertrauenstatbestand und hat der Verkäufer deshalb bereits (relevante) Dispositionen getroffen, so wird man dem Käufer einen jederzeitigen Wechsel der Rechtsbehelfe versagen müssen. Verlangt also der Käufer Ersatzlieferung und hat der Verkäufer deshalb bereits bspw. Ersatzware beschafft, so ist der Käufer eine angemessene Zeit an sein Ersatzlieferungsverlangen gebunden[1728]. Eine Bindung besteht allerdings nicht, wenn der Verkäufer noch keine Dispositionen getroffen hat oder die Ersatzlieferung nicht innerhalb einer angemessenen Frist erfolgt ist.

l) Art. 28 CISG

Die Durchsetzbarkeit von Erfüllungsansprüchen ist durch Art. 28 CISG beschränkt[1729]. Nach Art. 28 CISG braucht ein Gericht, wenn eine Partei nach dem CISG berechtigt ist, die Erfüllung einer Verpflichtung zu verlangen, eine Entscheidung auf Erfüllung in Natur nur zu fällen, wenn es dies auch nach seinem eigenen Recht bei gleichartigen Kaufverträgen täte, die nicht unter die Konvention fielen.

Art. 28 CISG dient als Kompromisslösung zwischen den unterschiedlichen Rechtsanschauungen des *Common Law* und des *Civil Law* und soll insbesondere den Ländern des *Common Law* -bei denen ein Erfüllungsanspruch nur in Ausnahmefällen besteht- ermöglichen, ihre wesentlichen Rechtstraditionen beizubehalten[1730]. Der primäre Zweck des Art. 28 CISG ist deshalb, dass Gerichte der

---

im Land des Käufers beauftragen. Hat der Verkäufer bei einem Gattungskauf die Ware noch selbst im Lager, so wird er einen Spediteur mit dem Transport beauftragen.

1726 So auch *Piltz*, Intern. KaufR, S. 231 Rn. 208. Demgegenüber ist der Käufer weniger schutzwürdig, da er zum einen durch sein Erfüllungsbegehren einen Vertrauenstatbestand begründet hat und zum anderen einen gleichwohl erwachsenden Nachteil als Schadensersatz einfordern kann.

1727 So auch *Piltz*, Intern. KaufR, S. 231 Rn. 206; ähnlich *Achilleș*, Art. 46 Rn. 8.

1728 So auch *Staudinger/Magnus*, Art. 46 Rn. 30 („Schließlich kann aus dem Grundsatz von Treu und Glauben (Art. 7) folgen, daß der Käufer an seinen Erfüllungsanspruch gebunden ist, etwa wenn der Verkäufer auf Veranlassung des Käufers schon Schritte zur Erfüllung eingeleitet hat").

1729 Art. 28 berührt nicht das Bestehen des Erfüllungsanspruchs, sondern seine prozessuale Erzwingbarkeit, vgl. *Piltz*, Intern. KaufR, S. 59 Rn. 144; *Karollus*, S. 140.

1730 Vgl. die Ausführungen auf der Wiener Konferenz von *Mr. Wagner* (G.D.R.), *O.R.* 305 Nr. 49: „(...) a compromise to prevent common law courts from being compelled to do something which they could not normally do under their law."); *Sekretariatskommentar*, Art. 26 Nr. 3, *O.R.* 27: „(...) States could not be expected to alter fundamental principles of

Common Law Staaten Erfüllungsklagen nicht stattgeben müssen, wenn nach deren Grundprinzipien dieses nicht vorgesehen ist[1731].

Die *praktische Bedeutung* dieser Vorschrift ist gering[1732]. Der Käufer wird im internationalen Handelsverkehr nur in Ausnahmefällen den Rechtsbehelf der Erfüllung wählen[1733]. Er wird regelmäßig Schadensersatz verlangen und nicht den (ungewissen) Ausgang eines langwierigen Erfüllungsprozesses gegen einen ausländischen Lieferanten abwarten[1734]. In den Fällen, in denen sein Interesse an der Ware so gross ist, dass er diese Unannehmlichkeiten auf sich nimmt, werden meist Sachverhalte vorliegen, in welchen er auch nach dem *Common Law* die Erfüllung durchsetzen könnte[1735].

Von Art. 28 CISG werden sämtliche Erfüllungsansprüche des Art. 46 CISG erfasst, d.h. der „allgemeine" Erfüllungsanspruch, der Ersatzlieferungsanspruch sowie der Nachbesserungsanspruch[1736].

Umstritten ist, was unter dem „*eigenen Recht* bei gleichartigen Kaufverträgen" zu verstehen ist. Hieran knüpft sich auch die Frage, inwieweit nationalen Rechtsinstituten (bspw. Unmöglichkeit, Wegfall der Geschäftsgrundlage) über Art. 28 CISG zur Geltung verholfen werden kann.

Einigkeit herrscht noch insoweit, als dass unter *eigenem Recht* das Recht des Staates des angerufenen Gerichts *unter Ausschluss des internationalen Privatrechts* zu verstehen ist[1737].

---

their procedure in order to bring this convention into force".; *Soergel/Lüderitz/Budzikiewicz*, Art. 28 Rn. 1; *Bergsten*, Basic Concepts, in: Doralt, S. 26.

1731 Vgl. *Schlechtriem/Huber*, Art. 28 Rn. 18.

1732 *Schlechtriem*, Uniform Sales Law, S. 62; *Staudinger/Magnus*, Art. 28 Rn. 2; *Honnold*, Art. 46 Rn. 286; *Schlechtriem/Magnus*, Intern. Rspr., verzeichnen zur Vorgängerregelung (Art. 16 EKG) keine Entscheidung.

1733 *Staudinger/Magnus*, Art. 28 Rn. 2; *Schlechtriem/Huber*, Art. 28 Rn. 9 f.; vgl. auch *Rabel*, RabelsZ 9 (1935), 1, 70.

1734 Vgl. *Walt*, 26 Tex.Int'l.L.Rev. 211, 232 (1991); *Enderlein/Maskow/Strohbach*, Art. 28 Anm. 1.

1735 *Schlechtriem/Huber*, Art. 28 Rn. 9 f.; *Bianca/Bonell/Lando*, Art. 28 Anm. 1.3.1. Nimmt der Käufer im Handelsverkehr die Verzögerungen einer Erfüllungsklage in Kauf, so wird nach amerikanischen Recht die Ware entweder i.S.d. § 2-716 (1) UCC einzigartig sein („unique") oder es werden „other proper circumstances" vorliegen, bspw. weil der Käufer keine Mittel zur Zwischenfinanzierung eines Deckungskaufs hat (vgl. Stephan's Machine & Tool, Inc. v. D & H Machinery Consultants, Inc., 417 N.E.2d 579 (Ohio App. 1979)).

1736 *Herber/Czerwenka*, Art. 28 Rn. 3; *Staudinger/Magnus*, Art. 28 Rn. 14; *Piltz*, Intern. KaufR, S. 226 Rn. 188; *Schlechtriem/Huber*, Art. 28 Rn. 12; *Enderlein/Maskow/ Strohbach*, Art. 28 Bem. 2.1.; abweichend in Bezug auf den Nachbesserungsanspruch, *Schlechtriem*, Uniform Sales Law, S. 63. Dem ist nicht zuzustimmen, da es sich bei dem Nachbesserungsanspruch ebenfalls um einen Erfüllungsanspruch handelt; so auch *Kastely, Wash.L.Rev.63 (1988)*, 607, 635. Ferner lehnen *Common Law* Gerichte gerade die Verurteilung zur Nachbesserung ab, vgl. oben *D. V. 4.*.

Unterschiedlich wird allerdings beurteilt, ob unter dem *eigenen (internen) Recht* des Forumgerichts das Prozessrecht[1738], das materielle Recht[1739] oder beides zu verstehen ist[1740]. Die Frage ist also, ob ein Erfüllungsanspruch deshalb nach Art. 28 CISG abgewiesen werden kann, weil nach dem internen Verfahrensrecht des Forumgerichts ein Erfüllungsanspruch nicht durchsetzbar ist oder ob entscheidend ist, dass das materielle Recht des Forumgerichts einen Erfüllungsanspruch nicht vorsieht bzw. ob sowohl Verfahrensrecht als auch materielles Recht die Abweisung einer Erfüllungsklage begründen können[1741].

M.E. ist bei der Beantwortung dieser Frage auf den Zweck des Art. 28 CISG abzustellen, nämlich den *Common Law* Staaten die Beibehaltung ihrer fundamentalen Rechtsprinzipien („fundamental principles")[1742] zu ermöglichen. Man kommt dabei mit einer im internen deutschen Recht vorhandenen Einteilung in Verfahrensrecht und materielles Recht nicht weiter, die bspw. im amerikanischen Recht im Hinblick auf die Zwangsvollstreckung in dieser Form nicht existiert[1743]. Vielmehr werden dort Fragen der Zwangsvollstreckung bereits durch das den Titel schaffende Gericht mitberücksichtigt.

So ergehen *Specific Performance* Urteile zum einen deshalb nicht, weil nach der *Common Law* Rechtstradition ein Erfüllungs*anspruch* grundsätzlich nicht besteht und nur dann gewährt wird, wenn ein Schadensersatzanspruch den Nachteil des Klägers unzureichend ausgleichen würde. Dieses wird durch den (jahrhundertealten) *„adequacy test"* erreicht, der sich in fast unveränderter Form in § 2-716 (1) UCC wiederfindet[1744]. Die *Anspruchsvoraussetzungen* des § 2-716 (1)

1737 *Enderlein/Maskow/Strohbach,* Art. 28 Anm. 5; *Piltz*, Intern. Kaufrecht, S. 227 Rn. 198; *Schlechtriem/Huber*, Art. 28 Rn. 17; *Honnold*, Art. 28 Rn. 195; *Kastely*, Wash.L.Rev. 63 (1988), 607, 637; *Soergel/Lüderitz/Budzikiewicz*, Art. 28 Rn. 1; *Schlechtriem*, Uniform Sales Law, S. 63.

1738 So insbesondere *Staudinger/Magnus*, Art. 28 Rn. 10; *Schwimann/Posch,* Art. 28 Rn. 5.

1739 So insbesondere *Schlechtriem/Huber,* Art. 28 Rn. 17 ff.; *Karollus,* S. 140.

1740 *Enderlein/Maskow/Strohbach*, Art. 28 Anm. 5; *Rudolph,* Art. 28 Rn. 11; *Herber/Czerwenka,* Art. 28 Rn. 3 ff.; *Schlechtriem*, Uniform Sales Law, S. 62 f.; wohl auch *Piltz*, Intern. KaufR, S. 227 Rn. 189.; *Posch/Kandut*, Allgemeine Bestimmungen, in: Hoyer/Posch, S. 72.

1741 Zur Darstellung der Ansichten, vgl. *Staudinger/Magnus,* Art. 28 Rn. 6 ff..

1742 Vgl. *Sekretariatskommentar,* Art. 26 Nr. 3, *O.R.* S. 27.

1743 Vgl. insb. *Dawson,* 57 Mich.L.Rev. 495, 531 (1959)*; Bergsten,* Basic Concepts, in: Doralt, S. 26 („The common law does not tend to draw the same distinction between the statement of the right and the procedure for its enforcement. The two are held to be inextricably linked."). Vgl. auch *Soergel/Lüderitz/Budzikiewicz,* Art. 28 Rn. 2, der ausführt, dass das *Common Law* Vollstreckungshindernisse ins materielle Recht vorverlagere. Ferner *v.Caemmerer,* AcP 178 (1978), 121, 130, der zutreffend darauf hinweist, dass man bei einem Vergleich mit dem *Common Law* materielles Recht und Prozessrecht des deutschen Rechts zusammen sehen muss.

1744 Denn ein Anspruch auf *Specific Performance* besteht nur, wenn die Ware einzigartig („unique") ist oder „other proper circumstances" vorliegen, vgl. § 2-716 (1) UCC. Dieses

UCC („unique“ oder „other proper circumstances“) wären in den Denkkategorien des internen deutschen Rechts Fragen des materiellen Rechts[1745].

Zum anderen können Klagen auf *Specific Performance* durch das erkennende Gericht, aber auch aus Gründen abgewiesen werden, die nach deutschem Rechtsverständnis das Zwangsvollstreckungsverfahren betreffen[1746].

Deshalb muss nach Art. 28 CISG allein entscheidend sein, ob es ein *fundamentaler* Grundsatz des Rechts des Forumgerichts ist, hinsichtlich gleichartiger Kaufverträge bei einer durch *Gesetz* oder *Vertrag* begründeten *Pflicht* des Verkäufers dem Käufer einen *durchsetzbaren Anspruch* (als Rechtsbehelf) *nicht* zuzuerkennen, und zwar selbst in dem Fall, dass ein *Anspruch* des Käufers vereinbart wurde[1747]. Unerheblich ist dabei (aus den oben genannten Gründen), ob das Recht des Forumgerichts einen Erfüllungs*anspruch* nach deutschem Rechtsverständnis aus prozessualen oder materiellrechtlichen Gründen nicht gewähren würde.

Unbeachtlich ist deshalb, ob nach dem *Kaufrechtscode* des Forumgerichts ein Erfüllungsanspruch besteht, wenn das Forumgericht nach eigenem Recht einen *durch Vertrag* begründeten Erfüllungsanspruch des Käufers durchsetzen würde. Haben beispielsweise die Parteien einen Kaufvertrag abgeschlossen, der dem CISG unterfällt und begehrt der Käufer vor einem deutschen Gericht Nachbesserung, so kann der Anspruch nicht deshalb nach Art. 28 CISG abgewiesen werden, weil das BGB keinen Nachbesserungsanspruch im Kaufrecht vorsieht[1748]. Denn *vereinbaren* die Parteien einen Nachbesserungs*anspruch*, so würde auch ein deutsches Gericht diesen Anspruch unter Geltung des BGB zuerkennen.

Vor einem amerikanischen Gericht und bei Geltung des UCC hingegen kann der Käufer, selbst bei bestehender Pflicht des Verkäufers *und* Vereinbarung eines

---

bedeutet im Ergebnis nichts anderes als die Frage, ob der Schaden des Käufers durch einen Schadensersatzanspruch unzureichend („inadequate“) ausgeglichen würde.

1745 Denn *materielle* Voraussetzung des § 2-716 (1) UCC für die Gewährung eines Anspruchs auf *Specific Performance* ist, dass die Ware „unique“ ist oder „other proper circumstances“ vorliegen. Allerdings ist der dahinterstehende Rechtsgedanke vergleichbar mit der Unterscheidung von unvertretbarer und vertretbarer Sache in §§ 883, 884 ZPO sowie unvertretbarer und vertretbarer Handlung in §§ 887, 888 ZPO im Zwangsvollstreckungsverfahren.

1746 So insbesondere die Einreden des Verkäufers, die die Bestimmtheit des Urteils und des Vertrages betreffen (vgl. hierzu *Yorio*, § 3.2.4, S. 55, 56; oben *D. V. 2. b) (1))* sowie die Problematik der Überwachung der Zwangsvollstreckung betreffen (vgl. hierzu *Schwartz,* 89 Yale L.J. 271, 304 (1979); oben *D. V. 2. b) (6)).*

1747 Ähnlich *Schlechtriem/Huber,* Art. 28 Rn. 19 f.. Allerdings kommt es dabei nicht nur darauf an, ob der Erfüllungsanspruch (nach deutschem Rechtsverständnis) aufgrund des materiellen Rechts des Forumgerichts abgewiesen wird (so aber *Schlechtriem/Huber,* Art. 28 Rn. 17), sondern es ist ebenso das Prozessrecht zu berücksichtigen.

1748 *Schlechtriem/Huber*, Art. 28 Rn. 20; *Schlechtriem*, Uniform Sales Law, S. 63; *Rudolph,* Art. 28 Rn. 11.

Erfüllungsanspruchs, nur in Ausnahmefällen (bei einem besonderen Interesse) einen Anspruch in Natur durchsetzen[1749].

Ob dem Forumgericht im Rahmen des Art. 28 CISG ein *Ermessensspielraum* bei der Frage zusteht, ob es Erfüllung in Natur gewährt oder nicht, wird ebenfalls nicht einheitlich beurteilt[1750].

Teilweise wird aus der Formulierung des Art. 28 CISG[1751] ein Ermessensspielraum für das Gericht abgeleitet[1752].

Demgegenüber wird aufgrund des Charakters des Art. 28 CISG als Kollisionsnorm ein Ermessensspielraum abgelehnt; allein maßgeblich sei das Recht des entscheidenden Gerichts[1753].

Zuzustimmen ist m.E. der zweiten Ansicht. Denn entweder ist nach dem Recht des Forumgerichts ein Erfüllungsanspruch durchsetzbar oder nicht. Ist nach dem *lex fori* ein Erfüllungsanspruch in Natur *nicht* durchsetzbar, so soll *nicht* im Hinblick auf das CISG ein solcher Anspruch dennoch gewährt werden. Steht dem Forumgericht allerdings nach seinem internen Recht bei *Specific Performance* Klagen ein Ermessensspielraum zu (so z.B. nach § 2-716 (1) UCC), so *kann* das Forumgericht im Rahmen seines (internen) Ermessens den internationalen Charakter des Vertrages berücksichtigen[1754].

1749 Vgl. zur Vereinbarung von Erfüllungsansprüchen im UCC, oben *D. VII. 1.*; *Macneil*, 47 Cornell L.Q. 495, 522 (1962); *Schwartz*, 89 Yale L.J. 271, 273 (1979).

1750 Diese Frage ist scharf zu trennen von der Frage, ob dem Forumgericht aufgrund seines internen Rechts ein Ermessensspielraum bei Erfüllungsansprüchen zusteht (so bspw. in § 2-716 UCC).

1751 Vgl. Art. 28 CISG: „(...),so *braucht* ein Gericht eine Entscheidung auf Erfüllung in Natur nur zu fällen,(...)" bzw. „(...),a court *is not bound* to enter a judgement for specific performance (...).").

1752 *Kastely*, 63 Wash.L.Rev. (1988) 607, 638 ff. (Ermessensspielraum insb. um die Interessen von ausländischen Vertragsparteien berücksichtigen zu können und eine einheitliche Auslegung des CISG zu fördern); *Enderlein/Maskow/Strohbach*, Art. 28 Anm. 3; *Reinhart*, Art. 28 Rn. 3; ähnlich *Bianca/Bonell/Lando* Art. 28, Anm. 2.1.; wohl auch *Vahle*, ZVglR 98 (1999) 54, 62.

1753 *Schlechtriem/Huber*, Art. 28 Rn. 22; *Ziegler*, Leistungsstörungsrecht, S. 151.

1754 Bsp.: Ein amerikanisches Gericht kann *Specific Performance* gewähren, wenn eine Ware „einzigartig" („unique") ist oder bei anderen geeigneten Sachverhalten („other proper circumstances", § 2-716 UCC). Bei der Beurteilung dieser Frage steht dem Gericht Ermessen zu. Es kann im Rahmen des Ermessen den internationalen Charakter berücksichtigen (bspw. der Käufer ist nicht vertraut mit den Ausfuhrbedingungen des Landes eines Drittverkäufers, der vergleichbare Ware liefern könnte) und insofern eher geneigt sein, „other proper circumstances" anzunehmen. Ein darüber hinausgehender -auf Art. 28 CISG beruhender-Ermessensspielraum besteht nicht.

Art. 28 CISG ist *nicht* gem. Art. 6 CISG von den Parteien *abdingbar*[1755]. Denn Art. 28 CISG richtet sich an die nationalen Gerichte und regelt deren Entscheidungskompetenz, so dass nicht die der Privatautonomie unterliegenden Rechte und Pflichten der Parteien betroffen sind[1756]. Art. 28 CISG ist daher der Privatautonomie entzogen. Haben die Parteien deshalb eine Vereinbarung über Erfüllungsansprüche getroffen (bspw. Abbedingung des Art. 28 CISG), so entscheidet allein das „eigene Recht" des Forumgerichts, welche Bedeutung eine solche Vereinbarung haben kann[1757].

Art. 28 CISG hat für die Durchsetzbarkeit des Ersatzlieferungsanspruch folgende Konsequenzen:

In *Common Law* Staaten, die einen Erfüllungsanspruch von einem besonderen (durch einen Deckungskauf nicht zu befriedigenden) Interesse des Käufers abhängig machen, ist der Ersatzlieferungsanspruch nur in Ausnahmefällen durchsetzbar[1758]. Im Anwendungsbereich des *UCC* (§ 2-716 (1) UCC) wird dieses nur der Fall sein, wenn der Verkäufer der einzige Produzent der Ware ist oder aufgrund anderer Umstände für den Käufer eine Ersatzbeschaffung unzumutbar erscheint (Bsp.: Es gibt zwar andere Produzenten, die aber mindere Qualität produzieren; sonstiger Produzent befindet sich „am anderen Ende der Welt").

Auch kann der Käufer nicht in einem Vertrag Art. 28 CISG abbedingen, um so einen Ersatzlieferungsanspruch vor einem amerikanischen Gericht durchzusetzen.

Vor *deutschen Gerichten* wird das interne deutsche Recht über Art. 28 CISG für den Ersatzlieferungsanspruch hingegen keine Geltung erlangen.

In Fällen der *objektiven Unmöglichkeit* besteht nach der hier vertretenen Auffassung schon nach der Konvention kein Erfüllungsanspruch[1759].

1755 *Staudinger/Magnus*, Art. 28 Rn. 20; *Achilles*, Art. 28 Rn. 3; *Ziegler*, Leistungsstörungsrecht, S. 151; *Schlechtriem/Huber*, Art. 28 Rn. 24; *Herber/Czerwenka*, Art. 28 Rn. 4; *Posch/Kandut*, Allgemeine Bestimmungen, in: Hoyer/Posch, S. 73; *Soergel/Lüderitz*, 12. Aufl., Art. 16 EKG Rn. 1 (zum EKG). A.A. *Kastely*, 63 Wash.L.Rev. (1988), 607, 642 f.; *Bianca/Bonell/ Lando*, Art. 28 Anm. 3.1.

1756 Vgl. *Ziegler*, Leistungsstörungsrecht, S. 151.

1757 Vor einem amerikanischen Gericht wird die Vereinbarung eines Anspruchs auf *Specific Performance* als unzulässiger Eingriff in das gerichtliche Ermessen gewertet, vgl. *oben D. VII. 1.*; *Yorio*, § 19.2.3, S. 444. Allerdings kann eine solche Vereinbarung im Rahmen des gerichtlichen Ermessens derart berücksichtigt werden, dass das Gericht eher geneigt ist *Specific Performance* zu gewähren, vgl. *Farnsworth*, On Contracts, § 12.6, S. 178 f.; *Calamari/Perillo*, § 16-18, S. 631 und oben *D. VII. 1.*

1758 Vgl. *Walt*, 26 Tex.Int'l.L.Rev. 211, 224 (1991); *Anderson*, (1992 Supplement), § 716:5 („The UN Convention (CISG), (...), recognizes the right to specific performance but subjects it to limitations (CISG, Arts. 28, 46) with the net result that it does not provide a remedy broader than that obtained under UCC § 2-716.")

1759 So auch *Schlechtriem/Stoll*, Art. 79 Rn. 56; *Schlechtriem/Huber*, Art. 46 Rn. 15; a.A. *Vahle* ZVglRWiss 98 (1999), 54, 61.

In Fällen der *subjektiven Unmöglichkeit* besteht der Erfüllungsanspruch nach der hier vertretenen Ansicht nach dem CISG weiter[1760]. Jedoch scheiden in diesem Fall (Unvermögen) Erfüllungsansprüche über Art. 28 CISG auch aufgrund der Unmöglichkeitsregeln des internen deutschen Rechts *nicht* aus[1761]. Denn auch nach internem deutschen Recht wird dem Käufer ein subjektiv unmöglicher Anspruch zuerkannt, wenn der Verkäufer das Unvermögen zu vertreten hat[1762]. Da sich das Vertretenmüssen im Anwendungsbereich des CISG nach Art. 79 CISG bestimmen muss und eine Entlastung des Schuldners von den Erfüllungsansprüchen gem. Art. 79 V CISG nicht in Frage kommt, sperren insofern die Unmöglichkeitsregeln (hier § 275 II BGB) des internen deutschen Rechts auch über Art. 28 CISG nicht das Bestehen eines Erfüllungsanspruchs[1763].

Ist dem Käufer die prozessuale Durchsetzung des Erfüllungsanspruchs gem. Art. 28 CISG nicht möglich, verbleiben ihm alle anderen Rechtsbehelfe[1764].

m) Verjährung

Die Verjährung ist in der Konvention nicht geregelt. Insoweit gilt das nach Internationalem Privatrecht jeweils berufenene nationale Recht[1765]. Kommt deutsches Recht zur Anwendung, so ist auf den Ersatzlieferungsanspruch gem. Art. 46 II CISG Art. 3 S. 1 des Vertragsgesetzes (VertragsG) vom 5. Juli 1989 anzuwenden[1766].

Nach Art. 3 S. 1 VertragsG finden auf die dem Käufer nach Art. 45 CISG zustehenden Ansprüche wegen Vertragswidrigkeiten der Ware die §§ 477, 478 BGB entspechend Anwendung mit der Maßgabe, dass die in § 477 I S. 1 BGB

1760 Vgl. oben E. IV. 2. h) (1).

1761 A.A. bspw. *Herber/Czerwenka,* Art. 46 Rn. 4.

1762 *Soergel/Huber*, § 433 Rn. 276 e) m.w.N.. Es kann deshalb nicht davon gesprochen werden, dass es ein „*fundamentaler* Rechtsgrundsatz" des internen deutschen Rechts wäre, subjektiv unmögliche Ansprüche nicht zuzuerkennen.

1763 Der Käufer kann auch nicht über § 893 I ZPO i.V.m. § 283 BGB zu einem Schadensersatzanspruch kommen, wenn der Verkäufer nach Art. 79 I-III CISG entlastet ist. Denn auch das Verschulden im Rahmen des § 283 BGB richtet sich nach Art. 79 CISG. Zutreffend führt nämlich *Stoll* (in Schlechtriem, Art. 79 Rn. 55) aus, dass der Erfüllungsanspruch zwar fortbestehe, jedoch die Entlastung des Schuldners von seiner Einstandspflicht nicht durch eine Erfüllungsklage *und* Zwangsstrafen gegen ihn durchkreuzt werden darf.

1764 *Piltz,* Intern. KaufR, S. 227 Rn. 190.

1765 *Ziegler*, Leistungsstörungsrecht, S. 104.

1766 *Staudinger/Magnus*, Art. 3 VertragsG Rn. 6; *Schlechtriem/Schlechtriem*, Art. 3 VertragsG Rn. 4; *Herber/Czerwenka*, Art. 3 VertragsG Rn. 7. Ferner gilt Art. 3 VertragsG für die Vertragsaufhebung, Herabsetzung des Kaufpreises und Nachbesserung, vgl. vorstehende Autoren aaO.. Ansprüche wegen Nichterfüllung und Ansprüche aus Verzug werden nicht von Art. 3 VertragsG erfasst, vgl. *Staudinger/Magnus,* Art. 3 VertragsG Rn. 7.

bestimmte Frist mit dem Tage beginnt, an dem der Käufer gem. Art. 39 CISG die Vertragswidrigkeit dem Verkäufer anzeigt[1767].

Art. 3 S. 1 VertragsG erfasst sämtliche Vertragswidrigkeiten, die unter Art. 35 fallen, mithin Sachmängel, Mengen- oder Verpackungsfehler und Falschlieferungen[1768]. Rechtsmängel werden nicht von Art. 3 S. 1 VertragsG erfasst und verjähren gem. § 195 BGB nach 30 Jahren[1769].

Die Frist *beginnt* nach Art. 3 S. 1 VertragsG (erst) mit der Anzeige gem. Art. 39 CISG. Diese Änderung war notwendig, um bei nicht erkennbaren Mängeln die Regelung des Art. 39 II CISG, die eine Rüge noch binnen zwei Jahren zulässt, nicht auszuhöhlen[1770]. Dabei setzt die Absendung der Mängelrüge -nicht erst ihr Zugang- den Fristlauf in Gang[1771]. Hat der Käufer eine vernünftige Entschuldigung für die Versäumung der Rüge (vgl. Art. 40 CISG) und ist die Frist des Art. 39 II CISG noch nicht abgelaufen, dann beginnt die Verjährung des § 477 BGB mit der in angemessener Frist nachgeholten Rüge[1772].

Die Verjährungsdauer beträgt nach § 477 BGB sechs Monate. Hemmungen und Unterbrechungen der Verjährung sind im VertragsG nicht geregelt, so dass insofern auf das BGB zurückzugreifen ist[1773]. Deshalb ist § 639 II BGB analog anzuwenden; ferner ist auch ein Anerkenntnis nach § 208 BGB möglich[1774].

3. Rechtsfolgen des Ersatzlieferungsanspruchs gem. Art. 46 II CISG

Begehrt der Käufer Ersatzlieferung, so besteht der Vertrag weiter und es gelten für die Ersatzlieferung die Vertragsregeln erneut in vollem Umfang[1775]. Das Ersatzlieferungsverlangen hat also selbst keine Gestaltungswirkungen[1776].

1767 Die Verjährung der §§ 477, 478 BGB gilt nach Art. 3 S. 1 VertragsG nicht, wenn die Vertragswidrigkeit auf Tatsachen beruht, die der Verkäufer kannte oder über die er nicht in Unkenntnis sein konnte.

1768 *Schlechtriem/Schlechtriem*, Art. 3 VertragsG Rn. 4; *Staudinger/Magnus*, Art. 3 VertragsG Rn. 5.

1769 *Piltz*, Intern. KaufR, S. 212 Rn. 129; *Staudinger/Magnus*, Art. 3 VertragsG Rn. 5; *Schlechtriem/Schlechtriem*, Art. 3 VertragsG Rn. 5; *Herber/Czerwenka*, Art. 3 VertragsG Rn. 6. Dass Art. 3 VertragsG Rechtsmängel nicht erfasst zeigt sich an der alleinigen Erwähnung des Art. 39 CISG, vgl. *Staudinger/Magnus,* a.a.O..

1770 *BT-Drucks.* 11/3076, S. 6 f.; *Herber/Czerwenka*, Art. 3 VertragsG Rn. 3.

1771 *Schlechtriem/Schlechtriem,* Art. 3 VertragsG Rn. 6; *Staudinger/Magnus*, Art. 3 VertragsG Rn. 8.

1772 *Staudinger/Magnus*, Art. 3 VertragsG Rn. 9.

1773 *Staudinger/Magnus*, Art. 3 VertragsG Rn. 11; *Herber/Czerwenka*, Art. 3 VertragsG Rn. 13.

1774 *Schlechtriem/Schlechtriem*, Art. 3 VertragsG Rn. 11.

1775 *Schlechtriem/Leser*, vor Artt. 81-84 Rn. 4

1776 *Staudinger/Magnus*, Art. 46 Rn. 31.

a) Ansprüche des Käufers

Der Käufer hat einen Anspruch auf die Lieferung vertragsgemäßer Ware. Die Kosten der Ersatzlieferung hat dabei der Verkäufer zu tragen.

(1) Lieferung vertragsgemäßer Ware

Der Anspruch des Käufers geht auf Austausch der vertragswidrigen gegen vertragsgemäße Ware[1777].

Es kommt dabei nicht darauf an, dass gerade der Verkäufer über vertragsgemäße Ware verfügt. Der Verkäufer ist vielmehr verpflichtet, sich ggf. anderweitig Ware zu verschaffen[1778]. Ist allerdings die ursprünglich vereinbarte Lieferpflicht auf einen bestimmten Vorrat oder eine bestimmte Produktion beschränkt, so kann das Ersatzlieferungsbegehren nicht weiter reichen als die ursprüngliche Lieferpflicht[1779].

Ist die gesamte Gattung zu einem vertraglich vorausgesetzten Zweck ungeeignet, so entfällt der Ersatzlieferungsanspruch. Eine Pflicht des Verkäufers zur Lieferung aus einer anderen Gattung, die für den Zweck geeignet ist, besteht nicht[1780].

Ist auch die Ersatzlieferung nicht vertragsgemäß i.S.d. Art. 35 CISG, so kann der Käufer erneut Ersatzlieferung verlangen, aber auch die übrigen Rechtbehelfe (insb. Vertragsaufhebung) wählen[1781].

Der *Leistungsort* hinsichtlich der nachzuliefernden Ware ist aus dem Vertrag zu entnehmen[1782]. Dieses ergibt sich daraus, dass der ursprüngliche Vertrag

---

[1777] Ist die Ware nur teilweise vertragswidrig, kommt ein Austausch der Gesamtware nur dann in Betracht, wenn die teilweise Vertragswidrigkeit so schwerwiegend ist, dass der Käufer an der Gesamtlieferung kein Interesse mehr hat, vgl. *Staudinger/Magnus,* Art. 46 Rn. 50.

[1778] *Piltz*, Intern. KaufR, S. 219 Rn. 155.

[1779] *Piltz*, Intern. KaufR, S. 219 Rn. 155.

[1780] *Schlechtriem/Huber*, Art. 46 Rn. 21.

[1781] *Staudinger/Magnus*, Art. 46 Rn. 51.

[1782] *Witz/Salger/Lorenz/Salger,* Art. 46 Rn. 11; a.A. *Honsell/Schneyder/Straub*, Art. 46 Rn. 71; *Staudinger/Magnus*, Art. 46 Rn. 50. Diese vertreten, dass die Ersatzlieferung an dem Ort zu erfolgen habe, an dem sich die Ware bestimmungsgemäß befindet, da dem Käufer aus der Vertragswidrigkeit des Verkäufers keine Zusatzlasten entstehen dürfen. Weitergehend vertritt *Hackenberg* (Der Erfüllungsort von Leistungspflichten, S. 117) mit ähnlicher Begründung, dass der „Belegenheitsort" maßgeblich sei, d.h., der Ort, wo sich die Sache tatsächlich befindet, auch wenn dies nicht der ursprünglichen Bestimmung entsprach. Die abweichenden Meinungen sind m.E. nicht zutreffend, da -wie bereits ausgeführt- hinsichtlich der nachzuliefernden Ware der ursprüngliche Vertrag die Vertragspflichten (auch den Leistungsort) bestimmt. Der Ausgleich des Nachteils des Käufers erfolgt dadurch, dass der Verkäufer die Kosten der Ersatzlieferung, mithin auch die Transportkosten etc. zu tragen hat.

fortbesteht. Im übrigen gilt Art. 31 CISG. Im Einzelfall können sich aufgrund von Treu und Glauben (Art. 7 I CISG) Abweichungen ergeben.

Da die Vertragsregeln für die Ersatzlieferung erneut in vollem Umfang gelten[1783], ist auch die *Gefahrtragung für den Transport* der Ersatzware aus dem Vertrag zu entnehmen. D.h., je nach vorzunehmender Leistungshandlung des Verkäufers (hilfsweise Art. 31 c) CISG) ist die Gefahrtragung -ebenso wie bei der zunächst gelieferten Ware- nach Artt. 66 CISG zu bestimmen. Hierdurch wird der Käufer auch nicht mit einer zusätzlichen Gefahrtragung durch die zweite (Ersatz-)Lieferung belastet, und zwar auch dann nicht, wenn der Käufer nach dem Vertrag gem. Art. 69 I CISG bereits die Gefahr des ersten Transports zu tragen hatte. Denn bei der Lieferung vertragswidriger Ware trägt wegen Art. 82 II a) CISG tatsächlich der Verkäufer die Gefahr der ersten Lieferung, so dass dem Käufer durch die Gefahrtragung hinsichtlich der Ersatzlieferung kein Nachteil entsteht; der Käufer hätte auch bei sofortiger Lieferung von mangelfreier Ware einmal die Transportgefahr zu tragen gehabt[1784].

(2) Kosten der Ersatzlieferung

Die *Kosten* der Ersatzlieferung hat der Verkäufer zu tragen[1785]. Zwar ist dies nicht ausdrücklich normiert, ergibt sich aber implizit aus Art. 48 I S. 1 CISG[1786].

Der Verkäufer muss deshalb die Transportkosten für die Ersatzware tragen, auch wenn die Kosten der ersten Lieferung vom Käufer zu tragen waren[1787].

Darüber hinaus ist der Verkäufer verpflichtet, alle Schäden zu ersetzen, die dem Käufer durch den Mangel oder anlässlich der Beseitigung des Mangels entstehen (z.B. Abschleppkosten des liegengebliebenen KfZ)[1788]. Diese Pflicht ergibt sich allerdings aus Art. 45 I b) CISG; es gelten die Grenzen der Artt. 74 S. 2, 77 CISG[1789].

1783 Vgl. *Schlechtriem/Leser*, vor Artt. 81-84 Rn. 4.

1784 *Ballerstedt*, in FS für Nipperdey, S. 261, 281 f. weist zur vergleichbaren Rechtslage im internen deutschen Recht darauf hin, dass im Falle des Totalverlustes oder erheblicher Beschädigung der ersten Lieferung möglicherweise gar nicht zu ermitteln gewesen wäre, ob ein Mangel vorgelegen hat und wegen dieser (unerkannt gebliebenen) Mängel die Transportgefahr zu Lasten des Verkäufers gegangen wäre. *Ballerstedt*, a.a.O., spricht sich deshalb für die Gefahrtragung des Verkäufers bei einer Ersatzlieferung aus. Hierbei handelt sich allerdings um ein „Beweislastproblem"; hierzu ausführlich unten, *H. II. 2. b) (1) (bb)*.

1785 *Staudinger/Magnus*, Art. 46 Rn. 50; *Schlechtriem/Huber*, Art. 46 Rn. 54; *Achilles*, Art. 46 Rn. 6; *Rudolph*, Art. 46 Rn. 14.

1786 *OLG Hamm*, IPRax 1996, 269, 270; *Vahle*, ZVglRWiss 98 (1999), 54, 68; *Schlechtriem/Huber*, Art. 46 Rn. 54.

1787 *Schlechtriem/Huber*, Art. 46 Rn. 54.

1788 *Schlechtriem*, IPRax 1996, 256, 256.

1789 *Schlechtriem/Huber*, Art. 46 Rn. 65 (zur Nachbesserung).

b) Pflichten des Käufers

Der Käufer hat die empfangene, vertragswidrige Ware dem Verkäufer zurückzugewähren. Dem Käufer steht dabei an der vertragswidrigen Ware kein Zurückbehaltungsrecht zu.

Gem. Art. 84 II a) CISG hat der Käufer ferner gezogene Vorteile (Nutzungen, Gebrauchsvorteile) an den Verkäufer auszukehren, die ihm trotz des Umstandes nicht gebühren, dass ihm seit dem Lieferzeitpunkt eine gebrauchsfähige Sache zustand.

(1) Rückgabe der vertragswidrigen Ware

Der Käufer kann nur dann Ersatzlieferung verlangen, wenn er die zunächst gelieferte Ware im Wesentlichen in dem Zustand zurückgeben kann, in dem er sie erhalten hat (Art. 82 I CISG). Etwas anderes gilt nur in den Ausnahmefällen des Art. 82 II a-c CISG.

Die Rückgabepflicht der gelieferten Ware ist für den Ersatzlieferungsanspruch nicht ausdrücklich geregelt, wird aber in Art. 82 CISG als selbstverständlich vorausgesetzt[1790]. Art. 81 II CISG ist insofern entsprechend anzuwenden[1791].

Auf den Anspruch auf Rückgabe der vertragswidrigen Ware ist Art. 28 CISG nicht anwendbar[1792].

Die Rückgabepflicht ist -anders als bei der Vertragsaufhebung- *nicht* Zug um Zug mit der Lieferung der vertragsgemäßen Ware verknüpft[1793].

Die Pflicht zur Rückgabe der vertragswidrigen Ware besteht damit sofort, sobald der Käufer den Anspruch auf Ersatzlieferung geltend macht[1794].

Allerdings hat der Käufer dann ein Zurückbehaltungsrecht an der Sache, wenn er zwecks Aufbewahrung, Verwendungen auf die Ware gemacht hat (Art. 86 I S. 2 CISG).

1790 *Schlechtriem/Huber*, Art. 46 Rn. 53.

1791 *Soergel/Lüderitz/Dettmeier*, Art. 81 Rn. 9.

1792 *Schlechtriem/Huber*, Art. 28 Rn. 12 (zur Vertragsaufhebung); a.A. *Weber*, Vertragsfolgenverletzungen, in: BTJP S. 165, 185.

1793 *Soergel/Lüderitz/Dettmeier*, Art. 81 Rn. 9; *Staudinger/Magnus*, Art. 46 Rn. 49; *Leser*, Vertragsaufhebung, in: Schlechtriem, S. 242 Fn. 81; *Vischer*, Gemeinsame Bestimmungen, in: Lausanner Kolloquium, S. 182; *Schlechtriem/Huber*, Art. 46 Rn. 53; a.A. *Herber/Czerwenka*, Art. 46 Rn. 7; *Karollus*, S. 137 f.. Zuzustimmen ist der h.M., da Art. 81 II S. 2 CISG speziell auf die Vertragsaufhebung zugeschnitten ist („Sind *beide* Parteien zur Rückgabe verpflichtet,...") und im Umkehrschluss daraus zu folgern ist, dass eine Zug-um-Zug-Verknüpfung bei der Ersatzlieferung nicht bestehen sollte. Im übrigen wurde ein dahingehender Antrag Norwegens (A/CONF.97/C.1/L.192, *O.R.* 136) auf der Wiener Konferenz zu Art. 81 CISG abgelehnt, vgl. *O.R.* 387 f. Nr. 67 ff.. Vgl. insb. die Ausführungen von *Mr. Honnold* (U.S.A.), *O.R.* S. 388 Nr. 72.

1794 *Schlechtriem/Huber*, Art. 46 Rn. 53.

Die *Kosten* der Rückgabe (bspw. Transport, Organisation) sind Kosten der Nacherfüllung und vom Verkäufer zu tragen[1795].

Die *Gefahr* in Bezug auf Ware, die wesentlich vertragswidrig ist, trägt der Verkäufer[1796]. Denn nach Artt. 70, 82 II a) CISG ist die Ersatzlieferung bzw. Vertragsaufhebung *nicht* ausgeschlossen, wenn zwar der Käufer die Ware nicht zurückgeben kann, aber diese Unmöglichkeit nicht auf einer Handlung oder Unterlassung des Käufers beruht.

Hinsichtlich des *Leistungsorts* der zurückzugebenden, vertragswidrigen Ware besteht keine Regelung im Übereinkommen.

Die h.M. in der Literatur bestimmt den Leistungsort unter spiegelbildlicher Anwendung der Regelung des Leistungs- und Lieferungsortes für die Primärleistungen des Vertrages in Art. 31 CISG[1797].

Erfordert danach die Lieferung der Ware nach Art. 31 CISG die Abholung durch den Käufer bei der Niederlassung des Verkäufers bzw. bei einem Versendungskauf die Übergabe durch den Verkäufer an den Beförderer, so hat der Verkäufer bei der Rückabwicklung die Ware bei dem Käufer abzuholen bzw. der Käufer die Ware zu versenden und hierzu einem Beförderer zur Übermittlung an den Verkäufer zu übergeben[1798]. Erfüllungsort und Gerichtsstand bezüglich der Pflicht zur Rückgabe der Ware wären in diesem Fall der Ort der Niederlassung des Käufers[1799].

Kann der Käufer die Ware überhaupt nicht oder nur wesentlich verschlechtert zurückgeben, ist er aber wegen einer der Ausnahmen in Art. 82 II CISG zur

---

1795 *Schlechtriem/Huber*, Art. 46 Rn. 53. Bei der Vertragsaufhebung unterfallen die Kosten des Rücktransports dem Schadensersatz gem. Art. 45 I b) CISG, vgl. *Piltz*, Intern. KaufR, S. 253 Rn. 293; *Schlechtriem/Leser*, Art. 81 Rn. 19.

1796 *Hager*, Gefahrtragung, S. 166; *ders.*, Gefahrtragung, in: Schlechtriem, S. 404 (Ausgestaltung der Rechte auf Vertragsaufhebung bzw. auf Ersatzlieferung entscheiden mittelbar über die Gefahrverteilung); *Schlechtriem*, Intern. UN-Kaufrecht, S. 184 f.; *Honnold*, Art. 70 Rn. 381; *Roth*, Am.J.Comp.L. 27 (1979), 291, 302 f..

1797 *Schlechtriem/Leser*, Art. 81 Rn. 17 (und zwar durch Rückgriff auf Art. 7 II CISG); *Piltz*, Intern. KaufR S. 253 Rn. 292; *Staudinger/Magnus*, Art. 81 Rn. 19; *Soergel/Lüderitz/Dettmeier*, Art. 81 Rn. 10; *Schlechtriem*, Intern. UN-Kaufrecht, S. 187. Im Ergebnis ähnlich *Herber/Czerwenka*, Art. 81 Rn. 12 (Erfüllungsort hinsichtlich der Rückgewähr der Ware sei stets der Niederlassungsort des Käufers); so auch zum EKG, *Dölle/Weitenauer*, Art. 78 EKG Rn. 6; abweichend *Hackenberg*, Der Erfüllungsort von Leistungspflichten, S. 117 (Rücknahme der Ware sei Holschuld, so dass diese am „Belegenheitsort" abzuholen sei).

1798 *Schlechtriem/Leser*, Art. 81, Rn. 18.

1799 *Schlechtriem/Leser*, Art. 81, Rn. 18; *Herber/Czwerwenka*, Art. 81 Rn. 12 (Niederlassungsort des Käufers stets Erfüllungsort). Hingegen war nach der *Rechtspechung* zum EKG der Erfüllungsort der Primärpflichten auch für die Rückabwicklung maßgeblich, vgl. *BGHZ* 78, 257, 260 ff.; *München* IPRax 1987, 307, 308.

Ersatzlieferung berechtigt, so bestimmt Art. 84 II b) CISG, dass er die Leistungen, die er wegen der Beschädigung oder des Verlustes erlangt hat, an den Verkäufer auskehren muss[1800]. Hierzu gehören insbesondere Schadensersatzansprüche und Versicherungsleistungen. Gegebenenfalls sind die Ansprüche auf diese Leistungen abzutreten, so dass dem Verkäufer dann ein Anspruch auf Abtretung zusteht[1801].

Eigene Aufwendungen (bspw. Versicherungsprämien) kann der Käufer hiervon absetzen[1802].

Schließt ein Weiterverkauf der empfangenen Ware die Ersatzlieferung gem. Art. 82 II c) CISG nicht aus, so muss der Käufer den Verkäufserlös, und zwar mit Gewinn auskehren[1803].

Nach Art. 86 I CISG, der auch auf den Ersatzlieferungsanspruch anwendbar ist[1804], ist der Käufer verpflichtet, angemessene Maßnahmen zur Erhaltung der empfangenen, vertragswidrigen Ware zu treffen.

Wird die Ware am Bestimmungsort von einem Dritten angeboten, so trifft den Käufer zusätzlich eine Abnahmepflicht (Art. 86 II CISG).

(2) Herausgabe von Vorteilen/Nutzungen

Nach Art. 84 II a) CISG schuldet der Käufer dem Verkäufer *alle Vorteile*, die er aus der Ware oder einem Teil der Ware gezogen hat, wenn er die Ware ganz oder teilweise zurückzugeben hat. Als Vorteile i.S.d. Art. 84 II CISG kommen insbesondere Nutzungen und Gebrauchsvorteile in Betracht[1805]. Dabei ist der Gegenwert für alle Vorteile durch eine Geldzahlung zu vergüten, wobei sich gegenüberstehende Ansprüche miteinander verrechnet werden können[1806].

Allerdings ist fraglich, ob Nutzungen und Gebrauchsvorteile für den Käufer, der Ersatzlieferung begehrt, überhaupt *Vorteile* i.S.d. Art. 84 II CISG sind. Denn der Verkäufer war ja verpflichtet, eine gebrauchsfähige Sache zu liefern.

1800 *Herber/Czerwenka*, Art. 84 Rn. 7; *Staudinger/Magnus*, Art. 84 Rn. 23; *Enderlein/Maskow/Strohbach*, Art. 84 Bem. 6; *Leser*, Vertragsaufhebung, in: Schlechtriem, S. 250.

1801 *Staudinger/Magnus*, Art. 84 Rn. 23 m.w.N.; *Enderlein/Maskow/Strohbach*, Art. 84 Anm. 6; *Honsell/Weber*, Art. 84 Rn. 19.

1802 *Schlechtriem/Leser*, Art. 84 Rn. 28; *Karollus*, S. 154; *Staudinger/Magnus*, Art. 84 Rn. 23.

1803 *Staudinger/Magnus*, Art. 84 Rn. 24, m.w.N.; *Piltz*, Intern. KaufR, S. 252, Rn. 289; *Herber/Czerwenka*, Art. 84 Rn. 6; *Honnold*, Art. 84 Rn. 451.3; a.A. *Honsell/Weber*, Art. 84 Rn. 21 (Gewinnauskehr nur bei Verursachung d. Vertragsaufhebung durch den Käufer).

1804 Vgl. *Soergel/Lüderitz/Dettmeier*, Art. 86 Rn. 2.

1805 *Schlechtriem/Leser*, Art. 84 Rn. 17 ff.; *Herber/Czerwenka*, Art. 84 Rn. 5; *Staudinger/Magnus*, Art. 84 Rn. 17.

1806 *Staudinger/Magnus*, Art. 84 Rn. 7; *Schlechtriem/Leser*, Art. 84 Rn. 16; *Karollus*, S. 154.

Teilweise wird deshalb vertreten, dass Art. 84 II a) CISG nicht auf die Ersatzlieferung anzuwenden sei[1807].

Nach *a.A.* ist Art. 84 II a) CISG auf den Ersatzlieferungsanspruch anwendbar, wobei allerdings die üblichen Gebrauchsvorteile nicht herauszugeben sind[1808].

Sachgemäß erscheint, Art. 84 II a) CISG grundsätzlich auch auf den Ersatzlieferungsanspruch anzuwenden. Denn dem Käufer können durchaus Gebrauchsvorteile verbleiben, die anzurechnen sind. Hierzu gehören insbesondere Wertverluste und ersparte Eigenaufwendungen (bspw. ersparte Abnutzung eines KfZ)[1809]. Der Käufer, der Ersatzlieferung begehrt, hätte diese Kosten auch zu tragen gehabt, wenn ihm von Anfang an eine mangelfreie Ware geliefert worden wäre[1810]. Insofern verbleibt dem Käufer ein anzurechnender Vorteil.

Aufgrund der Tatsache, dass dem Käufer eine funktionierende Sache zustand, hat er jedoch weder die mittelbaren noch unmittelbaren Früchte (bspw. Milch der Kuh oder Mieteinnahmen) zu vergüten[1811]. Auch muss der Käufer nicht die „üblichen" Gebrauchsvorteile vergüten, soweit diese sich bspw. nach dem Mietwert oder Lizenzpreis bestimmen.

Nicht gezogene, fiktive Nutzungen/Vorteile sind nach Art. 84 II a) CISG nicht zu vergüten[1812].

c) Konkurrierende Ansprüche

Der Käufer kann vom Verkäufer *neben* dem Ersatzlieferungsanspruch Ersatz der Aufwendungen verlangen, die ihm aufgrund der Aufbewahrungsobliegenheit gem. Art. 86 CISG entstanden sind. Sonstige Aufwendungen kann der Käufer im Rahmen des Vorteilsausgleichs gem. Art. 84 II a) CISG verrechnen oder als Schadensersatz geltend machen. Ferner kann der Käufer sämtliche Schäden, die ihm trotz der Ersatzlieferung verbleiben, gem. Art. 45 I b) als Schadensersatz geltend machen.

1807 *Honsell/Weber*, Art. 84 Rn. 12; ähnlich *Enderlein/Maskow/Strohbach*, Art. 84 Anm. 5.2.

1808 *Staudinger/Magnus*, Art. 84 Rn. 20.

1809 Effektiv ersparte Eigenaufwendungen sind nach Art. 84 II a CISG zu berücksichtigen, vgl. *Herber/Czerwenka,* Art. 84 Rn. 5; *Piltz,* Intern. KaufR, S. 252 Rn. 290.

1810 Er hätte sich bspw. früher ein neues Auto gekauft, bzw. bei einem Weiterverkauf aufgrund der (vermehrten) Nutzung einen niedrigeren Verkaufspreis erzielt.

1811 Abgesehen davon, dass dem Käufer eine funktionsfähige Sache zustand, reduzieren diese Nutzungen ggf. den Schadensersatzanpruch des Käufers. So auch *Honsell/Weber,* Art. 84 Rn. 12.

1812 *Achilles,* Art. 84 Rn. 3; *Piltz,* Intern. KaufR, S. 252 Rn. 290; *Herber/Czerwenka,* Art. 84 Rn. 5; *Schlechtriem,* Uniform Sales Law, S. 108; *Reinhart*, Art. 84 Rn. 5; *Vischer*, Gemeinsame Bestimmungen, in: Lausanner Kolloquium, S. 182; *Enderlein/ Maskow/Strohbach*, Art. 84 Rn. 4.1; a.A. *Schlechtriem/Leser*, Art. 84 Rn. 22 (wg. Schadensminderungspflicht gem. Art. 77); so auch *Weber*, Vertragsverletzungsfolgen, in: BTJP, S. 189.

(1) Ansprüche aufgrund Art. 86 CISG

Nach Art. 86 I S. 2 CISG kann der Käufer seine Aufwendungen, die im Rahmen seiner Aufbewahrungsobliegenheit entstehen, erstattet verlangen[1813]. Er ist dabei berechtigt, die Ware zurückzubehalten, bis ihm der Verkäufer seine angemessenen Aufwendungen erstattet hat.

(2) Aufwendungen/Verbesserungen

Fraglich ist, wonach der Käufer Aufwendungen, die nicht von Art. 86 CISG gedeckt sind, geltend machen kann. Unter Aufwendungen sind hierbei insbesondere der Erhaltungsaufwand für die mangelhafte Ware (der nicht unter Art. 86 CISG fällt, wie z.B. Wartungen, Reparaturen), die Kosten für die Ware, aber auch Verbesserungen der Ware (bspw. Einbau eines stärkeren Motors) zu verstehen.

Es käme eine Verrechnung der Aufwendungen über den Vorteilsausgleich im Rahmen des Art. 84 II a) CISG in Betracht. Denn im Rahmen des Art. 84 II a) CISG können sowohl die Kosten der Nutzung als auch Verwendungen von den gezogenen Vorteilen abgezogen werden, da nur der Nettovorteil geschuldet wird[1814].

Jedoch werden regelmäßig die gezogenen Vorteile bei der Ersatzlieferung sehr gering ausfallen bzw. auch vollständig entfallen (z.B. bei nur geringer Nutzung), so dass die Aufwendungen des Käufers die Vorteile übersteigen können[1815]. Einen *Anspruch* des Käufers, der keine (oder nur geringe) vergütungspflichtige Vorteile erlangt hat, auf die gemachten Aufwendungen begründet Art. 84 CISG *nicht*[1816].

Nach einer Ansicht sollen deshalb Verwendungen, die der Erhaltung dienen sowie Kosten, die für die Ware aufgewendet wurden, analog Art. 86 I S. 2 CISG entschädigt werden[1817].

Nach anderer Ansicht, sind diejenigen Aufwendungen, die über den Erhaltungsaufwand nach Art. 86 CISG hinausgehen, im Rahmen eines Schadensersatzanspruchs geltend zu machen[1818]

Die zweite Ansicht ist m.E. vorzugswürdig, da Art. 86 CISG nicht den Rechtsgedanken erkennen läßt, dass *sämtliche* Aufwendungen dem Käufer zu er-

---

1813 *Soergel/Lüderitz/Dettmeier*, Art. 86 Rn. 7.

1814 *Schlechtriem/Leser*, Art. 84 Rn. 20; *Piltz*, Intern. KaufR, S. 252 Rn. 290.

1815 Denn dem Käufer stand eine gebrauchsfähige Sache zu, so dass er „übliche" Gebrauchsvorteile nicht herauszugeben hat.

1816 *Staudinger/Magnus*, Art. 84 Rn. 26; *Achilles*, Art. 84 Rn. 4; *Herber/Czerwenka*, Art. 84 Rn. 8.

1817 *Honsell/Weber*, Art. 84 Rn. 17; *Soergel/Lüderitz/Dettmeier*, Art. 84 Rn. 5. Zum EKG: *Beß*, Haftung im EKG, S. 115 (analog Art. 92 EKG).

1818 *Piltz*, Intern. KaufR, S. 290 Rn. 444; *Herber/Czerwenka*, Art. 84 Rn. 8; *Staudinger/Magnus*, Art. 84 Rn. 26.

setzen sind, sondern vielmehr nur diejenigen, die mit der in Art. 86 I CISG konstituierten Erhaltungspflicht verbunden sind.

Verbesserungen der Ware (bspw. Einbau eines stärkeren Motors), also diejenigen Aufwendungen, die über die Erhaltung hinausgehen, kann der Käufer über den begleitenden Schadensersatzanspruch (dazu sogleich) geltend machen[1819].

(3) Schadensersatzanspruch gem. Art. 45 I b) CISG

Neben dem Anspruch auf Ersatzlieferung besteht für den Käufer ein Anspruch auf Schadensersatz, Art. 45 I b) CISG. Dabei kann der Käufer den Schaden geltend machen, der trotz der Ersatzlieferung verbleibt[1820].

Macht also der Käufer lediglich den zusätzlichen Schaden geltend, so kann er daneben weiter Erfüllung der Haupt- oder Zusatzpflichten verlangen[1821].

Die Höhe des Schadensersatzanspruchs bestimmt sich nach den Artt. 74 bis 77 CISG, Art. 45 I b) CISG. Geschuldet wird danach eine Totalreparation in den Grenzen des Voraussehbaren[1822], wobei das CISG gem. Art. 5 CISG keine Anwendung auf Personenschäden findet. Der andere Teil ist grundsätzlich in die gleiche wirtschaftliche Situation zu bringen, wie er bei ordnungsgemäßer Durchführung des Vertrages stehen würde (hypothetische Vermögenslage)[1823]. Es sind alle in Geld messbaren Nachteile (Verluste) unter Einbeziehung auch bloß mittelbarer Folgeschäden zu berücksichtigen[1824]. Der Schadensersatzanspruch entfällt unter den Voraussetzungen des Art. 79 CISG[1825].

Die Vertragsverletzung muss äquivalent kausal (*conditio sine qua non*) für den Verlust des Käufers sein[1826]. Die Schadensersatzpflicht wird aber durch Art. 74

1819 *Herber/Czerwenka*, Art. 84 Rn. 8; a.A. *Honsell/Weber*, Art. 84 Rn. 17 (Verkäufer ist nur entschädigungspflichtig, soweit er Bereicherung erfährt).

1820 *Karollus*, S. 135; *Piltz*, Intern. KaufR, S. 258 Rn. 320; *Rudolph*, Art. 46 Rn. 17. Macht der Käufer Schadensersatz wegen Nichterfüllung geltend, so hat er einen unvereinbaren Rechtsbehelf ausgeübt und kann nicht mehr Ersatzlieferung begehren.

1821 *Staudinger/Magnus*, Art. 46 Rn. 24; *Sekretariatskommentar*, Art. 42 Anm. 4, *O.R* 38; *Bianca/Bonell/Will*, Art. 46 Bem. 2.1.2; *Enderlein/Maskow/Strohbach*, Art. 46 Bem. 2; *Weber*, Vertragsverletzungsfolgen, in: BTJP, S. 191.

1822 *Soergel/Lüderitz/Dettmeier*, Art. 74 Rn. 2, 1; *Bianca/Bonell/Knapp*, Art. 74 Bem. 3.2.

1823 *Piltz*, Intern. KaufR, S. 289, Rn. 440; *Weber*, Vertragsverletzungsfolgen, in: BTJP, S. 165, 192; *Rummel*, Schadensersatz, in: Hoyer/Posch, S. 179 f.; *Honnold*, Art. 74 Rn. 403 („...-a standard that is designed to place the aggrieved party in as a good position as if the other party had properly performed the contract")

1824 *V.Hoffmann*, Gewährleistungsansprüche, in: Schlechtriem, S. 302; Sekretariatskommentar, Art. 70 Anm. 5-7, *O.R.* 59; *Piltz*, Intern. KaufR, S. 289 Rn. 443; *Karollus*, S. 220, 223 f..

1825 *Soergel/Lüderitz/Dettmeier*, vor Art. 74 Rn. 2.

1826 *Weber*, Vertragsverletzungsfolgen, in: BTJP, S. 165, 197; *Piltz*, Intern. KaufR, S. 290, Rn 447; *Reinhart*, Art. 74 Anm. 2; *Soergel/Lüderitz/Dettmeier*, vor Art. 74 Rn. 6.

S. 2 CISG dadurch beschränkt, dass nur für solche Verluste zu haften ist, die der Schuldner bei Vertragsschluss vorausgesehen hat oder dieser voraussehen mußte. Dabei kommt es grds. auf die *verobjektivierte*[1827] Voraussehbarkeit der Schadensfolge an; es können aber auch subjektive Aspekte Berücksichtigung finden[1828]. Ein etwaiges Verschulden ist nicht erforderlich[1829].

Als Schadensersatz kommen dabei *neben dem Ersatzlieferungsanspruch* insbesondere folgende Schäden in Betracht:

Verzögerungsschäden, die infolge der Ersatzlieferung entstehen, wozu auch der entgangene Gewinn zählt (bspw. Produktionsausfall während der Ersatzlieferung)[1830]. *Folgeschäden*, die die mangelhafte Ware an anderen Rechtsgütern verursacht hat[1831]. Durch die *Rechtsverfolgung* entstandene angemessene Kosten[1832]. Ferner kann der Käufer *Aufwendungen*[1833] für die Untersuchung der mangelhaften Ware[1834], Aufwendungen zur Schadensfeststellung sowie Wartungs- und Reparaturkosten ersetzt verlangen[1835]. Auch kann der Käufer *Verbesserungen* der mangelhaften Ware (z.B. Einbau eines stärkeren Motors) im Rahmen des Schadensersatzanspruchs geltend machen, soweit sie im Vertrauen auf die ordnungsgemäße Erfüllung des Vertrages gemacht wurden[1836].

1827 D.h. es ist auf eine verständige Person angesichts der gegebenen und bevorstehenden Umstände abzustellen, vgl. *Weber*, Vertragsverletzungsfolgen, in: BTJP, S. 198.

1828 Vgl. hierzu *Enderlein/Maskow/Stohbach*, Art. 74 Anm. 8. *Staudinger/Magnus,* Art. 74 Rn. 35, 36.

1829 *Herber/Czerwenka*, Art. 74 Anm. 11; *Piltz*, S 291, Rn. 451; *Schlechtriem/Stoll*, Art. 74 Anm. 35.

1830 *Karollus*, S. 135; *Staudinger/Magnus*, Art. 46 Rn. 65 (zur Nachbesserung).

1831 *Staudinger/Magnus*, Art. 46 Rn. 24.

1832 *Piltz*, Intern. KaufR, S. 392 Rn. 454; zum EKG: *LG Essen* MDR 1981, 148 (Inkassokosten).

1833 Vgl. hierzu insb. *Delchi Carrier Spa v. Rotorex Corp.* 71 F3d 1024, 1030 f. (Ct.App.2nd Cir. 1995)(Ersatz der Aufwendungen für den Hin- und Rücktransport der mangelhaften, vertragsgegenständlichen Kompressoren sowie der Zollgebühren. Ersatz der Kosten der eigens für die Kompressoren angeschafften Werkzeuge, Schläuche und des Isolationsmaterials sowie der Kosten der Arbeitnehmer, soweit diese nur aufgrund des Erwerbs der Kompressoren eingestellt wurden).

1834 Dies ist deshalb gerechtfertigt, da der Käufer nur einmal (auf seine Kosten) die Ware zu untersuchen hat. Die Kosten einer durch die Ersatzlieferung bedingten zweiten Untersuchung, sind deshalb als Schaden anzusehen und vom Verkäufer zu ersetzen. Dies gilt im Übrigen für alle doppelten Aufwendungen, die der Käufer aufgrund der Ersatzlieferung zu machen hat (bspw. Kosten einer Einfuhrgenehmigung), vgl. *Soergel/Lüderitz,* Art. 82 EKG Rn. 6 (zum EKG).

1835 *Piltz*, Intern. KaufR, S. 290 Rn. 444.

1836 *Herber/Czerwenka*, Art. 84 Anm. 8; *Staudinger/Magnus*, Art. 74 Rn. 53; a.A. *Honsell/Weber*, Art. 84 Rn. 17 (Ersatz nur, wenn Verkäufer hierdurch eine Bereicherung erfährt).

Gem. Art. 77 CISG trifft den Käufer (und auch den Verkäufer) die Obliegenheit zur Schadensminderung[1837]. Wie oben dargelegt, schließt diese Obliegenheit *nicht* den Anspruch auf Erfüllung (und damit auch auf Ersatzlieferung) aus. Der Käufer ist also nicht daran gehindert, auf Ersatzlieferung (Erfüllung) zu bestehen[1838].

Nicht einheitlich wird beurteilt, welche Auswirkungen Art. 77 CISG auf den neben einem Ersatzlieferungsanspruch bestehenden Schadensersatzanspruch hat.

Überwiegend wird vertreten, dass der Käufer bei einer Gattungsschuld über marktgängige Ware gehalten ist, ein Deckungsgeschäft in angemessener Zeit vorzunehmen, wenn dies üblich und möglich ist[1839]. Dies hätte zur Folge, dass der Käufer zwar seinen Ersatzlieferungsanspruch durchsetzen kann, der Schadensersatzanspruch gem. Art. 45 I b) CISG aber insofern ausgeschlossen wäre, als er bei einem rechtzeitigen Deckungskauf hätte vermieden werden können.

Nach a.A. soll den Käufer, der auf Erfüllung besteht, eine Schadensminderungsobliegenheit nach Art. 77 CISG nur ausnahmsweise bzw. nach Treu und Glauben treffen[1840].

M.E. ist der zweiten Ansicht zuzustimmen. Die Möglichkeit eines Deckungskaufs bei marktgängiger Ware darf nicht pauschal eine Obliegenheit des Käufers begründen, einen solchen zu tätigen. Vielmehr hat der Erfüllungsanspruch des Käufers nach dem CISG Vorrang und ein Deckungskauf ist nur bei besonderen Umständen vorzunehmen. Unterstellte man hingegen bei (marktgängigen) Gattungswaren eine Pflicht des Käufers zum Deckungskauf, so würde indirekt eine dem EKG vergleichbare Rechtslage geschaffen[1841]. Nach Art. 42 I c) EKG konnte der Käufer nur Ersatzlieferung verlangen, wenn ein Deckungskauf *nicht* den Gebräuchen entsprach und in angemessener Zeit möglich war[1842]. Diese (negative) Voraussetzung wurde aber im CISG nicht aufgenommen. Ein Antrag der

---

1837 Vgl. *Schlechtriem/Stoll*, Art. 77 Rn. 4.

1838 Vgl. nur *Piltz*, Intern. KaufR, S. 293 Rn. 456.

1839 *Soergel/Lüderitz/Dettmeier*, Art. 77 Rn. 4, 2; *Herber/Czerwenka*, Art. 77 Rn. 7; *Staudinger/Magnus*, Art. 77 Rn. 6, 12; *Karollus*, S. 225; *Piltz*, Intern. KaufR, S. 294 Rn. 462 („Namentlich bei marktgängiger Ware wird etwa der Gläubiger häufig gehalten sein, *den Vertrag aufzuheben und ein Deckungsgeschäft vorzunehmen.*"); ähnlich *Schlechtriem/Stoll*, Art. 77 Rn. 10.

1840 *Kastely*, Wash.L.Rev. 63 (1988), 607, 624 f. (Art. 77 ist unanwendbar, wenn es sich nur um einen begleitenden -neben dem Erfüllungsanspruch- Schadensersatzanspruch handelt); *Ziegler*, Leistungsstörungsrecht, S. 215.

1841 So auch *Ziegler*, Leistungsstörungsrecht, S. 215 Fn. 76.

1842 Zwar wäre nach dem EKG dann bereits die Ersatzlieferung als solche ausgeschlossen, während nach dem CISG die Ersatzlieferung durchsetzbar bleibt und lediglich der Schadensersatzanspruch begrenzt ist. Doch wäre der Käufer „genötigt", um sein vollständiges („positives") Interesse zu erhalten, vom Ersatzlieferungsanspruch Abstand zu nehmen und Vertragsaufhebung zu erklären sowie Schadensersatz zu verlangen. Dieses widerspricht aber dem Grundgedanken des CISG, dass der Erfüllungsanspruch Vorrang hat.

USA[1843], Art. 46 CISG dahingehend zu ergänzen, dass ein Anspruch auf Erfüllung ausgeschlossen sei, wenn ein Deckungskauf ohne zusätzliche Kosten und Unannehmlichkeiten möglich sei, wurde gerade abgelehnt[1844]. Hieraus lässt sich aber schließen, dass der Käufer auch nicht *indirekt* über eine Beschränkung des Schadensersatzanspruchs dazu „gezwungen" wird, vom Ersatzlieferungsanspruch Abstand zu nehmen[1845]. Im Ergebnis wäre das aber der Fall, wenn er seinen Schaden nur bis zum Zeitpunkt geltend machen könnte, in welchem ein Deckungskauf üblich und möglich sei. Eine solche Ansicht wäre der Regelung des EKG sehr ähnlich, die aber gerade verworfen wurde.

Ferner würde sie Unsicherheiten für den Käufer beinhalten, wann ein Deckungsgeschäft *üblich* oder eine Ware *marktgängig* (nur bei identischer Ware vom selben Produzenten?) ist[1846].

Vielmehr sollte ein Schadensersatzanspruch, der neben der Ersatzlieferung geltend gemacht wird, nur unter besonderen Umständen nach Art. 77 CISG beschränkt sein. Hierbei bildet der Grundsatz von Treu und Glauben den Maßstab. Es ist dabei eine Interessenabwägung im Einzelfall vorzunehmen[1847], wobei grundsätzlich davon auszugehen ist, dass der Käufer auf der Erfüllung bestehen kann, auch wenn sich dadurch der Schadensersatzanspruch erhöht. Konkret dürften dabei Fälle in Betracht kommen, in denen der Käufer sich vollkommen ohne Probleme mit identischer Ersatzware eindecken kann und das Bestehen auf den Ersatzlieferungsanspruch als schikanös anzusehen ist[1848]. Hat aber der Käufer auch nur ein geringfügiges Interesse an der Lieferung durch den Verkäufer (bspw. besondere Qualität oder andere Anbieter müßten erst gesucht werden), so kommt eine Begrenzung des Schadensersatzanspruchs durch Art. 77 CISG m.E. nicht in Betracht.

1843 A/CONF.97/C.1/L.180, *O.R.* 111.

1844 Vgl. *O.R.* 330 ff..

1845 Ähnlich *Kastely*, Wash.L.Rev. 63 (1988), 607, 624 („Article 77 therefore does not apply to Art. 46 and 62 and does not directly limit the right to performance. *Moreover, article 77 should not be applied to limit a monetary component of a right to specific performance*".).

1846 In diese Richtungen auch die Ausführungen in Bezug auf die Ablehnung des Antrags der USA zu Art. 46 CISG von *Mr. Sami* (Iraq), *O.R.* S. 331.

1847 So auch *Schlechtriem/Stoll*, Art. 77 Rn. 10.

1848 Dabei ist nicht jede spekulative Absicht zugleich schikanös. Steigt bspw. der Marktpreis für die zu liefernde Ware, so kann der Käufer ohne weiteres an seinem Ersatzlieferungsbegehren festhalten. Er begehrt dabei nur die Erfüllung des Vertrages und er hätte bei sofortiger, ordnungsgemäßer Erfüllung ebenso von der Preissteigerung profitiert. Der Verkäufer andererseits kann durch prompte Ersatzlieferung seinen Schaden gering halten.

V. Der Nachbesserungsanspruch gem. Art. 46 III CISG

Der Anspruch auf Nachbesserung ist eine besondere Ausprägung des allgemeinen Erfüllungsanspruchs (Art. 46 I CISG)[1849] und ist als Rechtsbehelf ausgestaltet.

Der Käufer hat gem. Art. 46 III CISG einen Anspruch auf Nachbesserung, wenn der Verkäufer nicht vertragsgemäße Ware geliefert hat (vgl. Art. 35 CISG), der Käufer diesen Mangel ordnungsgemäß rügt (Art. 39 CISG), die Nachbesserung vom Käufer mit der Rüge oder innerhalb angemessener Frist nach der Rüge verlangt wurde (Art. 46 III S. 2 CISG) und die Nachbesserung für den Verkäufer nicht unzumutbar ist (Art. 46 III S. 1 CISG).

1. Anwendungsbereich

Ebenso wie der Ersatzlieferungsanspruch gem. Art. 46 II CISG betrifft der Nachbesserungsanspruch gem. Art. 46 III CISG nur Fälle der nicht vertragsgemäßen Lieferung gem. Art. 35 CISG[1850]. Erfasst werden deshalb von Art. 46 III CISG grds. auch *aliud*-Lieferungen. Jedoch wird ein Nachbesserungsanspruch bei *aliud*-Lieferungen aus *tatsächlichen Gründen* regelmäßig nicht in Betracht kommen, da die „Reparatur" eines *aliuds,* um einen vertragsgemäßen Gegenstand herzustellen, grds. ausscheiden wird. Eine seltene Ausnahme mag dann bestehen, wenn bspw. die gelieferten Stahlträger mit einem Durchmesser von 35 cm auf 30 cm abgeschliffen werden können[1851]. Der Käufer wird deshalb grds. bei *aliud*-Lieferungen Ersatzlieferung nach Art. 46 II CISG fordern müssen.

Bei *Rechtsmängeln* und *„echten" Quantitätsmängeln* richtet sich der Nachbesserungsanspruch hingegen nach Art. 46 I CISG[1852].

Bei *„unechten" Quantitätsmängeln* richtet sich der Erfüllungsanspruch allerdings nach Art. 46 III CISG. Dies ist bei körperlich miteinander verbundenen Teilen der Fall, wenn der ursprünglich fehlende Bestandteil unselbständig ist (z.B. ein fehlendes Schutzblech wird nachträglich eingebaut)[1853].

1849 *Schlechtriem/Huber*, Art. 46 Rn. 57; *Rudolph*, Art. 46 Rn. 1.

1850 *Staudinger/Magnus*, Art. 46 Rn. 58; *Schlechtriem/Huber*, Art. 46 Rn. 57; *Achilles*, Art. 46 Rn. 2; *Piltz*, Intern. Kaufrecht, S. 217 Rn. 149; *Schlechtriem/Schwenzer*, Art. 41 Rn. 20, Art. 42 Rn. 26; *Prager*, Verkäuferhaftung, S. 203 ff.; a.A. *Vahle*, ZVglRWiss 98 (1999), 54, 57; *Herber/Czerwenka*, Art. 46 Rn. 9. Zum Streitstand, vgl. oben *E. IV. 1.*.

1851 Hier dürfte regelmäßig die Nachbesserung „unzumutbar" i.S.d. Art. 46 III CISG sein.

1852 *Staudinger/Magnus*, Art. 46 Rn. 58; vgl. oben *E. IV. 1.*

1853 *Vahle*, ZVglRWiss 98 (1999), 54, 70; *Schlechtriem/Huber*, Art. 46 Rn. 57, 62.

Die Nachbesserung schließt auch den Austausch von defekten Einzelteilen einer zusammengesetzten Sache mit ein[1854]. Von einer Ersatzlieferung unterscheidet sich die Nachbesserung dabei dadurch, dass die vertragswidrige (Haupt-) Sache als solche nicht ausgetauscht wird[1855].

Der Nachbesserungsanspruch kommt sowohl beim *Gattungskauf* als auch beim *Spezieskauf* in Betracht[1856].

2. Voraussetzungen

a) Vertragswidrigkeit

Die Ware muss vertragswidrig i.S.d. Art. 35 CISG sein. Ob die Vertragswidrigkeit wesentlich i.S.d. Art. 25 ist, ist nicht entscheidend[1857].

Nach Art. 35 CISG haftet der Verkäufer auch für unerhebliche Abweichungen. Verlangt der Käufer allerdings Nachbesserung (Art. 46 III CISG) bei unerheblichen Mängeln, so ist besonders sorgfältig zu prüfen, ob die Nachbesserung dem Verkäufer zumutbar ist[1858].

b) Untersuchung, Mängelanzeige und Nachbesserungsverlangen

Der Käufer muss die Ware innerhalb kurzer Frist untersuchen (Art. 38 CISG) und den Mangel innerhalb angemessener Frist rügen (Art. 39 CISG).

Wie beim Ersatzlieferungsanspruch gem. Art. 46 II CISG muss der Käufer die Nachbesserung nach Art. 46 III CISG entweder zusammen mit der Rüge nach Art. 39 CISG oder innerhalb *angemessener Zeit* nach der Rüge verlangen (Art. 46 III S. 2 CISG)[1859].

1854 *Enderlein/Maskow/Strohbach,* Art. 46 Anm. 7; *Staudinger/Magnus*, Art. 46 Rn. 54; *Vahle*, ZVglRWiss 98 (1999) 54, 70; *Reinhart*, Art. 46 Rn. 8; *Schlechtriem,* IPRax 1996, 256, 257; vgl. auch *OLG Hamm*, IPRax 1996, 269, 270 (Austausch der Scheiben bei Lieferung von Fenstern. Das Gericht ließ hier allerdings offen, ob es sich um eine Nachbesserung oder Ersatzlieferung handelte).

1855 *Schlechtriem/Huber*, Art. 46 Rn. 62.

1856 *V.Hoffmann*, Gewährleistungsansprüche, in: Schlechtriem, S. 297; *Staudinger/Magnus*, Art. 46 Rn. 58.

1857 *Soergel/Lüderitz/Schüßler-Langeheine*, Art. 46 Rn. 7.

1858 *Schlechtriem/Schwenzer*, Art. 35 Rn. 32.

1859 Der Verkäufer kann sich gem. Art. 40 CISG nicht auf die fehlerhafte Rüge gem. Art. 39 CISG berufen, wenn er den Mangel kannte oder über ihn nicht in Unkenntnis sein konnte und dem Käufer diesen nicht offenbart hat. Hat der Käufer für die fehlerhafte Rüge eine vernünftige Entschuldigung (Art. 44 CISG), so ist der Nachbesserungsanspruch gleichwohl ausgeschlossen. Der Käufer kann nur Minderung oder Schadensersatz verlangen. Hat der Verkäufer eine Nachbesserung vorgenommen, ist aber die Ware weiterhin mangelhaft, so

c) Recht zur zweiten Andienung

Der Verkäufer hat ein Recht zur zweiten Andienung. Ihm steht hierbei das Wahlrecht zu[1860]. Der Verkäufer kann deshalb bei einer Gattungsschuld im Rahmen des Art. 48 CISG *zunächst* wählen, ob er einen Mangel durch Ersatzlieferung oder Nachbesserung beheben will, sofern mit der gewählten Methode keine unzumutbaren Verzögerungen oder Unannehmlichkeiten für den Käufer verbunden sind[1861].

d) Grenzen der Nachbesserung

Der Anspruch auf Nachbesserung entfällt, wenn die Nachbesserung unter Berücksichtigung aller Umstände unzumutbar ist (Art. 46 III S. 1 CISG). Ferner ist der Nachbesserungsanspruch ausgeschlossen, wenn er objektiv unmöglich ist.

(1) Unzumutbarkeit

Der Anspruch auf Nachbesserung entfällt, wenn die Nachbesserung unter Berücksichtigung aller Umstände *unzumutbar* ist (Art. 46 III S. 1 CISG).

Nach dem Gesetzeswortlaut sind bei der Frage, ob die Nachbesserung unzumutbar ist, alle Umstände zu berücksichtigen. Nach einhelliger Auffassung kommt es dabei primär auf die Zumutbarkeit für den Verkäufer an[1862]. Verobjektivierend ist von den Verhältnissen eines typischen Verkäufers auszugehen[1863].

Jedoch sind auch die Interessen des Käufers an einer Nachbesserung zu berücksichtigen. Es hat mithin eine Interessenabwägung zwischen den Aufwendungen und Anstrengungen des Verkäufers und dem Interesse des Käufers an der Nachbesserung zu erfolgen[1864]. Steht der erforderliche Aufwand in einem objektiven Missverhältnis zu den Vorteilen für den Käufer, so ist die Nachbesserung unzumutbar[1865].

---

muss der Käufer abermals die Vertragswidrigkeit rügen, um seine Rechte zu wahren, vgl. *LG Oldenburg* v. 9.11.1994, CISG ONLINE Nr. 114.

1860 *Karollus*, S. 138; *Bianca/Bonell/Will*, Art. 48 Anm. 3.1.1 f.; *Schlechtriem/Huber*, Art. 48 Rn. 9.

1861 *Schlechtriem/Huber*, Art. 48 Rn. 9; *Herber/Czerwenka*, Art. 48 Rn. 2; *Karollus*, S. 138; *Bianca/Bonell/Will*, Art. 48 Anm. 3.1.1.

1862 *Piltz*, Intern. KaufR, S. 218 Rn. 151; *Staudinger/Magnus*, Art. 46 Rn. 60; *Schlechtriem/Huber*, Art. 46 Rn. 58; *Herber/Czerwenka*, Art. 46 Rn. 10.

1863 *Enderlein/Maskow/Strohbach*, Art. 46 Rn. 8; *Reinhart*, Art. 46 Rn. 9; *Piltz*, Intern. KaufR, S. 218 Rn. 151; *Staudinger/Magnus*, Art. 46 Rn. 60.

1864 *Piltz*, Intern. KaufR, S. 218 Rn. 152; *Schlechtriem/Huber*, Art. 46 Rn. 58.

1865 *Denkschrift*, BT-Drucks. 11/3076, S. 52; *Staudinger/Magnus*, Art. 46 Rn. 61.

Die Nachbesserung ist unzumutbar, wenn sie unverhältnismäßig teuer und damit unwirtschaftlich ist[1866]. Übersteigen die Kosten einer Nachbesserung die Kosten einer Ersatzlieferung, so ist die Nachbesserung dem Verkäufer nur dann zumutbar, wenn der Käufer an der Nachbesserung ein besonderes Interesse hat[1867]. Dies kann z.B. dann vorliegen, wenn die Ware beim Käufer fest montiert ist, die Ersatzbeschaffung länger dauern würde als die Nachbesserung[1868] oder der Verkäufer ein besonderer Fachmann ist und selbst keine Ersatzware mehr liefern kann[1869].

Die Aufwendungen der Nachbesserung sind *nicht* am *Kaufpreis* zu messen[1870].

Unverhältnismäßigkeit ist auch dann gegeben, wenn bei belanglosen Abweichungen (bspw. Korrektur eines Schönheitsfehlers) der Vorteil durch die Nachbesserung für den Käufer zu dem Reparaturaufwand in keinem vernünftigen Verhältnis steht[1871].

Im Gegensatz zum EKG ist es grds. unerheblich, ob der Verkäufer die Sache selbst hergestellt hat. Dem schlichten Händler ohne eigene Produktion oder Werkstatt ist aber grundsätzlich nicht zumutbar, Reparaturen vorzunehmen, die Fachwissen und eine entsprechende technische Austattung voraussetzen[1872].

Anders ist allerdings zu urteilen, wenn der Händler einen branchenüblichen Service nicht anbietet; hier kann ihn selbstverständlich das „Nichtbereithalten" dieses Services nicht entlasten[1873]. Auch wenn der Verkäufer über bessere Kontakte zum Hersteller oder größere Branchenkenntnisse verfügt, ist ihm die Nachbesserung (durch einen Dritten) regelmäßig zumutbar[1874].

1866 *Piltz*, Intern. KaufR, S. 218 Rn. 152; *Staudinger/Magnus*, Art. 46 Rn. 61; *Enderlein/Maskow/Strohbach*, Art. 46 Anm. 8; *Schlechtriem*, Uniform Sales Law, S. 76; *Bianca/Bonell/Will*, Art. 46 Anm. 2.2.2.2.

1867 Dieses wird bestritten. So wird vertreten, dass die Nachbesserung stets ausgeschlossen sei, wenn die Ersatzlieferung kostenspieliger sei als die Nachbesserung, vgl. *Vahle*, ZVglRWiss 98 (1999), 54, 70. M.E. ist richtigerweise auf eine Interessenabwägung abzustellen, so dass die Nachbesserung durchaus kostenintensiver sein kann als die Ersatzlieferung, wenn der Käufer ein besonderes Interesse hieran hat; so auch zutreffend, *Witz/Salger/Lorenz/Salger*, Art. 46 Rn. 9.

1868 Vgl. *Staudinger/Magnus*, Art. 46 Rn. 61.

1869 Vgl. *Schlechtriem/Huber*, Art. 46 Rn. 58 (mit dem Beispiel, dass ein kompliziertes technisches Gerät verkauft wurde und der Käufer ein besonderes Interesse an der Reparatur durch den Verkäufer als Fachmann hat); Vgl. auch den Hinweis auf die nötige Interessenabwägung in den Beratungen von *Mr. Ghestin* (France), *O.R.*, S. 335 Nr. 15. Ferner *Mr. Rognlien* (Norway), *O.R.*, S. 335 Nr. 20.

1870 *Honsell/Schneyder/Straub*, Art. 46 Rn. 97; *Schlechtriem/Huber*, Art. 46 Rn. 58; *Piltz*, Intern. Kaufrecht, S. 218 Rn. 152; a.A. *v.Hoffmann*, Gewährleistungsansprüche, in: Schlechtriem, S. 297; *Enderlein/Maskow/Strohbach*, Art. 46 Anm. 8.

1871 *Piltz*, Intern. KaufR, S. 218 Rn. 152; *Schlechtriem/Huber*, Art. 46 Rn. 58.

1872 *Piltz*, Intern. KaufR, S. 212 Rn. 151; *Soergel/Lüderitz/Schüßler-Langeheine*, Art. 46 Rn. 9.

1873 Ähnlich *Schlechtriem/Huber*, Art. 46 Rn. 58.

1874 Vgl. *Schlechtriem*, Intern. UN-Kaufrecht, S. 102; *Schlechtriem/Huber*, Art. 46 Rn. 58.

Die Nachbesserung ist ferner dann unzumutbar, wenn der Käufer die Nachbesserung ohne weiteres selbst vornehmen kann, der Verkäufer aber u.U. weite Entfernungen zurückzulegen hätte[1875].

Die *Beweislast* für die Tatsachen, die eine Unzumutbarkeit begründen, trifft den Verkäufer[1876].

(2) Artt. 77, Art. 79 CISG und Unmöglichkeit

Der Anspruch auf Nachbesserung ist ausgeschlossen, wenn die Nachbesserung *objektiv unmöglich* ist. Der Nachbesserungsanspruch scheidet daher bei irreparabelen Schäden aus[1877].

Die Beweislast für die Unmöglichkeit trifft den Verkäufer[1878].

Ein Ausschluss der Nachbesserung aufgrund der Artt. 77, 79 CISG sowie bei Unvermögen des Verkäufers scheidet aus den zur Ersatzlieferung aufgeführten Gründen aus.

e) Ausschluss der Nachbesserung

Für den Nachbesserungsanspruch des Art. 46 III CISG gelten die gleichen *gesetzlichen* Ausschlusstatbestände wie für den Ersatzlieferungsanspruch.

Vertraglich können die Parteien gem. Art. 6 CISG abweichende Vereinbarungen treffen und insofern den Nachbesserungsanspruch ausschließen. Ist ein Ausschluss in allgemeinen Geschäftsbedingungen vereinbart worden und unterfällt dieser der Inhaltskontrolle nach deutschem Recht (§ 9 AGBG), so ist der Ausschluss des Anspruchs auf Nachbesserung zulässig[1879]. Dem Käufer muss allerdings bei wesentlichen Vertragsverletzungen das Recht zur Vertragsaufhebung verbleiben[1880].

1875 *Vahle*, ZVglRWiss 98 (1999), 54, 70; *Staudinger/Magnus*, Art. 46 Rn. 63; *Ziegler*, Leistungstörungsrecht, S. 146.

1876 *Staudinger/Magnus*, Art. 46 Rn. 70; *Schlechtriem/Huber*, Art. 46 Rn. 58; *Baumgärtel/Laumen/Hepting*, Art. 46 Rn. 20.

1877 *Piltz*, Intern. KaufR, S. 218 Rn. 151; *Staudinger/Magnus*, Art. 46 Rn. 59; *Enderlein/Maskow/Strohbach*, Art. 46 Anm. 8.

1878 *Schlechtriem/Huber*, Art. 46 Rn. 57.

1879 *Frense*, Freizeichnung im Einheitlichen Kaufrecht, S. 137 f.; *Schlechtriem/Huber*, Art. 46 Rn. 70.

1880 *Schlechtriem/Huber*, Art. 46 Rn. 70.

f) Wahl der Nachbesserung als Rechtsbehelf

Nach dem CISG steht es grds. dem Käufer frei, welchen Rechtsbehelf er wählt, wenn dessen Voraussetzungen erfüllt sind. Für den Nachbesserungsanspruch gem. Art. 46 III CISG wird dies jedoch nicht allgemein anerkannt.

So wird die *Auffassung* vertreten, dass der Käufer bei Gattungssachen nicht auf Nachbesserung bestehen könne, wenn der Verkäufer den Mangel durch Ersatzlieferung beseitigen will[1881]. Dies ergäbe sich aus Art. 48 CISG; ferner könne der Käufer kein schutzwürdiges Interesse daran haben, dass der Mangel durch Nachbesserung und nicht durch Ersatzlieferung behoben werde[1882].

Nach *a. A.* steht hingegen dem Käufer auch hinsichtlich des Nachbesserungsanspruchs das Wahlrecht zu; der Käufer kann also auf Nachbesserung bestehen, wenn diese ihm zumutbar ist[1883].

Zuzustimmen ist der zweiten Ansicht. Eine Grenze des Nachbesserungsanspruchs ergibt sich allein aus der (auch wirtschaftlichen) Unzumutbarkeit[1884]. Zwar ist richtig, dass dem *Verkäufer* im Rahmen des Art. 48 CISG *zunächst* das Wahlrecht zusteht[1885]. Rügt der Käufer also einen Mangel und verlangt *sofort* Nachbesserung, so kann der Verkäufer den Mangel auch durch Ersatzlieferung beseitigen, sofern dies keine unzumutbaren Verzögerungen oder Unannehmlichkeiten verursacht[1886].

Lehnt allerdings der Verkäufer eine Nacherfüllung im Rahmen des Art. 48 CISG ab oder entstehen unzumutbare Verzögerungen[1887] bzw. Unannehmlichkeiten durch eine Ersatzlieferung[1888], so kann der Käufer auf Nachbesserung bestehen[1889].

1881 *Heilmann*, Mängelgewährleistung, S. 429; *Schlechtriem/Huber*, Art. 46 Rn. 66; *Bianca/Bonell/Will,* Art. 48 Anm. 3.1.2; ähnlich *Rudolph*, Art. 46 Rn. 19.

1882 *Schlechtriem/Huber*, Art. 46 Rn. 66.

1883 *Welser*, Vertragsverletzung, in: Doralt, S. 119; *Niggemann,* Pflichten des Verkäufers, in: Hoyer/Posch, S. 98; *Staudinger/Magnus*, Art. 46 Rn. 53; ähnlich *Enderlein/Maskow/Strohbach*, Art. 46 Anm. 4.

1884 So auch *Staudinger/Magnus*, Art. 46 Rn. 53.

1885 Vgl. *Vahle*, ZVglRWiss 98 (1999), 54, 70.

1886 Bei dem Tatbestandsmerkmal der „unzumutbaren Unannehmlichkeiten" ist insbesondere an Fälle des Einbaus und erfolgter Montage zu denken.

1887 Bspw. bei einer Ersatzlieferung entsteht eine unzumutbare Wartezeit, weil der Lieferant des Verkäufers nicht liefert.

1888 Bspw. die gelieferte, mangelhafte Ware wurde eingebaut und die Ersatzlieferung wäre mit einem unzumutbaren Aus- und Einbau verbunden.

1889 Durch die Einschränkungen des Nacherfüllungs*rechts* des Verkäufers, in den Fällen, in denen die Nacherfüllung unzumutbare Verzögerungen und Unannehmlichkeiten mit sich bringt, wird im Rahmen des Art. 48 CISG dem besonderen Interesse des Käufers an anderen Rechtsbehelfen oder aber auch an einer anderen Nacherfüllungsmethode Rechnung getragen. Dieses besondere Interesse ist aber auch auf der „Rechtsbehelfsseite" zu berücksichtigen, d.h. wenn dem Käufer eine Ersatzlieferung unzumutbar ist (vgl. vorstehende Beispiele).

Dies ergibt sich daraus, dass die Abs. 2 und 3 des Art. 46 CISG nicht nur eine beschränkende Funktion haben[1890], sondern auch die Erfüllungsmethode des Verkäufers *konkretisieren*. Ersatzlieferung und Nachbesserung sind nach dem CISG zwei unabhängige Rechtsbehelfe, was auch durch die unterschiedlichen Voraussetzungen der Ansprüche dokumentiert wird. Sind die Voraussetzungen erfüllt, so kann der Käufer diese Rechtsbehelfe durchsetzen, wobei der Verkäufer an die Nacherfüllungsmethode dieses Rechtsbehelfs gebunden ist[1891].

Ferner bestand auf der Wiener Konferenz Einigkeit darüber, dass der Käufer ein besonderes Interesse speziell an der Nachbesserung haben könne und diese deshalb auch dann durchsetzen können müsse, wenn sie für den Verkäufer beträchtliche Unannehmlichkeiten bedeute[1892]. Man war deshalb der Ansicht, dass dem Käufer das Wahlrecht zwischen Nachbesserung und Ersatzlieferung zustehen müsse[1893].

Der Verkäufer ist auch vor schikanöser Inanspruchnahme des Rechtsbehelfs der Nachbesserung durch das Erfordernis der Zumutbarkeit in Art. 46 III CISG ausreichend geschützt. Die Grenze des Wahlrechts ergibt sich deshalb allein aus der Unzumutbarkeit der Nachbesserung[1894].

Bei dieser auf den ersten Blick kompliziert erscheinenden Lösung (Wahlrecht des Verkäufers bei Nacherfüllung im Rahmen des Art. 48 CISG und Wahlrecht des Käufers bei Nacherfüllung im Rahmen des Art. 46 CISG), ist darauf hinzuweisen, dass im Rahmen von Art. 46 CISG und Art. 48 CISG dieselben Interessen

---

1890 Beschränkung des Ersatzlieferungsanspruchs auf wesentliche Vertragsverletzung sowie Geltendmachung innerhalb angemessener Frist. Beschränkung des Nachbesserungsanspruchs auf zumutbare Nachbesserungen sowie ebenfalls fristgemäße Geltendmachung.

1891 Anders hingegen ist die Rechtslage nach dem Kommissionsentwurf zur Überarbeitung des deutschen Schuldrechts (BGB-KE). Dem Käufer wird nach § 438 I BGB-KE nur ein „pauschaler" Nacherfüllungsanspruch zur Verfügung gestellt, wobei dem Verkäufer das Wahlrecht hinsichtlich der Nacherfüllungsmethode zusteht.

1892 Vgl. *O.R.*, 335 Nr. 15 („Mr. GHESTIN (France) commented that the joint proposal had the merit of stating the buyer's right to repair but that the restrictive clause did not take sufficient account of the interest of the buyer, *who should in some cases have the right to insist on repair even if repair would put the seller to considerable inconvenience.*"); zustimmend *Mr. Krispis* (Greece), *O.R.* 335 Nr. 16 („(...) the buyer should have a choice between substitute goods or repair (...)"); ferner zustimmend *Mr. Date-Bah*, (Ghana), *O.R.* 335 Nr. 21; *Mr. Sami* (Iraq), *O.R.* 335 f. Nr. 22; *Mr. Wang* (China) *O.R.* 336 Nr. 27; *Mr. Sevon* (Finnland), *O.R.* 336 Nr. 29; ähnlich *Mr. Medvedev* (Union of Soviet Socialist Republics), *O.R.* 336 Nr. 24.

1893 *Mr. Krispis* (Greece), *O.R.* 335 Nr. 16 („(...) the buyer should have a choice between substitute goods or repair (...)"). Darüber herrschte im Prinzip Einigkeit, vgl. vorstehende Fußnote.

1894 So auch *Staudinger/Magnus*, Art. 46 Rn. 53.

zu berücksichtigen sind[1895]. Bietet der Verkäufer im Rahmen seines Nachbesserungs*rechts* (Art. 48 CISG) eine Ersatzlieferung an, hat der Käufer aber ein objektiv besonderes Interesse an der Nachbesserung (bspw. die Kaufsache ist fest montiert)[1896], so wird die angebotene Ersatzlieferung regelmäßig für ihn eine unzumutbare Unannehmlichkeit im Rahmen des Art. 48 CISG bedeuten. Wählt der *Käufer* bei dieser Sachlage die Nachbesserung *als Rechtsbehelf* (Art. 46 III CISG) (die u.U. sogar teurer ist als die Ersatzlieferung), so kann die Nachbesserung im Verhältnis zur Ersatzlieferung im Rahmen der Interessenwägung für den Verkäufer grds. nicht unzumutbar i.S.d. Art. 46 III CISG sein, da der Käufer ein besonderes Interesse an der Nachbesserung hat[1897].

g) Wechsel der Rechtsbehelfe/Fehlschlagen der Nachbesserung

Zu unterscheiden sind der Fall, dass der Käufer zunächst einen anderen Rechtsbehelf als Nachbesserung geltend gemacht hat, nun aber Nachbesserung geltend machen will und der Fall, dass der Käufer zunächst die Nachbesserung begehrt hat und nun zu einem anderen Rechtsbehelf wechseln möchte.

Der erste Fall beurteilt sich nach Art. 46 I CISG. Auch der Rechtsbehelf auf Nachbesserung steht unter dem Vorbehalt, dass der Käufer noch keine unvereinbaren Rechtsbehelfe ausgeübt hat (vgl. Art. 46 I CISG)[1898]. Der Käufer kann Nachbesserung deshalb nicht mehr wählen, wenn er zuvor die *Vertragsaufhebung*, *Herabsetzung des Kaufpreises* oder aber *Schadensersatz wegen Nichterfüllung* geltend gemacht hat[1899]. Die Bindungswirkung tritt dabei mit dem Zugang der Erklärung des Käufers ein[1900]. Der Käufer kann nun nicht mehr zu einem Nachbesserungsverlangen zurückkehren.

Dies gilt allerdings nur, wenn der Käufer diese Rechtsbehelfe zu Recht geltend gemacht hat. Wählt der Käufer bspw. die Vertragsaufhebung, obwohl keine *wesentliche* Vertragsverletzung vorliegt, so tritt durch die Erklärung des Käufers keine Bindungswirkung ein; der Verkäufer bleibt weiterhin zur Erfüllung verpflichtet[1901]. Allerdings tritt dann eine Bindung ein, wenn sich der Verkäufer

---

1895 Letzlich geht durch diese Lösung das Wahlrecht hinsichtlich der Nacherfüllungsmethode vom Verkäufer auf den Käufer über, wenn das Nacherfüllungsrecht (Art. 48 I CISG) in einen Nacherfüllungsanspruch (Art. 46 II, III) „umschlägt".

1896 Ein weiteres Beispiel wäre, wenn die Ersatzlieferung (erheblich) länger dauert als die Nachbesserung (aufgrund von Lieferproblemen). Hier bedeutet die Ersatzlieferung eine unzumutbare Verzögerung i.S.d. Art. 48 CISG.

1897 Ausnahmen können dann bestehen, wenn die Nachbesserungskosten zum Wert der Sache außer Verhältnis stehen.

1898 *Soergel/Lüderitz/Schüßler-Langeheine*, Art. 46 Rn. 14.

1899 Vgl. oben *E. IV. 2. j)*.

1900 Vgl. oben *E. IV. 2. j)*.

1901 *Vahle*, ZVglRWiss 98 (1999), 54, 58; *Schlechtriem/Huber*, Art. 45 Rn. 29.

(bspw. aus Kulanz) mit der Vertragsaufhebung einverstanden erklärt und sich hierdurch das Vertragsverhältnis umgestaltet hat[1902].

Hat der Käufer zunächst *Ersatzlieferung* geltend gemacht und begehrt er nun Nachbesserung, so ist der Käufer grds. nicht an sein Ersatzlieferungsbegehren gebunden[1903]. Bindungsfristen können allerdings aufgrund Art. 47 I CISG und Art. 48 II CISG bestehen. Auch kann der Käufer dann keinen anderen Rechtsbehelf geltend machen, wenn der Verkäufer die Ersatzlieferung im Rahmen seines Nacherfüllungsrechts (Art. 48 I CISG) bewirkt. Denn im Rahmen des Art. 48 CISG steht dem Verkäufer das Wahlrecht hinsichtlich der Nacherfüllungsmethode zu[1904]. Schließlich kann der Käufer an sein Ersatzlieferungsbegehren nach Treu und Glauben gebunden sein, wenn der Verkäufer bereits Dispositionen getroffen hat[1905].

Hat der Käufer zunächst *Nachbesserung* geltend gemacht und möchte er nun andere Rechtsbehelfe geltend machen, so ist er grds. ebenfalls *nicht* an sein Nachbesserungsbegehren gebunden[1906]. Ausnahmen ergeben sich auch hier aufgrund der Artt. 47 I, 48 I, 48 II CISG und dem Grundsatz von Treu und Glauben.

Sind vom Käufer (Art. 47 I CISG) oder vom Verkäufer (Art. 48 II CISG) Fristen gesetzt, so kann der Käufer vor Ablauf dieser Fristen keine anderen Rechtsbehelfe geltend machen[1907].

Nimmt der Verkäufer die Nachbesserung innerhalb seines Nachbesserungsrechts (Art. 48 I CISG) vor, so kann der Käufer keinen anderen Rechtsbehelf geltend machen, solange die Nachbesserung nicht unzumutbare Unannehmlichkeiten oder Verzögerungen mit sich bringt. Der Verkäufer hat dabei die Nachbesserung innerhalb einer *angemessener Frist* vorzunehmen[1908]. Hinsichtlich des

---

1902 *Staudinger/Magnus*, Art. 46 Rn. 21; *Schlechtriem/Huber*, Art. 46 Rn. 10; *Vahle,* ZVglRWiss 98 (1999), 54, 58.

1903 Besteht eine nachbesserungsfähige Vertragswidrigkeit, so kann der Käufer Ersatzlieferung grds. nur dann sofort geltend machen, wenn sich der Verkäufer mit ihr einverstanden erklärt, da ansonsten noch keine *wesentliche* Vertragsverletzung besteht und ferner dem Verkäufer im Rahmen des Art. 48 I CISG das Wahlrecht zusteht. Das sofortige Verlangen der Ersatzlieferung ohne Einverständnis des Käufers kommt daher nur in Betracht, wenn die Nachbesserung unzumutbare Verzögerungen oder Unannehmlichkeiten mit sich bringen würde bzw. der Verkäufer die Nacherfüllung ablehnt.

1904 Etwas anderes gilt nur, wenn die Ersatzlieferung für den Käufer eine unzumutbare Unannehmlichkeit oder Verzögerung bedeuten würde (vgl. Art. 48 I CISG).

1905 Vgl. oben *E. IV. 2. j).*

1906 *Schlechtriem/Huber*, Art. 45 Rn. 24 ff..

1907 Es sei denn, der Verkäufer verweigert innerhalb der Frist die Nachbesserung, vgl. *Reinhart,* Art. 47 Rn. 4.

1908 *Soergel/Lüderitz/Schüßler-Langeheine*, Art. 46 Rn. 7; *Schlechtriem/Huber*, Art. 46 Rn. 64; *Piltz*, Intern. KaufR, S. 226 Rn. 185.

Vertragsaufhebungsrechts würde zuvor noch keine *wesentliche* Vertragsverletzung vorliegen.

Nimmt der Verkäufer die Nachbesserung nicht innerhalb der angemessenen Frist vor oder schlägt diese fehl, so ergeben sich folgende Rechtsfolgen:

Der Käufer kann auf die Nachbesserung bestehen, sofern diese nicht für den Verkäufer unzumutbar ist. Verlangt der Käufer weiter Nachbesserung, so ist er nach Treu und Glauben eine angemessene Zeit hieran gebunden, soweit der Verkäufer im Hinblick hierauf bereits Dispositionen getroffen hat (bspw. Beauftragung eines Dritten)[1909]. Nimmt der Verkäufer die Nachbesserung nicht vor, so kann der Käufer hierauf klagen[1910].

Der Käufer kann ferner die Nachbesserung selbst oder durch einen Dritten vornehmen lassen und die entstandenen Kosten als Schadensersatz (Art. 45 I b) CISG) vom Verkäufer zurückverlangen.

Ob dem Käufer ein Anspruch auf *Ersatzlieferung* zusteht oder er die *Vertragsaufhebung* erklären kann, bestimmt sich danach, ob der Mangel *wesentlich* i.S.d. Art. 25 CISG ist, d.h. nach fehlgeschlagener Nachbesserung objektiv schwerwiegend ist. Denn ein Mangel, der nicht *objektiv* schwerwiegend ist, wird auch nicht durch eine fehlgeschlagene Nachbesserung zu einem wesentlichen Mangel[1911]. Allerdings kann der Mangel durch die Nachbesserung zu einer objektiv schwerwiegenden Vertragswidrigkeit geworden sein, so in den Fällen, wenn eine Schadensvertiefung eintritt oder durch den zusätzlichen Zeitablauf das Geschäft für den Käufer wirtschaftlich sinnlos geworden ist (bspw. Fixgeschäft)[1912].

Ist der Mangel *objektiv schwerwiegend* und deshalb nach der nunmehr fehlgeschlagenen Nachbesserung *wesentlich*, so kann der Käufer *Ersatzlieferung* verlangen. Diese kann er innerhalb *nochmaliger* angemessener Frist geltend machen[1913].

Ferner kann der Käufer bei einem objektiv schwerwiegenden Mangel innerhalb angemessener Frist (Art. 49 II b) CISG) die Vertragsaufhebung gem. Art. 49 I a) CISG erklären und Schadensersatz wegen Nichterfüllung gem. Art. 45 I b) CISG verlangen.

Ist der Mangel *von minderem Gewicht*, so verbleiben dem Käufer nur die Möglichkeiten der Minderung (Art. 50 CISG) und des Schadensersatzes (Art. 45 I b) CISG), wobei er die Ware zu behalten hat.

1909 Vgl. oben *E. IV. 2. j)*.

1910 *Vahle*, ZVglRWiss 98 (1999), 54, 70.

1911 *Schlechtriem/Huber*, Art. 46 Rn. 48; *Piltz*, Intern. KaufR S. 226 Rn. 187; *Soergel/Lüderitz/Schüßler-Langeheine*, Art. 46 Rn. 8; *Vahle*, ZVglRWiss 98 (1999), 54, 70.

1912 *Staudinger/Magnus*, Art. 46 Rn. 67; *Soergel/Lüderitz/Schüßler-Langeheine*, Art. 46 Rn. 8.

1913 *Soergel/Lüderitz/Schüßler-Langeheine*, Art. 46 Rn. 11.

h) Art. 28 CISG

Auch für den Nachbesserungsanspruch gem. Art. 46 III CISG gilt die eingeschränkte Durchsetzbarkeit gem. 28 CISG[1914].

i) Verjährung

Kommt deutsches Recht zur Anwendung, so ist auf den Nachbesserungsanspruch gem. Art. 46 III CISG Art. 3 S. 1 VertragsG anzuwenden[1915]. Hiernach gelten die §§ 477, 478 BGB, wobei die Frist mit der Anzeige der Vertragswidrigkeit gem. Art. 39 CISG beginnt. Hemmungen und Unterbrechungen der Verjährung richten sich nach dem BGB[1916]. § 639 II BGB ist analog anwendbar; ferner kommt ein Anerkenntnis nach § 208 BGB in Betracht[1917].

Im Übrigen kann auf die Ausführungen zum Ersatzlieferungsanspruch verwiesen werden.

3. Rechtsfolgen des Nachbesserungsanspruchs

a) Inhalt des Nachbesserungsanspruchs

Der Nachbesserungsanspruch gem. Art. 46 III CISG geht inhaltlich auf die vollständige Beseitigung des Mangels[1918]. Dabei ist *Nachbesserung* im weiten Sinn zu verstehen. Über die Reparatur der Sache wird deshalb auch die Lieferung von Ersatzteilen erfasst[1919].

Es werden daher Fälle von Ausbesserungsarbeiten (z.B. Nachlackierung, richtiger Anschluss eines zuvor falsch angeschlossenen Kabels), Fälle des Ersatzes defekter Einzelteile durch fehlerfreie Einzelteile (z.B. Ersatz einer verbeulten Autotür durch eine andere) sowie Fälle erfasst, in denen ein ursprünglich fehlendes Einzelteil nachträglich eingebaut wird (fehlendes Schutzblech wird nachträglich eingebaut)[1920].

1914 *Staudinger/Magnus*, Art. 46 Rn. 64, m.w.N.; *Kastely*, Wash.L.Rev. 63 (1988), 607, 635 f.; a.A. *Schlechtriem*, Uniform Sales Law, S. 63; dazu ausführlich oben *E. IV. 2. k)*.

1915 *Schlechtriem/Schlechtriem*, Art. 3 VertragsG Rn. 4; *Staudinger/Magnus*, Art. 3 VertragsG Rn. 6; *Herber/Czerwenka*, Art. 3 VertragsG Rn. 7.

1916 *Staudinger/Magnus*, Art. 3 VertragsG Rn. 11; *Herber/Czerwenka*, Art. 3 VertragsG Rn. 13.

1917 *Schlechtriem/Schlechtriem*, Art. 3 VertragsG Rn. 11.

1918 *Staudinger/Magnus*, Art. 46 Rn. 65.

1919 *Piltz*, Intern. Kaufrecht, S. 218 Rn. 150; *Reinhart*, Art. 46 Rn. 8; *Enderlein/Maskow/Stargart*, Art. 46 Anm. 4; *Herber/Czerwenka*, Art. 46 Rn. 9; *Schlechtriem/Huber*, Art. 46 Rn. 62.

1920 Beispiele nach *Schlechtriem/Huber*, Art. 46 Rn. 62. Die Nachbesserung unterscheidet sich von der Ersatzlieferung dadurch, dass die vertragswidrige Sache als solche nicht ausgetauscht wird, vgl. *Schlechtriem/Huber*, aaO; *Vahle*, ZVglRWiss 98 (1999), 54, 70.

Die *Art und Weise* der Mängelbeseitigung im Rahmen des Art. 46 III CISG bestimmt der Verkäufer, da der Erfolg entscheidend ist[1921]. Wie der Verkäufer diesen Erfolg erreicht, ist seine Sache. Der Verkäufer kann allerdings nicht durch Ersatzlieferung gem. Art. 46 II CISG erfüllen, wenn der Käufer Nachbesserung verlangt (im Einzelnen dazu oben)[1922].

Ebenso wie das interne deutsche Recht regelt Art. 46 III CISG nicht, *wo* die Reparatur vorzunehmen ist (*Leistungsort*)[1923].

Ganz überwiegend wird zum CISG vertreten, dass die Nachbesserung an dem Ort zu erfolgen habe, an welchem sich die Ware gemäß dem Vertrag befindet, also am *Bestimmungsort*[1924]. Muss die Sache zum Zweck der Reparatur in eine Werkstatt des Verkäufers geschafft werden, so sei dieses grundsätzlich Sache des Verkäufers, hierfür zu sorgen[1925].

Zutreffend ist m.E. jedoch, dass der Leistungsort sich aus dem Vertrag bzw. aus Art. 31 CISG ergibt[1926], da es sich um einen Erfüllungsanspruch handelt. Die Leistungs-(Erfüllungs-)pflichten des Verkäufers hinsichtlich des Leistungsortes ergeben sich jedoch aus dem Vertrag bzw. aus Art. 31 CISG. Die Nachteile, die dem Käufer aufgrund der Nachbesserung entstehen, werden dadurch ausgeglichen, dass der Verkäufer die Transportkosten und –risiken zu tragen hat.

Jedoch kann sich aus Treu und Glauben (Art. 7 I CISG) und der Verkehrssitte (Art. 9 II CISG) etwas anderes ergeben (z.B. dass der Käufer die Sache einzusenden oder eine Vertragswerkstatt aufzusuchen hat)[1927]. Bei „kleinen“ Gebrauchsgütern liegt der Nachbesserungsort daher regelmäßig beim Niederlassungsort des Verkäufers, während die Nachbesserung bei Maschinen und Anlagen gewöhnlich am Montageort zu erfolgen hat[1928].

Wird die Reparatur beim Verkäufer vorgenommen, so trifft den Käufer eine Mitwirkungspflicht, die Sache zum Verkäufer zu übersenden[1929].

1921 Weitergehend *Schlechtriem/Huber*, Art. 48 Rn. 9 (Wahlrecht auch hinsichtlich der Ersatzlieferung).

1922 *Staudinger/Magnus*, Art. 46 Rn. 53.

1923 *Heilmann*, Mängelgewährleistung, S. 429.

1924 *Vahle,* ZVglRWiss 98 (1999), 54, 70; *Staudinger/Magnus*, Art. 46 Rn. 66; *Achilles,* Art. 46 Rn. 8; *Schlechtriem/Huber*, Art. 46 Rn. 63; *Honsell/Schneyder/Straub*, Art. 46 Rn. 104; *Piltz*, Intern. KaufR, S. 226 Rn. 185; *AG Cloppenburg* v. 14.4.1993, CISG ONLINE Nr. 85; ähnlich *Heilmann,* Mängelgewährleistung, S. 429 f.; weitergehend *Hackenberg,* Der Erfüllungsort von Leistungspflichten, S. 120 (Erfüllungsort sei „Belegenheitsort“).

1925 *Schlechtriem/Huber*, Art. 46 Rn. 63.

1926 So auch *Witz/Salger/Lorenz/Salger,* Art. 46 Rn. 11.

1927 So auch *Schlechtriem/Huber*, Art. 46 Rn. 63.

1928 So auch *Heilmann*, Mängelgewährleistung, S. 429 f.; *Dölle/Stumpf,* Art. 42 EKG Rn. 11(zum EKG).

1929 So auch *Heilmann*, Mängelgewährleistung, S. 430; *Dölle/Stumpf,* Art. 42 EKG Rn. 11(zum EKG).

Die Kosten des Transports zur Werkstatt des Verkäufers und des Rücktransports zum Käufer treffen jedenfalls den Verkäufer[1930].

b) Gefahrtragung

Muss die Ware zum Zwecke der Nachbesserung befördert werden (insbesondere zum Verkäufer), so trägt der Verkäufer die Gefahr[1931]. Dieses gilt sowohl für den Hintransport zum Verkäufer, als auch für den Rücktransport zum Käufer[1932]. Auch trägt der Verkäufer die Gefahr während der Reparatur in seiner Werkstatt[1933].

Befindet sich die defekte Ware noch beim Käufer, so gelten die allgemeinen Regeln. Danach geht die Gefahr grds. gem. Art. 69 CISG mit Übergabe der Ware auf den Käufer über. Allerdings verbleibt die Gefahr beim Verkäufer, wenn der Käufer einen Vertragsaufhebungs- oder einen Ersatzlieferungsanspruch hat (Artt. 70, 82 II a CISG), wofür eine *wesentliche* Vertragsverletzung Voraussetzung ist[1934]. Bei unwesentlichen Vertragsverletzungen geht die Gefahr hingegen auf den Käufer über[1935].

Für den Nachbesserung begehrenden Käufer sind deshalb zwei Fälle zu unterscheiden:

Geht die vertragswidrige Sache beim Käufer *vor* der Reparatur aufgrund Zufalls unter und liegt nur eine *unwesentliche* Vertragsverletzung vor, so kann der

---

1930 *Schlechtriem/Huber*, Art. 46 Rn. 63; *Soergel/Lüderitz*, 12. Aufl., Art. 42 EKG, Rn. 2 (der ausführt, dass „der tatsächliche Leistungsort (...) daher weitgehend ohne Interesse“ ist); *Heilmann*, Mängelgewährleistung, S. 430; *Mertens/Rehbinder*, Art. 42 EKG Rn. 10 (zum EKG); *Großkomm/Koller*, vor § 373 Rn. 419 (zu Art. 42 EKG).

1931 *Heilmann*, Mängelgewährleistung, S. 430; *Schlechtriem/Huber*, Art. 46 Rn. 63. Zum EKG:; *Mertens/Rehbinder*, Art. 42 EKG Rn. 10; *Großkomm/Koller*, vor § 373 HGB Rn. 419 (zu Art. 42 EKG); *Soergel/Lüderitz*, 12. Aufl., Art. 42 EKG Rn. 2.

1932 *Schlechtriem/Huber*, Art. 46 Rn. 63. Hat nach dem Kaufvertrag der Käufer die Gefahr für den Transport der Ware zu ihm zu tragen (so im Fall des Art. 67 I CISG), so trifft den Verkäufer gleichwohl das Risiko des Rücktransports der reparierten Ware zum Käufer. Denn der Käufer hätte bei vertragsgemäßer Lieferung auch nur das Risiko *eines* Transportes getragen.

1933 Dieses ergibt sich daraus, dass durch die Rücknahme der Ware zur Reparatur der ursprüngliche Übergang der Gefahr gem. Artt. 66 ff. CISG rückgängig gemacht wurde.

1934 *Hager*, Gefahrtragung, in: Schlechtriem, S. 404; *Honnold*, Art. 70 Rn. 382.1; *Heilmann*, Mängelgewährleistung, S. 277; *Enderlein/Maskow/Strohbach*, Art. 70 Anm. 1; *Roth*, 27 Am.J.Comp.L (1979), S. 302 f.; *Stocks*, 87 Nw.U.L.Rev., 1415, 1437 f. (1993). Denn wie *Hager*, a.a.O. ausführt, bestimmt die Ausgestaltung der Rechte auf Vertragsaufhebung bzw. auf Ersatzlieferung mittelbar über die Gefahrverteilung.

1935 Hierzu ausführlich *Hager*, Gefahrtragung beim Kauf, S. 166 f.; *Roth*, 27 Am.J.Comp.L, 291, 302 f. (1979); *Honnold*, Risk of Loss, in: Galston/Smit, S. 8-14.

Käufer weder Vertragsaufhebung noch Ersatzlieferung verlangen. Der Käufer trägt deshalb die Gefahr des zufälligen Untergangs[1936].

War die Vertragsverletzung *wesentlich* i.S.d. Art. 25 CISG und hat der Käufer zunächst Nachbesserung verlangt, so trägt nach herrschender und zutreffender Ansicht der Verkäufer die Gefahr[1937]. Denn das Nachbesserungsverlangen hat nach dem CISG grds. keine Bindungswirkung, so dass der Käufer jederzeit zu Vertragsaufhebung und Ersatzlieferung wechseln kann.

Fraglich ist die Gefahrtragung bei *wesentlichen* Vertragsverletzungen, wenn der Käufer Nachbesserung verlangt und dem Verkäufer hierfür eine Frist gem. Art. 47 I CISG gesetzt hat, so dass gem. Art. 47 II CISG eine Bindungswirkung eintritt. Nach zutreffender Ansicht trägt hier der Verkäufer die Gefahr[1938]. Zum einen ist durch den Untergang die Nachbesserung unmöglich geworden, so dass dem Käufer nun wieder seine übrigen Rechtsbehelfe offenstehen (also auch die Ersatzlieferung und Vertragsaufhebung). Zum anderen würde man den Käufer, der die für den Verkäufer im Vergleich zur Ersatzlieferung weniger belastende Nachbesserung gewählt hat, ungerechtfertigt bestrafen[1939].

c) Kosten der Nachbesserung

Die Kosten der Nachbesserung hat der Verkäufer zu tragen[1940], was sich implizit aus Art. 48 I S. 1. CISG ergibt[1941] und allgemein daraus, dass die Nachbesserung Bestandteil der Erfüllung ist.

Hierzu gehören insbesondere die Kosten der Nachbesserung selbst (Sach- und Personalkosten) und die Kosten des Transports der Ware zur Werkstatt des Verkäufers und zurück[1942].

Ferner ist der Verkäufer gem. Art. 45 I b) CISG verpflichtet, alle Schäden zu ersetzen, die dem Käufer anläßlich der Beseitigung des Mangels entstehen (z.B. Abschleppkosten des liegengebliebenen KfZ)[1943].

1936 *Roth*, 27 Am.J.Comp.L, 291, 302 f.. (1979).

1937 *Staudinger/Magnus*, Art. 70 Rn. 15; *Schlechtriem/Hager*, Art. 70 Rn. 7; *Soergel/Lüderitz*, 12. Aufl., Art. 70 Rn. 3; a.A. (Gefahrtragung bei Käufer) *Herber/ Czerwenka*, Art. 70 Rn. 6; zweifelnd *Roth*, 27 Am.J.Comp.L., 291, 303 (1979).

1938 *Schlechtriem/Hager,* Art. 70 Rn. 7 (anders aber noch *Hager*, Gefahrtragung, in: Schlechtriem, S. 406); *Mertens/Rehbinder*, Art. 97 EKG Rn. 18, 19 (zum EKG); *Dölle/Neumayer*, Art. 97 EKG Rn. 46 (zum EKG).

1939 So auch *Schlechtriem/Hager,* Art. 70 Rn. 7.

1940 *Staudinger/Magnus*, Art. 46 Rn. 65; *Heilmann*, Mängelgewährleistung, S. 430; *Ensthaler/ Achilles,* nach § 382, Art. 46 Rn. 8; *Schlechtriem/Huber*, Art. 46 Rn. 65; *Vahle*, ZVglRWiss 98 (1999), 54, 70; *OLG Hamm,* IPRax 1996, 269, 270; *Staudinger/Magnus*, Art. 46 Rn. 65; *Heilmann*, Mängelgewährleistung, S. 430.

1941 *OLG Hamm,* IPRax 1996, 269, 270; *Schlechtriem/Huber*, Art. 46 Rn. 65; *Vahle*, ZVglRWiss 98 (1999), 54, 70.

1942 *Heilmann*, Mängelgewährleistung, S. 430.

d) Reparatur durch Dritte/Ersatzvornahme

Ob der Verkäufer die Nachbesserung selbst vornimmt oder aber einen Dritten hierfür beauftragt, ist gleichgültig[1944]. Kann er die Reparatur nicht selbst ausführen, so ist er zur Beauftragung eines Dritten verpflichtet, soweit dieses nicht für ihn unzumutbar i.S.d. Art. 46 III CISG ist.

Der Käufer kann grds. einen Dritten mit der Reparatur der Sache beauftragen oder diese selbst vornehmen und die Kosten als Schadensersatz gem. Art. 45 I b) CISG vom Verkäufer zurückverlangen[1945].

Allerdings gilt dies nicht, wenn der Verkäufer die Nachbesserung im Rahmen seinens Nacherfüllungs*rechts* gem. Art. 48 CISG vornimmt. Denn solange der Verkäufer das Recht zur Mängelbeseitigung gem. Art. 48 CISG hat, kann der Käufer *nicht* den Mangel selbst beseitigen und die Kosten als Schadensersatz gem. Art. 45 I b) CISG vom Verkäufer zurückverlangen. Durch die Selbst- bzw. Ersatzvornahme hindert der Käufer nämlich den Verkäufer daran, den Vertrag noch nachträglich selbst zu erfüllen, so dass er keine Rechte aus der Nichterfüllung herleiten kann[1946].

Der Käufer kann deshalb erst dann einen Dritten mit der Nachbesserung beauftragen bzw. diese selbst vornehmen und die Kosten vom Verkäufer als Schadensersatz geltend machen, wenn die Nachbesserung durch den Verkäufer eine unzumutbare Verzögerung bzw. Unannehmlichkeit darstellt oder der Verkäufer den Käufer über die Erstattung der Kosten im Ungewissen lässt[1947]. Art. 48 CISG steht dann nicht mehr entgegen, da der Verkäufer im Rahmen seines Nacherfüllungsrechts nur innerhalb angemessener Frist (ohne „unzumutbare Verzögerung") nachbessern kann.

1943 *Schlechtriem/Huber*, Art. 46 Rn. 65; *Staudinger/Magnus*, Art. 46 Rn. 65; *Schlechtriem*, IPRax 1996, 256, 256.

1944 *Piltz*, Intern. KaufR, S. 218, Rn. 150; *Ziegler*, Leistungsstörungsrecht, S. 146.

1945 *Schlechtriem*, IPRax 1996, 256, 256; *OLG Hamm*, IPRax 1996, 269, 270; *Staudinger/Magnus*, Art. 46 Rn. 67; *Honsell/Schneyder/Straub* Art. 46 Rn. 109; *Schlechtriem/Huber*, Art. 46 Rn. 67.

1946 *Schlechtriem/Huber*, Art. 48 Rn. 28, der darauf hinweist, dass der Käufer auch nicht aufgrund von Anspruchsgrundlagen des nationalen Rechts einen Anspruch herleiten kann, da das CISG insoweit abschließend ist.

1947 Vgl. *Schlechtriem/Huber*, Art. 46 Rn. 67. Ferner natürlich in dem Fall, dass die Parteien sich einigen, dass der Käufer die Nachbesserung selbst vornehmen soll.

e) Konkurrierende Ansprüche

Der Käufer kann für Schäden, die trotz der Nachbesserung verbleiben (z.B. Produktionsausfall während der Reparaturzeit), Schadensersatz gem. Art. 45 I b) CISG geltend machen[1948].

VI. Nacherfüllungsansprüche gem. Art. 46 I CISG

Erfüllt der Verkäufer eine seiner Pflichten nicht, die ihm aufgrund des Vertrages oder des CISG obliegen, so kann der Käufer (Nach-)Erfüllung dieser Pflichten gem. Art. 46 I CISG verlangen, sofern die Art der Vertragsverletzung nicht den Abs. 2 und 3 des Art. 46 CISG unterfällt.

Im Hinblick auf den Vergleichsrahmen der Arbeit soll innerhalb des Anwendungsbereichs des Art. 46 I CISG nur die Nacherfüllung von Rechts- und Quantitätsmängeln untersucht werden.

1. Anwendungsbereich des Art. 46 I CISG

Der (Nach-)Erfüllungsanspruch gem. Art. 46 I CISG erfasst sämtliche Fälle, in denen der Verkäufer eine seiner ihm obliegenden Pflichten nicht erfüllt, sofern diese Vertragswidrigkeit nicht von Art. 46 II, III CISG erfasst wird.

Art. 46 I CISG ist daher auf alle Fälle anwendbar, in denen der Verkäufer überhaupt nicht leistet, Dokumente nicht liefert oder sonstige Vertragspflichten (z.B. Montage- oder Instruktionspflichten, Ausschließlichkeitsbindung) nicht erfüllt[1949].

Nicht erfasst werden von Art. 46 I CISG Fälle der Lieferung *nicht vertragsgemäßer Ware i.S.d. Art. 35 CISG*, die den Beschränkungen der Abs. 2 und 3 des Art. 46 CISG unterliegen. Hierzu zählt auch die Lieferung eines *aliuds*[1950].

Echte *Quantitätsmängel* -obgleich nicht vertragsgemäß i.S.d. Art. 35 CISG- unterfallen aufgrund der Sondervorschrift des Art. 51 CISG dem Anwendungsbereich des Art. 46 I CISG[1951].

Rechtsmängel unterfallen nach h.M. ebenfalls Art. 46 I CISG und sind damit nicht den Einschränkungen der Abs. 2 und 3 des Art. 46 CISG unterworfen[1952].

1948 Vgl. *Rudolph*, Art. 46 Rn. 20.

1949 Staudinger/Magnus, Art. 46 Rn. 9 ff. m.w.N.; *Karollus*, S. 135; *Reinhart*, Art. 46 Rn. 2; *Achilles*, Art. 46 Rn. 2.

1950 *Honsell/Schneyder/Straub*, Art. 46 Rn. 18; *Enderlein/Maskow/Stohbach*, Art. 46 Bem. 3; *Schlechtriem/Huber*, Art. 46 Rn. 24.

1951 *Karollus*, S. 136; *Schlechtriem/Huber*, Art. 46 Rn. 25; *Vahle*, ZVglRWiss 98 (1999), 54, 57; *Staudinger/Magnus*, Art. 46 Rn. 10. Vgl. ferner oben *E. IV. 1.*

2. Der Nacherfüllungsanspruch bei Rechtsmängeln

Der Nacherfüllungsanspruch bei Rechtsmängeln unterfällt nach h.M. *Art. 46 I CISG.* Daher ist weder erforderlich, dass aufgrund des Rechtsmangels eine wesentliche Vertragsverletzung nach Art. 25 CISG vorliegt, noch dass die Nacherfüllung dem Verkäufer i.S.d. Art. 46 III CISG zumutbar ist. Schließlich muss der Käufer die Erfüllung *nicht* innerhalb einer angemessenen Frist nach seiner Mängelrüge verlangt haben.

a) Voraussetzungen

Die Rechtsmängelhaftung des Verkäufers ist in den Artt. 41-43 CISG getrennt von der Sachmängelhaftung normiert. Die Rechtsmängelhaftung des CISG differenziert nach der „allgemeinen Rechtsmängelhaftung" (Art. 41 CISG) und der Haftung des Verkäufers für die Freiheit von „Rechten oder Ansprüchen", die „auf gewerblichem oder anderem geistigen Eigentum" beruhen (Art. 42 I CISG)[1953].

(1) Rechtsmängel gem. Art. 41 CISG

Nach Art. 41 CISG hat der Verkäufer Ware zu liefern, die frei von Rechten oder Ansprüchen Dritter ist.

Art. 41 CISG erfasst sämtliche private Rechte und Ansprüche, die den Käufer in der Benutzung, Verwertung oder sonstigen Verfügung hinsichtlich der Ware einschränken, sich also auf die Besitzer- oder Eigentümerstellung des Käufers auswirken[1954].

Dabei kann das Recht sowohl *dinglicher* als auch *obligatorischer* Natur sein[1955]. In Betracht kommen bspw. Nießbrauch, fehlendes Eigentum des Verkäufers[1956], Sicherungsrechte, Nutzungsrechte etc.[1957].

Umstritten ist, ob *öffentlich-rechtliche Belastungen* einen Rechtsmangel i.S.d. Art. 41 S. 1 CISG darstellen. Teilweise werden diese Belastungen unter Art. 35

1952 *Piltz,* Intern. KaufR, S. 219 Rn. 154; *Schlechtriem/Huber,* Art. 46 Rn. 27; Staudinger/Magnus, Art. 46 Rn. 17; *Prager,* Verkäuferhaftung, S. 203 ff.; *Honnold,* Art. 46 Rn. 280; a.A. *Bianca/Bonell/Will,* Art. 46 Anm. 3.1; *Herber/Czerwenka,* Art. 46 Rn. 6; *Vahle,* ZVglRWiss 98 (1999), 54, 55 f.. Vgl. hierzu oben *E. IV. 1.*

1953 Vgl. *Welser,* Vertragsverletzung, in: Doralt, S. 114.

1954 *Piltz,* Intern. KaufR, S. 203 Rn. 95; *Soergel/Lüderitz/Schüßler-Langeheine,* Art. 41 Rn. 3.

1955 *Schlechtriem/Schwenzer,* Art. 41 Rn. 4; *Piltz,* Intern. KaufR, S. 204, § 5 Rn. 95; *Huber,* RabelsZ 43 (1979), 484, 501; *Achilles,* Art. 41 Rn. 2.

1956 Hat der Käufer gutgläubig Eigentum erworben, so kann der Verkäufer dennoch nach Art. 41 CISG haften, wenn der Dritte gegen den Käufer aus seinem (früheren) Recht Ansprüche geltend macht, *vgl. Schlechtriem/Schwenzer,* Art. 41 Rn.3 m.w.N.

1957 Aufzählungen bei *Piltz,* Intern. KaufR, S. 204 Rn. 95; *Soergel/Lüderitz/Schüßler-Langeheine,* Art. 41 Rn. 3; *Schlechtriem/Schwenzer,* Art. 41 Rn. 4.

CISG subsumiert[1958]; nach a.A. stellen sie einen Rechtsmangel i.S.d. Art. 41 CISG dar[1959].

Nach Art. 41 CISG kommt es auf ein *tatsächliches Bestehen* des Rechtes oder des Anspruchs eines Dritten nicht an[1960]. Ausreichend ist vielmehr, dass der Dritte Rechte bzw. Ansprüche behauptet, und zwar auch dann, wenn diese letzlich unbegründet sind[1961]. Dem Käufer soll nicht zugemutet werden, sich mit einem Dritten auseinandersetzen zu müssen[1962].

Umstritten ist allerdings, ob bei offensichtlich aus der Luft gegriffenen Ansprüchen (sog. „frivolen" Ansprüche) die Rechtsmängelhaftung aus Art. 41 CISG eingreift[1963].

In zeitlicher Hinsicht müssen die *den Rechtsmangel begründenden Umstände* vor der Lieferung angelegt gewesen sein; der Zeitpunkt des Vertragsschlusses ist unerheblich[1964].

Ob der Rechtsmangel eine *wesentliche* Vertragsverletzung darstellt, ist für den Erfüllungsanspruch nach Art. 46 I CISG unerheblich[1965].

(2) Rechtsmängel nach Art. 42 CISG

Nach Art. 42 CISG hat der Verkäufer Ware zu liefern, die frei von Rechten und Ansprüchen Dritter ist, die auf gewerblichem oder anderem geistigen Eigentum beruhen[1966].

1958 *Schlechtriem*, Intern. UN-Kaufrecht, S. 95; *Piltz*, Intern. Kaufrecht, S. 204 Rn. 94; *Wolff*, Rechtsmängelhaftung, S. 72; differenzierend, *Schlechtriem/Schwenzer*, Art. 41 Rn. 5 ff..

1959 *Welser*, Vertragsverletzung, in: Doralt, S. 114; *Huber*, RabelsZ 1979, 484, 501.

1960 *Karollus*, S. 123; *Piltz*, Intern. KaufR, S. 204 f. Rn. 97 f.; *Soergel/Lüderitz/Schüßler-Langeheine*, Art. 41 Rn. 7; *Loewe*, Art. 41, S. 61; *Herber/Czerwenka*, Art. 41 Rn. 5.

1961 *Enderlein/Maskow/Strohbach*, Art. 41 Anm. 4.; *Schlechtriem/Schwenzer*, Art. 41 Rn. 9 ff.(die ausführt, dass die Form der Geltendmachung durch den Dritten unerheblich ist. Insbesondere ist keine Klagerhebung nötig).

1962 *Schlechtriem/Schwenzer*, Art. 41 Rn. 9.

1963 Dagegen: *Herber/Czerwenka*, Art. 41 Rn. 6; *Heilmann*, Mängelgewährleistung, S. 660; *Prager*, Verkäuferhaftung, S. 72. Dafür: *Schlechtriem/Schwenzer*, Art. 41 Rn. 10; *Huber*, RabelsZ 43 (1979), 484, 501.

1964 *Enderlein*, Rights and Obligations, in: Dubrovnik Lectures, S. 177; *Rudolph*, Art. 41 Rn. 5; ausführlich *Schlechtriem/Schwenzer*, Art. 41 Rn. 15.

1965 *Schlechtriem/Huber*, Art. 46 Rn. 28; *Staudinger/Magnus*, Art. 46 Rn. 15, 17; *Karollus*, S. 136. Anders die Vertreter, die Rechtsmängel den Abs. 2 und 3 des Art. 46 CISG unterstellen. Für einen Ersatzlieferungsanspruch ist dann ein wesentlicher Rechtsmangel erforderlich. Zur Gegenansicht, vgl. *Vahle*, ZVglRWiss, 98 (1999), 54, 57 f..

1966 „Geistiges Eigentum" ist dabei der Oberbegriff, so dass gewerbliches Eigentum lediglich klarstellende Funktion hat; vgl. *Schlechtriem/Schwenzer*, Art. 42 Rn. 4.

Typische Schutzrechte des Art. 42 CISG sind Patente, Urheberrechte, Ausstattungen, Firmennahmen, Markenzeichen sowie alle sonstigen, eine geistige Leistung schützenden Rechte, die die Verwendung der Ware beeinträchtigen[1967].

Auch bei Art. 42 CISG kommt es nicht darauf an, ob das Schutzrecht tatsächlich besteht; vielmehr ist ausreichend, dass ein Dritter ein Schutzrecht behauptet[1968].

Maßgeblicher Zeitpunkt für das (Nicht-)Bestehen eines Schutzrechtes ist der Zeitpunkt der Lieferung[1969]. Auf den Zeitpunkt des Vertragsschlusses kommt es nur für die Kenntnis sowie für die Bestimmung des Verwendungsstaates an[1970].

Die Haftung des Verkäufers ist nach Art. 42 CISG in mehrfacher Hinsicht begrenzt.

Der Verkäufer haftet zum einen nur für die Schutzrechtsfreiheit im Verwendungsstaat[1971] oder dort, wo die Ware weiterverkauft werden soll und das auch nur dann, wenn die Parteien bei Vertragsschluss in Betracht gezogen haben, dass die Ware dort verwendet wird (Art. 42 I a) CISG). Subsidiär haftet der Verkäufer allerdings für die Schutzrechtsfreiheit im Sitzland des Käufers (Art. 42 I b) CISG). Hinsichtlich der Frage, ob die Parteien bei Vertragsschluss den Verwendungsstaat *in Betracht gezogen haben*, ist nicht erforderlich, dass dieser Vertragsinhalt geworden ist; ausreichend ist vielmehr, dass der Verwendungsstaat aus den Umständen für den Verkäufer erkennbar geworden ist[1972].

Eine weitere Einschränkung erfährt die Haftung dadurch, dass der Verkäufer die Schutzrechte bei Vertragsschluss kennen muss oder über sie nicht in Unkenntnis hätte sein dürfen (Art. 42 I CISG). Den Verkäufer trifft hierbei eine Erkundi-

---

1967 Vgl. *Piltz*, Intern. KaufR, S. 205, Rn. 101; *Soergel/Lüderitz/Schüßler-Langeheine*, Art. 42 Rn. 2; *Reinhardt*, Art. 42 Rn. 2; *Enderlein/Maskow/Strohbach*, Art. 42 Rn 3. Das CISG regelt dabei nur das Verhältnis zwischen Verkäufer und Käufer. *Ob* Rechte aus gewerblichem oder anderem geistigen Eigentum bestehen, bestimmt sich nach dem durch das aufgrund internationalen Privatrechts des angerufenen Gerichts berufenen nationalen Rechts, in der Regel jenem des Schutzlandes, vgl. *Schlechtriem/Schwenzer*, Art. 42 Rn. 3.

1968 *Wolff*, Rechtsmängelhaftung, S. 73 f.; *Prager*, Verkäuferhaftung, S. 225 ff.; *Schlechtriem/Schwenzer*, Art. 42 Rn. 6

1969 *Prager*, Verkäuferhaftung, S. 150 ff; *Piltz*, Intern. KaufR, S. 206 Rn. 103; *Zhang*, Rechtsmängelhaftung, S. 87.

1970 *Schlechtriem/Schwenzer*, Art. 42 Rn. 8.

1971 Dabei können auch mehrere Verwendungsstaaten in Betracht kommen, vgl. *Staudinger/Magnus*, Art. 42 Rn. 19; *Schlechtriem/Schwenzer*, Art. 42 Rn. 10; a.A. *Enderlein/Maskow/Strohbach*, Art. 42 Anm. 6 (nur ein Land).

1972 *Schlechtriem/Schwenzer*, Art. 42 Rn. 11; *Piltz*, Intern. KaufR, S. 206 Rn. 106; *Prager*, Verkäuferhaftung, S. 154; strenger *Staudinger/Magnus*, Art. 42 Rn. 17.

gungspflicht hinsichtlich registrierter Schutzrechte[1973]. Nicht registrierte Schutzrechte muss der Verkäufer nicht kennen[1974]. Maßgeblicher Zeitpunkt für die Kenntnis bzw. das Kennenmüssen ist der Vertragsschluss[1975].

Ferner ist die Haftung ausgeschlossen, wenn der Käufer die Schutzrechte oder den Anspruch *kannte* oder darüber *nicht in Unkenntnis sein konnte* (Art. 42 II a) CISG). Den Käufer trifft aber keine Pflicht, sich ohne besonderen Anlass über die Schutzrechte in dem jeweiligen Land zu informieren[1976]. Schließlich ist die Haftung ausgeschlossen, wenn die Schutzrechte *Folge von Anweisungen* etc. des Käufers sind (Art. 42 II b) CISG).

Auch für ein (Nach-)Erfüllungsbegehren hinsichtlich Rechtsmängeln i.S.d. Art. 42 CISG ist *nicht* erforderlich, dass es sich um einen *wesentlichen* Rechtsmangel handelt.

(3) Anzeige des Rechtsmangels/Erfüllungsverlangen

Der Käufer hat gem. Art. 43 I CISG einen Rechtsmangel, und zwar sowohl einen Rechtsmangel gem. Art. 41 CISG als auch nach Art. 42 CISG, innerhalb einer *angemessenen Frist* zu rügen.

Die Frist *beginnt* zu dem Zeitpunkt, in dem der Käufer von dem Rechtsmangel Kenntnis erlangt oder Kenntnis hätte erlangen müssen (Art. 43 I CISG). Den Käufer trifft dabei keine Informations- oder Nachforschungspflicht, wenn keine Verdachtsmomente vorliegen[1977]. Ausreichend ist allerdings, dass ein Dritter mit Ansprüchen an den Käufer herantritt[1978].

Die *Dauer* der angemessenen Frist wird regelmäßig länger als bei Art. 39 I CISG ausfallen, wenn der Käufer aufgrund eigener Nachforschungen einen Rechtsmangel erschließt[1979]. Ihm ist dann die Einholung von Rechtsrat zuzu-

---

1973 *Schlechtriem/Schwenzer*, Art. 42 Rn. 14; *Piltz*, Intern. KaufR, S. 207 Rn. 109; *Enderlein/Maskow/Strohbach*, Art. 42 Anm. 4; *Sekretariatskommentar*, Art. 40 Anm. 6, *O.R.* 37.

1974 *Piltz*, Intern. KaufR, S. 207 Rn. 109; *Sekretariatskommentar*, Art. 40 Anm. 6, *O.R.* 37.

1975 *Schlechtriem/Schwenzer*, Art. 42 Rn. 15.

1976 *Enderlein/Maskow/Strohbach*, Art. 42 Anm. 9; *Piltz*, Intern. KaufR, S. 207 Rn. 111; *Herber/Czerwenka*, Art. 42 Rn. 6; Auch bezüglich der Kenntnis des Käufers kommt es auf den Zeitpunkt des Vertragsschlusses an, vgl. *Schlechtriem/ Schwenzer*, Art. 42 Rn. 18.

1977 *Herber/Czerwenka*, Art. 43 Rn. 3; *Maskow/Enderlein/Strohbach*, Art. 43 Anm. 3; *Achilles*, Art. 43 Rn. 1.

1978 *Staudinger/Magnus*, Art. 43 Rn. 15; *Piltz*, Intern. KaufR, S. 209, Rn. 118.

1979 *Schlechtriem/Schwenzer*, Art. 43 Rn. 3; *Reinhart*, Art. 43 Rn. 2; ähnlich *Soergel/Lüderitz/Schüßler-Langeheine*, Art. 43 Rn. 3 (Frist*beginn* erst mit Prüfungsabschluss).

gestehen[1980]. Eine absolute Zeitgrenze wie in Art. 39 II CISG (dort 2 Jahre) für die Rüge besteht nicht[1981].

Die Anzeige muss den Rechtsmangel genau bezeichnen (Art. 43 I CISG), wobei eine juristisch zutreffende Qualifizierung grds. nicht erforderlich ist[1982].

Versäumt der Käufer die Rügefrist des Art. 43 CISG, so verliert er sämtliche Rechtsbehelfe, sofern nicht die Ausnahmetatbestände des Art. 43 II CISG (Kenntnis des Verkäufers vom Rechtsmangel) oder Art. 44 CISG (vernünftige Entschuldigung der Fristversäumung) vorliegen[1983].

Der Käufer muss bei einem Ersatzlieferungsanspruch wegen Rechtsmängeln gem. Art. 46 I CISG *nicht* die Erfüllung innerhalb angemessener Zeit nach der Rüge verlangen[1984].

(4) Das Recht zur zweiten Andienung

Das Recht zur zweiten Andienung des Verkäufers (Art. 48 I CISG) gilt für jede Art von Vertragsverletzung, mithin auch bei der Lieferung rechtsmangelhafter Ware[1985].

(5) Grenzen des Nachlieferungsanspruchs

Wie bei der Haftung für nicht vertragsgemäße Ware gem. Art. 35 CISG, ist die Haftung ausgeschlossen, wenn die Beseitigung des Rechtsmangels *objektiv unmöglich* ist[1986]. Handelt es sich um *Gattungsware*, so bedeutet dieses für den Erfüllungsanspruch gem. Art. 46 I CISG bei Rechtsmängeln zum einen, dass keine rechtsmangelfreie Gattungsware auf dem Markt vorhanden sein darf[1987]. Zum anderen muss es *objektiv unmöglich* sein, den Rechtsmangel in einer anderen

---

1980 *Schlechtriem/Schwenzer*, Art. 43 Rn. 3.

1981 Der Käufer kann deshalb den Rechtsmangel im Rahmen der anzuwendenden Verjährungsbestimmungen geltend machen, sofern er nur den Rechtsmangel innerhalb der angemessenen Frist rügt, vgl. *Piltz*, Intern. KaufR, S. 208 Rn. 114.

1982 Ausführlich *Piltz*, Intern. KaufR, S. 209 f., Rn. 120 f..

1983 *Schlechtriem/Schwenzer*, Art. 41 Rn. 19, Art. 42 Rn. 24.

1984 *Staudinger/Magnus*, Art. 46 Rn. 15, 17; *Schlechtriem/Huber*, Art. 46 Rn. 28.

1985 *Soergel/Lüderitz/Schüßler-Langeheine*, Art. 48 Rn. 2; *Staudinger/Magnus*, Art. 48 Rn. 8; *Schlechtriem/Huber*, Art. 48 Rn. 4; *Honnold*, Art.48 Rn. 295

1986 *Staudinger/Magnus*, Art. 46 Rn. 17; a.A. *Vahle*, ZVglRWiss 98 (1999), 54, 61 (auch bei objektiver Unmöglichkeit bleibt Erfüllungsanspruch erhalten). Zum Ganzen oben *E. IV. 2. h) (1)*.

1987 Bspw. sämtliche Waren dieser Gattung sind im Verwenderland mit einem nicht ablösbaren Schutzrecht belegt. Ist allerdings nur aus einem bestimmten Vorrat Ware geschuldet, so beschränkt sich die Beschaffungspflicht des Verkäufers nur auf den Vorrat.

Form zu beseitigen (bspw. durch Ablösung eines Pfandrechts)[1988]. Letzeres gilt auch für die *Stück- oder Vorratsschuld.*

Aus den bereits ausgeführten Gründen unterliegt der Erfüllungsanspruch weder einer Begrenzung durch Art. 77 CISG[1989] noch durch Art. 79 CISG[1990]. Ferner scheidet im Rahmen der Konvention ein Erlöschen des Erfüllungsanspruchs wegen *subjektiver Unmöglichkeit* aus[1991].

Aufgrund der von der h.M. zutreffend vorgenommenen Zuordnung von Rechtsmängeln unter den allgemeinen Erfüllungsanspruch gem. Art. 46 I CISG gilt die Beschränkung des Art. 46 III CISG nicht[1992]. Der Erfüllungsanspruch auf Beseitigung von Rechtsmängeln ist deshalb *nicht* wegen *Unzumutbarkeit* für den Verkäufer beschränkt.

Eine Grenze findet der Erfüllungsanspruch deshalb lediglich im Grundsatz von Treu und Glauben in Fällen des Rechtsmissbrauchs.

(6) Ausschluss der Rechtsmängelhaftung

Die Rechtsmängelhaftung kann gesetzlich oder vertraglich ausgeschlossen sein.

(a) Gesetzlicher Ausschluss

Die Haftung des Verkäufers nach *Art. 41 CISG* („allgemeine Rechtsmängelhaftung") entfällt, wenn der Käufer *eingewilligt* hat, die Ware trotz der Ansprüche oder Rechte Dritter zu akzeptieren (Art. 41 S. 1 CISG)[1993]. Um *einzuwilligen,* muss der Käufer definitive Kenntnis von dem Rechtsmangel haben[1994]. Darüber hinaus muss die unmissverständliche Bereitschaft des Käufers zum Ausdruck

---

1988 Dieses dürfte bei Rechtsmängeln wohl auszuschließen sein, da zumindest der Rechtsinhaber das Recht „ablösen" kann, so dass bei Rechtsmängeln nur subjektive Unmöglichkeit vorstellbar wäre, die im Rahmen des CISG jedoch unbeachtlich ist.

1989 A.A. *Zhang*, Rechtsmängelhaftung, S. 169. Hiergegen, vgl. oben *E. IV. 2. h) (2).*

1990 So auch *Schlechtriem/Stoll*, Art. 79 Rn. 55; *Vahle*, ZVglRWiss 98 (1999), 54, 59 f.; a.A. *Staudinger/Magnus*, Art. 46 Rn. 25 m.w.N.. Ausführlich hierzu vgl. oben *E. IV. 2. h) (1).*

1991 Ausführlich hierzu vgl. oben *E. IV. 2. h) (1).*

1992 *Ziegler*, Leistungsstörungsrecht, S. 141; *Staudinger/Magnus*, Art. 46 Rn. 15 ff.; *Soergel/Lüderitz/Schüßler-Langeheine*, Art. 46 Rn. 13. Nach a.A. unterfallen die Rechtsmängel den Abs. 2 und 3 des Art. 46 CISG, so dass deren Beschränkungen gelten, vgl. nur *Herber/Czerwenka*, Art. 46 Rn. 6; *Reinhart*, Art. 46 Rn. 3.

1993 Dieses trifft nur auf Art. 41 CISG zu. Für vertragswidrige Ware i.S.d. Art. 35 und für Schutzrechte nach Art. 42 CISG ist bereits die Kenntnis und grobfahrlässige Unkenntnis des Käufers für einen Haftungsausschluss des Verkäufers ausreichend.

1994 *Enderlein/Maskow/Strohbach,* Art. 41 Anm. 3; *Schlechtriem/Schwenzer*, Art. 41 Rn. 17; *Piltz*, Intern. KaufR, S. 205 Rn. 99.

kommen, dass er die Ansprüche und Rechte von Dritten hinnehmen will[1995]. Die Einwilligung kann dabei auch stillschweigend erfolgen[1996].

Für die Rechtsmängelhaftung gem. *Art. 42 CISG* (Schutzrechte) ist ausreichend, dass der Käufer die Schutzrechte kannte oder nicht über sie in Unkenntnis sein konnte (Art. 42 II a) CISG)[1997]. Ferner ist sie ausgeschlossen, wenn die Schutzrechtsverletzung auf Anweisungen des Käufers an den Verkäufer beruht (Art. 42 II b) CISG).

Sowohl für Rechtsmängel nach Art. 41 CISG sowie für solche nach Art. 42 CISG ist die Haftung ausgeschlossen, wenn der Käufer nicht ordnungsgemäß gem. Art. 43 I CISG den Mangel gerügt hat, sofern keine Ausnahmetatbestände nach Art. 42 II CISG oder Art. 44 CISG vorliegen[1998].

Ein Erfüllungsanspruch gem. Art. 46 I CISG ist weiter dann ausgeschlossen, wenn der Käufer zuvor einen *unvereinbaren Rechtsbehelf* ausgeübt hat (Art. 46 I CISG). Es gilt dabei das zur Lieferung nicht vertragsgemäßer Ware Ausgeführte.

(b) Vertraglicher Ausschluss

Die Parteien können nach Art. 6 CISG die Bestimmung der Artt. 41, 42 CISG insgesamt oder in Teilen abbedingen[1999].

Nach Art. 4 a) CISG unterliegt die Gültigkeit solcher haftungsausschließender Abreden dem nach IPR anwendbaren nationalen Recht[2000].

Wenn das unvereinheitlichte deutsche Recht zur Anwendung kommt, so ist im Rahmen des § 9 AGBG zu prüfen, ob die Vertragsklausel mit den wesentlichen Grundgedanken des CISG zu vereinbaren ist[2001].

(7) Wahlrecht/Art und Weise der Erfüllung/Wechsel der Rechtsbehelfe

Liegt ein Rechtsmangel vor, so kann der Käufer frei den Rechtsbehelf der Erfüllung gem. Art. 46 I CISG wählen. Hinsichtlich des Erfüllungsanspruchs gem. Art. 46 I CISG ergibt sich im Vergleich zu den Erfüllungsansprüchen gem. Art. 46 II, III CISG allerdings eine Besonderheit.

1995 *Piltz*, Intern. KaufR, S. 205 Rn. 99.

1996 *Welser*, Vertragsverletzung, in: Doralt, S. 114 Fn. 48; *Piltz*, Intern. KaufR, S. 205 Rn. 99; *Schlechtriem/Schwenzer*, Art. 41 Rn. 17.

1997 Den Käufer trifft aber keine Pflicht, sich ohne besonderen Anlass über die Schutzrechte in dem jeweiligen Land zu informieren, vgl. *Herber/Czerwenka*, Art. 42 Rn. 6; *Schlechtriem/Schwenzer*, Art. 42 Rn. 17; *Enderlein/Maskow/ Strohbach*, Art. 42 Anm. 9.

1998 *Staudinger/Magnus*, Art. 41 Rn. 9; *Schlechtriem/Schwenzer*, Art. 41 Rn. 19, Art. 42 Rn. 24.

1999 *Schlechtriem/Schwenzer*, Art. 41 Rn. 19 a; Art. 42 Rn. 24 a

2000 Hierzu *Staudinger/Magnus*, Art. 41 Rn. 21

2001 Vgl. hierzu *Schlechtriem/Schwenzer*, Art. 41 Rn. 19 a.

Da sich der Anspruch auf Beseitigung eines Rechtsmangels nach Art. 46 I CISG richtet und deshalb eine Ausformung des *allgemeinen* Erfüllungsanspruchs ist, kann der Käufer „lediglich" Erfüllung verlangen, d.h. *pauschal* Beseitigung des Rechtsmangels. Der Käufer kann *nicht* eine bestimmte, konkrete Rechtsbehelfsmaßnahme i.S. einer Ersatzlieferung oder bspw. der Ablösung von Schutzrechten („Nachbesserung") verlangen. Denn *wie* der Verkäufer den Rechtsmangel beseitigt, ist im Rahmen des Art. 46 I CISG seine Sache[2002]. Ob also der Verkäufer den Rechtsmangel durch Ablösung des fremden Rechts (Nachbesserung) oder bei einer Gattungsschuld durch Lieferung einer anderen Ware aus der Gattung ohne Rechtsmangel (Ersatzlieferung) beseitigt, kann der Verkäufer bestimmen. Dem Verkäufer steht insofern das Wahlrecht zu.

Soweit der Käufer *unvereinbare* Rechtsbehelfe ausgeübt hat, kann er nicht mehr auf den Erfüllungsanspruch wechseln (Art. 46 I CISG)[2003].

Hat der Käufer zunächst Erfüllung, d.h. Beseitigung des Rechtsmangels begehrt, so kann er grds. jederzeit zu anderen Rechtsbehelfen greifen, da eine Bindung an ein Erfüllungsverlangen nach dem CISG nicht besteht.

Eine Bindungswirkung besteht aber dann, wenn die Nacherfüllung im Rahmen des Nacherfüllungs*rechts* des Verkäufers (Art. 48 I CISG) vorgenommen wird.

Ferner kann sich eine Bindung nach Treu und Glauben ergeben, wenn der Verkäufer aufgrund des Erfüllungsverlangens des Käufers bereits (relevante) Dispositionen vorgenommen hat (bspw. Erwerb rechtsmangelfreier Ware) und die Erfüllung innerhalb einer angemessenen Zeit stattfindet[2004].

(8) Art. 28 CISG

Der Erfüllungsanspruch für Rechtsmängel gem. Art. 46 I CISG unterliegt im Forumgericht der eingeschränkten Durchsetzbarkeit durch Art. 28 CISG[2005].

(9) Verjährung

Die Verjährung von Ansprüchen ist nicht im CISG geregelt. Insoweit ist das nach dem anzuwendenden internationalen Privatrecht berufenene nationale Recht maßgeblich. Kommt deutsches Recht zur Anwendung, so ist Art. 3 VertragsG ausschließlich auf die Verjährung von Rechtsbehelfen wegen vertragswidriger Liefe-

---

2002 *Staudinger/Magnus*, Art. 46 Rn. 37; *Schlechtriem/Huber*, Art. 46 Rn. 28; *Rudolph*, Art. 46 Rn. 7.

2003 Zu den Fragen, welche Rechtsbehelfe unvereinbar sind und wann ein Rechtsbehelfe als ausgeübt gilt, vgl. oben *E. IV. 2. i) (1) (b)*.

2004 Vgl. oben *E. IV. 2. j)*.

2005 Vgl. dazu oben *E. IV. 2. k)*; ferner *Vahle*, ZVglRWiss 98 (1999), 54, 62.

rung gem. Art. 35 CISG anwendbar. Ansprüche des Käufers wegen rechtsmangelhafter Ware sind hingegen nicht erfasst[2006]. Rechtsmängel verjähren deshalb gem. § 195 BGB nach 30 Jahren[2007].

b) Rechtsfolgen

Der Käufer hat im Rahmen des Erfüllungsanspruchs gem. Art. 46 I CISG einen Anspruch auf Beseitigung des Rechtsmangels. Neben dem Erfüllungsanspruch kann der Käufer gem. Art. 45 I b) CISG Schadensersatz für einen trotz der Beseitigung des Rechtsmangels verbleibenden Schaden verlangen.

(1) Inhalt des Anspruchs

Der Käufer hat einen (Erfüllungs-)Anspruch auf Beseitigung des Rechtsmangels. Hierunter fallen die Ablösung von Pfandrechten, der nachträgliche Erwerb von Eigentum, die Beseitigung von gewerblichen Schutzrechten (z.B. Erwerb einer Lizenz) sowie sonstige Wege, die Rechte Dritter abzulösen[2008]. Bei Gattungsware kann der Verkäufer den Anspruch auf Beseitigung des Rechtsmangels derart erfüllen, dass er rechtsmangelfreie Ware aus der Gattung liefert[2009]. Auf welche Weise er den Rechtsmangel (Ersatzlieferung oder „Nachbesserung") beseitigt, steht in seinem Ermessen (Wahlrecht des Verkäufers)[2010].

Fraglich ist, wonach sich die Rechtsfolgen einer Ersatzlieferung richten sollen, wenn die Beseitigung des Rechtsmangels durch eine „Nachbesserung", d.h. die Herstellung eines vertragsgemäßen Zustandes der bereits gelieferten Ware[2011], nicht erreichbar ist oder der Verkäufer von sich aus die Ersatzlieferung wählt.

Unzweifelhaft ist nach der hier vertretenen Meinung weder erforderlich, dass der Rechtsmangel *wesentlich* i.S.d. Art. 25 CISG ist, noch, dass das Erfüllungsverlangen innerhalb einer *angemessenen Zeit* nach der Mängelrüge geltend gemacht wird.

2006 *Piltz*, Intern. KaufR, S. 212 Rn. 129; *Staudinger/Magnus*, Art. 3 VertragsG Rn. 5; *Schlechtriem/Schlechtriem*, Art. 3 VertragsG Rn. 5; *Herber/Czerwenka*, Art. 3 VertragsG Rn. 6. Dass Art. 3 VertragsG Rechtsmängel nicht erfasst, zeigt sich an der alleinigen Erwähnung des Art. 39 CISG, vgl. *Staudinger/Magnus* a.a.O..

2007 *Piltz*, Intern. KaufR, S. 212 Rn. 129; *Staudinger/Magnus*, Art. 3 VertragsG Rn. 5.

2008 *Wolff*, Rechtsmängelhaftung, S. 162 f.; *Maskow/Enderlein/Stohbach*, Art. 46 Anm. 7.

2009 *Schlechtriem/Huber*, Art. 46 Rn. 28; *Schlechtriem/Schwenzer*, Art. 41 Rn. 21; *Zhang*, Rechtsmängelhaftung, S. 168 f..

2010 *Staudinger/Magnus*, Art. 46 Rn. 37.

2011 Z.B. durch Ablösung eines Pfandrechts.

Im Übrigen bietet sich eine entsprechende Anwendung der Artt. 81 II, 82-84 CISG auf die Rückgabe der gelieferten, rechtsmangelhaften Ware an[2012]. Denn im CISG besteht diesbezüglich eine Regelungslücke, wobei die Interessenlage durchaus mit der Lieferung vertragswidriger Ware i.S.d. Art. 35 CISG vergleichbar ist. Der Anspruch auf Erfüllung ist daher grds. ausgeschlossen, wenn der Käufer nicht mehr in der Lage ist, die Ware im Wesentlichen in dem Zustand zurückzugeben, in dem er sie erhalten hat (vgl. Art. 82 I CISG). Ausnahmen hierzu bestehen nach Art. 82 II CISG.

(2) Konkurrierende Ansprüche

Gem. Art. 45 I b) CISG kann der Käufer *neben* dem Erfüllungsanspruch Schadensersatz für einen trotz der Beseitigung des Rechtsmangels verbleibenden Schaden verlangen.

3. Nacherfüllung bei Quantitätsmängel

Werden bei einem Kaufgegenstand, der aus mehreren, körperlich nicht miteinander verbundenen Teilen besteht, einzelne Teile nicht mitgeliefert, oder liefert der Verkäufer zu wenig von der vertraglich vereinbarten Menge (bspw. 10 anstatt der bestellten 12 Fässer), so richtet sich der Anspruch ebenfalls nach Art. 46 I (vgl. Art. 51 I CISG)[2013].

D.h. es ist für den Erfüllungsanspruch des Käufers unerheblich, ob durch die Zuweniglieferung im Hinblick auf die Gesamtlieferung eine wesentliche Vertragsverletzung gem. Art. 25 I CISG vorliegt und ob dem Verkäufer die Restlieferung i.S.d. Art. 46 III CISG zumutbar ist.

Die Untersuchungsobliegenheit gem. Art. 38 CISG und das Anzeigeerfordernis bei Vertragswidrigkeiten gem. Art. 39 CISG gilt auch für Minderlieferungen[2014], so dass der Käufer die Minderlieferung innerhalb angemessener Frist beim Verkäufer rügen muss.

Ferner ist die prozessuale Durchsetzbarkeit des Anspruchs den Einschränkungen des Art. 28 CISG unterworfen.

[2012] Für eine entsprechende Anwendung dieser Vorschriften auf die *Ersatzlieferung* im Rahmen Art. 48 CISG spricht sich *Leser* (Schlechtriem, vor Artt. 81-84 Rn. 4) aus. Ferner schlägt er vor, den Art. 82 CISG (wenn auch modifiziert) als allgemeinen Haftungsgrundsatz bzw. Gefahrverteilungsregel anzuwenden, vgl. *Schlechtriem/Leser,* Art. 82 Rn. 13.

[2013] *Schlechtriem/Huber*, Art. 46 Rn. 25, 62 (Bsp.: Fehlen einer Gebrauchsanweisung oder Benutzerhandbuchs, Lieferung von 100 Kästen anstatt 150); *Staudinger/Magnus*, Art. 46 Rn. 10; *Karollus*, S. 136; *Piltz*, Intern. KaufR, S. 216 Rn. 145, 146.

[2014] *Piltz*, Intern. KaufR, S. 190 Rn. 47.

Die *Rechtsfolge* des Anspruchs gem. Art. 46 I CISG bei Minderlieferungen ist, dass der Verkäufer die fehlenden Mengen/Stücke nachzuliefern hat. Einen verbleibenden Schaden (insb. Verzögerungsschäden) kann der Käufer gem. Art. 45 I b) CISG ersetzt verlangen.

F. Rechtsvergleich

I. Grundlagen

Die Erfüllungsansprüche nehmen in den untersuchten Rechtscodes eine unterschiedliche Bedeutung im Hinblick auf ihre *Stellung* ein, was durch die Voraussetzungen der Erfüllungsansprüche und das Verhältnis zu anderen Rechtsbehelfen zum Ausdruck kommt.

In der *„Rechtswirklichkeit"* ergeben sich nur geringe Unterschiede bezüglich der Geltendmachung von Erfüllungsansprüchen im Anwendungsbereich der Rechtscodes; der Käufer greift regelmäßig zu weitergehenden Rechtsbehelfen.

Die *Ausgestaltung* der Erfüllungsansprüche ist im CISG und BGB davon abhängig, welche Art der Leistungsstörung (Rechtsmangel, Qualitätsmangel, etc.) vorliegt, während im UCC ein einheitlicher Erfüllungsanspruch (*Specific Performance*) für sämtliche Formen von Vertragsverletzungen vorgesehen ist.

1. Stellung der Erfüllungsansprüche in den Rechtscodes

Die Stellung der Erfüllungsansprüche „in Natur" in den verglichenen Rechtscodes ist sehr unterschiedlich.

Im Kaufrecht des *BGB* stellt der Anspruch auf Erfüllung einer Vertragspflicht grds. die logische Konsequenz der vertraglichen Verpflichtung des Verkäufers dar[2015]. Der Käufer kann deshalb grundsätzlich immer die Erfüllung der Vertragspflichten (z.B. Lieferung der Ware, Beseitigung von Rechtsmängeln, Nachlieferung) verlangen[2016]. Der Erfüllungsanspruch ist im BGB der *primäre Anspruch* des Käufers[2017]. Die *Vorrangstellung* der Erfüllungsansprüche wird dabei im Kaufrecht des BGB dadurch erreicht, dass der Käufer regelmäßig zunächst *nur* Erfüllung verlangen kann[2018]. Einschränkungen der aufgeführten Grundsätze erge-

---

2015 *Larenz*, I, § 2 II, S. 15 („Das ‚Sollen' des Schuldners, seine Rechtspflicht, und die Berechtigung des Gläubigers sind dasselbe rechtliche Band von zwei Seiten gesehen".).

2016 Anspruch auf Lieferung bei nicht erfolgter Lieferung, Quantitätsmängeln oder *aliud*-Lieferung gem. § 433 I BGB. Anspruch auf Beseitigung von Rechtsmängeln gem. §§ 433, 434 BGB. Anspruch auf Nachlieferung bei Sachmängeln von Gattungsware gem. § 480 I BGB bei Gattungsware. Anspruch auf Nachbesserung gem. § 633 II BGB bei Werklieferungsverträgen über unvertretbare Sachen. Nacherfüllung von Nebenpflichten nach den Grundsätzen der pVV.

2017 Vgl. ausführlich oben *C. I.*.

2018 Bei *aliud*-Lieferungen, Nichtlieferung und Rechtsmängeln muss zunächst eine Fristsetzung mit Ablehnungsandrohung hinsichtlich der Nacherfüllung durch den Käufer erfolgen, bevor der Käufer zurücktreten oder Schadensersatz verlangen kann (vgl. § 326 I BGB). Bei Werkben sich im BGB allerdings im Hinblick auf Sachmängel, da das BGB zum einen im Kaufrecht keinen *Nachbesserungs*anspruch vorsieht[2019] und zum anderen der Käufer bei Gattungsware sofort zu anderen Rechtsbehelfen greifen kann (vgl. § 480 I BGB).

Der *UCC* hingegen geht von einem grundlegend anderen Ausgangspunkt aus. Der primäre Rechtsbehelf des Käufers bei Vertragswidrigkeiten des Käufers ist der Schadensersatzanspruch[2020]. Ein Erfüllungsanspruch *(Specific Performance)* wird nur in Ausnahmefällen gewährt, und zwar dann, wenn der Vertragsgegenstand einzigartig ist oder in „other proper circumstances" (§ 2-716 (1) UCC). Die Verurteilung zur Erfüllung wird damit im UCC zur absoluten Ausnahme.

Das *CISG* folgt der Grundanschauung des BGB[2021]. Auch hier kann der Käufer grundsätzlich immer die Erfüllung der dem Verkäufer obliegenden Vertragspflichten verlangen (vgl. Art. 46 I CISG). Jedoch bestehen für Qualititätsmängel und *aliud*-Lieferungen Ausnahmen von diesem Grundsatz. Der Käufer kann hier Ersatzlieferung lediglich dann verlangen, wenn die Vertragsverletzung wesentlich ist (Art. 46 II CISG) und Nachbesserung nur, wenn diese dem Verkäufer zumutbar ist (Art. 46 III CISG). Ferner steht die Durchsetzung sämtlicher Erfüllungsansprüche unter dem Vorbehalt des Art. 28 CISG, wonach ein Forumgericht nur dann Erfüllungsansprüche zuzuerkennen braucht, wenn es dieses auch nach eigenem Recht täte. Die letzte Einschränkung findet ihren Grund jedoch *außerhalb* der Konvention[2022]. Der Erfüllungsanspruch ist damit nach dem *CISG* ebenso wie nach dem BGB der primäre Rechtsbehelf[2023]. Die Vorrangstellung der Erfüllungsansprüche wird im CISG dadurch gesichert, dass der Käufer aufgrund des „right to cure" des Verkäufers (Art. 48 I CISG) grundsätzlich zunächst *nur* Erfüllung verlangen kann[2024].

---

lieferungsverträgen über unvertretbare Ware gilt dasselbe Verfahren, bevor der Besteller Wandlung, Minderung oder ggf. Schadensersatz verlangen kann (vgl. § 634 I BGB).

2019 *Kirchhof*, Sachmängelhaftung, S. 180 m.w.N.. Für den Stückkauf besteht damit bei Sachmängeln kein Erfüllungsanspruch. Beim Gattungskauf kann der Erfüllungsanspruch „lediglich" die Form der Nachlieferung annehmen.

2020 *Calamari/Perillo*, § 16-3, S. 616; *Yorio*, § 11.2.1, S. 292 f..

2021 *Schlechtriem/Huber*, Art. 28 Rn. 2.

2022 Vgl. *Bianca/Bonell/Will*, Art. 46 Anm. 1.1.1 („Whether specific performance can be claimed is in final instance not to be determined by the Convention itself, but rather by factors outside the Convention - the law of the forum, (...).").

2023 *Staudinger/Magnus*, Art. 46 Rn. 4; *Vahle*, ZvglRWiss 98 (1999), 54, 55 f..

2024 Der Verkäufer hat aufgrund von Art. 48 I CISG ein Nacherfüllungsrecht, welches, wenn es erfolgreich ausgeübt wird, sämtliche Rechtsbehelfe zum Erlöschen bringt. Gem. Art. 48 I i.V.m. Art. 49 I a) CISG steht dem Käufer der Rechtsbehelf der Vertragsaufhebung sofort zu, wenn die Vertragsverletzung *wesentlich* ist. Nach m.E. zutreffender Ansicht ist allerdings bei der Auslegung der *Wesentlichkeit* eine Beseitigungsmöglichkeit des Verkäufers zu berücksichtigen. Im Ergebnis ist der Käufer deshalb auch hier zunächst auf eine Erfüllung beschränkt, vgl. oben *E. II.* und *E. IV. 2. c)*. Hat der Verkäufer überhaupt nicht geliefert, so

Dogmatisch sind die Erfüllungsansprüche im UCC und CISG als *Rechtsbehelfe* ausgestaltet, während sie im BGB die logische Folge bzw. identisch mit der vertraglichen Verpflichtung des Verkäufers sind. Sachlich ergeben sich durch die Klassifizierung als Rechtsbehelf einerseits und als Anspruch auf Erfüllung als Folge der vertraglichen Verpflichtung andererseits keine Unterschiede[2025]. Die Unterschiede hinsichtlich der Erfüllungsansprüche in den verglichenen Rechtscodes beruhen vielmehr auf den o.g. verschiedenen Grundanschauungen.

2. Tatsächliche Unterschiede bezüglich der Geltendmachung von Erfüllungsansprüchen in der „Rechtswirklichkeit"

Die unterschiedliche Stellung der Erfüllungsansprüche in den verglichenen Rechtscodes hat in der „Rechtswirklichkeit" nur wenig praktische Auswirkungen.

Obgleich der Erfüllungsanspruch im *CISG* anders als im UCC der primäre Rechtsbehelf ist, wird der Käufer im CISG statt eines Erfüllungsanspruchs meist die Vertragsaufhebung erklären und Schadensersatz wegen Nichterfüllung verlangen, wenn ihm dies möglich ist. Denn der Käufer wird *nicht* auf den Ausgang eines langwierigen Erfüllungsprozesses warten, sondern sich gleich mit Ersatzware eindecken und „nur" den ihm entstandenen Schaden vom Verkäufer einklagen[2026].

In den Fällen, in denen das Interesse des Käufers an der Naturalerfüllung derart groß ist, dass er die Unannehmlichkeiten eines Erfüllungsprozesses in Kauf nimmt, werden meist Sachverhalte vorliegen, in denen der Käufer auch nach dem *UCC* die Erfüllung durchsetzen könnte[2027].

---

muss der Käufer zunächst eine Nachfrist setzen, bevor er die Vertragsaufhebung erklären kann (Art. 49 I b) CISG).

2025 *Ziegler*, Leistungsstörungsrecht, S. 158 (zum Vergleich BGB und CISG).

2026 Vgl. *Honnold,* Art. 46 Rn. 286 („(...) coercing performance is seldom so speedy and effective as purchasing subsitute goods."; *v.Caemmerer/Schlechtriem/Huber*, Art. 28 Rn. 9, 10; *Bianca/Bonell/Lando*, Art. 28 Anm. 1.3.1. Der Käufer wird auch deshalb davon Abstand nehmen, einen Erfüllungsanspruch geltend zu machen, als der Erfüllungsprozess aufgrund von Art. 28 CISG aus Gründen verloren gehen kann, die ihre Ursache nicht im CISG haben und somit den Ausgang für den ausländischen Käufer nicht vorhersehbar machen. Dieses gilt insbesondere aufgrund des gerichtlichen Ermessens hinsichtlich des Rechtsbehelfs auf *Specific Performance* in *Common Law* Ländern. Ferner bleibt abzuwarten, inwieweit die Forumgerichte nationalen Rechtsinstituten (bspw. Wegfall der Geschäftsgrundlage) über Art. 28 CISG gegenüber Erfüllungsklagen zur Geltung verhelfen.

2027 Die Ware wird dann regelmäßig äußerst selten, nur schwer zu beschaffen oder von besonderer Qualität sein. Auch kommen Fälle in Betracht, in denen dem Käufer mit einem Schadensersatzanspruch aufgrund außerhalb der Sache liegender Umstände nicht gedient ist, so bspw. dann, wenn er keine finanziellen Mittel zur Zwischenfinanzierung von Ware besitzt. In all diesen Fällen wird grds. auch ein amerikanisches Gericht annehmen, dass die

Der Ausnahmecharakter des Erfüllungsanspruchs im Anwendungsbereich des CISG zeigt sich darin, dass sich die Gerichte mit den Rechtsbehelfen aus Art. 46 CISG lediglich im Rahmen von Klagen beschäftigt haben, die auf Schadensersatz bzw. Vertragsaufhebung gerichtet waren[2028]. Im Ergebnis sind deshalb die Unterschiede zwischen *UCC* und *CISG* in der „Rechtswirklichkeit" gering.

Obgleich sich die rechtlichen Rahmenbedingungen im Anwendungsbereich des *BGB* anders darstellen, ähnelt die tatsächliche Lage dem CISG und UCC. Rechtlich unterscheidet sich das BGB einerseits vom UCC und CISG andrerseits dadurch, dass dem Käufer *kein* verschuldensunabhängiger Schadensersatzanspruch zusteht. Dieser ist vielmehr nur dann gegeben, wenn sich der Käufer eine Eigenschaft hat zusichern lassen oder der Verkäufer einen Fehler arglistig verschwiegen hat (vgl. § 463 BGB). Steht dem Käufer nach dem BGB -wie regelmäßig- *kein* Schadensersatzanspruch zu und erklärt er die Wandlung, so verbleibt ihm ein Schaden insbesondere dann, wenn der Kaufpreis unter dem Marktpreis lag oder der Marktpreis nachträglich gestiegen ist. Der Käufer kann im Anwendungsbereich des BGB also durchaus ein Interesse an der Durchsetzung eines Erfüllungsanspruchs haben.

Gleichwohl ist auch im inländischen Handelsverkehr die Erfüllungsklage die seltene Ausnahme[2029], weil auch hier der Käufer regelmäßig vorzieht, die Wandlung zu erklären und sich anderweitig mit Ware einzudecken, als die gerichtliche Durchsetzung eines Erfüllungsanspruchs abzuwarten.

Selbst in den (seltenen) Fällen, in denen der Käufer einen Erfüllungsprozess auf Lieferung, Beseitigung eines Rechtsmangels, Nachlieferung oder Nachbesserung erfolgreich geführt hat, ist (weiter einschränkend) die Durchsetzung dieses Urteilstenors *„in Natur"* aufgrund des Vollstreckungsverfahrens der ZPO die Ausnahme[2030]. Denn nur in wenigen Fällen ist nach der ZPO die Leistungshandlung tatsächlich vom Schuldner (Verkäufer) zu erbringen.

Wird der Verkäufer zur *Nachbesserung* verurteilt, so richtet sich die Vollstreckung regelmäßig nach § 887 ZPO, da handwerkliche Leistungen grundsätzlich vertretbar sind[2031]. Der Käufer kann gem. § 887 ZPO die Leistung von einem

---

Ware „unique" ist oder „other proper circumstances" vorliegen und *Specific Performance* gewähren; vgl. hierzu ausführlich oben *D. V. 2. a)*.

2028 *OLG Hamm* IPRax 1996, 256; *LG Oldenburg* v. 6.7.1994, CISG ONLINE Nr. 274; *LG Oldenburg* v. 9.11.1994, CISG ONLINE Nr. 114; *AG Cloppenburg* v. 14.4.1993, CISG ONLINE Nr. 85; *Cour d'Appel Versailles* v. 29.1.1998, CISG ONLINE Nr. 225; *Cour d'Appel de Grenoble* v. 26.4.1995, CISG ONLINE Nr. 154. Zur Vorgängerregelung des Art. 42 EKG sind in *Schlechtriem/Magnus*, Intern. Rspr., nur zwei Entscheidungen verzeichnet.

2029 Vgl. *Schlechtriem/Huber*, Art. 28 Rn. 10.

2030 Zutreffend weist *v.Caemmerer* (AcP 178 (1979), 121, 130) darauf hin, dass man bei einem Vergleich mit dem *Common Law* materielles Recht und Prozessrecht zusammen sehen muss.

2031 *Soergel/Teichmann*, § 633 Rn. 2 Fn. 7; ferner *Baumbach/Lauterbach/Hartmann*, § 887 Rn. 28; *BGH* NJW 1991, 1882, 1883.

Dritten vornehmen lassen und die Kosten von dem Verkäufer erstattet verlangen, nicht aber diesen tatsächlich dazu zwingen, die Reparatur selbst vorzunehmen.

Gleiches gilt für den *Beseitigungsanspruch bei Rechtsmängeln* (Zwangsvollstreckung nach § 887 ZPO)[2032].

Erhält der Käufer bei einer *marktbezogenen Gattungsschuld* einen zusprechenden Titel bei einer Erfüllungsklage, die auf *Lieferung* (§ 433 I BGB)[2033] oder *Nachlieferung* (§ 480 I BGB) gerichtet ist, so sind für die Zwangsvollstreckung die §§ 884, 883 I ZPO maßgeblich. Hier ist die Leistungshandlung nur dann tatsächlich von dem Verkäufer zu erbringen, und zwar in Form der Wegnahme der Sache durch einen Gerichtsvollzieher (vgl. § 883 I ZPO), wenn der Verkäufer *im Besitz* der Ware ist[2034]. Befindet sich die Sache nicht im Besitz des Verkäufers, so kann der Käufer „nur" nach § 893 ZPO vorgehen und Klage auf Schadensersatz wegen Nichterfüllung erheben[2035].

Sind also im nationalen Handelsverkehr bereits Erfüllungsklagen eine seltene Ausnahme, so werden diese Titel (weiter einschränkend) regelmäßig dadurch umgesetzt, dass dem Käufer im Vollstreckungsverfahren ein monetärer Kompensationsanspruch zuerkannt wird[2036]. Im Ergebnis ist damit auch im Anwendungsbereich des BGB die Durchsetzung von Vertragspflichten *„in Natur"*, also das Erzwingen einer Leistungshandlung des Verkäufers durch Staatsgewalt, die seltene Ausnahme.

3. Differenzierte Normierung der Erfüllungsansprüche im Hinblick auf die Art der Leistungsstörung

Im UCC stehen dem Käufer bei jeder Form von Leistungsstörung dieselben Rechtsbehelfe zur Verfügung. Das BGB hingegen unterscheidet zwischen den verschiedenen Arten (Erscheinungsformen) von Vertragsverletzungen, an die es unterschiedliche Rechtsbehelfssysteme knüpft. Das CISG folgt im Ausgangspunkt dem UCC, hält aber die einheitliche Betrachtung von Vertragsverletzungen im Hinblick auf die Erfüllungsansprüche nicht durch.

[2032] Vgl. *Staudinger/Köhler*, § 440 Rn. 10.

[2033] Hierzu gehören zum einen die Fälle der Nichtlieferung, aber auch die der *aliud*-Lieferung.

[2034] Aber auch hier wird der Gläubiger (Käufer) es oftmals vorziehen, über § 893 ZPO i.V.m. § 283 BGB vorzugehen.

[2035] *Schilken*, DGVZ 88, 49, 51 f.; *Baumbach/Lauterbach/Hartmann*, § 884 Rn. 3. Der Gläubiger kann den Schuldner weder durch die Androhung eines Zwangsmittels zur Anschaffung der Sache oder Herstellung zwingen, noch kann er eine Ersatzvornahme gem. § 887 ZPO tätigen, vgl. *Brehm*, JZ 1987, 1089, 1091; *Weber-Will/Kern*, JZ 1981, 257, 261; *Zöller/Stöber*, § 884 Rn. 2.

[2036] Und zwar entweder ein Aufwendungsersatzanspruch (§ 887 ZPO) oder ein Schadensersatzanspruch (§ 893 ZPO i.V.m. § 283 BGB).

Der *UCC* stellt dem Käufer ein einheitliches Rechtsbehelfssystems zur Seite, welches *nicht* nach der Art der Vertragsverletzung unterscheidet. Sämtliche Vertragsverletzungen werden durch § 2-601 UCC gleichgesetzt („(...) fail *in any respect* to the contract (...)")[2037]. Liegt *irgendeine* Vertragsverletzung (Rechtsmangel, Sachmangel etc.) vor, so hängen die Rechtsbehelfe des Käufers nur davon ab, ob der Käufer die Ware akzeptiert oder diese zurückgewiesen hat bzw. die Annahme widerrufen kann[2038].

Der Anspruch auf *Specific Performance* gem. § 2-716 (1) UCC besteht daher für jede Form der Nichterfüllung einer Vertragspflicht einheitlich, vorausgesetzt die strengen Voraussetzungen dieses Rechtsbehelfs liegen vor. Der Rechtsbehelf der *Specific Performance* umfasst dabei sämtliche Ausgestaltungen eines Erfüllungsanspruchs (Nachbesserung, Lieferung, Ersatzlieferung)[2039].

Im Ausgangspunkt folgt das *CISG* dem UCC bezüglich der einheitlichen Betrachtung von Vertragsverletzungen. Nach Art. 45 I CISG stehen dem Käufer die dort aufgeführten Rechtsbehelfe zur Verfügung, wenn der Verkäufer *irgendeine* seiner ihm nach dem Vertrag obliegenden Verpflichtungen verletzt hat[2040], so dass es auch nicht darauf ankommt, ob es sich um eine Haupt- oder Nebenpflicht handelt[2041]. Allerdings wird diese einheitliche Bewertung von Vertragsverletzungen durch das CISG im Hinblick auf die Erfüllungsansprüche -anders als im UCC- nicht durchgehalten. Denn für die Erfüllungsansprüche ergibt sich eine bedeutsame Differenzierung bezüglich der Art der Vertragsverletzung.

Während der allgemeine Erfüllungsanspruch gem. Art. 46 I CISG nur das Tatbestandsmerkmal einer Vertragsverletzung voraussetzt (vgl. Art. 45 I CISG)[2042], normiert das CISG für Vertragsverletzungen, die dem Ersatzlieferungsanspruch (Art. 46 II CISG) und dem Nachbesserungsanspruch (Art. 46 III CISG) unterfallen, besondere Voraussetzungen. So muss für die Ersatzlieferung die Vertragsverletzung *wesentlich* i.S.d. Art. 25 CISG sein. Der Nachbesserungsanspruch entfällt, wenn die Nachbesserung *unzumutbar* ist. Beide Ansprüche sind ferner dadurch begrenzt, dass der Käufer die Nachbesserung oder Ersatzlieferung

2037 Vgl. *Ruprecht,* RabelsZ 19 (1954), 427, 434, 446; *Williston,* On Sales III, § 25-1, S. 615.

2038 Auch die im UCC vorgenommene Unterscheidung zwischen „express and implied warranties" hat keine Auswirkungen auf die dem Käufer zur Verfügung stehenden Rechtsbehelfe, sondern sind nur für den Ausschluss der Haftung relevant, vgl. *Nordstrom,* S. 220.

2039 Vgl. oben *D.*.

2040 *Honnold,* (Art. 45-52), Rn. 274; *Piltz,* Intern. KaufR, S. 4 Rn. 13; *Schlechtriem/Huber,* Art. 45 Rn. 2; *Fox,* Kaufrechtsübereinkommen, S. 203 f..

2041 *Ziegler,* Leistungsstörungsrecht, S. 29; *Herber/Czerwenka,* Art. 25 Rn. 5; *Fox,* Kaufrechtsübereinkommen, S. 204.

2042 Der Käufer muss ferner die allgemeinen Voraussetzungen der Untersuchung und der Rüge erfüllen und darf des Weiteren keinen unvereinbaren Rechtsbehelf ausgeübt haben (vgl. Art. 46 I CISG).

spätestens innerhalb angemessener Frist nach der Rüge gem. Art. 39 CISG geltend gemacht hat.

Es ist daher von entscheidender Bedeutung, ob der Käufer die Nachholung bzw. Erfüllung einer Vertragspflicht nach Art. 46 I CISG oder aber nach den Art. 46 II und III CISG verlangen kann. Hier ist dann auch zwischen den Arten der Vertragsverletzung zu differenzieren.

In den Fällen *nicht vertragsgemäßer* Lieferung gem. Art. 35 CISG richtet sich die Nacherfüllung nach Art. 46 II CISG (Ersatzlieferung) bzw. nach Art. 46 III CISG (Nachbesserung). Hiervon werden *Sachmängel* aber auch *aliud*-Lieferungen[2043] erfasst.

Liefert der Verkäufer eine *Mindermenge* i.S.d. Art. 51 I CISG, so kann der Käufer die Lieferung nach Art. 46 I CISG verlangen und der Anspruch ist nicht an die einschränkenden Voraussetzungen der Abs. 2 und 3 des Art. 46 CISG gebunden[2044]. Dieser Fall wird durch die Sonderbestimmung des Art. 51 I CISG der *Nichtlieferung* zugeordnet[2045].

Gleiches gilt nach der h.M. für *Rechtsmängel* (Artt. 41, 42 CISG)[2046]. Diese werden ebenfalls nicht den einschränkenden Voraussetzungen der Abs. 2 und 3 des Art. 46 CISG unterworfen.

Auch der Erfüllungsanspruch des Käufers bei sonstiger Nichterfüllung von Vertragspflichten (z.B. Montagepflichten) des Verkäufers richtet sich nach Art. 46 I CISG[2047].

Das *BGB* schließlich unterscheidet im Kaufrecht (und auch sonst) nach den verschiedenen Formen der Vertragsverletzungen, an welche sich dann unterschiedliche Rechtsbehelfssysteme knüpfen. So wird zwischen der Sachmängelhaftung (§§ 459 ff. BGB), der Rechtsmängelhaftung, verschiedenen Formen der Unmöglichkeit, Nichtlieferung bzw. Verzug und der Verletzung von Nebenpflichten unterschieden. Die *Erfüllungsansprüche* des Käufers und deren Ausgestaltung richten sich danach, welches Rechtsbehelfssystem aufgrund der Art der Leistungsstörung anzuwenden ist.

Im *Sachmängel*haftungssystem ist beim Stückkauf im BGB überhaupt kein Erfüllungsanspruch (in Form der Nachbesserung) vorgesehen. Beim Gattungskauf besteht ein Erfüllungsanspruch in Form der Nachlieferung (§ 480 I BGB).

Bei *Nichtlieferung* steht dem Käufer ein Erfüllungsanspruch gem. § 433 I BGB zu.

2043 Zu *aliud*-Lieferungen: *Enderlein/Maskow/Stargardt,* Art. 46 Anm. 3; *Hutter,* Haftung des Verkäufers, S. 35 f..

2044 *Karollus,* S. 136; *Herber/Czerwenka*, Art. 46 Rn. 2.

2045 *Schlechtriem/Huber,* Art. 46 Rn. 25.

2046 *Staudinger/Magnus*, Art. 46 Rn. 15 f.; *Schlechtriem/Schwenzer*, Art. 41 Rn. 20; a.A. *Vahle*, ZVglRWiss 98 (1999) 54, 57 f.. Zum Ganzen, vgl. oben *E. IV. 1.*.

2047 *Karollus,* S. 135; *Staudinger/Magnus,* Art. 46 Rn. 9 ff..

Gleiches gilt für *Rechtsmängel*, wobei hier der Erfüllungsanspruch auf Beseitigung der Rechtsmängel geht (§§ 433, 434 BGB).

Auch bei *aliud*-Lieferungen richtet sich der Anspruch auf Lieferung der vereinbarten Sache nach dem allgemeinen Erfüllungsanspruch gem. § 433 I BGB. Allerdings unterfallen genehmigungsfähige *aliud*-Lieferungen (vgl. § 378 HGB) beim beiderseitigen Handelskauf der Sachmängelhaftung, so dass sich der Nachlieferungsanspruch nach § 480 I BGB richtet (h.M.)[2048].

Hat der Verkäufer Nebenleistungspflichten nicht erfüllt, so kann dem Käufer ein Erfüllungsanspruch nach den Grundsätzen der pVV zustehen.

II. Rechtsvergleich der Nacherfüllungsansprüche in den Rechtscodes

Aufgrund der soeben festgestellten differenzierten Normierung der Erfüllungsansprüche in *BGB* und *CISG*, die sich in diesen Rechtscodes nach der Art der Vertragsverletzung richtet, wird im nachstehenden Vergleich der Ersatzlieferungs- und Nachbesserunganspruche hinsichtlich der jeweiligen Erscheinungsform der Vertragsverletzung unterschieden. Das CISG soll dabei den Vergleichsrahmen vorgeben.

1. Der Ersatzlieferungsanspruch für Sachmängel und *aliud*-Lieferungen

Im Folgenden soll der Ersatzlieferungsanspruch für Sachmängel und *aliud*-Lieferungen im CISG, UCC und BGB verglichen werden. Dabei wird die Terminolgie des CISG insoweit für den Rechtsvergleich verwendet, als dass der Austausch von vertragswidriger gegen vertragsgemäße Ware als *Ersatzlieferung* (vgl. Art. 46 II CISG) und nicht als Nachlieferung wie im BGB (vgl. § 480 I BGB) bezeichnet wird.

a) Normierung von Ersatzlieferungsansprüchen und Anwendungsbereich

Das CISG (Art. 46 II CISG) und das BGB (§ 480 I BGB) gewähren dem Käufer beim Gattungskauf einen Ersatzlieferungsanspruch, wenn die gelieferte Ware in *qualitativer* Hinsicht (Sachmängel nach BGB) nicht den durch Vertrag oder den Rechtscodes festgelegten Standards entspricht.

In diesen Rechtscodes wird der Ersatzlieferungsanspruch *konkret* normiert, d.h. er ist nicht lediglich Teil des allgemeinen Erfüllungsanspruchs, sondern er

[2048] *BGH* WM 1992, 147, 149 f.; *Schreiber*, Jura 1986, 444 f...Vgl. zur Abgrenzung *aliud*-Lieferung und Sachmangel oben *C. III. 2. c) (2) (a) (cc)*.

wird an besondere Voraussetzungen geknüpft[2049]. Ferner wird die Art und Weise der Nacherfüllung festgelegt[2050].

Liefert der Verkäufer ein *aliud*, so richtet sich der Ersatzlieferungsanspruch des Käufers im CISG ebenfalls nach Art. 46 II CISG, und zwar auch dann, wenn es sich um eine Stückschuld handelt[2051].

Im BGB/HGB hingegen ist bei *Gattungsschulden* nach der hier vertretenen Ansicht zwischen dem *bürgerlichrechtlichen Kauf (bzw. einseitigen Handelskauf)* und dem *beiderseitigen Handelskauf* zu unterscheiden.

Beim *bürgerlichrechtlichen Kauf* richtet sich die „Ersatzlieferung" bei Lieferung einer gattungsfremden Ware nach dem „allgemeinen" Erfüllungsanspruch (§ 433 I BGB)[2052].

Beim *beiderseitigen Handelskauf* ist danach zu unterscheiden, ob die gelieferte Ware *genehmigungsfähig* i.S.d. §§ 377, 378 HGB ist. Ist die Ware genehmigungsfähig, so richtet sich der Nachlieferungsanspruch nach § 480 I BGB. Ist die Ware dagegen nicht genehmigungsfähig, so richtet sich der Anspruch nach den § 433 I BGB (allgemeiner Erfüllungsanspruch).

Liefert der Verkäufer bei einem *Stückkauf* ein *aliud*, so richtet sich der „Ersatzlieferungsanspruch" stets nach § 433 I BGB (allgemeiner Erfüllungsanspruch)[2053].

Im Gegensatz zum CISG und BGB/HGB ist im *UCC* ein Ersatzlieferungsanspruch nicht speziell normiert. Vielmehr umfasst der als Rechtsbehelf ausgestaltete Anspruch auf *Specific Performance* (§ 2-716 (1) UCC) im UCC sämtliche Fälle, in denen der Käufer Erfüllung „in Natur" begehrt[2054]. Aufgrund der einschränkenden Voraussetzungen des (allgemeinen) Rechtsbehelfs auf *Specific Performance* hat ein Ersatzlieferungsanspruch im UCC aber absoluten Ausnahmecharakter.

2049 Besondere Voraussetzungen für den Nachlieferungsanspruch gem. § 480 I BGB sind, dass es sich um Gattungsware handelt und der Anspruch nicht nach *§ 477 BGB* (*nicht* § 195 BGB!) verjährt ist. Für den Ersatzlieferungsanspruch nach Art. 46 II CISG muss es sich ebenfalls um Gattungsware handeln (h.M.), die Vertragsverletzung muss *wesentlich* sein (vgl. Art. 25 CISG) und die Ersatzlieferung muss in angemessener Frist nach der Rüge geltend gemacht werden.

2050 Die Nacherfüllung hat durch *Austausch* der mangelhaften Ware gegen mangelfreie Ware zu erfolgen. Der Verkäufer kann also nicht etwa -wie bei Rechtsmängeln (sowohl nach BGB und CISG)- durch Nachbesserung dem durch den Käufer geltend gemachten Ersatzlieferungsanspruch genügen.

2051 *Staudinger/Magnus*, Art. 46 Rn. 34; *Karollus*, S. 137.

2052 Die Verjährung richtet sich dann nach § 195 BGB.

2053 *Soergel/Huber*, vor § 459 Rn. 132; *BGH* NJW 1979, 811.

2054 Vgl. *Stephan's Mach., ETC v. D & H Mach.*, 417 N.E.2d 579 (App.Ct.Ohio 1979).

b) Voraussetzungen

(1) Gattungskauf

Weist die gelieferte Ware einen *Sachmangel* auf, so ist sowohl nach dem *CISG* als auch nach *BGB* Voraussetzung, dass es sich um einen Gattungskauf handelt, also dass die gekaufte Ware nur nach Gattungsmerkmalen bestimmt wurde. Im BGB ist diese Voraussetzung positiv normiert (vgl. § 480 I BGB), während im CISG dies von der ganz h.M. daraus gefolgert wird, dass der Verkäufer nur beim Gattungskauf eine Beschaffungsschuld übernimmt[2055].

Im *UCC* stellt sich die Rechtslage grundlegend anders dar. Ein positiv-rechtliche Unterscheidung zwischen Gattungs- und Stückschuld findet nicht statt. Vielmehr sind aufgrund des „adequacy"-Tests, der besondere Voraussetzung des Rechtsbehelfs auf *Specific Performance* ist, Gattungskäufe[2056] grundsätzlich von einem Erfüllungsanspruch in Form einer Nachlieferung ausgeschlossen[2057]. Das Vorliegen einer Gattungsschuld erfüllt deshalb regelmäßig sogar ein *negatives Tatbestandsmerkmal*.

Es verbleiben als möglicher Anwendungsbereich für den Anspruch gem. § 2-716 (1) UCC lediglich die Fälle, in denen der Verkäufer der einzige Produzent der Ware ist (Vorratsschuld) und Fälle der „commercial uniqueness", in denen zwar eine marktbezogene Gattungsschuld vorliegt, aber besondere Umstände *außerhalb* der Kaufsache einen Schadensersatzanspruch als unzureichend erscheinen lassen[2058].

Jedoch wird auch in diesen Fällen nicht nach deutschem Rechtsverständnis zwischen Gattungs- und Stückschuld unterschieden.

Zwar wird im Zusammenhang mit der Erweiterung von *Specific Performance* auf andere als einzigartige Güter von „generic goods" gesprochen[2059]. Jedoch wird dies als *Gegenbegriff* zu „unique goods" verstanden, was den Schluss zulässt, dass

---

2055 Vgl. nur *Schlechtriem/Huber,* Art. 46 Rn. 22 f.; *Reinhart,* Art. 46 Rn. 5. Im EKG war dies in Art. 42 I c) EKG noch ausdrücklich normiert. A.A. *Ziegler*, Leistungsstörungs-recht, S. 142 f., m.w.N. (Ersatzlieferung bei vertretbaren Sachen).

2056 Hierbei wird hinsichtlich des Begriffs *Gattungsschuld* (und Vorratsschuld) vom Rechtsverständnis des internen deutschen Rechts ausgegangen. Zu der Frage, ob tatsächlich zwischen Gattungs- und Stückschuld unterschieden wird oder vielmehr zwischen vertretbarer und unvertretbarer Sache, sogleich im Text.

2057 Denn bei einem Gattungskauf, der sich nicht nur auf den Vorrat des Käufers beschränkt, ist die Ware auf dem freien Markt (also bei einem Dritten) erhältlich. Dann ist der Käufer aber grundsätzlich gehalten, einen Deckungskauf vorzunehmen und den Schaden im Rahmen des *cover*-Schadensersatzanspruchs beim Verkäufer geltend zu machen.

2058 Den letzten Fall betreffend auch die einzige vorliegende Entscheidung: *Stephan's Mach. ETC. v. D & H, 417 N.E. 2d 579 (Ohio App. 1979).*

2059 Bspw. *Treitel*, Int. Encyc. of Comp. Law, § 16-31, S. 17, 18 (generic = die Gattung bestimmend, betreffend, allgemein, typisch; vgl. Romain, Bd. 1, „generic").

dieser Begriff vielmehr den Fall von vertretbaren Sachen i.S.d. § 91 BGB erfasst[2060].

Bestätigt wird diese Ansicht durch ein Urteil, welches zum Nachlieferungs*recht* des Verkäufers gem. § 2-508 UCC ergangen ist[2061]. Hier prüfte das Gericht bei einer *Stückschuld* (und zwar unter Verweis auf § 2-716 UCC), ob besondere Gründe vorlagen, dass der Verkäufer *nur* mit dieser Ware erfüllen oder ob er nicht mit einer anderen (vertretbaren) Sache ebenso nacherfüllen konnte[2062].

Bei *aliud*-Lieferungen ist nach dem CISG ein Gattungskauf *keine* Voraussetzung für den Ersatzlieferungsanspruch gem. Art. 46 II CISG. Der Käufer kann hier deshalb auch bei einer *Stückschuld* die Lieferung der vertragsgemäßen Ware verlangen[2063].

Liefert der Verkäufer bei einer Stückschuld im Anwendungsbereich des BGB ein *aliud*, so kommt der Ersatzlieferungsanspruch gem. § 480 I BGB nicht zur Anwendung[2064]. Der Käufer hat allerdings einen „Ersatzlieferungsanspruch" aufgrund des allgemeinen Erfüllungsanspruchs (§ 433 I BGB).

Nach dem UCC wäre im Falle einer *aliud*-Lieferung ein Anspruch gem. § 2-716 (1) UCC möglich.

(2) Haftungsgründe

Hinsichtlich der Haftungsgründe für *Qualitätsmängel* (Sachmängel i.S.d. BGB) unterscheiden sich die Rechtscodes nur unwesentlich.

2060 Es wird auch meistens der Terminus „fungible goods" (fungible = ersetzbar, vertretbar (Sachen), fungibel; vgl. Romain, Bd. 1, „fungible") benutzt, vgl. nur *Yorio, § 11.2.1, S. 292; Crandall/Herbert/Lawrence, § 8.10.2; S. 8:58.*

2061 *David Tunick, Inc. v. E.W. Kornfeld*, 838 F.Supp. 848, 851 f. (S.D.N.Y. 1993).

2062 Es ging in der Entscheidung um einen vom Käufer *besonders ausgewählten* Picassodruck. Dieses ist nach internen deutschen Recht der „klassische" Fall der Stückschuld, so dass eine Nachlieferung ohne weiteres ausscheiden würde. Das Gericht prüfte unter Verweis auf § 2-716 UCC explizit, ob besondere Gründe vorlagen, die eine Erfüllung nur mit diesem Picassodruck zuließen oder ob der Verkäufer nicht mit einem anderen Druck hätte (nach-) erfüllen könnte. Das Gericht hielt im Ergebnis allerdings einen Druck für nicht ersetzbar, da zwischen verschiedenen Drucken aufgrund der individuellen Herstellung Unterschiede bestehen können, vgl. *David Tunick, Inc. v. Kornfeld*, 838 F.Supp. 848, 851 f. (S.D.N.Y. 1993). Dies entspricht nach internem deutschen Recht aber der Prüfung zwischen einer vertretbaren/unvertretbaren Sache, da aufgrund der individuellen Auswahl des Käufers unzweifelhaft eine Stückschuld vorgelegen hat.

2063 *Staudinger/Magnus*, Art. 46 Rn. 34; *Schlechtriem/Huber*, Art. 46 Rn. 22.

2064 Dieses gilt selbst dann, wenn es sich um einen beiderseitigen Handelskauf handelt und das *aliud* ggf. genehmigungsfähig ist.

Nach CISG (Art. 35 I CISG) und BGB sind zunächst die vertraglichen Vereinbarungen, die ausdrücklich oder stillschweigend getroffen werden können[2065], zu berücksichtigen; es gilt gleichermaßen ein subjektiver Fehlerbegriff[2066].

Im UCC besteht im Ergebnis die gleiche Rechtslage[2067]. Denn eine haftungsauslösende „express warranty" liegt nach § 2-313 dann vor, wenn der Verkäufer eine „affirmation of fact", ein „promise" (§ 2-313 I a) UCC) abgibt oder die Ware beschreibt (§ 2-313 I b) UCC). Auch nach dem UCC kann eine „expess warranty" stillschweigend Vertragsinhalt werden[2068]. Der subjektive Fehlercharakter wird dabei im UCC dadurch festgelegt, dass die o.g. Tatbestandsmerkmale Vertragsinhalt geworden sein müssen („part of the basis of the bargin")[2069].

Werden Muster oder Proben vorgelegt, so stellt eine Abweichung der gelieferten Ware hiervon in sämtlichen Rechtscodes einen haftungsauslösenden Mangel dar (Art. 31 II c) CISG; § 494 BGB; § 2-313 (1) c) UCC).

Fehlt es an einer ausdrücklichen oder stillschweigenden Vereinbarung, so kommt es nach dem BGB und dem CISG (vgl. Art. 35 II a) CISG) darauf an, dass die Ware für den gewöhnlichen Gebrauch geeignet ist bzw. von normaler Beschaffenheit ist[2070]. Dies gilt aufgrund der „implied warranty of merchantiblity" (§ 2-314 II UCC) ebenso im UCC[2071]. Allerdings besteht diese „implied warranty" im UCC nur dann, wenn der Verkäufer *Kaufmann*[2072] ist, mit Waren der verkauften Art handelt und diese im Rahmen seines Gewerbes verkauft (vgl. § 2-314 II UCC). Im BGB/HGB gilt diese Einschränkung dagegen nicht. Im CISG sind aufgrund des Anwendungsbereichs Käufe für den persönlichen oder familiären Gebrauch ausgeschlossen (Art. 2 a) CISG).

Zur normalen Beschaffenheit gehört in sämtlichen Rechtscodes, dass Gattungsware von durchschnittlicher Qualität ist[2073].

2065 Zum CISG: *Aue*, Mängelgewährleistung, S. 70; *Herber/ Czerwenka*, Art. 35 Rn. 3. Zum BGB: *MünchKomm/Westermann*, § 459 Rn. 8 ff..

2066 Zum CISG: *Schlechtriem/Schwenzer*, Art. 35 Rn. 6; *Ziegler*, Leistungsstörungsrecht, S. 69. Zum BGB: *Palandt/Putzo*, § 459 Rn. 8; *Soergel/Huber*, vor § 459 Rn. 29 f..

2067 So auch zum Vergleich UCC und CISG: *Gabriel*, Practitioner's Guide, S. 106; *Aue*, Mängelgewährleistung, S. 87.

2068 Vgl. *Anderson*, § 313:38; *Nordstrom*, S. 202 f..

2069 So auch *Gabriel*, Practitioner's Guide, S. 106 (zum Vergleich UCC und CISG).

2070 Zum BGB: *Palandt/Putzo*, § 459 Rn. 8, 10 m.w.N.. Zum CISG: *Schlechtriem/Schwenzer*, Art. 35 Rn. 13 ff.; *Aue*, Mängelgewährleistung, S. 74.

2071 *Del Duca/Guttmann/Squillante*, Sales, S. 229 („(...) the buyer is entitled to the quality of goods which a reasonable man expects to receive"); *Cerutti*, S. 332 Rn. 624.

2072 Legaldefinition des „merchant" in § 2-104 (1) UCC.

2073 Zum CISG: *Otto*, MDR 1992, 533, 534; *Herber/Czerwenka*, Art. 35 Rn. 4. Zum BGB: Dass die gelieferte Gattungsware von „mittlerer Art und Güte" sein muss, ergibt sich im internen deutschen Recht aus § 243 I BGB. Im UCC ergibt sich dieses aus § 2-314 II b) UCC, vgl. hierzu *Nordstrom*, S. 234.

Abweichend vom BGB[2074] haftet der Verkäufer nach UCC und CISG dafür, dass die Ware für einen *bestimmten Zweck* geeignet ist, wenn dem Verkäufer dieser Zweck bei Vertragsschluss zur Kenntnis gebracht wurde, wobei *nicht* erforderlich ist, dass der Verwendungszweck Vertragsinhalt geworden ist[2075]. Nach dem UCC ist dabei ausreichend, dass der Verkäufer den besonderen Zweck hätte erkennen können[2076], was nach CISG umstritten ist[2077]. Erforderlich ist sowohl nach CISG als auch nach UCC, dass der Käufer auf die Sachkenntnis des Verkäufers vertraut bzw. vertrauen konnte.

Auch hinsichtlich der Erscheinungsformen des Mangels, welche den speziell normierten Ersatzlieferungsansprüchen in *BGB* (§ 480 I BGB) und *CISG* (Art. 46 II CISG) unterfallen, unterscheiden sich diese Rechtscodes nur unerheblich. Im *UCC* gilt ein einheitlicher Erfüllungsanspruch für jede Art von Leistungsstörung.

So können sowohl nach *BGB* als auch nach *CISG Verpackungsmängel* einen Haftungsgrund für einen Ersatzlieferungsanspruch darstellen. Im BGB liegt hier ein die Ersatzlieferung begründender Sachmangel vor, wenn die Verpackung zur Ausstattung gehört[2078]. Nach CISG kann der Käufer Ersatzlieferung verlangen, wenn die fehlende Verpackung eine wesentliche Vertragsverletzung darstellt[2079].

Mengenabweichungen eines *nicht* abtrennbaren (Funktions-)Teils[2080] stellen sowohl nach BGB als auch nach CISG Vertragsverletzungen dar, die hinsichtlich der Erfüllungsansprüche den einschränkenden Voraussetzungen der speziell normierten Ersatzlieferungsansprüche (§ 480 I BGB, Art. 46 II CISG) unterliegen[2081]. Sind die (Funktions-)Teile abtrennbar, so unterfallen die „Nacherfüllungsansprüche" im BGB und im CISG den „allgemeinen" Erfüllungsansprüchen (Art. 46 I CISG bzw. § 433 I BGB)[2082].

2074 Vgl. *Schlechtriem/Schwenzer*, Art. 35 Rn. 20.

2075 Zum CISG: *Soergel/Lüderitz/Schüßler-Langeheine,* Art. 35 Rn. 12; *Huber*, RabelsZ 43 (1979), 413, 480 f.; *Aue*, Mängelgewährleistung, S. 75. Nach dem *UCC* folgt dieses daraus, dass ausreichend ist, dass der Verkäufer den besonderen Zweck hätte erkennen *können*, vgl. *official comment* Nr. 1 zu 2-315 UCC.

2076 Vgl. *official comment* Nr. 1 zu 2-315 UCC; *Wallach*, UCC, S. 11-43 f.; *Hyland*, Conformity of Goods, in: Schlechtriem, S. 320; *Aue*, Mängelgewährleistung, S. 28.

2077 Auf Erkennbarkeit abstellend: *Staudinger/Magnus,* Art. 35 Rn. 26; *Schlechtriem/Schwenzer*, Art. 35 Rn. 21. Auf tatsächliche Kenntnis abstellend: *Reinhart,* Art. 35 Rn. 6.

2078 *Soergel/Huber*, § 459 Rn. 57.

2079 Z.B. die Ware kann aufgrund der fehlenden bzw. mangelhaften Verpackung nicht weiterverkauft werden (z.B. Orginalverpackung bei Markenartikeln).

2080 Z.B. fehlende Sicherung in einer Maschine.

2081 Für das BGB: *Soergel/Huber,* § 459 Rn. 52. Für das CISG: *Piltz,* Intern. KaufR, S. 217 Rn. 146. Einschränkende Voraussetzung sind im BGB die Verjährung nach § 477 BGB und im CISG das Wesentlichkeitserfordernis und die rechtzeitige Geltendmachung.

2082 Zum CISG: *Staudinger/Magnus,* Art. 46 Rn. 10. Zum BGB: *MünchKomm/Westermann,* § 459 Rn. 25.

Wie bereits ausgeführt, unterfallen *aliud*-Lieferungen im CISG stets dem Ersatzlieferungsanspruch gem. Art. 46 II CISG[2083], während im BGB nach h.M. nur genehmigungsfähige *aliud*-Lieferungen beim beiderseitigen Handelskauf dem speziellen Ersatzlieferungsanspruch gem. § 480 I BGB unterworfen sind[2084].

(3) Wesentlichkeit der Vertragswidrigkeit

Ein entscheidender Unterschied hinsichtlich der Ersatzlieferungsansprüche in den verglichenen Rechtscodes besteht darin, dass das *CISG* den Rechtsbehelf gem. Art. 46 II CISG von der besonderen Voraussetzung abhängig macht, dass eine *wesentliche Vertragsverletzung* i.S.d. Art. 25 CISG vorliegt[2085]. Dies gilt sowohl für *Sachmängel* als auch für *aliud*-Lieferungen[2086]. Es wird also im CISG nach der *Schwere* der Vertragsverletzung unterschieden.

Auch das *BGB* konstituiert als allgemeine Voraussetzung für die Sachmängelhaftung in § 459 I S. 2 BGB, dass die Minderung des Wertes oder der Tauglichkeit *nicht unerheblich* sein darf[2087].

Jedoch haben diese Anspruchsvoraussetzungen im CISG und BGB unterschiedliche Bedeutungsinhalte[2088]. Während ein unerheblicher Fehler i.S.d. § 459 I S. 2 BGB nur dann vorliegt, wenn er für den Vertragszweck ohne Bedeutung ist, etwa wenn er in Kürze selbst verschwindet oder vom Käufer in kurzer Zeit und mit ganz geringem Aufwand selbst beseitigt werden kann[2089], liegt eine wesentliche Vertragsverletzung i.S.d. Art. 25 CISG nur dann vor, wenn dem Käufer im Wesentlichen das entgeht, was er nach dem Vertrag hätte erwarten dürfen[2090]. Die Fälle des § 459 I S.2 BGB stellen Ausnahmefälle „am untersten Rand“ dar, so dass ein erheblicher Mangel i.S.d. § 459 I S. 2 BGB keinesfalls stets ein *wesentlicher Mangel* i.S.d. Art. 25 CISG ist.

Der Käufer steht daher nach dem BGB hinsichtlich des Ersatzlieferungsanspruchs erheblich besser als der Käufer im CISG. Denn er kann bei Sachmängeln grundsätzlich immer Ersatzlieferung verlangen, während der Käufer nach dem CISG mit der Ersatzlieferung auf gravierende Mängel, die für ihn die Ver-

---

2083 *Hutter*, Haftung des Verkäufers, S. 35 f.; *Huber*, JBl 1989, 273, 278. A.A. bei krassen *aliud*-Lieferungen, *Neumayer*, RIW 1994, 99, 105.

2084 *BGH* WM 1992, 147, 149 f. m.w.N.. Im Übrigen behandelt das BGB *aliud*-Lieferungen als einfache Nichterfüllung, so dass sich die Ersatzlieferung nach § 433 I BGB richtet.

2085 So auch zum Vergleich CISG und BGB: *Denkschrift*, BT-Drucksache 11/3076, S. 51.

2086 Vgl. *Schlechtriem/Huber*, Art. 46 Rn. 39, 40.

2087 Diese Beschränkung gilt nur für Sachmängel i.S.d. BGB. Bei *aliud-Lieferungen* gilt dieses nicht, da der Käufer hier „Nachlieferung“ aufgrund des „allgemeinen Erfüllungsanspruchs“ verlangen kann, der keinen Beschränkungen unterworfen ist.

2088 Vgl. *Ziegler*, Leistungsstörungsrecht, S.158.

2089 *Palandt/Putzo*, § 459 Rn. 13; *Staudinger/Honsell*, § 459 Rn. 59. Dem Käufer stehen in diesem Fall überhaupt keine Sachmängelansprüche zur Verfügung.

2090 Vgl. hierzu *Staudinger/Magnus*, Art. 25 Rn. 13; *Honnold*, Art. 25 Rn. 183.

wertung bzw. Verwendung der mangelhaften Sache unzumutbar machen, beschränkt ist. Der Käufer ist im BGB insbesondere deshalb besser gestellt, weil der Käufer nach dem CISG für Tatsachen, aus denen sich ergibt, dass die Vertragsverletzung für ihn wesentlich ist, die Darlegungs- und Beweislast trägt[2091].

Der *UCC* macht hinsichtlich der Schwere der Vertragsverletzung keine Unterscheidung. Es gilt grundsätzlich die „perfect tender rule", so dass jeder „breach of contract" die Rechtsbehelfe des Käufers auslöst[2092]. Bei Sukzessivlieferungsverträgen kann der Käufer jedoch nur eine im wesentlichen vertragskonforme Lieferung des Verkäufers verlangen[2093]. Gleiches gilt, wenn der Käufer die Ware akzeptiert hat; auch hier kann der Käufer nur noch die „acceptance" widerrufen, wenn der Wert der Ware wesentlich beeinträchtigt ist (vgl. § 2-608 (1) UCC). Nach „acceptance" und bei Sukzessivlieferungsverträgen gleicht der UCC daher dem CISG[2094].

(4) Unzulänglichkeit eines Schadensersatzanspruchs

Die vollkommen unterschiedliche Stellung von Erfüllungsansprüchen „in Natur" im *UCC* einerseits und im *CISG* sowie im *BGB/HGB* andererseits, manifestiert sich in den besonderen Anspruchsvoraussetzungen des Rechtsbehelfs auf *Specific Performance* gem. § 2-716 (1) UCC. Begehrt der Käufer Naturalerfüllung der Vertragspflichten des Verkäufers, so ist Voraussetzung des § 2-716 (1) UCC, dass die verkaufte Ware „unique" (einzigartig) ist oder dass „other proper circumstances" vorliegen, d.h. dass aufgrund der Gesamtumstände dem Käufer im Ergebnis *nur* mit einem Erfüllungsanspruch gedient ist[2095]. Dieser historisch bedingte „adequacy"-Test soll sicherstellen, dass dem Käufer *nur dann* ein Erfüllungsanspruch zuerkannt wird, wenn er an der verkauften Ware ein durch einen Schadensersatzanspruch (bzw. Deckungskauf) nicht duplizierbares Interesse hat[2096]. Der Schadensersatzanspruch ist damit im UCC der primäre Rechtsbehelf. Erfüllungsansprüche „in Natur", insbesondere aber ein Ersatzlieferungsanspruch, der das Vorhandensein weiterer Ware impliziert, werden damit im UCC zur absoluten Ausnahme[2097].

2091 *Schlechtriem/Huber*, Art. 46 Rn. 51 a; *OLG Frankfurt*, NJW 1994, 1013, 1014.

2092 *Stone*, UCC, S. 92 f..

2093 Vgl. *Crandall/Herbert/Lawrence*, § 6.4, S. 6:6.

2094 So auch *Michida*, 27 Am.J.Comp.L. 279, 280 (1979).

2095 Vgl. hierzu ausführlich oben *D. V. 2. a)*.

2096 *Crandall/Herbert/Lawrence*, § 8.10.2, S. 8:56.

2097 Dieses zeigt sich daran, dass -soweit ersichtlich- nur eine Entscheidung zu einem Ersatzlieferungsbegehren ergangen ist, vgl. oben *D. V.3.*.

Eine in die Richtung des „adequacy"-Test gehende Anspruchsvoraussetzung für den Ersatzlieferungsanspruch war im EKG noch enthalten. Nach Art. 42 I c) EKG war ein Ersatzlieferungsanspruch ausgeschlossen, wenn „ein Deckungskauf den Gebräuchen entspricht und in angemessener Weise möglich ist". Dieses (negative) Tatbestandsmerkmal wurde im CISG fallengelassen[2098]. Damit ist nunmehr auch nach dem CISG ebenso wie im BGB der Erfüllungsanspruch der primäre Rechtsbehelf des Käufers.

Handelt es sich um Gattungsware und ist die Vertragsverletzung wesentlich, so steht dem Käufer *nach dem CISG* ein Ersatzlieferungsanspruch uneingeschränkt zur Verfügung, wenn er diesen innerhalb angemessener Frist nach der Mängelrüge geltend macht[2099].

(5) Maßgeblicher Zeitpunkt

Hinsichtlich der Frage, *wann* die zu liefernde Ware mangelfrei sein muss, ergeben sich keine wesentlichen Unterschiede.

Sowohl das BGB (§§ 459 I, 480 II BGB) als auch das CISG (Art. 36 I CISG) stellen ausdrücklich auf den *Gefahrübergang* ab. Gleiches gilt nach dem UCC, ohne dass dies dort positiv normiert wird[2100].

Auch der Zeitpunkt, in welchem der Gefahrübergang vorliegt, wenn keine abweichenden vertraglichen Absprachen vorliegen, wird weitgehend einheitlich interpretiert.

Die *Auffangregel*, dass die Gefahr mit Übergabe der Sache auf den Käufer übergeht, ist in Art. 69 I, 1. Alt. CISG, in § 446 I BGB und in § 2-509 (3) UCC („on receipt of the goods") geregelt. Allerdings gilt die Übergabe der Ware bzw. der Empfang im UCC nur dann als Zeitpunkt des Gefahrübergangs, wenn der *Verkäufer* Kaufmann ist; ansonsten ist bereits das Anbieten (Andienung) der geschuldeten Ware ausreichend (vgl. § 2-509 (3) UCC)[2101].

Befindet sich der Käufer im *Annahmeverzug*, so geht die Gefahr nach § 324 II BGB und Art. 69 I 2. Alt. CISG auf ihn über. Im UCC ist dieses insofern abweichend geregelt, als dass die Gefahr zwar nicht übergeht, aber der Verkäufer nach § 2-510 (3) UCC den durch seine Versicherung nicht gedeckten Schaden so

---

[2098] Ein Antrag der amerikanischen Delegation, diese Anspruchsvoraussetzung im Ergebnis beizubehalten, wurde abgelehnt, vgl. *O.R.* 111, 330 ff.. Dieses bedauernd, *Farnsworth*, 27 Am.J.Comp.L. (1979), 247 ff..

[2099] Die Einschränkung des Art. 28 CISG knüpft an außerhalb des CISG liegende Anspruchsbeschränkungen, nämlich dem Recht des Forumgerichts, vgl. *Bianca/Bonell/Will*, Art. 46 Anm. 1.1.1.

[2100] *Cerutti*, S. 331 Rn. 621; *Schwenk*, RabelsZ 35 (1971), 645, 657; *Aue*; Mängelgewährleistung, S. 16.

[2101] Hierzu *Ruprecht*, RabelsZ 19 (1954), 427, 439.

behandeln kann, als wäre die Gefahr übergegangen und deshalb dieser Schaden vom Käufer zu tragen ist[2102].

Im Falle des *Versendungskaufs* (bzw. Beförderungskauf)[2103] entsprechen sich BGB (§ 447 I BGB), CISG (Art. 67 I CISG) und UCC (§ 2-509 I (a) UCC). Die Gefahr geht auf den Käufer über, wenn der Verkäufer die Ware dem Beförderer zur Übermittlung übergibt. Im UCC gilt dies aber dann nicht, wenn zwar der Verkäufer berechtigt ist, einen Frachtführer einzuschalten[2104], jedoch die Ware an einen bestimmten Ort zu liefern hat („destination contracts"); hier geht die Gefahr erst über, wenn der Käufer die ordnungsgemäße angebotene Ware an diesem Ort übernehmen kann (vgl. § 2-509 (1) (b))[2105].

Beim *Fernkauf*, d.h. wenn ein anderer Lieferort als der Sitz des Verkäufers als Erfolgsort vereinbart ist (z.B. der Sitz des Käufers), divergieren die verglichenen Regelungen. Nach BGB handelt es sich um eine Bringschuld, so dass nach § 446 I BGB der Gefahrübergang erst mit Übergabe der Sache an den Käufer stattfindet[2106]. Nach dem CISG ist hingegen bereits die Fälligkeit der Leistung und die Kenntnis des Käufers davon, dass die Ware an diesem Ort zur Verfügung steht, ausreichend (Art. 69 II CISG)[2107]. Der UCC unterscheidet hier drei Fälle: Ist der Verkäufer berechtigt, einen Frachtführer hinzuzuziehen, so geht die Gefahr über, wenn die Ware dem Käufer an dem Erfolgsort angeboten wird und er die Ware übernehmen kann (§ 2-509 (1) (b) UCC). Gleiches gilt, wenn der Verkäufer *kein* Kaufmann ist und er die Ware *selbst* zu transportieren hat (§ 2-509 (3) 2. Alt.). Ist der Verkäufer hingegen Kaufmann und hat er die Ware selbst zu transportieren, so geht die Gefahr wie im BGB mit Empfang der Ware durch den Käufer über (§ 2-509 (3) 1. Alt. UCC)[2108].

Bei *auf dem Transport* befindlicher Ware geht nach dem *CISG* (Art. 68 S. 1 CISG) die Gefahr grundsätzlich mit dem Vertragsschluss über[2109].

Im *BGB* gilt hier § 447 BGB analog; die Gefahr geht über, sobald eine entsprechende Anweisung an den Frachtführer ergangen ist, der die Ware transportiert[2110].

Im *UCC* ist dieser Fall nicht ausdrücklich geregelt, so dass wie beim Versendungskauf § 2-509 (1) UCC gelten müsste (s.o.).

2102 Vgl. hierzu *Cerutti*, S. 480 f. Rn. 885.

2103 Beim Versendungskauf ist der Erfüllungsort beim Verkäufer, der Erfolgsort beim Käufer.

2104 Muss der Verkäufer die Ware *selbst* transportieren, so gilt § 2-509 (3) UCC, vgl. *Stocks*, 87 Nw.U.L.Rev. 1415, 1423 (1993).

2105 Vgl. *Cerutti*, S. 477 Rn. 879.

2106 *Palandt/Putzo*, § 447 Rn. 3.

2107 *Piltz*, Intern. KaufR, S. 156 Rn. 203; *Schlechtriem/Hager*, Art. 69 Rn. 6, *Karollus*, S. 202.

2108 Vgl. hierzu *Cerutti*, S. 477 Rn. 879.

2109 Falls die Umstände einen solchen Schluss nahelegen, geht die Gefahr bereits im Zeitpunkt der Übergabe der Ware an den Beförderer, der die Dokumente über den Beförderungsvertrag ausgestellt hat , auf den Käufer über (Art. 68 S. 2 CISG).

2110 *BGHZ* 50, 32, 36 f.; *Palandt/Putzo*, § 447 Rn. 3.

(6) Untersuchungs- und Rügepflicht/ Zurückweisung der Ware

Hinsichlich der Untersuchungs- und Rügepflichten unterscheiden sich BGB/HGB, CISG und UCC erheblich.

Während im *CISG* grds. immer eine Untersuchungsobliegenheit (Art. 38 I CISG) und Rügepflicht (Art. 39 I CISG) des Käufers besteht, sieht das *interne deutsche Recht* nur beim beiderseitigen Handelskauf eine Untersuchungs- und Rügepflicht vor (§ 377 I HGB). Beim beiderseitigen Handelskauf gilt die Untersuchungs- und Rügepflicht dabei sowohl für Sachmängel (§ 377 HGB) als auch für genehmigungsfähige *aliud*-Lieferungen (§ 378 HGB). Im Übrigen muss der Käufer die Sache weder untersuchen noch einen Mangel rügen, um seine Gewährleistungsansprüche zu wahren[2111]. Im *UCC* dagegen ist ein vollkommen anderes Konzept gewählt worden. Die rechtzeitige Rüge des Käufers entscheidet (nur) darüber, ob „acceptance" eintritt oder nicht. Hiervon sind dann die Rechtsbehelfe des Käufers abhängig.

Die *Länge der Rügefrist* entspricht sich im UCC und im CISG zumindest vom Wortlaut, während sie im BGB/HGB deutlich kürzer ausfällt.

Der Käufer muss den Mangel im *UCC* uns *CISG* innerhalb einer „reasonable time" rügen, nachdem er den Mangel entdeckt hat oder hätte entdecken können (vgl. Art. 39 I CISG, §§ 2-602 (1), 2-607 (3) (a) UCC). Die *Länge der Frist* bestimmt sich in beiden Rechtscodes nach den Umständen des Einzelfalls, wobei u.a. die Warenart, die Gepflogenheiten sowie die Art des Mangels zu berücksichtigen sind[2112]. Im *HGB* hat der Käufer hingegen den Fehler „unverzüglich", d.h. ohne schuldhaftes Zögern (§ 377 I HGB) zu rügen. Die Frist des HGB ist insofern kürzer als die des UCC und CISG[2113].

Nur das CISG sieht für die Rüge eine *absolute Ausschlussfrist* (2 Jahre, vgl. Art. 39 II CISG) vor. Das BGB/HGB sieht keine Ausschlussfrist vor, jedoch gilt ohnehin eine Verjährungsfrist von 6 Monaten (§ 477 BGB). Der UCC enthält keine Ausschlussfrist.

Sämtliche Rechtscodes (im internen deutschen Recht das HGB) verlangen vom Käufer, dass er den Mangel ausreichend *spezifiziert*[2114]. Im UCC gilt dies nur, wenn es sich um einen beiderseitigen Handelskauf („between merchants", § 2-605 (1) (b) UCC) handelt oder beim Privatkauf dann, wenn der Verkäufer

---

2111 Dieses gilt damit auch beim beiderseitigen Handelskauf, wenn die *aliud*-Lieferung nicht genehmigungsfähig i.S.d. § 378 HGB ist.

2112 Vgl. zum CISG: *Gerny*, Untersuchungs- und Rügepflichten, S. 202 ff.; vgl. zu Beispielen aus der Rspr. *Piltz*, NJW 2000, 553, 558. Zum UCC: *White & Summers*, 5th ed., § 8-3, S. 319 ff..

2113 So auch zum Vergleich CISG und HGB: *Magnus*, ZEuP 1993, 79, 88.

2114 Zum CISG: *Schlechtriem/Schwenzer*, Art. 39 Rn. 6 ff.. Zum HGB: *Schlegelberger/ Hefermehl*, § 377 Rn. 57.

durch die Spezifikation den Mangel hätte beseitigen („could have cured") können (vgl. § 2-605 (1) (a) UCC)[2115].

Die *Rechtsfolgen* einer versäumten Rüge sind unterschiedlich. Im *CISG* (vorbehaltlich Art. 40 und Art. 44 CISG) und im *BGB/HGB* verliert der Käufer sämtliche Rechtsbehelfe wegen des Mangels [2116]. Im *UCC* wird „acceptance" fingiert (§ 2-606 (1) (b) UCC) und dem Käufer steht nur noch ein (geringerer) Schadensersatzanspruch zur Verfügung (§ 2-714 UCC)[2117]. Allerdings eröffnen sich dem Käufer wieder sämtliche Rechtsbehelfe, wenn er die fingierte „acceptance" widerrufen kann (vgl. § 2-608 UCC).

(7) Ersatzlieferungsverlangen innerhalb angemessener Frist

Nur das *CISG* verlangt vom Käufer, dass er -trotz bereits erfolgter, rechtszeitiger Rüge- spätestens innerhalb angemessener Frist nach der Rüge die Ersatzlieferung geltend zu machen hat (vgl. Art. 46 II CISG)[2118].

Im *BGB* steht es dem Käufer hingegen frei, wann er den Anspruch auf Ersatzlieferung wählt, solange noch keine Verjährung eingetreten ist oder er unvereinbare Ansprüche durchgesetzt hat. Bei *Sachmängeln* (Nachlieferung gem. § 480 I BGB) bedeutet dieses, dass der Käufer in einem Zeitraum von sechs Monaten (§ 477 BGB) frei die Ersatzlieferung wählen kann. Handelt es sich um *aliud*-Lieferungen (Ersatzlieferungsanspruch gem. § 433 I BGB), so ist ebenfalls keine Frist für ein Ersatzlieferungsbegehren vorgesehen. Da sich die Verjährung der Ersatzlieferung bei *aliud*-Lieferungen nach § 195 BGB richtet, kann der Käufer diese grds. 30 Jahre verlangen. Bei genehmigungsfähigen *aliud*-Lieferungen (vgl. § 378 HGB) beim beiderseitigen Handelskauf gilt allerdings die Verjährung des § 477 BGB.

Auch der *UCC* kennt grds. keine besondere Frist für die Geltendmachung des Anspruchs auf *Specific Performance* (§ 2-716 (1) UCC). Jedoch kann ein solcher Anspruch dann ausgeschlossen sein, wenn der Käufer die Klage nicht zügig anhängig macht[2119].

2115 Vgl. hierzu *Anderson,* § 2-605:4 f..

2116 Zum CISG: *Staudinger/Magnus,* Art. 39 Rn. 58. Zum HGB: *Walter,* Kaufrecht, § 8 IV. 4. d), S. 394.

2117 Allerdings muss der Käufer nach dieser fingierten „acceptance" einen Mangel wieder innerhalb einer angemessenen Frist nach der Entdeckung oder dem Entdeckenmüssen rügen; ansonsten ist er von jeglichen Rechtsbehelfen ausgeschlossen (§ 2-607 (3) (a) UCC); vgl. *White & Summers,* 5th ed., § 8-2, S. 307.

2118 Für die *angemessene Frist* im Rahmen des Art. 46 II CISG ist hinsichtlich der Fristlänge der gleiche Maßstab anzulegen, wie bei Art. 39 CISG, vgl. *Staudinger/Magnus*, Art. 46 Rn. 43; *Schwimann/Posch*, Art. 46 Rn. 8.

2119 Einrede des Zeitablaufs, vgl. *Corbin,* Contracts, § 1167. Ferner *Bander v. Grossman,* 611 N.Y.S. 985, 990 f. (Sup.Ct.N.Y. 1994) (Kein Anspruch auf *Specific Performance,* weil der

(8) Nachbesserungsrecht („right to cure") des Verkäufers im Verhältnis zum Ersatzlieferungsanspruch

UCC und *CISG* normieren ein *Nacherfüllungsrecht des Verkäufers* („right to cure"), und zwar *vor* und grundsätzlich auch *nach* dem vertraglichen Lieferzeitpunkt. Im *BGB* besteht ein Nacherfüllungsrecht des Verkäufers bei Sachmängeln nur *vor* Gefahrübergang.

Für den Ersatzlieferungsanspruch des Käufers ist die Ausgestaltung des Nacherfüllungsrechts des Verkäufers -speziell *nach* Ablauf des Liefertermins- von Bedeutung, da hierdurch das Verhältnis des Ersatzlieferungsanspruchs (und des Nachbesserungsanspruchs) des Käufers zu dem Nacherfüllungsrecht des Verkäufers festgelegt wird. Insbesondere bestimmt sich hiernach, wem *zunächst* das Wahlrecht hinsichtlich der *Art und Weise* der Nacherfüllung (Ersatzlieferung oder Nachbesserung) zusteht.

Vor Ablauf des *Liefertermins* ist das Nacherfüllungsrecht des Verkäufers im CISG in Art. 37 CISG und im UCC in § 2-508 I UCC normiert.

Im *BGB* kann der Verkäufer *vor* Gefahrübergang stets nachbessern, wobei dies nicht ausdrücklich normiert ist[2120].

Im *UCC* (§ 2-508 (2) UCC) und im *CISG* (Art. 48 I CISG) ist auch *nach* Ablauf des Liefertermins ein Nacherfüllungsrecht für den Verkäufer normiert.

Das *BGB* hingegen sieht *nach* Gefahrübergang im Kaufvertragsrecht für *Sachmängel* kein Nacherfüllungsrecht des Verkäufers vor[2121]. Jedoch wird durch AGB häufig ein solches Nacherfüllungsrecht des Verkäufers vertraglich vereinbart. Bei der Lieferung eines *aliuds* steht dem Verkäufer beim bürgerlich-rechtlichen Kauf aufgrund von § 326 I BGB grundsätzlich ein Nachbesserungsrecht zu. Der Käufer kann hier erst andere Rechtsbehelfe geltend machen, wenn er eine angemessene Frist zur Nacherfüllung mit einer Ablehnungsandrohung gesetzt hat. Gleiches gilt beim Handelskauf, wenn es sich um ein *nicht* genehmigungsfähiges *aliud* handelt. Bei einem *Werklieferungsvertrag über eine unvertretbar* Sache steht dem Unternehmer (Verkäufer) wegen §§ 651 I S. 2, 2. HS., 634 I BGB ein Nacherfüllungsrecht zu. Der Besteller (Käufer) kann andere Rechtsbehelfe grundsätzlich nur geltend machen, wenn er dem Verkäufer zuvor eine angemessene Frist zur Beseitigung des Mangels mit Ablehnungsandrohung gesetzt hat und diese erfolglos verstrichen ist[2122].

Käufer erst 4 Monate nach der Lieferverweigerung durch den Verkäufer die Klage erhoben hatte.)

2120 *Staudinger/Honsell*, § 462 Rn. 10; *Köhler*, JZ 1984, 393, 393 m.w.N..

2121 *Köhler*, JZ 1984, 393, 393; *BGB-RGRK-Mezger*, § 462 Rn. 3.

2122 Vgl. *Peters*, JZ 1978, 92, 92.

UCC und *CISG* machen das Nacherfüllungsrecht des Verkäufers *nach* Ablauf des Liefertermins von verschiedenen *Voraussetzungen* abhängig.

Im *CISG* besteht ein Nacherfüllungsrecht nur, wenn die Nacherfüllung für den Käufer keine unzumutbaren Unannehmlichkeiten und Verzögerungen nach sich zieht[2123] und vorbehaltlich der Vertragsaufhebung gem. Art. 49 I a) CISG (vgl. Art. 48 I CISG)[2124].

Nach dem *UCC* steht dem Verkäufer ein „right to cure" nach Ablauf des Liefertermins nur zu, wenn der Verkäufer vernünftigerweise annehmen durfte, dass der Käufer -mit oder ohne Preisreduktion- die vertragswidrige Ware annehmen würde (§ 2-508 (2) UCC)[2125]. Ist dieses der Fall, so kann der Verkäufer innerhalb einer angemessenen Zeit nacherfüllen (§ 2-508 (2) UCC).

Sowohl nach dem *UCC* als auch nach *CISG* steht dem Verkäufer im Rahmen des Nacherfüllungsrechts die Wahl der Art und Weise der Mängelbeseitigung (Ersatzlieferung oder Nachbesserung) zu[2126]. Die vom Verkäufer gewählte Methode darf jedoch für den Käufer weder nach dem UCC noch nach dem CISG unzumutbar sein[2127].

Dies hat für den *Ersatzlieferungsanspruch* des Käufers im UCC und im CISG die Konsequenz, dass *dem Verkäufer* bei der Lieferung einer vertragswidrigen (mangelhaften) Ware zunächst das *Wahlrecht* hinsichtlich der Art und Weise der Mängelbeseitigung zusteht, wenn die tatbestandlichen Voraussetzungen des Nacherfüllungs*rechts* erfüllt sind

Erst wenn die vom Verkäufer gewählte Art und Weise der Nacherfüllung für den Käufer unzumutbar ist (oder der Verkäufer die Nacherfüllung ablehnt), sei es aufgrund von unzumutbaren Unannehmlichkeiten oder Verzögerungen, sind dem Käufer seine Rechtsbehelfe eröffnet.

2123 Ferner darf für den Käufer keine Ungewissheit über die Erstattung der Kosten der Nacherfüllung entstehen, vgl. Art. 48 I CISG.

2124 Allerdings ist nach der hier vertretenen Ansicht bezüglich der Frage, ob eine für die Vertragsaufhebung erforderliche *wesentliche Vertragsverletzung* vorliegt, die Möglichkeit einer zumutbaren Behebung der Vertragswidrigkeit zu berücksichtigen. Im Ergebnis kann der Käufer deshalb grds. auch hier nicht sofort die Vertragsaufhebung erklären, vgl. oben *E. IV. 2. c).*

2125 Zu der umstrittenen Tatbestandsvoraussetzung, wann der Verkäufer vernünftigerweise annehmen durfte, dass der Käufer die Ware annehme, vgl. oben *D. V. 1. d).*

2126 Zum CISG: *Schlechtriem/Huber*, Art. 48 Rn. 9; *Herber/Czerwenka,* Art. 48 Rn. 2. Zum UCC: *White & Summers*, 5th ed., § 8-5, S. 338; *Anderson*, § 2-508:6.

2127 Im CISG ergibt sich dies schon aufgrund der Tatbestandsvoraussetzungen des Art. 48 I CISG (keine unzumutbaren Unannehmlichkeiten und Verzögerungen). Auch im UCC sind unzumutbare Nacherfüllungsmethoden ausgeschlossen. Dies wird dadurch erreicht, dass der Verkäufer dann nicht vernünftigerweise annehmen durfte, der Käufer werde die Nacherfüllung akzeptieren, vgl. *Worldwide RV Sales & Service, Inc. v. Brooks* 8 UCCRS 386 f. (Ind.Ct.App. 1989).

Im CISG kann der Käufer nun die Ersatzlieferung frei wählen, wenn die Vertragsverletzung wesentlich ist. Im UCC kann der Käufer selbst bei Vorliegen der strengen Voraussetzungen des § 2-716 (1) UCC („adequacy"-Test) aufgrund des gerichtlichen Ermessens nur in Ausnahmefällen eine konkrete Erfüllungsmethode verlangen.

Im *BGB* hat das Fehlen eines Nacherfüllungsrechts des Verkäufers bei Kaufverträgen die Folge, dass der Käufer bei Lieferung *sachmangelhafter* Gattungsware -anders als nach UCC und CISG- *sofort* Ersatzlieferung wählen kann und sich nicht auf eine Nachbesserung des Verkäufers einlassen muss.

Obwohl dem Unternehmer (Verkäufer) bei *Werklieferungsverträgen* über *unvertretbare Sachen* wegen § 634 I BGB ein Nacherfüllungsrecht zusteht, hat dies für ein evtl. Wahlrecht des Bestellers (Käufers) hinsichtlich der Nacherfüllungsmethode keine Auswirkungen. Denn das Wahlrecht hinsichtlich der Nacherfüllungsmethode (Neuherstellung oder Nachbesserung) steht dem Unternehmer grds. auch im Rahmen des Nacherfüllungsanspruchs des Käufers zu[2128].

Haben die Parteien im Anwendungsbereich des BGB in AGB eines Kaufvertrages über neu hergestellte Waren ein Nacherfüllungsrecht des Verkäufers vereinbart, so hat der Verkäufer im Rahmen des so vereinbarten Nacherfüllungsrechts grundsätzlich das Wahlrecht, wie er den Mangel behebt (Ersatzlieferung oder Nachbesserung)[2129]. Das Nacherfüllungsrecht des Verkäufers erlischt, wenn sie „fehlgeschlagen" ist, d.h. wenn sie unmöglich geworden ist, wenn sie ernsthaft und endgültig verweigert, unzumutbar verzögert worden ist oder der Verkäufer diese vergeblich versucht hat[2130]. Ist die Nacherfüllung fehlgeschlagen, kann der Käufer auf seine gesetzlichen Gewährleistungsansprüche übergehen[2131], d.h. der Käufer kann bei einem Gattungskauf auch die Ersatzlieferung verlangen[2132]. Er kann aber auch seinen (durch die AGB begründeten) Nachbesserungsanspruch durchsetzen[2133].

2128 *Palandt/Sprau*, § 633 Rn. 5 b; *Staudinger/Peters*, § 633 Rn. 168. Ein „Ersatzlieferungsanspruch" besteht aufgrund des Wahlrechts des Unternehmers (Verkäufers) hinsichtlich der Nacherfüllungsmethode deshalb *im Ergebnis* nur dann, wenn die Neuherstellung das einzige Mittel ist, ein mangelfreies Werk zu erstellen, vgl. *Palandt/Sprau*, a.a.O..

2129 *Staudinger/Coester-Waltjen*, § 11 Nr. 10 AGBG. Etwas anderes gilt dann, wenn der Verkäufer in den AGB sich nur die Ersatzlieferung vorbehalten hat, nicht aber ein Recht zur Nachbesserung. Hat sich der Verkäufer nur die Nachbesserung vorbehalten, so wird er regelmäßig auch durch Ersatzlieferung nacherfüllen können, vgl. *Köhler*, JZ 1984, 393, 398.

2130 *Palandt/Heinrichs*, § 11 AGBG Rn. 57.

2131 *Ulmer/Brandner/Hensen/Hensen*, § 11 Nr. 10 b Rn. 51.

2132 *Ulmer/Brandner/Hensen/Hensen*, § 11 Nr. 10 b Rn. 51.

2133 Vgl. *BGH* JR 1993, 198, 199 (und zwar auch dann, wenn der Verkäufer sich in seinen AGB die Ersatzlieferung vorbehalten hatte).

Ist also im Rahmen von AGB in einem Kaufvertrag über neu hergestellte Waren ein Nacherfüllungsrecht vereinbart, so steht dem Verkäufer zunächst das Wahlrecht hinsichtlich der Nacherfüllungsmethode zu. Schlägt die Nacherfüllung fehl, so wechselt das Wahlrecht auf den Käufer, der nun Ersatzlieferung (§ 480 I BGB) verlangen kann. Die Rechtslage entspricht hier der Rechtslage im CISG.

(9) Wahl der Ersatzlieferung als Rechtsbehelf/*ius variandi*

Ist die gelieferte Ware mangelhaft und sind auch die (besonderen) Anspruchsvoraussetzungen im Übrigen erfüllt, so kann der Käufer den Ersatzlieferungsanspruch nach dem *BGB* bei Sachmängeln und dem *CISG* frei wählen. Einschränkungen ergeben sich jedoch im CISG aufgrund des Nacherfüllungsrechts des Verkäufers (Art. 48 I CISG); gleiches gilt im BGB, wenn vertraglich in AGB ein Nacherfüllungsrecht des Verkäufers vereinbart wurde[2134]. Hat der Verkäufer im Anwendungsbereich des BGB ein *aliud* geliefert, so kann der Käufer aufgrund von § 326 I BGB zunächst *nur* (Nach-)Erfüllung verlangen[2135].

Im *UCC* hingegen statuiert der „adequacy-Tests" in § 2-716 (1) UCC ein Alternativitätsverhältnis; dem Käufer steht hier kein Wahlrecht zwischen Schadensersatz, „cancellation" und *Specific Performance* zu. Denn nur dann, wenn ein Schadensersatzanspruch für den Käufer unzureichend ist, kann dieser *Specific Performance* (und damit Erfüllung in Form der Ersatzlieferung) verlangen. Das Bestehen einer Wahlmöglichkeit schließt im UCC deshalb bereits den Anspruch auf *Specific Performance* aus, da der Käufer dann auf einen Schadensersatzanspruch „beschränkt" ist.

Das *ius variandi* des Käufers (hier: das Recht Ersatzlieferung zu wählen) erlischt sowohl nach *BGB* bei Sachmängeln als auch nach *CISG* mit der Ausübung unvereinbarer Rechtsbehelfe (vgl. § 465 BGB, Art. 46 I CISG).

Im BGB sind *unvereinbare Rechtsbehelfe* Wandlung, Minderung und Schadensersatz wegen Nichterfüllung[2136], im CISG sind Vertragsaufhebung, Herab-

---

[2134] Denn innerhalb des Nacherfüllungsrechts des Verkäufers (Art. 48 I CISG oder aufgrund vertraglicher Vereinbarung im Anwendungsbereich des BGB) steht dem Verkäufer zunächst das Wahlrecht hinsichtlich der Nacherfüllungsmethode zu. Er kann deshalb auch durch Nachbesserung nacherfüllen. Erst wenn die Nachbesserung für den Käufer unzumutbar wird (wegen Verzögerungen oder Unannehmlichkeiten), kann der Käufer dann frei die Ersatzlieferung wählen, vgl. oben *F. II. 1. b) (8)*.

[2135] Beim beiderseitigen Handelskauf und Lieferung eines genehmigungsfähigen *aliuds* gilt allerdings die Sachmängelhaftung (h.M.), mit der Folge, dass der Käufer sofort zwischen sämtlichen Rechtsbehelfen (Wandlung, Minderung, Nachlieferung und ggf. Schadensersatz) wählen kann.

[2136] Für den Schadensersatzanspruch (und zwar den „großen" und den „kleinen") gilt § 465 BGB analog, vgl. *Soergel/Huber*, § 463 Rn. 18.

setzung des Kaufpreises und ein Schadensersatzanspruch wegen Nichterfüllung unvereinbare Rechtsbehelfe[2137], so dass sich beide Rechtscodes hier entsprechen.

Jedoch wird in beiden Rechtscodes unterschiedlich bestimmt, wann die „*Ausübung*" der unvereinbaren Rechtsbehelfe vorliegt.

Im *BGB* erlischt das Wahlrecht des Käufers erst, wenn sich der Verkäufer mit einem Wandlungs-, Minderungs- oder Schadensersatzbegehren *einverstanden* erklärt hat (§ 465 BGB); tut er dies nicht, so erlischt das Wahlrecht mit rechtskräftiger Verurteilung des Käufers[2138].

Im *CISG* hingegen verliert der Käufer bereits sein Wahlrecht mit dem Zugang der Erklärung beim Verkäufer, die das Begehren eines unvereinbaren Rechtsbehelfs beinhaltet[2139]. Auf das Einverständnis des Verkäufers kommt es hier nicht an.

Bei der Lieferung eines *aliuds* im Anwendungsbereich des BGB erlischt der Erfüllungsanspruch nach fruchtlosem Ablauf einer vom Käufer zur Nacherfüllung gesetzten Frist (Fristsetzung mit Ablehnungsandrohung, vgl. § 326 I BGB)[2140]. Beim beiderseitigen Handelskauf und Lieferung eines genehmigungsfähigen *aliuds* gilt jedoch die Sachmängelhaftung[2141].

Hat der Käufer *zunächst* Ersatzlieferung gewählt und möchte er nunmehr auf andere Rechtsbehelfe wechseln, so gilt im *BGB* bei Sachmängeln § 465 BGB analog. Der Käufer ist daher an sein Nachlieferungsbegehren mit Einverständniserklärung des Verkäufers (bzw. rechtskräftiger Verurteilung) gebunden und kann nicht mehr andere Rechtsbehelfe geltend machen[2142].

Im *CISG* hingegen ist der Käufer grundsätzlich nicht an sein Ersatzlieferungsbegehren gebunden und kann deshalb auf andere Rechtsbehelfe überwechseln[2143]; es bestehen jedoch Einschränkungen[2144].

2137 *Staudinger/Magnus*, Art. 46 Rn. 19, 24.

2138 *Staudinger/Honsell*, § 480 Rn. 15.

2139 Für die Vertragsaufhebung ist dies einheitliche Meinung. Hinsichtlich eines Minderungsverlangens und bei einem Schadensersatzanspruch wegen Nichterfüllung wird dies von der wohl h.M. vertreten, vgl. für die h.M. *Staudinger/Magnus*, Art. 46 Rn. 19; *Piltz*, Intern. KaufR, S. 214 Rn. 135, S. 256 Rn. 317. A.A. *Schlechtriem/Huber*, Art. 46 Rn. 10 (Bindung erst mit Einverständniserklärung des Verkäufers).

2140 *Palandt/Heinrichs*, § 326 Rn. 24.

2141 Dies hat zur Folge, dass der Ersatzlieferungsanspruch mit Vollzug unvereinbarer Rechtsbehelfe erlischt.

2142 *Soergel/Huber*, § 465 Rn. 19.

2143 *Vahle*, ZVglRWiss 98 (1999), 54, 63 (zum allgemeinen Erfüllungsanspruch).

2144 Der Käufer kann nur zur *Vertragsaufhebung* wechseln, wenn die angemessene Zeit nach Kenntnis bzw. Kennenmüssen der Vertragsverletzung noch nicht verstrichen ist, (Art. 49 II b) i)). Wenn der Verkäufer die Ersatzlieferung im Rahmen seines Nacherfüllungsrechts gem. Art. 48 I CISG vornimmt, kann der Käufer zu anderen Rechtsbehelfen nur wechseln, wenn mit der Ersatzlieferung unzumutbare Unannehmlichkeiten bzw. Verzögerungen verbunden sind oder eine Ungewissheit über die Erstattung der Kosten durch den Verkäufer verursacht

Liefert der Verkäufer im Anwendungsbereich des BGB ein *aliud*, so ist der Käufer bis zum Ablauf der von ihm gesetzten Nachfrist (§ 326 I BGB) an das Erfüllungsbegehren gebunden. Erst nach fruchtlosem Ablauf der Nachfrist kann der Käufer anderer Rechtsbehelfe geltend machen. Beim beiderseitigen Handelskauf und Lieferung eines genehmigungsfähigem *aliuds* gilt allerdings die Sachmängelhaftung des BGB.

(10) Grenzen des Ersatzlieferungsanspruchs

Das *BGB* und das *CISG* unterscheiden sich *im Ergebnis* nur unwesentlich in Bezug auf die Frage, wann der Ersatzlieferungsanspruch aufgrund von (subjektiver oder objektiver) Unmöglichkeit ausgeschlossen ist[2145]. Der *UCC* weicht erheblich von dem *BGB* und dem *CISG* ab.

Im *UCC* und im *BGB* ist der Ersatzlieferungsanspruch im Fall der *objektiven Unmöglichkeit* ausgeschlossen, d.h. dann, wenn die gesamte Gattung untergegangen ist[2146], was regelmäßig nur bei einer Vorratsschuld in Betracht kommen wird. Auch ist der Ersatzlieferungsanspruch dann ausgeschlossen, wenn die Ware der gesamten Gattung zum vertraglich vorausgesetzten Zweck nicht geeignet ist[2147].

Fälle der *subjektiven Unmöglichkeit* scheiden bei der Gattungsschuld grundsätzlich sowohl nach *CISG* als auch nach *BGB* aus. Ist also nur der Vorrat des Verkäufers untergegangen und war die Schuld nicht auf diesen beschränkt, so muss sich der Verkäufer Gattungsware auf dem Markt beschaffen.

Dies gilt grundsätzlich auch dann, wenn der Verkäufer die subjektive Unmöglichkeit *nicht zu vertreten* hat. Denn im BGB trägt der Käufer wegen § 279 BGB das Beschaffungsrisiko und im CISG ist der allgemeine Entlastungstatbestand des

---

wird. Auch ist der Verkäufer gebunden, wenn er eine Nachfrist für die Ersatzlieferung gem. Art. 47 I CISG gesetzt hat, vgl. Art. 47 II CISG. Schließlich kann der Käufer nach Treu und Glauben (Art. 7 I CISG) eine angemessene Zeit an sein Ersatzlieferungsbegehren gebunden sein, insbesondere wenn der Verkäufer bereits Dispositionen getroffen hat, vgl. zum Ganzen oben *E. IV. 2. j), k).*

2145 Die nachstehenden Ausführungen gelten dabei im Anwendungsbereich des BGB sowohl für Sachmängel als auch für *aliud*-Lieferungen.

2146 Für das BGB: *Palandt/Heinrichs,* § 279 Rn. 5. Dieses gilt unabhängig davon, ob der Käufer die objektive Unmöglichkeit zu vertreten hat oder nicht, vgl. *Soergel/Huber*, § 433 Rn. 276 b. Für das CISG: *Schlechtriem/Stoll*, Art. 79 Rn. 55; *Karollus*, S. 141. Abweichend für das CISG allerdings die Ansicht, die im Fall der objektiven Unmöglichkeit eine Lösung über Art. 28 CISG in den nationalen Rechten sucht; vgl. nur *Vahle*, ZVglRWiss 98 (1999), 54, 61 m.w.N.. Hier bliebe der Ersatzlieferungsanspruch *nach dem CISG* bestehen.

2147 Es besteht also keine Verpflichtung, aus einer anderen Gattung zu liefern. Zum CISG: *Schlechtriem/Huber*, Art. 46 Rn. 21. Zum BGB: *Soergel/Huber*, § 480 Rn. 17.

Art. 79 I CISG nach der hier vertretenen Ansicht wegen Art. 79 V CISG nicht auf Erfüllungsansprüche anwendbar[2148].

Treten für den Verkäufer bei der Beschaffung der Ware unverhältnismäßige, nicht voraussehbare und nicht in Betracht zu ziehende *Leistungshindernisse* auf, die außerhalb des Einflussbereichs des Verkäufers liegen, so ist das interne deutsche Recht für den Verkäufer vorteilhafter. Während der Ersatzlieferungsanspruch im CISG nach der hier vertretenen Meinung nicht ausgeschlossen ist (vgl. Art. 79 V CISG)[2149], können im internen deutschen Recht die Grundsätze des Wegfalls der Geschäftsgrundlage zur Anwendung gelangen. Zwar ist danach die Vertragsanpassung vorrangig, jedoch kann auch eine Vertragsaufhebung in Betracht kommen, wenn die Fortsetzung des Vertrages für den Verkäufer unzumutbar ist[2150].

Im *UCC* ergibt sich ein anderes Bild. Hier ist grundsätzlich *immer* ein Anspruch auf *Specific Performance* ausgeschlossen, wenn dem Käufer die Leistung subjektiv oder objektiv unmöglich ist[2151]. Dies gilt bei der subjektiven Unmöglichkeit auch dann, wenn der Verkäufer diese zu vertreten hat[2152].

Im Fall der subjektiven Unmöglichkeit ist der Anspruch aus mehreren Gründen ausgeschlossen. Zum einen bedeutet „subjektive Unmöglichkeit" bei einem Gattungskauf regelmäßig, dass Ware bei einem Dritten vorhanden ist. Dann wird der Käufer aber aufgrund des „adequacy"-Tests (vgl. § 2-716 (1) UCC) regelmäßig auf einen Schadensersatzanspruch verwiesen. Er ist dann selbst gehalten, sich die Ware zu besorgen. Eine Beschaffungspflicht des Verkäufers besteht nicht.

Ferner werden im Rahmen des Ermessens Rechte Dritter als Einwand gegen einen Anspruch auf *Specific Performance* berücksichtigt. Ist eine Sache an einen Dritten verkauft, so scheidet ein Anspruch schon deshalb aus, um die Rechte des Dritten nicht zu gefährden. Eine Pflicht zum Rückerwerb bei einem Weiterverkauf der Ware an einen Dritten besteht nicht[2153].

2148 Zum BGB: *Soergel/Huber*, § 433 Rn. 304. Allerdings bestehen dann Ausnahmen, wenn das Unvermögen auf persönlichen Hinderungsgründen beruht, die nicht mit der Eigenart der Schuld als Gattunsschuld zusammenhängen, vgl *Palandt/Heinrichs,* § 279 Rn. 7. Zum CISG: Im CISG sind die Fälle der Unmöglichkeit nicht eigenständig geregelt, vgl. *Staudinger/Magnus,* Art. 46 Rn. 26. Vielmehr richtet sich die Entlastung des Schuldners (hier: Verkäufers) nach Art. 79 CISG. Nach der hier vertretenen Ansicht ist aber Art. 79 CISG wegen Art. 79 *V* CISG nicht auf Erfüllungsansprüche anwendbar, vgl. oben *E. IV. 2. h) (1).*

2149 Vgl. nur *Piltz*, Intern. KaufR, S. 167, Rn. 244. Ausführlich -auch zu der Gegenmeinung-oben *E. IV. 2. h) (1).*

2150 *Palandt/Heinrichs,* § 279 Rn. 8, § 242 Rn. 130 ff.; *BGH* NJW 1994, 515.

2151 *Calamari/Perillo,* § 16-13, S. 625. Ausführlich oben *D. V. 2. b) (4).*

2152 *Calamari/Perillo,* § 16-13, S. 625.

2153 Vgl. *Kronman*, 45 U.Chi.L.Rev. 351, 378 f. (1978); *Ziebarth v. Kalenze,* 238 N.W.2d 261, 265 ff. (Sup.Ct.N.D. 1976).

Schließlich sieht der UCC in § 2-615 (a) UCC einen generellen Entlastungstatbestand vor, wonach Ereignisse, deren Nichteintritt Vertragsgrundlage war und die der Verkäufer nicht voraussehen konnte, nicht als Vertragsbruch gelten („is not a breach of his duty"). Anders als nach Art. 79 V CISG (hier allerdings umstritten) bezieht sich dieser Entlastungstatbestand auf sämtliche Ansprüche des Käufers und nicht nur auf Schadensersatzansprüche.

(11) Ausschluss des Ersatzlieferungsanspruchs

(a) Kenntnis des Käufers von der Vertragswidrigkeit

Sowohl im CISG als auch im BGB/HGB kann der Käufer nicht Ersatzlieferung (und auch die übrigen Rechtsbehelfe sind ausgeschlossen) verlangen, wenn er den Mangel *kannte* (Art. 35 III CISG, § 460 S. 1 BGB)[2154].

Ferner haftet der Verkäufer nach dem CISG nicht, wenn der Käufer über die Vertragswidrigkeit nicht in Unkenntnis sein konnte (Art. 35 III CISG), was dem Haftungsausschluss in § 460 BGB („infolge grober Fahrlässigkeit unbekannt") entspricht[2155]. Maßgeblicher Zeitpunkt ist in beiden Rechtscodes der Vertragsschluss[2156].

Dabei besteht weder nach CISG noch nach BGB eine Untersuchungspflicht des Käufers *vor* Vertragsschluss[2157].

Im *UCC* ist diese Frage abweichend geregelt[2158]. „Implied warranties" werden dort nur ausgeschlossen, wenn der Käufer die Ware vor Vertragsschluß *tatsächlich* untersucht hat und er die Vertragswidrigkeit hätte entdecken müssen. Ferner besteht ein Ausschluss dann, wenn der Verkäufer den Käufer zur Untersuchung aufgefordert und dieser eine solche unterlassen hat (vgl. § 2-316 (3) (b) UCC).

2154 Im BGB ist allerdings umstritten, ob § 460 BGB auf den Gattungskauf anwendbar ist. Für die Anwendbarkeit die h.M. und Rspr. (wenn die Beschaffenheit der ganzen Gattung anhaftet), vgl. *BGH* NJW 1981, 2640; *Soergel/Huber*, § 460 Rn. 2; a.A. *Palandt/Putzo,* § 460 Rn. 2. Bei der Lieferung eines *aliuds* ist § 460 BGB nicht anwendbar, es sei denn, es handelt sich um einen beiderseitigen Handelskauf und der Verkäufer liefert ein *genehmigungsfähiges aliud.*

2155 So auch *Soergel/Lüderitz*, 12. Aufl., Art. 36 EKG Rn. 2 (zur insofern mit dem CISG gleichlautenden Vorschrift des EKG).

2156 Zum CISG: *Soergel/Lüderitz/Schüßler-Langeheine*, Art. 35 Rn. 20. Zum BGB: *Soergel/Huber*, § 460 Rn. 18.

2157 Zum CISG: *Piltz*, Intern. KaufR, S. 189 Rn. 44. Zum BGB: *Staudinger/Honsell*, § 460 Rn. 16; *Soergel/Huber*, § 460 Rn. 19.

2158 Vgl. *Aue*, Mängelgewährleistung, S. 86.

(b) Ausschluss der Ersatzlieferung aufgrund des Untergangs der gelieferten Sache

Sowohl im BGB (§§ 480 I S. 2, 467 S. 1, 351 BGB) als auch im CISG (Art. 82 CISG) gilt der Grundsatz, dass der Käufer nur dann Ersatzlieferung begehren kann, wenn er die empfangene Ware *im Wesentlichen* unversehrt zurückgeben kann. Daher ist hier wie dort die Ersatzlieferung bei *unwesentlichen* Veränderungen *nicht* ausgeschlossen (vgl. § 351 BGB, Art. 82 I CISG)[2159]. Liefert der Verkäufer ein *aliud*, so ist der „Ersatzlieferungsanspruch" des Käufers nach dem BGB vollkommen unabhängig von der Rückgewähr des empfangenen *aliuds*[2160].

BGB und *CISG* sehen *Ausnahmen* von dem Grundsatz der im Wesentlichen unversehrten Rückgewähr der gelieferten Ware vor.

Der Verkäufer trägt in beiden Rechtscodes das Risiko des *zufälligen* Untergangs sowie des Untergangs der Ware *aufgrund des Mangels*[2161]. Beruht also der Untergang oder die wesentliche Verschlechterung der Sache auf Zufall bzw. auf dem Mangel selbst, so bleibt die Ersatzlieferung für den Käufer trotzdem möglich.

Vor Kenntnis bzw. Kennenmüssen der Vertragswidrigkeit schließt der *Verkauf* der Ware im normalen Geschäftsverkehr oder eine der normalen Verwendung entsprechende *Veränderung* oder *Verbrauch* der Sache im *CISG* die Ersatzlieferung nicht aus, Art. 82 II c) CISG.

Für den Fall der *Veränderung* (Umbildung/Verarbeitung) ist Gleiches im *BGB* in § 467 I 2 HS BGB normiert (§ 467 I 2 HS), für den *Verbrauch* gilt dies analog[2162]. Allerdings ist das BGB insofern käuferfreundlicher, als dass nur *positive Kenntnis* vom Mangel die Ersatzlieferung bei Veränderungen ausschließt[2163]. Im Fall des *Verkaufs* ist ein Ersatzlieferungsanspruch nur möglich, wenn den Dritten an dem Untergang der Sache kein Verschulden trifft (vgl. § 353 BGB)[2164]. Ist die Sache nicht untergegangen, so bleibt der Käufer zur Rückgewähr verpflichtet[2165].

2159 Weder im BGB noch im CISG schließt der „schlichte" Gebrauch der Ware *vor* Kennntnis des Mangels die Ersatzlieferung aus, vgl. für das BGB *Soergel/Hadding*, § 351 Rn. 6, für das CISG vgl. nur *Honsell/Weber*, Art. 82 Rn. 25.

2160 Die Rückgewähr der empfangenen Ware richtet sich hier nach Bereicherungsrecht. Etwas anderes gilt für genehmigungsfähige *aliud*-Lieferungen beim beiderseitigen Handelskauf. Hier gilt das zu den Sachmängeln Ausgeführte.

2161 Zum CISG: *Schlechtriem/Leser, Art. 82 Rn. 19 f.*. Zum BGB: *Soergel/Huber*, § 467 Rn. 9 ff.

2162 Vgl. *Soergel/Huber*, § 467 Rn. 69.

2163 Vgl. *Soergel/Huber*, § 467 Rn. 65.

2164 Vgl. *Palandt/Heinrichs*, § 353 Rn. 1.

2165 *MünchKomm/Janßen*, § 351 Rn. 6; *Soergel/Huber*, § 467 Rn. 75 f..

Geht die Sache bei einer vorgesehenen (ordnungsgemäßen) *Untersuchung* unter, so kann der Käufer sowohl nach *BGB* als auch nach *CISG* trotzdem Ersatzlieferung verlangen[2166].

In allen *verbleibenden Fällen* der wesentlichen Veränderung ist das *BGB* käuferfreundlicher als das *CISG*. Denn während das CISG *jede Verursachung* (Handlung oder Unterlassung) der Unmöglichkeit der im Wesentlichen unversehrten Rückgabe ausreichen lässt (vgl. Art. 82 II a) CISG), schließt im BGB (§ 351 BGB) nur ein *verschuldeter* Untergang den Ersatzlieferungsanspruch aus. Allerdings wird dieser auf den ersten Blick bedeutend erscheinende Unterschied dadurch abgeschwächt, dass im BGB *nach Kenntnis* oftmals die Weiterbenutzung der Sache schuldhaft ist[2167] und ferner der Käufer für sein Nichtverschulden die Beweislast trägt[2168].

Der *UCC* kommt über seine im Ausgangspunkt abweichende Regelungssystematik der „acceptance/rejection" bzw. „revocation of acceptance" zu ähnlichen Ergebnissen[2169].

Der Käufer kann nur Vertragsaufhebung („cancellation") oder *Specific Performance* verlangen, wenn er die Ware zurückgewiesen („rejection") oder die Annahme widerrufen hat, vgl. § 2-711 (1) UCC.

Hat der Käufer die Ware im rechtstechnischen Sinn zurückgewiesen (sie kann sich trotzdem in seinem Besitz befinden), so trägt der Verkäufer die Gefahr des *zufälligen Untergangs* bis zur Heilung der Vertragswidrigkeit („cure") oder aber der Annahme, § 2-510 (1) UCC[2170].

Hatte der Käufer die Ware bereits akzeptiert (insb. aufgrund einer der Fiktionen), so kann er nur „revocation of acceptance" erklären, wenn sich die Ware lediglich *unwesentlich* verändert hat[2171] oder wenn eine wesentliche Veränderung auf dem Mangel beruht, vgl. § 2-608 (2) UCC. Der Käufer kann also bei *unwe-*

2166 Im CISG ist dieses in Art. 82 II b) normiert. Gleiches gilt im BGB, vgl. *Soergel/Huber*, § 467 Rn. 70, m.w.N..

2167 Vgl. *MünchKomm/Janßen*, § 351 Rn. 6; *Nierwetberg*, JuS 1984, 33, 36 f. m.w.N.. Zu den (wichtigen) Ausnahmen, vgl. *MünchKomm/Janßen, a.a.O.* sowie oben *C. III. 2. (5) (b) (bb).*

2168 *Palandt/Heinrichs*, § 351 Rn. 6; *BGH* NJW 1975, 44.

2169 Vgl. *Gabriel*, Practioner's Guide, S. 253 f.. Im Common Law gilt hinsichtlich der Vertragsaufhebung ebenfalls der Grundsatz der Rückgewähr der Leistung, vgl. *Honnold*, Art. 82 Rn. 447; *Anderson*, § 2-711:29 f.. *Moore v. Howard Pontiac-American, Inc.* 492 S.W. 2d 227, 230 (Tenn. App. 1972).

2170 *White & Summers*, 5th ed., § 5-5, S. 191.

2171 Der „normale" Gebrauch einer Sache vom Empfang der Ware bis zur Rückgabe schließt die Ansprüche bei ordnungsgemäßer Zurückweisung gem. § 2-711 UCC nicht aus, wenn der Verkäufer sich weigert, diese zurückzunehmen, vgl. ausführlich *Quinn*, UCC (1999 Suppl.), § 2-606 (A) (4) (mit Bsp. aus der Rspr.).

sentlichen Veränderungen wie im CISG und im BGB weiterhin Vertragsaufhebung bzw. *Specific Performance* verlangen, da er die Annahme noch widerrufen kann.

Abweichend vom CISG und BGB trägt der Käufer allerdings nach der „acceptance" aber vor der „revocation of acceptance" die Gefahr für einen zufälligen Untergang[2172].

Im Ergebnis gewähren also CISG und BGB dem Käufer im Hinblick auf die Ersatzlieferung eine bessere Position als der UCC[2173], insb., weil die Mehrzahl der Fälle gerade in den Bereich zwischen „acceptance" und deren Widerruf fallen[2174] und hier nach dem UCC der Käufer die Gefahr trägt. Ferner sieht der UCC keine Möglichkeit des Widerrufs bei Verarbeitung der Sache vor.

(c) Vertraglicher Ausschluss

In sämtlichen Rechtscodes können die Parteien aufgrund der Parteifreiheit einen Ersatzlieferungsanspruch ausschließen[2175].

(12) Verjährung

Die Verjährung des Ersatzlieferungsanspruchs unterscheidet sich erheblich im *UCC* und *BGB*. Die Verjährung ist im *CISG* nicht geregelt. Es gilt das nach Internationalem Privatrecht jeweils berufene nationale Recht, wobei für die nachstehenden Ausführungen das deutsche Recht als Vergleichsmaßstab genommen wird (Art. 3 VertragsG).

Im BGB verjährt der Ersatzlieferungsanspruch für *Sachmängel* (§ 480 I BGB) gem. § 477 I BGB innerhalb von sechs Monaten. Bei *aliud*-Lieferungen verjährt der Ersatzlieferungsanspruch für den bürgerlich-rechtlichen Kauf erst nach 30 Jahren (§ 195). Gleiches gilt beim Handelskauf für nicht genehmigungsfähige Anderslieferungen. Für genehmigungsfähige *aliud*-Lieferungen gilt beim Handelskauf die sechsmonatige Verjährungsfrist (§ 477 I BGB).

Kommt bei einem Rechtsstreit, der nach dem *CISG* zu entscheiden ist, hinsichtlich der Verjährung das deutsche Recht zur Anwendung, so gilt ebenfalls die sechsmonatige Verjährungsfrist des § 477 I BGB. Allerdings werden von der kur-

---

2172 Vgl. *White & Summers*, 5th ed., § 5-5, S. 192.

2173 So auch *Gabriel*, Practioner's Guide, S. 254 zum Vergleich der Ausschlusstatbestände der Vertragsaufhebung in UCC und CISG („The Convention is broader than the UCC because it allows avoidance under more circumstances than does the UCC.").

2174 Dieses liegt an den zahlreichen Fiktionen der „acceptance", vgl. oben *D. V. 1. c) (1)*.

2175 Vgl. oben zum BGB: *C. III. 2. C) (5) (a)*; zum UCC: *D. VII. 2.*; zum CISG: *E. IV. 2. i) (2)*.

zen Verjährung in diesem Fall auch *aliud*-Lieferungen, und zwar sämtliche erfasst[2176].

Im *UCC* verjähren, sofern der Verkäufer den Mangel nicht arglistig verschwiegen hat, die Rechtsbehelfe für sämtliche Vertragswidrigkeiten innerhalb von vier Jahren (vgl. § 2-725 (1) UCC).

Die Verjährung *beginnt* sowohl im UCC als auch im BGB, wenn der Verkäufer die Ware dem Käufer so anbietet, dass dieser die Ware untersuchen und übernehmen kann[2177]. Die Verjährung wird hier wie dort durch die Klagerhebung unterbrochen[2178]. Nach Art. 3 S. 1 VertragsG beginnt die Verjährung erst mit der Anzeige der Vertragwidrigkeit gem. Art. 39 CISG.

Nachbesserungsversuche des Verkäufers hemmen im BGB analog § 639 II BGB die Verjährung. Im Rahmen des UCC wird von den Gerichten teilweise ebenfalls eine Hemmung der Verjährung durch Nachbesserungsversuche angenommen[2179]. Für Fälle, die sich nach dem CISG beurteilen und für die nach Internationalem Privatrecht hinsichtlich der Verjährung deutsches Recht zur Anwendung kommt, gilt ebenfalls § 639 II BGB analog[2180].

Nach der Ersatzlieferung beginnt im *BGB* eine neue, auf die nachgelieferte Sache bezogene Verjährung[2181], was ebenso für Fälle gilt, die nach dem *CISG* zu entscheiden sind. Im Anwendungsbereich des *UCC* haben die Gerichte im Rahmen der zu § 2-508 UCC (Nacherfüllungsrecht des Verkäufers) hier nicht einheitlich entschieden[2182].

2176 *Schlechtriem/Schlechtriem*, Art. 3 VertragsG Rn. 4; *Staudinger/Magnus*, Art. 3 VertragsG Rn. 5.

2177 Zum BGB: *Palandt/Heinrichs*, § 477 Rn. 12; *Tiedtke*, NJW 1988, 2578 ff.. Im UCC ergibt sich dieses schon aus dem Wortlaut des § 2-725 (2) UCC, vgl. oben *D. V. 1. f)*.

2178 Im BGB wird die Verjährungsfrist ferner durch ein selbständiges Beweisverfahren unterbrochen (§ 477 II BGB).

2179 *Colorado Ute Elec. Ass'n v. Envirotech Corp.*, 524 F.Supp. 1152, 1155 f. (Dist.Ct. 1981). Ausführlich oben *D. V. 1. f)* (dort auch zu abweichenden Entscheidungen).

2180 *Schlechtriem/Schlechtriem*, Art. 3 VertragsG Rn. 11.

2181 *MünchKomm/Westermann*, § 477 Rn. 8.

2182 *Coakley & Williams, Inc. v. Shatterproof Glass Corp.* 706 F.2d 456, 462 (Ct. App. 4th Cir. 1983) (Verjährung beginnt erst mit Ersatzlieferung). *Ridle v. Sprayrite Mfg. Co.* 555 N.E. 2d. 1272, 1273 (Ct.App.Ill 3rd Dist. 1990) (Auf die Erstlieferung abstellend; allerdings wurde hier nicht die gesamte Sache ausgetauscht, sondern nur ein wesentlicher Bestandteil).

c) Rechtsfolgen und Inhalt des Ersatzlieferungsanspruchs

In sämtlichen Rechtscodes besteht der ursprüngliche Kaufvertrag weiter. Die Ansprüche des Käufers richten sich deshalb in erster Linie nach dem Kaufvertrag[2183].

(1) Ansprüche des Käufers

(a) Austausch der vertragswidrigen gegen vertragsgemäße Ware

Der Anspruch auf Ersatzlieferung im *BGB* und *CISG* geht auf Austausch der vertragswidrigen gegen vertragsgemäße Ware[2184]. Dies gilt auch im UCC, wenn dem Käufer ausnahmsweise ein Anspruch auf *Specific Performance* in Form der Ersatzlieferung zur Verfügung steht[2185].

Weder im *BGB* noch im *CISG* ist der Anspruch auf Ersatzlieferung dadurch beschränkt, dass gerade der Verkäufer über mangelfreie Ware verfügt[2186]. Vielmehr muss sich der Verkäufer, wenn kein Fall der Vorratsschuld vorliegt, anderweitig eindecken; ihn trifft insofern eine Beschaffungspflicht. Im *UCC* hingegen schließt der „adequacy-Test" grds. aus, dass der Verkäufer sich auf dem Markt mit Ware einzudecken hat[2187]. Statt dessen muss der Käufer einen Deckungskauf vornehmen und Schadensersatz vom Verkäufer verlangen.

2183 Für das BGB: *Soergel/Huber*, § 480 Rn. 21. Für das CISG: *Schlechtriem/Leser*, vor Artt. 81-84 Rn. 4. Für den UCC: *Hunter*, Law of Contracts, § 8.02 (3) (e), S. 8-27.

2184 Für das BGB: *MünchKomm/Westermann*, § 480 Rn. 4 (zum Anspruch auf Lieferung sachmangelfreier Ware). Dass der Verkäufer zum *Austausch* verpflichtet ist, ergibt sich daraus, dass ihn neben der Nachlieferungspflicht auch eine Rücknahmepflicht hinsichtlich der mangelhaften Ware trifft, vgl. *Palandt/Putzo*, § 467 Rn. 19; *Staudinger/Honsell*, § 467 Rn. 36; *MünchKomm/Westermann*, § 467 Rn. 11. Gleiches gilt bei der Lieferung eines *aliuds*. Der Anspruch auf Lieferung der vertragsgemäßen Ware ergibt sich hier aus § 433 I BGB. Die Rücknahmepflicht ergibt sich aus § 433 II BGB analog (so auch *Palandt/Putzo*, § 467 Rn. 19 zum Sachmangel). Für das CISG: *Vahle*, ZVglRWiss 98 (1999) 54, 68; *Staudinger/Magnus*, Art. 46 Rn. 50.

2185 Vgl. *Stephan's Mach., ETC. v. D.&H. Mach.*, 417 N.E.2d 579, 583 f. (Ohio App. 1979) („ ...install the new machine No. 2 at plaintiff's premises *and remove the defective machine*").

2186 Zum CISG: *Piltz*, Intern. KaufR, S. 219 Rn. 155. Für das BGB: *Soergel/Huber*, § 433 Rn. 304.

2187 Die Ware wäre dann nicht mehr einzigartig und andere besondere Umstände liegen auch nicht vor. Denn wenn die Ware bei Dritten frei erhältlich ist, so ist ein Schadensersatzanspruch auf Basis des Deckungskaufs vorrangig. Etwas anderes gilt aber, wenn ein solcher Deckungskauf aus anderen Gründen für den Käufer nicht möglich ist, bspw. weil ihm die Mittel zur Zwischenfinanzierung fehlen, vgl. *Stephan's Mach., ETC. v. D.&H. Mach.*, 417 N.E.2d 579, 583 f. (Ohio App. 1979).

Sowohl nach *BGB* als auch nach *CISG* bestimmt sich der *Leistungsort* nach dem ursprünglichen Kaufvertrag, so dass die Bestimmungen über den Leistungsort und die Art und Weise der Lieferung unverändert fortgelten[2188].

Auch in dem einzigen Ersatzlieferungsfall zum *UCC* wurde der Leistungsort des Vertrages als maßgeblich für die Lieferung der Ersatzware angesehen (Sitz des Käufers)[2189]. Bei einer Ersatzlieferung im Rahmen des Nacherfüllungs*rechts* des Verkäufers (§ 2-508 UCC) liegt der Erfüllungsort stets beim Käufer[2190].

Im *BGB* und *CISG* gelten die Regeln über die *Gefahrtragung* hinsichtlich der nachzuliefernden Ware unverändert fort[2191].

Die *Kosten* der Ersatzlieferung hat nach allen Rechtscodes der Verkäufer zu tragen[2192]. Hierzu gehören die Transport-, Wege-, Material- und Arbeitskosten. Ferner kann der Käufer die Kosten zum Auffinden des Mangels sowie die zwangsläufig durch die Ersatzlieferung entstehenden Schäden (z.B. Kosten des Ausbaus) ersetzt verlangen. Hierbei werden auch die Kosten der Demontage und erneuten Montage erfasst, die bei bereits installierten Sachen entstehen[2193].

Im BGB folgt dies vollständig aus § 476 a BGB[2194], im UCC teils aus dem Anspruch auf *Specific Performance,* teils aus § 2-715 UCC („incidential and consequential damages")[2195]. Im CISG folgt dies implizit aus Art. 48 I CISG[2196].

2188 Für das BGB: *Soergel/Huber*, § 480 Rn. 24. Dieses gilt auch für den Nachlieferungsanspruch bei *aliud*-Lieferungen. Für das CISG: *Witz/Salger/Lorenz/Salger,* Art. 46 Rn. 11; ferner oben *E. IV. 3. a) (1)*; a.A. *Staudinger/Magnus*, Art. 46 Rn. 50; *Honsell/Schneyder/Straub*, Art. 46 Rn. 71.

2189 *Stephan's Mach., ETC. v. D&H Mach.*, 417 N.E. 2d 579, 581, 585 (Ohio App. 1979).

2190 Vgl. *Gutknecht*, Nacherfüllungsrecht, S. 293, m.w.N..

2191 Für das BGB: *Soergel/Huber*, § 480 Rn. 21. Dies gilt auch für den Nachlieferungsanspruch bei *aliud*-Lieferungen. Für das CISG: Oben *E. IV. 3. a) (1).* Im UCC wurde aufgrund der geringen praktischen Relevanz von Ansprüchen auf *Specific Performance* in Form der Ersatzlieferung weder in Gerichtsentscheidungen noch in der Literatur bezüglich der Gefahrtragung der nachzuliefernden Ware Stellung genommen. Da jedoch auch im UCC der ursprüngliche Vertrag bei Erfüllungsansprüchen fortbesteht (vgl. *Hunter*, Modern Law of Contracts, § 8.02 (3) (e), S. 8-27), müssten auch hier erneut die §§ 2-509, 2-510 UCC gelten.

2192 Zum BGB: *Palandt/Putzo*, § 476 a Rn. 4. Zum CISG: *Staudinger/Magnus*, Art. 46 Rn. 50. Zum UCC (implizit): *Stephan's Mach., ETC. v. D&H Mach.*, 417 N.E. 2d. 579, 585 (Ohio App. 1979); *Colorado-Ute Elec. Ass'n, Inc. v. Envirotech Corp.*, 524 F.Supp. 1152, 1159 (zur Nachbesserung). Auch im Rahmen des Nacherfüllungsrechts des Verkäufers hat dieser im UCC die Kosten zu tragen, vgl. *Gutknecht,* Nacherfüllungsrecht, S. 95.

2193 Zum BGB: *BGH* NJW 1996, 389, 390 (De- und Montage von defekten Autoreifen). Zum UCC: *Stephan's Mach., Etc. v. D&H Mach.* 417 N.E.2d 579, 583 (Ohio App. 1979) („, (...) install the new machine No. 2' at plaintiff's premises and remove the defective machine"). Zum CISG: *OLG Hamm*, IPRax 1996, 269 f. (Kosten für den Austausch von Scheiben in verkaufte Fenster sind vom Verkäufer zutragen).

2194 Vgl. nur *Soergel/Huber*, § 476 a Rn. 14; *BGH* NJW 1991, 1604 ff. (insb. zu den Untersuchungskosten).

Allerdings ist die Kostentragungspflicht des Verkäufers im BGB nicht so umfangreich wie im UCC und CISG. Denn gem. § 476 a S. 2 BGB hat der Verkäufer nur die Kosten zu tragen, die durch eine Lieferung zum Wohnsitz oder der gewerblichen Niederlassung des Empfängers entstehen, es sei denn, ein Verbringen an einen anderen Ort entspricht dem bestimmungsgemäßen Gebrauch der Sache[2197]. Nach CISG und UCC kann der Käufer hingegen auch diese Kosten im Rahmen des Schadensersatzanspruchs (in den jeweiligen Grenzen) ersetzt verlangen.

(b) Konkurrierende Ansprüche

Dem Käufer stehen in den einzelnen Rechtscodes *neben* dem Ersatzlieferungsanspruch noch Ansprüche zur Seite, die den Schaden ersetzen, der trotz einer mangelfreien Ersatzlieferung beim Käufer verbleibt. Während der UCC (§ 2-715 UCC) und das CISG (Art. 45 I b) CISG) dem Käufer für solche Schäden generell einen verschuldensunabhängigen Schadensersatzanspruch zur Verfügung stellen, der sämtliche Begleitschäden erfasst, kommen im BGB für verbleibende Schäden verschiedene Anspruchsgrundlagen zur Anwendung, die ein Verschulden voraussetzen (§ 286 BGB und positive Vertragsverletzung). Auch kann der Käufer nach BGB nicht alle Schäden geltend machen. Im Folgenden soll der Vergleich daher anhand von Fallgruppen für Begleitschäden dargestellt werden.

(aa) Ansprüche auf Verwendungsersatz

Der Käufer kann sowohl nach CISG, UCC und BGB grundsätzlich Verwendungen ersetzt verlangen, die er auf die mangelhafte Sache gemacht hat. Die Reichweite und die Voraussetzungen der Ersatzpflicht sind jedoch unterschiedlich.

Der Käufer kann in allen Rechtscodes zunächst sämtliche Aufwendungen ersetzt verlangen, die sich aus der *Erhaltung* der Sache ergeben. Im CISG ergibt sich dies aus Art. 86 CISG, nach BGB handelt es sich um notwendige Verwendungen, die nach §§ 480 I S. 2, 467 I S. 1, 347 S. 2, 994 II BGB zu ersetzten

---

2195 Sämtliche Kosten, die mit der Nachlieferung selbst verbunden sind (Transport-, Material- und Arbeitskosten), sind schon aufgrund des Anspruchs auf *Specific Performance* zu ersetzen. Untersuchungskosten sind als „incidential damages" nach § 2-715 I UCC zu tragen („incurred in inspection"). Mit der Nachlieferung verbundene Kosten (bspw. des Aus- und Wiedereinbaus) kann der Käufer als „consequential damages" gem. § 2-715 (2) UCC geltend machen.

2196 *Schlechtriem/Huber*, Art. 46 Rn. 54; *OLG Hamm*, IPRax 1996, 269, 270.

2197 Ausführlich *BGH* NJW 1991, 1604, 1606; *Soergel/Huber*, § 476 a Rn. 16.

sind[2198]. Im UCC ist dieses in § 2-715 (1) UCC („incidential damages“) normiert[2199].

Verwendungen, die über die Erhaltung hinausgehen (bspw. Verbesserungen), können vom Käufer nach dem *UCC* gem. § 2-715 (2) UCC („consequential damages“) und nach *CISG* gem. § 45 I b) CISG als Schadensersatz verlangt werden, sofern sie durch den Vertrag veranlasst wurden[2200].

Im BGB kann der Käufer bei der Lieferung von sachmangelhafter Ware diese Verwendungen, die nicht mehr „notwendig“ sind, grundsätzlich nicht zurückverlangen[2201]. Vor Kenntnis des Mangels vertritt jedoch die h.M.[2202], dass die Grundsätze des Bereicherungsrechts gelten mit der Folge, dass der Käufer über einen Wertersatzanspruch auch diese Verwendungen ersetzt verlangen kann (§ 818 III BGB). Bei der Lieferung eines *aliuds* kann der Käufer vom Verkäufer sämtliche Verwendungen ersetzt verlangen[2203].

(bb) Verzögerungsschäden

Nach sämtlichen Rechtscodes kann der Käufer die Schäden verlangen, die aufgrund von Verzögerungen der vertragsgemäßen Leistung eingetreten sind. Unterschiedlich wird allerdings beurteilt, ab welchem *Zeitpunkt* ein Verzögerungsschaden zu ersetzen ist und ob der Verkäufer *schuldhaft* gehandelt haben muss. Ferner wird abweichend beurteilt, wie sich die Möglichkeit eines *Deckungskaufs* auf die Höhe des Schadensersatzanspruchs auswirkt. Als zu ersetzende Verzögerungsschäden kommen insbesondere Schäden aufgrund von Betriebsunter-

---

2198 Gleiches gilt, wenn der Verkäufer im Anwendungsbereich des BGB ein *aliud* geliefert hat. Nach Kenntnis von der *aliud*-Lieferung gilt über § 818 IV BGB ebenfalls § 994 BGB. Vor Kenntnis kann der Käufer hier sogar alle Verwendungen geltend machen, vgl. *Palandt/Thomas*, § 818 Rn. 41.

2199 § 2-715 I UCC: „Incidential damages resulting from the seller's breach include expenses reasonably incurred in inspection, receipt, transportation and *care and custody* of goods rightfully rejected (...)“.

2200 *Staudinger/Magnus*, Art. 74 Rn. 53; *Delchi Carrier SpA v. Rotorex Corp.* 71 F 3d 1024, 1030 f. (Ct.App.2nd Cir. 1995) (Die Entscheidung erging zum CISG, weist aber auch auf die entsprechenden Bestimmungen des UCC hin).

2201 Vgl. *Soergel/Huber*, § 467 Rn. 116 ff..

2202 *Palandt/Heinrichs*, § 347 Rn. 10; *MünchKomm/Janßen*, § 347 Rn. 28; *Soergel/Wiedemann*, § 327 Rn. 29 f.; *a.A. Soergel/Huber*, § 467 Rn. 124 f.; *Staudinger/Honsell*, § 467 Rn. 32.

2203 *Palandt/Thomas*, § 818 Rn. 41; *BGH* NJW 1998, 989, 990 f.. Beim beiderseitigen Handelskauf und Lieferung eines genehmigungsfähigem *aliuds* gilt das zu den Sachmängeln Ausgeführte.

brechungen, entgangenem Gewinn und Zinsverlusten in Betracht. Aber auch Kosten der Rechtsverfolgung können als Verzögerungsschaden auftreten[2204].

Nach dem *CISG* und dem *UCC* kann der Käufer neben seinem Ersatzlieferungsanspruch den bei ihm eingetretenen Verzögerungsschaden vollständig ersetzt verlangen, und zwar ab dem Zeitpunkt, in welchem der Verkäufer verpflichtet war, ordnungsgemäße Ware zu liefern. Im *CISG* ergibt sich dies aus Art. 45 I b); nach dem *UCC* stellt der Verzögerungsschaden „consequential damages" (§ 2-715 (2) UCC) dar, die neben dem Anspruch auf *Specific Performance* geltend gemacht werden können und den Ersatz des entgangenen Gewinns umfassen[2205].

Damit der Verkäufer nach dem *BGB* auf den Verzögerungsschadens haftet, muss er sich im Verzug befinden (§§ 286 I, 284 BGB)[2206]. Dies bedeutet für den Ersatzlieferungsanspruch, dass der Käufer diesen berechtigterweise *geltend gemacht hat*[2207]. Der Käufer kann also nur den Schaden ab dem Ersatzlieferungsverlangen bis zur Ersatzlieferung verlangen[2208]. Der Haftungszeitpunkt setzt im BGB daher regelmäßig später ein als nach CISG und UCC[2209].

Der Verkäufer muss nach dem *BGB* den Verzug gem. § 285 BGB zu vertreten haben, was aber bei Gattungsware wegen § 279 BGB regelmäßig der Fall ist[2210].

Der Schadensersatzanspruch nach CISG findet seine Grenzen in Art. 79 CISG, der Anspruch nach UCC in § 2-715 II a) UCC.

2204 Vgl. bspw. *Piltz*, Intern. Kaufrecht, S. 290 Rn. 444; *Stephan's Mach., ETC. D&H Mach. 417 N.E. 2d 579, 585* (Ohio App. 1979) (Anwaltsgebühren für die Zwangsvollstreckung. Versagt aus anderen Gründen)

2205 Zum UCC: *Stephan's Mach., ETC. v. D&H Mach.* 417 N.E. 2d579, 583 f. (Ohio App. 1979)(Schadensersatz für entgangenen Gewinn und zu zahlende Zinsen). Zum Schadensersatzumfang im CISG: *Delchi Carrier SpA v. Rotorex Corp.* 71 F.3d 1024, 1029 f. (Ct.App.2nd Cir. 1995); *Karollus*, S. 135 (zum Schadensersatz, der neben dem Erfüllungsanspruch geltend gemacht werden kann).

2206 Die Ausführungen gelten auch für den Fall, dass der Käufer ein *aliud* geliefert hat. Auch hier haftet der Verkäufer nur auf Verzögerungsschäden, wenn sich der Verkäufer gem. § 284 BGB im Verzug befindet und er diesen gem. § 285 BGB zu vertreten hat. Die grds. erforderliche Mahnung (vgl. § 284 I BGB) ist in diesem Fall in der Aufforderung zur Lieferung der vertragsgemäßen Ware zu sehen.

2207 *Palandt/Putzo*, § 480 Rn. 6; *BGH* NJW 1985, 2526.

2208 *Soergel/Huber*, § 480 Rn. 25, 29; *BGH* NJW 1985, 2526. Weitere Voraussetzung ist, dass der Verkäufer bei bzw. nach Fälligkeit der Lieferpflicht geleistet hat, vgl. *Soergel/Huber*, a.a.O..

2209 Zu beachten ist aber, dass nach CISG (Art. 33 c) CISG) und UCC (§ 2-309 (1) UCC) die Ware erst nach einer „angemessenen Zeit" nach Vertragsschluss (bzw. „reasonable time" im UCC) zu liefern ist, wenn keine Vereinbarung diesbezüglich getroffen wurde oder sich dieses aus den Umständen ergibt. Im BGB ist in solchen Fällen die Lieferung gem. § 271 I BGB sofort fällig. Insofern kann u.U. nach BGB der Verzug sogar früher eintreten (nämlich, wenn der Käufer unverzüglich mahnt) als das Schadensersatz auslösende Moment im CISG (Ablauf einer angemessenen Frist).

2210 Vgl. *Soergel/Huber*, § 480 Rn. 25.

Ob die Möglichkeit eines Deckungskaufs bei handelsüblicher Ware den Schadensersatzanspruch für Verzögerungsschäden begrenzt, ist im CISG (Art. 77 CISG) umstritten. Die h.M. im CISG begrenzt den Schadensersatzanspruch bei marktgängigen Waren auf Schäden, die bis zur Vornahme eines üblichen Deckungskaufs eingetreten wären[2211]. Nach dem *UCC* und *BGB* scheidet eine solche Begrenzung des Verzögerungsschadens aus. Während der Käufer im BGB regelmäßig ohne weiteres an seinem Erfüllungsanspruch festhalten kann[2212], wäre der Käufer grundsätzlich nach § 2-715 (2) a) UCC gehalten, „consequential damages" durch einen Deckungskauf so niedrig wie möglich zu halten. Allerdings gilt dies *nicht* für einen Anspruch auf *Specific Performance*, da dieser nur gewährt wird, wenn eben kein Deckungskauf möglich ist oder aber besondere Umstände einen solchen unzumutbar erscheinen lassen[2213].

Der Käufer kann im Übrigen in den drei Rechtscodes grundsätzlich sämtliche Schäden ersetzt verlangen, die aufgrund der Verzögerung eingetreten sind.

(cc) Mangelfolgeschäden

Der Käufer kann sowohl im CISG und UCC als auch im BGB Mangelfolgeschäden neben dem Ersatzlieferungsanspruch ersetzt verlangen. Im BGB ist der Schadensersatzanspruch im Vergleich zum UCC und CISG jedoch von wesentlich strengeren Voraussetzungen abhängig.

Während im *CISG* und im *UCC* die schlichte *aliud*- bzw. Schlechtlieferung die Schadensersatzhaftung für Mangelfolgeschäden auslöst[2214], ist nach dem *BGB* erforderlich, dass der Verkäufer eine *über die bloße Lieferung hinausgehende Verhaltenspflicht* (z.B. Aufklärungs- oder Untersuchungspflicht) *schuldhaft* ver-

2211 Vgl. nur *Piltz,* Intern. KaufR., S. 294 Rn. 462; *Schlechtriem/Stoll*, Art. 77 Rn. 10.

2212 Vgl. *Schlechtriem/Stoll*, Art. 77 Rn. 10 Fn. 33; *Huber,* Leistungsstörungen, Bd. II, S. 164 ff..

2213 *Ulen,* 83 Mich.L.Rev. 341, 390 f. (1984); *Stephan's Mach., ETC. v. D&H Mach.*, 417 N.E.2d 579, 579 (Ohio App. 1979) („... it would be *folly to contend* that buyer could have avoided his business losses (consequential damages, *d. Verf.*) by buying comparable machine from another seller,(...), since buyer had suffered irreparable harm and *had no adequate remedy at law.*").

2214 Im CISG ist Art. 45 I b) CISG Anspruchsgrundlage, im UCC § 2-715 (2) UCC („consequential damages"). Die Schadensersatzansprüche finden in beiden Rechtscodes zum einen ihre Grenze in der Voraussehbarkeit für den Verkäufer (Vgl. für das CISG, Art. 74 S. 2 CISG: „...den die vertragsbrüchige Partei bei Vertragsschluss als mögliche Folge vorausgesehen hat oder unter Berücksichtigung der Umstände, die sie kannte oder kennen mußte, hätte voraussehen können". Vgl. für den UCC, § 2-715 II a): „...of which the seller at the time of contracting had reason to know ..."). Zum anderen besteht eine Haftungsgrenze für „Extremfälle", vgl. für das CISG Art. 79, für den UCC„ § 2-615 UCC.

letzt hat[2215]. Diese Verhaltenspflichten bestehen nicht generell, sondern vielmehr nur unter bestimmten Umständen[2216].

(2) Pflichten des Käufers/Ansprüche des Verkäufers

(a) Rückgabe der mangelhaften Sache

In sämtlichen Rechtscodes ist der Käufer verpflichtet, die bereits gelieferte mangelhafte Ware an den Verkäufer zurückzugewähren[2217]. Während dies im UCC für den Anspruch auf *Specific Performance* nicht ausdrücklich entschieden worden ist, gilt dieser Grundsatz bei Fällen der „cancellation"[2218], die hinsichtlich der Interessenlage identisch sind.

Der Grundsatz der Rückgewähr der empfangenen, mangelhaften Ware gilt im *UCC* und *BGB* bei Sachmängeln in den Fällen nicht, in denen der Käufer nach dem jeweiligen Rechtscode den Untergang, die Verarbeitung oder die Umbildung der Sache nicht zu vertreten hat[2219]. Bei *aliud*-Lieferungen im Anwendungsbereich des BGB entfällt die Rückgabepflicht, wenn sich der Käufer gem. § 818 III BGB auf den Wegfall der Bereicherung berufen kann[2220].

Der *Leistungsort* für die Rückgabeverpflichtung des Käufers wird in den Rechtscodes unterschiedlich bestimmt. Unter dem Leistungsort ist dabei der Ort

---

2215 Vgl. nur *Palandt/Putzo,* vor § 459 Rn. 6. Für das Verschulden gelten im internen deutschen Recht die Grundsätze der Beweiserleichterung nach Risikosphären, so dass der Käufer nur die Pflichtwidrigkeit und die Kausalität, der Verkäufer sein Nichtverschulden zu beweisen hat.

2216 Vgl. nur *Köhler*, JA 1982, 159, 162.

2217 Für das BGB ergibt sich dies bei Sachmängeln aus den §§ 480 I S. 2, 467 S. 1, 346 BGB. Bei *aliud*-Lieferungen besteht eine Rückgabepflicht gem. § 812 I S. 1, 1. Alt. BGB, vgl. *Medicus*, SchuldR II, S.38 Rn. 79. Der „Ersatzlieferungsanspruch" des Käufers ist bei *aliud*-Lieferungen -anders als bei Sachmängeln (vgl. § 351 BGB)- unabhängig von dem Rückgabeanspruch des Verkäufers. Ferner kann sich der Käufer auf Entreicherung berufen (§ 818 III BGB). Im *CISG* wird die Rückgabepflicht in Art. 82 CISG als selbstverständlich vorausgesetzt, vgl. *Schlechtriem/Huber*, Art. 46 Rn. 53.

2218 *Anderson,* § 2-711:29 f.; *Moore v. Howard Pontiac-American, Inc.* 492 S.W. 2d 227, 229 f. (Tenn.App. 1972); *Honnold*, Art. 82 Rn. 447.

2219 Vgl. oben „Ausschluss der Ersatzlieferung aufgrund des Untergangs der gelieferten Sache", *F. II. 1. b) (11) (b).*

2220 Vgl. *Soergel/Huber,* vor § 459 Rn. 108. § 818 III BGB gilt dabei nur bis zur Kenntnis von der *aliud*-Lieferung. Nach Kenntnis kann sich der Käufer nicht mehr hierauf berufen. Allerdings ist der Käufer auch dann nicht zur (unmöglichen) Rückgabe verpflichtet, sondern er hat vielmehr Schadensersatz zu leisten (§§ 292 I, 989 BGB). Der „Ersatzlieferungsanspruch" des Käufers entfällt durch den Untergang des *aliuds* in keinem Fall. Beim beiderseitigen Handelskauf und genehmigungsfähigen *aliud*-Lieferungen gilt das zu den Sachmängeln Ausgeführte.

zu verstehen, an welchem der Käufer die *mangelhafte* Ware zur Verfügung stellen muss und der Verkäufer verpflichtet ist, diese abzunehmen.

Im *BGB* ist der Erfüllungsort bei Sachmängeln der Ort, an welchem sich die Ware *vertragsgemäß* befindet[2221]. In der Regel wird dieses der Wohnsitz oder die Niederlassung des Käufers sein, jedoch kommen auch dritte Orte (z.B. Baustelle) in Betracht[2222]. Bei *aliud*-Lieferungen gilt § 269 BGB[2223] mit der Folge, dass regelmäßig ebenfalls der Wohnsitz des Käufers der Leistungsort ist[2224].

Im *CISG* bestimmt die ganz herrschende Meinung den Leistungsort unter spiegelbildlicher Anwendung der Regelung des Leistungs- und Lieferungsortes für die Primärleistungen des Vertrages[2225]. So liegt z.B. bei einer ursprünglichen Holschuld der Leistungsort beim Käufer[2226].

Im *UCC* liegt der Leistungsort stets beim Käufer. Der Verkäufer ist verpflichtet, die Ware dort abzuholen, was sich aus § 2-602 (2) (b)(c) UCC[2227] ergibt[2228].

Die *Gefahr* hinsichtlich der vertragswidrigen Sache trägt nach *UCC*, *BGB* und *CISG* der Verkäufer[2229].

Die *Kosten* der Rücktransports hat nach sämtlichen Rechtscodes der Verkäufer zu tragen[2230].

2221 *Palandt/Putzo*, § 467 Rn. 4; *Soergel/Huber*, § 467 Rn. 130.

2222 *Soergel/Huber*, § 467 Rn. 129 f..

2223 *Palandt/Thomas*, vor § 812 Rn. 30.

2224 *Palandt/Heinrichs*, § 269 Rn. 15; *BGH* MDR 62, 399. Etwas anderes gilt beim beiderseitigen Handelskauf und der Lieferung eines genehmigungsfähigen *aliuds*, da dort die Sachmängelhaftung anwendbar ist.

2225 Vgl. nur *Piltz*, Intern. KaufR, S. 253 Rn. 292; *Schlechtriem/Leser*, Art. 81 Rn. 17; *Staudinger/Magnus*, Art. 81 Rn. 19.

2226 Vgl. *Schlechtriem/Leser*, Art. 81 Rn. 18.

2227 § 2-602 (2) (b) UCC: „...he (the buyer, *d. Verf.*) is under duty after rejection to hold them with reasonable care at the seller´s disposition for a time sufficient to *permit the seller to remove them; but (c) the buyer has no further obligation with regard to goods rightfully rejected.*".

2228 *Williston*, On Sales III, § 25-17, S. 648 f.. *Yates v. Clifford Motors, Inc.* 423 A.2d 1262, 1271 (Super.Ct.Pa. 1980); *Mc Cormick v. Ornstein* 580 P.2d 1206, 1209 (Ct.App.Ariz. 1978). Die vorstehenden Entscheidungen sind zur Vertragsaufhebung ergangen.

2229 Zum CISG: *Hager*, Gefahrtragung beim Kauf, S. 166. Zum BGB: *Palandt/Putzo*, § 467 Rn. 4. Dies gilt auch für *aliud*-Lieferungen, da der Käufer hier vor Kenntnis vom Mangel sich gem. § 818 III BGB auf Entreicherung berufen kann und nach Kenntnis vom Mangel nur dann gem. §§ 292 I, 989 BGB Schadensersatz zu leisten hat, wenn er den Untergang etc. verschuldet hat (vgl. § 989 BGB). Zum UCC: Im UCC trägt der Verkäufer bei Lieferung mangelhafter Ware bis zur „rejection" der Ware -die Voraussetzung der Rechtsbehelfe des § 2-711 UCC ist- die Gefahr (vgl. § 2-510 (1) UCC).

2230 Für das BGB bei Sachmängeln: *Palandt/Putzo*, § 467 Rn. 4; *Soergel/Huber*, § 467 Rn. 149. Für das BGB bei *aliud*-Lieferungen: *Palandt/Thomas*, § 818 Rn. 41. Zum CISG: *Schlechtriem/Huber*, Art. 46 Rn. 53. Zum UCC: Die Transportkosten sind als „incidential damages" gem. § 2-715 II (a) UCC vom Verkäufer zu tragen. Entscheidungen sind hierbei

Abweichend ist in den Rechtscodes geregelt, wie die Rückgabe der mangelhaften Sache und die Ersatzlieferung *verknüpft* sind.

Nach dem *BGB* hat die Ersatzlieferung und die Rückgabe der mangelhaften Sache Zug um Zug zu erfolgen (§§ 480 I S. 2, 467, 348 BGB)[2231].

Ebenso ist die Rechtslage im *UCC*. Denn nach § 2-711 (3) UCC hat der Käufer ein Zurückbehaltungsrecht für den gezahlten Kaufpreis und seine Aufwendungen, wenn er die Ware rechtmäßig zurückgewiesen oder seine „acceptance" widerrufen hat[2232].

Im *CISG* hingegen ist die Rückgabepflicht *nicht* Zug um Zug mit der Ersatzlieferung verknüpft[2233]. Der Käufer ist daher sofort mit Geltendmachung der Ersatzlieferung zur Rückgabe verpflichtet[2234].

Allerdings hat der Käufer gem. Art. 86 I S. 2 CISG ein Zurückbehaltungsrecht an der Sache, wenn er zwecks Aufbewahrung, Verwendungen auf die Ware gemacht hat (Art. 86 I S. 2 CISG).

(b) Herausgabe von Surrogaten

Ist die zurückzugewährende Sache bei dem Käufer untergegangen, wesentlich verschlechtert oder verändert worden und wird ein Ersatzlieferung hierdurch nicht ausgeschlossen[2235], so hat der Käufer sowohl nach dem *CISG* (Art. 84 II b) CISG) als auch nach dem *BGB* (§ 281 BGB bei Sachmängeln und § 818 I, II BGB bei *aliud*-Lieferungen) das erlangte Surrogat herauszugeben[2236].

---

nur zum Nacherfüllungs*recht* des Verkäufers ergangen. Vgl. *Gaynor Elec. Co., Inc. v. Hollander* 618 A.2d 532, 534 f. (Ct.App.Conn. 1993); ferner *White & Summers*, 5th ed., § 8-5, S. 338.

2231 Bei *aliud*-Lieferungen ist der Rückgabepflicht nach Bereicherungsrecht vom „Nacherfüllungsanspruch" des Käufers gem. § 433 I BGB grds. unabhängig. Allerdings kann der Verkäufer gem. § 273 I BGB ein Zurückbehaltungsrecht geltend machen (vgl. zur erforderlichen Konnexität bei § 273 BGB, *Palandt/Heinrichs,* § 273 Rn. 9 f. m.w.N.). Die Rückgabe des *aliuds* und die Lieferung der vertragsgemäßen Ware hat dann auch hier nur Zug um Zug zu erfolgen.

2232 Die Entscheidungen beziehen sich auf die Vertragsaufhebung: *Jones v. Abriani* 350 N.E.2d 635, 644 (Ct.App.Ind. 1976); *Lawrence v. Modern Mobile Homes Inc.* 562 S.W. 2d 729, 731 f. (Mo. App. 1978).

2233 *Soergel/Lüderitz/Dettmeier*, Art. 81 Rn. 9.

2234 *Schlechtriem/Huber*, Art. 46 Rn. 53.

2235 Im CISG gilt dies auch bei einer Veräußerung (vgl. Art. 82 II c) CISG). Zu den Einzelheiten, vgl. oben *F. II. 1. b) (11).*

2236 Zum CISG: *Staudinger/Magnus*, Art. 84 Rn. 23. Veräußert der Käufer die Ware, so muss er den Verkaufserlös inkl. Gewinn auskehren, vgl. Staudinger/Magnus, a.a.O.. Zum BGB: *Soergel/Huber*, § 467 Rn. 62, 66. Bei den erlangten Surrogaten geht es primär um Schadensersatzansprüche und Versicherungsleistungen.

Auch nach dem *UCC* muss der Käufer die Vorteile herausgeben, die er aufgrund der zurückgewiesenen („rejected") Sache erlangt hat, wenn er die Vertragsaufhebung erklärt[2237].

(c) Nutzungsersatz

Nach dem *CISG* muss der Käufer alle Vorteile an den Verkäufer herausgeben, die er aus der zurückzugewährenden Ware gezogen hat (Art. 84 II a) CISG). Da aber dem Käufer, der Ersatzlieferung begehrt, eine gebrauchsfähige Sache zustand, hat er übliche Gebrauchsvorteile nicht an den Verkäufer herauszugeben[2238]. Schuldhaft nicht gezogene Nutzungen hat der Käufer nach dem CISG nicht zu ersetzen[2239].

Im *internen deutschen Recht* hat der Käufer, der eine *sachmangelhafte* Ware erhalten hat, dem Verkäufer *sämtliche* aus der mangelhaften Ware gezogenen Nutzungen (Früchte und Gebrauchsvorteile) herauszugeben und sogar schuldhaft nicht gezogene Nutzungen zu ersetzen (§§ 480 I S.2, 467 S. 1, 347 S. 2, 987 BGB). Dieser auf den ersten Blick erheblich erscheinende Unterschied zum CISG, wird dadurch abgeschwächt, dass nach der h.M. und Rspr. der Käufer vor Kenntnis des Mangels nur nach Bereicherungsrecht haftet[2240]. Der Käufer, der Ersatzlieferung (§ 480 I BGB) begehrt, ist hiernach *nicht* um die üblichen Gebrauchsvorteile bereichert[2241]. Auch haftet er nach dem Bereichungsrecht *nicht* für nicht gezogene Nutzungen[2242]. Diese nach der h.M. für die Sachmängel-

---

2237 Vgl. *Gabriel*, Practioner's Guide, S. 258.

2238 Vgl. *Staudinger/Magnus*, Art. 84 Rn. 20. Denn die üblichen Gebrauchsvorteile stellen für den Käufer, der Ersatzlieferung begehrt, keinen *Vorteil* dar (vgl. oben *E. IV. 3. b) (2)*). Der Käufer hat aber solche Vorteile zu ersetzen, die ihm bei ordnungsgemäßer Erstlieferung ebenfalls entstanden wären (bspw. ersparter Wertverlust oder ersparte Abnutzung). Es ergeben sich hinsichtlich der Gebrauchsvorteile (nicht der Früchte!) dann keine wesentlichen Unterschiede zum internen deutschen Recht, weil auch hier die Gebrauchsvorteile regelmäßig durch den Wertverlust bestimmt werden (vgl. zum Wertverlust als Gebrauchsvorteil im BGB, *Soergel/Huber*, § 467 Rn. 158).

2239 *Staudinger/Magnus*, Art. 84 Rn. 19; *Reinhart*, Art. 84 Rn. 5; a.A. *Schlechtriem/Leser*, Art. 84 Rn. 22 (Ersatz wegen Art. 77 CISG).

2240 *BGH* NJW 1992, 1965; *Palandt/Heinrichs*, § 347 Rn. 9.

2241 Ersparte Aufwendungen hat der Käufer auch nach Bereicherungsrecht zu ersetzen, vgl. *Soergel/Huber*, § 467 Rn. 176.

2242 Ferner sind die Fälle der schuldhaft nicht gezogenen Nutzungen (nach Kenntnis vom Mangel oder nach der Gegenansicht, die die §§ 347 S. 2, 987 II BGB bereits ab Lieferung anwenden will) praktisch ohne große Bedeutung. Denn die schlichte Nichtbenutzung einer Sache läuft hier nicht den Grundsätzen einer ordnungsgemäßen Wirtschaft zuwider, vgl. *Soergel/Huber*, § 467 Rn. 176.

haftung geltende Rechtslage entspricht der Rechtslage bei der Lieferung eines *aliuds* im Anwendungsbereich des BGB[2243].

Nach dem *UCC* hat der Käufer im Fall der *Vertragsaufhebung* die Gebrauchsvorteile zu ersetzen[2244].

(d) Schadensersatz für unwesentliche Schäden der empfangenen Ware

Liefert der Verkäufer im Anwendungsbereich des *BGB* eine sachmangelhafte Ware, so hat der Käufer dem Verkäufer für nicht wesentliche Verschlechterungen Schadensersatz zu leisten, wenn er den Schaden verschuldet hat (§§ 347 S. 1, 989 BGB). Nach der h.M. gilt dies aber erst ab Kenntnis vom Sachmangel[2245]. Vor Kenntnis vom Mangel gilt nach der h.M. Bereicherungsrecht, so dass kein Schadensersatzanspruch gegeben ist[2246]. Diese Rechtslage besteht im Ergebnis auch für *aliud*-Lieferungen[2247].

Im *CISG* sind geringfügige Verschlechterungen, die eine Vertragsaufhebung oder Ersatzlieferung nicht hindern, im Rahmen des begleitenden Schadensersatzes bzw. in der Vorteilsausgleichung zu Lasten des Käufers zu berücksichtigen[2248].

Auch nach dem *UCC* hat der Käufer im Falle der Ersatzlieferung, Schäden zu ersetzen, die eine Vertragsaufhebung nicht ausschließen[2249].

2243 Hier ist das Bereicherungsrecht vor Kenntnis direkt anzuwenden. Nach Kenntniserlangung von der *aliud*-Lieferung gilt über §§ 818 IV, 292 II BGB ebenfalls 987 BGB.

2244 *White & Summers, 5th ed.*, § 8-4, S. 322; *Page v. Dobbs Mobile Bay, Inc.*, 18 UCCRS 720, 727 ff. (Ct.App.Ala. 1992); *Huntsville Hosp. v. Motara Instrument*, 57 F.3d 1043, 1046 f. (Ct.App.11th Cir. 1995); *Gawlick v. American Builders Supply, Inc.*, 519 P.2d 313, 315 (Ct.App.N.M. 1974); *Moore v. Howard Pontiac-American, Inc.*, 492 S.W.2d 227, 230 (App.Ct.Tenn. 1972). Bei einem Anspruch auf *Specific Performance* in Form der Ersatzlieferung könnte ein Gericht von der Ersatzpflicht aufgrund von Billigkeitserwägungen absehen, da ja dem Käufer von Beginn an eine funktionierende Sache zustand.

2245 *Palandt/Heinrichs*, § 347 Rn. 8 m.w.N.. Zum Streitstand: *Nierwetberg*, JuS 1984, 33, 36.

2246 Vgl. *Nierwetberg*, JuS 1984, 33, 36.

2247 Vor Kenntnis gilt § 818 III BGB, so dass der Käufer sich auf Entreicherung berufen kann. Nach Kenntnis davon, dass ein *aliud* geliefert wurde, gilt über die §§ 818 IV, 292 I BGB ebenfalls § 989 BGB.

2248 *Schlechtriem/Leser*, Art. 82 Rn. 11 (zur Vertragsaufhebung). Als Verschuldensmaßstab sollte hierbei grds. Art. 82 II a) CISG gelten, so dass jede Handlung oder (pflichtwidrige) Unterlassung des Käufers ausreichend ist, einen Schadensersatzanspruch zu begründen . *Vor* Kenntnis oder Kennenmüssen der Vertragswidrigkeit gilt allerdings Art. 82 II c) CISG, so dass die Veränderung etc. im Rahmen der normalen Verwendung keine Schadensersatzpflicht begründet.

2249 *Gawlick v. American Builders Supply, Inc.*, 519 P.2d 313, 315 (Ct.App.N.M. 1974) m.w.N..

2. Der Nachbesserungsanspruch für Sachmängel und *aliud*-Lieferungen

Wie bereits festgestellt (vgl. oben *F. I. 3.*) basieren die Nacherfüllungs- bzw. Nachbesserungsansprüche im CISG und BGB auf verschiedenen Anspruchsgrundlagen, und zwar abhängig davon, welche Erscheinungsform bzw. Art von Vertragswidrigkeit vorliegt.

Das den Vergleichsrahmen vorgebende CISG bewertet dabei Sachmängel und *aliud*-Lieferungen im Hinblick auf die Erfüllungsansprüche gem. Art. 35 I CISG („Qualität und Art") einheitlich[2250]. Ein Nachbesserungsanspruch würde sich deshalb bei der Lieferung eines *aliuds* nach Art. 46 III CISG richten. Jedoch kommt ein Nachbesserungsanspruch bei *aliud*-Lieferungen aus *tatsächlichen Gründen* grds. nicht in Betracht, da die „Reparatur" eines *aliuds,* um hierdurch einen vertragsgemäßen Gegenstand herzustellen, regelmäßig ausscheiden wird. Der Käufer wird deshalb grds. Ersatzlieferung nach Art. 46 II CISG fordern müssen. Von Ausnahmefällen, bspw., dass gelieferte Stahlträger mit einem Durchmesser von 35 cm auf 30 cm abgeschliffen werden können, soll hier aus Vereinfachungsgründen in Bezug auf den Vergleich abgesehen werden.

Es wird im Folgenden lediglich auf die Besonderheiten des Nachbesserungsanspruchs im Vergleich zum Ersatzlieferungsanspruch eingegangen.

a) Normierung von Nachbesserungsansprüchen und Anwendungsbereich

Im CISG ist mit Art. 46 III CISG ein Nachbesserungsanspruch speziell (ausdrücklich) normiert, wobei dieser nach h.M. nur auf die Lieferung *nicht vertragsgemäßer Ware* i.S.d. Art. 35 CISG Anwendung findet[2251]. D.h., es werden diejenigen Fälle erfasst, in denen die Ware in *qualitativer* Hinsicht nicht den Anforderungen des Vertrages oder der Konvention entspricht sowie Fälle der *aliud*-Lieferung. Ferner findet Art. 46 III CISG Anwendung auf Fälle, in denen Teile nicht geliefert wurden, die nicht teilbar i.S.d. Art. 51 I CISG sind. Der (Nach-) Erfüllungsanspruch bei Mindermengen i.S.d. Art. 51 I CISG und Rechtsmängeln richtet sich nach Art. 46 I CISG. Nicht unterschieden wird im CISG danach, ob die Ware vom Verkäufer erst herzustellen und ob diese vertretbar oder unvertretbar ist.

Nach internem deutschen Recht hingegen ist für *Sachmängel* im Kaufrecht nach ganz herrschender Meinung kein Nachbesserungsanspruch normiert[2252]. Hierzu zählen auch die Fälle, in denen *zusammengesetzte Sachen* verkauft wer-

---

[2250] Vgl. oben *F. I. 3.*

[2251] *Staudinger/Magnus,* Art. 46 Rn. 58; *Schlechtriem/Huber,* Art. 46 Rn. 57; a.A. *Vahle,* ZVglRWiss 98 (1999), 54, 57..

[2252] *Kirchhof,* Sachmängelhaftung, S. 180 m.w.N.; *Köhler*, JZ 1984, 393, 394 ff.; *Palandt/Putzo*, § 462 Rn. 4; a.A. *Peters*, JZ 1978, 92 ff..

den, aber *einzelne Bestandteile* (z.B. ein Ventil in einer Maschine) fehlen. Denn auch hier liegt ein Sachmangel vor[2253]. Im Übrigen kann der Käufer bei *Zuweniglieferungen*[2254] oder der Nichtlieferung eines *selbständigen Funktionsteils*[2255] (Nach-)Erfüllung gem. § 433 I BGB verlangen.

Die Nichtnormierung eines Nachbesserungsanspruchs gilt auch für *Werklieferungsverträge über vertretbare Sachen*, für die nach § 651 I S. 1, 1. HS. BGB das Kaufrecht Anwendung findet.

Gesetzlich vorgesehen ist ein Nachbesserungsanspruch für Sachmängel bei *Werklieferungsverträgen über unvertretbare Waren*, die nach § 651 I S. 2, 2 HS. BGB dem Werkvertragsrecht unterfallen (§ 633 II BGB).

Gleiches gilt für *Rechtsmängel*; hier steht dem Käufer aufgrund des allgemeinen Erfüllungsanspruchs (§ 433 I BGB) ein „Nachbessserungsanspruch" zu.

Vertraglich wird regelmäßig durch *AGB* beim Kauf von Konsumgütern ein Nachbesserungsanspruch des Käufers begründet[2256].

Im *UCC* schließlich kann der Rechtsbehelf der *Specific Performance (§ 2-716 (1) UCC)* die Form eines Nachbesserungsanspruchs annehmen. Er gilt für sämtliche Vertragsverletzungen („breach of contract") einheitlich.

b) Voraussetzungen

Aufgrund der nicht vorhandenen Normierung eines Nachbesserungsanspruchs im Kaufrecht des BGB wird nachstehend die gesetzliche Regelung der Nachbesserung im Werkvertragsrecht, die für Werklieferungsverträge über unvertretbare Sachen gilt sowie die (übliche) vertragliche Vereinbarung der Nachbesserung in AGB als Vergleichsmaßstab genommen.

Es wird im Folgenden hinsichtlich der Voraussetzungen grds. nur auf die Besonderheiten im Vergleich zum Ersatzlieferungsanspruch eingegangen.

(1) Haftungsgründe

Die Haftungsgründe der Nachbesserungsansprüche in den Rechtscodes unterscheiden sich nicht von denen für die Ersatzlieferungsansprüche; zwischen den

---

2253 *Soergel/Huber*, § 459 Rn. 52.

2254 Für Gattungskauf: *MünchKomm/Westermann*, § 459 Rn. 25; *Soergel/Huber*, § 459 Rn. 48. Für Stückkauf: *Palandt/Putzo* § 459 Rn. 2; *Staudinger/Honsell*, § 459 Rn. 42.

2255 *Soergel/Huber*, § 459 Rn. 52 (bspw. Zusatzgerät einer Maschine, die an sich auch ohne dieses Gerät funktionsfähig ist).

2256 Dabei sehen die AGB primär ein *Nachbesserungsrecht des Verkäufers* vor. Nach einheitlicher Meinung in Rechtsprechung und Literatur begründen derartige Klauseln jedoch zugleich einen Nachbesserungs*anspruch* des Käufers, vgl. *BGH* NJW 1991, 1882 f.; *Staudinger/Coester-Waltjen*, § 11 Nr. 10 Rn. 42 m.w.N.; *Ulmer/Brandner/Hensen/Hensen*, § 11 Nr. 10 b Rn. 32.

Rechtscodes ergeben sich nur geringfügige Abweichungen hinsichtlich der Vertragswidrigkeiten, die einen Nachbesserungsanspruch begründen.

Voraussetzung ist in sämtlichen Rechtscodes, dass die Ware in *qualitativer* Hinsicht nicht dem Vertrag oder den gesetzlichen Anforderungen entspricht.

Hierzu zählen nach UCC, CISG und BGB auch Verpackungsmängel[2257] und Mengenabweichungen eines nicht abtrennbaren Funktionsteils.

Es gilt dabei übereinstimmend primär ein *subjektiver* Fehlerbegriff. Fehlt es an einer vertraglichen Vereinbarung, so muss die Ware in allen Rechtscodes von normaler Beschaffenheit bzw. für den gewöhnlichen Gebrauch geeignet sein, was im *UCC* allerdings nur gilt, wenn der Verkäufer *Kaufmann* ist (vgl. § 2-314 (1) UCC).

Dabei ist in keinem der Rechtscodes für den Nachbesserungsanspruch Voraussetzung, dass die Vertragswidrigkeit eine bestimmte *Schwere* erreicht. Vielmehr begründet jede -auch kleine- Abweichung einen Nachbesserungsanspruch.

Im *UCC* ergibt sich dies aus der „perfect tender rule", im BGB daraus, dass für den Nachbesserungsanspruch -und zwar sowohl für den werkvertraglichen als auch grds. für den in ABG vereinbarten- nicht die „Erheblichkeitsgrenze" des § 459 I S. 2 BGB gilt[2258].

Im *CISG* ist -anders als bei der Ersatzlieferung- *nicht* erforderlich, dass es sich um eine wesentliche Vertragsverletzung i.S.d. Art. 25 CISG handelt[2259].

(2) Unzulänglichkeit eines Schadensersatzanspruchs

Die unterschiedliche Bewertung von Erfüllungsansprüchen „in Natur" zwischen BGB und CISG einerseits und UCC andrerseits zeigt sich auch hinsichtlich des Nachbesserungsanspruchs.

Im *UCC* ist aufgrund des „adequacy"-Tests in § 2-716 (1) UCC zum einen dann ein Nachbesserungsanspruch ausgeschlossen, wenn der Käufer einen Deckungskauf vornehmen könnte und zum anderen dann, wenn auch ein Dritter

---

2257 Zum BGB: *Soergel/Huber*, § 459 Rn. 57 (bspw. Verpackung ist zur Weiterverkäuflichkeit oder Lagerung erforderlich und dient nicht nur dem bloßen Schutz). Zum CISG: Vgl. ausführlich oben *E. IV. 2. b)* und *E. V. 2. a)*. Zum UCC: Die fehlende Verpackung stellt zum einen eine Vertragswidrigkeit dar, wenn die Parteien diese vereinbart haben („express warranty" gem. § 2-313 UCC), zum anderen, wenn der Verkäufer *Kaufmann* (!) ist, aufgrund der „perfect tender rule" im Zusammenhang mit § 2-314 (2) (e) UCC.

2258 Für die Nachbesserung nach Werkvertragsrecht: *MünchKomm/Soergel*, § 633 Rn. 17; *Palandt/Sprau*, § 633 Rn. 2. Für die vertragliche Nachbesserung nach Kaufvertragsrecht: *Soergel/Huber*, § 459 Rn. 76 (Auslegungsfrage, wobei Verkehrssitte dafür spricht).

2259 *Vahle*, ZVglRWiss 98 (1999), 54, 69; *Soergel/Lüderitz/Schüßler-Langeheine*, Art. 46 Rn. 7.

zur Reparatur in der Lage wäre[2260]. Es wird dann als ausreichend angesehen, dass der Käufer die Kosten des Deckungskaufs bzw. der Ersatzvornahme als Schadensersatz geltend machen kann. Ein Nachbesserungsanspruch wird im UCC daher grundsätzlich nur dann gewährt, wenn der Verkäufer der Einzige ist, der den Mangel beseitigen kann[2261]. Ein Nachbesserungsanspruch des Käufers ist daher im UCC die absolute Ausnahme bzw. ist praktisch nicht gegeben[2262]

Nach *CISG* und *BGB* hingegen ist der Nachbesserungsanspruch *nicht* deshalb ausgeschlossen, weil der Verkäufer bzw. Unternehmer zur Beseitigung des Mangels selbst nicht in der Lage ist[2263] oder Dritte den Mangel beseitigen könnten. Vielmehr ist der Verkäufer/Unternehmer verpflichtet, einen Dritten mit der Reparatur zu beauftragen, wenn die Beauftragung nicht unverhältnismäßig ist.

(3) Maßgeblicher Zeitpunkt

Auch für die Nachbesserungsansprüche gilt in sämtlichen Rechtscodes (wie beim Ersatzlieferungsanspruch), dass die Ware bei Gefahrübergang vertragsgemäß sein muss[2264]. Im *BGB* gilt für den werkvertraglichen Nachbesserungsanspruch bei Werklieferungsverträgen über unvertretbare Sachen die Besonderheit, dass für den Zeitpunkt des Gefahrübergangs auf die Abnahme (§ 640 BGB) abzustellen ist[2265].

(4) Untersuchungs- und Rügepflicht/Nachbesserungsbegehren

Hinsichtlich der Untersuchungs- und Rügepflichten gilt das zur Ersatzlieferung Ausgeführte; die Untersuchungs- und Rügeobliegenheit des Käufers gilt im internen deutschen Recht auch beim Handelswerklieferungsvertrag (vgl. § 381 II HGB).

Einen bedeutsamen Unterschied weist das CISG im Vergleich zum BGB und UCC auch hinsichtlich des Nachbesserungsanspruchs auf. Der Käufer muss im

---

2260 *Calamari/Perillo*, § 16-5, S. 619; *Neufang*, Erfüllungszwang, S. 164; *Yorio*, § 13.2.1.1, S. 327.

2261 *Colorado Ute Electric Ass'n., Inc. v. Envirotech Corp.*, 524 F.Supp. 1152, 1159 (D.Colo. 1981) (Ferner handelte es sich bei der Klägerin um einen öffentlichen Stromversorger. Ohne die Reparatur wäre die Klägerin u.U. gezwungen gewesen, ihr Kraftwerk vom Netz zu nehmen, so dass das öffentliche Interesse ebenfalls für die Gewährung von *Specific Performance* sprach, so auch *White & Summers*, 5th ed., § 6-6, S. 230 f..

2262 Vgl. *Kastely*, 63 Wash.L.Rev. 607, 634 (1988) („Similarily, courts in common law countries do not normally order a breaching seller to repair defective goods. This form of specific relief simply has not been recognized as a traditional form of specific performance.").

2263 Zum BGB: *MünchKomm/Westermann*, § 633 Rn. 136. Zum CISG: *Ziegler*, Leistungsstörungsrecht, S. 146; *Piltz*, Intern. KaufR, S. 218 Rn. 150.

2264 Zum Vergleich, wann der Gefahrübergang stattfindet, vgl. oben *F. II. 1. b) (5)*.

2265 *Palandt/Sprau*, § 633 Rn. 1.

CISG spätestens innerhalb *angemessener Frist* nach der Rügeanzeige gem. Art. 39 CISG die Nachbesserung geltend machen (Art. 46 III CISG). Ansonsten entfällt sein Anspruch auf Nachbesserung.

BGB und UCC kennen eine solche Geltendmachung des Nachbesserungsanspruchs hingegen nicht. Allerdings kann ein Anspruch auf *Specific Performance* dann ausgeschlossen sein, wenn der Käufer die Klage nicht zügig anhängig macht[2266].

(5) Das Nacherfüllungsrecht des Verkäufers („right to cure“) im Verhältnis zum Nachbesserungsanspruch des Käufers

Im UCC und im CISG steht dem Verkäufer ein Nacherfüllungsrecht zu, und zwar *vor* und *nach* dem vertraglichen Lieferzeitpunkt[2267]. Auch nach BGB besteht sowohl für Werklieferungsverträge über unvertretbare Sachen (vgl. § 634 I BGB), als auch für Kaufverträge, in denen durch AGB eine Nacherfüllungsklausel aufgenommen wurde, ein Nacherfüllungs*recht* des Unternehmers/Verkäufers.

Im Rahmen des Nacherfüllungs*rechts* („right to cure“) kann der Verkäufer im *CISG* und *UCC* die Nacherfüllungsmethode (Nachbesserung, Ersatzlieferung) bestimmen (Wahlrecht des Verkäufers)[2268]. Erst wenn die vom Verkäufer gewählte Nacherfüllungsmethode für den Käufer unzumutbar geworden ist[2269] bzw. der Verkäufer eine Nacherfüllung ablehnt, kann der Käufer im *CISG* nunmehr frei zwischen Ersatzlieferung und Nachbesserung (und den anderen Rechtsbehelfen) wählen, wenn auch die übrigen Voraussetzungen erfüllt sind.

Im *UCC* ergibt sich -von dem Ausnahmecharakter eines Nachbesserungsanspruchs einmal abgesehen- die Besonderheit, dass dem Gericht Ermessen

---

2266 Zur Einrede des Zeitablaufs, vgl. *Corbin,* Contracts, § 1167. Ferner *Bander v. Grossman,* 611 N.Y.S. 985, 990 f. (Sup.Ct.N.Y. 1994) (Kein Anspruch auf *Specific Performance,* weil der Käufer erst 4 Monate nach der Lieferverweigerung durch den Verkäufer die Klage erhoben hatte.)

2267 Zum Vergleich der Voraussetzungen des Nacherfüllungsrechts, vgl. *F. II. 1. b) (8).*

2268 Zum CISG: *Schlechtriem/Huber,* Art. 48 Rn. 9. Zum UCC: *White & Summers*, 5th ed., § 8-5, S. 338; *Anderson*, § 2-508:6.

2269 Im CISG ergibt sich dieses aus Art. 48 I CISG, wonach dem Verkäufer nur dann ein Nacherfüllungsrecht gem. Art. 48 I CISG zusteht, wenn dadurch keine *unzumutbaren Verzögerungen* oder *unzumutbare Unannehmlichkeiten* für den Käufer entstehen. Im UCC ergibt sich die Gleiche Rechtslage, da dem Verkäufer für seine Nacherfüllung nur eine „reasonable time“ zur Verfügung steht (vgl. § 2-508 (2) UCC) und unzumutbare Nacherfüllungsmethoden dadurch ausgeschlossen werden, dass der Verkäufer dann nicht mehr vernünftigerweise annehmen durfte, der Käufer werde die Nacherfüllung akzeptieren (vgl. § 2-508 (2) UCC), *Worldwide RV Sales & Services, Inc. v. Brooks* 534 N.E. 2d 1132 (Ct.App.Ind. 1989).

hinsichtlich der Ausgestaltung des Anspruchs auf *Specific Performance* zusteht[2270].

Hat sich der Verkäufer im *internen deutschen Recht* ein Nacherfüllungsrecht in *AGB* ausbedungen, so entspricht die Rechtslage weitgehend dem CISG. Zunächst steht dem Verkäufer das Wahlrecht hinsichtlich der Nacherfüllungsmethode zu, welches auch eine Ersatzlieferung einschließt[2271]. Schlägt die Nacherfüllung *fehl*[2272], so leben die Gewährleistungsrechte des Käufers wieder auf, so dass der Käufer bei einem Gattungskauf (auch) die Ersatzlieferung verlangen kann[2273]. Er kann aber auch weiterhin sein Nachbesserungsanspruch geltend machen[2274]. Nach dem Fehlschlag steht mithin dem Käufer das Wahlrecht hinsichtlich der Nacherfüllungsmethode zu.

Die Rechtslage im *Werkvertragsrecht* des BGB weicht von der im CISG und bei Vereinbarung der Nachbesserung in AGB im Kaufrecht ab. Denn im Werkvertragsrecht entspricht der Nachbesserungsanspruch des Bestellers gem. § 633 II BGB dem Nachbesserungsrecht des Unternehmers[2275]. Im Rahmen des Nachbesserungsanspruchs/-rechts steht dem Unternehmer grundsätzlich immer das Wahlrecht zu, auf welche Weise er die Nacherfüllung durchführt (durch Neuherstellung oder Nachbesserung)[2276]. Der Besteller kann deshalb selbst bei einer Ablehnung der Nacherfüllung durch den Unternehmer oder einer unzumutbaren Verzögerung derselben nicht eine *konkrete* Nacherfüllungsmethode (Neuherstellung oder Nachbesserung) verlangen[2277]. Er kann daher nur pauschal Nacherfüllung geltend machen. Ein Wahlrecht hinsichtlich Neuherstellung oder Nachbesserung erlangt der Käufer nicht.

2270 Vgl. *Colorado Ute Electric Ass'n., Inc. v. Envirotech Corp.*, 524 F. Supp. 1152, 1159 (D.Colo. 1981) (Urteilstenor des Gerichts: Reparatur *oder* Zahlung für chemische Additive).

2271 *Staudinger/Coester-Waltjen,* § 11 Nr. 10 AGBG; *Soergel/Huber*, § 462 Rn. 66.

2272 Ein Fehlschlag liegt vor, wenn die Nachbesserung unmöglich geworden ist, sie ernsthaft und endgültig verweigert wurde, unzumutbar verzögert oder sonst für den Käufer *unzumutbar* ist, vgl. *Palandt/Heinrichs,* § 11 AGBG Rn. 57 m.w.N.. Diese Gründe entsprechen im Wesentlichen denen, die ein Nacherfüllungsrecht des Verkäufers nach Art. 48 II CISG ausschließen.

2273 *Ulmer/Brandner/Hensen/Hensen*, § 11 Nr. 10 b Rn. 54. Dieses gilt natürlich nur, wenn der Anspruch auf Ersatzlieferung bei einem Fehlschlagen nicht ausgeschlossen wurde. Dies ist zulässig, soweit dem Käufer die Wandlung und Minderung erhalten bleiben, vgl. *Hensen*, a.a.O..

2274 *BGH* JR 1993, 198, 199 (ausführlich); *BGH* NJW 1991, 1882 f.; *Ulmer/Brandner/Hensen/Hensen*, § 11 Nr. 10 b Rn. 32.

2275 *Staudinger/Peters*, § 633 Rn. 158.

2276 *Soergel/Teichmann*, § 633 Rn. 3. Dieser auch zu den Ausnahmen bei einem Streit über konkrete Nachbesserungs- bzw. Neuherstellungsmaßnahmen wegen Unzulänglichkeit oder Unzumutbarkeit, *Soergel/Teichmann*, § 633 Rn. 2.

2277 Ist die Neuherstellung freilich die einzige Möglichkeit, die Sache nachzubessern, so ergibt sich im Ergebnis ein Anspruch auf Neuherstellung.

(6) Wahl des Nachbesserungsanspruchs als Rechtsbehelf/*ius variandi*

Das Wahlrecht des Käufers hinsichtlich des Nachbesserungsanspruchs differiert in den verglichenen Rechtscodes.

Im *BGB* kann der Käufer sowohl nach Werkvertragsrecht als auch bei vertraglicher Vereinbarung in den AGB grundsätzlich zunächst *nur* Nachbesserung verlangen (vgl. § 634 I BGB). Andere Rechtsbehelfe stehen dem Käufer *zunächst* nicht zur Verfügung. Wurde im Kaufrecht in den *AGB* ein Nacherfüllungsrecht des Verkäufers vereinbart, so kann der Käufer erst nach einem *Fehlschlag*[2278] der Nacherfüllung frei zwischen seinen Rechtsbehelfen wählen. Er kann beim Gattungskauf nunmehr Ersatzlieferung, Wandlung, Minderung und ggf. Schadensersatz verlangen; der Käufer kann aber auch -und zwar konkret- die Nachbesserung der Sache verlangen[2279]. Im *Werkvertragsrecht* kann der Besteller nur zu weitergehenden Rechtsbehelfen greifen, wenn er zuvor erfolglos eine Frist mit Ablehnungsandrohung gesetzt hat (vgl. § 634 I BGB). Nach deren Ablauf steht dem Besteller kein Erfüllungsanspruch mehr zu; dieser erlischt. Will der Besteller also die Naturalerfüllung durchsetzen, so darf er keine Frist mit Ablehnungsfrist setzen. Hält der Besteller an der Naturalerfüllung fest, so steht ihm im Werkvertragsrecht nur ein pauschaler Nacherfüllungsanspruch zu. Konkrete Nacherfüllungsmaßnahmen (Nachbesserung oder Neuherstellung) kann er grundsätzlich nicht vom Unternehmer verlangen, so dass ihm diesbezüglich kein Wahlrecht zusteht.

Im *CISG* kann der Käufer den Rechtsbehelf der Nachbesserung zwischen den anderen Rechtsbehelfen frei wählen, soweit die Voraussetzungen im Übrigen erfüllt sind[2280]. Einschränkungen ergeben sich aber aufgrund des Nacherfüllungsrechts des Verkäufers, das dem Käufer zunächst die Möglichkeit nimmt, weitergehende Rechtsbehelfe zu wählen. Ferner steht dem Verkäufer innerhalb des Nacherfüllungsrechts *zunächst* das Wahlrecht hinsichtlich der Nacherfüllungsmethode (Nachbesserung oder Ersatzlieferung) zu[2281]. Unter Berücksichtigung des „right to cure“ im CISG (Art. 48 I CISG) ergibt sich daher im Ergebnis eine

---

[2278] Ein Fehlschlag liegt vor, wenn die Nachbesserung unmöglich geworden ist, sie ernsthaft und endgültig verweigert oder *unzumutbar* verzögert wurde sowie in den Fällen, in denen die Nacherfüllung vergeblich versucht wurde oder dem Käufer sonst unzumutbar ist, vgl. *Palandt/Heinrichs,* § 11 Rn. 57 m.w.N.. Diese Gründe entsprechen denen, die ein Nacherfüllungsrecht des Verkäufers nach Art. 48 I CISG ausschließen.

[2279] *BGH* JR 1993, 198, 199; *Ulmer/Brandner/Hensen/Hensen*, § 11 Nr. 10 b Rn. 32.

[2280] Selbst wenn die Ersatzlieferung bequemer oder günstiger für den Verkäufer wäre, kann der Käufer die Nachbesserung wählen, soweit diese zumutbar ist, vgl. *Staudinger/Magnus*, Art. 46 Rn. 53. Ausführlich oben *E. V. 2. f)*.

[2281] Der Verkäufer kann also zunächst auch durch eine *Ersatzlieferung* nacherfüllen, vgl. oben *F. II.2. b) (5)*.

Rechtslage, die der im Anwendungsbereich des BGB entspricht, wenn die Parteien ein Nacherfüllungsrecht des Verkäufers durch AGB vereinbart haben.

Im *UCC* schließt bereits die Möglichkeit des Käufers, auch Schadensersatz (u.U. i.V.m. einer Vertragsaufhebung) zu wählen, den Anspruch auf *Specific Performance* in Form der Nachbesserung aus[2282]. Denn der Anspruch auf *Specific Performance* ist immer dann ausgeschlossen, wenn auch ein Schadensersatzanspruch ausreichend ist („adequacy"-Test), insbesondere, wenn auch ein Dritter die Reparatur vornehmen könnte oder ein Deckungskauf möglich ist. Besteht also die Möglichkeit des Ausgleichs durch einen Schadensersatzanspruch (z.B. auch durch Deckungskauf von Ware bei einem Dritten), so entfällt ein Anspruch auf *Specific Performance.* Dem Käufer steht daher kein Wahlrecht zu.

Das Wahlrecht *erlischt* nach CISG, wenn der Käufer unvereinbare Rechtsbehelfe (Vertragsaufhebung, Herabsetzung des Kaufpreises, Schadensersatz wegen Nichterfüllung) ausgeübt hat (vgl. Art. 46 I CISG).

Gleiches gilt im *internen deutschen Recht*, wenn die Nachbesserung in AGB vereinbart wurde. Hier erlischt das Wahlrecht des Käufers, wenn die vom Verkäufer vorgenommene Nachbesserung fehlgeschlagen ist, und die dann wiederauflebenden Rechtsbehelfe der Wandlung, Minderung, Ersatzlieferung oder ggf. des Schadensersatzes vollzogen wurden[2283].

Dabei ist nach CISG für die „Ausübung" anderer Rechtsbehelfe der Zugang der Erklärung beim Verkäufer ausreichend[2284], während nach dem BGB die Einverständniserklärung bzw. rechtskräftige Verurteilung des Verkäufers für den Vollzug i.S.d. § 465 BGB erforderlich ist[2285].

Im *Werkvertragsrecht des BGB* erlischt der Nachbesserungsanspruch gem. § 633 II BGB, wenn der Besteller hinsichtlich der Nachbesserung eine Frist mit Ablehnungsandrohung gesetzt hat und diese Frist verstrichen ist[2286].

(7) Grenzen des Nachbesserungsanspruchs

Im BGB und CISG ist der Anspruch auf Nachbesserung ausgeschlossen, wenn unter Berücksichtigung aller Umstände die Nachbesserung dem Verkäufer *unzumutbar* ist. Im UCC ergibt sich aufgrund des „adequacy"-Tests ein abweichendes Bild.

2282 Vgl. *Neufang*, Erfüllungszwang, S. 164.

2283 Vgl. oben *C. 3. c) (3) (b).*

2284 *Piltz*, Intern. KaufR, S. 214, Rn. 135.

2285 *Palandt/Putzo*, § 465 Rn. 11.

2286 *Palandt/Sprau*, § 634 Rn. 6; *BGH* NJW 1976, 143, 143. Der Besteller kann jetzt nur noch Wandlung, Minderung und ggf. Schadensersatz geltend machen. Im Fall des § 634 II BGB (Weigerung des Unternehmers oder besonderes Interesse des Bestellers) erlischt der Nachbesserungsanspruch mit der Geltendmachung eines anderen Anspruchs (Wandlung etc.), vgl. *Palandt/Sprau*, § 634 Rn. 5; *BGH* NJW 1976, 143, 143 m.w.N..

Ferner entfällt sowohl nach dem CISG als auch nach dem BGB ein Nachbesserungsanspruch dann, wenn die Nachbesserung *objektiv unmöglich* ist. Im UCC ist darüber hinaus *subjektive Unmöglichkeit* ausreichend.

(a) Unzumutbarkeit

Der Käufer kann seinen Anspruch auf Nachbesserung sowohl nach BGB als auch nach CISG nicht durchsetzen, wenn die Nachbesserung dem Verkäufer *unzumutbar* ist[2287]. Im BGB gilt diese Grenze sowohl für den Nachbesserungsanspruch nach Werkvertragsrecht, als auch bei in AGB vereinbarter Nachbesserung[2288].

Hier wie dort ist eine Nachbesserung dann unzumutbar, wenn der Aufwand des Verkäufers (Unternehmers) zur Mängelbeseitigung in einem objektiven Missverhältnis zu den Vorteilen für den Käufer steht[2289]. Es sind bei der Interessenabwägung sowohl im CISG als auch im BGB die Interessen des Verkäufers und des Käufers zu berücksichtigen[2290].

Der *Kaufpreis* (Werklohn) ist dabei in beiden Rechtscodes ohne Bedeutung[2291].

Ferner ist sowohl im CISG als auch im BGB die Nachbesserung dann unzumutbar, wenn nur ein *geringfügiger Mangel* (Schönheitsfehler) vorliegt, dessen Beseitigung unverhältnismäßig teuer wäre[2292].

Im Übrigen divergiert die Auslegung des Begriffs der *Zumutbarkeit.* Dieser Unterschied hat seinen Grund allerdings in den verschiedenen Vertragstypen (Kaufvertrag im CISG und Werkvertrag im BGB) und der unterschiedlichen Ausgestaltung der Nacherfüllungsansprüche im Hinblick auf das Wahlrecht der Nacherfüllungsmethode. Im Ergebnis ist der Unterschied zwischen beiden Rechtscodes nur gering.

Im *CISG* ist eine Nachbesserung grundsätzlich dann unzumutbar, wenn die Kosten unverhältnismäßig hoch sind, insbesondere dann, wenn die Kosten einer

---

2287 Im CISG wird der Begriff „unzumutbar" in Art. 46 III CISG benutzt, während das BGB in § 633 II S. 2 BGB von „unverhältnismäßigem Aufwand" spricht. Sachlich ergeben sich hierdurch -bis auf die zu berücksichtigenden Faktoren (dazu sogleich im Text)- aber keine Unterschiede. Vgl. bspw. *Soergel/Teichmann*, § 633 Rn. 10, der in Bezug auf § 633 II S. 2 BGB ausführt: „Angesprochen ist damit der Gedanke der *Zumutbarkeit* (...)".

2288 Zur analogen Anwendung des § 633 II S. 2 BGB auf die Nachbesserung in AGB: *Köhler* JZ 1984, 393, 398; *Soergel/Huber*, § 462 Rn. 67.

2289 Zum BGB: *Soergel/Teichmann*, § 633 Rn. 10. Zum CISG: *Staudinger/Magnus*, Art. 46 Rn. 61; *Denkschrift*, BT-Drucks. 11/3076, S. 52.

2290 Zum BGB: *Soergel/Teichmann*, § 633 Rn. 10. Zum CISG: *Schlechtriem/ Huber*, Art. 46 Rn. 58.

2291 Zum BGB: *MünchKomm/Soergel*, § 633 Rn. 136; *Palandt/Sprau*, § 633 Rn. 7. Zum CISG: *Piltz*, Intern. KaufR, S. 218 Rn. 152.

2292 Zum CISG: *Schlechtriem/Huber*, Art. 46 Rn. 58. Zum BGB: *Soergel/Teichmann*, § 633 Rn. 10; *BGH* NJW 1996, 3269, 3270.

Ersatzlieferung überstiegen werden[2293]. Dabei ist auch unerheblich, ob durch die Nachbesserung erst die Funktionsfähigkeit der Ware hergestellt werden kann, wenn der Käufer aufgrund der Ersatzlieferung ebenso zu vertragsgemäßer Ware gelangt.

Im *BGB* hingegen sind die Kosten der Nachbesserung ohne Belang, wenn durch die Nachbesserung erst die Funktionsfähigkeit der Ware erreicht wird[2294].

Bei diesem auf den ersten Blick erheblich erscheinenden Unterschied ist jedoch zu beachten, dass die Nachbesserung im BGB bis zur Neuherstellung reichen kann[2295], was im („reinen") Kaufrecht einer Ersatzlieferung entspricht. Ist eine Ware im Anwendungsbereich des CISG nicht funktionsfähig, wäre aber eine Nachbesserung unverhältnismäßig teuer, so wird regelmäßig eine wesentliche Vertragsverletzung i.S.d. Art. 25 CISG vorliegen, so dass der Käufer eine Ersatzlieferung gem. Art. 46 II CISG verlangen kann[2296]. Im BGB steht dem Käufer ein Nachbesserungsanspruch zu, da aufgrund der fehlenden Funktionsfähigkeit die Nachbesserung nicht unzumutbar ist. Der Nachbesserungsanspruch des Käufers kann dabei bis zur Neuherstellung reichen, wenn die Funktionsfähigkeit nicht auf andere Weise zu erreichen ist. Der Käufer hat deshalb nach beiden Rechtscodes einen Anspruch auf Naturalerfüllung. Gleichwohl ist im CISG die Schwelle zur Unzumutbarkeit schneller überschritten als im BGB.

Die *Beweislast* für die Unzumutbarkeit trägt sowohl nach CISG als auch nach dem BGB der Verkäufer (Unternehmer)[2297].

Im *UCC* schließlich ergibt sich aufgrund des „adequacy"-Tests ein gänzlich anderes Bild. Hier kann der Käufer ohnehin nur dann *Specific Performance* verlangen, wenn der Nachbesserungsanspruch gegen den Verkäufer die einzige Möglichkeit ist, einen vertragsgemäßen Zustand herzustellen. Selbst wenn diese Voraussetzung gegeben ist, kann der Verkäufer -weiter einschränkend- sich damit verteidigen, dass die Naturalerfüllung für ihn eine unzumutbare Härte darstellt („hardship"-Einwand)[2298]. Allerdings wird dieser Einwand in den extrem seltenen

---

2293 Vgl. nur *Schlechtriem/Huber*, Art. 46 Rn. 58. Allerdings kann die Ersatzlieferung durchaus kostenintensiver sein, wenn der Käufer ein besonderes Interesse an der Nachbesserung hat (bspw. bei erfolgter Montage der Ware), vgl. oben *E. V. 2. f)*.

2294 *BGH* NJW 1996, 3269, 2370; *Soergel/Teichmann*, § 633 Rn. 10.

2295 *Staudinger/Peters*, § 633 Rn. 171; *Palandt/Sprau*, vor § 633 Rn. 4; *BGHZ* 96, 111.

2296 Ist die Ware nicht funktionsfähig, so entgeht dem Käufer im Wesentlichen das, was er nach dem Vertrag hätte erwarten können. Ein seltene Ausnahme mag dann bestehen, wenn es dem Käufer möglich sein sollte, ohne (unzumutbare) Anstrengungen die nicht funktionsfähige Ware weiterzuverkaufen.

2297 Zum CISG: *Baumgärtel/Laumen/Heptin*, Art. 46 Rn. 20; *Staudinger/Magnus*, Art. 46 Rn. 70. Zum BGB: *MünchKomm/Soergel*, § 633 Rn. 164.

2298 Zum „hardship"-Einwand, vgl. oben *D. V. 2. b) (3)*.

Fällen, in denen dem Käufer *Specific Performance* in Form der Nachbesserung zuerkannt werden könnte, nur selten durchgreifen[2299].

(b) Unmöglichkeit

Sowohl im CISG als auch im BGB lässt *subjektive Unmöglichkeit* einen Anspruch auf Nachbesserung bestehen, während *objektive Unmöglichkeit* den Anspruch auf Nachbesserung ausschließt[2300].

Im UCC schließt sowohl objektive als auch subjektive Unmöglichkeit den Anspruch auf *Specific Performance* aus, wobei der Käufer Schadensersatz in Höhe der Ersatzvornahme bzw. des Deckungskaufs verlangen kann[2301].

(8) Ausschluss der Nachbesserung

Der Nachbesserungsanspruch ist nach *BGB* und *CISG* ausgeschlossen, wenn der Käufer die Vertragswidrigkeit kannte oder hierüber nicht in Unkenntnis sein konnte (Art. 35 III CISG, § 460 BGB)[2302].

Im *UCC* ist die Haftung des Verkäufers dagegen nur ausgeschlossen, wenn der Käufer die Ware tatsächlich untersucht oder auf die Aufforderung des Verkäufers zur Untersuchung eine solche unterlassen hat (§ 2-316 (3) (b) UCC)[2303].

Ferner können die Parteien aufgrund der Vertragsfreiheit in sämtlichen Rechtscodes den Nachbesserungsanspruch durch Vereinbarung ausschließen[2304].

2299 Denn meist sind in diesen Fällen auf der Käuferseite „überragende" Interessen betroffen, wie z.B. die öffentliche Stromversorgung oder das Fortbestehen einer ganzen Industrieanlage, vgl. *Colorado Ute Electric Ass'n., Inc. v. Envirotech Corp.*, 524 F. Supp. 1152 ff. (D.Colo. 1981).

2300 Zum BGB: *MünchKomm/Soergel,* § 633 Rn. 136. Zum CISG: *Schlechtriem/Huber*, Art. 46 Rn. 57. Die Beweislast für die Unmöglichkeit trägt in beiden Rechtscodes der Verkäufer, vgl. zum CISG, *Schlechtriem/Huber,* a.a.O..

2301 Vgl. *Calamari/Perillo,* § 16-13, S. 625; ferner oben *F. II. 1. b) (10).* Die Aufwendungen im Rahmen der Reparatur kann der Käufer mit dem Schadensersatzanspruch gem. § 2-714 UCC verlangen, vgl. *White & Summers,* § 10-2, S. 376 f. m.w.N.. Im Ergebnis entspricht die Rechtslage dem internen deutschen Recht. Hat der Käufer nach BGB sein Unvermögen zu vertreten, so erhält der Verkäufer zwar einen Titel, der auf Erfüllung gerichtet ist, jedoch konvertiert dieser in der Zwangsvollstreckung grds. zu einem Aufwendungsersatzanspruch (vgl. § 887 ZPO).

2302 Vgl. oben *F. II 1. b) (11) (a).*

2303 Vgl. *Aue*, Mängelgewährleistung, S. 86; oben *F. II 1. b) (11) (a).*

2304 Vgl. oben *F. II. 1. b) (11) (c).*

(9) Verjährung

Der Anspruch auf Nachbesserung verjährt nach dem BGB für Werkverträge in den für diese Arbeit relevanten Fällen in sechs Monaten nach Abnahme des Werkes (§ 638 BGB)[2305]. Sie ist während der Vornahme von Nachbesserungsarbeiten bzw. einer Untersuchung auf Mängel gem. § 639 II BGB gehemmt. Die Vorschrift des § 639 II BGB gilt für Nachbesserungsarbeiten bei Kaufverträgen analog[2306].

Bezüglich der Verjährung im UCC und im CISG, wenn hinsichtlich der Verjährung nach Internationalem Privatrecht das deutsche Recht zur Anwendung kommt (Art. 3 VertragsG), gelten die zur Ersatzlieferung gemachten Ausführungen[2307].

c) Rechtsfolgen und Inhalt des Nachbesserungsanspruchs

(1) Mängelbeseitigung

Inhaltlich decken sich der Nachbesserungsanspruch im *CISG* und nach *BGB* im Wesentlichen. Dieses gilt im Anwendungsbereich des BGB sowohl für den Anspruch auf Nachbesserung im Werkvertragsrecht als auch bei vertraglicher Vereinbarung der Nachbesserung in AGB.

Der Anspruch auf *Specific Performance* weist aufgrund des Ermessens des Gerichts Besonderheiten auf.

Der Nachbesserungsanspruch geht im *BGB* und im CISG auf vollständige Beseitigung des Mangels[2308]. Gleiches gilt für den *UCC*[2309].

Die Art und Weise der Nachbesserung, d.h. die anzuwendende Maßnahme, durch welche der Mangel beseitigt werden soll, bestimmt im *BGB* und *CISG* der Verkäufer bzw. der Unternehmer[2310]. Dieses Bestimmungsrecht des Unternehmers bzw. Verkäufers reicht jedoch im *Werkvertragsrecht des BGB* weiter, da der

---

2305 Der Anspruch verjährt bei Arbeiten an einem Grundstück in einem Jahr, bei Bauwerken in fünf Jahren, vgl. § 638 BGB.

2306 *Palandt/Sprau*, § 638 Rn. 6.

2307 Vgl. oben *F. II. 1. b) (12)*.

2308 Zum Werkvertrag nach BGB: *Staudinger/Peters*, § 633 Rn. 167. Zum AGBG: *Stötter*, DB 1969, 647, 649. Zum CISG: *Staudinger/Magnus*, Art. 46 Rn. 65.

2309 Dies gilt aufgrund der „perfect tender rule". Vgl. *Colorado-Ute Elec. Ass'n, Inc. v. Envirotech Corp.*, 524 F.Supp. 1152, 1159 (D.Colo. 1981) („Buell shall bring the precipitator into compliance with the contract guaranties ... .").

2310 Zum Werkvertrag: *Staudinger/Peters*, § 633 Rn. 171. Zum AGB: *Soergel/Huber*, § 462 Rn. 66. Zum CISG: *Schlechtriem/Huber*, Art. 48 Rn. 9

Unternehmer bzw. der Verkäufer hier stets auch durch *Neuherstellung* den Nachbesserungsanspruch erfüllen kann[2311].

Im *CISG* und bei der Vereinbarung eines Nacherfüllungsanpruchs in *AGB* hingegen kann der Verkäufer grundsätzlich *nicht* durch Ersatzlieferung nacherfüllen, wenn der Käufer auf Nachbesserung klagt[2312]. Allerdings gilt im CISG dann etwas anderes, wenn die Nachbesserung bzw. Ersatzlieferung im Rahmen des Art. 48 I CISG vorgenommen wird; hier steht dem Verkäufer das Wahlrecht hinsichtlich der beiden Beseitigungsmethoden zu[2313]. Gleiches gilt bei Vereinbarung der Nachbesserung in AGB; auch hier kann der Verkäufer die Nacherfüllung anstatt durch Nachbesserung mit einer Ersatzlieferung durchführen, wenn er diese im Rahmen seines Nacherfüllungs*rechts* vornimmt[2314].

Im *UCC* kann das Gericht aufgrund seines Ermessens hinsichtlich des Inhalts eines Anspruchs auf *Specific Performance* selbst Methoden zur Mangelbeseitigung (auch alternativ) vorschlagen[2315].

(2) Leistungsort

Unterschiedlich wird in den Rechtscodes beurteilt, *wo* die Nachbesserung zu erfolgen hat.

Im *CISG* liegt der Leistungsort nach h.M. dort, wo sich die Ware nach dem Vertrag bestimmungsgemäß befindet[2316]. Aus Treu und Glauben und der Verkehrssitte kann sich aber etwas anderes ergeben[2317].

2311 *Soergel/Teichmann*, § 633 Rn. 3.

2312 Zum CISG: *Welser*, Vertragsverletzung, in: Doralt, S. 119; vgl. ferner *O.R.* S. 335 Nr. 15, 16; a.A. *Schlechtriem/Huber*, Art. 46 Rn. 66. Zum AGBG: *BGH* JR 1993, 198, 199 („Dass sich die Klägerin in ihren Allgemeinen Geschäftsbedingungen (...) die Befugnis zur Ersatzlieferung vorbehalten hat, ändert (...) nichts daran, dass sie in der gleichen Situation ihre Käufer auf den Nachbesserungsanspruch als zunächst einzigen Rechtsbehelf verweist. Tut sie dies, dann muss sie sich hieran auch festhalten lassen.“).

2313 Insoweit zutreffend, *Schlechtriem/Huber,* Art. 48 Rn. 9. Das bedeutet, dass der Käufer grds. nicht sofort auf der Nachbesserung bestehen kann. Etwas anderes gilt aber, wenn der Verkäufer die Nacherfüllung ablehnt oder von vorneherein feststeht, dass dem Käufer eine Ersatzlieferung unzumutbar ist (vgl. Art. 48 II CISG). Im Übrigen kann der Verkäufer im Rahmen seines Nacherfüllungsrecht gem. Art. 48 II CISG zunächst auch mit einer Ersatzlieferung erfüllen. Bei unzumutbaren Verzögerungen oder Unannehmlichkeiten bzw. einer Ungewißheit über die Auslagenerstattung durch die Ersatzlieferung kann der Käufer dann aber wieder seinen Nachbesserungsanspruch durchsetzen.

2314 Vgl. nur *Köhler,* JZ 1984, 393, 398.

2315 Vgl. *Colorado-Ute Elec. Ass'n, Inc. v. Envirotech Corp.*, 524 F.Supp. 1152, 1159 f. (D.Colo. 1981).

2316 *Staudinger/Magnus*, Art. 46 Rn. 66; *Schlechtriem/Huber,* Art. 46 Rn. 63; *Honsell/ Schneyder/Straub*, Art. 46 Rn. 104; *Vahle*, ZVglRWiss 98 (1999), 54, 70. A.A. zutreffend *Witz/Salger/Lorenz/Salger,* Art. 46 Rn. 11.

2317 *Honsell/Schneyder/Straub,* Art. 46 Rn. 104; *Schlechtriem/Huber*, Art. 46 Rn. 63.

Im *BGB* entspricht nach dem *BGH* der Leistungsort der Nachbesserung dem Leistungsort für die Ware[2318]. Ausnahmen können sich auch hier aus Treu und Glauben ergeben[2319].

Handelt es sich daher z.B. um eine Holschuld und wäre nach dem Vertrag die Ware für den Gebrauch in der Niederlassung des Käufers bestimmt, so würde nach dem CISG der Leistungsort für die Nachbesserung beim Käufer, nach dem BGB beim Verkäufer liegen.

Aufgrund dessen, dass sowohl nach CISG als auch nach BGB der Verkäufer die Kosten und die Gefahr bei der Nachbesserung trägt, ist dieser Unterschied aber weitgehend ohne Bedeutung[2320]. Im Übrigen werden häufig aufgrund der Ausnahmen (Treu und Glauben) die Leistungsorte in beiden Rechtscodes zusammenfallen[2321].

In den beiden Entscheidungen, die im *UCC* Nacherfüllungs*ansprüche* des Käufers betrafen, war der Leistungsort die Niederlassung des Käufers[2322].

(3) Gefahrtragung[2323]

Hinsichtlich der Gefahrtragung gleichen sich CISG und BGB nur bei wesentlichen Vertragsverletzungen i.S.d. Art. 25 CISG. Der UCC weicht mit seiner an „acceptance“ bzw. „revocation of acceptance“ geknüpften Gefahrtragung vom BGB und CISG ab.

Im *CISG* und im *BGB* trägt der Verkäufer die Gefahr, wenn sich die Ware auf dem *Transport* zur Reparatur befindet sowie auf dem Weg von der Reparaturstätte

2318 *BGH* NJW 1991, 1604, 1606; a.A. *Soergel/Huber*, § 476 a BGB Rn. 15 (Leistungsort nach den Umständen und der Verkehrssitte); a.A. *AK/Reich*, § 476 a Rn. 11 (Leistungsort ergibt sich aus § 476 a BGB, d.h. grds. Wohnsitz oder Niederlassung des Käufers).

2319 Vgl. oben *C. 3. c) (4) (a) (bb).*

2320 So auch *Soergel/Lüderitz*, 12. Aufl., Art. 42 EKG Rn. 2, zum EKG („(...) der tatsächliche Leistungsort ist daher weitgehend ohne Interesse.“). Zur Gefahrtragung im Text.

2321 So wird der Käufer bei kleineren Waren auch nach CISG grds. verpflichtet sein, diese an den Verkäufer zurückzusenden oder ihm diese zu überbringen, obwohl die Ware bestimmungsgemäß beim Käufer benutzt werden sollte (Treu und Glauben oder aber auch Verkehrssitte).

2322 *Stephan's Mach., Etc. v D&H Mach.* 417 N.E.2d 579, 585 (Ohio App. 1979); *Colorado-Ute Elec. Ass'n, Inc. v. Envirotech Corp.* 524 F.Supp. 1152 ff. (D.Colo. 1981). Auch im Rahmen des Nacherfüllungsrechts des Verkäufers (§ 2-508 UCC) ist der Sitz des Käufers Nacherfüllungsort, vgl. *Gutknecht,* Nacherfüllungsrecht, S. 293.

2323 Gefahrtragung bedeutet, dass die Sache durch *Zufall* zerstört wird oder untergeht. Hat der Verkäufer den Untergang verschuldet, so haftet der Verkäufer nach allen Rechtscodes für den Untergang. Hat der Käufer den Untergang verschuldet, so haftet der Käufer.

zurück zum Käufer[2324]. Ferner trägt der Verkäufer die Gefahr, wenn sich die Sache zwecks Nachbesserung bei ihm befindet[2325].

Befindet sich die vertragswidrige Ware beim *Käufer*, so ist die Gefahrtragung in BGB und CISG unterschiedlich geregelt. Im *BGB* trägt hier der Verkäufer *stets* die Gefahr[2326]. Geht also die mangelhafte Ware durch Zufall unter, so kann der Käufer aufgrund § 350 BGB dennoch Wandlung, Ersatzlieferung oder ggf. den „großen" Schadensersatz verlangen[2327].

Im *CISG* hingegen trägt der Verkäufer nur dann die Gefahr, wenn es sich um eine *wesentliche* Vertragsverletzung gehandelt hat, bevor die Ware untergegangen ist (vgl. Artt. 70, 82 II CISG)[2328]. Nur wenn (ursprünglich) eine wesentliche Vertragsverletzung vorlag, kann der Käufer noch Vertragsaufhebung (und Schadensersatz) oder Ersatzlieferung verlangen, wenn die Nachbesserung aufgrund eines zufälligen Untergangs scheitert[2329]. Lag hingegen nur eine *unwesentliche Vertragsverletzung* vor, so geht im CISG mit Übergabe gem. Art. 69 I CISG die Gefahr auf den Käufer über. Wird die Sache durch Zufall zerstört, kann er *nicht* Vertragsaufhebung oder Ersatzlieferung verlangen, so dass der Käufer die Gefahr trägt.

Liefert der Verkäufer im *UCC* vertragswidrige Ware, so verbleibt die Gefahr bis zur „acceptance" oder „cure" beim Verkäufer, § 2-510 (1) UCC. Nach „acceptance" oder „cure" trägt die Gefahr der Käufer. Hierbei sind insbesondere die Fiktionen zu beachten, die die Annahme („acceptance") unterstellen, wenn der Käufer die Ware nicht rechtzeitig zurückweist („rejection"), vgl. §§ 2-606 (1) (b), 2-602 (1), 2-602 (2) (a) UCC[2330].

Kann der Käufer die „acceptance" widerrufen („revocation"), fällt das Risko des zufälligen Untergangs auf den Verkäufer zurück[2331].

2324 Zum BGB: *Soergel/Huber*, § 446 Rn. 61. Zum CISG: *Schlechtriem/ Huber*, Art. 46 Rn. 63; *Heilmann*, Mängelgewährleistung, S. 430.

2325 Zum BGB: *Soergel/Huber*, § 446 Rn. 61; *Hager*, Gefahrtragung beim Kauf, S. 174. Zum CISG: Vgl. oben *E. V. 3. b)*. Die Gefahrtragung des Verkäufers ergibt sich daraus, dass durch die Rücknahme der Ware zur Reparatur der ursprüngliche Übergang der Gefahr gem. Artt. 66 ff. CISG rückgängig gemacht wird.

2326 *Soergel/Huber*, § 446 Rn. 61; *Hager*, Gefahrtragung beim Kauf, S. 164.

2327 *MünchKomm/Westermann*, § 446 Rn. 3.

2328 *Honnold*, Art. 70 Rn. 382.1; *Roth*, 27 Am.J.Comp.L 291, 302 (1979); *Stocks*, 87 Nw.U.L.Rev. 1415, 1437 f. (1993).

2329 *Schlechtriem/Hager*, Art. 70 Rn. 7.

2330 Vgl. nur *Quinn*, UCC, § 2-606 (A) (3) („The most common type of ‚acceptance' is had through lapse of time (2-606 (1) (b)).").

2331 *White & Summers*, 5th ed.,§ 5-5, S. 192. Jedoch kann der Käufer vom Verkäufer nur den Verlust ersetzt verlangen, der ihm dadurch entstanden ist, daß seine Versicherung für die untergegangene Ware nicht ausreichte oder eine Versicherung überhaupt nicht bestand (§ 2-510 (2) UCC).

(4) Kosten der Nachbesserung

Die Kosten der Nachbesserung hat nach sämtlichen Rechtscodes der Verkäufer zu tragen.

Der Verkäufer hat im *BGB* gem. § 476 a BGB alle Aufwendungen zu tragen, die zum Zwecke der Nachbesserung erforderlich sind[2332]. Gleiches ergibt sich nach der *Konvention* implizit aus Art. 48 I CISG, der die Kosten beim Nacherfüllungs*recht* ebenfalls dem Verkäufer auferlegt[2333]. Auch im *UCC* muss der Verkäufer die Kosten tragen[2334].

In allen Rechtscodes hat der Käufer danach die Transport-, Wege-, Arbeits- und Materialkosten sowie die Kosten der Feststellung des Mangels zu tragen[2335].

Die Kosten der Rechtsverfolgung[2336] sowie der Nutzungsausfall[2337] gehören im *internen deutschen Recht* nicht zu den Kosten der Mängelbeseitigung.

Gleiches gilt nach dem *CISG* und dem *UCC*, jedoch kann der Käufer diese Kosten im Rahmen des begleitenden, verschuldensunabhängigen Schadensersatzanspruchs geltend machen.

Die Rechtsverfolgung und den Nutzungsausfall (nicht der Mängelrüge) kann der Käufer im *BGB* dagegen nur geltend machen, wenn sich der Verkäufer mit der Nachbesserung in Verzug befand, was ein Verschulden voraussetzt.

(5) Reparatur durch Dritte/Ersatzvornahme

Kann der Verkäufer die Reparatur nicht selbst vornehmen –z.B., weil ihm die nötigen Kenntnisse hierzu fehlen, so ist er nach *CISG* und *BGB* dazu verpflichtet, *Dritte* mit der Reparatur zu beauftragen[2338].

Im *UCC* hingegen schließt bereits die Möglichkeit, dass Dritte die Reparatur vornehmen können, einen Anspruch auf *Specific Performance* aus. Der Käufer kann dann „nur" die Kosten der Ersatzvornahme als Schadensersatz geltend machen.

2332 Im Werkvertragsrecht gilt § 476 a BGB über § 633 II S. 2 BGB.

2333 *OLG Hamm,* IPRax 1996, 269, 270; *Schlechtriem/Huber*, Art. 4 Rn. 65.

2334 *Colorado-Ute Electric Ass'n, Inc. v. Envirotech. Corp.*, 524 F.Supp. 1152, 1159 (D.Colo. 1981). Auch im Rahmen des Nacherfüllungsrechts des Verkäufers (§ 2-508 UCC) muss der Verkäufer die Kosten der Nacherfüllung tragen, vgl. *Gutknecht,* Nacherfüllungsrecht, S. 95 m.w.N.

2335 Zum BGB: *MünchKomm/Westermann*, § 476 a Rn. 4; *BGH* NJW 1991, 1604, 1607 (Mangelfeststellung). Zum CISG: *Heilmann*, Mängelgewährleistung, S. 430. Zum UCC: Die Pflicht des Verkäufers, die Kosten der oben aufgeführten Positionen zu tragen, ergibt sich aus dem Anspruch auf *Specific Performance* selbst (vgl. Entscheidung in vorstehender Fn.).

2336 *Soergel/Huber*, § 476 a Rn. 16.

2337 *BGHZ* 72, 31, 32 ff..

2338 Zum BGB: *MünchKomm/Soergel,* § 633 Rn. 101. Zum CISG: Gleiches gilt im CISG, da für die Erfüllungsansprüche subjektive Unmöglichkeit unerheblich ist, vgl. nur *Staudinger/Magnus*, Art. 46 Rn. 27.

Im *CISG* kann der Käufer anstatt seinen Nachbesserungsanspruch gegenüber dem Verkäufer geltend zu machen, auch die Nachbesserung durch einen Dritten vornehmen lassen und die Kosten der Ersatzvornahme als *Schadensersatz* im Rahmen des Art. 45 I b) CISG ersetzt verlangen. Allerdings muss der Käufer auch hier zunächst dem Verkäufer die Möglichkeit geben, sein Nacherfüllungsrecht gem. Art. 48 I CISG wahrzunehmen[2339]. Der Käufer kann also erst die Reparatur durch einen Dritten durchführen lassen und die Kosten als Schadensersatz verlangen, wenn der Verkäufer die Nachbesserung zuvor unzumutbar verzögert oder dem Käufer unzumutbare Unannehmlichkeiten bereitet hat (vgl. Art. 48 I CISG).

Entsprechend gestaltet sich die Rechtslage im *Werkvertragsrecht des BGB* und bei vereinbarter Nachbesserung in *AGB*.

Der Besteller kann nach BGB die Reparatur durch einen Dritten vornehmen lassen und die Kosten der Ersatzvornahme vom Unternehmer zurückverlangen, wenn sich der Unternehmer mit der Nachbesserung *im Verzug* befand (§ 633 III BGB)[2340]. Gleiches gilt für den in AGB vereinbarten Nachbesserungsanspruch[2341].

Die Rechtslage entspricht deshalb dem CISG, da Verzug bezüglich des § 633 III BGB im internen deutschen Recht dann vorliegt, wenn der Unternehmer den Mangel nach dem Beseitigungsverlangen des Bestellers nicht in *angemessener Frist* behoben hat[2342]. Dabei dürfte die Frist für eine „unzumutbare Verzögerung" im CISG und die „angemessene Frist" im BGB ähnlich auszulegen sein[2343].

(6) Konkurrierende Ansprüche

Trotz erfolgter Nachbesserung können dem Käufer aufgrund der vertragswidrigen Lieferung Schäden verbleiben, und zwar *Verzögerungs-* sowie *Mangelfolgeschäden*.

Die Rechtscodes stellen dem Käufer hierfür begleitende Schadensersatzansprüche zur Verfügung. Im internen deutschen Recht bestimmt sich die Anspruchsgrundlage nach den o.g. Schadensarten, während im CISG sämtliche (Begleit-)Schäden von Art. 45 I b) CISG und im UCC durch § 2-715 UCC erfasst werden. Der nachstehende Vergleich unterteilt die Schadensarten i.S.d. internen deutschen Rechts.

2339 Ansonsten kann der Käufer keine Rechte (d.h. Schadensersatz) aus der Nichterfüllung herleiten, vgl. *Schlechtriem/Huber*, Art. 48 Rn. 28.

2340 Der Besteller hat hierbei sogar einen Anspruch auf Kostenvorschuss für seine Aufwendungen, vgl. *Soergel/Teichmann*, § 633 Rn. 25 ff..

2341 *BGH* JR 1993, 198, 199.

2342 *Palandt/Sprau*, § 633 Rn. 8.

2343 Auch ergibt sich kein wesentlicher Unterschied dadurch, dass der Verzug im BGB ein *Beseitigungsverlangen* voraussetzt. Denn auch nach dem CISG muss der Käufer –um dem Verkäufer eine Nacherfüllung im Rahmen des Art. 48 I CISG zu ermöglichen- beim Verkäufer den Mangel zumindest rügen (vgl. Art. 39 CISG).

(a) Verzögerungsschäden

Unter Verzögerungsschäden fallen insbesondere Zinsverluste, Betriebsunterbrechungen, entgangener Gewinn sowie Kosten der Rechtsverfolgung. Es gilt hinsichtlich der Verzögerungsschäden grundsätzlich das Gleiche, was zur Ersatzlieferung ausgeführt wurde.

Im *CISG* und *UCC* kann der Käufer seine Schäden von dem Lieferzeitpunkt bis zur Reparatur vollständig ersetzt verlangen (Art. 45 I b) CISG, § 2-715 (2) UCC)[2344]. Der Anspruch ist dabei -anders als nach BGB- verschuldensunabhängig. Es gelten allerdings im CISG und im UCC die Grenzen der Voraussehbarkeit (Art. 74 S. 2 CISG, § 2-715 II a) CISG). Ferner bestehen im CISG die Grenzen der Artt. 77, 79 CISG und im UCC die Grenze des § 2-615 (a) UCC.

Auch im *BGB* kann der Käufer Verzögerungsschäden ersetzt verlangen, und zwar sowohl nach Werkvertragsrecht[2345] als auch dann, wenn der Nachbesserungsanspruch in den AGB vereinbart wurde[2346]. Erforderlich ist nach dem internen deutschen Recht allerdings, dass sich der Verkäufer im Verzug befindet, was ein *Verschulden* (§ 285 BGB) voraussetzt[2347]. Verzug bedeutet beim Nachbesserungsanspruch, dass der Verkäufer aufgrund seines Verschuldens nicht innerhalb einer *angemessenen Frist nach Aufforderung* den Mangel beseitigt hat[2348].

Insofern liegt der Zeitpunkt für den Beginn der Schadensersatzpflicht im *UCC* und *CISG* regelmäßig früher als nach internem deutschen Recht[2349].

(b) Mangelfolgeschäden

In sämtlichen Rechtscodes kann der Käufer Mangelfolgeschäden geltend machen. Im *CISG* und im *UCC* löst dabei bereits der Umstand einer vertragswidrigen Lieferung die Schadensersatzpflicht des Art. 45 I b) CISG bzw. des § 2-715 (2) UCC aus. Die Haftung ist dabei *verschuldensunabhängig*[2350].

2344 Für UCC: *Stephan's Mach., ETC. v. D&H Mach.* 417 N.E.2d 579, 583f. (Ct.App.Ohio 1979) (Schadensersatz für entgangenen Gewinn, zu zahlende Zinsen und Anwaltsgebühren). Für CISG: Vgl. oben *F. II 1. c) (1) (b) (bb).*

2345 *Soergel/Teichmann*, vor § 633 Rn. 8; *MünchKomm/Soergel,* § 633 Rn. 121.

2346 H.M.: *Stötter,* DB 1969, 647, 648 f.; *Ulmer/Brandner/Hensen/Hensen* § 11 Nr. 10 b Rn. 49; *BGH* MDR 1954, 345, 346; a.A. *Staudinger/Honsell* § 462 Rn. 17.

2347 Allerdings wird das Verschuldenserfordernis im Vergleich zum CISG und UCC dadurch „aufgeweicht", dass der Schuldner (Verkäufer) die Beweislast für sein Nichtverschulden trägt, vgl. nur *Palandt/Heinrichs,* § 285 Rn. 1 m.w.N.).

2348 *Stötter,* DB 1969, 647, 648; *Palandt/Sprau,* § 633 Rn. 8 (zum Werkrecht).

2349 Allerdings ist -wie beim Ersatzlieferungsanspruch- darauf hinzuweisen, dass nach BGB die Lieferung im Zweifel *sofort* fällig ist (§ 271 I BGB), während nach CISG die Ware erst innerhalb *angemessener Zeit* nach Vertragsschluss zu liefern ist (Art. 33 c) CISG).

2350 Es gelten dabei im CISG die Grenzen der Artt. 74 I, 79 CISG und im UCC des § 2-715 (2) (a) und § 2-615 (a).

Im *BGB* ist ein Schadensersatzanspruch für Mangelfolgeschäden *verschuldensabhängig*, und zwar sowohl im Werkvertragsrecht (§ 635 BGB) als auch bei einem in den AGB vereinbarten Nachbesserungsanspruch (pFV).

Im *Werkvertragsrecht* muss dabei der Unternehmer den Umstand zu vertreten haben, auf dem der Mangel beruht[2351]. Zu vertreten hat er den Mangel dann, wenn er bei der Werkserrichtung nicht die erforderliche Sorgfalt beachtet hat[2352].

Im *Kaufrecht* muss der Verkäufer dagegen eine über die bloße Lieferung hinausgehende Verhaltenspflicht (z.B. Untersuchungs- oder Aufklärungspflicht) verletzt haben[2353].

3. Der Nacherfüllungsanspruch für Rechtsmängel

Liefert der Verkäufer im Anwendungsbereich der verglichenen Rechtscodes eine rechtsmangelhafte Sache, so steht dem Käufer nach sämtlichen Rechtscodes ein Nacherfüllungsanspruch zu, der auf die Beseitigung des Rechtsmangels gerichtet ist. Dieser Anspruch ist jedoch in keinem der drei Rechtscodes *speziell (ausdrücklich)* normiert, sondern eine Ausformung des „allgemeinen" Erfüllungsanspruchs (BGB und CISG) bzw. des Rechtsbehelfs auf *Specific Performance* (UCC).

a) Die Normierung und Ausgestaltung von Nacherfüllungsansprüchen für Rechtsmängel

In keinem der drei verglichenen Rechtscodes ist ein Nacherfüllungsanspruch für Rechtsmängel speziell (ausdrücklich) normiert. Vielmehr ist der Anspruch auf Nacherfüllung bei Rechtsmängeln im BGB und CISG eine Ausformung des allgemeinen Erfüllungsanspruchs (§§ 433 I, 434 BGB, Art. 46 I CISG)[2354]. Im UCC

2351 *Soergel/Teichmann*, § 635 Rn. 32. Dabei gilt hinsichtlich der Beweislast, die Verteilung nach Gefahrenbereichen. Stammt also die Schadensursache aus dem Gefahrenbereich des Unternehmers (wie meist), so hat der Unternehmer zu beweisen, dass er diese Ursache nicht zu vertreten hat. Die objektive Pflichtwidrigkeit, die Kausalität und den Schaden hat stets der Käufer zu beweisen, vgl. *Soergel/Teichmann,* § 635 Rn. 39; *MünchKomm/Soergel*, § 635 Rn. 99.

2352 *MünchKomm/Soergel*, § 635 Rn. 8.

2353 *Palandt/Putzo*, vor § 459 Rn. 6; *Köhler*, JA 1982, 159, 162.

2354 Zum BGB: *MünchKomm/Westermann*, § 434 Rn. 1. Zum CISG: Die h.M. unterstellt den Nacherfüllungsanspruch für Rechtsmängel dem allgemeinen Erfüllungsanspruch, vgl. *Prager*, Verkäuferhaftung, S. 203 ff.; *Karollus*, S. 136; *Staudinger/Magnus*, Art. 46 Rn. 17. Nach der Gegenansicht werden sämtliche Vertragsverletzungen einheitlich behandelt, so dass sich die Nacherfüllung bei Rechtsmängeln nach Art. 46 II CISG (Austausch der rechtsmangelhaften gegen rechtsmangelfreie Ware) und Art. 46 III CISG (Beseitigung des Rechtsmangel bspw. durch Ablösung eines Pfandrechts) richtet, vgl. nur *Vahle*, ZVglRWiss 98 (1999), 54, 58 m.w.N..

gilt aufgrund der einheitlichen Anwendung des Rechtsbehelfs auf *Specific Performance* auf sämtliche Vertragsverletzungen entsprechendes[2355].

Deshalb ist auch in keinem der drei Rechtscodes eine *konkrete Nacherfüllungsmethode* (Ersatzlieferung oder Nachbesserung) hinsichtlich der Beseitigung von Rechtsmängeln normiert. Der Anspruch auf Nacherfüllung bei Rechtsmängeln geht lediglich pauschal auf Beseitigung des Rechtsmangels. Der Käufer kann deshalb in den verglichenen Rechtscodes „nur" verlangen, dass er rechtsmangelfreie Ware erhält; *wie* aber diese „Rechtsmangelfreiheit" herzustellen ist - durch Lieferung von rechtsmangelfreier Ware oder durch Beseitigung des Rechtsmangels -, steht grds. in der Wahl des Verkäufers (BGB und CISG)[2356] bzw. liegt im Ermessen des Gerichts (UCC).

b) Voraussetzungen

(1) Rechtsmängel

Im Anwendungsbereich aller Rechtscodes muss der Verkäufer das Eigentum lastenfrei auf den Käufer übertragen. Bestehen Rechtsmängel, die den Käufer an der Benutzung oder dessen Verfügungsbefugnis hindern, so haftet der Verkäufer hierfür. Unterschiedlich wird beurteilt, ob ein Rechtsmangel tatsächlich vorliegen muss, oder aber die Behauptung eines Rechts durch einen Dritten ausreicht.

Der Kaufgegenstand muss in sämtlichen Rechtscodes frei von *dinglichen* Belastungen, wie Anwartschafts-, Pfand- und Sicherungsrechten sowie sonstigen dinglichen Rechten sein[2357].

Auch *obligatorische* Rechte, die die Besitzer- oder Eigentümerstellung des Käufers beeinträchtigen, hat der Verkäufer nach BGB, UCC und CISG zu beseitigen[2358].

Ob *öffentlich-rechtliche* Beschränkungen der Rechtsmängel- oder der Sachmängelhaftung unterfallen, ist im *BGB* und im *CISG* umstritten[2359]. Die wohl h.M.

2355 Der Anspruch auf *Specific Performance* kann (theoretisch) auch die Beseitigung von Rechtsmängeln umfassen, vgl. *Wolff*, Rechtsmängelhaftung, S. 135.

2356 Zum CISG: *Staudinger/Magnus*, Art. 46 Rn. 37. Zum BGB: Vgl. oben *C. VI. 3. a).*

2357 Zum CISG: *Zhang*, Rechtsmängelhaftung, S. 74. Zum BGB: *Palandt/Putzo*, § 434 Rn. 4. Zum UCC: *Wolff*, Rechtsmängelhaftung, S. 32 ff..

2358 Zum CISG: *Schlechtriem/Schwenzer*, Art. 41 Rn. 4. Zum BGB: *Palandt/Putzo* § 434 Rn. 5: Für UCC: Im UCC ergibt sich dieses aus § 2-312 (1) UCC, da dem Käufer durch die „warranty of title" ein absolutes Besitzrecht gegen jeden sonstigen Anspruchssteller eingeräumt werden soll, vgl. *Del Duca/Guttmann/Squillante*, Sales, S. 193.

2359 Zum CISG: Rechtsmangel gem. Art. 41 S. 1 CISG: *Welser*, Vertragsverletzung, in: Doralt, S. 114; *Huber*, RabelsZ 43 (1979), 413, 501. Vertragswidrigkeit i.S.d. Art. 35 CISG: *Piltz*, Intern. KaufR, S. 204 Rn. 94; *Staudinger/Magnus*, Art. 41 Rn. 13. Zur Abgrenzung im BGB, *Soergel/Huber*, § 434 Rn. 46 ff..

im internen deutschen Recht ordnet öffentlich-rechtliche Beschränkungen dann der Rechtsmängelhaftung zu, wenn die Beschränkung vom Verkäufer durch finanzielle Mittel beseitigt werden kann und die Beschränkung nicht aus Gründen des Gemeinwohls besteht[2360]. Im CISG werden öffentlich-rechtlichen Beschränkungen entweder vollständig den Vertragswidrigkeiten nach Art. 35 CISG oder aber der Rechtsmängelhaftung nach Art. 41 CISG zugeordnet[2361]. Teilweise werden auch differenzierende Lösungen vertreten[2362]. Ob öffentlich-rechtlichen Beschränkungen im UCC einen Rechtsmangel i.S.d. § 2-312 (1)(b) UCC darstellen, ist von der Rechtsprechung bisher nicht geklärt worden[2363].

Schließlich haftet der Verkäufer in UCC (§ 2-312 (3) UCC), BGB (§ 434 BGB) und CISG (Art. 42 CISG) für die Freiheit von *gewerblichen Schutzrechten* und *Urheberrechten*. Im UCC gilt dieses allerdings nur, wenn der Verkäufer Kaufmann ist und regelmäßig Handel mit Sachen der verkauften Art treibt (§ 2-312 (3) UCC).

Unterschiedlich wird von CISG und UCC einerseits und dem BGB andererseits beurteilt, ob für die Rechtsmängelhaftung des Verkäufers das Recht (auch Schutzrecht) des Dritten *tatsächlich* bestehen muss[2364]. Während nach CISG und UCC ausreichend ist, dass ein Dritter dieses Recht behauptet[2365], muss im BGB das Recht tatsächlich bestehen[2366].

Der Anspruch auf Beseitigung eines Rechtsmangels ist in keinem der Rechtscodes davon abhängig, dass eine bestimmte Schwere des Rechtsmangels vor-

---

2360 *Palandt/Putzo*, § 434 Rn. 6 m.w.N.; *MünchKomm/Westermann*, § 434 Rn. 4; a.A. *Soergel/Huber*, § 434 Rn. 28 (Behebbarkeit kein geeignetes Abgrenzungsmerkmal).

2361 Für Rechtsmangel: *Welser*, Vertragsverletzung, in: Doralt, S. 114. Für Vertragswidrigkeit: *Staudinger/Magnus*, Art. 41 Rn. 13.

2362 *Schlechtriem/Schwenzer*, Art. 41 Rn.5 ff..

2363 Vgl. *Zhang*, Rechtsmängelhaftung, S. 132 (der ausführt, es käme wohl darauf an, dass der Käufer keinem gerichtlichen Verfahren ausgesetzt wird); ferner *Wolff*, Rechtsmängelhaftung, S. 38 ff..

2364 Für den Nacherfüllungsanspruch des Käufers hat dies zur Folge, dass der Käufer Nacherfüllung verlangen kann, obwohl (evtl.) überhaupt kein Rechtsmangel vorliegt. Dies bedeutet konkret, dass der Verkäufer Ersatzware zu liefern hat, hinsichtlich welcher der Dritte keine Rechte behauptet oder beim Dritten - unabhängig von dessen tatsächlicher Berechtigung - dessen behauptetes Recht derart abzulösen bzw. den Dritten so zu befriedigen hat, dass der Dritte kein Recht mehr behauptet. Hieran wird deutlich, dass die Regelung im internen deutschen Recht (dazu sogleich im Text) vorzugswürdig ist.

2365 Zum UCC: Wolff, Rechtsmängelhaftung, S. 35 f. (zu § 2-312 (1) (b) UCC); *Zhang*, Rechtsmängelhaftung, S. 130, 134 (zu §§ 2-312 (1) (a), 2-312 (3) UCC). Zum CISG: *Schlechtriem/Schwenzer*, Art. 41 Rn. 9 f..

2366 *Palandt/Putzo*, § 434 Rn. 4.

liegt[2367]. Lediglich im CISG vertritt eine Minderansicht, die Rechtsmängel den Absätzen. 2 und 3 des Art. 46 CISG unterstellen, dass ein Rechtsmangel wesentlich sein muss, wenn der Käufer Ersatzlieferung (Art. 46 II CISG) begehrt[2368].

(2) Unzulänglichkeit eines Schadensersatzanspruchs

Aufgrund der einheitlichen Bewertung von Vertragsverletzungen richtet sich der Anspruch auf *Specific Performance* für Rechtsmängel im *UCC* ebenfalls nach § 2-716 (1) UCC[2369]. Will der Käufer daher einen Nacherfüllungsanspruch auf Beseitigung von Rechtsmängeln durchsetzen, so muss die Sache „unique" sein oder es müssen „other proper circumstances" vorliegen. Dies bedeutet, dass ein Erfüllungsanspruch nur dann durchsetzbar ist, wenn ein Schadensersatzanspruch unzureichend ist, weil der Käufer bei dem Dritten das Recht nicht selbst ablösen kann und rechtsmangelfreie Ware auf dem Markt nicht vorhanden ist. Ein Erfüllungsanspruch für Rechtsmängel wird damit zur absoluten Ausnahme[2370].

Im *BGB* und *CISG* kann der Käufer grundsätzlich immer Beseitigung der Rechtsmängel verlangen. Für das CISG gilt allerdings die –außerhalb der Konvention begründete- Einschränkung des Art. 28 CISG. Führt die Verweisung nach Internationalem Privatrecht ins amerikanische Recht, so gilt daher das zum UCC Ausgeführte.

(3) Maßgeblicher Zeitpunkt

Im *internen deutschen Recht* ist der maßgebliche Zeitpunkt für die Freiheit von Rechten der Zeitpunkt des Übergangs des Eigentums[2371]. Bei beweglichen Sachen, die nicht unter Eigentumsvorbehalt verkauft werden, geht das Eigentum dabei regelmäßig durch (Einigung und) *Übergabe* über (§ 929 BGB)[2372].

Im UCC wird ebenso wie im CISG grundsätzlich auf die Lieferung abgestellt[2373].

2367 Zum CISG: *Schlechtriem/Huber*, Art. 46 Rn. 28. Zum UCC: Es gilt hier die „perfect tender rule". Zum BGB: Rechtsmängel unterliegen nicht der Einschränkung der Erheblichkeit i.S.d. § 459 I S. 2 BGB.

2368 *Wolff*, Rechtsmängelhaftung, S. 166 f.; *Vahle*, ZVglRWiss 98 (1999), 54, 58;

2369 *Wolff*, Rechtsmängelhaftung, S. 132 ff..

2370 Vgl. *Wolff*, Rechtsmängelhaftung, S. 132 ff., 135 (Dort ist keine Entscheidung zu einem Erfüllungsanspruch für Rechtsmängel aufgeführt).

2371 *MünchKomm/Westermann*, § 434 Rn. 16.

2372 Zu den übrigen Möglichkeiten des Eigentumsübergangs vgl. §§ 930, 931 BGB.

2373 Zum UCC: *Zhang*, Rechtsmängelhaftung, S. 131, 133, 135 (dort auch zu den Ausnahmen). Zum CISG: *Piltz*, Intern. KaufR, S. 204 Rn. 96; *Schlechtriem/Schwenzer* Art. 41 Rn. 15 (dort zu den Ausnahmen), Art. 42 Rn. 8.

(4) Erkundigungs- und Rügepflichten

Der Käufer hat sich im *internen deutschen Recht* nicht danach zu erkundigen, ob Rechtsmängel vorliegen[2374]. Ferner muss er einen Rechtsmangel nicht rügen, was auch für Kaufleute gilt. Auch im *UCC* und im *CISG* besteht keine Erkundigungs- bzw. Nachforschungspflicht des Käufers nach Rechtsmängeln[2375]. Der Käufer muss also nicht etwa nachforschen, ob Schutzrechte für die Ware bestehen oder Dritte Pfandrechte an ihr haben könnten.

Anders als im BGB muss der Käufer im *CISG* einen Rechtsmangel innerhalb *angemessener Frist* ab Kenntniserlangung bzw. Kennenmüssen *anzeigen* und dabei *genau bezeichnen*, welcher Art das Recht oder der Anspruch des Dritten ist (Art. 43 I CISG)[2376]. Auch im *UCC* muss der Käufer den Mangel rügen. Denn gem. § 2-608 (2) UCC muss der Käufer innerhalb angemessener Zeit („reasonable time“) nach Entdeckung des Mangels oder nachdem er den Mangel hätte entdecken müssen, seine „acceptance“ widerrufen[2377]. Allerdings muss der Käufer den Mangel nicht spezifizieren[2378].

Die Rechtsfolge einer versäumten Rüge ist im *CISG*, dass dem Käufer grundsätzlich keine Rechtsbehelfe zur Verfügung stehen[2379]. Eine Ausnahme besteht im Fall des Art. 44 CISG, wenn der Käufer eine vernünftige Entschuldigung für das Unterlassen der Anzeige hat. Er kann dann noch Schadensersatz oder Herabsetzung des Kaufpreises verlangen. Der *Erfüllungsanspruch* gem. Art. 46 I CISG auf Beseitigung von Rechtsmängeln ist aber ausgeschlossen. Ferner behält der Käufer trotz versäumter Rüge seine Rechtsbehelfe (auch den Erfüllungsanspruch),

---

2374 Dem Käufer schadet auch nicht *grob* fahrlässige Unkenntnis des Rechtsmangels, vgl. *Palandt/Heinrichs*, § 439Rn. 4; *Soergel/Huber*, § 439 Rn. 31.

2375 Zum CISG: *Schlechtriem Schwenzer*, Art. 42 Rn. 17. Zum UCC: Im UCC ergibt sich dies daraus, dass nur positive Kenntnis, nicht aber Kennenmüssen (bspw. durch eine unterlassene Nachforschung) die Haftung für Rechtsmängel ausschließt, vgl. *official comment* Nr. 1 zu § 2-312 UCC; *Zhang*, Rechtsmängelhaftung, S. 133, 138.

2376 Nach Art. 43 II CISG kann sich der Verkäufer nicht auf die Fristversäumung berufen, wenn er den Rechtsmangel kannte. Wie bereits ausgeführt, trifft den Käufer hinsichtlich des Kennenmüssens keine Nachforschungspflicht, wenn keine Verdachtsmomente vorliegen, vgl. *Piltz*, Intern. KaufR, S. 209 Rn. 119.

2377 Es wird dabei regelmäßig eine „acceptance“ vorliegen, da die „acceptance“ gem. §§ 606 (1) (b), 602 (1) UCC § 2-602 (1) UCC nach Ablauf einer angemessenen Zeit ab Lieferung fingiert wird. Kennt der Käufer den Rechtsmangel nicht, so wird diese Frist regelmäßig abgelaufen sein. Der Käufer muss dann also die fingierte „acceptance“ gem. § 2-608 (1) (b) UCC widerrufen, vgl. *Wolff*, Rechtsmängelhaftung, S. 85 f..

2378 § 2-605 (1) UCC, der eine Spezifierungspflicht für Kaufleute und in den Fällen von behebbaren Mängeln vorsieht, bezieht sich nur auf die „rejection“ nicht aber auf die „revocation of acceptance“.

2379 *Schlechtriem/Schwenzer*, Art. 41 Rn. 19, Art. 42 Rn. 24.

wenn der Verkäufer den Anspruch des Dritten und seine Art kannte (Art. 43 II CISG).

Im *UCC* führt die versäumte oder nicht rechtzeitige Rüge nur dann zum Ausschluss aller Rechtsbehelfe, wenn der Käufer die Ware bereits akzeptiert hatte (§ 2-607 (3) (a) UCC)[2380].

(5) Geltendmachung der Nacherfüllung

Liegt ein Rechtsmangel vor und begehrt der Käufer Beseitigung des Rechtsmangels, so ist der Erfüllungsanspruch in keinem der verglichenen Rechtscodes davon abhängig, dass der Käufer diesen innerhalb einer bestimmten Frist geltend macht.

Im *CISG* gilt dies allerdings nur, wenn -wie hier- der h.M. gefolgt wird[2381], die den Nacherfüllungsanspruch des Käufers für Rechtsmängel dem allgemeinen Erfüllungsanspruch des Art. 46 I CISG zuordnet. Folgt man der gegenteiligen Auffassung[2382], die die Nacherfüllung für Rechtsmängel dem Anwendungsbereich der Abs. 2 und 3 des Art. 46 CISG unterwirft, so muss der Käufer die Nachbesserung bzw. die Ersatzlieferung innerhalb angemessener Frist nach der Rüge geltend machen (vgl. Art. 46 II, III CISG).

(6) Das Nacherfüllungsrecht des Verkäufers und das Verhältnis zum Nacherfüllungsanspruch des Käufers

Im *UCC* und *CISG* hat der Verkäufer für jede Art von Vertragsverletzung ein Nacherfüllungsrecht („right to cure"), mithin auch bei Rechtsmängeln[2383]. Der Käufer kann andere Rechtsbehelfe deshalb grds. erst ausüben, wenn er dem Verkäufer die Möglichkeit der Beseitigung des Rechtsmangels gegeben hat.

Gleiches gilt nach BGB. Denn gem. §§ 440, 326 I BGB kann der Käufer grundsätzlich erst zurücktreten oder Schadensersatz verlangen, wenn er dem Verkäufer zuvor eine Frist zur Beseitigung des Rechtsmangels mit einer Ablehnungsandrohung gesetzt hat[2384]. Dem Verkäufer steht deshalb über § 326 I BGB ein Nachbesserungsrecht für Rechtsmängel zu.

[2380] Hinsichtlich der Frage, ob der Käufer die rechtsmangelhafte Ware akzeptiert hat, ist insbesondere die Fiktion des § 2-602 (1) UCC zu beachten, wonach eine „acceptance" dann fingiert wird, wenn eine angemessene Frist ab Lieferung verstrichen ist, vgl. *Wolff*, Rechtsmängelhaftung, S. 85 f. (m.w.N. aus der Rspr.).

[2381] *Staudinger/Magnus*, Art. 46 Rn. 17; *Schlechtriem/Huber*, Art. 46 Rn. 27 f..

[2382] *Wolff*, Rechtsmängelhaftung, S. 169; *Vahle*, ZVglRWiss 98 (1999), 54, 58.

[2383] Zum CISG: *Staudinger/Magnus*, Art. 48 Rn. 8. Zum UCC: *Gutknecht*, Nacherfüllungsrecht, S. 86 f..

[2384] Zur Anwendung des § 326 BGB auf (behebbare) Rechtsmängel, vgl. *Palandt/Putzo*, § 441 Rn. 3; *BGH* NJW 1991, 2700, 2701; *BGH* NJW-RR 1992, 201, 202.

Für den Nacherfüllungs*anspruch* des Käufers hat das Nacherfüllungs*recht* des Verkäufers in keinem der Rechtscodes Auswirkungen[2385]. Denn dem Verkäufer steht sowohl innerhalb seines Nacherfüllungs*rechts* als auch im Rahmen des Nacherfüllungs*anspruchs* des Käufers das Wahlrecht hinsichtlich der Nacherfüllungsmethode (Ersatzlieferung oder Nachbesserung) zu. Im UCC bestimmt das Gericht im Rahmen seines Ermessens die Ausgestaltung des Erfüllungsanspruchs des Käufers. Zu einem Wechsel des Wahlrechts hinsichtlich der Methode der Nacherfüllung vom Verkäufer auf den Käufer kommt es daher nicht.

(7) Wahl des Nacherfüllungsanspruchs als Rechtsbehelf/*ius variandi*

Der Käufer kann im *CISG* den Nacherfüllungsanspruch auf Beseitigung von Rechtsmängeln zwischen den übrigen Rechtsbehelfen (Schadensersatz, Herabsetzung des Kaufpreises und Vertragsaufhebung) frei wählen. Die Wahl *weitergehender* Rechtsbehelfe ist im CISG aufgrund des Nacherfüllungs*rechts* des Verkäufers gem. Art. 48 I CISG grundsätzlich solange beschränkt, bis die Nacherfüllung für den Käufer unzumutbare Verzögerungen oder Unannehmlichkeiten mit sich bringt. Der Käufer kann daher zunächst *nur* Nacherfüllung verlangen.

Auch im *BGB* kann der Käufer grundsätzlich zunächst *nur* Erfüllung in Form der Beseitigung von Rechtsmängeln verlangen[2386]. Denn erst, wenn sich der Verkäufer in Verzug befindet und der Käufer ihm eine Frist mit Ablehnungsandrohung gesetzt hat (§ 326 I BGB), kann der Käufer zu weitergehenden Rechtsbehelfen (Rücktritt oder Schadensersatz) wechseln, wenn die Frist fruchtlos verstrichen ist.

Im *UCC* steht dem Käufer kein Wahlrecht in Bezug auf einen Erfüllungsanspruch zu. Ist ein Schadensersatzanspruch ausreichend, um den Käufer zu entschädigen, kann er keinen Erfüllungsanspruch (*Specific Performance*) durchsetzen.

Macht der Käufer Nacherfüllung geltend, so steht ihm weder im *CISG* noch nach *BGB* ein Wahlrecht hinsichtlich der Art und Weise zu, *wie* der Rechtsmangel beseitigt wird. Denn sowohl im BGB als auch im CISG ist der Nacherfüllungsanspruch des Käufers Teil des allgemeinen Erfüllungsanspruchs[2387]. Der Käufer

---

2385 Auswirkungen hat das Nacherfüllungsrecht des Verkäufers „lediglich" für weitergehende Rechtsbehelfe.

2386 Es bestehen Ausnahmen. Der Käufer kann gem. § 326 II BGB ohne Fristsetzung und Ablehnungsandrohung zu Schadensersatz und Rücktritt übergehen, wenn er infolge des Verzuges kein Interesse mehr an der Erfüllung hat. Ferner ist eine Fristsetzung dann entbehrlich, wenn der Verkäufer die Erfüllung ernsthaft und endgültig verweigert, vgl. nur *Palandt/Heinrichs*, § 326 Rn. 20. Ferner kann der Käufer ohne Nachfrist vom Kaufvertrag zurücktreten oder Schadensersatz verlangen, wenn es *offensichtlich* ist, dass der Verkäufer den Rechtsmangel nicht beheben kann, vgl. *Soergel/Huber*, § 440 Rn. 27.

2387 Im CISG die h.M., vgl. nur *Staudinger/Magnus*, Art. 46 Rn. 15 ff., 17.

kann daher *nicht* eine konkrete Nacherfüllungsmethode, d.h. Ersatzlieferung oder Nachbesserung (z.B. durch Ablösung von Pfandrechten) verlangen, sondern nur pauschal Nacherfüllung begehren. Das Wahlrecht hinsichtlich der Frage, wie der Rechtsmangel zu beseitigen ist, steht dem Verkäufer zu[2388]. Im UCC steht die Ausgestaltung der Erfüllungsmethode im Ermessen des Gerichts; auch hier kann der Käufer nur generell *Specific Performance* verlangen.

Hat der Käufer zunächst Nacherfüllung geltend gemacht und will nunmehr zu anderen Rechtsbehelfen wechseln, so ist er im *CISG* grundsätzlich *nicht* an seinen Erfüllungsanspruch gebunden und kann frei andere Rechtsbehelfe wählen[2389].

Im *internen deutschen Recht* muss der Käufer zunächst dem im Verzug befindlichen Verkäufer eine Frist mit Ablehnungsandrohung setzen, bevor er nach deren fruchtlosen Verstreichen Schadensersatz wegen Nichterfüllung geltend machen oder zurücktreten kann (§ 326 I BGB)[2390].

Das Recht des Verkäufers, die Beseitigung eines Rechtsmangels zu verlangen, erlischt im CISG, wenn der Käufer unvereinbare Rechtsbehelfe ausgeübt hat (Art. 46 I CISG). Im BGB erlischt der Erfüllungsanspruch mit fruchtlosem Ablauf der Nachfrist (§ 326 I S. 2, 2. HS.)[2391].

(8) Grenzen des Nacherfüllungsanspruchs für Rechtsmängel

(a) Unzumutbarkeit der Beseitigung von Rechtsmängeln

Der Nacherfüllungsanspruch auf Beseitigung von Rechtsmängeln ist weder im *BGB* noch im *CISG* (hier anders als beim Nachbesserungsanspruch für Qualitätsmängel) davon abhängig, dass die Beseitigung dem Verkäufer *zumutbar* ist[2392]. Allerdings besteht sowohl im CISG als auch im BGB die auf Treu und Glauben beruhende Grenze des Rechtsmissbrauchs[2393]. Bis ein Erfüllungsbegehren als

---

2388 Zum CISG: *Staudinger/Magnus*, Art. 46 Rn. 37; *Schlechtriem/Huber*, Art. 46 Rn. 28.

2389 *Staudinger/Magnus*, Art. 46 Rn. 30. Eine Bindung kann allerdings aus dem Grundsatz von Treu und Glauben (Art. 7) bestehen. Ferner bestehen Bindungen, wenn der Käufer nach Art. 47 oder der Verkäufer nach Art. 48 II eine Frist gesetzt haben. Schließlich kann der Käufer zunächst keine weitergehenden Rechtsbehelfe geltend machen, wenn der Verkäufer die Nacherfüllung innerhalb seines Nacherfüllungs*rechts* vornimmt.

2390 Ausnahmen bestehen, wenn der Verkäufer die Erfüllung ernsthaft und endgültig verweigert hat, die Erfüllung offensichtlich aussichtslos ist und nach § 326 II BGB (Interessenwegfall).

2391 *Palandt/Heinrichs*, § 326 Rn. 24.

2392 Im CISG die h.M., vgl. nur *Staudinger/Magnus*, Art. 46 Rn. 15 ff., 17; *Schlechtriem/Huber*, Art. 46 Rn. 27; *Prager*, Verkäuferhaftung, S. 203 ff.; a.A. *Wolff*, Rechtsmängelhaftung, S. 163 f.; *Enderlein/Maskow/Stargardt*, Art. 46 Anm. 2.

2393 Zum CISG: *Schlechtriem/Huber*, Art. 46 Rn. 18. Zum BGB: *Soergel/Huber*, § 440 Rn. 28 a; *BGHZ* 62, 388, 393 f.

rechtsmissbräuchlich bewertet werden kann, sind dem Verkäufer in beiden Rechtscodes jedoch erhebliche Opfer zuzumuten[2394].

Im *UCC* ergibt sich aufgrund des „adequacy"-Tests ein anderes Bild. Hier kann der Käufer ohnehin nur dann *Specific Performance* verlangen, wenn die Nacherfüllung der einzige Rechtsbehelf ist, um einen vertragsgemäßen Zustand herzustellen. Selbst wenn diese Voraussetzung gegeben ist, kann der Verkäufer - weiter einschränkend- sich damit verteidigen, dass dies für ihn eine unzumutbare Härte darstellt („hardship"-Einwand)[2395]. Allerdings wird dieser Einwand in den extrem seltenen Fällen, in denen dem Käufer *Specific Performance* in Form der Nacherfüllung zuerkannt werden könnte, nur selten durchgreifen[2396].

(b) Unmöglichkeit

Der Anspruch auf Beseitigung von Rechtsmängeln ist sowohl im *CISG* als auch im *BGB* ausgeschlossen, wenn die Erfüllung des Anspruchs *objektiv unmöglich* ist[2397].

Bei *subjektiver Unmöglichkeit* hingegen bleibt der Nacherfüllungsanspruch für Rechtsmängel im *CISG* bestehen, und zwar nach der hier vertretenen Ansicht auch dann, wenn der Verkäufer das Leistungshindernis i.S.d. Art. 79 I CISG nicht zu vertreten hat[2398]. Denn Art. 79 CISG ist wegen Art. 79 V CISG nicht auf Erfüllungsansprüche anwendbar.

Insofern ist das *BGB* bei subjektiver Unmöglichkeit verkäuferfreundlicher. Denn der Nacherfüllungsanspruch des Käufers entfällt hier, wenn (nur) dem Verkäufer die Erfüllung *nachträglich* (d.h. nach Vertragsschluss) aus Gründen unmöglich wird (nachträgliches Unvermögen), die er gem. § 276 BGB nicht zu vertreten hat (§ 275 II BGB)[2399]. Nachträglich verschuldetes Unvermögen sowie anfängliches unverschuldetes und verschuldetes Unvermögen lassen auch im BGB den Nacherfüllungsanspruch des Käufers fortbestehen[2400].

2394 Zum CISG: *Schlechtriem/Huber*, Art. 46 Rn. 18. Zum BGB: *BGHZ* 62, 388, 393.

2395 Zum „hardship"-Einwand, vgl. oben *D. V. 2. b) (3).*

2396 Denn meist sind in diesen Fällen auf Käuferseite „überragende" Interessen betroffen, wie z.B. die öffentliche Stromversorgung oder das Fortbestehen einer ganzen Industrieanlage, vgl. *Colorado Ute Electric Ass'n., Inc. v. Envirotech Corp.*, 524 F. Supp. 1152 ff. (D.Colo. 1981) (zum Sachmangel).

2397 Zum BGB: *MünchKomm/Westermann*, §§ 440, 441 Rn. 4 m.w.N.. Zum CISG: *Staudinger/Magnus*, Art. 46 Rn. 26; *Schlechtriem/Huber*, Art. 46 Rn. 15; a.A. *Vahle*, ZVglRWiss 98 (1999), 54, 61, m.w.N..

2398 *Piltz*, Intern. KaufR, S. 167 f. Rn. 242 ff.; a.A. *Staudinger/Magnus*, Art. 46 Rn. 27 m.w.N.. Ausführlich oben *E. IV. 2. h) (1).*

2399 *Soergel/Huber*, § 440 Rn. 29.

2400 Vgl. *Soergel/Huber*, § 440 Rn. 18, 28 a.

Im *UCC* schließt sowohl objektive als auch subjektive Unmöglichkeit einen Anspruch *Specific Performance* aus[2401]. Im Fall der subjektiven Unmöglichkeit ist der Käufer gehalten, entweder rechtsmängelfreie Ware auf dem Markt selbst zu erwerben oder aber die Rechte des Dritten selbst abzulösen. Die hierfür entstehenden Kosten kann er als Schadensersatz geltend machen. Eine Verurteilung des Verkäufers zum Rückerwerb einer Sache scheidet schon aufgrund der Rechte des Dritten aus[2402].

(9) Ausschluss des Nacherfüllungsanspruchs bei Rechtsmängeln

(a) Kenntnis/Einwilligung

Hinsichtlich des Ausschlusses der *allgemeinen Rechtsmängelhaftung* (dingliche und obligatorische Belastungen Dritter) unterscheiden sich *CISG* einerseits sowie *BGB* und *UCC* andererseits. Während nach dem *BGB*[2403] und *UCC*[2404] für einen Haftungsausschluss ausreichend ist, dass der Käufer die Rechtsmängel positiv kennt (§ 439 I BGB, § 2-312 (1) (b) UCC), muss der Käufer im CISG darüber hinaus darin einwilligen, die Ware trotz des Rechtsmangels zu akzeptieren (Art. 41 S. 1 CISG)[2405].

Für den Zeitpunkt der Kenntnis kommt es nach BGB und UCC auf den Vertragsschluss an[2406].

Die Haftung des Verkäufers für *Schutz- und Urheberrechte* ist im *CISG* ausgeschlossen, wenn der Käufer den Anspruch kannte oder darüber nicht in Unkenntnis sein konnte (Art. 42 II a) CISG)[2407]. Im *BGB* muss der Käufer hingegen diese Rechtsmängel positiv kennen (§ 439 I BGB). Im *UCC* ist sogar eine ausdrückliche Einigung über den Ausschluss gewerblicher Schutzrechte erforderlich (§ 2-312 (3) UCC)[2408].

2401 *Calamari/Perillo*, § 16-13, S. 625; ausführlich oben *D. 2. b) (4)*.

2402 *Ziebarth v. Kalenze*, 238 N.W.2d 261, 265 (Sup.Ct.N.D. 1976).

2403 *MünchKomm/Westermann*, § 439 Rn. 4.

2404 *Official comment* Nr. 1 zu § 2-312; *Zhang*, Rechtsmängelhaftung, S. 138.

2405 Die Einwilligung kann allerdings auch stillschweigend erfolgen, vgl. *Staudinger/Magnus*, Art. 41 Rn. 22 m.w.N..

2406 Zum BGB: *Staudinger/Köhler*, § 439 Rn. 17. Zum UCC: *Zhang*, Rechtsmängelhaftung, S. 138.

2407 Den Käufer trifft aber grds. keine Pflicht, sich über Schutzrechte zu informieren, vgl. *Schlechtriem/Schwenzer*, Art. 42 Rn. 17 (dort auch zu den Ausnahmen). Ferner ist die Rechtsmängelhaftung für gewerbliche Schutzrechte ausgeschlossen, wenn der Käufer dem Verkäufer Anweisungen etc. bezüglich der Kaufsache gegeben hat und die Schutzrechte hierauf beruhen (Art. 42 II b) CISG).

2408 *Zhang*, Rechtsmängelhaftung, S. 138. Auch ist die Rechtsmängelhaftung für gewerbliche Schutzrechte ausgeschlossen, wenn der Käufer dem Verkäufer Anweisungen etc. bezüglich der Kaufsache gegeben hat und die Schutzrechte hierauf beruhen (§ 2-313 (3) UCC).

(b) Sonstige Ausschlussgründe unter Einschluss eines vertraglichen Ausschlusses

Im CISG ist die Rechtsmängelhaftung grundsätzlich ausgeschlossen, wenn der Käufer die Rügefrist gem. Art. 43 I CISG versäumt[2409]. Gleiches gilt im UCC für den Käufer, der die Ware akzeptiert hat[2410] und die „acceptance" nicht innerhalb angemessener Zeit widerruft, vgl. § 2-607 (3) (a) UCC („(...)barred from any remedy;"). Im BGB/HGB besteht keine Rügefrist für Rechtsmängel.

Ein Ausschluss der Rechtsmängelhaftung durch Vereinbarung der Vertragsparteien ist sowohl im *CISG* als auch im *BGB* möglich[2411]. Im UCC ist für den Ausschluss der allgemeinen Rechtsmängelhaftung (§ 2-312 (1) UCC) eine Vereinbarung erforderlich, die ausdrücklich und unzweideutig gerade diese Garantien ausschließt (§ 2-312 (2) UCC)[2412]. Für die Freizeichnung von Schutzrechten (§ 2-312 (3) UCC) ist ebenfalls eine ausdrückliche Vereinbarung erforderlich[2413].

(10) Verjährung

Der Anspruch auf Beseitigung von Rechtsmängeln verjährt im BGB nach 30 Jahren (§ 195 BGB). Gleiches gilt für den Anspruch des Käufers auf Beseitigung von Rechtsmängeln nach dem CISG, wenn nach Internationalem Privatrecht das deutsche Recht zur Anwendung kommt[2414]. Im UCC verjährt der Anspruch auf *Specific Performance* dagegen nach vier Jahren (§ 2-725 (1) UCC).

c) Rechtsfolgen des Nacherfüllungsanspruchs für Rechtsmängel

(1) Inhalt des Nacherfüllungsanspruchs

Der Inhalt des Nacherfüllungsanspruchs entspricht sich in den verglichenen Rechtscodes. Der Käufer hat einen klagbaren Erfüllungsanspruch auf Beseitigung der Rechte, die von einem Dritten gegen ihn geltend gemacht werden können[2415].

2409 Es bestehen Ausnahmen nach Art. 43 II und nach Art. 44 CISG.

2410 Der Käufer wird bei Rechtsmängeln die Ware regelmäßig aufgrund der Fiktion des § 2-602 (1) UCC akzeptiert haben („acceptance" aufgrund Zeitablaufs), vgl. *Wolff*, Rechtsmängelhaftung, S. 85 f. (m.w.N. aus der Rspr.).

2411 Zum CISG: *Schlechtriem/Schwenzer*, Art. 41 Rn. 19 a; Art. 42 Rn. 24 a. Zum BGB: *Soergel/Huber*, § 434 Rn. 85.

2412 Allgemeine Klauseln schließen daher die allgemeine Rechtsmängelhaftung nach § 2-312 (1) UCC nicht aus, vgl. *Wolff*, Rechtsmängelhaftung, S. 52 f..

2413 *Zhang*, Rechtsmängelhafung, S. 138.

2414 *Piltz*, Intern. KaufR, S. 212 Rn. 129. Art. 3 VertragsG (mit der Folge der Verjährung nach § 477 BGB) ist nicht auf Rechtsmängel anwendbar, vgl. *Staudinger/Magnus*, Art. 3 VertragsG Rn. 5.

2415 Zum CISG: *Schlechtriem/Schwenzer*, Art. 41 Rn. 21, Art. 42 Rn. 25; *Schlechtriem/Huber*, Art. 46 Rn. 28. Zum BGB: *MünchKomm/Westermann*, § 434 Rn. 1; *Staudinger/Peters*, § 633 Rn. 166. Zum UCC: *Wolff*, Rechtsmängelhaftung, S. 135.

In keinem der Rechtscodes kann der Käufer eine konkrete Nacherfüllungsmaßnahme begehren, sondern er kann nur pauschal die Beseitigung des Rechtsmangels verlangen. Ob der Verkäufer z.B. bei Bestehen eines Pfandrechts dieses dadurch beseitigt, dass er den Dritten zum Verzicht bewegt, das Pfandrecht ablöst oder aber die mit dem Pfandrecht belastete Ware gegen eine rechtsmangelfreie Sache austauscht, ist ihm überlassen (Wahlrecht des Verkäufers)[2416]. Handelt es sich um Gattungsware und kann der Verkäufer die Rechte an der gelieferten Ware nicht beseitigen, so steht dem Käufer (nur) *im Ergebnis* nach *CISG* und *BGB* ein Anspruch auf Ersatzlieferung zu[2417].

Im *UCC* steht dem Gericht hinsichtlich der Ausformung des Urteilstenors Ermessen zu.

Die Kosten der Beseitigung des Rechtsmangels hat in sämtlichen Rechtscodes der Verkäufer zu tragen, da die Rechtsmangelfreiheit zur Erfüllung gehört.

(2) Eigen-/Ersatzvornahme

Im *CISG* und *UCC* kann der Käufer die Rechtsmängel selbst beseitigen und die Kosten der Beseitigung als Schadensersatz beim Verkäufer geltend machen (Art. 45 I b) CISG, § 2-712 UCC). Im UCC handelt es sich dabei um den primären Rechtsbehelf des Käufers, der dem Anspruch auf *Specific Performance* stets vorgeht, wenn ein Dritter oder der Käufer selbst den Rechtsmangel beseitigen kann oder wenn der Käufer einen Deckungskauf rechtsmangelfreier Ware vornehmen kann[2418].

Sowohl nach dem *UCC* als auch nach *CISG* muss der Käufer jedoch dem Verkäufer grundsätzlich zunächst die Möglichkeit geben, den Rechtsmangel selbst zu beseitigen. Dies folgt aus dem Nacherfüllungsrecht des Verkäufers aus Art. 48 I CISG im CISG und § 2-508 (2) UCC im UCC.

Im *BGB* kann der Käufer erst dann die Rechtsmängel beseitigen und die Aufwendungen als Schadensersatz geltend machen, wenn er zuvor dem im Verzug befindlichen Verkäufer gem. § 326 I BGB eine Frist mit Ablehnungsandrohung gesetzt hat[2419]. Erst nach Fristablauf kann er seine Aufwendung für die Rechtsmängelbeseitigung als Schadensersatz geltend machen.

2416 In BGB und CISG ergibt sich dies daraus, dass der Erfüllungsanspruch auf Beseitigung von Rechtsmängel eine Ausformung des allgemeinen Erfüllungsanspruchs ist.

2417 Zum CISG: *Schlechtriem/Huber*, Art. 46 Rn. 28; *Karollus*, S. 136. Zum BGB: Der Anspruch auf „Nachlieferung" ergibt sich schon daraus, dass aufgrund des Rechtsmangels keine Konkretisierung eingetreten ist, so dass der ursprüngliche Erfüllungsanspruch fortbesteht.

2418 Vgl. *Wolff*, Rechtsmängelhaftung, S. 135 (zum „cover").

2419 Es liegt bei behebbaren Rechtsmängel auch kein Fall der offensichtlichen Aussichtslosigkeit vor, vgl. *Soergel/Huber*, § 440 Rn. 31 a; *Palandt/Putzo*, §§ 440, 441 Rn. 3.

(3) Konkurrierende Ansprüche

Schäden, die dem Käufer deshalb entstehen, weil der Verkäufer eine rechtsmangelhafte Sache geliefert hat und die trotz der Beseitigung des Rechtsmangels verbleiben, kann der Käufer im UCC und CISG als Schadensersatz ersetzt verlangen (Art. 45 (1) b) CISG, § 2-715(2) UCC). Der Schadensersatzanspruch ist dabei verschuldensunabhängig. Der Schadensersatzanspruch findet dabei im CISG seine Grenzen in Art. 74 S. 2 CISG (Voraussehbarkeit) und Art. 79 CISG. Im UCC bildet § 2-615 UCC die Grenze der Schadensersatzpflicht. Die Schadensersatzpflicht umfasst Mangelfolgeschäden, Verzögerungsschäden sowie sonstige, trotz der Nacherfüllung verbleibende Schäden und setzt im UCC und CISG bereits zu dem Zeitpunkt ein, in welchem der Verkäufer verpflichtet war, vertragsgemäß zu liefern.

Im *BGB* kann der Käufer neben dem Erfüllungsanspruch gem. § 286 I BGB seinen *Verzugsschaden* geltend machen[2420]. Erforderlich ist hierfür, dass sich der Verkäufer im Verzug befindet, d.h., dass entweder zu einem bestimmten Zeitpunkt geliefert werden sollte (§ 284 II BGB) oder aber der Käufer den Verkäufer gemahnt hat (§ 284 I BGB). Grundsätzlich setzt daher die Schadensersatzpflicht im BGB später als im UCC und CISG ein.

Ferner ist in Fällen, in denen die Leistungsverzögerung auf Umstände zurückzuführen ist, die nach Vertragsschluss entstanden sind, erforderlich, dass der Verkäufer die Verzögerung zu vertreten hat (Verschulden). In Fällen des anfänglichen Unvermögens zur rechtzeitigen Leistungserbringung kommt es hingegen auch im BGB auf ein Verschulden des Verkäufers nicht an[2421].

4. Der Nacherfüllungsanspruch bei echten Quantitätsmängeln

a) Voraussetzungen

(1) Vorliegen eines *echten* Quantitätsmangels

Sowohl im *CISG* als auch im *BGB* sind sog. echte Quantitätsmängel von sog. unechten Quantitätsmängeln abzugrenzen, wobei letztere in beiden Rechtscodes an strengere Anspruchsvoraussetzungen geknüpft sind. Denn während sich der (Nach-)Erfüllungsanspruch für echte Quantitätsmängel im CISG und BGB nach dem allgemeinen Erfüllungsanspruch richtet (Art. 46 I CISG, § 433 I BGB), ist der Nacherfüllungsanspruch bei unechten Quantitätsmängeln im CISG den Ein-

---

2420 *Staudinger/Köhler*, § 440 Rn. 12.

2421 *Staudinger/Köhler*, § 440 Rn. 26; *Soergel/Huber*, § 440 Rn. 9, 18.

schränkungen der Abs. 2 und 3 des Art. 46 CISG[2422] und im BGB den Einschränkungen des § 480 I BGB[2423] unterworfen.

Die Abgrenzung erfolgt dabei im CISG und BGB nach identischen Kriterien. Zusammengesetzte Sachen, die unvollständig sind, weil ihnen ein selbständiges Funktionsteil fehlt, stellen in beiden Rechtscodes einen echten Quantitätsmangel dar[2424]. Gleiches gilt für die Nichtlieferung von selbständigen Teilmengen (z.B. 30 anstatt 40 Fässer)[2425]. Fehlende unselbständige Teile stellen hingegen einen Sachmangel dar[2426].

Im *UCC* unterfallen Minderlieferungen gleich welcher Art dem einheitlichen Rechtsbehelf auf *Specific Performance* (§ 2-716 (1) UCC). Deshalb kann der Käufer auch hier nur Nacherfüllung verlangen, wenn ein Schadensersatzanspruch unzureichend wäre, weil keine Ersatzware auf dem Markt erhältlich ist.

(2) Rügeobliegenheiten/Geltendmachung der Nacherfüllung

Nach dem *CISG* gilt die Untersuchungsobliegenheit (Art. 38 CISG) und das Anzeigeerfordernis (Art. 39 CISG) auch für Minderlieferungen[2427], so dass der Käufer die Minderlieferung innerhalb *angemessener Frist* beim Verkäufer rügen muss.

Im *internen deutschen Recht* trifft den Käufer eine Rügeobliegenheit nur, wenn es sich um einen beiderseitigen Handelskauf handelt (§§ 377, 378 HGB)[2428]. Der Käufer hat hier den Mangel *unverzüglich* (vgl. § 377 I HGB), also schneller als im CISG, zu rügen.

2422 Begehrt der Käufer Nachbesserung, so muss diese dem Verkäufer *zumutbar* sein und der Käufer muss die Nachbesserung innerhalb *angemessener Frist* geltend machen (Art. 46 III CISG). Begehrt der Käufer Ersatzlieferung, so muss es sich um eine wesentliche Vertragsverletzung handeln und der Käufer muss ebenfalls die Ersatzlieferung innerhalb angemessener Frist geltend machen. Ferner ist die Ersatzlieferung gem. Art. 82 (1) CISG grds. ausgeschlossen, wenn der Käufer die gelieferte Ware nicht zurückgewähren kann.

2423 Insbesondere gilt für die Ersatzlieferung im BGB die kurze Verjährung des § 477 BGB. Ferner ist die Ersatzlieferung gem. § 351 BGB ausgeschlossen, wenn die gelieferte Ware aufgrund Verschuldens des Käufers untergegangen ist.

2424 Z.B., es fehlt der Außenbordmotor eines gekauften Bootes. Vgl. zum BGB: *Soergel/Huber*, § 459 Rn. 52. Zum CISG: *Schlechtriem/Huber*, Art. 46 Rn. 62.

2425 Zum BGB: *MünchKomm/Westermann,* § 459 Rn. 17, 25. Zum CISG: *Staudinger/Magnus,* Art. 46 Rn. 10.

2426 Bspw., es fehlt eine Sicherung in einer Maschine, die deshalb nicht funktioniert. Vgl. zum CISG: *Piltz*, Intern. KaufR, S. 217 Rn. 146. Zum BGB: *Soergel/Huber*, § 459 Rn. 52.

2427 *Piltz,* Intern. KaufR, S. 190 Rn. 47.

2428 Die Rügeobliegenheit jedoch nur dann, wenn der Verkäufer mit der Mindermenge erfüllen wollte. Hat er die Mindermenge nur als Teilmenge des insgesamt geschuldeten geliefert, so ist § 378 HGB nicht anwendbar, vgl. *Großkomm/Brüggemann*, § 378 Rn. 25.

Im *CISG* und nach *BGB/HGB* hat das Versäumen der Rügefrist den Verlust sämtlicher Rechtsbehelfe (auch der Nacherfüllung) zur Folge und der Käufer muss den Kaufpreis gleichwohl in voller Höhe zahlen[2429].

Im *UCC* wird gem. §§ 2-606 (b), 2-602 (1) UCC die „acceptance" fingiert, wenn der Käufer die fehlende Ware nicht innerhalb *angemessener Zeit* („reasonable time") rügt bzw. zurückweist. Die Rechtsfolge einer versäumten Rüge ist im UCC, dass der Käufer die Rechtsbehelfe des § 2-711 UCC -wozu auch *Specific Performance* gehört- verliert. Der Käufer kann aber weiterhin einen Schadensersatzanspruch gem. § 2-714 UCC geltend machen.

In keinem der Rechtscodes ist erforderlich, dass der Käufer zusätzlich zur rechtzeitigen Rüge sein Nacherfüllungsbegehren bei Minderlieferungen innerhalb einer bestimmten Frist geltend macht.

(3) Wahl der Nacherfüllung als Rechtsbehelf/*ius variandi*

Im Fall echter Quantitätsmängel kann der Käufer im *CISG* und *BGB* den Anspruch auf Erfüllung ohne Einschränkungen sofort wählen.

Im *CISG* kann der Käufer zu anderen Rechtsbehelfen dabei erst übergehen, wenn die Nacherfüllung für ihn eine unzumutbare Verzögerung darstellt, für ihn unzumutbare Unannehmlichkeiten entstehen oder durch den Verkäufer eine Ungewissheit über die Erstattung der Auslagen des Käufers verursacht wird (vgl. Art. 48 I CISG). Die Vertragsaufhebung wegen des nicht gelieferten Teils kann der Käufer gem. Artt. 49 I b), 47 I CISG erst nach einer fruchtlos verstrichenen Nachfrist erklären.

Will der Käufer im *BGB* andere Rechtsbehelfe als den Erfüllungsanspruch wählen, so muss er grundsätzlich gem. § 326 I BGB dem im Verzug befindlichen Verkäufer eine Nachfrist mit Ablehnungsandrohung setzen[2430]. Nach fruchtlosem Ablauf der Nachfrist kann der Käufer dann zurücktreten oder Schadensersatz wegen Nichterfüllung geltend machen.

Im *UCC* steht dem Käufer überhaupt kein Wahlrecht zwischen *Specific Performance* einerseits und „cancellation" und/oder Schadensersatz andrerseits zu. Ist es dem Käufer möglich, die fehlende Ware auf dem Markt zu besorgen und liegen sonst keine außergewöhnlichen Umstände vor, so kann er „nur" einen Schadensersatzanspruch durchsetzen, der sich nach dem Deckungskauf bemisst.

[2429] Zum CISG: *Staudinger/Magnus*, Art. 39 Rn. 61; *Schlechtriem/Schwenzer*, Art. 39 Rn. 20. Zum BGB: *Walter*, § 8 IV 4. d) cc), S. 396.

[2430] Eine Nachfrist mit Ablehnungsandrohung ist nicht erforderlich, wenn der Verkäufer die Nacherfüllung ernsthaft und endgültig ablehnt oder der Käufer an der Erfüllung des Vertrags infolge des Verzugs kein Interesse mehr hat (vgl. § 326 II BGB).

Das Recht des Käufers, den Erfüllungsanspruch als Rechtsbehelf zu wählen, erlischt im *CISG* mit der Ausübung unvereinbarer Rechtsbehelfe (vgl. Art. 46 I CISG).

Im *BGB* erlischt der Erfüllungsanspruch mit fruchtlosem Ablauf der Nachfrist gem. § 326 I BGB[2431].

(4) Grenzen der Nacherfüllung bei echten Quantitätsmängeln

Hinsichtlich der Grenzen des Nacherfüllungsanspruchs des Käufers bei echten Quantitätsmängeln gilt das zur Ersatzlieferung Ausgeführte[2432].

In sämtlichen Rechtscodes ist der Nacherfüllungsanspruch im Fall der *objektiven* Unmöglichkeit ausgeschlossen.

Subjektive Unmöglichkeit schließt im CISG den Nacherfüllungsanspruch nicht aus, was im Regelfall beim Gattungskauf nach BGB wegen § 279 BGB ebenfalls gilt. Auch schließen außergewöhnliche Leistungserschwernisse (Unzumutbarkeit) nach keinem der beiden Rechtscodes den Nacherfüllungsanspruch aus.

Im *UCC* ist der Anspruch auf *Specific Performance* bei subjektiver Unmöglichkeit hingegen ausgeschlossen. Ist für den Verkäufer die Naturalerfüllung unzumutbar, kann er sich zudem mit dem „hardship"-Einwand verteidigen.

(5) Verjährung

Der Nacherfüllungsanspruch für Minderlieferungen verjährt im *BGB* nach 30 Jahren (§ 195 BGB).

Kommt nach Internationalem Privatrecht für den (Nach-)Erfüllungsanspruch nach Art. 46 I *CISG* deutsches Recht zur Anwendung, so gilt Art. 3 VertragsG[2433]. Denn auch eine Minderlieferung stellt eine „Vertragswidrigkeit" i.S.d. Art. 3 VertragsG dar. Der Nacherfüllungsanspruch für Minderlieferung verjährt deshalb gem. § 477 BGB innerhalb von sechs Monaten, wobei die Frist mit der Anzeige nach Art. 39 CISG beginnt.

Im *UCC* verjährt der Anspruch auf *Specific Performance* (§ 2-716 (1) UCC) gem. § 2-725 (1) UCC in vier Jahren.

b) Rechtsfolgen

Die Rechtsfolgen der Nacherfüllungsansprüche bei echten Quantitätsmängel sind in den verglichenen Rechtscodes weitgehend identisch. Der Verkäufer hat in

---

2431 *Palandt/Heinrichs*, § 326 Rn. 24.

2432 Vgl. *F. II. 1. b) (10)*.

2433 *Herber/Czerwenka*, Art. 3 VertragsG Rn. 5; *Schlechtriem/Schlechtriem*, Art. 3 VertragsG Rn. 4.

sämtlichen Rechtscodes die fehlenden Mengen nachzuliefern, wobei sich Leistungsort und Gefahrtragung nach dem Vertrag richten. Im UCC steht dem Gericht allerdings hinsichtlich der konkreten Ausgestaltung des Urteilstenors Ermessen zu.

Trotz der erfolgten Nacherfüllung verbleibende Schäden, insb. Verzögerungsschäden kann der Käufer im *UCC* und *CISG* mit einem verschuldensunabhängigen Schadensersatzanspruch geltend machen (§ 2-715 (2) UCC, Art. 45 (1) b) CISG). Dabei setzt die Schadensersatzpflicht des Verkäufers hinsichtlich Verzögerungsschäden bereits in dem Zeitpunkt ein, in welchem der Verkäufer verpflichtet war, zu liefern.

Im *BGB* kann der Käufer Verzögerungsschäden geltend machen, wenn sich der Verkäufer in Verzug befindet. Dies setzt grundsätzlich eine Mahnung voraus (vgl. § 284 I BGB), so dass die Schadensersatzpflicht des Verkäufers im BGB regelmäßig später einsetzt als nach UCC und CISG. Ferner muss der Verkäufer im BGB –anders als nach UCC und CISG- den Verzug verschuldet haben (§ 285 BGB).

G. Ausblicke

Im Folgenden soll der *Entwurf der Schuldrechtskommission*[2434], die *EG-Richtlinie 1999/44/EG zu bestimmten Aspekten des Verbrauchsgüterkaufs und der Garantien für Verbrauchsgüter*[2435] sowie der *Diskussionsentwurf eines Schuldrechtsmodernisierungsgesetzes*[2436] dargestellt werden. Die vorgenannten Normtexte befassen sich an zentraler Stelle mit den Nacherfüllungsansprüchen des Käufers.

Die EG-Richtlinie 1999/44/EG ist dabei bis zum 1.1.2002 in den Mitgliedsstaaten der EU in Kraft zu setzen (Art. 11 (1) EG-RL)[2437]. Will der Gesetzgeber dabei nicht ein gesondertes Verbrauchsgüterkaufrecht schaffen, so ist die EG-Richtlinie unmittelbar in ein reformiertes BGB-Kaufrecht zu integrieren[2438]. Wenn der Gesetzgeber die Integration der EG-Richtlinie 1999/44/EG in das BGB zu einer umfassenden Reform des Schuldrechts des BGB nutzt [2439], dürfte der *Kommissionsentwurf* ebenfalls entscheidende Bedeutung erlangen. So basiert auch der *Diskussionsentwurf* des Bundesministeriums der Justiz, der gute Aussichten hat, (in modifizierter Form) Gesetz zu werden[2440], zu einem Großteil auf den Vorarbeiten der *Schuldrechtskommission* und integriert die EG-Richtlinie 1999/44/EG in das BGB.

2434 Vgl. hierzu den *Abschlussbericht.*

2435 Abgedruckt in: AblEG v. 7.7. 1999 Nr. L 171, S. 12 ff. = *NJW 1999, S. 2421 ff.*. Im Folgenden wird diese Richtlinie im Text als EG-Richtlinie 1999/44/EG abgekürzt und bei der Nennung von Artikeln der Richtlinie hinter den Artikel die Abkürzung EG-RL verwendet.

2436 Bundesministerium der Justiz, Diskussionsentwurf eines Schuldrechtsmodernisierungsgesetzes, Stand: 4. August 2000, http://www.bmj.bund.de/ggv/eschurmo.pdf ; im Folgenden: *Diskussionsentwurf.*

2437 Zur Umsetzungsverpflichtung vgl. *Reich,* NJW 1999, 2397, 2400; *Staudenmeyer*, NJW 1999, 2393, 2397

2438 Vgl. hierzu *Reich*, NJW 1999, 2397, 2400, der für eine Integration in das BGB eintritt. So auch *Medicus*, ZIP 1996, 1925, 1930; ferner die Teilnehmer der Konferenz „Europäisches Kaufgewährleistungsrecht – und die Notwendigkeit einer deutschen Schuldrechtsreform“ am 20./21.1.2001 in Halle/Saale, vgl. *Grundmann/Medicus/Rolland,* Europäisches Kaufgewährleistungsrecht, „Vorwort“. Vgl. ferner die Nachweise in nachstehender Fußnote.

2439 Für eine umfassende Reform des Schuldrechts im Rahmen der Umsetzung der EG-Richtlinie 1999/44/EG treten u.a. ein: *Schlechtriem,* in: Ernst/Zimmermann, Schuldrechtsreform, S. 205, 205; *Brüggemeier/Reich,* BB 2001, 213, 213; *Schmidt-Räntsch,* ZIP 2000, 1639, 1644 f.; *Ehmann/Rust,* JZ 1999, 853, 854 f.; a.A. *Ernst/Gsell,* ZIP 2000, 1410 ff., 1462 ff. (Integration der Richtlinie in das BGB, jedoch ohne umfassende Reform des Schuldrechts).

2440 *Wieser,* NJW 2001, 121, 121.

I. Kommissionsentwurf zur Überarbeitung des Schuldrechts

Die von der Schuldrechtskommission vorgeschlagene Neuregelung des Kauf- und Werkvertragsrechts verzichtet auf eine eigenständige Regelung der Gewährleistungshaftung[2441]. Die Ansprüche des Käufers werden in das allgemeine Leistungsstörungsrecht eingefügt[2442]. Hierdurch soll die notwendige Unterscheidung des geltenden Rechts zwischen Sach- und Rechtsmängeln, zwischen Stück- und Gattungskauf sowie zwischen Kauf- und Werkvertrag beseitigt oder zumindest beträchtlich verringert werden[2443]. Die Einfügung in das allgemeine Leistungsstörungsrecht wird dadurch erreicht, dass die Lieferung einer *von Sachmängeln freien* Kaufsache auch beim Stückkauf zu den Pflichten des Verkäufers gehört[2444]. Das im siebten Abschnitt (erster und siebter Titel) des Kommissionsentwurfs geregelte Kauf- und Werkvertragsrecht beschränkt sich daher darauf, spezielle Fragen dieser Vertragsarten zu normieren, insbesondere, welche Leistungspflichten den Verkäufer/Unternehmer treffen sowie den speziellen Rechtsbehelf der Minderung[2445].

1. Überblick über die Rechtsbehelfe des Käufers

Der Kommissionsentwurf geht von einem einheitlichen Begriff der „Pflichtverletzung" aus, die sämtliche Formen der Vertragsverletzung erfasst [2446].

Ausgehend vom zentralen Begriff der Pflichtverletzung werden unter dem ersten Titel des siebten Abschnitts des Kommissionsentwurfs (Kaufrecht) die Pflichten des Verkäufers im Hinblick auf die Sach- und Rechtsmängelfreiheit normiert[2447].

Nach § 434 BGB-KE ist der Verkäufer verpflichtet, dem Käufer die Sache frei von Sach- und Rechtsmängeln zu verschaffen. Unter Sachmängel fallen dabei zum einen Qualitätsmängel, wobei ein subjektiver Fehlerbegriff gilt[2448]. Zum anderen stehen den Sachmängeln nach § 435 II BGB-KE *aliud*-Lieferungen sowie die Lieferung von Mindermengen gleich[2449].

2441 *Haas*, NJW 1992, 2389, 2390; *Abschlussbericht*, S. 33

2442 *Abschlussbericht*, S. 33

2443 *Abschlussbericht*, S. 33 (ferner soll im Rahmen der Umgestaltung des Verjährungsrechts die Verjährung von Gewährleistungsansprüchen sachgerecht geregelt werden).

2444 *Haas*, NJW 1992, S. 2389, 2390; *Abschlussbericht*, S. 32

2445 *Abschlussbericht*, S. 193, S. 217. Zu dieser Regelungskonzeption auch *Huber*, Gutachten I, S. 919.

2446 *Rolland*, in: *Grundmann/Medicus/Rolland*, Europäisches Kaufgewährleistungsrecht, S. 15 f..

2447 *Abschlussbericht*, S. 193.

2448 *Abschlussbericht*, S. 201.

2449 Eine Ausnahme besteht dann, wenn die Leistungen als Erfüllung offensichtlich nicht in Betracht kommen (§ 435 II 2. HS. BGB-KE).

Liegt ein Rechts- oder Sachmangel vor, so kann der Käufer *Nacherfüllung* verlangen, wobei dem Verkäufer das Wahlrecht zusteht, ob er nachbessert oder eine mangelfreie Sache liefert (§ 438 I BGB-KE).

Ferner kann der Käufer *mindern* (§ 440 I BGB-KE) oder den *Rücktritt* erklären (§ 439 I BGB-KE). Weder für den Nacherfüllungsanspruch noch für Minderung und Rücktritt sind dabei ein Verschulden des Verkäufers erforderlich[2450].

Ist der Käufer zurückgetreten, kann er *Schadensersatz wegen Nichterfüllung* („großer Schadensersatz") verlangen, wenn der Verkäufer die Mangelhaftigkeit i.S.d. § 276 I BGB-KE *zu vertreten* hat (§ 441 III i.V.m. 327 BGB-KE)[2451]. Nach § 441 I i.V.m. § 283 BGB-KE kann der Käufer wegen eines Mangels der Sache selbst Schadensersatz verlangen, wenn er die Sache behält und der Verkäufer den Mangel gem. § 276 BGB-KE zu vertreten hat („kleiner Schadensersatz")[2452].

Will der Käufer die weitergehenden Rechtsbehelfe Minderung, Rücktritt oder Schadensersatz[2453] geltend machen, so muss er dem Verkäufer zuvor grds. eine angemessene Frist zur Nacherfüllung setzen (vgl. 439, 323 I, 440, 441, 283 I BGB-KE), so dass dem Verkäufer hierdurch ein Nachbesserungsrecht zusteht[2454].

Für Nachlieferung, Minderung und den Schadensersatzanspruch gem. § 283 BGB-KE kommt es dabei (anders als nach § 459 I S. 2 BGB) nicht darauf an, ob der Mangel *erheblich* ist. Nur wenn der Käufer zurücktreten will (und ggf. darüber hinaus Schadensersatz verlangt), muss der Mangel erheblich sein (§§ 323 III Nr. 1 BGB-KE).

Nach § 280 BGB-KE kann der Käufer die über das Erfüllungsinteresse hinausgehenden Vermögensschäden ersetzt verlangen (Mangelfolgeschäden)[2455], wenn der Verkäufer die Pflichtverletzung zu vertreten hat.

Verzögerungsschäden kann der Käufer nach §§ 441 II, 286, 284, 280 I S. 2, BGB-KE (nur) geltend machen, wenn sich der Verkäufer mit der Nacherfüllung in Verzug (§ 284 BGB-KE) befindet, den der Verkäufer zu vertreten haben muss (§ 284 III BGB-KE). Die Sperrwirkung des § 280 II S. 3 BGB-KE (und damit die zusätzliche Verzugsvoraussetzung) gilt jedoch nicht, wenn der Käufer schuldhaft

---

2450 *Abschlussbericht*, S. 29.

2451 Zu der Abgrenzung zu den übrigen Schadensersatzansprüchen, Abschlussbericht, S. 223. Der Schadensersatzanspruch ist damit nicht davon abhängig, ob der Verkäufer einen Mangel arglistig verschwiegen oder eine Eigenschaft zugesichert hat. Allerdings hat die Zusicherung von Eigenschaften für die Verantwortlichkeit im Rahmen des § 276 BGB-KE Bedeutung, vgl. Abschlussbericht, S. 33. Für das Nichtvertretenmüssen trägt der Verkäufer (Schuldner) die Beweislast, § 280 I S. 2 BGB-KE.

2452 *Abschlussbericht*, S. 223.

2453 Und zwar gilt dieses sowohl für den „kleinen" als auch für den „großen" Schadensersatz.

2454 *Abschlussbericht*, S. 211.

2455 D.h. nicht die Schäden, die im Mangel der Sache selbst liegen und nach geltendem Recht unter die pVV fallen, vgl. hierzu *Abschlussbericht* S. 223.

seine Pflicht zur mangelfreien Lieferung verletzt[2456]. Ergeben sich hieraus Schäden, so kann der Käufer bereits aus § 280 I BGB-KE Verzögerungsschäden (Betriebsausfall, entgangener Gewinn) ersetzt verlangen, ohne dass es einer Fristsetzung bedarf[2457].

2. Dogmatische Grundlagen des Nacherfüllungsanspruchs gem. § 438 BGB-KE

Die Kommission bezieht die Haftung für Sach- und Rechtsmängel grundsätzlich in das allgemeine Leistungsstörungsrecht ein. Dieses wird dadurch erreicht, dass auch beim Stückkauf die Mangelfreiheit zu den Leistungspflichten des Verkäufers gehört[2458]. Hierdurch entfällt die Unterscheidung des geltenden Rechts zwischen Stück- und Gattungskauf[2459].

Liefert der Verkäufer eine sach- bzw. rechtsmangelhafte Sache, so steht dem Käufer gem. § 438 BGB-KE ein einheitlicher Rechtsbehelf auf Nacherfüllung zur Verfügung. Der Verkäufer kann dabei wählen, ob er diesen Anspruch durch Nachbesserung oder, wenn es sich um eine vertretbare Sache handelt, durch Nachlieferung erfüllt (§ 438 I 2. HS.).

Da nach dem BGB-KE auch beim Stückkauf die Mangelfreiheit zu den Leistungspflichten des Verkäufers gehört, ist der Nacherfüllungsanspruch von seiner Rechtsnatur eindeutig ein *Erfüllungsanspruch*[2460].

Aufgrund der Regelungssystematik des BGB-KE, welches vor der Geltendmachung weitergehender Rechte grundsätzlich eine angemessene Fristsetzung zur Erfüllung durch den Käufer fordert, ist der (Nach-) Erfüllungsanspruch der *primäre Rechtsbehelf* des Käufers[2461].

3. Der Nacherfüllungsanspruch gem. § 438 BGB-KE

Wie bereits ausgeführt, ist der Nacherfüllungsanspruch gem. § 438 BGB-KE als einheitlicher Rechtsbehelf normiert, so dass der Käufer nur generell Nacherfüllung verlangen kann und nicht etwa konkret Nachlieferung oder Nachbesserung[2462]. Ob der Verkäufer durch Nachbesserung oder bei vertretbaren Sachen

---

2456 *Abschlussbericht*, S. 223, 225.

2457 *Abschlussbericht*, S. 223, 225.

2458 *Abschlussbericht*, S. 194, 195.

2459 *Abschlussbericht*, S. 33.

2460 *Haas*, NJW 1992, 2389, 2392 („Der Nacherfüllungsanspruch stellt die modifizierte Fortsetzung des ursprünglichen Erfüllungsanspruchs dar,..."); so auch *Schubel*, ZIP 1994, 1330.

2461 *Abschlussbericht*, S. 30 („Vorrang des Erfüllungsanspruchs"); *Haas*, NJW 1992, 2389, 2392.

2462 *Schubel*, ZIP 1994, 1330, 1332.

durch Nachlieferung erfüllt, ist deshalb ihm überlassen (Wahlrecht des Verkäufers)[2463].

a) Voraussetzungen

(1) Gattungs- und Stückkauf/vertretbare und unvertretbare Sachen

Aufgrund der Einfügung des Kaufrechts in das allgemeine Leistungsstörungsrecht durch die Einbeziehung der Mangelfreiheit als Leistungspflicht auch beim Stückkauf entfällt die Unterscheidung zwischen Gattungs- und Stückkauf, so dass § 480 BGB gestrichen wurde[2464]. Dem Käufer steht deshalb grundsätzlich immer ein Anspruch auf Nacherfüllung zu, es sei denn, der Verkäufer kann die Nacherfüllung verweigern, weil sie nur mit unverhältnismäßigen Mitteln möglich ist (§ 438 III BGB-KE).

Wählt der Verkäufer *Nachlieferung*, so ist nicht erforderlich, dass es sich um eine Gattungsschuld handelt. Entscheidend ist vielmehr, dass die Sache *vertretbar* i.S.d. § 91 BGB ist[2465].

(2) Haftungsgründe

Durch den Kommissionsentwurf werden Rechts- und Sachmängel gleichgestellt (vgl. § 434 BGB-KE). Ferner besteht eine weitere Gleichstellung aufgrund von § 435 II BGB-KE von Qualitätsmängeln, *aliud*-Lieferungen und der Lieferung von Mindermengen. Hierdurch wird ein einheitliches Rechtsbehelfssystem für sämtliche o.a. Pflichtverletzungen geschaffen, welches seinen Ausgangspunkt im allgemeinen Leistungsstörungsrecht hat und nur um die Besonderheiten des Kaufrechts ergänzt wird. Die im geltenden Recht schwierigen und notwendigen Abgrenzungen entfallen deshalb[2466].

(a) Sachmängel

Nach § 435 I BGB-KE ist eine Sache frei von Sachmängeln, wenn sie die *vereinbarte* Beschaffenheit hat. Haben die Parteien keine Vereinbarung über die Beschaffenheit getroffen, so ist die nach dem Vertrag vorausgesetzte oder sonst die gewöhnliche Verwendung maßgeblich. Durch § 435 I BGB-KE werden *Qualitätsmängel* erfasst. Es gilt dabei in erster Linie ein subjektiver Fehlerbegriff, d.h., es ist primär auf die Vereinbarung der Parteien hinsichtlich der Beschaffen-

---

2463 Zum Wahlrecht ausführlich *Abschlussbericht*, S. 212.

2464 *Abschlussbericht*, S. 33, S. 196 („...die unterschiedlichen Vorschriften für den Stückkauf und den Gattungskauf entbehrlich,... .").

2465 *Abschlussbericht*, S. 212.

2466 Hierzu im Einzelnen *Abschlussbericht*, S. 200 f..

heit bzw. der Verwendung abzustellen[2467]. Nur beim Fehlen einer solchen Vereinbarung, die auch konkludent erfolgen kann, ist die gewöhnliche Beschaffenheit maßgeblich[2468].

Durch die § 435 II BGB-KE werden *aliud*-Lieferung und die Lieferung von Mindermengen den Sachmängeln grundsätzlich gleichgestellt. Allerdings gilt die Gleichstellung dann nicht, wenn die Lieferung als Erfüllung offensichtlich nicht in Betracht kommt (§ 435 II 2. HS.). Hierdurch sollen Extremabweichungen erfasst werden, die zu der geschuldeten Leistung objektiv keinen hinreichenden Bezug mehr haben[2469].

(b) Rechtsmängel

Nach § 435 I BGB-KE ist eine Sache frei von Rechtsmängeln, wenn Dritte keine Rechte gegen den Käufer geltend machen können. Dabei soll die Definition eines Rechtsmangels im Vergleich zum geltenden Recht durch den Kommissionsentwurf nicht verändert werden. Deshalb fallen auch gewerbliche Schutzrechte und Urheberrechte unter § 435 BGB-KE. Beibehalten wird auch, dass nur tatsächlich bestehende und nicht lediglich behauptete Rechte (wie im CISG und UCC) einen Rechtsmangel begründen[2470]. Anders als bei den Sachmängeln (aber im Einklang mit dem geltenden Recht) ist der Begriff des Rechtsmangels ausschließlich *objektiv* zu verstehen[2471].

Ob öffentlich-rechtliche Beschränkungen einen Rechts- oder Sachmangel darstellen, wird vom Kommissionsentwurf nicht entschieden[2472].

(c) Erheblichkeit des Mangels

Eine weitere Änderung nimmt das BGB-KE dadurch vor, dass ein Mangel nicht mehr erheblich i.S.d. § 459 I S. 2 BGB sein muss, um einen Nacherfüllungsanspruch zu begründen.

Während für den vertraglichen Nachbesserungsanspruch bereits nach geltendem Recht diese Voraussetzung nicht bestand, ist der Nachlieferungsanspruch nach § 480 BGB davon abhängig, dass ein Sachmangel die „Bagatellgrenze" des

---

2467 *Abschlussbericht*, S. 201 f..

2468 *Abschlussbericht*, S. 202.

2469 *Abschlussbericht*, S. 203. Die Unterscheidung zwischen genehmigungsfähigen und nicht genehmigungsfähigen Abweichungen des § 378 HGB entfällt damit. „Extremabweichungen" sind dabei *nicht* mit nicht genehmigungsfähigen Abweichungen i.S.d. § 378 HGB gleichzusetzen, sondern enger auszulegen, vgl. *Abschlussbericht*, S. 203.

2470 *Abschlussbericht*, S. 205 f..

2471 *Abschlussbericht*, S. 206.

2472 *Abschlussbericht*, S. 205. Dort wird darauf hingewiesen, dass aufgrund der weitgehenden Angleichung von Sachmängel- und Rechtsmängelhaftung in Voraussetzungen und Rechtsfolgen (insb. Verjährung) sich die praktische Bedeutung des Problems verringert.

§ 459 I S. 2 BGB überschreitet. Kann also der Verkäufer nach BGB-KE nur durch Nachlieferung seiner Leistungspflicht genügen (ihm steht das Wahlrecht zu) und sind die Aufwendungen für den Verkäufer nicht unverhältnismäßig, so ist für den Käufer die Rechtslage nach BGB-KE nunmehr günstiger.

Die Kommission begründet diese Änderung damit, dass es nicht sachgerecht sei, ein geringeres Haftungsniveau für Sachmängel im Vergleich zu den „allgemeinen" Leistungspflichten zu schaffen[2473]. Es ließe sich kein Grund finden, warum ein Käufer einen auch nur unerheblichen Mangel hinnehmen solle, wenn der Verkäufer ihn beseitigen könne[2474]. Der Erfüllungsanspruch wäre ansonsten „von vorneherein und ohne Rechtfertigung entwertet"[2475]. Sei das Verlangen des Käufers auf Nachbesserung oder Nachlieferung rechtsmissbräuchlich oder bringe die Beseitigung für den Verkäufer einen unverhältnismäßigen Aufwand, könne die Nacherfüllung gem. § 438 III BGB-KE verweigert werden[2476].

Für Rechtsmängel sind ebenfalls unerhebliche Beeinträchtigungen ausreichend, um einen Nacherfüllungsanspruch zu begründen; insoweit ergibt sich keine Änderung im Vergleich zum BGB[2477].

(3) Maßgeblicher Zeitpunkt

Der BGB-KE verzichtet darauf -anders als § 459 I S. 1 BGB-, einen bestimmten Zeitpunkt für die Freiheit von Rechts- und Sachmängeln festzulegen[2478].

Im Allgemeinen soll es auf den Zeitpunkt ankommen, in welchem der Verkäufer seine sonstigen Leistungspflichten zu erfüllen hat[2479].

(4) Ausschlüsse des Nacherfüllungsanspruchs

Die Haftung des Verkäufers kann vertraglich oder gesetzlich ausgeschlossen sein. Ferner ist ein Anspruch auf Nacherfüllung ausgeschlossen, wenn diese unverhältnismäßig ist.

2473 *Abschlussbericht*, S. 204.

2474 *Abschlussbericht*, S. 212.

2475 *Abschlussbericht*, S. 204.

2476 *Abschlussbericht*, S. 212 (der Käufer könne dann mindern).

2477 *Abschlussbericht*, S. 207.

2478 Ausführlich *Abschlussbericht*, S. 197.

2479 *Abschlussbericht*, S. 197. Dabei dürfen *Sachmängel* grundsätzlich im Zeitpunkt der Übergabe nicht vorhanden sein. Fallen Übergabe und Eigentumsverschaffungspflicht auseinander, kann bereits bei der Übergabe ein *Rechtsmangel* vorliegen, wenn der Rechtsmangel den Käufer in der Benutzung beeinträchtigt, vgl. Abschlußbericht, aaO.

(a) Vertraglicher Ausschluss

Die Parteien können grundsätzlich durch Individualvereinbarung die Rechts- und Sachmängelhaftung ausschließen.

Werden die Rechtsbehelfe des Käufers in AGB ausgeschlossen, so bestehen Beschränkungen aufgrund des AGB-Gesetz-KE[2480]. Für den Nacherfüllungsanspruch sind dabei insbesondere § 11 Nr. 10 a), c) und d) AGB-Gesetz-KE relevant, wobei sich diese Beschränkungen der Ausschlussmöglichkeit nur auf *Sachmängel* i.S.d. § 435 BGB-KE beziehen[2481]. Nach § 11 Nr. 10 a) AGB-Gesetz-KE ist eine Vereinbarung in AGB unwirksam, wenn die Haftung für Sachmängel gegen den Verwender insgesamt oder bezüglich einzelner Teile ausgeschlossen, auf die Einräumung von Ansprüchen gegen Dritte beschränkt oder von der vorherigen gerichtlichen Inanspruchnahme Dritter abhängig gemacht wird.

Ferner sind Klauseln unwirksam, in denen der Verwender die Verpflichtung ausschließt oder beschränkt, die zum Zwecke der Nacherfüllung erforderlichen Aufwendungen zu tragen (§ 11 Nr. 10 c) AGB-Gesetz-KE).

Schließlich darf der Verwender die Nacherfüllung nicht von der vorherigen Zahlung des vollständigen Entgelts oder eines unter Berücksichtigung des Mangels unverhältnismäßig hohen Teils des Entgelts abhängig machen (§ 11 Nr. 10 d) AGB-Gesetz-KE).

(b) Gesetzliche Ausschlüsse

Gesetzlich ist die Haftung -und damit auch der Nacherfüllungsanspruch- ausgeschlossen, wenn der Käufer den Mangel *kennt* (§ 442 I BGB-KE). Kenntnis bedeutet dabei positive Kenntnis, so dass grobfahrlässige Unkenntnis nicht (mehr) ausreicht[2482]. Der Käufer ist grundsätzlich nicht verpflichtet, die Sache zu untersuchen[2483].

Für Kaufleute soll weiterhin § 377 HGB gelten, wonach beim beiderseitigen Handelskauf die Ware unverzüglich zu untersuchen und ein Mangel unverzüglich zu rügen ist. § 378 HGB soll ersatzlos gestrichen werden, da sich die Anwendung des § 377 HGB auf Falsch- und Zuweniglieferungen nunmehr bereits aus § 435 II BGB-KE ergibt[2484].

Kommt ein Kaufmann der Untersuchungs- und Rügeobliegenheit nicht nach, so sind seine Rechtsbehelfe ebenfalls ausgeschlossen.

2480 Das AGB wurde von der Kommission im Hinblick auf die Änderungen des BGB durch den BGB-KE angepasst.

2481 Für Rechtsmängel gem. § 436 BGB-KE würde weiterhin § 9 AGBG gelten.

2482 *Abschlussbericht*, S. 226.

2483 *Abschlussbericht*, S. 226.

2484 *Abschlussbericht*, S. 203.

Eine entscheidender Unterschied zur geltenden Rechtslage besteht, wenn der Verkäufer im Rahmen des § 438 BGB-KE die Nachlieferung wählt und der Käufer zur Rückgewähr der empfangenen Ware nicht in der Lage ist. Nach geltendem Recht ist die Nachlieferung ausgeschlossen, wenn der Käufer den Untergang der Ware verschuldet hat, § 351 BGB[2485]. Nach dem BGB-KE ist der Nacherfüllungsanspruch des Käufers in Form der Nachlieferung hier nicht ausgeschlossen[2486]. Vielmehr wird ein Ausgleich auf der Rechtsfolgenseite durch einen Wertersatzanspruch geschaffen (§§ 438 IV, 346 II BGB-KE). Die §§ 350-353 BGB entfallen deshalb.

(c) Unverhältnismäßigkeit der Nacherfüllung

Einen weiteren gesetzlichen Ausschlusstatbestand hinsichtlich des Nacherfüllungsanspruchs normiert § 438 III BGB-KE. Hiernach kann der Verkäufer die Nacherfüllung verweigern, wenn sie nur mit unverhältnismäßigen Aufwendungen möglich ist. Hierdurch soll die Leistungspflicht des Verkäufers über das Leistungsverweigerungsrecht gem. § 275 BGB-KE[2487] hinaus eingeschränkt werden, wenn die Nacherfüllung den Verkäufer unangemessen belastet und ihm damit unzumutbar ist[2488].

Durch § 438 III BGB-KE soll -wie auch in § 635 III BGB-KE- die entsprechende Regelung des § 633 II S. 2 BGB übernommen werden. Insbesondere sollen Fälle erfasst werden, in denen der Verkäufer die Nacherfüllung nicht mit eigenen Mitteln bewirken kann, also nicht Hersteller oder Erzeuger ist[2489].

Welche Fälle im übrigen durch „unverhältnismäßige Aufwendungen" erfasst werden sollen, bleibt allerdings unklar[2490]. In den Erläuterungen des Abschlussberichts zu § 635 III BGB-KE wird hierbei auf die Rechtsprechung verwiesen, die

---

2485 Ferner im Falle der Verarbeitung oder Umbildung nach Kenntnis des Mangels (§ 352 BGB) sowie im Falle der Veräußerung, wenn bei dem Dritten die Voraussetzungen des § 351 BGB oder § 352 BGB eingetreten sind.

2486 *Abschlussbericht*, S. 183 (zum Rücktritt). Eine Nachbesserung kommt bei einem Untergang der Ware naturgemäß nicht in Betracht. Denkbar wäre eine Nachbesserung nur bei wesentlichen Verschlechterungen.

2487 § 275 BGB-KE (Grenzen der Leistungspflicht) lautet: „Besteht die Schuld nicht in einer Geldschuld, kann der Schuldner die Leistung verweigern, soweit und solange er diese nicht mit denjenigen Anstrengungen zu erbringen vermag, zu denen er nach Inhalt und Natur des Schuldverhältnisses verpflichtet ist. Für die Rechte des Gläubigers gelten die §§ 280, 281, 283, 323 BGB-KE."

2488 *Abschlussbericht*, S. 213; *Schubel*, ZIP 1994 , 1300, 1333; abweichend *Schlechtriem*, ZEuP 1993, 217, 227 (§ 438 III BGB-KE konkretisiere § 275 BGB-KE); ferner *Abschlussbericht*, S. 253 (§ 275 BGB-KE stimme inhaltlich mit § 633 II S. 3 BGB überein, auf welchem § 635 III BGB-KE beruhe).

2489 *Abschlussbericht*, S. 213. *Huber* wollte diesen Fall in seinem Gutachten ausdrücklich normieren, vgl. *Huber*, Gutachten I, S. 874.

2490 So auch *Schubel*, ZIP 1994, 1300, 1332 f..

Unverhältnismäßigkeit annähme, wenn die Mängelbeseitigung für den Unternehmer nach Treu und Glauben nicht zumutbar ist[2491]. Auf diese Weise würden auch Fälle erfasst, in denen der Mangel auf einem Verschulden des Lieferanten des Unternehmers beruhe und der Unternehmer selbst die Mangelhaftigkeit des Werks nicht zu vertreten hat[2492].

Zutreffend weist *Schubel* darauf hin, dass hierdurch der Eindruck erweckt wird, der Nacherfüllungsanspruch sei davon abhängig, dass der Verkäufer den Mangel zu vertreten hat[2493]. Dieses soll nach den Ausführungen der Kommission an anderer Stelle aber gerade nicht der Fall sein[2494].

Auch die Verweisung auf die Rechtssprechung zum Werkvertragsrecht schafft keine Klarheit[2495]. Die Rechtssprechung zum erfolgsorientierten Werkvertrag betont, dass Unverhältnismäßigkeit nur dann vorliege, „wenn einem *objektiv geringen Interesse* des Bestellers an einer ordnungsgemäßen Vertragsleistung ein ganz erheblicher und deshalb unangemessener Aufwand gegenübersteht“[2496]. Führt eine Nachbesserung erst zur Funktionsfähigkeit, so kann die Nachbesserung auch bei hohen Kosten -die auch über den vereinbarten Preis (weit) hinausgehen können- nicht verweigert werden[2497]. „Unverhältnismäßigkeit“ kommt deshalb grds. nur bei Schönheitsfehlern in Betracht[2498].

Die Besonderheiten des Kaufvertrags lassen es aber angebracht erscheinen, hier doch den Wert der Sache und ein Vergleich mit alternativen Abhilfemöglichkeiten zu berücksichtigen[2499].

Scheidet ein Nacherfüllungsanspruch aufgrund von § 438 III BGB-KE aus, so kann der Käufer Rücktritt und Minderung sowie ggf. Schadensersatz verlangen[2500].

2491 *Abschlussbericht*, S. 253

2492 Abschlussbericht, S. 253

2493 *Schubel*, ZIP 1994, 1330, 1333 („Vom Nacherfüllungsanspruch des Käufers bleibt dann nicht mehr viel übrig. Häufig wird der Mangel der Kaufsache auf das Verschulden der Lieferanten des Verkäufers zurückzuführen sein und der Verkäufer wird die Mangelhaftigkeit nicht zu vertreten haben.“)

2494 *Abschlussbericht*, S. 212. Im Übrigen würde dieses dem gesamten BGB-KE widersprechen, welches die Voraussetzung des Vertretenmüssens nur für den Schadensersatzanspruch vorsieht.

2495 So auch *Schubel*, ZIP 1994 , 1330, 1332 f.

2496 *BGH* NJW 1996, 3269 f. (Diese ergebe sich aus der vertraglichen Risikoverteilung beim Werkvertrag, wobei der Unternehmer grundsätzlich das Erfüllungsrisiko für die versprochene Leistung trägt).

2497 *BGH* NJW 1996, 3269.

2498 *MünchKomm/Soergel*, § 633 Rn. 136.

2499 So Art. 3 III der EG-Richtlinie 1999/44/EG, *in:* NJW 1999, 2421, 2423. Ausführlich zu der unterschiedlichen Interessenlage beim Werk- und Kaufvertrag in der Stellungnahme dieser Arbeit.

2500 *Abschlussbericht*, S. 213.

(5) Verjährung

Die *Verjährung* von vertraglichen Ansprüchen beträgt drei Jahre (§ 195 I BGB-KE). Hat sich der Verkäufer arglistig verhalten, so verjähren Ansprüche in zehn Jahren (§ 195 III BGB-KE).

Die Verjährung wegen eines Mangels *beginnt* dabei nach § 196 IV BGB-KE mit der Übergabe der verkauften Sache.

Eine *Hemmung* der Verjährung bei versuchter Nachbesserung ist auch im BGB-KE vorgesehen. Allerdings ist eine ausdrückliche Regelung wie in § 639 II BGB (der gestrichen werden soll) nicht normiert. Vielmehr soll der Fall der versuchten Nachbesserung von § 216 I BGB-KE erfasst werden[2501]. Hiernach ist die Verjährung gehemmt, wenn zwischen den Parteien Verhandlungen über einen Anspruch oder über Umstände schweben, aus denen sich ein Anspruch ergeben kann, und zwar solange, bis eine Partei die Fortsetzung der Verhandlungen verweigert. Die Verjährung tritt aber frühestens zwei Monate nach Ende der Hemmung ein (§ 216 I S. 2 BGB-KE).

Ob bei einer Nachlieferung -wie nach geltendem Recht- die Verjährung von neuem beginnt oder aber § 216 I BGB-KE gilt, wird nicht ausgeführt.

(6) Wahl der Rechtsbehelfe/*ius variandi*

Dem Käufer steht nach dem BGB-KE *zunächst* grds. kein Wahlrecht im Hinblick auf seine Rechtsbehelfe zu; vielmehr kann der Käufer bei Vorliegen eines Mangels regelmäßig *„nur"* Nacherfüllung verlangen (Vorrang des Erfüllungsanspruchs)[2502]. Dieses wird im BGB-KE dadurch erreicht, dass der Käufer für weitergehende Rechtsbehelfe (Rücktritt, Minderung und Schadensersatz) grds. dem Verkäufer eine angemessene Frist zur Nacherfüllung setzen muss (vgl. §§ 439 I, II, 323 I; § 440 I; §§ 441 III, 323 I; §§ 441 I, 283 I BGB-KE)[2503]. Erst wenn diese Frist erfolglos verstrichen ist, kann der Käufer andere Rechtsbehelfe geltend machen[2504].

Jedoch muss die Fristsetzung keine Ablehnungsandrohung enthalten. Will der Käufer allerdings zurücktreten, muss die Fristsetzung so gestaltet sein, dass der Verkäufer „mit dem Rücktritt rechnen musste" (§ 323 I S. 1, 2. HS. BGB-KE)[2505]. Für den Käufer bedeutet dieses, dass sein Nacherfüllungsanspruch durch das erfolglose Verstreichen der Frist nicht erlischt, sondern bestehen bleibt[2506].

2501 *Abschlussbericht*, S. 94, 29; hierzu kritisch *Schubel*, ZIP 1994, S. 1300, 1339.

2502 *Abschlussbericht*, S. 30.

2503 *Abschlussbericht*, S. 211; ausführlich *Schubel*, ZIP 1994, 1300, 1334 f. (auch zu den Ausnahmen).

2504 *Abschlussbericht*, S. 211.

2505 Ausführlich *Abschlussbericht*, S. 167.

2506 *Abschlussbericht*, S. 167.

Verlangt der Käufer Nacherfüllung, so kann er nicht konkret *Nachbesserung* oder *Nachlieferung* verlangen, sondern nur generell Nacherfüllung. Das Wahlrecht hinsichtlich der Nacherfüllungsmethode steht dem Verkäufer zu (§ 438 I S. 2 BGB-KE)[2507].

Diese Entscheidung begründet die Kommission damit, dass es die Interessenlage des Käufers nicht gebietet, ihm das Wahlrecht zuzugestehen[2508]. Sein Interesse sei darauf beschränkt, eine mangelfreie Sache zu erhalten, nicht aber dahingehend wie der Verkäufer diese Pflicht erfüllt. Aber auch dem Interesse des Käufers würde hierdurch besser entsprochen. Hätte der Käufer das Wahlrecht und entschiede er sich entweder für Nachbesserung oder Nachlieferung, so wäre die Entscheidung für ihn bindend. Der Käufer trüge dann das Risiko, dass er durch die frühzeitige Festlegung im Einzelfall wegen der Art des Mangels nicht das erhalte, was seinem Interesse entspreche[2509].

Ferner bliebe dem Käufer die Möglichkeit, die Annahme von Nachbesserung oder Nachlieferung zu verweigern, wenn sie ihm unzumutbar sei, und zwar nach Treu und Glauben[2510].

Auch ein Übergang des Wahlrechts auf den Käufer, wenn der Verkäufer die Nacherfüllung unangemessen verzögere, hat die Kommission abgelehnt, da diese Fälle aufgrund der Interessenlage des Verkäufers „äußerst selten sein werden“[2511].

Der Nacherfüllungsanspruch erlischt zum einen, wenn der Käufer ein Gestaltungsrecht ausgeübt hat. Hierzu zählen nach dem BGB-KE die Minderung und der Rücktritt (ggf. i.V.m. einem Schadensersatzanspruch, §§ 441 III, 327 BGB-KE)[2512]. Nach dem BGB-KE ist für die Ausübung dieser Rechte die einseitige Erklärung des Käufers ausreichend, die er nicht mehr zurücknehmen kann[2513].

Zum anderen ist der Erfüllungsanspruch dann ausgeschlossen, wenn der Käufer Schadensersatz gem. § 283 BGB-KE geltend macht („kleiner Schadensersatz“) und den Schadensersatz *erhalten* hat (§ 283 IV S. 1 BGB-KE)[2514]. Der Primäran-

---

2507 *Schubel*, ZIP 1994, 1300, 1332; *Abschlussbericht*, S. 212; so auch *Hubers* Vorschlag, vgl. Gutachten I, S. 874, 876.

2508 *Abschlussbericht*, S. 212.

2509 *Abschlussbericht*, S. 212.

2510 *Abschlussbericht*, S. 212 (ausdrückliche Klarstellung sei deshalb nicht notwendig).

2511 *Abschlussbericht*, S. 212, mit der Begründung, der Verkäufer wolle weitergehende Rechtsbehelfe abwenden.

2512 *Abschlussbericht*, S. 216 (Rücktritt), S. 218 (Minderung).

2513 *Abschlussbericht*, S. 216 (zum Rücktritt); *Haas*, NJW 1992, 2389, 2392 (Zugang der Rücktrittserklärung).

2514 *Abschlussbericht*, S. 136. Der Verkäufer kann gem. § 283 IV S. 2 BGB-KE dem Käufer zur Klärung der Rechtslage eine Frist zur Ausübung des Wahlrechts setzen. Nach deren erfolglosen Ablauf hat der Käufer weiter die Möglichkeit der Primärleistung; will er dann doch Schadensersatz, muss er dem Verkäufer eine erneute Frist zur Nacherfüllung setzen, § 283 IV S. 3 BGB-KE (ausführlich Abschlussbericht, a.a.O.).

spruch ist hier also nicht durch die bloße Erklärung des Käufers, sondern erst durch den tatsächlichen Erhalt des Schadensersatzes ausgeschlossen.

b) Rechtsfolgen

(1) Inhalt des Nacherfüllungsanspruchs

Der Nacherfüllungsanspruch geht auf *vollständige* Mängelbeseitigung. Dieses wird zwar nicht ausdrücklich im Abschlussbericht erwähnt, ergibt sich aber ohne weiteres daraus, dass auch unerhebliche Mängel zur Begründung des Nacherfüllungsanspruch ausreichen.

Wie der Verkäufer den Mangel beseitigt, ist dabei ihm überlassen. Dieses gilt hinsichtlich der Wahl zwischen Nachbesserung und Nachlieferung, aber auch hinsichtlich der Methode im Rahmen einer Nachbesserung[2515].

Nach § 438 II BGB-KE hat der Verkäufer die zum Zwecke der Nacherfüllung erforderlichen *Aufwendungen*, insbesondere Transport-, Wege-, Arbeits- und Materialkosten zu tragen. Damit wird § 476 a, *S. 1* BGB übernommen. Die Übernahme von § 476 a, *S. 2* BGB wird von der Kommission abgelehnt[2516]. Die unter diese Vorschrift zu subsumierenden Fälle würden bereits durch § 438 III BGB-KE erfasst, wonach der Verkäufer die Nacherfüllung verweigern kann, wenn sie nur mit unverhältnismäßigen Aufwendungen möglich ist[2517]. Allerdings könne der Käufer die Erstattung der Mehrkosten anbieten und sich damit seinen Nacherfüllungsanspruch erhalten[2518].

Ferner hält die Kommission eine Kostentragungsregel für den Fall des Mitverschuldens des Käufers an dem Mangel sowie des Falls der Sowieso-Kosten für entbehrlich. Eine sachgerechte Entscheidung soll dabei der Rechtssprechung überlassen bleiben[2519].

Die Kommission nimmt keine Stellung dazu, *wo* die Nachbesserung zu erfolgen hat[2520].

2515 *Abschlussbericht*, S. 212 („wie der Verkäufer diese Pflicht erfüllt, ist seine Sache").

2516 *Abschlussbericht*, S. 212 f..

2517 *Abschlussbericht*, S. 213.

2518 *Abschlussbericht*, S. 213.

2519 *Abschlussbericht*, S. 213 („Derartige Detailregelungen würden das Gesetz unnötig überfrachten").

2520 Die Erwägungen zum Erfüllungsort für das Rückgewährschuldverhältnis beim Rücktritt lassen den Schluss zu, dass hierauf bewusst verzichtet wurde. Dort wird ausgeführt, dass eine Einheitslösung für alle denkbaren Fälle nicht passt und eine differenzierte Normierung einen zu großen Regelungsaufwand erfordert. Die allgemeine Vorschrift des § 269 BGB soll dabei Rechtsprechung und Lehre ermöglichen, interessengerechte Lösungen zu entwickeln, vgl. *Abschlussbericht*, S. 191.

(2) Rechtsfolgen einer Nachlieferung

Wählt *der Verkäufer* zum Zwecke der Nacherfüllung die Nachlieferung (Wahlrecht des Verkäufers), so gilt folgendes:

(a) Austausch der mangelhaften gegen mangelfreie Ware

Der Verkäufer hat dem Käufer mangelfreie Sache zu liefern (vgl. § 438 I S. 2 BGB-KE), wobei als Erfüllungsort der ursprünglichen Ort (Vertrag oder § 269 BGB) maßgeblich ist[2521]. Die für die Nacherfüllung erforderlichen Aufwendungen hat der Verkäufer zu tragen (§ 438 II BGB-KE).

Der Verkäufer kann vom Käufer Rückgewähr der mangelhaften Sache nach Maßgabe der §§ 346, 347 BGB-KE, 348 BGB verlangen (§ 438 IV BGB-KE). Hierdurch wird auf die Rücktrittsvorschriften (Wirkungen des Rücktritts) verwiesen.

Nach § 346 I BGB-KE kann der Verkäufer vom Käufer die *Rückgabe des mangelhaften Kaufgegenstandes* verlangen. Der Erfüllungsort für die Pflichten des Rückgewährschuldverhältnisses wird nicht geregelt, sondern soll aufgrund der allgemeinen Vorschrift des § 269 BGB von Rechtssprechung und Lehre bestimmt werden[2522].

Nach § 347 II BGB-KE muss der Verkäufer dem Käufer die notwendigen *Verwendungen* ersetzen, wozu auch gewöhnliche Erhaltungskosten gehören[2523]. Andere Aufwendungen hat der Verkäufer zu ersetzen, wenn er hierdurch bereichert wird. Allerdings entfällt die Pflicht zum Verwendungsersatz, wenn der Käufer die Ware nicht zurückgewähren kann *und* wegen § 346 III Nr. 3 BGB-KE keinen Wertersatz leisten muss (vgl. § 347 II BGB-KE).

Der Käufer hat dem Verkäufer gezogene *Nutzungen* herauszugeben (§ 346 I BGB-KE). Nicht gezogene Nutzungen hat der Käufer nur zu ersetzten, wenn diese entgegen den Regeln einer ordnungsgemäßen Wirtschaft nicht gezogen wurden und dem Käufer die Ziehung möglich war (§ 347 I S. 1 BGB-KE). Allerdings hat im Fall der Nachlieferung der Käufer dabei nur für diejenige Sorgfalt einzustehen, die er in eigenen Angelegenheiten anzuwenden pflegt (§ 347 I S. 2 BGB-KE).

Die aus dem Rücktritt folgenden Verpflichtungen der Parteien sind Zug-um-Zug zu erfüllen (§ 348 BGB).

2521 Dieses ergibt sich daraus, dass der Nacherfüllungsanspruch die modifizierte Fortsetzung des ursprünglichen Erfüllungsanspruchs ist, vgl. hierzu *Haas*, NJW 1992, 2389, 2392.

2522 *Abschlussbericht*, S. 191.

2523 *Abschlussbericht*, S. 190.

(b) *Wertersatz*

Wie bereits dargestellt, ist der Rücktritt bzw. ein Nacherfüllungsanspruch in Form der Nachlieferung nicht deshalb ausgeschlossen, weil der Käufer zur Rückgewähr der empfangenen mangelhaften Ware nicht mehr in der Lage ist. Vielmehr wird die Gefahr des Untergangs und eines sonstigen Unvermögens zur Rückgewähr durch die Begründung eines Wertersatzanspruchs dem Rückgewährschuldner (Käufer) zugewiesen, wenn er den Untergang i.S.d. § 346 III BGB-KE zu vertreten hat[2524].

Nach § 346 II Nr. 2 BGB-KE hat der Käufer Wertersatz zu leisten, wenn er den empfangenen Gegenstand verbraucht, veräußert, belastet, verarbeitet oder umgestaltet hat[2525]. Gleiches gilt, wenn der empfangene Gegenstand sich verschlechtert hat oder untergegangen ist, wobei die durch den bestimmungsgemäßen Gebrauch entstandenen Abnutzungen außer Betracht bleiben (§ 346 II Nr. 3 BGB-KE).

Diese Wertersatzpflicht *entfällt* nach § 346 III BGB-KE, wenn sich der Mangel erst bei der Umgestaltung zeigt (Nr.1) oder soweit der Verkäufer die Verschlechterung zu vertreten hat oder der Schaden bei ihm gleichfalls eingetreten wäre (Nr. 2).

Für das gesetzliche Rücktrittsrecht (und damit für eine Nacherfüllung wegen eines Mangels) entfällt der Wertersatzanspruch ferner, wenn die Verschlechterung oder der Untergang beim Berechtigten eingetreten ist, obwohl dieser diejenige Sorgfalt beachtet hat, die er in eigenen Angelegenheiten anzuwenden pflegt (§ 346 III Nr. 3 BGB-KE). Eine verbleibende Bereicherung hat der Käufer jedoch herauszugeben (§ 346 III BGB-KE). Ferner bleibt § 281 BGB bestehen[2526].

Für den Nachlieferungsanspruch bedeutet dies, dass der Verkäufer die Gefahr des zufälligen Untergangs trägt, wobei „Zufall“ immer dann vorliegt, wenn der Käufer in Bezug auf die Ware diejenige Sorgfalt beachtet hat, die er in eigenen Angelegenheit anwendet[2527].

Ist die Sache beim Käufer aufgrund eines Umstandes untergegangen, den er nach § 346 III BGB-KE zu vertreten hat, so muss er hierfür Wertersatz leisten. Da sich die Höhe des Wertersatzes nach der Gegenleistung (also dem Kaufpreis) richtet (§ 346 II BGB-KE)[2528], muss der Käufer den vereinbarten Kaufpreis zahlen[2529].

2524 *Abschlussbericht*, S. 183.

2525 § 346 II Nr. 1 BGB-KE, wonach der Käufer zum Wertersatz verpflichtet ist, soweit die Rückgewähr oder die Herausgabe nach der Natur des Erlangten ausgeschlossen ist, fällt nicht in den Vergleichsrahmen dieser Arbeit (Warenkauf).

2526 *Abschlussbericht*, S. 188.

2527 *Abschlussbericht*, S. 187 f..

2528 Hierzu ausführlich *Abschlussbericht*, S. 185, 186.

2529 Der Verkäufer trägt damit das Risiko des nachträglichen Steigens des Kaufpreises. Bei einem nachträglichen Sinken kommt es grundsätzlich darauf an, ob der Käufer dem Verkäufer eine

(3) Ersatzvornahme

Die Kommission hat eine dem § 633 III BGB entsprechende Norm nicht in das Kaufrecht aufgenommen. Die Kommission führt hierzu aus, dass der Käufer bei Verzug des Verkäufers mit der Mängelbeseitigung die Kosten der Ersatzvornahme als Schadensersatz oder als Minderungsbetrag beanspruchen könne; ein darüber hinausgehendes Interesse des Käufers sei nicht erkennbar[2530].

Dem ist nicht zuzustimmen[2531]; denn einerseits führt die Kommission zur Minderung aus, dass der Minderungsbetrag nicht von den Kosten der Nachbesserung abhängig gemacht werden soll, insbesondere dann nicht, wenn diese hoch seien[2532]. Andrerseits ist der Schadensersatzanspruch von einem Verschulden des Verkäufers abhängig[2533].

(4) Konkurrierende Schadensersatzansprüche

Macht der Käufer Nacherfüllung geltend, so kann er nach dem BGB-KE für Schäden, die trotz der erfolgreichen Nacherfüllung verbleiben, Schadensersatz verlangen.

Der Käufer kann gem. § 280 BGB-KE Ersatz des Schadens verlangen, der ihm dadurch entstanden ist, dass der Verkäufer seine Pflicht zur mangelfreien Lieferung verletzt hat. Hierdurch werden Mangelfolgeschäden erfasst, die nach geltendem Recht durch die positive Vertragsverletzung ersatzfähig sind (Körperschäden, Vermögensschäden)[2534]. Erforderlich ist allerdings, dass der Verkäufer die mangelhafte Lieferung zu vertreten hat[2535]. Dafür ist nicht ausreichend, dass in der Lieferung einer mangelhaften Sache die Verletzung einer Vertragspflicht liegt. Zu der Pflichtverletzung muss noch ein Vertretenmüssen hinzukommen[2536]. Den

---

ergebnislos verstrichene Frist gesetzt hat. Ist das der Fall, so kann der Käufer den Rücktritt erklären, so dass der Verkäufer das Risiko des Fallens des Kaufpreises trägt. Wurde eine Frist nicht gesetzt, so ist der Verkäufer berechtigt, noch nachzuerfüllen, so dass der Käufer dieses Risiko trägt.

2530 *Abschlussbericht*, S. 214.

2531 So auch *Schubel*, ZIP 1994, 1300, 1333.

2532 *Abschlussbericht*, S. 219.

2533 Ferner hätte eine Ersatzvornahmenorm den Vorteil eines „Gleichklangs" zwischen Werk- und Kaufvertragsrecht (so auch *Abschlussbericht*, S. 213). Auch bietet die Ersatzvornahme nach dem BGB-KE den Vorteil, dass der Besteller einen Vorschuss hinsichtlich der zur Beseitigung erforderlichen Aufwendungen verlangen kann (§ 636 III BGB-KE). Ausführlich hierzu in der Stellungnahme dieser Arbeit (*H. II. 3. c)*).

2534 *Abschlussbericht*, S. 223.

2535 Dabei ist § 279 BGB-KE zu beachten. § 279 BGB-KE normiert, dass, wenn der geschuldete Gegenstand vom Schuldner zu beschaffen ist, dieser Beschaffungshindernisse auch ohne Verschulden zu vertreten hat. Dabei gilt § 279 BGB-KE „insbesondere auch für Verzögerungen bei der Beschaffung", vgl. *Abschlussbericht*, S. 127.

2536 Ausführlich *Abschlussbericht*, S. 198.

Verkäufer trifft dabei die Beweislast für sein Nichtvertretenmüssen (§ 280 I S. 2 BGB-KE)[2537].

Gem. § 441 II BGB-KE kann der Käufer Schadensersatz wegen Verzögerung der Nacherfüllung verlangen, wenn sich der Verkäufer gem. § 284 BGB-KE mit der Nacherfüllung in Verzug befindet. Dabei normiert § 284 I BGB-KE, dass der Mahnung die Bestimmung einer Frist gleichsteht[2538]. Für den Verzug ist ebenfalls ein Verschulden des Verkäufers erforderlich (§ 284 IV BGB-KE).

Allerdings ist zu beachten, dass im Falle der schuldhaften Verletzung der Pflicht zur mangelfreien Lieferung der Verkäufer auch für Verzögerungsschäden (z.B. Betriebsausfall, entgangener Gewinn) bereits aus § 280 BGB-KE haftet, ohne dass es auf die Verzugsvoraussetzungen ankommt (keine Fristsetzung oder Mahnung)[2539].

4. Nacherfüllung im Werkvertragsrecht

Nach § 631 II BGB-KE fallen Verträge über die Herstellung von nicht vertretbaren Sachen unter das Werkvertragsrecht, wenn der Unternehmer das Werk aus einem von ihm zu beschaffenden Stoff herstellt[2540]. Da solche Verträge auch dem Anwendungsbereich des CISG unterfallen, soll auf die Besonderheiten des Werkvertragsrechts im Vergleich zu Kaufrecht nach dem BGB-KE eingegangen werden.

Der Nacherfüllungsanspruch ist -wie bereits nach geltendem Recht- von seiner Rechtsnatur der (modifizierte) Erfüllungsanspruch.

a) Voraussetzungen des Nacherfüllungsanspruchs

Das BGB-KE übernimmt für das Werkvertragsrecht sowohl die Umschreibung des *Sachmangels* (§ 633 BGB-KE) als auch die des *Rechtsmangels* (§ 634 BGB-KE) aus dem Kaufrecht[2541]. Auch hinsichtlich der Falschlieferung und der Zuweniglieferung soll § 634 BGB-KE mit der Vorschrift des § 435 BGB-KE übereinstimmen (vgl. § 633 II BGB-KE).

Die Haftung des Verkäufers für *Sachmängel* ist *ausgeschlossen*, wenn der Käufer bei Annahme des Werks einen Mangel kennt und diesen nicht rügt (§ 642 BGB-KE).

2537 *Haas*, NJW 1992, 2389, 2393.

2538 Ausführlich *Abschlussbericht*, S. 225.

2539 *Abschlussbericht*, S. 223, 225.

2540 Vgl. *Abschlussbericht*, S. 247.

2541 *Abschlussbericht*, S. 251.

Bei einer Beschränkung der Sachmängelhaftung für neu hergestellte Waren durch AGB ist § 11 Nr. 10 AGB-Gesetz-KE anwendbar. Es gilt dabei das zum Kaufvertrag Ausgeführte.

Nach § 635 III BGB-KE kann der Unternehmer die Nacherfüllung verweigern, wenn sie nur mit *unverhältnismäßigen* Mitteln möglich ist. Inhaltlich soll die Vorschrift dabei im Wesentlichen mit § 633 II S. 3 BGB übereinstimmen[2542]. Auch § 438 III BGB-KE soll § 633 II S. 3 BGB entsprechen[2543], so dass nach dem BGB-KE inhaltlich zwischen § 438 III BGB-KE und § 635 III BGB-KE keine Unterschiede bestehen. Es kann deshalb auch hier auf die Ausführungen zum Kaufrecht verwiesen werden.

Die *Verjährung* wegen eines Mangels des Werkes beginnt gem. § 196 IV BGB-KE mit der Fertigstellung. Ist eine Abnahme vereinbart oder nach der Beschaffenheit des Werkes üblich, so beginnt die Verjährung mit der Abnahme oder dem Ablauf der hierfür bestimmten Frist (§§ 196 IV, 640 II BGB-KE). Für die im Rahmen dieser Arbeit relevanten Fälle verjähren die Ansprüche nach drei Jahren (§ 195 I BGB-KE) bzw. nach zehn Jahren, wenn der Unternehmer sich arglistig verhalten hat (§ 195 IV BGB-KE).

Hinsichtlich der Hemmung der Verjährung gelten die Ausführungen zum Kaufrecht.

Der Besteller kann auch nach Werkvertragsrecht grundsätzlich zunächst nur Nacherfüllung verlangen, da für weitergehende Rechtsbehelfe (Rücktritt, Minderung, Schadensersatz, Aufwendungsersatz für Ersatzvornahme) grundsätzlich das erfolglose Verstreichen einer Frist erforderlich ist (§§ 637 I, 323 I; § 638 I; §§ 639 I, 327, 283 I; § 636 I BGB-KE).

Der Besteller kann -wie im Kaufrecht- nur allgemein Nacherfüllung verlangen, wobei dem Unternehmer das Wahlrecht zusteht, ob er durch Nachbesserung oder Neuherstellung erfüllt (§ 635 I BGB-KE)[2544]. Die Kommission führt hierzu aus, dass die gleichen Erwägungen wie beim Kaufvertrag sie veranlasst hat, dem Unternehmer das Wahlrecht zu geben. Ferner habe der Unternehmer die größere Sachkunde, um zu entscheiden, welche Maßnahmen notwendig seien[2545]. Auch

---

2542 *Abschlussbericht*, S. 253 f.. Es wird hier ausgeführt, dass § 275 BGB-KE inhaltlich mit § 633 II S. 3 BGB übereinstimme. § 635 III BGB-KE soll noch weitergehend die Pflicht des Unternehmers einschränken, und zwar auch in Fällen, in denen ihm die Nacherfüllung unter Umständen noch zumutbar ist. Allerdings wird (widersprüchlich) zum Kaufrecht, das auf das Werkrecht verweist, ausgeführt, dass § 633 II S. 3 BGB dem § 438 III BGB-KE entspricht. Zur Kritik, s.o. und *Schubel*, ZIP 1994, 1330, 1332 f..

2543 *Abschlussbericht*, S. 213.

2544 Dieses wird im BGB-KE nunmehr klargestellt, vgl. *Abschlussbericht* S. 252 f..

2545 *Abschlussbericht*, S. 253.

hier könne der Besteller die angebotene Nacherfüllung nach Treu und Glauben ablehnen, wenn sie ihm nicht zumutbar ist[2546].

Im Hinblick auf das Erlöschen des Nacherfüllungsanspruchs gem. § 635 BGB-KE ergeben sich grds. keine Unterschiede im Vergleich zum Kaufrecht. Das Werkrecht enthält allerdings keine Regelung, ob und wann der Nacherfüllungsanspruch ausgeschlossen ist, wenn der Käufer einen Aufwendungsersatzanspruch für eine Ersatzvornahme gem. § 636 BGB-KE geltend macht. Hier dürfte eine analoge Anwendung des § 283 IV BGB-KE angebracht sein[2547], so dass der Nacherfüllungsanspruch durch Erhalt des Aufwendungsersatzes erlischt.

b) Rechtsfolgen

Hinsichtlich der Rechtsfolgen ergeben sich keine Besonderheiten im Vergleich zum Kaufrecht. Nach § 635 II BGB-KE hat der Unternehmer die Aufwendungen zum Zwecke der Nacherfüllung zu tragen.

Nimmt der Unternehmer im Rahmen seines Wahlrechts die Nacherfüllung durch eine Neuherstellung vor, so erklärt § 635 IV BGB-KE die Rücktrittsregeln für anwendbar, so dass der Besteller grds. das mangelhafte Werk zurückzugewähren hat. Wegen der Einzelheiten wird auf das Kaufrecht verwiesen.

Im Gegensatz zum Kaufrecht sieht das Werkrecht nach dem BGB-KE die Möglichkeit einer *Ersatzvornahme* durch den Besteller und damit verbunden einen Aufwendungsersatzanspruch vor (§ 636 BGB-KE). Voraussetzung ist grds., dass der Besteller dem Unternehmer eine angemessene Frist gesetzt hat, die ergebnislos verstrichen ist (§ 636 I BGB-KE). Nach Ablauf der Frist kann der Besteller die Nacherfüllung selbst vornehmen und die erforderlichen Aufwendungen von dem Unternehmer ersetzt verlangen.

Einer Fristsetzung bedarf es in den Fällen des § 323 II BGB-KE sowie dann nicht, wenn die Nacherfüllung fehlgeschlagen ist (§ 636 II BGB-KE).

Abweichend vom geltenden Recht wird nicht mehr auf den Verzug des Unternehmers abgestellt, so dass es unerheblich ist, ob der Unternehmer der Mängelbeseitigung schuldhaft nicht nachgekommen ist[2548].

Nach § 636 III BGB-KE kann der Besteller von dem Unternehmer für die zur Beseitigung des Mangels erforderlichen Aufwendungen einen Vorschuss verlangen.

Der Aufwendungsersatzanspruch ist ausgeschlossen, wenn der Unternehmer die Nachbesserung wegen Unverhältnismäßigkeit (§ 635 III BGB-KE) verweigern kann (§ 636 I letzter HS. BGB-KE).

[2546] *Abschlussbericht*, S. 253.

[2547] Hierzu *Abschlussbericht*, S. 136.

[2548] *Abschlussbericht*, S. 254 f..

II. Die EG-Richtlinie 1999/44/EG zu bestimmten Aspekten des Verbrauchsgüterkaufs und der Garantie für Gebrauchsgüter

Am 7.7.1999 ist die Richtlinie 1999/44/EG des Europäischen Parlaments und des Rates zu bestimmten Aspekten des Verbrauchsgüterkaufs und der Garantien für Verbrauchsgüter durch Veröffentlichung im Europäischen Amtsblatt in Kraft getreten[2549]. Gem. Art. 11 I ist die Richtlinie bis spätestens zum 1.1.2002 in den Mitgliedstaaten umzusetzen.

Die Ziele der EG-Richtlinie 1999/44/EG sind, durch einheitliche Mindestvorschriften über den Verbrauchsgüterkauf ein hohes Verbraucherschutzniveau in der EU zu schaffen, Wettbewerbsverzerrungen zwischen Verkäufern aufgrund unterschiedlicher nationaler Haftungsmaßstäbe zu vermeiden sowie eine Mindestharmonisierung des Verbrauchsgüterkaufs zu erreichen [2550].

Das Bundesministerium der Justiz hat einen Diskussionsentwurf erarbeitet, der u.a. die EG-Richtlinie 1999/44/EG durch eine Integration in das BGB umsetzen will. Aufgrund der Vorgaben der Richtlinie sowie sachlicher Gründe wollen die Verfasser des Diskussionsentwurfs das Gewährleistungrecht des BGB erheblich ändern[2551]. Von den Änderungen sind insbesondere der Ersatzlieferungs- und Nachbesserungsanspruch des Käufers betroffen.

1. Überblick über die Rechtsbehelfe des Verbrauchers

Zentraler Begriff der Richtlinie ist die „Vertragsgemäßheit" (Art. 2 EG-RL). Dieser Begriff umfasst nur Sachmängel und *aliud*-Lieferungen[2552], nicht aber Rechtsmängel[2553]. Ist eine verkaufte Sache nicht vertragsgemäß i.S.d. Art. 2 EG-

---

2549 EG-Richtlinie 1999/44/EG, NJW 1999, 2421, 2424, Art. 13 Fn. 1.

2550 Hierzu Richtlinie 1999/44/EG, Erwägungsgründe (1) – (5), NJW 1999, 2421, 2421; Ausführlich *Reich*, NJW 1999, 2397, 2397 f..

2551 Vgl. *Diskussionsentwurf*, S. 166 ff..

2552 Aus der Anlehnung des Art. 2 EG-RL an Art. 35 CISG und aus der Fassung der Tatbestände des Art. 2 II EG-RL kann geschlossen werden, dass auch *aliud*-Lieferungen von der EG-Richtlinie 1999/44/EG erfasst werden. Vgl. hierzu ausführlich *Roth,* in: Ernst/Zimmermann, Schuldrechtsreform, S. 225, 238 ff.; ferner *Gsell,* JZ 2001, 65, 66 f.. Zur „Parallelität" des Art. 2 EG-RL mit Art. 35 CISG, vgl. *Faber*, JBl. 1999, 414, 418; *Staudenmeyer*, NJW 1999, 2393, 2394; *Magnus,* in: Grundmann/Medicus/Rolland, Europäisches Kaufgewährleistungsrecht, S. 79, 87 f..

2553 Ganz h.M.: *Ernst/Gsell,* ZIP 2000, 1410, 1411; *Roth,* in: Ernst/Zimmermann, Schuldrechtsreform, S. 225, 238 m.w.N.; *Zimmer,* in: Ernst/Zimmermann, Schuldrechtsreform, S. 191, 195; *Jud*, ÖJZ 1997, 441, 442; *Medicus*, ZIP 1996, 1925, 1926; a.A.: *Schmidt-Räntsch,* ZIP 2000, 1639, 1639.

RL, so sieht die Richtlinie hinsichtlich der Rechtsbehelfe des Verbrauchers eine „Stufenlösung“ vor[2554].

Zunächst kann der Verbraucher nach seiner Wahl die unentgeltliche *Nachbesserung* oder *Ersatzlieferung* verlangen (Art. 3 III S. 1 EG-RL). Die Nachbesserung oder Ersatzlieferung muss innerhalb einer angemessenen Frist und ohne Unannehmlichkeiten für den Verbraucher erfolgen (Art. 3 III S. 3 EG-RL). Der Verkäufer kann die Nachbesserung bzw. Ersatzlieferung verweigern, wenn diese unmöglich oder unverhältnismäßig ist (Art. 3 III S. 2 EG-RL).

Die weitergehenden Rechtsbehelfe der *Minderung* und der *Vertragsauflösung* stehen dem Verbraucher zur Verfügung, wenn der Verkäufer nicht innerhalb einer angemessenen Frist nacherfüllt oder der Verkäufer nicht ohne erhebliche Unannehmlichkeiten für den Verbraucher Abhilfe geschaffen hat (Art. 3 V EG-RL). Schließlich kann der Verbraucher mindern oder die Vertragsauflösung erklären, wenn er keinen Anspruch auf Nachbesserung oder Ersatzlieferung hat (Art. 3 V EG-RL), bspw. deshalb, weil die Nacherfüllung unverhältnismäßig ist.

Weitere Voraussetzung für die Vertragsauflösung ist allerdings, dass es sich nicht nur um eine geringfügige Vertragswidrigkeit handelt (Art. 3 VI EG-RL).

Ein *Schadensersatzanspruch* wegen Mangel- oder Mangelfolgeschäden ist in der Richtlinie nicht geregelt[2555]. Art. 8 I EG-RL stellt jedoch klar, dass andere Ansprüche (also auch Schadensersatzansprüche), die der Verbraucher aufgrund des nationalen Rechts über vertragliche oder außervertragliche Haftung geltend machen kann, nicht berührt werden. Ferner steht es den Mitgliedstaaten frei, im Anwendungsbereich der Richtlinie strengere Normen zu erlassen oder aufrechtzuerhalten (Art. 8 II EG-RL)[2556].

2. Voraussetzungen der Nacherfüllungsansprüche

a) Anwendungsbereich

Der *persönliche* Anwendungsbereich der Richtlinie wird durch die Begriffsdefinitionen des „Verbrauchers“ und des „Verkäufers“ begrenzt[2557]. „Verbraucher“ ist gem. Art. 1 II a) EG-RL jede *natürliche* (nicht juristische) Person[2558], die zu einem Zweck handelt, der nicht ihrer beruflichen oder gewerblichen Tätigkeit zugerechnet werden kann. „Verkäufer“ ist jede natürliche oder juristische Person,

---

[2554] *Staudenmeyer*, NJW 1999, 2393, 2395 („Stufenlösung“); *Schmidt-Räntsch*, ZIP 1998, 849, 851(„Hierarchisierung“); ferner *Faber*, JBl. 1999, 414, 427; *Gsell*, JZ 2001, 65, 67.

[2555] *Medicus*, ZIP 1996, 1925, 1925.

[2556] *Staudenmeyer*, NJW 1999, 2393, 2397 („traditionelle Mindesschutzklausel“ im Verbraucherprivatrecht).

[2557] Zum persönlichen und sachlichen Anwendungsbereich ausführlich, *Staudenmeyer*, NJW 1999, 2393, 2393 f.; *Medicus*, ZIP 1996, 1925, 1926.

[2558] Hierzu *Medicus*, ZIP 1996, 1925, 1926.

die aufgrund eines Vertrags im Rahmen ihrer beruflichen oder gewerblichen Tätigkeit Verbrauchsgüter verkauft (Art. 1 II c) EG-RL).

Die Festlegung des *sachlichen* Anwendungsbereichs erfolgt durch den Begriff des „Verbrauchsgutes“[2559]. Hierzu gehören nach Art. 1 II b) EG-RL alle beweglichen körperlichen Gegenstände, mit Ausnahme von Strom, Wasser und Gas[2560] sowie Gütern, die aufgrund einer Zwangsvollstreckung oder einer anderen gerichtlichen Maßnahme verkauft wurden.

Art. 1 IV EG-RL erweitert den Anwendungsbereich vom „reinen“ Kaufvertrag auf Verträge über die Lieferung herzustellender oder zu erzeugender Verbrauchsgüter. Somit werden auch Werklieferungsverträge von der Richtlinie erfasst, und zwar unabhängig davon, ob es sich um vertretbare oder unvertretbare Sachen handelt[2561]. Die EG-Richtlinie erfasst allerdings nicht die Fälle, in denen der Verbraucher einen wesentlichen Teil der für die Herstellung oder Erzeugung notwendigen Stoffe selbst zur Verfügung zu stellen hat[2562].

b) Vertragsgemäßheit i.S.d. Art. 2 EG-RL

In weitgehender Übereinstimmung mit Art. 35 CISG wird durch Art. 2 EG-Richtlinie die Vertragsgemäßheit des Verbrauchsgutes normiert. Insofern fallen unter den Begriff der Vertragsgemäßheit Sachmängel und *aliud*-Lieferungen, nicht aber Rechtsmängel[2563].

Nach *Art. 2 I EG-RL* ist der Verkäufer verpflichtet, dem Verbraucher dem Kaufvertrag gemäße Güter zu liefern. Inhaltlich bedeutet dieses, dass die Ist- nicht von der Sollbeschaffenheit abweichen darf[2564].

Haben die Parteien nichts vereinbart, so ist in *Art. 2 II EG-RL* eine Aufzählung von Eigenschaften normiert, die die Ware *kumulativ* erfüllen muss, um als vertragsgemäß zu gelten[2565]. Zum einen werden hierdurch die Kriterien der Vertragsgemäßheit konkretisiert, zum anderen ist Art. 2 II EG-RL als widerlegbare Ver-

---

2559 Vgl. hierzu *Staudenmeyer*, NJW 1999, 2393, 2393 f..

2560 Allerdings sind Wasser und Gas dann „Verbrauchsgüter“, wenn sie in begrenztem Volumen oder in einer bestimmten Menge abgefüllt sind, vgl. Art. 1 II b) EG-RL (Unterausnahme).

2561 Ausführlich *Faber*, JBl. 1999, 414 ff., 415; vgl. auch *Staudenmeyer*, NJW 1999, 2393, 2394. A.A. noch *Jud*, ÖJZ 1997, 441, 442 (Werklieferungsverträge über unvertretbare Sachen seien ausgenommen) zum „Vorschlag einer Richtlinie des Europäischen Parlamentes und des Rates über den Verbrauchsgüterkauf und Garantien für Verbrauchsgüter“ aus dem Jahr 1996 (Interinstitutionelles Dossier Nr. 96/0161 (COD)). Allerdings wurde Art. 1 IV EG-RL erst später eingeführt, vgl. hierzu *Staudenmeyer*, a.a.O..

2562 Ausführlich *Faber*, JBl. 1999, 413, 414, der zutreffend ausführt, dass hierbei auf die Auslegung zum CISG zurückgegriffen werden kann, da sich die Verfasser der EG-Richtlinie 1999/44/EG am CISG orientiert haben.

2563 Vgl. oben *G. II. 1.*

2564 *Medicus*, ZIP 1996, 1925, 1926; *Gsell*, JZ 2001, 65, 65.

2565 Erwägungsgrund (8), NJW 1999, 2421, 2421; *Faber*, JBl. 1999, 414, 418.

mutung in dem Sinne ausgestaltet, als dass bei Vorliegen dieser Eigenschaften zugunsten des Verkäufers die Vertragsgemäßheit vermutet wird[2566].

Nach *Art. 2 II EG-RL* muss die Kaufsache den Beschreibungen des Verkäufers sowie vorgelegten Mustern und Proben entsprechen (a)), sich für einen bestimmten vom Verbraucher angestrebten Zweck eignen, den der Verkäufer bei Vertragsschluss kannte sowie billigte (b)) und ferner muss die Kaufsache sich für Zwecke eignen, für die Güter der gleichen Art gewöhnlich gebraucht werden (c))[2567].

Art. 2 II d) EG-RL bestimmt, dass die Ware nur dann vertragsgemäß ist, wenn sie die Qualität und Leistungen aufweist, die bei Gütern gleicher Art üblich sind und die der Käufer insbesondere aufgrund von öffentlichen Äußerungen (insb. im Rahmen von Werbung oder Etikettierung) des Verkäufers, Herstellers oder dessen Vertreters erwarten konnte[2568]. Allerdings ist der Verkäufer nicht durch die öffentlichen Äußerungen gebunden, wenn er von diesen keine Kenntnis hatte oder haben konnte, die Äußerungen bei Vertragsschluss berichtigt waren oder die Kaufentscheidung nicht durch die betreffende Äußerung beeinflusst war (Art. 2 IV EG-RL). Der Verkäufer trägt für die Ausschlussgründe die Beweislast.

Schließlich wird durch *Art. 2 V EG-RL* eine unsachgemäße Montage der Vertragswidrigkeit gleichgestellt, wenn die Montage Bestandteil des Kaufvertrages war und vom Verkäufer oder unter dessen Verantwortung vorgenommen wurde (S. 1). Auch haftet der Verkäufer für Mängel der Montageanleitung, die eine Vertragswidrigkeit verursachen (S. 2)[2569].

Aus einem Umkehrschluss des Art. 3 VI EG-RL ergibt sich, dass für einen Nachbesserungs- bzw. Ersatzlieferungsanspruch auch *geringfügige* Vertragswidrigkeiten ausreichend sind[2570]. Allerdings ist hierbei die Verhältnismäßigkeit i.S.d. Art. 3 III EG-RL zu beachten.

2566 Erwägungsgrund (8), NJW 1999, 2421, 2421, der klarstellt, dass hierdurch nicht die Vertragsfreiheit eingeschränkt werden soll. Vgl. auch *Staudenmeyer*, NJW 1999, 2393, 2394. *Faber*, JBl. 1999, 414, 418 weist zutreffend darauf hin, dass wesentlich bedeutender der Umkehrschluss aus Art. 2 II EG-RL ist. D.h. liegen die Tatbestände des Art. 2 II EG-RL *nicht* vor, so ist die Ware *vertragswidrig*.

2567 Vgl. zu den Tatbestandsmerkmalen im Einzelnen, *Faber*, JBl. 1999, 414, 419 ff..

2568 Es werden hierbei aber nur *konkrete* Beschreibungen des Produkts erfasst und nicht etwa „blumige" Werbeaussagen, vgl. *Schmidt-Räntsch*, ZIP 1998, 849, 851; *Staudenmeyer*, NJW 1999, 2393, 2394. Zu den (nur unwesentlichen) Abweichungen zum nationalen Recht, vgl. *Medicus*, ZIP 1996, 1925, 1926; *Schmidt-Räntsch*, ZIP 1998, 849, 851.

2569 Hierzu *Staudenmeyer*, NJW 1999, 2393, 2395.

2570 Art. 3 VI EG-RL bestimmt, dass die Vertragswidrigkeit mehr als nur geringfügig sein muss, damit der Käufer den Vertrag auflösen kann.

c) Maßgeblicher Zeitpunkt

Wie aus Art. 2 I, Art. 3 I und Art. 5 III EG-Richtlinie sowie aus Erwägungsgrund (14)[2571] hervorgeht, muss die Ware „zum Zeitpunkt der Lieferung" vertragsgemäß sein[2572].

Art. 5 III EG-RL statuiert dabei eine Beweislastumkehr zugunsten des Käufers. Innerhalb der ersten sechs Monate nach der Lieferung des Gutes wird vermutet, dass die Vertragswidrigkeit bereits zum Zeitpunkt der Lieferung bestanden hat, es sei denn, diese Vermutung ist mit der Art des Gutes oder der Art des Mangels unvereinbar[2573].

d) Ausschlüsse der Ansprüche auf Nachbesserung und Ersatzlieferung

Die Möglichkeit der *vertraglichen* Abbedingung von Rechtsbehelfen ist nach der EG-RL ausgeschlossen. Als *gesetzliche* Ausschlüsse für die Nacherfüllungsansprüche sind in der Richtlinie die Unmöglichkeit und die Unverhältnismäßigkeit geregelt sowie für sämtliche Rechtsbehelfe die Kenntnis bzw. Unkenntnis ohne vernünftigen Grund.

(1) Vertragliche Ausschlüsse

Der Zielsetzung der Richtlinie (einheitliches Mindestniveau von Verbraucherrechten) entsprechend ist in Art. 7 I EG-RL normiert, dass die durch die Richtlinie gewährten Rechte weder mittelbar noch unmittelbar durch Vereinbarungen oder Vertragsklauseln außer Kraft gesetzt oder eingeschränkt werden können.

Die Unabdingbarkeit erfasst damit auch gebrauchte Güter[2574] und schließt weiter aus, dass *einzelne* Rechtsbehelfe (z.B. Ersatzlieferung oder Nachbesserung) abbedungen werden können.

2571 Erwägungsgrund (14), NJW 1999, 2421, 2421.

2572 Hierdurch sollte gewährleistet werden, dass die Mitgliedstaaten nicht ihre Vorschriften über den Gefahrübergang ändern müssen, vgl. *Erwägungsgrund* (14), NJW 1999, 2421, 2421; *Staudenmeyer*, NJW 1999, 2393, 2395.

2573 Der Verbraucher muss somit innerhalb der ersten sechs Monate „nur" eine Vertragswidrigkeit i.S.d. Art. 2 EG-RL zum Zeitpunkt der Geltendmachung seiner Rechtsbehelfe darlegen und beweisen, während der Verkäufer um sich zu entlasten, darlegen und beweisen muss, dass die Vertragswidrigkeit zum Zeitpunkt der Lieferung noch nicht vorgelegen hat. Zu den Ausnahmen der Beweislastumkehr, vgl. *Staudenmeyer*, NJW 1999, 2393, 2396; *Medicus*, ZIP 1996, 1925, 1927. Kritisch zur Beweislastumkehr *Honsell*, JZ 2001, 278, 279 f..

2574 Allerdings können die Mitgliedstaaten nach Art. 7 I S. 2 EG-RL vorsehen, dass der Verkäufer und der Verbraucher beim Kauf gebrauchter Sachen sich auf Vereinbarungen oder Vertragsklauseln einigen können, denen zufolge der Verkäufer nur ein Jahr haftet. Diese Haftungsfrist darf allerdings nicht unterschritten werden. Zu gebrauchten Waren, vgl. *Staudenmeyer*, NJW 1999, 2393, 2397, *Medicus*, ZIP 1996, 1925, 1929.

Jedoch stellt der Erwägungsgrund (16) klar, dass für gebrauchte Güter in der Regel kein Anspruch auf Ersatzlieferung besteht, da diese „aufgrund ihrer Eigenart im Allgemeinen nicht ersetzt werden“ können[2575].

Art. 7 II EG-RL stellt sicher, dass die Verbraucherrechte der Richtlinie nicht dadurch umgangen werden können, dass das Recht eines Nichtmitgliedstaats als das auf den Vertrag anzuwendende Recht gewählt wird. Voraussetzung ist allerdings, dass der Vertrag einen engen Zusammenhang mit dem Gebiet der Mitgliedstaaten aufweist (Art. 7 II letzter HS. EG-RL).

(2) Gesetzliche Ausschlüsse

Die Richtlinie sieht einen gesetzlichen Ausschluss auf der Ebene der Vertragswidrigkeit vor.

Nach Art. 2 III EG-RL liegt keine Vertragswidrigkeit vor, wenn der Verbraucher die Vertragswidrigkeit zum Zeitpunkt des Vertragsschlusses *kannte* oder über *sie vernünftigerweise nicht in Unkenntnis* sein konnte. Die Formulierung („vernünftigerweise nicht in Unkenntnis“) statuiert keine Untersuchungsobliegenheit und soll Fälle erfassen, „bei denen der Verbraucher gar nicht anders konnte, als die Vertragswidrigkeit wahrzunehmen“[2576].

Da durch Art. 1 IV EG-RL auch Werklieferungsverträge in den Anwendungsbereich der Richtlinie fallen, sieht Art. 2 III EG-RL einen weiteren Haftungsausschluss dann vor, wenn die Vertragswidrigkeit auf den vom Verbraucher gelieferten Stoff zurückzuführen ist.

Art. 5 II EG-RL eröffnet den Mitgliedstaaten die Möglichkeit, eine Rügeobliegenheit einzuführen, nach welcher der Verbraucher den Verkäufer binnen zwei Monaten nach dem Zeitpunkt, zu dem er die Vertragswidrigkeit festgestellt hat, unterrichten muss[2577]. Durch die Einführung einer solchen Rügeobliegenheit können dann die Rechte des Verbrauchers ausgeschlossen sein.

(3) Unmöglichkeit und Unverhältnismäßigkeit

Nachbesserung und Nachlieferung sind ausgeschlossen, wenn sie *unmöglich* sind (Art. 3 III EG-RL). Dabei muss allerdings objektive Unmöglichkeit vorliegen; im Fall subjektiver Unmöglichkeit ist der Verkäufer grundsätzlich -im Rahmen des

---

[2575] Erwägungsgrund (16), NJW 1999, 2421, 2422.

[2576] So *Staudenmeyer*, NJW 1999, 2393, 2394 f., mit überzeugenden Argumenten basierend auf der Entstehungsgeschichte. Zu diesem Ausschlusstatbestand auch *Faber*, JBl. 1999, 414, 424 f.; *Jud*, ÖJZ, 1997, 441, 446.

[2577] Die Rügefrist darf dabei zwei Monate nicht unterschreiten, vgl. *Erwägungsgrund (19),* NJW 1999, 2421, 2422. Zum Ganzen, vgl. Erwägungsgründe (19) und (20), a.a.O.; *Staudenmeyer*, NJW 1999, 2393, 2396.

Verhältnismäßigen- verpflichtet, einen Dritten zu beauftragen (Nachbesserung) oder die Ware auf dem Markt zu beschaffen (Ersatzlieferung)[2578]. Wie bereits ausgeführt, stellt der Erwägungsgrund (16) klar, dass bei gebrauchten Gütern eine Ersatzlieferung in der Regel nicht möglich ist[2579].

Ferner kann der Verbraucher nicht Nachbesserung bzw. Ersatzlieferung verlangen, wenn diese *unverhältnismäßig* ist. Nach Art. 3 III S. 2 EG-RL gilt eine Abhilfe dann als unverhältnismäßig, wenn sie dem Verkäufer verglichen mit alternativen Abhilfemöglichkeiten unzumutbare Kosten verursachen würde. Hinsichtlich der Frage, ob die Kosten verglichen mit den alternativen Abhilfemöglichkeiten *unzumutbar* sind, sind nach der Richtlinie drei Gesichtspunkte zu berücksichtigen:

Zunächst ist der *Wert*, den das Verbrauchsgut ohne die Vertragswidrigkeit hätte, maßgeblich (Art. 3 III S. 2, 1. Spiegelstrich). Hierdurch soll z.B. verhindert werden, dass der Käufer bei einem günstigen Massenprodukt (z.B. Musikkassette) Nachbesserung verlangen kann[2580].

Ferner ist die *Bedeutung der Vertragswidrigkeit* zu berücksichtigen (Art. 3 III S. 2, 2. Spiegelstrich EG-RL). Bei schwerwiegenden Vertragswidrigkeiten sind dem Verkäufer daher höhere Kosten im Vergleich zu anderen Rechtsbehelfen zumutbar[2581].

Schließlich ist die Frage zu erwägen, ob die alternative Abhilfemöglichkeit *erhebliche Unannehmlichkeiten* für den Verbraucher mit sich bringen würde (Art. 3 III S. 2, 3. Spiegelstrich EG-RL). Hiermit sind wohl z.B. Fälle des erfolgten Einbaus und der Montage der vertragswidrigen Ware gemeint, in welchen die für den Verkäufer günstigere Ersatzlieferung[2582] den Käufer aufgrund des Ausbaus stark belasten würde.

In Erwägungsgrund (11) wird ausgeführt, dass die Unverhältnismäßigkeit einer Abhilfe (Nachbesserung oder Ersatzlieferung) *objektiv* festzustellen ist[2583]. Es ist daher nicht auf die Sicht des Verkäufers oder des Verbrauchers abzustellen[2584].

Ferner wird dort klargestellt, dass Kosten nur dann im Vergleich mit anderen Abhilfen *unzumutbar* (und damit unverhältnismäßig) sind, wenn die Kosten der Nachbesserung oder Ersatzlieferung *deutlich* höher sind als die Kosten einer anderen Abhilfe[2585].

2578 So zur Nachbesserung auch *Medicus*, ZIP 1996, 1925, 1927.

2579 Erwägungsgrund (16), NJW 1999, 2421, 2422.

2580 Ähnlich *Staudenmeyer*, NJW 1999, 2393, 2395.

2581 So auch *Staudenmeyer*, NJW 1999, 2393, 2395.

2582 Gleiches gilt für die Vertragsaufhebung, dazu sogleich im Text.

2583 Erwägungsgrund (11) NJW 1999, 2421, 2421.

2584 *Staudenmeyer*, NJW 1999, 2393, 2395.

2585 Erwägungsgrund (11) NJW 1999, 2421, 2421.

Unklar ist nach Art. 3 III EG-RL, ob bei der Unverhältnismäßigkeit der vom Käufer gewählten Nacherfüllungsmaßnahme als Vergleichsmaßstab nur die primären Rechtsbehelfe (Ersatzlieferung oder Nachbesserung) gelten sollen, oder aber auch die sekundären Rechtsbehelfe der Vertragsaufhebung oder Minderung in die Betrachtung mit einzubeziehen sind[2586]. Der Wortlaut des Erwägungsgrunds (11) spricht dafür, auch die sekundären Rechtsbehelfe in die Betrachtung mit einzustellen[2587]. Es ist daher im Rahmen der Unverhältnismäßigkeit eine Interessenabwägung zwischen Verkäufer und Verbraucher vorzunehmen, wobei die in Art. 3 III EG-RL aufgeführten Faktoren die Schwelle der Zumutbarkeit für den Verkäufer im Vergleich zu anderen Rechtsbehelfen in die eine oder andere Richtung verschieben können.

e) Verjährung

In Art. 5 I EG-RL werden zwei Fristen geregelt. Zum einen -eine im Kaufrecht des BGB unbekannte- materielle Frist, zum anderen die Verjährungsfrist[2588]. Beide Fristen müssen mindestens zwei Jahre ab Lieferung betragen.

Der deutsche Gesetzgeber wird vermutlich die Gewährleistungsfristenlösung beibehalten, so dass die Gewährleistungsfrist auf mindestens zwei Jahre ab Lieferung zu verlängern ist.

Für gebrauchte Güter kann die Verjährungsfrist auf ein Jahr verkürzt werden (Art. 7 I S. 2 EG-RL).

f) *ius variandi*

Aufgrund der „Stufenlösung" der EG-Richtlinie 1999/44/EG kann der Verbraucher zunächst grds. nur Nachbesserung oder Ersatzlieferung verlangen (Art. 3 III EG-RL)[2589]. Weitergehende Rechtsbehelfe stehen ihm daher zunächst nicht zur

2586 Diese Frage ebenfalls aufwerfend, *Faber*, JBl. 1999, 414, 428, mit folgendem Beispiel: Bei einem Spezieskauf (die Nachlieferung ist insofern ausgeschlossen), hat die Ware nur eine geringfügige Beeinträchtigung (Schönheitsfehler), wobei die Nachbesserung äußerst kostspielig ist. Es stellt sich nun die Frage, ob hier die Nachbesserung ausgeschlossen sein soll, weil die Minderung die sinnvollste Variante ist.

2587 Im Erwägungsgrund (11) heißt es: „Zunächst kann der Verbraucher vom Verkäufer die Nachbesserung des Gutes oder eine Ersatzlieferung verlangen, es sei denn, dass diese Abhilfen unmöglich oder unverhältnismäßig wären". Da in diesem Erwägungsgrund *beide* Nacherfüllungsmaßnahmen genannt sind, bleiben als Vergleichsmaßstab nur die sekundären Rechtsbehelfe der Wandlung und Minderung übrig. Vgl. ferner das Argument von *Faber*, JBl. 1999, 414, 428 (Verhältnismäßigkeit sei ein durchgehendes Prinzip der Richtlinie; jedoch zweifelnd).

2588 Zur Verjährungsfrist, vgl. *Staudenmeyer*, NJW 1999, 2393, 2396; *Schmidt-Räntsch*, ZIP 1998, 849, 852; *Reich*, NJW 1999, 2397, 2401.

2589 Allerdings kann der nationale Gesetzgeber dem Verbraucher auch sofort sämtliche Rechtsbehelfe zur Verfügung stellen. Denn die Richtlinie konstituiert lediglich einen Mindestschutz

Wahl, sondern nur dann, wenn die Nacherfüllung nicht innerhalb einer angemessenen Frist erfolgt oder nicht ohne erhebliche Unannehmlichkeiten für den Verbraucher erfolgen kann (Art. 3 III S. 3 EG-RL)[2590]. Der Verkäufer hat hierdurch ein Recht zur zweiten Andienung.

Das Wahlrecht zwischen Ersatzlieferung oder Nachbesserung steht dem Käufer zu[2591]. Zwar wird vertreten, dass aufgrund der Einschränkung der Nacherfüllungsansprüche durch die Verhältnismäßigkeit die Wahl zwischen den beiden Rechtsbehelfen „nur scheinbar frei" wäre und „in der Sache (...) dem Käufer grundsätzlich nur ein Anspruch auf Nachbesserung" zustehe[2592].

Die Erwägungsgründe (10), (11) und (12) lassen aber keinen Zweifel daran, dass dem Käufer das Wahlrecht zusteht und eine Ersatzlieferung nur dann unverhältnismäßig ist, wenn deren Kosten verglichen mit der Nachbesserung *„deutlich"* höher sind[2593].

3. Rechtsfolgen

Hinsichtlich der Rechtsfolgen von Nachbesserung und Ersatzlieferung sieht die Richtlinie vor, dass beide Rechtsbehelfe für den Verbraucher *„unentgeltlich"* zu erfolgen haben (vgl. Art. 3 II und III EG-RL), die Kosten also vom Verkäufer zu tragen sind. In Art. 3 IV EG-RL wird der Begriff der Unentgeltlichkeit konkretisiert. Danach umfasst der Begriff „unentgeltlich" die für die Herstellung des vertragsgemäßen Zustands des Verbrauchsgutes notwendigen Kosten, insbesondere Versand-, Arbeits- und Materialkosten.

Eine Legaldefinition des Begriffs *„Nachbesserung"* wird in Art. 1 II f) EG-RL vorgenommen. Danach bezeichnet der Ausdruck „Nachbesserung" bei Vertrags-

---

für den Verbraucher, so dass es dem nationalen Gesetzgeber freisteht, strengere (d.h. für den Käufer günstigere) Bestimmungen zu erlassen, vgl. Art. 8 II EG-RL. Vgl. ferner *Gsell,* JZ 2001, 65, 67. Nach dem ursprünglichen Kommissionsvorschlag konnte der Käufer noch sofort zwischen den vier Rechtsbehelfen wählen. Diese Regelung wurde aufgrund der Interessen des Verkäufers zugunsten der „Stufenlösung" aufgegeben, vgl. *Faber,* JBl. 1999, 414, 427.

2590 Hierbei sind die Art des Verbrauchsgutes sowie der Zweck, für den der Verbraucher das Verbrauchsgut benötigt, zu berücksichtigen, vgl. Art. 3 III S. 3 EG-RL.

2591 Erwägungsgrund (10), NJW 1999, 2421, 2421.

2592 *Schmidt-Räntsch,* ZIP 1998, 849, 851 f.; *ders.* ZEuP 1999, 294, 295.

2593 Erwägungsgrund (11), NJW 1999, 2421, 2421. In Erwägungsgrund (10) wird das Wahlrecht des Käufers explizit erwähnt: „(...) wobei er (der Käufer, *der Verf.*) zwischen einer Nachbesserung und einer Ersatzlieferung wählen kann;...". Ferner wird in Erwägungsgrund (12) ausgeführt, dass „der Verkäufer dem Verbraucher zur Erzielung einer gütlichen Einigung stets jede zur Verfügung stehende Abhilfemöglichkeit anbieten" könne. „Die Entscheidung über die Annahme oder Ablehnung des betreffenden Vorschlags *bleibt dem Verbraucher anheimgestellt*". Wie hier *Reich,* NJW 1999, 2397, 2402; *Faber,* JBl. 1999, 414, 427.

widrigkeiten die Herstellung des *vertragsgemäßen* Zustandes des Verbrauchsgutes. Hieraus und aus dem Umstand, dass Nachbesserung (sowie die Ersatzlieferung) auch bei geringfügigen Vertragswidrigkeiten vom Käufer verlangt werden kann, ergibt sich, dass der Verkäufer die Vertragswidrigkeit vollständig zu beseitigen hat.

Relevant im Hinblick auf die Rechtsfolgen einer *Ersatzlieferung* ist der Erwägungsgrund (15). Dort wird ausgeführt, dass die Mitgliedstaaten vorsehen können, dass eine dem Verbraucher zu leistende Erstattung gemindert werden kann, um der Benutzung Rechnung zu tragen (*Nutzungsersatz*)[2594].

In *zeitlicher Hinsicht* bestimmt Art. 3 III S. 3 EG-RL, dass die Ersatzlieferung oder Nachbesserung „innerhalb einer angemessenen Frist und ohne erhebliche Unannehmlichkeiten erfolgen" muss, wobei die Art des Verbrauchsgutes sowie der Zweck, für den der Verbraucher das Verbrauchsgut benötigt, zu berücksichtigen sind. Dieser Artikel ist zwar in erster Linie für das Recht der zweiten Andienung bzw. dem Übergang zu weitergehenden Rechtsbehelfen relevant[2595], kann aber auch für die Nacherfüllungsansprüche des Käufers Bedeutung erlangen. Denn sieht das nationale Recht die Möglichkeit einer Ersatzvornahme (verbunden mit einem Aufwendungsersatzanspruch) vor, so ist eine solche bei vollständiger Einführung der Richtlinie grds. erst nach dem Ablauf der angemessen Frist möglich[2596].

Konkurrierende Schadensersatzansprüche sind in der EG-Richtlinie nicht geregelt. Jedoch normiert Art. 3 V Spiegelstrich 3 EG-RL, dass der Verbraucher den Kaufpreis mindern kann, wenn die (erfolgreiche) Nacherfüllung mit erheblichen Unannehmlichkeiten verbunden war[2597].

2594 Erwägungsgrund (15), NJW 1999, 2421, 2421.

2595 Will der Käufer seinen Anspruch auf Nachbesserung oder Ersatzlieferung durchsetzen, so muss er hieran naturgemäß auch bei Verzögerungen festhalten.

2596 Allerdings ist der nationale Gesetzgeber auch hier frei, bezüglich des Verkäufers strengere Vorschriften zu erlassen, d.h. die Ersatzvornahme für den Käufer unter weniger strenge Voraussetzungen zu stellen (vgl. § 8 II EG-RL).

2597 Vgl. hierzu *Ernst/Gsell,* ZIP 2000, 1410, 1417; *Schlechtriem,* in: Ernst/Zimmermann, Schuldrechtsreform, S. 205, 219 f..

III. Diskussionsentwurf eines Schuldrechts-modernisierungsgesetzes

Maßgeblicher Anlass für den Diskussionsentwurf des Bundesministeriums der Justiz ist die Notwendigkeit der Umsetzung der zuvor beschriebenen EG-Richtlinie 1999/44/EG zu bestimmten Aspekten des Verbrauchsgüterkaufs und der Garantien für Verbrauchsgüter[2598].

Nach dem Diskussionsentwurf soll diese Richtlinie im Rahmen einer umfassenden Modernisierung des Schuldrechts in das BGB integriert werden[2599].

Ferner will der Diskussionsentwurf alle vertragsrechtlichen Sondergesetze (z.B. das Verbraucherkreditgesetz, den materiellrechtlichen Teil des AGB-Gesetzes etc.) neben dem BGB aufheben und in das BGB bzw. EGBGB einfügen[2600].

Schließlich schlägt der Diskussionsentwurf vor, zwei weitere EG-Richtlinien ganz oder teilweise umzusetzen, und zwar die EG-Richtlinien 2000/35/EG zur Bekämpfung von Zahlungsverzug im Geschäftsverkehr sowie Artt. 10, 11 und 18 der EG-Richtlinie 2000/31/EG über bestimmte rechtliche Aspekte der Dienste der Informationsgesellschaft, insbesondere des elektronischen Geschäftsverkehrs im Binnenmarkt (Richtlinie über den elektronischen Geschäftsverkehr)[2601].

Der Diskussionsentwurf nutzt als Grundlage für die Modernisierung des Schuldrechts den Entwurf der Schuldrechtskommission und folgt diesem in weiten Teilen[2602]. Allerdings wird an einigen Stellen nicht unwesentlich vom Schuldrechtskommissionsentwurf abgewichen, was z.T. aufgrund der Vorgaben durch die Richtlinien erforderlich ist[2603].

2598 *Informationspapier zum Entwurf eines Schuldrechtsmodernisierungsgesetzes*, Stand: 4.8.2000, S. 1, 2 (im Folgenden: *Informationspapier, S. ...*)

2599 Nach dem Diskussionsentwurf gelten aufgrund der Integration der EG-Richtlinie 1999/44/EG in das BGB ein Großteil der Vorgaben der Richtlinie für sämtliche Kaufverträge. Vorschriften, deren Geltung nicht für sämtliche Kaufverträge gerechtfertigt sind, weil sie spezifischen Verbraucherschutzgesichtspunkten Rechnung tragen, werden in einem neuen Unterabschnitt („Verbrauchsgüterkauf", §§ 473 ff. BGB-DE) normiert, vgl. *Diskussionsentwurf eines Schuldrechtsmodernisierungsgesetzes,* Stand: 4.8.2000,. S. 532 (im Folgenden: *Diskussionsentwurf, S. ...*).

2600 *Informationspapier*, S. 1 f..

2601 *Informationspapier*, S. 1.

2602 Vgl. *Diskussionsentwurf,* S. 166 f.. Soweit der Diskussionsentwurf dem Schuldrechtskommissionsentwurf folgt, wurde auch die Begründung aus dem *Abschlussbericht* übernommen, vgl. *Informationspapier*, S. 4.

2603 Zu den Abweichungen, vgl. *Informationspapier*, S. 1.

1. Grundzüge des Diskussionsentwurfs und Überblick über die Rechtsbehelfe des Käufers

Der Diskussionsentwurf stellt -wie der Kommissionsentwurf- den einheitlichen Begriff der „Pflichtverletzung“ in den Mittelpunkt des allgemeinen Leistungsstörungsrechts[2604]. Der einheitliche Grundtatbestand besteht also in der Verletzung irgendeiner Pflicht. Hierauf bauen die Rechte des Gläubigers (Schadensersatz und/oder Rücktritt[2605]) wegen einer Leistungsstörung auf[2606].

Dabei setzt das Merkmal der „Pflichtverletzung“ nur einen objektiven Verstoß gegen Pflichten voraus; es ist also unabhängig davon, dass dem Schuldner die Pflichtverletzung vorgeworfen werden kann[2607]. Ohne Bedeutung ist auch, auf welchen Gründen die Pflichtverletzung beruht (anfängliche oder nachträgliche Unmöglichkeit, Verzug) oder welche Folgen sie hat[2608].

Allerdings setzt ein Schadensersatzanspruch des Gläubigers voraus, dass der Schuldner die Pflichtverletzung zu vertreten hat (vgl. § 280 I BGB-DE)[2609].

Ein weiteres wesentliches Merkmal des Diskussionsentwurfs ist der Vorrang des Erfüllungsanspruchs[2610]. Der Vorrang wird durch ein Fristsetzungsverfahren gesichert, d.h. der Gläubiger kann weitergehende Rechtsbehelfe grundsätzlich erst nach dem fruchtlosen Ablauf einer zuvor gesetzten Frist geltend machen[2611]. Durch das Fristsetzungsverfahren steht dem Schuldner ein Nachbesserungsrecht zu.

Hinsichtlich der *Ansprüche des Käufers* bei Leistungsstörungen folgt der Diskussionsentwurf weitgehend dem Kommissionsentwurf.

2604 *Diskussionsentwurf,* S. 199. Kritisch hierzu *Wieser,* NJW 2001, 121, 124.

2605 Abweichend vom geltenden Recht kann der Gläubiger zurücktreten *und* Schadensersatz geltend machen, vgl. hierzu *Diskussionsentwurf,* S. 202.

2606 *Diskussionsentwurf,* S. 199.

2607 *Diskussionsentwurf,* S. 199.

2608 *Diskussionsentwurf,* S. 199 f..

2609 Dabei trägt der Schuldner die Beweislast dafür, dass er die Pflichtverletzung *nicht* zu vertreten hat (§ 280 I S. 2 BGB-DE), vgl. hierzu *Diskussionsentwurf,* S. 201. Will der Gläubiger vom Vertrag zurücktreten *und* Schadensersatz geltend machen, so muss der Schuldner den Rücktrittsgrund zu vertreten haben (§ 325 II BGB-DE).

2610 *Diskussionsentwurf,* S. 200 f..

2611 Der Gläubiger muss den Schuldner ohne Erfolg unter Setzung einer Frist zur Leistung aufgefordert haben, bevor er weitergehende Rechte geltend machen kann. Hat er allerdings im Rahmen der Leistungsaufforderung eine Frist nicht gesetzt oder ist die gesetzte Frist unangemessen kurz, gilt eine angemessene Frist als gesetzt (vgl. §§ 282 I, 323 I S. 2; § 439 I S. 2 BGB-Diskussionsentwurf = BGB-DE). Einer Leistungsaufforderung bedarf es in Bezug auf den Rücktritt in den Fällen der §§ 323 II, § 438 II BGB-DE nicht. Hier kann der Schuldner sofort den Rücktritt erklären. Für die Minderung gelten die §§ 323 II, 438 II BGB-DE entsprechend. In Bezug auf Schadensersatzansprüche bedarf es einer Leistungsaufforderung in den Fällen der §§ 282 II, 440 I S. 2 BGB-DE nicht.

So wird auf eine eigenständige Regelung des Gewährleistungsrechts verzichtet und die Ansprüche des Käufers werden in das allgemeine Leistungsstörungsrecht eingefügt[2612]. Dies wird dadurch erreicht, dass auch beim Stückkauf die Lieferung einer von Sachmängeln freien Kaufsache zu den Pflichten des Verkäufers gehört[2613]. Die Lieferung von sachmangelhafter (und auch rechtsmangelhafter) Ware stellt insofern eine Pflichtverletzung dar, die im Prinzip die gleichen Rechtsfolgen nach sich zieht wie im allgemeinen Leistungsstörungsrecht[2614]. Die kaufrechtlichen Vorschriften beschränken sich deshalb darauf zu konkretisieren, was von der Leistungspflicht des Verkäufers erfasst wird[2615], auf die Regelung des speziellen Rechtsbehelfs der Minderung sowie auf einige kaufrechtsspezifische Sonderregelungen (z.B. §§ 438 II, 440 I S. 2 BGB-DE).

Nach § 433 I S. 2 BGB-DE hat der Verkäufer dem Käufer die Kaufsache frei von Sach- und Rechtsmängeln zu verschaffen. Gem. § 434 III BGB-DE steht einem Sachmangel die Lieferung eines *aliuds* oder die Lieferung von zu geringer Menge gleich, es sei denn, dass sie als Erfüllung offensichtlich nicht in Betracht kommt. Auch werden Montagefehler gem. § 434 II BGB-KE Sachmängeln gleichgestellt.

Liefert der Verkäufer Ware, die einen Sach- oder Rechtsmangel aufweist, so kann der Käufer nach seiner Wahl *Nachbesserung* oder *Ersatzlieferung* verlangen (§ 437 BGB-DE), wobei es auf ein Verschulden des Verkäufers nicht ankommt[2616].

Ferner kann der Käufer vom Kaufvertrag *zurücktreten* oder den Kaufpreis *mindern*. Der Rücktritt ist allerdings ausgeschlossen, sofern der Mangel nur unerheblich ist (§§ 438 I, 323 III Nr. 1 BGB-DE). Sowohl für die Minderung als auch für den Rücktritt ist grundsätzlich Vorraussetzung, dass der Käufer zuvor den Verkäufer unter Setzung einer Frist ergebnislos zur Vertragserfüllung aufgefordert hat (§§ 438 I, 323 I BGB-DE bzw. § 439 I BGB-DE)[2617]. Dem Verkäufer steht insofern ein Nachbesserungsrecht zu. Ausnahmen hinsichtlich des Fristsetzungserfordernisses[2618] gelten bei offensichtlicher Erfolglosigkeit der Nacherfüllung

2612 Vgl. *Diskussionsentwurf*, S. 204, 458.

2613 Es entfällt damit die Unterscheidung zwischen Sach- und Rechtsmängeln sowie zwischen Stück- und Gattungskauf. Ferner werden die Unterschiede zwischen Kauf- und Werkvertrag erheblich vermindert, vgl. hierzu *Diskussionsentwurf*, S. 204.

2614 *Diskussionsentwurf*, S. 204.

2615 Vgl. *Diskussionsentwurf*, S. 456.

2616 *Diskussionsentwurf*, S. 487.

2617 Ist eine Frist nicht gesetzt oder die gesetzte Frist unangemessen kurz, gilt eine angemessene Frist als gesetzt (§ 323 I S. 2 BGB-DE).

2618 Für den kaufrechtlichen Rücktritt gilt dies aufgrund des Verweises in § 438 I BGB-DE. Für die Minderung gilt dies aufgrund § 439 I S. 2 BGB-DE, wo auf § 323 II BGB-DE sowie auf § 438 II BGB-DE verwiesen wird.

(vgl. § 323 II Nr. 1 BGB-DE), bei Fixgeschäften (vgl. § 323 II Nr. 2 BGB-DE), wenn aus besonderen Gründen unter Abwägung der beiderseitigen Interessen der sofortige Rücktritt gerechtfertigt ist (vgl. § 323 II Nr. 3 BGB-DE) sowie in den Fällen, in denen die Nacherfüllung unverhältnismäßig, fehlgeschlagen oder für den Käufer unzumutbar ist (§ 438 II BGB-DE).

Hat der Verkäufer eine Pflichtverletzung i.S.d. §§ 276, 278, 279 BGB-DE zu vertreten, so kann der Käufer *Schadensersatz* verlangen.

Besteht die schuldhafte Pflichtverletzung in der Lieferung einer *mangelhaften* Sache[2619], so verweist § 440 I BGB-DE auf die §§ 280, 282 BGB-DE. Schadensersatz in Form des „kleinen" Schadensersatzes für den eigentlichen Mangelschaden kann der Käufer danach grundsätzlich erst nach ergebnislosem Ablauf einer zuvor gesetzten Frist zur Nacherfüllung verlangen (§§ 440 I, 282 I BGB-DE)[2620]. Für einen sog. „großen" Schadensersatzanspruch ist weitergehend erforderlich, dass der Mangel erheblich ist, da dieser Schadensersatzanspruch einen Rücktritt voraussetzt (§§ 440 III, 325, 323 BGB-DE)[2621].

Treten aufgrund der mangelhaften Lieferung weitere Schäden beim Käufer ein (Mangelfolgeschäden), so kann der Käufer –sofern die mangelhafte Lieferung schuldhaft erfolgte- diese Schäden gem. § 280 I BGB-DE geltend machen.

Schadensersatz wegen *Verzögerung* der Nacherfüllung kann der Käufer nur unter den zusätzlichen Voraussetzungen des § 283 BGB-DE verlangen, wonach grundsätzlich eine Mahnung erforderlich ist (vgl. § 440 II BGB-DE)[2622].

Gem. § 631 III S. 1 BGB-DE gelten die kaufrechtlichen Vorschriften auch für Verträge, die die Lieferung herzustellender oder zu erzeugender beweglicher Sachen zum Gegenstand haben.

Damit entspricht der Anwendungsbereich der kaufrechtlichen Vorschriften des Diskussionsentwurfs weitgehend dem des CISG (Art. 3 I CISG); im CISG sind allerdings abweichend die Fälle ausgenommen, in denen der Besteller einen

---

2619 Der Verkäufer hat den Mangel nicht schon deshalb zu vertreten, weil in der mangelhaften Lieferung die Verletzung einer Vertragspflicht liegt. Zu einer Pflichtverletzung muss vielmehr ein Vertretenmüssen hinzukommen, vgl. *Diskussionsentwurf*, S. 460.

2620 Vgl. *Diskussionsentwurf*, S. 507. Einer Leistungsaufforderung bedarf es nicht, wenn offensichtlich ist, dass sie keinen Erfolg hätte, oder wenn besondere Umstände vorliegen, die unter Abwägung der beiderseitigen Interessen die sofortige Geltendmachung des Schadensersatzanspruchs rechtfertigen (§§ 440, 282 II BGB-DE). Ferner bedarf es keiner Leistungsaufforderung, wenn die Nacherfüllung unverhältnismäßig, fehlgeschlagen oder für den Käufer unzumutbar, insbesondere unter Berücksichtigung von Art und Verwendungszweck der Sache mit erheblichen Unannehmlichkeiten verbunden ist (§ 440 I S. 2 BGB-DE).

2621 *Diskussionsentwurf*, S. 507.

2622 Es geht dabei nur um Fälle der (schuldhaft) verzögerten Nacherfüllung. Der Verkäufer haftet dagegen bereits nach § 440 I i.V.m. § 280 I BGB-DE auf Schadensersatz wegen Verzögerungen (z.B. Betriebsausfall), wenn er schuldhaft die Pflicht zur mangelfreien Lieferung verletzt hat; vgl. *Diskussionsentwurf*, S. 507, 510.

wesentlichen Teil der zur Herstellung oder Erzeugung notwendigen Stoffe selbst zur Verfügung stellt[2623].

2. Der Ersatzlieferungsanspruch

Gem. § 437 I BGB-DE kann der Käufer als Nacherfüllung *nach seiner Wahl* die Beseitigung des Mangels oder die Lieferung einer mangelfreien Sache verlangen. Der Diskussionsentwurf weicht hiermit von dem Kommissionsentwurf ab; denn nach § 438 I *BGB-KE* soll dem Käufer lediglich ein einheitlicher Nacherfüllungsanspruch zur Verfügung stehen, wobei der Verkäufer das Wahlrecht hinsichtlich der Nacherfüllungsmethode (Nachbesserung oder Ersatzlieferung) hat.

a) Voraussetzungen

(1) Gattungs- und Stückkauf/vertretbare und unvertretbare Sache

Nach dem Diskussionsentwurf gehört die Sachmangelfreiheit auch beim Stückkauf zur Leistungspflicht des Verkäufers. Hierdurch entfällt die Unterscheidung zwischen Gattungs- und Stückkauf, so dass § 480 BGB gestrichen wurde[2624].

§ 437 I BGB-DE sowie die Erläuterungen zu dieser Vorschrift lassen es hingegen offen[2625], ob Voraussetzung des Ersatzlieferungsanspruchs sein soll, dass es sich um eine Gattungsschuld handelt oder aber, dass die vertraglich geschuldete Sache vertretbar ist. Allerdings wird im Diskussionsentwurf ausgeführt, dass § 437 I BGB-DE „die Unterscheidung zwischen Stückkauf und Gattungskauf verzichtbar“ mache[2626]. Dies legt nahe, dass hinsichtlich eines Ersatzlieferungsanspruchs auf die Vertretbarkeit abgestellt werden soll.

(2) Haftungsgründe

Nach § 433 I S. 2 BGB-DE hat der Verkäufer dem Käufer die Kaufsache frei von Sach- und Rechtsmängeln zu verschaffen.

2623 Vgl. *Diskussionsentwurf*, S. 560. Die Unterstellung dieser Verträge unter die kaufrechtlichen Vorschriften halten die Verfasser des Diskussionsentwurfs für gerechtfertigt, da es sich bei den Fällen der zu erzeugenden Sachen meist um vertretbare Sachen handeln würde, die ohnehin dem Kaufrecht unterfielen. Im Übrigen sei aufgrund der Angleichung der Mängelhaftung von Werk- und Kaufverträgen die Einordnung eines Vertrages weniger bedeutsam als nach geltendem Recht, vgl. *Diskussionsentwurf*, S. 560 f..

2624 Vgl. *Diskussionsentwurf*, S. 459.

2625 Vgl. *Diskussionsentwurf*, S. 485 ff., S. 204 ff..

2626 *Diskussionsentwurf*, S. 487. Kritisch hierzu *Wieser*, NJW 2001, 121, 123.

(a) Sachmängel

In § 434 BGB-DE wird der Inhalt der Pflicht, *sachmangelfreie* Ware zu liefern, konkretisiert.

Nach § 434 I S. 1 BGB-DE muss die Ware die vereinbarte Beschaffenheit aufweisen; es wird damit primär ein subjektiver Fehlerbegriff zugrundegelegt[2627].

Ist eine Beschaffenheit nicht vereinbart, so ist die Sache frei von Sachmängeln, wenn sie sich für die vertraglich vorausgesetzte Verwendung eignet (§ 434 I S. 2 Nr. 1. BGB-DE)[2628] oder für die gewöhnliche Verwendung eignet und eine Beschaffenheit aufweist, die bei Sachen der gleichen Art üblich ist und die der Käufer nach der Art der Sache erwarten kann (§ 434 I S. 2 Nr. 2 BGB-DE)[2629]. Zu der letztgenannten Beschaffenheit gehören grundsätzlich auch Eigenschaften, die der Käufer nach öffentlichen Äußerungen (insbesondere in der Werbung) durch den Verkäufer, des Herstellers oder dessen Gehilfen erwarten kann (§ 434 I S. 3 BGB-KE)[2630].

Die Sache muss nach § 434 I S. 1 BGB-DE zum Zeitpunkt des Gefahrübergangs sachmangelfrei sein[2631].

Gem. § 434 II BGB-DE stellt auch ein *Montagefehler* des Verkäufers einen Sachmangel dar. Gleiches gilt, wenn die fehlerhafte Montage durch den Käufer auf einem Mangel der Zusammenbauanleitung beruht.

Der Diskussionsentwurf stellt in § 434 III BGB-DE die Lieferung eines *aliuds* oder die Lieferung von zu geringer Menge einem Sachmangel gleich, es sei denn, dass sie als Erfüllung offensichtlich nicht in Betracht kommt. Die Ausnahme der Gleichstellung soll Extremabweichungen erfassen, die objektiv zu der geschuldeten Leistung keinen Bezug mehr haben[2632].

[2627] *Diskussionsentwurf,* S. 467.

[2628] Hierzu *Diskussionsentwurf,* S. 470.

[2629] Der Vergleichsmaßstab sind hierbei „Sachen der gleichen Art“, vgl. *Diskussionsentwurf,* S. 471.

[2630] Die öffentlichen Äußerungen gehören nicht zu der Beschaffenheit gem. § 434 I S. Nr. 2 BGB-DE, wenn der Verkäufer die Äußerungen nicht kannte oder kennen konnte, wenn sie im Zeitpunkt des Vertragsschlusses berechtigt waren oder sie die Kaufentscheidung nicht beeinflussen konnten. Die Beweislast hierfür trägt der Verkäufer, vgl. *Diskussionsentwurf,* S. 473 f.. Ferner sollen nur solche öffentlichen Äußerungen rechtlich von Bedeutung sein, die konkrete (nachprüfbare) Eigenschaften betreffen; reißerische Anpreisungen allgemeiner Art sind nicht gemeint, vgl. *Diskussionsentwurf,* S. 472.

[2631] Vgl. hierzu *Diskussionsentwurf,* S. 468 ff. (dort auch zu der Abweichung vom Kommissionsentwurf). Die Gefahr geht nach § 444 BGB-DE mit Übergabe oder bei Annahmeverzug des Käufers über (vgl. hierzu hinsichtlich der Vereinbarkeit mit Art. 3 I EG-RL, die aus die „Lieferung des Verbrauchsgutes“ abstellt, *Diskussionsentwurf,* S. 469 f.).

[2632] *Diskussionsentwurf,* S. 476. Kritisch zu dieser Einschränkung *Roth,* in: Ernst/Zimmermann, Schuldrechtsreform, S. 225, 240 ff. sowie *Gsell,* JZ 2001, 65, 66 f., die diese Einschränkung bei Verbrauchsgüterkäufern nicht für richtlinienkonform halten. Gegen diese Einschränkung ferner *Zimmer,* in: Ernst/Zimmermann, Schuldrechtsreform, S. 191, 198.

Die *Beweislast* für einen Sachmangel soll bis zur Abnahme den Verkäufer, nach diesem Zeitpunkt den Käufer treffen, ohne dass dies ausdrücklich normiert wird[2633]. Infolge der Vorgaben durch die EG-Richtlinie 1999/44/EG (Art. 5 III EG-RL) sieht der Diskussionsentwurf in § 474 BGB-DE für Verbrauchsgüterkäufe (Definition in § 473 BGB-DE) eine Beweislastumkehr innerhalb der ersten sechs Monate vor. Danach wird bei Vorliegen eines Sachmangels innerhalb der ersten sechs Monate seit Gefahrübergang vermutet, dass die Sache bereits bei Gefahrübergang mangelhaft war, es sei denn, diese Vermutung ist mit der Art des Gutes oder der Art des Mangels unvereinbar.

(b) Rechtsmängel

Nach § 435 S. 1 BGB-DE ist eine Sache frei von Rechtsmängeln, wenn Dritte keine Rechte gegen den Käufer geltend machen können. Allerdings soll –wie nach geltendem Recht- nicht allein die Geltendmachung eines Rechts durch einen Dritten ausreichen, um einen Rechtsmangel zu begründen; vielmehr muss das Recht tatsächlich bestehen[2634].

Durch § 435 BGB-DE sollen auch gewerbliche Schutzrechte und Urheberrechte erfasst werden[2635].

Auch öffentlich-rechtliche Beschränkungen sollen einen Rechtsmangel darstellen können. Der Diskussionsentwurf will diese Frage aber nicht abschließend regeln[2636].

Da dem Käufer gem. § 437 BGB-DE das Wahlrecht zwischen Ersatzlieferung und Nachbesserung zusteht, kann der Käufer nach dem Diskussionsentwurf -abweichend von der bestehenden Rechtslage- bei einem Rechtsmangel (konkret) Ersatzlieferung verlangen[2637].

(c) Erheblichkeit des Mangels

Der Anspruch des Käufers auf Ersatzlieferung und auch Nachbesserung ist nicht dadurch beschränkt, dass es sich um einen erheblichen Mangel[2638] handelt. Vielmehr kann der Käufer grundsätzlich immer Nacherfüllung verlangen. Allerdings

---

[2633] *Diskussionsentwurf*, S. 478.

[2634] *Diskussionsentwurf*, S. 480.

[2635] *Diskussionsentwurf*, S. 481.

[2636] *Diskussionsentwurf*, S. 481.

[2637] Allerdings kann der Verkäufer die Ersatzlieferung gem. § 437 III BGB-DE verweigern, wenn sie im Verhältnis zur Nachbesserung (hier: Beseitigung des Rechtsmangels) einen unverhältnismäßigen Aufwand darstellt. Dies dürfte bei Rechtsmängeln wohl häufig der Fall sein.

[2638] Soweit der *Diskussionsentwurf* die Begriffe „Mangel“, „mangelfrei“ und „mangelhaft“ verwendet, werden sowohl Sachmängel als auch Rechtsmängel erfasst, vgl. *Diskussionsentwurf*, S. 460.

kann bei geringfügigen Mängeln die Nacherfüllung einen unverhältnismäßigen Aufwand i.S.d. § 437 III BGB-DE darstellen, so dass sie der Verkäufer verweigern kann[2639].

(3) Ausschlüsse

(a) Gesetzliche Ausschlüsse

Gem. § 441 I BGB-DE sind die Ansprüche des Käufers ausgeschlossen, wenn er bei Vertragsschluss den Mangel *kennt* oder infolge *grober Fahrlässigkeit nicht kennt.*

Grobe Fahrlässigkeit liegt dabei nicht schon dann vor, wenn der Käufer es unterlassen hat, die Ware zu untersuchen; hierzu ist der Käufer grundsätzlich[2640] nicht verpflichtet[2641].

Abweichend vom BGB und vom Kommissionsentwurf sollen gem. § 441 I S. 2 BGB-DE die Rechte des Käufers dann ausgeschlossen sein, wenn dieser dem Verkäufer einen Mangel nicht innerhalb von zwei Monaten nach dessen Entdeckung *anzeigt.* Hierdurch sollen die Nachteile des Verkäufers abgemildert werden, die dieser durch die verlängerte Verjährungsfrist erleidet[2642]. Auch soll verhindert werden, dass ein unredlicher Käufer in Kenntnis des Mangels die Sache bis kurz vor Ablauf der Verjährungsfrist nutzt, um sie dann gegen eine neue „umzutauschen"[2643].

Der Verkäufer kann die Nacherfüllung gem. § 275 S. 1 BGB-DE verweigern[2644], wenn er diese nicht *mit denjenigen Anstrengungen zu erbringen vermag, zu denen er nach Inhalt und Natur des Schuldverhältnisses verpflichtet ist.* Hier-

---

2639 *Diskussionsentwurf,* S. 489. Dem Käufer verbleibt dann der Rechtsbehelf der Minderung des Kaufpreises; der Rücktritt wird grundsätzlich nach §§ 438 I, 323 III Nr. 1 BGB-DE ausgeschlossen sein, vgl. *Diskussionsentwurf,* a.a.O..

2640 Ist das Geschäft für beide Teile ein Handelsgeschäft, so hat der Käufer die Ware weiterhin unverzüglich nach der Ablieferung zu untersuchen; § 377 HGB bleibt unverändert. Allerdings wird § 378 HGB gestrichen und neu gefasst. Danach bleiben die Rechte des Weiterverkäufers wegen eines Mangels der Ware erhalten, wenn er sie vor Entdeckung oder Erkennbarkeit des Mangels ganz oder teilweise im normalen Geschäftsverkehr verkauft oder der normalen Verwendung entsprechend verbraucht oder verändert hat. Hierdurch soll verhindert werden, das die Rechte des Weiterverkäufers gegenüber dem Verkäufer gem. § 377 HGB ausgeschlossen sind, weil der Mangel erst beim Letztkäufer aufgetreten ist und deshalb der Mangel nicht gem. § 377 HGB gerügt wurde, vgl. *Diskussionsentwurf,* S. 621 f..

2641 *Diskussionsentwurf,* S. 512. Ferner trifft den Verkäufer die Beweislast für die grobe Fahrlässigkeit des Käufers, vgl. *Diskussionsentwurf,* a.a.O..

2642 *Diskussionsentwurf,* S. 513.

2643 *Diskussionsentwurf,* S. 513.

2644 § 275 BGB-DE ist als *Einrede* ausgestaltet, vgl. *Diskussionsentwurf,* S. 310.

durch sollen neben Fällen der echten Unmöglichkeit auch weitere Tatbestände erfasst werden[2645].

Die Sekundäransprüche des Gläubigers (Käufers) bleiben hiervon unberührt (§ 275 S. 2 BGB-DE)[2646]. Ist also der Verkäufer nicht in der Lage, eine Ersatzlieferung mit denjenigen Anstrengungen zu erbringen, zu denen er nach dem Schuldverhältnis verpflichtet ist, so scheidet eine Ersatzlieferung aus; der Verkäufer hat jedoch Schadensersatz gem. §§ 280 bis 282 BGB-DE zu leisten, wenn er dies zu vertreten hat. Gem. § 279 BGB-DE wird dabei vermutet, dass der Schuldner, der eine Beschaffungspflicht übernommen hat, Beschaffungshindernisse im Zweifel auch ohne Verschulden zu vertreten hat[2647].

Dem Kommissionsentwurf folgend soll die Ersatzlieferung (und auch der Rücktritt) nicht mehr dadurch ausgeschlossen sein, dass die gelieferte Sache beim Käufer untergegangen ist (vgl. §§ 437 IV, 346 II BGB-DE)[2648]. Im Fall des Untergangs der gelieferten Sache erhält der Verkäufer ggf. einen Wertersatzanspruch; die §§ 350-353 BGB entfallen[2649].

(b) Vertragliche Ausschlüsse

Schließen die Parteien durch Allgemeine Geschäftsbedingungen die Rechtsbehelfe aus, so ist die Wirksamkeit des Ausschlusses gem. der §§ 309-314 a BGB-DE zu beurteilen. Die Verfasser des Diskussionsentwurfs haben in diesem Teil des BGB-DE die materiell-rechtlichen Vorschriften des jetzigen AGB-Gesetzes integriert, wobei sich inhaltlich kaum Änderungen ergeben haben.

Für die Nacherfüllungsansprüche sind insbesondere die § 313 Nr. 10 a), c), d) BGB-DE bedeutsam, die nur für *Sachmängel* bei Verträgen über die Lieferung neu hergestellter Sachen und Leistungen gelten. Die Vorschriften entsprechen inhaltlich den § 11 Nr. 10 a), c) und d) des AGB-Gesetzes und sind nur redaktionell leicht verändert worden[2650].

Nach § 313 Nr. 10 f) BGB-DE sind Klauseln unwirksam, die für Ansprüche wegen eines Sachmangels die Verjährungsfrist auf weniger als ein Jahr oder die Verjährungsfristen des § 196 BGB-DE verkürzen.

2645 *Diskussionsentwurf*, S. 310. Allerdings soll von § 275 BGB-DE nicht die *Unzumutbarkeit* der Leistung für den Schuldner (Verkäufer) erfasst werden, vgl. *Diskussionsentwurf*, S. 309 f..

2646 Vgl. hierzu *Diskussionsentwurf*, S. 311.

2647 Vgl. hierzu *Diskussionsentwurf*, S. 312 ff.. Ferner *Wieser*, NJW 2001, 121, 122.

2648 *Diskussionsentwurf*, S. 421 (zum Rücktritt).

2649 *Diskussionsentwurf*, S. 421 ff..

2650 *Diskussionsentwurf*, S. 376.

Gem. § 305 c) BGB-DE sind ferner Vereinbarungen (auch Individualvereinbarungen) unwirksam, die zum Nachteil eines Verbrauchers von den Vorschriften über Verbrauchsgüterkäufe (§§ 473 – 475 BGB-DE) abweichen[2651].

(4) Unverhältnismäßigkeit

Gem. § 437 III BGB-DE kann der Verkäufer die vom Käufer gewählte Nacherfüllung verweigern, wenn sie nur mit unverhältnismäßigem Aufwand[2652] möglich ist[2653].

Die Vorschrift des § 437 III S. 2 BGB-DE gibt dabei beispielhaft einige Kriterien vor, anhand derer die Unverhältnismäßigkeit zu beurteilen ist. Danach sind insbesondere der Wert der Sache in mangelfreiem Zustand, die Bedeutung des Mangels und die Frage zu berücksichtigen, ob auf die andere Form der Nacherfüllung ohne erhebliche Nachteile für den Käufer zurückgegriffen werden könnte.

Das Verweigerungsrecht des Verkäufers bezieht sich sowohl auf das Verhältnis der Nacherfüllung (Ersatzlieferung *und* Nachbesserung) zu den weitergehenden Rechtsbehelfen als auch auf die vom Käufer begehrte Art der Nacherfüllung (Ersatzlieferung oder Nachbesserung)[2654].

Würden sowohl Ersatzlieferung als auch Nachbesserung im Verhältnis zum Rücktritt, der Minderung und ggf. Schadensersatz für den Verkäufer einen unverhältnismäßigen Aufwand darstellen, so soll der Käufer vom Verkäufer auf die letztgenannten Rechtsbehelfe verwiesen werden können[2655].

Hinsichtlich der Art der Nacherfüllung soll die Ersatzlieferung insbesondere dann unverhältnismäßig sein, wenn der Mangel durch minimale Reparaturen behoben werden kann[2656].

(5) Verjährung

Die Mängelansprüche des Käufers verjähren gem. § 195 S. 1 BGB-DE in drei Jahren[2657]. Hat sich der Verkäufer arglistig verhalten, so verlängert sich die

---

2651 Da die meisten Regeln der EG-Richtlinie 1999/44/EG in dem allgemeinen Kaufrecht des BGB-DE integriert wurden, ist diese Beschränkung der Privatautonomie im Hinblick auf Art. 7 I EG-RL nicht weitreichend genug. Vielmehr hätte bei Verbrauchsgüterkäufen das Kaufrecht im Allgemeinen als unabdingbar erklärt werden müssen, vgl. *Brüggemeier/Reich,* BB 2001, 213, 215; *Honsell,* JZ 2001, 278, 280.

2652 Dabei sind auch die Aufwendungen i.S.d. § 437 II BGB-DE (z.B. Transportkosten) zu berücksichtigen, vgl. *Diskussionsentwurf,* S. 490.

2653 § 437 III BGB-DE soll dabei dem Verkäufer ein Leistungsverweigerungsrecht über § 275 BGB-DE (Unmöglichkeit) hinaus einräumen, vgl. *Diskussionsentwurf*, S. 490.

2654 Vgl. *Diskussionsentwurf,* S. 490 f..

2655 *Diskussionsentwurf,* S. 490.

2656 Vgl. *Diskussionsentwurf,* S. 491 mit dem Beispiel einer Waschmaschine, die durch einfaches Auswechseln einer Schraube in einen mangelfreien Zustand versetzt werden kann.

Verjährungsfrist auf zehn Jahre (§ 195 S. 2 BGB-DE). Ist Gegenstand des Kaufvertrages die Lieferung von Stoffen oder Materialien, die bestimmungsgemäß zur Herstellung eines Bauwerkes verwendet werden, so beträgt die Verjährungsfrist fünf Jahre, wenn die gelieferten Sachen mangelhaft waren und dies die Mangelhaftigkeit eines Bauwerks verursacht hat (§ 196 I S. 2 BGB-DE)[2658].

Die Verjährung *beginnt* bei Sach- und Rechtsmängeln[2659] der verkauften Sache in dem Zeitpunkt, in dem sie dem anderen Teil *zur Verfügung gestellt* wird (§ 198 IV BGB-DE)[2660].

Ob die Verjährung durch Nachbesserungsversuche *gehemmt* sein soll, ist nach dem Diskussionsentwurf unklar. So sollen wohl die Anwendungsfälle des § 639 II BGB von dem § 210 BGB-DE erfasst werden[2661]. Hiernach wird die Verjährung eines Anspruchs durch eine *schriftliche Erklärung* des Berechtigten (Käufers), mit der dieser den Anspruch erhebt, bis zu dem Zeitpunkt gehemmt, in dem der Verpflichtete (Verkäufer) die Erfüllung des Anspruchs schriftlich ablehnt (§ 210 I S. 1 BGB-DE). Nachbesserungsversuche an und für sich hemmen danach die Verjährung nicht.

(6) *ius variandi*/Recht zur zweiten Andienung

Anders als nach dem Kommissionsentwurf steht nach dem Diskussionsentwurf dem Käufer das Wahlrecht zwischen Ersatzlieferung und Nachbesserung zu. Maßgeblich hierfür ist die Vorgabe durch Art. 3 III S. 1 der EG-Richtlinie 1999/44/EG, wonach zumindest dem Verbraucher als Käufer das Wahlrecht zwischen Nachbesserung und Ersatzlieferung zustehen muss[2662]. Jedoch halten die Verfasser des Diskussionsentwurfs auch im Übrigen das Wahlrecht des Käufers für sachlich gerechtfertigt, da es der Beurteilung des Käufers überlassen bleiben müsse, inwieweit er sich etwa auf Nachbesserungsversuche eines möglicherweise inzwischen als unzuverlässig erkannten Verkäufers noch einlassen möchte; der Verkäufer sei ausreichend durch die Möglichkeit der Verweigerung gem. § 437 III

2657 Vgl. hierzu *Diskussionsentwurf*, S. 229.

2658 „Bestimmungsgemäß" ist dabei objektiv auszulegen. Es kommt also nicht darauf an, dass der Lieferant im Einzelfall von der konkreten Verwendung Kenntnis hat; es ist vielmehr ausreichend, dass es sich um einen Stoff handelt, der üblicherweise bei der Herstellung eines Bauwerkes verwendet wird, vgl. *Diskussionsentwurf*, S. 235.

2659 Vgl. *Diskussionsentwurf*, S. 255.

2660 Für den Verjährungsbeginn soll maßgeblich sein, dass der Käufer die tatsächliche Verfügungsgewalt über die Sache in dem Sinne erhält, dass deren Untersuchung auf die Vertragsgemäßheit möglich ist, vgl. *Diskussionsentwurf*, S. 254.

2661 Vgl. *Diskussionsentwurf*, S. 283 sowie S. 211.

2662 *Diskussionsentwurf*, S. 488.

BGB-RL geschützt, soweit die gewählte Nacherfüllungsmethode für ihn nur mit unverhältnismäßigen Aufwendungen möglich ist[2663].

Der Käufer kann nach dem Diskussionsentwurf grundsätzlich *zunächst* nur Nacherfüllung (in der Form der Ersatzlieferung oder Nachbesserung) verlangen, nicht aber sogleich die weitergehenden Rechtsbehelfe geltend machen. Bevor der Käufer weitergehende Rechtsbehelfe geltend machen kann, muss er den Verkäufer grundsätzlich erst unter Setzung einer Frist zur Nacherfüllung auffordern (vgl. §§ 438 I, 439 I, 440 I, 323 I, 282 I BGB-DE). Der Verkäufer hat daher nach dem Diskussionsentwurf grundsätzlich ein Recht zur zweiten Andienung[2664].

Der Ersatzlieferungsanspruch erlischt, wenn der Käufer ein Gestaltungsrecht ausgeübt hat. Nach dem Diskussionsentwurf sind sowohl der Rücktritt[2665] als auch die Minderung[2666] Gestaltungsrechte. Hat der Käufer also z.B. den Rücktritt erklärt, so ist er hieran gebunden und kann ihn nicht mehr nach seinem freien Willen zurücknehmen[2667].

Ferner erlischt der Ersatzlieferungsanspruch, wenn der Käufer *statt* der Leistung Schadensersatz *verlangt* (§ 282 IV BGB-DE); bereits das einseitige Begehren von Schadensersatz durch den Käufer lässt damit den Erfüllungsanspruch erlöschen[2668].

b) Rechtsfolgen

Gem. § 437 IV BGB-DE sind die Rücktrittsvorschriften auf die Rückgewähr der mangelhaften Sache anzuwenden. Gem. § 348 BGB-DE (der unverändert bleiben soll) sind daher die sich aufgrund der Ersatzlieferung ergebenden Verpflichtungen der Parteien Zug um Zug zu erfüllen.

(1) Ansprüche des Käufers

Gem. § 437 I BGB-DE kann der Käufer vom Verkäufer die Lieferung einer mangelfreien Sache (Ersatzlieferung) verlangen[2669]. Nach § 437 II BGB-DE hat der

---

[2663] *Diskussionsentwurf,* S. 488. Das Wahlrecht des Käufers im BGB-DE ablehnend: *Zimmer,* in: Ernst/Zimmermann, Schuldrechtsreform, S. 191, 199; *Honsell,* JZ 2001, 278, 281.

[2664] *Diskussionsentwurf,* S. 487.

[2665] *Diskussionsentwurf,* S. 495.

[2666] *Diskussionsentwurf,* S. 500.

[2667] *Diskussionsentwurf,* S. 495.

[2668] Vgl. dazu *Diskussionsentwurf,* S. 325.

[2669] Da es sich bei der Ersatzlieferung um einen Anspruch auf (Nach-)Erfüllung handelt (vgl. *Diskussionsentwurf,* S. 485), muss als Erfüllungsort der Ersatzlieferung der vertraglich vereinbarte Ort (bzw. § 269 BGB-DE) maßgeblich sein.

Verkäufer die zum Zweck der Nacherfüllung erforderlichen Aufwendungen, insbesondere Transport-, Wege-, Arbeits- und Materialkosten zu tragen[2670].

Nach § 347 II S. 1 BGB-DE muss der Verkäufer dem Käufer die notwendigen Verwendungen ersetzen; hierzu gehören auch die gewöhnlichen Erhaltungskosten[2671]. Andere Aufwendungen hat der Verkäufer nur zu ersetzen, soweit er durch diese bereichert wird (§ 347 II S. 2 BGB-DE).

(2) Pflichten des Käufers

Verlangt der Käufer Ersatzlieferung, so verweist § 437 IV BGB-DE hinsichtlich der Rückgewähr der mangelhaften Sache auf die Rücktrittsvorschriften (§§ 346-348 BGB-DE)[2672].

Nach § 346 I hat der Käufer die *empfangene Sache* zurückzugewähren. Ferner hat der Käufer die *gezogenen Nutzungen* herauszugeben, wozu auch die Gebrauchsvorteile zählen[2673]. Der Diskussionsentwurf führt als Beispiel die Gebrauchsvorteile an, die dem Käufer eines PKW durch die gezogene Nutzung entstanden sind; diese sollen auch bei der Ersatzlieferung herauszugeben sein[2674].

Die durch den bestimmungsgemäßen Gebrauch der Sache eingetretene Wertminderung soll in die Berechnung der herauszugebenden Gebrauchsvorteile einfließen. Wertminderungen (z.B. bei einem PKW) sollen aber nur in dem Maße berücksichtigt werden, in dem sie dem Käufer einen Gebrauchsvorteil bringen; Wertminderungen, die unabhängig von einer Nutzung eintreten (z.B. die Zulas-

---

2670 Damit wird der bisherige § 476 a S. 1 BGB übernommen. Die Übernahme des § 476 a S. 2 BGB wurde als entbehrlich angesehen, da Anwendungsfälle dieser Vorschrift von § 437 III BGB-DE erfasst würden, vgl. *Diskussionsentwurf*, S. 490. Im Rahmen des § 437 III BGB-DE kann der Käufer die Erstattung der Mehrkosten anbieten und so seinen Nacherfüllungsanspruch erhalten, vgl. *Diskussionsentwurf*, a.a.O..

2671 *Diskussionsentwurf*, S. 430. Die Pflicht des Verkäufers zum Verwendungsersatz entfällt, wenn der Käufer die Ware nicht zurückgewähren kann *und* wegen § 346 III Nr. 3 BGB-DE keinen Wertersatz leisten muss (vgl. § 347 II BGB-DE).

2672 Die Rücktrittsvorschriften sollen nach dem Diskussionsentwurf *unmittelbar* auch auf das gesetzliche Rücktrittsrecht Anwendung finden, vgl. § 346 I BGB-DE sowie *Diskussionsentwurf*, S. 418. Der *Diskussionsentwurf* folgt hinsichtlich der Rücktrittsregeln vollständig dem Vorschlag der *Schuldrechtskommission*.

2673 *Diskussionsentwurf*, S. 418.

2674 *Diskussionsentwurf*, S. 418. Dies erscheint insofern nicht sachgerecht, als dem Käufer, der Ersatzlieferung begehrt, der Gebrauch der Sache von Anfang an zustand. Vgl. dazu unten *H. II. 2. b) (2) (c)*.

sung eines PKW zum Straßenverkehr oder aber ein Preisverfall) sollen unberücksichtigt bleiben[2675].

Für *nicht gezogene Nutzungen* hat der Käufer nur dann Wertersatz zu leisten, wenn er diejenige Sorgfalt nicht beachtet, die er in eigenen Angelegenheiten anzuwenden pflegt (vgl. § 347 I S. 2 BGB-DE).

Wie bereits ausgeführt, ist der Ersatzlieferungsanspruch nicht dadurch ausgeschlossen, dass der Käufer die mangelhafte Sache nicht mehr zurückgewähren kann. Die Gefahr des Untergangs bzw. eines sonstigen Unvermögens zur Rückgewähr wird dem Rückgewährschuldner in vollständiger Übereinstimmung mit dem Kommissionsentwurf durch die Begründung einer Pflicht zum *Wertersatz* zugewiesen (vgl. § 346 II BGB-DE).

Nach § 346 II Nr. 2 BGB-DE hat der Käufer Wertersatz zu leisten, wenn er die empfangene Sache verbraucht, veräußert, belastet, verarbeitet oder umgestaltet hat. Ferner hat der Käufer Wertersatz zu leisten, wenn sich die Sache verschlechtert hat oder untergegangen ist; jedoch bleibt die durch den bestimmungsgemäßen Gebrauch entstandene Verschlechterung außer Betracht (§ 346 II Nr. 3 BGB-DE)[2676].

Nach § 346 III BGB-DE entfällt die Wertersatzpflicht, wenn sich der Mangel erst bei der Umgestaltung zeigt (Nr. 1) oder, soweit der Verkäufer die Verschlechterung zu vertreten hat oder der Schaden bei ihm gleichfalls eingetreten wäre (Nr. 2).

Im Falle des gesetzlichen Rücktrittsrecht (bzw. des Anspruchs auf Ersatzlieferung) entfällt die Wertersatzpflicht ferner, wenn die Verschlechterung oder der Untergang beim Käufer eingetreten ist, obwohl dieser diejenige Sorgfalt beobachtet hat, die er in eigenen Angelegenheiten anzuwenden pflegt (§ 346 III Nr. 3 BGB-DE). Der Verkäufer trägt damit das Risiko des zufälligen Untergangs[2677].

Eine verbleibende Bereicherung hat der Käufer jedoch herauszugeben (§ 346 III BGB-DE). Ferner bleibt § 281 BGB auf das Rückgewährschuldverhältnis anwendbar[2678].

(3) Konkurrierende Schadensersatzansprüche

Treten aufgrund der mangelhaften Lieferung trotz der Nacherfüllung weitere Schäden beim Käufer ein (Mangelfolgeschäden), so kann der Käufer diese Schä-

---

2675 *Diskussionsentwurf*, S. 419. Dies gilt sowohl für den vertraglichen als auch für den gesetzlichen Rücktritt. Beim vertraglichen Rücktritt hat der Verkäufer dann einen Schadensersatzanspruch gem. § 325 BGB-DE.

2676 Vgl. hierzu *Diskussionsentwurf*, S. 425.

2677 *Diskussionsentwurf*, S. 427.

2678 *Diskussionsentwurf*, S. 420.

den gem. § 280 I BGB-DE geltend machen, wenn der Verkäufer die mangelhafte Lieferung zu vertreten hat[2679].

Schadensersatz wegen *Verzögerung* der Nacherfüllung kann der Käufer nur unter den zusätzlichen Voraussetzungen des § 283 BGB-DE verlangen, wonach grundsätzlich eine Mahnung erforderlich ist (vgl. § 440 II BGB-DE). Dabei geht es aber nur um Fälle der (schuldhaft) verzögerten Nacherfüllung. Der Verkäufer haftet dagegen bereits nach § 440 I i.V.m. § 280 I BGB-DE auf Schadensersatz wegen Verzögerungen (z.B. Betriebsausfall), wenn er schuldhaft die Pflicht zur mangelfreien Lieferung verletzt hat[2680].

3. Der Nachbesserungsanspruch

Im Folgenden soll auf die Besonderheiten des Nachbesserungsanspruchs im Vergleich zum Ersatzlieferungsanspruch eingegangen werden.

a) Voraussetzungen

Aufgrund des weitreichenden Sachmangelbegriffs, der Gleichstellung von *aliud*- und Minderlieferungen sowie der Gleichbehandlung von Rechts- und Sachmängeln bezüglich der Ansprüche des Käufers stellt sich der Nachbesserungsanspruch nach dem Diskussionsentwurf als ein umfassender Rechtsbehelf dar, der auf die Herstellung eines vertragsgemäßen Zustandes der Ware durch den Verkäufer gerichtet ist.

Bei einer *aliud*-Lieferung wird der Nachbesserungsanspruch allerdings in der Regel ausscheiden[2681].

Nach § 437 III BGB-DE kann der Verkäufer die Nacherfüllung bzw. Nachbesserung verweigern, wenn sie nur mit *unverhältnismäßigen Aufwendungen* möglich ist. Hinsichtlich der Art der Nacherfüllung soll die Nachbesserung in Bezug auf die Ersatzlieferung insbesondere dann unverhältnismäßig sein, wenn der Verkäufer keine eigene Reparaturwerkstatt hat oder bei geringwertigen Sachen des Alltags[2682].

2679 Es handelt sich um Schäden die nach bestehendem Recht vom Anwendungsbereich der pFV erfasst werden, vgl. *Diskussionsentwurf*, S. 507.

2680 Vgl. *Diskussionsentwurf*, S. 507, 510.

2681 Vgl. *Diskussionsentwurf*, S. 475, wo darauf hingewiesen wird, dass ein Nachbesserungsanspruch auch bei *aliud*-Lieferungen nicht gänzlich undenkbar sei.

2682 *Diskussionsentwurf*, S. 491.

b) Rechtsfolgen

Aufgrund der umfassenden Gleichbehandlung der verschiedenen Formen von mangelhaften Leistungen (s.o.) durch den Diskussionsentwurf, kann der Inhalt des Nachbesserungsanspruchs verschieden sein. So beinhaltet der Nachbesserungsanspruch z.B. bei Qualitätsmängeln die Reparatur der Ware, bei Rechtsmängeln die Beseitigung des Rechts des Dritten und bei Montagefehlern die korrekte Montage.

Der Anspruch auf Nachbesserung geht dabei auf vollständige Mängelbeseitigung, was sich daraus ergibt, dass dem Käufer der Anspruch auch bei unerheblichen Mängeln zusteht[2683].

Der Verkäufer hat die zum Zweck der Nachbesserung erforderlichen *Aufwendungen* (insbesondere Arbeits-, Material- und Transportkosten) zu tragen (§ 437 II BGB-DE). Eine Kostentragungsregel bei einem *Mitverschulden* des Käufers an dem Mangel sowie im Fall der *Sowieso-Kosten* ist im Diskussionsentwurf nicht enthalten.

Der Diskussionsentwurf sieht für den Käufer kein *Ersatzvornahmerecht* verbunden mit einem Aufwendungserstattungsanspruch vor. Im Werkvertragsrecht ist hingegen eine solche Regelung enthalten (vgl. § 635 BGB-DE).

2683 Vgl. *Diskussionsentwurf*, S. 488 f..

H. Stellungnahme und Empfehlungen hinsichtlich der Normierung eines Nachbesserungs- und Ersatzlieferungsanspruchs im Kaufrecht

Im Folgenden soll Stellung genommen werden zu einer an den Interessen der Vertragsparteien orientierten Normierung eines Nachbesserungs- und Ersatzlieferungsanspruchs im Kaufrecht. Dabei werden primär die Regelungen der verglichenen Rechtscodes (UCC, CISG und BGB) berücksichtigt.

Ferner wird versucht, die sich aus der Stellungnahme ergebende Normierung eines Nachbesserungs- und Ersatzlieferungsanspruchs in den Kommissionsentwurf (BGB-KE) bzw. in den Diskussionsentwurf (BGB-DE)[2684] zum BGB zu integrieren. Auch soll untersucht werden, ob die sich ergebenden Tatbestände den Anforderungen der EG-Richtlinie 1999/44/EG genügen.

Am Ende der Arbeit steht ein Normierungsvorschlag hinsichtlich eines Ersatzlieferungs- und Nachbesserungsanspruchs für ein internes deutsches oder ein europäisches Zivilgesetzbuch.

I. Gesichtspunkte für und gegen die Normierung von Nacherfüllungsansprüchen sowie deren Ausgestaltung

Die Notwendigkeit und Rechtfertigung der Aufnahme von (Nach-) Erfüllungsansprüchen im Hinblick auf die Interessenlage sowohl des Käufers als auch des Verkäufers wird in den verglichenen Rechtscodes unterschiedlich beurteilt. So herrscht im *Common Law* die Rechtsauffassung vor, dass der Käufer kein schutzwürdiges Interesse an einem Erfüllungsanspruch haben könne, wenn sein Schaden mit einem Schadensersatzanspruch ausgeglichen werden kann[2685]. Im BGB wird das Fehlen eines Nachbesserungsanspruchs im Sachmängelhaftungssystem des Kaufrechts rechtspolitisch damit begründet, dass der Verkäufer meist überhaupt nicht in der Lage sei, den Mangel selbst zu beseitigen.

Im Folgenden soll daher unter Berücksichtigung der übrigen Rechtsbehelfe des Käufers untersucht werden, ob die Interessenlage der Parteien -insbesondere aber die des Käufers- die Normierung von Nacherfüllungsansprüchen rechtfertigt.

2684 Der Diskussionsentwurf folgt dem Kommissionsentwurf in weiten Teilen, vgl. oben *G. III.*.

2685 Vgl. nur die Ausführungen von Mr. Feltham (U.K.) auf der Wiener Konferenz, *O.R.* 331, Nr. 57 = *Docy. Hist.* 552: „He (Mr. Feltham, *d. Verf.*) found it difficult to see what interest a buyer could have in forcing a seller to perform when it was possible for himself to purchase substitute goods, without substantial additional expense or inconvenience, and obtain compensation for any additional costs incurred.“

1. Die Interessenlage in Bezug auf Nacherfüllungsansprüche

Nachstehend wird zunächst aufgezeigt, welches Interesse der Käufer an (Nach-) Erfüllungsansprüchen haben kann, wobei die unterschiedlichen Formen von Nacherfüllungsansprüchen (Beseitigung eines Rechtsmangels, Ersatzlieferung etc.) einheitlich betrachtet werden. Ferner sollen die Vor- und Nachteile von Nacherfüllungsansprüchen gegenüber anderen Rechtsbehelfen untersucht werden.

Im Anschluss hieran wird das besondere Interesse des Käufers an *konkreten* Nacherfüllungsmaßnahmen (Ersatzlieferung oder Nachbesserung) im Hinblick auf die verschiedenen Arten von Vertragsverletzungen sowie das entgegenstehende Interesse des Verkäufers untersucht.

Schließlich sollen die Folgerungen für die Normierung und Ausgestaltung eines Erfüllungstatbestandes dargelegt werden.

a) Das Interesse des Käufers an Nacherfüllungsansprüchen

Ein in sämtlichen Rechtscodes anerkanntes Interesse des Käufers besteht dann an einer (Nach-)Erfüllung, wenn der Verkäufer der Einzige ist, der die gekaufte Ware produzieren oder nachbessern bzw. von einem Mangel befreien kann[2686]. Diese Fallgestaltungen liegen bei *Sachmängeln* dann vor, wenn *nur* der Verkäufer das nötige *Know-how* oder die Produktionskapazitäten besitzt, um die sachmangelfreie Ware herzustellen. Gleiches gilt für die Fälle, in denen der Verkäufer *überhaupt nicht* bzw. zu wenig liefert oder nur der Verkäufer einen *Rechtsmangel* beseitigen kann. Ist der Käufer in diesen Fällen auf die (mangelfreie) Ware angewiesen, so ist ihm weder mit einer Vertragsaufhebung noch mit einem Schadensersatzanspruch gedient, sondern nur mit einem (Nach-) Erfüllungsanspruch.

Aber auch wenn vergleichbare Ware auf dem Markt erhältlich ist oder Dritte eine Vertragsverletzung beheben könnten, kann der Käufer ein Interesse an der (Nach-)Erfüllung durch den Verkäufer haben. Möchte der Käufer –wie regelmäßig- weiterhin mangelfreie Ware erwerben, so muss der Käufer, wenn er sich durch eine Vertragsaufhebung vom Vertrag gelöst hat, die Mühen eines *Neuerwerbs* auf sich nehmen. Hierbei muss der Käufer dann abermals einen Verkäufer suchen, der das begehrte Produkt in der benötigten Quantität führt. Ferner muss der Käufer erneut überprüfen, ob das von dem Verkäufer angebotene Produkt im Hinblick auf Qualität und Service seinem Anforderungsprofil entspricht. Dies kann mit erheblichen zeitlichen und auch finanziellen Aufwendungen verbunden

---

[2686] Selbst nach dem in Bezug auf Erfüllungsansprüche restriktiven UCC steht dem Käufer dann der Anspruch auf *Specific Performance* zu, da die Ware dann i.S.d. § 2-716 (1) UCC „unique“ (einzigartig) ist.

sein[2687]. Begehrt der Käufer die *Reparatur* durch einen Dritten, so muss er nach einem Verkäufer bzw. Unternehmer Ausschau halten, der das nötige *Know-how* besitzt, die Nachbesserung durchzuführen.

Hinzu kommt, dass der Käufer sich bei Vorliegen eines Mangels zunächst an den Verkäufer halten wird[2688]. Setzt sich der Käufer nun zuerst mit dem Verkäufer auseinander, muss er sich aber letztlich gleichwohl mit einer Vertragsaufhebung begnügen, weil ihm kein Nacherfüllungsanspruch nach dem anzuwendenden Rechtscode zur Verfügung steht, so summiert sich der Zeitaufwand.

Schließlich gewährleistet die Normierung von (Nach-)Erfüllungsansprüchen, in den Rechtsordnungen, in denen dem Käufer ein Schadensersatzanspruch nur unter besonderen, weitergehenden Voraussetzungen zusteht (so im BGB, BGB-KE und BGB-DE), dass den Verkäufer das *Risiko des Ansteigens des Marktpreises* nach Vertragsschluss trifft. Denn steigt der Marktpreis für die erworbene Ware, so müsste der Käufer nach einer erklärten Vertragsaufhebung nunmehr den gestiegenen Preis zahlen. Schadensersatz für die Preisdifferenz kann der Käufer im BGB nur dann verlangen, wenn der Verkäufer arglistig gehandelt oder aber die Eigenschaft zugesichert hat (§ 463 BGB). Der BGB-KE und der BGB-DE setzen für einen Schadensersatzanspruch ein Verschulden voraus (§§ 441 III, 327 II BGB-KE; §§ 440 III, 325 II BGB-DE). Liegen die Voraussetzung eines Schadensersatzanspruchs nicht vor, so verbliebe dem Käufer ein Schaden in Form der Preisdifferenz, wenn ihm kein Erfüllungsanspruch zustünde.

Gleiches gilt in den Fällen, in denen der Käufer mit dem Verkäufer einen besonders günstigen Kaufpreis ausgehandelt hat, für welchen er die Ware nach der Vertragsaufhebung nicht mehr auf dem Markt erhalten kann.

Ein „vollständiger"[2689] Erfüllungsanspruch gewährleistet hingegen, dass der Käufer die gekaufte Ware in einem mangelfreien Zustand zum vereinbarten Kaufpreis erhält.

b) Vor- und Nachteile der Nacherfüllungsansprüche gegenüber der Vertragsaufhebung

Sämtliche verglichene Rechtscodes sehen für den Käufer die Möglichkeit vor, sich von dem Vertrag zu lösen, wenn der Verkäufer eine vertragswidrige Sache

[2687] Dies gilt um so mehr, wenn die Verkäuferauswahl mit komplexen Entscheidungsprozessen verbunden ist, so z.B. in Großunternehmen, in denen mehrere Personen an der Entscheidungsfindung mitwirken und teilweise der Entscheidungsprozess nach formalen Verfahren abläuft (bspw. Ausschreibungen).

[2688] So auch *Abschlussbericht,* S. 210 („Bei Lieferung einer fehlerhaften Sache stehen im Rechtsbewusstsein des Käufers Nacherfüllungsansprüche im Vordergrund; er erwartet, dass die fehlerhafte Kaufsache repariert oder umgetauscht wird.").

[2689] Mit „vollständigem" Erfüllungsanspruch ist gemeint, dass der Käufer nicht nur Übergabe und Übereignung der Sache „so wie sie ist" verlangen kann, sondern der Verkäufer auch verpflichtet ist, *mangelfreie* Ware zu liefern.

oder überhaupt nicht geliefert hat. Zwar ist der Rechtsbehelf der Vertragsaufhebung in den einzelnen Rechtscodes von unterschiedlichen Voraussetzungen abhängig[2690], jedoch besteht im Ergebnis eine einheitliche Rechtslage dahingehend, dass der Käufer, wenn ihm vertragswidrige Ware geliefert wird, die vertragswidrige Ware zurückgeben und seinen Kaufpreis zurückverlangen kann.

Zu untersuchen ist, inwiefern der Käufer ein Interesse an der Nacherfüllung in Form der Nachbesserung oder Ersatzlieferung haben kann, wenn ihm doch der scheinbar einfachere und schnellere Weg der Vertragsaufhebung zur Verfügung steht[2691]. Denn sowohl die Nachbesserung als auch die Ersatzlieferung ziehen weitere Leistungshandlungen des Verkäufers nach sich, die zum einen mit *Verzögerungen* im Vergleich zum vertraglich vereinbarten Lieferzeitpunkt verbunden sind und zum anderen für den Käufer *Unannehmlichkeiten* bedeuten können. Dies gilt insbesondere dann, wenn der Käufer diese Ansprüche gerichtlich durchsetzen muss.

Die *Unannehmlichkeiten* können sich dabei in Bezug auf die *Nachbesserung* dadurch äußern, dass der Käufer die mangelhafte Ware zu einer Werkstatt zu senden oder aber dem Verkäufer die Nachbesserung in seiner (des Käufers) Niederlassung oder Wohnung zu gestatten hat. Ferner muss der Käufer die nunmehr nachgebesserte Ware erneut auf ihre Vertragsgemäßheit *untersuchen*. Auch können Streitigkeiten hinsichtlich der Frage der *Kostentragung* der Nachbesserungsarbeiten auftreten. Schließlich besteht die *psychologische Unannehmlichkeit*, dass an der gekauften Ware bereits einmal „rumgebessert“ wurde.

Bezüglich der *Ersatzlieferung* äußern sich die Unannehmlichkeiten darin, dass über die mit diesem Rechtsbehelf verbundenen Verzögerungen hinaus ein Austausch der mangelhaften mit der mangelfreien Ware erforderlich wird. Auch hier können Streitigkeiten hinsichtlich der Kosten des Austauschs (insb. Transportkosten) entstehen und der Käufer muss die Ware abermals untersuchen.

Im Hinblick auf diese Unannehmlichkeiten ist daher fraglich, ob der Käufer überhaupt ein Interesse an der Nacherfüllung haben kann, wenn ihm nach dem jeweiligen Rechtscode die Option zur Verfügung steht, sich von dem Vertrag und damit von dem Verkäufer zu lösen, der bereits einmal mangelhaft geliefert und somit u.U. einen Vertrauensverlust herbeigeführt hat.

2690 Im CISG ist die Vertragsaufhebung davon abhängig, dass eine wesentliche Vertragsverletzung vorliegt (Art. 49 I a) CISG). Jedoch ist dies auch Voraussetzung für die Nacherfüllung in Form der Ersatzlieferung (Art. 46 II CISG) bei Lieferung vertragsgemäßer Ware.

2691 Vgl. bspw. *Walt*, 26 Tex.Int'l.L.Rev., 211, 232 (1991) („An injured party to a sales contract usually does not want to suffer the delay required to obtain a judgement compelling performance. (...) Both cover and avoidance of the contract are preferable alternatives.“); ferner *Enderlein/Maskow/Strohbach*, Art. 28 Anm. 1.

Zur Beantwortung dieser Frage sind zunächst die (Leistungs-)Handlungen und Unannehmlichkeiten aufzuzeigen, die mit einer Vertragsaufhebung verbunden sind.

Hinsichtlich der *Leistungsverzögerung* im Hinblick auf den vertraglich vereinbarten Lieferzeitpunkt ergeben sich keine Unterschiede im Vergleich zu den Nacherfüllungsansprüchen. Denn will der Käufer nach der Vertragsaufhebung weiterhin mangelfreie Ware erwerben, so muss er sich diese Ware nun bei einem anderen Verkäufer besorgen. Unter Umständen kann dies sogar mehr Zeit in Anspruch nehmen als die Nacherfüllung durch den ursprünglichen Verkäufer, da sich der Käufer evtl. über neue Lieferanten erkundigen muss, ob diese die begehrte Ware überhaupt und wenn, in der benötigten Qualität (*Know-how* der Lieferanten) und Quantität führen. Die Leistungsverzögerung entsteht daher nicht durch die Wahl des Rechtsbehelfs (Nacherfüllung oder Vertragsaufhebung), sondern vielmehr durch die nicht mehr rückgängig zu machende ursprüngliche Lieferung mangelhafter Ware durch den Verkäufer. Schäden, die dem Käufer durch Leistungsverzögerungen erwachsen, können sowohl bei der Vertragsaufhebung als auch bei der Nacherfüllung nur durch einen Schadensersatzanspruch ausgeglichen werden (dazu sogleich).

Auch muss der Käufer die nach einer Vertragsaufhebung neu erworbene Ware –wie bei der Nachlieferung- erneut *untersuchen*.

Im Gegensatz zur Ersatzlieferung kommt es bei der Vertragsaufhebung zwar nicht zu einem *Austausch* der mangelhaften gegen mangelfreie Ware, jedoch muss der Käufer auch bei der Vertragsaufhebung die mangelhafte Ware zurückgeben. Die Rechtsfolgen von Ersatzlieferung und Vertragsaufhebung entsprechen sich dabei in den Rechtscodes, die einen Ersatzlieferungsanspruch vorsehen (UCC, BGB, BGB-KE, BGB-DE). Die Erlangung mangelfreier Ware durch den (ursprünglichen) Verkäufer bei der Ersatzlieferung entspricht bei einer Vertragsaufhebung den Unannehmlichkeiten durch Eindeckung mit neuer Ware auf dem Markt.

Es verbleiben als Fallgestaltungen, in denen dem Interesse des Käufers durch eine Vertragsaufhebung mehr entsprochen wird als durch die Nacherfüllung, folgende Sachverhalte: Zunächst kann den Käufer sein Kauf reuen, weil er die gekaufte Ware nicht mehr haben will. Auch kann durch die vertragswidrige Lieferung bei dem Käufer ein Vertrauensverlust gegenüber dem Verkäufer eingetreten sein. Ferner könnte der Käufer die Vertragsaufhebung vorziehen, weil er –wenn er seinen Erfüllungsanspruch gerichtlich durchsetzen müsste- nicht den Ausgang eines langwierigen Prozesses abwarten will. Hinsichtlich der Nachbesserung ist für den Käufer die Vertragsaufhebung ferner dann günstiger, wenn er sich nicht mit dem psychologischen Makel einer „ausgebesserten" Sache zufrieden geben will.

Den Käufer kann insbesondere dann sein Kauf *reuen*, wenn er die Ware bei dem Verkäufer zu teuer eingekauft hat oder aber der Marktpreis inzwischen gefallen ist, so dass der Käufer durch eine Vertragsaufhebung an dem gesunkenen Preisniveau partizipieren kann. Schließlich kann der Käufer zwischenzeitlich seine Meinung derart geändert haben, dass er die gekaufte Ware überhaupt nicht mehr haben möchte[2692]. Allerdings wird dem Käufer durch das Bestehen eines Nacherfüllungsrechts (zutreffender Weise) im *UCC* (§ 2-508 UCC) und im *CISG* (Art. 48 CISG)[2693] ein Reuerecht aberkannt[2694]. Im BGB existiert für den wichtigsten Fall der Leistungsstörungen, dem Vorliegen von Sachmängeln im Kaufrecht kein Nacherfüllungsrecht des Verkäufers[2695]. Hinsichtlich der übrigen Vertragsverletzungen besteht wegen § 326 I BGB eine entsprechende Rechtslage wie im UCC und CISG. Im BGB-KE und im BGB-DE entspricht die Rechtslage im Wesentlichen der Rechtslage im UCC und im CISG[2696]. Durch das Bestehen eines Nachbesserungsrechts des Verkäufers wird somit die Kaufreue als Motiv des Käufers für die Wahl der Vertragsaufhebung anstatt eines Nacherfüllungsanspruchs eliminiert.

Es verbleiben daher als Beweggründe des Käufers für die Wahl der Vertragsaufhebung der Umstand, dass durch die mangelhafte Lieferung und das Verhalten des Verkäufers die Vertrauensgrundlage zerstört wurde oder der Käufer, wenn er gezwungen wäre den Nacherfüllungsanspruch gerichtlich durchzusetzen, nicht den Ausgang des Prozesses abwarten und sich sogleich mit neuer Ware eindecken will.

Steht dem Käufer nach dem anzuwendenden Rechtscode nur ein pauschaler Nacherfüllungsanspruch zu (wie nach dem § 438 I BGB-KE), so dass der Verkäufer auch durch eine Nachbesserung nacherfüllen kann, so wird der Käufer auch dann die Vertragsaufhebung wählen, wenn er sicher sein will, dass er nicht einen

---

2692 Z.B. weil er bessere Ware gefunden hat, sich verkalkuliert hat oder die Ware nicht mehr benötigt. Zu diesen Motiven vgl. unten *H. I. 2. c) (1)*.

2693 Im CISG ist die Frage allerdings umstritten, ob dem Verkäufer bei wesentlichen Vertragsverletzungen ein Nacherfüllungsrecht zusteht, wenn der Käufer die Vertragsaufhebung erklären will. Nach m.E. zutreffender Ansicht kann aber noch keine wesentliche Vertragsverletzung i.S.d. Art. 25 CISG vorliegen, wenn der Mangel behebbar ist und der Verkäufer hierzu auch bereit ist, so dass im Ergebnis auch bei der Vertragsaufhebung ein Nacherfüllungsrecht besteht, vgl. oben *E. IV. 2. c)*.

2694 Dem Käufer dieses nicht zu billigende Reuerecht abzuerkennen, ist nicht die Funktion eines Nacherfüllungs*anspruchs* des Käufers, sondern vielmehr der Normierung und Ausgestaltung eines Nacherfüllungs*rechts* des Verkäufers. Vgl. zur Abgrenzung und Überschneidungen von Nacherfüllungsanspruch und –recht, unten *H. I. 2.*.

2695 Hierzu *Huber*, Gutachten I, S. 767 („fundamentaler Systembruch").

2696 Der Käufer muss nach dem BGB-KE und BGB-DE dem Verkäufer vor der Geltendmachung weitergehender Rechtsbehelfe zunächst ein angemessene Frist zur Nacherfüllung setzen (vgl. §§ 439, 323 I, 440, 441, 283 I BGB-KE bzw. §§ 438 I, 323 I, § 439, 440 I, 282 I BGB-DE). Dem Verkäufer steht auf diese Weise ein Nacherfüllungsrecht zu.

psychologischen Makel oder evtl. merkantilen Minderwert aufgrund einer Nachbesserung hinnehmen muss[2697]. Denn einen konkreten Anspruch auf Ersatzlieferung, der diesen Makel bzw. Minderwert ausräumen würde, besteht dann nicht.

Ein Nacherfüllungsanspruch hingegen erscheint für den Käufer gegenüber der Vertragsaufhebung in den Fällen vorzugswürdig, in denen der Verkäufer eine besondere Produktqualität anbietet bzw. der einzige Anbieter des Produkts ist oder in Fällen, in denen der Aufwand eines Neuerwerbs besondere Unannehmlichkeiten mit sich bringen würde[2698]. Hinzukommt, dass auch bei einem Neuerwerb der Käufer nicht sicher sein kann, dass er von einem neuen Verkäufer mangelfreie Ware erhält. Den Käufer würde insofern ein weiteres Gewährleistungsrisiko gegenüber dem neuen Verkäufer treffen. Schließlich wird der Käufer den Nacherfüllungsanspruch dann wählen, wenn der Marktpreis nach Vertragsschluss gestiegen ist oder der Kaufpreis besonders niedrig war und der anzuwendende Rechtscode einen Schadensersatzanspruch von weitergehenden, nicht vorliegenden Tatbestandsmerkmalen abhängig macht.

c) Vor- und Nachteile der Nacherfüllungsansprüche gegenüber Schadensersatz- und Aufwendungsersatzansprüchen

Im CISG und im UCC besteht für den Käufer ein verschuldensunabhängiger Schadensersatzanspruch (Art. 45 I b) CISG; §§ 2-712 ff. UCC). Der Käufer hat in diesen Rechtscodes die Möglichkeit, entweder die mangelhafte Ware zu behalten und die Kosten der Reparatur (sowie seine sonstigen Schäden) als Schadensersatz vom Verkäufer ersetzt zu verlangen („kleiner Schadensersatz") oder aber die Vertragsaufhebung zu erklären und die Differenzkosten eines Deckungskaufs durch einen Schadensersatzanspruch geltend zu machen („großer Schadensersatz"). Im BGB ist ein Schadensersatz hingegen von weitergehenden Voraussetzungen abhängig, nämlich dass der Verkäufer arglistig gehandelt oder eine Eigenschaft zugesichert hat (§ 463 BGB, § 480 II BGB). Nach dem BGB-KE und dem BGB-DE ist ein Schadensersatzanspruch nur dann gegeben, wenn den Verkäufer ein Verschulden trifft (§§ 441 III, 327 II BGB-KE, §§ 441 I, 280 I BGB-KE bzw. §§ 440 III, 325 II BGB-DE, §§ 440 I, 280 I BGB-DE).

Nachstehend soll untersucht werden, ob der Käufer trotz Vorliegens der Tatbestandsvoraussetzungen eines Schadensersatzanspruchs ein Interesse an einem Nacherfüllungsanspruch haben kann.

Macht der Käufer den „großen" Schadensersatzanspruch geltend, so ergeben sich hinsichtlich der Unannehmlichkeiten für den Käufer keine Unterschiede im Vergleich zur Vertragsaufhebung. Der Käufer muss die mangelhafte Ware zu-

---

[2697] Hierzu unten *H. I. 1. e) (1) (a)*.

[2698] Ähnlich *Kronman*, 45 Uni.Chi.L.Rev. 351, 363 (1978) (zum Schadensersatz).

rückgeben und den Aufwand eines Neuerwerbs auf sich nehmen, d.h. einen neuen Anbieter suchen und die neue Ware abermals untersuchen. Hiermit ist z.T. ein erheblicher Zeitaufwand verbunden. Dies würde der Wahl eines „großen" Schadensersatzanspruchs dann nicht entgegenstehen, wenn dem Käufer die angeführten Unannehmlichkeiten vollständig ersetzt würden.

Der Käufer kann dabei grundsätzlich im Rahmen seines Schadensersatzanspruchs jeden Schaden geltend machen, der sich aus einer Vertragswidrigkeit des Verkäufers ergibt. So kann der Käufer seinen Betriebsausfall oder entgangenen Gewinn geltend machen, der dem Käufer vom ursprünglichen Lieferzeitpunkt bzw. Verzugseintritts bis zur (in angemessener Zeit vorgenommener) Neueindeckung entstanden ist. Ist der Marktpreis nachträglich gestiegen, so kann der Käufer die Differenzkosten des Deckungskaufs ebenfalls als Schadensersatz geltend machen.

Hingegen wird der Käufer erhebliche Probleme haben, den Schaden zu spezifizieren und zu beweisen, der ihm aufgrund seines *persönlichen Aufwands* (Suche eines neuen Anbieters, u.U. aufwendige Entscheidungsprozesse in Großunternehmen) entstanden ist. Oftmals wird ihm dies überhaupt nicht möglich sein oder der Schaden ist nicht ersatzfähig[2699].

Gleiches gilt, wenn der Käufer den „kleinen" Schadensersatzanspruch wählt und zunächst einen Unternehmer suchen muss, welcher das nötige *Know-how* zur Beseitigung des Mangels besitzt.

Handelt es sich bei der gekauften Ware daher um Produkte, die eine aufwendige Suche nach alternativen Anbietern erforderlich macht, so könnte der Käufer trotz des Vorliegens der Tatbestandsvoraussetzungen eines Schadensersatzanspruchs ein Interesse an einem Nacherfüllungsanspruch haben.

Jedoch würde hierbei übersehen, dass der Schadensersatzanspruch im Vergleich zu Nacherfüllungsansprüchen einen erheblichen Vorteil bietet. Will der Käufer nämlich im Streitfall einen Nacherfüllungs*anspruch* gerichtlich durchsetzen[2700], so muss er den Ausgang eines langwierigen Rechtsstreits abwarten, bevor er mangelfreie Ware erhält. Macht er Schadensersatz geltend, so kann er sich sofort mit mangelfreier Ware eindecken bzw. einen Handwerker beauftragen und seinen Schaden später im Gerichtsprozess geltend machen. Ist der Käufer also auf schnelle Erlangung von mangelfreier Ware angewiesen, so wird er den Schadensersatzanspruch dem Nacherfüllungsanspruch vorziehen, weil dieser zwar

---

[2699] Vgl. zum UCC *White & Summers*, 5th ed., § 8-4, S. 323 („In a typical contract suit we would not allow a buyer to recover for such psychic injuries (...).").

[2700] Dass der Käufer seinen Nacherfüllungsanspruch gerichtlich durchsetzen muss, wird den Regelfall darstellen. Denn sieht der anzuwendende Rechtscode sowohl ein Nacherfüllungs*anspruch* als auch ein Nacherfüllungs*recht* vor, so werden fast alle vom Verkäufer freiwillig vorgenommene Nacherfüllungen innerhalb des Nacherfüllungsrechts erfolgen. Erst wenn der Verkäufer sich weigert, (weitere) Nacherfüllungen vorzunehmen, wird ein Nacherfüllungs*anspruch* überhaupt relevant.

die Suche nach einem alternativen Anbieter, nicht aber das Abwarten des Ausgangs eines Rechtsstreits erforderlich macht[2701].

Im Ergebnis wird der Käufer deshalb bei Vorliegen der Tatbestandsvoraussetzungen eines Schadensersatzanspruchs nur dann die Nacherfüllung wählen, wenn er ein besonderes Interesse an der Erfüllung gerade durch den Verkäufer hat[2702]. Konkret werden hierbei insbesondere Fälle in Betracht kommen, in denen der Verkäufer der einzige Produzent oder einer von wenigen Produzenten der gewünschten Ware ist, der Verkäufer eine besondere Qualität produziert oder aber nur er das nötige *Know-how* für die Reparatur der gekauften Ware aufweist[2703].

d) Vorzüge der Nacherfüllungsansprüche gegenüber der Minderung

Wählt der Käufer die Minderung, so spart er zwar Geld, jedoch besteht der mangelhafte Zustand fort. Insbesondere beim Erwerb neuer Ware und bei Ware, die für den Weiterverkauf bestimmt ist, wird der Käufer ein Interesse daran haben, fehlerfreie Ware zu erhalten.

Will der Käufer den durch die Minderung einbehaltenen Betrag zur Reparatur der Ware verwenden, so ergeben sich für ihn zwei Probleme.

Zum einen muss der Käufer einen Unternehmer finden, der das nötige *Know-how* zur Reparatur aufweist.

Zum anderen ist der Minderungsbetrag im BGB[2704], nach dem BGB-KE[2705] und im CISG[2706] nicht an den Reparaturkosten zu messen.

2701 So auch *Honnold*, Art. 46 Rn. 286: „In the infrequent instances where the sellers are unwilling to perform, coercing performance is seldom so speedy and effective as purchasing subsitute goods. The delays inherent in obtaining coerced performance usually render this remedy impractical even for domestic transactions (…). Active participants in commerce and their legal advisors who are familiar with the practical problems of coercing action usually choose to supply their needs elsewhere and proceed with business – subject to compensation for damages after the cumbersome processes of litigation have taken their course."; ebenso *Enderlein/Maskow/Strohbach,* Art. 28 Anm. 1; ferner *Walt,* 26 Tex.Int'l.L.Rev. 211, 232 (1991).

2702 Dass die Durchsetzung eines Erfüllungsanspruch zur Ausnahme wird, wenn dem Käufer zugleich ein verschuldensunabhängiger Schadensersatzanspruch zur Verfügung steht, zeigt sich an den wenigen Entscheidungen, die zu (Nach-) Erfüllungsansprüchen zum EKG und CISG ergangen sind, vgl. hierzu oben *E. II.*.

2703 Es ergibt sich dann in der Rechtswirklichkeit ein Bild, dass der normierten Rechtslage im UCC (§ 2-716 (1) UCC) entspricht, vgl. *Walt,* 26 Tex.Int'l.L.J. 211, 232 (1991).

2704 *Soergel/Huber*, § 472 Rn. 13.

2705 *Haas,* NJW 1992, 2389, 2393.

2706 Zur relativen Berechnungsmethode der Minderung im CISG, vgl. *Soergel/Lüderitz*, 12. Aufl., Art. 50 Rn. 10.

Der eingesparte Minderungsbetrag wird für die Reparaturkosten durch einen Dritten dabei nur selten reichen[2707]. Die Nacherfüllung erscheint daher für den Käufer günstiger.

e) Das besondere Interesse des Käufers an konkreten Nacherfüllungsmaßnahmen (Nachbesserung und Ersatzlieferung) und entgegenstehende Interessen des Verkäufers

Nachstehend soll untersucht werden, ob der Käufer ein berechtigtes Interesse an konkreten Nacherfüllungsmaßnahmen (Nachbesserung und Ersatzlieferung) haben kann oder ob seinen Interessen mit einem pauschalen Nacherfüllungsanspruch ausreichend entsprochen wird. Diese Untersuchung ist für die Fragen relevant, ob bei der Schaffung von Nacherfüllungstatbeständen konkrete Nacherfüllungsmaßnahmen (Ersatzlieferung oder Nachbesserung) normiert werden sollten und wem (Verkäufer oder Käufer) hinsichtlich dieser Maßnahmen das Wahlrecht zustehen soll.

Bei dieser Untersuchung sollen auch die entgegenstehenden Interessen des Verkäufers an einzelnen Nacherfüllungsmaßnahmen berücksichtigt werden. Die Untersuchung wird dabei nach der Art der Vertragsverletzung untergliedert.

Ferner wird die Interessenlage der Parteien beim Werkvertrag dargelegt. Im Anschluss an diese Untersuchung sollen die Folgerungen für die Normierung eines Nacherfüllungstatbestandes zusammengefasst werden.

(1) Sachmängel

Vielfach wird zwar ein besonderes Interesse des Käufers an Erfüllungsansprüchen bei Sachmängeln anerkannt, aber ein besonderes Interesse des Käufers gerade an der *Nachbesserung* verneint. So wird zum *CISG* vertreten, dass der Käufer kein schutzwürdiges Interesse daran haben könne, dass ein Sachmangel gerade durch eine Nachbesserung beseitigt werde, wenn der Verkäufer einen Sachmangel beim Gattungskauf durch eine Ersatzlieferung heilen wolle; dies gelte trotz des Umstands, dass der Nachbesserungsanspruch im CISG ausdrücklich normiert ist[2708].

Eine solche Sichtweise hat sich auch im *BGB-KE* durchgesetzt, und zwar nicht nur in Bezug auf die Nachbesserung, sondern weitergehend auch im Hinblick auf den *Ersatzlieferungsanspruch* (vgl. § 438 I BGB-KE). Hier wird dem Käufer nur ein pauschaler Nacherfüllungsanspruch zur Verfügung gestellt, d.h. der Käufer kann keine konkrete Nacherfüllungsmaßnahme (Ersatzlieferung oder Nachbesserung) verlangen. Der *Abschlussbericht* begründet dies damit, dass das Interesse des Käufers darauf beschränkt sei, mangelfreie Ware zu erhalten, der Käufer aber

---

[2707] *Peters*, JZ 1978, 92, 92.
[2708] *Schlechtriem/Huber*, Art. 46 Rn. 66; *Heilmann*, Mängelgewährleistung, S. 429.

kein Interesse daran haben könne, *wie* der Verkäufer diese Pflicht erfülle[2709]. Einschränkungen des Wahlrechts des Verkäufers könnten sich nur aus Treu und Glauben ergeben[2710]. Auch den Interessen des Käufers sei hierdurch besser entsprochen, weil eine Entscheidung hinsichtlich der Nacherfüllungsmethode für ihn bindend sei. Der Käufer trüge sonst das Risiko, dass er durch die frühzeitige Festlegung im Einzelfall wegen der Art des Mangels nicht das erhalte, was seinem Interesse entspricht[2711].

Fraglich ist allerdings, ob die Behauptung, der Käufer könne kein Interesse daran haben, *wie* der Verkäufer dem Nacherfüllungsanspruch nachkomme, sondern nur daran, dass er letztlich eine mangelfreie Ware erhalte, in dieser Form zutrifft. Insofern soll nachstehend die Interessenlage der Parteien in Bezug auf einzelne Nacherfüllungsmaßnahmen untersucht werden.

(a) Die Interessenlage hinsichtlich der Ersatzlieferung

Der *Ersatzlieferungsanspruchs* kann im Vergleich zum Nachbesserungsanspruch dem Interesse des Käufers insbesondere aus zwei Gründen mehr entsprechen.

Zum einen wird die Ersatzlieferung im Vergleich zur Nachbesserung regelmäßig schneller und mit weniger Unannehmlichkeiten für den Käufer durchzuführen sein. Die Nachbesserung erfordert entweder eine Terminabsprache mit dem Verkäufer, wann dieser die Ware bei dem Käufer reparieren kann oder aber ein Hin- *und* Rücktransport der Ware zu einer Werkstatt. Der Verkäufer bzw. Handwerker muss die defekte Ware vor der Reparatur untersuchen, evtl. fehlende Teile bestellen und schließlich den Mangel selbst beheben. Dies führt zu (erheblichen) Zeitverzögerungen, innerhalb welcher der Käufer die Ware in keiner Weise nutzen kann. Ferner sind für den Käufer hiermit Unannehmlichkeiten (bspw. eigener Zeitaufwand, Verschmutzungen durch Reparatur) verbunden. Schließlich können zwischen den Parteien Streitigkeiten darüber auftreten, ob die Nachbesserung erfolgreich durchgeführt wurde oder nicht[2712].

Die Ersatzlieferung hingegen erfordert weder eine Untersuchung der mangelhaften Ware durch den Verkäufer noch sonstige zeitintensive Maßnahmen, son-

---

2709 *Abschlussbericht,* S. 212. So auch *Medicus,* ZIP 1996, 1925, 1927. Für ein Wahlrecht des Verkäufers auch *Zimmer,* in: Ernst/Zimmermann, Schuldrechtsreform, 191, 199; *Honsell,* JZ 2001, 278, 281; *Ernst/Gsell,* ZIP 2000, 1410, 1416. Anders der Diskussionsentwurf (§ 437 I BGB-DE); vgl. ferner die Ausführungen hierzu, *Diskussionsentwurf,* S. 488.

2710 *Abschlussbericht,* S. 212.

2711 *Abschlussbericht,* S. 212.

2712 Vgl. *Zweite Kommission zum BGB,* Prot. I, S. 698 („Auch die weiteren Momente, ob die Beseitigung geglückt (...) sei, würden zu einer verschiedenen Auffassung und zu unerquicklichen, zahlreichen Prozessen Anlaß geben (...) .“).

dern lediglich die Zusendung bzw. Bereitstellung der neuen Ware. Der Käufer kann die neue Ware dann sofort nutzen.

Zum anderen kann einer Ware, die der Käufer *neu* erworben hat, die aber nachgebessert werden musste, ein *psychologischer* Makel anhängen, die den persönlichen Wert der Sache für den Käufer mindert[2713]. Dies gilt um so mehr, als eine Vielzahl der heutigen Verkaufsgüter komplexe Geräte sind, die aus maschinellen Serienproduktionen stammen. Erhält der Käufer nun mangelhafte Ware, so kann er regelmäßig nicht überblicken, weshalb ein Defekt vorliegt. Er wird sich möglicherweise selbst bei einer erfolgreichen Nachbesserung nicht gänzlich von dem Gefühl befreien können, dass er ein „Montagsgerät" erhalten hat und der beseitigte Mangel erst der Auftakt für weitere Mängel war. Auch mag allein die Tatsache der Nachbesserung an und für sich den persönlichen Wert der Sache für den Käufer mindern oder gar einen merkantilen Minderwert begründen[2714].

Die angeführten Aspekte treten dann noch stärker hervor, wenn dem Verkäufer nach dem anzuwendenden Rechtscode ein Nacherfüllungs*recht* zur Verfügung steht, innerhalb dessen ihm gleichfalls das Wahlrecht zur Verfügung steht. Gelingt es dem Verkäufer innerhalb seines Nacherfüllungsrechts durch die Nachbesserung nicht, die Ware mangelfrei herzustellen, so könnte der Käufer, wenn er an der Naturalerfüllung festhalten will, trotz allem nicht konkret die Ersatzlieferung durchsetzen. Er müsste sich dann u.U. mit einer mehrfachen Nachbesserung begnügen. Ein so gestalteter Erfüllungsanspruch, der keine konkreten Nacherfüllungsmaßnahmen vorsieht, könnte für den Käufer dann gänzlich unattraktiv sein, so dass er zur Vertragsaufhebung greifen wird.

Der Verkäufer hingegen wird regelmäßig versuchen, den Mangel durch eine Nachbesserung zu beseitigen[2715]. Zum einen entfällt für ihn das Risiko, die bei der Ersatzlieferung zurückerhaltene defekte Ware als zweite Wahl oder als „reparierte Ware" verkaufen zu müssen; u.U. wird er diese überhaupt nicht mehr absetzen

---

2713 In diese Richtung auch *Köhler*, JZ 1984, 393, 394 („(...) Zurückbleiben eines merkantilen Minderwerts aufgrund der Tatsache oder doch der Spuren der Nachbesserung; (...)."). Die Feststellung, dass der Käufer mehr als nur das Produkt an und für sich kauft, ist im Bereich des Marketing unbestritten, vgl. *Dibb/Simkin/Pride/Ferrell*, Marketing, S. 242 („A product is everything, both favourable and unfavourable, that is received in an exchange. It is a complexity of tangible and intangible attributes, including functional, social and psychological utilities and benefits.").

2714 In diese Richtung auch *Köhler*, JZ 1984, 393, 394 (Merkantiler Minderwert der Ware aufgrund der Tatsache der Reparatur an und für sich).

2715 Dass dieses regelmäßig das Interesse des Verkäufers ist, zeigt sich in der Praxis an der Ausgestaltung der „üblichen" AGB, die es dem Verkäufer gestatten, den Mangel zunächst durch eine Nachbesserung zu beseitigen. Vgl. z.B. die der Entscheidung *BGH* NJW 1991, 1882 f. zugrundeliegenden AGB, die sogar im Fall des Fehlschlagens der Nachbesserung (zulässiger Weise) einen Ersatzlieferungsanspruch ausschließen.

können[2716]. Zum anderen kann der Verkäufer hierdurch die bei einer Ersatzlieferung anfallenden Kosten des Hin- und Rücktransports sparen, insbesondere wenn es sich um große Güter handelt und diese über große Distanzen zu transportieren sind.

Ferner werden als Gründe gegen ein Wahlrecht des Käufers hinsichtlich der Nacherfüllungsmethode angeführt, dass zum einen nur der Verkäufer wisse, welche Nacherfüllung angebracht sei und zum anderen ein Wahlrecht des Käufers zu einer rücksichtslosen Wahl der Ersatzlieferung führen könne, was rechtsmissbräuchlich wäre[2717].

(b) Interessenlage hinsichtlich der Nachbesserung

Der Käufer kann bei Vorliegen eines Sachmangels auch am *Nachbesserungsanspruch* ein besonderes Interesse haben.

Dies gilt insbesondere in Fällen der Montage, Installation und des Einbaus. Erwirbt der Käufer bspw. eine Maschine, die er bereits fest in seiner Produktionshalle montiert hat, so wird das Angebot des Verkäufers, er wolle dem Nacherfüllungsanspruch durch eine Ersatzlieferung nachkommen, nicht dem Interesse des Käufers entsprechen[2718]. Auch stellen diese Fälle *nicht* seltene Ausnahmen dar, sondern können auch beim Konsumentenkauf häufiger auftreten[2719].

Ferner sind auch Sachverhalte denkbar, in denen die zwar regelmäßig schnellere Ersatzlieferung im Einzelfall (unzumutbar) länger dauert. Wird z.B. eine nicht marktgängige Maschine verkauft, die der Verkäufer nicht mehr auf Lager hat, so wird das Interesse des Käufers dahin gehen, dass der Verkäufer zur Nachbesserung verpflichtet ist und der Käufer nicht abzuwarten hat, bis der Verkäufer sich wieder Ware beschaffen kann.

Im Hinblick auf die *Interessen des Verkäufers* wird die bestehende Rechtslage im *BGB* bezüglich der Nichtnormierung eines Nachbesserungsanspruchs mit dem rechtspolitischen Argument gerechtfertigt, dass es dem Verkäufer nicht zuzumuten sei, einen Mangel nachzubessern, weil er hierzu als Händler oder Privatmann überhaupt nicht in der Lage wäre[2720]. Diese Rechtsanschauung lag auch dem *EKG* zugrunde, welches den Nachbesserungsanspruch davon abhängig machte, dass der Verkäufer entweder Erzeuger oder Hersteller der Sache war (vgl. Art. 42 I a) EKG).

2716 Vgl. *Köhler*, JZ 1984, 393, 394.

2717 So *Medicus*, ZIP 1996, 1925, 1927.

2718 Vgl. *Diskussionsentwurf*, S. 191.

2719 Bspw. Integration von technischen Geräten (z.B. eines Backofens) in eine Einbauküche.

2720 *Fabricius*, JZ 1967, 464, 468; *Süß*, Gewährleistung für Sachmängel, S. 59; *Kirchhof*, Sachmängelhaftung, S. 181 (zweifelnd); hierzu auch *Guldimann*, Der Nachbesserunganspruch, S. 60.

Allerdings ist fraglich, ob diese Erwägung es rechtfertigt, einen Nachbesserungsanspruch schlechthin im Kaufrecht *nicht* zu normieren oder ob sie nicht vielmehr nur eine Grenze für einen Nachbesserungsanspruch bilden kann bzw. gänzlich irrelevant ist.

Hinsichtlich der oben angeführten Argumentation ist schon die Feststellung zweifelhaft, dass der Verkäufer als *Händler* meist nicht in der Lage sei, einen Mangel zu beheben. Gerade beim Verkauf industrieller Serienfertigungen haben die Händler vielfach eine Service-Infrastruktur geschaffen, die sie zur Beseitigung zumindest einfacher Mängel befähigt[2721].

Aber auch in den Fällen, in denen es dem Verkäufer als Händler oder Privatmann selbst nicht möglich ist, den Mangel zu beseitigen, spricht dies nicht gegen die Normierung eines Nachbesserungsanspruchs.

Der Ansicht, die dieses Argument als rechtspolitische Rechtfertigung gegen die Aufnahme eines Nachbesserungsanspruchs im *BGB* verwendet, ist entgegenzuhalten, dass das eventuelle Unvermögen eines Schuldners, eine bestimmte Leistungshandlung vorzunehmen, den Gesetzgeber auch bei anderen Vertragstypen nicht gehindert hat, einen „Nachbesserungsanspruch" zu normieren.

So hat im *Mietrecht* der Vermieter gem. § 536 BGB während der Mietzeit die Mietsache in einem zu dem vertragsgemäßen Gebrauch geeigneten Zustand zu erhalten. Hier wird selbstverständlich der Vermieter auch nicht sämtliche Instandhaltungsmaßnahmen persönlich durchführen können[2722].

Im *Werkvertragsrecht* ist allgemeine Meinung, dass der Nachbesserungsanspruch des Bestellers auch fachfremde Arbeiten umfasst, wenn dies zur Nachbesserung erforderlich ist; der Unternehmer hat dann einen Dritten zu beauftragen[2723].

Schließlich spricht gegen diese Argumentation, dass der Verkäufer letztlich auch überhaupt nicht verpflichtet ist, die Nachbesserung selbst durchzuführen. Denn weigert sich der Verkäufer, die Reparatur vorzunehmen, so konvertiert der Anspruch in der Zwangsvollstreckung zu einem Aufwendungsersatzanspruch (vgl. § 887 I ZPO).

Ferner erscheint die Normierung eines Nachbesserungsanspruchs auch bei Abwägung der Interessen sachgerecht.

2721 Vgl. *MünchKomm/Westermann*, § 462 Rn. 9.

2722 Sehr anschaulich führt *Brox* (Die Einrede des nichterfüllten Vertrages beim Kauf, S. 81) aus, man könne gegen § 536 BGB auch nicht vorbringen, dass der 80-jährigen Grundstückseigentümerin die Beseitigung eines Wasserrohrbruchs in der Mietwohnung nicht zugemutet werden kann. Zustimmend *Kirchhof*, Sachmängelhaftung, S. 181.

2723 *MünchKomm/Soergel* § 633 Rn. 101 (insb. bei Vor- und Nacharbeiten hinsichtlich der „eigentlichen" Werkleistung); *Soergel/Teichmann*, § 633 Rn. 4 m.w.N.

Denn ist der Verkäufer –wie meist- Händler, so ist es ihm aufgrund seiner zu erwartenden Branchenkenntnis wesentlich eher als dem Käufer zuzumuten, entweder einen kompetenten Handwerker ausfindig zu machen oder aber den Produzenten zu beauftragen[2724]. Dies gilt erst recht, wenn der Verkäufer selbst Produzent ist.

Aber auch in den (selteneren) Fällen, in denen der Verkäufer nicht Händler oder Produzent, sondern Privatmann ist, scheint es gerechtfertigt, grundsätzlich dem Verkäufer die Unannehmlichkeiten der Suche nach einem Handwerker aufzubürden. Schließlich hat der Verkäufer durch seine mangelhafte Lieferung die Reparatur erforderlich gemacht[2725] und den Kaufpreis für eine *mangelfreie* Ware erhalten.

Treten im Einzelfall Härten auf, die es für den Verkäufer unzumutbar erscheinen lassen, die Nachbesserung durchzuführen, so kann dies den Nachbesserungsanspruch nur beschränken[2726]. Die bloße Tatsache, dass der Verkäufer die Nachbesserung nicht selbst durchführen kann, sondern einen Dritten zu beauftragen hat, kann dabei aber aus den o.g. Gründen grundsätzlich einen Nachbesserungsanspruch nicht ausschließen.

(c) Interessenabwägung und Folgerungen für die Normierung im Hinblick auf ein Wahlrecht

Wie dargelegt, kann der Käufer ein besonderes Interesse an konkreten Nacherfüllungsmaßnahmen haben, wobei das Interesse des Verkäufers meist konträr zu den vom Käufer gewählten Abhilfen sein wird. Es soll daher im Folgenden abgewogen werden, welche Interessen schützenswerter sind. Dabei wird zunächst untersucht, ob das Argument der *Schuldrechtskommission* zutrifft, der Käufer würde sich durch die frühzeitige Wahl einer Nacherfüllungsmaßnahme binden und deshalb möglicherweise seinen eigenen Interessen schaden[2727]. Die eigentliche Interessenabwägung erfolgt im Anschluss an diese Untersuchung. Abschließend sollen die Folgerungen für einen Nacherfüllungstatbestand aufgezeigt werden, wobei auch die EG-Richtlinie 1999/44/EG Berücksichtigung findet.

2724 So auch *Guldimann*, Der Nachbesserungsanspruch, S. 71; *Korintenberg*, Abschied von der Gewährleistung, S. 45; *Brox*, Die Einrede des nichterfüllten Vertrages, S. 81. Ferner weist *Peters*, JZ 1978, 92, 95 zutreffend darauf hin, dass es den Verkäufer nicht entlasten dürfe, wenn er einen branchenüblichen Service nicht anbiete.

2725 So auch *Guldimann*, Der Nachbesserungsanspruch, S. 70 f..

2726 So auch *Peters*, JZ 1978, 92, 92.

2727 Vgl. *Abschlussbericht*, S. 212.

(aa) Nachteile der Bindung an eine Nacherfüllungsmaßnahme

Das Argument der *Schuldrechtskommission*, mit einem pauschalen Nacherfüllungsanspruch sei den Interessen des Käufers besser entsprochen, weil er andernfalls durch die frühzeitige, bindende Festlegung im Einzelfall wegen der Art des Mangels nicht das erhalte, was seinem Interesse entspreche, kann nicht überzeugen.

Zunächst ist festzustellen, dass der Eintritt einer Bindungswirkung hinsichtlich der Rechtsbehelfe vom Gesetzgeber frei gestaltet werden kann. So ist der Käufer z.B. nach dem *CISG* grundsätzlich völlig frei, sich von dem gewählten Erfüllungsanspruch zu lösen[2728].

Aber auch im Kaufrecht des *BGB*, das bei der Wahl eines konkreten Erfüllungsanspruchs eine Bindungswirkung vorsieht (§ 465 BGB)[2729], werden die Interessen des Käufers hinsichtlich einer Naturalerfüllung nicht beeinträchtigt.

Wählt der Käufer hier die *Ersatzlieferung*, so ist nicht nachvollziehbar, inwiefern dieses Verlangen hinter seinem Interesse zurückbleiben könnte.

Handelt es sich um eine *marktbezogene Gattungsschuld*, muss der Verkäufer die Ware notfalls auf dem Markt besorgen. Den Ersatzlieferungsanspruch kann der Käufer bis in die Zwangsvollstreckung (§§ 883, 884 ZPO) „in Natur" durchsetzen, wenn der Verkäufer im Besitz der Ware ist. Ist der Verkäufer nicht im Besitz dieser Ware, so steht dem Käufer sogar ein Schadensersatzanspruch zu (§ 893 ZPO i.V.m. § 283 BGB).

Im Fall der *Vorratsschuld* und des Vorliegens von subjektiver Unmöglichkeit, die der Verkäufer zu vertreten hat, erlischt der Ersatzlieferungsanspruch nicht; der Verkäufer ist notfalls sogar zur Sonderanfertigung verpflichtet[2730]. Hat der Verkäufer sein Unvermögen nicht zu vertreten, so erlischt zwar der Ersatzlieferungsanspruch, der Käufer kann aber seinen Kaufpreis zurückverlangen (§ 323 I BGB)[2731]. Der Käufer stünde im letzten Fall auch nicht besser, wenn er die Nachbesserung gewählt hätte. Denn handelt es sich bei der Nachbesserung –wie regelmäßig- um eine vertretbare Handlung, so könnte der Käufer unter Berücksichtigung der Zwangsvollstreckung ebenfalls keine Naturalerfüllung durchsetzen, sondern „nur" einen Aufwendungsersatzanspruch (vgl. § 887 I ZPO). Sollte ausnahmsweise eine unvertretbare Handlung vorliegen (dann Naturalerfüllung gem. § 888 ZPO), so würde sich der Vertrag nach materiellem Recht nach

---

2728 Vgl. oben *E. IV. 2. j)*; *E. V. 2. k)*.

2729 Wählt der Käufer die Nachlieferung, so gilt § 465 BGB entsprechend (vgl. § 480 I S. 2 BGB). Ist die Nachbesserung beim Kaufvertrag zusätzlich zu den übrigen Rechtsbehelfen des Käufers vereinbart, so gilt nach zutreffender Ansicht ebenfalls § 465 BGB analog, vgl. *Kirchhof*, NJW 1970, 2052, 2053; *MünchKomm/Westermann*, § 465 Rn. 14; *OLG Köln*, OLGZ 1980, 468, 469 ff.. A.A. *Soergel/Huber*, § 465 Rn. 34.

2730 *Soergel/Huber*, § 433 Rn. 306; *OLG Stuttgart* NJW-RR 1988, 312, 313.

2731 § 323 BGB ist auch auf nachträgliches, nicht zu vertretenes *Unvermögen* anwendbar, vgl. *Palandt/Heinrichs*, vor § 323 Rn. 2.

Werkvertragsrecht richten (vgl. § 651 I S. 2, 2. Alt. BGB); diese Unterscheidung behält auch der BGB-KE bei.

Aber auch, wenn der Käufer im Kaufrecht des BGB einen vertraglich vereinbarten Nachbesserungsanspruch wählt, ist nicht ersichtlich, wieso ihm dadurch Nachteile im Vergleich zur Ersatzlieferung erwachsen könnten. Haben die Parteien einen Nachbesserungsanspruch vereinbart, so kann dieser Anspruch auch im Kaufrecht bis zur Neuherstellung der Ware bzw. Ersatzlieferung reichen[2732]. Subjektive Unmöglichkeit schließt einen Nachbesserungsanspruch weder nach dem BGB noch nach dem BGB-KE aus[2733]. Im Fall der objektiven Unmöglichkeit entfällt zwar der Nachbesserungsanspruch, der Käufer kann aber (zumindest) seinen Kaufpreis zurückverlangen[2734].

Somit lässt sich das Argument der *Schuldrechtskommission* im Abschlussbericht, mit dem pauschalen Nacherfüllungsanspruch sei letztlich auch den Interessen des Käufers gedient, nicht aufrechterhalten[2735].

(bb) Interessenabwägung im Hinblick auf das Wahlrecht

Wie dargelegt, bestehen für den Käufer aufgrund einer frühzeitigen Bindung an eine Nacherfüllungsmethode keine Nachteile. Es fragt sich daher, welchen Interessen (des Käufers oder des Verkäufers) im Hinblick auf das Wahlrecht der Vorrang einzuräumen ist.

Meines Erachtens sind die Interessen des *Käufers* gewichtiger, so dass ihm hinsichtlich der Nacherfüllungsmaßnahme das Wahlrecht zustehen muss.

2732 *BGH* JR 1993, 198 f. (zum Kaufrecht).

2733 Zum BGB vgl. oben *C. III. 3. c) (3) (c)*. Im BGB-KE besteht für den Nachbesserungsanspruch nur die Grenze des § 438 III BGB-KE (Unzumutbarkeit), der den § 275 BGB-KE (nicht zu vertretene Leistungshindernisse) im Hinblick auf Erfüllungsansprüche konkretisiert, vgl. hierzu *Schlechtriem*, ZEuP 1993, 217, 227; *Schubel*, ZIP 1994, 1300, 1333.

2734 Da die Nachbesserung, auch im Kaufrecht, bis zur Neuherstellung bzw. Ersatzlieferung reichen kann (vgl. *BGH* JR 1993, 198 f.), liegt nur dann objektive Unmöglichkeit vor, wenn weder eine Nachbesserung möglich ist, noch eine Ersatzlieferung. Liegt ausnahmsweise objektive Unmöglichkeit vor, so kann der Käufer seinen Kaufpreis zurückverlangen, wenn der Verkäufer diese nicht zu vertreten hat (§ 323 I BGB). Hat der Verkäufer die objektive Unmöglichkeit zu vertreten, so kann der Käufer sogar Schadensersatz verlangen (§ 325 I BGB).

2735 Ferner ist die Möglichkeit, dass der Käufer einen Rechtsbehelf wählt, der für ihn im Vergleich zu anderen Rechtsbehelfen ungünstiger ist, nicht auf die Erfüllungsansprüche beschränkt. Das Argument der Schuldrechtskommission –wollte man es konsequent anwenden- müsste dann dazu führen, dass eine Bindungswirkung bei überhaupt keinem Rechtsbehelf eintreten sollte. Dem steht aber entscheidend die Rechtssicherheit für den Verkäufer entgegen.

Ausschlaggebend ist hierbei, dass die mit einer Nachbesserung verbundenen Unannehmlichkeiten für den Käufer im Vergleich zur Ersatzlieferung beträchtlich sind. Der Transport der Ware zu einer Werkstatt des Verkäufers bzw. die Vornahme der Reparatur an dem Sitz des Käufers, die mit der Nachbesserung selbst verbundenen Zeitverzögerungen sowie die Ungewissheit, ob die Nachbesserung erfolgreich durchgeführt wird (wurde)[2736], müssen zumindest im Regelfall dazu führen, dass der Käufer die für ihn günstigere Ersatzlieferung wählen kann.

Die einer Ersatzlieferung entgegenstehenden Interessen des *Verkäufers* sind demgegenüber nachrangig und z.T. nicht billigenswert. Das Argument, dass der Verkäufer bei einer Ersatzlieferung erhebliche Vermögensnachteile erleiden könne, weil er die zurückgenommene Ware nur schwer oder auch gar nicht absetzen könne, überzeugt nicht.

Denn handelt es sich um einen *gewerblichen Käufer*, der die Ware zum Weiterverkauf erworben hat, so ist überhaupt kein Grund ersichtlich, warum nicht der gewerbliche Verkäufer die mangelhafte Ware zurücknehmen und sich mit den Schwierigkeiten eines Weiterverkaufs der nachgebesserten Sache auseinandersetzen soll. Vielmehr erscheint es interessengemäß, dass der Verkäufer –wenn er dies will- die Sache nachbessert und diese dann als „reparierte Ware" verkauft, als dem Käufer diese Schwierigkeit aufzubürden.

Ist der *Verkäufer Privatmann*, so wird es sich häufig um einen Stückkauf handeln, so dass sowieso nur eine Nachbesserung in Betracht kommt.

Aber auch in den verbleibenden Fällen ist es gerechtfertigt, dass dem Käufer das Wahlrecht zusteht. Denn handelt es sich um einen *gewerblichen Verkäufer*, so wird er häufig Absatzkanäle geschaffen haben, in denen er die mangelhafte Sache entweder „als reparierte Ware" oder als zweite Wahl verkaufen kann.

Schließlich sprechen auch die bei einer Ersatzlieferung anfallenden Transportkosten nicht gegen ein Wahlrecht des Käufers. Denn oftmals wird auch die Nachbesserung einen Transport der Ware zu einer Werkstatt oder zum Verkäufer erfordern, wobei die Kosten vom Verkäufer zu tragen sind. Wird die Nachbesserung beim Käufer vorgenommen, so fallen zumindest die Fahrtkosten zum Käufer an. Lediglich, wenn Vertragsgegenstand große Güter sind und/oder große Distanzen zurückzulegen sind, würde der Verkäufer besser stehen. Hier sind allerdings die oben angeführten Interessen des Käufers m.E. vorrangig.

[2736] Vgl. auch den *Diskussionsentwurf*, S. 488 (Unter Berücksichtigung der bereits begangenen Pflichtverletzung des Verkäufers, sollte es „der Beurteilung des Käufers überlassen bleiben, inwieweit er sich etwa auf Nachbesserungsversuche eines möglicherweise inzwischen als unzuverlässig erkannten Verkäufers noch einlassen möchte."). Auch kann die Ware aufgrund der Reparatur einen merkantilen Minderwert aufweisen, vgl. *Köhler*, JZ 1984, 393, 394.

Wählt der Käufer im Einzelfall die *Nachbesserung* als Rechtsbehelf, so wird er hieran ein besonderes Interesse (bspw. Montage etc.) haben. Ihm muss es deshalb auch grundsätzlich freistehen, diesen Rechtsbehelf zu wählen[2737].

Auch können den Interessen des Verkäufers an anderer Stelle ausreichend Rechnung getragen werden. Macht man nämlich die Nacherfüllungsansprüche des Käufers davon abhängig, dass sie für den Verkäufer *zumutbar* sind[2738], so kann das Wahlrecht des Käufers dadurch ausreichend beschränkt werden, dass man alternative Abhilfen in die Betrachtung mit einbezieht[2739].

Wählt der Käufer bei geringwertiger Ware (bspw. Taschenlampe) die Nachbesserung, so ist diese dann unzumutbar, wenn die Ersatzlieferung für den Verkäufer (erheblich) günstiger ist[2740]. Wählt der Käufer bei einer hochwertigen Ware die Ersatzlieferung, obgleich nur ein kleiner Fehler vorliegt (bspw. herausgesprungene Sicherung bei einer Maschine), so ist die Ersatzlieferung unzumutbar, wenn durch eine einfache Nachbesserung dieser Mangel zu beheben ist.

Die Tatsachen, die eine vom Käufer gewählte Nacherfüllungsmaßnahme für den Verkäufer als unzumutbar erscheinen lassen, muss aber aus den o.g. Gründen der Verkäufer zu beweisen haben.

(cc) Folgerungen für eine Nacherfüllungsnorm unter Berücksichtigung der EG-RL 1999/44/EG

Billigt man dem Käufer das Wahlrecht hinsichtlich der Nacherfüllungsmaßnahme zu, so ist es notwendig, sowohl einen Nachbesserungsanspruch als auch einen Ersatzlieferungsanspruch explizit zu normieren[2741]. Denn ein pauschaler

---

2737 Dies erkennt auch der (inkonsequente) *Abschlussbericht* an. Dort (S. 25) heisst es: „Beim Gattungskauf entspricht auch die Neulieferung häufig nicht den Interessen des Käufers, weil er die Sache behalten will und Reparatur wünscht. Dem Käufer einer bereits fest installierten Maschine ist in der Regel mit Wandelung oder Minderung nicht gedient, sondern nur mit einer Reparatur an Ort und Stelle".

2738 So z.B. die Nachbesserung in Art. 46 III CISG sowie die Nachbesserung im Werkrecht des BGB § 633 II BGB. Ferner die Nacherfüllungsansprüche nach EG-RL 1999/44/EG (Art. 3 III EG-RL) und BGB-DE (§ 437 III BGB-DE).

2739 So die EG-RL 1999/44/EG. Nach Art. 3 III S. 2, 3. Spiegelstrich EG-RL ist eine gewählte Abhilfe dann unverhältnismäßig, wenn sie dem Verkäufer Kosten verursachen würde, die „nach Erwägung der Frage, ob auf die alternative Abhilfemöglichkeit ohne erhebliche Unannehmlichkeit für den Verbraucher zurückgegriffen werden könnte, verglichen mit der alternativen Abhilfemöglichkeit unzumutbar wären." Der Diskussionsentwurf (§ 437 III BGB-DE) folgt der EG-Richtlinie; hierzu *Diskussionsentwurf*, S. 490 f..

2740 Vgl. auch *Diskussionsentwurf*, S. 491.

2741 Dies kann zum einen dadurch erfolgen, dass in einem Absatz der Nacherfüllungsnorm das Wahlrecht hinsichtlich der Nacherfüllungsmethode ausdrücklich dem Käufer zuerkannt wird (so § 437 I BGB-DE). Zum anderen können wie im CISG (Art. 46 II und III CISG) Nachbes-

Nacherfüllungsanspruch belässt das Wahlrecht hinsichtlich der Nacherfüllungsmethode beim Verkäufer bzw. würde nicht hinreichend klar das Wahlrecht des Käufers zum Ausdruck bringen.

Eine solche Norm entspräche auch den Anforderungen der EG-Richtlinie 1999/44/EG. Denn aus Art. 3 III EG-RL ergibt sich, dass dem Käufer das Wahlrecht hinsichtlich der Nacherfüllungsmaßnahme (Nachbesserung oder Ersatzlieferung) zustehen muss. Dies stellen die Erwägungsgründe (11), (12) und (13) zur EG-RL 1999/44/EG ausdrücklich klar[2742].

(2) Rechtsmängel

Weder die drei verglichenen Rechtscodes noch der BGB-KE normieren einen Anspruch des Käufers auf eine konkrete Nacherfüllungsmaßnahme, wenn der Verkäufer rechtsmangelhafte Ware liefert. Vielmehr wird dem Käufer ein pauschaler, allgemeiner Nacherfüllungsanspruch zur Verfügung gestellt. Dem Verkäufer steht es daher frei, nach seiner Wahl, durch „Nachbesserung" (z.B. durch die Ablösung eines Rechts des Dritten) oder durch Austausch der rechtsmangelhaften Ware gegen rechtsmangelfreie Ware dem Nacherfüllungsanspruch nachzukommen.

Abweichend hiervon ist die Rechtslage nach dem BGB-DE. Aufgrund der Gleichstellung von Rechts- und Sachmängeln hinsichtlich der Rechtsfolgen richten sich die Nacherfüllungsansprüche des Käufers nach § 437 I BGB-DE. Der Käufer kann hiernach grundsätzlich eine konkrete Nacherfüllungsmaßnahme verlangen (z.B. Austausch der rechtsmangelhaften gegen rechtsmangelfreie Ware)[2743].

Zu untersuchen ist deshalb, ob der Käufer -wie bei Sachmängeln- ein besonderes Interesse an konkreten Nacherfüllungsmaßnahmen im Hinblick auf Rechtsmängel haben kann.

Im Gegensatz zu Sachmängeln wird der Käufer bei Rechtsmängeln nur selten ein Interesse daran haben, dass der Verkäufer den Rechtsmangel durch eine Ersatzlieferung beseitigt, die den Austausch der mangelhaften gegen mangelfreie Ware mit sich bringt. Denn eine „Nachbesserung" (z.B. durch Ablösung eines Pfandrechts) bedeutet für den Käufer keinerlei Unannehmlichkeiten, da es sich hier um keinen für den Käufer „fühlbaren" Akt handelt.

---

serung und Ersatzlieferung in verschiedenen Absätzen normiert werden, wobei hierdurch das Wahlrecht des Käufers ausreichend deutlich zum Ausdruck kommt.

2742 A.A. *Schmidt-Räntsch*, ZIP 1998, 849, 851 f (grundsätzlich nur Anspruch auf Nachbesserung). Diese Ansicht ist mit Hinblick auf die o.g. Erwägungsgründe nicht haltbar.

2743 Vgl. oben *G. III. 2. a) (1) (b)*. Allerdings kann der Verkäufer die Ersatzlieferung gem. § 437 III BGB-DE verweigern, wenn sie im Verhältnis zur Nachbesserung (z.B. Ablösung eines Pfandrechts) einen unverhältnismäßigen Aufwand darstellt. Dies dürfte bei Rechtsmängeln wohl häufig der Fall sein.

Vielfach wird die Ersatzlieferung auch überhaupt nicht möglich sein, so in den Fällen, in denen es sich um einen Stückkauf handelt oder die gesamte Gattung von dem Rechtsmangel erfasst ist (bspw. bei gewerblichen Schutzrechten).

Schließlich entfällt auch der Interessengesichtspunkt auf Seiten des Käufers, dass nach Beseitigung des Mangels ein psychologischer Makel auf der Sache lastet. Für den Käufer, der von dem Dritten versichert bekommt, dass sein Recht (des Dritten) nunmehr abgelöst ist, besteht kein Grund, Misstrauen gegenüber der Ware zu hegen.

Ein Interesse des Käufers an einer Ersatzlieferung besteht nur in dem seltenen Fall, dass auf einer Gattungsware ein Drittrecht lastet, welches der Verkäufer nicht ablösen kann und noch rechtsmangelfreie Ware auf dem Markt erhältlich ist.

Es bietet sich daher an, dem Käufer zumindest einen konkreten „Nachbesserungsanspruch" zur Verfügung zu stellen, da die Nachbesserung -wie eben ausgeführt- seinem Interesse regelmäßig besser entsprechen wird.

Betrachtet man allerdings die Interessenlage des Verkäufers, so dürfte dies obsolet sein. Denn auch das Interesse des Verkäufers wird ganz überwiegend dahingehen, den Rechtsmangel durch eine „Nachbesserung" zu beseitigen. Ihm wird –wie bei Sachmängeln- daran gelegen sein, die bei einer Ersatzlieferung anfallenden Transportkosten, die er zu tragen hat, zu vermeiden[2744]. Handelt es sich um Rechtsmängel, die auf der ganzen Gattung lasten (bspw. gewerbliche Schutzrechte) oder um einen Stückkauf, so besteht für den Verkäufer ohnehin nur die Möglichkeit, den Rechtsmangel durch eine „Nachbesserung" zu beseitigen. Der Verkäufer wird daher nur dann durch eine Ersatzlieferung den Rechtsmangel beseitigen, wenn dies für ihn die einzige Möglichkeit darstellt, also genau in den Fällen, in denen auch der Käufer ein Interesse an einer Ersatzlieferung hat.

Der soeben ausgeführte „Gleichlauf" der Interessen der Vertragsparteien hinsichtlich der Nacherfüllungsmethode und das Ergebnis, dass *bezüglich des Rechtsmangels* keine der Parteien ein schützenswertes Interesse an einer konkreten Nacherfüllungsmaßnahme hat, lässt es beliebig erscheinen, ob das Wahlrecht dem Käufer oder dem Verkäufer zustehen sollte.

Insofern würde es sich anbieten, Sach- und Rechtsmängel wie nach dem Diskussionsentwurf im Hinblick auf die Rechtsbehelfe gleichzustellen, um so ein einheitliches Rechtsbehelfssystem zu schaffen mit der Folge, dass dem Käufer ein Wahlrecht zwischen Nachbesserung und Ersatzlieferung zustehen würde (vgl. §

[2744] Anders als bei Sachmängeln fallen bei der „Nachbesserung" von Rechtsmängeln weder Fahrt- noch Transportkosten an.

437 I BGB-DE)[2745]. Abgrenzungsprobleme zwischen Sach- und Rechtsmängeln entfielen somit.

Allerdings würde hierbei vernachlässigt, dass der Käufer dann aus Gründen die Ersatzlieferung wählen könnte, die nicht in dem Rechtsmangel ihre Ursache haben und insofern nicht billigenswert sind. Zum Beispiel könnte der Käufer die Ersatzlieferung wählen, weil die gelieferte Ware nunmehr Gebrauchsspuren aufweist oder zwischenzeitlich ein neues Modell auf dem Markt ist. Der Verkäufer müsste nun darlegen und beweisen, dass für ihn die Ersatzlieferung im Verhältnis zur Nachbesserung nur mit „unverhältnismäßigen Aufwendungen" möglich ist (vgl. § 437 III BGB-DE)[2746], obgleich der Käufer im Hinblick auf den Rechtsmangel kein billigenswertes Interesse an der Ersatzlieferung haben kann.

(3) Minderlieferung und sonstige Vertragsverletzungen

Im Fall der Minderlieferung erübrigt sich die Frage, ob der Käufer an einer konkreten Nacherfüllungsmaßnahme ein besonderes Interesse haben kann. Hier kommt aufgrund des Faktischen nur *eine* Nacherfüllungsmaßnahme in Betracht, nämlich die Lieferung der fehlenden Menge. Gleiches gilt in dem Fall, dass der Verkäufer überhaupt nicht geliefert hat.

Im Fall sonstiger Vertragsverletzungen (z.B. der Nichtlieferung von Dokumenten oder dem Verstoß gegen ein Konkurrenzverbot) kann der Käufer ein Interesse an konkreten (Nach-)Erfüllungsmaßnahmen haben. Welche Maßnahme im Einzelnen angebracht ist, wird sich aber regelmäßig aus der Natur der Sache ergeben und ist hinreichend aus einem allgemeinen Erfüllungsanspruch abzuleiten. Angesichts der Vielschichtigkeit von möglichen Formen von Vertragsverletzungen wäre eine explizite Normierung von Nacherfüllungsmaßnahmen auch überhaupt nicht möglich.

(4) Die Interessenlage im Werkvertragsrecht

Da dem Anwendungsbereich des CISG, welches den Vergleichsrahmen vorgibt, auch Verträge unterfallen, die nach BGB und BGB-KE[2747] dem Werkvertrags-

---

[2745] In § 437 I BGB-DE heisst es: „Ist die Sache *mangelhaft*, so kann der Käufer (...)". Der Begriff „mangelhaft" (ebenso die Begriffe „mangelfrei" oder „Mangel") umfasst nach dem Diskussionsentwurf sowohl Sach- als auch Rechtsmängel, vgl. *Diskussionsentwurf*, S. 460.

[2746] Dabei ist weiter zu berücksichtigen, dass „unverhältnismäßige Aufwendungen" im Verhältnis Nachbesserung/Ersatzlieferung nach der umzusetzenden EG-Richtlinie 1999/44/EG nur dann vorliegen, wenn die Kosten der Ersatzlieferung *deutlich* höher sind als die der Nachbesserung, vgl. *Erwägungsgrund* (11), NJW 1999, 2421, 2421.

[2747] Der *Diskussionsentwurf* unterstellt auch Verträge, die die Lieferung herzustellender oder zu erzeugender beweglicher Sachen zum Gegenstand haben, den kaufrechtlichen Vorschriften (§ 631 III S. 1 BGB-DE). Damit entspricht der Anwendungsbereich der kaufrechtlichen Vorrecht zuzuordnen sind, ist die Frage zu untersuchen, ob die oben beschriebene Interessenlage im Kaufrecht auch auf Werkverträge zutrifft.

In Bezug auf Rechtsmängel, Nicht- bzw. Minderlieferungen und der sonstigen Nichterfüllung von Vertragspflichten ergeben sich keine Besonderheiten im Vergleich zum Kaufvertrag. Die Interessenlage ist hier beim Werkvertrag dieselbe.

Es verbleibt daher die Frage, ob im Hinblick auf Sachmängel die Interessenlage der Parteien bei Werkverträgen eine andere ist als bei Kaufverträgen und/oder die Besonderheiten des Werkvertragsrecht eine andere Bewertung der Interessen erforderlich macht.

Zunächst ist durchaus denkbar, dass der Besteller (Käufer) in einigen Fällen ein besonderes Interesse an einer bestimmten Nacherfüllungsmaßnahme hat. Ist z.B. eine von dem Unternehmer (Verkäufer) hergestellte Maschine derart beschaffen, dass sie den vertraglich vereinbarten Spezifikationen (auch durch eine Nachbesserung) unstreitig nicht genügen kann, so hat der Käufer, wenn er Naturalerfüllung begehrt, ein Interesse an der Neuherstellung.

Allerdings weist das Werkvertragsrecht Besonderheiten auf[2748], die ein Wahlrecht des Bestellers hinsichtlich der Nacherfüllungsmethode grundsätzlich als ungerechtfertigt erscheinen lassen[2749].

Zum einen lässt sich beim Werkvertrag anders als beim Kaufvertrag die Neuherstellung von der Nachbesserung nicht randscharf abgrenzen[2750]. Anders als beim Kaufrecht ist ein bloßer Austausch der mangelhaften Sache gegen eine andere nicht möglich. Denn Voraussetzung der Subsumtion eines Vertrages unter das Werkrecht ist gerade, dass es sich um eine unvertretbare Sache handelt (vgl. § 631 II BGB-KE, § 651 I S. 2 BGB); die Austauschbarkeit der Sache schließt daher die Anwendbarkeit des Werkrechts aus[2751]. Würde der Besteller gleichwohl auf eine Neuherstellung bestehen dürfen, so bliebe es dem Unternehmer

---

schriften weitgehend dem des CISG (Art. 3 I CISG). Im CISG sind abweichend die Fälle ausgenommen, in denen der Besteller einen wesentlichen Teil der zur Herstellung oder Erzeugung notwendigen Stoffe selbst zur Verfügung stellt.

2748 Auf die Unterschiede zwischen Werk- und Kaufvertrag hat insbesondere *Peters* zutreffend hingewiesen, vgl. *Peters,* JZ 1978, 92, 93; *ders.*, JR 1993, 200 f..

2749 Anders aber der *Diskussionsentwurf.* Hiernach hat der Besteller auch im Werkvertragsrecht das Wahlrecht zwischen Neuherstellung und Nachbesserung (vgl. § 634 I BGB-DE). Zur Begründung wird dabei auf die Ausführungen zum Kaufrecht verwiesen, vgl. *Diskussionsentwurf,* S. 568. Der Unternehmer sei vor einem Missbrauch des Wahlrechts durch den Besteller ausreichend durch sein Leistungsverweigerungsrecht gem. § 634 III BGB-DE (Unzumutbarkeit) geschützt. Gegen das Wahlrecht des Bestellers im Werkvertragsrecht des *Diskussionsentwurfs, Seiler,* in: Ernst/Zimmermann, Schuldrechtsreform, S. 263, 268 f..

2750 *Peters*, JR 1993, 200, 200 f., mit dem Beispiel, dass die Neueindeckung des Hauses für den Dachdecker Neuherstellung, für den, der das Haus insgesamt schuldet, Nachbesserung ist.

2751 Zur Nichtaustauschbarkeit als Merkmal der Unvertretbarkeit, vgl. *BGH* NJW 1971, 1794.

unbenommen, z.B. funktionierende Teile aus einer mangelhaften Maschine auszubauen und sie bei der „Neuherstellung“ zu verwenden. Die Grenze zwischen Nachbesserung und Neuherstellung ist daher fließend.

Zum anderen würde ein Wahlrecht des Bestellers hinsichtlich der Nacherfüllungsmethode das Wesen des Werkvertrages nicht genügend berücksichtigen und die Interessen des Unternehmers unangemessen vernachlässigen.

Während der Kauf regelmäßig auf den einmaligen Austausch einer bereits *bestehenden* Sache gegen Geld gerichtet ist, richtet sich der Werkvertrag auf die Herstellung einer *künftigen* Sache[2752]. Die mangelfreie Herstellung des Werks kann aus den verschiedensten Gründen fehlschlagen, so dass damit „das Risiko des Misslingens im Wesen des Vertrages begründet ist“[2753].

Würde man nun dem Besteller die Möglichkeit geben, bei (jeder) Mangelhaftigkeit des Werks die Neuherstellung zu verlangen, so wäre der Unternehmer zu stark belastet. Dies gilt insbesondere deshalb, weil Voraussetzung für die Anwendbarkeit der Werkvertragsregeln die *Unvertretbarkeit* der Sache ist, d.h., dass es sich bei der Ware gerade um eine Sonderanfertigung für den Besteller handelt[2754]. Der Unternehmer wird daher die Ware –anders als der Verkäufer-regelmäßig überhaupt nicht mehr absetzen können[2755].

Auch die Interessen des Käufers werden hierdurch nicht unangemessen vernachlässigt. Denn ist *im Einzelfall* die Neuherstellung die einzige Möglichkeit einer Mängelbeseitigung, so kann der Besteller diese auch dann verlangen, wenn ihm –wie im BGB- nur ein pauschaler Nacherfüllungsanspruch zusteht[2756].

Aufgrund der Besonderheiten des Werkvertragsrechts und der Interessen des Unternehmers muss daher das Wahlrecht hinsichtlich der Nacherfüllungsmethode bei Sachmängeln dem Unternehmer zustehen[2757].

2752 *Peters*, JZ 1978, 92, 93.

2753 *Peters*, JZ 1978, 92, 93.

2754 Vgl. zu dieser Definition der Unvertretbarkeit, *Palandt/Heinrichs*, § 91 Rn. 1.

2755 Zutreffend führt *Peters* (JR 1993, 200, 201) ferner aus: „Schon psychologisch fällt beim Kauf die Rücknahme der gelieferten Sache leichter und der Verzicht darauf, an ihr ‚rumzubessern´, als beim Werkvertrag der Abriß von etwas Vorhandenem“.

2756 Vgl. zum BGB: *Palandt/Sprau*, § 633 Rn. 5 b; *BGHZ* 96, 111.

2757 Letzlich geht es bei der Frage des Wahlrechts hinsichtlich der Nachbesserungsmaßnahme (auch) um die Verteilung der Beweislast. Im Vergleich zu der hier vertretenen Lösung soll nach dem *Diskussionsentwurf* dem Besteller das Wahlrecht zwischen Neuherstellung und Nachbesserung zustehen. Der Unternehmer trägt damit die Beweislast dafür, dass für ihn die vom Besteller gewählte Nacherfüllungsmethode unzumutbar ist. Kann hingegen -wie hier vorgeschlagen- grundsätzlich der Unternehmer die Nacherfüllungsmethode wählen, so muss der Besteller beweisen, dass für ihn z.B. die vom Unternehmer angebotene Nachbesserung (nach Treu und Glauben) unzumutbar wäre. Aus den soeben im Text genannten Gründen sollte der Besteller die Beweislast tragen; vgl. ferner sogleich *H. I. 1. e) (5)*. Gegen das

(5) Folgerungen für die Normierung von Nacherfüllungsansprüchen

Die Interessenlage in Bezug auf Nacherfüllungsansprüche stellt sich zusammenfassend so dar, dass der Käufer bei Sachmängeln ein berechtigtes Interesse an konkreten Nacherfüllungsmaßnahmen hat, während bei Rechtsmängeln, Nicht- und Minderlieferung sowie bei sonstiger Nichterfüllung von Vertragspflichten dem Interesse des Käufers mit einem pauschalen (Nach-)Erfüllungsanspruch ausreichend Rechnung getragen wird.

Dem Käufer ist bei *Sachmängeln* daher konkret sowohl ein Nachbesserungs- als auch ein Ersatzlieferungsanspruch zur Verfügung zu stellen, wobei ihm zwischen beiden Rechtsbehelfen das Wahlrecht zu gewähren ist.

Bei den *übrigen Vertragsverletzungen* sollte dem Verkäufer das Wahlrecht hinsichtlich der Nacherfüllungsmethode zustehen, was durch einen pauschalen, allgemeinen Nacherfüllungsanspruch gewährleistet wird.

Bei *Werklieferungsverträgen über unvertretbare Sachen* ist aufgrund der Besonderheiten des Werkrechts und der Interessen des Unternehmers, dem Unternehmer auch bei Sachmängeln das Wahlrecht hinsichtlich der Nacherfüllungsmethode zu belassen, so dass dem Besteller nur ein pauschaler Nacherfüllungsanspruch zu gewähren ist. Für Werklieferungsverträge über unvertretbare Sachen ist deshalb die Verweisung des BGB in das Werkvertragsrecht (§ 651 I S. 2 BGB) beizubehalten, was auch von der *Schuldrechtskommission* vorgeschlagen wurde (vgl. § 631 II BGB-KE)[2758]. Eine Unterstellung dieser Verträge unter kaufrechtliche Vorschriften –so der *Diskussionsentwurf*, vgl. § 631 III S. 1 BGB-DE- mit der Folge, dass dem Käufer (Besteller) bei Sachmängeln das Wahlrecht hinsichtlich der Nacherfüllungsmethode zusteht, ist abzulehnen.

Fraglich ist, ob dieser Vorschlag den Anforderungen der EG-Richtlinie 1999/44/EG genügt.

Hinsichtlich der Normierung der Nacherfüllungstatbestände für Sachmängel im Kaufrecht wurde bereits oben die Vereinbarkeit festgestellt. Da die Richtlinie nur Sachmängel und *aliud*-Lieferungen erfasst[2759], ist auch die Schaffung eines pauschalen Nacherfüllungsanspruchs für Rechtsmängel sowie sonstigen Vertragsverletzungen (z.B. Informationspflichten) unbedenklich. Bei Minder- und Nichtlieferungen kommt ohnehin nur die Lieferung der fehlenden Menge als Nacherfüllungsmaßnahme in Betracht[2760].

Wahlrecht des Bestellers im Werkvertragsrecht des *Diskussionsentwurfs* auch *Seiler*, in: Ernst/Zimmermann, Schuldrechtsreform, S. 263, 268 f..

2758 Anders der *Diskussionsentwurf* (vgl. § 631 III S. 1 BGB-DE).

2759 Vgl. oben *G. II. 1., G. II. 2. b)*. Ferner *Roth*, in: Ernst/Zimmermann, Schuldrechtsreform, S. 225, 238 ff. m.w.N..

2760 Vgl. oben *H. I. 1. e) (3)*.

Anders stellt sich die Rechtslage allerdings für Werklieferungsverträge über unvertretbare Sachen dar. Denn auch diese Verträge fallen in den Anwendungsbereich der EG-Richtlinie 1999/44/EG[2761].

Nach der Richtlinie muss dem Käufer (Besteller) das Wahlrecht hinsichtlich der Nacherfüllungsmethode zustehen. Für Werklieferungsverträge über unvertretbare Sachen beim Verbrauchsgüterkauf müsste dann entweder sowohl ein Nachbesserungs- als auch ein Neuherstellungsanspruch geschaffen werden oder das Wahlrecht des Käufers (Bestellers) hinsichtlich der Abhilfe müsste im Gesetzestext zum Ausdruck kommen. Ein –wie vorgeschlagen- pauschaler Nacherfüllungsanspruch würde also nicht der EG-Richtlinie 1999/44/EG genügen[2762].

Allerdings dürfte der Verbraucher trotz einer solchen Tatbestandsgestaltung bei Werklieferungsverträgen über unvertretbare Sachen nur selten tatsächlich einen Neuherstellungsanspruch durchsetzen können. Denn die Durchsetzbarkeit einer konkreten Nacherfüllungsmaßnahme ist nach der EG-Richtlinie 1999/44/EG (und nach dem Diskussionsentwurf) davon abhängig, dass diese im Vergleich zu anderen Abhilfen nicht unverhältnismäßig ist (vgl. Art. 3 III S. 2 EG-RL bzw. § 437 III BGB-DE). Unverhältnismäßig ist die gewählte Abhilfe (hier Neuherstellung) u.a. dann, wenn sie im Vergleich zu alternativen Abhilfemöglichkeiten (hier Nachbesserung), die ebenfalls ohne erhebliche Unannehmlichkeiten durchzuführen wären, für den Verkäufer (Unternehmer) unzumutbare Kosten verursacht[2763]. Zwar müssen die Kosten der alternativen Abhilfe „deutlich" höher sein als die gewählte[2764], jedoch wird dies im Verhältnis Neuherstellung und Nachbesserung regelmäßig gegeben sein. Der Besteller (Verbraucher) wird also -trotz des Bestehens von Nachbesserungs- *und* Neuherstellungsanspruch- aufgrund der Begrenzung dieser Ansprüche durch die Zumutbarkeit für den Verkäufer im Ergebnis bei Werklieferungsverträgen über unvertretbare Sachen in der Regel gleichwohl nur einen Nachbesserungsanspruch durchsetzen können.

2761 Vgl. *Faber*, JBl. 1999, 414, 415.

2762 § 635 BGB-KE müsste folgender Maßen ergänzt werden: Abs. 1: „Ist das Werk mangelhaft, so kann der Besteller Nacherfüllung verlangen. Der Unternehmer kann nach seiner Wahl den Mangel beseitigen oder ein neues Werk herstellen." (insoweit unverändert). Abs. 2: *Bei Verbrauchsgüterkäufen kann der Verbraucher nach seiner Wahl verlangen, dass der Unternehmer den Mangel beseitigt oder ein neues Werk herstellt, es sei denn, dass die gewählte Abhilfe unverhältnismäßig ist.* Hinsichtlich der Unverhältnismäßigkeit kann auf die Norm im Kaufrecht verwiesen werden.

2763 Vgl. Erwägungsgrund (11), NJW 1999, 2421, 2421.

2764 Vgl. Erwägungsgrund (11), NJW 1999, 2421, 2421.

2. Das Nacherfüllungsrecht des Verkäufers und der Nacherfüllungsanspruch des Käufers

Wie sich in dem Vergleich der Rechtscodes gezeigt hat, ist das Verhältnis von Nacherfüllungsrecht des Verkäufers und dem Nacherfüllungsanspruch des Käufers von besonderer Bedeutung. Einerseits entscheidet dieses Verhältnis regelmäßig darüber, wem zunächst das Wahlrecht hinsichtlich der Nacherfüllungsmethode zusteht und andrerseits darüber, wann sich der Käufer von seinem Nacherfüllungsverlangen lösen kann.

Schließlich werden das Nacherfüllungsrecht und der Nacherfüllungsanspruch in der Rechtspraxis häufig nicht klar voneinander zu trennen sein. Liefert bspw. der Verkäufer bei Anwendbarkeit des *CISG* eine mangelhafte Ware und verlangt der Käufer die Nachbesserung, die vom Verkäufer sofort[2765] ausgeführt wird, so sind Nacherfüllungsanspruch und –recht nicht abgrenzbar. Denn der Käufer hätte zunächst grundsätzlich überhaupt keinen anderen Rechtsbehelf wählen können, da dem Verkäufer gem. Art. 48 I CISG ein Nacherfüllungsrecht zusteht. Die Nacherfüllung erfolgt daher zum einen im Rahmen des Nacherfüllungsrechts des Verkäufers. Zum anderen hätte der Käufer, wenn die Nachbesserung von dem Verkäufer abgelehnt worden wäre, die Nachbesserung (als Anspruch) gerichtlich durchsetzen können (Art. 46 III CISG)[2766].

Im Folgenden soll daher zunächst die unterschiedliche Interessenlage der Parteien in Bezug auf die Rechtsinstitute beschrieben werden. Anschließend werden die möglichen Regelungstechniken beschrieben, mit denen das Verhältnis zwischen Nacherfüllungsanspruch und –recht normiert werden kann. Ferner sollen die Argumente für und gegen ein Nacherfüllungsrecht des Verkäufers diskutiert werden, um schließlich ein an den Interessen der Vertragsparteien orientiertes Verhältnis der Rechtsinstitute zueinander zu finden. Hierbei geht es in erster Linie darum, ob dem Käufer oder dem Verkäufer innerhalb des Nacherfüllungs*rechts* das Wahlrecht hinsichtlich der Nacherfüllungsmethode zustehen sollte.

a) Die unterschiedliche Interessenlage hinsichtlich der Rechtsinstitute

Dem Nacherfüllungsrecht des Verkäufers und dem Nacherfüllungsanspruch des Käufers liegen unterschiedliche Interessenlagen zugrunde. Der Nacherfüllungsanspruch des Käufers ist darauf gerichtet, dass der Käufer einen Anspruch auf die

---

2765 „Sofort" soll hier bedeuten, dass die Nachbesserung noch keine unzumutbaren Verzögerungen mit sich gebracht hat (vgl. Art. 48 I CISG).

2766 Begehrt der Käufer die Naturalerfüllung, so erreicht das Nacherfüllungsverlangen des Käufers erst das Stadium eines *Anspruchs*, wenn der Verkäufer sich weigert, die Nacherfüllung vorzunehmen oder wenn der Verkäufer eine Nacherfüllungsmaßnahme gewählt hat (bspw. Nachbesserung), die unzumutbare Verzögerungen oder Unannehmlichkeiten mit sich bringt und der Käufer deshalb eine andere Nacherfüllungsmaßnahme (Ersatzlieferung) verlangt.

vertraglich vereinbarte Leistung „in Natur" gegen den Verkäufer hat. Der Käufer kann hierdurch die Naturalerfüllung durchsetzen und muss sich nicht auf andere Rechtsbehelfe verweisen lassen.

Hingegen wird durch ein Nacherfüllungs*recht* dem Verkäufer die Möglichkeit gegeben, weitergehende Rechtsbehelfe des Käufers abzuwehren. Der Verkäufer soll durch ein erfolgreiches Nachholen seiner Vertragspflichten seinen vollständigen Kaufpreisanspruch erhalten können.

Deshalb kann weder aus der Normierung eines Nacherfüllungsrechts das Bestehen eines Nacherfüllungsanspruchs abgeleitet werden, noch ist aus dem Bestehen eines Nacherfüllungsanspruchs ein Nacherfüllungsrecht des Verkäufers ableitbar[2767].

b) Die Regelungstechniken

Legt man als Annahme zugrunde, dass der gegebene (fiktive) Rechtscode einen Nacherfüllungsanspruch des Käufers normiert, so ergeben sich im Wesentlichen *drei* Möglichkeiten, das Nacherfüllungsrecht des Verkäufers und den Nacherfüllungsanspruch des Käufers auszugestalten, wobei Variationen hinsichtlich des Wahlrechts der Nacherfüllungsmethode möglich sind.

Zunächst kann ein Rechtscode zwar einen Nacherfüllungsanspruch des Käufers vorsehen, nicht aber ein Nacherfüllungsrecht des Verkäufers. Dieser Regelungsansatz wurde im BGB für Sachmängel beim Gattungskauf gewählt, wo dem Käufer zwar ein Nachlieferungsanspruch (§ 480 I BGB), dem Verkäufer aber kein Nacherfüllungsrecht zusteht.

Ferner kann ein Rechtscode sowohl dem Käufer einen Nacherfüllungsanspruch als auch dem Verkäufer ein Nacherfüllungsrecht zugestehen und diese Rechtsinstitute getrennt in unterschiedlichen Normen regeln (so im CISG, vgl. Art. 48 I CISG und Art. 46 CISG). Dabei ist es zunächst möglich, dem Verkäufer innerhalb des Nacherfüllungsrechts das Wahlrecht hinsichtlich der Nacherfüllungsmethode zu überlassen, dieses Wahlrecht aber im Rahmen des Nacherfüllungs*anspruchs* auf den Käufer wechseln zu lassen (so im CISG für Sachmängel und *aliud*-Lieferungen). Ferner besteht die Möglichkeit, das Wahlrecht generell beim Verkäufer zu belassen (so im CISG für Rechtsmängel). Auch ist denkbar, Nacherfüllungsrecht und Nacherfüllungsanspruch in unterschiedlichen Normen zu regeln und dem Käufer generell das Wahlrecht hinsichtlich der Nacherfüllungsmethode zuzugestehen.

Schließlich ist eine „integrierte Regelungstechnik" möglich. Hier werden weitergehende Rechtsbehelfe des Käufers (Bestellers) davon abhängig gemacht, dass er zunächst dem Verkäufer die Möglichkeit der Nacherfüllung gegeben hat, insbesondere durch das Setzen einer Nachfrist zur Erfüllung. Auf diese Weise

[2767] Vgl. *Köhler*, JZ 1984, 393, 393; *Staudinger/Honsell*, § 462 Rn. 13; *Treitel*, Int. Encyc. Comp.Law, Vol. VII, § 16-7, S. 6.

steht dem Verkäufer dann ein Nacherfüllungsrecht zu. Dabei kann (wie bei der „separaten Regelungstechnik“) entweder dem Verkäufer (Unternehmer) stets das Wahlrecht hinsichtlich der Nacherfüllungsmethode zugestanden (so bspw. im Werkvertragsrecht des BGB), ein Wechsel des Wahlrechts normiert oder aber dem Käufer stets das Wahlrecht zugesprochen werden (so z.B. im Kaufrecht des BGB-DE).

c) Argument für und gegen ein Nacherfüllungsrecht des Verkäufers

Zur Rechtfertigung der Normierung eines Nacherfüllungsrechts des Verkäufers und zu dessen berechtigten Interessen an einem solchen Recht werden insbesondere folgende Argumente angeführt[2768].

(1) Unberechtigte Zurückweisung der Ware

Eines der Hauptargumente für ein Nacherfüllungsrecht des Verkäufers ist, dass dem Käufer die Möglichkeit genommen werden soll, *unberechtigter Weise* die Ware zurückweisen zu können[2769]. *Unberechtigt* bedeutet in diesem Zusammenhang, dass der Käufer die Ware aus Gründen zurückweist, die *nicht* in der Vertragsverletzung des Verkäufers ihren Grund haben. Dem Käufer soll hierdurch ein *Reuerecht* abgesprochen werden, so in den Fällen, in denen er sich vom Vertrag nur deshalb lösen möchte, weil er die Ware zu teuer eingekauft hat oder der Marktpreis inzwischen gefallen ist, so dass der Käufer durch eine Vertragsaufhebung an dem gesunkenen Preisniveau partizipieren könnte. Schließlich kann der Käufer zwischenzeitlich seine Meinung derart geändert haben, dass er die gekaufte Ware überhaupt nicht mehr haben möchte[2770]. Steht dem Verkäufer ein Nacherfüllungsrecht zu, so wird verhindert, dass der Käufer aus diesen nicht zu billigenden Motiven den Vertrag aufheben kann.

Gegen dieses Argument wird vorgebracht, es sei dem Käufer nicht zuzumuten sei, dass er darzulegen und zu beweisen habe, er habe an dem Vertrag aus zu billigenden Gründen kein Interesse mehr[2771]. In den seltenen Fällen, in denen der Käufer wegen nicht zu billigender Gründe versuche, den Vertrag aufzuheben, könne sich der Verkäufer auf den Grundsatz von Treu und Glauben berufen[2772]. Der Käufer, der mangelhaft beliefert worden sei, würde ein berechtigtes Miss-

---

2768 Ausführlich hierzu *Gutknecht,* Nacherfüllungsrecht, S. 183 ff..

2769 Vgl. hierzu *Bitter/Bitter*, BB 1993, 2315, 2315 (diese auch zu den Käufermotiven); ferner *Gutknecht*, Nachbesserungsrecht, S. 183 ff.; *White & Summers,* 5th ed., § 8-5, S. 333.

2770 Bspw., weil der Käufer sich verkalkuliert hat, er bessere Ware gefunden hat oder sein Kunde für die Ware abgesprungen ist.

2771 *Zweite Kommission zum BGB*, Prot. I, S. 717 (zum Gattungskauf). Dort wird weiter ausgeführt, dass der Käufer u.U. seine gesamte Geschäftslage zu offenbaren hätte.

2772 *Flume*, AcP 193 (1993), 89, 103..

trauen gegen den Verkäufer hegen, so dass ihm nicht zugemutet werden könne, sich gegen seinen Willen mit dem Verkäufer weiter einzulassen[2773].

Im Hinblick auf eine Nacherfüllung durch eine *Nachbesserung* wird angeführt, dass sich nur selten übersehen lasse, ob der Mangel behebbar sei und ob die Beseitigung ohne erheblichen Zeitaufwand möglich wäre. Ferner würden zahlreiche Streitfragen entstehen, ob die Nachbesserung rechtzeitig und erfolgreich erfolgt sei, was zu zahlreichen Prozessen führen würde[2774].

(2) Ressourcenverschwendung

Ferner wird für ein Nacherfüllungsrecht des Verkäufers vorgebracht, dass die Versagung eines solchen Rechts zu einer Ressourcenverschwendung führen würde. Der Verkäufer habe zur Leistungserbringung Aufwendungen erbracht, die im Fall der Vertragsaufhebung nutzlos würden[2775]. Dem Verkäufer würden erhebliche Vermögensnachteile drohen, wenn er die zurückgegebene Sache nicht oder nur schwer absetzen kann[2776]. Aber auch die Kosten der Rückabwicklung des Vertrages und des Rücktransports würden vermieden.

Dies gelte um so mehr, als den Verkäufer an der Mangelhaftigkeit der Ware häufig überhaupt kein oder nur ein geringes Verschulden treffe[2777]. Teilweise würde der Zulieferer falsch geliefert haben oder aber es seien in komplexen Produktionsprozessen nur Kleinigkeiten schief gegangen.

(3) Nacherfüllungsrecht beim Werkvertrag, bei Rechtsmängeln und bei Nichtlieferung

Für ein Nacherfüllungsrecht des Verkäufers bei Sachmängeln im Kaufrecht des BGB wird angeführt, dass kein Grund ersichtlich sei, dass dem Unternehmer im Werkvertragsrecht ein Nacherfüllungsrecht zustehe (vgl. § 634 I BGB), dem Verkäufer aber nicht. Auch habe der Verkäufer bei Rechtsmängeln (vgl. § 326 I), bei *aliud*-Lieferungen und bei der Nichtlieferung ein Nacherfüllungsrecht[2778]. Insbesondere im Hinblick auf die Nichtlieferung wird dabei ausgeführt, dass durch die Nichtnormierung eines Nacherfüllungsrechts des Verkäufers bei Sachmängeln ein Wertungswiderspruch auftrete[2779]. Dieser Wertungswiderspruch liege

---

2773 *Zweite Kommission zum BGB,* Prot. I, S. 717 (zum Gattungskauf).

2774 *Zweite Kommission zum BGB,* Prot. I, S. 698; zustimmend *Flume,* AcP 193 (1993), 89, 103; in diese Richtung auch *Köhler,* JZ 1984, 393, 394.

2775 *Gutknecht,* Nacherfüllungsrecht, S. 187. Vgl. auch *Diskussionsentwurf,* S. 191 (volkswirtschaftlich nicht sinnvoll).

2776 *Köhler*, JZ 1984, 394; *Gutknecht,* Nachbesserungsrecht, S. 143.

2777 Vgl. *Huber*, Gutachten I, S. 767.

2778 Vgl. *Huber*, Gutachten I, S. 767 („fundamentaler Systembruch“).

2779 So die Begründung zum abweichenden Antrag in der *Zweiten Kommission zum BGB*, vgl. Prot. I, S. 717.

darin, dass der Verkäufer, der eine stärkere Vertragsverletzung begehe (weil er nämlich gar nicht liefert) besser stehe, als der Verkäufer der „nur" sachmangelhaft geliefert habe.

Hiergegen wird eingewandt, dass sich durch die mangelhafte Lieferung die Sachlage durch einen vom Verkäufer zu vertretenen Umstand geändert habe. Denn der Verkäufer habe es „dem Käufer zugemuthet, die mangelhafte Lieferung als Erfüllung anzusehen"[2780].

(4) Stellungnahme

M.E. ist grundsätzlich dem Verkäufer ein Nacherfüllungsrecht bei sämtlichen Vertragsverletzungen zuzugestehen. Allerdings ist dem Käufer bei Sachmängeln das Wahlrecht hinsichtlich der Nacherfüllungsmethode einzuräumen.

Den Befürwortern eines Nacherfüllungsrechts des Verkäufers ist zunächst darin zuzustimmen, dass dem Käufer ein Reuerecht abzuerkennen ist. Der für den „kaufreuigen" Käufer „glückliche Umstand", dass der Verkäufer vertragswidrig geliefert hat, darf nicht dazu führen, dass er sich nunmehr vom Vertrag lösen kann. Durch die Normierung eines Nacherfüllungsrechts des Verkäufers wird dem Käufer dieses Reuerecht aberkannt.

Allerdings muss bei der Normierung eines Nacherfüllungsrechts auch den Interessen des Käufers ausreichend Rechnung getragen werden. Bei Rechtsmängeln, Nichtlieferung und sonstigen Vertragsverletzungen lässt sich dies dadurch erreichen, dass die Nacherfüllung für den Käufer keine unzumutbaren Unannehmlichkeiten oder Verzögerungen mit sich bringen darf. Wird bei diesen Vertragsverletzungen im Rahmen dieser Grenzen die Nacherfüllung vorgenommen, so verbleiben beim Käufer bis auf die Leistungsverzögerung keine Beeinträchtigungen. Die Schäden, die durch die Leistungsverzögerung eingetreten sind, kann der Käufer im Rahmen eines Schadensersatzanspruchs (im BGB, BGB-KE und BGB-DE Verzugsschaden) geltend machen. Im Hinblick auf die Art und Weise der Nacherfüllung (Nachbesserung oder Ersatzlieferung) bietet sich bei diesen Leistungsstörungen meist sowieso nur eine Methode an, um die Vertragsverletzung zu beseitigen[2781].

Anders stellt sich die Sach- und Interessenlage allerdings bei Sachmängeln dar. Hier kann der Käufer –wie oben bereits zum Nacherfüllungs*anspruch* ausgeführt- ein erhebliches Interesse daran haben, dass die Nacherfüllung auf eine bestimmte Art und Weise durchgeführt wird. Regelmäßig wird der Käufer dabei die Ersatzlieferung wünschen. Sie ist für den Käufer mit weniger Unannehmlichkeiten verbunden, wird regelmäßig schneller durchzuführen sein und verhindert, dass ein psychologischer Makel, der bei einer Nachbesserung entstehen kann, auf

2780 *Zweite Kommission zum BGB,* Prot. I, S. 718.

2781 Vgl. dazu oben *H. I. 1. e) (2) (3).*

der Sache lastet. Im Einzelfall kann der Käufer allerdings auch ein Interesse an der Nachbesserung haben, so in den Fällen des Einbaus und der Montage.

Die Interessen des Verkäufers werden hingegen regelmäßig dahingehen, dass er den Sachmangel durch eine Nachbesserung beseitigt, insbesondere um das Problem der Verwertung der mangelhaften Ware zu vermeiden und evtl. Transportkosten zu sparen.

Die Interessenlage der Parteien ist hinsichtlich der Abhilfemethode im Rahmen des Nacherfüllungs*rechts* daher konträr, so dass sich erneut die Frage stellt, welchen Interessen im Hinblick auf die Argumente zum Nacherfüllungsrecht Vorrang einzuräumen ist.

Hier ist m.E. wie beim Nacherfüllungs*anspruch* auch im Rahmen des Nacherfüllungs*rechts* des Verkäufers das Wahlrecht hinsichtlich der Nacherfüllungsmethode dem Käufer zuzugestehen.

Eines der Hauptargumente der Befürworter eines Nacherfüllungsrechts des Verkäufers, nämlich die Aberkennung eines Reuerecht des Käufers, ist unabhängig von dem Wahlrecht hinsichtlich der Nacherfüllungsmethode. Der Käufer erhält auch bei der Ersatzlieferung nur, was er nach dem Vertrag verlangen kann und bleibt an den Vertrag gebunden.

Gegen ein Wahlrecht des Käufers innerhalb des Nacherfüllungsrechts des Käufers spricht auch nicht das Argument der Ressourcenverschwendung.

Dass dem Verkäufer bei der Ersatzlieferung erhebliche Vermögensnachteile zugemutet würden, wenn er die mangelhafte Ware zurücknehmen muss, weil diese für ihn schwer abzusetzen ist, ist unter Berücksichtigung der Interessen des Käufers durchaus akzeptabel. Es gelten dabei ähnliche Erwägungen wie beim Nacherfüllungsanspruch[2782]. Handelt es sich um einen *gewerblichen Käufer*, der die Ware zum Weiterverkauf erworben hat, so ist nicht verständlich, weshalb nicht dem gewerblichen Verkäufer die Schwierigkeiten des Weiterverkaufs der Sache als „reparierte Ware" aufzubürden sind, sondern dem Käufer[2783].

Aber auch sonst ist es gerechtfertigt, dass dem Käufer das Wahlrecht zusteht. Denn die Argumente der Gegner eines Nacherfüllungs*rechts* des Verkäufers treffen insbesondere auf die *Nachbesserung* zu. So ist der *Zweiten Kommission* zum BGB[2784] darin zuzustimmen, dass sich der Zeitaufwand für eine Nachbesserung häufig nicht voraussehen lassen wird und die Frage, ob die Nachbesserung rechtzeitig und erfolgreich erfolgt ist, zu einer Vielzahl von Streitfällen führen wird[2785]. Trägt der Käufer dann noch die Darlegungs- und Beweislast dafür, dass die Nach-

---

2782 Vgl. dazu oben *H. I. 1. (1) (c) (bb)*.

2783 Ist der Verkäufer Privatmann, so wird es sich häufig um einen Stückkauf handeln, so dass nur eine Nachbesserung in Betracht kommt.

2784 *Zweite Kommission zum BGB*, Prot. 1, S. 698; zustimmend *Flume*, AcP 193 (1993), 89, 101, 103.

2785 Man denke hierbei nur an die Vielzahl von Fällen im Rahmen des § 326 I BGB, die sich mit der Frage auseinandersetzen, ob eine den gesetzlichen Anforderungen entsprechende Nachfrist mit Ablehnungsandrohung gesetzt wurde.

besserung nicht rechtzeitig und erfolgreich durchgeführt wurde, so sind seine Interessen ungerechtfertigt zurückgedrängt. Dies gilt um so mehr, als dem Käufer selbst bei erfolgreicher Nachbesserung die Unannehmlichkeiten der Nachbesserung selbst sowie ein möglicher psychologischer Makel an der Kaufsache oder merkantiler Minderwert verbleiben. Bei der Ersatzlieferung hingegen lässt sich der Nachlieferungstermin klar bestimmen, (zusätzliche) Streitfragen hinsichtlich der erfolgreichen Nacherfüllung dürften weitestgehend entfallen[2786] und die Unannehmlichkeiten halten sich für den Käufer im Rahmen[2787].

Der Verkäufer wird hierdurch ebenfalls nicht übermäßig belastet. Zum einen kann er seinen vollständigen Kaufpreisanspruch erhalten, obgleich er zunächst mangelhaft geliefert hat. Handelt es sich um einen gewerblichen Verkäufer, so wird er häufig Absatzkanäle geschaffen haben, in denen er die mangelhafte Sache entweder als „reparierte Ware“ oder als zweite Wahl verkaufen kann. Schließlich sprechen auch die bei einer Ersatzlieferung anfallenden Transportkosten nicht gegen ein Wahlrecht des Käufers. Diesbezüglich kann auf die Ausführungen zu den Nacherfüllungs*ansprüchen* verwiesen werden[2788].

Wählt der Käufer im Einzelfall rechtsmissbräuchlich die Ersatzlieferung, obgleich ihn die Nachbesserung nur unwesentlich belasten würde, so kann den Interessen des Verkäufers dadurch ausreichend Rechnung getragen werden, dass eine Zumutbarkeitsgrenze bzw. ein Verhältnismäßigkeitsgrundsatz aufgenommen wird. Auch hier kann auf die Ausführungen zum Nacherfüllungsanspruch des Käufers verwiesen werden.

Schließlich kann der Verkäufer sich, wie dies bei der Verwendung von AGB in der Praxis üblich ist, *vertraglich* ausbedingen, dass er die Nacherfüllung zunächst durch eine Nachbesserung ausführt[2789].

(5) Folgerungen für die Normierung unter Berücksichtigung der EG-RL 1999/44/EG

Hinsichtlich der Normierung des Nacherfüllungsrechts des Verkäufers bieten sich zwei Wege an. Zum einen kann das Nacherfüllungsrecht wie im CISG (Art. 48 CISG) durch eine eigenständige Norm im Rechtscode verankert werden. Zum anderen kann eine „Stufenlösung“ („integrierte Regelungstechnik“) wie z.B. im BGB-KE und BGB-DE gewählt werden, d.h., dass weitergehende Rechtsbehelfe

---

[2786] Es entstehen deshalb keine zusätzlichen Streitfragen, weil hinsichtlich der Mangelhaftigkeit der Sache lediglich die nachgelieferte Ware an die Stelle der ursprünglichen Ware tritt.

[2787] Ferner entfällt bei einer Ersatzlieferung der Gesichtspunkt, dass an der nachgebesserten Sache ein psychologischer Makel verbleiben könnte.

[2788] Vgl. oben *H. I. 1. e) (1) (c) (bb).*

[2789] Nach Umsetzung der EG-Richtlinie 1999/44/EG ist dies beim Verbrauchsgüterkauf allerdings nicht mehr möglich. Nach der EG-Richtlinie hat dem Käufer sofort das Wahlrecht hinsichtlich der Nacherfüllungsmethode bei Sachmängeln zuzustehen. Dieses ist vertraglich auch *nicht* abdingbar (vgl. Art. 7 EG-RL).

erst dann gewählt werden können, wenn dem Verkäufer zuvor eine Nachfrist gesetzt wurde.

Vorzugswürdig ist hierbei m.E. die im *Diskussionsentwurf* gewählte, „integrierte Regelungstechnik“. In § 437 I BGB-DE (anders als in § 438 I BGB-*KE*) ist normiert, dass dem Käufer im Rahmen des Nacherfüllungsanspruchs hinsichtlich der Nacherfüllungsmaßnahme das Wahlrecht zusteht. Weitergehende Rechtsbehelfe des Käufers sind davon abhängig, dass er zunächst einen dieser Nacherfüllungsansprüche geltend gemacht hat (vgl. §§ 438 I, 323 I BGB-DE; § 439 I BGB-DE; §§ 440 I, 282 I BGB-DE), wodurch dem Verkäufer ein Nacherfüllungsrecht gewährt wird. Somit ist gewährleistet, dass dem Käufer sowohl im Rahmen des Nacherfüllungsanspruchs als auch im Rahmen des Nacherfüllungsrechts das Wahlrecht hinsichtlich der Art der Nacherfüllung zusteht, ohne dass dies zweimal zu normieren wäre. Auch wird hierdurch anders als im CISG das Verhältnis des Nacherfüllungsrechts des Verkäufers zum Nacherfüllungsanspruch des Käufers klar geregelt.

Die Regelung des Nacherfüllungsrechts des Verkäufers im Rahmen einer Stufenlösung genügt dabei den Anforderung der EG-Richtlinie 1999/44/EG. Denn nach Art. 3 III EG-RL ist es ausreichend, dass dem Käufer „zunächst“ die Rechtsbehelfe der Ersatzlieferung und Nachbesserung zustehen[2790]. Weitergehende Rechtsbehelfe müssen dem Käufer erst dann eröffnet werden, wenn die Nacherfüllung nicht innerhalb einer angemessenen Frist durchgeführt wurde oder unzumutbare Unannehmlichkeiten verursacht wurden (vgl. Art. 3 III S. 3, Art. 3 V EG-RL).

Die EG-Richtlinie 1999/44/EG gibt auch vor, dass dem Käufer innerhalb des Nacherfüllungs*rechts* das Wahlrecht hinsichtlich der Nacherfüllungsmethode zustehen muss, da die Richtlinie im Hinblick auf das Wahlrecht des Käufers nicht nach Nacherfüllungsrecht und –anspruch unterscheidet (vgl. Art. 3 III EG-RL sowie Erwägungsgründe (11), (12) und (13))[2791].

II. Die Ausgestaltung der Nacherfüllungstatbestände

1. Differenzierung nach der Art der Vertragsverletzung

Während UCC[2792] und CISG[2793] von einem einheitlichen Begriff der Vertragsverletzung bzw. Nichterfüllung ausgehen, unterscheidet das BGB[2794] nach verschiedenen Arten von Leistungsstörungen.

2790 Vgl. auch Erwägungsgrund (11) der EG-Richtlinie, NJW 1999, 2421, 2421.

2791 NJW 1999, 2421, 2421, 2423.

2792 Vgl. § 2-601 UCC; *Ruprecht*, RabelsZ 19 (1954), 427, 446; oben *D. V. 1.*.

Die einheitliche Betrachtung von Leistungsstörungen im UCC führt dort zu einem durchgehend einheitlichen Rechtsbehelfssystem. Im CISG gilt zwar ebenfalls ein einheitliches Rechtsbehelfssystem, jedoch ist im Hinblick auf die Erfüllungsansprüche zwischen Rechtsmängeln einerseits und Sachmängeln sowie *aliud*-Lieferungen andererseits zu unterscheiden (h.M.)[2795]. Im BGB hat die differenzierte Normierung von Leistungsstörungen zur Folge, dass hieran unterschiedliche Haftungssysteme bzw. Rechtsbehelfssysteme anknüpfen. Die Einordnung der Vertragsverletzung in die rechtlichen Kategorien von Rechtsmangel, Sachmangel, *aliud*-Lieferung und Nichtlieferung[2796] zieht die Anwendbarkeit eines unterschiedlich normierten Haftungssystems nach sich. Insbesondere für die (Nach-)Erfüllungsansprüche des Käufers hat diese Differenzierung weitreichende Konsequenzen. So verjähren die Ansprüche für *aliud*-Lieferungen und Rechtsmängel in dreißig Jahren, während Sachmängel in sechs Monaten verjähren.

Es soll deshalb nachstehend untersucht werden, ob im Hinblick auf die (Nach-)Erfüllungsansprüche des Käufers ein nach der Art der Vertragsverletzung differenziertes Rechtsbehelfssystem gegenüber einem einheitlichen Rechtsbehelfssystem vorzugswürdig ist.

a) Einheitliche Bewertung von Leistungsstörungen

Die einheitliche Bewertung von Leistungsstörungen bietet zahlreiche Vorzüge. Zunächst vereinfacht sie sowohl den Normierungsaufwand als auch die Rechtsanwendung erheblich. Hinsichtlich der Rechtsanwendung entfällt die im BGB vorzunehmende unsichere Einordnung der verschiedenen Formen von Vertragsverletzungen in die rechtlichen Kategorien. Die umfassende Literatur und Rechtsprechung zur Abgrenzung von *aliud*-Lieferung und Sachmangel[2797] sowie zwischen Rechtsmangel und Sachmangel bei öffentlich-rechtlichen Belastungen[2798] im BGB belegt, dass die Subsumtion unter diese rechtlichen Begriffe überaus problematisch ist und z.T. willkürlich erfolgt[2799]. Jedenfalls lassen sich klar definierte, allgemein anerkannte Abgrenzungskriterien nicht ausmachen.

2793 *Honnold,* (Art. 45-52) Rn. 274; *Schlechtriem/Huber,* Art. 45 Rn. 2

2794 Vgl. oben *F. 3.*. Zum Begriff der Leistungsstörung im internen deutschen Recht vgl. *Huber,* Leistungsstörungen, Bd. I, S. 2 ff..

2795 *Staudinger/Magnus,* Art. 46 Rn. 15 f.; *Piltz*, Intern. KaufR, S. 217 Rn. 147; a.A. *Vahle,* ZVglRWiss 98 (1999), 54, 57 f. m.w.N..

2796 Es sollen hier nicht sämtliche Formen von Leistungsstörungen behandelt werden, sondern nur diejenigen, die im Hinblick auf den Vergleichsrahmen der Arbeit relevant sind.

2797 Vgl. hierzu bspw. *Schreiber*, Jura 1986, 444 ff.; *Marburger*, JuS 1976, 638 f.; ausführlich oben, *C. III. 2. c) (2) (a) (cc).*

2798 Vgl. oben *C. VI. 2. a).*

2799 Vgl. zur Abgrenzung Sachmangel und *aliud* sowie genehmigungsfähigem und nicht genehmigungsfähigem *aliud* beim Handelskauf, *Huber,* Gutachten I, S. 765 („Das sind Entscheidungen, die nicht vorherzusagen, nicht zu begründen und nicht nachzuvollziehen sind."). Zur

Auch in dogmatischer Hinsicht ist die Erfassung sämtlicher Leistungsstörungen unter einen einheitlichen Oberbegriff und ein hieran anknüpfendes einheitlichen Rechtsbehelfssystems geboten.

Denn der Grund der Haftung des Verkäufers bei sämtlichen Leistungsstörungen liegt darin, dass seine Leistung nicht der vertraglich vereinbarten entspricht[2800]. Dies gilt unabhängig davon, ob ein Rechtsmangel, ein Sachmangel oder eine Nichtlieferung vorliegt oder der Verkäufer ein *aliud* geliefert hat. In all diesen Fällen ist das von den Parteien im Vertrag ausgehandelte Äquivalenzverhältnis durch die Nichterfüllung einer Pflicht des Verkäufers gestört oder mit anderen Worten, der Vertrag ist verletzt, weil die Leistung des Verkäufers hinter der vertraglich ausgehandelten zurückbleibt.

Diese Vorzüge einer einheitlichen Bewertung von Leistungsstörungen wären aber dann nachrangig, wenn ein differenziertes Haftungssystem aus sachlichen Gründen gerechtfertigt wäre, d.h. aufgrund der Interessen der Parteien oder der Natur der Vertragsverletzung. Aber auch diese Aspekte rechtfertigen nicht, verschiedene Haftungssysteme zu schaffen. Im Ergebnis wird sich die Beeinträchtigung des Käufers im Hinblick auf den Kaufgegenstand unabhängig von der Art der Vertragsverletzung des Verkäufers oftmals ähneln. Dem Käufer ist es gleich, ob er eine Sache deshalb nicht nutzen kann, weil sie einen Sachmangel aufweist, diese rechtsmangelhaft ist, ein *aliud* darstellt oder aber überhaupt nicht geliefert wurde. Auch ist dem Verkäufer im Hinblick auf einzelne Vertragsverletzungen kein größerer Vorwurf zu machen, so dass ein anderer (schärferer) Haftungsmaßstab gerechtfertigt wäre. So ist im Hinblick auf die (Nach-)Erfüllungsansprüche nicht einzusehen, warum der Verkäufer im BGB, wenn seine Leistung –unter Berücksichtigung der o.g. Abgrenzungsschwierigkeiten- als Rechtsmangel oder *aliud* klassifiziert wird, dreißig Jahre haften soll, er aber nur sechs Monate haftet, wenn die Leistung als Sachmangel eingeordnet wird.

b) Ausnahmen von der einheitlichen Betrachtung

Ist als Grundsatz festzuhalten, dass ein einheitliches Haftungs- bzw. Rechtsbehelfssystem für sämtliche Arten von Vertragsverletzungen vorzugswürdig ist, so muss eine differenzierte Normierung innerhalb des einheitlichen Haftungssystems dort erfolgen, wo die Interessen der Parteien eine solche notwendig machen.

Im Hinblick auf die oben gemachten Ausführungen zu dem Interesse des Käufers an einzelnen Nacherfüllungsmaßnahmen (Ersatzlieferung und Nachbesserung) ist insbesondere eine differenzierte Normierung der Nacherfüllungsansprüche für Sach- und Rechtsmängel erforderlich.

Abgrenzung Rechts- und Sachmangel, *Abschlussbericht*, S. 22 (unklare Abgrenzung). So auch *Diskussionsentwurf*, S. 185 f..

2800 So auch *Huber*, Gutachten I, S. 765 (zum Sachmangel).

(1) Sachmängel und Rechtsmängel

Wie oben bereits ausgeführt, hat der Käufer bei Sachmängeln ein gerechtfertigtes Interesse daran, dass ihm ein Wahlrecht hinsichtlich der Nacherfüllungsmethode zusteht. Bei Rechtsmängeln hingegen besteht ein solches Interesse nicht bzw. die Interessenlage von Käufer und Verkäufer korrespondieren. Um zu verhindern, dass der Käufer bei Rechtsmängeln aus Gründen die Ersatzlieferung wählt, die nicht in dem Rechtsmangel ihre Ursache haben[2801], muss dem Verkäufer das Wahlrecht hinsichtlich der Nacherfüllungsmaßnahme zustehen. Für die Normierung von (Nach-)Erfüllungsansprüchen bedeutet dies, dass ein allgemeiner (Nach)Erfüllungsanspruch für Rechtsmängel (und die sonstige Nichterfüllung von Vertragspflichten) und sowohl ein Nachbesserungs- als auch ein Ersatzlieferungsanspruch für Sachmängel zu schaffen ist.

Auch ist der Vorzug, den ein einheitliches Haftungssystem bietet, nicht dadurch verloren, dass hinsichtlich der einzelnen (Nach-)Erfüllungsrechtsbehelfe doch wieder zwischen Rechts- und Sachmangel zu unterscheiden ist[2802]. Denn dieser Abgrenzung kommt weit weniger Bedeutung zu, als wenn sich hieran unterschiedliche Haftungssysteme knüpfen[2803]. Insbesondere, wenn die verschiedenen (Nach-)Erfüllungstatbestände (bis auf die Art der Vertragsverletzung) von denselben Voraussetzungen abhängig sind (insb. Schwere der Vertragsverletzung und Verjährung), besteht der eigentliche Unterschied nur in dem Wahlrecht hinsichtlich der Nacherfüllungsmethode.

Ferner wird die Abgrenzung durch den Sinn und Zweck der unterschiedlichen Normierung der (Nach-)Erfüllungstatbestände, nämlich, ob der Käufer wegen der Art der Vertragsverletzung ein besonderes Interesse an einer konkreten Nacherfüllungsmethode haben kann, die Differenzierung zwischen Rechts- und Sachmangel erheblich vereinfachen.

(2) *aliud*-Lieferungen

Fraglich ist, wie *aliud*-Lieferungen im Hinblick auf die (Nach-) Erfüllungsansprüche zu bewerten sind, d.h. ob sie der Lösung im BGB folgend wie Rechtsmängeln dem allgemeinen Erfüllungsanspruch unterfallen oder aber wie im CISG wie ein Sachmangel zu behandeln sind, so dass sich die Erfüllung nach den speziellen Nacherfüllungstatbeständen (Ersatzlieferung und Nachbesserung) richtet.

2801 Z.B. weil ein neues Modell auf dem Markt ist. Ausführlich oben *H. I. 1. e) (2)*.

2802 In diese Richtung zum CISG, *Vahle*, ZVglRWiss 98 (1999), 54, 58.

2803 Ähnlich auch *Abschlussbericht, S. 196* zur Abgrenzung von Sach- und Rechtsmängeln aufgrund der weitgehenden Integration der Sachmängelhaftung in das allgemeine Leistungsstörungsrecht.

Bei *aliud*-Lieferungen wird regelmäßig nur eine Nacherfüllungsmethode in Betracht kommen, nämlich die Lieferung der vertraglich geschuldeten Ware bzw. der Lieferung von Ware aus der vereinbarten Gattung. Eine Nachbesserung wird regelmäßig ausgeschlossen sein[2804]. Diese Feststellung spricht weder für die eine noch für die andere Variante, da nach beiden Lösungen im Ergebnis eine „Ersatzlieferung“ erfolgt.

Jedoch bietet die Gleichstellung der *aliud*-Lieferung mit Sachmängeln den Vorteil, dass die -wie im BGB- problematische und oftmals willkürliche Abgrenzung zwischen diesen beiden Arten von Leistungsstörungen entfällt. Allerdings verliert die mit dieser Abgrenzung vorgenommene Zuweisung in ein Haftungssystem weitgehend an Bedeutung, wenn sich die Anspruchsvoraussetzungen (Schwere der Vertragsverletzung, Verjährung etc.) und Rechtsfolgen gleichen[2805]. Gleichwohl liegt in der Gleichstellung eine Rechtsvereinfachung, so dass auch die *aliud*-Lieferungen (wie Sachmängel) dem speziellen Ersatzlieferungs- (und soweit möglich) Nachbesserungsanspruch unterfallen sollten.

2. Der Ersatzlieferungsanspruch

Wie zuvor ausgeführt, sollten Sachmängel und *aliud*-Lieferungen aus Gründen der Rechtsvereinfachung gleichgestellt werden, so dass der Ersatzlieferungsanspruch auf beide Arten der Vertragsverletzung anwendbar ist.

a) Voraussetzungen

(1) Gattungsschuld vs. Vertretbarkeit der Sache

Nach dem BGB[2806] und nach der h.M. zum CISG[2807] ist der Ersatzlieferungsanspruch davon abhängig, dass es sich um einen *Gattungskauf* handelt. Nach einer Minderansicht zum CISG hingegen soll ein Ersatzlieferungsanspruch auch dann gegeben sein, wenn es sich bei der verkauften Ware um vertretbare Sachen han-

2804 So auch *Abschlussbericht*, S. 202.

2805 So ist die Rechtslage nach dem BGB-KE und BGB-DE. Nach dem BGB-KE steht dem Käufer allerdings auch im Rahmen des Nacherfüllungsanspruchs kein Wahlrecht hinsichtlich der Nacherfüllungsmethode zu (vgl. § 438 I BGB-KE). Im CISG besteht für den Käufer zwar bei Sachmängeln und *aliud*-Lieferungen ein Wahlrecht zwischen Ersatzlieferung und Nachbesserung, jedoch sind diese Ansprüche im Vergleich zum allgemeinen Erfüllungsanspruch von strengeren Voraussetzung abhängig.

2806 Im BGB ergibt sich dieses bereits aus dem Wortlaut (vgl. § 480 I BGB, „(...) nur *der Gattung* nach bestimmten Sache (...).“).

2807 *Soergel/Lüderitz/Schüßler-Langeheine*, Art. 46 Rn. 6; *Staudinger/Magnus*, Art. 46 Rn. 33; *Piltz*, Intern. KaufR, S. 219 Rn. 155; *Schlechtriem/Huber*, Art. 46 Rn. 22 f..

delt[2808]. Auch der BGB-KE macht einen Ersatzlieferungsanspruch davon abhängig, dass die verkaufte Sache vertretbar ist[2809]. Zu untersuchen ist daher, welchem Regelungsansatz der Vorzug zu geben ist, wobei zunächst auf den Unterschied zwischen Gattungs- und Stückschuld einerseits sowie Vertretbarkeit und Unvertretbarkeit der Sache andererseits eingegangen werden soll.

Die Vertretbarkeit bzw. Unvertretbarkeit einer Sache ist *objektiv* nach der *Verkehrsanschauung* zu bestimmen; die Parteivereinbarungen haben hierbei keine Bedeutung[2810]. Vertretbar ist eine Sache, wenn sie sich von anderen Sachen der gleichen Art nicht durch ausgeprägte Individualitätsmerkmale abhebt und deshalb ohne weiteres austauschbar ist[2811].

Ob eine Gattungs- oder Stückschuld vorliegt, richtet sich hingegen nach der Parteivereinbarung[2812]. Bei einer Stückschuld ist die geschuldete Sache von den Parteien konkret bestimmt[2813]. Mit einem anderen Gegenstand als der konkret bestimmten Sache kann der Verkäufer den Vertrag nicht erfüllen[2814]. Auch hat der Käufer auf eine andere Sache keinen Anspruch. Bei einer Gattungsschuld hingegen ist die Ware nur nach allgemeinen Merkmalen bestimmt[2815]. Der Verkäufer kann den Vertrag dadurch erfüllen, dass er irgendeine Ware liefert, die der Gattung entstammt und von mittlerer Art und Güte ist (vgl. § 243 I BGB). Den Verkäufer trifft dabei eine Beschaffungspflicht in Bezug auf die Gattungsware[2816].

Während also die Vertretbarkeit bzw. Unvertretbarkeit von objektiven Kriterien abhängt, ist die Frage, ob eine Stück- oder Gattungsschuld vorliegt, nach der Parteivereinbarung (subjektiv) zu bestimmen.

2808 *Ziegler,* Leistungsstörungsrecht, S. 142 f.; *v.Hoffmann*, Gewährleistungsansprüche, in: Schlechtriem, S. 295.

2809 § 438 I S. 2 BGB-KE; hierzu auch *Abschlussbericht*, S. 202; *Haas*, NJW 1992, 2389, 2392. Der Vorschlag *Hubers* (Gutachten I, S. 874) zur Schuldrechtsreform hatte noch vorgesehen, dass es sich um eine Gattungsschuld handeln muss, wenn der Käufer Ersatzlieferung verlangt. Der *Diskussionsentwurf* (vgl. § 437 I BGB-DE sowie die Erläuterungen hierzu, *Diskussionsentwurf,* S. 485 ff.) lässt hingegen offen, ob auf die Vertretbarkeit der Sache oder darauf abzustellen ist, dass es sich um einen Gattungskauf handelt. Auf die Vertretbarkeit der Sache im Hinblick auf den Ersatzlieferungsanspruch stellen auch *Ernst/Gsell,* ZIP 2000, 1410, 1417 in ihrem Gesetzesentwurf ab. Im *UCC* ergibt sich aus der Entscheidung *David Tunick, Inc. v. Kornfeld* 838 F.Supp. 848, 851 f. (D.Ct.N.Y. 1993) (die Entscheidung betraf das Nacherfüllungsrecht des Verkäufers), dass ebenfalls auf die Vertretbarkeit der Sache abzustellen ist.

2810 *Palandt/Heinrichs,* § 91 Rn. 1.

2811 *Palandt/Heinrichs,* § 91 Rn. 1; *BGH* NJW 1971, 1794.

2812 *Brox*, Allg. Schuldrecht, S. 58 Rn. 90.

2813 *Palandt/Heinrichs,* § 243 Rn. 1; *Brox*, Allg. Schuldrecht, S. 59 Rn. 91.

2814 *MünchKomm/Emmerich*, § 243 Rn. 11.

2815 *Brox,* Allg. Schuldrecht, S. 58 Rn. 90; *Palandt/Heinrichs,* § 243 Rn. 1.

2816 *Palandt/Heinrichs*, § 243 Rn. 3.

Würde man nun –dem BGB-KE folgend- einen Ersatzlieferungsanspruch „nur“ von der Vertretbarkeit der Sache abhängig machen, so wäre der Verkäufer bei einem Stückkauf im Falle einer vertretbaren Sache gleichwohl zur Ersatzlieferung verpflichtet. Eine solche Haftung des Verkäufers würde aber dem Vertrag und damit der Parteiautonomie widersprechen. Denn der Verkäufer will bei der Stückschuld gerade seine Haftung auf die vom Käufer ausgesuchte Sache beschränken und nicht wie bei der Gattungsschuld eine Beschaffungspflicht übernehmen[2817]. Der Käufer soll nur Anspruch auf die spezifizierte Sache haben[2818]. Würde man bei einer Stückschuld einen Ersatzlieferungsanspruch zulassen, wenn es sich um vertretbare Sachen handelt, so würde damit eine *außervertragliche* Haftung konstituiert, die zu den vertraglichen Vereinbarungen der Parteien aber gerade im Widerspruch steht.

Ein Ersatzlieferungsanspruch kann deshalb grundsätzlich nur dann bestehen, wenn ein Gattungskauf vorliegt. Allerdings ergibt sich hierzu eine Ausnahme. Stellt man nämlich die *aliud*-Lieferung den Sachmängeln gleich, so besteht auch dann ein Ersatzlieferungsanspruch, wenn es sich um eine Stückschuld handelt [2819]. Hier muss der Verkäufer im Rahmen des Ersatzlieferungsanspruchs die spezifizierte Sache liefern, wozu er sich auch nach dem Vertrag verpflichtet hat.

Es fragt sich, ob die Anspruchsvoraussetzung „Gattungskauf“ wie im BGB ausdrücklich zu normieren ist oder hierauf wie im CISG verzichtet werden kann. Die ausdrückliche Normierung hätte zwar den Vorteil, dass sie in Bezug auf Sachmängel mehr Rechtsklarheit schaffen würde. Allerdings würde diese Anspruchsvoraussetzung in Bezug auf *aliud*-Lieferungen nicht nur Unklarheiten schaffen, sondern sie wäre diesbezüglich sogar unzutreffend, da hier auch bei einer Stückschuld ein Ersatzlieferungsanspruch besteht.

Da sich die Begrenzung des Ersatzlieferungsanspruchs bei Sachmängeln auf Gattungsware –wie oben dargelegt- bereits aus allgemeinen schuldrechtlichen Erwägungen ergibt, ist die Nichtnormierung der Anspruchsvoraussetzung „Gattungsware“ vorzugswürdig.

(2) Schwere der Vertragsverletzung (Erheblichkeit/Wesentlichkeit)

Das CISG macht die Ersatzlieferung davon abhängig, dass eine wesentliche Vertragsverletzung vorliegt. Begründet wird diese Anspruchsvoraussetzung damit,

---

[2817] So auch *Schlechtriem/Huber*, Art. 46 Rn. 23.

[2818] Genauso wenig kann der Verkäufer mit einer anderen als der spezifizierten Ware den Vertrag erfüllen. Ergibt sich im Rahmen einer Vertragsauslegung, dass die Parteien keine Speziesschuld wollten, sondern die ausgewählte Sache nur als Muster dienen sollte, so liegt selbstverständlich eine Gattungsschuld vor und der Verkäufer ist zur Ersatzlieferung verpflichtet.

[2819] So zum CISG: *Staudinger/Magnus*, Art. 46 Rn. 34; *Karollus*, S. 137; *Schlechtriem/Huber*, Art. 46 Rn. 22.

dass den Verkäufer im internationalen Handel die zusätzlichen Transportkosten und –risiken, die mit einer Ersatzlieferung verbunden sind, schwer belasten würden[2820]. Das gleiche Argument ließe sich, wenn auch nicht in diesem Maße, auf den nationalen Handel übertragen.

Die Ersatzlieferung von der Wesentlichkeit einer Vertragsverletzung abhängig zu machen, vernachlässigt m.E. in zu starkem Maße die berechtigten Interessen des Käufers, und zwar insbesondere dann, wenn ihm in dem anzuwendenden Rechtscode kein verschuldensunabhängiger Schadensersatzanspruch zur Verfügung steht. Besteht in dem anzuwendenden Rechtscode (wie im CISG) ein solcher Schadensersatzanspruch, so mag den Interessen des Käufers durch die Geldkompensation, die die Vertragswidrigkeit ausgleicht, ausreichend Rechnung getragen werden.

Besteht ein solcher verschuldensunabhängiger Anspruch nicht, so wird die Minderung nur selten die Kosten für eine Reparatur decken[2821]. Der Käufer würde also durch die Vertragswidrigkeit des Verkäufers einen Nachteil erleiden, der ihm nicht ausgeglichen wird.

Auch ist nicht einzusehen, warum der Verkäufer bei unwesentlichen Vertragsverletzungen von seiner vertraglichen Verpflichtung zur mangelfreien Lieferung entbunden werden sollte. Kommt es im Einzelfall zu unzumutbaren Härten für den Verkäufer, so kann diesem Umstand dadurch ausreichend Rechnung getragen werden, dass der Verkäufer von der Ersatzlieferung befreit wird, wenn diese für ihn einen „unverhältnismäßigen Aufwand" bedeutet bzw. „unzumutbar" ist[2822]. Hierdurch kann die Ersatzlieferung insbesondere in Fällen eines Mangels, der unter der Unerheblichkeitsschwelle des § 459 I S. 2 BGB liegt, interessengerecht ausgeschlossen werden[2823].

(3) *ius variandi* und dessen Erlöschen

Nachstehend soll untersucht werden, inwiefern das Wahlrecht des Käufers zwischen seinen Rechtsbehelfen zu beschränken ist, d.h. ob und wann eine Bindung des Käufers an einen Rechtsbehelf zu erfolgen hat.

2820 *Sekretrariatskommentar*, Art. 42 Anm. 12, O.R. 38 f.. Vgl. ferner die Ausführungen in *O.R.* 337; *Michida*, 27 Am.J.Comp.L., 279, 280 f. (1979)(der zum einen auf die Transportkosten, zum anderen auf die unzureichende Lagerung in einigen Ländern bei internationalen Käufen hinweist).

2821 Vgl. oben *H. I. 1. d)* . Eine Vertragsaufhebung kommt nach dem CISG ebenfalls nicht in Betracht, da auch diese von der Wesentlichkeit der Vertragsverletzung abhängig ist (Art. 49 I a) CISG).

2822 So auch der Vorschlag der Delegation der BRD auf der Wiener Konferenz, vgl. A/CONF.97/ C.1/L.135, *O.R. 112.*

2823 Insofern bedarf es auch keiner Normierung der Erheblichkeitsschwelle, wie in § 459 I S. 2 BGB.

Zum einen ist hierbei die Erwägung maßgeblich, dass dem Käufer bei einem „schwankenden" Markt nicht die Möglichkeit gegeben werden sollte, auf Kosten des Verkäufers zu spekulieren, wobei sich diese Problematik verschärft, wenn Verjährungsfristen von zwei (so nach der EG-Richtlinie 1999/44/EG) bzw. drei Jahren (so nach dem BGB-KE und BGB-DE) gelten. Der Käufer darf also durch die Mangelhaftigkeit der Ware nicht in die Lage versetzt werden, die Preisentwicklung zu beobachten und bei einem steigenden Marktpreis die Ersatzlieferung bzw. Nachbesserung verlangen zu können, während er bei einem sinkenden Marktpreis die Vertragsaufhebung erklärt.

Zum anderen spricht für eine Bindung des Käufers an ein Nacherfüllungsbegehren, dass der Verkäufer ein schützenswertes Interesse daran hat, zu wissen, ob er noch die Lieferung erbringen muss oder nicht[2824]. Möglicherweise möchte er das verkaufte Produkt aus seinem Warenprogramm entfernen, was insbesondere bei längeren Verjährungsfristen zum Tragen kommt. Auch mag er, wenn der Käufer zunächst Ersatzlieferung oder Nachbesserung verlangt hat, bereits Dispositionen zur Erfüllung dieses Begehrens getroffen haben.

Die untersuchten Rechtscodes bieten hinsichtlich dieser Problematik sehr unterschiedliche Lösungen an[2825].

Nach dem *BGB-KE* tritt überhaupt keine Bindungswirkung hinsichtlich eines Nacherfüllungsanspruchs ein[2826]. Der Erfüllungsanspruch erlischt nur, wenn der Käufer den Rücktritt oder die Minderung erklärt oder vom Verkäufer den begehrten Schadensersatz erhalten hat[2827].

Gleiches gilt nach dem *BGB-DE* mit der Abweichung, dass der Erfüllungsanspruch bei einem Schadensersatzbegehren bereits mit der Geltendmachung erlöschen soll (vgl. § 282 IV BGB-DE)[2828].

Im *BGB* ist der Verkäufer an sein Ersatzlieferungsbegehren gebunden, wenn die Ersatzlieferung „vollzogen" wurde (§§ 480 I S. 2, 465 BGB). Der Verkäufer kann ferner dem Käufer eine Frist setzen, innerhalb der er die Ersatzlieferung

---

2824 Hierzu im CISG: *Piltz*, Intern. KaufR, S. 231 Rn. 208.

2825 Im UCC stellt sich die Problematik deshalb nicht, weil es nie zu einer Wahlmöglichkeit zwischen *Specific Performance* einerseits und „cancellation" und/oder Schadensersatz andererseits kommen kann, was sich aus dem *adequacy*-Test ergibt, vgl. oben *F. II. 1. b) (9)*.

2826 § 465 BGB und § 466 BGB werden nach dem BGB-KE aufgehoben. Zum Fortbestehen des Erfüllungsanspruchs, vgl. *Abschlussbericht*, S. 171.

2827 Vgl. *Abschlussbericht*, S. 216 (zum Rücktritt), S. 218 (zur Minderung). Zum Schadensersatz vgl. § 283 IV S. 1 BGB-KE und *Abschlussbericht*, S. 136. Ferner kann der Verkäufer nach § 323 V BGB-KE dem Käufer eine Frist zur Ausübung des Rücktrittsrechts setzen; durch Ablauf der Frist erlischt dieses Recht allerdings nicht endgültig (vgl. § 323 V BGB-KE).

2828 Vgl. *Diskussionsentwurf*, S. 325 (zum Schadensersatz), S. 495 (zum Rücktritt) und S. 500 (zur Minderung). Auch nach dem BGB-DE sollen die §§ 465 und 466 BGB aufgehoben werden, vgl. *Diskussionsentwurf*, S. 447.

und/oder Wandlung wählen muss[2829]; nach Ablauf der Frist sind diese Rechtsbehelfe ausgeschlossen (vgl. § 466 BGB).

Das *CISG* schließlich macht die Ersatzlieferung davon abhängig, dass der Käufer diese innerhalb angemessener Frist nach der Rüge gem. Art. 39 CISG verlangt (vgl. Art. 46 II CISG). Hat der Käufer die Ersatzlieferung rechtzeitig verlangt, so ist er grundsätzlich nicht an sein Erfüllungsbegehren gebunden[2830]. Nach Art. 48 II CISG hat der Verkäufer aber die Möglichkeit, die Nacherfüllung innerhalb einer bestimmten Frist anzubieten. Widerspricht der Käufer diesem Angebot nicht, so kann er bis zum Ablauf der Frist keine anderen Rechtsbehelfe ausüben.

Unter Berücksichtigung des Nacherfüllungs*rechts* des Verkäufers ist m.E. folgende Lösung empfehlenswert:

Grundsätzlich ist der Käufer nicht an sein Erfüllungsbegehren gebunden; er hat dies auch nicht innerhalb angemessener Frist zu verlangen. Dem Verkäufer muss es aber –wie im BGB (§ 466 BGB)- möglich sein, dem Käufer eine Frist zu bestimmen, innerhalb derer er sich für oder gegen die Ersatzlieferung zu entscheiden hat.

Hierdurch wird den Interessen des Verkäufers ausreichend Rechnung getragen. Denn durch die Gewährung eines *Nacherfüllungsrechts des Verkäufers* ist dem Käufer die Möglichkeit des Spekulierens hinreichend genommen. Fallen die Marktpreise, so kann sich der Käufer nicht sofort vom Vertrag lösen[2831]. Vielmehr kann sich der Verkäufer seinen höheren Kaufpreis durch eine erfolgreiche Nacherfüllung sichern. Insofern ist die grundsätzliche „Nichtbindung" des Käufers an sein Erfüllungsbegehren unter Berücksichtigung des Nacherfüllungsrechts des Verkäufers sachgemäß. Indirekt tritt nämlich eine Bindung dadurch ein, dass dem Verkäufer aufgrund seines Nacherfüllungsrechts ein angemessener Zeitraum zur Nacherfüllung gewährt wird, innerhalb dessen der Käufer keine weitergehenden Rechtsbehelfe geltend machen kann.

Sollte dieser Zeitraum „verbraucht" sein und macht der Käufer weiterhin den Ersatzlieferungsanspruch geltend[2832], aber ändert er nun abrupt seine Meinung, so kann diesem Meinungswechsel ausreichend mit dem Grundsatz von Treu und Glauben Rechnung getragen werden. D.h., hat der Verkäufer bereits Dispositionen (innerhalb eines angemessenen Zeitraums) aufgrund des (abermaligen)

2829 Vgl. *Staudinger/Honsell*, § 480 Rn. 16.

2830 *Vahle*, ZvglRWiss 98 (1999), 54, 63.

2831 Steigen die Marktpreise, so ist es völlig gerechtfertigt, dass der Käufer Nacherfüllung verlangen kann. Denn er hätte an diesem Preis-(Wert-)anstieg in gleichem Maße partizipiert, wenn ihm sofort vertragsgemäße Ware geliefert worden wäre.

2832 Es geht hier um die Fälle, in denen der Verkäufer die Nacherfüllung unzumutbar verzögert hat. Das Nacherfüllungs*recht* des Verkäufers ist damit „verbraucht". Macht der Käufer nun weiterhin Ersatzlieferung oder Nachbesserung geltend, so handelt es sich um den Nacherfüllungs*anspruch* des Käufers.

Ersatzlieferungsverlangens getroffen, so ist der Käufer hieran einen angemessenen Zeitraum gebunden[2833].

Durch die Möglichkeit einer Fristsetzung hinsichtlich des Nacherfüllungsbegehrens wird dem Interesse des Verkäufers Rechnung getragen, nicht über einen unabsehbaren Zeitraum im Ungewissen darüber zu bleiben, ob er noch zu liefern hat oder nicht. Dieses Interesse ist insbesondere bei einer Verjährungsfrist von zwei bzw. drei Jahren schützenswert.

Der BGB-KE und der BGB-DE vernachlässigen dieses Interesse, wenn hiernach eine Vorschrift mit einem § 466 BGB entsprechenden Inhalt nicht vorgesehen ist. Die Aufhebung des § 466 BGB wird dabei hinsichtlich der Wandlung mit einem Verweis auf die Rücktrittsvorschriften gerechtfertigt[2834].

Hinsichtlich der Ersatzlieferung verweist jedoch weder § 438 IV BGB-KE noch § 437 IV BGB-DE auf die Rücktrittsvorschriften, die nach beiden Entwürfen die Möglichkeit einer Fristsetzung vorsehen.

Auch kommt eine analoge Anwendung der Vorschriften über den *gesetzlichen* Rücktritt bezüglich der Ersatzlieferung nicht in Betracht. Bei einem gesetzlichen Rücktritt ist § 323 V BGB-KE bzw. § 323 V BGB-DE[2835] anwendbar[2836]. Allerdings führt die dort vorgesehene Fristsetzung hinsichtlich des gesetzlichen Rücktritts nicht zu einer abschließenden Klärung der Rechtslage. Vielmehr bewirkt die vom Verkäufer gesetzte Frist nicht den Verlust des Rücktrittsrechts des Käufers, sondern lediglich, dass der Käufer nunmehr erst nach dem Ablauf einer von ihm gesetzten Frist zurücktreten kann (vgl. § 323 V BGB-KE; § 323 V BGB-DE). Die Übertragung einer solchen Regelung auf einen Ersatzlieferungsanspruch ist nicht denkbar.

Der Käufer könnte somit nach beiden Entwürfen theoretisch den Verkäufer über einen Zeitraum von (fast) drei Jahren im Unklaren darüber lassen, ob er Ersatzlieferung begehren will oder den Kaufpreis mindern möchte, wenn er eine Vertragswidrigkeit gleich nach der Übergabe bemerkt hat. Ferner könnte er –trotz Fristsetzung des Verkäufers bezüglich des Rücktritts- nach Maßgabe des § 323 V BGB-KE bzw. § 323 V BGB-DE zurücktreten[2837].

2833 So auch zum CISG: *Staudinger/Magnus,* Art. 46 Rn. 30.

2834 *Diskussionsentwurf,* S. 447.

2835 § 323 *V* BGB-DE ist im Gesetzestext des *Diskussionsentwurf* nicht vorhanden. Aus den Begründungen zu § 323 BGB-DE (*Diskussionsentwurf,* S. 401 f.) wird allerdings deutlich, dass ein § 323 *V* BGB-DE mit einem dem § 323 V BGB-KE ensprechenden Inhalt vorgeschlagen wird.

2836 Vgl. *Abschlussbericht,* S. 191. Bei einem *vertraglichen* Rücktrittsrecht gelten § 355 BGB-KE bzw. der wortgleiche § 350 BGB-DE. Hiernach kann dem Rücktrittsberechtigten ein Frist zur Ausübung des Rücktrittsrechts gesetzt werden mit der Folge, dass nach Fristablauf dieses Recht endgültig erlischt.

2837 Dies wird insbesondere immer dann möglich sein, wenn der Verkäufer keine Ware mehr vorrätig hat und insofern nicht (sofort) erfüllen kann.

Auch ist der Verkäufer nicht durch die im *Diskussionsentwurf* vorgesehene Anzeigeobliegenheit des Käufers geschützt, die innerhalb von zwei Monaten zu erfüllen ist (§ 441 I S. 2 BGB-DE). Zum einen läuft die Frist der Anzeigeobliegenheit erst ab Entdeckung des Mangels durch den Käufer; es ist also ein Umstand maßgeblich, der in der Sphäre des Käufers liegt, so dass der Käufer den Zeitpunkt des Beginns der Frist oftmals nach hinten verschieben wird können[2838], zumal den Käufer –sofern er nicht Kaufmann ist- keine Untersuchungsobliegenheit trifft[2839].

Zum anderen steht es dem Käufer nach Erfüllung der Anzeigeobliegenheit – zumindest bis an die Grenze von Treu und Glauben- frei, welchen Rechtsbehelf er wählt und wie lange er mit seiner Wahl warten möchte.

M.E. ist mithin eine Vorschrift ensprechend § 466 BGB beizubehalten[2840].

(4) Grenzen der Ersatzlieferung

Unter den Begriff „Grenze" des Ersatzlieferungsanspruchs sollen im Folgenden sämtliche Einreden des Verkäufers verstanden werden, die speziell das Ersatzlieferungsbegehren des Käufers vereiteln können. Hierunter fallen die (subjektive und objektive) Unmöglichkeit, vom Verkäufer nicht zu überwindende Leistungshindernisse und die Unverhältnismäßigkeit der zur Nacherfüllung erforderlichen Aufwendungen.

Die Frage der Grenze des Ersatzlieferungsbegehrens wird in den verglichenen Rechtscodes gänzlich unterschiedlich beurteilt[2841].

Die Problematik einer sachgemäßen Normierung des Umfangs und der Begrenzung der Gattungsschuld des Verkäufers zeigt sich auch an den Ausführungen der *Schuldrechtskommission* zu den entsprechenden Normen im Abschlussbericht[2842]. Nachstehend soll versucht werden, einige Grundsätze für eine solche sachgemäße Normierung zu erarbeiten.

2838 Dies erkennt auch der *Diskussionsentwurf* an, vgl. dort S. 513 f.. Hierzu auch *Gsell*, JZ 2001, 65, 73.

2839 Zur Untersuchungspflicht, vgl. *Diskussionsentwurf*, S. 512.

2840 Eine solche Regelung könnte bei den Rücktrittsvorschriften integriert werden. So könnte in § 350 BGB-DE die Möglichkeit einer Fristsetzung auch beim gesetzlichen Rücktrittsrecht (ensprechend § 466 BGB) verankert werden, zumal die Regelung in § 323 V BGB-DE unnötig kompliziert erscheint.

2841 Im CISG ist der Ersatzlieferungsanspruch wegen Art. 79 V CISG überhaupt keiner Einschränkung unterworfen (str.) vgl. oben *E.IV. 2. h) (1)*. Im BGB ist ein Ersatzlieferungsanspruch nur bei objektiver Unmöglichkeit und nach den Grundsätzen des Wegfalls der Geschäftsgrundlage ausgeschlossen, vgl. oben *C. 2. c) (6)*. Im UCC ist ein Anspruch auf *Specific Performance* bei sämtlichen Formen der Unmöglichkeit nicht durchsetzbar, vgl. oben *D. V. 2. b) (4)*.

2842 Vgl. *Abschlussbericht*, S. 127 f.; vgl. auch den Vorschlag *Hubers*, Gutachten I, S. 799 f. sowie die Ausführungen hierzu in Gutachen I, S. 717 ff.; zur Rechtslage im BGB vgl. *Ballerstedt*, FS für Nipperdey, S. 261 ff..

Ausgangspunkt muss m.E. hierbei ein von *Ballerstedt*[2843] herausgearbeiteter Gedankengang sein, der nachstehend kurz dargelegt werden soll:

Der eigentliche Unterschied zwischen Stück- und Gattungskauf ist der, dass der Verkäufer beim Gattungskauf über die Verpflichtung zur Eigentumsübertragung hinaus eine *Beschaffungspflicht* übernimmt[2844]. Der Beschaffungspflicht wohnt dabei „ein dem Werkvertrag verwandtes Moment" inne, nämlich die Herbeiführung des Erfolges der Beschaffung der Ware[2845]. Die Gattungsschuld ist – im Gegensatz zur Stückschuld- also dadurch gekennzeichnet, dass zur Eigentumsverschaffungspflicht eine Beschaffungspflicht hinzutritt.

Nun unterscheidet *Ballerstedt* hinsichtlich des Inhalts der Beschaffungspflicht drei Grundtypen, die er anschließend (indirekt) um zwei weitere Typen ergänzt. Diese Grundtypen sind die Vorratsschuld, der „einfache Gattungskauf" -wobei sich der Verkäufer hier primär verpflichtet, aus seinem Vorrat zu liefern und nur subsidär verpflichtet, Ware auf dem Markt zu beschaffen- sowie die marktbezogene Gattungsschuld[2846]. Die marktbezogene Gattungsschuld wird von *Ballerstedt* weiter unterteilt in eine weltmarktbezogene, eine inländische und eine örtliche Gattungsschuld[2847].

Identifiziert bereits *Ballerstedt* fünf Fallgruppen von Gattungskäufen, so sind durchaus weitere Typen denkbar (bspw. Beschaffungspflicht nur bei bestimmten Herstellern oder innerhalb Europas). Dass es deshalb nicht um eine Klassifizierung von Gattungsschuldtypen gehen kann, an die dann unterschiedliche Rechtsfolgen geknüpft sind, wird aufgrund der Vielzahl der möglichen, unterschiedlichen Gattungsschuldtypen klar. Vielmehr ist die Reichweite dieser Beschaffungspflicht aus den vertraglichen Vereinbarungen der Parteien zu entnehmen bzw. durch Auslegung herzuleiten. Diese Reichweite der Beschaffungspflicht ergibt die erste Grenze der Leistungspflicht des Gattungsverkäufers. Es besteht deshalb auch überhaupt kein Anlass, die Vorratsschuld –so aber *Ballerstedt*[2848]- aus den Überlegungen zum Gattungskauf auszublenden. Denn genauso, wie z.B. die Beschaffungsverpflichtung des Verkäufers bei der örtlichen Gattungsschuld auf den „Vorrat" des Ortes begrenzt ist[2849], ist eben bei der „eigentlichen" Vorratsschuld die Beschaffungsverpflichtung auf den Vorrat des Verkäufers begrenzt.

2843 *Ballerstedt*, FS für Nipperdey, S. 261 ff..

2844 *Ballerstedt*, FS für Nipperdey, S. 261, 264, dort auch zu dem genauen Inhalt.

2845 *Ballerstedt*, FS für Nipperdey, S. 261, 264.

2846 *Ballerstedt*, FS für Nipperdey, S. 265 f..

2847 *Ballerstedt*, FS für Nipperdey, S. 261, 273.

2848 Vgl. *Ballerstedt*, FS für Nipperdey, S. 261, 266 („Der Vorratskauf kann ganz außer Betracht bleiben.").

2849 Insoweit auch *Ballerstedt*, FS für Nipperdey, S. 261, 273.

Der Unterschied besteht also „nur" in der Reichweite bzw. dem Inhalt der Beschaffungspflicht, die aus dem Vertrag (notfalls durch Auslegung) zu entnehmen ist. Der Vertrag selbst bestimmt, wie weit die Beschaffungspflicht des Verkäufers reicht und schafft damit indirekt eine erste Grenze dieser Pflicht[2850].

Hat man nun die Reichweite bzw. den Inhalt der Beschaffungspflicht durch den Vertrag ermittelt, so ist deren Grenze zu bestimmen. D.h., es ist die Frage zu klären, welche Leistungshindernisse der Verkäufer im Rahmen der Reichweite seines Beschaffungsversprechens (noch) zu überwinden hat und welche ihm nicht mehr aufgebürdet werden können. Hier hat eine Risikozuweisung zu erfolgen[2851]. Der Verkäufer übernimmt dabei regelmäßig sämtliche *gewöhnliche* Risiken, die sich im Rahmen der von ihm versprochenen Beschaffung ergeben[2852]. Außergewöhnliche Risiken (Leistungshindernisse), die (verobjektiviert) nicht voraussehbar waren, will er erkennbar nicht übernehmen, es sei denn, sie werden ihm durch den Vertrag zugewiesen.

Diese Grenze der Beschaffungspflicht, nämlich die Grenze außergewöhnlicher, nicht überwindbarer Leistungshindernisse, ist aber kein spezielles Problem des Gattungskaufs bzw. der Gattungsschuld. Sie trifft vielmehr auf sämtliche Verpflichtungen (z.B. der Pflicht zur Eigentumsübertragung) sowohl beim Stück- als auch beim Gattungskauf zu. Deshalb ist festzustellen, dass eine Norm wie der § 279 BGB keinen eigenen Regelungsinhalt haben kann und deshalb überflüssig ist[2853].

Es ist insofern m.E. ratsam, einen allgemeinen Entlastungstatbestand zu schaffen, der sämtliche Leistungspflichten und damit auch die Beschaffungspflicht erfasst[2854]. Hier ist die Fassung des § 275 S. 1 BGB-KE (bzw. des wortgleichen § 275 S. 1 BGB-DE) zu empfehlen, der die Leistungspflicht des Schuldners (Ver-

---

2850 So wird man von einem deutschen Autoverkäufer, der einen mangelhaften Wagen verkauft hat, dessen Produktion zwischenzeitlich in Europa eingestellt wurde, der aber noch in Mexiko produziert wird, nicht verlangen können, dass er den Wagen aus Mexiko importiert. Die Beschaffungspflicht des Verkäufers ist hier grds. bereits nach dem Vertrag zumindest auf Europa begrenzt.

2851 Vgl. *Ballerstedt*, FS für Nipperdey, S. 261, 274 f..

2852 Bspw. die ausreichende Organisation seines Betriebes zur Leistungserbringung. Vgl. hierzu *Huber*, Gutachten I, S. 717 ff..

2853 So auch *Ballerstedt*, FS für Nipperdey, S. 261, 266 (§ 279 sei „wenig brauchbar"); *Huber*, Gutachten I, S. 799 (§ 279 BGB sei „überflüssig und irreführend"). *Huber* aber nunmehr anders in: Ernst/Zimmermann, S. 31, 52 ff..

2854 Dass ein Rechtscode auch ohne eine differenzierte Normierung jeglicher Formen von Leistungsstörungen (bspw. subjektive, objektive Unmöglichkeit, Wegfall der Geschäftsgrundlage) und einer Unterscheidung zwischen Gattungs- und Stückkauf auskommen kann, zeigt sich am CISG. Hier wird durch Art. 79 CISG ein einheitlicher Entlastungstatbestand geschaffen, der sowohl auf Gattungs- als auch auf Stückkäufe anzuwenden ist. Allerdings ist dieser Entlastungstatbestand wegen Art. 79 V CISG nicht auf Erfüllungsansprüche anwendbar (str.), vgl. oben *E. IV. 2. h) (1)*.

käufers) dann begrenzt, „soweit und solange er diese nicht mit denjenigen Anstrengungen zu erbringen vermag, zu denen er nach Inhalt und Natur des Schuldverhältnisses verpflichtet ist“[2855]. Hierdurch wird in Bezug auf den Gattungskauf hinreichend deutlich an die Reichweite und den Inhalt der Beschaffungspflicht angeknüpft[2856]. Unter diese Leistungsgrenze fallen insbesondere außergewöhnliche, nicht voraussehbare Leistungshindernisse (Naturkatastrophen, Kriegsereignisse und Embargos)[2857].

Dieser allgemeine Entlastungstatbestand muss dann in der eigentlichen Nacherfüllungsnorm (die Norm, die den Ersatzlieferungsanspruch und Nachbesserungsanspruch enthält) ergänzt werden. Hier ist zusätzlich aufzunehmen, dass die Ersatzlieferung oder Nachbesserung dann vom Verkäufer verweigert werden kann, wenn diese *„unzumutbar“* ist bzw. nur mit *„unverhältnismäßigen Aufwendungen“* möglich ist[2858]. Diese Ergänzung ist insbesondere im Hinblick auf das oben vorgeschlagene Wahlrecht des Käufers hinsichtlich der Nacherfüllungsmethode (Ersatzlieferung oder Nachbesserung) nötig und stellt eine Ausprägung des Grundsatzes von Treu und Glauben dar[2859]. Hierdurch muss primär ein Rechtsmissbrauch des Käufers hinsichtlich der gewählten Nacherfüllungsmethode verhindert werden. Die hierbei zu berücksichtigenden Faktoren sind in Art. 3 III S. 2 der EG-Richtlinie 1999/44/EG zutreffend aufgeführt[2860], nämlich die Kosten der gewählten Nacherfüllungsmethode für den Verkäufer einerseits und der Wert der Sache, die Bedeutung der Vertragswidrigkeit und die Unannehmlichkeiten,

---

2855 Hiergegen insbesondere *Huber,* in: Ernst/Zimmermann, S. 31, 72 ff..

2856 Dies sieht die *Schuldrechtskommission* allerdings anders. Zur Klarstellung wurde deshalb in dem Kommissionsentwurf § 279 BGB-KE („Ist der geschuldete Gegenstand vom Schuldner zu beschaffen, so hat dieser Beschaffungshindernisse im Zweifel auch ohne Verschulden zu vertreten.“) aufgenommen. Zu den Gründen der Aufnahme und zum Zweck der Vorschrift, vgl. *Abschlussbericht,* S. 127 f.. *Huber* (Gutachten I, S. 799 f.) war in seinem Gutachten für eine Streichung des § 279 BGB eingetreten. Der *Diskussionsentwurf* folgt vollumfänglich der *Schuldrechtskommission,* vgl. § 279 BGB-DE sowie *Diskussionsentwurf,* S. 313 f..

2857 Diese Ereignisse (Kriegsereignisse etc.) können grundsätzlich nicht dem Verkäufer zugewiesen werden. Etwas anderes ergibt sich aber dann, wenn der Verkäufer auch diese Risiken nach dem Vertrag übernommen hat (Bspw. eine Gattungsschuld, die sich auf den Weltmarkt bezieht und Kriegsereignisse nur in dem Land, aus welchem der Verkäufer normalerweise seine Ware bezieht. Hier muss der Verkäufer in einem Drittland einkaufen).

2858 So auch in der EG-Richtlinie 1999/44/EG (Art. 3 III S. 3), in dem *Kommissionsentwurf* (§ 438 III BGB-KE), im *Diskussionsentwurf* (§ 437 III BGB-DE), im CISG hinsichtlich der Nachbesserung (Art. 46 III CISG), im BGB hinsichtlich der Nachbesserung beim Werkvertrag (§ 633 II BGB).

2859 Die Unzumutbarkeitsgrenze kann ferner als Konkretisierung des allgemeinen Entlastungstatbestandes im Hinblick auf die Ersatzlieferungsansprüche angesehen werden; so die *Schuldrechtskommission* zum Verhältnis § 275 BGB-KE und § 438 III BGB-KE, vgl. *Abschlussbericht,* S. 213.

2860 Der *Diskussionsentwurf* folgt in der Nennung der Kriterien der o.g. EG-Richtlinie, vgl. § 437 III S. 2 BGB-DE.

die eine alternative Abhilfe für den Käufer mit sich bringen würde, andererseits[2861]. Ferner sind weitere Umstände, wie bspw. ein Verschulden des Verkäufers zu berücksichtigen.

Auf diese Weise wird im Hinblick auf die Ersatzlieferung bspw. verhindert, dass beim Kauf einer wertvollen Produktionsmaschine der Käufer die Ersatzlieferung wählen kann, nur weil eine Sicherung herausgesprungen ist; der Käufer muss sich hier mit einer Nachbesserung begnügen. Auch wird vermieden, dass der Käufer wegen vollkommen unbedeutender Mängel die Ersatzlieferung verlangen kann[2862].

(5) Ausschluss der Ersatzlieferung aufgrund des Untergangs der mangelhaften Sache

Nach dem BGB und dem CISG ist die Ersatzlieferung ausgeschlossen, wenn die empfangene vertragswidrige Ware wesentlich verschlechtert wurde oder untergegangen ist (§ 351 BGB, Art. 82 I CISG) und der Käufer dieses Ereignis nach dem jeweiligen Rechtscode zu vertreten hat[2863].

Dies gilt im BGB allerdings nur *bis* zum „Vollzug" der Ersatzlieferung, d.h. bis zur Einigung über die Ersatzlieferung oder der Rechtskraft eines Urteils[2864]. Nach dem „Vollzug" kann der Käufer trotz Untergangs die Ersatzlieferung durchsetzen; er hat aber für die untergegangene Sache Schadensersatz zu leisten[2865]. Im CISG gilt der Ausschluss des Art. 82 I CISG ebenfalls nur bis zur Erklärung des Ersatzlieferungsverlangens. Jedoch wird in der Literatur eine analoge Anwendung auch nach der Erklärung vorgeschlagen[2866].

Diesen Lösungen unbedingt vorzugwürdig ist der Regelungsvorschlag der *Schuldrechtskommission*[2867], welchem der *Diskussionsentwurf* vollumfänglich gefolgt ist[2868]. Hiernach ist die Ersatzlieferung (und die Vertragsaufhebung) *nicht* ausgeschlossen, wenn die Ware untergeht oder wesentlich verschlechtert wird, und zwar unabhängig davon, ob die Sache vor oder nach „Vollzug" der Ersatzlieferung bzw. einem Ersatzlieferungsverlangen untergeht. Dies gilt auch dann, wenn der Käufer den Untergang gem. § 346 II BGB-KE bzw. § 346 II BGB-DE

2861 Vgl. hierzu ausführlich unten *H. II. 3. a) (2).*

2862 Z.B. ein kleiner Farbstrich an der Unterseite einer Waschmaschine. Vgl. auch *Diskussionsentwurf,* S. 491.

2863 Zum BGB vgl. oben *C. III. 2. c) (5) (b) (bb).* Zum CISG vgl. oben *E. IV. 2. i)(1) (c).*

2864 *Palandt/Heinrichs*, § 350 Rn. 1 (zur Wandlung).

2865 Vgl. *Abschlussbericht,* S. 185.

2866 *Schlechtriem/Leser*, Art. 82 Rn. 13; *Piltz*, Intern. KaufR, S. 222 Rn. 169.

2867 *Abschlussbericht*, S. 183 ff..

2868 Vgl. *Diskussionsentwurf,* S. 421 ff..

zu vertreten hat[2869]. In diesem Fall (Vertretenmüssen) trifft den Käufer eine Pflicht zum Wertersatz (§ 346 II BGB-KE bzw. § 346 II BGB-DE), welcher sich primär nach der im Vertrag bestimmten Gegenleistung richtet[2870].

Durch diese Regelung wird zunächst die im Einzelfall schwierige Abgrenzung zwischen wesentlichen und unwesentlichen Verschlechterungen vermieden[2871]. Ferner ist im BGB nicht zu verstehen, welchen Einfluss der „Vollzug" von Ersatzlieferung oder Wandlung bzw. die Rücktrittserklärung auf die Durchsetzung eines dieser Rechtsbehelfe haben soll. Die Sach- und Interessenlage ist vor und nach „Vollzug" dieselbe, so dass ein Anknüpfen an dieses Merkmal als willkürlich erscheint und zu Zufallsergebnissen führen kann[2872].

Auch werden durch die Lösung des BGB-KE bzw. BGB-DE den Interessen des Verkäufers ausreichend Rechnung getragen. Denn es ist nicht einzusehen, warum der Verkäufer im Hinblick auf die Ersatzlieferung durch den Umstand, dass die vertragswidrige Sache untergegangen ist (auch wenn dies vom Käufer zu vertreten war), von seiner Verpflichtung zur mangelfreien Lieferung befreit sein sollte. Vielmehr ist sein Interesse nur insoweit schützenswert, als dass er einen Ausgleich für die ihm zurückzugewährende Ware erhält. Diesem Interesse wird durch den Wertersatzanspruch voll Rechnung getragen.

b) Rechtsfolgen

Hinsichtlich der sachgerechten Ausgestaltung der Rechtsfolgen des Ersatzlieferungsanspruchs sind insbesondere zwei Grundsätze maßgeblich. Der erste Grundsatz, der in allen verglichenen Rechtscodes anerkannt ist, ist der, dass der ursprüngliche Kaufvertrag in vollem Umfang weiterbesteht; die Rechtsfolgen müssen sich daher primär nach dem Kaufvertrag richten. Ferner ist der Grundsatz zu beachten, dass der Käufer durch die zunächst erfolgte vertragswidrige Lieferung des Verkäufers möglichst nicht schlechter stehen darf, ihm also keine Zusatzlasten aufgebürdet werden sollten.

(1) Ansprüche des Käufers

Es soll nachstehend auf den Anspruch des Käufers auf Lieferung vertragsgemäßer Ware (insb. Leistungsort, Gefahrtragung und Kostentragung) sowie den Verwendungsersatzanspruch eingegangen werden.

[2869] Dies gilt selbst bei Vorsatz, wobei im Einzelfall allerdings der Einwand des Rechtsmissbrauchs entgegenstehen kann, vgl. *Abschlussbericht*, S. 185 und *Diskussionsentwurf*, S. 422.

[2870] *Abschlussbericht*, S. 185.

[2871] So auch der *Abschlussbericht*, S. 185 sowie zu weiteren Vorzügen dieser Regelung. Ebenso *Diskussionsentwurf*, S. 421 f..

[2872] Vgl. *Abschlussbericht*, S. 185 sowie *Diskussionsentwurf*, S. 421 f. mit dem Beispiel (zum Rücktritt) eines zum Untergang führenden Verkehrsunfalls mit dem gekauften KfZ unmittelbar vor oder nach der Rücktrittserklärung.

(a) Austausch der vertragswidrigen gegen vertragsgemäße Ware

Der Ersatzlieferungsanspruch des Käufers geht auf vertragsgemäße Lieferung. Darüber hinaus muss dem Käufer ein Anspruch auf Abnahme der vertragswidrigen Ware zustehen, und zwar, ohne dass er ein besonderes Interesse an der Abnahme nachzuweisen hat[2873]. Dies ergibt sich aus dem Grundsatz, dass der Käufer durch die vertragswidrige Lieferung nicht schlechter stehen darf. Ein Interesse an einer Entsorgung der mangelhaften Ware muss dabei im Regelfall als gegeben unterstellt werden[2874], so dass der Verkäufer ohne weiteres verpflichtet ist, die Ware zurückzunehmen[2875].

(aa) Leistungsort

Hinsichtlich der Leistungsorte der Ersatzlieferung sind zwei Orte zu unterscheiden. Zum einen ist der Leistungsort zu bestimmen, an welchem die nachzuliefernde Ware bereitzustellen bzw. zu liefern ist. Zum anderen ist der Leistungsort der mangelhaften Ware festzulegen, d.h. der Ort, an welchem diese abzuholen bzw. abzuliefern ist. Nachfolgend soll zunächst nur der Leistungsort der nachzuliefernden Ware behandelt werden.

In keinem der verglichenen Rechtscodes ist ausdrücklich normiert, wo der Leistungsort der nachzuliefernden Ware liegt. Zum CISG wird vertreten, dass der Leistungsort dort liege, wo sich die Ware bestimmungsgemäß befindet[2876]. Dies ergäbe sich daraus, dass dem Käufer durch die Vertragsverletzung des Verkäufers keine Nachteile (Zusatzlasten) entstehen dürften. Im BGB besteht hingegen Einigkeit, dass sich der Leistungsort aus den vertraglichen Vereinbarungen der Parteien bzw. aus § 269 BGB ergibt, d.h., dass der Leistungsort der Nachlieferung identisch mit dem Leistungsort der ersten (mangelhaften) Lieferung ist[2877].

Zutreffend ist m.E., dass der Leistungsort der nachzuliefernden Ware identisch mit dem ursprünglichen Leistungsort ist, wobei sich dieser primär aus dem Vertrag und im Übrigen aus den gesetzlichen Regeln zum Leistungsort (z.B. § 269 BGB, Art. 31 CISG) ergibt.

2873 So aber *RGRK-Mezger*, § 467 Rn. 2; *Soergel/Ballerstedt*, 10. Aufl., § 467 Rn. 3.

2874 Dies gilt um so mehr, als umweltrechtliche Bestimmungen für bestimmte Güter eine spezielle Entsorgung vorschreiben.

2875 So auch *Soergel/Huber*, § 467 Rn. 128 m.w.N..

2876 *Staudinger/Magnus*, Art. 46 Rn. 50; *Honsell/Schneyder/Straub*, Art. 46 Rn. 71; weitergehend *Hackenberg*, Der Erfüllungsort von Leistungspflichten, S. 112. A.A. vgl. oben *E. IV.3. a) (1);* ferner *Witz/Salger/Lorenz/Salger*, Art. 46 Rn. 11.

2877 *BGH* NJW 1991, 1604, 1606; *Staudinger/Honsell*, § 480 Rn. 17; *Soergel/Huber*, § 480 Rn. 21.

Dies folgt daraus, dass bei einem Ersatzlieferungsanspruch der ursprüngliche Vertrag in vollem Umfang fortgilt. Der Ersatzlieferungsanspruch ist nichts anderes als der Anspruch auf die Nacherfüllung der *vertraglichen* Pflichten, die dem Verkäufer obliegen[2878]. Der Leistungsort muss sich insofern primär aus dem Vertrag ergeben.

Auch rechtfertigen die Interessen der Parteien nicht, von diesem dogmatischen Ansatz abzuweichen. Die Erwägung, dass dem Käufer durch die Ersatzlieferung kein Nachteil entstehen darf, kann nicht überzeugen. Denn der Käufer wird durch den doppelten Transport nicht benachteiligt, da die Transportkosten –selbstverständlich auch, wenn der Transport vom Käufer durchzuführen ist- vom Verkäufer als Kosten der Nacherfüllung zu tragen sind[2879]. Auch könnte der Verkäufer durch das Festsetzen des Leistungsortes beim Käufer u.U. stark belastet werden. Denn möglicherweise ist der Verkäufer zum Transport überhaupt nicht in der Lage oder die Organisation des Transports würde für ihn einen enormen Aufwand bedeuten. Der Verkäufer hat deshalb u.U. mit gutem Grund seinen Geschäfts- oder Wohnsitz als Leistungsort vereinbart, so dass für ihn ein Abweichen hiervon eine ungerechtfertigte Härte bedeuten würde.

Einer ausdrücklichen Normierung des Leistungsortes hinsichtlich des Leistungsortes der nachzuliefernden Ware bedarf es nicht. Wie oben dargelegt, ergibt sich dieser Leistungsort bereits aus „allgemeinen" schuldrechtlichen Erwägungen.

(bb) Gefahrtragung

Fraglich ist, wer die Transportgefahr in Bezug auf die nachzuliefernden Ware zu tragen hat.

Hier bietet sich einerseits an, wie beim Leistungsort die vertraglichen Vereinbarungen und hilfsweise die gesetzlichen Regeln bezüglich der Gefahrtragung anzuwenden. Es ergäbe sich dann kein Unterschied im Vergleich zur Erstlieferung. Diese Lösung wäre insbesondere in Anbetracht des Umstandes konsequent, dass der Vertrag in vollem Umfang fortbesteht, so dass der Ersatzlieferungsanspruch nichts anderes als der ursprüngliche Erfüllungsanspruch (wenn auch in modifizierter Form) ist.

Andererseits ist zu berücksichtigen, dass dem Käufer möglichst durch die Ersatzlieferung keine zusätzlichen Belastungen aufgebürdet werden sollten. Zu untersuchen ist daher, ob dem Käufer tatsächlich eine zusätzliche Belastung aufgebürdet würde, wenn sich die Gefahrtragung nach dem ursprünglichen Vertrag bzw. hilfsweise nach den gesetzlichen Regeln richten würde.

[2878] Dieses gilt unabhängig davon, ob die Ersatzlieferung als Anspruch (so im BGB) oder als Rechtsbehelf (so im CISG) ausgestaltet ist.

[2879] Zu evtl. Nachteilen, die aufgrund der Gefahrtragung entstehen könnten sogleich.

Richtet sich die Gefahrtragung nach dem Kaufvertrag, so wird der Käufer selbst dann nicht mit einer zusätzlichen Gefahrtragung durch die Ersatzlieferung belastet, wenn er nach dem Vertrag eigentlich bereits die Gefahr des ersten Transports zu tragen hatte. Denn tatsächlich geht die Gefahr nach keinem Rechtscode im Hinblick auf die Erstlieferung über, wenn diese vertragswidrig ist und der Käufer Ersatzlieferung verlangen kann[2880]. Die Gefahr verbleibt vielmehr beim Verkäufer. Hat also der Käufer nach dem Vertrag die Transportgefahr zu tragen, so wird er durch eine Ersatzlieferung nicht schlechter gestellt, da er auch hier nur die Gefahr eines Transports (der Ersatzlieferung) zu tragen hat.

Allerdings weist *Ballerstedt* zur Rechtslage im internen deutschen Recht darauf hin, dass im Falle des Totalverlustes oder erheblicher Beschädigung der ersten Lieferung möglicherweise gar nicht zu ermitteln gewesen wäre, ob ein Mangel vorgelegen hat und wegen dieses (unerkannt gebliebenen) Mangels die Transportgefahr zu Lasten des Verkäufers gegangen wäre[2881]. Im Ergebnis würde der Käufer also doch zweimal die Gefahr tragen, was dafür spreche, dem Verkäufer stets die Gefahrtragung hinsichtlich der Ersatzlieferung aufzubürden.

Hierbei würde allerdings übersehen, dass sich die Frage der Gefahrtragung im Falle eines Totalverlustes auf die Ebene der *Beweislast* verlagert[2882]. D.h. im Hinblick auf die Gefahrtragung der ersten, mangelhaften Lieferung entscheidet letztlich die Beweislast darüber, wer die Gefahr zu tragen hat.

Der Käufer wäre daher nur dann ungerechtfertigt mit einer zusätzlichen Gefahrtragung belastet, wenn *er* zu beweisen hätte, dass die Ware bei dem Transport bereits mangelhaft war. Jedoch ist sowohl im CISG als auch im BGB allgemeine Meinung, dass der Verkäufer solange die Beweislast für die Vertragsgemäßheit bei Gefahrübergang trägt, bis der Käufer die Ware als Erfüllung annimmt[2883]. Letztlich trägt also der Verkäufer auch unter Berücksichtigung der Beweislast die Gefahr der ersten, mangelhaften Lieferung. Der Käufer wird daher durch die Ersatzlieferung nicht mit einer zusätzlichen Gefahrtragung belastet.

Im Hinblick auf die Normierung eines Nacherfüllungstatbestandes ist es dabei nicht erforderlich, die Gefahrtragung ausdrücklich zu regeln. Denn diese ergibt sich bereits aus der allgemeinen Erwägung, dass der Kaufvertrag in unveränderter Form fortbesteht.

2880 Zum BGB, vgl. § 350 BGB. Im CISG (Art. 82 II a) CISG) trägt der Verkäufer nur die Gefahr, wenn die Vertragswidrigkeit wesentlich i.S. des Art. 25 CISG ist; kann der Käufer aber Ersatzlieferung verlangen, so liegt gerade eine solche wesentliche Vertragsverletzung vor.

2881 *Ballerstedt,* FS für Nipperdey, S. 261, 281 f.. *Ballerstedt*, a.a.O., spricht sich deshalb für eine Gefahrtragung des Verkäufers aus.

2882 Vgl. *Schlechtriem/Hager,* Art. 70 Rn. 6.

2883 Vgl. zum CISG *Schlechtriem/Hager*, Art. 70 Rn. 6.

(cc) Kosten der Ersatzlieferung

Ein in allen verglichenen Rechtscodes anerkanntes Rechtsprinzip ist, dass der Verkäufer die Kosten der Ersatzlieferung zu tragen hat. Gleiches gilt nach dem BGB-KE, der EG-Richtlinie 1999/44/EG und dem BGB-DE.

Als Kosten der Ersatzlieferung werden dabei insbesondere die Arbeits-, Material-, Wege- und Transportkosten angesehen, wobei diese Aufzählung nicht abschließend ist.

Dieser Rechtsauffassung ist ohne weiteres zuzustimmen. Zum einen ist der Ersatzlieferungsanspruch nichts anderes als der Erfüllungsanspruch auf die Leistung einer mangelfreien Ware, wozu sich der Verkäufer vertraglich verpflichtet hat. Erfasst werden hierdurch insbesondere die Arbeits- und Materialkosten sowie die Transportkosten, wenn der Verkäufer vertraglich die Lieferung übernommen hatte. Zum anderen ergibt sich die Kostentragungspflicht des Verkäufers aus dem Grundsatz, dass der Käufer durch die vertragswidrige Erstlieferung des Verkäufers nicht schlechter gestellt werden darf[2884]. Insofern hat der Verkäufer auch dann die Kosten der Ersatzlieferung zu tragen, wenn nach der vertraglich vereinbarten Kostenverteilung, der Käufer einige Aufwendungen der Erstlieferung zu tragen hatte (z.B. die Transportkosten bei einer Holschuld). Denn der Käufer sollte nur einmal verpflichtet sein, diese Kosten zu tragen[2885].

Der Verkäufer hat deshalb grundsätzlich (zu den Ausnahmen sogleich) sämtliche Kosten zu tragen, die im Rahmen der Ersatzlieferung *zwangsläufig* anfallen[2886].

Hierzu gehören über die oben genannten Kosten hinaus die Kosten zum Auffinden des Mangels[2887], Abschleppkosten[2888] und Kosten für Schäden, die am Eigentum des Käufers im Zuge der Ersatzlieferung zwangsläufig entstehen[2889].

Nicht zu den Kosten der Ersatzlieferung (selbst) gehören hingegen Kosten und Schäden, die an anderen Rechtsgütern des Käufers aufgrund des Mangels entstehen. Hierzu gehören z.B. der Nutzungsausfall[2890], der mit der Ersatzlieferung verbundene Zeitaufwand[2891] und die Kosten der Rechtsverfolgung[2892]. Diese

---

2884 Zu diesem Grundsatz im CISG: *Staudinger/Magnus*, Art. 46 Rn. 50 („keine Zusatzlasten").

2885 So zum BGB: *Soergel/Huber*, § 480 Rn. 22.

2886 So zum BGB: *Soergel/Huber*, § 476 a Rn. 14 (zur Nachbesserung).

2887 So zum BGB: *BGH* NJW 1991, 1604, 1607 f..

2888 So zum BGB: *Palandt/Putzo*, § 476 a Rn. 7.

2889 Vgl. zum Nachbesserungsanspruch im BGB: *Soergel/Huber*, § 476 a Rn. 14; *BGH* NJW 1986, 922, 923. Hat der Käufer daher die mangelfreie Ware montiert, so muss der Verkäufer bei einer Ersatzlieferung auch die Kosten der De- und Nachmontage tragen.

2890 So auch zum Nachbesserungsanspruch im BGB: *Staudinger/Peters*, § 633 Rn. 174.

2891 So auch zum BGB: *Soergel/Huber*, § 476 a Rn. 15.

2892 So auch zum BGB: *Brandner/Ulmer/Hensen/Hensen*, AGB, § 25 Rn. 14.

Schäden und Kosten kann der Käufer nur im Rahmen eines Schadensersatzanspruchs geltend machen.

Schwerer ist es hingegen, eine interessengerechte Begrenzung dieser Kostentragungspflicht des Verkäufers zu bestimmen, wenn Kosten aufgrund der Verbringung der Ware durch den Käufer entstehen.

Das BGB (§ 476 a S. 2 BGB) begrenzt die Kostentragungspflicht dadurch, dass der Verkäufer grundsätzlich nur die Aufwendungen zu tragen hat, die im Rahmen einer Ersatzlieferung (und auch Nachbesserung) entstehen, die an dem Wohnsitz oder der gewerblichen Niederlassung des Empfängers erfolgt[2893]. Weitergehende Aufwendungen hat der Verkäufer nur dann zu tragen, wenn das Verbringen der Sache an einen anderen Ort dem bestimmungsgemäßen Gebrauch der Sache entspricht[2894]. Ein derartiger Gebrauch ist dann gegeben, wenn die Sache ihrer Natur oder Art nach dazu bestimmt ist, an verschiedenen Orten gebraucht zu werden, d.h., die Sache nicht an einen festen Ort gebunden ist (z.B. KfZ)[2895]. Ob dem Verkäufer ein Gebrauch der Sache an einem anderen Bestimmungsort bekannt ist, ist dabei unerheblich. Vielmehr ist der *„objektive Verwendungszweck der Sache“*[2896] maßgeblich.

Die Anknüpfung der Begrenzung der Kostentragungspflicht an den Gesichtspunkt, ob die Sache ihrer Natur nach -also objektiv- dazu bestimmt ist, an verschiedenen Orten gebraucht zu werden, erscheint m.E. als willkürlich und vernachlässigt die Interessen des Verkäufers.

Zunächst ist schon die Frage, ob eine Sache dazu bestimmt ist, an verschiedenen Orten gebraucht zu werden, äußerst schwer zu beantworten. Als Musterbeispiel wird hier häufig das KfZ genannt[2897]. Allerdings lassen sich ohne weiteres auch Kleidungsstücke[2898], Baumaschinen (z.B. Bagger) oder (Mobil-)Telefone hierunter subsumieren. Wenn *Reinicke/Tiedtke* Außenbordmotoren unter dieses

---

2893 Es kommt dabei auf den Wohnsitz bzw. die gewerbliche Niederlassung des *Empfängers*, nicht des Käufers an. D.h., der maßgebliche Ort kann (z.B. bei einem Streckengeschäft) auch ein dritter Ort (der Ort des Kunden des Käufers) sein, wenn der Verkäufer direkt dorthin zu liefern hatte, vgl. *Soergel/Huber*, § 476 a Rn. 16.

2894 Auch *Huber* hatte eine solche Regelung in seinem Gutachten zur Schuldrechtskommission vorgeschlagen, vgl. *Huber*, Gutachten I, S. 874. Die Kommission hat diese Regelung jedoch nicht übernommen, da sie der Ansicht ist, dass § 438 III BGB-KE („Unzumutbarkeit“) die Kostentragungspflicht angemessen begrenzt, vgl. *Abschlussbericht*, S. 212, 213. Allerdings geht sie dabei fälschlicherweise davon aus, dass sich der „bestimmungsgemäße“ Gebrauch in § 476 a S. 2 BGB aus den *vertraglichen Vereinbarungen* der Parteien ergäbe. Dieser ist aber vielmehr objektiv zu bestimmen, vgl. dazu sogleich im Text.

2895 *Reinicke/Tiedtke*, Kaufrecht, S. 198 Rn. 501; *Ulmer/Brandner/Hensen/Hensen*, AGB, § 25 Rn. 21.

2896 *BGH* NJW 1991, 1604, 1606.

2897 Vgl. *BT-Drucks.*, 7/3919, S. 44; *Soergel/Huber*, § 476 a Rn. 16.

2898 Vgl. nur *Reinicke/Tiedtke*, Kaufrecht, S. 198 Rn. 501 mit dem Beispiel einer Armbanduhr.

Merkmal fassen[2899], so lässt sich auch eine Küche, die in ein Boot eingebaut werden kann, unter dieses Tatbestandsmerkmal einordnen.

Auch greift eine so gestaltete „Haftungsbegrenzung“ viel zu kurz und vernachlässigt die berechtigten Interessen des Verkäufers. Wenn der *BGH* eine Erstattungspflicht für Transportkosten nach/von Saudi Arabien bei der Lieferung eines defekten Generators deshalb ablehnt, weil dieser nicht mobil sei[2900], so kann im Umkehrschluss daraus gefolgert werden, dass bei einem KfZ diese Kosten vom Verkäufer zu übernehmen sind. Für den Verkäufer von mobilen Waren (soweit er sich überhaupt darüber im Klaren ist, dass seine Waren mobil sind) kann eine so gestaltete „Haftungsbegrenzung“ zu unüberschaubaren Haftungsrisiken führen[2901]. Dies gilt um so mehr, als der Verkäufer noch nicht einmal wissen muss, dass die Ware an einem anderen Ort verwendet werden soll.

Allerdings kann auch das bloße Wissen des Verkäufers hinsichtlich eines Verkaufs der Ware durch den Käufer an einen anderen (fernen) Ort, nicht die Haftung für sämtliche Aufwendungen begründen, die sich hieraus ergeben. Denn das bloße Wissen kann nicht ohne weiteres die Annahme begründen, dass der Verkäufer auch bereit ist, für sämtliche Risiken die Kosten zu tragen, wenn die von ihm gelieferte Ware fehlerhaft ist[2902].

Vielmehr erscheint hier der von der *Schuldrechtskommission* gewählte Ansatz unter Berücksichtigung der Interessen der Parteien als ausgewogener[2903], dem der *Diskussionsentwurf* folgt[2904]. Die *Schuldrechtskommission* schlägt vor, den § 438 III BGB-KE („Unverhältnismäßigkeit“) auf unzumutbar hohe Transportkosten anzuwenden[2905]. Führt die Nacherfüllung für den Verkäufer zu unverhältnismäßigen Kosten, so kann der Verkäufer die Nacherfüllung verweigern. Möchte der Käufer die Nacherfüllung gleichwohl als Rechtsbehelf wählen, so muss er die Erstattung der Mehrkosten anbieten[2906]. Hohe Nacherfüllungs- bzw. Transportkosten aufgrund der Verbringung der Ware an einen anderen Ort, wären somit nur eine Fallgruppe der Unverhältnismäßigkeitsgrenze.

Ob die Nacherfüllung unzumutbar ist, weil die Transportkosten unverhältnismäßig hoch sind, sollte dabei unter Berücksichtigung sämtlicher Umstände beur-

---

2899 *Reinicke/Tiedtke*, Kaufrecht, S. 198 Rn. 501.

2900 *BGH* NJW 1991, 1604, 1606.

2901 *Reinicke/Tiedtke*, Kaufrecht, S. 198 Rn. 501 halten dies aber durchaus für sachgerecht. Sie führen aus: „Auf den Verkäufer können auf diese Weise große Kosten zukommen. Es ist aber sachgerechter, dass der Verkäufer die Kosten trägt als der Käufer; hätte der Verkäufer eine mangelfreie Sache geliefert, wären die Kosten nicht entstanden.“

2902 Insoweit zutreffend, *BGH* NJW 1991, 1604, 1606.

2903 *Abschlussbericht*, S. 212 f..

2904 *Diskussionsentwurf*, S. 489 f..

2905 Nach dem *Diskussionsentwurf* ist hier § 437 III BGB-DE anwendbar, vgl. *Diskussionsentwurf*, S. 490.

2906 *Abschlussbericht*, S. 213; *Diskussionsentwurf*, S. 490.

teilt werden. Zu berücksichtigen sind hierbei dann die Art der Ware[2907], der Wert der Ware[2908], ein Verschulden des Verkäufers[2909], der Umstand, ob die Parteien im internationalen Handel tätig sind und die Frage, ob ein Wissen des Verkäufers von der geplanten Verbringung der Ware die Haftungsübernahme für Risiken begründet, die sich aus dieser Verbringung ergeben.

Eine solche Regelung ist auch mit der EG-Richtlinie 1999/44/EG vereinbar. Denn nach Art. 3 III EG-RL kann[2910] der nationale Gesetzgeber die Nacherfüllung ausschließen, wenn diese für den Verkäufer unverhältnismäßig ist.

(b) Verwendungsersatz

Im BGB kann der Käufer nach Kenntnis vom Mangel nur die notwendigen Verwendungen und vor Kenntnis vom Mangel auch die nützlichen Verwendungen ersetzt verlangen (h.M.). Im CISG und UCC kann der Käufer aufgrund des in diesen Rechtscodes bestehenden verschuldensunabhängigen Schadensersatzanspruchs grundsätzlich jede Verwendung ersetzt verlangen, wozu auch Verbesserungen gehören können.

Für die folgenden Betrachtungen soll davon ausgegangen werden, dass der anzuwendende bzw. zu schaffende Rechtscode keinen *verschuldensunabhängigen* Schadensersatzanspruch vorsieht. Bei einer an einem Ausgleich der Interessen der Vertragsparteien orientierten Regelung des Verwendungsersatzes sind folgende Interessengesichtspunkte zu berücksichtigen:

Einerseits dürfen für den Verkäufer –soweit ihn an der Vertragswidrigkeit kein Verschulden trifft- keine unüberschaubaren Haftungsrisiken entstehen, z.B. deshalb, weil der Käufer an der Ware Verbesserungen vorgenommen hat, die den Wert des Kaufgegenstandes übertreffen, für den Verkäufer jedoch nutzlos sind.

Andererseits soll der Käufer möglichst durch die vertragswidrige Lieferung des Verkäufers keinen Vermögensschaden erleiden. Erst recht darf der Verkäufer durch sein vertragswidriges Verhalten nicht auf Kosten des Käufers bereichert werden.

2907 So wird man von einem Autoverkäufer, der in der BRD seinen Geschäftsitz hat, verlangen können, dass er bei einem KfZ-Verkauf zumindest die Transportkosten trägt, die sich im Bundesgebiet ergeben. Bei einer Verschiffung des KfZ nach Saudi Arabien wäre dies allerdings anders zu beurteilen, wenn keine besonderen Umstände (z.B. der Verkäufer ist im internationalen Handel tätig) hinzutreten.

2908 So wird man von einem Fahrradverkäufer nicht verlangen können, die Transportkosten in ein anderes Land zu tragen, die den Wert der verkauften Fahrräder u.U. übersteigen.

2909 Hat der Verkäufer die Vertragswidrigkeit verschuldet, so sind ihm regelmäßig höhere Transportkosten zumutbar.

2910 Da es sich bei der EG-Richtlinie um einen *Mindestschutz* des Verbrauchers handelt (vgl. Art. 8 EG-RL), könnte der nationale Gesetzgeber theoretisch auch die „Unverhältnismäßigkeitsgrenze“, die den Verkäufer schützen soll, nicht aufnehmen.

Auch in Bezug auf den Verwendungsersatz bietet der BGB-KE eine überzeugende, interessengerechte Lösung an[2911], die vom *Diskussionsentwurf* übernommen wurde[2912]. Nach § 347 II BGB-KE (bzw. § 347 II BGB-DE) hat der Verkäufer notwendige Verwendungen stets, weitergehende Aufwendungen jedoch nur dann zu ersetzen, soweit er durch diese bereichert ist.

Diese Regelung erscheint deshalb sachgemäß, weil der Verkäufer bezüglich der notwendigen Verwendungen immer bereichert ist, da er diese auch selbst hätte aufwenden müssen und sie hinreichend voraussehbar sind. Weitergehende Aufwendungen können für den Verkäufer zu unüberschaubaren und nicht gerechtfertigten Haftungsrisiken führen, insbesondere dann, wenn sie für ihn wertlos sind. Ist der Verkäufer aber durch die weitergehenden Aufwendungen bereichert, so ist es sachgemäß, dass er hierfür Ersatz zu leisten hat.

(2) Pflichten des Käufers/Ansprüche des Verkäufers

(a) Rückgabe der mangelhaften Sache

Ist die vertragswidrige Ware nicht untergegangen, so ist der Käufer nach sämtlichen Rechtscodes verpflichtet, die Sache zurückzugeben[2913].

(aa) Leistungsort

Der Leistungsort hinsichtlich der Rückgabe vertragswidrigen Ware ist der Ort, an dem der Verkäufer die Sache zurückzunehmen und der Käufer die Ware zurückzugeben hat[2914]. Dieser Leistungsort ist in keinem der Rechtscodes normiert. Auch die *Schuldrechtskommission* hat diese Frage ausdrücklich offengelassen[2915]. Der Leistungsort solle vielmehr aufgrund der allgemeinen Vorschrift des § 269 BGB durch Rechtsprechung und Lehre bestimmt werden[2916].

Die Lehre und Rechtsprechung zum *BGB* sieht als Leistungsort den Ort an, an welchem sich die Ware vertragsgemäß befindet[2917]. Die h.M. in der Literatur zum *CISG* bestimmt den Leistungsort hingegen unter spiegelbildlicher Anwendung der Regelung des Leistungs- und Lieferungsortes für die Primärleistungen des Vertra-

---

[2911] Vgl. hierzu die Ausführungen der Schuldrechtskommission im *Abschlussbericht,* S. 188 ff..

[2912] Vgl. hierzu *Diskussionsentwurf,* S. 428 ff..

[2913] Vgl. oben *F. II. 1. c) (2) (a).*

[2914] So zum BGB: *Soergel/Huber*, § 467 Rn. 129; vgl. *BGHZ* 87, 104, 109.

[2915] *Abschlussbericht*, S. 191. Auch der *Diskussionsentwurf* bestimmt diesbezüglich keinen Leistungsort.

[2916] *Abschlussbericht*, S. 191. Die Schuldrechtskommission führt hierzu aus, dass eine Einheitslösung, die auf sämtliche Einzelfälle passe, nicht zu finden sei und eine differenzierte Lösung einen zu großen Regelungsaufwand mit sich bringen würde.

[2917] *Palandt/Putzo*, § 467 Rn. 4; *Soergel/Huber*, § 467 Rn. 130; *BGH* NJW 1962, 739.

ges in Art. 31 CISG[2918]. Hingegen war nach der Rechtsprechung zum *EKG* der Erfüllungsort der Primärpflichten auch für die Rückabwicklung maßgeblich[2919].

Meines Erachtens ist hier die zum BGB vertretene Ansicht vorzugswürdig. Die zum CISG vertretene Meinung kann nicht überzeugen, da nicht einzusehen ist, warum der Käufer, dem vertraglich die meisten Leistungshandlungen versprochen wurden –nämlich eine Bringschuld-, aufgrund der Vertragsverletzung des Verkäufers nun am Schlechtesten stehen soll. Auch ist der Rechsprechung zum EKG nicht zu folgen, da die vertraglich vereinbarten Regelungen zum Leistungsort nicht ohne weiteres auch die Rückabwicklung bei einem „Fehlschlagen" des Vertrages decken[2920].

Vielmehr erscheint die zum BGB vertretene Ansicht unter Berücksichtigung der Interessen der Parteien als angemessen. Für den Käufer wird hierdurch sichergestellt, dass auf ihn kein zusätzlicher Aufwand (in Form der Organisation eines Rücktransports, der Durchführung eines Rücktransports selbst oder in Form von Kosten) zukommt, wenn er die Ware im Rahmen des vertraglich vorausgesehenen Gebrauchs verwendet[2921]. Der Verkäufer ist davor geschützt, dass er die Ware an einem (u.U. weit entfernten) Ort abzuholen hat, welcher nach dem Vertrag für ihn überhaupt nicht vorauszusehen war.

Im Einzelfall können von diesem Grundsatz nach Treu und Glauben jedoch Ausnahmen bestehen. So wird man z.B. einem Käufer von geringwertigen Gebrauchsgütern (z.B. bei einem Buch) zumuten können, dass er die Ware an den Verkäufer zurückschickt. Die Versendung oder ein evtl. Transport erfolgt in diesem Fall dann aber auf Kosten und Gefahr des Verkäufers.

Im Ergebnis ist ferner der *Schuldrechtskommission* darin zuzustimmen, dass sich aufgrund der Vielzahl von denkbaren Fällen eine *normierte* Einheitslösung nicht anbietet[2922].

(bb) Gefahrtragung/Vertretenmüssen

In sämtlichen verglichenen Rechtscodes[2923] sowie nach dem BGB-KE[2924] und BGB-DE[2925] trägt der Verkäufer die Gefahr des zufälligen Untergangs oder der

---

2918 *Staudinger/Magnus,* Art. 81 Rn. 19; *Schlechtriem/Leser*, Art. 81 Rn. 17; *Piltz*, Intern. KaufR, S. 253 Rn. 292.

2919 *BGHZ* 78, 257, 260 f.; *München* IPRax 1987, 307, 308.

2920 So auch *Piltz*, Intern. KaufR, S. 253 Rn. 292 (zum CISG).

2921 Regelmäßig wird daher der Wohnsitz oder die gewerbliche Niederlassung des Käufers der Leistungsort sein. Dieses kann aber auch ein dritter Ort sein, an den die Ware zu liefern war, vgl. *Soergel/Huber*, § 467 Rn. 129 f. (zum BGB).

2922 Vgl. *Abschlussbericht*, S. 191.

wesentlichen Verschlechterung der vertragswidrigen Sache aufgrund eines Zufalls[2926].

„Zufall" bedeutet in diesem Zusammenhang, dass der Käufer den Untergang nach dem jeweiligen Rechtscode nicht zu vertreten hat. Hinsichtlich der Frage des Vertretenmüssens unterscheiden sich BGB und CISG. Das BGB stellt hierbei auf ein Verschulden des Käufers ab (vgl. §§ 350, 351 BGB), wobei vor Kenntnis des Mangels nur eine zurechenbare Nachlässigkeit in eigener Angelegenheit („Verschulden gegen sich selbst") ein Vertretenmüssen begründet (h.M.) [2927]. Nach dem CISG hingegen ist die Ersatzlieferung bereits dann ausgeschlossen, wenn die Unmöglichkeit auf einer Handlung oder (pflichtwidrigen) Unterlassung beruht (vgl. Art. 82 II a) CISG); ausreichend ist mithin die schlichte Verursachung der Rückgabeunmöglichkeit durch den Käufer[2928].

Aus zutreffenden Gründen folgen hier die *Schuldrechtskommission* und der *Diskussionsentwurf* der bestehenden Rechtslage im BGB (vgl. § 346 III Nr. 3 BGB-KE bzw. § 346 III Nr. 3 BGB-DE) für die Fälle, in denen der Käufer die Vertragswidrigkeit noch nicht kannte oder hätte kennen müssen und deshalb den Kaufgegenstand als endgültigen Bestandteil seines Vermögens betrachtet[2929]. Die *Schuldrechtskommission* führt zutreffend aus, dass es nicht einzusehen sei, warum die Zerstörung der Sache durch einen Brand anders zu beurteilen sei, als die Zerstörung der Sache im Rahmen ihrer Benutzung, an welcher der Käufer schuldlos ist[2930], zumal der Käufer von der Vertragswidrigkeit nichts weiss[2931].

2923 Vgl. oben, *F. II. 1. c) (2) (a)*. Der UCC soll aufgrund seiner grundlegend unterschiedlichen Anknüpfung der Gefahrtragung an die „acceptance" bei der Stellungnahme im Folgenden ausgeblendet werden.

2924 Vgl. § 346 III BGB-KE. Ausführlich *Abschlussbericht,* S. 184 ff..

2925 Vgl. § 346 III BGB-DE und *Diskussionsentwurf,* S. 427. Der *Diskussionsentwurf* übernimmt diesbezüglich uneingeschränkt den Vorschlag der *Schuldrechtskommission.*

2926 Im BGB und CISG bildet die wesentliche Verschlechterung bzw. der Untergang, den der Käufer nach dem jeweiligen Rechtscode zu vertreten hat, einen Ausschlussgrund für die Ersatzlieferung (vgl. oben *F. II. 1. b) (11) (b)*). Im BGB-KE und BGB-DE liegt hier kein Ausschlussgrund vor; die Gefahr eines vom Käufers zu vertretenen Untergangs wird dem Käufer in Form einer Verpflichtung zur Wertersatzleistung zugewiesen, vgl. *Abschlussbericht*, S. 183 und *Diskussionsentwurf,* S. 421.

2927 *Nierwetberg*, JuS 1984, 33, 35 m.w.N..

2928 *Hager,* Gefahrtragung beim Kauf, S. 166. Trotz Verursachung des Untergangs durch den Käufer ist die Ersatzlieferung dann nicht ausgeschlossen, wenn die Handlung im Rahmen der Untersuchung gem. Art. 38 CISG (Art. 82 II b) CISG) oder vor Kenntnis bzw. Kennenmüssen im Rahmen der normalen Verwendung erfolgt (Art. 82 II c) CISG).

2929 Vgl. *Abschlussbericht*, S. 186 ff.; *Diskussionsentwurf,* S. 427.

2930 *Abschlussbericht,* S. 187 f.. Ferner führt die Schuldrechtskommission dort zutreffend aus, dass das Verbleiben der Gefahr beim Verkäufer bzw. deren Zurückspringen auf ihn deshalb gerechtfertigt sei, weil der vertragswidrig liefernde Verkäufer nicht darauf vertrauen könne, dass der Gefahrübergang endgültig sei. Diese Argumentation hat der *Diskussionsentwurf* vollständig übernommen, vgl. *Diskussionsentwurf,* S. 427.

Ferner wird auf diese Weise die Normierung von „Sondertatbeständen" wie im CISG obsolet (vgl. Art. 82 II b), c) CISG), die im Endeffekt auf ähnliche Ergebnisse hinauslaufen und zu ungerechtfertigten Lücken führen können[2932].

Nach Kenntnis bzw. Kennenmüssen der Vertragswidrigkeit muss sich der Sorgfaltsmaßstab des Käufers erhöhen. Denn dem Käufer ist nunmehr zuzumuten, dass er im Hinblick auf die Rückgewährverpflichtung mit der Sache sorgfältiger verfährt. Auch hier erscheint die flexiblere Lösung des BGB sachgemäßer, die diesen erhöhten Maßstab im Rahmen der Auslegung des Verschuldensbegriffs berücksichtigt[2933]. Diese Lösung wird im BGB-KE und im BGB-DE im Ergebnis beibehalten[2934]. Insbesondere kann hierdurch ausreichend dem Umstand Rechnung getragen werden, dass der Käufer grundsätzlich eine Benutzung zu unterlassen hat, nicht aber dann, wenn ihm dieses nicht zuzumuten ist, z.B. weil der Verkäufer die Ersatzlieferung einer Sache verzögert, auf deren Benutzung der Käufer angewiesen ist.

Bei *unwesentlichen* Verschlechterungen muss hinsichtlich des Verschuldens das Gleiche gelten. Auch hier weisen der BGB-KE bzw. der BGB-DE den richtigen Weg. Denn da nach dem *Kommissions-* bzw. *Diskussionsentwurf* wesentliche Verschlechterungen und der Untergang keinen Ausschlussgrund für die Ersatzlieferung mehr bilden, ist eine einheitlich Betrachtung von wesentlichen und unwesentlichen Verschlechterungen möglich (vgl. § 346 III Nr. 3 BGB-KE bzw. § 346 III Nr. 3 BGB-DE)[2935].

(b) Wertersatz/Surrogate

Wie oben dargelegt, sollte die Ersatzlieferung nicht dadurch ausgeschlossen sein, dass die mangelhafte Ware untergegangen ist, und zwar unabhängig davon, ob der Käufer dies zu vertreten hat oder nicht.

2931 Es käme hier zu Zufallsergebnissen.

2932 Dies ist auch im CISG der Fall. So soll nach Art. 82 II b) CISG die Gefahr dann nicht vom Käufer aufgrund seiner Handlung zu tragen sein, wenn sich der Untergang im Rahmen der in Art. 38 CISG normierten Untersuchung vollzieht. Der dahinterstehende Rechtsgedanke, nämlich der Gefahrtragung des Verkäufers bei gesetzlich konstituierten Obliegenheiten, trifft ebenso auf die in Art. 86 I CISG vorgeschriebene Erhaltungspflicht zu. Fährt nun bspw. der Käufer ein vertragswidriges KfZ in eine Garage (Handlung i.S.d. Art. 82 II a) CISG), um seiner Aufbewahrungspflicht nachzukommen und geht die Sache hierbei ohne ein Verschulden des Käufers unter, so würde er nach dem CISG ungerechtfertiger Weise die Gefahr tragen.

2933 *Nierwetberg*, JuS 1984, 33, 35 f. m.w.N..

2934 Hier haftet der Käufer nach dem allgemeinen Leistungsstörungsrecht auf Schadensersatz gem. § 280 I BGB-KE, wenn er den Untergang verschuldet hat, vgl. *Abschlussbericht*, S. 187. Ebenso *Diskussionsentwurf*, S. 424.

2935 Vgl. *Abschlussbericht*, S. 185 f.. *Diskussionsentwurf*, S. 422.

Um den Interessen des Verkäufers ausreichend Rechnung zu tragen, muss der Käufer in den Fällen, in denen er den Untergang oder eine (auch unwesentliche) Verschlechterung zu vertreten hat, zum Wertersatz verpflichtet sein. Hatte der Käufer die Verschlechterung bzw. den Untergang nicht zu vertreten, so muss er zumindest die noch vorhandene Bereicherung herausgeben. Es bietet sich daher eine Normierung entsprechend dem BGB-KE bzw. BGB-DE (vgl. § 346 II, III BGB-KE; § 346 II, III BGB-DE) an.

Erlangt der Käufer durch den Untergang oder die Verschlechterung ein Surrogat, so muss der Käufer, wenn er die Ersatzlieferung wählt, zur Herausgabe des Surrogats verpflichtet sein; dieser Grundsatz gilt in allen verglichenen Rechtscodes[2936].

(c) Nutzungsersatz

Hinsichtlich des Nutzungsersatzes ist zu berücksichtigen, dass der Käufer durch die vertragswidrige Leistung des Verkäufers weder bereichert werden, noch einen Nachteil erleiden sollte.

Es bietet sich die Regelung des CISG in Art. 84 II a) CISG an. Der Ersatzlieferung begehrende Käufer hat hiernach weder die „üblichen" Gebrauchsvorteile noch die mittelbaren und unmittelbaren Früchte zu vergüten, da ihm eine funktionsfähige Ware zustand[2937]. Ersparte Eigenaufwendungen und Wertverlust sind hingegen dem Verkäufer zu vergüten. Auch sollte eine Vergütung von nicht gezogenen, fiktiven Nutzungen wie im CISG ausscheiden[2938]. Der Käufer, der davon ausgeht, dass die gelieferte mangelhafte Ware Bestandteil seines Vermögens ist und bleibt, würde durch die hiermit konstituierte Verpflichtung zur Nutzungsziehung ungerechtfertigt belastet[2939].

Die hier vertretene Lösung würde auch den Anforderungen der EG-Richtlinie 1999/44/EG entsprechen. Wie Erwägungsgrund (15)[2940] zur Richtlinie ausführt, können die Mitgliedsstaaten vorsehen, dass die dem Verbraucher (Käufer) zu leistende Erstattung gemindert werden kann, um der Benutzung der Sache seit der Lieferung Rechnung zu tragen.

2936 Vgl. oben *F. II. 1. c) (2) (b).* Auch nach dem BGB-KE gilt § 281 BGB fort, vgl. *Abschlussbericht,* S. 188. Ebenso der *Diskussionsentwurf,* S. 420.

2937 Vgl. *Staudinger/Magnus*, Art. 84 Rn. 20 (zu Gebrauchsvorteilen); vgl. ausführlich oben *E. IV. 3. a) (2).*

2938 Vgl. zum CISG: *Piltz*, Intern. KaufR, S. 252 Rn. 290; *Reinhart*, Art. 84 Rn. 5.

2939 Abweichend § 347 I BGB-KE bzw. § 347 I BGB-DE. Hiernach hat der Käufer auch die fiktiven Nutzungen zu vergüten, die er gezogen hätte, wenn er diejenige Sorgfalt angewendet hätte, die er in eigenen Angelegenheiten anzuwenden pflegt.

2940 Vgl. Erwägungsgrund (15), abgedruckt in NJW 1999, 2421, 2421.

(3) Verknüpfung der Leistungen/Zug um Zug Leistung

Im UCC (§ 2-711 (3) UCC), BGB (§§ 480 I S. 2, 467 S.1; 348 BGB) sowie nach dem BGB-KE (§ 348 BGB-KE) und BGB-DE sind die sich aus der Ersatzlieferung ergebenden Verpflichtungen Zug um Zug zu erfüllen. Im CISG hingegen, wird die Rückgabeverpflichtung des Käufers sofort mit seinem Ersatzlieferungsverlangen fällig[2941]. Begründet wird dies damit, dass bei Distanzkäufen die Zug-um-Zug-Abwicklung besondere Schwierigkeiten bereiten würde, wenn Ware gegen Ware auszutauschen sei und der Verkäufer ein schutzwürdiges Interesse an der sofortigen Disposition über die mangelhafte Ware haben könne[2942].

Das CISG vernachlässigt m.E. mit seiner Lösung das Sicherungsinteresse des Käufers und ist zudem inkonsequent.

Dem Käufer, der seinen Kaufpreis bezahlt, der u.U. ersatzfähige Verwendungen auf die mangelhafte Ware getätigt und der bereits einen gewissen Vertrauensverlust durch die vertragswidrige Ware erlitten hat, ist nicht zuzumuten, vollkommen ungesichert darauf zu vertrauen, dass der Verkäufer ihm vertragsgemäße Ware liefert[2943]. Insbesondere bei noch nicht gefestigten Geschäftsbeziehungen wird hierdurch für den Käufer der Ersatzlieferungsanspruch gänzlich unattraktiv.

Die Inkonsequenz des CISG ergibt sich daraus, dass dem Käufer bei einem Ersatzlieferungsbegehren ein Zurückbehaltungsrecht für Verwendungen im Rahmen des Art. 86 CISG zusteht (vgl. Art. 86 I S. 2 CISG), nicht aber für den höheren Kaufpreisbetrag.

3. Der Nachbesserungsanspruch

a) Voraussetzungen

Die Voraussetzungen des Nachbesserungsanspruchs sollten im Wesentlichen denen des Ersatzlieferungsanspruchs entsprechen. Nachfolgend soll deshalb ausführlich nur auf die Besonderheiten eingegangen werden. Die dem Ersatzlieferungsanspruch entsprechenden Voraussetzungen werden lediglich zusammenfassend erörtert.

[2941] *Leser,* Vertragsaufhebung, in: Schlechtriem, S. 242 Fn. 81; *Soergel/Lüderitz,* Art. 81 Rn. 6.

[2942] *Schlechtriem/Huber,* Art. 46 Rn. 53; vgl. auch die Ausführungen von *Mr. Honnold* (U.S.A.) *O.R.* 388 Nr. 72 (zu den Schwierigkeiten der Zug-um-Zug-Abwicklung bei Distanzkäufen).

[2943] Dies gilt um so mehr bei Käufen über große Distanzen.

(1) „Allgemeine" Voraussetzungen

Ein Interesse des Käufers an einer Nachbesserung (z.B. bei Montage der Sache) kann unabhängig davon bestehen, ob ein Gattungs- oder ein Stückkauf vorliegt. Beide Formen des Kaufs sind insofern einheitlich zu bewerten.

Sachmängel und *aliud*-Lieferungen sollten -wie im CISG, BGB-KE und nach dem BGB-DE- auch im Hinblick auf den Nachbesserungsanspruch einheitlich betrachtet werden. Zwar ist bei einer *aliud*-Lieferung regelmäßig keine Nachbesserung möglich (sondern vielmehr nur eine Ersatzlieferung), jedoch entfällt durch die Gleichstellung die oftmals schwierige Abgrenzung zwischen den beiden Arten von Vertragsverletzungen[2944].

Aus den gleichen Erwägungen wie zum Ersatzlieferungsanspruch ist der Nachbesserungsanspruch weder dadurch zu beschränken, dass die Vertragsverletzung wesentlich ist, noch dadurch, dass sie erheblich i.S.d. § 459 I S. 2 BGB ist. Den Interessen des Verkäufers bei unerheblichen Mängeln i.S.d. § 459 I S. 2 BGB kann ausreichend dadurch Rechnung getragen werden, dass die Nachbesserung ausgeschlossen ist, wenn sie für den Verkäufer unzumutbar ist bzw. für ihn einen unverhältnismäßigen Aufwand bedeutet. Im Übrigen ist nicht einzusehen, weshalb sich der Käufer mit einem auch nur unwesentlichen Mangel abzufinden haben sollte, wenn er den Kaufpreis für eine vollständig mangelfreie Ware bewirkt hat.

Durch eine Gleichstellung sämtlicher Mängel, unabhängig von ihrer Intensität, entfallen ferner Abgrenzungsprobleme im Hinblick auf die Frage, welcher Mangel noch unwesentlich ist und welcher nicht.

Dem Käufer hat das Wahlrecht hinsichtlich der Nacherfüllungsmethode (Ersatzlieferung oder Nachbesserung) bei Sachmängeln zuzustehen. Im Hinblick auf den Nachbesserungsanspruch ist dabei die Erwägung maßgeblich, dass insbesondere in Fällen der Montage, der Integration oder des Einbaus der Ware der Käufer ein erhebliches Interesse an dieser Nacherfüllungsmethode haben kann. In Fällen, in denen der Käufer ein Interesse an der Nachbesserung nicht hat, ist davon auszugehen, dass er auch die Ersatzlieferung wählen wird. Eine rechtsmissbräuchliche Wahl der Nachbesserung kann ausreichend durch die Unzumutbarkeitsgrenze verhindert werden. Das Wahlrecht hinsichtlich der Nacherfüllungsmethode entspricht dabei den Anforderungen der EG-Richtlinie 1999/44/EG[2945].

2944 Vgl. oben *H. II. 1. b) (2)*.

2945 Vgl. Art. 3 III EG-RL und insbesondere die *Erwägungsgründe* (10) und (12), NJW 1999, 2421, 2421. Vgl. hierzu auch *Diskussionsentwurf*, S. 488.

Auch hinsichtlich der Bindung des Käufers an sein Nachbesserungsbegehren gelten die Ausführungen zum Ersatzlieferungsanspruch. Grundsätzlich sollte der Käufer nicht an sein Nachbesserungsbegehren gebunden sein.

Die Möglichkeit des Spekulierens bei einem „schwankenden“ Markt wird dem Käufer durch das Nacherfüllungs*recht* des Verkäufers genommen. Dem Interesse des Verkäufers, nicht über einen unabsehbaren Zeitraum im Unklaren darüber zu bleiben, ob er noch eine Nachbesserung vorzunehmen hat oder nicht, ist durch die Möglichkeit einer Fristsetzung Rechnung zu tragen; nach Fristablauf ist die Nachbesserung dann (entsprechend dem § 466 BGB) ausgeschlossen.

Im Übrigen ist der Verkäufer vor einem plötzlichen Meinungswechsel des Käufers in Bezug auf die Nachbesserung ausreichend durch den Grundsatz von Treu und Glauben geschützt. Wählt also der Käufer die Nachbesserung und hat der Verkäufer im Hinblick hierauf bereits Dispositionen getroffen (z.B. Einkauf von Material), so ist der Käufer nach Treu und Glauben eine angemessene Frist an sein Nachbesserungsbegehren gebunden.

(2) Grenzen der Nachbesserung/Unverhältnismäßigkeit

Über den oben beschriebenen allgemeinen Entlastungsgrund hinaus muss der Nachbesserungsanspruch (ebenso wie der Ersatzlieferungsanspruch) weiter eingeschränkt werden. Hierdurch muss verhindert werden, dass der Verkäufer durch die Nachbesserung unzumutbar belastet wird bzw. der Käufer den Nachbesserungsanspruch rechtsmissbräuchlich ausübt.

Soweit ein gesetzlicher Nachbesserungsanspruch besteht, ist diese Unzumutbarkeitsgrenze in allen untersuchten Rechtscodes enthalten.

Im *BGB* ist bei Werkverträgen die Nachbesserung dann ausgeschlossen, wenn sie einen „unverhältnismäßigen Aufwand“ erfordert (§ 633 II S. 2 BGB)[2946]. Der Aufwand der Mängelbeseitigung muss dabei unter Abwägung aller Umstände in einem objektiven Missverhältnis zum Vorteil (Erfolg) für den Besteller stehen[2947]. Der *BGB-KE* enthält für den Nachbesserungsanspruch im Kaufrecht die gleiche Grenze (§ 438 III BGB-KE). Hinsichtlich der Auslegung verweist die *Kommission* auf das geltende Werkvertragsrecht[2948].

Im *CISG* ist die Nachbesserung ausgeschlossen, wenn sie „unzumutbar“ ist (Art. 46 III CISG). Auch hiernach ist die Nachbesserung dann unzumutbar, wenn

---

2946 Dies entspricht dem Gedanken der Zumutbarkeit, vgl. *Soergel/Teichmann*, § 633 Rn. 10.

2947 *MünchKomm/Soergel*, § 633 Rn. 136; *BGH* NJW 1996, 3269, 3270. Kann aber durch die Nachbesserung erst die Funktionsfähigkeit der Sache hergestellt werden, so sind die Aufwendungen stets verhältnismäßig; deshalb kommt § 633 II S. 2 BGB grundsätzlich nur bei geringfügigen Abweichungen (Schönheitsfehlern) in Betracht, vgl. *BGH* NJW 1996, 3269, 3270; *Soergel/Teichmann*, § 633 Rn. 10.

2948 *Abschlussbericht*, S. 253.

der erforderliche Aufwand in einem objektiven Missverhältnis zu den Vorteilen für den Käufer steht[2949].

Nach der *EG-Richtlinie 1999/44/EG* sind bei der Frage der „Unverhältnismäßigkeit“ die Kosten der Nachbesserung einerseits im Vergleich zum Wert der Sache, der Bedeutung der Vertragswidrigkeit sowie der Unannehmlichkeiten alternativer Abhilfemöglichkeiten für den Käufer andererseits zu berücksichtigen (vgl. Art. 3 III S. 2 EG-RL).

Nach dem *Diskussionsentwurf* kann der Verkäufer die gewählte Nacherfüllung verweigern, wenn diese nur mit „unverhältnismäßigen Aufwendungen“ möglich ist; hinsichtlich der zu berücksichtigenden Kriterien wird dabei der o.g. EG-Richtlinie gefolgt (§ 437 III BGB-DE)

Zu untersuchen ist also die Frage, welche Faktoren bei der Abwägung der Umstände im Hinblick auf die Unzumutbarkeit zu berücksichtigen sind. Diese Untersuchung soll anhand von Fallgruppen durchgeführt werden, in denen die Nachbesserung ausgeschlossen ist.

Eine in sämtlichen Rechtscodes[2950] anerkannte Schranke des Nachbesserungsanspruchs muss dann bestehen, wenn eine belanglose Abweichung vorliegt, deren Beseitigung einen unverhältnismäßigen Aufwand bedeuten würde[2951]. Hier muss sich der Käufer mit der Minderung begnügen.

Steht dem Käufer -wie vorgeschlagen- das Wahlrecht zwischen Ersatzlieferung und Nachbesserung zu, so muss durch die Unzumutbarkeitsgrenze ferner verhindert werden, dass der Käufer die Nachbesserung im Verhältnis zur Ersatzlieferung rechtsmissbräuchlich wählt[2952]. Ist eine Ersatzlieferung möglich und kostengünstiger als die Nachbesserung, so könnte grundsätzlich anzunehmen sein, dass die Nachbesserung für den Verkäufer einen unzumutbaren Aufwand bedeutet[2953]. Allerdings ist es sachgemäß, dass die Nachbesserung durchaus teurer als die Ersatzlieferung sein kann, wenn der Käufer ein berechtigtes Interesse an der Nachbesserung hat (z.B. Einbau der Sache). Dabei ist davon auszugehen, dass der

---

2949 *Denkschrift*, BT-Drucks. 11/3076, S. 52; *Staudinger/Magnus*, Art. 46 Rn. 61.

2950 Zum CISG: *Schlechtriem/Huber*, Art. 46 Rn. 58. Zum Werkrecht des BGB: *Soergel/Teichmann*, § 633 Rn. 10. In der EG-Richtlinie 1999/44/EG ergibt sich dies aus den in Art. 3 III EG-RL aufgeführten Faktoren. Gleiches gilt nach dem *Diskussionsentwurf*, vgl. dort S. 489.

2951 Bsp.: Ein vollkommen belangloser Kratzer an der Unterseite einer Waschmaschine würde deren Neulackierung erfordern.

2952 Bspw. muss verhindert werden, dass der Käufer bei geringwertigen Konsumgütern die Nachbesserung wählt, wenn die Ersatzlieferung für den Verkäufer günstiger ist.

2953 So zum CISG: *Vahle*, ZVglRWiss 98 (1999), 54, 70. Anders die EG-Richtlinie 1999/44/EG. Die Nachbesserung ist hier nur unverhältnismäßig, und zwar unabhängig vom Interesse des Käufers, wenn sie *deutlich* teuerer ist als die Ersatzlieferung, vgl. Erwägungsgrund (12), NJW 1999, 2421, 2421.

Käufer, der die für ihn grundsätzlich mit mehr Unannehmlichkeiten verbundene Nachbesserung wählt, regelmäßig ein solches Interesse haben wird[2954]. Eine Nachbesserung ist deshalb dem Verkäufer auch dann zumutbar, wenn diese kostenintensiver als die Ersatzlieferung ist. Wie viel kostenintensiver die Nachbesserung im Vergleich zur Ersatzlieferung sein darf, hängt von den weiteren Umständen des Einzelfalls ab[2955]. Trifft den Verkäufer z.B. ein Verschulden an dem Mangel, so sind ihm auch erhebliche Mehrkosten zumutbar[2956]. Auch kann ein besonders großes Interesse des Käufers an der Nachbesserung dieses Verhältnis beeinflussen.

Fraglich ist, inwiefern der *Wert* und der *Kaufpreis* der Ware in die Abwägung hinsichtlich der Unzumutbarkeit einzubeziehen sind. Dabei geht es primär um Fälle, in denen eine Ersatzlieferung nicht möglich ist, weil z.B. ein Stückkauf vorliegt oder keine weitere Ware aus der Gattung mehr existiert[2957]. Soll hier der Verkäufer u.U. zu einer Nachbesserung verpflichtet sein, die den Wert der Sache oder den Kaufpreis um ein Vielfaches übersteigt? Zur Beantwortung dieser Frage ist zunächst zwischen Wert und Kaufpreis zu unterscheiden. Der Wert der Sache ist der Marktwert, d.h. der Gegenwert, welcher auf dem Markt *objektiv* für die (mangelfreie) Ware zu realisieren wäre. Der Kaufpreis hingegen betrifft das von den Parteien privatautonom ausgehandelte Austauschverhältnis zwischen der Leistung des Käufers (Geld) und des Verkäufers (Ware); es gilt hier also ein subjektiver Maßstab.

Sachgemäß erscheint die Nachbesserung dann als unzumutbar anzusehen, wenn deren Kosten den *Wert* der Sache erheblich übersteigen[2958]. Hier muss für den Verkäufer eine Haftungsgrenze angenommen werden, um den ihn nicht völlig unüberschaubaren Haftungsrisiken auszusetzen.

Dem Kaufpreis hingegen kann regelmäßig keine Bedeutung zukommen[2959], da ansonsten in das privatautonom ausgehandelte Äquivalenzverhältnis eingegrif-

---

2954 Vgl. oben *H. I. 1. e) (1) (a), (b)*.

2955 Liegen keine besonderen Umstände vor, so bietet sich an, den Erwägungen zur EG-Richtlinie 1999/44/EG zu folgen. Danach ist die Nachbesserung nur ausgeschlossen, wenn sie *deutlich* teurer als die Ersatzlieferung ist, vgl. *Erwägungsgrund* (12).

2956 Zur Berücksichtigung des Verschuldens im Werkrecht des BGB, vgl. *Staudinger/Peters*, § 633 Rn. 187; *BGH* NJW 1987, 1561, 1562.

2957 Ist eine Ersatzlieferung möglich, so ergibt sich die Unzumutbarkeitsgrenze aus den Erwägungen zum Verhältnis Ersatzlieferung und Nachbesserung.

2958 So auch nach der EG-Richtlinie 1999/44/EG, vgl. Art. 3 III EG-RL. Vgl. ferner *Diskussionsentwurf*, S. 490.

2959 So auch zum Werkrecht des BGB: *BGH* NJW 1996, 3269, 3270. Zum CISG: *Schlechtriem/Huber*, Art. 46 Rn. 58; *Honsell/Schneyder/Straub*, Art. 46 Rn. 97; Zweifelnd aber zum vertraglichen Nachbesserungsanspruch im BGB: *Peters*, JR 1993, 200, 201 (Kaufpreis als Opfergrenze für Verkäufer). Zweifelnd ebenso zum BGB-KE: *Schubel*, ZIP 1994, 1330, 1333.

fen würde. Dem Käufer, der einen günstigen Kauf getätigt hat, darf dieser Vorteil nicht im Rahmen seiner Rechtsbehelfe genommen werden.

Allerdings spielt der Kaufpreis dann eine Rolle, wenn dieser *über* dem Wert der Sache liegt. Hier muss die Verpflichtung des Verkäufers zur Nachbesserung am Kaufpreis und nicht am Wert der Ware gemessen werden[2960].

Schließlich stellt sich die Frage, ob die Nachbesserung dem Verkäufer dann unzumutbar ist, wenn er sie mit eigenen Mitteln nicht bewirken kann, d.h., wenn er nicht selbst Hersteller oder Erzeuger ist oder als Händler keine eigene Reparaturwerkstätte besitzt[2961].

Wie bereits an anderer Stelle angedeutet[2962], rechtfertigt dieser Umstand nicht, dass die Nachbesserung für den Verkäufer unzumutbar ist. Denn das Unvermögen eines Schuldners eine bestimmte Leistungshandlung vorzunehmen, hindert auch bei anderen Vertragstypen (so im Mietrecht[2963] und Werkvertragsrecht[2964]) nicht die Durchsetzbarkeit eines „Nachbesserungsanspruch". Das Kaufrecht weist keine Besonderheiten auf, die eine Abweichung von diesem Grundsatz rechtfertigen würden.

Es erscheint nämlich bei Abwägung der Interessen durchaus sachgerecht, dem Käufer einen Nachbesserungsanspruch zu gewähren, selbst wenn der Verkäufer zur Nachbesserung selbst nicht in der Lage ist. Denn ist der Verkäufer –wie meist- Händler, so ist es ihm aufgrund seiner zu erwartenden Branchenkenntnis wesentlich eher als dem Käufer zuzumuten, entweder einen kompetenten Handwerker ausfindig zu machen oder aber den Produzenten zu beauftragen[2965]. Auch kann den Verkäufer -als Händler- nur schwerlich der Umstand entlasten, dass er einen branchenüblichen Service nicht anbietet[2966].

2960 Hier kann sich der Verkäufer, der einen hohen Kaufpreis für die Ware erzielt hat, nicht gegenüber dem Nachbesserungsanspruch damit verteidigen, die von ihm verkaufte Ware sei ja eigentlich vollkommen wertlos.

2961 So aber zum CISG, *Soergel/Lüderitz*, 12. Aufl., Art. 46 Rn. 7. Auch die *Schuldrechtskommission* sieht die Nachbesserung als unzumutbar an, wenn der Verkäufer die Nachbesserung nicht mit eigenen Mitteln bewirken kann, vgl. *Abschlussbericht*, S. 213. Ebenso der *Diskussionsentwurf*, S. 490 f.. *Huber* (Gutachten I, S. 874) hatte sogar die ausdrückliche Normierung dieses Unzumutbarkeitsgrundes vorgeschlagen.

2962 Vgl. oben *H. I. 1. e) (1) (b)*.

2963 Im Mietrecht regelt § 536 BGB einen „Nachbesserungsanspruch", ohne dass Voraussetzung wäre, dass der Vermieter sämtliche Instandsetzungsmaßnahmen selbst durchführen kann. So auch *Brox*, Die Einrede des nichterfüllten Vertrages beim Kauf, S. 81 (mit anschaulichem Beispiel); *Kirchhof*, Sachmängelhaftung, S. 181.

2964 Im *Werkvertragsrecht* ist allgemeine Meinung, dass der Nachbesserungsanspruch des Bestellers auch fachfremde Arbeiten umfasst, wenn dies zur Nachbesserung erforderlich ist; der Unternehmer hat dann einen Dritten zu beauftragen, vgl. *MünchKomm/Soergel*, § 633 Rn. 101.

2965 So auch *Guldimann*, Der Nachbesserungsanspruch, S. 71.

2966 So auch *Peters* JZ 1978, 92, 95.

Aber auch in den (selteneren) Fällen, in denen der Verkäufer nicht Händler oder Produzent, sondern Privatmann ist, scheint es gerechtfertigt, grundsätzlich dem Verkäufer die Unannehmlichkeiten der Suche nach einem Handwerker aufzubürden. Schließlich hat der Verkäufer durch seine mangelhafte Lieferung die Reparatur erforderlich gemacht[2967] und den Kaufpreis für eine *mangelfreie* Ware erhalten.

Schließlich ist der Verkäufer (ebenso wie der Vermieter) letztlich auch nicht verpflichtet, die Nachbesserung *selbst* durchzuführen. Denn der Nachbesserungsanspruch nimmt in der Zwangsvollstreckung die Form eines Aufwendungsersatzanspruchs an (vgl. § 887 I ZPO).

Treten im Einzelfall Härten auf (so u.U. beim Verkäufer, der Privatmann ist), so ergibt sich eine hinreichende Schranke daraus, dass die Anstrengungen des Verkäufers nicht außer Verhältnis zum Wert der Sache stehen dürfen.

Zusammenfassend lässt sich feststellen, dass hinsichtlich der Frage, ob die Nachbesserung unzumutbar ist, sämtliche Umstände des Einzelfalls zu berücksichtigen sind. Insbesondere sind der Wert der Kaufsache, das Interesse des Käufers an der Nachbesserung, die Kosten der Nachbesserung (insbesondere im Vergleich zur Ersatzlieferung) und die Erheblichkeit des Mangels zu berücksichtigen. Der Umstand, dass der Verkäufer die Nachbesserung nicht mit eigenen Mitteln bewirken kann, macht diese grundsätzlich nicht unzumutbar.

Es bietet sich deshalb eine Regelung entsprechend der EG-Richtlinie 1999/44/EG an, in welcher die o.g. Punkte aufgezählt sind und die im *Diskussionsentwurf* durch § 437 III BGB-DE weitestgehend übernommen wurde. Allerdings würde eine solche Normgestaltung m.E. das Gesetz unnötig überfrachten; vielmehr erscheint eine Generalklausel ausreichend, die dann (richtlinienkonform) auszulegen ist[2968].

b) Rechtsfolgen

(1) Mängelbeseitigung

Der Nachbesserungsanspruch des Käufers geht auf vollständige Beseitigung der Mängel. Er muss auch die Vor- und Nacharbeiten umfassen, damit der Käufer nicht durch die vertragswidrige Lieferung des Verkäufers schlechter steht, als er ohne diese stehen würde.

Kann der Verkäufer die Nachbesserung nicht selbst durchführen, so hat er einen Dritten zu beauftragen.

[2967] So auch *Guldimann*, Der Nachbesserungsanspruch, S. 70 f..

[2968] Kritisch zur (fast) wortgleichen Regelung des § 634 III BGB-DE im Werkvertragsrecht des Diskussionsentwurfs auch *Seiler*, in: Ernst/Zimmermann, S. 263, 269 f., der wohl ebenfalls zu einer Generalklausel tendiert.

(2) Leistungsort

Im CISG, im BGB sowie nach dem BGB-KE und BGB-DE ist der Leistungsort der Nachbesserung nicht ausdrücklich normiert. Zum *CISG* wird vertreten, dass der Leistungsort dort sei, wo sich die Ware nach dem Vertrag bestimmungsgemäß befinde[2969]. Der *BGH* hat zum vertraglich vereinbarten Nachbesserungsanspruch im Kaufrecht des BGB entschieden, dass der Leistungsort der Nachbesserung dem Leistungsort der geschuldeten Lieferungspflicht für die Ware entspricht[2970]. Zum BGB wird allerdings auch vertreten, dass der Leistungsort stets der Wohnsitz des Käufers sei[2971] oder sich aus den Umständen und der Verkehrssitte ergäbe[2972].

Vorzugswürdig ist hier die vom *BGH* vertretene Ansicht. Denn der Nachbesserungsanspruch ist nichts anderes als der ursprüngliche (wenn auch modifizierte) Erfüllungsanspruch, so dass die vertraglichen Vereinbarungen zum Ort der Erbringung der Leistungspflichten fortgelten. Der Käufer ist vor einer Zusatzbelastung aufgrund der vertragswidrigen Leistung des Verkäufers dadurch geschützt, dass der Verkäufer die Transportkosten zum Nachbesserungsort und auch die Gefahr während des Transports zu tragen hat[2973].

Es können sich allerdings aufgrund von Treu und Glauben Abweichungen ergeben[2974].

Einer speziellen Normierung des Leistungsortes bedarf es nicht, da sich dieser –wie ausgeführt- aus allgemeinen schuldrechtlichen Erwägungen ergibt.

(3) Gefahrtragung

Für die Gefahrtragung muss der Grundsatz gelten, dass dem Käufer keine zusätzlichen Belastungen aufgrund der Nachbesserung entstehen dürfen, da die Nachbesserung nur wegen der vertragswidrigen Leistung des Verkäufers notwendig geworden ist. Die Gefahr während des Transports der Ware zur Werkstatt und während der Reparatur selbst hat deshalb der Verkäufer zu tragen[2975].

Hinsichtlich der Frage, ob diese Gefahrtragung ausdrücklich zu normieren ist, ist zu berücksichtigen, dass der Verkäufer ohnehin die Gefahr trägt, solange dem

---

2969 *Staudinger/Magnus*, Art. 46 Rn. 66; *Vahle*, ZVglRWiss 98 (1999), 54, 77.

2970 *BGH* NJW 1991, 1604, 1606.

2971 *AK/Reich*, § 476 a Rn. 11.

2972 *Soergel/Huber*, § 467 a Rn. 15.

2973 Insofern kommt der Bestimmung des Leistungsorts auch nur eine untergeordnete Bedeutung zu; so auch *Soergel/Lüderitz*, 12. Aufl., Art. 42 EKG Rn. 2 (zum EKG).

2974 Z.B. wird man vom Käufer die Zusendung von kleineren Gegenständen zum Verkäufer verlangen können, auch wenn der Leistungsort beim Käufer liegt.

2975 So auch zum CISG: *Schlechtriem/Huber*, Art. 46 Rn. 63; *Heilmann*, Mängelgewährleistung, S. 430. Zum BGB: *Soergel/Huber*, § 446 Rn. 61.

Käufer ein Vertragsaufhebungs- und/oder Ersatzlieferungsrecht zusteht[2976]. Stehen dem Käufer also diese Rechte noch zu, so trägt der Verkäufer stets die Gefahr, weil der Käufer die Gefahr durch Geltendmachung eines dieser Rechte auf den Verkäufer abwälzen kann; eine explizite Regelung ist daher nicht notwendig. Lediglich, wenn dem Käufer diese Rechte nicht zustehen –so bei unwesentlichen Vertragswidrigkeiten im CISG[2977]- stellt sich überhaupt die Frage einer Normierung der Gefahrtragung bei Transport und Reparatur. Sie ist aber obsolet, da sie hinreichend aus dem allgemeinen Grundsatz, dass der Käufer durch die Nachbesserung nicht zusätzlich belastet werden darf, hergeleitet werden kann.

(4) Kostentragung der Nachbesserung

Für die Pflicht zur Kostentragung ergibt sich nichts anderes als bei der Ersatzlieferung. Der Verkäufer hat sämtliche Kosten zu tragen, die bei der Nachbesserung zwangsläufig entstehen, insbesondere Arbeits-, Material-, Transport- und Wegekosten.

Allerdings stellt sich bei der Wahl des Nachbesserungsanspruchs durch den Käufer die Frage, ob diese Pflicht zur Kostentragung durchbrochen sein kann [2978]; d.h., ob der Käufer -wie der Besteller im Werkvertragsrecht-, an den Kosten zu beteiligen ist, wenn *„Sowieso“*-Kosten[2979] auftreten oder den Käufer ein *Mitverschulden* an dem Mangel trifft.

Die *Schuldrechtskommission* führt hinsichtlich der *„Sowieso“*-Kosten und eines Mitverschuldens des Käufers aus, dass eine Normierung dieser Frage das Gesetz unnötig überfrachten würde und deshalb eine sachgerechte Lösung der Rechtsprechung überlassen bleiben soll[2980].

Dies setzt voraus, dass überhaupt beim Kaufvertrag solche Tatbestände der Kostendurchbrechung vorliegen können, was fraglich ist.

Hier ist bei den Besonderheiten des Kaufrechts gegenüber denen des Werkrechts anzuknüpfen. Der Kaufvertrag bezieht sich regelmäßig auf den Austausch einer bereits bestehenden (produzierten) Ware gegen Geld[2981]. Selbst wenn der Verkäufer die Ware selbst herstellt, so bleibt die Herstellung im Vorfeld des Ver-

---

2976 Vgl. *Hager*, Gefahrtragung, in: Schlechtriem, S. 404: „Die Ausgestaltung der Rechte auf Vertragsaufhebung bzw. auf Ersatzlieferung entscheiden damit mittelbar über die Gefahrverteilung.“.

2977 Hierzu *Hager*, Gefahrtragung beim Kauf, S. 166 f..

2978 Diese Frage zum in AGB vereinbarten Nachbesserungsanspruch aufwerfend, *Peters*, JR 1993, 200, 200.

2979 *„Sowieso“*-Kosten sind jene Mehrkosten, um die ein Werk von vorneherein teurer gewesen wäre, wenn es ordnungsgemäß ausgeführt worden wäre, vgl. *Staudinger/Peters*, § 633 Rn. 177.

2980 *Abschlussbericht*, S. 213.

2981 *Peters*, JZ 1978, 92, 93.

trages und ist nicht vertraglich geschuldet[2982]. Im Werkrecht hingegen bezieht sich der Vertrag auf eine noch herzustellende, künftige Ware[2983]; der Herstellungsvorgang samt Erfolg ist also vom Unternehmer geschuldet.

Überträgt man diese Gedanken nun auf die *„Sowieso"*-Kosten, so ergibt sich, dass diese im Kaufrecht grundsätzlich nicht entstehen können. Denn im Werkrecht ist anerkannt, dass „Sowieso"-Kosten dann ausgeschlossen sind, wenn ein bestimmter Erfolg zu einem bestimmten Preis vereinbart wurde, dessen Erreichung sich später aber als aufwendiger herausstellt[2984]. Diese Sachlage liegt aber regelmäßig beim Kaufvertrag vor. Es wird nämlich hier die bestehende, mangelfreie Sache zu einem bestimmten Preis ausgetauscht.

Fälle des *Mitverschuldens* liegen im Werkrecht insbesondere dann vor, wenn der Besteller Anweisungen zur Herstellung gegeben und der Unternehmer diese nicht ausreichend geprüft hat[2985]. Liegt aber -wie ausgeführt- die Herstellung typischer Weise beim Kaufvertrag im Vorfeld des Vertrages und bezieht sich dieser auf eine bereits bestehende Sache, so wird der Käufer regelmäßig den Herstellungsprozess nicht mit seinen Anweisungen beeinflussen können.

Fälle der „Sowieso"-Kosten und des Mitverschuldens werden im Regelfall daher beim Kaufvertrag nicht vorkommen. Sollten sie in Ausnahmefällen doch vorliegen, so ist der Käufer an den Kosten nach den Grundsätzen zum Werkrecht zu beteiligen.

c) Ersatzvornahme

Fraglich ist, ob -wie im Werkvertragsrecht des BGB (§ 633 III BGB)- zu normieren ist, dass der Käufer, wenn der Verkäufer mit der Nachbesserung in Verzug ist, eine Ersatzvornahme tätigen und die entstandenen Kosten als Aufwendungsersatz erstattet verlangen kann.

Die *Schuldrechtskommission* lehnt die Aufnahme einer § 633 III BGB entsprechenden Norm deshalb ab, weil der Käufer die Kosten der Ersatzvornahme als Schadensersatz oder als Minderungsbetrag beanspruchen könne und ein darüber hinausgehendes Interesse nicht erkennbar sei[2986]. Auch der *Diskussionsentwurf* normiert kein Recht zur Ersatzvornahme im Kaufrecht.

Der Ansicht der *Schuldrechtskommission* ist nicht zuzustimmen[2987]. Denn zum einen ist der Minderungsbetrag nicht an den Nachbesserungskosten zu messen[2988]; vielmehr wird dieser Betrag gerade nicht erreicht werden. Zum anderen ist der

2982 *Peters*, JZ 1978, 92, 93, der darauf hinweist, dass sonst ein Werklieferungsvertrag vorläge.
2983 *Peters*, JZ 1978, 92, 93.
2984 Vgl. *Palandt/Sprau*, § 633 Rn. 6.
2985 *Soergel/Teichmann*, § 633 Rn. 9.
2986 *Abschlussbericht*, S. 214.
2987 So auch *Schubel*, ZIP 1994, 1300, 1333.
2988 So selbst die *Schuldrechtskommission* zur Berechnung der Minderung, vgl. *Abschlussbericht*, S. 219.

Schadensersatzanspruch nach dem BGB-KE und nach dem BGB-DE von einem Verschulden des Verkäufers -also von weitergehenden Voraussetzungen im Vergleich zum Nachbesserungsanspruch- abhängig. Der Käufer hat also immer dann ein Interesse an einem Aufwendungsersatzanspruch hinsichtlich einer Ersatzvornahme, wenn ein Verschulden des Verkäufers nicht vorliegt und der Minderungsbetrag -wie regelmäßig- die Nachbesserungskosten nicht abdeckt.

Abgesehen von dem Vorteil eines „Gleichklangs" zwischen Werk- und Kaufvertragsrecht[2989] spricht noch ein weiteres, vom *BGH*[2990] herausgearbeitetes Argument für die Aufnahme einer Ersatzvornahmenorm ins Kaufrecht[2991]. Der *BGH* führt im Hinblick auf einen in AGB vereinbarten Nachbesserungsanspruch aus, dass sich der Käufer im Rahmen der Zwangsvollstreckung gem. § 887 ZPO ermächtigen lassen kann, die Reparatur auf Kosten des Verkäufers vorzunehmen. Dann sei es aber nicht einzusehen, weshalb der Käufer nur auf diesen umständlichen Weg verwiesen werden und ihm die einfachere Möglichkeit eines materiell-rechtlichen Ersatzvornahmerechts versagt bleiben solle[2992].

Schließlich spricht für die Normierung der Ersatzvornahme, dass hierdurch der Verkäufer eher bereit sein wird, einem Nachbesserungsverlangen des Käufers nachzukommen. Denn der Betrag, den der Verkäufer im Rahmen eines Aufwendungsersatzanspruchs aufgrund der Reparatur durch einen Dritten zu zahlen hat, wird regelmäßig höher sein als die Kosten, die ihm entstehen würden, wenn er die Nachbesserung selbst vornimmt. Sieht sich der Verkäufer also einem Aufwendungsersatzanspruch gegenüber, so können hierdurch u.U. Prozesse vermieden werden, da der Verkäufer möglichst einem für ihn kostenintensiveren Aufwendungsersatzanspruch des Käufers entgehen möchte.

Die Aufnahme einer Ersatzvornahmenorm empfiehlt sich daher aufgrund des Käuferinteresses, eines „Gleichklangs" zwischen Werk- und Kaufrecht sowie aus „rechtsökonomischen" Gründen.

4. Der allgemeine Nacherfüllungsanspruch

Wie bereits ausgeführt, sollte der allgemeine (Nach-)Erfüllungsanspruch auf Rechtsmängel, echte Quantitätsmängel sowie die sonstige Nichterfüllung von Vertragspflichten durch den Verkäufer (z.B. Verstoß gegen ein Konkurrenzverbot) anwendbar sein[2993].

[2989] Diesen Vorteil sieht auch die Schuldrechtskommission, vgl. *Abschlussbericht,* S. 213.

[2990] *BGH* NJW 1991, 1882, 1883.

[2991] Der BGH wendet in ständiger Rspr. § 633 III BGB auf vereinbarte Nachbesserungsansprüche im Kaufrecht an, vgl. *BGH,* vorstehende Fn., m.w.N..

[2992] *BGH* NJW 1991, 1882, 1883.

[2993] Vgl. oben *H. II. 1.*.

Nachstehend soll der (Nach-)Erfüllungsanspruch für Rechtsmängel untersucht werden.

a) Voraussetzung für den Nacherfüllungsanspruch bei Rechtsmängeln

Hinsichtlich der Voraussetzungen des Nacherfüllungsanspruchs für Rechtsmängel wurde bereits festgestellt[2994], dass dem Verkäufer das Wahlrecht hinsichtlich der Art und Weise der Rechtsmängelbeseitigung zustehen sollte. Bei einem Gattungskauf kann der Verkäufer daher entweder den Rechtsmangel dadurch beseitigen, dass er das Recht des Dritten ablöst oder aber eine andere Sache aus der Gattung liefert, die keinen Rechtsmangel aufweist.

In Bezug auf die Voraussetzungen des (Nach-)Erfüllungsanspruchs des Käufers wird im Folgenden dazu Stellung genommen, ob der Rechtsmangel eine gewisse Schwere aufweisen muss und, ob bereits ein lediglich behaupteter Rechtsmangel die Haftung des Verkäufers auslösen kann. Ferner wird auf die Grenzen des Erfüllungsanspruchs des Käufers eingegangen.

(1) Schwere des Rechtsmangels

In keiner der verglichenen Rechtsordnungen ist es für die Begründung der Rechtsmängelhaftung des Verkäufers erforderlich, dass der Rechtsmangel eine besondere Schwere aufweist[2995]. Vielmehr kann der Käufer bei jedem Rechtsmangel dessen Beseitigung verlangen, und zwar auch dann, wenn ihn der Rechtsmangel nicht unmittelbar in seiner Eigentümer- oder Besitzerstellung beeinträchtigt. In engem Zusammenhang mit der Schwere eines Rechtsmangels steht die Frage, ob - wie im CISG[2996] und UCC[2997]- für die Rechtsmängelhaftung ausreichend sein sollte, dass ein Dritter lediglich ein Recht (ernsthaft) behauptet, oder ob -wie im BGB[2998], nach dem BGB-KE[2999] und BGB-DE[3000]- darauf abzustellen ist, dass das Recht tatsächlich besteht.

Meines Erachtens besteht kein Grund, zwischen Rechts- und Sachmängeln unterschiedliche Haftungsmaßstäbe anzulegen. Bei einem tatsächlich bestehenden Rechtsmangel muss deshalb auch dann ein Anspruch auf Beseitigung des Rechtsmangels bestehen, wenn der Rechtsmangel den Käufer nicht unmittelbar in seiner Eigentümer- oder Besitzerstellung beeinträchtigt. Denn der Käufer hat –wie

---

2994 Vgl. oben *H. I. 1. e) (2).*

2995 Vgl. oben *F. II. 3. b) (1).*

2996 Vgl. *Schlechtriem/Schwenzer,* Art. 41 Rn. 9 ff., Art. 42 Rn. 6.

2997 Vgl. *Zhang,* Rechtsmängelhaftung, S. 130, 134.

2998 Vgl. *Soergel/Huber,* § 442 Rn. 2.

2999 Vgl. *Abschlussbericht,* S. 205 f..

3000 Vgl. *Diskussionsentwurf,* S. 480.

beim Sachmangel- den Kaufpreis für eine vollständig rechtsmangelfreie Sache bewirkt, so dass ihm auch ein Anspruch auf Beseitigung von unwesentlichen Rechtsmängeln zustehen muss.

Hingegen muss die Rechtsmängelhaftung des Verkäufers auf *tatsächlich bestehende* Rechtsmängel beschränkt sein. Die Vorzugswürdigkeit der Rechtslage im BGB sowie nach dem BGB-KE und BGB-DE wird besonders an den (Nach-) Erfüllungsansprüchen des Käufers deutlich. Die Rechtslage im CISG hat nämlich zur Folge, dass der Käufer nach Art. 46 I CISG die Beseitigung eines möglicherweise nicht bestehenden Rechts verlangen könnte. Besteht das Recht des Dritten tatsächlich nicht, aber behauptet er ein solches, so wäre der Verkäufer gleichwohl verpflichtet, den Dritten derart zu befriedigen, dass dieser sein nicht bestehendes Recht nicht mehr behauptet[3001]. Der Verkäufer kann aber m.E. genauso wenig verpflichtet sein, einen nicht bestehenden Rechtsmangel zu beseitigen, wie er auch nicht verpflichtet ist, bei einem nicht bestehenden Sachmangel Abhilfe zu schaffen.

(2) Grenzen/Unzumutbarkeit

Auch hinsichtlich der Grenzen des Erfüllungsanspruchs bei Rechtsmängeln ergibt sich im Prinzip nichts anderes als bei Sachmängeln. Über den allgemeinen Entlastungstatbestand, der den Erfüllungsanspruch dann begrenzt, wenn nicht vorhersehbare unüberwindbare Leistungshindernisse auftreten, muss der Erfüllungsanspruch dann ausgeschlossen sein, wenn die Beseitigung des Rechtsmangels für den Verkäufer unzumutbar ist. Denn hierbei handelt es sich um nichts anderes als um eine Grenze, die sich aus dem Grundsatz von Treu und Glauben ergibt[3002]. Dem Käufer sind dabei erhebliche Anstrengungen zuzumuten, um einen Rechtsmangel zu beseitigen[3003].

b) Rechtsfolgen

Inhaltlich geht der Erfüllungsanspruch des Käufers bei Rechtsmängeln auf deren vollständige Beseitigung. Die Kosten hierfür hat der Verkäufer zu tragen, was sich bereits daraus ergibt, dass die Rechtsmangelfreiheit zur vertragsgemäßen Erfüllung gehört[3004].

[3001] Im Fall eines Gattungskaufs wäre der Verkäufer verpflichtet, andere Ware zu liefern, an welcher der Dritte kein Recht behauptet.

[3002] Denn auch die Grenze des § 633 II BGB ist nichts anderes als eine Ausformung des Grundsatzes von Treu und Glauben, vgl. *BGH* NJW 1996, 3269, 3270 : „Vielmehr ist der Einwand der Unverhältnismäßigkeit nur dann gerechtfertigt, wenn sich das Bestehen auf ordnungsgemäße Vertragserfüllung als Verstoß gegen Treu und Glauben darstellt."

[3003] Vgl. zum BGB: *Soergel/Huber,* § 440 Rn. 28 a; *BGH* NJW 1988, 669, 670.

[3004] Anders als bei Sachmängeln werden bei Rechtsmängeln regelmäßig keine Transportkosten etc. anfallen, da der Verkäufer lediglich das belastende Recht bei dem Dritten ablösen wird.

Liegt eine Gattungsschuld vor und sollte die Beseitigung des Rechtsmangels nur durch Lieferung einer anderen Sache aus der Gattung möglich sein oder wählt der Verkäufer diesen Weg zur Mängelbeseitigung, so gelten die Ausführungen zu Sachmängeln entsprechend.

Eine ausdrücklich Normierung (so wie in § 476 a BGB) für diese Kosten ist daher entbehrlich. Auch die Frage nach dem Leistungsort wird sich regelmäßig nicht stellen.

I. Zusammenfassung der Ergebnisse der Arbeit und Normierungsvorschlag

1. Der Käufer kann insbesondere dann ein Interesse an Nacherfüllungsansprüchen haben, wenn der Verkäufer der Einzige ist, der die kaufgegenständliche Ware in dieser Qualität und Quantität anbietet. Dies gilt unabhängig davon, ob der anzuwendende Rechtscode einen Schadensersatzanspruch vorsieht oder nicht. Selbst nach dem in Bezug auf Erfüllungsansprüche restriktiven UCC steht dem Käufer in solchen Fällen ein Anspruch auf *Specific Performance* zu.

2. a) Gegenüber der Vertragsaufhebung sind die Nacherfüllungsansprüche für den Käufer zum einen dann günstiger, wenn ein Neuerwerb mit erheblichen Mühen (z.B. bei nicht marktgängiger Ware) oder zusätzlichen Risiken (z.B. Gewährleistungsrisiko gegenüber dem neuen Verkäufer) verbunden wäre. Zum anderen wird der Käufer die Nacherfüllungsansprüche der Vertragsaufhebung dann vorziehen, wenn der Marktpreis nach Vertragsschluss gestiegen ist oder wenn der Kaufpreis unter dem Marktpreis lag. In den letztgenannten Fällen sichern die Nacherfüllungsansprüche den Käufer gegen das Risiko des Ansteigens des Marktpreises bzw. gegen das Risiko, einen höheren Preis als den vereinbarten Kaufpreis für die Ware zahlen zu müssen. Der Käufer wird in diesen Fällen grundsätzlich die Vertragsaufhebung nur dann wählen, wenn durch die vertragswidrige Lieferung die Vertrauensgrundlage zerstört wurde oder -wenn er gezwungen wäre, den Nacherfüllungsanspruch gerichtlich durchzusetzen- der Käufer nicht den Ausgang eines Prozesses abwarten will.

2. b) Sind nach dem anzuwendenden Rechtscode die Voraussetzungen eines Schadensersatzanspruchs erfüllt, so wird der Käufer regelmäßig den Schadensersatzanspruch einem Nacherfüllungsanspruch vorziehen. Der Schadensersatzanspruch ist im Vergleich zu Nacherfüllungsansprüchen deshalb vorzugswürdig, weil der Käufer nicht den Ausgang eines Rechtsstreits abzuwarten hat. Den Schaden, der dem Käufer dadurch entsteht, dass der Marktpreis über dem Vertragspreis liegt, kann der Käufer im Rahmen des Schadensersatzanspruchs ersetzt verlangen. Nur in Ausnahmefällen wird der Käufer an seinem Erfüllungsanspruch festhalten, nämlich, wenn er auf die Ware angewiesen ist und die Suche nach einem anderen Anbieter mit übermäßigen Schwierigkeiten verbunden wäre oder aussichtslos ist.

3. a) Der Käufer kann bei Sachmängeln ein besonderes, schützenswertes Interesse an konkreten Nacherfüllungsmaßnahmen (Ersatzlieferung oder Nachbesserung) haben. Dabei wird die Ersatzlieferung dem Interesse des Käufers regelmäßig besser entsprechen, da sie grundsätzlich schneller und mit weniger Unannehmlichkeiten für den Käufer durchzuführen ist. Ferner wird durch eine Ersatzlieferung gewährleistet, dass -anders als ggf. bei einer Nachbesserung- kein

psychologischer Makel an der Sache oder ein merkantiler Minderwert aufgrund der Nachbesserung verbleibt. Die Nachbesserung ist im Einzelfall für den Käufer dann vorzugswürdig, wenn die Sache eingebaut oder fest montiert wurde sowie in den Fällen, in welchen die zwar regelmäßig schneller durchzuführende Ersatzlieferung ausnahmsweise länger dauert (z.B. bei nicht marktgängiger Ware).

3. b) Das Interesse des Verkäufers wird regelmäßig dahin gehen, Sachmängel durch eine Nachbesserung zu beseitigen, insbesondere um Transportkosten zu vermeiden und den Problemen des Verkaufs der mangelhaften Ware zu entgehen.

3. c) Bei der Abwägung der Interessen in Bezug auf das Wahlrecht zwischen Ersatzlieferung und Nachbesserung sind die Interessen des Käufers gewichtiger, so dass ihm das Wahlrecht zuzugestehen ist. Dabei ist ausschlaggebend, dass dem Käufer grundsätzlich die mit einer Nachbesserung verbundenen Zeitverzögerungen und Unannehmlichkeiten nicht zuzumuten sind. Ferner würden zahlreiche Streitfragen entstehen, ob die Nachbesserung erfolgreich durchgeführt wurde oder nicht, was bei einer Ersatzlieferung regelmäßig ausscheiden dürfte. Das Interesse des Verkäufers, dem Nacherfüllungsanspruch durch eine Nachbesserung nachzukommen, ist demgegenüber nachrangig.

4. Liegt ein Rechtsmangel vor, so werden sowohl der Käufer als auch der Verkäufer regelmäßig ein Interesse daran haben, dass das Recht des Dritten durch den Verkäufer abgelöst und nicht eine Ersatzlieferung vorgenommen wird. Beiden Vertragsparteien wird daran gelegen sein, die mit einem Austausch der Waren verbundenen Unannehmlichkeiten zu vermeiden. Das Wahlrecht hinsichtlich der Nacherfüllungsmethode sollte dem Verkäufer zustehen, um zu verhindern, dass der Käufer die Ersatzlieferung aus Gründen wählt, die nicht in dem Rechtsmangel ihre Ursache haben (z.B. um ein neues Modell zu erhalten).

5. Der Ersatzlieferungs- und Nachbesserungsanspruch sollte wie im CISG sowohl auf Sachmängel als auch auf *aliud*-Lieferungen anwendbar sein, um Abgrenzungsprobleme zwischen diesen Leistungsstörungsformen zu vermeiden.

6. a) Der Ersatzlieferungsanspruch sollte bei Sachmängeln wie im CISG und BGB das Vorliegen einer Gattungsschuld zur Voraussetzung haben. Ob die Ware vertretbar ist, muss dagegen unerheblich sein. Denn der Käufer hat bei einem Stückkauf selbst bei Vertretbarkeit der Sache nur einen vertraglichen Anspruch auf die konkret bestimmte Sache. Der Verkäufer will bei einer Stückschuld gerade keine Beschaffungspflicht übernehmen. Bei einer *aliud*-Lieferung hat der Käufer hingegen selbst bei einer Stückschuld einen Anspruch auf „Ersatzlieferung".

6. b) Die Schwere der Vertragsverletzung sollte anders als im CISG keine Anspruchsvoraussetzung für den Ersatzlieferungsanspruch sein. Denn liegen die Voraussetzungen eines Schadensersatzanspruchs nicht vor, so verbliebe dem Käu-

fer, der an dem Vertrag festhalten möchte, ein Schaden, da die Kosten einer Reparatur nur selten durch eine Minderung gedeckt werden.

6. c) Legt man als Annahme zugrunde, dass ein Nacherfüllungsrecht des Verkäufers besteht, so sollte der Käufer nicht an sein Ersatzlieferungsbegehren gebunden sein. Dem Käufer ist durch ein Nacherfüllungsrecht des Verkäufers die Möglichkeit des Spekulierens auf Kosten des Verkäufers hinreichend genommen, da er sich bei fallenden Marktpreisen nur dann vom Vertrag lösen kann, wenn er dem Verkäufer die Möglichkeit zur Nacherfüllung gewährt hat. Im Übrigen muss dem Verkäufer entsprechend § 466 BGB ermöglicht werden, dem Käufer eine Frist zu setzen, innerhalb welcher sich der Käufer für oder gegen die Ersatzlieferung zu entscheiden hat.

6. d) Der Ersatzlieferungsanspruch ist zunächst durch den Vertrag selbst beschränkt, so in den Fällen, in denen der Verkäufer nur begrenzte Anstrengungen zur Leistungserbringung versprochen hat (z.B. Vorratsschuld). Ferner ist ein allgemeiner Entlastungstatbestand für nicht voraussehbare, unüberwindbare Leistungshindernisse zu schaffen. Schließlich muss die Ersatzlieferung dann ausgeschlossen sein, wenn sie dem Verkäufer unzumutbar ist, insbesondere dann, wenn eine Nachbesserung erheblich günstiger als eine Ersatzlieferung wäre und die Nachbesserung dem Käufer zumutbar ist.

6. e) Die Ersatzlieferung sollte wie nach dem BGB-KE und nach dem BGB-DE nicht dadurch ausgeschlossen sein, dass die vertragswidrige Ware aus Gründen untergegangen ist, die der Käufer zu vertreten hat. Den Interessen des Verkäufers kann durch einen Wertersatzanspruch Rechnung getragen werden.

7. a) Als Rechtsfolge des Ersatzlieferungsanspruchs hat der Käufer Anspruch auf den Austausch der vertragswidrigen gegen vertragsgemäße Ware. Der Leistungsort sowie die Gefahrtragung hinsichtlich der nachzuliefernden Sache bestimmen sich dabei nach dem Kaufvertrag. Die Kosten, die durch die Ersatzlieferung zwangsläufig entstehen, hat der Verkäufer zu tragen. Ferner hat der Käufer stets Anspruch auf Ersatz der notwendigen Verwendungen; weitergehende Verwendungen sollten nur dann ersetzt werden, soweit der Verkäufer hierdurch bereichert ist.

7. b) Der Verkäufer muss grundsätzlich einen Anspruch auf Rückgabe der vertragswidrigen Ware haben. Ist die Sache untergegangen, so muss ihm hierfür ein Wertersatzanspruch zustehen. Der Leistungsort für die Rückgabe der mangelhaften Sache ist der Ort, an welchem sich die Ware vertragsgemäß befindet. Anspruch auf Nutzungsersatz hat der Verkäufer nur insoweit, als der Käufer tatsächlich Nutzungen gezogen hat.

7. c) Die Leistungen des Verkäufers und des Käufers sollten wie nach dem BGB Zug um Zug verknüpft sein, um dem Sicherungsinteresse des Käufers Rechnung zu tragen.

8. Die Normierung eines *Nachbesserungsanspruchs* des Käufers ist empfehlenswert. Insbesondere in Fällen, in denen die gekaufte Sache eingebaut oder montiert wurde, kann der Käufer ein erhebliches Interesse an der Nachbesserung haben. Das evtl. Unvermögen des Verkäufers, eine Nachbesserung vorzunehmen, kann der Normierung eines Nachbesserungsanspruchs im Kaufrecht nicht entgegenstehen. Denn das Unvermögen des Schuldners, eine Nachbesserung selbst vorzunehmen, hindert nach der Rechtslage im BGB auch bei anderen Vertragstypen nicht das Bestehen eines „Nachbesserungsanspruchs". Ferner ist der Verkäufer unter Berücksichtigung des Zwangsvollstreckungsverfahrens letztlich nicht verpflichtet, die Nachbesserung selbst vorzunehmen (vgl. § 887 I ZPO).

9. a) Der Nachbesserungsanspruch besteht für den Stück- und für den Gattungskauf. Dem Käufer sollte das Wahlrecht zwischen Ersatzlieferung und Nachbesserung zustehen. Hinsichtlich der Bindung des Käufers an sein Nachbesserungsbegehren gelten die Ausführungen zum Ersatzlieferungsanspruch entsprechend (oben I. 6 c)). Der Käufer kann auch die Beseitigung von unerheblichen Mängeln verlangen; den Interessen des Verkäufers kann ausreichend dadurch Rechnung getragen werden, dass die Nachbesserung ausgeschlossen ist, soweit sie für ihn unzumutbar ist.

9. b) Der Nachbesserungsanspruch des Käufers ist ausgeschlossen, wenn die Nachbesserung für den Verkäufer unzumutbar ist. Ausgeschlossen ist die Nachbesserung, wenn die Beseitigung einer belanglosen Abweichung für den Verkäufer einen unverhältnismäßigen Aufwand bedeuten würde, wenn die Ersatzlieferung deutlich günstiger und dem Käufer zumutbar ist oder die Nachbesserung im Vergleich zum Wert der Sache außer Verhältnis steht.

10. a) Der Nachbesserungsanspruch geht auf vollständige Beseitigung des Mangels. Der Leistungsort der Nachbesserung ist der vertraglich vereinbarte Lieferort der Ware, wobei hilfsweise die gesetzlichen Bestimmungen gelten; im Einzelfall können sich Abweichungen aufgrund von Treu und Glauben ergeben. Die Kosten, die sich zwangsläufig im Rahmen der Nachbesserung ergeben, hat der Verkäufer zu tragen. Ferner trägt der Verkäufer die Gefahr während des Hin- und Rücktransports der Ware zu einer Werkstatt sowie während der Nachbesserung selbst.

10. b) Es ist zu normieren, dass der Käufer, wenn der Verkäufer mit der Nachbesserung im Verzug ist, eine Ersatzvornahme tätigen und die entstandenen Kosten als Aufwendungsersatz erstattet verlangen kann. Denn der Minderungsbetrag wird nur selten den Betrag der Nachbesserungskosten erreichen und ein Schadensersatzanspruch ist von weitergehenden Voraussetzungen abhängig.

11. a) Der (Nach-)Erfüllungsanspruch des Käufers für Rechtsmängel ergibt sich aus dem allgemeinen Erfüllungsanspruch. Der Verkäufer hat dabei auch

unerhebliche Rechtsmängel zu beseitigen. Jedoch sollte ein Anspruch auf Beseitigung von Rechtsmängeln wie im BGB und nach dem BGB-KE nur dann gegeben sein, wenn die Rechtsmängel tatsächlich bestehen und nicht bereits dann, wenn diese nur von einem Dritten behauptet werden. Das Wahlrecht, auf welche Weise der Rechtsmangel beseitigt werden soll, steht dem Verkäufer zu.

11. b) Der (Nach-)Erfüllungsanspruch für Rechtsmängel ist ausgeschlossen, wenn dies für den Verkäufer unzumutbar ist. Diese Grenze ergibt sich aus Treu und Glauben. Dem Verkäufer sind dabei erhebliche Leistungsanstrengungen zuzumuten.

12. Der (Nach-)Erfüllungsanspruch bei Rechtsmängeln geht auf vollständige Beseitigung des Rechtsmangels, wofür der Verkäufer die Kosten zu tragen hat. Beseitigt der Käufer den Rechtsmangel durch eine Ersatzlieferung, so gelten die Ausführungen in Bezug auf den Ersatzlieferungsanspruch für Sachmängel entsprechend.

13. Als Ergebnis dieser Arbeit, wird folgender Nacherfüllungstatbestand vorgeschlagen:

(Nacherfüllung)

(1) Ist die Sache sachmangelhaft[3005], so kann der Käufer nach seiner Wahl die Lieferung einer mangelfreien Sache (Ersatzlieferung) oder die Beseitigung des Mangels (Nachbesserung) verlangen, es sei denn, dass dies unter Berücksichtigung aller Umstände unzumutbar ist.

(2) Der Verkäufer hat die zum Zwecke der Nacherfüllung erforderlichen Aufwendungen, insbesondere Arbeits-, Material-, Transport-, Wege- und Versandkosten zu tragen.

[3005] Dabei sind Sachmängel und *aliud*-Lieferung gleichzustellen.

(3) Für die Ansprüche auf Ersatzlieferung und Nachbesserung gilt § 466 BGB[3006] entsprechend. Für den Anspruch auf Ersatzlieferung gelten ferner die §§ 346, 347 BGB-KE/DE[3007] und 348 BGB-KE/DE entsprechend.

(4) Ist der Verkäufer mit der Beseitigung des Mangels im Verzuge, so kann der Käufer den Mangel selbst beseitigen und Ersatz der erforderlichen Aufwendungen verlangen.

[3006] Da sowohl nach dem BGB-KE als auch nach dem BGB-DE § 466 BGB entfallen soll, wäre ein Verweis auf § 350 BGB-DE (=§ 355 BGB-KE) denkbar. Hiernach kann bei einem *vertraglichen* Rücktrittsrecht dem Berechtigten eine Frist zur Ausübung dieses Rechts gesetzt werden. Nach Fristablauf erlischt das Rücktrittsrecht. Diese Vorschrift könnte entsprechend auf den Ersatzlieferungs- und Nachbesserungsanspruch für anwendbar erklärt werden.

[3007] Dabei gilt § 347 I BGB-KE/DE (Nutzungen) aus den unter *H. II. 2. b) (2) (c)* ausgeführten Gründen nur insoweit entsprechend, als tatsächlich gezogene Nutzungen zu ersetzen sind. Fiktive Nutzungen sollten nicht zu ersetzen sein.

Literaturverzeichnis

Abschlussbericht: Abschlussbericht der Kommission zur Überarbeitung des Schuldrechts, (Hrsg. Bundesminister der Justiz), Köln 1992; *zit.: Abschlussbericht, S. ...*

Achilles, Wilhelm-Albrecht: Kommentar zum UN-Kaufrechtsübereinkommen (CISG), Neuwied/Kriftel/Berlin 2000; *zit.: Achilles, Art. ... Rn. ...*

Aicher, Josef: Leistungsstörungen aus der Verkäufersphäre, in: Hoyer, Hans/Posch, Willibald (Hrsg.), Das Einheitliche Wiener Kaufrecht. Neues Recht für den internationalen Warenkauf, Seiten 111 ff., Wien 1992; *zit.: Aicher, Leistungsstörungen, in: Hoyer/Posch, S. ...*

Alternativkommentare: Kommentar zum Bürgerlichen Gesetzbuch, Hrsg. Rudolf Wassermann, Band 3, Besonderes Schuldrecht, §§ 433-853, Darmstadt 1979; *zit.: AK/(Bearbeiter), § ... Rn. ...*

American Jurisprudence: American Jurisprudence, Second Edition: -Vol. 67 A (Sales, §§ 690-1380), Rochester/San Francisco 1985 mit Cumulative Supplement 1999; *zit.: 67A AmJur2d, Sales, § ...*

The American Law Institute (Hrsg.): Restatement of the Law Second, Contracts 2d, Vol. 3 (§§ 316-End), St. Paul/Minn. 1981, mit Cumulative Annual Supplement 1996; *zit.: Restatement 2nd, Contracts, § ...*

Anderson, Ronald A.: Anderson on the Uniform Commercial Code
- Vol. 2 (§§ 2-201 to 2-313), Third Edition, Rochester/ San Francisco 1982 mit 1990 Supplement,
- Vol. 3 (§§ 2-313 to 2-509), Third Edition, Rochester/ San Francisco 1983 mit 1992 Supplement,
- Vol. 4, (§§ 2-510 to 2-718), Third Edition, Rochester/ San Francisco, 1983; mit 1992 Supplement;

zit.: Anderson, UCC, §...:(Anm.).

Annotation: Impracticability of Performance of Sales Contract Under UCC § 2-615, in: American Law Reports 5th, Vol. 55, Seiten 1 ff., by Lee Russ, Rochester/San Franciso 1998; *zit.: Annotation, 55 ALR 5th, S. ...*

Annotation: Specific Performance of Sale of Goods Under UCC, § 2-716, in: American Law Reports 4th , Vol. 26, Seiten 294 ff., by Andrea G. Nadel; Rochester/ San Francisco 1983; *zit.: Annotation, 26 ALR4^{th} , S. ...*

Antweiler, Clemens: Beweislastverteilung im UN-Kaufrecht, Diss. Mainz 1994, Frankfurt a. M. 1995; *zit.: Antweiler, Beweislastverteilung, S. ...*

Aue, Joachim: Mängelgewährleistung im UN-Kaufrecht unter besonderer Berücksichtigung stillschweigender Zusicherungen, Diss. Heidelberg 1988, Frankfurt a. M., 1989; *zit.: Aue, Mängelgewährleistung, S. ...*

Ballerstedt, Kurt: Die Lehre vom Gattungskauf, in: Festschrift für Hans Carl Nipperdey zum 60. Geburtstag, 21. Januar 1955, München/Berlin 1955, S. 261 ff.; *zit.: Ballerstedt, FS Nipperdey, S. ...*

Baumbach, Adolf/Hopt, Klaus J./Duden, Konrad: Handelsgesetzbuch mit GmbH & Co., Handelsklauseln, Bank- und Börsenrecht, Transportrecht (ohne Seerecht), 30. Auflage, München 2000; *zit.: Baumbach/Duden/Hopt, §... Rn. ...*

Baumbach, Adolf/Lauterbach, Wolfgang/Albers, Jan/Hartmann, Peter: Zivilprozeßordnung mit Gerichtsverfassungsgesetz und anderen Nebengesetzen, 59.Auflage, München 2001; *zit.: Baumbach/Lauterbach/(Bearbeiter), §..., Rn. ...*

Baumgärtel, Gottfried/ Laumen, Hans-Willi: Handbuch der Beweislast im Privatrecht, Band 2. BGB Sachen-, Familien- und Erbrecht, Recht der EG, UN-Kaufrecht; 2. Auflage, Köln/Berlin/Bonn/München 1999; *zit.: Baumgärtel/Laumen/(Bearbeiter), § ... Rn. ...*

Bergerfurth, Bruno/Menard, Lutz/Fuchs, Dieter: Das Kaufrecht (Kaufvertrag, Haftung bei Rechts- und Sachmängeln, Besondere Arten des Kaufs, Internationales Kaufrecht), 4. Auflage, Freiburg i. Br. 1992; *zit.: Bergerfurth/Menard/Fuchs, S. ... Anm. ...*

Bergsten, Eric E.: Basic Concepts of the UN Convention on the International Sale of Goods, in: Doralt, Peter (Hrsg.), Das UNICITRAL-Kaufrecht im Vergleich zum österreichischen Recht, Wien 1985, S. 15 ff.; *zit.: Bergsten, Basic Concepts, in: Doralt, S. ...*

Berner Tage: Wiener Kaufrecht. Der schweizerische Außenhandel unter dem UN-Übereinkommen über den internationalen Warenkauf, Berner Tage für die juristische Praxis, Hrsg. Bucher, Eugen; Bern 1991; *zit.: (Bearbeiter), (Referatthema), in: BTJP, S. ...*

v.Bernstorff, Christoph: Einführung in das englische Recht, 2. Aufl., München 2000; *zit.: v.Bernstorff, Einführung in das englische Recht, S. ...*

Beß, Jürgen: Die Haftung des Verkäufers für Sachmängel und Falschlieferungen im Einheitlichen Kaufgesetz im Vergleich mit dem englischen und deutschen Recht, Diss. Heidelberg 1971; *zit.: Beß, Haftung im EKG, S. ...*

Bianca, Cesare Massimo/Bonell, Michael Joachim: Commentary on the International Sales Law, Giuffrè/Milan, 1987; *zit.: Bianca/Bonell/(Bearbeiter), Art. ... Anm. ...*

Bitter, Walter/Bitter, Georg: Wandelungsmöglichkeit des professionellen Käufers und Nachlieferungsrecht des Verkäufers bei aliud-Lieferung. Eine Untersuchung zum deutschen und UN-Kaufrecht. Betriebs-Berater 1993, Seiten 2315 ff.; *zit.: Bitter/Bitter, BB 1993, S. ...*

Bletz, Ralf D.: Gewährleistung und Erfüllung beim Gattungskauf, Juristische Ausbildung 1987, Seiten 139 ff.; *zit.: Bletz, Jura 1987, S. ...*

Bonell, Michael Joachim: UN-Kaufrecht und das Kaufrecht des Uniform Commercial Code im Vergleich, Rabels Zeitschrift, 58. Jahrg. 1994, Seiten 20 ff.; *zit.: Bonell, RabelsZ 58 (1994), S. ...*

Brehm, Wolfgang: Der Begriff des Unvermögens - Bemerkungen zum Wert der Dogmatik der Jurisprudenz, Juristen Zeitung 1987, Seiten 1089 ff.; *zit.: Brehm, JZ 1987, S. ...*

Brox, Hans: Allgemeines Schuldrecht, 27. Auflage, München 2000; *zit.: Brox, Allg. SchuldR, S. ...Rn. ...*
ders.: Die Einrede des nichterfüllten Vertrages beim Kauf, Köln 1948; *zit.: Brox, Einrede des nichterfüllten Vertrages, S. ...*

Brox, Hans/Walker, Wolf-Dietrich: Besonderes Schuldrecht, 25. Auflage, München 2000; *zit. Brox, Bes. SchuldR, S. ... Rn. ...*

Brüggemeier, Gert/Reich, Norbert: Europäisierung des BGB durch große Schuldrechtsreform ? Stellungnahme zum Entwurf eines Schuldrechtsmodernisierungsgesetzes, Betriebs-Berater 2001, Seiten 213 ff.; *zit.:Brüggemeier/Reich, BB 2001, S. ...*

Brumby: Die Verjährung von Ansprüchen auf und aus Ersatzlieferung, Juristische Rundschau 1961, Seite 95; *zit.: Brumby, JR 1961, S. 95*

Bundesminister der Justiz (Hrsg.): Abschlussbericht der Kommission zur Überarbeitung des Schuldrechts, Köln 1992; *zit.: Abschlussbericht, S. ...*
ders.: Gutachten und Vorschläge zur Überarbeitung des Schuldrechts, Band 1, Köln 1981; *zit.: (Bearbeiter), Gutachten I, S. ...*

Bundesministerium der Justiz: Diskussionsentwurf eines Schuldrechtsmodernisierungsgesetzes, Stand: 4. August 2000, http://www.bmj.bund.de/ggv/eschurmo.pdf ; *zit.: Diskussionsentwurf, S. ...*
dass.: Informationspapier zum Entwurf eines Schuldrechtsmodernisierungsgesetzes, Stand: 4. August 2000, http://www.bmj.bund.de/ggv/arbeitsh.pdf; *zit.: Informationspapier, S. ...*

Bürgerliches Gesetzbuch/Reichsgerichtskommentar:
- Band 2, 2. Teil, §§ 414-610, 12. Auflage, Berlin/New York 1978, kommentiert von Mezger, Hans-Robert; *zit.: BGB-RGRK/Mezger, § ... Rn. ...*

Bürgerliches Gesetzbuch/Reichsgerichtskommentar:
- Band 2, 4. Teil, §§ 631-811, 12. Auflage, Berlin/New York 1978; *zit.: BGB-RGRK/(Bearbeiter), § ... Rn. ...*

v.Caemmerer, Ernst: Falschlieferung, in: Festschrift für Martin Wolff, S. 3 ff.; *zit.: v.Caemmerer, FS für Martin Wolff, S. ...*
ders.: Gesammelte Schriften
-Band 1: Rechtsvergleichung und Schuldrecht, Tübingen 1968; *zit.: v.Caemmerer, Ges. Schriften I, S. ...*
-Band 3: 1968-1982, Tübingen 1983; *zit.: v.Caemmerer, Ges. Schriften III, S. ...*
ders.: Probleme des Haager einheitlichen Kaufrechts, Archiv für die civilistische Praxis, Band 178, 1978, Seiten 121 ff.; *zit.: v.Caemmerer,* AcP 178 (1978), S. ...

v.Caemmerer, Ernst/Schlechtriem, Peter: Kommentar zum Einheitlichen UN-Kaufrecht. Das Übereinkommen der Vereinten Nationen über Verträge über den internationalen Warenkauf –CISG-Kommentar-, 2. Auflage, München 1995; *zit.: v.Caemmerer/Schlechtriem/(Bearbeiter),* Art. ... Rn. ...

Calamari, John D./Perillo, Joseph M.: The Law of Contracts, Fourth Edition, St. Paul, Minn. 1998; *zit.: Calamari/Perillo, §...,S. ...*

Cerutti, Romeo: Das U.S. amerikanische Warenkaufrecht mit rechtsvergleichenden Hinweisen auf das schweizerische und das deutsche Recht, das CISG sowie die UNIDROIT Principles, Habil. Freiburg/Schweiz 1997, Zürich 1998; *zit.: Cerutti, S. ... Rn. ...*

Choi, June-Sun: Rechtsvergleichende Untersuchung der Gefahrtragungsregeln im anglo-amerikanischen und im UN-Kaufrecht, Diss. Marburg 1991, Marburg 1991; *zit.: Choi, Gefahrtragsungsregeln, S. ...*

Clark, David S./Ansay, Tugrul: Introduction to the Law of the United States, Deventer - Boston 1992; *zit.: Clark/Ansay, Introduction to the Law of the US, S. ...*

Comment: Specific Performance Under Section 2-716 of the Uniform Commercial Code – What „Other Proper Circumstances“ ? University of Pittsburgh Law Review, Vol. 33, (1971), Seiten 243 ff., by Michael Handler; *zit.: Comment, 33 Uni.Pitt.L.Rev. S. ... (1971)*

Corbin, Arthur Linton: Corbin On Contracts. A Comprehensive Treatise on the Working Rules of Contract Law, Volume 5A, Sections 1122-1251, St. Paul, Minn. 1964; *zit.: Corbin, On Contracts, § ...*

Crandall, Thomas D./Herbert/Michael J./Lawrence, Lary: Uniform Commercial Code, Vol. 1, Boston/Toronto/London 1993, mit 1999 Supplement; *zit.: Crandall/Herbert/Lawrence, § ...,* S. ... *bzw. Crandall/Herbert/Lawrence (1999 Supp.), § ... S. ...*

Czerwenka, Beate: Rechtsanwendungsprobleme im internationalen Kaufrecht. Das Kollisionsrecht bei grenzüberschreitenden Kaufverträgen und der Anwendungsbereich der internationalen Kaufrechtsübereinkommen, Diss. Hamburg 1987, Berlin 1988; *zit.: Czerwenka, Rechtsanwendungsprobleme, S. ...*

Dawson, John P.: Specific Performance in France and Germany, 57 Michigan Law Review 495 ff. (1958-1959); *zit.: Dawson, 57 Mich.L.Rev. 495, S. ... (1959)*

Del Duca, Louis F./Guttmann, Egon/Squillante, Alphonse, M.: Commercial Transactions, Volume 2: Sales Under the Uniform Commercial Code and the Convention on International Sale of Goods; Cincinatti/Ohio, 1993; *zit.: Del Duca/Guttmann/Squillante, Sales, S. ...*

Deutch, Sinai: Unfair Contracts. The Doctrine of Unconscionability. Lexington/Massachusetts/ Toronto 1977; *zit.: Deutch, Unfair Contracts, S. ...*

Deutscher Bundestag (Hrsg.): Entwurf eines Gesetzes zu dem Übereinkommen der Vereinten Nationen vom 11. April 1980 über Verträge über den internationalen Warenkauf sowie zur Änderung des Gesetzes zu dem Übereinkommen vom 19. Mai 1956 über den Beförderungsvertrag im internationalen Straßengüterverkehr (CMR). Deutscher Bundestag - 11. Wahlperiode, Drucksache 11/3076; *zit.: BT-Drucks. 11/3076, S. ...*

ders.: Denkschrift zum Übereinkommen. Deutscher Bundestag – 11. Wahlperiode, Drucksache 11/3076; *zit.: Denkschrift, BT-Drucks. 11/3076, S. ...*

Dibb, Sally/Simkin, Lyndon/Pride, William M./Ferrell, O. C.: Marketing. Concepts and Strategies, Third European Edition, Boston/New York 1997; *zit.: Dibb/Simkin/Pride/Ferrell, Marketing, S. ...*

Diskussionsentwurf: Diskussionsentwurf eines Schuldrechtsmodernisierungsgesetzes, Stand: 4. August 2000, Bundesministerium der Justiz, http://www.bmj.bund.de/ggv/eschurmo.pdf; *zit.: Diskussionsentwurf, S. ...*

Dobbs, Dan B.: Law of Remedies - Damages, Equity, Restitution, Second Edition; St. Paul, Minn. 1993; *zit.: Dobbs, §..., S. ...*

Dölle, Hans: Kommentar zum Einheitlichen Kaufrecht. Das Haager Kaufrechtsübereinkommen vom 1. Juli 1964, München 1976; *zit.: Dölle/(Bearbeiter), Art. ... Rn. ...*

Doralt, Peter (Hrsg.): Das Unicitral Kaufrecht im Vergleich zum Österreichischen Recht, Symposium in Baden bei Wien, 17.-19.4. 1983, Wien 1985; *zit.: (Bearbeiter), (Referatthema), in: Doralt, S. ...*

Ehmann, Horst/Rust, Ulrich: Die Verbrauchsgüterkaufrichtlinie – Umsetzungsvorschläge unter Berücksichtigung des Reformentwurfs der deutschen Schuldrechtskommission, Juristen Zeitung 1999, Seiten 853 ff.; *zit.: Ehmann/Rust, JZ 1999, S. ...*

Enderlein, Fritz: Rights and Obligations of the Seller under the UN Convention on Contracts for the International Sale of Goods, in: Sarcevic/Volken, International Sale of Goods, Dubrovnik Lectures, New York/London/Rome 1986, Seiten 133 ff.; *zit.: Enderlein, Rights and Obligations, in: Dubrovnik Lectures, S. ...*

Enderlein, Fritz/Maskow, Dietrich/Stargardt, Monika: Konvention der Vereinten Nationen über Verträge über den internationalen Warenkauf, Kommentar, Berlin 1985; *zit.: Enderlein/Maskow/Stargardt, Art. ..., Anm. ...*

Enderlein, Fritz/Maskow, Dietrich/Strohbach, Heinz: Internationales Kaufrecht - Kaufrechtskonvention, Verjährungskonvention, Rechtsanwendungskonvention, Berlin 1991; *zit.: Enderlein/Maskow/Stohbach, Art. ..., Anm. ...*

Ensthaler, Jürgen (Hrsg.): Gemeinschaftskommentar zum Handelsgesetzbuch, 6. Aufl., Neuwied/Kriftel/Berlin 1999; *zit.: Ensthaler/Bearbeiter, § ..., Art. ... Rn. ...*

Erman, Walter: Bürgerliches Gesetzbuch: Handkommentar mit AGBG, EGBGB, ErbbauVO, HausratsVO, HausTWG, ProdHaftG, SachenRBerG, SchuldRAnpG, VerbrKrG; herausgegeben von Harm Peter Westermann, 10. Auflage, Münster/Köln 2000; *zit.. Erman/(Bearbeiter), § ... Rn. ...*
ders.: Zu den Rechten des Stückkäufers aus Mängeln der Sache, Juristen Zeitung 1960, Seiten 41 ff.; *zit.: Erman, JZ 1960, S. ...*

Ernst, Wolfgang/Gsell, Beate: Kaufrechtsrichtlinie und BGB – Gesetzesentwurf für eine „kleine" Lösung bei der Umsetzung der EU-Kaufrechtsrichtlinie, Zeitschrift für Wirtschaftsrecht und Insolvenzpraxis 2000, Seiten 1410 ff., 1462 ff.; *zit.: Ernst/Gsell, ZIP 2000, S. ...*

Ernst, Wolfgang/Zimmermann, Reinhard (Hrsg.): Zivilrechtswissenschaft und Schuldrechtsreform: zum Diskussionsentwurf eines Schuldrechtsmodernisierungsgesetzes des Bundesministeriums der Justiz, Tübingen 2001; *zit.: (Bearbeiter), in: Ernst/Zimmermann, Schuldrechtsreform, S. ...*

Esser, Josef/Weyers, Hans-Leo: Schuldrecht, Band II, Besonderer Teil, Teilband 1, 8. Auflage, Heidelberg 1998; *zit.: Essers/Weyers, SchuldR II/1, S. ...*

Faber, Wolfgang: Zur Richtlinie bezüglich Verbrauchsgüterkauf und Garantien für Verbrauchsgüter, Juristische Blätter 1999, S. 414 ff.; *zit.: Faber, JBl 1999, S. ...*

Fabricius, Fritz: Die mangelhafte Lieferung beim Kauf beweglicher Sachen, Juristen Zeitung 1967, Seite 464 ff.; *zit.: Fabricius, JZ 1967, S. ...*
ders.: Schlechtlieferung und Falschlieferung beim Kauf, Juristische Schulung 1964, Seiten 1 ff., 46 ff. (Fortsetzung)*; zit.: Fabricius, JuS 1964, S. ...*

Farnsworth, E. Allan: Damages and Specific Relief, 27 American Journal of Comparative Law 247 ff. (1979); *zit.: Farnsworth, 27 Am.J.Comp.L. 247 (1979) , S. ...*

Farnsworth, E. Allan: Farnsworth on Contracts, Second Edition, Vol. 3, New York 1998; *zit.: Farnsworth, On Contracts III, § ..., S. ...*

ders.: Legal Remedies for Breach of Contract, Columbia Law Review, Vol. 70 (1970), Seiten 1145 ff.; *zit.: Farnsworth, 70 Colum.L.Rev.,(S. ...) (1970)*

ders.: Rights and Obligations of the Seller, in: Wiener Übereinkommen von 1980 über den Internationalen Warenkauf, Lausanner Kolloquium vom 19. Und 20. November 1984, Seiten 83 ff.; *zit.: Farnsworth, Rights and Obligations, in: Lausanner Kolloquium, S. ...*

Flume, Werner: Eigenschaftsirrtum und Kauf, Regensburg/Münster, 1948; *zit. Flume, Eigenschaftsirrtum und Kauf, S. ...*

ders.: Gesetzesreform der Sachmängelhaftung beim Kauf ? Zu dem Entwurf der Kommission zur Überarbeitung des Schuldrechts, Archiv für civilistische Praxis, Bd. 193 (1993), Seiten 89 ff.; *zit.: Flume, AcP 193 (1993), S. ...*

Fox, Thomas: Das Wiener Kaufrechtsübereinkommen. Ein Vergleich zum italienischen und deutschen Recht, Diss. München 1994, München 1994; *zit.: Fox, Kaufrechtsübereinkommen, S. ...*

Frense, Astrid: Grenzen der formularmäßigen Freizeichnung im Einheitlichen Kaufrecht, Diss. Bonn 1992, Heidelberg 1993; *zit.: Frense, Freizeichnung im CISG, S. ...*

Friedman, Jane M.: Contract Remedies. In a Nutshell, St. Paul, Minn. 1981; *zit.:Friedman, Contract Remedies, S. ...*

Gabriel, Henry: Practitioner's Guide To The Convention On Contracts For The International Sale of Goods (CISG) and The Uniform Commercial Code (UCC), New York/London/Rome 1994; *zit.: Gabriel, Practitioner's Guide, S. ...*

Galston, Nina M./Smit, Hans (Hrsg.): International Sales. Conference at Parker Law School, October1983, N.Y. 1984; *zit.: (Bearbeiter), (Referatthema), in: Galston/Smit, S. ...*

Gerny, Michael Georg: Untersuchungs- und Rügepflichten beim Kauf nach schweizerischem, französischem und US-amerikanischen Recht sowie nach CISG, Diss. Basel 1999, Basel 1999; *zit.: Gerny, Untersuchungs- und Rügepflichten, S. ...*

Graue, Eugen Dietrich: Die mangelfreie Lieferung beim Kauf beweglicher Sachen, Heidelberg 1964; *zit.: Graue, Mangelfreie Lieferung beim Kauf, S. ...*

Grundmann, Stefan/Medicus, Dieter/Rolland, Walter (Hrsg.): Europäisches Kaufgewährleistungsrecht: Reform und Internationalisierung des deutschen Schuldrechts, Köln/Berlin/Bonn/München 2000; *zit.: (Bearbeiter), in: Grundmann/Medicus/ Rolland, Europäisches Kaufgewährleistungsrecht, S. ...*

Gsell, Beate: Kaufrechtrichtlinie und Schuldrechtsmodernisierung, Juristen Zeitung 2001, Seiten 65 ff.; *zit.: Gsell, JZ 2001, S. ...*

Guldimann, Beat: Der Nachbesserungsanspruch von Käufer und Besteller im Schweizer Recht (unter besonderer Berücksichtigung der Allgemeinen Geschäftsbedingungen und der internationalen Kaufrechtsabkommen), Diss. Reinach/Lostorf, 1986; *zit.: Guldimann, Nachbesserungsanspruch, S. ...*

Gutknecht, Uta: Das Nacherfüllungsrecht des Verkäufers bei Kauf- und Werklieferungsverträgen: rechtsvergleichende Untersuchung zum CISG, zum US-amerikanischen Uniform commercial code, zum deutschen Recht und zu dem Vorschlag der Kommission zur Überarbeitung des deutschen Schuldrechts; Diss. Hamburg 1996, Frankfurt a.M. 1997; *zit.: Gutknecht, Nacherfüllungsrecht, S. ...*

Haas, Lothar: Vorschläge zur Überarbeitung des Schuldrechts: Die Mängelhaftung bei Kauf- und Werkverträgen, Neue Juristische Woche 1992, Seiten 2389 ff.; *zit.: Haas, NJW 1992, S. ...*

Hackenberg, Ulf: Der Erfüllungsort von Leistungspflichten unter Berücksichtigung des Wirkungsortes von Erklärungen im UN-Kaufrecht und der Gerichtsstand des Erfüllungsortes im deutschen und europäischen Zivilprozessrecht, Diss. Freiburg 2000, Hamburg 2000; *zit.: Hackenberg, Der Erfüllungsort von Leistungspflichten, S. ...*

Hager, Günter: Die Gefahrtragung beim Kauf - Eine rechtsvergleichende Untersuchung, Habil. Freiburg 1978, Frankfurt am Main 1982; *zit.: Hager, Gefahrtragung beim Kauf, S. ...*
ders.: Gefahrtragung nach dem UN-Kaufrecht im Vergleich zu EKG und BGB, in: Schlechtriem, Peter (Hrsg.), Einheitliches Kaufrecht und nationales Obligationenrecht, Baden-Baden 1987; *zit.: Hager, in: Schlechtriem, Gefahrtragung, S. ...*

Hay, Peter: Einführung in das amerikanische Recht, 4. Auflage, Darmstadt 1995; *zit.: Hay, Einführung in das amerikanische Recht, S. ...*

Heilmann, Jan: Mängelgewährleistung im UN-Kaufrecht, Diss. 1992 Hamburg, Berlin 1994; *zit.: Heilmann, Mängelgewährleistung, S. ...*

Herber, Rolf/Czerwenka, Beate: Internationales Kaufrecht, Kommentar zu dem Übereinkommen der Vereinten Nationen vom 11. April 1980 über Verträge über den internationalen Warenkauf, München 1991; *zit.: Herber/Czerwenka, Art. ... Rn. ...*

Herberger, Klaus: Rechtsnatur, Aufgabe und Funktion der Sachmängelhaftung nach dem Bürgerlichen Gesetzbuch, Berlin 1974; *zit.: Herberger, Rechtsnatur der Sachmängelhaftung, S. ...*

Hoeren, Thomas: Der Softwareüberlassungsvertrag als Sachkauf, Computer und Recht 1988, Seiten 908 ff.; *zit.: Hoeren, CR 1988, S. ...*

v.Hoffmann, Bernd: Gewährleistungsansprüche im UN-Kaufrecht – verglichen mit dem EKG und BGB, in: Schlechtriem, Peter (Hrsg.), Einheitliches Kaufrecht und nationales Obligationenrecht, S. 293 ff.; *zit.: v.Hoffmann, in: Schlechtriem, Gewährleistungsansprüche, S. ...*

ders.: Passing of Risk in International Sales of Goods, in: Sarcevic/Volken (Hrsg.), International Sales of Goods, Dubrovnik Lectures, New York/ London/Rome 1986, Seiten 265 ff.; *zit.: v. Hoffmann, Passing of Risk, in: Dubrovnik Lectures, S. ...*

Holthausen, Rüdiger: Die wesentliche Vertragsverletzung des Verkäufers nach Art. 25 UN-Kaufrecht, Recht der Internationalen Wirtschaft 1990, Seiten 101 ff.; *zit.: Holthausen, RIW 1990, S. ...*

Hommelhoff, Peter: Die Sachmängelhaftung beim Unternehmenskauf, Köln/Berlin/ Bonn/München, 1975; *zit.: Hommelhoff, Sachmängelhaftung beim Unternehmenskauf, S. ...*

Honnold, John O.: Documentary History of the Uniform Law for International Sales. The studies, deliberations and decisions that led to the 1980 United Nations Convention with introductions and explanations, Philadelphia 1989; *zit.: Docy. Hist. S. ...*

ders.: Uniform Law for the International Sales Under the 1980 United Nations Convention, Third Edition, The Hague, 1999; *zit.: Honnold, Art. ... Rn. ...*

ders.: Risk of Loss, in: Galston/Smit, International Sales. Conference at Parker School, October 1983, N.Y. 1984, Chapter 8, Seiten 8-1 ff.; *zit.: Honnold, Risk of Loss, in: Galston/Smit, S. ...*

Honsell, Heinrich: Die EU-Richtlinie über den Verbrauchsgüterkauf und ihre Umsetzung ins BGB, Juristen Zeitung 2001, Seiten 278 ff; *zit.: Honsell, JZ 2001, S. ...*

ders.: Kommentar zum UN-Kaufrecht. Übereinkommen der Vereinten Nationen über Verträge über den Internationalen Warenkauf (CISG), Berlin/New York 1997; *zit.: Honsell/(Bearbeiter), Art. ... Rn. ...*

Hoyer, Hans/Willibald/Posch (Hrsg.): Das Einheitliche Wiener Kaufrecht. Neues Recht für den internationalen Warenkauf, Wien 1992; *zit.: (Bearbeiter), (Referatthema), S. ...*

Huber, Ulrich: Der Unicitral-Entwurf eines Übereinkommens über internationale Warenkaufverträge, Rabels Zeitschrift 43 (1979), S. 413 ff.; *zit.: Huber, RabelsZ 43 (1979), S. ...*

ders.: Die Haftung des Verkäufers für Verzug und Sachmängel nach dem Wiener Kaufrechtsübereinkommen, Juristische Blätter 1989, Seiten 273 ff.; *zit.: Huber, JBl 1989, S. ...*

ders.: Die Haftung des Verkäufers nach dem Kaufrechtsübereinkommen der Vereinten Nationen und nach dem deutschen Recht. Vortrag vor der Juristischen Gesellschaft zu Berlin am 16. Mai 1990. Berlin/N.Y. 1991; *zit.: Huber, Haftung des Verkäufers, S. ...*

Huber, Ulrich: Leistungsstörungen, Band I: Die allgemeinen Grundlagen – Der Tatbestand des Schuldnerverzugs – Die vom Schuldner zu vertretenden Umstände, Tübingen 1999; *zit.: Huber, Leistungsstörungen, Bd. I, S. ...*

ders.: Leistungsstörungen, Band II: Die Folgen des Schuldnerverzugs – Die Erfüllungsverweigerung und die vom Schuldner zu vertretende Unmöglichkeit, Tübingen 1999, *zit.: Huber, Leistungsstörungen, Bd. II, S. ...*

ders.: Leistungsstörungen: Empfiehlt sich die Einführung eines Leistungsstörungsrechts nach dem Vorbild des Einheitlichen Kaufgesetzes? Welche Änderungen im Gesetzestext und welche praktischen Auswirkungen im Schuldrecht würden sich dabei ergeben, in: Gutachten und Vorschläge zur Überarbeitung des Schuldrechts. Band I, Köln 1981 (Bundesanzeiger) (Hrsg.: Bundesminister der Justiz), Seiten 647 ff.; *zit.: Huber, Gutachten I, S. ...*

ders.: Kaufvertrag: Welche Ergänzungen und Fortentwicklungen sind im Kaufrecht im Hinblick auf die technischen, wirtschaftlichen und juristischen Weiterentwicklungen der Rechtswirklichkeit geboten? Sollen Sonderentwicklungen außerhalb des BGB (AbzG, Handelskauf, kaufrechtliche Bestimmungen des AGB) in die Kodifikation eingearbeitet werden?, in: Gutachten und Vorschläge zur Überarbeitung des Schuldrechts. Band I, Köln 1981 (Bundesanzeiger) (Hrsg.: Bundesminister der Justiz), Seiten 911 ff.; *zit. Huber, Gutachten I, S. ...*

ders.: Die Rechtsbehelfe der Parteien, insbesondere der Erfüllungsanspruch, die Vertragsaufhebung und ihre Folgen nach UN-Kaufrecht im Vergleich zu EKG und BGB, in: Schlechtriem, Peter (Hrsg.), Einheitliches Kaufrecht und nationales Obligationenrecht, Baden-Baden 1987; *zit.: Huber, in: Schlechtriem, Die Rechtsbehelfe der Parteien, S. ...*

Hunter, Howard O.: Modern Law of Contracts - Breach and Remedies, Boston/New York 1986; *zit.: Hunter, Law of Contracts, §..., S. ...*

Hutter, Max: Die Haftung des Verkäufers für Nichtlieferung bzw. Lieferung vertragswidriger Ware nach dem Wiener UNICITRAL-Übereinkommen über internationale Warenkaufverträge vom 11. April 1980, Diss. Kempten/Allgäu 1988; *zit.: Hutter, Haftung des Verkäufers, S. ...*

Hyland, Richard: Conformity of Goods to the Contract Under the United Nations Sales Convention and the Uniform Commercial Code, in: Schlechtriem, Peter (Hrsg.), Einheitliches Kaufrecht und nationales Obligationenrecht, Baden-Baden 1987, Seiten 305 ff.; *zit.: Hyland, Conformity of Goods, in: Schlechtriem, S. ...*

Informationspapier: Informationspapier zum Entwurf eines Schuldrechtsmodernisierungsgesetzes, Stand: 4. August 2000, Bundesministerium der Justiz, www.bmj.bund.de/arbeitsh.pdf; *zit.: Informationspapier, S. ...*

Jahnke, Volker: Die Durchsetzung von Gattungsschulden, Zeitschrift für Zivilprozess, Band 93, 1980, S. 43 ff.; *zit.: Jahnke, ZZP 93 (1980), S. ...*

Jauernig, Othmar: Bürgerliches Gesetzbuch mit Gesetz zur Regelung des Rechts der Allgemeinen Geschäftsbedingungen, 9. Auflage, München 1999; *zit.: Jauernig/ (Bearbeiter), § ... Rn. ...*

Jörs, Paul/Kunkel, Wolfgang/Wenger, Leopold: Römisches Recht, 4. Auflage neu bearbeitet von Honsell, Heinrich/Mayer-Maly, Theo/Selb, Walter, Berlin/Heidelberg/ New York/Paris/Tokyo1987; *zit.: Kunkel/(Bearbeiter), Römisches Recht, § ... S. ...*

Jud, Brigitta: Der Richtlinienentwurf der EU über den Verbrauchsgüterkauf und das österreichische Recht, Österreichische Juristen-Zeitung 1997, Seiten 441 ff.; *zit.: Jud, ÖJZ 1997, S. ...*

Kaser, Max: Das Römische Privatrecht, erster Abschnitt. Das Altrömische, Das Vorklassische und das Klassische Recht, 2. Auflage, München 1971; *zit.: Kaser, Römisches PrivatR I, § ... S. ...*

Kastely, Amy H.: The Right to Require Performance in International Sales. Towards an International Interpretation of the Vienna Convention, Washington Law Review, Vol. 63 (1988), Seiten 607 ff.; *zit. Kastely, 63 Wash.L.Rev. (S. ...) (1988)*

Karollus, Martin: UN-Kaufrecht, New York 1991; *zit.: Karollus, S. ...*
ders.: UN-Kaufrecht: Vertragsaufhebung und Nacherfüllungsrecht bei Lieferung mangelhafter Ware, Zeitschrift für Wirtschaftsrecht und Insolvenzpraxis 1993, Seiten 490 ff.; *zit.: Karollus, ZIP 1993, S. ...*

Keil, Andreas: Die Haftungsbefreiung des Schuldners im UN-Kaufrecht im Vergleich mit dem deutschen und US-amerikanischen Recht, Diss. Bochum 1991, Frankfurt a.M. 1993; *zit.: Keil, Haftungsbefreiung, S. ...*

Kirchhof, Roland: Der Übergang vom Nachlieferungs- und Nachbesserungsanspruch zu Rücktritt bzw. Wandlung beim Kauf, Neue Juristische Wochenschrift 1970, S. 2052 ff.; *zit.: Kirchhof, NJW 1970, S. ...*
ders.: Die Sachmängelhaftung nach deutschem Recht im Vergleich zur Haftung für vertragswidrige Sachen nach dem „Einheitlichen Gesetz über den internationalen Kauf beweglicher Sachen“, Diss. München 1970; *zit.: Kirchhof, Sachmängelhaftung, S. ...*

Knöpfle, Robert: Aliud-Lieferung beim Gattungskauf – Nichterfüllungs- oder Gewährleistungsrecht ?, Neue Juristische Wochenschrift 1989, Seiten 871 ff.; *zit.: Knöpfle, NJW 1989, S. ...*
ders.: Der Anspruch auf Rückübereignung des *aliuds* bei nicht rechtzeitiger Rüge des Käufers, Neue Juristische Woche 1979, Seite 693 f.; *zit.: Knöpfle, NJW 1979, S. ...*
ders.: Der Fehler beim Kauf, München 1989; *zit. Knöpfle, Der Fehler beim Kauf, S. ...*
ders.: Liegt ein Rechtsmangel vor, wenn der Verkäufer dem Käufer das Eigentum nicht verschafft hat?, Neue Juristische Woche 1991, Seiten 889 f.; *zit.: Knöpfle, NJW 1991, S. ...*

Köhler, Helmut: Anmerkung zum Urteil des BGH v. 30.1.1985 – VIII ZR 238/83, Juristische Rundschau 1985, Seiten 368 ff.; *zit.: Köhler, JR 1985, S. ...*
ders.: Grundfälle zum Gewährleistungsrecht bei Kauf, Miete und Werkvertrag, Juristische Schulung 1979, Seiten 496 ff.; *zit.: Köhler, JuS 1979, S. ...*
ders.: Zur Nachbesserung beim Kauf, Juristen Zeitung 1984, Seiten 393 ff.; *zit.: Köhler, JZ 1984, S. ...*
ders.: Das Verhältnis der Gewährleistungsansprüche zu anderen Rechtsbehelfen des Käufers, Juristische Arbeitsblätter 1982, Seiten 159 ff.; *zit.: Köhler, JA 1982, S. ...*

Korintenberg, Werner: Abschied von der Gewährleistung, Gedanken zum Weltkaufgesetz, Köln 1948; *zit.: Korintenberg, Abschied von der Gewährleistung, S. ...*

Kranz, Norbert: Die Schadensersatzpflicht nach dem Haager Einheitlichen Kaufgesetzen und dem Wiener UN-Kaufrecht, Diss. Hamburg 1989, Frankfurt a.M. 1989; *zit.: Kranz, Schadensersatzpflicht, S. ...*

Kramer, Ernst A.: Für eine gewährleistungsrechtliche Behandlung des „Identitäts-aliud", Neue Juristische Wochenschrift 1979, Seiten 2023 f.; *zit.: Kramer, NJW 1979, S. ...*

Kritzer, Albert H.: Guide to Practical Applications of the United Nations Convention on Contracts for the International Sale of Goods, Boston 1994; *zit.: Kritzer, Guide to Practical Applications, S. ...*

Kronman, Anthony T.: Specific Performance, The University of Chicago Law Review, Vol. 45 (1978), Seiten 351 ff.; *zit.: Kronman, 45 U.Chi.L.Rev., (S. ...) (1978)*

Krüger, Ulrich: Modifizierte Erfolgshaftung im UN-Kaufrecht. Die Haftungsbefreiung bei Lieferung vertragswidriger Ware gemäß Art. 79 CISG, Diss. Bremen 1999, Frankfurt a.M. 1999; *zit. Krüger, Modifizierte Erfolgshaftung, S. ...*

Landsberg, Gerd: Rechts- oder Sachmängelhaftung des Verkäufers bei versagten Steuerbegünstigungen? – OLG Karlsruhe, Die Justiz 1979, 398 und BGHZ 79, 183, Juristische Schulung 1982, Seiten 335 ff.; *zit.: Landsberg, JuS 1982, S. ...*

Larenz, Karl: Lehrbuch des Schuldrechts, erster Band, Allgemeiner Teil, 14. Auflage, München 1987; *zit.: Larenz*, SchuldR I, § ..., S. ...
ders.: Lehrbuch des Schuldrechts, zweiter Band, 1. Halbband, Besonderer Teil, 13. Auflage, München 1986; *zit.: Larenz, SchuldR II/1, § ..., S. ...*

Leser, Hans G.: Vertragsaufhebung und Rückabwicklung unter dem UN-Kaufrecht, in: Schlechtriem, Peter (Hrsg.), Einheitliches Kaufrecht und nationales Obligationenrecht, Baden-Baden 1987, Seiten 225 ff.; *zit.: Leser, Vertragsaufhebung, in: Schlechtriem, S. ...*

Loewe, Ronald: Internationales Kaufrecht, Wien 1989; *zit.: Loewe, Art. ..., S. ...*

Macneil, Ian R.: Power of Contract and Agreed Remedies, Cornell Law Quarterly, Vol. 47 (1962), Seiten 495 ff.; *zit.: Macneil, 47 Cornell L.Q., (S. ...) (1962)*

Magnus, Ulrich: Aktuelle Fragen des UN-Kaufrechts. Zeitschrift für Europäisches Privatrecht 1993, Seiten 79 ff.; *zit.: Magnus, ZEuP 1993, S. ...*

ders.: Stand und Entwicklung des UN-Kaufrechts, Zeitschrift für Europäisches Privatrecht 1995, Seiten 202 ff.; *zit.: Magnus, ZEuP 1995, S. ...*

ders.: Der Stand der internationalen Überlegungen: Die Verbrauchsgüterkauf-Richtlinie und das UN-Kaufrecht, in: Grundmann, Stefan/Medicus, Dieter/Rolland, Walter (Hrsg.), Europäisches Kaufgewährleistungsrecht, Köln/Berlin/Bonn/München 2000, Seiten 79 ff.; *zit.: Magnus, in: Grundmann/Medicus/Rolland, Europäisches Kaufgewährleistungsrecht, S. ...*

ders.: Währungsfragen im Einheitlichen Kaufrecht. Zugleich ein Beitrag zu seiner Lückenfüllung und Auslegung, Rabels Zeitschrift, 53. Jahrg. 1989, Seiten 117 ff.; *zit.: RabelsZ 53 (1989), S. ...*

ders.: Wesentliche Fragen des UN-Kaufrechts, Zeitschrift für Europäisches Privatrecht 1999, Seiten 642 ff.; *zit.: Magnus, ZEuP 1999, S. ...*

Marburger, Peter: Die Sachmängelhaftung beim Handelskauf, Juristische Schulung 1983, Seiten 1 ff.; *zit.: Marburger, JuS 1983, S. ...*

Medicus, Dieter: Ein neues Kaufrecht für den Verbraucher ? Zeitschrift für Wirtschaftsrecht und Insolvenzpraxis 1996, Seiten 1925 ff.; *zit.: Medicus, ZIP 1996, S. ...*

ders.: Schuldrecht I, Allgemeiner Teil, 12. Auflage, München 2000; *zit.: Medicus, SchuldR I, S...., Rn. ...*

ders.: Schuldrecht II, Besonderer Teil, 10. Auflage, München 2000; *zit.: Medicus, SchuldR II, S. ..., Rn. ...*

Mertens, Hans-Joachim/Rehbinder, Eckard: Internationales Kaufrecht, Kommentar zu den Einheitlichen Kaufgesetzen, Frankfurt a. M. 1975; *zit.: Mertens/Rehbinder, Art. ... Rn. ...*

Michida, Shinichino: Concellation of Contract, American Journal of Comparative Law, Vol. 27 (1979), Seiten 279 ff.; *zit.: Michida, 27 Am.J.Comp.L, (S. ...) (1979)*

Motive II: Motive zu dem Entwurfe eines Bürgerlichen Gesetzbuches für das Deutsche Reich. Band II. Recht der Schuldverhältnisse. Amtliche Ausgabe. Berlin/Leipzig 1888 (Nachdruck 1983); *zit.: Motive II, S. ...*

Müller-Chen, Markus: Folgen der Vertragsverletzung, Habil. Basel 1998, Zürich 1999; *zit.: Müller-Chen, Vertragsverletzungsfolgen, S. ...*

Münchener Kommentar: Münchener Kommentar zum Bürgerlichen Gesetzbuch
- Band 1, Allgemeiner Teil (§§ 1-240), AGB-Gesetz, 3. Aufl., München 1993
- Band 2: Schuldrecht, Allgemeiner Teil (§§ 241-432), 3. Aufl., München 1994;
- Band 3: Schuldrecht, Besonderer Teil I (§§ 433-606), 3. Aufl., München 1995;

Münchener Kommentar: Münchener Kommentar zum Bürgerlichen Gesetzbuch - Band 4: Schuldrecht, Besonderer Teil II, (§§ 607-704), 3. Aufl., München 1997; *zit.: MünchKomm/(Bearbeiter), § ... Rn. ...*

Neufang, Paul: Erfüllungszwang als „remedy" bei Nichterfüllung: Eine Untersuchung zu Voraussetzungen und Grenzen der zwangsweisen Durchsetzung vertragsgemäßen Verhaltens im US-amerikanischen Recht im Vergleich mit der Rechtslage in Deutschland, Diss. Freiburg (Breisgau) 1997, Baden-Baden 1998; *zit. Neufang, Erfüllungszwang, S. ...*

Neumayer, Karl H./Ming, Catherine: Convention de Vienne sur les contrats de vente internationale de marchandises. Commentaire, Lausanne, 1993; *zit.: Neumayer/Ming, Art. ... Anm. ...*

Neumayer, Karl H.: Offene Fragen zur Anwendung des Abkommens der Vereinten Nationen über den internationalen Warenkauf, Recht der internationalen Wirtschaft 1994, Seiten 99 ff.; *zit.: Neumayer, RIW 1994, S. ...*

Nicholas, Barry: Impractibility and Impossibility in the U.N. Convention on Contracts for the International Sale of Goods, in: Galston/Smit, International Sales. Conference at Parker School, N.Y. 1984, Chapter 5, S. 5-1 ff.; *zit.: Nicholas, Impractibility, in: Galston/Smit, S. ...*

Nierwetberg, Rüdiger: Die Rechtsfolgen einer Verschlechterung des nach § 346 S. 1 BGB zurückzugewährenden Gegenstandes, Juristische Schulung, 1984, Seiten 33 ff.; *zit.: Nierwetberg, JuS, 1984, S. ...*

Niggemann, Friedrich: Die Pflichten des Verkäufers und die Rechtsbehelfe des Käufers, in: Hoyer/Posch (Hrsg.), Das Einheitliche Wiener Kaufrecht, Neues Recht für den internationalen Warenkauf, Wien 1992; Seiten 77 ff.; *zit.: Niggemann, Pflichten des Verkäufers, in: Hoyer/Posch, S. ...*

Nordstrom, Robert J.: Handbook of the Law of Sales, St. Paul, Minn. 1970; *zit.: Nordstrom, S...*

Oertmann, Paul: Bürgerliches Gesetzbuch, Zweites Buch, Recht der Schuldverhältnisse, 2. Abteilung (§§ 433-853), 5. Auflage, Berlin 1929; *zit.: Oertmann, § ... Anm. ...*

Official Records: United Nations Conference on Contracts for the International Sale of Goods. Vienna 10 March – 11 April 1980. Official Records. Documents of the Conference and Summary Records of the Plenary Meetings of the Main Committees. United Nations, New York, 1981; *zit.: O.R.., S. ...*

Otto, Dirk: Produkthaftung nach dem UN-Kaufrecht, Monatsschrift für Deutsches Recht 1992, Seiten 533 ff.; *zit.: Otto, MDR 1992, S. ...*

Palandt, Otto: Bürgerliches Gesetzbuch mit Einführungsgesetz, Gesetz zur Regelung des Rechts der Allgemeinen Geschäftsbedingungen, Verbraucherkreditgesetz, Gesetz über den Widerruf von Haustürgeschäften und ähnlichen Geschäften, Gesetz zur Regelung der Miethöhe, Produkthaftungsgesetz, Erbbaurechtsverordnung, Wohnungseigentumsgesetz, Ehegesetz, Hausratsverordnung, 60. Auflage, München 2001; *zit.: Palandt/(Bearbeiter), § ... Rn. ...*

Parker, Reginald: Das Privatrecht der Vereinigten Staaten von Amerika, Wien 1960; *zit.: Parker, Privatrecht der USA, S. ...*

Peters, Ellen E.: Remedies for Breach of Contracts Relating to the Sale of Goods Under the Uniform Commercial Code - A Roadmap for Article Two, Yale Law Journal, Vol. 73, Seiten 199 ff. (1963); *zit.: Peters, 73 Yale L.J. (S. ...) (1963)*

Peters, Frank: Anmerkung zum Urteil des BGH v. 30.9.1992 – VIII ZR 193/91, Juristische Rundschau 1993, Seiten 200 f.; *zit.: Peters, JR 1993, S. ...*
ders.: Kein gesetzlicher Nachbesserungsanspruch des Käufers, Juristen Zeitung 1978, S. 92 ff.; *zit.: Peters, JZ 1978, S. ...*

Petersen, Jens: Zur Anwendbarkeit des § 326 BGB auf den kaufrechtlichen Nachlieferungsanspruch, Juristische Ausbildung 1998, Seiten 294 ff.; *zit.: Petersen, Jura 1998, S. ...*

Pieper, Helmut: Der Anspruch auf Schadensersatz wegen Nichterfüllung, Juristische Schulung 1962, Seiten 409 ff.; *zit.: Pieper, JuS 1962, S. ...*

Piltz, Burghard: Internationales Kaufrecht. Das UN-Kaufrecht (Wiener Übereinkommen von 1980) in praxisorientierter Darstellung. München 1993; *zit.: Piltz, Intern. KaufR, S. ... Rn. ...*
ders.: Neue Entwicklungen im UN-Kaufrecht, Neue Juristische Wochenschrift 2000, Seiten 553 ff.; *zit.: Piltz, NJW 2000, S. ...*

Posch, Willibald/Kandut, Gabriele: Die allgemeinen Bestimmungen über den Warenkauf, in: Hoyer, Hans/Posch, Willibald (Hrsg.), Das einheitliche Wiener Kaufrecht, Wien 1992, Seiten 59 ff.; *zit.: Posch/Kandut, Allgemeine Bestimmungen, in: Hoyer/Posch, S. ...*

Prager, Martin: Verkäuferhaftung und ausländische gewerbliche Schutzrechte. Die Haftung des Verkäufers beweglicher Sachen für deren Freiheit von gewerblichen Schutzrechten oder Urheberrechten nach dem UN-Kaufrechtsübereinkommen vom 11. April 1980, Pfaffenweiler 1987; *zit.: Prager, Verkäuferhaftung, S. ...*

Protokolle I: Protokolle der Kommission für die zweite Lesung des Entwurfs des Bürgerlichen Gesetzbuchs. Bearbeitet von Achilles, Gebhard, Spahn. Band I. Allgemeiner Theil und Recht der Schuldverhältnisse Abschnitt I, Abschnitt II Titel I. Berlin 1897; *zit.: Prot. I, S. ...*

Quinn, Thomas M.: Quinn's Uniform Commercial Code - Commentary and Law Digest, Volume 1, Second Edition, Boston/New York 1991 mit 1999-2 Cumulative Supplement; *zit.: Quinn, UCC, §..., Anm.* bzw. Quinn, UCC (1999 Suppl.), §... Anm. ....

Rabel, Ernst: Der Entwurf eines einheitlichen Kaufgesetzes, Rabels Zeitschrift 9 (1935), Seiten 1 ff.; *zit.: Rabel, RabelsZ 9 (1935), S. ...*

ders.: Das Recht des Warenkaufs. Eine rechtsvergleichende Darstellung, Band 1, Berlin 1964 (Unveränderter Nachdruck der Ausgabe von 1936); *zit.: Rabel, Das Recht des Warenkaufs, Bd. 1, S. ...*

Reich, Norbert: Die Umsetzung der Richtlinie 1999/44/EG in das deutsche Recht, Neue Juristische Wochenschrift 1999, S. 2397 ff.; *zit.: Reich, NJW 1999, S. ...*

Reimann, Mathias/Ackmann, Hans-Peter: Einführung in das US-amerikanische Privatrecht, München 1997; *zit.: Reimann/Ackmann, Einführung in das US-Recht, S. ...*

Reinhart, Gert: UN-Kaufrecht, Kommentar zum Übereinkommen der Vereinten Nationen vom 11. April 1980 über Verträge über den internationalen Warenkauf, Heidelberg 1991; *zit.: Reinhart, S. ...*

Reinicke, Dietrich/Tiedtke, Klaus: Kaufrecht einschließlich Abzahlungsgeschäfte, AGB-Gesetz, Eigentumsvorbehalt, Factoring, finanzierte Kaufverträge, Haustürgeschäfte, Leasing, Pool-Vereinbarungen, Produzentenhaftung, Time-sharing, UN-Kaufrecht und Verbraucherkreditgesetz, 6. Auflage, Neuwied/Kriftel/Berlin 1997; *zit.: Reinicke/Tiedtke, Kaufrecht, S. ... Rn. ...*

Resch, Reinhard: Zur Rüge bei Sachmängeln nach UN-Kaufrecht, Österreichische Juristen-Zeitung 1992, Seiten 470 ff.; *zit.: Resch, ÖJZ 1992, S. ...*

Romain, Alfred: Wörterbuch der Rechts- und Wirtschaftssprache, Teil 1, Englisch – Deutsch, 4. Auflage, München 1989; *zit.: Romain, Bd. 1, „(Begriff)"*

Roth, P.M.: The Passing of Risk, The American Journal of Comparative Law, Vol. 27 (1979), Seiten 291 ff.; *zit.: Roth,* 27 Am.J.Comp.L. (1979), S. ...

Roth, Wulf-Henning: Die Schuldrechtsmodernisierung im Kontext des Europarechts, in: Ernst, Wolfgang/Zimmermann, Reinhard (Hrsg.), Zivilrechtswissenschaft und Schuldrechtsreform, Tübingen 2001, Seiten 225 ff.; *zit.: Roth, in: Ernst/ Zimmermann, Schuldrechtsreform, S. ...*

Rudolph, Helga: Kaufrecht der Export- und Importverträge. Kommentierung des UN-Übereinkommens über internationale Warenkaufverträge mit Hinweisen für die Vertragspraxis, Freiburg/Berlin 1996; *zit.: Rudolph, Art. ... Rn. ...*

Rummel, Peter: Schadensersatz, höhere Gewalt und Fortfall der Geschäftsgrundlage, in: Hoyer, Hans/Posch, Willibald (Hrsg.), Das Einheitliche Wiener Kaufrecht. Neues Recht für den internationalen Warenkauf, Wien 1992; *zit.: Rummel, Schadensersatz, in: Hoyer/Posch, S. ...*

Ruprecht, Ingeborg: Das Recht des Warenkaufs im amerikanischen Uniform Commerical Code, Rabels Zeitschrift 19 (1954), Seiten 427 ff.; *zit.: Ruprecht, RabelZ 19 (1954), S. ...*

Sarcevic, Petar/Volken, Paul: International Sale of Goods. Dubrovnic Lectures, New York/London/Rome 1986; *zit: (Referent), (Referatthema), in: Dubrovnik Lectures, S. ...*

Schilken, Eberhard: Probleme der Herausgabevollstreckung. Deutsche Gerichtsvollzieher Zeitung 1988, S. 49 ff.; *zit.: Schilken, DGVZ 1988, S. ...*

Schlechtriem, Peter: Aufrechnung durch den Käufer wegen Nachbesserungsaufwand-deutsches Vertragsstatut und UN-Kaufrecht (zu OLG Hamm, 9.6.1995 – 11U 191/94, IPRax 1996, S. 269); Praxis des Internationalen Privat- und Verfahrensrechts 1996, Seiten 256 f.; *zit.: Schlechtriem, IPRax 1996, S. ...*

ders. (Hrsg.): Einheitliches Kaufrecht und nationales Obligationenrecht. Referate und Diskussionen der Fachtagung Einheitliches Kaufrecht am 16./17.2.1987; Baden-Baden 1987; *zit.: (Bearbeiter), (Referatthema), in: Schlechtriem, S. ...*

ders.: Einheitliches UN-Kaufrecht, Juristische Zeitung 1988, Seiten 1037 ff.; *zit.: Schlechtriem, JZ 1988, S. ...*

ders.: Das geplante Gewährleistungsrecht im Licht der europäischen Richtlinie zum Verbrauchsgüterkauf, in: Ernst, Wolfgang/Zimmermann, Reinhard (Hrsg.), Zivilrechtswissenschaft und Schuldrechtsreform, Tübingen 2001, Seiten 205 ff.; *zit.: Schlechtriem, in: Ernst/Zimmermann, Schuldrechtsreform, S. ...*

ders.: Internationales UN-Kaufrecht. Ein Studien- und Erläuterungsbuch zum Übereinkommen der Vereinten Nationen über Verträge über den internationalen Warenkauf (CISG), Tübingen 1996; *zit.: Schlechtriem, Intern. UN-Kaufrecht, S. ...*

ders. (Hrsg.): Kommentar zum Einheitlichen UN-Kaufrecht. Das Übereinkommen der Vereinten Nationen über Verträge über den internationalen Warenkauf – CISG-, 3. Auflage, München 2000; *zit.: Schlechtriem/(Bearbeiter), Art. .. Rn. .*

ders.: Rechtsvereinheitlichung in Europa und Schuldrechtsreform in Deutschland, Zeitschrift für Europäisches Privatrecht 1993, Seiten 217 ff.; *zit.: Schlechtriem, ZEuP 1993, S. ...*

ders.: Uniform Sales Law. The UN-Convention on Contracts for the International Sale of Goods, Wien 1986; *zit.: Schlechtriem, Uniform Sales Law, S. ...*

Schlechtriem, Peter/Magnus, Ulrich: Internationale Rechtsprechung zu EKG und EAG, Baden-Baden 1987; *zit.: Schlechtriem/Magnus, Intern. Rspr., Art. ... Nr. ...*

Schlegelberger: Handelsgesetzbuch, Band 5: §§ 373-382, 5. Auflage, München 1982; *zit.: Schlegelberger, § ... Rn. ...*

Schmidt-Räntsch, Jürgen: Der Entwurf eines Schuldrechtsmodernisierungsgesetzes, Zeitschrift für Wirtschaftsrecht und Insolvenzpraxis 2000, Seiten 1411; *zit.: Schmidt-Räntsch,* ZIP 2000, S. ...

ders.: Gedanken zur Umsetzung der kommenden Kaufrechtsrichtlinie, Zeitschrift für Europäisches Privatrecht 1999, Seiten 294 ff.; *zit.: Schmidt-Räntsch, ZEuP 1999, S. ...*

ders.: Zum Stand der Kaufrechtsrichtlinie, ZIP 1998, Seiten 849 ff.; *zit.: Schmidt-Räntsch, ZIP 1998, S. ...*

Schollmeyer, Friedrich: Erfüllungspflicht und Gewährleistung für Fehler beim Kauf, Iherings Jahrbücher für die Dogmatik des bürgerlichen Rechts, 49. Band (1905), Seiten 93 ff.*; zit.: Schollmeyer, Iher. Jahrb. 49, S....*

Schreiber, Klaus: Die Falschlieferung beim Gattungskauf, Juristische Ausbildung 1986, Seiten 444 ff.; *zit.: Schreiber, Jura 1986, S. ...*

Schubel, Christian: Nacherfüllung im Kaufrecht. Bemerkungen zu den Vorschlägen der Schuldrechtskommission; Zeitschrift für Wirtschaftsrecht und Insolvenzpraxis 1994, Seiten 1330 ff.; *zit.: Schubel, ZIP 1994, S. ...*

Schwartz, Alan: The Case for Specific Performance, Yale Law Journal, Vol. 89 (1979), Seiten 271 ff; *zit.: Schwartz, 89 Yale L.J. (S. ...) (1979)*

Schweizer Institut für Rechtsvergleichung (Hrsg.): Wiener Übereinkommen von 1980 über den internationalen Warenkauf. Lausanner Kolloquium vom 19. und 20. November 1984, Zürich 1985; *zit.: (Referent), (Referatthema), in: Lausanner Kolloquium, S. ...*

Schwenk, Edmund H.: Gewährleistung für Rechts- und Sachmängel nach dem Uniform Commercial Code und dem einheitlichen Gesetz über den internationalen Kauf beweglicher Sachen; Rabels Zeitschrift 35 (1971), Seiten 645 ff.; *zit.: Schwenk,* RabelsZ 35 (1971), S. ...

Schwimann, Michael (Hrsg.): Praxiskommentar zum ABGB samt Nebengesetzen, Band 5 (§§ 859-1089 AGBG, WucherG, UN-Kaufrecht), 2. Auflage, Wien 1997; *zit.: Schwimann/(Bearbeiter), Art. ... Rn. ...*

Sebert, John A.: Rejection, Revocation, and Cure Under Article 2 of the Uniform Commercial Code: Some Modest Proposals, Northwestern University Law Review, Vol. 84 (1990), Seiten 375 ff.; *zit.: Sebert, 84 Nw.U.L.Rev., (S. ...) (1990)*

Seibert, Ulrich: Gattung und Güte – Rechtsfolgen schuldabweichender Leistung beim Gattungskauf, Monatsschrift für Deutsches Recht 1983, Seiten 177 ff.; *zit.: Seibert, MDR 1983, S. ...*

Seiler, Hans Hermann: Das geplante Werkvertragsrecht I, in: Ernst, Wolfgang/Zimmermann, Reinhard (Hrsg.), Zivilrechtswissenschaft und Schuldrechtsreform, Tübingen 2001, Seiten 263 ff.; *zit.: Seiler, in: Ernst/Zimmermann, Schuldrechtsreform, S. ...*

Soergel, Hans Theodor: Bürgerliches Gesetzbuch (mit Einführungsgesetz und Nebengesetzen)
- Band 2, Schuldrecht I (§§ 241-432), 12. Auflage, Stuttgart/Berlin/ Köln 1990,; *zit.: Soergel/(Bearbeiter), § ... Rn. ...*
- Band 2, Schuldrecht I (§§ 241-610), 10. Auflage, Stuttgart/Berlin/ Köln/Mainz 1967; *zit. Soergel/(Bearbeiter), 10. Aufl., § ... Rn. ...*
- Band 3, Schuldrecht II (§§ 433-515), AGB-Gesetz, AbzG, EAG, EKG, UN-KaufAbk, 12. Auflage, Stuttgart/ Berlin/Köln 1991; *zit.: Soergel/(Bearbeiter), § ... Rn. ... bzw. Soergel/(Bearbeiter), 12. Aufl., Art. ... Rn. ...*
- Band 4/1, Schuldrecht III/1 (§§ 516-651); 12. Auflage, Stuttgart/Berlin/Köln 1997; *zit.: Soergel/(Bearbeiter), § ... Rn. ...*
- Band 13, Schuldrechtliche Nebengesetze 2, Übereinkommen der Vereinten Nationen über Verträge über den internationalen Warenkauf (CISG), 13. Auflage, Stuttgart/Berlin/Köln 2000; zit.: *Soergel/(Bearbeiter), Art. ..., Rn. ...*

Staub: Großkommentar zum HGB (Hrsg. Canaris, Claus Wilhelm/Schilling, Wolfgang/Ulmer, Peter)
- §§ 373-376, 5. Auflage, Berlin/New York 1985,
- §§ 377-382, 4. Auflage, Berlin/New York 1983;

zit.: Großkomm/(Bearbeiter), § ... Rn. ...

Staudenmeyer, Dirk: Die EG-Richtlinie über den Verbrauchsgüterkauf. Neue Juristische Wochenschrift 1999, Seiten 2393 ff.; *zit.: Staudenmeyer, NJW 1999, S. ...*

Staudinger: J. von Staudingers Kommentar zum Bürgerlichen Gesetzbuch mit Einführungsgesetz und Nebengesetzen
- Erstes Buch, Allgemeiner Teil (§§ 21-103), 13. Bearbeitung, Berlin 1995
- Zweites Buch, Recht der Schuldverhältnisse (§§ 255-292), 13. Bearbeitung, Berlin 1995
- Zweites Buch, Recht der Schuldverhältnisse (§§ 328-361), 13. Bearbeitung, Berlin 1995
- Zweites Buch, Recht der Schuldverhältnisse (§§ 433-534), 13. Bearbeitung, Berlin 1995,
- Zweites Buch, Recht der Schuldverhältnisse (§§ 631-651), 13. Bearbeitung, Berlin 1994
- Zweites Buch, Recht der Schuldverhältnisse (§§ 812-822), Neubearbeitung, Berlin 1999
- Wiener UN-Kaufrecht (CISG), Berlin 1999
- Gesetz zur Regelung des Rechts der Allgemeinen Geschäftsbedingungen (AGBG), 13. Bearbeitung, Berlin 1998;

zit.: Staudinger/(Bearbeiter), § ... Rn. ... bzw. Art. ... Rn. ...

Stocks, Mitchell: Risk of Loss Under the Uniform Commercial Code and the United Nations Convention on Contracts for the International Sale of Goods: A Comparative Analysis and Proposed Revision of UCC Sections 2-509 and 2-510; Northwestern University Law Review, Vol. 87 (1993), Seiten 1415 ff.; *zit.: Stocks, 87 Nw.U.L.Rev.,(S. ...) (1993)*

Stoll, Hans: Inhalt und Grenzen der Schadensersatzpflicht sowie Befreiung von der Haftung im UN-Kaufrecht im Vergleich zu EKG und BGB, in: Schlechtriem, Peter (Hrsg.), Einheitliches Kaufrecht und nationales Obligationenrecht, Baden-Baden 1987; *zit.: Stoll, Grenzen der Schadensersatzpflicht, in: Schlechtriem, S. ...*

Stone, Bradford: Uniform Commercial Code. In A Nutshell, Fourth Edition, St. Paul, Minn. 1995; *zit.: Stone, UCC, S. ...*

Stötter, Viktor: Die Nachbesserungspflicht als einzige Sachmängelgewährleistung des Lieferanten, Der Betrieb 1969, 647 ff.; *zit.: Stötter, DB 1969, S. ...*

Stein, Friedrich/Jonas, Martin: Kommentar zur Zivilprozessordnung, Band 7, Teilband 1 (§§ 864-945), 21. Auflage, Tübingen 1996; *zit.: Stein/Jonas/(Bearbeiter), § ... Rn. ...*

Summers, Robert S.: General Equitable Principles under Section 1-103 of the Uniform Commercial Code, Northwestern University Law Review, Vol. 72 (1978), Seiten 906 ff.; *zit.: Summers, 72 Nw.U.L.Rev. (S. ...) (1978)*

Süß, Theodor: Wesen und Rechtsgrund der Gewährleistung für Sachmängel - Ein dogmatischer Beitrag zur Lehre der Gewährleistung, Leipzig 1931; *zit.: Süß, Wesen der Gewährleistung, S. ...*

Tamm, Manfred: Hemmung und Unterbrechung der Gewährleistung-/Verjährungsfrist nach BGB durch Nachbesserung, Betriebs-Berater 1988, Seiten 1477 ff.; *zit.: Tamm, BB 1988, S. ...*

Tepper, Pamela: The Law of Contracts and the Uniform Commercial Code, Delmar Publishers 1995; *zit.: Tepper, Contracts and the UCC, § ... S. ...*

Tiedtke, Klaus: Ablieferung der Kaufsache und Verjährungsbeginn der Gewährleistungsansprüche. Neue Juristische Wochenschrift 1988, Seiten 2578 ff.; *zit.: Tiedtke, NJW 1988, S. ...*

Treitel, Guenter H.: Remedies for Breach of Contract (Courses of Action Open to a Party Aggrieved), in: International Encyclopedia of Comparative Law, Volume VII, Chapter 16; *zit.: Treitel, Int.Encyc.Comp.L., Vol. III, § 16, S. ...*

Ulen, Thomas S.: The Efficiency of Specific Performance: Toward a Unified Theory of Contract Remedies, Michigan Law Review, Vol. 83 (1984), Seiten 341 ff.; *zit.: Ulen, 83 Mich.L.Rev. 341, (S. ...)(1984)*

Ulmer, Peter/Brandner, Hans Erich/Hensen, Horst-Diether/Schmidt, Harry: AGB-Gesetz: Kommentar zum Gesetz zur Regelung des Rechts der allgemeinen Geschäftsbedingungen, 9. Auflage, Köln 2001; *zit.: Ulmer/Brandner/Hensen/(Bearbeiter), §... Rn. ...*

Vischer, F.: Gemeinsame Bestimmungen über Verpflichtungen des Verkäufers und des Käufers. In: Wiener Übereinkommen von 1980 über den internationalen Warenkauf, Lausanner Kolloquium vom 19. und 20. November 1984, Hrsg.: Schweizerisches Institut für Rechtsvergleichung, Seiten 173 ff.; *zit.: Vischer, Gemeinsame Bestimmungen, in: Lausanner Kolloquium, S. ...*

Vold, Lawrence: Handbook of the Law of Sales, Second Editon, St. Paul, Minn. 1959; *zit.: Vold, S. ...*

Wallach, George, I.: The Law of Sales Under the Uniform Commercial Code, Boston/ New York, 1981; *zit: Wallach, UCC, S. ...*

Walter, Gerhard: Kaufrecht, Tübingen 1987; *zit.: Walter, § ... S. ...*

Walt, Steven: For Specific Performance Under the United Nations Sales Convention, Texas International Law Journal, Vol. 26 (1991), Seiten 211 ff.; *zit.: Walt, 26 Tex.Int'l.L.J., (S...) (1991)*

Weber, Rolf H.: Vertragsverletzungsfolgen: Schadensersatz, Rückabwicklung, vertragliche Gestaltungsmöglichkeiten, in: Bucher, Eugen (Hrsg.). Berner Tage für die juristische Praxis 1990. Wiener Kaufrecht. Der schweizerische Aussenhandel unter dem UN-Übereinkommen über den internationalen Warenkauf, Seiten 165 ff., Bern 1991; *zit.: Weber, Vertragsverletzungsfolgen, in: BTJP, S. ...*

Weber-Will, Susanne/Kern, Bernd-Rüdiger: Ein Beitrag zur Dogmatik des § 279 BGB, Juristen Zeitung 1981, Seiten 257 ff.; *zit.: Weber-Will/Kern, JZ 1981, S. ...*

Welser, Rudolf: Die Vertragsverletzung des Verkäufers und ihre Sanktion, in: Doralt, Peter, Das UNICITRAL-Kaufrecht im Vergleich zum österreichischen Recht, S. 15 ff., Wien 1985; *zit.: Welser, Vertragsverletzung, in: Doralt, S. ...*

White, James J./Summers, Robert S.: Uniform Commercial Code, Fifth Edition, St. Paul, Minn. 2000; *zit.: White & Summers, 5th ed., § ...., S. ...*
dies.: Uniform Commercial Code, Third Edition, St. Paul, Minn. 1988; *zit.: White & Summers, 3rd ed., § ..., S. ...*

Wieser, Eberhard: Eine Revolution des Schuldrechts, Neue Juristische Wochenschrift 2001, Seiten 121 ff.; *zit.: Wieser, NJW 2001, S. ...*

Williston, Samuel: Williston on Sales:
- Vol. 2, Fifth Edition by Deborah L. Nelson and Jennifer L. Howicz; Deerfield/New York/Rochester 1995; *zit.: Williston, On Sales II, § ..., S ...*
- Vol. 3, Fifth Edition by Mary Anne Foran, J.D.; Deerfield/New York/Rochester 1996; *zit.: Williston, On Sales III, § ..., S. ...*

ders.: A Treatise on the Law of Contracts, Fourth Edition by Richard A. Lord, Vol. 8, West Publishing 1998; *zit.: Williston/Lord,* § ..., S. ...

Witz, Wolfgang/Salger, Hanns-Christian/Lorenz, Manuel: International Einheitliches Kaufrecht. Praktiker-Kommentar und Vertragsgestaltung zum CISG, Heidelberg 2000; *zit.: Witz/Salger/Lorenz/(Bearbeiter), Art. ... Rn. ...*

Wolf, Manfred/Lindbacher, Walter F./Horn, Norbert: AGB-Gesetz, Gesetz zur Regelung des Rechts der Allgemeinen Geschäftsbedingungen, Kommentar, 4. Auflage, München 1999; *zit.: Wolf/Lindbacher/Horn/Bearbeiter, AGBG, § ... Rn. ...*

Wolff, Katharina: Die Rechtsmängelhaftung nach dem Uniform Commercial Code und dem UN-Kaufrecht, Diss. Bonn 1990; *zit.: Wolff, Rechtsmängelhaftung, S. ...*

Yorio, Edward: Contract Enforcement - Specific Performance and Injunctions, Canada 1989; *zit.: Yorio, §... S...*

Zhang, Xi: Die Rechtsmängelhaftung des Verkäufers nach UN-Kaufrecht - im Vergleich mit deutschem, englischen, US-amerikanischen und Hager Einheitlichem Kaufrecht, Diss., Starnberg 1994; *zit.: Zhang, Rechtsmängelhaftung, S. ...*

Ziegel, Jacob S.: The Remedial Provisions in the Vienna Sales Convention. Some Common Law Perspectives. In: Galston/Smit, International Sales, N.Y. 1984, Chapter 9, Seiten 9-1 ff.; *zit.: Ziegel, Remedial Provisons, in: Galston/Smit, S. ....*

Ziegler, Ulrich: Leistungsstörungsrecht nach dem UN-Kaufrecht, Diss. München 1994, Baden-Baden 1995; *zit.: Ziegler, Leistungsstörungsrecht, S. ...*

Zimmer, Daniel: Das geplante Kaufrecht, in: Ernst, Wolfgang/Zimmermann, Reinhard (Hrsg.), Zivilrechtswissenschaft und Schuldrechtsreform, Tübingen 2001, Seiten 191 ff; *zit.: Zimmer, in: Ernst/Zimmermann, Schuldrechtsreform, S. ...*

Zöller: Zivilprozessordnung mit Gerichtsverfassungsgesetz und den Einführungsgesetzen, mit Internationalem Zivilprozessrecht, Kostenanmerkungen, 22. Aufl., Köln 2001; *zit.: Zöller/(Bearbeiter), §... Rn. ...*

Zweigert, Konrad/Kötz, Hein: Einführung in die Rechtsvergleichung auf dem Gebiet des Privatrechts, 3. Aufl., Tübingen 1996; *zit.: Zweigert/Kötz, § ..., S. ..*

INTERNATIONALRECHTLICHE STUDIEN

Beiträge zum Internationalen Privatrecht, zum Einheitsrecht und zur Rechtsvergleichung

Herausgegeben von Ulrich Magnus

Harro Plander / Alexander Witt

Der Fehlerverdacht

Kauf- und ordnungsrechtliche Aspekte der Risikogesellschaft

Frankfurt/M., Berlin, Bern, Bruxelles, New York, Oxford, Wien, 2001. 148 S.
ISBN 3-631-38123-9 · br. DM 49.– / € 25.10*

Als Bürger unserer Risikogesellschaft kaufen wir nicht selten Gegenstände, die im Verdacht stehen, mit Fehlern behaftet und deshalb für die Nutzung, Verarbeitung oder Weiterveräußerung ungeeignet zu sein. Im ersten Teil geht das Buch der Frage nach, welche Rechte den Käufern in solchen Fällen gegen ihre Verkäufer zustehen.
Der zweite Teil erörtert, ob und wann Produzenten und andere Inhaber von Gegenständen, die im Verdacht stehen, Gefahren für Dritte zu bewirken, darüber die zuständigen Ordnungsbehörden informieren müssen. Das Buch widmet sich damit Rechtsfragen, die in den letzten Jahren durch zahlreiche Skandale, zuletzt den BSE-Skandal, immer wieder aktuell geworden sind.

Aus dem Inhalt: Gewährleistungsrecht des Käufers · Fehlerverdacht als Mangel der Kaufsache · Rügelast des Käufers · Selbständige und unselbständige Auskunftspflichten von Produzenten und anderen gegenüber Ordnungsbehörden bei Gefahrenverdacht · Auskunftsverweigerungsrechte

Kolibri 360 GmbH
Ferdinand-Jühlke-Straße 7
99095 Erfurt, Deutschland
produktsicherheit@kolibri360.de

Druck:
CPI Druckdienstleistungen GmbH
im Auftrag der
Kolibri 360 GmbH
Ferdinand-Jühlke-Str. 7
99095 Erfurt